Löwisch · Caspers · Klumpp | Arbeitsrecht

Arbeitsrecht

Ein Studienbuch

Von

Dr. Dr. h. c. Manfred Löwisch
Professor an der Albert-Ludwigs-Universität Freiburg
vorm. Richter am Oberlandesgericht Karlsruhe

Dr. Georg Caspers
Professor an der Friedrich-Alexander-Universität Erlangen-Nürnberg

Dr. Steffen Klumpp
Professor an der Friedrich-Alexander-Universität Erlangen-Nürnberg

11., neubearbeitete Auflage 2017

Verlag Franz Vahlen

Zitiervorschlag: *Löwisch/Caspers/Klumpp* ArbR Rn.

www.vahlen.de

ISBN 978 3 8006 5514 4

Wilhelmstraße 9, 80801 München
Druck: Druckhaus Nomos
In den Lissen 12, 76547 Sinzheim

Satz: Jung Crossmedia Publishing GmbH, Lahnau
Umschlaggestaltung: Martina Busch Grafikdesign, Homburg Saar

Gedruckt auf säurefreiem, alterungsbeständigem Papier
(hergestellt aus chlorfrei gebleichtem Zellstoff)

»Haurit enim aquas cribro, qui discere vult sine libro.«

Aus den Statuten des Collegium Sapientiae zu Freiburg im Breisgau, 1497

Vorwort

Das Studienbuch Arbeitsrecht gibt einen umfassenden Überblick über das gesamte Arbeitsrecht. Es arbeitet die Grundlinien dieses sich ständig ändernden, unübersichtlich geregelten Rechtsgebietes heraus und verdeutlicht dessen Wertungen. Die seit der 10. Auflage eingetretenen Gesetzes- und Rechtsprechungsänderungen sind in die Neuauflage eingearbeitet. Insbesondere wurden das Tarifeinheitsgesetz, das Gesetz für die gleichberechtigte Teilhabe von Frauen und Männern an Führungspositionen in der Privatwirtschaft und im öffentlichen Dienst sowie das Gesetz zur Änderung des Arbeitnehmerüberlassungsgesetzes und anderer Gesetze mit der Definition des Arbeitsvertrags im neuen § 611 a BGB berücksichtigt.

Wie bereits in den beiden Vorauflagen hat der Begründer dieses Lehrbuches, *Manfred Löwisch,* den 1. Teil »Grundfragen des Arbeitsrechts« bearbeitet. Autor des 3. Teils »Kollektives Arbeitsrecht« und des 4. Teils »Arbeitsgerichtsbarkeit« ist *Georg Caspers,* Autor des 2. Teils »Recht des Arbeitsverhältnisses« *Steffen Klumpp.*

Auch diese Neuauflage hätte ohne die Hilfe tüchtiger Mitarbeiter nicht bewältigt werden können. Die Verfasser danken dem »Freiburger« *Cornelius Wurst* und den »Erlangern« *Andreas Bayer, Sonia Cloppenburg, Maximilian Dachlauer, Johannes Eichelsdörfer, Mona Lisa Eigenfeld, Johanna Futschik, Frederic Glahe, Daniel Holler, Alexander Schuhmann und Lisa Seifried.*

Anregungen und Kritik sind stets willkommen an hochschularbeitsrecht@jura.uni-freiburg.de (Manfred Löwisch), wr1@jura.uni-erlangen.de (Georg Caspers) und wr3@jura.uni-erlangen.de (Steffen Klumpp).

Freiburg/Erlangen im Februar 2017

Manfred Löwisch
Georg Caspers
Steffen Klumpp

Vorwort

Inhaltsübersicht

Inhaltsverzeichnis

Abkürzungsverzeichnis

aA	anderer Ansicht
AAG	Gesetz über den Ausgleich der Arbeitgeberaufwendungen für Entgeltfortzahlung (Aufwendungsausgleichsgesetz)
ABl.	Amtsblatt
Abs.	Absatz
AcP	Archiv für die civilistische Praxis (Zeitschrift)
ADAV	Allgemeiner Deutscher Arbeiterverein
ADGB	Allgemeiner Deutscher Gewerkschaftsbund
aE	am Ende
AEntG	Gesetz über zwingende Arbeitsbedingungen für grenzüberschreitend entsandte und für regelmäßig im Inland beschäftigte Arbeitnehmer und Arbeitnehmerinnen (Arbeitnehmer-Entsendegesetz)
AEUV	Vertrag über die Arbeitsweise der Europäischen Union
aF	alte Fassung
AFG	Arbeitsförderungsgesetz (jetzt SGB III)
AG	Aktiengesellschaft; Die Aktiengesellschaft (Zeitschrift)
AGB	Allgemeine Geschäftsbedingungen/Arbeitsgesetzbuch der DDR
AGG	Allgemeines Gleichbehandlungsgesetz
AiB	Arbeitsrecht im Betrieb (Zeitschrift)
AktG	Aktiengesetz
Anm.	Anmerkung
AOG	Gesetz zur Ordnung der nationalen Arbeit
AP	Arbeitsrechtliche Praxis (Nachschlagewerk des Bundesarbeitsgerichts)
AR	Kommentar zum gesamten Arbeitsrecht
AR-Blattei	Arbeitsrechts-Blattei (Sammelwerk)
ArbG	Arbeitsgericht
ArbGG	Arbeitsgerichtsgesetz
ArbNErfG	Gesetz über Arbeitnehmererfindungen
ArbPlSchG	Gesetz über den Schutz des Arbeitsplatzes bei Einberufung zum Wehrdienst (Arbeitsplatzschutzgesetz)
ArbR	Arbeitsrecht
ArbRGgw	Das Arbeitsrecht der Gegenwart (Jahrbuch für das gesamte Arbeitsrecht)
ArbSchG	Gesetz über die Durchführung von Maßnahmen des Arbeitsschutzes zur Verbesserung der Sicherheit und des Gesundheitsschutzes der Beschäftigten bei der Arbeit (Arbeitsschutzgesetz)
ArbuR	Arbeit und Recht (Zeitschrift)
ArbZG	Arbeitszeitgesetz
ARGE	Arbeitsgemeinschaft
ARGG-EKD	Arbeitsrechtsregelungsgrundsätzegesetz in der Evangelischen Kirche in Deutschland
ARS	Arbeitsrechtsammlung
Art.	Artikel
ASiG	Gesetz über Betriebsärzte, Sicherheitsingenieure und andere Fachkräfte für Arbeitssicherheit (Arbeitssicherheitsgesetz)
AT	außertariflich
ATG	Altersteilzeitgesetz
Aufl.	Auflage
AÜG	Gesetz zur Regelung der Arbeitnehmerüberlassung (Arbeitnehmerüberlassungsgesetz)
AufenthG	Gesetz über den Aufenthalt, die Erwerbstätigkeit und die Integration von Ausländern im Bundesgebiet (Aufenthaltsgesetz)
AZO	Arbeitszeitordnung

BÄO	Bundesärzteordnung
BAG	Bundesarbeitsgericht
BAT	Bundesangestelltentarifvertrag
BayGO	Gemeindeordnung für den Freistaat Bayern (Gemeindeordnung – GO)
bayme	Bayerischer Unternehmensverband Metall- und Elektro e.V.
BayPVG	Bayerisches Personalvertretungsgesetz
BB	Betriebs-Berater (Zeitschrift)
BBiG	Berufsbildungsgesetz
Bd.	Band
BDA	Bundesvereinigung der Deutschen Arbeitgeberverbände
BDSG	Bundesdatenschutzgesetz
BeckOGK	Beck.online.Großkommentar Zivilrecht
BeckOKArbR	Beck'scher Online Kommentar Arbeitsrecht
Beil.	Beilage
BEEG	Gesetz zum Elterngeld und zur Elternzeit (Bundeselterngeld- und Elternzeitgesetz)
BEM	Betriebliches Eingliederungsmanagement
BeschFG	Gesetz über arbeitsrechtliche Vorschriften zur Beschäftigungsförderung
BetrAVG	Gesetz zur Verbesserung der betrieblichen Altersversorgung
BetrVerf-ReformG	Betriebsverfassungs-Reformgesetz
BetrVG	Betriebsverfassungsgesetz 2001
BetrVG 1952	Betriebsverfassungsgesetz v. 11.10.1952
BGB	Bürgerliches Gesetzbuch
BGBl.	Bundesgesetzblatt
BGH	Bundesgerichtshof
BGHZ	Entscheidungen des Bundesgerichtshofs in Zivilsachen – Amtliche Sammlung
BIAC	Business and Industry Advisory Committee to OECD
BMAS	Bundesministerium für Arbeit und Soziales/Bundesminister(in) für Arbeit und Soziales
BPersVG	Bundespersonalvertretungsgesetz
BR-Drs.	Bundesrats-Drucksache
BSG	Bundessozialgericht
BT-Drs.	Bundestags-Drucksache
BUrlG	Mindesturlaubsgesetz für Arbeitnehmer (Bundesurlaubsgesetz)
BUSINESS-EUROPE	Union der Industrie- und Arbeitgeberverbände Europas, ehemals UNICE
BVerfG	Bundesverfassungsgericht
BVerfGE	Entscheidungen des Bundesverfassungsgerichts – Amtliche Sammlung
BVerwG	Bundesverwaltungsgericht
BVerwGE	Entscheidungen des Bundesverwaltungsgerichts – Amtliche Sammlung
BW	Baden-Württemberg
BZRG	Gesetz über das Zentralregister und das Erziehungsregister (Bundeszentralregistergesetz)
CEEP	Centre Européen des Entreprises à Participation Publique (Europäischer Zentralverband der öffentlichen Wirtschaft)
CGB	Christlicher Gewerkschaftsbund Deutschlands
CGD	Christliche Gewerkschaftsbewegung Deutschlands
CGM	Christliche Gewerkschaft Metall
CGZP	Tarifgemeinschaft Christlicher Gewerkschaften für Zeitarbeit und Personalserviceagenturen
DAG	Deutsche Angestelltengewerkschaft
DAV	Deutscher Anwaltverein
DB	Der Betrieb (Zeitschrift)
DBB	Deutscher Beamtenbund
DGB	Deutscher Gewerkschaftsbund

dh . . . . das heißt
diff. . . . . differenzierend
DJT . . . . Deutscher Juristentag
DÖV . . . . Die öffentliche Verwaltung (Zeitschrift)
DPG . . . . Deutsche Postgewerkschaft
DRiG . . . . Deutsches Richtergesetz
DrittelbG . . . . . . Gesetz über die Drittelbeteiligung der Arbeitnehmer im Aufsichtsrat (Drittelbeteiligungsgesetz)
DVO-TVG . . . . . Verordnung zur Durchführung des Tarifvertragsgesetzes

EBRG . . . . Gesetz über Europäische Betriebsräte (Europäisches Betriebsräte-Gesetz)
EDV . . . . Elektronische Datenverarbeitung
EFZG . . . . Gesetz über die Zahlung des Arbeitsentgelts an Feiertagen und im Krankheitsfall (Entgeltfortzahlungsgesetz)
eG . . . . eingetragene Genossenschaft
EG . . . . Europäische Gemeinschaft
EGB . . . . Europäischer Gewerkschaftsbund
EGBGB . . . . Einführungsgesetz zum BGB
EGMR . . . . Europäischer Gerichtshof für Menschenrechte
EGV . . . . Vertrag zur Gründung der Europäischen Gemeinschaft vom 25.3.1957 in der durch den Vertrag von Amsterdam am 1.5.1999 in Kraft getretenen Fassung
Einl. . . . . Einleitung
EKD . . . . Evangelische Kirche in Deutschland
EMRK . . . . Konvention zum Schutz der Menschenrechte und Grundfreiheiten
EntgTranspG-E . . Entwurf eines Gesetzes zur Förderung der Transparenz von Entgeltstrukturen
ERA . . . . Entgelt-Rahmenabkommen
ErfK . . . . Erfurter Kommentar zum Arbeitsrecht
ES . . . . Entscheidungssammlung
ESC . . . . Europäische Sozialcharta
EStG . . . . Einkommensteuergesetz
etc . . . . et cetera
EU . . . . Europäische Union
EuGH . . . . Europäischer Gerichtshof
EUR . . . . Euro
EUV . . . . Vertrag über die Europäische Union
EuZA . . . . Europäische Zeitschrift für Arbeitsrecht
EuZW . . . . Europäische Zeitschrift für Wirtschaftsrecht
e.V. . . . . eingetragener Verein
EVG (DGB) . . . . Eisenbahn- und Verkehrsgewerkschaft
EWG . . . . Europäische Wirtschaftsgemeinschaft
EWiR . . . . Entscheidungen zum Wirtschaftsrecht (Zeitschrift)
EzA . . . . Entscheidungssammlung zum Arbeitsrecht

FA . . . . Fachanwalt für Arbeitsrecht (Zeitschrift)
FAO . . . . Food and Agriculture Organization of the UN
FDGB . . . . Freier Deutscher Gewerkschaftsbund
Fn. . . . . Fußnote
FPersG . . . . Gesetz über das Fahrpersonal von Kraftfahrzeugen und Straßenbahnen (Fahrpersonalgesetz)
FPfZG . . . . Gesetz über die Familienpflegezeit (Familienpflegezeitgesetz)
FreizügG/EU . . . Gesetz über die allgemeine Freizügigkeit von Unionsbürgern (Freizügigkeitsgesetz/EU)
FS . . . . Festschrift

GdF . . . . Gewerkschaft der Flugsicherung
GdL . . . . Gewerkschaft deutscher Lokomotivführer
GebrMG . . . . Gebrauchsmustergesetz
gem. . . . . gemäß

GemO . . . . Gemeindeordnung
GenDG . . . . Gesetz über genetische Untersuchungen bei Menschen (Gendiagnostikgesetz)
GenG . . . . Gesetz betreffend die Erwerbs- und Wirtschaftsgenossenschaften (Genossenschaftsgesetz)
GEW . . . . Gewerkschaft Erziehung und Wissenschaft
GewO . . . . Gewerbeordnung
ggf. . . . . gegebenenfalls
GG . . . . Grundgesetz
GHK . . . . Gewerkschaft Holz und Kunststoff
GK . . . . Grundkurs; Gemeinschaftskommentar
GmbH . . . . Gesellschaft mit beschränkter Haftung
GmbHG . . . . Gesetz betreffend die Gesellschaften mit beschränkter Haftung
GmbHR . . . . Gesellschafts- und Steuerrecht der GmbH und GmbH & Co. (Zeitschrift)
GMP . . . . Germelmann/Matthes/Prütting, Arbeitsgerichtsgesetz Kommentar
GO-BT . . . . Geschäftsordnung des Bundestages
GPR . . . . Zeitschrift für Gemeinschaftsprivatrecht
GRCh . . . . Charta der Grundrechte der Europäischen Union
GRUR . . . . Gewerblicher Rechtsschutz und Urheberrecht (Zeitschrift)
GS . . . . Gedächtnisschrift; Großer Senat
GVG . . . . Gerichtsverfassungsgesetz

HAG . . . . Heimarbeitsgesetz
HBV . . . . Gewerkschaft Handel, Banken und Versicherungen
HGB . . . . Handelsgesetzbuch
hM . . . . herrschende Meinung
hrsg. . . . . herausgegeben
Hrsg. . . . . Herausgeber
Hs. . . . . Halbsatz
HV . . . . Verfassung des Landes Hessen v. 1.12.1946
HwO . . . . Gesetz zur Ordnung des Handwerks (Handwerksordnung)
HWK . . . . Henssler/Willemsen/Kalb, Arbeitsrecht Kommentar

IAO . . . . Internationale Arbeitsrechtsorganisation
IG . . . . Industriegewerkschaft
IGB . . . . Internationaler Gewerkschaftsbund
IG BCE . . . . IG Bergbau, Chemie und Energie
IGM . . . . Industriegewerkschaft Metall
ILO . . . . International Labour Organisation
IOE . . . . Internationale Arbeitgeberorganisation
InsO . . . . Insolvenzordnung
IPRax . . . . Praxis des internationalen Privat- und Verfahrensrechts (Zeitschrift)
iSd . . . . im Sinne des/der
iVm . . . . in Verbindung mit

JA . . . . Juristische Arbeitsblätter (Zeitschrift)
JArbSchG . . . . . . Gesetz zum Schutze der arbeitenden Jugend (Jugendarbeitsschutzgesetz)
jM . . . . juris – die Monatszeitschrift
JURA . . . . Juristische Ausbildung (Zeitschrift)
JuS . . . . Juristische Schulung (Zeitschrift)
JZ . . . . Juristenzeitung (Zeitschrift)

KAB . . . . Katholische Arbeitnehmer-Bewegung
KG . . . . Kammergericht/Kommanditgesellschaft
KODA . . . . Kommissionen zur Ordnung des Arbeitsvertragsrechts
KR . . . . Gemeinschaftskommentar zum Kündigungsrecht
KRG . . . . Kontrollratsgesetz
KSchG . . . . Kündigungsschutzgesetz
KWG . . . . Gesetz über das Kreditwesen (Kreditwesengesetz)

LadSchlG . . . . . . Gesetz über den Ladenschluss
LAG . . . . Landesarbeitsgericht
LAGE . . . . Entscheidungen der Landesarbeitsgerichte
lit. . . . . litera (Buchstabe)
Lkw . . . . Lastkraftwagen
LPVG . . . . Landespersonalvertretungsgesetz
LPersVG . . . . Landespersonalvertretungsgesetz
Ls. . . . . Leitsatz

mAnm . . . . mit Anmerkung
mkritAnm . . . . . . mit kritischer Anmerkung
MDR . . . . Monatsschrift für Deutsches Recht (Zeitschrift)
MgVG . . . . Gesetz über die Mitbestimmung der Arbeitnehmer bei einer grenzüberschreitenden Verschmelzung
MHdB ArbR . . . . Münchener Handbuch zum Arbeitsrecht
MiArbG . . . . Gesetz über die Festsetzung von Mindestarbeitsbedingungen (Mindestarbeitsbedingungsgesetz)
MiLoG . . . . Mindestlohngesetz
Mio. . . . . Million(en)
MitbestG . . . . Gesetz über die Mitbestimmung der Arbeitnehmer (Mitbestimmungsgesetz)
mN . . . . mit Nachweisen
MontanMitbestErgG . . . . Gesetz zur Ergänzung des Gesetzes über die Mitbestimmung der Arbeitnehmer in den Aufsichtsräten und Vorständen der Unternehmen des Bergbaus und der Eisen und Stahl erzeugenden Industrie
MontanMitbestG Gesetz über die Mitbestimmung der Arbeitnehmer in den Aufsichtsräten und Vorständen der Unternehmen des Bergbaus und der Eisen und Stahl erzeugenden Industrie
MTL . . . . Manteltarifvertrag der Länder
MüKoBGB . . . . . Münchner Kommentar zum Bürgerlichen Gesetzbuch
MüKoInsO . . . . . Münchner Kommentar zur Insolvenzordnung
MuSchG . . . . Gesetz zum Schutze der erwerbstätigen Mutter (Mutterschutzgesetz)
mwN . . . . mit weiteren Nachweisen

NachwG . . . . Gesetz über den Nachweis der für ein Arbeitsverhältnis geltenden wesentlichen Bedingungen
nF . . . . neue Fassung
NJW . . . . Neue Juristische Wochenschrift (Zeitschrift)
NJW-RR . . . . . . NJW-Rechtsprechungsreport Zivilrecht
nv . . . . nicht veröffentlicht
NVwZ . . . . Neue Zeitschrift für Verwaltungsrecht
NZA . . . . Neue Zeitschrift für Arbeitsrecht
NZA-RR . . . . . . NZA-Rechtsprechungsreport
NZG . . . . Neue Zeitschrift für Gesellschaftsrecht
NZS . . . . Neue Zeitschrift für Sozialrecht

OdW . . . . Ordnung der Wissenschaft (Zeitschrift)
OECD . . . . Organisation for Economic Co-operation and Development
OHG . . . . Offene Handelsgesellschaft
OLG . . . . Oberlandesgericht
OT . . . . ohne Tarifbindung
ÖTV . . . . Gewerkschaft Öffentliche Dienste, Transport und Verkehr
OVG . . . . Oberverwaltungsgericht

PatG . . . . Patentgesetz
PersV . . . . Die Personalvertretung (Zeitschrift)
PersVG . . . . Landespersonalvertretungsgesetz
PflegeZG . . . . . . Gesetz über die Pflegezeit (Pflegezeitgesetz)

Pkw .... Personenkraftwagen
PM .... Pressemitteilung

RAG .... Reichsarbeitsgericht
RdA .... Recht der Arbeit (Zeitschrift)
REFA .... Reichsausschuss für Arbeitszeitermittlung
RG .... Reichsgericht
RGBl. .... Reichsgesetzblatt
RGZ .... Entscheidungen des Reichsgerichts in Zivilsachen
RL .... Richtlinie
Rn. .... Randnummer
Rs. .... Rechtssache
RVO .... Reichsversicherungsordnung

s. .... siehe
S. .... Satz
SAE .... Sammlung Arbeitsrechtlicher Entscheidungen (Zeitschrift)
SCE .... Europäische Genossenschaft
SchRModG ..... Gesetz zur Modernisierung des Schuldrechts (Schuldrechtsmodernisierungsgesetz)
SD .... Systematische Darstellung
SE .... Europäische Gesellschaft
SEBG .... Gesetz über die Beteiligung der Arbeitnehmer in einer Europäischen Gesellschaft (SE-Beteiligungsgesetz)
SF .... Sozialer Fortschritt (Zeitschrift)
SGB .... Sozialgesetzbuch
SGG .... Sozialgerichtsgesetz
Slg. .... Sammlung
sog. .... sogenannt
SprAuG .... Sprecherausschussgesetz
StGB .... Strafgesetzbuch
stRspr .... ständige Rechtsprechung
StVollzG .... Gesetz über den Vollzug der Freiheitsstrafe und der freiheitsentziehenden Maßregeln der Besserung und Sicherung (Strafvollzugsgesetz)
StVZO .... Straßenverkehrs-Zulassungs-Ordnung

TUAC .... Trade Union Advisory Committee to OECD
TVG .... Tarifvertragsgesetz
TVöD .... Tarifvertrag für den öffentlichen Dienst
TVVO .... Verordnung über Tarifverträge
TzBfG .... Gesetz über Teilzeitarbeit und befristete Arbeitsverträge (Teilzeit- und Befristungsgesetz)

ua .... und andere
UFO .... Gewerkschaft Unabhängiger Flugbegleiter
ULA .... Union der Leitenden Angestellten (Deutscher Führungskräfteverband)
UN .... United Nations (Vereinte Nationen)
UNESCO ...... United Nations Educational, Scientific and Cultural Organization
UNICE .... Union of Industrial and Employers' Confederations of Europe (Union der Industrie- und Arbeitgeberverbände Europas)
UmwG .... Umwandlungsgesetz
UrhG .... Gesetz über Urheberrecht und verwandte Schutzrechte (Urheberrechtsgesetz)
uU .... unter Umständen
UWG .... Gesetz gegen den unlauteren Wettbewerb

VAG .... Gesetz über die Beaufsichtigung der Versicherungsunternehmen (Versicherungsaufsichtsgesetz)
vbm .... Verband der bayerischen Metall- und Elektroindustrie e. V.

vbw . . . . Vereinigung der Bayerischen Wirtschaft e. V.
ver.di . . . . Vereinte Dienstleistungsgewerkschaft
VereinsG . . . . Gesetz zur Regelung des öffentlichen Vereinsrechts (Vereinsgesetz)
VerfGH . . . . Verfassungsgerichtshof
VG . . . . Verwaltungsgericht
vgl. . . . . vergleiche
VO . . . . Verordnung
Vorbem. . . . . Vorbemerkung
VVG . . . . Gesetz über den Versicherungsvertrag (Versicherungsvertragsgesetz)

WO . . . . Erste Verordnung zur Durchführung des Betriebsverfassungsgesetzes (Wahlordnung)
WissZeitVG . . . . . Gesetz über befristete Arbeitsverträge in der Wissenschaft (Wissenschaftszeitvertragsgesetz)
WRV . . . . Weimarer Reichsverfassung

ZAAR . . . . Zentrum für Arbeitsbeziehungen und Arbeitsrecht
ZAT . . . . Zeitschrift für Arbeitsrecht und Tarifpolitik in Kirche und Caritas
zB . . . . zum Beispiel
ZDG . . . . Gesetz über den Zivildienst der Kriegsdienstverweigerer (Zivildienstgesetz)
ZESAR . . . . Zeitschrift für europäisches Sozial- und Arbeitsrecht
ZfA . . . . Zeitschrift für Arbeitsrecht
ZIP . . . . Zeitschrift für Wirtschaftsrecht
zit. . . . . zitiert
ZMV . . . . Die Mitarbeitervertretung (Zeitschrift)
ZPO . . . . Zivilprozessordnung
ZTR . . . . Zeitschrift für Tarifrecht

Arbeitsmittel

1. Gesetzessammlungen

dtv-Beck-Texte Arbeitsgesetze, dtv-Reihe Bd. 5006

Kittner, M. Arbeits- und Sozialordnung 2016, 41. Aufl. 2016

Nipperdey, H. C. Arbeitsrecht, Loseblattsammlung, 117. Aufl. 2016

NWB Gesetzesredaktion Wichtige Arbeitsgesetze 2016/2017, 23. Aufl. 2016

2. Studienbücher zum Arbeits- und Sozialrecht

Bley, H./Kreikebohm, R./Marschner, A., Sozialrecht, 9. Aufl. 2007

Boemke, B., Studienbuch Arbeitsrecht, 2. Aufl. 2004

Brox, H./Rüthers, B./Henssler, M., Arbeitsrecht, 19. Aufl. 2016

Däubler, W., Das Arbeitsrecht, Bd. I, 16. Aufl. 2006, Bd. II, 12. Aufl. 2009

Dütz, W./Thüsing, G., Arbeitsrecht, 21. Aufl. 2016

Eichenhofer, E., Sozialrecht, 9. Aufl. 2015

Geiser, T./Müller, R., Arbeitsrecht in der Schweiz, 3. Aufl. 2015

Hanau, P./Adomeit, K., Arbeitsrecht, 14. Aufl. 2006 (zit.: *Hanau/Adomeit* ArbR)

Hromadka, W./Maschmann, F., Arbeitsrecht, Bd. 1, 6. Aufl. 2015, Bd. 2, 7. Aufl. 2017 (zit.: *Hromadka/Maschmann* ArbR I/II)

Igl, G./Welti, F., Sozialrecht, 8. Aufl. 2007 (zit.: *Igl/Welti* SozR)

Junker, A., Grundkurs Arbeitsrecht, 15. Aufl. 2016 (zit.: *Junker* GK ArbR)

Kamanabrou, S., Arbeitsrecht, 2017

Krause, R., Arbeitsrecht, 3. Aufl. 2015 (zit.: *Krause* ArbR)

Lieb, M./Jacobs, M., Arbeitsrecht, 9. Aufl. 2006

Marhold, F./Friedrich, M., Österreichisches Arbeitsrecht, 3. Aufl. 2016

Michalski, L., Arbeitsrecht, 7. Aufl. 2008

Otto, H., Arbeitsrecht, 4. Aufl. 2008 (zit.: *Otto* ArbR)

Preis, U., Arbeitsrecht – Individualarbeitsrecht, 4. Aufl. 2012

Preis, U., Arbeitsrecht – Kollektivarbeitsrecht, 3. Aufl. 2012

Reichold, H., Arbeitsrecht, 5. Aufl. 2016 (zit.: *Reichold* ArbR)

Richardi, R./Bayreuther, F., Kollektives Arbeitsrecht, 3. Aufl. 2016 (zit.: *Richardi/Bayreuther* KollektArbR)

Rolfs, C., Studienkommentar Arbeitsrecht, 4. Aufl. 2014

Waltermann, R., Arbeitsrecht, 18. Aufl. 2016

Waltermann, R., Sozialrecht, 12. Aufl. 2016

Wörlen, R./Kokemoor, A., Arbeitsrecht, 11. Aufl. 2014

Wollenschläger, M., Arbeitsrecht, 3. Aufl. 2010

Zöllner, W./Loritz, K.-G./Hergenröder, C. W., Arbeitsrecht, 7. Aufl. 2015 (zit.: *Zöllner/Loritz/Hergenröder* ArbR)

3. Fallsammlungen zum Arbeitsrecht

Boecken, W./Jacobsen, J., Schwerpunktbereich Arbeits- und Sozialrecht, 2015

Boemke, B./Luke, J./Ulrici, B., Fallsammlung zum Schwerpunktbereich Arbeitsrecht, 2008

Gruber, J., Standardfälle Arbeitsrecht, 8. Aufl. 2014

Heckelmann, D./Franzen, M., Fälle zum Arbeitsrecht, 4. Aufl. 2015

Jacobs, M./Krois, C., Klausurenkurs im Arbeitsrecht II, 2014

Junker, A., Fälle zum Arbeitsrecht, 3. Aufl. 2015

Krause, R., Prüfe dein Wissen (PdW), Arbeitsrecht I, 2007

Michalski, L., Arbeitsrecht, 50 Fälle mit Lösungen, 6. Aufl. 2008

Oetker, H., 30 Klausuren aus dem Individualarbeitsrecht, 10. Aufl. 2017

Oetker, H., 30 Klausuren aus dem kollektiven Arbeitsrecht, 9. Aufl. 2016

Richardi, R./Annuß, G., Arbeitsrecht, Fälle und Lösungen nach höchstrichterlichen Entscheidungen, 7. Aufl. 2000

Säcker, F. J., Individuelles Arbeitsrecht case by case, 2006

Säcker, F. J., Kollektives Arbeitsrecht case by case, 2006

Stoffels, M./Reiter, C./Bieder, M., Fälle zum kollektiven Arbeitsrecht, 2. Aufl. 2016

Tillmanns, K., Klausurenkurs im Arbeitsrecht I, 2. Aufl. 2015

4. Lehr- und Handbücher

Dieterich, T./Neef, K./Schwab, B. (Hrsg.), Arbeitsrecht-Blattei (Loseblatt)

Dörner, K./Luczak, S./Wildschütz, M./Baeck, U./Hoß, A., Handbuch des Fachanwalts Arbeitsrecht, 13. Aufl. 2015

Gamillscheg, F., Kollektives Arbeitsrecht, Bd. I, 1997, Bd. II, 2008 (zit.: *Gamillscheg* KollektArbR I/II)

Hueck, A./Nipperdey, H. C., Lehrbuch des Arbeitsrechts, 1. Bd., 7. Aufl. 1963, 2. Bd., 7. Aufl. 1966 und 1970 (zit.: *Hueck/Nipperdey* ArbR I oder II/1, II/2)

Küttner, W., Personalbuch, 23. Aufl. 2016

Kunz, F./Thiel, W., Arbeitsrecht der DDR, Staatsverlag der DDR Autorenkollektiv, 2. Aufl. 1984

Moll, W. (Hrsg.), Münchener Anwaltshandbuch Arbeitsrecht, 4. Aufl. 2017 (zit.: Moll/*Bearbeiter*)

Nikisch, A., Arbeitsrecht, 1. Bd., 3. Aufl. 1961, 2. Bd., 2. Aufl. 1959, 3. Bd., 2. Aufl. 1966

Richardi, R./Wlotzke, O./Wißmann, H./Oetker, H. (Hrsg.), Münchener Handbuch zum Arbeitsrecht, Bd. 1, 3. Aufl. 2009, Bd. 2, 3. Aufl. 2009 (zit.: MHdB ArbR/*Bearbeiter*)

Sinzheimer, H., Grundzüge des Arbeitsrechts, 2. Aufl. 1927

Schaub, G., Arbeitsrechts-Handbuch, 16. Aufl. 2015

Tschöpe, U. (Hrsg.), Arbeitsrecht Handbuch, 9. Aufl. 2015 (zit.: Tschöpe/*Bearbeiter*)

Einem Lehrbuch gleich kommt *Staudinger, J. v./Richardi, R./Fischinger, P. S.*, Vorbem. zu §§ 611 ff. BGB und Kommentierung des § 611 BGB, Neubearbeitung 2016 (zit.: Staudinger/*Bearbeiter*)

5. Kommentare

Boecken, W./Düwell, F. J./Diller, M./Hanau, H. (Hrsg.), Gesamtes Arbeitsrecht, 3 Bde., 2016 (zit.: NK-GA/*Bearbeiter*)

Däubler, W./Hjort, J. P./Schubert, M./Wolmerath, M. (Hrsg.), Arbeitsrecht, 3. Aufl. 2013

Dornbusch, G./Fischermeier, E./Löwisch, M. (Hrsg.), Kommentar zum gesamten Arbeitsrecht, 8. Aufl. 2016 (zit.: AR/*Bearbeiter*)

Gsell, B./Krüger, W./Lorenz, S./Mayer, J. (Hrsg.), Beck.online.Großkommentar zum Zivilrecht, Stand Dezember 2016 (zit.: BeckOGK/*Bearbeiter*)

Henssler, M./Willemsen, H. J./Kalb, H.-J. (Hrsg.), Arbeitsrecht Kommentar, 7. Aufl. 2016 (zit.: HWK/*Bearbeiter*)

Hümmerich, K./Boecken, W./Düwell, F. J. (Hrsg.), Anwaltkommentar Arbeitsrecht, 2 Bde., 2. Aufl. 2010

Müller-Glöge, R./Preis, U./Schmidt, I. (Hrsg.), Erfurter Kommentar zum Arbeitsrecht, 17. Aufl. 2017 (zit.: ErfK/*Bearbeiter*)

Rolfs, C./Giesen, R./Kreikebohm, R./Udsching, P. (Hrsg.), Beck'scher Online Kommentar Arbeitsrecht, 42. Edition (Stand: 1.12.2016)

Das Recht des Dienstvertrages (§§ 611–630 BGB) ist in den Kommentaren zum BGB, das Recht der kaufmännischen Angestellten (§§ 69–83 HGB) in den Kommentaren zum HGB erläutert. Erläuterungen zu den arbeitsrechtlichen Vorschriften der Gewerbeordnung (§§ 105–110 GewO) finden sich in den Kommentaren zur GewO.

Kommentare zu speziellen arbeitsrechtlichen Gesetzen sind in den Literaturangaben zu den einzelnen Paragraphen des Buches gesondert aufgeführt.

6. Zeitschriften

Arbeit und Arbeitsrecht (AuA)
Arbeit und Recht (ArbuR/AuR)
Arbeitsrecht im Betrieb (AiB)
Betriebs-Berater (BB)
Bundesarbeitsblatt (BABl)
Der Betrieb (DB)
Europäische Zeitschrift zum Arbeitsrecht (EuZA)
Fachanwalt Arbeitsrecht (FA)
Neue Zeitschrift für Arbeitsrecht (NZA)
Neue Zeitschrift für Sozialrecht (NZS)
Zeitschrift für das öffentliche Arbeits- und Tarifrecht (öAT)
Recht der Arbeit (RdA)
Zeitschrift für Arbeitsrecht (ZfA)
Zeitschrift für Arbeitsrecht und Tarifpolitik in Kirche und Caritas (ZAT)
Zeitschrift für europäisches Sozial- und Arbeitsrecht (ZESAR)
Zeitschrift für Tarifrecht (ZTR)

7. Entscheidungssammlungen

Entscheidungen des Reichsarbeitsgerichts (RAGE)
Arbeitsrechtssammlung (ARS oder BenshS, bis 1944)
Entscheidungen des Bundesarbeitsgerichts (BAGE)
Arbeitsrechtliche Praxis, Nachschlagewerk des Bundesarbeitsgerichts (AP)
Entscheidungssammlung zum Arbeitsrecht (EzA)
Entscheidungen der Landesarbeitsgerichte (LAGE)
NZA-Rechtsprechungs-Report Arbeitsrecht (NZA-RR)
Sammlung Arbeitsrechtlicher Entscheidungen (SAE)

Die Entscheidungen des Bundesarbeitsgerichts können außerdem im Internet unter der Adresse http://www.bundesarbeitsgericht.de abgerufen werden.

Arbeitsrecht in den Ausbildungs- und Prüfungsordnungen

Inwieweit das Arbeitsrecht Gegenstand von Studium und Erster Juristischer Prüfung und von Vorbereitungsdienst und Zweiter Juristischer Staatsprüfung ist, haben die Bundesländer nicht einheitlich geregelt. Im Einzelnen gilt Folgendes:

I. Studium und Erste Juristische Prüfung

1. Reform

Die Juristenausbildung ist durch das Gesetz zur Reform der Juristenausbildung vom 11.7.2002 (BGBl. 2002 I 2592) grundlegend reformiert worden. Das Gesetz hat die bundesrechtlichen Vorschriften der §§ 5ff. des deutschen Richtergesetzes geändert und neu gefasst. Danach teilt sich das rechtswissenschaftliche Studium in Pflichtfächer und zu wählende Schwerpunktbereiche. Die Erste Juristische Prüfung besteht aus einer universitären Schwerpunktbereichsprüfung und einer staatlichen Pflichtfachprüfung. Das Zeugnis über die erste Prüfung weist die Ergebnisse der bestandenen universitären Schwerpunktbereichsprüfung und der bestandenen staatlichen Pflichtfachprüfung sowie zusätzlich eine Gesamtnote aus, in die das Ergebnis der bestandenen staatlichen Pflichtfachprüfung mit 70 vom Hundert und das Ergebnis der universitären Schwerpunktbereichsprüfung mit 30 vom Hundert einfließen. Die Schwerpunktbereichsprüfung muss nicht an einer Universität des Landes abgelegt werden, in welchem die staatliche Pflichtprüfung erfolgt.

2. Pflichtfach

In allen Bundesländern ist das Individualarbeitsrecht (Begründung, Inhalt und Beendigung des Arbeitsverhältnisses, Leistungsstörungen und Haftung im Arbeitsverhältnis) Pflichtfach. Hinzu kommen, außer in Berlin, Brandenburg, Sachsen und Thüringen, Grundzüge des kollektiven Arbeitsrechts, zum Teil auch nur von ausdrücklich genannten Teilbereichen des kollektiven Arbeitsrechts.

3. Schwerpunktbereich

Das Angebot an Schwerpunktbereichen und die in diesen gestellten Prüfungsanforderungen sind in den universitären Satzungen geregelt. Nahezu alle juristischen Fakultäten oder Fachbereiche mit einem auf die Erste Juristische Prüfung ausgerichteten Studiengang bieten einen Schwerpunkt mit arbeitsrechtlichen Inhalten an. Kombiniert wird das Arbeitsrecht hierbei meist mit dem Sozialrecht (FU Berlin, Bielefeld, Bochum, Bonn, Bremen, Frankfurt/Main, Frankfurt/Oder, Freiburg, Gießen, Göttingen, Halle-Wittenberg, Hamburg, Hannover, Heidelberg, Jena, Köln, Konstanz, München, Münster, Passau, Saarbrücken, Trier und Würzburg) oder dem Handels- und Gesellschaftsrecht bzw. Wirtschafts- und Unternehmensrecht (Augsburg, Bayreuth, Bucerius Law School Hamburg, Düsseldorf, EBS Wiesbaden, Erlangen-Nürnberg, Greifswald, Hamburg, Hannover, Kiel, Leipzig, Mainz, Mannheim, Marburg, Osnabrück, Regensburg und Tübingen), teils mit verschiedenen Modulen. An der HU Berlin ist das Arbeitsrecht Inhalt eines Schwerpunkts Zivilrechtliche Rechtsberatung und Rechtsgestaltung.

II. Vorbereitungsdienst und Zweite Juristische Staatsprüfung

Das Gesetz zur Reform der Juristenausbildung hat auch den Vorbereitungsdienst und die Zweite Juristische Staatsprüfung neu geregelt. Die Pflichtfachprüfung umfasst in allen Ländern den Pflichtstoff der Ersten Juristischen Staatsprüfung, in Bayern, Sachsen und Sachsen-Anhalt ergänzt durch das arbeitsgerichtliche Verfahren in Grundzügen (nur Urteilsverfahren). In sämtlichen Bundesländern ist das Arbeitsrecht auch Inhalt eines Schwerpunktbereichs. In Bayern, Berlin, Brandenburg, Bremen, Niedersachsen, Schleswig-Holstein und Thüringen umfasst dieser auch das Sozialrecht.

1. Teil. Grundfragen des Arbeitsrechts

§ 1 Arbeitsverhältnis als Gegenstand des Arbeitsrechts

Literatur: *Borelli,* Der Arbeitnehmerbegriff im europäischen Recht, ArbuR 2011, 427; *Däubler,* Für wen gilt das Arbeitsrecht?, FS Wank, 2014, 81; *Hromadka,* Arbeiter und Angestellte – ein Nachruf, RdA 2015, 65; AR/*Kolbe* GewO § 6 Rn. 21ff.; *Maties,* Der Anwendungsbereich des Arbeitsrechts, FS Wank, 2014, 323; *Mikosch,* Arbeitnehmerbegriff und Schutzzweck des Arbeitsrechts, FS Löwisch, 2007, 189; *Rebhahn,* Der Arbeitnehmerbegriff in vergleichender Perspektive, RdA 2009, 154; *Tillmanns,* Arbeitnehmereigenschaft und Statuswechsel, RdA 2015, 285; *Wank,* Arbeitnehmer und Selbständige, 1988; *Ziegler,* Arbeitnehmerbegriffe im Europäischen Arbeitsrecht, 2011. Ältere Literatur s. Vorauflagen.

Fall 1: Im Unternehmen X verstirbt der Leiter der Buchhaltung plötzlich. Das Unternehmen engagiert für eine Übergangszeit von drei Monaten den Wirtschaftsprüfer B, mit dem X auch sonst zusammenarbeitet, um die Buchhaltung zu überwachen. Da diese Aufgabe die Arbeitskraft des B zwei Tage in der Woche in Anspruch nimmt, erhält er im Betriebsgebäude ein Büro. Mit ihm wird eine Pauschalvergütung von 7.000 EUR pro Monat ausgemacht. Nach zwei Monaten erkrankt B schwer. X muss einen neuen Wirtschaftsprüfer nehmen. Nun verlangt B von X, dass er ihm für weitere sechs Wochen die Pauschalvergütung bezahle.

I. Arbeitsvertrag

1. Gesetzlicher Arbeitsvertragsbegriff

Seit dem 1.4.2017 definiert das BGB in dem neu eingefügten § 611a[1] BGB den Arbeitsvertrag. Die Vorschrift lautet: 1

§ 611 a BGB
Arbeitsvertrag

(1) Durch den Arbeitsvertrag wird der Arbeitnehmer im Dienste eines anderen zur Leistung weisungsgebundener, fremdbestimmter Arbeit in persönlicher Abhängigkeit verpflichtet. Das Weisungsrecht kann Inhalt, Durchführung, Zeit und Ort der Tätigkeit betreffen. Weisungsgebunden ist, wer nicht im Wesentlichen frei seine Tätigkeit gestalten und seine Arbeitszeit bestimmen kann. Der Grad der persönlichen Abhängigkeit hängt dabei auch von der Eigenart der jeweiligen Tätigkeit ab. Für die Feststellung, ob ein Arbeitsvertrag vorliegt, ist eine Gesamtbetrachtung aller Umstände vorzunehmen. Zeigt die tatsächliche Durchführung des Vertragsverhältnisses, dass es sich um ein Arbeitsverhältnis handelt, kommt es auf die Bezeichnung des Vertrages nicht an.

(2) Der Arbeitgeber ist zur Zahlung der vereinbarten Vergütung verpflichtet.

Indem Abs. 1 S. 1 der Vorschrift den »Arbeitnehmer« als Partei des Arbeitsvertrages nennt und dahin charakterisiert, dass er zur Leistung weisungsgebundener fremdbestimmter Arbeit in persönlicher Abhängigkeit verpflichtet wird, bestimmt er indirekt auch den Begriff des Arbeitnehmers. Wo Gesetze die Bezeichnung Arbeitnehmer verwenden, ist künftig regelmäßig davon auszugehen, dass eine Person gemeint ist, die weisungsgebundene fremdbestimmte Arbeit in persönlicher Abhängigkeit leistet.[2] So

1 Die Einfügung ist erfolgt durch Art. 2 Gesetz zur Änderung des Arbeitnehmerüberlassungsgesetzes und anderer Gesetze v. 21.2.2017 (BGBl. 2017 I 258).
2 In diesem Sinne Ausschussbericht des Bundestages, BT-Drs. 18/10064, 16.

sind etwa § 1 I und § 22 I 1 MiLoG dahin zu verstehen, dass nur Arbeitnehmer iSv § 611 a BGB Anspruch auf Mindestlohn haben.

2. Arbeitsvertrag als Dienstvertrag

1a In den Kategorien des besonderen Schuldrechts des BGB ist der Arbeitsvertrag ein Dienstvertrag iSd §§ 611 ff. BGB: Der Arbeitnehmer verpflichtet sich zur Leistung der zugesagten Arbeit, der Arbeitgeber zur Zahlung der versprochenen Vergütung. Ist Unentgeltlichkeit vereinbart, handelt es sich regelmäßig nicht um einen Arbeitsvertrag, sondern um einen Auftrag iSd § 662 BGB, der nach § 671 BGB jederzeit beendet werden kann. Dies trifft insbesondere auf unentgeltliche ehrenamtliche Tätigkeiten zu (→ Rn. 17 a).[3]

2 Als Dienstvertrag unterscheidet sich der Arbeitsvertrag vom Werkvertrag (§§ 631 ff. BGB) dadurch, dass der Arbeitnehmer keinen bestimmten Erfolg wie der Werkunternehmer schuldet, sondern nur seine Arbeitsleistung. Das Erbringen eines bestimmten wirtschaftlichen Erfolges beim Werkvertrag setzt zwar auch menschliche Arbeit voraus, lässt diese aber nicht als solche in den Rechtsverkehr eintreten. Dies ist vielmehr nur der Fall, wo die Arbeit selbst zum Gegenstand des Vertrages wird. Daraus folgt etwa, dass eine Schlechtleistung nicht zur Minderung (vgl. § 638 BGB) des Arbeitsentgelts führen kann, sondern nur – wenn ein Verschulden hinzutritt – zu Schadensersatzansprüchen wegen Pflichtverletzung (§§ 280 ff. BGB) und ggf. zu einer Kündigung (→ Rn. 700).

Ob Arbeitsleistung oder Werkleistung geschuldet sind, kann im Einzelfall schwer zu beurteilen sein. Maßgebend für die Abgrenzung ist nicht die Bezeichnung, sondern die tatsächliche Durchführung des Vertragsverhältnisses (§ 611 a I 5 BGB). Einzelheiten zur Abgrenzung von Werkvertrag und Arbeitsvertrag werden im Zusammenhang mit der Arbeitnehmerüberlassung behandelt → Rn. 894.

3 Der Begriff des Arbeitsvertrages deckt sich nicht mit dem des Dienstvertrages. Dienste leisten auch Ärzte oder Rechtsanwälte in ihren Praxen, ohne dass man sie deshalb als Arbeitnehmer ansehen könnte. Erst die mangelnde Selbstständigkeit, die persönliche Abhängigkeit bei der Arbeitsleistung, macht nach § 611 a I 1–4 BGB das Charakteristikum des Arbeitsvertrages aus.

> In **Fall 1** zielt B auf einen Anspruch auf Entgeltfortzahlung im Krankheitsfall. Diesen könnte er nur haben, wenn er Arbeitnehmer wäre (§ 3 I EFZG). Da B lediglich die Überwachung der Buchhaltung übernommen hat und nicht einen bestimmten Erfolg, etwa die Erstellung einer Bilanz, schuldet, wird er zwar nicht aufgrund eines Werk-, sondern aufgrund eines Dienstvertrages tätig. B ist aber, auch wenn er einen Teil der Woche im Unternehmen des X tätig ist und dort ein Büro nutzt, bei seiner Arbeitsleistung nicht persönlich abhängig, sodass kein Arbeitsvertrag vorliegt.

II. Persönliche Abhängigkeit

1. Weisungsgebundene, fremdbestimmte Arbeitsleitung

4 Kriterium der persönlichen Abhängigkeit ist nach § 611 a I 1 BGB die Leistung weisungsgebundener fremdbestimmter Arbeit. Ob diese Arbeit in einem Betrieb oder außerhalb geleistet wird, spielt keine Rolle. Arbeitnehmer ist nach § 611 I 3 Hs. 1 BGB

3 BAG 29.8.2012 – 10 AZR 499/11, NZA 2012, 1433.

jeder Mitarbeiter, der nicht im Wesentlichen frei seine Tätigkeit gestalten und seine Arbeitszeit bestimmen kann. Damit werden die Kriterien aufgegriffen, die die Rechtsprechung in Anlehnung an die in § 84 I 2 HGB enthaltene Abgrenzung zwischen kaufmännischen Angestellten und Handelsvertretern auch bisher hat maßgebend sein lassen.[4] Maßgebend ist nach § 611 I 5 BGB immer der Geschäfts*inhalt* und nicht die gewünschte Rechtsfolge oder eine Bezeichnung des Vertrages, die dem tatsächlichen Geschäftsinhalt nicht entspricht.

Die Entscheidung der Frage, ob jemand seine Arbeitsleistung als Selbstständiger oder 4a
in einem Verhältnis der Unselbstständigkeit erbringt, hängt von der Eigenart der jeweiligen Tätigkeit ab (§ 611 a I 3 Hs. 2 BGB) und ist oft nicht leicht zu treffen. Grenzfälle sind etwa Zeitungszusteller (bei denen es vor allem auf Umfang und Organisation der Zustelltätigkeit ankommt),[5] Frachtführer (bei denen das Bestehen eines eigenen Gestaltungsspielraums vor allem hinsichtlich der Arbeitszeit gegen die Arbeitnehmereigenschaft spricht)[6] und Franchisenehmer (bei denen die weitgehenden Kontroll- und Weisungsrechte des Auftraggebers für die Arbeitnehmereigenschaft sprechen).[7]

2. Persönliche, nicht wirtschaftliche Abhängigkeit

Wichtig ist, dass es für die Frage der persönlichen Unselbstständigkeit nicht auf die 5
wirtschaftliche Abhängigkeit des Arbeit Leistenden ankommt. Wer persönlich selbstständig ist, ist nicht Arbeitnehmer, auch wenn er von einem anderen wirtschaftlich abhängig ist. Die Gesetze kennen nur eine Reihe von Regeln, welche die Anwendung des Arbeitsrechts auf (wegen ihrer wirtschaftlichen Unselbstständigkeit) **arbeitnehmerähnliche** Personen vorsehen: Auf sie wird die Arbeitsgerichtsbarkeit erstreckt (§ 5 ArbGG), für sie gilt das Gleichbehandlungsgesetz (§ 6 I Nr. 3 AGG), sie erhalten einen Urlaubsanspruch (§ 2 S. 2 BUrlG), haben Anspruch auf Pflegezeit (§ 7 I Nr. 3 PflegeZG, § 2 II FPfZG), und für sie können Tarifverträge abgeschlossen werden (§ 12 a TVG). Auch kann mit an sich persönlich Selbstständigen vereinbart werden, dass sie wie Arbeitnehmer zu behandeln sind.[8]

Zu den arbeitnehmerähnlichen Personen gehören auch die **Heimarbeiter und Haus-** 6
gewerbetreibenden, die allein, mit ihren Familienangehörigen oder mit bis zu zwei Hilfskräften zu Hause im Auftrag Waren herstellen, bearbeiten oder verpacken oder sonst gewerblich tätig sind, die Verwertung der Arbeitsergebnisse aber dem Arbeitgeber überlassen. Für sie enthält das Heimarbeitsgesetz (HAG) besondere Schutzbestimmungen. Nach § 17 HAG können auch für sie Tarifverträge abgeschlossen werden. Wo keine Gewerkschaften oder Vereinigungen der Auftraggeber bestehen, können durch von den Arbeitsbehörden gebildete Heimarbeitsausschüsse Entgelte und sonstige Vertragsbedingungen für die Vertragsverhältnisse zwischen den Heimarbeitern und Hausgewerbetreibenden und ihren Auftraggebern festgelegt werden (§ 19 HAG). Weiter ist

4 BAG 9.3.2005 – 5 AZR 493/04, AP BGB § 611 Nr. 167 Lehrer, Dozenten und BGH 21.10.1998 – VIII ZB 54/97, NZA 1999, 110.

5 BAG 16.7.1997 – 5 AZR 312/96, NZA 1998, 368.

6 BAG 27.6.2001 – 5 AZR 561/99, NZA 2002, 742.

7 BAG 16.7.1997 – 5 AZB 29/96, NZA 1997, 1126; BGH 4.11.1998 – VIII ZB 12/98, NZA 1999, 53; zur Abgrenzung auch LAG Düsseldorf 27.8.2010 – 10 Sa 90/10, LAGE § 611 BGB 2002 Arbeitnehmerbegriff Nr. 5.

8 BAG 9.3.2005 – 5 AZR 493/04, AP BGB § 611 Nr. 167 Lehrer, Dozenten und BGH 21.10.1998 – VIII ZB 54/97, NZA 1999, 110.

eine behördliche Überwachung der Entgeltzahlung vorgesehen, wobei die Behörde sogar im eigenen Namen Ansprüche auf Nachzahlungen für die Heimarbeiter und Hausgewerbetreibenden gerichtlich geltend machen kann (§§ 23ff. HAG). § 29 HAG legt Mindestkündigungsfristen für das Vertragsverhältnis fest.

3. Beschäftigtenbegriff der Sozialversicherung

7 Dem für das Arbeitsrecht maßgebenden Merkmal der persönlichen Unselbstständigkeit entspricht für das **Sozialversicherungsrecht** das Merkmal der nicht selbstständigen Beschäftigung: Nach § 2 II Nr. 1 SGB IV sind in der Sozialversicherung nach Maßgabe der besonderen Vorschriften für die einzelnen Versicherungszweige Personen versichert, die gegen Arbeitsentgelt oder zu ihrer Berufsbildung beschäftigt sind. Nach § 7 I SGB IV ist Beschäftigung die nichtselbstständige Arbeit insbesondere in einem Arbeitsverhältnis und sind Anhaltspunkte für eine solche Beschäftigung eine Tätigkeit nach Weisungen und eine Eingliederung in die Arbeitsorganisation des Weisungsgebers. Auf die wirtschaftliche Abhängigkeit kommt es auch im Sozialversicherungsrecht nur ausnahmsweise, nämlich bei der Rentenversicherung an: Nach § 2 S. 1 Nr. 9 SGB VI sind Personen, die im Zusammenhang mit ihrer selbstständigen Tätigkeit keinen versicherungspflichtigen Arbeitnehmer beschäftigen **und** die auf Dauer und im Wesentlichen nur für einen Auftraggeber tätig sind, rentenversicherungspflichtig mit der Maßgabe, dass sie den vollen Beitrag aus ihren Einnahmen zu bestreiten haben (§ 165 SGB VI). Nicht versicherungspflichtige Arbeitnehmer iSd § 2 S. 1 Nr. 9a SGB VI sind insbesondere geringfügig Beschäftigte (§ 5 II 1 Nr. 1 SGB VI iVm § 8 SGB IV).

III. Abgrenzungen

1. Arbeitnehmer und Unternehmer

8 Auch Einzelunternehmer, Personengesellschafter oder die Organe einer Kapitalgesellschaft, zB der Vorstand einer AG, können im Unternehmen mitarbeiten. Sie nehmen aber zugleich die Willensbildung des Unternehmens vor. Sie sind deshalb nicht Arbeitnehmer, sondern unterliegen lediglich dem allgemeinen Dienstvertragsrecht. Nur soweit es um den Zugang zur Erwerbstätigkeit geht, gilt für sie nunmehr das Gleichbehandlungsgesetz (§ 6 III AGG).

9 Das ist nicht unproblematisch. Dass etwa der Geschäftsführer einer kleinen GmbH keinen Kündigungsschutz nach dem Kündigungsschutzgesetz genießt, kann unbefriedigend sein, vor allem, wenn er aus einer Stellung als Arbeitnehmer, etwa als angestellter Betriebsleiter, in die des Geschäftsführers gewechselt ist. In solchen Fällen kann auch nicht durch die Annahme geholfen werden, dass beim Wechsel das bisherige Arbeitsverhältnis als ruhendes bestehen bleibt und wieder auflebt, wenn das Dienstverhältnis als Geschäftsführer beendet wird.[9]

2. Arbeitnehmer und Verbraucher

10 Nach § 13 BGB ist jede natürliche Person, die ein Rechtsgeschäft zu Zwecken abschließt, die weder ihrer gewerblichen noch ihrer selbstständigen beruflichen Tätigkeit zugerechnet werden können, »Verbraucher« im Sinne des BGB. Dem Wortlaut nach

9 BAG 3.2.2009 – 5 AZB 100/08, NZA 2009, 669; zur Problematik ausführlich AR/*Kolbe* GewO § 6 Rn. 104ff.

trifft diese Definition auch auf den Arbeitnehmer zu, der einen Arbeitsvertrag abschließt, denn die Arbeitsleistung stellt weder eine gewerbliche noch eine selbstständige berufliche Tätigkeit dar; vielmehr ist sie gerade durch ihre Unselbstständigkeit gekennzeichnet. Deshalb sieht das BAG den Arbeitnehmer tatsächlich als Verbraucher iSv § 13 BGB an und entscheidet erst bei den einzelnen Verbraucherschutzvorschriften, etwa bei § 312b BGB (→ Rn. 663), ob deren Anwendung auf den Arbeitnehmer sachgerecht ist.[10] Auch den GmbH-Geschäftsführer sieht das BAG als Verbraucher an und unterstellt dementsprechend gem. § 310 III BGB seinen Anstellungsvertrag dem AGB-Recht.[11]

3. Unternehmer und Arbeitgeber

Die Begriffe Unternehmer und Arbeitgeber decken sich nicht. Unternehmer kann auch sein, wer keine Arbeitnehmer hat, zB ein Handelsvertreter, und Arbeitgeber kann jemand auch sein, ohne Unternehmer zu sein, zB ein Arbeitnehmer oder Rentner, der eine Haushaltshilfe beschäftigt. Der Begriff des Unternehmers beschreibt die selbstständige Teilnahme am Wirtschaftsverkehr (vgl. § 14 BGB). Der Begriff des Arbeitgebers ist in Abhängigkeit vom Begriff des Arbeitnehmers gebildet: Jede natürliche Person, Personengesellschaft oder juristische Person, die Arbeitnehmer beschäftigt, ist Arbeitgeber. 11

4. Arbeitnehmer und Beamter

Auch der Beamte leistet Arbeit. Er tut dies aber nicht aufgrund eines privatrechtlichen Arbeitsvertrages, sondern aufgrund eines öffentlich-rechtlichen Anstellungsverhältnisses, welches besonderen Regeln unterliegt. Deshalb sind Beamte und Arbeitnehmer auseinander zu halten. Nicht zu den Beamten, sondern zu den Arbeitnehmern zählen aber die Angestellten und Arbeiter des öffentlichen Dienstes, weil sie ebenfalls aufgrund privatrechtlichen Vertrages arbeiten. 12

5. Arbeitnehmer und Auszubildende

Auszubildende sind keine Arbeitnehmer, weil der Vertragszweck nicht im Austausch von Arbeit und Entgelt besteht, sondern primär auf die Ausbildung ausgerichtet ist. Doch sieht § 10 II BBiG für das Berufsausbildungsverhältnis die Anwendung der für das Arbeitsverhältnis geltenden Rechtsvorschriften vor, sodass für sie auch Tarifverträge abgeschlossen werden können. Ausgenommen sind nach § 3 II Nr. 1 und Nr. 2 BBiG Berufsbildungen, die in berufsqualifizierenden Studiengängen an Hochschulen oder in einem öffentlich-rechtlichen Dienstverhältnis durchgeführt werden. Dies gilt insbesondere für die Praxisphasen von Studiengängen; diese unterliegen deshalb auch nicht der Sozialversicherungspflicht.[12] 13

6. Arbeitnehmer und mitarbeitende Familienangehörige

Wer als Ehegatte nach § 1353 I 2 BGB oder als Kind nach § 1619 BGB im Betrieb des anderen Ehegatten bzw. der Eltern mitarbeitet, ist nicht Arbeitnehmer, denn Grund- 14

10 BAG 25.5.2005 – 5 AZR 572/04, NZA 2005, 1111.
11 BAG 19.5.2010 – 5 AZR 253/09, NZA 2010, 939.
12 BSG 1.12.2009 – B 12 R 4/08 R, NZA 2010, 692; ErfK/*Schlachter* BBiG § 3 Rn. 2.

lage der Mitarbeit ist nicht ein Vertrag, sondern eine gesetzliche Verpflichtung. Die Regeln des Arbeitsrechts finden deshalb auf solche Mitarbeit keine Anwendung. Allerdings ist es möglich, dass eine solche Mitarbeit auf **vertragliche Grundlage** gestellt wird. Bei einem solchen Vertrag kann es sich je nach der Ausgestaltung der Mitarbeit, insbesondere der internen Aufgabenverteilung, um einen Gesellschaftsvertrag iSd §§ 705ff. BGB[13] oder einen Arbeitsvertrag handeln. Nur im letzten Falle findet dann auch das Arbeitsrecht Anwendung, sofern das nicht, wie etwa in § 5 II Nr. 5 BetrVG, ausdrücklich ausgeschlossen ist.

7. Arbeitnehmer und Beschäftigung auf öffentlich-rechtlicher Grundlage

15 Keine Arbeitnehmer sind die aufgrund eines öffentlich-rechtlichen Rechtsverhältnisses Tätigen. Hierher gehören etwa erwerbsfähige Hilfsbedürftige, die Arbeitsgelegenheiten iSv § 16d SGB II wahrnehmen, Bundesfreiwilligendienstleistende nach dem Bundesfreiwilligendienstgesetz und Strafgefangene nach § 41 StVollzG. Die Anwendung arbeitsrechtlicher Vorschriften auf diese öffentlich-rechtlichen Verhältnisse ist aber teilweise ausdrücklich angeordnet.

8. Arbeitnehmer und karitativ tätige Personen

16 Nicht Arbeitnehmer sind diejenigen, die nicht in erster Linie zum Erwerb, sondern aus karitativen, insbesondere religiösen Motiven Arbeit leisten, wie Mönche, Diakonissen, Rote-Kreuz-Schwestern. Grundlage ihrer Tätigkeit ist nicht ein Arbeitsvertrag, sondern das Mitgliedschaftsverhältnis im Orden oder einer anderen religiösen oder karitativen Vereinigung. Sie gehören aber der Rentenversicherung an (§ 1 S. 1 Nr. 4 SGB VI).

17 Erfolgt die karitative Tätigkeit hingegen aufgrund eines entgeltlichen Vertrages mit der Kirche oder sonstigen Einrichtung, ist der Arbeitnehmerbegriff erfüllt. Es gelten lediglich eine Reihe von Besonderheiten. So sind die Kirchen und ihre karitativen und erzieherischen Einrichtungen aus dem Anwendungsbereich der Mitbestimmungsgesetze und des Betriebsverfassungsrechts (vgl. § 1 IV MitbestG, § 118 II BetrVG) herausgenommen; auch ist die besondere Eigenart dieser Beschäftigungsverhältnisse bei der Auslegung der anwendbaren staatlichen Arbeitsgesetze, insbesondere des Kündigungsschutzgesetzes, zu berücksichtigen (→ Rn. 115f.).

9. Arbeitnehmer und Ehrenamt

17a Von vornherein keine Arbeitnehmer sind Personen, die öffentliche Ehrenämter, etwa als Gemeinderäte oder in der freiwilligen Feuerwehr, wahrnehmen. Rechtsgrundlage ist dort nicht ein privatrechtlicher Vertrag, sondern ein öffentlich rechtliches Rechtsverhältnis. Keine Arbeitnehmer sind auch Vereinsmitglieder, die als solche, insbesondere als Vorstandsmitglieder, ehrenamtliche Funktionen wahrnehmen, weil Rechtsgrundlage dort das Vereinsrecht ist. Die unentgeltliche Wahrnehmung von Ehrenämtern auf vertragsrechtlicher Grundlage fällt unter das Auftragsrecht und nicht unter das Arbeitsvertragsrecht (→ Rn. 1a). Damit bleibt die Frage, ob Personen, die Ehrenämter auf vertragsrechtlicher Grundlage gegen eine Aufwandsentschädigung wahrnehmen (etwa Übungsleiter von Sportvereinen), als Arbeitnehmer anzusehen sind. Die Antwort hängt davon ab, ob die Person bei ihrer Tätigkeit persönlich abhängig, insbesondere wei-

13 S. dazu BGH 9.10.1974 – IV ZR 164/73, NJW 1974, 2278.

sungsgebunden ist. Bei Übungsleitern ist das meist zu bejahen.[14] Anspruch auf den gesetzlichen Mindestlohn haben sie nach § 22 III MiLoG gleichwohl nicht, solange nicht der Erwerbszweck im Vordergrund steht.[15]

IV. Unterscheidung von Arbeitern und Angestellten

Das Arbeitsrecht hat die traditionelle Unterscheidung von Arbeitern und Angestellten 18
nach und nach aufgehoben. Zuletzt ist sie aufgrund des BetrVerf-ReformG in der Betriebsverfassung und der Mitbestimmungsordnung entfallen. Auch das Personalvertretungsrecht wird die Unterscheidung wohl in absehbarer Zeit aufheben (→ Rn. 1624 ff.). Überständig ist auch die auf Art. 137 I GG basierende Differenzierung der Wählbarkeit von Angestellten und Arbeitern des öffentlichen Dienstes zu Gemeindeparlamenten (so noch – differenzierend – § 29 BWGemO und Art. 31 III BayGO).

Von der Gruppe der Angestellten hat sich die der sog. **leitenden Angestellten** abgelöst. 19
Für diese gelten besondere Regelungen im Kündigungsschutzrecht (vgl. § 14 II KSchG). Sie bilden eine eigene Gruppe im Rahmen der Beteiligung der Arbeitnehmer in den Aufsichtsräten nach dem Mitbestimmungsgesetz (vgl. § 3 I Nr. 2 MitbestG). Vor allem sind sie aus der Geltung des Betriebsverfassungsgesetzes weitgehend herausgelöst (vgl. § 5 III BetrVG) und haben in Gestalt der Sprecherausschüsse nach dem SprAuG eine eigene Vertretung erhalten.

V. Kontrollfragen

Frage 1: Wie verhalten sich die Begriffe Dienstvertrag und Arbeitsvertrag zueinander? 20
Frage 2: Ist der Arbeitnehmer als Verbraucher iSd BGB anzusehen?

§ 2 Bedeutung und Aufgaben des Arbeitsrechts

Literatur: *Däubler,* Herausforderungen für das Arbeitsrecht – Deregulierung, Globalisierung, Digitalisierung, ArbuR 2016, 325; *Eylert/Gotthardt,* Liberalisierung des Welthandels und Arbeitsrecht, RdA 2007, 91; *Franz/Rüthers,* Arbeitsrecht und Ökonomie, RdA 1999, 32; *Giesen/Junker/Rieble* (Hrsg.) Industrie 4.0 als Herausforderung des Arbeitsrechts, ZAAR Schriftenreihe Bd. 39, 2016; *Loritz,* Anforderungen an die Arbeitswelt von morgen, ZfA 2013, 335; *Loritz,* Grenzen des Arbeitsrechts – Gedanken zu Entwicklung und Herausforderungen, ZfA 2010, 367; *Löwisch,* Arbeitsrecht und wirtschaftlicher Wandel, RdA 1999, 69; *Löwisch,* Privatautonomie und Arbeitsrecht, JURA 2014, 131; *E. Picker,* Das Arbeitsrecht zwischen Marktgesetz und Machtansprüchen, ZfA 2005, 353; *Ch. Picker,* Niedriglohn und Mindestlohn, RdA 2014, 25; *Rieble,* Arbeitsmarkt und Wettbewerb, 1996 (dazu die Besprechung von *Henssler* ZfA 2002, 335); *Rieble/Junker/Giesen* (Hrsg.), Kartellrecht und Arbeitsmarkt, ZAAR Schriftenreihe, Bd. 16, 2010; *Rieble/Klumpp,* Arbeitsrecht zwischen markt- und gesellschaftspolitischen Herausforderungen, JZ 2004, 817; *Stürner,* Recht und Markt, in Starck (Hrsg.), Recht und Willkür, 2012, 63; *Vanberg,* Moral und Wirtschaftsordnung: Zu den ethischen Grundlagen einer freien Gesellschaft, Stiftung Evangelisches Stift Tübingen, 2. Stiftsrede, 2011; *Zachert,* Globalisierung und Arbeitswelt – rechtliche Perspektiven, Die Aktiengesellschaft 2002, 35; *Zöllner,* Arbeitsrecht und Marktwirtschaft, ZfA 1994, 423.
Ältere Literatur s. Vorauflagen.

14 LSG NRW 14.2.2007 – L 11 (8) R 242/05, BeckRS 2007, 43863 für den Fußballtrainer einer Amateurmannschaft.
15 *Greiner* NZA 2015, 285.

I. Praktische Bedeutung des Arbeitsrechts

21 Der weitaus größte Anteil der Erwerbstätigen in der Bundesrepublik Deutschland besteht aus Arbeitnehmern:

Im Jahre 2014 hatte die Bundesrepublik Deutschland eine Bevölkerung von ca. 81 Mio. Personen. 2015 waren über ca. 43 Mio. erwerbstätig. Die Frauenerwerbsquote lag bei ca. 46 % der über 15-Jährigen. Unter den Erwerbstätigen waren ca. 39 Mio. Arbeitnehmer. Dazu kommen 1,8 Mio. Beamte und eine Gruppe von über 4,3 Mio. Erwerbstätiger, die sich aus Selbstständigen und mithelfenden Familienangehörigen zusammensetzt.[16]

22 Die Arbeitnehmer verteilen sich auf ganz unterschiedliche Wirtschaftszweige und Betriebsgrößen:

24,4 % waren 2015 im produzierenden Gewerbe, 1,5 % in der Land- und Forstwirtschaft und 74,1 % im Dienstleistungssektor tätig.

Die Größe der Betriebe, in denen die Arbeitnehmer beschäftigt sind, ist höchst unterschiedlich. 2013 hatten im verarbeitenden Gewerbe 4.464 Unternehmen mehr als 250 Beschäftigte, 17.210 Betriebe 50–249 Beschäftigte und 234.919 Betriebe 1–49 Beschäftigte.

23 Für zahlreiche Arbeitnehmer ist das Arbeitsverhältnis nur eine *Nebenerwerbsquelle.* Ca. ein Viertel der Arbeitnehmer, darunter weit überwiegend Frauen, sind teilzeitbeschäftigt. Von diesen wiederum ist ein großer Teil, nämlich ca. 4,9 Mio. nur geringfügig beschäftigt (→ Rn. 281 f.).

II. Aufgaben des Arbeitsrechts

1. Regelung des Leistungsaustausches

Fall 2: Die bei der Maschinenfabrik X-GmbH als Sekretärin tätige Frau A hat ihren Urlaub auf Teneriffa verbracht. Wegen eines Fluglotsenstreiks verzögert sich der Rückflug um drei Tage. Entsprechend verspätet erscheint A wieder zur Arbeit. Die Maschinenfabrik weigert sich, ihr für diese Zeit das Gehalt zu zahlen.

24 Trotz der Unselbstständigkeit der Arbeitsleistung bleibt ein wesentliches Element des Arbeitsverhältnisses der Leistungsaustausch: Der Arbeitnehmer arbeitet, um dafür ein Entgelt zu bekommen. Der Arbeitgeber zahlt das Entgelt, um die Arbeitsleistung zu erhalten. Auf das Arbeitsverhältnis sind deshalb grundsätzlich die Vorschriften über den gegenseitigen Vertrag (§§ 320 ff. BGB) anzuwenden.

Daraus ergibt sich schon die Lösung von **Fall 2.** Da A die Arbeitsleistung für die drei Tage nicht erbracht hat, hat sie nach § 326 I 1 Alt. 1 BGB keinen Gehaltsanspruch. Es gilt, wie das § 9.1 des in Anhang 1 wiedergegebenen Tarifvertrages formuliert, der Grundsatz »Bezahlt wird nur die tatsächlich geleistete Arbeitszeit«.

25 Ausdruck des Leistungsaustauschgedankens ist auch die Zulässigkeit der Kündigung aus in der Person des Arbeitnehmers liegenden Gründen nach § 1 II 1 KSchG: Von einem Arbeitnehmer, der dauerhaft nicht in der Lage ist, die geschuldete Arbeitsleistung zu erbringen, muss sich der Arbeitgeber letztlich trennen können (→ Rn. 709 ff.).

16 Hierzu und zum Folgenden: Statistisches Jahrbuch für die Bundesrepublik Deutschland; Homepage des Statistischen Bundesamtes: www.destatis.de (letzter Abruf 6.2.2017).

Daraus, dass das Arbeitsentgelt in aller Regel die Lebensgrundlage des Arbeitnehmers darstellt, ergibt sich auf der anderen Seite die Notwendigkeit, dem Arbeitnehmer den Entgeltanspruch in manchen Fällen zu erhalten, in denen er keine Arbeitsleistung erbringt. Dies geschieht etwa für die Dauer des Erholungsurlaubs, für eine bestimmte Zeit der Erkrankung sowie unter bestimmten Voraussetzungen im Mutterschaftsfall. Auch bei kurzzeitiger Verhinderung durch einen in der Person liegenden Grund, im Falle des Annahmeverzugs und bei Betriebsstörungen bleibt der Entgeltanspruch nach den – allerdings dispositiven – Vorschriften der §§ 615, 616 BGB bestehen (→ Rn. 222 ff. und → Rn. 354 ff.). 26

Angesichts der wirtschaftlichen Überlegenheit des Arbeitgebers muss das Arbeitsrecht auch Vorsorge dafür treffen, dass die beiderseitigen Leistungen in einem angemessenen Verhältnis zueinander stehen. Diese Vorsorge obliegt in erster Linie der Tarifvertragsordnung. Nur dort, wo sie nicht funktioniert, muss der Staat eingreifen. Er kann dies mit der Allgemeinverbindlicherklärung von Entgelttarifverträgen nach § 5 TVG und dem AEntG (→ Rn. 1028 ff.), mit der Festsetzung von Mindestlöhnen nach dem MiLoG (→ Rn. 1036), der Festsetzung von Lohnuntergrenzen in der Leiharbeit nach § 3 a AÜG (→ Rn. 894 ff.) und der Festsetzung von Entgelten für die Heimarbeit nach § 19 HAG tun. Eine zusätzliche Grenze zieht auch hier § 138 BGB: Die Vereinbarung eines schlechterdings unangemessenen Entgelts ist als »Lohnwucher« nichtig mit der Folge, dass der übliche Lohn gem. § 612 II BGB zu zahlen ist (→ Rn. 303 f.).[17] 27

2. Fürsorge für die Person des Arbeitnehmers

Der Arbeitnehmer leistet weisungsgebundene fremdbestimmte Arbeit in persönlicher Abhängigkeit (§ 611 a I 1 BGB, → Rn. 1 ff.). Kraft seines Weisungsrechts bestimmt der Arbeitgeber Verfahrensweise und Vorgesetzte (→ Rn. 212 f.). Das bedeutet auf der anderen Seite, dass der Arbeitnehmer auf den Schutz vor mit der Arbeitsleistung verbundenen Gefahren angewiesen ist. Dieser Schutz wird in erster Linie durch das gesetzliche Arbeitsschutzrecht gewährleistet. Es sieht vor allem im Mutterschutzgesetz und im Jugendarbeitsschutzgesetz Beschäftigungsverbote für besonders schutzwürdige Arbeitnehmergruppen vor, begrenzt im Arbeitszeitgesetz Dauer und Lage der Arbeitszeit und regelt im Arbeitsschutzgesetz und den dazu ergangenen Verordnungen, in den Unfallverhütungsvorschriften der Berufsgenossenschaften und im Arbeitssicherheitsgesetz den Arbeitsbetrieb unter dem Gesichtspunkt der Gefahrenabwehr. Ergänzt wird das gesetzliche Arbeitsschutzrecht durch eine parallel laufende arbeitsvertragliche Fürsorgepflicht gegenüber dem Arbeitnehmer, die in den §§ 617, 618 BGB geregelt ist (→ Rn. 527 ff.). 28

Der Fürsorgegedanke ist im Laufe der Arbeitsrechtsentwicklung immer weitgehender verwirklicht worden (zur Entwicklung → Rn. 74 ff.). Ging es ursprünglich nur um den Arbeitsschutz in dem eben geschilderten technischen Sinne, traten im Laufe der Zeit weitere Felder der Fürsorge für den Arbeitnehmer dazu, etwa der Bestandsschutz für das Arbeitsverhältnis, die Sorge für genügenden Urlaub, die Beschränkung der Arbeit- 29

17 BAG 22.4.2009 – 5 AZR 436/08, NZA 2009, 837: auffälliges Missverhältnis, wenn das Entgelt nicht einmal 2/3 des in der betreffenden Branche und Wirtschaftsregion üblicherweise gezahlten Tariflohns erreicht. Dazu, dass die Beschäftigung eines Arbeitnehmers zu unangemessen niedrigem Lohn auch strafbarer Wucher iSd § 291 I 1 Nr. 3 StGB sein kann, BGH 22.4.1997 – 1 StR 701/96, DB 2004, 1432.

nehmerhaftung und der Schutz vor sexueller Belästigung. Diese Entwicklung wird weitergehen. Veränderungen der Industriegesellschaft und damit des Arbeitslebens erfordern immer wieder Reaktionen des Arbeitsrechts. Die Möglichkeiten der elektronischen Verarbeitung persönlicher Arbeitnehmerdaten, neue Formen der Teilzeitarbeit und anderer Arbeitszeitgestaltungen, Telearbeit und Arbeitnehmerüberlassung sowie jetzt die weitreichenden Folgen der Digitalisierung der Arbeitswelt (»Industrie 4.0«) bieten hierfür aktuelle Beispiele.[18]

30 Auf der anderen Seite lässt sich nicht übersehen, dass der Wandel der Verhältnisse Arbeitnehmerschutzbestimmungen auch überholen kann. Der Arbeitszeitschutz ist dafür das beste Beispiel. Wo nur noch unter 40 Stunden in der Woche gearbeitet wird und die körperliche Beanspruchung durch die Arbeit nur noch ein Bruchteil so groß ist wie vor Jahrzehnten, bedarf es weniger einschneidender Schutzbestimmungen als früher.[19]

3. Daseinsvorsorge

31 Wer sich als Arbeitnehmer darauf einrichtet, in einem Verhältnis persönlicher Abhängigkeit Arbeit zu leisten, verzichtet in der Regel auf die für eine selbstständige Tätigkeit notwendige Ausbildung und Erfahrung. Er stellt Arbeitskraft, Fähigkeit, Phantasie und Initiative in den Dienst anderer und begibt sich damit der Möglichkeit, seine Bedürfnisse durch immer neue selbstständige wirtschaftliche Dispositionen am Markt zu sichern. Diesem Verlust an Selbstständigkeit entspricht auf der Seite des Arbeitgebers eine Erweiterung der Wirtschafts- und Dispositionsmöglichkeiten mittels der von den Arbeitnehmern nach seinen Weisungen zu erbringenden Arbeitsleistungen. Damit aber wird die Beteiligung des Arbeitgebers an der Daseinsvorsorge für seine Arbeitnehmer, wie *Wiedemann*[20] es formuliert hat, zum Äquivalent der Verfügbarkeit der Arbeitskraft.

32 Die Aufgabe der Daseinsvorsorge teilt sich das Arbeitsrecht mit dem **Sozialrecht.** So obliegt im Krankheitsfalle die Vorsorge für den Lebensunterhalt des Arbeitnehmers für die ersten sechs Wochen dem Arbeitgeber, der für diesen Zeitraum das Entgelt fortzuzahlen hat (§ 3 EZFG), während danach die Krankenversicherung mit der Zahlung von Krankengeld eintritt (§§ 44 ff. SGB V). Die Alters- und Invaliditätsversorgung ist – abgesehen von der Eigenvorsorge des Arbeitnehmers – in erster Linie Sache der Rentenversicherung, in Gestalt der zusätzlich zur Rente gezahlten betrieblichen Ruhegelder hat aber auch der Arbeitgeber Anteil an diesem Sektor der Daseinsvorsorge (→ Rn. 461 ff.).

33 Die Aufgabenteilung zwischen Arbeitsrecht und Sozialrecht im Bereich der Daseinsvorsorge folgt keinem eindeutigen Prinzip. Sie ist vielfachen Änderungen unterworfen, deren Motiv nicht selten darin besteht, einen Teil der finanziellen Lasten der Daseinsvorsorge von der Sozialversicherung auf den Arbeitgeber oder von diesem auf jene zu verlagern.

---

18 S. zu letzterem das Grünbuch Arbeiten 4.0 des Bundesministerium für Arbeit- und Sozialordnung, 2015, abrufbar unter http://www.bmas.de/DE/Service/Medien/Publikationen/A872-gruenbuch-arbeiten-vier-null.html (zuletzt abgerufen 6.2.2016); *Giesen/Junker/Rieble* (Hrsg.), Industrie 4.0 als Herausforderung des Arbeitsrechts, ZAAR Schriftenreihe Bd. 39, 2016; *Weth* jM 2016, 1.

19 *Löwisch* RdA 1999, 69 (72 ff.).

20 *Wiedemann*, Das Arbeitsverhältnis als Austausch- und Gemeinschaftsverhältnis, 1966, 14.

Die Entwicklung der Vorsorge für den Lebensunterhalt des Arbeiters im Falle der Krankheit bietet dafür ein Beispiel: Sie lag bis zum Jahre 1957 allein bei der gesetzlichen Krankenversicherung, die dem Arbeiter Krankengeld zu zahlen hatte. Durch das Arbeiterkrankheitsgesetz v. 1.7.1957 wurde dann dem Arbeiter ein Anspruch gegen den Arbeitgeber auf Zuschuss zum Krankengeld in Höhe des Unterschiedsbetrages zwischen dem Krankengeld und 90 % des Nettoarbeitsentgelts gewährt. 1961 wurde dieser Zuschuss so erhöht, dass der Arbeiter insgesamt 100 % des Nettoarbeitsentgelts erhielt. Das (inzwischen im für alle Arbeitnehmer geltenden Entgeltfortzahlungsgesetz aufgegangene) Lohnfortzahlungsgesetz v. 27.7.1969 führte dann den Lohnfortzahlungsanspruch für die ersten sechs Wochen der Krankheit ein, womit die Vorsorge für den Lebensunterhalt in diesem Zeitraum nunmehr allein beim Arbeitgeber liegt und die Krankenkasse erst ab der siebten Woche eintreten muss. Die 1996 eingeführte Beschränkung der Entgeltfortzahlung auf 80 % ist 1999 wieder aufgehoben worden. Statt dessen wird der Arbeitgeber nunmehr dadurch entlastet, dass die Arbeitnehmer gem. § 242 SGB V im Bedarfsfall einen Zusatzbeitrag zur Krankenversicherung zu zahlen haben.

4. Vertrauensschutz

Je mehr ein Vertrag die Person der Vertragspartner mit einbezieht, umso stärkere Verhaltensanforderungen muss die Rechtsordnung an sie stellen. Die gegenseitigen Rücksichtnahme- und Treuepflichten sind etwa bei einer Gesellschaft ungleich höher als bei einem Kaufvertrag. Auch das Arbeitsverhältnis, in dem der Arbeitnehmer seine Person in bestimmten Beziehungen dem Arbeitgeber, und in dem Letzterer Produktionsanlagen, Verfahrensweisen usw dem Arbeitnehmer anvertraut, verlangt nach solchen erhöhten Rücksichtnahme- und Treuepflichten. 34

Auf der Seite des Arbeitnehmers führt der Vertrauensschutzgedanke vor allem zur Verschwiegenheitspflicht bezüglich der Betriebs- und Geschäftsgeheimnisse (→ Rn. 229ff.). Er ist auch Ausgangspunkt für Wettbewerbsverbote während und nach Beendigung des Arbeitsverhältnisses (→ Rn. 673ff.). 35

Aus dem Vertrauensschutzgedanken ergibt sich, dass die Fürsorgepflicht des Arbeitgebers sich über den Gesundheitsschutz hinaus auch auf das vom Arbeitnehmer in den Betrieb eingebrachte Eigentum erstreckt. Weiter folgt aus ihm die Verpflichtung des Arbeitgebers zum Schutz der Persönlichkeitsrechte des Arbeitnehmers. § 75 II BetrVG legt Letzteres heute ausdrücklich fest (→ Rn. 148). 36

5. Diskriminierungsschutz

Regeltyp des Arbeitnehmers ist nicht der Geselle eines Handwerksmeisters oder gar die Haushaltshilfe eines Privatmannes, sondern der Arbeitnehmer in einem Betrieb mit größerer Arbeitnehmerzahl und wechselnder Belegschaft. Dies bringt die Gefahr der Diskriminierung mit sich: Der Arbeitgeber kann bei Einstellungen, Regelung des Inhalts des Arbeitsverhältnisses und bei Kündigungen Arbeitnehmer bevorzugen oder benachteiligen und dabei aus Motiven handeln, welche die Rechtsordnung nicht billigen kann. Diskriminierungen durch andere Arbeitnehmer, insbesondere Vorgesetzte, sind ebenso möglich. Schließlich kann es auch auf der kollektiven Ebene des Tarifvertrages und der Betriebsverfassung zu missbilligenswerten Differenzierungen kommen. 37

Das traditionelle deutsche Arbeitsrecht hat solchen Diskriminierungen nur punktuell entgegengewirkt. Zu nennen sind der vornehmlich auf freiwillige Leistungen bezogene arbeitsrechtliche Gleichbehandlungsgrundsatz (→ Rn. 146), die Grundrechtsbindung der Tarifvertragsparteien (→ Rn. 1069ff.) und das Benachteiligungsverbot des § 75 I 38

BetrVG (→ Rn. 148f.). Den Anstoß für einen umfassenden Diskriminierungsschutz hat erst das europäische Recht mit seinen primärrechtlichen Diskriminierungsverboten, insbesondere dem Verbot der Lohndiskriminierung (heute Art. 157 AEUV), und seinen Gleichbehandlungsrichtlinien gegeben.[21] Sie sind durch das AGG umgesetzt worden (→ Rn. 183ff.).

Der so nunmehr auch im deutschen Arbeitsrecht umfassende Diskriminierungsschutz kann zu **Doppelungen** mit den allgemeinen, in Deutschland besonders ausgeprägten Gesetzen zum Schutz des Arbeitnehmers führen. Für Kündigungen ordnet deshalb § 2 IV AGG die ausschließliche Geltung der Bestimmungen zum allgemeinen und besonderen Kündigungsschutz an (→ Rn. 201ff.).

6. Beteiligung am Arbeitsergebnis

39 Das Arbeitsentgelt ist am Leistungsaustausch orientiert. Durch die Leistung des Arbeitnehmers werden aber im Unternehmen oft Vermögenswerte geschaffen, deren Vergütung durch das Arbeitsentgelt allein noch nicht abgedeckt ist. Besonders deutlich ist das, wenn der Arbeitnehmer im Unternehmen eine Erfindung macht (→ Rn. 480ff.). Das Problem der Beteiligung der Arbeitnehmer an den geschaffenen Vermögenswerten stellt sich aber allgemein und hat im Vermögensbildungsgesetz eine gesetzliche Regelung gefunden (→ Rn. 491ff.).

7. Eingliederung in Betrieb und Unternehmen

40 Das Arbeitsrecht muss sich auch mit den Problemen befassen, die sich aus der Zusammenfassung einer großen Zahl von Arbeitnehmern in den Betrieben und ihrer Unterstellung unter die Leitung des Unternehmers ergeben. Das ist das Problem der Betriebsverfassung (→ Rn. 1191ff.) und der Beteiligung der Arbeitnehmer an den Unternehmensleitungen (→ Rn. 1659ff.) sowie – im öffentlichen Dienst – der Personalvertretung (→ Rn. 1624ff.).

III. Arbeitsrecht und Wirtschaftsordnung

1. Arbeitsrecht und Industriegesellschaft

41 Das Phänomen der abhängigen Arbeitsleistung ist in seiner heutigen Ausprägung ein Produkt der Industrialisierung, insbesondere der damit verbundenen fortschreitenden Technisierung und Arbeitsteilung. Diese Arbeitsteilung macht die Bindung des Arbeitnehmers an die Weisungen der Betriebsleitung und ihrer Repräsentanten unabweisbar und ist zugleich die Hauptursache für die Abhängigkeit des Arbeitnehmers.

2. Arbeitsrecht, Bedürfnisbefriedigung und Produktivität

42 Das Recht der abhängigen Arbeitsleistung wird von den gesellschaftlichen und wirtschaftlichen Zielen in einer Volkswirtschaft mitgeprägt. Ein gesellschaftspolitisches Ziel ist die ständige Verbesserung der Arbeitsbedingungen. Einerseits sollen die Arbeitnehmer durch Entgelterhöhungen in die Lage versetzt werden, ihre steigenden (Konsum-)Bedürfnisse zu befriedigen. Andererseits soll ihnen durch Arbeitserleichterungen und mehr Freizeit ermöglicht werden, außerhalb der Arbeitszeit das erzielte

21 Ausführlich hierzu *Riesenhuber*, Europäisches Arbeitsrecht, 2009, 167ff.

Entgelt optimal zu nutzen. Beide Ziele können nur durch Produktivitätssteigerung erreicht werden.

Dementsprechend besteht bei der Produktivitätssteigerung ein **doppelter Verteilungskonflikt.** Einmal geht es darum, wie der Produktivitätszuwachs zwischen Unternehmer- und Arbeitnehmerseite verteilt wird. Zum anderen muss auf der Arbeitnehmerseite entschieden werden, inwieweit ihr Anteil am Produktivitätsfortschritt den Lebensstandard der Arbeitnehmer durch Entgeltsteigerungen oder aber durch Arbeitserleichterungen und mehr Freizeit erhöhen soll. Diese Verteilungskonflikte führen dazu, dass der Produktivitätszuwachs zur zentralen wirtschaftspolitischen Zielgröße wird. 43

3. Arbeitsrecht und Marktwirtschaft

a) Arbeitsrecht und Arbeitsmarkt

Idee der Marktwirtschaft ist, den Austausch von Gütern und Leistungen dem Markt, das heißt dem freien Spiel von Angebot und Nachfrage, zu überlassen. Der Preis als Anzeiger der Knappheit von Gütern soll die Vielzahl von Einzelplänen der Wirtschaftssubjekte koordinieren und allen Beteiligten ein wirtschaftlich optimales Ergebnis ermöglichen. Der Rechtsordnung kommen dabei als Aufgaben nur zu, eine gute Ordnung herzustellen, also insbesondere die Lauterkeit des Wettbewerbs zu wahren, und zum anderen den Wettbewerb gegen Unterhöhlung durch die Beteiligten selbst zu schützen, also insbesondere Wettbewerbsbeschränkungen zu verhindern. 44

Eine formalistische Übertragung dieses marktwirtschaftlichen Modells auf den Arbeitsmarkt würde bedeuten, den einzelnen Arbeitnehmer dem einzelnen Arbeitgeber gegenüberzustellen und es ihm zu überlassen, sich mit dem Mittel des Individualvertrages die Gegenleistung für seine Arbeitsleistung auszuhandeln. Nicht einmal der Zusammenschluss in Gewerkschaften und Arbeitgeberverbänden ließe sich bei solch formalistischer Betrachtung rechtfertigen, da diese ihrer Funktion nach ja Kartelle der Anbieter und Nachfrager auf dem Arbeitsmarkt sind und so Wettbewerbsbeschränkungen darstellen. 45

Auf dem Arbeitsmarkt kann diese Freiheit angesichts der Verteilung von Macht und Gegenmacht nur zufällig zu richtigen Ergebnissen führen, etwa bei gesuchten Fachkräften. In der Regel lassen sich die Probleme des Arbeitsmarktes mit rein marktwirtschaftlichen Prinzipien nicht lösen. Die Marktwirtschaft ist deshalb auch für den Arbeitsmarkt sehr bald und in zunehmendem Maße anders verstanden worden. 46

Als **Korrektiv** zu einer reinen Marktwirtschaft hat sich dabei zuerst das Arbeitnehmerschutzrecht entwickelt: Durch die gesetzlichen Regelungen von Arbeitszeit, äußeren Arbeitsbedingungen und später Urlaub, Mutterschutz sowie Entgeltfortzahlung im Krankheitsfall sind bestimmte Daten für den Markt gesetzt worden, von denen bei dem Vertragsschluss über die Arbeitsleistung auszugehen ist. 47

Zweitens hat sich der Staat mit der Schaffung der Sozialversicherung in den Dienst der **Daseinsvorsorge** für die Arbeitnehmer gestellt.

Die dritte und wichtigste Korrektur formaler marktwirtschaftlicher Vorstellungen ist dadurch erfolgt, dass die **kollektive Ebene** als Grundlage der Auseinandersetzung der Gegenkräfte am Arbeitsmarkt akzeptiert und damit gewährleistet ist, dass diese sich auch hier in einem Zustand des Gleichgewichts gegenübertreten und so sachgerechte Ergebnisse erzielt werden können.

Unsere Rechtsordnung ist dabei bei der bloßen Anerkennung von Gewerkschaften und Arbeitgeberverbänden nicht stehen geblieben, sondern hat durch Tarifvertrags- und Arbeitskampfrecht die Auseinandersetzung der Gegenkräfte auf der kollektiven Ebene in Regeln gefasst und die Gegengewichte immer feiner austariert (s. für das Arbeitskampfrecht → Rn. 1110ff.). Zudem versucht sie Einfluss auf die Tarifpolitik zu nehmen. Von Bedeutung sind insoweit vor allem die vom Sachverständigenrat zur Begutachtung der gesamtwirtschaftlichen Entwicklung jährlich erstellten Gutachten, die regelmäßig Aussagen vor allem über die volkswirtschaftlichen Auswirkungen der Tarifpolitik enthalten.

Demgegenüber haben sich Versuche einer direkten Einflussnahme auf die Kollektivparteien mithilfe der im Stabilitätsgesetz v. 8.6.1967 geschaffenen Möglichkeit der sog. konzertierten Aktion nicht durchgesetzt. Auch die teilweise an die Stelle getretenen Gesprächsrunden im Rahmen der sog. Bündnisse für Arbeit haben in den letzten Jahren nicht mehr stattgefunden.

48 Der moderne Staat marktwirtschaftlicher Prägung nimmt auch noch auf anderen Wegen Einfluss auf den Arbeitsmarkt. Zu nennen ist einmal sein eigenes Verhalten am Arbeitsmarkt. Der Staat beschäftigt ja sowohl in der öffentlichen Verwaltung wie in gemeinschaftlichen Unternehmen Arbeitnehmer. Die Arbeitsbedingungen, die er dort bietet, sind einerseits jedenfalls Beispiele, vor allem aber auch Konkurrenzanreiz für die private Wirtschaft und üben so einen mittelbaren Einfluss aus. Aber auch gesetzliche Korrekturen der Arbeitsmarktergebnisse, insbesondere im Entgeltsektor kommen vor. Dabei ist nicht nur eine Grenzziehung »nach unten« durch Mindestlöhne möglich, wie sie jetzt das MiLoG vorsieht (→ Rn. 302). In Extremfällen können auch Grenzen »nach oben« gezogen werden. Etwa ordnet die auf der Grundlage von § 25a V Kreditwesengesetz (KWG) erlassene Instituts-Vergütungsverordnung in der Fassung v. 16.12.2013 (BGBl. 2013 I 4270) Obergrenzen für variable Vergütungssysteme (sog. »Boni«) an.[22]

49 Das Gegenstück zur Marktwirtschaft stellt die **Zentralplanwirtschaft** dar. Ihre Idee ist es, die ganze Wirtschaft, die Produktion und den Austausch von Gütern und Leistungen nach einem allumfassenden Plan auszurichten, die Wirtschaft also gewissermaßen als ein einziges Großunternehmen aufzufassen, welches zentral gelenkt wird, so die Bedürfnisse befriedigt und dabei die besten Ergebnisse zeitigt. Die Konsequenz der Zentralplanwirtschaft, dass jeder die Leistung zu erbringen hat, die der Plan bestimmt, und jeder das im Plan Vorgesehene zugeteilt erhält, hat Rückwirkungen auch auf das Arbeitsrecht. Das Arbeitsrecht muss auf Erfüllung oder Übererfüllung des Plans ausgerichtet sein.

Ein Beispiel für eine solche Zentralplanwirtschaft bot früher die DDR. Ihre Volkswirtschaft war, wie es Art. 9 III der Verfassung formulierte, eine sozialistische Planwirtschaft, die vom Ministerrat geleitet wurde (Art. 76 II). Die zentrale Planung und Leitung erfasste auch die Arbeitsbedingungen. Sowohl die Tariflöhne wie die Dauer der Arbeitszeit wurden nach dem Gesetzbuch der Arbeit vom Ministerrat festgelegt. Nur wo diese Festlegungen Raum für Ergänzungen ließen, konnten Vereinbarungen, sog. Rahmenkollektivverträge, geschlossen werden, die dann ganz folgerichtig der Bestätigung durch das zuständige zentrale Staatsorgan bedurften (§ 14 II Gesetzbuch der Arbeit in der früheren Fassung).

22 Zu dieser Regelung *Löwisch* JURA 2014, 131 (133f.) und *Groeger* RdA 2011, 287ff.

b) Arbeitsrecht und Güter- und Dienstleistungsmarkt

Betriebswirtschaftlich gesehen sind Entgelte und andere Arbeitsbedingungen Kosten, 50
die in die Güter und Dienstleistungen eingehen und damit die Wettbewerbsfähigkeit der Unternehmen beeinflussen. Das bewirkt eine starke Abhängigkeit des Arbeitsrechts auch vom Güter- und Dienstleistungsmarkt: Es muss auf die Wettbewerbsfähigkeit der Unternehmen Rücksicht nehmen, damit diese und die in ihnen bestehenden Arbeitsplätze erhalten und möglicherweise vermehrt werden. Angesichts der weitgehenden Öffnung der Märkte in der Europäischen Union und darüber hinaus in der Weltwirtschaft (»Globalisierung«) sind die von dieser Abhängigkeit ausgehenden Zwänge beträchtlich.[23]

4. Arbeitsrecht und Eigentum an den Produktionsmitteln

Mit der Marktwirtschaft geht typischerweise das Privateigentum an den Produktions- 51
mitteln einher. Das hat Rückwirkungen auf das Arbeitsrecht. Dieses sieht sich einerseits dem Phänomen gegenüber, dass bestimmte Regelungen, insbesondere aus dem Bereich der Betriebs- und Unternehmensverfassung, Beschränkungen des Eigentums an den Produktionsmitteln darstellen und als solche gerechtfertigt werden müssen. Andererseits muss es der Tatsache Rechnung tragen, dass der Einsatz privaten Kapitals, auf den die Wirtschaft angewiesen ist, auch von den Bedingungen abhängig gemacht wird, die das Arbeitsrecht der Wirtschaft setzt. Insbesondere muss es sich damit abfinden, dass der Privatunternehmer bei fehlender Rentabilität Arbeitskräfte freisetzt.

IV. Kontrollfragen

Frage 3: Wo berühren sich Arbeitsrecht und Sozialrecht in ihren Aufgaben? 52

Frage 4: Wie nimmt der moderne Staat, abgesehen von der Tarifvertragsordnung, Einfluss auf den Arbeitsmarkt?

§ 3 Arbeitsrecht als Rechtsdisziplin

Literatur: Entwurf eines Arbeitsvertragsgesetzes des Freistaates Sachsen v. 23.5.1995, BR-Drs. 293/95; Entwurf eines Gesetzes zur Bereinigung des Arbeitsrechts des Landes Brandenburg v. 12.9.1996, BR-Drs. 671/96; *Benedict,* Der Maßstab der AGB-Kontrolle – oder die Suche nach dem »indispositiven Leitbild« im Arbeitsvertragsrecht, JA 2010, 172; *Forst,* Betriebliche Übung, custom and practice, usage d'entreprise – Gibt es ein ius commune betrieblicher Regelsetzung durch regelhaftes Verhalten in Europa? – ZfA 2013, 167; *Giesen,* Richterrechtsänderndes Richterrecht – Tarifvertragsrechtsprechung zwischen Stringenz und Beliebigkeit, RdA 2014, 78; *Henssler/Preis,* Diskussionsentwurf eines Arbeitsvertragsgesetzes (ArbVG), Stand August 2006 – abrufbar unter www.arbvg.de; *Krause,* AGB-Kontrolle im Arbeitsrecht, in Staudinger Anhang zu § 310 BGB, 2013; *Löwisch,* Bundesarbeitsgericht und Recht der Allgemeinen Geschäftsbedingungen, FS Canaris I, 2007, 1403; *Löwisch,* Kodifizierung des Arbeitsvertragsrechts im Bürgerlichen Gesetzbuch – Denkschrift im Auftrag des Ministeriums für Arbeit und Soziales Baden-Württemberg, ZfA 2007, 1; *Löwisch,* Privatautonomie und Arbeitsrecht, JURA 2014, 131; *Oetker,* AGB-Kontrolle im Zivil- und Arbeitsrecht, AcP 212 (2012), 202; *Ch. Picker,* Die betriebliche Übung, 2011; *Preis,* Grundfragen der Vertragsgestaltung im Arbeitsrecht, 1993; *Richardi,* Arbeitsrecht als Teil freiheitlicher Ordnung, 2002; *Syrup/Neuroh,* 100 Jahre staatliche Sozialpolitik 1839–1939, 1957; *Waas,* Fortentwicklung des deutschen Arbeitsrechts, RdA 2007, 76; *Wank/Maties,* Allge-

23 S. dazu *Löwisch* RdA1999, 69 (71f., 75ff.); *Däubler* ArbuR 2016, 325 (328f.).

meine Geschäftsbedingungen in der Arbeitsrechtsklausur, JURA 2010, 1; *Wiesenecker,* Arbeitsrecht der Länder im Nachkriegsdeutschland, 2005.
Ältere Literatur s. Vorauflagen.

I. Rechtsquellen des Arbeitsrechts

Fall 3: A ist von dem Speiseeisproduzenten X seit 2006 regelmäßig als Saisonarbeiter beschäftigt worden. Die Arbeitsverträge wurden aufgrund einer entsprechenden Bestimmung des einschlägigen Tarifvertrages jedes Jahr vom 1.2.–30.9. befristet abgeschlossen. In gleicher Weise ist X mit allen anderen Saisonarbeitern verfahren. 2017 weigert sich X, mit A einen Vertrag abzuschließen, weil er an seiner Stelle den Sohn eines Bekannten einstellen will.

1. Staatliches Recht

53 Wie jede Rechtsdisziplin wird auch das Arbeitsrecht durch staatliches Recht geprägt. Maßgebend sind dabei einerseits das GG (das in § 4 gesondert behandelt wird) und zum anderen die einfachen Gesetze und Rechtsverordnungen.

54 Die arbeitsrechtlichen Gesetze sind dem Schutzgedanken entsprechend **zumeist einseitig zwingend:** Die in ihnen festgelegten Standards können nicht unterschritten, wohl aber zugunsten der Arbeitnehmer überschritten werden. Allerdings gibt es auch dispositive gesetzliche Bestimmungen, wie die §§ 615 und 616 BGB. Auch sind eine Reihe von Vorschriften »tarifdispositiv« ausgestaltet, sodass von ihnen zum Nachteil der Arbeitnehmer durch Tarifverträge, nicht aber durch den Arbeitsvertrag abgewichen werden kann. Dies gilt etwa nach § 622 IV BGB für die Länge der Kündigungsfristen, nach § 7 ArbZG für die Begrenzung der täglichen Arbeitszeit auf acht Stunden, nach § 13 BUrlG für eine Reihe von Bestimmungen des Bundesurlaubsgesetzes und nach § 12 III und § 13 III TzBfG für die Bestimmungen über die Arbeit auf Abruf und die Arbeitsplatzteilung.

55 Zum staatlichen Gesetzesrecht zählen dabei auch eine Reihe von der **Rechtsprechung entwickelter Grundsätze,** etwa der arbeitsrechtliche Gleichbehandlungsgrundsatz (→ Rn. 146 f.) und praktisch das gesamte Arbeitskampfrecht.

2. Kollektivvertrag

56 Unter dem staatlichen Recht stehen als weitere Rechtsquelle des Arbeitsrechts die Kollektivverträge, nämlich der Tarifvertrag, die Betriebsvereinbarung (der im öffentlichen Dienst die Dienstvereinbarung entspricht) und die Richtlinien für leitende Angestellte:

Der zwischen einer Gewerkschaft und einem Arbeitgeberverband oder einem einzelnen Arbeitgeber (vgl. § 2 I TVG) geschlossene Tarifvertrag enthält nach § 1 I TVG Rechtsnormen, die für die Arbeitsverhältnisse der tarifgebundenen Arbeitnehmer nach § 4 I TVG unmittelbar und zwingend gelten. Gleiches trifft nach § 77 IV BetrVG auf die zwischen Betriebsrat und Arbeitgeber abgeschlossenen Betriebsvereinbarungen zu. Auch die zwischen Arbeitgeber und dem Sprecherausschuss für leitende Angestellte nach § 28 SprAuG vereinbarten Richtlinien haben solche Rechtsnormwirkungen, soweit dies zwischen Arbeitgeber und Sprecherausschuss vereinbart ist (§ 28 II 1 SprAuG).

Die Rechtsnormen der Kollektivverträge sind, da sie lediglich den Schutz der Arbeitnehmer bezwecken, durchweg nur einseitig zwingend. Sie unterliegen dem Günstigkeitsprinzip, nach dem den festgelegten Inhalt überschreitende arbeitsvertragliche Bestimmungen möglich sind (vgl. § 4 III TVG, dazu → Rn. 1061 ff.). Beispielsweise kann der Tariflohn nicht unterschritten, wohl aber durch übertarifliche Zulagen seitens des Arbeitgebers überschritten werden. Als unter dem Gesetz stehende Rechtsquellen sind die Kollektivverträge an das zwingende staatliche Recht gebunden. Betriebsvereinbarungen gehen dem Tarifvertrag nach (§§ 77 III, 87 I BetrVG). 57

3. Individualvertrag

a) Vertragsautonomie als Grundlage

Im Rahmen des staatlichen Rechts und der Kollektivverträge können Arbeitgeber und Arbeitnehmer den Inhalt des Arbeitsverhältnisses selbst bestimmen. Diese Selbstbestimmung ist ihnen durch Art. 12 I GG sogar verfassungsrechtlich garantiert (→ Rn. 110 ff.), wird aber andererseits durch die Schutzpflicht des Staates gegenüber den Arbeitnehmern relativiert. 58

b) Bezugnahme auf Tarifverträge

Besondere Bedeutung kommt dem Arbeitsvertrag als Rechtsquelle bei Arbeitsverhältnissen zu, für die Tarifverträge nicht gelten, weil Arbeitgeber oder Arbeitnehmer nicht Mitglied der tarifvertragschließenden Partei sind, sodass sie nicht an den Tarifvertrag gebunden werden (vgl. § 3 I TVG). Zwar wird in solchen Fällen häufig auf den Tarifvertrag Bezug genommen, diese Bezugnahme ändert aber nichts daran, dass Rechtsquelle für die Bindung an tarifvertragliche Bestimmungen der Arbeitsvertrag ist. Insbesondere genügt wegen des Fehlens der Rechtsnormwirkung des Tarifvertrages die Änderung des Arbeitsvertrages, um die Bindung an tarifvertragliche Bestimmungen wieder zu beseitigen (näher → Rn. 1048 ff.). 59

c) Arbeitsvertragliche Einheitsregelung und AGB-Kontrolle

Häufig werden arbeitsvertragliche Regelungen gleichförmig für alle Arbeitnehmer des Betriebes festgelegt. Insbesondere gilt das für Nebenbestimmungen des Arbeitsverhältnisses oder außertarifliche Leistungen, etwa Lohnzuschläge oder Gehaltszulagen. Auch solche »**arbeitsvertraglichen Einheitsregelungen**« finden ihre Grundlage im individuellen Arbeitsvertrag. Dies gilt auch für allgemeine Zusagen des Arbeitgebers an die Belegschaft. Solche **Gesamtzusagen** sind als an die einzelnen Arbeitnehmer gerichtete Vertragsangebote iSd § 145 BGB aufzufassen. Sie werden nach § 151 BGB Vertragsinhalt, ohne dass dies die Arbeitnehmer ausdrücklich erklären müssten.[24] 60

Seit der Schuldrechtsreform unterstehen auch arbeitsvertragliche Einheitsregelungen grundsätzlich der Kontrolle nach dem in §§ 305 ff. BGB enthaltenen **Recht der allgemeinen Geschäftsbedingungen.** Dies gilt allerdings nach § 310 IV 1 BGB nicht für Tarifverträge, Betriebs- und Dienstvereinbarungen, und zwar auch dann nicht, wenn diese nur arbeitsvertraglich in Bezug genommen sind (→ Rn. 1072). Auch ist bei der Anwendung auf die im Arbeitsrecht geltenden Besonderheiten angemessen Rücksicht zu nehmen (§ 310 IV 2 BGB). Zu diesen Besonderheiten gehören nicht nur Besonderheiten bestimmter, zB kirchlicher Arbeitsverhältnisse, sondern auch Besonderheiten 61

24 S. näher AR/*Löwisch* BGB §§ 145 ff. Rn. 9 und § 151 Rn. 1.

des Rechtsgebiets Arbeitsrecht im Ganzen[25] einschließlich tarifvertraglicher Regelungen[26] und der allgemeinen Arbeitsvertragspraxis.[27]

62 Was die **Einbeziehung** der arbeitsvertraglichen Einheitsregelungen in den Arbeitsvertrag angeht, ergibt sich aus § 310 IV 2 Hs. 2 BGB zunächst, dass § 305 II und III BGB nicht anzuwenden ist. Insbesondere ist ein ausdrücklicher Hinweis auf die AGB nicht erforderlich. Das Gesetz hält einen solchen Hinweis wegen § 2 NachwG (→ Rn. 576) für überflüssig.[28] Hingegen gilt auch hier § 305c BGB, nach dem überraschende und mehrdeutige Klauseln nicht Vertragsbestandteil werden. Nach der Rechtsprechung des BAG führt das etwa dazu, dass die arbeitsvertragliche Bezugnahme auf einen Tarifvertrag regelmäßig als dynamisch zu verstehen ist, sodass der Arbeitnehmer an Änderungen der tariflichen Arbeitsbedingungen teilnimmt.[29] Da der Arbeitnehmer nach Auffassung des BAG als Verbraucher iSd § 13 BGB anzusehen ist (→ Rn. 10) gilt auch § 310 III BGB mit der Folge, dass auch der kleinste Arbeitgeber mit nur einem oder zwei Arbeitnehmern in den Geltungsbereich der §§ 305ff. BGB gerät, wenn er dem Arbeitsvertrag allein für diesen Fall vorformulierte Vertragsbedingungen zugrunde legt.

63 § 305 I 3 BGB gilt ebenfalls. Soweit die Vertragsbedingungen zwischen den Parteien **im Einzelnen ausgehandelt** sind, liegen keine AGB vor. Dies hat deshalb besondere Bedeutung, weil das BAG in einem solchen Fall nicht nur die §§ 305ff. BGB nicht anwendet, sondern in Abkehr von seiner früheren Rechtsprechung auch auf eine Billigkeitskontrolle des Arbeitsvertragsinhalts nach § 242 BGB verzichtet.[30] Von einer Aushandlung der Arbeitsbedingungen kann freilich nur gesprochen werden, wenn der Arbeitgeber dem Arbeitnehmer ausdrücklich und ernsthaft die Möglichkeit gegeben hat, die vorformulierten Vertragsbedingungen zu ändern.[31]

Eine entsprechende Handhabung ist aber durchaus vorstellbar. Übersendet der Arbeitgeber der Führungskraft einen Vertragsentwurf mit dem Bemerken, er sei in jedem Punkt für Änderungen offen und sendet der Arbeitnehmer den Entwurf mit dem Bemerken zurück, er sei bis auf einen von ihm benannten Punkt oder auch überhaupt mit dem Vertragsentwurf einverstanden, muss von einem Aushandeln ausgegangen werden, solange nicht in irgendeiner Form vom Arbeitgeber die Erwartung artikuliert wird, der Arbeitnehmer möge keine Änderungswünsche vorbringen.

64 Schließlich gilt auch § 305b BGB, nach dem individuelle Vertragsabreden Vorrang vor AGB haben. Wird zB einem Arbeitnehmer eine Prämie besonders zugesagt, geht ein in AGB enthaltener Freiwilligkeitsvorbehalt ins Leere.[32]

65 Was die **allgemeine Angemessenheitskontrolle** nach § 307 BGB anbelangt, so betrifft sie von vornherein nicht Vertragsbestimmungen, die Inhalt und Umfang der Arbeitspflicht und das Arbeitsentgelt festlegen, weil eine solche Kontrolle in den Kern der Vertragsfreiheit eingreifen würde. Von Bedeutung ist § 307 BGB aber für Nebenbe-

25 BAG 4.3.2004 – 8 AZR 196/03, NZA 2004, 727.
26 BAG 25.5.2005 – 5 AZR 572/04, NZA 2005, 1111.
27 *Löwisch*, FS Canaris, 2007, 1412, aA ErfK/*Preis* BGB §§ 305–310 Rn. 11.
28 Krit. Staudinger/*Krause*, 2016, BGB Anh. zu § 310 Rn. 153.
29 BAG 9.11.2005 – 5 AZR 128/05, NZA 2006, 202; BAG 10.7.2013 – 10 AZR 898/11, AP BGB § 305c Nr. 16; s. aber auch BAG 24.9.2008 – 6 AZR 76/07, NZA 2009, 154 wonach Unklarheiten bei der Auslegung eines in Bezug genommenen Tarifvertrages nicht zur Anwendung der Unklarheitenregel führen können, weil nicht feststellbar ist, ob der Arbeitsvertrag ohne den in Bezug genommenen Tarifvertrag günstiger ist.
30 BAG 25.5.2005 – 5 AZR 572/04, NZA 2005, 1111.
31 BAG 1.3.2006 – 5 AZR 363/05, NZA 2006, 746; BAG 19.5.2010 – 5 AZR 253/09, NZA 2010, 939.
32 BAG 14.9.2011 – 10 AZR 526/10, NZA 2012, 81.

stimmungen des Arbeitsvertrages. So sieht das BAG Ausschlussfristen, die kürzer als drei Monate sind, wegen Verstoßes gegen die Grundgedanken des Verjährungsrechts als unwirksam an (→ Rn. 336). Wenn das BAG allerdings die Auffassung vertritt, ein isoliertes deklaratorisches Schuldanerkenntnis, mit dem Einwendungen und Einreden ausgeschlossen werden, widerspreche als »einseitiges« Zugeständnis des Arbeitnehmers dem wesentlichen Grundgedanken des § 779 BGB, weil es an gegenseitigem Nachgeben fehle,[33] so überzeugt das nicht. § 779 BGB regelt nur die Unwirksamkeit von Vergleichen wegen Irrtums über die Vergleichsgrundlage, sagt aber nichts über die Zulässigkeit einseitiger Zugeständnisse aus.

Arbeitsvertragliche Einheitsregelungen können auch am **Transparenzgebot** des § 307 I 2 BGB scheitern. So genügt nach Ansicht des BAG für die Wirksamkeit des Freiwilligkeitsvorbehalts die Bezeichnung als »freiwillige Leistung« für sich genommen nicht, weil damit möglicherweise nur zum Ausdruck gebracht werde, dass der Arbeitgeber nicht durch Tarifvertrag, Betriebsvereinbarung oder Gesetz zu dieser Leistung verpflichtet ist; klar sei erst eine Formulierung, nach der die Sondervergütung als freiwillige Leistung gezahlt werden »kann«.[34] 66

Die **Klauselverbote** der §§ 308 und 309 BGB haben im Arbeitsrecht nur eingeschränkte Bedeutung. Vom Arbeitgeber in den Arbeitsvertrag eingeführte Freiwilligkeits- und Widerrufsvorbehalte sind nach § 308 Nr. 4 BGB unwirksam, wenn sie mehr als 25–30 % der Gesamtvergütung erfassen.[35] Ein Anrechnungsvorbehalt für eine Zulage fällt nicht unter Nr. 4.[36] Bestimmungen, nach denen die **Zustimmung** des Arbeitnehmers zu einer Änderung oder Aufhebung seines Arbeitsvertrages **als erteilt gilt,** wenn er sich zu einem entsprechenden Angebot des Arbeitgebers nicht äußert, sind nach Nr. 5 wirksam, wenn dem Arbeitnehmer eine angemessene Äußerungsfrist eingeräumt ist und der Arbeitgeber ihn bei Beginn der Frist auf die Bedeutung seines Schweigens aufmerksam gemacht hat. Nach Nr. 6 unwirksam ist eine Bestimmung, die vorsieht, dass eine Erklärung des Arbeitgebers von besonderer Bedeutung, wie etwa eine Kündigung, dem Arbeitnehmer mit Ablauf einer bestimmten Frist als **zugegangen gilt.**[37] 67

Aus § 309 Nr. 2b BGB folgt, dass eine arbeitsvertragliche Einheitsregelung, nach der der Arbeitnehmer entgegen § 273 BGB kein Recht zur Verweigerung der Arbeitsleistung haben soll, wenn der Arbeitgeber mit der Entgeltzahlungspflicht in Verzug ist, nicht mehr möglich ist. Hingegen sind Vertragsstrafenregelungen in Allgemeinen Geschäftsbedingungen nicht in jedem Fall nach Nr. 6 unwirksam. Vielmehr kann der Ausschluss der Vollstreckbarkeit der Arbeitsleistung nach § 888 III ZPO als arbeitsrechtliche Besonderheit solche Klauseln rechtfertigen. Jedoch kann sich die Unwirksamkeit solcher Abreden aus § 307 BGB ergeben. Von einer unangemessenen Benachteiligung des Arbeitnehmers im Sinne dieser Vorschrift ist für den Regelfall auszugehen, wenn die Vertragsstrafe ein Monatsgehalt übersteigt.[38]

33 BAG 12.1.2005 – 5 AZR 364/04, NZA 2005, 465.
34 BAG 17.4.2013 – 10 AZR 281/12, NZA 2013, 787; s. auch BAG 21.1.2015 – 10 AZR 84/14, NZA 2015, 871.
35 BAG 12.1.2005 – 5 AZR 364/04, NZA 2005, 465.
36 BAG 1.3.2006 – 5 AZR 363/05, EzA § 4 TVG Tariflohnerhöhung Nr. 48.
37 Däubler/Bonin/Deinert/*Bonin*, AGB-Kontrolle im Arbeitsrecht, Kommentierung zu den §§ 305–310 BGB, 4. Aufl. 2014, BGB § 308 Nr. 6 Rn. 4.
38 BAG 4.3.2004 – 8 AZR 328/03, NZA 2004, 727; BAG 23.9.2010 – 8 AZR 897/08, NZA 2011, 89.

Weiter haben die Nr. 12 und 13 Gewicht: Aus Nr. 12 ergibt sich, dass die Beweislastregel des § 619a BGB (→ Rn. 554) nicht zulasten des Arbeitnehmers abbedungen werden kann. Aus Nr. 13 lit. b folgt einmal, dass von einem Arbeitnehmer, der Rechte geltend machen will, nicht mehr verlangt werden kann, als dass er die Textform des § 126b BGB einhält (wofür eine E-Mail genügt).[39] Zudem ergibt sich aus der Vorschrift, dass eine Bestimmung unwirksam ist, nach der der Arbeitnehmer eine Kündigung in einer strengeren Form als der in § 623 BGB vorgeschriebenen Schriftform, etwa per Einschreiben erklären muss. § 309 Nr. 13 lit. b BGB erklärt zwar schon eine strengere Form als die Textform für unwirksam, will damit aber nichts an dem Schriftformerfordernis des § 623 BGB ändern.

d) Betriebliche Übung

68 Insbesondere bei der Gewährung von Zusatzleistungen, etwa Weihnachtsgratifikationen, bilden sich häufig **betriebliche Übungen** heraus, auf deren Fortführung sich die Arbeitnehmer umso fester verlassen, je länger die Übung schon andauert. Nach der Rechtsprechung ist der Arbeitgeber an eine solche Übung, wenn sie sich genügend verfestigt hat, rechtlich gebunden. Etwa wird davon ausgegangen, dass die vorbehaltlose Zahlung einer Weihnachtsgratifikation in drei aufeinanderfolgenden Jahren einen Rechtsanspruch entstehen lässt.[40]

69 Auch bei der betrieblichen Übung fließt der Anspruch des Arbeitnehmers nach der Auffassung des BAG aus einer einzelvertraglichen Vereinbarung. Dabei ist, wie das auch der Rechtsprechung des BGH zum Tatbestand der Willenserklärung entspricht,[41] ein entsprechendes Erklärungsbewusstsein des Arbeitgebers nicht erforderlich. Vielmehr genügt, dass die begünstigten Arbeitnehmer aus ihrer Sicht die tatsächliche Übung dahin verstehen durften, der Arbeitgeber habe sich auf Dauer binden wollen.[42] Die in seinem Verhalten liegende Erklärung kann der Arbeitgeber nicht wegen Irrtums anfechten, weil das fehlende Bewusstsein, eine lange Übung ziehe eine weitere nicht erkannte Rechtsfolge nach sich, im Gegensatz zum fehlenden Bewusstsein, überhaupt eine rechtlich relevante Handlung zu unternehmen, als bloßer Rechtsfolgenirrtum unbeachtlich ist.[43] Auch endet die vertragliche Bindung an eine betriebliche Übung nicht automatisch dadurch, dass die Arbeitnehmer einer neuen Handhabung des Arbeitgebers längere Zeit nicht widersprechen; eine solche Annahme lässt sich mit dem Klauselverbot für fingierte Erklärungen des § 308 Nr. 5 BGB nicht vereinbaren.[44]

---

39 *Düwell* BB 2016, 2485 (2486).

40 BAG 28.7.2004 – 10 AZR 19/04, NZA 2004, 1152. Dass ein nicht tarifgebundener Arbeitgeber die Löhne und Gehälter über mehrere Jahre hinweg entsprechend der Tarifentwicklung erhöht, begründet hingegen für sich allein noch keine betriebliche Übung: BAG 9.2.2005 – 5 AZR 175/04, NZA 2005, 814.

41 BGH 7.6.1984 – IX ZR 66–83, BGHZ 91, 324 = NJW 1984, 2279.

42 BAG 13.5.2015 – 10 AZR 266/14, NZA 2015, 992; krit. zur Rspr. *Ch. Picker,* Die betriebliche Übung, 2011, 223 ff., 374 ff., der zwar ebenfalls vom rechtsgeschäftlichen Charakter der betrieblichen Übung ausgeht, diese aber auf Fälle beschränkt, in denen der Arbeitnehmer dem Verhalten des Arbeitgebers die Zusage eines Entgelts für erbrachte und noch zu erbringende Leistung entnehmen kann.

43 Vgl. RG 5.11.1931, RGZ 134, 195 (198); *Brox/Walker,* Allgemeiner Teil des BGB, 40. Aufl. 2016, Rn. 423.

44 BAG 18.3.2009 – 10 AZR 281/08, NZA 2009, 601 unter Aufgabe seiner früheren Rechtsprechung; aA *Ch. Picker,* Die betriebliche Übung, 2011, 414 ff., der davon ausgeht, dass die Zusage des Arbeitgebers mit der Maßgabe einer Widerruflichkeit aus einem sachlichen Grund gegeben wird.

Nach diesen Grundsätzen ist auch **Fall 3** zu lösen. A kann zwar nicht mit Erfolg geltend machen, dass die Befristungen seiner Arbeitsverträge unwirksam seien; dem steht schon § 14 I 2 Nr. 1 TzBfG entgegen, nach dem der vorübergehende betriebliche Bedarf an Arbeitsleistung, wie er bei der Saisonarbeit besteht, die Befristung rechtfertigt. Aber die Tatsache, dass alle Arbeitnehmer Jahr für Jahr wieder eingestellt worden sind, stellt eine betriebliche Übung dar, an die X gebunden ist mit der Folge, dass A einen vertraglichen Wiedereinstellungsanspruch hat.[45] Dass es hier nicht um die Gewährung eines bestimmten Anspruchs aus einem schon bestehenden Arbeitsvertrag geht, sondern um einen Anspruch auf Abschluss des Arbeitsvertrages selbst, macht für die Wertung als individualvertragliche Vereinbarung keinen Unterschied. Um der Bindung zu entgehen, hätte X jeweils bei Abschluss der befristeten Verträge einen entsprechenden Vorbehalt machen müssen.

e) Einseitige Leistungsbestimmung

Ihr Recht zur Selbstbestimmung des Inhalts des Arbeitsverhältnisses (→ Rn. 58) können die Arbeitsvertragsparteien auch dazu nutzen, dem Arbeitgeber die Befugnis zu einseitigen Leistungsbestimmungen einzuräumen und den Arbeitsvertrag so flexibel zu halten.[46] Die Festlegung von Inhalt, Ort und Zeit der Arbeitsleistung kraft Direktionsrecht des Arbeitgebers gehört schon zu den Essentialia des Arbeitsvertrages (näher → Rn. 212 ff.). Hinsichtlich der Gegenleistung kommen Leistungsbestimmungsrechte nach §§ 315 f. BGB, insbesondere die Einräumung eines Widerrufsvorbehaltes, in Betracht. Ihre Grenze findet diese einseitige Leistungsbestimmung am billigen Ermessen. Für das Weisungsrecht ordnet dies § 106 GewO ausdrücklich an, für §§ 315 f. BGB ergibt sich dies aus dem Schutzbedürfnis des Arbeitnehmers.[47] 70

II. Grenzziehung zwischen öffentlichem und privatem Arbeitsrecht

Die Unterscheidung zwischen öffentlichem Recht und Privatrecht wird heute nach der modifizierten Subjekts- oder Sonderrechtstheorie getroffen. Entscheidend ist, ob Normadressaten Privatrechtssubjekte oder zwingend Träger öffentlicher Gewalt sind.[48] 71

Danach gehört das Arbeitsrecht im Wesentlichen dem Privatrecht an, denn es wendet sich an Arbeitgeber und Arbeitnehmer als Privatrechtssubjekte. Dies gilt auch für das Tarifvertrags- und das Arbeitskampfrecht, weil deren Normadressaten die als privatrechtliche Vereinigungen verfassten Koalitionen sind. Ebenfalls zum Privatrecht gehört das Betriebsverfassungsrecht. Die gesetzliche Institutionalisierung der Betriebsräte als Repräsentanten der Arbeitnehmer des Betriebes ändert nichts daran, dass Arbeitgeber und Arbeitnehmer als Privatrechtssubjekte angesprochen sind. 72

Hingegen ist das Arbeitsschutzrecht öffentliches Recht, weil seine Durchsetzung in den Aufgabenbereich der Arbeitsbehörden als Träger hoheitlicher Gewalt fällt. Auch das Personalvertretungsrecht ist dem öffentlichen Recht zuzuordnen, ebenso das Recht des arbeitsgerichtlichen Verfahrens. 73

45 Zu solch einem Fall BAG 29.1.1987 – 2 AZR 109/86, NZA 1987, 627.
46 *Reichold* RdA 2002, 321 ff.
47 Vgl. BAG 13.5.1987 – 5 AZR 125/86, NZA 1988, 95.
48 Gemeinsamer Senat der obersten Gerichtshöfe des Bundes v. 29.10.1987 – GmS-OGB 1/86 (BSG), BGHZ 102, 280 = AP GVG § 13 Nr. 1 = NJW 1988, 2295.

III. Entwicklung des Arbeitsrechts als Privatrechtsdisziplin

1. Arbeitsrecht und Kodifikationen des 19. Jahrhunderts

74 Gesetzgebung und Dogmatik des 19. Jahrhunderts haben das Arbeitsrecht noch nicht als eigene Rechtsdisziplin begriffen. Dementsprechend finden sich die arbeitsrechtlichen Regeln der damaligen Zeit in den Kodifikationen des Rechts der Wirtschaft, nämlich der Gewerbeordnung und dem Handelsgesetzbuch.

75 Nachdem das preußische Fabrikregulativ von 1839 und später das preußische Schutzgesetz v. 16.5.1853[49] die Kinderarbeit eingeschränkt hatten, enthielt die Gewerbeordnung für den Norddeutschen Bund[50] erstmals allgemeine Arbeitsschutzvorschriften. Zwar erhob sie in ihrem § 105 I die Vertragsfreiheit zum Grundprinzip für die Regelung der Arbeitsverhältnisse, schränkte diese aber zugleich ein, insbesondere durch das Verbot der Sonn- und Feiertagsarbeit, den Schutz vor Gesundheitsgefahren und das Verbot der Abgeltung des Lohns in Waren. Diese Schutzvorschriften wurden durch die große Novelle zur Gewerbeordnung v. 1.6.1891 wesentlich erweitert. Sie brachten neben einer Erweiterung des Arbeitsschutzes für Jugendliche in § 137 einen ersten Frauenarbeitsschutz mit einer Pausenregelung und ein Beschäftigungsverbot für Mütter für vier bzw. sechs Wochen nach der Niederkunft. In § 113 wurde eine Zeugnispflicht festgelegt, in § 120 die Pflicht des Arbeitgebers, den Minderjährigen den Berufsschulbesuch zu ermöglichen. Für die gewerblichen Angestellten wurden in den §§ 133a–e die Gehaltsfortzahlung im Krankheitsfalle und Kündigungsfristen eingeführt. Vor allem aber wurde in den §§ 134a–h der Erlass einer Arbeitsordnung vorgesehen.

Die Gewerbeordnung erkannte in § 152 I auch die Koalitionsfreiheit an, wobei freilich der jederzeitige Rücktritt von einer Koalitionsabsprache garantiert und die Klagbarkeit ausgeschlossen war (§ 152 II).

76 Für Handlungsgehilfen fanden sich gewisse Schutzbestimmungen in den Art. 57ff. des von den Staaten des Deutschen Bundes erlassenen Allgemeinen Deutschen Handelsgesetzbuches von 1861. So hatte der Handlungsgehilfe nach Art. 60 schon damals – wie heute noch – einen Anspruch auf Fortzahlung seines Gehalts im Krankheitsfall für die Dauer von sechs Wochen und konnte vorbehaltlich abweichender vertraglicher Vereinbarung sein Dienstverhältnis von jedem Teil nur mit sechswöchiger Frist zum Ende eines Kalendervierteljahres gekündigt werden (Art. 61).

2. Arbeitsrecht im BGB

77 Auch das am 1.1.1900 in Kraft getretene BGB fasste den Arbeitsvertrag nicht als besonderen Vertragstyp auf, sondern enthielt in den §§ 611 ff. für selbstständige und unselbstständige Dienstleistungen gleichermaßen geltende Regelungen. Allerdings trugen eine Reihe von Vorschriften, so die über die Entgeltfortzahlung bei Annahmeverzug (§ 615) und bei unverschuldeter Arbeitsverhinderung (§§ 616, 617) sowie über die Fürsorgepflicht (§ 618) den Belangen vor allem von Arbeitnehmern Rechnung. Spezifische arbeitsrechtliche Regelungen sind in das BGB erst in neuerer Zeit aufgenommen worden (→ Rn. 89).

49 Preußisches Gesetzblatt 1853, 225.

50 v. 21.6.1869 – Gesetzblatt des Norddeutschen Bundes, 245.

3. Gesetzgebung der Weimarer Zeit

Sieht man von einem Vorläufer im Ersten Weltkrieg, dem Gesetz über den vaterländischen Hilfsdienst v. 5.12.1916 (RGBl. 1916 I 1333) ab, ist die Weimarer Zeit die Geburtsstunde eines eigenständigen Arbeitsrechts. Art. 157 II WRV enthielt den Programmsatz »Das Reich schafft ein einheitliches Arbeitsrecht«. Dem folgend hatte nach Art. 7 Nr. 9 WRV das Reich die Gesetzgebung über das Arbeitsrecht. Bereits am 23.12.1918 (RGBl. 1918 I 2456) erging die Verordnung über Tarifverträge (TVVO), am 4.2.1920 folgte das Betriebsrätegesetz, welches den Betriebsräten eine Reihe von Mitbestimmungs- und Mitwirkungsrechten bei der Regelung der Arbeit im Betrieb und ein Einspruchsrecht gegen Kündigungen einräumte sowie in § 70 die Entsendung von einem oder zwei Betriebsratsmitgliedern in die Aufsichtsräte bestimmter Unternehmen vorsah (näher geregelt durch das Gesetz v. 15.2.1922, RGBl. 1922 I 209). 78

Das Arbeitnehmerschutzrecht wurde in dieser Zeit durch eine ganze Reihe von Vorschriften weiter ausgebaut, so durch die Einführung des Achtstundentages in den Arbeitszeitverordnungen v. 23.11.1918 und 18.3.1919 (RGBl. 1918 I 1329; 1919 I 315), durch das Mutterschutzgesetz v. 17.5.1924 (RGBl. I S. 321), das Ladenschlussgesetz v. 13.12.1929 (RGBl. 1929 I 214), das Nachtbackverbot in der Verordnung v. 23.11.1918 (RGBl. 1918 I 1329ff.), den Kündigungsschutz bei Massenentlassungen in der Stilllegungsverordnung v. 8.11.1920 (RGBl. 1920 I 1901) und das Schwerbeschädigtengesetz v. 12.1.1923 (RGBl. 1923 I 57). Auch die ErwerbslosenfürsorgeVO v. 13.11.1918 (RGBl. 1918 I 1305) und später das Gesetz über die Arbeitsvermittlung und Arbeitslosenversicherung v. 16.7.1927 (RGBl. 1927 I 187) gehören hierher. Von Bedeutung ist schließlich die Einführung der Arbeitsgerichtsbarkeit durch das Arbeitsgerichtsgesetz v. 21.12.1926 (RGBl. 1926 I 507). Mit ihr war das Arbeitsrecht als selbstständiges Sonderrecht anerkannt. 79

4. Entwicklung im Nationalsozialismus

Im Arbeitsrecht wurde die kollektive Selbstregelung beseitigt. Das Spannungsverhältnis zwischen Gewerkschaft und Arbeitgeber, auf dem sie beruht, widersprach dem ständischen Gedanken. Unternehmer und Arbeitnehmer wurden in der Deutschen Arbeitsfront zusammengeführt. Die Regelung der Arbeitsbedingungen erfolgte statt wie bisher durch Tarifverträge und Betriebsvereinbarungen nun durch Tarifordnungen und Betriebsordnungen (§§ 26ff. des Gesetzes zur Ordnung der nationalen Arbeit [AOG] v. 2.1.1934, RGBl. 1934 I 45). Die Tarifordnungen wurden von den »Treuhändern der Arbeit« erlassen, die Reichsbeamte waren (§§ 18ff. AOG). Ihnen wurde später durch die Verordnung für die Lohngestaltung v. 25.6.1938 (RGBl. 1938 I 691) auch die Befugnis zur Festsetzung von Höchstlöhnen übertragen. 80

Auf der betrieblichen Ebene wurde das Führerprinzip verwirklicht. Der Arbeitgeber wurde zum »Führer des Betriebes«, die Arbeitnehmerschaft zur »Gefolgschaft« (§ 1 AOG). Die nach den §§ 5ff. AOG zu bildenden Vertrauensräte der Gefolgschaft hatten nur beratende Funktion. 81

Der staatliche Dirigismus wirkte aber über den Inhalt des Arbeitsverhältnisses hinaus auch auf den Abschluss des Arbeitsvertrages. Hebel hierfür war das Arbeitseinsatzgesetz v. 15.5.1934 (RGBl. 1934 I 1381), das zunächst zur Beseitigung der Arbeitslosigkeit, später zur Bekämpfung des Arbeitermangels in der Rüstungsindustrie diente. 82

Nach ihm konnte die Einstellung von Arbeitnehmern von der Zustimmung des Arbeitsamtes abhängig gemacht werden. Das Arbeitseinsatzgesetz wurde später durch die Verordnung über die Beschränkung des Arbeitsplatzwechsels v. 1.9.1939 (RGBl. 1939 I 1685) ergänzt, nach der für jeden Arbeitsplatzwechsel die Zustimmung des Arbeitsamts erforderlich wurde.

83 Das Arbeitnehmerschutzrecht entwickelte sich hingegen im Wesentlichen ungestört fort. Durch die Arbeitszeitordnung (AZO) v. 26.7.1934 (RGBl. 1934 I 803) in der Fassung v. 30.4.1938 (RGBl. 1938 I 447) wurden die 48-Stunden-Woche und ein Anspruch auf Mehrarbeitszuschlag eingeführt. Der Jugendarbeitsschutz wurde im Jugendschutzgesetz v. 30.4.1938 (RGBl. 1938 I 347) geregelt.

84 Fortschritte brachte hier auch die Rechtsprechung, vor allem des RAG, die sich auf die Auffassung des Arbeitsverhältnisses als eines »personenrechtlichen Gemeinschaftsverhältnisses« und den Ausbau der »Fürsorgepflicht« stützte. So wurden die Pflicht zur Urlaubsgewährung als Konkretisierung der Fürsorgepflicht angesehen, anhand der Gratifikationen der Gleichbehandlungsgrundsatz entwickelt[51] und Grundsätze zur betrieblichen Ruhegeldregelung aufgestellt.[52]

5. Nachkriegsgesetzgebung

85 Nach Ende des Nationalsozialismus ist das Arbeitsrecht alsbald zum Kollektivvertragsrecht zurückgekehrt. Dabei ist die Tarifautonomie weitergehender verwirklicht, als es in der Weimarer Zeit der Fall war. Es ist nicht nur der durch das Tarifvertragsgesetz v. 9.4.1949 eröffnete Regelungsbereich der Tarifvertragsparteien weiter geworden, sondern es gibt auch keine Zwangsschlichtung mehr. Das Zustandekommen der Tarifverträge wird der Selbstregelung und damit im Konfliktfall dem Arbeitskampf überlassen, für den das BAG bis ins Einzelne gehende Regelungen aufgestellt hat. (Zu den neueren Entwicklungen des Tarifvertragsrechts, insbesondere zum Tarifautonomiestärkungsgesetz und Tarifeinheitsgesetz → Rn. 1030ff., 1040ff.)

86 Auf der betrieblichen Ebene hat das Betriebsverfassungsgesetz v. 11.10.1952[53] die Institution der Betriebsräte auf eine neue Grundlage gestellt und sie mit Mitbestimmungsrechten im sozialen, wirtschaftlichen und personellen Bereich ausgestattet, die durch das Betriebsverfassungsgesetz v. 15.1.1972 und das BetrVerf-ReformG v. 27.7.2001 noch verstärkt worden sind. Durch Gesetz v. 20.12.1988 ist für die leitenden Angestellten in Gestalt der Sprecherausschüsse eine eigene Vertretung geschaffen worden.

87 Die Beteiligung der Arbeitnehmer in den Aufsichtsräten ist für den Montanbereich durch das Mitbestimmungsgesetz und durch das Mitbestimmungsergänzungsgesetz zur paritätischen Mitbestimmung, im Bereich der übrigen Wirtschaft zunächst durch das Betriebsverfassungsgesetz 1952 zur Drittelbeteiligung (inzwischen abgelöst durch das DrittelbG) und dann durch das Mitbestimmungsgesetz v. 14.5.1976 für größere Unternehmen bis zur fast paritätischen Beteiligung der Arbeitnehmer fortgeführt worden. Für die europäische Gesellschaft (SE) gilt seit 2005 das SEBG (→ Rn. 1685).

---

51 RAG 22.2.1939, RAG 154/38 = ARS 35, 144.
52 RAG 19.1.1938, RAG 153/37 = ARS 33, 172.
53 BGBl. 1952 I 681.

Auch das Arbeitnehmerschutzrecht hat sich rasch weiterentwickelt. Zu nennen sind hier das Heimarbeitsgesetz v. 14.3.1951, das Kündigungsschutzgesetz v. 10.8.1951, in der Fassung der Bekanntmachung v. 25.8.1969, das Mutterschutzgesetz v. 24.1.1959, in der Fassung v. 18.4.1968, das Schwerbeschädigtengesetz v. 16.6.1953, abgelöst durch das Schwerbehindertengesetz in der Fassung v. 26.8.1986, wieder abgelöst durch das SGB IX v. 19.6.2001,[54] das Gesetz zur Verbesserung der wirtschaftlichen Sicherung der Arbeitnehmer im Krankheitsfall v. 26.6.1957, abgelöst durch das Lohnfortzahlungsgesetz für Arbeiter v. 27.7.1969, wieder abgelöst durch das Entgeltfortzahlungsgesetz v. 26.5.1994, das Gesetz über die Arbeitnehmererfindungen v. 25.7.1957, das Jugendarbeitsschutzgesetz v. 9.8.1960, abgelöst durch das neue Jugendarbeitsschutzgesetz v. 12.4.1976, das Bundesurlaubsgesetz v. 8.1.1963, das Berufsbildungsgesetz v. 14.8.1969, das Arbeitnehmerüberlassungsgesetz v. 7.8.1972 (zuletzt geändert mit Wirkung v. 1.4.2017), das Arbeitssicherheitsgesetz v. 12.12.1973, das Gesetz über die betriebliche Altersversorgung v. 19.12.1974, das Beschäftigungsförderungsgesetz v. 26.4.1985, das Bundeserziehungsgeldgesetz v. 6.12.1985, das Arbeitszeitgesetz v. 6.6.1994, das Gesetz zum Schutz der Beschäftigten vor sexueller Belästigung am Arbeitsplatz v. 24.6.1994, das Nachweisgesetz v. 20.7.1995, das Arbeitsschutzgesetz v. 7.8.1996, das Teilzeit- und Befristungsgesetz v. 21.12.2000, das erste Gesetz für moderne Dienstleistungen am Arbeitsmarkt v. 23.12.2002, das Gesetz zu Reformen am Arbeitsmarkt v. 24.12.2003, das Allgemeine Gleichbehandlungsgesetz v. 14.8.2006, das Bundeselterngeld- und Elternzeitgesetz v. 5.12.2006, das Wissenschaftszeitvertragsgesetz v. 12.4.2007, das Pflegezeitgesetz v. 28.5.2008, das Familienpflegezeitgesetz v. 6.12.2011 und jetzt das Mindestlohngesetz v. 11.8.2014. 88

Auch in das BGB sind spezielle arbeitsrechtliche Regelungen aufgenommen worden, so die Vorschriften über die Kündigungsfristen (§ 622 BGB) durch das erste Arbeitsrechtsbereinigungsgesetz v. 14.8.1969, den Übergang des Arbeitsverhältnisses im Falle der Betriebsveräußerung (§ 613 a BGB) durch das BetrVG v. 15.1.1972 und über die Lohnzahlung in Betriebsrisikofällen (§ 615 S. 3 BGB), die Beweislast bei der Arbeitnehmerhaftung (§ 619 a BGB) durch das SchRModG v. 26.11.2001 und den Arbeitnehmerbegriff (§ 611 a BGB) durch das Gesetz zur Änderung des AÜG und anderer Gesetze vom 21.2.2017 (BGBl. 2017 I 258). 89

Schließlich sind der Bundesagentur für Arbeit (früher: Bundesanstalt für Arbeit) durch das AFG v. 25.6.1969 über den Bereich der Arbeitslosenvermittlung und Arbeitslosenversicherung hinaus in weitem Umfang Aufgaben der Vorsorge für die Arbeitsplätze übertragen worden. Diese Regelungen sind im SGB III, das das AFG am 1.1.1998 abgelöst hat, enthalten und inzwischen durch das Job-AQTIV-Gesetz v. 10.12.2001 und die vier Gesetze für moderne Dienstleistungen am Arbeitsmarkt von 2002 und 2003 novelliert worden. 90

54 Durch das Gesetz zur Stärkung der Teilhabe und Selbstbestimmung von Menschen mit Behinderungen (Bundesteilhabegesetz) v. 23.12.2016 (BGBl. 2016 I 3234) wurde das SGB IX neu gefasst. Es kam insbesondere im Schwerbehindertenarbeitsrecht zu einer Verschiebung der Vorschriften zum 1.1.2018. Darauf wird im Folgenden jeweils hingewiesen.

IV. Das Arbeitsgesetzbuch als Gesetzgebungsvorhaben

91 Dass das Arbeitsrecht über viele Einzelgesetze verstreut geregelt ist, erschwert Arbeitgebern wie Arbeitnehmern die Übersicht. Die Regelung über Einzelgesetze lässt auch die gemeinsamen Grundlinien eines Rechtsgebiets wenig hervortreten und hindert damit die Ausbildung einheitlicher Rechtsüberzeugung. Auch werden die Gewichte zwischen Gesetzgebung und Rechtsprechung zugunsten der Letzteren verschoben, weil es an allgemeinen Vorgaben fehlt, an die diese bei der Anwendung der konkreten Rechtsvorschriften gebunden wäre. Es liegt deshalb nahe, nach dem Vorbild des Sozialgesetzbuches auch ein Arbeitsgesetzbuch zu schaffen.

92 Auf der anderen Seite sind auch die Schwierigkeiten eines solchen Vorhabens nicht zu verkennen. Das Arbeitsrecht befindet sich wie kaum ein anderes Rechtsgebiet im Fluss. Dem ständigen Bedürfnis nach Anpassung lässt sich in Einzelgesetzen einfacher Rechnung tragen als in einer Gesamtkodifikation. Auch gehört das Arbeitsrecht zu den politisch umstrittensten Rechtsgebieten. Ein Arbeitsgesetzbuch, das auch so schwierige Fragen wie das Arbeitskampfrecht zu regeln hätte, müsste erhebliche Konflikte zwischen den sich gegenüberstehenden Interessen überwinden. Die Lösung dieser Konflikte auf Einzelfragen zu beschränken oder – wie das im Arbeitskampfrecht bisher geschehen ist – diese fast vollständig der Rechtsprechung zu überlassen, ist für den Gesetzgeber der weitaus bequemere Weg.

93 Versuche, trotz dieser Schwierigkeiten wenigstens zu einem Arbeitsvertragsgesetzbuch zu gelangen, sind in der Vergangenheit gescheitert. Der Bundesminister für Arbeit und Sozialordnung hat zwar 1970 eine Sachverständigenkommission für ein Arbeitsgesetzbuch berufen, die 1977 einen Teilentwurf für ein »Allgemeines Arbeitsvertragsrecht« vorgelegt hat. Dieser Entwurf ist aber von keiner Bundesregierung weiterverfolgt worden. Ebenso wenig ist ein von der Wissenschaft erarbeiteter Entwurf für ein Schlichtungs- und Arbeitskampfrecht[55] aufgegriffen worden.

94 Art. 30 I Nr. 1 Einigungsvertrag hat es zur Aufgabe des gesamtdeutschen Gesetzgebers erklärt, das Arbeitsvertragsrecht sowie das öffentlich-rechtliche Arbeitszeitrecht einschließlich der Zulässigkeit von Sonn- und Feiertagsarbeit und dem besonderen Frauenarbeitsschutz möglichst bald einheitlich neu zu kodifizieren. Entsprechende Entwürfe, welche die Länder Sachsen und Brandenburg dem Bundesrat 1995 und 1996 vorgelegt haben, sind nicht weiter verfolgt worden. Auch eine vor einigen Jahren von Henssler und Preis in Zusammenarbeit mit der Bertelsmann-Stiftung entfaltete Initiative hatte bislang keinen Erfolg.[56]

95 Einen – freilich bescheidenen – ersten Ansatz für ein allgemeines Arbeitsvertragsrecht stellt die Erstreckung der arbeitsrechtlichen Bestimmungen der GewO auf alle Arbeitnehmer dar, die durch das Gesetz v. 11.10.2002 erfolgt ist.

55 *Birk/Konzen/Löwisch/Raiser/Seiter*, Entwurf eines Gesetzes zur Regelung kollektiver Arbeitskonflikte, 1988.

56 *Henssler/Preis* NZA Beil. 2007/1, 6f.; krit. dazu *Säcker* ZfA 2006, 99 (112ff.); s. auch *Löwisch* ZfA 2007, 1ff.

V. Rechtslage in der früheren DDR

In der DDR hatte sich nach dem Krieg ein sozialistisch-planwirtschaftliches Arbeitsrecht entwickelt und zuletzt im Arbeitsgesetzbuch der DDR (AGB) v. 16.6.1977 seinen Niederschlag gefunden. Schon aufgrund des Staatsvertrages über die Währungs-, Wirtschafts- und Sozialunion mit der Bundesrepublik Deutschland v. 18.5.1990[57] hatte die DDR eine Reihe arbeitsrechtlicher Gesetze der Bundesrepublik, nämlich das Tarifvertragsgesetz, das Betriebsverfassungsgesetz, die Mitbestimmungsgesetze, das Kündigungsschutzgesetz sowie – zur sinngemäßen Anwendung – auch das Bundespersonalvertretungsgesetz übernommen. Zusätzlich hatte sie zur Rechtsangleichung eine Reihe arbeitsrechtlicher Gesetze, zB ein Gesetz über die Entgeltfortzahlung im Krankheitsfall, erlassen und das Arbeitsgesetzbuch tiefgreifend revidiert. Seit dem Beitritt der DDR gilt das Arbeitsrecht der Bundesrepublik Deutschland auch dort. Der Einigungsvertrag hatte lediglich einige Sonderregelungen getroffen, die inzwischen überholt sind. 96

VI. Kontrollfragen

Frage 5: Sind die arbeitsrechtlichen Gesetze zwingend oder dispositiv? 97
Frage 6: Ist das AGB-Recht auf arbeitsvertragliche Einheitsregelungen anzuwenden?

§ 4 Arbeitsrecht und Verfassung

Literatur: *Annuß,* Grundrecht auf Eigentum als Zentralgewährleistung der Arbeits- und Wirtschaftsverfassung, FS Richardi, 2007, 3; *Boemke,* Bindung der Tarifvertragsparteien an die Grundrechte, FS 50 Jahre BAG, 2004, 513; *Gamillscheg* KollektArbR I §§ 3ff. zur Koalitionsfreiheit; *Gornik,* Grundrechtsbindung in der Rechtsprechung des BAG, NZA 2012, 1399; *Hopfner,* Grundgesetz und gesetzliche Tarifeinheit bei Tarifpluralität, 2015; *Löwisch,* Tarifrecht und Landesarbeitsrecht, FS Reuter, 2010, 681; *Löwisch,* Der Schutz von Unternehmerfreiheit und Koalitionsfreiheit öffentlicher Unternehmen in arbeitsrechtlicher Hinsicht, FS Säcker, 2011, 261; *Richardi,* Arbeitsrecht in der Kirche, 7. Aufl. 2015, 1ff.; *Schmidt,* Die Ausgestaltung der kollektiven Koalitionsfreiheit durch die Gerichte, FS Richardi, 2007, 765; *Richardi,* Das BAG zur Streikfreiheit in kirchlichen Einrichtungen, RdA 2014, 42; *Rieble,* Verfassungsfragen der Tarifeinheit, 2010; *Rüthers,* Ein Gesetz gegen die Verfassung?, ZRP 2015, 2; *Waltermann,* Zur Grundrechtsbindung der tarifvertraglichen Rechtssetzung, FS 50 Jahre BAG, 2004, 913; Ältere Literatur s. Vorauflagen.

I. Kompetenzordnung des Grundgesetzes für das Arbeitsrecht

1. Konkurrierende Gesetzgebungszuständigkeit von Bund und Ländern

Fall 4: Die Mehrheitsfraktion im Landtag eines Bundeslandes ist mit dem allgemeinen gesetzlichen Mindestlohn des MiLoG (→ Rn. 302 und → Rn. 1036) nicht zufrieden, weil sie Arbeitsplatzverluste befürchtet. Aus diesem Grund möchte sie durch Landesgesetz einen regional unterschiedlichen Mindestlohn einführen.

Das Arbeitsrecht gehört nach Art. 74 I Nr. 12 iVm Art. 72 I und II GG zu dem Bereich der konkurrierenden Gesetzgebung, in dem der Bund seit der Föderalismusreform 2006 das nicht an weitere Voraussetzungen gebundene Gesetzgebungsrecht hat. Die 98

57 BGBl. 1990 II 537; dazu *Kissel* NZA 1990, 545.

Länder haben für das Arbeitsrecht die Befugnis zur Gesetzgebung nur, solange und soweit der Bund von seinem Gesetzgebungsrecht keinen Gebrauch macht. Praktisch hat der Bund das Arbeitsrecht weitgehend, aber nicht vollständig geregelt. Das BAG hat sich zwar in einer Reihe von Entscheidungen aus den Jahren 1955/56[58] auf den Standpunkt gestellt, das Arbeitsrecht sei Bestandteil des Bürgerlichen Rechts und werde deshalb von dem Landesgesetze ausschließenden Kodifikationsprinzip der Art. 3, 55, 218 EGBGB erfasst. Dem ist das BVerfG aber nicht gefolgt. Es ordnet das Arbeitsrecht als ein »besonderes Rechtsgebiet eigener Art« ein, für das im Einzelfall bestimmt werden müsse, ob und inwieweit abschließend gemeinte Regelungen vorliegen.[59]

99 Dementsprechend gibt es – freilich nur in Randbereichen – immer wieder arbeitsrechtliche Landesgesetze. Hauptbeispiel sind derzeit die in einer Reihe von Ländern erlassenen Bildungsurlaubsgesetze, die den Arbeitnehmern Ansprüche auf Gewährung bezahlter Freizeit zu Weiterbildungszwecken gegen den Arbeitgeber einräumen. Das BVerfG hat dazu entschieden, dass das Recht der Arbeitnehmerweiterbildung vom Bundesgesetzgeber weder durch das allein den Erholungsurlaub betreffende Bundesurlaubsgesetz noch durch das Berufsbildungsgesetz noch durch den allgemeinen Freistellungsanspruch des § 616 BGB abschließend geregelt sei und demzufolge die Länder zum Erlass dieser Gesetze befugt waren.[60]

Im Gegensatz dazu liegt in **Fall 4** eine abschließende bundesgesetzliche Regelung vor. Mit den Bestimmungen des MiLoG hat sich der Bund für einen einheitlichen, bundesweiten Mindestlohn entschieden. Das lässt nach Art. 72 I GG keinen Raum für abweichende landesrechtliche Regelungen. Davon abgesehen folgt auch aus § 612 BGB, dass der Bund von seiner Gesetzgebungskompetenz im Bezug auf das Arbeitsentgelt Gebrauch gemacht hat.

2. Tarifautonomie

a) Tarifautonomie als Teil der Koalitionsbetätigungsgarantie

100 Das in Art. 9 III 1 GG garantierte Recht, zur Wahrung und Förderung der Arbeits- und Wirtschaftsbedingungen Vereinigungen zu bilden, umfasst auch die Befugnis solcher Vereinigungen, sich für diesen Zweck zu betätigen (sog. Koalitionsbetätigungsgarantie). Aus dieser Garantie folgt nach der Rechtsprechung des BVerfG, dass der Staat den Koalitionen »den Kernbereich eines Tarifvertragssystems überhaupt« zur Verfügung stellen muss. Art. 9 III GG gewährleistet also auch die Tarifautonomie.[61] Dabei bleibt dem Gesetzgeber aber »ein weiter Spielraum zur Ausgestaltung«; denn es ist seine Sache, »die Tragweite der Koalitionsfreiheit dadurch zu bestimmen, dass er die Befugnisse der Koalitionen im Einzelnen gestaltet und näher regelt«.[62] Die Koalitionen haben ein Recht zur Normsetzung, aber kein Normsetzungsmonopol.[63]

---

58 S. etwa BAG 6.7.1956 – 1 AZR 276/54, BB 1956, 724.
59 BVerfG 22.4.1958 – 2 BvL 32/56, BVerfGE 7, 342 = NJW 1958, 1179.
60 BVerfG 15.12.1987 – 1 BvR 563/85, BVerfGE 77, 308 = NJW 1988, 1899.
61 BVerfG 18.11.1954 – 1 BvR 629/52, BVerfGE 4, 96 = AP GG Art. 9 Nr. 1; BVerfG 1.3.1979 – 1 BvR 532/77, BVerfGE 50, 290 = BB 1979, Beil. Nr. 2.
62 BVerfG 1.3.1979 – 1 BvR 532/77, BVerfGE 50, 290 (367) = BB 1979, Beil. Nr. 2.
63 BVerfG 24.4.1996 – 1 BvR 712/86, BVerfGE 94, 268 = NJW 1997, 513; BVerfG 3.4.2001 – 1 BvL 32/97, BVerfGE 103, 293 = DB 2001, 1367; dazu *Löwisch* ZIP 2001, 1565.

b) Umfang der Tarifautonomie

101 Inhaltlich ist die Tarifautonomie nicht im Sinne einer Tabuzone bestimmter Arbeitsbedingungen zu verstehen. Eine solche Herauslösung einzelner Bedingungen aus dem Gefüge der miteinander zusammenhängenden materiellen Arbeitsbedingungen wäre willkürlich. Gemeint ist, dass der Gesetzgeber den Tarifvertragsparteien immer ein ausreichend großes Feld von Arbeitsbedingungen überlassen muss, auf dem sie sich im Sinne eines Aushandelns von Leistung und Gegenleistung sinnvoll betätigen können.

102 Auf der anderen Seite bedeutet die Gestaltungsfreiheit des Gesetzgebers gegenüber dem Tarifvertragssystem nicht die Befugnis, staatliche Arbeitsbedingungen ohne besonderen Grund zu setzen. Der Koalitionsfreiheit als vorbehaltlos gewährtem Grundrecht dürfen, auch soweit es um die Gewährleistung der Tarifautonomie geht, nur solche Schranken gezogen werden, die von der Sache her geboten sind. Im Rahmen der danach anzustellenden Verhältnismäßigkeitsprüfung kommt es wesentlich auf den Gegenstand der gesetzlichen Regelung an. Die Wirkkraft von Art. 9 III GG nimmt in dem Maße zu, in dem eine Materie am Besten von den Tarifvertragsparteien geregelt werden kann, was vor allem für die Festsetzung der Entgelte und der anderen materiellen Arbeitsbedingungen zutrifft.[64] Gesetzliche Mindestlöhne, wie sie jetzt das MiLoG vorsieht, sind deshalb nur so lange und soweit verfassungsrechtlich zulässig, wie die Tarifvertragsparteien ein Mindestmaß an Lohngerechtigkeit nicht herstellen können.[65]

103 Soweit staatliche Arbeitsgesetze Mindestbedingungen für die Arbeitsverhältnisse setzen, dienen sie meist dem Arbeitnehmerschutz und sind als solche gerechtfertigt. **Höchstarbeitsbedingungen** steht eine solche Rechtfertigung hingegen regelmäßig nicht zur Seite. Die wirtschaftspolitischen Vorstellungen des Gesetzgebers von richtigen, insbesondere dem gesamtwirtschaftlichen Gleichgewicht zuträglichen Arbeitsbedingungen müssen hinter der Tarifautonomie zurücktreten.

104 Allerdings sind Fälle denkbar, in denen Gründe bestehen, eine gesetzliche Regelung so auszugestalten, dass sie von den Tarifvertragsparteien auch nicht zugunsten der Arbeitnehmer abgeändert werden kann. Ein Beispiel dafür ist § 1 I 2 und 3 WissZeitVG (→ Rn. 848), nach dem die Befristung von Arbeitsverhältnissen mit wissenschaftlichen Mitarbeitern teilweise tariffest ist. Denn der sachliche Zweck dieser Bestimmung ist die Verwirklichung des Rechts anderer Bewerber, ihr Ausbildungsziel zu erreichen (Art. 12 I GG), und das Recht der Hochschulen, durch laufende Erneuerung des wissenschaftlichen Personals ihrem Auftrag in Forschung und Lehre gerecht zu werden (Art. 5 III GG).[66]

c) Tarifvertragssystem als Instrument der Tarifautonomie

105 Der Form nach hat der Gesetzgeber die Tarifautonomie durch das **Tarifvertragsgesetz** ausgestaltet. Es gibt den Gewerkschaften auf der einen und den Arbeitgeberverbänden auf der anderen Seite die Möglichkeit, die Arbeitsbedingungen vertraglich zu regeln, und stattet diese Regelung mit unmittelbarer und zwingender Wirkung für die Arbeitsverhältnisse aus.

64 BVerfG 24.4.1996 – 1 BvR 712/86, BVerfGE 94, 268 = NJW 1997, 513.
65 *Chr. Picker* RdA 2014, 27.
66 BVerfG 24.4.1996 – 1 BvR 712/86, BVerfGE 94, 268 = NZA 1996, 1157.

106 Von der Koalitionsbetätigungsgarantie mitumfasst ist dabei auch der **Arbeitskampf,** denn er ist, wenn man von der mit der Tarifautonomie unvereinbaren Zwangsschlichtung absieht, das einzige Mittel, um im Konfliktfall Tarifverträge zustande zu bringen. Mit den Worten des Großen Senats des BAG: »Arbeitskämpfe müssen ... nach unserem freiheitlichen Tarifvertragssystem möglich sein, um Interessenkonflikte über Arbeits- und Wirtschaftsbedingungen im äußersten Fall austragen und ausgleichen zu können.«[67] Sie werden insoweit von der Koalitionsfreiheit umfasst, als sie allgemein erforderlich sind, um eine funktionierende Tarifautonomie sicherzustellen.[68]

107 Das gilt für beide Seiten. Auch die Arbeitgeber müssen in einer Tarifauseinandersetzung Druck ausüben können, weswegen ihnen die Rechtsprechung des BVerfG und des BAG mit Recht die Befugnis zur Aussperrung zubilligt[69] und das BAG das Aussperrungsverbot des Art. 29 V HV für nichtig hält.[70]

d) Tarifautonomie und Nichtorganisierte

108 Tarifverträge gelten grundsätzlich nur für die Mitglieder der Tarifvertragsparteien. Nur diesen gegenüber liegt die für die Normsetzungsbefugnis notwendige Legitimation vor. Um das tarifliche Arbeitsrecht auch auf nichtorganisierte Arbeitnehmer zu erstrecken, bedarf es der staatlichen Mitwirkung, die diese Erstreckung demokratisch legitimiert.[71] Das Mittel hierzu ist die Allgemeinverbindlicherklärung von Tarifverträgen nach § 5 TVG (→ Rn. 1028 ff.) und die Tarifnormerstreckung durch Rechtsverordnung nach dem AEntG (→ Rn. 1034 ff.).

109 Auch das richterliche Arbeitskampfrecht bezieht die Nichtorganisierten in seine Geltung ein. Nichtorganisierte haben die Befugnis, sich am Streik zu beteiligen. Sie dürfen ebenso ausgesperrt werden wie die Organisierten und werden von einem Entgeltausfall infolge der Fernwirkung eines Arbeitskampfs genauso betroffen wie diese (→ Rn. 1147).

3. Vertragsautonomie

110 Mit der individualvertraglichen Gestaltung des Arbeitsverhältnisses (→ Rn. 561 ff.) machen die Arbeitsvertragsparteien von ihrer als Teil der Berufsfreiheit verfassungsrechtlich garantierten Vertragsfreiheit Gebrauch: Die Freiheit rechtsgeschäftlichen Handelns der Arbeitsvertragsparteien fällt einerseits in die von Art. 12 I GG geschützte Freiheit der unternehmerischen Tätigkeit des Arbeitgebers, andererseits in die Freiheit des Arbeitnehmers, seinen Arbeitsplatz frei zu wählen.

111 Als Teil der Berufsfreiheit unterliegt die Arbeitsvertragsfreiheit dem Regelungsvorbehalt des Art. 12 I 2 GG. Sie kann deshalb durch Gesetz oder aufgrund eines Gesetzes geregelt werden. Diese Regelung muss allerdings selbst verfassungsmäßig sein. Sie muss einerseits dem Verhältnismäßigkeitsprinzip genügen und andererseits der

67 BAG 21.4.1971 – GS 1/68, NJW 1971, 1668.

68 BVerfG 26.6.1991 – 1 BvR 779/85, BVerfGE 84, 212 = NJW 1991, 2549. Zu den verfassungsrechtlichen Grundlagen des Arbeitskampfrechts ausführlich *Kissel,* Arbeitskampfrecht, 2002, 159 ff.

69 BVerfG 26.6.1991 – 1 BvR 779/85, BVerfGE 84, 212 = NJW 1971, 1668; BAG 21.4.1971 – GS 1/68 = NJW 1971, 1668.

70 BAG 26.4.1988 – 1 AZR 399/86, NZA 1988, 775.

71 BVerfG 24.5.1977 – 2 BvL 11/74, BB 1977, 1249.

Schutzpflicht nachkommen, welche Art. 12 I GG zugunsten der Arbeitnehmer begründet.[72]

Staatliche Regelungen für den **Inhalt des Arbeitsverhältnisses** setzen regelmäßig nur Mindestbedingungen, überlassen also den Arbeitsvertragsparteien die Vereinbarung von für die Arbeitnehmer günstigeren Bedingungen. Sie schränken damit die Vertragsfreiheit des Arbeitnehmers nur ein, soweit dies zur Verwirklichung seines Schutzes gegenüber dem Arbeitgeber als dem mächtigeren Vertragspartner erforderlich ist. Die Frage kann bei solchen Gesetzen immer nur sein, ob solche Regelungen sich auch gegenüber dem Arbeitgeber noch im Rahmen der Verhältnismäßigkeit halten oder seine Handlungsfreiheit in einem, gemessen an dem Ziel der staatlichen Regelung, nicht mehr unerlässlichen Maß beeinträchtigen. 112

Anders als im Recht des Arbeitsverhältnisses operiert der Gesetzgeber im **Arbeitsschutzrecht** bislang in der Regel mit strikten Verboten; etwa untersagt das Arbeitszeitgesetz das Überschreiten einer bestimmten täglichen oder wöchentlichen Arbeitsdauer ebenso wie die Arbeit zu bestimmten Zeiten, zB nachts, ohne dass es auf einen entgegenstehenden Willen des Arbeitnehmers ankäme. Die darin liegende stärkere Beschränkung der Vertragsautonomie ist insoweit gerechtfertigt, als es um den Gesundheitsschutz der Arbeitnehmer geht. Ausnahmsweise wird aber auch dem Willen des Arbeitnehmers Rechnung getragen. So kann nach § 7 IIa iVm VII ArbZG in Fällen der Arbeitsbereitschaft die werktägliche Arbeitszeit ohne Ausgleich über acht Stunden hinaus verlängert werden, wenn der Arbeitnehmer einwilligt; der Schutz des Arbeitnehmers wird darauf reduziert, dass er diese Einwilligung jederzeit mit einer Frist von sechs Monaten widerrufen kann. 113

Auch das **tarifliche** Arbeitsrecht findet seine Grenze an der Vertragsfreiheit der Arbeitsvertragsparteien. Soweit die Vertragsautonomie funktioniert, gibt es keinen Grund, ihr die verbindliche Rechtsetzung der Tarifvertragsparteien vorgehen zu lassen. Das Günstigkeitsprinzip (→ Rn. 1061 ff.) des § 4 III TVG ist Ausdruck dieser verfassungsrechtlichen Situation. In Ausnahmefällen können auch Tarifvertragsbestimmungen verhältnismäßig und damit verfassungsrechtlich zulässig sein, die die arbeitsvertragliche Vereinbarung von Arbeitsbedingungen verbieten, die für den einzelnen Arbeitnehmer günstiger sind. Etwa wäre eine Tarifvertragsbestimmung, die wegen der Arbeitsmarktsituation die Leistung von Überstunden verbietet, verfassungsrechtlich zulässig. Denn sie wird von dem durch Art. 9 III GG gedeckten Zweck getragen, die knappe Arbeit unter den Mitgliedern der Arbeitnehmerkoalition gerecht zu verteilen. Freilich scheitert ein solcher Tarifvertrag nach geltendem Recht an dem absolut formulierten Günstigkeitsprinzip des § 4 III TVG. 114

4. Kirchenautonomie

Art. 140 GG iVm Art. 137 III WRV garantiert den Kirchen die selbstständige Verwaltung ihrer Angelegenheiten innerhalb der Schranken des für alle geltenden Gesetzes. Daraus folgt für die rund 1,4 Mio. Arbeitsverhältnisse der Mitarbeiter der Kirchen und ihrer Einrichtungen (Katholische Kirche 150.000, Evangelische Kirche 236.000, 115

72 Zu dieser Schutzpflicht s. BVerfG 27.1.1998 – 1 BvL 15/87, BVerfGE 97, 169 = AP KSchG 1969 § 23 Nr. 17 = NZA 1998, 470. Zur Relevanz der Schutzpflicht für Arbeitgeberkündigungen im Kleinbetrieb → Rn. 682.

Caritas 617.000, Diakonie 465.000),[73] dass auf sie zwar grundsätzlich das staatliche Arbeitsrecht Anwendung findet, dass aber bei dieser Anwendung dem Eigenverständnis der Kirchen, soweit es in der durch Art. 4 I GG als unverletzlich gewährleisteten Glaubens- und Bekenntnisfreiheit wurzelt und sich in der durch Art. 4 II GG geschützten Religionsausübung verwirklicht, ein besonderes Gewicht beizumessen ist.[74] Praktisch bedeutet das etwa, dass bei der Anwendung der staatlichen Kündigungsschutzbestimmungen den fundamentalen Geboten kirchlicher Sittenordnung Rechnung getragen werden muss. Deshalb hat das BAG die Kündigung von Mitarbeitern, die sich nach einer Scheidung wieder verheiratet hatten, mehrfach für sozial gerechtfertigt erklärt[75] und im Falle der Mormonenkirche den Ehebruch als außerordentlichen Kündigungsgrund anerkannt.[76] Aus dem gleichen Grund hat das BVerfG die Kündigung des bei einem katholischen Krankenhaus beschäftigten Arztes gebilligt, der öffentlich die »klerikal-konservativen« Angriffe gegen die Praxis der sozialen Notlagenindikation des früheren § 218a StGB heftig kritisiert hatte.[77] An der geschilderten Rechtslage hat auch das AGG nichts geändert. Nach § 9 AGG ist eine unterschiedliche Behandlung wegen der Religion oder Weltanschauung zulässig, wenn diese aus einer beruflichen Anforderung resultiert, welche die jeweilige Religionsgemeinschaft oder Vereinigung im Hinblick auf ihr Selbstbestimmungsrecht aufgestellt hat. Die Regelung des § 9 AGG stimmt insoweit auch mit Art. 4 II Gleichbehandlungs-Rahmen-RL[78] überein (→ Rn. 190).

116 Den Kirchen steht es wegen ihrer Selbstverwaltung auch frei, ob sie von der staatlichen Tarifvertragsordnung Gebrauch machen oder eigene Wege zur Regelung der Arbeitsbedingungen ihrer Mitarbeiter gehen wollen. In den allermeisten Fällen haben sie sich in Gestalt des sog. »Dritten Weges« (→ Rn. 1108f.) für das Letztere entschieden. Er schließt den Arbeitskampf als Konfliktlösung aus und sieht an dessen Stelle ein Schlichtungsverfahren vor.[79] Das BAG hat diesen »Dritten Weg« im Grundsatz gebilligt.[80] Näher (→ Rn. 1183). Die Regelung der Mindestentgelte in der Pflegebranche nach §§ 10ff. AEntG müssen die Kirchen hingegen als Teil des allgemeinen Arbeitnehmerschutzrechts hinnehmen.[81] Gleiches gilt für das Mindestentgelt nach dem MiLoG.

73 Zahlen nach: Katholische Kirche in Deutschland – Zahlen und Fakten 2015/16, S. 32 und in Anlehnung an ältere Daten (abrufbar unter http:/www.dbk.de/zahlen-fakten/kirchliche-statistik/) und EKD – Broschüre »Zahlen und Fakten zum kirchlichen Leben«, 2016 (abrufbar unter https://www.ekd.de/statistik/105153.html). Für die Quellenhinweise ist der Justitiarin des Erzbistums Köln, *Daniela Schrader*, zu danken (zuletzt abgerufen am 4.3.2017).

74 BVerfG 25.3.1980 – 2 BvR 208/76, BVerfGE 53, 366 = NJW 1980, 1895; auch der EGMR anerkennt das Primat des kirchlichen Selbstverständnisses (EGMR 20.12.2011 – 38254/04, DÖV 2012, 281): EGMR 9.7.2013 – 2330/09 (Pastoral); mAnm *Klumpp* ZAT 2014, 39.

75 BAG 25.4.1978 – 1 AZR 70/76, NJW 1978, 2116, BAG 14.10.1980 – 1 AZR 1274/79, NJW 1981, 1228; einschränkend jetzt BAG 8.9.2011 – 2 AZR 543/10, DB 2012, 690.

76 BAG 24.4.1997 – 2 AZR 268/96, NZA 1998, 145; ebenso EGMR 23.9.2010 – 425/03, NZA 2011, 277.

77 BVerfG 4.6.1985 – 2 BvR 1703/83, BVerfGE 70, 138 = NZA Beil. 1986/1, 28.

78 RL 2000/78/EG des Rates zur Festlegung eines allgemeinen Rahmens für die Verwirklichung der Gleichbehandlung in Beschäftigung und Beruf v. 27.11.2000, ABl. 2000 L 303, 16.

79 *Richardi*, Arbeitsrecht in der Kirche, 7. Aufl. 2015, §§ 9ff.

80 BAG 20.11.2012 – 1 AZR 179/11, NZA 2013, 448.

81 *Löwisch* RdA 2009, 215 (222).

5. Betriebsverfassung

Die Befugnis von Arbeitgeber und Betriebsrat, durch Betriebsvereinbarung den Inhalt des Arbeitsverhältnisses unmittelbar und zwingend zu regeln (→ Rn. 1342 ff.), beruht nicht auf einer verfassungsrechtlich geschützten Autonomie, sondern ergibt sich lediglich einfachgesetzlich aus dem Betriebsverfassungsgesetz, das auf der Kompetenzvorschrift des Art. 74 Nr. 12 GG fußt. Die Verfassung würde einer Aufhebung dieser Befugnis nicht entgegenstehen. 117

Auf der anderen Seite stellt die Befugnis zum Abschluss von Betriebsvereinbarungen eine Einschränkung der Vertragsautonomie von Arbeitgebern und Arbeitnehmern dar. Diese ist aber angesichts des Schutzzwecks der Betriebsverfassung gerechtfertigt. Freilich muss sich die Betriebsvereinbarung nicht anders als das staatliche Recht und der Tarifvertrag regelmäßig auf die Festlegung von Mindestbedingungen beschränken. Aus diesem Grund hat etwa der Große Senat des BAG einer Betriebsvereinbarung, die eine Altersgrenze festlegte, die Wirksamkeit gegenüber einer abweichenden arbeitsvertraglichen Bestimmung versagt.[82] Praktisch gilt also im Verhältnis von Betriebsvereinbarungen und Arbeitsvertrag regelmäßig das Günstigkeitsprinzip (→ Rn. 1361). 118

Nach § 87 I Eingangssatz und § 77 III 1 BetrVG gehen Tarifverträge Betriebsvereinbarungen vor (→ Rn. 1358 f., 1411 ff.). Das Problem der Einschränkung der Tarifautonomie stellt sich daher von vornherein nicht. 119

II. Arbeitsrecht und Grundrechte

1. Für das Arbeitsrecht relevante Grundrechte

a) Koalitionsfreiheit

Art. 9 III GG gewährleistet jedermann das Recht, zur Wahrung und Förderung der Arbeits- und Wirtschaftsbedingungen Vereinigungen zu bilden. Art. 9 III GG meint dabei zunächst einmal ein **Grundrecht jedes Einzelnen:** Jedermann kann sich zur Wahrnehmung seiner arbeitsrechtlich-sozialpolitischen Interessen mit anderen zusammenschließen. Das gilt für Arbeitnehmer wie für Arbeitgeber. 120

Der Zweck des Art. 9 III GG führt über das Arbeitsrecht als Teil des Privatrechts hinaus. Auch Beamte leisten abhängige Arbeit iSv Art. 9 III GG gemeinten Arbeits- und Wirtschaftsbedingungen.[83] Die Gewährleistung der Koalitionsfreiheit in § 52 BeamtStG entspricht also einem verfassungsrechtlichen Gebot. 121

Für den Einzelnen hat die Koalitionsfreiheit zunächst einen **positiven** Inhalt: Sie garantiert ihm die Freiheit, eine Koalition zu gründen, ihr beizutreten, in ihr zu verbleiben und sich für sie zu betätigen. 122

Zur Betätigung gehört dabei einmal die Demonstration der Mitgliedschaft. Die Arbeitnehmer sind darin geschützt, eine Plakette mit dem Signet ihrer Gewerkschaft zu tragen, sowie der Arbeitgeber an seiner Betriebsstätte auf die Mitgliedschaft in seinem Arbeitgeberverband aufmerksam machen darf. Das Mitglied hat auch das Recht, sich für seine Koalition einzusetzen, zB im Betrieb als Vertrauensmann tätig zu werden, andere Mitglieder zu beraten, Beiträge einzuziehen und für seine Gewerkschaft zu werben und über sie zu informieren.[84]

---

82 BAG 7.11.1989 – GS 3/85, NZA 1990, 816.

83 BVerfG 30.11.1965 – 2 BvR 54/62, BVerfGE 19, 303 = BB 1966, 206.

84 BVerfG 14.11.1995 – 1 BvR 601/92, BVerfGE 93, 352 = NZA 1996, 381 unter B I 2 für die Mitgliederwerbung.

123 Art. 9 III GG sichert dem Einzelnen auch **negativ** die Freiheit des Austritts und des Fernbleibens. Niemand darf durch staatlichen oder sozialen Druck genötigt werden, eine Koalition mit seiner Mitgliedschaft zu unterstützen.[85]

Eine Beeinträchtigung des Fernbleiberechts stellt der »closed shop« dar: Dass der Arbeitgeber aufgrund eigener Entscheidung oder veranlasst durch eine Gruppe von Arbeitnehmern seines Betriebs, die Betriebsvertretung oder die Gewerkschaft, die Einstellung oder Weiterbeschäftigung eines Arbeitnehmers von dessen Zugehörigkeit zu einer Arbeitnehmerkoalition abhängig macht, übt einen unzulässigen Druck auf den Arbeitnehmer aus. Ebenso wenig darf der Arbeitgeber die Einstellung eines Arbeitnehmers vom Austritt aus der Gewerkschaft abhängig machen.[86] Dass gesetzlich die Vergabe von Aufträgen der öffentlichen Hand davon abhängig gemacht wird, dass der Unternehmer sich an Tarifverträge hält, auch wenn er nicht tarifgebunden ist, beeinträchtigt sein Fernbleiberecht hingegen noch nicht, weil damit kein rechtlicher oder faktischer Zwang verbunden ist, dem tarifschließenden Arbeitgeberverband beizutreten.[87]

124 Der Grundrechtsschutz des Art. 9 III GG kann Effektivität erst gewinnen, wenn auch die **Koalition selbst** am verfassungsrechtlichen Schutz teilhat. Deshalb gewährleistet Art. 9 III GG auch ihr den Bestand **(Bestandsgarantie)**, die autonome Regelung der Organisation **(Organisationsautonomie)** und das Recht, durch spezifisch koalitionsmäßige Betätigung den in Art. 9 III GG genannten Zweck zu verfolgen **(Betätigungsgarantie).**

Zur Betätigungsgarantie der Koalition gehört dabei, wie oben (→ Rn. 100 ff.) schon ausgeführt, zunächst die Tarifautonomie einschließlich des Arbeitskampfes als Konfliktlösungsmittel. Ob sich mit diesem Kernbereich der Betätigungsgarantie der in § 4a TVG kodifizierte Grundsatz der Tarifeinheit vereinbaren lässt, ist umstritten und steht zur Entscheidung durch das BVerfG an (→Rn. 1045 ff.). Die Betätigungsgarantie ist im Übrigen nicht auf die Tarifautonomie beschränkt, sondern erfasst »alle koalitionsspezifischen Verhaltensweisen«.[88] Insbesondere ergibt sich aus ihr das Recht der Koalition, ihre Mitglieder zu betreuen. Etwa hat die Gewerkschaft das Recht, als Bindeglied zu ihren Mitgliedern Vertrauensleute für den Betrieb zu stellen. Auch die Werbung neuer Mitglieder und der Rechtsschutz für diese gehören zum Betätigungsrecht (→ Rn. 1328).

125 Allerdings sind die Koalitionen bei ihrer Betätigung an die **allgemeine Rechtsordnung gebunden.** So müssen sie die Regelungen des UWG beachten[89] und das Eigentumsrecht des Arbeitgebers am Betrieb respektieren. Die allgemeine Rechtsordnung darf nur durchbrochen werden, soweit es zur Wahrung der Koalitionsfreiheit notwendig ist.[90]

Etwa kann von einem notwendigen Eingriff in das Eigentumsrecht des Arbeitgebers in Bezug auf die Bestellung von Vertrauensleuten und die Verteilung von Informationsmaterial zu Werbezwecken gesprochen werden, nicht aber hinsichtlich der Nutzung des Eigentums des Arbeitgebers, zB des betriebseigenen Intranets oder auch der vom Arbeitgeber gestellten Schutzhelme (→ Rn. 1331).

126 Art. 9 III GG enthält wie jedes Grundrecht ein **Eingriffsverbot.** Regeln und Maßnahmen, die sich unmittelbar belastend auf die Koalitionsfreiheit auswirken, sind unzulässig. Art. 9 III GG muss jedoch auch ein **Diskriminierungsverbot** entnommen werden.

85 Dazu, dass Art. 9 III GG auch die negative Koalitionsfreiheit schützt: BVerfG 11.7.2006 – 1 BvL 4/00, BVerfGE 116, 202 = NZA 2007, 42. Für die Vereinigungsfreiheit iSd Art. 11 EMRK ebenso EGMR 13.8.1981 – 7601/76, EuGRZ 1981, 559.

86 BAG 2.6.1987 – 1 AZR 651/85, NZA 1988, 64.

87 BVerfG 11.7.2006 – 1 BvL 4/00, BVerfGE 116, 202 = NZA 2007, 4.

88 BVerfG 14.11.1995 – 1 BvR 601/92, BVerfGE 93, 352 = NZA 1996, 381 unter B I 2 für die Mitgliederwerbung.

89 Vgl. BGH 25.1.1990 – I ZR 19/87, NJW 1991, 287, nach dem ein Gruppenversicherungsvertrag zwischen einem Rechtsschutzversicherer und einer Gewerkschaft mit § 1 UWG nicht zu vereinbaren ist.

90 BVerfG 14.11.1995 – 1 BvR 601/92, BVerfGE 93, 352 = NZA 1996, 381.

Jede unterschiedliche Behandlung verschiedener Koalitionen und ihrer Mitglieder sowie von organisierten und nichtorganisierten Arbeitnehmern und Arbeitgebern führt, auch wenn sie für sich genommen mit Art. 9 III GG vereinbar ist, zu einer Begünstigung des einen und einer Belastung des anderen. Damit entsteht für den Belasteten ein Anreiz oder sogar ein Druck, sein Grundrecht so auszuüben, dass er ebenfalls an der Vergünstigung teilhat. Dieser Anreiz oder Druck ist für die Koalitionsfreiheit nicht minder schädlich als der direkte Eingriff. Tarifvertragliche Bestimmungen, die es dem Arbeitgeber verbieten, seinen nichtorganisierten Arbeitnehmern den Tariflohn zu zahlen **(Tarifausschlussklauseln)** oder ihn verpflichten, immer eine Differenz zwischen der Vergütung der organisierten und der nichtorganisierten Arbeitnehmer einzuhalten **(Differenzierungsklauseln)**, sind deshalb unwirksam.[91]

In der Betriebs- und in der Personalverfassung hat das Diskriminierungsverbot in § 75 I BetrVG und § 67 I BPersVG besonderen Ausdruck gefunden. Es gilt aber auch sonst. Etwa hat das BAG mit Recht die **selektive Aussperrung** bloß von Gewerkschaftsmitgliedern als Verstoß gegen Art. 9 III GG betrachtet.[92] 127

Dadurch, dass Art. 9 III GG die Tarifautonomie mitumfasst, wird im Übrigen ein Stück Marktwirtschaft verfassungsrechtlich garantiert: Im Tarifvertrag verwirklicht sich für den Teilbereich des Arbeitsmarktes die marktwirtschaftliche Ordnung des freien Aushandelns von Leistung und Gegenleistung. Zudem setzt der Tarifvertrag seinerseits die Existenz marktwirtschaftlicher Ordnung in anderen Teilbereichen des Wirtschaftsverkehrs voraus, weil ein Unternehmen, dem dort ein Verhalten nach den Gesetzen des Marktes nicht möglich ist, auch kein sinnvoller Verhandlungspartner auf dem Feld der Arbeitsbedingungen sein kann.[93] 128

b) Individualgrundrechte des Arbeitgebers und Unternehmers

Wie das BVerfG in seinem Mitbestimmungsurteil v. 1.3.1979[94] ausgeführt hat, wird die wirtschaftliche Betätigung des Unternehmers und Arbeitgebers durch eine Reihe von Grundrechten geschützt: 129

Art. 14 GG umfasst auch das wirtschaftlichen Zwecken gewidmete **Eigentum** einschließlich des Anteilseigentums und des Eigentums an Kapitalgesellschaften. Art. 9 I GG gewährleistet die Organisation und autonome Willensbildung von Vereinigungen mit wirtschaftlicher Zwecksetzung. Art. 12 I GG erstreckt sich auf die **Unternehmensfreiheit** im Sinne freier Gründung und Führung von Unternehmen einschließlich der Großunternehmen und gewährleistet die Vertragsautonomie (→ Rn. 110ff.). Art. 2 I GG garantiert die **wirtschaftliche Entfaltungsfreiheit** im Übrigen.

Alle diese Grundrechte stehen aber unter unterschiedlich ausgestalteten Vorbehalten. Inhalt und Schranken des Eigentums werden durch die Gesetze bestimmt (Art. 14 I 130

91 BAG 29.11.1967 – GS 1/67, NJW 1968, 1903. Das BAG hält allerdings jetzt »einfache« Differenzierungsklauseln, die besondere Leistungen für Mitglieder der tarifschließenden Gewerkschaft vorsehen, aber den Arbeitgeber nicht hindern, nicht oder anders organisierten Arbeitnehmern arbeitsvertraglich dieselben Leistungen zu erbringen für zulässig; BAG 18.3.2009 – 4 AZR 64/08, NZA 2009, 1028; → Rn. 1074, 1084.

92 BAG 10.6.1980 – 1 AZR 331/79, NJW 1980, 1653; ausführlich zum aus der Koalitionsfreiheit folgenden Diskriminierungsverbot MHdB ArbR/*Löwisch/Rieble* § 156 Rn. 38ff.

93 Ausführlich zur Koalitionsfreiheit als wirtschaftsverfassungsrechtliche Vorgabe MHdB ArbR/*Löwisch/Rieble* § 158 Rn. 1f.

94 BVerfG 1.3.1979 – 1 BvR 532/77, BVerfGE 50, 290 = BB 1979, Beil. Nr. 2.

GG). Die Berufsausübung kann durch Gesetz oder aufgrund eines Gesetzes geregelt werden (Art. 12 I 2 GG), wobei sich diese Regelung nach der Rechtsprechung des BVerfG auch auf die Berufswahl erstreckt.[95] Die Ausübung der Vereinigungsfreiheit muss die Schranken der allgemeinen Rechtsordnung beachten.[96] Gleiches gilt wegen der Schrankentrias des Art. 2 I GG für die wirtschaftliche Entfaltungsfreiheit. Diese Schranken lassen dem Arbeitsrecht weitgehenden Spielraum.

131 Praktisch wird die Unternehmerfreiheit vor allem im Kündigungsschutzrecht und im Mitbestimmungsrecht. Im Kündigungsschutzrecht steht sie einer arbeitsgerichtlichen Kontrolle von Unternehmerentscheidungen, in deren Folge es zu betriebsbedingten Kündigungen kommt, entgegen (→ Rn. 725 ff.). Im Mitbestimmungsrecht zieht sie der Beteiligung von Arbeitnehmervertretern in den Aufsichtsräten der Unternehmen eine Grenze unterhalb der Parität (→ Rn. 861 ff. und → Rn. 1659 ff.).

132 Soweit die Tätigkeit eines Unternehmens auf die Verwirklichung besonderer Grundrechte gerichtet ist, wie das etwa in Presseunternehmen im Hinblick auf die Meinungsfreiheit der Fall ist, müssen sie bei dieser Verwirklichung auch vor dem Arbeitsrecht geschützt werden.[97] Aus diesem Grund nimmt das Mitbestimmungsgesetz solche »Tendenzunternehmen« in seinem § 1 IV MitBestG ganz aus seinem Geltungsbereich aus und begrenzt § 118 I BetrVG die Anwendung des Betriebsverfassungsgesetzes.

c) Individualgrundrechte der Arbeitnehmer

133 Auch für die Arbeitnehmer ist das Grundrecht der Berufsfreiheit von Bedeutung. Es gewährt zwar kein subjektives **Recht auf Arbeit.**[98] An ihm müssen sich aber zB Tarifverträge messen lassen, die für bestimmte Tätigkeiten besondere Qualifikationen verlangen, wie das seinerzeit für die sog. Besetzungsregeln in den Tarifverträgen der Druckindustrie zutraf.[99]

134 Der Arbeitnehmer kann am Arbeitsplatz Gewissenskonflikten ausgesetzt sein. Einen Fall bietet etwa ein Mediziner, der an der Entwicklung einer Substanz mitwirken soll, die bei einer durch Strahlenbehandlung oder insbesondere durch eine im Nuklearkrieg hervorgerufene Strahlenkrankheit den Brechreiz unterdrücken soll.[100] Steht ein solcher Arbeitnehmer auf dem Standpunkt, als Mediziner könne er es nicht zulassen, dass seine Tätigkeit in Zusammenhang mit einer ins Auge gefassten Verwendung eines von ihm zu entwickelnden Medikaments im Nuklearkriegsfalle gebracht werde, steht seine **Gewissensfreiheit** iSd Art. 4 I GG auf dem Spiel und muss geschützt werden.

135 Auch die **Meinungsfreiheit** des Arbeitnehmers ist zu schützen. Mit der Bedeutung des Grundrechts des Art. 5 I GG wäre es nicht vereinbar, wollte der Gesetzgeber die Freiheit der politischen Meinungsäußerung im Bereich der betrieblichen Arbeitswelt, welche die Lebensgestaltung zahlreicher Staatsbürger wesentlich bestimmt, schlechthin

95 BVerfG 11.6.1958 – 1 BvR 596/56, BVerfGE 7, 377 = NJW 1958, 1035.
96 BVerfG 24.2.1971 – 1 BvR 438/68, BVerfGE 30, 227 = NJW 1971, 1123.
97 BVerfG 6.11.1979 – 1 BvR 81/76, NJW 1980, 1084.
98 BVerfG (Kammerentscheidung) 22.10.2004 – 1 BvR 1944/01, EzA § 9 KSchG nF Nr. 49.
99 Diese Besetzungsregeln waren insofern problematisch, als infolge technischer Entwicklung Facharbeiten in der Druckindustrie vielfach auch von Arbeitnehmern erbracht werden konnten, die nicht Fachkräfte der Druckindustrie waren. Gleichwohl wurden sie vom BAG für vereinbar mit Art. 12 I GG gehalten (zuletzt BAG 26.4.1990 – 1 ABR 84/87, NZA 1990, 850).
100 Vgl. BAG 24.5.1989 – 2 AZR 285/88, NZA 1990, 144.

fernhalten.[101] Die in Art. 5 II GG festgelegten Schranken der Meinungsfreiheit gelten aber auch im Arbeitsrecht. Auch ein Arbeitnehmer kann sich für bewusst falsche Tatsachenbehauptungen nicht auf seine Meinungsfreiheit berufen und muss sich auch bei Werturteilen der Schmähkritik enthalten.[102] Die Werbung für Religionsgemeinschaften findet hier ebenfalls ihre Grenze.[103]

Die Abwägung zwischen Meinungsfreiheit und Grundregeln des Arbeitsverhältnisses gilt auch für Meinungsäußerungen im **Internet.**[104] Dabei ist freilich zu beachten, dass allein aufgrund der Verbreitung eine Äußerung ein Gewicht erlangt, das bei einer betriebsinternen Äußerung nicht erreicht wird.[105]

Zu beachten ist auch der durch Art. 2 I iVm Art. 1 I GG gewährleistete Schutz des Persönlichkeitsrechts. Auch dem Arbeitnehmer im Betrieb stehen etwa das informationelle Selbstbestimmungsrecht und das Recht auf den Schutz seiner Intimsphäre zu. Deshalb sind Zölibatsklauseln und Liebesverbotsklauseln in sog. Ethik-Richtlinien unzulässig.[106] Auch die Persönlichkeitsrechte sind aber nicht schrankenlos gewährleistet. Vielmehr bedarf es einer Abwägung mit den schützenswerten betrieblichen Interessen des Arbeitgebers. So sind sog. »Ehrlichkeitskontrollen«, wie sie im Bereich des Einzelhandels gegenüber Verkäufern vorgenommen werden, nicht grundsätzlich unzulässig, sondern je nach der Situation hinzunehmen.[107] 136

Ein für die Arbeitnehmer relevantes Grundrecht ist schließlich der **Gleichheitssatz** des Art. 3 GG. Aus seinem Abs. 1 folgt ein Willkürverbot: Arbeitnehmer dürfen nicht ohne sachlichen Grund ungleich behandelt werden. So ist die Herausnahme einzelner Arbeitnehmer aus Entgelterhöhungen willkürlich, soweit diese dem Zweck des Kaufkraftausgleichs dienen.[108] Ein allgemeiner Grundsatz »Gleicher Lohn für gleiche Arbeit« besteht in Deutschland aber nicht; vielmehr gilt, abgesehen vom Willkürverbot des Art. 3 I GG, hinsichtlich der Entgelte Vertragsfreiheit.[109] 137

Nach Art. 3 II 1 GG sind Männer und Frauen gleichberechtigt. Daraus folgt für das Arbeitsrecht ein Diskriminierungsverbot. Insbesondere ist eine Ungleichbehandlung in Bezug auf die Begründung von Arbeitsverhältnissen, den beruflichen Aufstieg und das Arbeitsentgelt unzulässig und nach dem AGG verboten (→ Rn. 187ff.). 138

Art. 3 II 2 GG verpflichtet den Staat auch zur Förderung der tatsächlichen Durchsetzung der Gleichberechtigung und zur Beseitigung soweit bestehender Nachteile. Diesem Zweck dienen Quotenregelungen, die aber ihre Grenzen in der Benachteiligung des jeweils anderen Geschlechts finden (im Einzelnen → Rn. 192).

Nach Art. 3 III 1 GG ist die unterschiedliche Behandlung von Arbeitnehmern wegen der Abstammung, also der Beziehung zu einer bestimmten Familie oder Volksgruppe, wegen der Rasse, der Sprache, der Heimat und Herkunft, des Glaubens und der reli- 139

101 BVerfG 28.4.1976 – 1 BvR 71/73, BVerfGE 42, 176 = NJW 1976, 1627.
102 BAG 18.12.2014 – 2 AZR 265/14, NZA 2015, 797.
103 LAG Berlin 11.6.1997 – 13 Sa 19/97, LAGE § 626 BGB Nr. 112.
104 LAG BW 10.2.2010 – 2 Sa 59/09, Kommunikation&Recht 2010, 287.
105 LAG Berlin-Brandenburg 18.8.2008 – 10 TaBV 885/08, BB 2009, 661.
106 LAG Düsseldorf 14.11.2005 – 10 TaBV 46/05, ZIP 2006, 436.
107 BAG 18.11.1999 – 2 AZR 743/98, NJW 2000, 1211; LAG Nürnberg 10.10.2006 – 6 TaBV 16/06, NZA-RR 2007, 136; s. dazu auch *Maschmann* NZA 2002, 13ff.
108 BAG 11.9.1985 – 7 AZR 371/83, NZA 1987, 156.
109 BAG 12.10.2011 – 10 AZR 510/10, NZA 2012, 680.

giösen oder politischen Anschauungen unzulässig. Art. 3 III 2 GG verbietet auch die Benachteiligung wegen einer **Behinderung.** Diese Diskriminierungsverbote sind nunmehr ebenfalls durch das AGG umgesetzt. S. im Einzelnen → Rn. 185ff.

2. Umsetzung der Grundrechte im Arbeitsrecht

a) Bindung der Normgebung

140 Nach Art. 1 III GG binden die Grundrechte die Gesetzgebung als unmittelbar geltendes Recht.

Eine besondere Rolle hat dabei seit dem 1.1.1953, dem Datum, zu dem nach Art. 117 GG das dem Art. 3 II GG entgegenstehende Recht außer Kraft getreten ist, die Verwirklichung der Gleichberechtigung von Mann und Frau auf dem Feld der Entgelttarifverträge gespielt. Bereits mit einem Urteil v. 15.1.1955[110] hat das BAG unterschiedliche tarifliche Lohngruppen für Männer und Frauen für verfassungswidrig erklärt. Danach hat der Europäische Gerichtshof im Hinblick auf Art. 119 EGV (jetzt Art. 157 AEUV) und die dazu ergangene RL 75/117/EWG[111] ausgesprochen, dass auch eine tarifliche Entgeltordnung, die zwar nicht direkt nach dem Geschlecht differenziert, aber in ihren Gruppen an Eigenschaften anknüpft, die Männer eher besitzen als Frauen, diskriminierend sein kann.[112] Die vom EuGH unter diesem Gesichtspunkt beanstandete Benachteiligung von Teilzeitbeschäftigten ist inzwischen durch § 4 I TzBfG verboten (→ Rn. 285). Zu Art. 157 AEUV noch → Rn. 164. Zum Entwurf eines Lohngleichheitsgesetzes, das die Entgeltgleichheit durch einen Auskunftsanspruch der Arbeitnehmer fördern will, → Rn. 306a.

Auch die Tarifvertragsparteien sind, jedenfalls im Wege mittelbarer Drittwirkung, an die Grundrechte gebunden (→ Rn. 1069)

b) Unmittelbare Drittwirkung des Art. 9 III GG

Fall 5: X verpflichtet sich gegenüber der für sein Unternehmen zuständigen Gewerkschaft, drei Jahre lang nur Arbeitnehmer einzustellen, die dieser Gewerkschaft bereits angehören. Er fordert deshalb den Arbeitsplatzbewerber A, den er vor anderen für qualifiziert hält auf, der Gewerkschaft beizutreten. Als dieser ablehnt, stellt X einen anderen Bewerber ein. A verlangt Einstellung, jedenfalls will er, bis er eine andere Stellung gefunden hat, Ersatz in Höhe des Arbeitsentgeltes, welches er bei einer Einstellung bezogen hätte.

141 Für das Grundrecht der Koalitionsfreiheit ordnet Art. 9 III GG die unmittelbare Drittwirkung an. Er bestimmt, dass Abreden, die dieses Recht einschränken oder zu behindern suchen, nichtig und hierauf gerichtete Maßnahmen rechtswidrig sind.

142 Art. 9 III GG ist zunächst ein **Verbotsgesetz** iSd § 134 BGB. Die Nichtigkeitsfolge gilt dabei nicht nur für Verträge, sondern auch für einseitige Rechtsgeschäfte, wie zB eine Kündigung.

143 Art. 9 III 2 GG bezweckt gerade den Schutz des Einzelnen in seiner Koalitionsfreiheit und ist deshalb auch **Schutzgesetz** iSd § 823 II BGB. Die daraus folgende Schadensersatzverpflichtung führt dazu, dass der betroffene Arbeitnehmer oder Arbeitgeber so gestellt werden muss, wie er stünde, wenn seine Koalitionsfreiheit nicht beeinträchtigt worden wäre (§ 249 I BGB). Ist die Naturalrestitution nicht möglich, muss nach § 251 I BGB Geldersatz geleistet werden.

110 BAG 15.1.1955 – 1 AZR 305/54, AP GG Art. 3 Nr. 4 = NJW 1955, 684.

111 RL 75/117/EWG des Rates zur Angleichung der Rechtsvorschriften der Mitgliedstaaten über die Anwendung des Grundsatzes des gleichen Entgelts für Männer und Frauen v. 10.2.1975, ABl. 1975 L 45, 19; aK seit 14.8.2009.

112 EuGH 1.7.1986 – Rs. 237/85, AP EWG-Vertrag Art. 119 Nr. 13 = NJW 1987, 1138 und EuGH 27.6.1990 – C-33/89, AP EWG-Vertrag Art. 119 Nr. 21 = NZA 1990, 771.

In **Fall 5** liegt eine Verletzung der negativen Koalitionsfreiheit des A vor (→ Rn. 123f.). Ihretwegen kann A von X in der Tat Einstellung auf einen etwa noch freien oder frei werdenden Arbeitsplatz verlangen. Ist die Einstellung nicht möglich, hat er Anspruch auf Ersatz des entgangenen Arbeitsentgelts nach der im Schadensersatz geltenden Differenzhypothese – allerdings unter Abzug ersparter Aufwendungen, etwa für die Fahrt zum Arbeitsplatz, und anderweitig erzielten Verdienstes. Auch trifft den Arbeitnehmer nach § 254 BGB eine Schadensminderungspflicht. Insbesondere muss er eine ihm anderweitig angebotene zumutbare Arbeit annehmen.

Der Schutz der unmittelbaren Drittwirkung kommt **auch den Koalitionen selbst** für ihr Betätigungsrecht (→ Rn. 124f.) zugute. Behindert der Arbeitgeber die Gewerkschaft bei ihrer Werbetätigkeit im Betrieb, steht ihr ein Unterlassungsanspruch zu.[113] Nach Auffassung des BAG kann sich die Gewerkschaft mit einem solchen auf ihr Betätigungsrecht gestützten Unterlassungsanspruch sogar gegen eine vom Arbeitgeber mit dem Betriebsrat abgesprochene systematische Unterschreitung der Tariflöhne wehren,[114] kann freilich nicht anstelle der Arbeitnehmer Nachzahlung der Entgeltdifferenz verlangen.[115] 144

c) Gesetzliche Umsetzung

aa) Diskriminierungsschutz. Der Schutz gegen Diskriminierungen aus einem der in Art. 3 II 2 GG genannten Gründe ist heute umfassend **im AGG** geregelt. Das AGG ist in § 6 (→ Rn. 183ff.) gesondert behandelt. 145

Nach § 4 I TzBfG darf der Arbeitgeber einen teilzeitbeschäftigten Arbeitnehmer nicht wegen der **Teilzeitarbeit** gegenüber vollzeitbeschäftigten Arbeitnehmern schlechter behandeln, es sei denn, dass sachliche Gründe eine unterschiedliche Behandlung rechtfertigen (→ Rn. 285ff.). Gleiches gilt nach § 4 II TzBfG für **befristet** beschäftigte Arbeitnehmer im Verhältnis zu unbefristet beschäftigten (→ Rn. 830ff.).

bb) Arbeitsrechtlicher Gleichbehandlungsgrundsatz. Nach dem von der Rechtsprechung entwickelten allgemeinen **arbeitsrechtlichen Gleichbehandlungsgrundsatz** darf der Arbeitgeber einzelne Arbeitnehmer nicht ohne sachlichen Grund von Leistungen ausschließen, die er einer Gruppe von Arbeitnehmern generell gewährt, ohne hierzu rechtlich verpflichtet zu sein.[116] Auch die Bildung der Gruppen bei solchen Leistungen darf nicht willkürlich sein.[117] Erfasst werden vor allem freiwillige Sozialleistungen. Etwa verstößt es gegen den arbeitsrechtlichen Gleichbehandlungsgrundsatz, wenn wissenschaftlichen Mitarbeitern mit abgeschlossener Hochschulausbildung eine jährliche Sonderzuwendung gewährt wird, studentischen Hilfskräften jedoch nicht.[118] Erfasst werden aber auch freiwillige Erhöhungen des eigentlichen Arbeitsentgelts, soweit der Arbeitgeber bei ihnen nach abstrakten Regeln verfährt,[119] etwa einen allgemeinen Kaufkraftausgleich gewährt.[120] 146

113 BAG 14.2.1967 – 1 AZR 494/65, NJW 1967, 843.
114 BAG 20.4.1999 – 1 ABR 72/98, NZA 1999, 887; zu den in einem solchen Fall bestehenden Rechten der Gewerkschaft gegen den tarifschließenden Arbeitgeber → Rn. 1059.
115 BAG 17.5.2011 – 1 AZR 473/09, EzA Art. 9 GG Nr. 105 mAnm *Löwisch/Krauss.*
116 StRspr des BAG, vgl. etwa BAG 23.8.1988 – 1 AZR 284/87, NZA 1989, 28.
117 BAG 15.11.1994 – 5 AZR 682/93, NZA 1995, 939.
118 BAG 6.10.1993 – 10 AZR 450/92, NZA 1994, 257.
119 BAG 15.11.1994 – 5 AZR 682/93, NZA 1995, 939.
120 BAG 11.9.1985 – 7 AZR 371/83, NZA 1987, 156.

147 Inhaltlich stellt der arbeitsrechtliche Gleichbehandlungsgrundsatz eine Ausprägung der Benachteiligungsverbote des Art. 3 II und III GG, vor allen Dingen aber des Willkürverbotes des Art. 3 I GG dar. Er geht insofern weiter als diese, als er nicht zur Nichtigkeit der Vertragsgestaltung führt, sondern dem übergangenen Arbeitnehmer Anspruch auf die Leistungen einräumt, die ihm gleichheitswidrig vorenthalten worden sind. Auf der anderen Seite bleibt er hinter den gesetzlichen Ausprägungen des AGG und des § 4 TzBfG insoweit zurück, als der Arbeitnehmer vertraglich auf die Einhaltung des Gleichbehandlungsgrundsatzes **verzichten** kann.[121] Vor allem die Überlegung, der Arbeitgeber dürfe durch den Gleichbehandlungsgrundsatz nicht in der Vertragsgestaltung mit neu eintretenden Arbeitnehmern präjudiziert werden, hat die Rechtsprechung veranlasst, der Vertragsfreiheit insoweit den Vorrang vor dem Gleichheitssatz einzuräumen, als es um individuelle Vereinbarungen mit bestimmten Arbeitnehmern geht.[122] Dementsprechend begründet der arbeitsrechtliche Gleichbehandlungsgrundsatz auch keinen Anspruch auf Verlängerung eines sachgrundlos befristeten Arbeitsvertrages.[123]

148 cc) **Betriebsverfassungsrechtliches Gleichbehandlungsgebot.** Nach § 75 I BetrVG haben **Arbeitgeber und Betriebsrat** darüber zu wachen, dass alle im Betrieb tätigen Personen nach den Grundsätzen von Recht und Billigkeit behandelt werden, insbesondere, dass jede unterschiedliche Behandlung von Personen wegen ihrer Abstammung, Religion, Nationalität, Herkunft, politischen oder gewerkschaftlichen Betätigung oder Einstellung oder wegen ihres Geschlechts unterbleibt. Sie haben darauf zu achten, dass Arbeitnehmer nicht wegen Überschreitung bestimmter Altersstufen benachteiligt werden. Nach § 75 II BetrVG haben Arbeitgeber und Betriebsrat die freie Entfaltung der Persönlichkeit der im Betrieb beschäftigten Arbeitnehmer zu schützen und zu fördern.

149 § 75 BetrVG bewirkt eine umfassende **Bindung der Betriebspartner** bei allen Handlungen im Rahmen der Betriebsverfassung an den Gleichheitssatz und die Grundrechte, die Ausprägung des Persönlichkeitsrechtsschutzes sind. Das ist zunächst für allgemeine Regelungen, insbesondere Betriebsvereinbarungen iSd § 77 II BetrVG von Bedeutung. Sie dürfen Arbeitnehmer nicht ungleich behandeln und auch nicht in deren private Lebensgestaltung eingreifen, etwa indem sie diese zur Teilnahme am Kantinenessen verpflichten.[124] Wo freilich widerstreitende Persönlichkeitsentfaltungen im Spiel sind, wie beim Gegeneinander von Rauchern und Nichtrauchern, ist es legitim, durch Betriebsvereinbarungen eine Entscheidung zugunsten einer Seite zu treffen.[125]

Auch andere Maßnahmen, etwa den Einsatz von Personalfragebogen, personelle Einzelmaßnahmen, insbesondere Versetzungen und die Vergabe von Werkswohnungen, stoßen hier an Grenzen.

---

121 BAG 28.2.1962 – 4 AZR 352/60, DB 1962, 743 und BAG 4.5.1962 – 1 AZR 250/61, NJW 1962, 1459 und BAG 30.5.1984 – 4 AZR 146/82, AP MTL II § 21 Nr. 2.
122 BAG 13.2.2002 – 5 AZR 713/00, DB 2002, 1381.
123 BAG 13.8.2008 – 7 AZR 513/07, NZA 2009, 27.
124 BAG 11.7.2000 – 1 AZR 551/99, NZA 2001, 462.
125 BAG 19.1.1999 – 1 AZR 499/98, NZA 1999, 546.

Beispielsweise unzulässig sind: Die Bevorzugung einheimischer Arbeitnehmer vor Asylbewerbern bei Beförderungen, die vorzugsweise Vergabe von Werkswohnungen an Familien ohne Kinder, die Erfassung der Intimsphäre in Personalfragebogen und die Weitergabe sensibler Daten über den Gesundheitszustand an einen größeren Kreis von Mitarbeitern.[126]

Soweit Arbeitnehmer in einer betrieblichen Regelung, zB einem Sozialplan (→ Rn. 1559 ff.), zu Unrecht übergangen werden, tritt neben § 75 I BetrVG der arbeitsrechtliche Gleichbehandlungsgrundsatz (→ Rn. 146 f.).

§ 75 BetrVG verpflichtet Arbeitgeber und Betriebsrat auch, über die Einhaltung des Gleichheitsgebots im Betrieb **zu wachen** und die freie Entfaltung der Persönlichkeit der Arbeitnehmer des Betriebes **zu schützen und zu fördern.** Gemeint ist damit, dass Arbeitgeber und Betriebsrat die ihnen nach dem BetrVG gegebenen Mittel, der Arbeitgeber darüber hinaus auch seine arbeitsvertraglichen Mittel, einzusetzen haben, um die Verwirklichung dieser Grundrechte im betrieblichen Geschehen sicherzustellen. Etwa müssen Arbeitgeber und Betriebsrat einschreiten, wenn ein Arbeitnehmer im Betrieb Gesundheitsbeeinträchtigungen ausgesetzt ist, zB infolge starken Rauchens von Kollegen. Gleiches gilt für Benachteiligungen und Belästigungen im Sinne des AGG. Was den Arbeitgeber angeht, ist diese Pflicht durch § 12 AGG konkretisiert (→ Rn. 193), sie trifft aber auch den Betriebsrat. 150

dd) Maßregelungsverbot. Nach § 612 a BGB darf der Arbeitgeber einen Arbeitnehmer nicht benachteiligen, weil dieser in zulässiger Weise seine Rechte ausübt. Zu den durch § 612 a BGB geschützten Rechten gehören auch die für das Arbeitsverhältnis relevanten Grundrechte des Arbeitnehmers, insbesondere seine Meinungsfreiheit und seine Betätigungsfreiheit als Gewerkschaftsmitglied.[127] 151

Bietet der Arbeitgeber einem befristet beschäftigten Arbeitnehmer keinen Folgevertrag an, weil dieser Kritik geäußert hat, stellt das eine solche Maßregelung dar. Sie begründet einen Schadensersatzanspruch des Arbeitnehmers. Auf diesen ist nach Auffassung des BAG [128] § 15 AGG analog anzuwenden, sodass der Arbeitnehmer zwar eine Entschädigung, nicht aber den Abschluss eines entsprechenden Arbeitsvertrages verlangen kann.

d) Mittelbare Drittwirkung der übrigen Grundrechte

Fall 6: Der im Druckhaus X angestellte A weigert sich, bei der Herstellung eines Prospektes mitzuwirken, in dem für ein Kriegsbuch geworben wird. Daraufhin wird er wegen Arbeitsverweigerung fristlos gekündigt.

Dass sich die Grundrechte im Privatrechtsverkehr mittelbar über die privatrechtlichen Vorschriften entfalten, dabei vor allem Bestimmungen zwingenden Charakters ergreifen und für den Richter besonders durch die Generalklauseln realisierbar sind, gilt auch für das Arbeitsrecht. Vor allem die Schutzfunktion, die den Grundrechten im Arbeitsrecht zukommt, wird auf diese Weise verwirklicht.[129] 152

Zu berücksichtigen sind die Grundrechte zunächst bei der Anwendung der **kündigungsrechtlichen Generalklauseln,** also des wichtigen Grundes in § 626 BGB, und der Verhaltens- und Personenbedingtheit einer Kündigung iSd § 1 II KSchG. Dass die 153

126 BAG 15.7.1987 – 5 AZR 215/86, NZA 1988, 53.
127 BAG 21.9.2011 – 7 AZR 150/10, NZA 2012, 317.
128 BAG 21.9.2011 – 7 AZR 150/10, NZA 2012, 317.
129 BVerfG 7.2.1990 – 1 BvR 26/84, BVerfGE 81, 242 = NZA 1990, 389 und BVerfG 27.1.1998 – 1 BvL 15/87, BVerfGE 97, 169 = NZA 1998, 470.

Individualgrundrechte des Arbeitnehmers auch im Arbeitsverhältnis respektiert werden müssen, wirkt sich bei der Beurteilung der Frage aus, ob eine Kündigung im Sinne der oben genannten Vorschriften berechtigt ist. Bei Kündigungen außerhalb des Geltungsbereichs des Kündigungsschutzgesetzes führt die aus Art. 12 I GG abzuleitende Schutzpflicht (→ Rn. 110) auf dem Weg über § 242 BGB zu einem eingeschränkten Kündigungsschutz, der insbesondere willkürliche Kündigungen ausschließt (→ Rn. 692). Auf der anderen Seite muss die Anwendung dieser Generalklauseln aber auch auf die Individualgrundrechte des Arbeitgebers und Unternehmers, insbesondere seine durch Art. 12 I GG gegebene Unternehmerfreiheit (→ Rn. 125 ff.) Rücksicht nehmen. Die Grundrechte des Arbeitnehmers und des Arbeitgebers müssen unter Wahrung des Verhältnismäßigkeitsgrundsatzes gegeneinander abgewogen werden.

154 Zu berücksichtigen sind die Grundrechte auch im Rahmen der **Ausübung des Direktionsrechts** (→ Rn. 212 f.). Die Grenzen billigen Ermessens hält diese nur ein, wenn sie die Grundrechte des Arbeitnehmers gebührend achtet.

> Hieraus ergibt sich die Lösung von **Fall 6**: Eine Kündigung des A kommt so lange nicht in Betracht, wie der Arbeitgeber ihm eine Arbeit zuweisen kann, bei der er einem Gewissenskonflikt nicht ausgesetzt ist. Erst wenn das nicht mehr möglich ist, muss er eine personenbedingte Kündigung hinnehmen. Auch das aber nur, wenn er seine Arbeitsleistung wegen des Gewissenskonflikts auf längere Zeit nicht erbringt.[130]

155 Soweit es um den Schutz des **Persönlichkeitsrechts** des Arbeitnehmers geht (→ Rn. 136), stehen dem Arbeitnehmer sowohl der Anspruch aus § 823 I BGB als auch ein Anspruch aus dem Arbeitsvertrag zur Seite: Die Wahrung des Persönlichkeitsrechts des Arbeitnehmers gehört zu den Rücksichtnahmepflichten des Arbeitgebers. Im Sinne des § 241 II BGB gehört die Pflicht, das Persönlichkeitsrecht des Arbeitnehmers zu wahren, dazu. Letzteres ist von praktischer Bedeutung, wenn Vorgesetzte des Arbeitnehmers dessen Persönlichkeitsrecht verletzen. Vorgesetzte sind Erfüllungsgehilfen iSd § 278 BGB. Für sie haftet der Arbeitgeber, wobei sich die Haftung, wie sich aus § 253 II BGB ergibt, auch auf den Ersatz des immateriellen Schadens in Geld erstreckt.

III. Notstandsverfassung

1. Koalitionsfreiheit und Notstandsverfassung

156 Art. 9 III 3 GG bestimmt, dass staatliche Maßnahmen, die sich auf die Notstandsrechte des GG (Art. 12a, 35 II und III, 87 IV, 91 GG) stützen, **nicht gegen Arbeitskämpfe** gerichtet sein dürfen, die von Koalitionen zur Wahrung und Förderung der Arbeits- und Wirtschaftsbedingungen geführt werden. Arbeitskämpfen darf weder durch Dienstverpflichtungen der beteiligten Arbeitnehmer noch durch den Einsatz von Streitkräften, Bundespolizei und Polizeikräften anderer Länder als derjenigen, in denen der Arbeitskampf stattfindet, entgegengetreten werden.

157 Die Vorschrift schützt nur Arbeitskämpfe, die im Rahmen der Lösung von Tarifkonflikten eingesetzt werden. Arbeitskämpfen, die andere Ziele verfolgen, namentlich dem

130 Vgl. BAG 24.5.1989 – 2 AZR 285/88, NZA 1990, 144; LAG Hamm 20.4.2011 – 4 Sa 2230/10, NZA-RR 2011, 640, das in einem Fall, in dem der Angestellte eines Call-Centers jedes Gespräch mit dem Satz beendete »Jesus hat Sie lieb«, das Vorliegen eines echten Gewissenskonflikts verneint hat.

politischen Streik, kann auch unter Einsatz jener staatlichen Sondermittel entgegengetreten werden.

Nach Art. 20 IV GG haben alle Deutschen das **Recht zum Widerstand** gegen jeden, der es unternimmt, die verfassungsmäßige Ordnung zu beseitigen, sofern andere Abhilfe nicht möglich ist. Das schließt für diesen äußersten Fall auch die kollektive Arbeitsniederlegung mit ein. 158

Dementsprechend sehen auch eine Reihe von Gewerkschaftssatzungen vor, dass zu einem Streik »bei Angriffen auf die demokratische Grundordnung oder auf die demokratischen Grundrechte und bei Angriffen auf die Existenz oder die Rechte der Gewerkschaften« aufgerufen werden kann.[131]

2. Individualgrundrechte

Art. 12 a III–VI GG und Art. 80 a GG sehen für den Verteidigungs- und für den Spannungsfall die Verpflichtung zu zivilen Dienstleistungen vor. 159

Diese Heranziehung ist im **ArbeitssicherheitsgesetzG** v. 9.7.1968 näher geregelt. Nach diesem Gesetz kann dann, wenn die Dienstleistungen nicht auf der Grundlage der Freiwilligkeit sichergestellt werden können, das Recht zur Beendigung des Arbeitsverhältnisses beschränkt werden. Ebenso können Dienstpflichtige in ein Arbeitsverhältnis verpflichtet werden. Die Grundrechte der Freizügigkeit (Art. 11 GG) und der freien Wahl des Arbeitsplatzes (Art. 12 GG) werden dadurch eingeschränkt. 160

IV. Kontrollfragen

Frage 7: Ist ein landesgesetzlicher Mindestlohn zulässig? 161
Frage 8: Inwiefern verstoßen Closed-shop-Vereinbarungen gegen das Grundgesetz?
Frage 9: Inwiefern ist der arbeitsrechtliche Gleichbehandlungsgrundsatz in seiner Wirkung schwächer als die Gleichheitsgebote des Art. 3 GG, des AGG, des § 4 TzBfG und des § 75 I BetrVG?

§ 5 Europäisches und Internationales Arbeitsrecht

Literatur: Lehrbücher: *Barnard,* EC Employment Law, 4. Aufl. 2012; *Fuchs/Marhold,* Europäisches Arbeitsrecht, 4. Aufl. 2014; *Kocher,* Europäisches Arbeitsrecht, 2011; *Peters/Altwickler,* Europäische Menschenrechtskonvention, 2. Aufl. 2012; *Riesenhuber,* Europäisches Arbeitsrecht, 2009; *Thüsing,* Europäisches Arbeitsrecht, 3. Aufl. 2016; *Schiek,* Europäisches Arbeitsrecht, 2016.

Sonstige Literatur: Europäisches Arbeitsrecht: *Junker,* Europäische Grund- und Menschenrechte und das deutsche Arbeitsrecht, ZfA 2013, 91; *Junker,* Europäische Vorschriften zur Kündigung, EuZA 2014, 143; *Kocher,* Geschlechtsbedingte Diskriminierung – Eingruppierung – Entgeltgleichheitsgrundsatz, ZESAR 2014, 142; *Löwisch,* Beschäftigung von Arbeitnehmern der Europäischen Gemeinschaften in Deutschland nach deutschem Arbeitsrecht, EuZA 2010, 198; *Ludwigs/Weidermann,* Drittwirkung der Europäischen Grundfreiheiten – Von der Divergenz zur Konvergenz, JURA 2014, 152; *Manner-Nestler/Noack,* Europäische Grundfreiheiten und Grundrechte, JuS 2013, 503; *Nußberger,* Der Einfluss der EMRK auf das deutsche Arbeitsrecht, ArbuR 2014, 130; *Preis/Sagan* (Hrsg.), Europäisches Arbeitsrecht. Grundlagen, Richtlinien, Folgen für das deutsche Recht 2015; *Reinhard,* Einflüsse und Auswirkungen

131 § 11 Nr. 6 Satzung der IG Bergbau-Chemie-Energie; § 5 Nr. 4 Satzung der Vereinigten Dienstleistungsgesellschaft ver.di.

der Rechtsprechung des EuGH auf das nationale Recht – Betrachtung des Unternehmers K., RdA 2015, 321; *Schlachter/Heinig,* Europäisches Arbeits- und Sozialrecht, Bd. 7 der Enzyklopädie Europarecht 2016; *Schlegel,* Grenzenlose Arbeit, NZA Beil. 2014/1, 16; *Schubert,* Der Tarifvertrag in den Schranken Europas – Die Tarifautonomie als Bestandteil der europäischen Wirtschaftsordnung, ZfA 2013, 1; *Voßkuhle,* Menschenrechtsschutz durch die europäischen Verfassungsgerichte, RdA 2015, 336; *Wißmann,* Europäisches Arbeitsrecht – Sockel oder Deckel?, RdA 2015, 301.
Internationales Arbeitsrecht: *Deinert,* Internationales Arbeitsrecht, 2013; *Gamillscheg,* Arbeitsrecht weltweit, International Encyclopedia of Comparative Law, RdA 2015, 152; *Knöfel,* Navigare necesse est – Zur Anknüpfung an die einstellende Niederlassung im Europäischen Internationalen Arbeitsrecht der See, IPRax 2014, 130; *Krebber,* Arbeitskollisionsrecht des Arbeitsverhältnisses, in: AR/Rom I; *Krebber,* Arbeitskollisionsrecht außervertraglicher Schuldverhältnisse, in: AR/Rom II; *Lütringhaus,* Die »engere Verbindung« im europäischen internationalen Arbeitsrecht, EuZW 2013, 821; *Felsner/Roß-Kirsch* (Hrsg.), Handbuch internationales Arbeitsrecht, 2014; *Schmeisser/Krimphove,* Internationale Personalwirtschaft und Internationales Arbeitsrecht, 2010.
Ältere Literatur s. Vorauflage.

Gesetzessammlungen: EU-Arbeitsrecht, dtv Beck-Texte 5751, 6. Aufl. 2016; Kodex EU-Arbeitsrecht, 10. Aufl. 2014; *Neumann,* Europäisches Arbeitsrecht/European Labour Law/Droit européen du travail, 2003.

I. Europarechtliche Regelungen im Arbeitsrecht

1. Rechtsgrundlagen

a) Recht der EU

162 Bereits in der ursprünglichen Fassung enthielt der *Vertrag zur Gründung der Europäischen Wirtschaftsgemeinschaft* v. 25.3.1957 eine Reihe für das Arbeitsrecht wichtiger Bestimmungen, nämlich die über die Freizügigkeit der Arbeitnehmer (Art. 48 ff. EWG), die Abstimmung der Sozialversicherung und die Zusammenarbeit in sozialen Fragen (Art. 117 f. EWG) sowie die Gleichbehandlung der Geschlechter beim Arbeitsentgelt (Art. 119 EWG).

163 Die *Einheitliche Europäische Akte* v. 28.2.1986[132] hat in den EG-Vertrag die Art. 118 a und 118 b EGV eingefügt. Art. 118 a EGV erklärte die Harmonisierung der Arbeitsschutzvorschriften bei gleichzeitigem Fortschritt zum Ziel der Gemeinschaft und ermächtigte den Rat zum Erlass von Richtlinien über Mindestvorschriften auf diesem Gebiet. Art. 118 b EGV verpflichtete die Kommission, sich darum zu bemühen, den Dialog der Sozialpartner »auf europäischer Ebene zu entwickeln, der, wenn diese es für wünschenswert halten, zu vertraglichen Beziehungen führen kann«.

164 Der **Vertrag über die Europäische Union** v. 7.2.1992 *(Maastricht)* enthielt zwar keine zusätzlichen arbeits- und sozialrechtlichen Bestimmungen. Doch ermächtigte ein besonderes Protokoll und Abkommen über die Sozialpolitik, das alle damaligen Mitgliedstaaten außer Großbritannien abgeschlossen hatten, zu einheitlichen Regelungen des Arbeits- und Sozialrechts bis hin zu EU-weiten Tarifverträgen; nur eine Regelung des eigentlichen Arbeitsentgelts, des Koalitionsrechts und des Arbeitskampfrechts blieb ausgeschlossen. Der **Amsterdamer Vertrag** hat diese Bestimmungen dann auch auf Großbritannien erstreckt.

132 BGBl. 1986 II 1104.

Inzwischen sind die arbeits- und sozialrechtlichen Bestimmungen in der Neufassung des EG-Vertrages durch den **Lissaboner Vertrag** v. 13.12.2007 enthalten. Maßgebend sind die Bestimmungen des zum Lissabonvertrag gehörenden Vertrages über die Arbeitsweise der Europäischen Union (AEUV). Er regelt in Art. 45ff. AEUV die Freizügigkeit einschließlich der Sicherstellung der Ansprüche und Leistungen auf dem Gebiet der sozialen Sicherheit, in den Art. 151ff. AEUV die Zusammenarbeit in der Sozialpolitik und in Art. 157 AEUV die Gleichstellung von Mann und Frau im Erwerbsleben, insbesondere die Entgeltgleichheit.

Auf der Grundlage der genannten Bestimmungen erst des EG-Vertrages und jetzt des **165** EU-Vertrages sind nach und nach eine Reihe von **Verordnungen und Richtlinien** ergangen. Zu nennen sind:

- die VO (EU) Nr. 492/2011 über die Freizügigkeit der Arbeitnehmer innerhalb der Union, (→ Rn. 590),
- die VO (EG) Nr. 2157/2001 über das Statut der Europäischen Gesellschaft (SE),
- die VO (EG) Nr. 883/2004 zur Koordinierung der Systeme der sozialen Sicherheit,
- die VO (EG) Nr. 987/2009 zur Durchführung dieser Verordnung,
- die VO (EU) Nr. 2016/679 zum Schutz natürlicher Personen bei der Verarbeitung personenbezogener Daten, zum freien Datenverkehr und zur Aufhebung der Richtlinie 95/46/EG,[133]
- die Arbeitsschutz-Rahmen-RL 89/391/EWG,
- die Arbeitsstättensicherheits-RL 89/654/EWG,
- die Nachweis-RL 91/533/EWG,
- die Mutterschutz-RL 92/85/EWG,
- die Jugendarbeitsschutz-RL 94/33/EG,
- die Entsende-RL 96/71/EG,
- die Teilzeitarbeits-RL 97/81/EG,
- die Massenentlassungen-RL 98/59/EG,
- die RL 98/24/EG zum Schutz von Gesundheit und Sicherheit der Arbeitnehmer vor der Gefährdung durch chemische Arbeitsstoffe bei der Arbeit,
- die Befristungs-RL 1999/70/EG,
- die Diskriminierungs-RL 2000/43/EG,
- die Gleichbehandlungs-Rahmen-RL 2000/78/EG,
- die Betriebsübergangs-RL 2001/23/EG,
- die SE-Beteiligungs-RL 2001/86/EG,
- die Rahmen-RL 2002/14/EG über die Unterrichtung und Anhörung der Arbeitnehmer in der EG,
- die RL zur Regelung der Arbeitszeit im Bereich des Straßentransports 2002/15/EG,
- die RL 2003/41/EG über Tätigkeiten und Beaufsichtigungen zur Einrichtung der betrieblichen Altersversorgung,
- die Arbeitszeit-RL 2003/88/EG,
- die RL 2004/37/EG über den Schutz der Arbeitnehmer gegen Gefährdung durch Karzinogene oder Mutagene,
- die Kapitalgesellschaften-Verschmelzungs-RL 2005/56/EG,
- die RL 2006/54/EG zur Verwirklichung des Grundsatzes der Gleichbehandlung von Männern und Frauen,

133 Geltung erlangt die neue VO am 25.5.2018.

- die Insolvenzschutz-RL 2008/94/EG,
- die Leiharbeits-RL 2008/104/EG,
- die RL 2009/38/EG über die Einsetzung eines Europäischen Betriebsrats,
- die RL 2009/104/EG über Mindestvorschriften für Sicherheit und Gesundheitsschutz bei Benutzung von Arbeitsmitteln,
- die RL 2010/18/EU über den Elternurlaub,
- die RL 2010/41/EU zur Verwirklichung des Grundsatzes der Gleichbehandlung von Männern und Frauen, die eine selbstständige Erwerbstätigkeit ausüben,
- die RL 2011/98/EU über ein einheitliches Verfahren zur Beantragung einer kombinierten Erlaubnis für Drittstaatsangehörige, sich im Hoheitsgebiet eines Mitgliedsstaats aufzuhalten und zu arbeiten,
- die RL 2014/50/EU zur Erhöhung der Mobilität von Arbeitnehmern zwischen den Mitgliedsstaaten durch Verbesserung des Erwerbs und der Wahrung von Zusatzrentenansprüchen,
- die RL 2014/67/EU zur Durchsetzung der Entsendeeichtlinie mithilfe des Binnenmarkt-Informationssystems.

Das Arbeitsprogramm der Europäischen Kommission für 2016 sieht einen Vorschlag für eine Verordnung über ein Europäisches Netz der Arbeitsvermittlung, den Zugang von Arbeitskräften zu mobilitätsfördernden Diensten und die weitere Integration der Arbeitsmärkte, sowie einen Vorschlag für eine Richtlinie zur Gewährleistung einer ausgewogeneren Vertretung von Frauen und Männern unter den nichtgeschäftsführenden Direktoren/Aufsichtsratsmitgliedern börsennotierter Gesellschaften und über damit zusammenhängende Maßnahmen vor. Außerdem enthält das Arbeitsprogramm eine Initiative »Neuer Start für erwerbstätige Eltern«, die eine Reihe legislativer und nicht legislativer Maßnahmen zur Vereinbarkeit von Berufs- und Privatleben für erwerbstätige Eltern und zur Förderung der Erwerbsbeteiligung von Frauen enthält.[134]

166 Allmählich bilden sich auf der Grundlage von Art. 155 AEUV auch **europäische Tarifverträge** heraus. Nach dieser Vorschrift kann der Dialog zwischen den Sozialpartnern auf Gemeinschaftsebene zur Herstellung vertraglicher Beziehungen einschließlich des Abschlusses von Vereinbarungen führen und erfolgt die Durchführung solcher Vereinbarungen entweder nach den jeweiligen Verfahren und Gepflogenheiten der Sozialpartner und der Mitgliedstaaten oder auf gemeinsamen Antrag der Unterzeichnerparteien durch einen Beschluss des Rates auf Vorschlag der Kommission (Abs. 2 der Vorschrift).

167 Die europäischen Sozialpartner haben von diesen Möglichkeiten bereits einige Male Gebrauch gemacht; die oben genannte Teilzeitarbeits-RL,[135] die Befristungs-RL[136] und die Elternzeit-RL[137] über beruhen auf Rahmenvereinbarungen der Union der Industrie- und Arbeitgeberverbände Europas (ehem. UNICE, umbenannt in BUSINESS-

134 Arbeitsprogramm der Kommission für 2016, Anhang I: Neue Initiativen u. Anhang III: Vorrangige aktuelle Vorschläge.

135 RL 97/81/EG des Rates zu der von UNICE, CEEP and EGB geschlossenen Rahmenvereinbarung über Teilzeitarbeiter v. 15.12.1997, ABl. 1998 L 14, 9.

136 RL 1999/70/EG des Rates zu der EGB-UNICE-CEEP-Rahmenvereinbarung über befristete Arbeitsverträge v. 28.6.1999, ABl. 1999 L 175, 43.

137 RL 2010/18/EU des Rates zur Durchführung der von BUSINESSEUROPE, UEAPME, CEEP und EGB geschlossenen überarbeiteten Rahmenvereinbarung über den Elternurlaub und zur Aufhebung der Richtlinie 96/34/EG v. 8.3.2010, ABl. 2010 L 68, 13.

EUROPE), des europäischen Zentralverbands der öffentlichen Wirtschaft (CEEP) sowie des europäischen Gewerkschaftsbunds (EGB).[138]

168 Die Charta der Grundrechte der Europäischen Union v. 12.12.2007 (GRCh) enthält eine Reihe sozialer Grundrechte, so in Art. 12 GRCh die Koalitionsfreiheit, in Art. 15 GRCh die Berufsfreiheit und ein Recht auf Arbeit, in Art. 21 GRCh den Grundsatz der Nichtdiskriminierung, in Art. 27 GRCh ein Recht auf Unterrichtung und Anhörung der Arbeitnehmer im Unternehmen, das Recht auf Kollektivverhandlungen und Kollektivmaßnahmen in Art. 28 GRCh und in Art. 30 GRCh den Schutz vor ungerechtfertigter Entlassung, um nur einige Beispiele herauszugreifen. Die Charta ist seit dem Vertrag von Lissabon von der Europäischen Union anerkannt und den EU-Verträgen gleichgestellt (Art. 6 I Hs. 1 EUV). Daher ist damit zu rechnen, dass sich der EuGH in Zukunft im Rahmen seiner grundrechtsrelevanten Rechtsprechung vermehrt an der Charta orientieren wird.

So hat der EuGH etwa aus der ausdrücklichen Nennung des Anspruchs auf bezahlten Jahresurlaub in Art. 31 II gefolgert, dass entsprechende gesetzliche Ansprüche nicht restriktiv ausgelegt werden dürfen und deshalb eine Kürzung der Zahl der Urlaubstage bei Übergang eines Arbeitnehmers in Teilzeitbeschäftigung für unzulässig erklärt.[139] Hierher gehört auch der Verstoß von § 622 I 2 BGB gegen das Verbot der Altersdiskriminierung in Art. 21 (→ Rn. 621). Bedarf das EU-Grundrecht allerdings, wie das auf das nur allgemein formulierte Unterrichtungs- und Anhörungsrecht des Arbeitnehmers gem. Art 27 zutrifft, um wirksam zu sein, der Umsetzung durch den Mitgliedstaat, kann sich der Arbeitnehmer in einem Rechtsstreit mit dem Arbeitgeber nicht auf die fehlerhafte Umsetzung berufen, sondern lediglich Schadensersatz vom Mitgliedstaat verlangen.[140]

b) Recht des Europarats

169 Auf der Ebene des **Europarats** finden sich arbeitsrechtliche Regeln in der Europäischen Menschenrechtskonvention v. 4.11.1950 und in der Europäischen Sozialcharta v. 18.10.1961. Die **Europäische Menschenrechtskonvention** (EMRK) gewährleistet in Art. 11 EMRK die Koalitionsfreiheit und enthält in Art. 14 EMRK ein allgemeines Diskriminierungsverbot. Die **Europäische Sozialcharta** (ESC) enthält eine Reihe allgemeiner Gewährleistungen für die Arbeitnehmer, unter anderem das Recht auf Arbeit, das Recht auf gerechte, sichere und gesunde Arbeitsbedingungen und ein Recht auf gerechtes Arbeitsentgelt (Teil 2, Art. 1–4 ESC); sie schützt die Koalitionsfreiheit und das Recht auf Kollektivverhandlungen, insbesondere das Recht der Arbeitgeber und Arbeitnehmer auf kollektive Maßnahmen, einschließlich des Streikrechts im Falle von Interessenkonflikten (Teil 2, Art. 5 und 6 ESC), und enthält eine Reihe von Arbeitnehmerschutzbestimmungen, insbesondere zugunsten von Kindern, Jugendlichen und Frauen (Art. 7 und 8 ESC).

c) Recht der Internationalen Arbeitsorganisation (ILO)

170 Die seit 1919 bestehende Internationale Arbeitsorganisation ILO, der auch die Bundesrepublik angehört, hat zahlreiche Übereinkommen und Empfehlungen zu Fragen

---

138 Zu den Vereinbarungen der Sozialpartner AR/*Krebber* AEUV Vorbem zu Art. 45, 157, 267 Rn. 10; ebenso EuGH 30.6.2016 – C-178/15, NZA 2016, 877 – Sobczyszyn, für das Zusammenfallen von Genesungs- und Jahresurlaub.

139 EuGH 13.6.2013 – C-415/12, NZA 2013, 775 – Brandes.

140 In einem Fall zum französischem Recht s. EuGH 15.1.2014 – C-176/12, NZA 2014, 193 – Association de médication sociale; zu dieser Entscheidung: *Buschmann* AiB 2014, Nr. 4, 21 und *Forst* FA 2014, 66.

des Arbeitsvertragsrechts, des Arbeitsschutzrechts und des kollektiven Arbeitsrechts getroffen.[141]

2. Rechtswirkungen

a) EU-Vertrag, EG-Verordnungen und EMRK als unmittelbar geltendes Bundesrecht

171 Der EU-Vertrag selbst, aber auch die EU-Verordnungen (EG-Verordnungen heißen seit dem 30.11.2009 ebenfalls EU-Verordnungen) gelten, soweit sie Gebote und Verbote enthalten, in den Mitgliedstaaten als unmittelbar geltendes Recht.[142] Sie sind von den öffentlichen Stellen und, soweit sie sich an diese richten, auch von den Privatrechtssubjekten zu beachten. Etwa dürfen die Behörden den Zugang von Arbeitnehmern aus anderen Mitgliedstaaten zu Arbeitsverhältnissen in Deutschland nicht behindern und ist es Arbeitgebern verboten, entgegen Art. 157 AEUV Frauen niedrigere Löhne zu bezahlen als Männern (→ Rn. 138, 140).

Die Verletzung der Ge- und Verbote von EU-Vertrag und Verordnungen kann vor den deutschen Gerichten ebenso wie die Verletzung innerstaatlichen Rechts geltend gemacht werden. Auch können die innerstaatlichen Gerichte Zweifelsfragen der Auslegung des Vertrags und der Verordnungen dem EuGH zur Vorabentscheidung vorlegen (Art. 267 AEUV). Entscheidet das innerstaatliche Gericht letztinstanzlich, so ist es zur Vorlage verpflichtet.

172 Die EMRK ist in Deutschland unmittelbar geltendes Recht, und zwar im Range einfachen Bundesrechts.[143] Ihre Verletzung (durch einen Staat, nicht durch Private; jedoch ist der Staat verantwortlich für seine Gesetzgebung, die Privaten ein bestimmtes Verhalten ermöglicht[144]) kann von jedem Betroffenen geltend gemacht werden (Art. 34 EMRK) und zwar seit dem 1.11.1998 vor dem neuen ständigen Europäischen Gerichtshof für Menschenrechte.

b) EU-Richtlinien und ESC als völkerrechtliche Verpflichtungen

173 Die Richtlinien der EU richten sich an die Mitgliedstaaten als die Partner des EU-Vertrages und bedürfen der Umsetzung durch den Gesetzgeber.[145] Das nationale Arbeitsrecht ist in immer größerem Umfang durch die Umsetzung von EU-Richtlinien geprägt: So diente Art. 4b des Gesetzes zu Reformen am Arbeitsmarkt v. 24.12.2003[146] der (Rest-)Umsetzung der Arbeitszeit-RL.[147] Weiter gehen das Teilzeit- und Befristungsgesetz (→ Rn. 281 ff., 833 ff.)[148] auf die Befristungs-RL und die Teilzeitarbeits-RL

141 Die für die Bundesrepublik Deutschland geltenden Übereinkommen sind im Fundstellennachweis B des Bundesgesetzblatts unter dem Stichwort ILO/IAO enthalten.

142 *Riesenhuber* § 1 Rn. 13 ff.; zur Frage der unmittelbaren Geltung der Grundrechtscharta → Rn. 168; *Kocher* § 1 Rn. 64 ff.

143 Vgl. Art. 2 I des Zustimmungsgesetzes v. 7.8.1952, BGBl. 1952 II 686, 953.

144 S. den Leitfall *Young, James und Webster,* Series A 44 (1980), Rn. 49 bezüglich einer Verletzung von Art. 11 EMRK (Vereinigungsfreiheit) durch Untätigkeit des Staates.

145 *Riesenhuber* § 1 Rn. 68 ff.

146 BGBl. 2003 I 3002.

147 RL 2003/88/EG des Europäischen Parlaments und des Rates über bestimmte Aspekte der Arbeitszeitgestaltung v. 4.11.2003, ABl. 2003 L 299, 9.

148 BGBl. I 1966.

zurück, die §§ 21a und 21b BetrVG auf Art. 6 der neugefassten Betriebsübergangs-RL[149] sowie das AGG (→ Rn. 183 ff.)[150] auf die Antidiskriminierungsrichtlinien.

Die mangelnde oder fehlerhafte Umsetzung von Richtlinien kann nach Art. 258 AEUV von der Kommission und nach Art. 259 AEUV von einem anderen Mitgliedsstaat beim EuGH gerügt und von diesem beanstandet werden. Eine fehlerhafte Umsetzung können auch die deutschen Gerichte auf dem Weg über eine Vorlage nach Art. 267 AEUV vor den EuGH bringen.

Da die Richtlinien an die Mitgliedstaaten gerichtet sind, entfalten sie **öffentlichen Arbeitgebern** gegenüber unmittelbare Wirkung.[151] Gegenüber privaten Arbeitgebern gilt dies an sich nicht, doch sind die Gerichte im Streitfall zu einer richtlinienkonformen Auslegung verpflichtet (→ Rn. 175). Enthält die Richtlinie nur eine Konkretisierung des unmittelbar geltenden Unionsrechts, wie das auf die Diskriminierungsverbote zutrifft, so führt dies dazu, dass ein dem unionsrechtlichen Verbot entgegenstehendes nationales Recht unanwendbar bleiben muss.[152]

Ob die Bestimmungen des Teils 2 der ESC unmittelbar geltendes Bundesrecht sind, ist umstritten.[153] Jedenfalls enthält sie eine völkerrechtliche Verpflichtung der Bundesrepublik Deutschland, an die der Gesetzgeber bei jeder Regelung gebunden ist. Auch müssen die das Recht anwendenden Gerichte und Verwaltungsbehörden diese völkerrechtliche Verpflichtung beachten und sich bei der Anwendung nationaler Normen an die Bestimmungen der Sozialcharta halten, also europarechtsfreundlich verfahren.[154] Auch die ILO-Abkommen enthalten solche völkerrechtlichen Verpflichtungen der Bundesrepublik Deutschland.[155] 174

c) Richtlinienkonforme Auslegung

Aus der Verpflichtung der Mitgliedstaaten auf die Ziele der Gemeinschaft (Art. 4 III EUV, Art. 288 AEUV) folgt, dass auch ihre Gerichte, soweit das in ihrer Macht steht, an der Umsetzung des Gemeinschaftsrechts mitwirken müssen.[156] Praktisch führt das zur Verpflichtung, das nationale Recht soweit als möglich gemeinschaftsrechtskonform auszulegen. Von Bedeutung ist das insbesondere hinsichtlich der Richtlinien. Sind sie in nationales Recht umgesetzt, muss dieses so ausgelegt werden, dass es Wort- 175

149 RL 2001/23/EG des Rates zur Angleichung der Rechtsvorschriften der Mitgliedstaaten über die Wahrung von Ansprüchen beim Übergang von Unternehmen, Betrieben oder Unternehmens- und Betriebsteilen v. 12.3.2001, ABl. 2001 L 82, 16.

150 BGBl. 2006 1897.

151 BAG 5.6.2003 – 6 AZR 114/02, NZA 2004, 164 für die Höchstarbeitszeitbestimmung in Art. 6 Nr. 2 RL 93/104/EG (jetzt RL 2003/88/EG).

152 EuGH 19.1.2010 – C-555/07 NZA 2010, 85 Rn. 46 ff. – Kücükdeveci; näher AR/*Krebber* AEUV Art. 45, 157, 267 Rn. 16; *Riesenhuber* § 1 Rn. 70 f.

153 Offengelassen BVerfG 20.10.1981 – 1 BvR 404/78, BVerfGE 58, 233 = NJW 1982, 815 mwN zum Streitstand; s. dazu Stern/*Stern,* Handbuch des Staatsrecht, III/1, 1988, 276 und die Denkschrift der Bundesregierung zum Entwurf des ESC v. 25.3.1964, BT-Drs. IV/2117, 28, mit der Bemerkung: »Die Charta begründet aber im Unterschied zur Konvention kein unmittelbar geltendes Recht, sondern zwischenstaatliche Verpflichtungen der Vertragsstaaten«.

154 BAG 20.11.2012 – 1 AZR 611/11, NZA 2013, 437, für die Regeln des Arbeitskampfrechts.

155 BAG 19.1.1982 – 1 AZR 279/81, NJW 1982, 2279.

156 Zur Haftung eines Mitgliedstaates für Gemeinschaftsrechtsverstöße durch ein letztinstanzliches Gericht EuGH 30.9.2003 – C-224/01, NJW 2003, 3539 – Gerhard Köbler.

laut und Zweck der Richtlinie möglichst gerecht wird.[157] Auch wenn eine Richtlinie nicht rechtzeitig in das nationale Recht umgesetzt ist, gilt der Grundsatz richtlinienkonformer Auslegung. So hat etwa das BAG, nachdem die Bildschirmgeräte-Sicherheits-RL nicht rechtzeitig umgesetzt war, in Abänderung seiner früheren Rechtsprechung § 120a I GewO (jetzt § 18 ArbSchG) dahin ausgelegt, dass der Betriebsrat die Unterbrechung von Bildschirmarbeit durch Pausen verlangen konnte.[158]

Ist eine richtlinienkonforme Auslegung nicht möglich, weil der eindeutige Wortlaut des deutschen Rechts entgegensteht, bleibt es, soweit sich aus unmittelbar geltenden Unionsrechts nichts anderes ergibt (→ Rn. 173), bei der Anwendbarkeit des deutschen Rechts.[159]

d) Verhältnis von Europarecht und deutschem Verfassungsrecht

176 Nach Auffassung des BVerfG ist an sich auch das EU-Recht an das GG, insbesondere die Grundrechte, gebunden. Doch hat das BVerfG seine Gerichtsbarkeit insoweit durch den »Solange II«-Beschluss v. 22.10.1986[160] zurückgenommen. Im Rahmen eines Kooperationsverhältnisses mit dem EuGH überprüft es dieses Recht nicht mehr am Maßstab der Grundrechte, solange der EuGH einen im Wesentlichen vergleichbaren Grundrechtsschutz im gesamten EU-Gebiet gewährleistet. Dem hat die Maastricht-Entscheidung v. 12.10.1993[161] hinzugefügt, dass die Zurückhaltung unter dem Vorbehalt steht, dass das Gemeinschaftsrecht sich im Rahmen der Kompetenz der EU hält, insbesondere das Subsidiaritätsprinzip beachtet. In der Entscheidung zur Europäischen Bananenmarktordnung hat das BVerfG nunmehr Verfassungsbeschwerden und Vorlagen von Gerichten *generell für unzulässig* erklärt, wenn ihre Begründung nicht darlegt, dass die europäische Rechtsentwicklung einschließlich der Rechtsprechung des Europäischen Gerichtshofs nach Ergehen der Solange II-Entscheidung unter den erforderlichen Grundrechtsstandard abgesunken ist. Deshalb muss die Begründung der Vorlage oder einer Verfassungsbeschwerde im Einzelnen darlegen, dass der jeweils als unabdingbar gebotene Grundrechtsschutz generell nicht gewährleistet ist.[162]

Die Zurücknahme der Gerichtsbarkeit durch das BVerfG hat dazu geführt, dass es auch im Arbeitsrecht noch keinen Fall gegeben hat, in dem Gemeinschaftsrecht oder auf Gemeinschaftsrecht, insbesondere einer Richtlinie, beruhendes nationales Recht, für das die gleichen Grundsätze gelten,[163] für verfassungswidrig erklärt worden wäre.

---

157 Vgl. EuGH 14.7.1994 – C-91/92, NJW 1994, 2473 – Faccini Dori; BAG 23.9.1992 – 4 AZR 30/92, NZA 1993, 891; *Riesenhuber* § 1 Rn. 72f.; AR/*Krebber* AEUV Art. 45, 157, 267 Rn. 17.

158 BAG 2.4.1996 – 1 ABR 47/95, NZA 1996, 998 mAnm *Löwisch/Neumann.*

159 Nicht etwa gelten die goethischen Sätze: »Im Auslegen seid frisch und munter! Legt ihr's nicht aus, so legt was unter.«, s. als Beispiel für die Folgen einer nicht möglichen richtlinienkonformen Auslegung die Bereitschaftsdienst-Entscheidung des BAG 18.2.2003 – 1 ABR 2/02, NZA 2003, 742.

160 BVerfG 23.10.1986 – 2 BvL 7/84, BVerfGE 73, 339 = NJW 1987, 577.

161 BVerfG 12.10.1993 – 2 BvR 2134/92, BVerfGE 89, 155 = NJW 1993, 3047.

162 BVerfG 7.6.2000 – 2 BvL 1/97, BVerfGE 102, 127; für das Demokratieprinzip jetzt auch BVerfG 30.6.2009 – 2 BvE 2/08, BVerfGE 123, 267 = NJW 2009, 2267.

163 BVerfG 13.3.2007 – 1 BvF 1/05, BVerfGE 118, 79.

II. Internationales Arbeitsrecht

Fall 7: Das amerikanische Unternehmen X gründet eine Niederlassung in Deutschland. Da ihm die deutschen Kündigungsschutzbestimmungen und der lange deutsche Jahresurlaub suspekt sind, will es mit den in der Niederlassung beschäftigten Arbeitnehmern, auch wenn sie Deutsche sind, die Anwendung amerikanischen Rechts vereinbaren.

Soweit das Arbeitsrecht systematisch zum Recht der vertraglichen Schuldverhältnisse gehört (→ Rn. 71), gelten für die Kollision deutschen und ausländischen Rechts an sich die allgemeinen Prinzipien des internationalen Privatrechts, die heute hinsichtlich der vertraglichen Schuldverhältnisse in der VO (EG) Nr. 593/2008 **(Rom I-VO)**[164] enthalten sind.[165] Maßgebend ist also in erster Linie das von den Parteien des Arbeitsvertrages gewählte Recht (Art. 8 I 1 Rom I-VO iVm Art. 3 Rom I-VO). Nur wo eine Rechtswahl nicht getroffen ist, gilt eine gesetzliche Regel. Nach Art. 8 II Rom I-VO unterliegt der Arbeitsvertrag dann dem Recht des Staates, in dem der Arbeitnehmer gewöhnlich seine Arbeit verrichtet, es sei denn, dass sich aus der Gesamtheit der Umstände ergibt, dass der Arbeitsvertrag engere Verbindungen zu einem anderen Staat aufweist. 177

Zum Schutz der Arbeitnehmer ist die Rechtswahl aber eingeschränkt. Sie darf nach Art. 8 I 2 Rom I-VO nicht dazu führen, dass dem Arbeitnehmer der Schutz entzogen wird, der ihm durch die *zwingenden* Bestimmungen des Rechts gewährt wird, das mangels der Rechtswahl nach Art. 8 II Rom I-VO anzuwenden wäre. 178

Daraus ergibt sich der erste Teil der Lösung von **Fall 7:** Mit seinen in der Niederlassung tätigen deutschen Arbeitnehmern kann X zwar die Anwendung amerikanischen Rechts vereinbaren, die Geltung des deutschen Kündigungsschutzrechts kann damit aber nicht ausgeschlossen werden. Anders liegt es nur bei den in der deutschen Niederlassung tätigen amerikanischen Arbeitnehmern. Hier besteht infolge der Staatsangehörigkeit eine engere Verbindung zu den USA, sodass das deutsche Recht der Wahl des amerikanischen Rechts nicht entgegensteht.[166]

Soweit das Arbeitsrecht, wie insbesondere das Arbeitsschutzrecht, öffentliches Recht ist (→ Rn. 73), findet gem. Art. 9 Rom I-VO zwingendes deutsches Recht auch dann Anwendung, wenn das Arbeitsverhältnis an sich eine engere Verbindung zu einem anderen Staat aufweist. Für die Haftung aus unzulässigen Arbeitskampfmaßnahmen gilt nach Art. 9 Rom II-VO[167] das Recht des Staates, in dem die Arbeitskampfmaßnahme erfolgt oder erfolgen soll.[168] 179

Nach § 2 AEntG, der die Entsende-RL[169] der EU (→ Rn. 165) umgesetzt hat, gelten für im Inland beschäftigte Arbeitnehmer im Ausland ansässiger Arbeitgeber über das zwingende öffentliche Recht hinaus auch die deutschen Bestimmungen über die Mindestentgeltsätze einschließlich der Überstundensätze, über den bezahlten Mindestjah- 180

164 VO (EG) Nr. 593/2008 des Europäischen Parlaments und des Rates über das auf vertragliche Schuldverhältnisse anzuwendende Recht v. 17.6.2008, ABl. 2008 L 177, 6.

165 Ausführlich erläutert sind die einschlägigen Art. 1, 3, 8, 9 in AR/*Krebber* Rom I-VO.

166 BAG 22.10.2015 – 2 AZR 720/14, NZA 2016, 473 Rn. 30.

167 VO (EG) Nr. 864/2007 des Europäischen Parlaments und des Rates über das auf außervertragliche Schuldverhältnisse anzuwendende Recht v. 11.7.2007, ABl. 2007 L 199, 40.

168 Hierzu AR/*Krebber* Vorbem zu Rom II – VO Rn. 1 ff.

169 RL 96/71/EG des Europäischen Parlaments und des Rates über die Entsendung von Arbeitnehmern im Rahmen der Erbringung von Dienstleistungen v. 16.12.1996, ABl. 1997 L 18, 1.

resurlaub, über die Höchstarbeits- und Mindestruhezeiten, über die Bedingungen der Arbeitnehmerüberlassung, über Sicherheit, Gesundheitsschutz und Hygiene am Arbeitsplatz, über Schutzmaßnahmen im Zusammenhang mit den Arbeits- und Beschäftigungsbedingungen von Schwangeren und Wöchnerinnen, Kindern und Jugendlichen sowie über die Gleichbehandlung von Männern und Frauen sowie andere Nichtdiskriminierungsbestimmungen. Ob der Arbeitgeber seinen Sitz in einem anderen Mitgliedstaat hat, spielt dabei keine Rolle. § 2 AEntG folgt insoweit mit seiner Formulierung dem Gebot von Art. 1 IV Entsende-RL, wonach Unternehmen mit Sitz in einem Nichtmitgliedstaat keine günstigere Behandlung zuteilwerden darf als Unternehmen mit Sitz in einem Mitgliedstaat. Die in § 2 AEntG genannten Bestimmungen sind im Wege der Sonderanknüpfung nach Art. 9 Rom I-VO anzuwenden.[170] Gleiches gilt nach § 20 MiLoG jetzt für den gesetzlichen Mindestlohn.

Im **Fall 7** hat der in der deutschen Niederlassung tätige amerikanische Arbeitnehmer also den Anspruch auf den Mindesturlaub nach dem BUrlG von 24 Werktagen (→ Rn. 375 ff.).

181 Aus **Art. 21 Brüssel Ia-VO**[171] über die gerichtliche Zuständigkeit und die Anerkennung und Vollstreckung von Entscheidungen in Zivil- und Handelssachen bzw. aus **Art. 19 Luganer Gerichtsstandsübereinkommen**[172] ergibt sich, dass ein in einem anderen Vertragsstaat tätiger Arbeitnehmer seinen Arbeitgeber entweder an dessen Sitz oder aber am Arbeitsort verklagen kann. Hat der Arbeitgeber keinen Wohnsitz in einem Mitgliedstaat, ist er, sofern er in einem Mitgliedstaat eine Zweigniederlassung, Agentur oder sonstige Niederlassung hat, so zu behandeln, als habe er seinen Wohnsitz in diesem Mitgliedstaat, Art. 20 II Brüssel Ia-VO. Für einen nach Deutschland entsandten Arbeitnehmer besteht die Klagemöglichkeit am deutschen Arbeitsort auch unabhängig von diesen Übereinkommen (§ 15 AEntG). Gerichtsstand für Klagen des Arbeitgebers ist nach denselben Vorschriften des Luganer Gerichtsstandsübereinkommens der Arbeitsort im Ausland, außerdem der Wohnsitz des Arbeitnehmers. Nach Art. 22 I Brüssel Ia-VO kann hingegen der Arbeitgeber den Arbeitnehmer nur vor den Gerichten des Mitgliedstaates verklagen, in dem der Arbeitnehmer seinen Wohnsitz hat. Dies gilt nach Art. 22 II Brüssel Ia-VO aber nicht für Fälle der Widerklage. Ob auch der Wohnsitz des Arbeitnehmers im Ausland liegt, hängt davon ab, ob der Arbeitsort nur Schwerpunkt der Berufsausübung oder auch Schwerpunkt der Lebensverhältnisse ist.[173]

III. Kontrollfragen

182 **Frage 10:** Gibt es im AEUV eine Grundlage für europäische Tarifverträge?
Frage 11: Wie wirken Richtlinien der EU auf das deutsche Arbeitsrecht ein?
Frage 12: Welche Bedeutung kommt der Charta der Grundrechte im Recht der EU zu?

170 BAG 25.6.2002 – 9 AZR 405/00, NZA 2003, 275.

171 VO (EU) Nr. 1215/2012 des Europäischen Parlaments und des Rates über die gerichtliche Zuständigkeit und die Anerkennung und Vollstreckung von Entscheidungen in Zivil- und Handelssachen v. 12.12.2012, ABl. 2012 L 351, 1; iK seit 10.1.2015, zu ihr AR/*Krebber* Art. 9 Rom I-VO Rn. 27 ff.

172 Abgedr. bei *Jayme/Hausmann*, Internationales Privat- und Verfahrensrecht, 18. Aufl. 2016, Nr. 152; außerdem abrufbar unter www.admin.ch/opc/de/classified-compilation/20082721/index/html#ani1 (letzter Abruf 3.2.2017).

173 Staudinger/*Kannowski*, 2013, BGB § 7 Rn. 7.

§ 6 Arbeitsrecht und Allgemeines Gleichbehandlungsgesetz

Literatur: *Adomeit/Mohr,* Allgemeines Gleichbehandlungsgesetz, 2. Aufl. 2011; *Bauer/Krieger,* Allgemeines Gleichbehandlungsgesetz, 4. Aufl. 2015; *Bauer/Krieger,* 10 Jahre AGG – Tops und Flops, NZA 2016, 1041; *Däubler/Bertzbach,* Allgemeines Gleichbehandlungsgesetz, 3. Aufl. 2013; *Kamanabrou,* Die arbeitsrechtlichen Vorschriften des Allgemeinen Gleichbehandlungsgesetzes, RdA 2006, 321; *Löwisch/Becker,* Abschied von der »Angleichung nach oben«, EuZA 2015, 83; *Meinel/Heyn/Herms,* Allgemeines Gleichbehandlungsgesetz, 2. Aufl. 2010; *Olbrich/Krois,* Das Verhältnis von »Frauenquoten« und AGG, NZA 2015, 1288; *Ring,* Schutz der Beschäftigten vor Benachteiligung nach dem AGG, JA 2008, 1; *Rolfs,* AGG-Hopping NZA 2016, 586; *Selzer,* Krankheit und Behinderung im Diskriminierungsrecht, EuZA 2014, 95; *Thüsing,* Arbeitsrechtlicher Diskriminierungsschutz, 2. Aufl. 2013.

Fall 8: Im Annoncenteil einer deutschen Tageszeitung erschien am 30.1.2014 folgende Anzeige: »**Sozialpädagogin oder Erzieherin** für die Arbeit im Mädchen- und Jungenbereich im autonomen Bremer Frauenhaus gesucht. Die Stelle ist für ein Jahr befristet und richtet sich ausschließlich an Migrantinnen/women of colour. Schriftliche Bewerbungen an: Autonomes Bremer Frauenhaus«.
Fröhlich bewirbt sich am 3.2.2014 telefonisch um die Stelle. Ihm wird von der zuständigen Referentin erklärt, seine Bewerbung könne leider nicht berücksichtigt werden. In Betracht komme nur eine Frau, die zudem Migrantenstatus haben müsse. *Fröhlich* nimmt das zur Kenntnis und bemüht sich zunächst anderswo um eine Stelle. Als das keinen Erfolg zeitigt, reicht er mit Schreiben v. 10.4.2014 Klage auf Entschädigung von drei Monatsgehältern gegen die Stadt Bremen ein, zu der das Frauenhaus gehört. Die Klage wird der Stadt Bremen am 11.4.2014 zugestellt.

Fall 9: In einem Tarifvertrag ist bestimmt, dass bei Verteilung der wöchentlichen Arbeitszeit auf fünf Tage in der Kalenderwoche der Urlaubsanspruch in jedem Kalenderjahr bis zum vollendeten 30. Lebensjahr 26 Arbeitstage, bis zum vollendeten 40. Lebensjahr 29 Arbeitstage und nach dem vollendeten 40. Lebensjahr 30 Arbeitstage beträgt. Maßgebend für die Berechnung der Urlaubsdauer ist das Lebensjahr, das im Laufe des Kalenderjahres vollendet wird.
Die 27-jährige *Klara Schulze,* für die der Tarifvertrag gilt, findet es nicht richtig, dass sie im Jahr 2012 nur 26 Arbeitstage Urlaub erhalten soll, während ihre älteren Kolleginnen mit gleicher Tätigkeit auf 29 oder 30 Arbeitstage Urlaub kommen. Sie klagt deshalb auf Feststellung, dass auch ihr 30 Arbeitstage Urlaub zustehen. Wird Sie mit Ihrer Klage Erfolg haben?

Fall 10: *Schubert,* ausgebildeter Opernsänger mit langjähriger Berufserfahrung, bewarb sich bei der Stadt Bielefeld um die Stelle als Erster Tenor im Chor der Oper des Theaters der Stadt. Der das Bewerbungsschreiben darstellenden E-Mail waren drei umfangreiche Dateien, nämlich »– Publicity – Fr«, »Chorpartien« und »Lebenslauf« beigefügt. Letztere Datei war in acht Unterpunkte gegliedert. Der vorletzte Unterpunkt »Spezielle Qualifikationen« enthielt die weiteren Unterpunkte »fundierte Softwarekenntnisse« und »sonstige Qualifikationen«. Unter diesen waren aufgeführt: »Diverse Tätigkeiten im Bereich Theatermanagement sowie im bühnentechnischen Bereich« und in einer neuen Zeile und unterstrichen »Schwerbehindert nach SGB IX – GdB 60«. Acht Bewerber, darunter *Schubert,* wurden zum Vorsingen eingeladen. Auf seine Schwerbehinderung wies *Schubert* bei diesem Termin nicht hin. Die Stadt handelte im weiteren Verlauf in Unkenntnis seiner Schwerbehinderteneigenschaft. Schubert wurde bei der Besetzung der Stelle nicht berücksichtigt. Die Stadt teilte ihm dies erst auf seine Anforderung hin schriftlich mit und begründete ihre Entscheidung mit künstlerischen Gesichtspunkten. *Schubert* vertritt die Auffassung, er könne eine Entschädigung nach § 15 II AGG verlangen, weil er wegen seiner Schwerbehinderung benachteiligt worden sei. Trotz seines ausdrücklichen Hinweises auf die Schwerbehinderung bei seiner Bewerbung habe die Beklagte wesentliche Verpflichtungen nach

§ 81 I SGB IX[174] nicht erfüllt. So seien ihm nicht unverzüglich nach § 81 I 9 SGB IX die Ablehnungsgründe mitgeteilt worden. Dies indiziere nach § 22 AGG die Vermutung einer Benachteiligung wegen seiner Schwerbehinderung.

I. Rechtsgrundlagen und Zielsetzung

183 Das AGG enthält die Zentralvorschriften des Diskriminierungsschutzes (→ Rn. 137f.). Sein Erlass ist ausgelöst worden durch die Pflicht zur Umsetzung der Antidiskriminierungsrichtlinien der EU, nämlich der Gleichbehandlungs-Rahmen-RL, der Diskriminierungs-RL[175] und der Richtlinie zur Verwirklichung des Grundsatzes der Gleichbehandlung von Männern und Frauen hinsichtlich des Zugangs zur Beschäftigung, zur Berufsbildung und zum beruflichen Aufstieg sowie in Bezug auf die Arbeitsbedingungen (→ Rn. 138). Der Gesetzgeber hat mit ihm aber auch den Grundrechten des Art. 3 II und III GG Rechnung getragen. Zugleich hat das AGG die auf das Geschlecht bezogenen Diskriminierungsbestimmungen der §§ 611 a und 612 III BGB sowie das gegen sexuelle Belästigungen gerichtete Beschäftigtenschutzgesetz abgelöst.

184 Nach seinem § 1 AGG zielt das AGG auf die Verhinderung oder Beseitigung von Benachteiligungen aus Gründen der Rasse oder wegen der ethnischen Herkunft, des Geschlechts, der Religion oder Weltanschauung, einer Behinderung, des Alters oder der sexuellen Identität. Mit den Merkmalen des Alters und der sexuellen Identität geht das AGG, fußend auf dem europäischen Recht, über die in Art. 3 II und III GG genannten Diskriminierungstatbestände hinaus. Andererseits bleibt es hinter diesen Tatbeständen insofern zurück, als die politischen Anschauungen nicht genannt werden. Insoweit bleibt es bei der besonderen gesetzlichen Umsetzung im Betriebsverfassungsrecht durch § 75 I BetrVG (→ Rn. 149f. und → Rn. 1194) und bei der mittelbaren Drittwirkung der Grundrechte nach allgemeinen Grundsätzen (→ Rn. 152f.).

II. Reichweite der Diskriminierungsverbote

1. Verbotene Diskriminierungen

185 Die in § 1 AGG genannten Merkmale sind interpretationsbedürftig:

- »Aus Gründen der Rasse« meint ein rassistisch motiviertes Verhalten. Ob die Eigenschaft, derentwegen jemand benachteiligt wird, anthropologisch überhaupt als Rasse eingeordnet werden kann, spielt keine Rolle. Es genügt die Vorstellung des Handelnden, der Benachteiligte gehöre zu einer Gruppe von Menschen, die man als Rasse auffassen könne.
- »Ethnische Herkunft« ist die Zugehörigkeit zu einer bestimmten Volksgruppe und nicht bloß die Herkunft aus einer bestimmten Gegend. Dass jemand aus der früheren DDR stammt, ist keine Frage der ethnischen Herkunft, die Ablehnung eines Bewerbers als »Ossi« deshalb keine Diskriminierung im Sinne des AGG.[176]
- »Geschlecht« ist die Zugehörigkeit zum weiblichen oder männlichen Geschlecht. Transsexualität ist eine Frage der sexuellen Identität.

---

174 Ab dem 1.1.2018: § 164 I SGB IX.

175 RL 2000/43/EG des Rates zur Anwendung des Gleichbehandlungsgrundsatzes ohne Unterschied der Rasse oder der ethnischen Herkunft v. 29.6.2000, ABl. 2000 L 180, 22.

176 ArbG Stuttgart 15.4.2010 – 17 Ca 8907/09, NZA-RR 2010, 344.

- »Religion oder Weltanschauung« meint in erster Linie die Zugehörigkeit zu einer Kirche oder Weltanschauungsgemeinschaft, setzt diese aber nicht voraus. Geschützt sind auch religiöse und weltanschauungsmäßige Überzeugungen, nicht aber bloße politische Anschauungen.[177]
- »Behinderung« ist die Abweichung des körperlichen oder geistigen Zustands eines Menschen von dem eines Menschen gleichen Alters (vgl. die Definition in § 2 I SGB IX). Bloße Krankheiten sind noch keine Behinderung.[178]
- Unter »Alter« ist allgemein das Lebensalter zu verstehen, nicht nur das Alter des älteren, sondern auch das des jüngeren Menschen.
- »Sexuelle Identität« meint die unterschiedlichen sexuellen Neigungen (Heterosexualität, Homosexualität, Bisexualität), aber auch den Fall der Transsexualität.[179]

Im Einzelfall können diese Diskriminierungsverbote auch in Konflikt geraten. Verweigert ein muslimischer Arbeitnehmer seiner Vorgesetzten oder Arbeitskolleginnen den Handschlag, weil ihm dies sein Verständnis vom Islam verbietet, steht ihm das Diskriminierungsverbot wegen der Religion zur Seite. Auf der anderen Seite stellt die Verweigerung des Handschlags nur gegenüber Frauen eine verbotene unterschiedliche Behandlung wegen des Geschlechts dar. Vor dieser hat der Arbeitgeber die Frauen nach § 12 I AGG zu schützen (→ Rn. 197). Diese Schutzpflicht muss sich letztlich durchsetzen. Nehmen Frauen an der Verweigerung des Handschlags ernstlichen Anstoß, muss der Arbeitgeber auf das Unterbleiben dieser Diskriminierung hinwirken und angemessene Maßnahmen wie Abmahnung, Umsetzung, Versetzung oder notfalls auch Kündigung ergreifen, um sie abzustellen.[180]

2. Schutzgegenstände

§ 2 AGG regelt die Schutzgegenstände der Diskriminierungsverbote. Für das Arbeits- **186**
verhältnis relevant sind im Wesentlichen:

- Die Bedingungen, einschließlich Auswahlkriterien und Einstellungsbedingungen, für den Zugang zur Beschäftigung, also die Begründung von Arbeitsverhältnissen (Nr. 1),
- die Beschäftigungs- und Arbeitsbedingungen einschließlich des Arbeitsentgelts, insbesondere in individual- und kollektivrechtlichen Vereinbarungen, also die Regelung des Inhalts des Arbeitsverhältnisses durch Arbeitsvertrag, Tarifvertrag und Betriebsvereinbarung (Nr. 2 Hs. 1),
- die Beendigung eines Beschäftigungsverhältnisses, also Kündigungen und Auflösungsverträge (Nr. 2 Hs. 2 und Abs. 4) sowie die Entlassungsbedingungen (Nr. 2 Hs. 1),
- der berufliche Aufstieg, also insbesondere Beförderungen (Nr. 1 und Nr. 2 jeweils aE) und
- die Mitgliedschaft und Mitwirkung in einer Beschäftigten- oder Arbeitgebervereinigung einschließlich der Inanspruchnahme von Leistungen, wie etwa Streikunterstützungen (Nr. 4).

177 Dazu iE AR/*Kappenhagen* AGG § 1 Rn. 6f.
178 EuGH 11.4.2013 – C-335/11, NZA 2013, 553 – Ring, Skouboe Werge; dazu *Selzer* EuZA 2014, 95.
179 Zur Transsexualität BAG 17.12.2015 – 8 AZR 421/14, NZA 2016, 888.
180 S. iE *Löwisch* DB Rechtsboard 9.5.2016 (abrufbar unter http://blog.handelsblatt.com/rechtsboard/2016/05/09/verweigerter-handschlag-diskriminierung-nach-dem-agg/).

3. Unmittelbare und mittelbare Benachteiligung

a) Grundsatz

187 Das AGG schützt gegen unmittelbare und mittelbare Benachteiligungen. Eine unmittelbare Benachteiligung liegt nach § 3 I 1 AGG vor, wenn jemand wegen eines Diskriminierungsmerkmals eine weniger günstige Behandlung erfährt als eine andere Person in einer vergleichbaren Situation erfährt, erfahren hat oder erfahren würde. Demgegenüber liegt nach § 3 II Hs. 1 AGG eine mittelbare Benachteiligung vor, wenn dem Anschein nach neutrale Vorschriften, Kriterien oder Verfahren jemanden wegen eines Diskriminierungsmerkmals gegenüber anderen Personen in besonderer Weise benachteiligen können.

Beispiel: Werden in einer Stellenanzeige »Arbeitnehmer deutscher Abstammung« gesucht, liegt darin eine unmittelbare Benachteiligung von Ausländern. Wird für die Stelle dagegen »vollständige Beherrschung der deutschen Sprache« verlangt, handelt es sich um eine mittelbare Benachteiligung.

188 Der entscheidende Unterschied zwischen unmittelbaren und mittelbaren Benachteiligungen liegt im Rechtfertigungsmodus: Unmittelbare Benachteiligungen sind nur ganz ausnahmsweise dann zulässig, wenn das Merkmal wegen der Art der auszuübenden Tätigkeit oder der Bedingungen ihrer Ausübung eine wesentliche und entscheidende berufliche Anforderung darstellt, sofern der Zweck rechtmäßig und die Anforderung angemessen ist (§ 8 I AGG). Lediglich für Religions- und Weltanschauungsgemeinschaften nach § 9 AGG und hinsichtlich des Alters nach § 10 AGG ist der Spielraum etwas weiter (→ Rn. 190f.). Demgegenüber ist eine mittelbare Benachteiligung nach § 3 II Hs. 2 AGG schon dann zulässig, wenn die betreffenden Vorschriften, Kriterien oder Verfahren durch ein rechtmäßiges Ziel sachlich gerechtfertigt und die Mittel zur Erreichung dieses Ziels angemessen und erforderlich sind. In dem genannten Beispiel ist die Beschränkung der Ausschreibung auf »Deutsche« also von vornherein unzulässig, während bei der Anforderung »vollständige deutsche Sprachkenntnisse« zu fragen ist, ob sie für die betreffende Stelle tatsächlich notwendig sind.

Die Zulassungsvorschrift des § 8 AGG zielt in erster Linie auf das Merkmal des Geschlechts. Dass das Geschlecht als solches unverzichtbare Voraussetzung für eine Tätigkeit ist, kommt ausnahmsweise vor. Zu denken ist etwa an die Einstellung einer Frau für die Chorsängerstelle einer Sopranistin oder eines Dressman zur Vorführung der Artikel eines Herrenbekleidungsgeschäfts. Bisweilen können auch in biologischen Verschiedenheiten gründende funktionale Unterschiede nach den gesellschaftlichen Anschauungen eine unterschiedliche Behandlung rechtfertigen. So wird man es einem Miederwarengeschäft nicht verwehren können, nur Frauen als Verkäuferinnen zu beschäftigen. Ebenso darf ein Arzt mit überwiegend islamischen Patientinnen im Hinblick auf deren gesellschaftliche Anschauung lediglich weibliche Arzthelferinnen einstellen.

189 Sowohl unmittelbare wie mittelbare Benachteiligungen setzen eine objektiv schlechtere Behandlung des benachteiligten Arbeitnehmers voraus. Ein unlauteres Motiv des Arbeitgebers allein genügt nicht. § 7 I Hs. 2 AGG bestimmt zwar, dass das Benachteiligungsverbot auch gilt, wenn die Person, welche die Benachteiligung begeht, das Vorliegen eines Diskriminierungsmerkmals bei der Benachteiligung nur annimmt. Dies bedeutet aber lediglich, dass die irrtümliche Annahme eines Diskriminierungsmerkmals durch den Arbeitgeber nicht zulasten eines gegenüber anderen Arbeitnehmern tatsächlich benachteiligten Arbeitnehmers geht.

Der Umstand, dass die Arbeit in **Fall 8** mit Jugendlichen in einem Frauenhaus stattfindet, kann die Beschränkung auf weibliche Bewerberinnen nicht rechtfertigen. Auch hält die Beschränkung auf Migrantinnen/women of colour den Diskriminierungsverboten wegen der ethnischen Herkunft und aus Gründen der Rasse nicht stand. Die Absicht, so die Beschäftigung von Migrantinnen oder Farbigen zu fördern, reicht zur Rechtfertigung nicht aus. Zwar lässt § 5 AGG positive Maßnahmen zum Ausgleich bestehender Nachteile wegen der in § 1 AGG genannten Gründe zu. Ein genereller Vorrang Angehöriger der zu fördernden Gruppe ohne Rücksicht auf Qualifikation ist aber nicht angemessen.[181]

b) Ausnahmen

aa) Religion und Weltanschauung. § 9 AGG lässt bei der Beschäftigung durch Religionsgemeinschaften, durch deren Einrichtungen oder durch Vereinigungen, die sich die gemeinschaftliche Pflege einer Religion oder Weltanschauung zur Aufgabe machen, eine unterschiedliche Behandlung nach der Religionszugehörigkeit zu, wenn es sich bei dieser unter Beachtung des Selbstverständnisses der jeweiligen Gemeinschaft im Hinblick auf ihr Selbstbestimmungsrecht oder nach der Art der Tätigkeit um eine gerechtfertigte berufliche Anordnung handelt (Abs. 1). Auch wird den Religions- und Weltanschauungsgemeinschaften das Recht garantiert, von ihren Beschäftigten ein loyales und aufrichtiges Verhalten im Sinne ihres jeweiligen Selbstverständnisses zu verlangen (Abs. 2). Dementsprechend kann bei der Besetzung von Stellen in pastoralen, katechetischen, im erzieherischen Bereich und bei leitenden Aufgaben die Religionszugehörigkeit verlangt werden, während es sonst ausreicht, dass der Bewerber sicher stellt, den besonderen Auftrag glaubwürdig zu erfüllen.[182] 190

Mit dieser Ausnahme vermeidet das AGG den Konflikt mit der aus Art. 140 GG iVm Art. 137 III WRV gewährleisteten Kirchenautonomie (→ Rn. 115 f.). Mit der Gleichbehandlungs-Rahmen-RL ist das vereinbar. Denn Art. 4 II Gleichbehandlungs-Rahmen-RL billigt den Kirchen und Weltanschauungsgemeinschaften das Recht zu, im Einklang mit den bestehenden einzelstaatlichen Gepflogenheiten nach Maßgabe ihres »Ethos« berufliche Anforderungen an ihre Beschäftigten zu stellen und von ihnen im Sinne des Ethos loyales und aufrichtiges Verhalten zu verlangen.

bb) Alter. Besondere Vorschriften gelten gem. § 10 AGG für die unterschiedliche Behandlung wegen des Alters. So ist es nach § 10 S. 3 Nr. 2 AGG zulässig, für den Zugang zur Beschäftigung oder für bestimmte mit der Beschäftigung verbundene Vorteile Mindestanforderungen an das Alter, die Berufserfahrung oder das Dienstalter zu stellen. Regelungen, nach denen ab einem bestimmten Lebensalter die wöchentliche Arbeitszeit reduziert oder das Arbeitsentgelt erhöht wird, sind danach zulässig. Vorausgesetzt ist allerdings, wie sich aus § 10 S. 1 und 2 AGG ergibt, dass die unterschiedliche Behandlung angemessen ist. So wird man eine Arbeitszeitverkürzung schon für jüngere Arbeitnehmer unter 50 Jahren oder extrem hohe Alterszulagen nicht mehr als zulässig ansehen können. 191

Akzeptiert hat das BAG auch zeitweise Entgeltunterschiede, wenn sie den Übergang von einem früher nach dem Alter differenzierenden Entgeltsystem auf ein diskriminierungsfreies durch eine Besitzstandsregelung ermöglichen sollen.[183]

181 Vgl. EuGH 17.10.1995 – C-450/93, NZA 1995, 1095 – Kalanke für einen Frauenförderplan; für einen vergleichbaren Fall auch ArbG Berlin 5.6.2014 – 42 Ca 1530/14, PM; s. hierzu zudem noch → Rn. 192.

182 ArbG Aachen 13.12.2012 – 2 Ca 4226/11, BeckRS 2013, 67127; s. auch *Schubert/Pieper* Freilaw 1/2013, 5, www.freilaw.de/dem-glauben-loyal-religion-als-konfliktursache-im-arbeitsverhaltnis (zuletzt abgerufen am 6.2.2017).

183 BAG 8.12.2011 – 6 AZR 319/09, NZA 2012, 275.

In **Fall 9** liegt nach dem BAG hingegen eine nicht mehr angemessene Benachteiligung jüngerer Arbeitnehmer vor: Ein gesteigertes Erholungsbedürfnis bereits ab dem 30. oder 40. Lebensjahr, das als Rechtfertigung in Betracht kommt, lasse sich nicht begründen.[184] Die Tarifvertragsparteien des öffentlichen Dienstes haben deshalb § 26 TVÖD entsprechend geändert.

192 **cc) Positive Maßnahmen.** Nach § 5 AGG ist eine unterschiedliche Behandlung auch zulässig, wenn durch geeignete und angemessene Maßnahmen bestehende Nachteile wegen eines der in § 1 AGG genannten Merkmale verhindert oder ausgeglichen werden sollen. In Betracht kommen insbesondere **tarifliche** Regelungen, nach denen Frauen bei Einstellungen und Beförderungen gegenüber Männern zu bevorzugen sind. Ein genereller Vorrang ist aber nicht zulässig (→ Rn. 138, 189). Er lässt sich auch nicht durch Gesetz einführen, weil dies mit den europarechtlichen Vorgaben nicht vereinbar wäre. Das Gesetz für die gleichberechtigte Teilhabe von Frauen und Männern an Führungspositionen beschränkt sich deshalb zu Recht auf die Festlegung von Zielgrößen (dazu sowie zur Geschlechterquote im Aufsichtsrat börsennotierter Gesellschaften → Rn. 1661 a, 1672 a, 1680, 1682).

4. Tatsächliche Diskriminierung

193 Das AGG schützt den Arbeitnehmer auch gegen tatsächliche Diskriminierungen: Nach § 3 III AGG stellt auch eine Belästigung eine Benachteiligung dar, wenn unerwünschte Verhaltensweisen, die mit einem Diskriminierungsmerkmal im Zusammenhang stehen, bezwecken oder bewirken, dass die Würde der betreffenden Person verletzt und ein von Einschüchterungen, Anfeindungen, Erniedrigungen, Entwürdigungen oder Beleidigungen gekennzeichnetes Umfeld geschaffen wird. Nach § 3 IV AGG liegt insbesondere in einer sexuellen Belästigung eine Benachteiligung. Die Pflicht zum Schutz gegen tatsächliche Diskriminierungen trifft nach § 12 I AGG den Arbeitgeber. Er hat die Arbeitnehmer entsprechend zu schulen (§ 12 II AGG) und muss gegen andere Beschäftigte, die gegen das Benachteiligungsverbot verstoßen, geeignete, erforderliche und angemessene Maßnahmen bis hin zur Kündigung ergreifen (§ 12 III AGG). Auch gegen Dritte, etwa Kunden, die Arbeitnehmer bei der Ausführung ihrer Tätigkeit benachteiligen, etwa sexuell belästigen, muss der Arbeitgeber einschreiten (§ 12 IV AGG) – was bis zum Abbruch der Geschäftsbeziehungen gehen kann. Zudem hat der belästigte Arbeitnehmer ein Leistungsverweigerungsrecht (§ 14 AGG). Zum Beschwerderecht des Arbeitnehmers in solchen Fällen (→ Rn. 1588).

III. Sanktionssystem

1. Unwirksamkeit von Vereinbarungen

194 Zentrale Vorschrift im Sanktionssystem des AGG ist § 7 II AGG: Bestimmungen in Vereinbarungen, die gegen ein Benachteiligungsverbot verstoßen, sind unwirksam. Das gilt sowohl für arbeitsvertragliche Vereinbarungen wie für solche in Tarifverträgen und Betriebsvereinbarungen. Ein Unterschied zwischen arbeitsvertraglichen Vereinbarungen und Kollektivvereinbarungen besteht nur hinsichtlich des Verschuldens bei der Entschädigungspflicht (→ Rn. 198).

195 Unwirksam sind insbesondere diskriminierende Regelungen des Inhalts des Arbeitsverhältnisses. Niedrigere Entgelte oder längere Arbeitszeiten für Träger eines Diskri-

184 BAG 20.3.2012 – 9 AZR 529/10, NZA 2012, 803.

minierungsmerkmals sind unwirksam, und zwar nach § 8 II AGG auch dann, wenn wegen des Merkmals besondere Schutzvorschriften gelten, wie etwa Beschränkungen für werdende Mütter. Erfasst werden aber auch Bestimmungen über den Zugang zur Beschäftigung. Sähe ein Tarifvertrag bevorzugte Einstellungen deutscher Arbeitnehmer oder auch bestimmter ausländische Arbeitnehmer vor, wäre das unwirksam. Gleiches gälte für zwischen dem Arbeitgeber und dem Betriebsrat vereinbarte Auswahlrichtlinien iSv § 95 BetrVG.

Problematisch sind die Folgen einer unwirksamen Vereinbarung über den Inhalt des Arbeitsverhältnisses. Das BAG vertritt hierzu den Grundsatz der »Anpassung nach oben«: Die Diskriminierung könne regelmäßig nur dadurch beseitigt werden, dass der diskriminierte Arbeitnehmer dieselben Leistungen erhalte wie die ihm gegenüber bevorzugten.[185] 196

Es hat deshalb in dem Fall, dem **Fall 9** nachgebildet ist, der Arbeitnehmerin 30 Arbeitstage Urlaub zugebilligt.

Die Auffassung des BAG begegnet, soweit Tarifverträge betroffen sind, verfassungsrechtlichen Bedenken. Der Unwirksamkeit einer gegen ein Benachteiligungsverbot verstoßenden Tarifnorm Rechnung zu tragen, ist Sache der Tarifvertragsparteien. Sie müssen entscheiden, ob eine Anpassung nach oben oder nach unten erfolgen oder eine mittlere Lösung getroffen werden soll oder ob die Regelung überhaupt durch eine andere ersetzt werden soll. An die Stelle dieser Entscheidung der Tarifvertragsparteien die Entscheidung der Arbeitsgerichte für die Angleichung nach oben zu setzen, verstößt gegen die Tarifautonomie.[186]

2. Schadensersatz und Entschädigung

Wie sich aus § 7 I AGG ergibt, richten sich die Benachteiligungsverbote an sich gegen jedermann. Rechtlich in Anspruch nehmen kann ein Benachteiligter aber **nur den Arbeitgeber.** Dieser muss nach § 12 AGG die erforderlichen Maßnahmen treffen und ist nach § 14 AGG dem Leistungsverweigerungsrecht des benachteiligten Arbeitnehmers ausgesetzt (→ Rn. 221). Ihn trifft nach § 11 AGG die Pflicht, Arbeitsplätze nicht unter Verstoß gegen ein Benachteiligungsverbot auszuschreiben. Er haftet, weil nach § 7 III AGG die Benachteiligung eine Verletzung seiner vertraglichen Pflichten darstellt. 197

Wenn § 7 III AGG anordnet, dass auch Benachteiligungen durch Beschäftigte als Verletzung vertraglicher Pflichten aufzufassen sind, bedeutet das nur, dass die Beschäftigten in einem solchen Fall ihren Arbeitsvertrag verletzen, sodass sie vom Arbeitgeber in Anspruch genommen werden können. Ein Anspruch des benachteiligten Beschäftigten gegen sie resultiert daraus nicht.

Die aus der Vertragsverletzung folgende Schadensersatzpflicht ist in § 15 AGG besonders geregelt. Nach Abs. 1 ist, insoweit nicht anders als nach § 280 I BGB, der Arbeitgeber zum Ersatz des entstandenen Schadens verpflichtet und die Schadensersatzpflicht ausgeschlossen, wenn er die Pflichtverletzung **nicht zu vertreten** hat. Nicht zu 198

185 Zuletzt BAG 20.3.2012 – 9 AZR 529/10, NZA 2012, 803.

186 S. hierzu ausführlich *Löwisch/Rieble,* Tarifvertragsgesetz, 4. Aufl. 2017, § 1 Rn. 953ff.; AR/*Krebber* TVG § 1 Rn. 42ff. und 66; auch der EuGH leitet aus der Gleichbehandlungs-Rahmen-RL kein allgemeines Gebot der Angleichung nach oben ab (EuGH 19.6.2014 – C-501/12, NZA 2014, 831; dazu *Löwisch/Becker* EuZA 2015, 83); anders entscheidet er nur für einen Verstoß gegen die Lohngleichheit von Mann und Frau nach Art. 157 AEUV (EuGH 9.10.2001 – C-379/99, NZA 2001, 1301).

vertreten hat der Arbeitgeber die Benachteiligung, wenn er weder vorsätzlich noch fahrlässig gehandelt hat (§ 276 BGB).

Der **Umfang des Schadensersatzes** richtet sich grundsätzlich nach den allgemeinen Bestimmungen der §§ 249ff. BGB. Allerdings sieht § 15 II AGG in Abweichung von § 253 I BGB eine Entschädigung in Geld auch für den Nichtvermögensschaden vor. Soweit der Arbeitgeber eine wegen eines Benachteiligungsverbots unwirksame kollektiv-rechtliche Vereinbarung angewandt hat, haftet er auf die Entschädigung aber nur bei Vorsatz oder grober Fahrlässigkeit (§ 15 III AGG).

Schadensersatzanspruch wie Entschädigungsanspruch müssen nach § 15 IV AGG innerhalb einer Frist von zwei Monaten geltend gemacht werden, es sei denn, die Tarifvertragsparteien haben eine andere Frist bestimmt. Eine daran anschließende Klage auf Entschädigung muss innerhalb von drei Monaten erhoben werden, nachdem der Anspruch schriftlich geltend gemacht worden ist, § 61b I ArbGG (→ Rn. 1712).

199 Besonders geregelt sind die Folgen eines Verstoßes gegen ein Benachteiligungsverbot bei der **Bewerbung um einen Arbeitsplatz.** Ein Bewerber, dem gegenüber ein solcher Verstoß vorliegt, sei es dass er wegen eines der Merkmale iSd § 1 AGG abgelehnt worden ist, sei es dass schon die Ausschreibung des Arbeitsplatzes entgegen § 11 AGG unter Verstoß gegen ein Benachteiligungsverbot erfolgt ist, hat nach § 15 VI AGG – anders als bei einem Verstoß gegen Art. 9 III GG (→ Rn. 143) – in Abweichung von § 249 BGB keinen Anspruch auf Begründung eines Arbeitsverhältnisses. Nach § 15 I AGG kann er aber im Falle des Verschuldens des Arbeitgebers Ersatz des durch den Verstoß gegen das Benachteiligungsverbot entstandenen Schadens verlangen. Ein solcher Schadensersatzanspruch kommt in Betracht, wenn der Bewerber ohne Verstoß gegen das Benachteiligungsverbot tatsächlich eingestellt worden wäre. Er kann dann Ersatz des Verdienstausfalls verlangen, wobei er sich gem. § 254 II BGB anderweitige Einkünfte oder anderweitige potentielle Einkünfte anrechnen lassen muss[187] (s. zu Entschädigungsklagen nach dem AGG noch → Rn. 1712). Unabhängig davon hat ein solcher Bewerber nach § 15 II AGG Anspruch auf Entschädigung in Geld wegen des erlittenen immateriellen Schadens. Dieser darf drei Monatsgehälter nicht übersteigen, wenn der Bewerber auch bei benachteiligungsfreier Auswahl nicht eingestellt worden wäre.

In **Fall 8** hätte *Fröhlich* ein solcher Entschädigungsanspruch an sich zugestanden, weil eine Benachteiligung wegen des Geschlechts, der ethnischen Herkunft und aus Gründen der Rasse vorlag. Der Anspruch scheitert aber daran, dass *Fröhlich* ihn erst mehr als zwei Monate nach der telefonischen Ablehnung seiner Bewerbung geltend macht (§ 15 IV AGG): Zwar erfüllt, wie sich aus §§ 253 IV iVm 130 Nr. 6 ZPO ergibt, eine ordnungsgemäße Klagschrift die Voraussetzungen gesetzlicher Schriftform. Auch kommt es nach § 167 ZPO für die Fristwahrung nicht auf die Zustellung, sondern auf die Einreichung der Klage an.[188] Aber zum Zeitpunkt des Einreichens der Klagschrift war die Zweimonatsfrist bereits verstrichen.

Erfolgt die Bewerbung nicht im Hinblick auf eine Einstellung und Beschäftigung, sondern von vorherein zwecks Geltendmachung von Entschädigungsansprüchen, scheitern diese am Verbot des Rechtsmissbrauchs.[189]

187 Zu diesem Problem iE *Bauer/Krieger* AGG § 15 Rn. 23ff.; AR/*Kappenhagen* AGG § 15 Rn. 7ff.
188 BAG 22.5.2014 – 8 AZR 662/13, NZA 2014, 924.
189 BAG 18.6.2015 – 8 AZR 848/13 (A), NZA 2015, 1063; EuGH 28.7.2016 – C-423/15, NZA 2016, 1014 – Kratzer.

§ 22 AGG erleichtert dem Arbeitnehmer den **Beweis** einer Benachteiligung. Es genügt, dass er Indizien beweist (also nicht nur glaubhaft macht), die eine Benachteiligung vermuten lassen. Den Arbeitgeber trifft dann die Beweislast dafür, dass kein Verstoß gegen ein Benachteiligungsverbot vorgelegen hat. Zu den Indizien, die eine Benachteiligung vermuten lassen können, zählt der EuGH auch die Tatsache, dass der Arbeitgeber dem Arbeitnehmer Informationen darüber verweigert, warum er nach einer Bewerbung nicht zu einem Vorstellungsgespräch eingeladen worden ist, obwohl seine Qualifikation den Anforderungen in der Stellenanzeige entspricht. Einen Anspruch auf Auskunft darüber, ob der Arbeitgeber am Ende des Einstellungsverfahrens einen anderen Bewerber eingestellt hat und wie dieser qualifiziert ist, hat der abgelehnte Bewerber aber nicht.[190] 200

Zwar kann die Verletzung von Verfahrens- und Förderpflichten zugunsten behinderter Menschen und damit auch die Verletzung der Informationspflicht nach § 81 I 9 SGB IX[191] ein Indiz iSv § 22 AGG darstellen. Dies setzt aber voraus, dass dem Arbeitgeber die Schwerbehinderteneigenschaft bekannt ist oder er sich diese Kenntnis aufgrund der Bewerbungsunterlagen hätte verschaffen müssen. An dieser Voraussetzung fehlt es in **Fall 10**. Soweit eine Schwerbehinderung nämlich nicht offensichtlich ist, muss der Bewerber den Arbeitgeber über diese informieren. Wegen der Pflicht der gegenseitigen Rücksichtnahme auf die Interessen und Rechte des Vertragspartners (§§ 241 II iVm 311 II Nr. 1 BGB) hat dies klar und eindeutig zu erfolgen. Eine »eingestreute« Information wie in **Fall 10** genügt nicht. Opernsänger *Schubert* kommt daher die Vermutung einer Benachteiligung nicht zugute.[192]

Zur Bedeutung der Entscheidung des BAG für das Fragerecht des Arbeitgebers → Rn. 592.

3. Sonderfall Kündigungen

Über die Frage, ob eine gegen ein Benachteiligungsverbot verstoßende Kündigung unwirksam ist, trifft das AGG selbst keine Aussage: § 7 II AGG ordnet Unwirksamkeit nur für Vereinbarungen an. Maßgebend ist deshalb die allgemeine Bestimmung des § 134 BGB, nach der ein Rechtsgeschäft, das gegen ein gesetzliches Verbot verstößt, nichtig ist, »wenn sich nicht aus dem Gesetz ein anderes ergibt«. Eine solche andere Bestimmung enthält § 2 IV AGG, nach dem für Kündigungen ausschließlich die Bestimmungen zum allgemeinen und besonderen Kündigungsschutz gelten. § 2 IV AGG bewirkt so, dass die Benachteiligungsverbote nicht als eigene Unwirksamkeitsnorm angewendet werden, sondern die Anwendung in das Kündigungsschutzrecht integriert wird.[193] 201

In materiell-rechtlicher Hinsicht folgt daraus, dass eine **ordentliche Kündigung,** die aus einem Diskriminierungsgrund des § 1 AGG erfolgt, nicht als verhaltens-, personen- oder betriebsbedingt iSv § 1 II KSchG (→ Rn. 700 ff.) angesehen werden kann. Auch dürfen bei der Sozialauswahl gem. § 1 III KSchG (→ Rn. 736 ff.) Diskriminierungsmerkmale keine Rolle spielen. In Kleinbetrieben, für die nach § 23 KSchG das Kündigungsschutzgesetz nicht gilt, bleibt es bei der Anwendbarkeit von § 134 BGB. 202

---

190 EuGH 19.4.2012 – C-415/10, NZA 2012, 499 = EuGRZ 2012, 314 – Meister/Speech Design Carrier Systems GmbH.

191 Ab dem 1.1.2018: § 164 I 9 SGB IX.

192 BAG 26.9.2013 – 8 AZR 650/12, NZA 2014, 258; s. aber auch BAG 22.10.2015 – 8 AZR 384/14, NZA 2016, 625, wonach der Hinweis des Bewerbers, er habe sich aufgrund seiner Schwerbehinderung beruflich neu orientieren müssen, unzweideutig ist.

193 BAG 6.11.2008 – 2 AZR 523/07, DB 2009, 626.

Gegen ein Benachteiligungsverbot verstoßende Kündigungen sind dort nichtig.[194] Insbesondere muss auch die Klagefrist des § 4 KSchG eingehalten werden. Formell folgt aus der Integration, dass der Verstoß gegen ein Benachteiligungsverbot im Geltungsbereich des Kündigungsschutzgesetzes im Wege der Kündigungsschutzklage geltend gemacht werden muss.

203 **Diskriminierende Kündigungsvereinbarungen** sind nach § 7 II AGG grundsätzlich unwirksam. Sähe eine Betriebsvereinbarung oder ein Tarifvertrag vor, dass Arbeitnehmer einer bestimmten Religionszugehörigkeit erst als letzte entlassen werden dürfen, wäre das unwirksam, weil dadurch die nicht dieser Religion angehörenden Arbeitnehmer benachteiligt würden.

Angesichts der Tatsache, dass zu den nach § 1 AGG verbotenen Diskriminierungsgründen auch das Alter zählt, und zwar sowohl im Hinblick auf eine Benachteiligung älterer wie auch eine Benachteiligung jüngerer Arbeitnehmer, stehen damit Tarifverträge und Betriebsvereinbarungen, welche die Unkündbarkeit von Arbeitnehmern eines bestimmten Lebensalters oder einer bestimmten Dauer der Betriebszugehörigkeit vorsehen, auf dem Prüfstand des AGG. Das BAG[195] will insoweit nur eine äußerste Grenze ziehen. Derartige Unkündbarkeitsvereinbarungen seien grundsätzlich zulässig. Die Grenze liege erst dort, wo sie zu einer grob fehlerhaften Sozialauswahl führten. Für diese Grenzziehung beruft sich das BAG auf den in der ursprünglichen Fassung des Gesetzes enthaltenen, danach aber gestrichenen Tatbestand des § 10 Nr. 7 AGG aF, nach dem individual- oder kollektivrechtliche Vereinbarungen der Unkündbarkeit von Beschäftigten eines bestimmten Alters und einer bestimmten Betriebszugehörigkeit zulässig sein sollten, »soweit dadurch nicht der Kündigungsschutz anderer Beschäftigter im Rahmen der Sozialauswahl nach § 1 III KSchG grob fehlerhaft gemindert wird«. Dem kann nicht gefolgt werden: Derartige Unkündbarkeitsvereinbarungen müssen an den heute gültigen Bestimmungen des AGG gemessen werden. Einschlägig ist § 10 S. 1 und 2 iVm S. 3 Nr. 1 AGG. Danach muss eine Ungleichbehandlung wegen des Alters objektiv und angemessen und durch ein legitimes Ziel gerechtfertigt sein. Auch müssen die Mittel zur Erreichung dieses Ziels angemessen und erforderlich sein. Dementsprechend ist umgekehrt eine Diskriminierung wegen des Alters nicht erst dann unzulässig, wenn sie zu einer grob fehlerhaften Auswahl führt, sondern schon dann, wenn sie nicht erforderlich oder nicht angemessen ist. Insoweit ist wesentlich, dass das Lebensalter nach § 1 III 1 KSchG ohnehin bei der Sozialauswahl zu berücksichtigen ist. Ein darüber hinausgehender Schutz durch Unkündbarkeitsbestimmungen kann nur in engen Grenzen zulässig sein (hierzu noch → Rn. 725).

IV. Kontrollfragen

204 **Frage 13:** Mit welchen Merkmalen geht das AGG über die in Art. 3 II und III GG genannten Diskriminierungstatbestände hinaus und inwiefern bleibt es hinter diesen Tatbeständen zurück?

Frage 14: Wie unterscheiden sich in ihrer Wirkung unmittelbare und mittelbare Benachteiligungen im Sinne des AGG?

Frage 15: Wie erleichtert das AGG dem Arbeitnehmer den Beweis einer Benachteiligung?

194 BAG 23.7.2015 – 6 AZR 457/14, NZA 2015, 1380.
195 BAG 5.6.2008 – 2 AZR 907/06, NZA 2008, 1120.

2. Teil. Recht des Arbeitsverhältnisses

1. Kapitel. Inhalt des Arbeitsverhältnisses

§ 7 Arbeitspflicht und Beschäftigungsanspruch

Literatur: *Birk,* Die arbeitsrechtliche Leitungsmacht, 1973; *Braun,* Zulässigkeit, Grenzen und Probleme der Nebentätigkeit, DB 2003, 2282; *Bröckner,* Nebenpflichten und Haftung von Arbeitnehmern in Führungspositionen, 2012; *Borsutzky,* Soziale Netzwerke – Regelungskompetenz des Arbeitgebers und Mitbestimmungsrechte des Betriebsrates, NZA 2013, 647; *Byers/Pracka,* Die Zulässigkeit der Videoüberwachung am Arbeitsplatz, BB 2013, 760; *Greiner,* Direktionsrecht und Direktionspflicht, Schadensersatz und Annahmeverzug bei Leistungshinderung des Arbeitnehmers, RdA 2013, 9; *Hromadka,* Grenzen des Weisungsrechts – Zur Auslegung des § 106 GewO, NZA 2012, 233; *Lakies,* Das Weisungsrecht des Arbeitgebers (§ 106 GewO) – Inhalt und Grenzen, BB 2003, 364; MHdB ArbR/*Reichold,* Arbeitszeit und Arbeitspflicht, § 36; *Müller,* Durchsetzbarkeit des Beschäftigungsanspruches im vorläufigen Rechtsschutz, NZA-RR 2012, 215; *Söllner,* Einseitige Leistungsbestimmungen im Arbeitsverhältnis, 1966; *Ulber,* Whistleblowing und der EGMR, NZA 2011, 962.

I. Arbeitspflicht

1. Dienstleistung in Person

a) Persönliche Verpflichtung

Der Arbeitnehmer muss die ihm nach dem Arbeitsvertrag obliegenden Pflichten im Zweifel in Person leisten (§ 613 S. 1 BGB). Er ist deshalb weder berechtigt noch verpflichtet einen Ersatzmann zu stellen.[1] Nur wenn etwas anderes vereinbart ist oder sich aus der Natur der Sache ergibt, ist das möglich – wobei dann zuvor zu klären ist, ob überhaupt ein Arbeitsverhältnis vorliegt.[2] Aus § 613 S. 1 BGB folgt auch, dass mit dem Tode des Arbeitnehmers die Arbeitspflicht erlischt und nicht etwa auf die Erben übergeht.[3] 205

b) Unübertragbarkeit des Dienstleistungsanspruchs

Auch auf der Arbeitgeberseite ist der Anspruch auf Dienstleistung im Zweifel an den Vertragspartner gebunden und nicht übertragbar (§ 613 S. 2 BGB). Ausnahme ist die Arbeitnehmerüberlassung, bei der der Arbeitgeber (Verleiher) seine Arbeitnehmer mit deren Einverständnis zur Arbeitsleistung an einen Dritten (Entleiher) abgibt.[4] Auch ordnet § 613 a BGB im Falle der Betriebsveräußerung den Übergang des Arbeitsverhältnisses auf den Betriebsnachfolger an. Aus der Unübertragbarkeit folgt, dass der Anspruch auf die Arbeitsleistung weder gepfändet (§ 851 ZPO) noch verpfändet (§ 1274 II BGB) werden kann.[5] Beim Tod des Arbeitgebers erlischt das Arbeitsverhältnis aber grundsätzlich nicht, sondern die Erben treten in das Arbeitsverhältnis ein.[6] 206

1 BAG 13.3.2008 – 2 AZR 1037/06, NZA 2008, 878.
2 BAG 13.3.2008 – 2 AZR 1037/06, NZA 2008, 878.
3 BAG 20.9.2011 – 9 AZR 416/10, NJW 2012, 634.
4 S. dazu im Einzelnen § 21.
5 S. zum Pfändungsschutz für das Arbeitsentgelt Rn. 345 ff.
6 *Hromadka/Maschmann* ArbR I § 6 Rn. 4.

2. Art und Umfang der Arbeitspflicht

Fall 11: A ist, wie es in ihrem Arbeitsvertrag heißt, als »Schreibkraft« von Rechtsanwalt X eingestellt worden. Nachdem sie einige Monate fast ausschließlich Schriftsätze nach Diktat geschrieben hat, erklärt ihr X, sie müsse nunmehr die Registratur der Kanzlei übernehmen. A meint, dazu sei sie nach ihrem Arbeitsvertrag nicht verpflichtet.

207 Nach § 611 I BGB ist der Arbeitnehmer nur zur Leistung der versprochenen Dienste verpflichtet und zu keinen anderen, weder höherer noch geringwertigerer Art. Art und Umfang der Arbeitsverpflichtung ergeben sich also in erster Linie aus dem **Arbeitsvertrag.** Grundsätzlich legt dieser die Arbeitsverpflichtung durch eine Tätigkeitsbeschreibung näher fest. Wo das nicht der Fall ist, muss sie durch Auslegung nach §§ 133, 157 BGB ermittelt werden.[7] So schuldet etwa der Redakteur einer Tageszeitung Wortbeiträge und Bildbeiträge, auch wenn er nicht ausdrücklich als »Wort- und Bildredakteur« eingestellt ist.[8]

Im **Fall 11** ist die von A zu leistende Arbeit eindeutig als die einer Schreibkraft beschrieben. Sie ist deshalb grundsätzlich auch nur zu solchen Arbeiten verpflichtet. Zwar darf sie nicht kleinlich auf diesem Standpunkt beharren, sondern muss auch typischer Weise zu verrichtende Nebenarbeiten ausführen oder bei anderen Tätigkeiten aushelfen, wenn sich dafür eine Notwendigkeit im Betriebsablauf ergibt. Aber ausschließlich eine andere Tätigkeit zu verrichten, kann von ihr nicht verlangt werden. Wenn X sie also gegen ihren Willen zur Tätigkeit in der Registratur verpflichten will, geht das nur über eine Änderungskündigung (→ Rn. 652 ff.).

Aus Treu und Glauben (§ 242 BGB) ergibt sich, dass der Arbeitnehmer in **Notfällen,** etwa bei Ausbrechen eines Brandes oder bei der Gefahr, dass Ware verdirbt, auch Arbeiten leisten muss, die völlig aus seinem Pflichtenkreis herausfallen.[9]

208 Auf der anderen Seite geht die Arbeitspflicht nicht so weit, dass sie **Nebentätigkeiten in anderen Arbeitsverhältnissen** automatisch ausschlösse. Der Arbeitnehmer ist in dem, was er außerhalb seines Arbeitsverhältnisses tut, grundsätzlich frei. Eine diese Freiheit einschränkende Vertragsklausel ist an § 307 I BGB zu messen.[10] Der Arbeitnehmer darf aber durch die Nebentätigkeit keine Nebenpflichten aus dem Arbeitsverhältnis, etwa ein Wettbewerbsverbot verletzen (→ Rn. 233 f., 673 ff.). Auch muss die gesetzliche Höchstarbeitszeit eingehalten werden (→ Rn. 251). Soweit die Nebentätigkeit tarifvertraglich oder im Arbeitsvertrag von einer Genehmigung des Arbeitgebers abhängig gemacht wird, muss diese dem Arbeitnehmer gem. § 315 BGB iVm Art. 12 I GG erteilt werden, soweit keine Sachgründe entgegenstehen.[11] Ein entgegenstehender Sachgrund liegt etwa vor, wenn ein in einem Krankenhaus beschäftigter Krankenpfleger eine Nebentätigkeit als Leichenbestatter ausüben will.[12]

209 Wird (wie regelmäßig der Fall) das Arbeitsverhältnis für einen **bestimmten Betrieb** abgeschlossen, muss sich der Arbeitnehmer bei gleichbleibender Tätigkeit die Versetzung

7 BAG 23.2.2010 – 9 AZR 3/09, AP GewO § 106 Nr. 9.
8 BAG 5.6.2003 – 6 AZR 237/02, BeckRS 2003, 30370448; s. auch BAG 23.2.2010 – 9 AZR 3/09, AP GewO § 106 Nr. 9.
9 BAG 16.10.2013 – 10 AZR 9/13, NZA 2014, 264.
10 Dazu Clemenz/Kreft/Krause/*Klumpp,* AGB-Arbeitsrecht, BGB § 307 Rn. 200 ff.; s. zur Rechtslage vor der Schuldrechtsreform BAG 18.1.1996 – 6 AZR 314/95, NZA 1997, 41.
11 BAG 24.6.1999 – 6 AZR 605/97, AP BGB § 611 Nebentätigkeit Nr. 5.
12 Vgl. BAG 28.2.2002 – 6 AZR 357/01, EzA Nr. 7 zu § 611 BGB Nebentätigkeit.

an einen anderen Arbeitsplatz im Betrieb gefallen lassen. Hingegen ist zur Versetzung in einen anderen Betrieb desselben Unternehmens eine Ermächtigung im Arbeitsvertrag oder dessen Änderung erforderlich.

Begrenzt wird die Arbeitspflicht durch **gesetzliche** und **tarifvertragliche** Bestimmungen. Etwa braucht der Arbeitnehmer keine Sonntagsarbeit zu leisten, wenn nicht eine Ausnahme vom gesetzlichen Sonntagsarbeitsverbot vorliegt (→ Rn. 243 ff.), und kann auf die Einhaltung eines tariflichen Samstagsarbeitsverbots bestehen. 210

Grenzen werden der Arbeitspflicht auch durch die **Mitbestimmungsrechte** des **Betriebsrats** gezogen. Insbesondere durch die Mitbestimmung über die Arbeitszeit (§ 87 I Nr. 2 und 3 BetrVG, dazu → Rn. 1418 ff.) und über das Verhalten bei der Arbeitsleistung (§ 87 I Nr. 1 und 6 BetrVG, → Rn. 1414 ff. und → Rn. 1426 ff.) erhält der Betriebsrat Einfluss auf Art und Umfang der Arbeitspflicht der im Betrieb beschäftigten Arbeitnehmer. Wird zB in einem Betrieb durch Betriebsvereinbarung Gleitzeitarbeit eingeführt, besteht außerhalb der Kernarbeitszeit keine Verpflichtung des Arbeitnehmers zur Arbeitsleistung. Bei Versetzungen hat der Betriebsrat nach § 99 BetrVG ein Mitbestimmungsrecht (→ Rn. 1467, 1472). Eine Vereinbarung zwischen Arbeitgeber und Arbeitnehmer, bei der die Mitbestimmungsrechte des Betriebsrates nicht geachtet wurden, ist regelmäßig unwirksam (Theorie der notwendigen Mitbestimmung, → Rn. 1405). 211

3. Direktionsrecht

Mit der Bestimmung von Art und Umfang der Arbeitsverpflichtung steht noch nicht fest, welche konkrete Tätigkeit der Arbeitnehmer in diesem Rahmen auszuführen hat. Diese durch Weisungen festzulegen, ist Sache des Arbeitgebers. Er hat insoweit das Direktionsrecht, § 106 GewO,[13] das für das Arbeitsverhältnis prägend ist (→ Rn. 70). Das Direktionsrecht ist ein Gestaltungsrecht, durch das der Arbeitgeber die Pflichten des Arbeitnehmers konkretisiert. Darin ist er allerdings nicht gänzlich frei, sondern durch die in § 106 GewO genannten Grenzen gebunden. Erst wenn die höherrangigen Rechtsnormen dem Arbeitgeber einen Spielraum lassen, besteht das Direktionsrecht, das nach billigem Ermessen auszuüben ist. Dabei gilt, dass das Direktionsrecht umso weiter ist, je weniger tief der Arbeitsvertrag regelt.[14] 212

Bisweilen schwierig zu beantworten ist, wann das Weisungsrecht des Arbeitgebers durch dessen gleichbleibende Ausübung nachträglich beschränkt wird – etwa, wenn der Arbeitgeber über mehrere Jahre eine ganz bestimmte Tätigkeit oder bestimmte Arbeitszeiten zuweist. Ob es dann zur (konkludenten) Vertragsänderung und damit zur Verengung auf die zugewiesene Tätigkeit gekommen ist (man spricht auch von einer »Konkretisierung der Arbeitspflicht«),[15] ist allein nach rechtsgeschäftlichen Erwägungen zu beurteilen: Wollte der Arbeitgeber verbindlich die Änderung und hat der Arbeitnehmer das Änderungsangebot angenommen? Der bloße Zeitablauf bei gleichbleibender Weisung reicht hierfür richtigerweise nicht aus.[16]

13 Zur Kritik an der Regelung s. *Hromadka* NZA 2012, 233.

14 S. dazu BAG 19.1.2011 – 10 AZR 738/09, NZA 2011, 631; die Reichweite des Direktionsrechts ist auch für die Frage der Vergleichbarkeit bei der Sozialauswahl von großer Bedeutung, → Rn. 738.

15 Dazu MHdB ArbR/*Reichold* § 36 Rn. 16.

16 BAG 26.9.2012 – 10 AZR 311/11, NZA-RR 2013, 403; BAG 15.9.2009 – 9 AZR 757/08, NZA 2009, 1333.

213 Weil der Arbeitgeber das Direktionsrecht nach billigem Ermessen auszuüben hat, muss er die wesentlichen Umstände abwägen und die beiderseitigen Interessen berücksichtigen.[17] Dabei ist § 106 GewO auch eine Transportnorm für die mittelbare Geltung der Grundrechte, gegensätzliche Positionen sind im Wege der praktischen Konkordanz in Ausgleich zu bringen.[18] So ist etwa bei der Zuweisung von Arbeiten auf Glaubens- und Gewissenskonflikte des Arbeitnehmers Rücksicht zu nehmen.[19] Im Übrigen ist das Direktionsrecht ein Unterfall des Leistungsbestimmungsrechts nach § 315 BGB mit der Konsequenz, dass eine unbillige Bestimmung unverbindlich ist und durch Urteil ersetzt wird (§ 315 III BGB).

4. Durchsetzung der Arbeitspflicht bei Nichterfüllung

Fall 12: A schließt im Anschluss an seine Ausbildung bei der G-GmbH mit der Firma X einen Arbeitsvertrag. Der Arbeitsvertrag enthält die Bestimmung: »Tritt A die Arbeit nicht an oder löst er das Arbeitsverhältnis unter Vertragsbruch, hat er an die Firma eine Vertragsstrafe in Höhe eines Monatslohns zu zahlen. Die Geltendmachung eines weiteren Schadens ist nicht ausgeschlossen.« Als Termin für den Arbeitsantritt wird der 1.4. vereinbart. Nun bietet die G-GmbH dem A 100 EUR mehr im Monat. Daraufhin schließt A auch mit ihr einen Vertrag und nimmt dort die Arbeit auf. X muss eine Ersatzkraft einstellen, der er ebenfalls 100 EUR mehr bezahlen muss, als er A zugesagt hat.

214 Erfüllt ein Arbeitnehmer ohne Grund seine Arbeitsverpflichtung nicht, tritt er etwa seinen Dienst gar nicht an oder verlässt er nach Ausspruch einer Kündigung seinen Arbeitsplatz vor Ablauf der Kündigungsfrist, steht dem Arbeitgeber an sich ein Anspruch auf Erfüllung des Arbeitsvertrages zu, den er vor dem Arbeitsgericht einklagen kann.

Praktisch wird eine solche Klage freilich kaum einmal erhoben werden. Denn zum einen wird die Dienstleistung eines hierzu verurteilten Arbeitnehmers in aller Regel nicht gerade vorbildlich sein. Zum anderen ist auch die **Vollstreckung** eines solchen Urteils nur beschränkt möglich, nämlich nur, wenn es sich um vertretbare Dienste handelt, also um solche, die auch ein anderer leisten kann; die Zwangsvollstreckung erfolgt dann nach § 887 ZPO, das heißt der Arbeitgeber kann sich ermächtigen lassen, auf Kosten des verurteilten Arbeitnehmers die Arbeit durch einen anderen vornehmen zu lassen. Handelt es sich dagegen um nicht vertretbare Dienste, beispielsweise um die Dienste eines Spezialisten oder eines Angestellten, der eine besondere Vertrauensstellung einnehmen soll, dann ist eine Vollstreckung, die in der Erzwingung der Arbeitsleistung durch Geld- oder Haftstrafen nach § 888 I ZPO bestehen müsste, durch § 888 III ZPO ausgeschlossen. § 61 II ArbGG räumt dem Arbeitgeber nur die Möglichkeit ein, zu beantragen, dass das Gericht den Arbeitnehmer zur Zahlung einer vom Gericht nach freiem Ermessen festzusetzenden Entschädigung verurteilt, wenn er der Verurteilung zur Leistung der Dienste nicht nachkommt (hierzu → Rn. 1722).

215 Erbringt der Arbeitnehmer seine Arbeitsleistung **schuldhaft** nicht, so ist er dem Arbeitgeber wegen des grundsätzlichen Charakters der Arbeitsleistung als absoluter Fixschuld (→ Rn. 216) nach § 280 I und III iVm § 283 S. 1 BGB zum Schadensersatz verpflichtet. Als zu ersetzender Schaden kommen einmal die **Mehraufwendungen** für eine **Ersatzkraft** in Betracht, allerdings nur bis zu dem Zeitpunkt, in dem der Arbeitnehmer sein Arbeitsverhältnis fristgemäß kündigen konnte, denn für die Zeit nach Ablauf der Kündigungsfrist kann er sich auf sein Recht zur Kündigung als mögliches rechtmäßiges Alternativverhalten berufen. **Inseratskosten** sind zu ersetzen, wenn sie

17 Billigkeit als »Gerechtigkeit im Einzelfall«; BAG 25.2.2015 – 1 AZR 642/13, NZA 2015, 442; BAG 25.9.2013 – 10 AZR 270/12, NZA 2014, 41; BAG 21.7.2009 – 9 AZR 404/08, NZA 2009, 1369.

18 BAG 25.9.2013 – 10 AZR 270/12, NZA 2014, 41.

19 BAG 24.2.2011 – 2 AZR 636/09, NZA 2011, 1087.

ohne die Arbeitspflichtverletzung nicht entstanden wären, etwa, weil der Arbeitgeber mit Rücksicht auf den Abschluss des Arbeitsvertrages mit dem ungetreuen Arbeitnehmer einem anderen Bewerber abgesagt hat, den er sonst eingestellt hätte und den er jetzt nicht mehr bekommen kann.[20]

Auch wenn der Arbeitgeber, wie das in Kleinbetrieben vorkommen kann, durch **eigene zusätzliche Arbeit** die Lücke füllt, kann er für die Dauer der Kündigungsfrist Ersatz der Mehrkosten verlangen, die entstanden wären, wenn er eine Ersatzkraft eingestellt hätte.[21]

Außerdem kommt auch ein Anspruch auf Ersatz **vergeblicher** Aufwendungen nach § 284 BGB in Betracht: Können wegen des Ausfalls des vertragsbrüchigen Arbeitnehmers andere Arbeitnehmer nicht beschäftigt werden, etwa weil dem Arbeitgeber selbst das notwendige Know-how fehlt, sind die frustrierten Lohnaufwendungen zu ersetzen.[22]

In **Fall 12** hat X versucht, die Schwierigkeiten der Schadensberechnung durch Vereinbarung einer Vertragsstrafe zu vermeiden. Dies ist gem. § 339 BGB an sich zulässig. Doch muss sich die Vertragsstrafe, wenn sie, wie das in **Fall 11** anzunehmen ist, eine von X auch sonst verwendete allgemeine Vertragsbedingung darstellt, am AGB-Recht messen lassen. Auf den ersten Blick scheint § 309 Nr. 6 BGB einschlägig zu sein, der das Versprechen einer Vertragsstrafe für den Fall, dass der andere Vertragsteil sich vom Vertrag löst, verbietet. Indessen stellt nach Auffassung des BAG der Ausschluss der Vollstreckbarkeit der Arbeitsleistung nach § 888 III ZPO eine arbeitsrechtliche Besonderheit iSd § 310 IV 2 BGB dar, welche die Anwendbarkeit des § 309 Nr. 6 BGB ausschließt.[23] Zu kontrollieren sind Vertragsstrafen deshalb nach § 307 BGB. Als angemessen im Sinne dieser Vorschrift ist, nach der Rechtsprechung jedenfalls, eine Vertragsstrafe anzusehen, die ein Monatsentgelt bei einmonatiger Kündigungsfrist nicht übersteigt.[24] A muss die Vertragsstrafe in Höhe eines Monatslohns also bezahlen. An sich hat X nach § 280 I, III iVm § 283 S. 1 BGB auch Anspruch auf den Ersatz der Mehrkosten für die Ersatzkraft für den Zeitraum der Kündigungsfrist von vier Wochen (§ 622 I BGB). Doch gilt insoweit nach § 340 II 1 BGB die Vertragsstrafe als Mindestbetrag des Schadens,[25] sodass X im Ergebnis nicht mehr als den Betrag der Vertragsstrafe verlangen kann.

Von der Nichterfüllung der Arbeitspflicht ist die **Schlechtleistung** zu unterscheiden. Der Arbeitnehmer ist zwar verpflichtet, das zu tun, was er vertraglich soll, aber nur so gut er kann.[26] Es gilt kein objektiver, sondern ein an der Leistungsfähigkeit des konkreten Arbeitnehmers orientierter Maßstab.[27] Solange sich also der Arbeitnehmer im Rahmen des vertraglichen Sollens bewegt, liegt keine Nichtleistung vor.[28] Zu den (vor allem kündigungsrechtlichen) Folgen der Schlechtleistung → Rn. 543 f.

20 BAG 23.3.1984 – 7 AZR 37/81, NZA 1984, 122.
21 BAG 24.8.1967 – 5 AZR 59/67, NJW 1968, 221.
22 Vgl. *Löwisch*, FS Wiedemann, 2002, 311 (329 f.); *Löwisch*, FS Wissmann, 2005, 37 ff.
23 BAG 23.1.2014 – 8 AZR 130/13, NZA 2014, 777; BAG 19.8.2010 – 8 AZR 645/09, NZA-RR 2011, 280; BAG 4.3.2004 – 8 AZR 196/03, NZA 2004, 727.
24 BAG 19.8.2010 – 8 AZR 645/09, NZA-RR 2011, 280.
25 Allg. dazu Staudinger/*Rieble*, 2015, BGB § 340 Rn. 63 ff.
26 BAG 17.1.2008 – 2 AZR 536/06, NZA 2008, 693.
27 HWK/*Thüsing* BGB § 611 Rn. 299; zum an § 243 I BGB orientierten Gegenmodell s. etwa *Hunold* BB 2003, 2345.
28 Zur Abgrenzung MHdB ArbR/*Reichold* § 36 Rn. 41 ff.

5. Befreiung von der Arbeitspflicht

Fall 13: Firma X zahlt nur schleppend die Löhne ihrer Arbeitnehmer. A hat das immer wieder beanstandet. Als bei ihm erneut ein Lohnrückstand in Höhe von 1.000 EUR aufgelaufen ist, fragt er an, ob er ohne Gefahr für sein Arbeitsverhältnis und seine Gehaltsansprüche die Arbeit einstellen könne.

a) Unmöglichkeit und Unzumutbarkeit

216 Nach hM ist die Pflicht des Arbeitnehmers zur Arbeitsleistung grundsätzlich absolute Fixschuld: Die Leistung ist zu einem festen Zeitpunkt zu erbringen, geschieht dies nicht, wird sie unmöglich.[29] Allerdings wird man hier nicht kategorisch eine absolute Fixschuld – mit den Folgen des § 275 I BGB! – annehmen können, sondern stets die Frage nach der Vereinbarung der Arbeitsvertragsparteien stellen müssen: Diese können auch regeln, dass die Arbeitsleistung »nachholbar« ist.[30]

217 Wird dem Arbeitnehmer die Arbeitsleistung zwar nicht unmöglich, kann ihm deren Erbringung aber nicht **zugemutet** werden, hat er nach § 275 III BGB ein Leistungsverweigerungsrecht. Die Unzumutbarkeit kann sich vor allem aus dem persönlichen Bereich des Arbeitnehmers (Tod naher Angehöriger, Wahrnehmung von Zeugenpflichten) ergeben. Aber auch die Erkrankung des Arbeitnehmers begründet die Unzumutbarkeit, wenn sie nicht ohnehin zu gänzlicher Unmöglichkeit der Arbeitsleistung führt. Zur Entgeltzahlungspflicht in diesen Fällen → Rn. 354.

218 Nach § 45 III 1 SGB V hat der Arbeitnehmer Anspruch auf unbezahlte Freistellung für die Zeit, für die er nach § 45 I und II SGB V Krankengeld für die Betreuung eines erkrankten Kindes erhält (→ Rn. 361). § 45 III 1 SGB V regelt aber die Arbeitsbefreiung im Falle der Betreuung erkrankter Familienangehöriger nicht abschließend. Auch wenn der nur für zehn Arbeitstage bestehende Anspruch auf Krankengeld schon verbraucht ist, kann der Arbeitnehmer wegen Unzumutbarkeit der Arbeit fernbleiben, solange eine anderweitige Betreuung des Kindes nicht sichergestellt werden kann. Gleiches gilt bei Familienangehörigen, die von § 45 SGB V von vornherein nicht erfasst werden.

219 Auch in einer Reihe von anderen Fällen ist die Befreiung von der Arbeitspflicht gesetzlich besonders geregelt. So (auch nach Aussetzung der Wehrpflicht) in § 1 I Arbeitsplatzschutzgesetz für die Einberufung zum Grundwehrdienst oder zu einer Wehrübung.[31] Außerdem ergibt sich eine Befreiung dann, wenn bei einem nahen Angehörigen eine akute Pflegesituation eingetreten ist; dann kann der Arbeitnehmer der Arbeit bis zu zehn Tage fern bleiben, § 2 I PflegeZG.

220 Häufig sehen auch Tarifverträge für bestimmte Fälle, insbesondere für Familienereignisse, eine Freistellung von der Arbeit, meist unter Fortzahlung des Entgelts, vor.[32]

---

29 AR/*Kamanabrou* BGB § 611 Rn. 398; Staudinger/*Richardi/Fischinger*, 2016, BGB § 611 Rn. 1064.

30 Krit. AR/*Kamanabrou* BGB § 611 Rn. 398.

31 Demgegenüber ergibt sich die Befreiung von der Arbeitspflicht bei Arbeitnehmern, die nach einer anderen Rechtsordnung der Wehrpflicht unterliegen aus § 275 III BGB, vgl. BAG 22.12.1982 – 2 AZR 282/82, NJW 1983, 2782.

32 S. § 10 des Manteltarifvertrages für die bayerische Metall- und Elektroindustrie.

b) Zurückbehaltungsrecht

Erfüllt der Arbeitgeber seine ihm aus dem Arbeitsvertrag obliegenden Pflichten nicht, verweigert er also etwa die Lohnzahlung oder unterlässt er notwendige Sicherheitsmaßnahmen, so hat der Arbeitnehmer nach § 320 bzw. § 273 BGB ein Zurückbehaltungsrecht an der Arbeitsleistung.[33] Ein spezielles gesetzliches Zurückbehaltungsrecht etwa ist in § 14 AGG geregelt, es besteht, wenn der Arbeitgeber keine geeigneten Maßnahmen gegen (sexuelle) Belästigungen ergreift. 221

In **Fall 13** steht A also ein Zurückbehaltungsrecht zu. Es folgt aus § 320 BGB. Daraus ergibt sich die Antwort auf seine erste Frage. Er braucht nicht zu befürchten, dass sein Arbeitsverhältnis, etwa wegen Arbeitsverweigerung, nach § 626 BGB gekündigt wird.

c) Annahmeverzug des Arbeitgebers

Nimmt der Arbeitgeber die ihm angebotene Arbeitsleistung nicht ab, so kann der Arbeitnehmer während dieser Zeit des Annahmeverzugs naturgemäß nicht arbeiten. Ob ihm die Arbeitsleistung dadurch wie regelmäßig angenommen im Sinne eines absoluten Fixgeschäftes unmöglich und er nach § 275 I BGB von ihr befreit wird oder nicht, hängt an sich von ihrer **Nachholbarkeit** ab. Doch braucht sie, auch wenn sie nachholbar ist, nach § 615 S. 1 BGB nicht erbracht zu werden; vielmehr behält der Arbeitnehmer auch so seinen Entgeltanspruch (→ Rn. 362 ff.). 222

In **Fall 13** behält A gem. § 615 BGB also seinen Anspruch auf Arbeitsentgelt auch für die Zeit, in der er wegen seines Zurückbehaltungsrechts nicht arbeitet: Der Annahmeverzug der X folgt aus § 298 BGB.

II. Beschäftigungsanspruch

Ob der Pflicht des Arbeitnehmers zur Arbeitsleistung ein Anspruch auf Beschäftigung, das heißt Abnahme seiner Arbeitsleistung, entspricht, oder ob er auf seinen Vergütungsanspruch beschränkt ist, war lange Zeit streitig. Die überwiegende Meinung ging dahin, dass nur in besonderen Fällen ein solcher Beschäftigungsanspruch bestehe, beispielsweise bei Künstlern, deren Leistung beeinträchtigt wird, wenn sie nicht ständig in Übung bleiben.[34] Inzwischen folgert man aus dem grundrechtlich geschützten Persönlichkeitsrecht des Arbeitnehmers, Art. 2 I GG (iVm § 611, 242 BGB), dass der Arbeitgeber den Arbeitnehmer grundsätzlich **auch beschäftigen muss.**[35] Letztlich geht es um den Ausgleich des grundrechtlich geschützten Beschäftigungsinteresses des Arbeitnehmers, Art. 2 I, 12 I GG, mit dem Unternehmerinteresse, den Arbeitnehmer nicht zu beschäftigen, das ebenfalls durch Art. 12 I GG geschützt ist. Regelmäßig überwiegt das Beschäftigungsinteresse des Arbeitnehmers.[36] Die Beschäftigung muss dabei der vertraglich festgelegten Arbeitspflicht entsprechen. So hat etwa ein Angestellter des öffentlichen Dienstes Anspruch darauf, mit Aufgaben beschäftigt zu werden, die den Merkmalen seiner Vergütungsgruppe entsprechen.[37] 223

---

33 BAG 19.2.1997 – 5 AZR 982/94, NZA 1997, 821.

34 Grdl. BAG 10.11.1955 – 2 AZR 591/54, NJW 1956, 359; zur Rechtsentwicklung vgl. ferner MHdB ArbR/*Reichold* § 84 Rn. 4 ff.

35 BAG 24.6.2015 – 5 AZR 462/14, NZA 2016, 108; zum Anspruch des Arbeitnehmers auf Weiterbeschäftigung während des Kündigungsrechtsstreites → Rn. 784 ff.

36 BAG 27.2.1985 – GS 1/84, NZA 1985, 702.

37 BAG 24.10.1979 – 4 AZR 1078/77, AP BGB § 611 Beschäftigungspflicht Nr. 8.

Für schwerbehinderte Arbeitnehmer sieht § 81 IV 1 Nr. 1 SGB IX[38] einen ausdrücklichen Anspruch auf eine Beschäftigung vor, bei dem diese ihre Fähigkeiten und Kenntnisse möglichst voll verwerten und weiterentwickeln können.[39]

224 Wird der Beschäftigungsanspruch nicht erfüllt, hat der Arbeitnehmer Anspruch auf Schadensersatz wegen Pflichtverletzung nach § 280 I BGB. Ein solcher »Berufsschaden« kann etwa bei einem Bühnenkünstler entstehen, dessen künstlerisches Ansehen durch die zeitweise Nichtbeschäftigung beeinträchtigt wird. Dieser Schaden kann vom Gericht nach § 287 I ZPO geschätzt werden.[40]

225 Eine **Ausnahme von der Beschäftigungspflicht** besteht dort, wo für die Arbeitsleistung, etwa wegen Betriebsstilllegung infolge Insolvenz, kein Bedarf mehr besteht oder der Arbeitgeber sonst, zB wegen des Verdachts einer strafbaren Handlung, ein besonderes Interesse an der sofortigen Arbeitseinstellung hat.[41]

III. Nebenpflichten

226 Im Arbeitsverhältnis bestehen, wie in jedem Schuldverhältnis, auch Nebenpflichten. Grundlage für diese kann entweder eine ausdrückliche vertragliche oder gesetzliche Anordnung oder die grundsätzliche Pflicht sein, auf die Interessen und Rechtsgüter des Vertragspartners Rücksicht zu nehmen, § 241 II BGB. Dabei beziehen sich die Nebenpflichten auf den Bereich des Arbeitsverhältnisses. Der Arbeitgeber hat also keinen Einfluss auf den privaten Bereich des Arbeitnehmers. (Scheinbare) Ausnahmen gibt es dann, wenn das private Verhalten auf die Arbeitsleistung schädlich ausstrahlt.[42] Bei kirchlichen Arbeitgebern sind besondere, auch außerdienstliche, Loyalitätsobliegenheiten zu beachten.[43]

1. Auskunfts- und Rechenschaftspflicht

227 Soweit der Arbeitsvertrag Geschäftsbesorgungselemente enthält, gelten für ihn § 675 BGB und in Verbindung damit dann auch die §§ 666, 667 BGB. Aus diesen folgt eine Auskunfts-, Rechenschafts- und Herausgabepflicht des Arbeitnehmers. Etwa hat er bei Entsendung ins Ausland dem Arbeitgeber von Zeit zu Zeit Mitteilung über den Stand der Arbeit zu machen. Unterlagen, Waren und Materialien, die ihm von Kunden übergeben werden, hat er dem Arbeitgeber herauszugeben. Sofern er Vermögensinteressen des Arbeitgebers wahrzunehmen hat, muss er diesem Rechenschaft leisten.

2. Schutzpflichten

228 Aus § 241 II BGB folgt, dass der Arbeitnehmer dem Arbeitgeber drohende Schäden, etwa bei Störungen an den Maschinen oder Materialfehler, anzuzeigen hat. Das gilt für Fremdschäden, aber auch für vom Arbeitnehmer wahrgenommene Eigenschädigun-

38 Ab dem 1.1.2018: § 164 IV Nr. 1 SGB IX.
39 Dazu BAG 4.10.2005 – 9 AZR 632/04, NZA 2006, 442.
40 BAG 12.11.1985 – 3 AZR 576/83, AP BGB § 611 Bühnenengagementsvertrag Nr. 23.
41 LAG Köln 20.3.2001 – 6 Ta 46/01, LAGE § 611 BGB Beschäftigungspflicht Nr. 44.
42 Dazu BAG 23.6.1994 – 2 AZR 617/93, NZA 1994, 1080
43 BAG 8.9.2011 – 2 AZR 543/10, NZA 2012, 443; s. auch BVerfG 22.10.2014 – 2 BvR 661/12, NZA 2014, 1387; dazu *Hartmeyer* ZAT 2014, 20; *Richardi,* Arbeitsrecht in der Kirche, 7. Aufl. 2015, § 6 III, S. 90ff.

gen des Arbeitgebers.[44] Wo Maßnahmen sonst zu spät kommen, muss er auch selbst eingreifen, sofern er dazu in der Lage ist. Etwa muss er bei einem Schwelbrand zum Feuerlöscher greifen oder eine gebrochene Wasserleitung abstellen.

3. Verschwiegenheitspflicht

Nach § 17 UWG macht sich derjenige Arbeitnehmer strafbar, der ein Geschäfts- oder 229
Betriebsgeheimnis, das ihm anvertraut oder zugänglich gemacht worden ist, unbefugt zu Zwecken des Wettbewerbs, aus Eigennutz, zugunsten eines Dritten oder in der Absicht weitergibt, seinem Arbeitgeber Schaden zuzufügen. Hinter dieser Strafvorschrift steht die aus Treu und Glauben abzuleitende arbeitsvertragliche Pflicht des Arbeitnehmers, Betriebs- und Geschäftsgeheimnisse zu wahren.

Diese gilt deshalb auch dort, wo der Arbeitnehmer nicht zu Zwecken des Wettbewerbs 230
handelt. Wer als Arbeitnehmer ein Geschäftsgeheimnis seiner Gewerkschaft mitteilt, um diese über die wirtschaftliche Lage seines Arbeitgebers in Kenntnis zu setzen, macht sich zwar nicht strafbar, verletzt aber gleichwohl seinen Arbeitsvertrag. Er riskiert dann, sich wegen Pflichtverletzung schadensersatzpflichtig zu machen und aus verhaltensbedingten Gründen (§ 1 II KSchG) ordentlich oder bei schweren Verstößen aus wichtigem Grund gem. § 626 BGB außerordentlich gekündigt zu werden.

Problematisch sind die Grenzen der Verschwiegenheitspflicht. Unter dem Stichwort 231
des **»whistleblowing«** (»Verpfeifen«) fasst man Fälle, bei denen sich der Arbeitnehmer bei Regelverstößen des Arbeitgebers nach außen wendet (und etwa die Staatsanwaltschaft oder die Öffentlichkeit informiert). Hier steht die Meinungsfreiheit des Arbeitnehmers gegen das Interesse des Arbeitgebers an Nichtöffentlichkeit. Ein Nachaußentreten des Arbeitnehmers soll jedenfalls dann möglich sein, wenn berechtigte Interessen des Arbeitnehmers, Dritter oder auch der Allgemeinheit (!) dies erfordern.[45] Das Verhältnismäßigkeitsprinzip wird aber verlangen, auch in diesen Fällen zunächst eine zumutbare innerbetriebliche Lösung zu suchen.

4. Schmiergeldverbot

Nach § 299 StGB wird ein Arbeitnehmer bestraft, der Schmiergelder dafür fordert, sich 232
versprechen lässt oder annimmt, dass er einen anderen beim Bezug von Waren oder gewerblichen Leistungen im Wettbewerb in unlauterer Weise bevorzugt. Auch dem liegt eine arbeitsvertragliche Pflicht zugrunde, die unabhängig von einer Wettbewerbssituation besteht. Die Annahme von Schmiergeldern ist in jedem Fall unredlich. Wer sich etwa eine Vermittlungsgebühr dafür bezahlen lässt, dass er einen Arbeitsplatzbewerber seinem Arbeitgeber besonders empfiehlt, handelt arbeitsvertragswidrig.[46] Auch die Schmiergeldannahme kann zur Kündigung des Arbeitnehmers und zum Schadensersatz wegen Pflichtverletzung führen. Soweit der Arbeitnehmer Schmiergelder bei Geschäftsabschlüssen annimmt, ist er nach §§ 687 II 1, 681 S. 2, 667 BGB zu deren

44 BAG 28.8.2008 – 2 AZR 15/07, NZA 2009, 193.

45 BAG 7.12.2006 – 2 AZR 400/05, NZA 2007, 502; s. LAG Köln 2.2.2012 – 6 Sa 304/11, NZA-RR 2012, 298; zur europäischen Komponente EGMR 21.7.2011 – 28274/08, NZA 2011, 1269 und *Ulber* NZA 2011, 962.

46 *Löwisch,* Anm. zu BAG 24.9.1987, in EzA Nr. 18 zu § 1 KSchG 1969 Verhaltensbedingte Kündigung; s. auch → Rn. 702, insbes. die Lösung zu Fall 44.

Herausgabe an den Arbeitgeber verpflichtet, weil er damit unbefugt ein Geschäft des Arbeitgebers als ein eigenes behandelt.[47]

Auch hier gibt es freilich Graubereiche, wie etwa die Annahme von (kleineren oder größeren) Geschenken durch potentielle Vertragspartner des Arbeitgebers. Oftmals sind die Fragen der Annahme von Geschenken betrieblich in Betriebsvereinbarungen (sog. »Ethik-Richtlinien«) geregelt.[48]

5. Unterlassung von Wettbewerb während des Arbeitsverhältnisses[49]

233 § 60 HGB bestimmt, dass ein Handlungsgehilfe ohne Einwilligung seines Prinzipals weder ein Handelsgewerbe betreiben, noch im Handelszweig des Prinzipals für eigene oder fremde Rechnung Geschäfte machen darf. Die Rechtsprechung wendet diese Bestimmung entsprechend auf andere Arbeitnehmer an, weil in ihr eine jedem Arbeitnehmer obliegende Pflicht zum Ausdruck kommt, § 241 II BGB.[50]

234 Verstöße gegen dieses Wettbewerbsverbot können nicht nur ein Kündigungsrecht und Schadensersatzansprüche des Arbeitgebers aus § 280 I BGB begründen. Vielmehr kann der Arbeitgeber nach § 61 I HGB auch in die vom Arbeitnehmer abgeschlossenen Geschäfte **eintreten.**[51] Der Arbeitnehmer muss ihm alles aus den Geschäften Erlangte herausgeben und seine Forderungen abtreten, wofür umgekehrt der Arbeitgeber dem Arbeitnehmer seine Aufwendungen zu erstatten und die von ihm noch zu erbringenden Leistungen zu übernehmen hat.

6. Allgemeine Pflicht zu loyalem Verhalten

235 Die Zusammenarbeit in einem Betrieb verlangt gegenseitige Rücksichtnahme von Arbeitgeber und Arbeitnehmern und von den Arbeitnehmern untereinander. Deshalb folgt aus dem Arbeitsvertrag auch eine Pflicht des Arbeitnehmers zur **Wahrung des Betriebsfriedens.** Tätlichkeiten gegen andere Arbeitnehmer stellen auch eine Arbeitsvertragsverletzung dar, ebenso religiöse oder politische Agitationen, die über einen maßvollen Gebrauch der Meinungsfreiheit (→ Rn. 135) hinausgehen. Allgemein muss sich der Arbeitnehmer so verhalten, dass **konkrete** Störungen des Arbeitsverhältnisses, sei es im eigentlichen Leistungsbereich, im Bereich der betrieblichen Verbundenheit mit den übrigen Arbeitnehmern, sei es im Vertrauensbereich zum Arbeitgeber, vermieden werden (→ Rn. 135).

IV. Datenerlangung durch den Arbeitgeber

236 Die Frage, wie der Arbeitgeber Daten vom Arbeitnehmer erhält und wie er mit diesen umgeht, erlangt gerade infolge der rasanten technischen Entwicklung eine immer größere Bedeutung. Der Gesetzgeber hält sich bei der konkreten Regelung des Arbeitnehmerdatenschutzes noch zurück. Lediglich in § 32 I BDSG ist im Rahmen einer Generalklausel geregelt, dass die Erhebung, Verarbeitung und Nutzung von personen-

47 BAG 14.7.1961 – 1 AZR 288/60, NJW 1961, 2036; LAG München 8.5.2012 – 6 Sa 957/11, BeckRS 2012, 72251.
48 Dazu BAG 22.7.2008 – 1 ABR 40/07, NZA 2008, 1248.
49 Zu den Wettbewerbsverboten für die Zeit nach Beendigung des Arbeitsverhältnisses → Rn. 673.
50 BAG 24.3.2010 – 10 AZR 66/09, NZA 2010, 693.
51 BAG 17.10.2012 – 10 AZR 809/11, NZA 2013, 207.

bezogenen Daten zulässig ist, wenn dies für die Begründung oder Durchführung des Beschäftigungsverhältnisses notwendig ist. Im Laufe der rechtspolitischen Diskussion wurden immer wieder Vorschläge für eine detailliertere gesetzliche Regelung gemacht.[52] Zu deren Umsetzung kam es nicht, was vor allem daran lag, dass der Europäische Gesetzgeber eine Verordnung zum Datenschutz vorbereitete,[53] der auf nationaler Ebene nicht vorgegriffen werden sollte. Diese ist nunmehr verabschiedet worden, gilt aber erst zum 25.5.2018.[54] Nach Art. 88 dieser Datenschutz-Grundverordnung können durch nationales Gesetz und auch durch Kollektivvereinbarung spezielle auf das Arbeitsverhältnis bezogene Regelungen erlassen werden. Ein erster Regierungsentwurf eines Datenschutz-Anpassungs- und Umsetzungsgesetzes sah im Januar 2017 in seinem § 26 I eine weitgehend mit § 32 BDSG übereinstimmende Regelung vor. Inwiefern sich hier im Gesetzgebungsverfahren noch Änderungen ergeben, bleibt abzuwarten.

Für die einzelnen Problembereiche kommt es damit vor dem Hintergrund der Generalklausel auf die Abwägung der entgegenstehenden Interessen von Arbeitgeber und Arbeitnehmer an. Dabei stehen auf der Seite des Arbeitnehmers das Persönlichkeitsrecht und das daraus abgeleitete Recht auf informationelle Selbstbestimmung, Art. 1, 2 GG.[55] Letztlich sollte auch durch § 32 I BDSG diese bereits durch die Rechtsprechung erarbeitete Grundlage bestätigt werden.[56]

Damit steht etwa die Zulässigkeit des Einsatzes von Überwachungseinrichtungen zur Leistungskontrolle unter der Voraussetzung ihrer Erforderlichkeit und der Angemessenheit. Dauernde Überwachungen der Arbeitnehmer sind hier jedenfalls unverhältnismäßig.[57]

Für **Videoüberwachungen** zur Aufdeckung von Straftaten zieht die Rechtsprechung 237
§ 32 I 2 BDSG und in öffentlich zugänglichen Räumen auch § 6b BDSG heran.[58] Nach § 32 I 2 BDSG dürfen zur Aufdeckung von Straftaten personenbezogene Daten eines Beschäftigten nur dann erhoben, verarbeitet oder genutzt werden, wenn zu dokumentierende tatsächliche Anhaltspunkte den Verdacht begründen, dass der Betroffene im Beschäftigungsverhältnis eine Straftat begangen hat, die Erhebung, Verarbeitung oder Nutzung zur Aufdeckung erforderlich ist und das schutzwürdige Interesse des Beschäftigten an dem Ausschluss der Erhebung, Verarbeitung oder Nutzung nicht überwiegt, insbesondere Art und Ausmaß im Hinblick auf den Anlass nicht unverhältnismäßig sind. Damit ist eine Videoüberwachung an das Verhältnismäßigkeitsprinzip gekoppelt.[59] Dieses Verhältnismäßigkeitsprinzip ist jedenfalls dann bei einer heimlichen Videoüberwachung gewahrt, wenn diese das einzig verbleibende Mittel ist, um einen Verdacht aufzuklären, und dieser Verdacht sich auf einen abgrenzbaren Kreis

52 Zuletzt der Entwurf eines AN-Datenschutzgesetzes.
53 S. den Entwurf einer Datenschutz-Grundverordnung v. 25.1.2012, KOM(2012) 11.
54 VO (EU) Nr. 2016/679 des Europäischen Parlaments und des Rates zum Schutz natürlicher Personen bei der Verarbeitung personenbezogener Daten, zum freien Datenverkehr und zur Aufhebung der Richtlinie 95/46/EG (Datenschutz-GrundVO) v. 27.4.2016, ABl. 2016 L 119, 1.
55 BAG 21.6.2012 – 2 AZR 153/11, NZA 2012,1025.
56 BT-Drs. 16/13657, 21.
57 ErfK/*Franzen* BDSG § 32 Rn. 18ff.
58 BAG 21.11.2013 – 2 AZR 797/11, NZA 2014, 243, wobei hier grds. das Kennzeichnungsgebot des § 6b II BDSG zu beachten ist.
59 BAG 21.11.2013 – 2 AZR 797/11, NZA 2014, 243; BAG 21.6.2012 – 2 AZR 153/11, NZA 2012, 1025; BAG 16.12.2010 – 2 AZR 485/08, NZA 2011, 571.

von Arbeitnehmern bezieht.[60] In diesen Fällen besteht dann auch kein Beweisverwertungsverbot im arbeitsgerichtlichen Verfahren – weil über das bloße Beweisinteresse des Arbeitgebers hinaus mit dem konkret bestehenden Verdacht und der Erforderlichkeit der Überwachung noch weitere Momente hinzukommen, die den Eingriff in das Persönlichkeitsrecht des Arbeitnehmers rechtfertigen.[61] Auch bei Schrank- und Taschenkontrollen ist § 32 I 2 BSDG einschlägig. Diese dürfen infolgedessen ebenfalls nur dann (und zumal heimlich) erfolgen, wenn sie verhältnismäßig sind.[62]

238 Für die präventive Vermeidung von Straftaten (wie etwa durch Torkontrollen) wird in der Literatur auf § 32 I 1 BDSG verwiesen.[63] Die Rechtsprechung hat dies offen gelassen.[64]

239 Auch auf Daten, die etwa ein Bewerber in soziale Netzwerke einstellt, ist § 32 I 1 BDSG anzuwenden. Auf sie kann der Arbeitgeber jedenfalls dann zurückgreifen, wenn sie allgemein zugänglich sind oder überhaupt der geschäftlichen Nutzung dient.[65] Für geschlossene Netzwerke, für die eine Registrierung notwendig ist, gilt dies nicht. Allerdings entbindet den Arbeitnehmer das Handeln im sozialen Netzwerk nicht davon, seine im Arbeitsverhältnis bestehenden Pflichten, insbesondere die aus § 241 II BGB, einzuhalten. So kann etwa auch eine beleidigende Äußerung über den Arbeitgeber in einem geschlossenen sozialen Netzwerk eine (außerordentliche) Kündigung durch den Arbeitgeber rechtfertigen.[66]

240 Zum Verbot genetischer Untersuchungen s. §§ 19ff. GenDG.

V. Kontrollfragen

241 **Frage 16:** Wie ist das Direktionsrecht rechtlich zu qualifizieren?
Frage 17: Inwiefern ergibt sich aus § 615 BGB eine vorübergehende Befreiung von der Arbeitspflicht?
Frage 18: Hat der Arbeitnehmer einen Anspruch auf Beschäftigung?

§ 8 Arbeitszeit und Teilzeitarbeit

Literatur: I. Arbeitszeitrecht: *Anzinger/Koberski,* Arbeitszeitgesetz, 4. Aufl. 2014; *Baeck/Deutsch,* Arbeitszeitgesetz, 3. Aufl. 2014; *Bauer/Arnold/Willemsen,* Überstunden und ihre Tücken, DB 2012, 1986; *Bissels/Domke/Wisskirchen,* BlackBerry & Co – Was ist heute Arbeitszeit?, DB 2010, 2052; *Falder,* Immer erreichbar, Arbeitszeit- und Urlaubsrecht im technologischen Wandel, NZA 2010, 1150; *Franzen,* Entkoppelung der Arbeitszeit vom Arbeitsentgelt, RdA 2014, 1; *Franzen,* Umkleidezeiten und Arbeitszeit, NZA 2016, 136; *Neumann/Biebl,* Arbeitszeitgesetz, 16. Aufl. 2012; *Preis/Ulber,* Fußtritte für das deutsche Arbeitszeitrecht?, ZESAR 2011, 147; *Steffan,* Arbeitszeit(recht) auf dem Weg zu 4.0, NZA

60 BAG 21.11.2013 – 2 AZR 797/11, NZA 2014, 243; BAG 21.6.2012 – 2 AZR 153/11, NZA 2012, 1025.
61 BAG 20.6.2013 – 2 AZR 546/12, NZA 2014, 143; BAG 21.6.2012 – 2 AZR 153/11, NZA 2012, 1025.
62 BAG 9.7.2013 – 1 ABR 2/13 (A), NZA 2013, 1433; BAG 20.6.2013 – 2 AZR 546/12, NZA 2014, 143.
63 ErfK/*Franzen* BDSG § 32 Rn. 30.
64 BAG 20.6.2013 – 2 AZR 546/12, NZA 2014, 143.
65 Dazu *Kania/Sansone* NZA 2012, 360.
66 Dazu LAG Hamm 10.10.2012 – 3 Sa 644/12, BeckRS 2012, 74357; ArbG Duisburg 26.9.2012 – 5 Ca 949/12, NZA-RR 2013, 18; *Bauer/Günther* NZA 2013, 67; *Kock/Dittrich* DB 2013, 934; *Kort* NZA 2012, 1321.

2015, 1409; *Wank,* Facetten der Arbeitszeit, RdA 2014, 285; *Wiebauer,* Zeitarbeit und Arbeitszeit, NZA 2012, 68.
II. Teilzeitarbeit: *Annuß/Thüsing,* Kommentar zum Teilzeit- und Befristungsgesetz, 3. Aufl. 2012; *Hamann,* Teilzeitanspruch nach § 8 TzBfG und Mitbestimmung des Betriebsrats, NZA 2010, 785; *Meinel/Heyn/Herms,* Teilzeit- und Befristungsgesetz: TzBfG, 4. Aufl. 2012; *Laux/Schlachter,* Teilzeit- und Befristungsgesetz, 2. Aufl. 2011; MHdB ArbR/*Schüren* § 45; *Rolfs,* Das neue Recht der Teilzeitarbeit, RdA 2001, 129; *Seel,* Gesetzlicher Anspruch auf Teilzeitarbeit, JA 2011, 608; *Sievers,* Kommentar zum Teilzeit- und Befristungsgesetz, 5. Aufl. 2015.

I. Arbeitszeitschutz

1. Überblick

Wie lange der Arbeitnehmer zur Arbeitsleistung verpflichtet ist, ergibt sich zuerst aus den vertraglichen Vereinbarungen, regelmäßig in Arbeits- oder Tarifvertrag.[67] Ist der Umfang der Arbeitszeit nicht ausdrücklich vereinbart, so gilt die betriebsübliche Arbeitszeit.[68] Der Arbeitgeber kann einseitig durch Direktionsrecht zwar die Lage der Arbeitszeit, grundsätzlich aber nicht deren Umfang bestimmen, weil Arbeitszeit und Verdienst im Gegenseitigkeitsverhältnis stehen. Anderes gilt nur in Notfällen oder bei entsprechender tariflicher Ermächtigung.[69] Besteht ein Betriebsrat, so hat er ein zwingendes Mitbestimmungsrecht für die Dauer und Lage der Arbeitszeit sowie für die Pausen, § 87 I Nr. 2, 3 BetrVG (→ Rn. 1418). 242

Begrenzt wird die Vertragsfreiheit im Hinblick auf die Arbeitszeit aber insbesondere durch das Arbeitszeitgesetz (ArbZG), das seine europarechtliche Grundlage in der Arbeitszeit-RL[70] findet. Es gewährleistet durch öffentlich-rechtliche Schutzbestimmungen die Sicherheit und den Gesundheitsschutz der Arbeitnehmer bei der Arbeitszeitgestaltung. Gleichzeitig setzt es die Rahmenbedingungen für flexible Arbeitszeiten, insbesondere dadurch, dass in weitem Umfang Abweichungen in Tarifverträgen und Betriebsvereinbarungen gestattet werden (§ 1 Nr. 1 iVm § 7 I ArbZG). 243

Das ArbZG geht von einem 8-Stunden-Tag bei einer 6-Tage-Woche als Rahmen für die Arbeitszeitgestaltung aus (§ 3 S. 1 ArbZG). Dieser Rahmen wird regelmäßig nicht ausgeschöpft. Der Durchschnitt der Wochenarbeitsstunden bei Vollzeit betrug 2015 38,07 Stunden.[71] 244

Von größerer praktischer Bedeutung sind die Vorschriften des ArbZG über die Lage der Arbeitszeit, Ruhezeiten und Pausen sowie über Mehrarbeit (§§ 3ff. ArbZG), sowie über die Sonntags- bzw. Feiertagsarbeit (§§ 9ff. ArbZG). Sie werden durch andere gesetzliche Bestimmungen ergänzt, so zB durch § 17 LadSchlG (→ Rn. 258). 245

Für Schwangere und Mütter sowie für jugendliche und schwerbehinderte Arbeitnehmer ist ein besonderer Arbeitszeitschutz vorgesehen, § 7 MuSchG; §§ 8ff. JArbSchG; § 124 SGB IX[72]. 246

67 S. hier etwa § 2 des Manteltarifvertrages der bayerischen Metall- und Elektroindustrie.
68 BAG 15.5.2013 – 10 AZR 325/12, AP BGB § 611 Arbeitszeit Nr. 42
69 HWK/*Thüsing* BGB § 611 Rn. 308.
70 RL 2003/88/EG über bestimmte Aspekte der Arbeitszeitgestaltung v. 4.11.2003, ABl. 2003 L 299, 9.
71 http://doku.iab.de/arbeitsmarktdaten/tab-az2015.pdf (abgerufen 2.3.2017).
72 Ab 1.1.2018: § 207 SGB IX.

247 Gesetzliche Arbeitszeitvorschriften werden heute vielfach durch Tarifverträge ergänzt. Diese legen durchweg niedrigere Tages- und Wochenarbeitszeiten fest, als sie im ArbZG vorgesehen sind. Etwa gilt in der Metallindustrie seit 1995 die 35-Stunden-Woche.[73] Zudem enthalten sie Regeln über die Lage der Arbeitszeit, etwa über die Samstagsarbeit und über Pausen.[74]

248 Im Rahmen der gesetzlichen und tariflichen Bestimmungen unterliegt die Regelung der Lage der Arbeitszeit sowie die Einführung von Mehrarbeit und Kurzarbeit der Mitbestimmung des Betriebsrats nach § 87 I Nr. 2 und 3 BetrVG (→ Rn. 1418 ff.).

249 Für die **Teilzeitarbeit** besteht eine umfassende gesetzliche Regelung in Gestalt des Teilzeit- und Befristungsgesetzes (TzBfG). Auch diese Vorschriften können durch tarifliche Bestimmungen ergänzt werden.[75]

250 Zur Altersteilzeit → Rn. 474 ff.

2. Höchstarbeitszeitbestimmungen

251 Nach § 3 S. 1 ArbZG darf die werktägliche Arbeitszeit im Grundsatz acht Stunden nicht überschreiten. Dabei sind Arbeitszeiten bei mehreren Arbeitgebern zusammenzurechnen (§ 2 I 1 Hs. 2 ArbZG).

Der Grundsatz des 8-Stunden-Tages wird vielfach durchbrochen:

- Nach § 3 S. 2 ArbZG ist **allgemein** eine Verlängerung bis auf zehn Stunden möglich, wenn innerhalb von sechs Kalendermonaten oder innerhalb von 24 Wochen im Durchschnitt acht Stunden werktäglich nicht überschritten werden.
- Nach § 7 I Nr. 1 ArbZG können in einem **Tarifvertrag** oder aufgrund eines Tarifvertrages in einer **Betriebs- oder Dienstvereinbarung, oder in kirchlichen Arbeitsvertragsregelungen, § 7 IV ArbZG,** weitergehende Abweichungen zugelassen, insbesondere ein anderer Ausgleichszeitraum festgelegt werden.

Derartige Regelungen können im Geltungsbereich eines Tarifvertrages auch von nichttarifgebundenen Arbeitgebern durch Betriebsvereinbarung oder, wenn ein Betriebsrat nicht besteht, durch schriftliche Vereinbarung zwischen dem Arbeitgeber und den Arbeitnehmern übernommen werden[76] (§ 7 III 1 ArbZG).

- Auch ohne Tarifvertrag oder Betriebsvereinbarung darf von der Höchstarbeitszeit in **Notfällen** und anderen außergewöhnlichen Fällen abgewichen werden (§ 14 I ArbZG).
- Gleiches gilt bei Beschäftigung einer verhältnismäßig geringen Zahl von Arbeitnehmern mit Arbeiten, deren Nichterledigung das Ergebnis gefährden oder zu unverhältnismäßigen Schäden führen würde, bei Forschung und Lehre, bei unaufschiebbaren Vor- und Abschlussarbeiten, bei unaufschiebbaren Arbeiten zur Behandlung, Pflege und Betreuung von Personen oder zur Behandlung und Pflege von Tieren an einzelnen Tagen, wenn andere Vorkehrungen nicht zumutbar sind (§ 14 II ArbZG).
- Schließlich kann die **Aufsichtsbehörde** eine längere tägliche Arbeitszeit für kontinuierliche Schichtbetriebe zur Erreichung zusätzlicher Freischichten, für Bau- und Montagestellen, für Saison- und Kampagnebetriebe und allgemein im dringenden öffentlichen Interesse bewilligen (§ 15 ArbZG).

252 Für **Jugendliche** gilt ebenfalls der Grundsatz des 8-Stunden-Tages. Dieser wird aber durch den weiteren Grundsatz der 5-Tage-Woche bei 40 Wochenarbeitsstunden er-

73 S. dazu § 2 I des Manteltarifvertrages der bayerischen Metall- und Elektroindustrie.

74 S. als Beispiel für tarifvertragliche Zeitregelungen die §§ 2 ff. des Manteltarifvertrages der bayerischen Metall- und Elektroindustrie.

75 Etwa § 2 XI des Manteltarifvertrages der bayerischen Metall- und Elektroindustrie.

76 Zur abweichenden Regelung beim Bereitschaftsdienst → Rn. 266 ff.

gänzt (§§ 8 I, 15 JArbSchG). Ausnahmen hiervon sind nur in engem Rahmen zulässig. Der schwerbehinderte Arbeitnehmer kann jede über acht Stunden am Tag hinausreichende Mehrarbeit verweigern, § 124 SGB IX[77].

3. Bestimmungen über die Lage der Arbeitszeit

a) Sonntagsarbeit

Nach Art. 140 GG iVm Art. 139 WRV sind der Sonntag und die staatlich anerkannten Feiertage als Tage der Arbeitsruhe und der seelischen Erhebung gesetzlich geschützt. Seinen arbeitsrechtlichen Niederschlag findet dieses verfassungsrechtliche Gebot im Sonn- und Feiertagsarbeitsverbot des § 9 I ArbZG. Danach dürfen Arbeitnehmer an Sonn- und gesetzlichen Feiertagen von 0.00–24.00 Uhr nicht beschäftigt werden. 253

Vom Sonn- und Feiertagsarbeitsverbot macht § 10 ArbZG eine Reihe von Ausnahmen. Sie betreffen einerseits das sog. **Bedürfnisgewerbe,** also Betriebe, die täglich oder an Sonn- und Feiertagen besonders hervortretende Bedürfnisse der Bevölkerung befriedigen, wie etwa Rettungsdienste, Krankenhäuser, Versorgungsbetriebe, das Gaststätten- und das Verkehrsgewerbe und der Sport (§ 10 I Nr. 1–11 ArbZG). 254

Andererseits gelten Ausnahmen für die Arbeiten, die **kontinuierlich** durchgeführt werden müssen: Bewachung der Betriebsanlagen, Reinigung der Betriebseinrichtung, Verhütung des Verderbens von Rohstoffen, kontinuierlich durchzuführende Forschungsarbeiten oder bei Gefahr des Misslingens von Arbeitserzeugnissen (§ 10 I Nr. 12–16 ArbZG). 255

Letzterer Fall hat heute große praktische Bedeutung, weil in vielen modernen Produktionsprozessen die Produktionsunterbrechung über den Sonn- oder Feiertag zu Ausschuss führt. Nimmt dieser Ausschuss größeren Umfang an, ist das als »Misslingen des Arbeitsergebnisses« zu werten. Als eine gewisse Faustregel wird dabei ein Ausschuss von 5 % angesehen.[78]

Alle Ausnahmen vom Sonn- und Feiertagsarbeitsverbot setzen nach dem Eingangssatz von § 10 I ArbZG voraus, dass »die Arbeiten nicht an Werktagen vorgenommen werden können«.

b) Samstagsarbeit

Ein gesetzliches Samstagsarbeitsverbot besteht, abgesehen vom Jugendarbeitsschutz (→ Rn. 524 ff.), nicht. Jedoch sind Samstagsarbeitsverbote mit unterschiedlichen Ausnahmemöglichkeiten vielfach in Manteltarifverträgen enthalten.[79] Ob in einem Betrieb samstags gearbeitet wird oder nicht, unterliegt im Übrigen auch der Mitbestimmung des Betriebsrats nach § 87 I Nr. 2 BetrVG (→ Rn. 1419). 256

c) Nachtarbeit

Bei Nachtarbeit ist der Ausgleichszeitraum für eine über acht Stunden hinausgehende tägliche Arbeitszeit (→ Rn. 244, 251) auf einen Monat oder vier Wochen beschränkt (§ 6 II 2 ArbZG). Nachtarbeitnehmer haben Anspruch auf regelmäßige arbeitsmedizinische Untersuchung (§ 6 III ArbZG). Sofern nicht dringende betriebliche Erfordernisse entgegenstehen, können Nachtarbeitnehmer in bestimmten Fällen, vor allem 257

77 Ab dem 1.1.2018: § 207 SGB IX.
78 *Anzinger/Koberski* Arbeitszeitgesetz § 10 Rn. 166 ff.
79 S. hierzu § 2 IV des Manteltarifvertrages der bayerischen Metall- und Elektroindustrie.

dann, wenn sie ein Kind unter zwölf Jahren zu betreuen haben, die Umsetzung auf einen Tagesarbeitsplatz verlangen (§ 6 IV ArbZG).

Soweit keine tarifvertraglichen Ausgleichsregelungen bestehen,[80] hat der Arbeitgeber dem Nachtarbeitnehmer für die während der Nachtzeit geleisteten Arbeitsstunden eine angemessene Zahl bezahlter freier Tage **oder** einen angemessenen Zuschlag auf das ihm hierfür zustehende Bruttoarbeitsentgelt zu gewähren (§ 6 V ArbZG). Die Angemessenheit richtet sich nach den Umständen. Für Arbeitnehmer im Dreischichtbetrieb ist regelmäßig ein Zuschlag von 25% angemessen.[81] Es handelt sich um einen gesetzlichen Fall der Wahlschuld iSd §§ 262ff. BGB. [82] Dementsprechend beschränkt sich die Verpflichtung des Arbeitgebers nach dem Ausscheiden des Arbeitnehmers auf den Zuschlag (§ 265 S. 1 BGB). Hat der Arbeitnehmer die Auflösung des Arbeitsverhältnisses zu vertreten, etwa weil ihm wegen einer schweren Vertragsverletzung gem. § 626 BGB fristlos gekündigt wurde, tritt die Beschränkung nicht ein. Der Arbeitgeber kann sich durch die Wahl der unmöglich gewordenen Gewährung freier Tage von seiner Verpflichtung befreien.[83]

d) Ladenschluss

258 Das (Bundes-)Ladenschlussgesetz bestimmt, dass Ladengeschäfte und andere Verkaufsstellen zum Schutz der dort beschäftigten Arbeitnehmer an Sonn- und Feiertagen vollständig, und montags bis samstags von 20.00 Uhr bis früh 6.00 Uhr geschlossen bleiben müssen (vgl. § 3 S. 1 LadSchlG). Seit der Föderalismusreform liegt die Gesetzgebungskompetenz für den Ladenschluss bei den Ländern. Von diesen haben alle (außer Bayern) eigene Gesetze erlassen, welche die Ladenöffnungszeiten weitgehend freigeben.[84] Für Bayern gilt weiterhin das Ladenschlussgesetz des Bundes, Art. 125a II 1 GG.[85]

Von der Föderalismusreform unberührt geblieben ist das in § 17 LadSchlG enthaltene Verbot der Beschäftigung von Arbeitnehmern in Verkaufsstellen an Sonn- und Feiertagen, weil es sich um Arbeitsschutzrecht handelt, für das der Bund nach Art. 74 I Nr. 12 GG die Gesetzgebungskompetenz hat.

e) Sonderbestimmungen für besondere Arbeitnehmergruppen

259 Werdende und stillende Mütter dürfen grundsätzlich nicht nachts zwischen 20.00 und 6.00 Uhr beschäftigt werden. Auch ist bei ihnen das Sonn- und Feiertagsarbeitsverbot strenger ausgestaltet als bei anderen Arbeitnehmern (§ 8 MuSchG).

260 Jugendliche, also Arbeitnehmer, die noch nicht 18 Jahre alt sind, dürfen nach § 14 JArbSchG grundsätzlich nur in der Zeit von 6.00–20.00 Uhr beschäftigt werden. Ausnahmen gelten für Jugendliche über 16 Jahren in bestimmten Gewerbezweigen, insbesondere in der Landwirtschaft und in Bäckereien. Für Jugendliche besteht weiter nach § 16 JArbSchG ein grundsätzliches Samstagsarbeitsverbot. Auch bei ihnen ist das Sonn- und Feiertagsarbeitsverbot weiter ausgedehnt. Schließlich dürfen Jugendliche an Berufsschultagen nicht vor einem vor 9.00 Uhr beginnenden Unterricht und am Vortag nicht nach 20.00 Uhr beschäftigt werden (§§ 9 I, 14 IV JArbSchG).

---

80 § 6 des Manteltarifvertrages der bayerischen Metall- und Elektroindustrie; s. auch BAG 11.12.2013 – 10 AZR 736/12, NZA 2014, 669; BAG 18.5.2011 – 10 AZR 369/10, NZA-RR 2011, 581.

81 BAG 27.5.2003 – 9 AZR 180/02, AP ArbZG § 6 Nr. 5; s. auch BAG 31.8.2005 – 5 AZR 545/04, NZA 2006, 324.

82 BAG 13.1.2016 – 10 AZR 792/14, NZA-RR 2016, 333; BAG 18.5.2011 – 10 AZR 369/10, NZA-RR 2011, 581; BAG 5.9.2002 – 9 AZR 202/01, NZA 2003, 563.

83 Vgl. Staudinger/*Bittner*, 2014, BGB § 265 Rn. 9.

84 Vgl. zB Gesetz über die Ladenöffnung in Baden-Württemberg (LadÖG), GBl. Nr. 4, S. 135.

85 S. im Einzelnen *Tegebauer* GewArch 2007, 49ff.; *Kämmerer/Thüsing* GewArch 2006, 266ff.; *Thüsing/Stiebert* GewArch 2013, 425.

Schwerbehinderte und ihnen gleichgestellte Arbeitnehmer werden nach § 124 SGB IX[86] von Mehrarbeit freigestellt. Sie können also Mehrarbeit leisten, müssen dies aber nicht. Sonn-, Feiertags- und Nachtarbeit sind hiervon aber nicht betroffen.[87] 261

4. Ruhezeiten und Pausen

§ 5 I ArbZG bestimmt, dass grundsätzlich zwischen den Arbeitstagen eine ununterbrochene Ruhezeit von mindestens elf Stunden zu liegen hat. Nach § 4 ArbZG müssen bei einer Arbeitszeit von mehr als sechs Stunden im Voraus feststehende Pausen von insgesamt mindestens 30 Minuten gewährt werden. Bei jugendlichen Arbeitnehmern beträgt die Ruhezeit zwischen den Arbeitstagen mindestens zwölf Stunden (§ 13 JArbSchG). Ihre Pausen betragen bei einer Arbeitszeit von mehr als sechs Stunden 60 Minuten, bei einer Arbeitszeit zwischen viereinhalb und sechs Stunden 30 Minuten (§ 11 I JArbSchG). 262

Auch Ruhezeiten und Pausen können tarifvertraglich ausgedehnt sein. Sie unterliegen der Mitbestimmung des Betriebsrats nach § 87 I Nr. 2 BetrVG, die durch Abschluss einer Betriebsvereinbarung auch zu einer solchen Ausdehnung führen kann.[88] 263

Ruhezeiten und Pausen sind grundsätzlich keine Arbeitszeit. Allerdings kann auch insoweit tariflich etwas anderes bestimmt sein.[89] 264

5. Arbeitsbereitschaft und Rufbereitschaft

Auch Zeiten, in denen der Arbeitnehmer eigentlich nicht arbeitet, aber an der Arbeitsstelle auf den Arbeitseinsatz wartet, wie das zB für Ärzte, Rettungssanitäter, Feuerwehrleute und Taxifahrer zutreffen kann, sind an sich Arbeitszeit, die regelmäßig als solche zu vergüten ist. 265

Dies sah der Gesetzgeber früher anders (§§ 5 I; 5 III; 7 I Nr. 1a ArbZG aF), diese Regelungen waren nach der Rechtsprechung des EuGH mit der Arbeitszeit-RL 1993 (2003/88/EG)[90] (→ Rn. 243) nicht vereinbar. Ausgehend von Art. 2 Nr. 1 Arbeitszeit-RL 1993, wonach Arbeitszeit jene Zeitspanne ist, »während der ein Arbeitnehmer gemäß den einzelstaatlichen Rechtsvorschriften und/oder Gepflogenheiten arbeitet, dem Arbeitgeber zur Verfügung steht und seine Tätigkeit ausübt oder Aufgaben wahrnimmt«, hat der EuGH den Bereitschaftsdienst von Ärzten als Arbeitszeit gewertet, wenn er die persönliche Anwesenheit der Ärzte erfordert.[91] Dem hat sich das BAG angeschlossen.[92] 266

Deshalb gilt jetzt, dass Inanspruchnahmen während einer Rufbereitschaft zu anderen Zeiten ausgeglichen werden müssen, § 5 III ArbZG. Hinsichtlich der Dauer der Ar- 267

---

86 Ab 1.1.2018: § 207 SGB IX.

87 ErfK/*Rolfs* SGB IX § 124 Rn. 1.

88 Löwisch/Kaiser/*Kaiser*, BetrVG, 6. Aufl. 2010, § 87 Rn. 58.

89 S. § 2 X des Manteltarifvertrages der bayerischen Metall- und Elektroindustrie.

90 RL 93/104/EG des Rates über bestimmte Aspekte der Arbeitszeitgestaltung v. 23.11.1999, ABl. 1999 L 307, 18; aufgehoben durch die RL 2003/88/EG des Europäischen Parlaments und des Rates über bestimmte Aspekte der Arbeitszeitgestaltung v. 4.11.2003, ABl. 2003 L 299, 9.

91 EuGH 3.10.2000 – C-303/98, Slg. 2000, I-7963 = NZA 2000, 1227 – SIMAP; EuGH 9.9.2003 – C-151/02, Slg. 2003, I-8389 = NZA 2003, 1019 – Jaeger; EuGH 11.1.2007 – C-437/05, Slg. 2007, I-33 = BeckEuRS 2007, 441152 – Vorel.

92 BAG 18.2.2003 – 1 ABR 2/02, NZA 2003, 742.

beitszeit ist von einer in Art. 22 I Arbeitszeit-RL 2003 vorgesehene Ausnahme Gebrauch gemacht worden. Nach § 7 IIa ArbZG kann in einem Tarifvertrag oder aufgrund eines Tarifvertrages in einer Betriebs- oder Dienstvereinbarung die Verlängerung der werktäglichen Arbeitszeit bei Arbeitsbereitschaft oder Bereitschaftsdienst auch ohne Ausgleich über acht Stunden zugelassen werden, wenn durch besondere Regelungen sichergestellt wird, dass die Gesundheit der Arbeitnehmer nicht gefährdet wird. Nach § 7 VII ArbZG kann dann aufgrund einer solchen Zulassung die Arbeitszeit verlängert werden, wenn der Arbeitnehmer **selbst schriftlich eingewilligt hat** (Satz 1); diese Einwilligung kann der Arbeitnehmer mit einer Frist von sechs Monaten schriftlich widerrufen (Satz 2). Aus der Verweigerung der Einwilligung oder ihrem Widerruf darf dem Arbeitnehmer kein Nachteil entstehen (Satz 3).

268 **Wann** Arbeitsbereitschaft oder Bereitschaftsdienst vorliegt, ist im Einzelfall schwierig zu entscheiden. Die von der Rechtsprechung geprägte Formel von der »wachen Achtsamkeit im Zustande der Entspannung« hilft nicht viel weiter. Vielmehr sind Typisierungen notwendig. Sie hat das BAG etwa für Rettungssanitäter vorgenommen, indem es bei ihnen Wartezeiten von mindestens zehn Minuten zwischen den Einsätzen als Arbeitsbereitschaft wertet.[93]

269 Auch **Rufbereitschaft,** bei der sich der Arbeitnehmer zu Hause aufhält, aber jederzeit abgerufen werden kann, ist an sich Arbeitszeit. Arbeitszeitrechtlich kann sie aber durch Tarifvertrag, Betriebsvereinbarung oder eine der Regelung eines Tarifvertrages entsprechende schriftliche Vereinbarung als Ruhezeit behandelt werden (§ 7 II Nr. 1, III ArbZG). Dem steht auch die Arbeitszeit-RL nicht entgegen.[94] Ob und wie die Rufbereitschaft vergütet wird, ist ebenfalls eine Frage der tariflichen oder vertraglichen Regelung.

II. Mehrarbeit und Kurzarbeit

1. Zulässigkeit von Mehrarbeit

Fall 14: A, die im zweiten Monat schwanger ist, übernimmt eine Stelle als Schreibkraft bei einem Rechtsanwalt. In ihrem Anstellungsvertrag steht, dass bei entsprechendem Arbeitsanfall die Arbeitszeit bis zu zehn Stunden täglich verlängert werden könne. Nach einem Monat weigert sich A unter Berufung auf das MuSchG, länger als 8 1/2 Stunden täglich zu arbeiten. Der Rechtsanwalt meint, wenn sich Frau A schon auf das MuSchG berufe, müsse der ganze Vertrag als nichtig angesehen werden. Er wolle sich deshalb lieber eine neue Schreibkraft suchen.

270 In welchem Umfang über die regelmäßige werktägliche Arbeitszeit von acht Stunden hinaus nach dem ArbZG Mehrarbeit allgemein zulässig ist, ist unter → Rn. 241 bereits dargestellt worden. Gesetzliche Mehrarbeitsverbote bestehen für Jugendliche und für werdende und stillende Mütter.

271 Mehrarbeit von **jugendlichen Arbeitnehmern** ist nur hinsichtlich vorübergehender und unaufschiebbarer Arbeit in Notfällen zulässig, soweit erwachsene Beschäftigte nicht zur Verfügung stehen; die Mehrarbeit ist dann durch entsprechende Verkürzung der Arbeitszeit in den folgenden drei Wochen auszugleichen (§ 21 JArbSchG). Zusätzlich kann durch Tarifvertrag oder aufgrund eines Tarifvertrages in einer Betriebsver-

93 BAG 12.2.1986 – 7 AZR 358/84, NJW 1987, 2957.
94 EuGH 3.10.2000 – C-303/98, Slg. 2000, I-7963 = NZA 2000, 1227 – SIMAP.

einbarung Mehrarbeit zugelassen werden, die aber ebenfalls auszugleichen ist (§ 21a I Nr. 1 JArbSchG).

Mehrarbeit werdender und stillender Mütter über 8 1/2 Stunden oder 90 Stunden in der Doppelwoche ist generell unzulässig (§ 8 II MuSchG). Ausnahmen können nur in Einzelfällen von der Aufsichtsbehörde zugelassen werden (§ 8 VI MuSchG). Schwerbehinderte Arbeitnehmer können Mehrarbeit ablehnen, § 124 SGB IX[95]. 272

Im **Fall 14** ist Frau A also in der Tat nicht verpflichtet, länger als 8 1/2 Stunden pro Tag zu arbeiten. Die Auffassung des Anwalts, der Arbeitsvertrag sei deshalb unwirksam, ist unrichtig. Zwar stellt § 8 II MuSchG ein gesetzliches Verbot iSd § 134 BGB dar. Doch führt der Verstoß nicht zur Nichtigkeit, sondern entsprechend dem Arbeitnehmerschutzzweck der Vorschrift zu einer Reduktion des Arbeitsvertrages auf den zulässigen Inhalt, wobei es auf § 139 BGB nicht ankommt.

Selbst wenn der Inhalt des Arbeitsvertrages ausschließlich auf eine unzulässige Beschäftigung gerichtet ist (Beispiel: Beschäftigung einer Schwangeren ausschließlich zur Nachtzeit), tritt nach der auf die Gleichbehandlungs-Rahmen-RL (→ Rn. 38, 138) gestützten Rechtsprechung des EuGH keine Nichtigkeit ein.[96] Allerdings hat dann der Arbeitgeber nach Treu und Glauben (§ 157 BGB) das Recht, die Arbeitnehmerin auf einen zumutbaren Arbeitsplatz umzusetzen, der einem Beschäftigungsverbot nicht unterfällt (→ Rn. 516).[97]

Tarifvertraglich ist die Zulässigkeit von Mehrarbeit häufig weitergehend beschränkt als 273
nach dem ArbZG. Insbesondere wird dort vielfach vorgesehen, dass Ausgleich der Mehrarbeit durch bezahlte Freistellung verlangt werden kann.[98]

2. Anordnung von Mehrarbeit

Ob der Arbeitgeber die Leistung vorübergehender Mehrarbeit aufgrund des Direk- 274
tionsrechts (→ Rn. 212f.) einseitig anordnen kann, richtet sich nach dem Arbeitsvertrag. Sofern dort keine ausdrückliche Regelung getroffen ist, kommt eine Anordnung nur in besonderen Fällen, etwa zur Bewältigung von Notsituationen, in Betracht. Lediglich bei leitenden Angestellten gehört die Leistung von Mehrarbeit auch ohne ausdrückliche Bestimmung zum Inhalt des Arbeitsvertrages.[99] Ist die Anordnung von Mehrarbeit nicht vom Direktionsrecht gedeckt, bedarf sie einer Änderung des Arbeitsverhältnisses und damit, wenn der Arbeitnehmer nicht einverstanden ist, einer Änderungskündigung.

Die Anordnung vorübergehender Mehrarbeit ist nach § 87 I Nr. 3 BetrVG mitbestim- 275
mungspflichtig (→ Rn. 1420). Soweit eine Änderungskündigung erforderlich ist, muss auch § 102 BetrVG beachtet werden (→ Rn. 1446).

3. Mehrarbeitszuschlag

In Tarifverträgen ist regelmäßig vorgesehen, dass für Mehrarbeit über die tarifliche Ar- 276
beitszeit hinaus Mehrarbeitszuschläge zu zahlen sind, etwa 25 % für die ersten sechs Mehrarbeitsstunden, dann 50 % für die weiteren.[100]

95 Ab 1.1.2018: § 207 SGB IX.
96 EuGH 5.5.1994 – C-421/92, Slg. 1994, I-1657 = NZA 1994, 609 – Habermann-Beltermann.
97 BAG 31.3.1969 – 3 AZR 300/68, AP MuSchG 1968 § 11 Nr. 2.
98 § 4 des Manteltarifvertrages der bayerischen Metall- und Elektroindustrie.
99 MHdB ArbR/*Reichold* § 36 Rn. 66.
100 S. § 6 des Manteltarifvertrages der bayerischen Metall- und Elektroindustrie.

4. Einführung von Kurzarbeit

277 Auch die Einführung von Kurzarbeit setzt an sich eine Änderung des Arbeitsvertrages voraus, bedarf also, wenn der Arbeitnehmer mit ihr nicht einverstanden ist, einer Änderungskündigung. Diese ist aber nach der problematischen hM[101] dann nicht notwendig, wenn die Kurzarbeit aufgrund einer Einigung zwischen Arbeitgeber und Betriebsrat in Form einer Betriebsvereinbarung gem. § 77 II BetrVG eingeführt wird; die Arbeitsverträge werden dann gem. § 77 IV BetrVG entsprechend umgestaltet (→ Rn. 1345).

278 Allerdings kann die Zulässigkeit der Einführung von Kurzarbeit tarifvertraglich eingeschränkt sein.[102]

279 Ordnet die Agentur für Arbeit im Falle geplanter Massenentlassungen gem. § 18 KSchG eine zeitweise Entlassungssperre an (→ Rn. 812f.), kann die Bundesagentur für Arbeit zulassen, dass der Arbeitgeber für die Zwischenzeit Kurzarbeit einführt (§ 19 I KSchG). Auch damit müssen sich die Arbeitnehmer abfinden: Gem. § 19 II KSchG kann der Arbeitgeber in diesem Fall das Arbeitsentgelt entsprechend kürzen.

280 Nach den §§ 95ff. SGB III haben Arbeitnehmer Anspruch auf **Kurzarbeitergeld** gegen die Bundesagentur für Arbeit, wenn der Arbeitsausfall auf wirtschaftlichen Ursachen oder unabwendbaren Ereignissen beruht und unvermeidbar ist, und wenn in einem Zeitraum von mindestens einem Kalendermonat für mindestens ein Drittel der Arbeitnehmer des Betriebs mehr als 10 % der Arbeitszeit ausfällt. Das Kurzarbeitergeld beträgt grundsätzlich 60 % der Nettoentgeltdifferenz.[103] Manche Tarifverträge sehen vor, dass die Differenz zwischen dem Kurzarbeitergeld und dem Arbeitsentgelt teilweise durch Zahlungen des Arbeitgebers auszugleichen ist.[104]

III. Teilzeitarbeit

Fall 15: A gibt in Teilzeitarbeit an einer Musikschule Blockflötenunterricht. Sie erhält eine Stundenvergütung von 13 EUR. Als sie feststellt, dass die an der Musikschule vollzeitbeschäftigten Blockflötenlehrerinnen eine Monatsvergütung erhalten, die einem Stundenlohn von 15 EUR entspricht, verlangt sie von der Musikschule eine Erhöhung ihrer Stundenvergütung um 2 EUR.

1. Allgemeines

281 Der Anteil der Teilzeitbeschäftigten an der Gesamtzahl der Arbeitnehmer ist in den letzten Jahren ständig gestiegen: Betrug die Zahl der Teilzeitbeschäftigten 2001 noch 7,7 Mio., waren es im Jahr 2015 ca. 10,6 Mio. (davon 2,3 Mio. geringfügig Beschäftigte); überwiegend sind die Teilzeitbeschäftigten Frauen (2015: 8,9 Mio. im Vergleich zu 1,6 Mio. Männern).[105]

101 Richardi/*Richardi* BetrVG § 87 Rn. 353.

102 S. § 3 des Manteltarifvertrages der bayerischen Metall- und Elektroindustrie mit einer Ankündigungszeit von drei Wochen.

103 S. §§ 105, 106 SGB III.

104 Gagel/Deinert/Knickrehm/*Bieback*, SGB II/III, 62. EL 2016, SGB III § 95 Rn. 140.

105 https://www.destatis.de/DE/ZahlenFakten/GesamtwirtschaftUmwelt/Arbeitsmarkt/Erwerbstaetigkeit/TabellenArbeitskraefteerhebung/AtypKernerwerbErwerbsformZR.html (zuletzt abgerufen am 4.3.2017).

Zu einem großen Teil sind die Teilzeitbeschäftigten geringfügig beschäftigt nach § 8 SGB IV und somit grundsätzlich nicht sozialversicherungspflichtig. Nach § 8 I SGB IV hängt die Geringfügigkeit alternativ davon ab, ob in einem Beschäftigungsverhältnis monatlich die 450-EUR-Entgeltgrenze überschritten wird (»Entgeltgeringfügigkeit«; vulgo: »450-EUR-Jobs«, § 8 I Nr. 1 SGB IV) oder ob, unabhängig vom Verdienst, eine zeitliche Grenze nicht überschritten wird (»Zeitgeringfügigkeit«, § 8 I Nr. 2 SGB IV). Eine Vielzahl der Teilzeitarbeitnehmer fällt unter die Entgeltgeringfügigkeit. Damit sind sie in der Arbeitslosen-, Kranken-, und Pflegeversicherung nicht versicherungspflichtig (siehe §§ 27 II SGB III; 7 SGB V; 20 I 1 SGB XI). In der Rentenversicherung besteht seit dem 1.1.2013 auch bei Entgeltgeringfügigkeit Versicherungspflicht, von der sich der Beschäftigte aber befreien lassen kann, § 6 Ib SGB VI. **282**

Auch für die Teilzeitarbeitnehmer gelten alle zwingenden arbeitsrechtlichen Gesetze. Die sozialversicherungsrechtlichen Besonderheiten ändern daran nichts, s. auch § 2 II TzBfG. Arbeitsrechtliche Besonderheiten ergeben sich freilich aus dem Teilzeit- und Befristungsgesetz. Dabei dienen die teilzeitrechtlichen Regelungen der §§ 8ff. TzBfG der Umsetzung der Teilzeitarbeits-RL.[106] Sie gehen aber an entscheidender Stelle, beim Anspruch auf Verringerung der Arbeitszeit, § 8 TzBfG, über diese hinaus. **283**

§ 2 TzBfG definiert den Begriff der Teilzeitarbeit. Danach ist ein Arbeitnehmer dann Teilzeitbeschäftigter, wenn seine regelmäßige Wochenarbeitszeit kürzer ist, als die eines vergleichbaren Vollzeitarbeitnehmers. Gibt es im Betrieb keinen vergleichbaren Vollzeitarbeitnehmer, richtet sich der Vergleich nach der im anwendbaren Tarifvertrag vorgesehenen Vollzeitarbeit. Ist auch kein Tarifvertrag anwendbar, kommt es auf die Üblichkeit im betreffenden Wirtschaftszweig an. **284**

2. Diskriminierungs- und Benachteiligungsverbot

Nach § 4 I TzBfG darf ein teilzeitbeschäftigter Arbeitnehmer nicht grundlos schlechter behandelt werden als ein vergleichbarer vollzeitbeschäftigter Arbeitnehmer. Die Vorschrift setzt Art. 4 Nr. 1 und 2 Teilzeitarbeits-RL um.[107] Das Verbot der unterschiedlichen Behandlung gilt für alle Maßnahmen des Arbeitgebers gegenüber dem Arbeitnehmer und für alle Vereinbarungen, die er mit diesem abschließt. Insbesondere erstreckt es sich auch auf das **Arbeitsentgelt.**[108] Die Vorschrift will gerade auch dem Gedanken zum Durchbruch verhelfen, dass die Arbeitsleistung des Teilzeitarbeitnehmers lediglich quantitativ geringer ist als die des Vollzeitbeschäftigten und dass demzufolge billigerweise das Entgelt grundsätzlich nur entsprechend der verringerten Arbeitsleistung gekürzt werden darf, was auch die pro-rata-temporis Regelung des § 4 I 2 TzBfG zeigt. **285**

> Daraus folgt, dass die in **Fall 15** mit A vereinbarte Stundenvergütung von 13 EUR wegen Verstoßes gegen § 4 I TzBfG unwirksam ist.[109] A hat gem. § 612 II BGB Anspruch auf die Vergütung, welche die ihr vergleichbaren vollzeitbeschäftigten Musiklehrerinnen erhalten.[110]

106 RL 97/81/EG des Rates zu der von UNICE, CEEP und EGB geschlossenen Rahmenvereinbarung über Teilzeitarbeiter v. 15.12.1997, ABl. 1998 L 14, 9; dazu auch EuGH 22.4.2010 – C-486/08, Slg. 2010, I-3527 = NZA 2010, 557 – Zentralbetriebsrat der Landeskrankenhäuser Tirols/Land Tirol.

107 Zu diesen EuGH 10.6.2010 – C-395/08, Slg. 2010, I-5119 = NZA 2010, 753 – Pettini.

108 BAG 25.9.2013 – 10 AZR 4/12, NZA-RR 2014, 8; BAG 14.12.2011 – 5 AZR 457/10, BB 2012, 1342.

109 BAG 16.6.1993 – 4 AZR 317/92, BB 1993, 2024.

110 BAG 25.4.2001 – 5 AZR 368/99, NZA 2002, 1211.

286 § 4 I TzBfG verbietet nicht die unterschiedliche Behandlung, die durch sachliche Gründe gerechtfertigt ist.[111] So ist es sachlich gerechtfertigt, die Höhe von Sozialleistungen, etwa betrieblichen Ruhegeldern oder von Arbeitgeberdarlehen, in das Verhältnis zur Höhe des Arbeitsentgelts zu setzen.[112] Hingegen ist ein Ausschluss der Teilzeitarbeitnehmer von betrieblichen Sozialleistungen überhaupt regelmäßig unzulässig.[113] Kommt es zur ungerechtfertigten Ungleichbehandlung, so hat der Arbeitnehmer einen Anspruch auf Gleichbehandlung (zur Umsetzung → Rn. 830).

287 § 5 TzBfG verbietet dem Arbeitgeber, teilzeitbeschäftigte Arbeitnehmer zu benachteiligen, weil sie Rechte nach dem TzBfG in Anspruch nehmen. Etwa wäre es unzulässig, einen Arbeitnehmer, der den Anspruch auf Verringerung seiner Arbeitszeit geltend macht (→ Rn. 288 ff.), generell von Beförderungen auszunehmen.

3. Anspruch auf Teilzeit- und Vollzeitarbeitsplatz

a) Anspruch auf Verringerung der Arbeitszeit

288 Das TzBfG hat – insbesondere vor dem Hintergrund der Vereinbarkeit von Beruf und Familie – das Ziel, die Teilzeitarbeit zu fördern (§§ 1, 6 TzBfG).[114] Zu diesem Zweck verpflichtet das Gesetz den Arbeitgeber zunächst, geeignete Arbeitsplätze auch als Teilzeitarbeitsplätze auszugestalten (§ 7 I TzBfG) und Arbeitnehmer, die den Wunsch nach einer Veränderung ihrer Arbeitszeit geäußert haben, über entsprechende Arbeitsplätze zu informieren (§ 7 II TzBfG). Außerdem muss er die Arbeitnehmervertretung über die Teilzeitarbeit, insbesondere über vorhandene oder geplante Teilzeitarbeitsplätze und über die Umwandlung von Teilzeitarbeitsplätzen in Vollzeitarbeitsplätze oder umgekehrt, in Betrieb und Unternehmen unterrichten. Mit Arbeitnehmervertretung sind im Betrieb der privaten Wirtschaft Betriebsrat und Gesamtbetriebsrat, im öffentlichen Dienst Personalrat und ggf. Gesamtpersonalrat gemeint.

289 § 8 I, VII TzBfG räumt Arbeitnehmern, deren Arbeitsverhältnis länger als sechs Monate bestanden hat und deren Arbeitgeber mehr als 15 Arbeitnehmer beschäftigt, darüber hinaus einen **Anspruch** auf Verringerung ihrer vertraglich vereinbarten Arbeitszeit ein. Ein entsprechendes Verlangen muss spätestens drei Monate vor dem gewünschten Beginn gestellt werden (Abs. 2). Der Arbeitgeber hat sodann die Verringerung der Arbeitszeit und die Verteilung der herabgesetzten Arbeitszeit mit dem Ziel einer Vereinbarung zu erörtern (Abs. 3). Dem Anspruch eines Arbeitnehmers auf Verringerung seiner regelmäßigen Arbeitszeit nach § 8 TzBfG steht nicht entgegen, dass er bereits zum Zeitpunkt, zu dem er die Reduzierung verlangt, in Teilzeit arbeitet. § 8 TzBfG gilt auch für Teilzeitbeschäftigte.[115] Dabei **muss** der Arbeitgeber den Wünschen des Arbeitnehmers entsprechen, soweit nicht betriebliche Gründe entgegenstehen, insbesondere durch die Verringerung der Arbeitszeit Organisation, Arbeitsablauf oder Sicherheit im Betrieb wesentlich beeinträchtigt oder unverhältnismäßige Kosten verur-

111 BAG 19.4.2016 – 3 AZR 526/14, NZA 2016, 820; BAG 5.8.2009 – 10 AZR 634/08, NZA-RR 2010, 336; BAG 22.10.2008 – 10 AZR 734/07, NZA 2009, 168.

112 BAG 19.4.2016 – 3 AZR 526/14, NZA 2016, 820; BAG 5.10.1993 – 3 AZR 695/92, NZA 1994, 315; BAG 22.10.2008 – 10 AZR 734/07, NZA 2009, 168. Eine unterschiedliche Behandlung im Rahmen des § 4 I 2 TzBfG für überhaupt unzulässig hält MHdB ArbR/*Schüren* § 45 Rn. 129 ff.

113 BAG 27.7.1994 – 10 AZR 538/93, NZA 1994, 1130.

114 Dazu BAG 20.1.2015 – 9 AZR 860/13, NZA 2015, 805; BAG 16.9.2008 – 9 AZR 781/07, NZA 2008, 1285.

115 BAG 13.11.2012 – 9 AZR 259/11, NZA 2013, 373.

sacht werden (Abs. 4). Mit dem Begriff der betrieblichen Gründe, die den Arbeitgeber berechtigen, das Verringerungsbegehren abzulehnen, nimmt § 8 IV 1 TzBfG auf den Betrieb als organisatorische Einheit Bezug, nicht auf den einzelnen Arbeitsplatz, den der Arbeitgeber dem Arbeitnehmer zugewiesen hat.[116] Für die betrieblichen Gründe ist der Arbeitgeber darlegungs- und beweispflichtig.

Die Rechtsprechung prüft hier in drei Schritten: Zum Ersten ist zu fragen, ob und welches arbeitszeitliche Organisationskonzept beim Arbeitgeber besteht; zweitens ist zu klären, ob dieses (tatsächlich »gelebte«) Konzept dem Teilzeitverlangen des Arbeitnehmers entgegensteht und drittens wird geprüft, ob die Umsetzung des Teilzeitbegehrens zu einer wesentlichen Beeinträchtigung betrieblicher Belange führt.[117] Auf die Gewichtigkeit der Gründe des Arbeitnehmers für das Teilzeitverlangen kommt es dagegen nicht an.[118]
Einen solchen betrieblichen Grund kann insbesondere ein Organisationskonzept darstellen, nach dem im Tätigkeitsbereich des Arbeitnehmers ausschließlich Vollzeitkräfte beschäftigt werden.[119] So hat das BAG anerkannt, dass das pädagogische Konzept einer Kindertagesstätte, das eine durchgehende Anwesenheit aller Erzieherinnen verlangt, dem Teilzeitwunsch einer Arbeitnehmerin entgegensteht.[120] Auch dass der Arbeitgeber eine Ersatzkraft einstellen müsste, die laufend fortzubilden wäre, steht wegen der damit verbundenen Kosten der Erfüllung des Teilzeitwunsches entgegen.[121] Auf der anderen Seite hat das BAG die von einem Einzelhandelsunternehmen angestrebte kontinuierliche Betreuung der Kunden durch jeweils einen Mitarbeiter zwar als Organisationskonzept anerkannt, die in § 8 IV 2 TzBfG auch vorausgesetzte wesentliche Beeinträchtigung aber verneint, weil bei der gegebenen wöchentlichen Öffnungszeit von 60 Stunden das Ziel der »Rundumbetreuung« ohnehin nicht vollständig zu erreichen sei.[122]

Von der Verringerung ist die Verteilung der Arbeitszeit zu trennen. Macht der Arbeitnehmer die Verringerung geltend, nicht aber die (neue) Verteilung der Arbeitszeit, so besteht hinsichtlich der Verteilung das Direktionsrecht des Arbeitgebers, § 106 GewO. Wenn allerdings, was oftmals der Fall sein dürfte, der Arbeitnehmer Verringerung und neue Verteilung bedingt miteinander verknüpft, so kann sein Antrag nur insgesamt angenommen oder abgelehnt werden.[123] Auch ist zu beachten, dass sich die **Verteilung** der verringerten Arbeitszeit mit der betrieblichen Regelung zur Lage der Arbeitszeit vereinbaren lassen muss: Es ist nicht Sinn des § 8 TzBfG, das Mitbestimmungsrecht des Betriebsrats nach § 87 I Nr. 2 BetrVG (→ Rn. 1418 f.) beiseite zu schieben.[124]

Der Anspruch auf Verringerung der Arbeitszeit ist so ausgestaltet, dass der Arbeitge- **290**
ber der Verringerung der Arbeitszeit, wenn die Voraussetzungen vorliegen, **zustimmen** muss (Abs. 4 S. 1). Die Entscheidung, ob er zustimmt oder nicht, hat der Arbeitgeber dem Arbeitnehmer spätestens einen Monat vor dem Beginn der gewünschten Verringerung mitzuteilen (Abs. 5 S. 1). Teilt er eine Ablehnung nicht innerhalb dieser Frist mit, verringert sich die Arbeitszeit in dem vom Arbeitnehmer gewünschten Umfang und wird entsprechend seinen Wünschen verteilt (Zustimmungsfiktion, Abs. 5 S. 2 und 3).[125]

116 BAG 13.11.2012 – 9 AZR 259/11, NZA 2013, 373.
117 BAG 20.1.2015 – 9 AZR 735/13, NZA 2015, 816.
118 MüKoBGB/*Henssler* TzBfG § 8 Rn. 27.
119 BAG 13.10.2009 – 9 AZR 910/08, NZA 2010, 339.
120 BAG 18.3.2003 – 9 AZR 126/02, AP TzBfG § 8 Nr. 3.
121 BAG 21.6.2005 – 9 AZR 409/04, NZA 2006, 316.
122 BAG 30.9.2003 – 9 AZR 665/02, NZA 2004, 382.
123 BAG 24.6.2008 – 9 AZR 514/07, NZA 2008, 1289.
124 BAG 18.2.2003 – 9 AZR 164/02, NZA 2003, 1392.
125 Keine Ablehnung im Rechtssinne liegt auch vor, wenn der Arbeitgeber den Wunsch des Arbeitnehmers nicht mit diesem erörtert LAG Düsseldorf 1.3.2002 – 18 (4) Sa 1269/01, NZA-RR 2002, 407.

291 Lehnt der Arbeitgeber die Verringerung oder die gewünschte Verteilung rechtzeitig ab, steht dem Arbeitnehmer der Klageweg offen. Die Klage ist auf Abgabe der Zustimmungserklärung zu richten. Diese gilt gem. § 894 ZPO mit Rechtskraft als abgegeben. Eine vorläufige Vollstreckbarkeit wie bei einem Leistungsurteil kommt nicht in Betracht.[126] Auch ein Zurückbehaltungsrecht steht dem Arbeitnehmer vor Rechtskraft der Entscheidung nicht zu.

b) Anspruch auf Verlängerung der Arbeitszeit

292 Nach § 9 TzBfG hat der Arbeitgeber einen teilzeitbeschäftigten Arbeitnehmer, der ihm den Wunsch nach einer **Verlängerung** seiner vertraglich vereinbarten Arbeitszeit angezeigt hat, bei der Besetzung eines entsprechenden freien Arbeitsplatzes bevorzugt zu berücksichtigen. Voraussetzung ist, dass der Arbeitnehmer gleich geeignet ist wie ein anderer Bewerber und dass nicht (im Unterschied zu § 8 TzBfG) **dringende** betriebliche Gründe oder Arbeitszeitwünsche anderer teilzeitbeschäftigter Arbeitnehmer entgegenstehen. Ein dringender betrieblicher Grund liegt etwa vor, wenn der durch den Wechsel des Arbeitnehmers auf den Vollzeitarbeitsplatz frei werdende Teilzeitarbeitsplatz nicht besetzbar ist oder wenn auf den Vollzeitarbeitsplatz ein Auszubildender gem. § 78a BetrVG zu übernehmen ist (→ Rn. 564).[127] Arbeitszeitwünsche anderer teilzeitberechtigter Arbeitnehmer stehen entgegen, wenn diese unter sozialen Gesichtspunkten den Vorrang genießen. Die Verletzung von § 9 TzBfG ist ein Grund, aus dem der Betriebsrat gem. § 99 II Nr. 3 BetrVG seine Zustimmung zu einer Einstellung eines externen Bewerbers oder zur Versetzung eines internen Bewerbers auf den betreffenden Arbeitsplatz verweigern kann (→ Rn. 1484 f.).[128]

c) Kündigungsverbot

293 Geht die Initiative zum Wechsel eines Arbeitnehmers von einem Vollzeit- in ein Teilzeitarbeitsverhältnis oder umgekehrt vom Arbeitgeber aus, steht es in der Entscheidung des Arbeitnehmers, ob er sich auf den Wechsel einlässt. Eine Änderungskündigung (→ Rn. 652 ff.), um den Wechsel durchzusetzen, ist unzulässig (§ 11 S. 1 TzBfG). Kündigungen, die betrieblich bedingt sind, etwa auf Organisationsentscheidungen beruhen, bleiben aber unberührt (§ 11 S. 2 TzBfG).[129]

4. Sonderformen der Teilzeitarbeit

a) Arbeit auf Abruf

294 Vor allem Teilzeitarbeitsverhältnisse werden vielfach als »**Arbeit auf Abruf**« ausgestaltet. Der Arbeitgeber erhält damit die Möglichkeit, die Arbeitsleistung zu dem Zeitpunkt abzurufen, zu dem sie im Betrieb gebraucht wird. Häufig sind solche Fälle im Einzelhandel und im Gaststättengewerbe.

295 Zum Schutz der Arbeitnehmer bestimmt § 12 I 2 und 3 TzBfG für die Arbeit auf Abruf, dass der Arbeitsvertrag eine **bestimmte Dauer** der Arbeitszeit festlegen muss und dass dort, wo dies nicht geschehen ist, eine wöchentliche Arbeitszeit von zehn Stunden

---

126 ArbG Mönchengladbach 30.5.2001 – 5 Ca 1157/01, NZA 2001, 970. Ist die Verringerung der Arbeitszeit aus familiären Gründen dringend und unumgänglich, hält das LAG Köln 23.12.2005 – 9 Ta 397/05, LAGE § 8 TzBfG Nr. 16 eine einstweilige Verfügung ausnahmsweise für zulässig.

127 ErfK/*Preis* TzBfG § 9 Rn. 7.

128 BAG 1.6.2011 – 7 ABR 117/09, NZA 2011, 1435.

129 *Rolfs* RdA 2001, 129 (131 f.).

als vereinbart gilt.[130] Möglich ist auch die Vereinbarung einer zusätzlich zur Mindestarbeitszeit vom Arbeitgeber einseitig abrufbaren Arbeitsleistung. Doch darf diese nicht mehr als 25 % der Mindestarbeitszeit betragen.[131]

Dem Schutz des Arbeitnehmers vor einer zu weit gehenden Beschränkung der Dispositionsmöglichkeit über seine Freizeit dient die Bestimmung des § 12 I 4 TzBfG, nach der der einzelne Abruf für **mindestens drei aufeinanderfolgende Stunden** erfolgen muss. Allerdings legt diese Vorschrift nur eine abdingbare Regel fest. Wie der Wortlaut der Vorschrift ergibt, kann der Arbeitnehmer dem Arbeitgeber auch das Recht einräumen, ihn zu kürzeren Arbeitseinsätzen abzurufen. 296

§ 12 II TzBfG bindet den Abruf der Arbeitsleistung an eine **Ankündigungsfrist** von vier Tagen. Der Ankündigungsfrist unterliegt der Abruf aus der Freizeit. Befindet sich ein Arbeitnehmer in sog. Rufbereitschaft, so ist der jederzeitige Abruf möglich, denn die Rufbereitschaft ist ihrerseits als – regelmäßig zu vergütende – Arbeitszeit aufzufassen (→ Rn. 265). Nach § 12 II TzBfG ist der Arbeitnehmer bei Nichteinhaltung der Ankündigungsfrist zur Arbeitsleistung lediglich nicht verpflichtet. Es steht ihm deshalb frei, sie dennoch zu erbringen. 297

b) Arbeitsplatzteilung

Es ist möglich, dass sich zwei Teilzeitarbeitnehmer die Arbeitszeit an einem Vollzeitarbeitsplatz teilen und dabei die Arbeitszeit und Aufgabenerfüllung aufeinander abstimmen. Für solche Fälle der »Arbeitsplatzteilung« oder des »Job-Sharing« enthält § 13 TzBfG eine Reihe von Regeln. Nach Abs. 1 S. 2 dieser Bestimmung ist der Arbeitnehmer regelmäßig nur dann zur Vertretung des ausgefallenen Teampartners verpflichtet, wenn dies für den aufgetretenen Vertretungsfall eigens vereinbart wird. Allerdings kann nach Satz 3 die Pflicht zur Vertretung auch vorab für den Fall eines dringenden betrieblichen Bedürfnisses vereinbart werden, wobei aber der Arbeitnehmer zur Vertretung nur verpflichtet ist, soweit ihm diese im Einzelfall zumutbar ist. 298

Nach § 13 II 1 TzBfG ist im Falle der Arbeitsplatzteilung die Kündigung des Arbeitsverhältnisses wegen des Ausscheidens eines anderen Arbeitnehmers aus der Arbeitsplatzteilung unwirksam. § 13 II 1 TzBfG steht aber einer Änderungskündigung wegen des Ausscheidens des anderen Arbeitnehmers aus anderen Gründen nicht entgegen (§ 13 II 2). Insbesondere muss sich der Arbeitnehmer unter Umständen eine Versetzung an einen anderen Arbeitsplatz oder eine Änderung seines Arbeitsverhältnisses in ein Vollzeitarbeitsverhältnis gefallen lassen. 299

IV. Kontrollfragen

Frage 19: In welchen Gesetzen sind Arbeitszeit und Teilzeit geregelt? 300
Frage 20: Welche rechtlichen Konsequenzen verbinden sich mit der Arbeitsbereitschaft?
Frage 21: Wann kann der Arbeitgeber ein Teilzeitbegehren des Arbeitnehmers ablehnen?

130 BAG 15.2.2012 – 10 AZR 111/11, NZA 2012, 733.
131 BAG 7.12.2005 – 5 AZR 535/04, NZA 2006, 423.

§ 9 Arbeitsentgelt

Literatur: *Bayreuther,* Der gesetzliche Mindestlohn NZA 2014, 865; *Becker,* Die Rechtsnatur der Einstufungskommission des § 7 ERA-TV Baden-Württemberg – eine »unentscheidbare Aussage«?, FS Löwisch, 2007, 17; *Boemke,* Lohnanspruch (§ 611 I BGB) und Mindestlohn (§ 1 MiLoG), JuS 2015, 385; *Boemke/Jäger,* Die Entstehung des Lohnanspruches des Arbeitnehmers (§ 611 I BGB), RdA 2016, 141; *Fischinger/Straub,* Ohne Arbeit kein Lohn?, JuS 2016, 206; *Henssler,* Mindestlohn und Tarifrecht, RdA 2015, 43; *Sittard,* Das neue MiLoG: Mindestlohnberechnung und zivilrechtliche Folgen von Mindestlohnverstößen, RdA 2015, 99; *Ch. Picker,* Niedriglohn und Mindestlohn, RdA 2014, 25; *Rieble/Klebeck,* Gesetzlicher Mindestlohn?, ZIP 2006, 829; *B. Schwab,* Rechtsprobleme der Arbeit im Leistungslohn, NZA-RR 2009, 1; *Wank,* Der Mindestlohn, RdA 2015, 88.

I. Überblick

301 Der Arbeitsvertrag ist regelmäßig ein **gegenseitiger** Vertrag: Der Arbeitnehmer erhält für die Arbeitsleistung Arbeitsentgelt. Gewöhnlich wird die Vergütungspflicht im Arbeitsvertrag festgelegt. Eine Vergütung gilt nach § 612 I BGB aber auch dann als stillschweigend vereinbart, wenn die Dienstleistung den Umständen nach nur gegen eine Vergütung zu erwarten ist.

302 Auch die Höhe der **Vergütung** richtet sich grundsätzlich nach der vertraglichen Vereinbarung. Das Mindestlohngesetz[132] sieht seit dem 1.1.2015 in § 1 II 1 freilich einen allgemeinen **Mindestlohn** vor. Er wurde ab dem 1.1.2017 von 8,50 EUR auf 8,84 EUR je Zeitstunde angehoben.[133] Für den persönlichen Anwendungsbereich des MiLoG gilt § 22 MiLoG, nach dem etwa auch freiwillige Praktika umfasst sind, § 22 I 2 MiLoG. Entgeltvereinbarungen, die unterhalb 8,84 EUR je Zeitstunde liegen oder die Geltendmachung des Mindestlohnes einschränken oder ausschließen, sind unwirksam, § 3 I MiLoG. Die Anpassung dieses Mindestlohnes erfolgt durch eine Rechtsverordnung der Bundesregierung, § 11 I MiLoG. Vorbereitet wird sie durch eine Mindestlohnkommission, die aus neun Mitgliedern besteht: Einem Vorsitzenden, je drei Mitgliedern, die durch die Spitzenverbände der Arbeitnehmer und Arbeitgeber entsandt werden sowie zwei nicht stimmberechtigten Mitgliedern aus »Kreisen der Wissenschaft«, § 4 ff. MiLoG. Den Beschluss dieser Kommission kann die Bundesregierung ohne Zustimmung des Bundesrates durch Rechtsverordnung umsetzen, § 11 I MiLoG. Eine Anpassung erfolgte erstmals zum 1.1.2017, danach alle zwei Jahre, § 9 I 2 MiLoG. Für die Anpassung des Mindestlohnes soll sich die Mindestlohnkommission an der Tarifentwicklung orientieren, § 9 II 2 MiLoG, zwingend ist dies jedoch nicht, § 9 II 1 MiLoG.

Die bereits etablierten sektoralen und vor allem durch allgemeinverbindliche Tarifverträge vorgegebenen Mindestlöhne werden vom MiLoG dann nicht tangiert, wenn sie den Stundenlohn von 8,84 EUR nicht unterschreiten, § 1 III MiLoG. Dies betrifft das Arbeitnehmerentsendegesetz (AEntG), das für verschiedene Branchen die Möglichkeit der Allgemeinverbindlicherklärung von Tarifverträgen auch durch Rechtsverordnung vorsieht, §§ 3 ff. AEntG (→ Rn. 1034 ff.).[134] Für die Leiharbeitnehmer enthält § 3 a AÜG die Möglichkeit für den/die BMAS, auf Vorschlag von Gewerkschaft und Arbeitgeber-

132 v. 11.8.2014 (BGBl. 2014 I 1348).
133 Mindestlohnanpassungsverordnung v. 15.11.2016 (BGBl. 2016 I 2530).
134 Dazu *Joussen* ZESAR 2009, 355.

verband eine Lohnuntergrenze festzusetzen.[135] Hier gibt es aber bis zum 31.12.2017 eine Übergangsregelung, nach der abweichende allgemeinverbindliche Tarifverträge auch geringere Mindestlöhne vorsehen können, § 24 I 1 MiLoG. Diese temporäre Ausnahme gilt auch für die auf RVO nach § 11 AEntG und § 3a AÜG basierenden Lohnuntergrenzen, § 24 I 2 MiLoG. Das Gesetz über die Festsetzung von Mindestarbeitsbedingungen (MiArbG),[136] nach dem die Möglichkeit bestand, Entgelte und sonstige Arbeitsbedingungen hoheitlich festzulegen, wenn eine Regelung durch Tarifvertrag nicht erfolgt ist, von dem aber in keinem Fall Gebrauch gemacht wurde, ist durch Art. 14 des Tarifautonomiestärkungsgesetzes aufgehoben worden.

Sind die Arbeitsvertragsparteien an einen Tarifvertrag gebunden, ergibt sich aus diesem das Mindestarbeitsentgelt, das nach dem Günstigkeitsprinzip überschritten werden kann (→ Rn. 1061 ff.).

Eine untere Grenze finden arbeitsvertragliche Entgeltregelungen auch im Verbot des 303
Lohnwuchers, wie es sich aus § 291 I 1 Nr. 3 StGB iVm § 134 BGB und § 138 I BGB ergibt.[137] Auf einen Richtwert, bei dessen Überschreiten regelmäßig von Lohnwucher auszugehen ist, hat sich die Rechtsprechung bisher nicht festgelegt. Das objektiv zu fordernde auffällige Missverhältnis zwischen Arbeitsleistung und vereinbartem Entgelt liegt nach der Rechtsprechung des BAG aber dann vor, wenn die Arbeitsvergütung nicht einmal zwei Drittel eines in der betreffenden Branche und Wirtschaftsregion üblicherweise gezahlten Tariflohns erreicht.[138] Subjektiv wird (lediglich) verlangt, dass der begünstigte Vertragsteil die Umstände, die zur Sittenwidrigkeit führen, (also insbesondere der üblicherweise gezahlte Lohn) kennt.[139] Eine Wucherabrede führt nicht zur Nichtigkeit des Arbeitsvertrages, vielmehr kommt § 612 II BGB zur Anwendung.

Denn fehlt es an einer Bestimmung über die **Höhe** der Vergütung, gilt die übliche Ver- 304
gütung als vereinbart (§ 612 II BGB). Wo für eine Branche und Region tarifliche Vergütungsregelungen bestehen und auch überwiegend angewendet werden, sind diese regelmäßig auch als solche übliche Vergütung anzusehen. Etwas anderes muss aber dann gelten, wenn in der betreffenden Branche und Region in größerem Umfang höhere oder niedrigere Entgelte gezahlt werden, als sie im Tarifvertrag vorgesehen sind.[140]

Die durchschnittlichen Bruttomonatsverdienste[141] aller vollzeitbeschäftigten Arbeit- 305
nehmer lagen in den alten Bundesländern im Jahre 2015 bei 3.726 EUR, in den neuen Bundesländern bei 2.886 EUR. Der durchschnittliche Bruttomonatsverdienst der vollzeitbeschäftigten Arbeitnehmerinnen im produzierenden Gewerbe und im Dienstleistungsbereich erreichte 2015 in den alten Bundesländern 3227 EUR, in den neuen Bun-

135 Dazu *Hamann* RdA 2011, 321.

136 v. 11.1.1952 (BGBl. 1952 I 17).

137 BAG 16.5.2012 – 5 AZR 268/11, NZA 2012, 974; BGH 22.4.1997 – 1 StR 701/96, NZA 1997, 1167; BAG 23.5.2001 – 5 AZR 527/99, ArbuR 2001, 509; BAG 24.3.2004 – 5 AZR 303/03, NZA 2004, 971.

138 BAG 16.5.2012 – 5 AZR 268/11, NZA 2012, 974.

139 BAG 12.12.2012 – 5 AZR 858/12, nv; BAG 22.4.2009 – 5 AZR 436/08, NZA 2009, 837; BAG 26.4.2006 – 5 AZR 549/05, NZA 2006, 1354.

140 BAG 14.6.1994 – 9 AZR 89/93, NZA 1995, 178.

141 https://www.destatis.de/DE/ZahlenFakten/GesamtwirtschaftUmwelt/VerdiensteArbeitskosten/VerdiensteVerdienstunterschiede/Tabellen/Bruttomonatsverdienste.html (abgerufen 4.3.2017).

desländern 2.807 EUR. Diese Verdienste liegen infolge gewährter arbeitsvertraglicher Zulagen regelmäßig etwa 10 %–20 % über dem Tariflohn (sog. »wage-drift«).[142]

306 Von den Bruttoarbeitsentgelten gehen Sozialversicherungsbeiträge ab. Diese betrugen 2016 für den Arbeitnehmer in der Rentenversicherung die Hälfte von 18,7 %, also 9,35 %,[143] in der Arbeitslosenversicherung die Hälfte von 3 %, also 1,5 %,[144] in der Pflegeversicherung grundsätzlich die Hälfte von 2,55 %, also 1,275 %.[145] In der gesetzlichen Krankenversicherung beträgt der allgemeine Beitragssatz 14,6 %,[146] der paritätisch zu tragen ist. Den Arbeitnehmer belastende Zusatzbeiträge können von den Krankenkassen erhoben werden, § 242 SGB V. Insgesamt gehen damit vom Bruttoarbeitsverdienst rund 19,3 % Sozialversicherungsbeiträge ab. Vom Bruttoarbeitsverdienst sind weiter Lohn- und ggf. Kirchensteuer zu entrichten, die vor allem nach Höhe des Entgelts und Familienstand des Arbeitnehmers unterschiedlich hoch sind.

Eine Lohnvereinbarung ist regelmäßig eine Bruttolohnvereinbarung, § 14 II 2 SGB IV ist nicht anwendbar.[147]

306a Nach Erhebungen werden Männer für die gleiche Tätigkeit bei ansonsten gleichen Merkmalen um 7 % besser entlohnt als Frauen.[148] Das ist zwar grundsätzlich rechtswidrig – und verstößt insbesondere gegen Art. 157 AEUV und §§ 1, 3, 7 AGG –, der Bundesregierung reicht dieses Rechtswidrigkeitsverdikt aber nicht aus, weshalb sie einen Entwurf eines Gesetzes zur Förderung der Entgelttransparenz zwischen Frauen und Männern (Entgelttransparenzgesetz) auf den Weg gebracht hat. Hier wird in § 3 EntgTranspG-E zunächst ein eigenes Verbot einer Entgeltbenachteiligung bei gleicher oder gleichwertiger Arbeit und ein Gebot gleicher Bezahlung normiert, § 7 EntgTranspG-E. Vereinbarungen, die dagegen verstoßen, sind unwirksam, § 8 EntgTranspG-E. Zentrales Problem der Entgeltbenachteiligung ist aber deren Nachweis, deshalb ist das Kernstück des EntgTranspG-E auch ein Anspruch des sich benachteiligt fühlenden Arbeitnehmers gegen den Arbeitgeber auf Angabe des durchschnittlichen Entgelts vergleichbarer Arbeitnehmer des anderen Geschlechts. Dabei müssen mindestens sechs vergleichbare Arbeitnehmer angegeben werden, § 12 III EntgTranspG-E. Dieser Auskunftsanspruch gilt in Betrieben mit in der Regel mehr als 200 Beschäftig-

142 Aus der Existenz des »wage-drift« folgt übrigens, dass bei Tariflohnerhöhungen der Prozentsatz der tatsächlichen Entgeltsteigerung hinter dem Prozentsatz der vereinbarten Tarifsteigerung zurückbleibt: Bei 10 EUR Tariflohn plus 1 EUR Zulage = 11 EUR tatsächlicher Lohn, bedeutet eine fünfprozentige Tariflohnerhöhung von 0,5 EUR im Endeffekt nur eine Erhöhung des tatsächlichen Entgelts um 4,6 %.

143 §§ 157, 160 SGB VI sowie die Bekanntmachung der Beitragssätze in der allgemeinen Rentenversicherung und in der knappschaftlichen Rentenversicherung für das Jahr 2016 v. 23.12.2015 (BGBl. 2015 I 2110).

144 §§ 341 II, 346 I SGB III.

145 §§ 55, 58 SGB XI; kinderlose Arbeitnehmer zahlen zusätzlich einen Beitrag von 0,25 %, in Sachsen verteilt sich der Beitrag zwischen Arbeitnehmer und Arbeitgeber auf 1,775 % zu 0,775 %, § 58 III SGB XI.

146 §§ 241, 249 SGB V, hier ist auch ein kassenabhängiger Zusatzbeitrag möglich, § 242 SGB V.

147 BAG 17.3.2010 – 5 AZR 301/09, NZA 2010, 881.

148 Laut statistischem Bundesamt liegt die sog. Gender Pay Gap in Deutschland bei 21 %. Berücksichtigt man allerdings den Umstand, dass Frauen öfter in Teilzeit und in schlecht bezahlten Branchen arbeiten und wegen Kinderpausen häufiger weniger Berufserfahrung haben, verringern sich die Lohnunterschiede auf weniger als 7 %, https://www.destatis.de/DE/PresseService/Presse/Pressemitteilungen/2016/03/PD16_097_621.html (abgerufen am 4.3.2017).

ten,[149] § 12 I EntgTranspG-E. Besonders ist nun der Mechanismus, nach dem der Anspruch geltend gemacht wird: § 13 EntgTranspG-E gewährt dem Betriebsrat das Recht zur Einsicht in die Bruttolohnlisten der Arbeitnehmer. Der Auskunft begehrende Arbeitnehmer wiederum wendet sich mit seinem Auskunftsverlangen grundsätzlich an den Betriebsrat, §§ 14, 15 EntgTranspG-E, wenn kein Betriebsrat besteht, an den Arbeitgeber, der wiederum in tarifgebundenen oder tarifanwendenden Betrieben die Tarifvertragsparteien über seine Auskunft informiert, § 14 III EntgTranspG-E. Private Arbeitgeber mit regelmäßig mehr als 500 Beschäftigten haben die Einhaltung des Entgeltgleichheitsgrundsatzes zu überprüfen.

Ob diese Regelungen die Entgeltungleichheit vermeiden oder zumindest verringern kann, wird sich weisen.

II. Entgeltformen

1. Zeitentgelt

Beim Zeitentgelt werden Gehalt bzw. Lohn des Arbeitnehmers nach der von ihm auf- 307
gewandten Arbeitszeit **berechnet.** Die Berechnung kann nach Stunden, Tagen, Wochen oder Monaten erfolgen. Für Angestellte wird das Gehalt überwiegend nach Monaten berechnet, während bei der Mehrheit der Arbeiter eine stundenweise Berechnung erfolgt.

Unabhängig von der Berechnungsweise des Entgelts ist die **Auszahlungsweise.** Wäh- 308
rend das Gehalt der Angestellten fast ausnahmslos nach Monaten berechnet und monatlich ausgezahlt wird, kommen bei Arbeitern sowohl die wöchentliche als auch die monatliche Lohnabrechnung und -auszahlung vor.

Das Zeitentgelt setzt sich zumeist aus einem Grundentgelt (das häufig dem Tarifentgelt 309
entspricht) und unterschiedlichen Zulagen zusammen. Im Vordergrund stehen dabei Leistungszulagen, die nach einer Leistungsbeurteilung des Arbeitnehmers von Zeit zu Zeit neu festgesetzt werden.

2. Leistungsentgelt

Charakteristikum des Leistungsentgelts ist seine **unmittelbare** Abhängigkeit von der 310
vom Arbeitnehmer erbrachten Arbeitsleistung. Der Arbeitnehmer kann das Arbeitsentgelt selbst beeinflussen, indem er mehr leistet.

Das Leistungsentgelt bringt die Gefahr des Raubbaus an der Gesundheit und damit an 311
der Arbeitskraft mit sich. Dies gilt besonders dann, wenn – wie dies vor allem auf den Akkordlohn zutrifft – das erhöhte Entgelt durch eine Erhöhung des Arbeitstempos erreicht werden kann. Deshalb ist bei werdenden Müttern und bei Jugendlichen die Beschäftigung im Akkord verboten (→ Rn. 516 und → Rn. 526), sehen Tarifverträge besondere Sicherungen der Arbeitnehmer bei solchen Arbeiten vor und unterstellt § 87 I Nr. 11 BetrVG das Leistungsentgelt einem besonders weitgehenden Mitbestimmungsrecht (→ Rn. 1442).

149 Nach § 5 II EntgTranspG-E ist der Beschäftigtenbegriff des Gesetzes weiter als der Arbeitnehmerbegriff, er umfasst etwa auch Beamte.

a) Akkordlohn

312 Beim Akkordlohn hängt das Arbeitsentgelt von der Menge des geschaffenen Arbeitsergebnisses ab.[150] Gebräuchlich ist heute der sog. Zeitakkord. Bei ihm wird – meist in Minuten – eine Zeit (Vorgabezeit) festgesetzt, binnen der ein normaler Arbeiter die geforderte Arbeit (Herstellung eines Werkstücks oder eine ganze Serie von diesen) verrichten kann. Die Festsetzung der Vorgabezeit erfolgt nach wissenschaftlichen Methoden, mit deren Ausarbeitung und Anwendung sich der paritätisch von Gewerkschaften und Arbeitgebern besetzte Verband für Arbeitsstudien (REFA-Verband) befasst. Für die Zeiteinheit wird ein bestimmter Geldbetrag festgelegt (bei Minuten 1/60 des Stundenlohnes). Das Arbeitsentgelt ergibt sich dann aus der Multiplikation der erreichten Zeiteinheiten (Zeitfaktor) mit dem festgesetzten Geldbetrag (Geldfaktor). Unterschreitet der Arbeiter die Vorgabezeit, so erhält er eine längere als die tatsächlich verbrauchte Arbeitszeit gutgeschrieben und damit ein höheres als das Normalentgelt. Akkordentlohnung ist gesetzlich ausgeschlossen für werdende Mütter, § 4 III 1 Nr. 1 MuSchG, Jugendliche, § 23 I Nr. 1 JArbSchG und für Fahrpersonal, § 3 FPersG.[151]

313 Der neuralgische Punkt des Akkordlohns ist die **Ermittlung der Vorgabezeit.** Gelingt es dem Arbeiter im Laufe der Zeit, seine Arbeit in einer die Vorgabezeit wesentlich unterschreitenden Zeitspanne zu verrichten, dann steigt sein Verdienst erheblich, und für den Arbeitgeber drängt sich der Versuch auf, zu einer Veränderung der Vorgabezeit zu kommen, wie man sagt: die »Akkordschere« in Gang zu setzen. Deshalb unterstellt § 87 I Nr. 11 BetrVG die Festlegung der Vorgabezeit auch im Einzelfall der Mitbestimmung des Betriebsrats (→ Rn. 1442).

314 In erster Linie im Bergbau, aber auch in manchen Industriebereichen, wird Akkordarbeit häufig an eine Gruppe von Arbeitnehmern vergeben. Die Regeln sind die gleichen wie beim normalen Akkord. Jedoch müssen bei einem solchen **Gruppenakkord** die Gruppenangehörigen eine Vereinbarung darüber treffen, in welcher Weise der Akkordverdienst unter ihnen verteilt wird.

b) Prämienlohn

315 Beim Prämienlohn erhält der Arbeitnehmer ein festes, nach der Arbeitszeit berechnetes Grundentgelt und dazu eine von der Leistung abhängige Prämie. Auch bei der Prämie kann Anknüpfungspunkt die Arbeitsmenge sein. Möglich sind aber auch andere Anknüpfungspunkte, so die Qualität des Arbeitsergebnisses, etwa der Prozentsatz des Ausschusses oder die Ersparnis an Materialien oder Energie. Auch hier sind werdende Mütter, § 4 III Nr. 1 MuSchG, Jugendliche, § 23 I Nr. 1 JArbSchG und das Fahrpersonal, § 3 FPersG, gesetzlich ausgenommen.

316 Der Prämienlohn lässt sich wesentlich elastischer handhaben als der Akkordlohn. Einmal wegen der Möglichkeit, verschiedene Anknüpfungspunkte zu wählen, zum anderen aber auch wegen der Möglichkeit, einen unterschiedlichen Verlauf der Prämienkurve festzulegen. Etwa kann bestimmt werden, dass eine Erhöhung der Arbeitsmenge nur bis zu einem bestimmten Punkt zu einem höheren Arbeitsentgelt führt, sodass sich eine weitere Steigerung des Arbeitstempos, die auf Kosten der Qualität des Arbeitsergebnisses gehen könnte, nicht mehr lohnt.

---

150 *Schwab* NZA-RR 2009, 1.

151 Dazu MHdB ArbR/*Krause* § 57 Rn. 24.

3. Provision

Bei der Provision wird das Arbeitsentgelt nach dem Umfang der vom Arbeitnehmer vermittelten oder abgeschlossenen Geschäfte berechnet. Dem auf Provisionsbasis tätigen Arbeitnehmer wird gewöhnlich ein Fixum garantiert, das er ohne Rücksicht auf die verdienten Provisionen erhält. 317

Die Provision ist an sich die Entgeltform für den selbstständigen Handelsvertreter und deshalb im Handelsvertreterrecht des HGB (§§ 87ff. HGB) im Einzelnen geregelt. Jedoch sind die meisten dieser Vorschriften nach § 65 HGB auch auf Arbeitnehmer, die auf Provisionsbasis tätig sind, anwendbar.[152] Daraus ergibt sich insbesondere, dass der Arbeitnehmer Anspruch auf Provision für alle Geschäfte hat, die auf seine Tätigkeit zurückzuführen sind (§ 87 I 1 HGB), dass die Provision grundsätzlich erst nach Ausführung des Geschäfts fällig wird (§ 87a HGB) und dass über die Provision monatlich abzurechnen ist (§ 87c HGB). 318

4. Tantiemen

Vor allem mit **leitenden Angestellten** wird vielfach vereinbart, dass sie zusätzlich zu ihrem Grundgehalt nach Schluss des Geschäftsjahres eine Gewinnbeteiligung erhalten. Mit solchen Tantiemen soll ein Anreiz für die betreffenden Angestellten geschaffen werden, zu einem möglichst guten Ergebnis des Unternehmens beizutragen. 319

Eine Beteiligung am im Geschäftsjahr erzielten Ergebnis wird in zahlreichen Unternehmen aber auch anderen Arbeitnehmern, zB in der Form einer Jahresschlusszahlung, der Ausgabe von Gratisaktien oder der Einräumung von Aktienoptionen[153] gewährt. Während die Tantieme fester Bestandteil des Arbeitsentgelts ist, handelt es sich bei solchen Ergebnisbeteiligungen gewöhnlich um sog. »freiwillige Leistungen« des Arbeitgebers (→ Rn. 373ff.). 320

5. Sachleistungen

Es kommt vor, dass ein Teil des Arbeitsentgelts in Sachleistungen besteht. Dabei sind die sog. Deputate, etwa Kohlendeputate im Bergbau oder der »Haustrunk« im Brauereiwesen, nur noch von geringer Bedeutung. Im Vordergrund stehen Leistungen wie die Zurverfügungstellung eines Kraftfahrzeugs auf Leasingbasis, wobei der Arbeitgeber die Leasingraten übernimmt, oder die Möglichkeit, zu günstigen Konditionen Produkte des Unternehmens, zB Kraftfahrzeuge (»Jahreswagen«), zu erwerben. Solche Sachleistungen sind nach § 107 II 1 GewO allgemein zulässig, wenn sie dem Interesse des Arbeitnehmers oder der Eigenart der Beschäftigung entsprechen. 321

6. Zulagen

Vielfach werden zum eigentlichen Arbeitsentgelt besondere Zulagen bezahlt. Zu nennen sind Erschwerniszulagen, mit denen besonders widrige Umstände der Arbeitsleistung, zB der mit ihr verbundene Schmutz, ausgeglichen werden sollen. Möglich 322

152 MHdB ArbR/*Krause* § 58 Rn. 6.

153 S. hierzu MHdB ArbR/*Krause* § 58 Rn. 52ff.; *Röder/Göpfert* BB 2001, 2002; *Lingemann/Diller/Mengel* NZA 2000, 1191.

sind auch Anwesenheitsprämien, die für besonders geringe Fehlzeiten gezahlt werden.[154]

323 Anknüpfungspunkt von Zulagen können auch soziale Gesichtspunkte sein. Etwa können Verheirateten-, Kinder-, Wohn- und Ortszuschläge sowie Trennungsentschädigungen oder Zuschüsse für die Kosten von Familienheimfahrten gewährt werden.

7. Gratifikationen

324 Unter Gratifikationen (oder Sonderzahlungen) versteht man nicht das laufende, also regelmäßig monatlich ausgezahlte Arbeitsentgelt, sondern jährlich fällig werdende Zahlungen. Bekanntestes Beispiel ist hier das Weihnachtsgeld. Zweck und Verbindlichkeit der Sonderzahlungen sind verschieden (→ Rn. 373 ff.).

III. Bewertung der Arbeit

1. Entgeltgruppensysteme

325 Dem Charakter des Arbeitsvertrages als Austauschvertrag entspricht es, dass die Höhe des Arbeitsentgelts in **Relation zu dem Wert der erbrachten Arbeitsleistung** stehen muss. Für Hilfstätigkeiten kann nicht der gleiche Lohn gezahlt werden wie für qualifizierte Facharbeiten. Die damit notwendige Bewertung der Arbeit wird regelmäßig nicht gesondert für jedes Arbeitsverhältnis zwischen Arbeitnehmer und Arbeitgeber ausgehandelt. Vielmehr bestehen auf tariflicher oder betrieblicher Ebene Entgeltgruppensysteme. Diese ordnen den vorkommenden Arbeiten unterschiedlich hohe Entgelte zu und sorgen damit für die Differenzierung der Entgelte nach dem Wert der Arbeiten.

326 Welche Gruppe zutrifft, wird erstmals bei der Einstellung des Arbeitnehmers festgelegt (Eingruppierung). Ändert sich die Tätigkeit, erfolgt eine neue Festlegung (Umgruppierung). Bei diesen Maßnahmen bestimmt der Betriebsrat nach § 99 BetrVG mit (→ Rn. 1467, 1474 f.). Allerdings haben weder die Maßnahmen selbst, noch Entscheidungen, die im Rahmen des Mitbestimmungsverfahrens nach § 99 BetrVG erfolgen, konstitutiven Charakter. Vielmehr hat der Arbeitnehmer **automatisch einen Rechtsanspruch** auf das Entgelt der Gruppe, deren Tätigkeitsbeschreibung seiner Arbeit entspricht. Diesen Anspruch kann er im Wege einer entsprechenden Zahlungsklage oder im Wege der Feststellungsklage gerichtlich geltend machen, sodass letztlich die Gerichte über die richtige Ein- oder Umgruppierung entscheiden.

2. Analytische Arbeitsbewertung

327 Eine modernere Form des Entgeltgruppensystems ist die analytische Arbeitsbewertung. Bei ihr wird jede Arbeit auf das Vorliegen bestimmter Faktoren, etwa

- Kenntnisse, Ausbildung und Erfahrung,
- körperliche Belastung,
- Belastung der Sinne und Nerven,
- Verantwortung für die Arbeit,
- Umgebungseinflüsse (Schmutz, Hitze, Dämpfe, Kälte)

---

154 Soweit solche Anwesenheitsprämien auch Fehlzeiten berücksichtigen, in denen der Arbeitnehmer wegen Krankheit arbeitsunfähig ist, müssen sie die Grenze des § 4a EFZG beachten (→ Rn. 441).

analysiert und auf einer Rangskala, die gewöhnlich von 1–100 reicht, eingeordnet. Um die unterschiedliche Bedeutung der Faktoren für den Wert der Arbeit zum Ausdruck zu bringen, sind ihnen verschiedene Multiplikatoren zwischen 0,1 und 1,0 zugeordnet (zB 1,0 für Kenntnisse, Ausbildung und Erfahrung; 0,6 für Verantwortung für die Arbeit; 0,2 für Umgebungseinflüsse). Die Addition der so gewichteten Rangstufenzahlen ergibt den Arbeitswert, der über die Zuordnung der Entgeltgruppe entscheidet.

Das System der analytischen Arbeitsbewertung führt zu einer genaueren und damit ge- 328
rechteren Erfassung des Wertes der Arbeit. Die Kehrseite dieser genauen Erfassung ist aber das Durchschlagen von Automatisierungsmaßnahmen auf die Eingruppierung. Die Automatisierung kann dazu führen, dass sich die Anforderungen an Kenntnisse, Ausbildung und Erfahrung mancher Arbeitnehmer vermindern und dass die mit der Arbeit verbundene körperliche Belastung herabgesetzt wird. Damit verringern sich die Arbeitswerte, sodass von der Art der Arbeit aus gesehen nur mehr die Voraussetzungen einer niedrigeren Lohngruppe als bisher gegeben sind. Um diese negativen Auswirkungen auf die Arbeitnehmer in Grenzen zu halten, wird die Einführung der analytischen Arbeitsbewertung häufig mit tarifvertraglichen Bestimmungen verbunden, die die Zulässigkeit von Herabgruppierungen einschränken und bei erfolgenden Herabgruppierungen eine zeitweilige Verdienstsicherung vorsehen.

3. »ERA«

In der Metall- und Elektroindustrie Bayern ist **durch den Entgelt-Manteltarifvertrag** 329
ein – kurz ERA genanntes – Arbeitsbewertungssystem eingeführt worden. Dieses geht von der – unabhängig von der Person des Arbeitnehmers vom Arbeitgeber festgelegten – Arbeitsaufgabe aus. Hierzu gibt es Bewertungsmerkmale mit den Kriterien Wissen und Können, Denken, Handlungsspielraum/Verantwortung, Kommunikation und Mitarbeiterführung (nicht aber Umgebungseinflüsse). Zugeordnet sind jeweils Punkte, deren Summe zu einer bestimmten Entgeltgruppe führt. Diese wird unter Mitwirkung des Betriebsrats oder einer betrieblichen paritätischen Kommission in einem betriebsinternen Einstufungsverfahren festgestellt. Jeder Arbeitnehmer, dem vom Arbeitgeber eine entsprechende Arbeitsaufgabe zugewiesen ist, hat den Anspruch auf das Grundentgelt der sich ergebenden Entgeltgruppe. Hinzu kommt eine nach individuellen Kriterien zu bemessenden Leistungszulage. Bei einer Verringerung der Anforderungen aus der Arbeitsaufgabe wird das Grundentgelt nicht automatisch abgesenkt. Vielmehr muss das betriebliche Einstufungsverfahren neu durchlaufen werden.[155]

IV. Modalitäten der Entgeltzahlung

1. Zahlungszeit, Zahlungsort und Zahlungsart

Ist nichts anderes vereinbart, erfolgt die Zahlung des Entgelts **nachträglich,** nämlich 330
nach dem Ablauf der Zeitabschnitte, nach denen es bemessen ist (§ 614 BGB).

Erfüllungsort für die Entgeltzahlungspflicht ist gem. § 269 BGB beim Arbeitgeber. 331
Ob er das Entgelt dem Arbeitnehmer an dessen Wohnsitz zu übermitteln hat, richtet sich nach der Parteivereinbarung. Die Auslegungsregel des § 270 I BGB, nach der der

155 S. zum ERA-System im Einzelnen *Becker,* FS Löwisch, 2007, 17ff.

Schuldner Geld im Zweifel auf seine Gefahr und auf seine Kosten zu übermitteln hat, greift nur, wenn das Arbeitsverhältnis geendet hat und noch Entgelt zu bezahlen ist.

332 Auch die **Art der Entgeltzahlung** unterliegt der Parteivereinbarung.[156] § 107 I GewO bestimmt nur, dass das Arbeitsentgelt in EUR zu berechnen und auszuzahlen ist.

333 Nach § 108 GewO ist dem Arbeitnehmer bei Fälligkeit des Arbeitsentgelts eine Abrechnung in Textform (§ 126b BGB) zu erteilen, die Angaben über Abrechnungszeitraum und Zusammensetzung des Arbeitsentgelts enthält. Hinsichtlich der Zusammensetzung muss sie Aufschluss über Art und Höhe der Zuschläge, Zulagen, sonstige Vergütungen, Art und Höhe der Abzüge, Abschlagszahlungen sowie Vorschüsse geben. Diese Abrechnung ist regelmäßig kein Schuldanerkenntnis nach § 781 BGB.[157]

334 Zum Mitbestimmungsrecht des Betriebsrats bei der Festlegung von Zeit, Ort und Art der Auszahlung des Arbeitsentgelts → Rn. 1422.

2. Verjährung, Ausschlussfristen, Verwirkung

Fall 16: A scheidet zum 31.3.2013 bei der Firma X aus. Mit der Schlusszahlung erhält er auch die Vergütung für die 2012 und 2013 geleisteten Überstunden, entsprechend einer vom Personalbüro gefertigten und ihm übergebenen Aufstellung. Am 15.5.2016 verlangt er Nachzahlung für einige weitere im März 2013 geleistete Überstunden, von denen das Personalbüro im Zeitpunkt seines Ausscheidens nichts wusste.

335 Entgeltansprüche **verjähren** gem. § 195 BGB in der regelmäßigen Verjährungsfrist von drei Jahren. Diese beginnt gem. § 199 I BGB mit dem Schluss des Jahres, in dem die Entgeltansprüche entstanden sind und der Arbeitnehmer von den den Anspruch begründenden Umständen Kenntnis erlangt hat oder ohne grobe Fahrlässigkeit erlangen müsste.

336 Häufig werden für Ansprüche aus dem Arbeitsverhältnis und damit auch für die Entgeltansprüche arbeits- oder tarifvertraglich[158] **Ausschlussfristen** vereinbart, die wesentlich kürzer sind als die gesetzlichen Verjährungsfristen. Anders als für die Hemmung der Verjährung (§ 204 BGB) genügt zunächst zur Wahrung von Ausschlussfristen gewöhnlich die schriftliche, mitunter auch die bloß mündliche Geltendmachung nach der Entstehung des Anspruches.[159] Erst wenn der Arbeitgeber auf die schriftliche oder mündliche Geltendmachung nicht reagiert, ist dann in einer zweiten Stufe die gerichtliche Geltendmachung erforderlich (bei der zweistufigen Ausschlussfrist).[160]

Arbeitsvertragliche Ausschlussfristen finden ihre Grenze am AGB-Recht.[161] Das BAG sieht in ihnen iSd § 307 II Nr. 1 BGB eine Abweichung von dem Grundgedanken des Verjährungsrechts und hält unter Berücksichtigung arbeitsrechtlicher Besonderheiten gem. § 310 IV 2 BGB einen Mindestzeitraum von drei Monaten für erforderlich.[162]

156 S. § 16 des Manteltarifvertrages der bayerischen Metall- und Elektroindustrie.
157 BAG 10.3.1987 – 8 AZR 610/84, NZA 1987, 557.
158 Vgl. hierzu § 22.3 des Manteltarifvertrages für die bayerische Metall- und Elektroindustrie.
159 Dazu BAG 16.1.2013 – 10 AZR 863/11, NZA 2013, 975.
160 BAG 28.9.2005 – 5 AZR 52/05, NZA 2006, 149.
161 Dazu Clemenz/Kraft/Krause/*Klumpp* AGB-Arbeitsrecht BGB § 307 Rn. 112ff.
162 BAG 12.3.2008 – 10 AZR 152/07, NZA 2008, 699.

Im Unterschied zur Verjährung, die gem. § 214 I BGB nur eine Einrede begründet, führt der Ablauf der Ausschlussfrist zum **Untergang des betreffenden Anspruchs.** Das hat etwa zur Konsequenz, dass eine Aufrechnung mit der Forderung nach Ablauf der Ausschlussfrist nicht möglich ist, auch wenn die Aufrechnungslage schon vorher bestand; § 215 BGB ist auf Ausschlussfristen weder direkt noch analog anwendbar.[163] 337

Entgeltansprüche, die weder verjährt noch ausgeschlossen sind, können ausnahmsweise **verwirkt** sein. Notwendig ist dafür, wie bei der Verwirkung sonst auch, ein längerer Zeitablauf (»Zeitmoment«) sowie ein Verhalten des Arbeitnehmers, aus dem der Arbeitgeber schließen konnte, dass der Anspruch nicht mehr geltend gemacht werden würde (»Umstandsmoment«). Umgekehrt können auch Ansprüche des Arbeitgebers gegenüber dem Arbeitnehmer, etwa auf Rückzahlung überzahlten Entgelts, verwirkt sein.[164] 338

In **Fall 16** sind die geltend gemachten Ansprüche mangels Zeitablaufs nicht verjährt und es liegt auch keine Ausschlussfrist vor. Jedoch sind seit der Entstehung des Anspruchs über zwei Jahre vergangen und A hat auf die Aufstellung über die Überstunden nicht reagiert. Damit hat er bei X den Eindruck erweckt, dass er weitere Forderungen nicht habe. Das reicht für eine Verwirkung aus.

Für tarifliche Ansprüche können Ausschlussfristen nur im Tarifvertrag vereinbart werden, ferner ist eine Verwirkung tariflicher Ansprüche ausgeschlossen (§ 4 IV 2 und 3 TVG, → Rn. 1066). 339

3. Quittung und Ausgleichsquittung

Gem. § 368 BGB hat der Arbeitnehmer gegen Empfang des Entgelts dem Arbeitgeber auf dessen Verlangen eine Quittung auszustellen. 340

Von der Quittung als bloßes schriftliches Empfangsbekenntnis zu unterscheiden ist die sog. **Ausgleichsquittung.** Die Ausgleichsquittung verbindet mit dem Empfangsbekenntnis ein negatives Schuldanerkenntnis iSd § 397 II BGB und enthält damit einen Erlass möglicherweise noch bestehender Ansprüche. Da Ausgleichsquittungen zu einem Anspruchsverzicht führen, können sie tarifliche Ansprüche wegen des Verbots des § 4 IV 1 TVG nicht erfassen (→ Rn. 1065). Wird eine solche Ausgleichsquittung in Allgemeinen Arbeitsbedingungen vereinbart, so ist sie an § 307 I BGB zu messen. Das BAG hat es dabei zu Recht als unangemessen angesehen, wenn lediglich die Ansprüche des Arbeitnehmers erfasst werden und dieser keine Gegenleistung erhält.[165] 341

V. Entgeltsicherung

1. Truck- und Kreditierungsverbot

Fall 17: Die neu gegründete Automobilfirma X will ihren Arbeitnehmern die Möglichkeit einräumen, jedes Jahr einen Pkw zu den ihr entstehenden Selbstkosten zu erwerben. Um den Arbeitnehmern den Einstieg in den Jahreswagenkauf zu erleichtern, soll die Bezahlung in der Weise erfolgen, dass die Hälfte des Kaufpreises angezahlt und der Rest in Monatsraten von 1.000 EUR gegen den Entgeltanspruch verrechnet wird. Arbeiter A, der einen entsprechenden Vertrag mit X geschlossen hat, besteht

163 BAG 15.11.1967 – 4 AZR 99/67, NJW 1968, 813.
164 BAG 25.4.2001 – 5 AZR 497/99, NZA 2001, 966.
165 BAG 21.6.2011 – 9 AZR 203/10, NZA 2011, 1338.

nach drei Monaten auf der Vollauszahlung seines Entgelts. X hält sich dazu nicht verpflichtet, jedenfalls will sie den dem A überlassenen Jahreswagen zurückhaben.

342 Weil der Arbeitnehmer über sein Arbeitseinkommen frei verfügen können soll, ist das Arbeitsentgelt in Euro zu berechnen und auszuzahlen, § 107 I GewO. Es ist grundsätzlich ausgeschlossen, dass der Arbeitnehmer in Naturalien oder Fremdwährungen bezahlt wird (sog. »Truckverbot«[166]). § 107 I GewO gilt für die Sachbezüge, die Arbeitsentgelt sind und damit im Gegenseitigkeitsverhältnis zur Arbeitsleistung stehen und ist Verbotsgesetz iSd § 134 BGB.[167] Eine Ausnahme wird nur dann zugelassen, wenn Sachbezüge als Teil des Arbeitsentgelts dem Interesse des Arbeitnehmers oder der Eigenart des Arbeitsverhältnisses entsprechen. Dabei sind die sog. Deputate, etwa Kohlendeputate im Bergbau oder der »Haustrunk« im Brauereiwesen, nur noch von geringer Bedeutung. Im Vordergrund stehen Leistungen, wie die Zurverfügungstellung eines Kraftfahrzeugs auf Leasingbasis, wobei der Arbeitgeber die Leasingraten übernimmt, oder die Möglichkeit, zu günstigen Konditionen Produkte des Unternehmens, zB Kraftfahrzeuge (»Jahreswagen«), zu erwerben. Allerdings dürfen die Sachbezüge auch dann nicht den pfändbaren Teil des Entgelts überschreiten, § 107 II 5 GewO.[168]

343 Nach § 107 II 2 GewO darf der Arbeitgeber dem Arbeitnehmer an sich keine Ware auf Kredit überlassen (Kreditierungsverbot). Auch wenn die Entgelte vom Arbeitgeber ordnungsgemäß gezahlt werden, sind Ratenzahlungskäufe der Arbeitnehmer beim Arbeitgeber unzulässig. Verträge, die hiergegen verstoßen, sind gem. § 134 BGB nichtig. Der Arbeitnehmer kann Auszahlung des einbehaltenen Lohns verlangen. Ein Anspruch des Arbeitgebers auf Herausgabe der überlassenen Waren besteht nicht, weil er mit der Lieferung der Ware auf Kredit gegen ein gesetzliches Verbot verstoßen hat (§ 817 S. 2 BGB).

344 § 107 II 3 GewO lässt jedoch Vereinbarungen zu, nach denen der Arbeitgeber dem Arbeitnehmer Waren in Anrechnung auf das Arbeitsentgelt überlässt, wenn die Anrechnung zu den durchschnittlichen Selbstkosten erfolgt.

Gegen die Einräumung des Rechts zum verbilligten Bezug sog. Jahreswagen, um die es in **Fall 17** geht, bestehen im Prinzip keine Bedenken, weil es um einen Sachbezug geht, der neben dem in Geld festgesetzten Arbeitsentgelt steht (→ Rn. 321). Auch die Kreditierung, verbunden mit der Anrechnung der Raten auf das Arbeitsentgelt, ist zulässig, weil X nur die Selbstkosten verlangt. Solange die Höhe des pfändbaren Teils des Arbeitsentgelts nicht überschritten wird (→ Rn. 345 ff.), ist gegen die Anrechnung also nichts einzuwenden.

2. Pfändungsschutz

345 Das Arbeitsentgelt dient dem Arbeitnehmer typischerweise zum Lebensunterhalt. Es muss deshalb in entsprechendem Umfang vor dem Zugriff von Gläubigern geschützt werden.[169] Die einschlägigen Bestimmungen sind in den §§ 850ff. ZPO enthalten.

166 »to truck« in der Bedeutung von »in Waren entlohnen«.
167 BAG 17.2.2009 – 9 AZR 676/07, NZA 2010, 99; BAG 24.3.2009 – 9 AZR 733/07, NZA 2009, 861.
168 BAG 24.3.2009 – 9 AZR 733/07, NZA 2009, 861.
169 BAG 17.2.2009 – 9 AZR 676/07, NZA 2010, 99.

Nach § 850a ZPO sind bestimmte Teile des Arbeitseinkommens **unpfändbar,** so die Hälfte einer Mehrarbeitsvergütung, zusätzlich zum Arbeitsentgelt gewährte Urlaubsgelder, soweit sie den Rahmen des Üblichen nicht übersteigen, Aufwandsentschädigungen und Auslösungsgelder, Weihnachtsvergütungen bis zur Hälfte des monatlichen Arbeitseinkommens, höchstens aber bis zu 500 EUR, Heirats-, Geburts-, Sterbebeihilfen, Gnaden- und Blindenbezüge und Erziehungsgelder, Studienbeihilfen und ähnliche Bezüge. 346

Für das eigentliche Arbeitseinkommen setzt § 850c ZPO iVm der Pfändungsfreigrenzenbekanntmachung[170] zurzeit eine **Pfändungsgrenze** von 1073,88 EUR monatlich (247,14 EUR wöchentlich oder 49,43 EUR täglich) fest, die sich noch erhöht, wenn der Schuldner seinem Ehegatten, einem früheren Ehegatten oder einem Verwandten Unterhalt zu gewähren hat. Nach § 850c IIa ZPO steigen diese Beträge jeweils nach Ablauf von zwei Jahren entsprechend dem steuerlichen Grundfreibetrag nach dem Einkommensteuergesetz. Nach § 850d ZPO kann wegen gesetzlicher Unterhaltsansprüche des Arbeitnehmers auch über die Grenzen des § 850c ZPO hinaus gepfändet werden. Doch ist dem Arbeitnehmer so viel zu belassen, wie er für seinen notwendigen Unterhalt benötigt. 347

Wird das Arbeitsentgelt dem Arbeitnehmer auf ein Bankkonto überwiesen, muss er den Pfändungsschutz selbst geltend machen – durch Einrichtung eines Pfändungsschutzkontos, § 850k VII ZPO. 348

3. Insolvenzschutz

Die Insolvenzordnung sieht für die zur Zeit der Insolvenzeröffnung rückständigen Ansprüche auf Arbeitsentgelt keine besonderen Vorrechte bei der Verteilung der Insolvenzmasse vor. Die Arbeitnehmer haben aber nach §§ 165ff. SGB III gegen die Bundesagentur für Arbeit für die der Insolvenzeröffnung vorausgehenden drei Monate Anspruch auf **Insolvenzgeld** in Höhe des ausgefallenen Nettoarbeitsentgelts. Die dazu notwendigen Mittel werden durch eine Umlage aller Arbeitgeber aufgebracht, die über die Berufsgenossenschaften erhoben wird. 349

In der Praxis wird der Anspruch auf Insolvenzgeld vielfach eingesetzt, um die beantragte Eröffnung eines Insolvenzverfahrens doch noch zu vermeiden. § 170 SGB III sieht die Möglichkeit vor, den Anspruch auf Insolvenzgeld mit Zustimmung der Agentur für Arbeit auf einen Dritten, regelmäßig eine Bank, zu übertragen, der das Arbeitsentgelt vorfinanziert.

Entgeltansprüche des Arbeitnehmers für die Zeit **nach** Insolvenzeröffnung bis zur Beendigung des Arbeitsverhältnisses sind nach §§ 108 I, 55 I Nr. 2 InsO aus der Insolvenzmasse zu befriedigen. Können sie vom Insolvenzverwalter nicht bezahlt werden, erhält der Arbeitnehmer nach §§ 136f. SGB III Arbeitslosengeld. Der Anspruch auf Arbeitsentgelt geht als aus der Insolvenzmasse zu befriedigender Anspruch (§ 401 II BGB) gem. § 115 SGB X auf die Bundesagentur für Arbeit über. 350

170 Bek. zu den §§ 850c und 850f der ZPO (Pfändungsfreigrenzenbekanntmachung 2015) v. 14.4.2015 (BGBl. 2015 I 618).

4. Abtretung, Verpfändung, Aufrechnung

Fall 18: Arbeitnehmer A hat eine Wohnungseinrichtung auf Raten gekauft. Zur Sicherung hat er der Teilzahlungsbank seinen Gehaltsanspruch schriftlich abgetreten. A bezahlt mehrere Raten nicht. Daraufhin legt die Bank dem Arbeitgeber die Abtretungserklärung vor und verlangt von diesem, dass er künftig die gesamten Bezüge an sie überweise.

351 Nach § 400 BGB kann eine Forderung nicht abgetreten werden, soweit sie der Pfändung nicht unterworfen ist. Nach § 1274 II BGB kann eine solche Forderung auch nicht verpfändet werden. Damit wird sichergestellt, dass dem Arbeitnehmer das Arbeitseinkommen als Existenzgrundlage auch gegen eigene leichtsinnige Verfügungen erhalten bleibt.

Würde in **Fall 18** der Arbeitgeber die gesamten Bezüge an die Bank überweisen, so ließe dies den Entgeltanspruch des A unberührt, soweit der unpfändbare Teil des Gehalts betroffen ist. Diesen müsste der Arbeitgeber nochmals an A bezahlen. Ihm bliebe nur übrig, den Betrag nach § 812 I 1 1. Alt. BGB von der Bank zurückzufordern. Arbeitgeber müssen deshalb, wenn sie sich Gehaltsabtretungen gegenübersehen, genau ausrechnen, welcher Teil der Bezüge pfändbar ist und welcher nicht.

352 Nach § 394 S. 1 BGB findet gegen unpfändbare Forderungen auch **keine Aufrechnung** statt.[171] Hat also etwa der Arbeitgeber gegen den Arbeitnehmer Ansprüche auf Rückzahlung eines Arbeitgeberdarlehens oder Schadensersatzansprüche, kann er mit diesen nur gegen den pfändbaren Teil des Entgelts aufrechnen. Allerdings gilt insoweit eine Ausnahme: Handelt es sich bei der Forderung des Arbeitgebers um eine solche aus vorsätzlicher unerlaubter Handlung, soll also zB der Arbeitnehmer wegen vorsätzlicher Beschädigung einer Maschine Ersatz leisten, ist eine Aufrechnung auch gegen den unpfändbaren Teil des Entgeltanspruchs möglich, wobei dem Arbeitnehmer aber das in § 850d ZPO festgelegte Existenzminimum belassen werden muss.[172]

353 Der Pfändungsschutz darf auch nicht durch ein **Zurückbehaltungsrecht** am Arbeitsentgelt unterlaufen werden. Deshalb ist § 394 BGB auf die Geltendmachung eines solchen Zurückbehaltungsrechts analog anzuwenden.[173] Auch die Anrechnung zulässig kreditierter Waren (→ Rn. 344) darf den pfändbaren Teil des Arbeitsentgelts nicht übersteigen (§ 107 II 5 GewO).

VI. Entgeltzahlung trotz Nichtleistung der Arbeit

Fall 19: Die in einer süddeutschen Kreisstadt ansässige Firma X holt ihre in den umliegenden Orten wohnenden Arbeitnehmer mit dem Werksbus zur Arbeit ab. An einem Wintertag kann der Werksbus wegen extremer Eisglätte nicht verkehren. Auch die öffentlichen Verkehrsmittel fahren nicht. Die Arbeitnehmer gelangen deshalb an diesem Tag nicht an ihren Arbeitsplatz. X zieht ihnen bei der nächsten Entgeltzahlung einen Betrag ab, der dem Entgelt für diesen Tag entspricht.

1. Vorübergehende persönliche Verhinderung

354 Ist dem Arbeitnehmer die Arbeitsleistung unmöglich oder unzumutbar und braucht er sie daher nach § 275 I, III BGB nicht zu erbringen, entfällt gem. § 326 I 1 BGB an sich

171 BAG 22.9.2015 – 9 AZR 143/14, AP BGB § 394 Nr. 33; BAG 17.2.2009 – 9 AZR 676/07, NZA 2010, 99.

172 BAG 16.6.1960 – 5 AZR 121/60, AP BGB § 394 Nr. 8.

173 RG 26.5.1914 – III 62/14, RGZ 85, 108 (110).

auch der Anspruch auf die Gegenleistung. Davon macht § 616 S. 1 BGB jedoch eine Ausnahme. Nach dieser Vorschrift verliert ein Arbeitnehmer seinen Anspruch auf Vergütung nicht deshalb, weil er für eine verhältnismäßig nicht erhebliche Zeit durch einen in seiner Person liegenden Grund ohne Verschulden an der Dienstleistung verhindert wird. Der Verlust des Entgeltanspruchs bei unterbleibender Arbeitsleistung erscheint dem Gesetz dort als unangemessen, wo die Verhinderung an der Arbeitsleistung aus der persönlichen Sphäre des Arbeitnehmers kommt, aber von ihm nicht verschuldet ist und nicht zu lange andauert.

Allerdings muss die Verhinderung unvermeidbar sein. Kann der Arbeitnehmer die **355** Verhinderung – etwa durch Verlegung eines Arzttermins – vermeiden, so besteht kein Entgeltanspruch. Auch muss eine Verhinderung während der Arbeitszeit vorliegen. Das ist etwa dann nicht der Fall, wenn in einem flexiblen Arbeitszeitsystem die »Verhinderung« nicht während der Kernarbeitszeit, sondern der Gleitzeit liegt, in der der Arbeitnehmer ohnehin nicht anwesend sein muss.[174]

Fälle der persönlichen Verhinderung sind einmal solche aus dem Bereich der Familie, **356** wie eigene Eheschließung oder Eheschließung der Kinder, Niederkunft der Ehefrau, schwere Erkrankung oder Tod naher Angehöriger. Persönlich verhindert ist der Arbeitnehmer auch, wenn er persönliche Angelegenheiten zu einer Tageszeit erledigen muss, die zu seiner Arbeitszeit gehört. Hierher gehören etwa Arztbesuche, die nicht in der Freizeit erfolgen können, Behördengänge sowie die Wahrnehmung allgemeiner staatsbürgerlicher Pflichten, soweit nicht eine Entschädigung erfolgt.[175] Schließlich liegt eine persönliche Verhinderung vor, wenn der Arbeitnehmer durch gerade ihn treffende Ereignisse, wie etwa durch einen Wasserrohrbruch in seinem Haus oder durch einen Verkehrsunfall, den er auf dem Weg zur Arbeit erleidet, an der Arbeitsaufnahme gehindert wird. Der Hauptfall der persönlichen Verhinderung, die Krankheit, ist aber im EFZG besonders geregelt.[176]

Hingegen sind Ereignisse, die den Arbeitnehmer nur wie jeden anderen betreffen, **357** **keine persönlichen** Hinderungsgründe. Witterungsbedingter Zusammenbruch des Verkehrs, Verkehrsverbote wegen Smogalarm oder der behördliche Ratschlag, bei einem Chemieunfall die Wohnung nicht zu verlassen, sind deshalb kein Anwendungsfall des § 616 BGB.

> In **Fall 19** lässt sich der Entgeltzahlungsanspruch der Arbeitnehmer also nicht mit § 616 S. 1 BGB begründen. Der Zusammenbruch des Verkehrs wegen der extremen Eisglätte ist kein Fall der persönlichen Verhinderung.[177]

Die persönliche Verhinderung darf nicht vom Arbeitnehmer **verschuldet** sein. Damit **358** ist ein Verschulden gegen sich selbst gemeint. Dieses liegt vor, wenn der Arbeitnehmer gröblich gegen das von einem verständigen Menschen im eigenen Interesse zu erwartende Verhalten verstößt.[178]

174 BAG 22.1.2009 – 6 AZR 78/08, NZA 2009, 735.
175 BAG 13.12.2001 – 6 AZR 30/01, NZA 2002, 1105.
176 S. dazu § 11.
177 BAG 8.9.1982 – 5 AZR 283/80, NJW 1983, 1078.
178 Dazu HWK/*Krause* BGB § 616 Rn. 44.

359 Die Entgeltzahlung erfolgt nur bei Verhinderungen, die im Verhältnis zur Dauer des Arbeitsverhältnisses **verhältnismäßig gering** sind.[179] Auch bei einem auf unbestimmte Zeit eingegangenen Arbeitsverhältnis sind das nur wenige Tage.[180] Ist die Dauer unverhältnismäßig, so treten die Rechtsfolgen des § 616 BGB nicht ein. Es gibt keine Begrenzung des Anspruches auf das (gerade noch) Mögliche.[181]

360 § 616 S. 1 BGB ist **dispositiv.** Regelmäßig wird er durch Tarifverträge abbedungen, die den Grundsatz aufstellen, dass nur wirklich geleistete Arbeit bezahlt wird, dazu aber einen Katalog von Ausnahmen machen, die für einen Teil der Fälle zugleich die Dauer der Arbeitsbefreiung fixieren.[182]

361 Besonders geregelt ist die persönliche Verhinderung durch notwendige Betreuung oder Pflege eines erkrankten Kindes des Arbeitnehmers. Nach § 45 I und II SGB V haben versicherte Arbeitnehmer in einem solchen Fall Anspruch auf Krankengeld für längstens zehn Tage, wenn das Kind das zwölfte Lebensjahr nicht vollendet hat. Bei alleinerziehenden versicherten Arbeitnehmern besteht der Anspruch für längstens 20 Arbeitstage. Insgesamt wird Krankengeld aber für nicht mehr als 25 Arbeitstage, bei Alleinerziehenden für nicht mehr als 50 Arbeitstage im Kalenderjahr bezahlt. Für die Zeit, für die Krankengeld zu zahlen ist, besteht nach § 45 III SGB V auch Anspruch auf unbezahlte Freistellung gegenüber dem Arbeitgeber. § 45 SGB V steht weitergehenden vertraglichen oder tariflichen Bestimmungen nicht entgegen.

2. Annahmeverzug

362 Kommt der Arbeitgeber mit der Annahme der Arbeitsleistung in Verzug, entfällt nach § 615 S. 1 BGB nicht nur die Arbeitspflicht für die Zeit des Annahmeverzugs (→ Rn. 222). Vielmehr behält der Arbeitnehmer auch den Anspruch auf das Arbeitsentgelt. Allerdings ist dieser Entgeltzahlungsanspruch nach § 615 S. 2 BGB eingeschränkt: Der Arbeitnehmer muss sich das anrechnen lassen, was er infolge des Unterbleibens der Dienstleistung, zB an Fahrtkosten, erspart. Er muss sich anderweitigen Verdienst, den er während des Annahmeverzugs erzielt, anrechnen lassen, und er muss schließlich den Abzug eines Arbeitsverdienstes hinnehmen, den er nur deshalb nicht gemacht hat, weil er böswillig keine andere Arbeit aufgenommen hat.[183] Für den Annahmeverzug während des Kündigungsschutzprozesses gilt allerdings die Sonderregelung des § 11 KSchG.[184] Der anderweitige Verdienst, den der Arbeitnehmer während des Anrechnungszeitraums erzielt hat, ist gem. § 615 S. 2 BGB, § 11 Nr. 1 KSchG nicht pro-rata-temporis, sondern auf die Gesamtvergütung für die Dauer des (beendeten) Annahmeverzugs anzurechnen. Zum Zwecke der dafür erforderlichen Vergleichsberechnung (Gesamtberechnung) ist zunächst die Vergütung für die infolge des Verzugs nicht geleisteten Dienste zu ermitteln. Dieser Gesamtvergütung ist das gegenüberzustellen, was der Arbeitnehmer im selben Zeitraum anderweitig verdient hat.[185]

179 BAG 17.12.1959 – GS 2/59, NJW 1960, 738; aA ErfK/*Preis* BGB § 616 Rn. 10a.
180 BAG 20.7.1977 – 5 AZR 325/76, AP BGB § 616 Nr. 47.
181 ErfK/*Preis* BGB § 616 Rn. 10.
182 S. §§ 9, 10 I des Manteltarifvertrages der bayerischen Metall- und Elektroindustrie.
183 Dazu BAG 7.2.2007 – 5 AZR 422/06, NZA 2007, 561.
184 S. dazu auch BVerfG 24.6.2010 – 1 BvL 5/10, NZA 2010, 1004.
185 BAG 16.5.2012 – 5 AZR 251/11, NZA 2012, 971.

Umstritten ist die Frage, wie sich der Fixschuldcharakter der Arbeitsleistung und der Annahmeverzug zueinander verhalten.[186] Bei strenger Beachtung der Exklusivität von Unmöglichkeit und Verzug wäre für § 615 BGB kaum Raum. Die besseren teleologischen und historischen Gründe sprechen allerdings dafür, § 615 BGB sowohl bei Annahmeunwilligkeit des Arbeitgebers wie auch bei der Annahmeunmöglichkeit heranzuziehen.[187] 363

§ 615 BGB ist von großer praktischer Bedeutung, vor allem im Zusammenhang mit Kündigungen. Beschäftigt der Arbeitgeber den Arbeitnehmer schon vor Ablauf der Kündigungsfrist nicht mehr oder erweist sich die Kündigung überhaupt nachträglich als unwirksam, kann der Arbeitnehmer Zahlung des Arbeitsentgelts nach § 615 BGB verlangen.[188] Aber auch andere Anwendungsfälle des § 615 BGB kommen in Betracht. Schränkt der Arbeitgeber die Produktion ein, ohne eine wirksame Vereinbarung über Kurzarbeit getroffen zu haben, gerät er für die Zeit, in der er die Arbeitnehmer nicht beschäftigt, in Annahmeverzug und bleibt zur Entgeltzahlung verpflichtet. Gleiches gilt für den Betriebsveräußerer, dessen Arbeitnehmer nach Betriebsübergang dem Übergang des Arbeitsverhältnisses widersprochen hat. Auch hier gerät, wegen der ex-tunc-Wirkung des Widerspruches, der Veräußerer als Arbeitgeber in Annahmeverzug.[189] 364

Die Aufrechterhaltung des Entgeltanspruchs nach § 615 BGB setzt **Annahmeverzug** iSd §§ 293ff. BGB voraus.[190] Zu dessen Begründung ist im Arbeitsverhältnis gem. § 294 BGB regelmäßig ein tatsächliches Angebot erforderlich. Ein wörtliches Angebot genügt dann, wenn der Arbeitgeber dem Arbeitnehmer erklärt hat, dass er die Leistung nicht annehmen werde (§ 295 S. 1 BGB). Der Auffassung des BAG, ein wörtliches Angebot sei bei Ablehnung der Arbeitsleistung durch den Arbeitgeber nach § 296 BGB entbehrlich, weil der Arbeitgeber jeden Tag erneut, also kalendermäßig, verpflichtet sei, an der vom Arbeitnehmer zu erbringenden Arbeitsleistung dadurch mitzuwirken, dass er diesem einen funktionsfähigen Arbeitsplatz einrichte und zuweise,[191] kann nicht gefolgt werden: Die fortlaufend notwendigen Arbeitsanweisungen sind keine »Mitwirkungshandlungen« iSd § 295 S. 1 2. Alt. und § 296 BGB. Sonst käme man zu dem Ergebnis, dass der Arbeitnehmer sich tatsächlich zur Dienstleistung nur einfinden müsste, wenn ihm der Arbeitgeber vorab mitgeteilt hat, welche Dienste er im Einzelnen verrichten soll; ohne eine solche Mitteilung würde sein wörtliches Angebot genügen. Das wäre eine lebensfremde Verkehrung von Regel und Ausnahme.[192] Aus dem gleichen Grund kann auch die Notwendigkeit, »dass der Arbeitgeber überhaupt erst mal dem Arbeitnehmer den Arbeitsplatz zur Verfügung stellt«, nicht die Anwendbarkeit des § 296 BGB begründen. 365

Das gilt auch, wenn der Arbeitgeber das Arbeitsverhältnis gekündigt hat. Die Auffassung, das Angebot der Arbeitsleistung durch den Arbeitnehmer werde nach einer Arbeitgeberkündigung sinnlos und überflüssig, weil der Arbeitgeber durch die Kündigung deutlich gemacht habe, er werde die Arbeitsleistung

186 Dazu ErfK/*Preis* BGB § 615 Rn. 7; HWK/*Krause* BGB § 615 Rn. 5f.
187 Dazu HWK/*Krause* BGB § 615 Rn. 5ff.
188 Zu den Einzelheiten → Rn. 775.
189 BAG 20.5.2010 – 8 AZR 734/08, NZA 2010, 1295; BAG 27.11.2008 – 8 AZR 174/07, NZA 2009, 552.
190 Dazu BAG 8.10.2008 – 5 AZR 715/07, AP BGB § 615 Nr. 125.
191 BAG 19.1.1999 – 9 AZR 679/97, NZA 1999, 925.
192 *Stahlhacke* ArbuR 1992, 8; Staudinger/*Feldmann*, 2014, BGB § 296 Rn. 4ff.

nicht mehr konkretisieren, dh an ihr nicht mehr mitwirken,[193] ist unzutreffend. Wie § 295 S. 1 Alt. 1 BGB zeigt, verlangt das Gesetz selbst nach einer Erklärung des Gläubigers, dass er die Annahme der geschuldeten Leistung ablehne, noch ein Angebot des Schuldners. Das Gesetz trägt damit dem Umstand Rechnung, dass sich Gläubiger und Schuldner häufig über die Wirksamkeit des Schuldverhältnisses streiten und es deshalb sinnvoll ist, vom Schuldner die Erklärung zu verlangen, er wolle an ihm festhalten und es weiter erfüllen.[194] Diese Überlegung gilt gerade auch für den Fall der Kündigung des Arbeitsverhältnisses durch den Arbeitgeber. Ob ein unberechtigt gekündigter Arbeitnehmer gegen die Kündigung vorgeht oder sich mit ihr abfindet, ist, wie die Praxis zeigt, durchaus offen. Das klarzulegen, ist ihm zuzumuten.

In **Fall 19** besteht schon kein Annahmeverzug, weil die Arbeitnehmer ihre Leistung nicht so, wie sie zu bewirken war, ordnungsgemäß angeboten haben (§ 294 BGB). Erfüllungsort ist der Betrieb, in dem sich die Arbeitsstelle der Arbeitnehmer befindet. Dort haben die Arbeitnehmer ihre Arbeitsleistung aber nicht angeboten. Dass es die Firma X übernommen hatte, sie mit dem Werksbus von der Wohnung zur Arbeitsstätte zu befördern, ändert am Erfüllungsort nichts, sondern begründet eine weitere Verpflichtung der X, die neben den Hauptleistungspflichten aus dem Arbeitsverhältnis steht. Eine Pflicht zur Entgeltfortzahlung kann nur bei schuldhafter Verletzung dieser Pflicht entstehen, etwa, wenn der Fahrer des Busses schuldhaft einen Unfall verursacht, nicht aber bei höherer Gewalt.

366 Nach § 297 BGB kommt der Arbeitgeber dann nicht in Annahmeverzug, wenn der Arbeitnehmer zur Zeit des Angebots zur Leistung nicht imstande ist. Kann sich der Arbeitnehmer wegen einer Reise an der Arbeitsstelle nicht einfinden, tritt kein Annahmeverzug ein. Allerdings genügt es nach Treu und Glauben, wenn sich der Arbeitnehmer für einen Abruf in angemessener Zeit bereithält. Annahmeverzug tritt auch dann nicht ein, wenn der Arbeitnehmer aus Gewissensgründen nicht in der Lage ist, seine Arbeitsleistung zu erbringen und ein anderweitiger Einsatz des Arbeitnehmers ausscheidet.[195] Auch scheidet der Annahmeverzug aus, wenn der Arbeitnehmer zur Zeit des Angebots arbeitsunfähig krank ist. Erlangt er später die Fähigkeit zur Leistungserbringung wieder, muss er in allen diesen Fällen seine Leistung erneut anbieten, wenn er Annahmeverzug des Arbeitgebers begründen will.

367 Neben der (tatsächlichen oder rechtlichen) Leistungsfähigkeit umfasst § 297 BGB auch die nicht ausdrücklich genannte Leistungswilligkeit,[196] weil ein leistungsunwilliger Arbeitnehmer sich selbst außerstande setzt, die Arbeitsleistung zu bewirken. Die objektive Leistungsfähigkeit und der subjektive Leistungswille sind gegenüber dem Leistungsangebot (und dessen Entbehrlichkeit) unabhängige Voraussetzungen. Sie müssen während des gesamten Annahmeverzugszeitraums vorliegen.[197] Eine fehlende Leistungsbereitschaft im gekündigten Arbeitsverhältnis kann aber nach Meinung des BAG nicht allein bereits daraus geschlossen werden, dass der Arbeitnehmer ein neues Arbeitsverhältnis eingeht.[198] Dies hat lediglich indiziellen Charakter.

Der vor Ausspruch einer Kündigung leistungsunwillige, die Arbeit verweigernde Arbeitnehmer muss einen wieder neu gefassten Leistungswillen gegenüber dem Arbeitgeber im Rahmen des Zumutbaren durch ein tatsächliches Angebot kundtun.[199]

193 Staudinger/*Feldmann*, 2014, BGB § 296 Rn. 5.
194 *Kaiser*, Anm. zu BAG 24.10.1991, EzA Nr. 70 zu § 615 BGB.
195 BAG 24.5.1989 – 2 AZR 285/88, NZA 1990, 144.
196 BAG 21.10.2015 – 5 AZR 843/14, NZA 2016, 688; BAG 17.8.2011 – 5 AZR 251/10, DB 2012, 238; BAG 22.2.2012 – 5 AZR 249/11, NZA 2012, 858.
197 BAG 22.2.2012 – 5 AZR 249/11, NZA 2012, 858.
198 BAG 16.5.2012 – 5 AZR 251/11, NZA 2012, 971.
199 BAG 22.2.2012 – 5 AZR 249/11, NZA 2012, 858.

§ 297 BGB ist auch im Fall des § 296 BGB anwendbar. Deshalb verneint auch das BAG, nach dessen Meinung im Falle der unberechtigten Kündigung ein Angebot für den Annahmeverzug nicht erforderlich ist, den Annahmeverzug, wenn der Arbeitnehmer zur Zeit der Kündigung arbeitsunfähig krank ist. Das BAG lässt in diesem Falle den Annahmeverzug dann automatisch eintreten, wenn der Arbeitnehmer wieder gesund geworden ist.[200] Das entfernt sich noch weiter von § 296 S. 1 BGB: Dass der Arbeitgeber einem erkrankten Arbeitnehmer gleichsam auf Verdacht täglich einen funktionsfähigen Arbeitsplatz zur Verfügung stellen soll, ist untragbar.

Die **Fortdauer** des einmal eingetretenen Annahmeverzugs ist nicht davon abhängig, 368
dass der Arbeitnehmer zur Leistung imstande bleibt. Im Unterschied zu § 286 IV BGB, nach dem der Schuldner nicht in Verzug kommt, »solange« er unverschuldet nicht leisten kann, kommt der Gläubiger nach § 297 BGB nur dann nicht in Verzug, »wenn der Schuldner zur Zeit des Angebots« nicht leistungsbereit oder unfähig ist. Wird ein Arbeitnehmer **während** des Annahmeverzugs arbeitsunfähig krank, verreist er oder tritt er eine Haftstrafe an, bleibt der Annahmeverzug also bestehen. Um seinen Folgen zu entgehen, muss der Arbeitgeber ihn beenden, indem er sich zur Annahme der Leistung bereit erklärt.[201]

3. Betriebsrisiko

Auch die Fälle, in denen wegen einer Betriebsstörung (Energiemangel, Rohstoffman- 369
gel, Versagen einer Maschine, behördliche Anordnung) nicht gearbeitet werden kann, können nicht § 326 I BGB zugeordnet werden. Es ist Sache des Unternehmers, dafür zu sorgen, dass der von ihm organisierte und geleitete Betrieb funktioniert. Dieses Risiko auf dem Weg über § 326 I BGB den Arbeitnehmern anzulasten, wäre unangemessen. § 615 S. 3 BGB enthält eine ausdrückliche Regelung des Betriebsrisikos. Sie legt zwar nicht fest, in welchen Fällen von einer Vergütungspflicht des Arbeitgebers auszugehen ist, bestimmt aber, dass der Arbeitnehmer nicht nachzuleisten braucht und dass sich auf der anderen Seite sein Entgeltanspruch die gleichen Einschränkungen gefallen lassen muss wie der Annahmeverzugslohn.

Die Abgrenzung der Fälle, in denen eine Betriebsstörung vorliegt, deren Risiko der 370
Arbeitgeber zu tragen hat, von den Fällen, in denen sich im Arbeitsausfall ein allgemeines Lebensrisiko verwirklicht, dem sich auch der Arbeitnehmer nicht entziehen kann, ist nicht immer einfach. Die Rechtsprechung hat etwa das Verbot von Tanzveranstaltungen wegen eines Landestrauerfalls im Verhältnis zwischen dem Arbeitgeber und einem von ihm beschäftigten Orchester dem Betriebsrisiko zugeordnet[202], ebenso den witterungsbedingten Arbeitsausfall.[203] Auf der anderen Seite rechnet sie Verkehrsbehinderungen, derentwegen der Arbeitnehmer den Arbeitsplatz nicht erreichen kann, zum alle treffenden Lebensrisiko, das von den Arbeitnehmern zu tragen ist.[204]

Auch unter dem Gesichtspunkt des Betriebsrisikos können die Arbeitnehmer in **Fall 19** keine Bezahlung der ausgefallenen Arbeit beanspruchen.

Selbst wenn eine Betriebsstörung durch eine von außen kommende Ursache oder von 371
einem **anderen Arbeitnehmer** herbeigeführt worden ist, muss das Risiko vom Arbeit-

200 BAG 24.11.1994 – 2 AZR 179/94, NZA 1995, 263.

201 *Kaiser*, Anm. zu BAG 24.10.1991, EzA Nr. 70 zu § 615 BGB; aA BAG 18.8.1961 – 4 AZR 132/60, AP BGB § 615 Nr. 20.

202 BAG 30.5.1963 – 5 AZR 282/62, AP BGB § 615 Betriebsrisiko Nr. 15.

203 BAG 22.4.2009 – 5 AZR 310/08, NZA 2009, 913.

204 BAG 8.12.1982 – 4 AZR 134/80, NJW 1983, 1079.

geber getragen werden. Der Arbeitgeber muss für die von ihm eingesetzten Arbeitnehmer genauso gerade stehen wie für das Vorhandensein und das Funktionieren der sachlichen Betriebsmittel. Anders liegt es nur, wenn die Betriebsstörung auf ein Verhalten der Organe der Arbeitnehmerschaft, insbesondere des Betriebsrats, zurückzuführen ist. Führt etwa die verzögernde Behandlung eines Eilfalls, zB der Bewilligung von Überstunden durch den Betriebsrat, dazu, dass nicht gearbeitet werden kann, kommt die Ursache des Arbeitsausfalls aus der kollektiven Sphäre der Arbeitnehmer und kann nicht dem Arbeitgeber zugerechnet werden.[205]

372 Die Grundsätze über das vom Arbeitgeber zu tragende Betriebsrisiko sind ebenfalls **dispositiv.**[206] Häufig werden sie tariflich modifiziert.[207]

Zum Lohnrisiko bei Ausfall von Arbeit infolge von Arbeitskämpfen → Rn. 1167ff.

VII. Gratifikationen und andere »freiwillige Leistungen«

1. Formen

373 Neben dem eigentlichen Arbeitsentgelt erhalten Arbeitnehmer heute vielfach Sonderleistungen, die an das Arbeitsverhältnis anknüpfen, aber nicht eine unmittelbare Gegenleistung für die Arbeitsleistung darstellen. Im Vordergrund solcher Leistungen stehen Weihnachtsgratifikationen in Form von festen Beträgen oder Prozentsätzen des Entgelts sowie zusätzliche Urlaubsgelder, die in der Urlaubszeit zum Arbeitsentgelt gezahlt werden. Andere Formen solcher Sonderleistungen sind etwa Jubiläumszuwendungen nach einer bestimmten Dauer des Beschäftigungsverhältnisses oder anlässlich von Firmenjubiläen.

2. Entstehen eines Rechtsanspruchs

374 Gratifikationen und die ihnen verwandten Sonderleistungen sind oft sog. »freiwillige Leistungen«. Sie erfolgen zwar im Rahmen des Arbeitsverhältnisses, ob sie gewährt werden, wird aber jeweils vom Arbeitgeber entschieden, ein Anspruch des Arbeitnehmers auch auf zukünftige Leistungen soll gerade nicht entstehen. Dabei ist es für die Praxis schwer, eine solche Freiwilligkeit auch vertraglich zu gewährleisten, gerade vor dem Hintergrund, dass bei mehrmaliger Gewährung einer solchen Leistung eine betriebliche Übung mit daraus folgendem zukünftigen Rechtsanspruch entstehen kann (→ Rn. 68ff.). Das Mittel der Wahl ist hier ein sog. »Freiwilligkeitsvorbehalt«. Allerdings ist es durchaus schwierig, einen solchen Freiwilligkeitsvorbehalt rechtssicher bereits im Arbeitsvertrag zu vereinbaren, weil es sich hier regelmäßig um Allgemeine Arbeitsbedingungen handelt und somit eine Kontrolle anhand der §§ 305ff. BGB zu erfolgen hat.[208] Die Rechtsprechung jedenfalls steht der Angemessenheit einer pauschalen Vereinbarung, die alle zusätzlichen Leistungen unter einen Freiwilligkeitsvorbehalt stellt, bereits wegen des in § 307 I BGB niedergelegten Transparenzprinzips ablehnend gegenüber.[209]

205 Löwisch/Kaiser/*Kaiser*, BetrVG, 6. Aufl. 2010, § 87 Rn. 21.
206 BAG 10.1.2007 – 5 AZR 84/06, NZA 2007, 384; BAG 8.12.1982 – 4 AZR 134/80, NJW 1983, 1079.
207 § 9 des Manteltarifvertrages der bayerischen Metall- und Elektroindustrie.
208 Clemenz/Kreft/Krause/*Klumpp*, AGB-Arbeitsrecht, 2013, BGB § 307 Rn. 189ff.
209 BAG 13.11.2013 – 10 AZR 848/12, NJW 2014, 1466; BAG 14.9.2011 – 10 AZR 526/10, NZA 2012, 81; BAG 8.12.2010 – 10 AZR 671/09, NZA 2011, 628.

Vielfach besteht aber heute auch ein Rechtsanspruch auf solche Leistungen. Dieser kann aus einer besonderen arbeitsvertraglichen Zusage, meist in Form einer Gesamtzusage (→ Rn. 60) oder einer betrieblichen Übung (→ Rn. 68) folgen. Schließlich kann ein Rechtsanspruch aus dem arbeitsrechtlichen Gleichbehandlungsgrundsatz entstehen (→ Rn. 147 f.). Auch eine tarifliche Zusage ist möglich. Etwa ist in zahlreichen Branchen inzwischen tariflich die Zahlung eines 13. Monatsgehalts oder von Urlaubsgeldern in bestimmter Höhe vorgesehen.

Für die rechtliche Beurteilung einer Gratifikation ist deren Zweck wichtig, so kann sie synallagmatisch mit der Arbeitsleistung verknüpft sein (und ist dann Arbeitsentgelt), sie kann aber auch dazu dienen, die bisherige Betriebstreue des Arbeitnehmers zu honorieren (»Treueprämie«) oder die zukünftige Betriebszugehörigkeit zu sichern (»Halteprämie«). Der jeweilige Zweck hat insbesondere Auswirkungen etwa auf die Frage, ob bei einem Fälligkeitstermin nach Beendigung des Arbeitsverhältnisses doch ein (anteiliger) Anspruch besteht oder nicht.[210] Liegt eine synallagmatische Verknüpfung mit der Arbeitsleistung vor, ist etwa eine sog. »Stichtagsklausel«, die den Anspruch von einem ungekündigten Arbeitsvertrag abhängig macht, regelmäßig nach § 307 II Nr. 1 BGB unangemessen.[211] **375**

3. Rückzahlungsklauseln

Wenn die Gratifikationen den Zweck haben, eine zukünftige Bindung der Arbeitnehmer an ihren Arbeitsplatz zu erreichen, wird die Gewährung oftmals mit einer Rückzahlungsklausel verbunden, nach der sie derjenige zurückzahlen muss, der sein Arbeitsverhältnis kündigt. Solche Klauseln sind nach § 307 II Nr. 1 BGB unwirksam, wenn sie die Kündigung des Arbeitnehmers so sehr erschweren, dass er entgegen dem Prinzip des § 622 VI BGB kein im Verhältnis zum Arbeitgeber gleichwertiges Kündigungsrecht mehr hat. **376**

Das BAG hat zu den Rückzahlungsklauseln bei Weihnachtsgratifikationen genaue Regeln aufgestellt: Danach ist bei Gratifikationen bis zur Höhe von 100 EUR überhaupt keine Rückzahlungsklausel zulässig. Bei Gratifikationen bis zur Höhe eines Monatsentgelts kann eine Rückzahlungsklausel für Kündigungen vereinbart werden, die bis zum 31.3. des nächsten Jahres erfolgen.[212] Übersteigt die Gratifikation ein Monatsgehalt, kommt auch eine längere Bindung in Betracht.

VIII. Aufwendungsersatz

Fall 20: A ist als Oberarzt im Klinikum X angestellt. Er hat sich während seiner Bereitschaftszeit zu Hause für etwaige Notfälle zur Verfügung zu halten. Als er eines Tages ins Krankenhaus zu einem solchen Notfall gerufen wird, fährt er mit seinem privaten Pkw. Auf dem Weg kommt es aber (von A unverschuldet) zum Unfall und der Wagen wird stark beschädigt. A verlangt von seinem Arbeitgeber Ersatz.

---

210 BAG 18.1.2012 – 10 AZR 667/10, NZA 2012, 620.

211 BAG 18.1.2012 – 10 AZR 612/10, NZA 2012, 561; nach BAG 13.11.2013 – 10 AZR 848/12, ZIP 2014, 487 sind solche Stichtagsregelungen auch für Sonderzahlungen mit Mischcharakter unzulässig; genauer hierzu Clemenz/Kreft/Krause/*Klumpp*, AGB-Arbeitsrecht, 2013, BGB § 307 Rn. 236 ff.

212 BAG 21.5.2003 – 10 AZR 390/02, NZA 2003, 1032; BAG 9.6.1993 – 10 AZR 529/92, NZA 1993, 935.

377 Überträgt der Arbeitgeber dem Arbeitnehmer eine Tätigkeit, mit der für den Arbeitnehmer Aufwendungen verbunden sind, sind diese dem Arbeitnehmer nach § 670 BGB zu ersetzen. Der Arbeitsvertrag stellt sich dann zugleich als Geschäftsbesorgungsvertrag iSd § 675 BGB dar, auf den die Auftragsvorschriften entsprechend anzuwenden sind.

378 Zu den Aufwendungen, die zu ersetzen sind, gehören dabei nicht nur freiwillige Ausgaben, etwa für Fahrtkosten, Telefon, Benzin oder Porto oder auch die Nutzung eigener Räumlichkeiten des Arbeitnehmers iSd Arbeitgebers.[213] Vielmehr umfassen sie grundsätzlich auch **Schäden,** die der Arbeitnehmer bei der Tätigkeit erleidet. Erledigt der Arbeitnehmer auf Weisung des Arbeitgebers mit dem eigenen Pkw eine geschäftliche Besorgung und wird dabei in einen Unfall verwickelt, hat er grundsätzlich Anspruch auf Ersatz der Reparaturaufwendungen für seinen Pkw.[214]

379 Allerdings gilt dies nur bei Schäden, die der betrieblichen Risikosphäre des Arbeitgebers zuzurechnen sind. Sein allgemeines Lebensrisiko muss der Arbeitnehmer selbst tragen. Insbesondere muss er sich damit abfinden, dass an seiner Kleidung und etwa von ihm mitgebrachten Gerätschaften der übliche Verschleiß eintritt; insoweit kommt ein Ersatz nur bei außergewöhnlichen Schäden in Betracht.[215]

380 Zu ersetzen sind nach § 670 BGB nur Aufwendungen, die der Arbeitnehmer für erforderlich halten durfte.[216] Dies hängt einerseits davon ab, ob er nach dem Arbeitsvertrag überhaupt zu eigenen Aufwendungen befugt war. Zum anderen kommt es darauf an, dass er bei der Aufwendung selbst die notwendige Sorgfalt beachtet hat. Bei Schäden, die der Arbeitnehmer an eigenen Sachen, etwa an einem eigenen Pkw erleidet, muss also der Einsatz des eigenen Pkws vom Arbeitgeber gewünscht oder sonst angezeigt gewesen sein.[217] Außerdem darf den Arbeitnehmer am Schaden **kein Verschulden** treffen, wobei ihm die Grundsätze zur Einschränkung der Arbeitnehmerhaftung (→ Rn. 543 ff.) zugutekommen und auch § 254 BGB entsprechend anzuwenden ist.[218]

In **Fall 20** kann A Aufwendungsersatz verlangen: Der Pkw-Einsatz war angezeigt, weil A mit anderen Verkehrsmitteln nicht rechtzeitig in das Krankenhaus gekommen wäre. A hat auch den vollen Ersatzanspruch, weil er den Unfall nicht schuldhaft herbeiführte.[219]

381 **Bewerber** um einen Arbeitsplatz haben Anspruch auf Ersatz ihrer Aufwendungen, zB der Reisekosten für eine Vorstellung, wenn ihnen das ausdrücklich oder stillschweigend **zugesagt** worden ist oder ein Fall der culpa in contrahendo vorliegt (zu Letzterem → Rn. 585). Von einer stillschweigenden Zusage der Reisekosten ist auszugehen, wenn der Arbeitgeber den Arbeitnehmer zur Vorstellung aufgefordert hat.[220]

213 BAG 12.3.2013 – 9 AZR 455/11, NJW 2013, 2923; BAG 14.10.2003 – 9 AZR 657/02, NZA 2004, 604.
214 BAG 22.6.2011 – 8 AZR 102/10, NZA 2012, 91; BAG 14.12.1995 – 8 AZR 875/94, NZA 1996, 417.
215 BAG 10.11.1961 – GS 1/60, AP BGB § 611 Gefährdungshaftung des Arbeitgebers Nr. 2.
216 BAG 12.3.2013 – 9 AZR 455/11, NJW 2013, 2923.
217 Dazu BAG 22.6.2011 – 8 AZR 102/10, NZA 2012, 91.
218 BAG 8.5.1980 – 3 AZR 82/79, NJW 1981, 702.
219 BAG 22.6.2011 – 8 AZR 102/10, NZA 2012, 91.
220 BAG 14.2.1977 – 5 AZR 171/76, AP BGB § 196 Nr. 8.

IX. Ausbildungsvergütung

Fall 21: Frau A möchte, nachdem ihre Kinder groß sind, wieder in ihren Beruf als Anwaltsgehilfin zurückkehren. Um wieder in die Tätigkeit hineinzukommen, vereinbart sie mit Rechtsanwalt X, dass sie dort zunächst vier Monate ohne Entgelt als Volontärin arbeitet. Nach Ablauf der vier Monate übernimmt sie X nicht in ein Arbeitsverhältnis. Frau A meint, sie müsse nachträglich die vier Monate doch vergütet erhalten.

Für Ausbildungsverhältnisse legt das BBiG eine Vergütungspflicht des Arbeitgebers **382** zwingend fest. Nach § 17 I BBiG hat er dem Auszubildenden eine angemessene Vergütung zu gewähren, die mit fortschreitender Berufsausbildung mindestens jährlich ansteigt. Soweit die Höhe nicht tariflich bestimmt ist, muss sie nach billigem Ermessen gem. §§ 316, 315 BGB festgelegt werden. Die Vergütung ist unter anderem auch zu zahlen für die Zeit der Teilnahme am Berufsschulunterricht und bis zur Dauer von 6 Wochen bei Ausfall der Berufsausbildung infolge unverschuldeter Krankheit oder sonstiger, in der Person des Auszubildenden liegender Verhinderung (§ 19 I BBiG). Diese Ansprüche können weder durch Vertrag noch durch Tarifvertrag ausgeschlossen werden. Die in früheren Zeiten übliche Vereinbarung eines »Lehrgeldes«, das der Auszubildende dem Ausbildenden zu bezahlen hat, ist nach § 12 II Nr. 1 BBiG verboten.

Auch in **Fall 21** hat Frau A Anspruch auf angemessene Vergütung. Zwar steht sie nicht in einem eigentlichen Berufsausbildungsverhältnis, aber nach § 26 BBiG gelten dessen §§ 10–23 BBiG und damit auch § 17 BBiG für die Vertragsverhältnisse aller Personen, die eingestellt werden, um berufliche Kenntnisse, Fähigkeiten oder Erfahrungen zu erwerben.

Die Übernahme der Kosten von Weiter- und Fortbildungen durch den Arbeitgeber ist **383** Sache der arbeitsvertraglichen Vereinbarung. Häufig wird eine solche Übernahme mit einer Rückzahlungsklausel für den Fall des Ausscheidens des Arbeitnehmers aus dem Arbeitsverhältnis verbunden. Derartige Klauseln unterliegen der Kontrolle nach § 307 BGB. Etwa ist die Klausel unangemessen, wenn sie so gefasst ist, dass sie ohne Rücksicht auf den Beendigungsgrund gelten soll.[221]

X. Kontrollfragen

Frage 22: Wie unterscheiden sich Zeitentgelt und Leistungsentgelt? **384**

Frage 23: Was bedeutet das Truckverbot?

Frage 24: Wie ist der Pfändungsschutz für Lohnansprüche ausgestaltet?

Frage 25: Was bedeutet es, dass der Arbeitgeber hinsichtlich der Vergütung das Betriebsrisiko trägt? Welche Ausnahme gibt es von diesem Grundsatz?

Frage 26: Wann besteht auch ohne ausdrückliche vertragliche Vereinbarung ein Rechtsanspruch auf Gratifikation?

221 BAG 28.5.2013 – 3 AZR 103/12, NZA 2013, 1419; BAG 6.8.2013 – 9 AZR 442/12, NZA 2013, 1361; BAG 11.4.2006 – 9 AZR 610/05, NZA 2006, 1042; ausführlich zur Zulässigkeit von Rückzahlungsklauseln Clemenz/Kreft/Krause/*Klumpp*, AGB-Arbeitsrecht, 2013, BGB § 307 Rn. 207ff.

§ 10 Urlaub, Eltern- und Pflegezeit sowie Feiertage

Literatur: *Buchner/Becker,* Mutterschutzgesetz und Bundeselterngeld- und Elternzeitgesetz, 8. Aufl. 2008; *Fecker/Scheffzek,* Elternzeit – ungeklärte (Rechts)fragen aus der Praxis, NZA 2015, 778; *Friese,* Urlaubsrecht, 2003; *Gehlhaar,* Das BAG, der EuGH und der Urlaub, NJW 2012, 271; *Glatzel,* Das neue Familienpflegezeitgesetz, NJW 2012, 1175; *Joussen,* Streitfragen aus dem Pflegezeitgesetz, NZA 2009, 69; *Kaiser,* Erziehungs- und Elternurlaub in Verbundsystemen kleiner und mittlerer Unternehmen, 1993; *Latzel,* Urlaub von Teilzeitbeschäftigten, EuZA 2014, 80; *Neumann/Fenski,* Bundesurlaubsgesetz, 11. Aufl. 2016; *Plüm,* Wohin im Urlaub?, NZA 2013, 11; *Rudkowski,* Zur Umrechnung des Urlaubsanspruchs bei Kurzarbeit, EuZA 2013, 260; *Schubert,* Der Urlaubsabgeltungsanspruch nach dem Abschied von der Surrogationsthese, RdA 2014, 9; *Weber,* Die Ansprüche auf Urlaub, Urlaubsentgelt und Urlaubsabgeltung, RdA 1995, 229; *Worm/Thelen,* Der Abgeltungsanspruch für nicht genommenen Urlaub, NJW 2016, 1764.

I. Erholungsurlaub

1. Überblick

385 Nach dem Bundesurlaubsgesetz, das vor dem Hintergrund des Art. 7 I Arbeitszeit-RL richtlinienkonform auszulegen ist, hat jeder Arbeitnehmer in jedem Kalenderjahr Anspruch auf 24 Werktage Urlaub. Ergänzt werden die Bestimmungen durch Vorschriften für besondere Arbeitnehmergruppen. So steht Jugendlichen nach § 19 JArbSchG je nach Lebensalter ein jährlicher Urlaub von 25–30 Werktagen zu. Schwerbehinderte Arbeitnehmer erhalten nach § 125 SGB IX[222] einen Zusatzurlaub von fünf Arbeitstagen.

386 Zweck dieses gesetzlichen Mindesturlaubes ist es, dem Arbeitnehmer die Gelegenheit zur Erholung zu geben.[223] Davon zeugt auch die Vorschrift des § 7 II BUrlG, nach der der Urlaub zusammenhängend zu gewähren ist. Allerdings ist weder ein konkretes Erholungsbedürfnis Voraussetzung für den Urlaubsanspruch, noch ein (abzusehender) Erholungserfolg.[224]

387 Aufgrund tariflicher oder arbeitsvertraglicher Bestimmungen haben die Arbeitnehmer fast ausnahmslos einen weit längeren Urlaubsanspruch als den Mindesturlaub von 24 Werktagen, den das BUrlG bietet.[225]

2. Mindesturlaub nach dem BUrlG

a) Voraussetzungen des Urlaubsanspruchs

388 Anspruch auf den Erholungsurlaub von 24 Werktagen im Jahr (§ 3 BUrlG) nach dem BUrlG haben alle Arbeitnehmer (§ 1 BUrlG) sowie arbeitnehmerähnliche Personen (§ 2 BUrlG). Dabei ist zu beachten, dass das Gesetz von einer Arbeitswoche von sechs Tagen ausgeht (auch der Samstag ist Werktag!). Deshalb beläuft sich der gesetzliche Mindesturlaub bei einer fünf Tagewoche (Montag–Freitag) auf 20 Tage.[226] Auf den

222 Ab 1.1.2018: § 208 SGB IX.
223 ErfK/*Gallner* BUrlG § 1 Rn. 4.
224 BAG 20.5.2008 – 9 AZR 219/07, NZA 2008, 1237.
225 S. etwa § 18 B des angehängten Manteltarifvertrages der bayerischen Metall- und Elektroindustrie: 30 Tage.
226 Dazu ErfK/*Gallner* BUrlG § 3 Rn. 8.

Umfang der Beschäftigung kommt es nach dem Gesetz nicht an. Auch Teilzeitbeschäftigte haben deshalb Urlaubsansprüche – allerdings wird sich hier regelmäßig die Arbeitswoche verkürzen. Der EuGH überträgt dies auch auf den Fall der Kurzarbeit. Auch hier könne der Arbeitnehmer, anders als ein erkrankter Arbeitnehmer, die gewonnene Zeit nutzen, um sich auszuruhen oder Freizeittätigkeiten nachzugehen.[227]

Der Urlaubsanspruch kann nach § 4 BUrlG erstmals nach sechsmonatigem Bestehen des Arbeitsverhältnisses geltend gemacht werden **(Wartezeit)**. Scheidet der Arbeitnehmer vor Erfüllung der Wartezeit aus dem Arbeitsverhältnis wieder aus, hat er jedoch für jeden vollen Monat des Bestehens des Arbeitsverhältnisses Anspruch auf ein Zwölftel des Jahresurlaubs (§ 5 I lit. b). Wer einen Monat in einem Arbeitsverhältnis gestanden hat, hat also Anspruch auf zwei Werktage Urlaub. 389

Das BUrlG knüpft den Urlaubsanspruch nicht an die geleistete Arbeit, sondern lediglich an das **Bestehen des Arbeitsverhältnisses** (§ 4 BUrlG). Deshalb steht er in vollem Umfang auch Arbeitnehmern zu, die während des Kalenderjahres krank waren, selbst wenn die Krankheit das ganze Jahr angedauert hat,[228] oder die wegen der Vereinbarung von unbezahltem Sonderurlaub nicht gearbeitet haben,[229] oder wenn der Arbeitnehmer eine befristete Rente wegen Erwerbsminderung bezieht und eine tarifliche Regelung das Ruhen des Arbeitsverhältnisses an den Bezug dieser Rente knüpft.[230] 390

Erkrankt der Arbeitnehmer während des Urlaubs, werden die durch ärztliches Zeugnis nachgewiesenen Tage der Arbeitsunfähigkeit auf den Urlaub nicht angerechnet (§ 9 BUrlG). Auch Maßnahmen der medizinischen Vorsorge und Rehabilitation dürfen nicht angerechnet werden, soweit für sie Anspruch auf Entgeltfortzahlung wegen Krankheit besteht (§ 10 BUrlG). 391

Die Regelungen des BUrlG sind nach § 13 I BUrlG weitgehend zwingend. Dies gilt im Hinblick auf Tarifverträge (auch bei Bezugnahme) für §§ 1, 2, 3 I BUrlG; für einzelvertragliche Abweichungen steht nur § 7 II 2 BUrlG offen. Deshalb ist es auch nicht möglich, den Anspruch auf Erholungsurlaub durch eine entsprechende Vereinbarung auf bereits vereinbarten unbezahlten Sonderurlaub anzurechnen.[231] 392

b) Festsetzung des Urlaubszeitpunkts

Nach § 7 I BUrlG sind bei der zeitlichen Lage des Urlaubs grundsätzlich die **Urlaubswünsche** des Arbeitnehmers maßgebend. Der Arbeitgeber kann ihnen nur dringende betriebliche Belange oder sozialvorrangige Urlaubswünsche anderer Arbeitnehmer entgegenhalten. So steht im Einzelhandel das Weihnachtsgeschäft einer Urlaubsgewährung in der Vorweihnachtszeit entgegen und der Arbeitnehmer muss sich auf die Betriebsferien verweisen lassen.[232] Ein Arbeitnehmer ohne schulpflichtige Kinder muss den Urlaub außerhalb der Schulferien nehmen, wenn Arbeitnehmer mit schulpflichtigen Kindern in dieser Zeit Urlaub machen wollen. 393

227 EuGH 8.11.2012 – C-229/11, NZA 2012, 1273 – Heimann ua.
228 BAG 18.3.2003 – 9 AZR 190/02, NZA 2003, 1111.
229 BAG 6.5.2014 – 9 AZR 678/12, NJW 2014, 2974, dazu Anm. *Boemke* JuS 2015, 560.
230 BAG 7.8.2012 – 9 AZR 353/10, NZA 2012, 1216.
231 BAG 6.5.2014 – 9 AZR 678/12, NJW 2014, 2974, dazu Anm. *Boemke* JuS 2015, 560.
232 LAG Düsseldorf 20.6.2002 – 11 Sa 378/02, BB 2003, 156.

394 Ob aus § 7 I BUrlG unmittelbar ein Anspruch auf Gewährung des Urlaubs in der vom Arbeitnehmer angegebenen Zeit folgt, wenn keine betrieblichen Belange oder Urlaubswünsche anderer Arbeitnehmer entgegenstehen, oder ob der Urlaubszeitpunkt vom Arbeitgeber gem. § 315 BGB nach billigem Ermessen zu bestimmen ist, wobei die Urlaubswünsche des Arbeitnehmers vorbehaltlich betrieblicher Belange oder Urlaubswünschen anderer Arbeitnehmer maßgebend sind, ist streitig.[233] Richtig dürfte die letztere Auffassung sein, weil es Fälle gibt, in denen zwischen Urlaubswünschen verschiedener Arbeitnehmer entschieden werden muss, ohne dass ein Vorrang unter sozialen Gesichtspunkten feststellbar ist.[234]

395 In jedem Falle kann der Arbeitnehmer den Urlaub **nicht selbst nehmen,** sondern muss im Streitfall seinen Anspruch erst gerichtlich durchsetzen, wobei er sich in Eilfällen auch einer einstweiligen Verfügung bedienen kann.[235] Der Arbeitgeber wiederum kann die Urlaubsfreistellung nicht widerrufen. Verbindet er die Freistellung mit einer Widerrufsmöglichkeit, so liegt gerade keine Gewährung von Erholungsurlaub vor und der Urlaubsanspruch wird damit nicht erfüllt.[236] Auf der anderen Seite wird der Arbeitnehmer wegen § 241 II BGB nur in Notfällen verpflichtet sein, einer vorzeitigen Rückkehrbitte des Arbeitgebers zu entsprechen.

396 Ergänzt werden die Regeln des § 7 I BUrlG durch das Mitbestimmungsrecht des Betriebsrats nach § 87 I Nr. 5 BetrVG (→ Rn. 1425). Eine auf der betrieblichen Ebene getroffene Entscheidung, etwa über Betriebsferien, ist für die Festsetzung des Urlaubszeitpunkts des einzelnen Arbeitnehmers maßgeblich.

c) Zusammenhängende Urlaubsgewährung und Teilurlaub

397 Nach § 7 II BUrlG ist der Urlaub, um den Erholungszweck zu sichern, grundsätzlich zusammenhängend zu gewähren, es sei denn, dringende betriebliche oder persönliche Gründe machen eine Teilung erforderlich. Auch im letzteren Fall müssen mindestens zwölf Werktage zusammenhängend gewährt werden.

398 Um zu einer möglichst weitgehenden zusammenhängenden Gewährung des Urlaubs zu gelangen, wird der Urlaubsanspruch nicht etwa anteilig entsprechend dem Fortschritt des Kalenderjahres fällig. Vielmehr hat der Arbeitnehmer, wenn einmal die Wartezeit erfüllt ist, in jedem Kalenderjahr **von Anfang an** den vollen Urlaubsanspruch. Dies kann dazu führen, dass er bei einem Wechsel des Arbeitsverhältnisses von seinem alten Arbeitgeber schon mehr Urlaub erhalten hat, als ihm eigentlich zusteht. Dies aber wird vom Gesetz hingenommen, insbesondere ist nicht etwa nach § 812 I BGB das Urlaubsentgelt anteilig zurückzuzahlen (§ 5 III BUrlG). § 6 BUrlG bestimmt lediglich, dass der Arbeitnehmer vom neuen Arbeitgeber insoweit keinen Urlaub verlangen kann, als er ihn vom alten Arbeitgeber schon erhalten hat.

399 Wegen des Prinzips der zusammenhängenden Gewährung des Urlaubs kommt es **nur ausnahmsweise zu Teilurlaubsansprüchen.** Dies ist einmal dann der Fall, wenn der Arbeitnehmer, weil er erst nach dem 1.7. in das Arbeitsverhältnis eintritt, die Wartezeit nicht mehr erfüllen kann (§ 5 I lit. a BUrlG), sowie dann, wenn er bereits vor Erfüllung

233 Für das Erstere s. MHdB ArbR/*Düwell* § 78 Rn. 46 mwN; BAG 18.12.1986 – 8 AZR 502/84, NZA 1987, 379; für das Letztere etwa BAG 4.12.1970 – 5 AZR 242/70, AP BUrlG § 7 Nr. 5.
234 *Leipold* Anm. zu BAG 18.12.1986, AP BUrlG § 7 Nr. 10.
235 MHdB ArbR/*Düwell* § 78 Rn. 71.
236 BAG 19.5.2009 – 9 AZR 433/08, NZA 2009, 1211.

der Wartezeit aus dem Arbeitsverhältnis wieder ausscheidet (§ 5 I lit. b BUrlG). Auch wenn der Arbeitnehmer zwar die Wartezeit erfüllt hat, aber in der ersten Hälfte des Kalenderjahres ausscheidet ohne den Urlaub schon genommen zu haben, hat er nur Anspruch auf Teilurlaub (§ 5 I lit. c BUrlG) und muss den weiteren Urlaub in einem etwaigen neuen Arbeitsverhältnis geltend machen.[237]

d) Übertragbarkeit

Fall 22: A ist seit mehreren Jahren bei der Firma X beschäftigt. Er hat lediglich den Anspruch auf den gesetzlichen Mindesturlaub. Für das Kalenderjahr 2016 sind ihm im Dezember zwölf Werktage Urlaub gewährt worden. Obwohl er im Februar 2017 schriftlich verlangt, dass ihm die restlichen zwölf Tage bis zum 31.3.2017 gewährt werden und an sich der Gewährung betriebliche Gründe nicht entgegenstehen, weigert sich X. A erhebt am 2.4.2017 Klage auf die Gewährung des Resturlaubs. Dagegen wendet X ein, der Urlaub sei nunmehr verfallen.

Zur Sicherung des Erholungszwecks bestimmt § 7 III 1 BUrlG, dass der Urlaub 400
grundsätzlich im laufenden Kalenderjahr gewährt und genommen werden muss. Eine Übertragung auf das nächste Kalenderjahr ist nur aus dringenden betrieblichen oder aus persönlichen Gründen, zB der Urlaubsplanung des Arbeitnehmers, zulässig (§ 7 III 2 BUrlG). Auch in diesem Fall muss der Urlaub aber in den ersten drei Monaten des folgenden Kalenderjahres gewährt und genommen werden (§ 7 III 3 BUrlG). Geschieht das nicht, verfällt er grundsätzlich. Anderes hat der EuGH allerdings aus Art. 7 Arbeitszeit-RL für den Fall herausgelesen, dass der Arbeitnehmer seinen Urlaubsanspruch wegen Arbeitsunfähigkeit infolge Krankheit nicht geltend machen kann.[238] Deshalb ist § 7 III 3 BUrlG (jedenfalls im Fall der Krankheit) richtlinienkonform dahingehend einzuschränken, dass kein Verfall des Urlaubsanspruches eintritt.[239]

Damit besteht allerdings bei langer, gar mehrjähriger Arbeitsunfähigkeit die Möglichkeit einer »Anhäufung« des Urlaubsanspruches (der Arbeitnehmer könnte dann bei letztlicher Auflösung des Arbeitsverhältnisses auch einen entsprechend hohen Urlaubsabgeltungsanspruch geltend machen). In einer jüngeren Entscheidung hat der EuGH deshalb eine Grenze gezogen und einen (tariflich vereinbarten) Übertragungszeitraum von 15 Monaten für richtig gehalten.[240] Besteht die Arbeitsunfähigkeit auch am 31.3. des zweiten auf das Urlaubsjahr folgenden Jahres fort, so gebietet danach auch das Unionsrecht keine weitere Aufrechterhaltung des Urlaubsanspruchs.[241] Einen Übertragungszeitraum, der kürzer als der Gewährungszeitraum des Urlaubs selbst ist, hat der EuGH allerdings verworfen.[242] Ob unter die Rechtsprechung auch anderweitige Verhinderungsgründe (wie etwa Beschäftigungsverbots oder Erziehungsurlaub) fallen, ist richterlich ungeklärt.

---

237 BAG 23.4.1996 – 9 AZR 317/95, NZA 1997, 265.

238 EuGH 24.1.2012 – C-282/10, NZA 2012, 139 – Dominguez; EuGH 20.1.2009 – C-350/06, Slg. 2009, I-179 = NZA 2009, 135 – Schultz-Hoff; so auch BAG 24.3.2009 – 9 AZR 983/07, NZA 2009, 538; hierdurch kommt es zu vielen Folgefragen: Etwa der Vererbbarkeit des Abgeltungsanspruches, BAG 20.9.2011 – 9 AZR 416/10, NJW 2012, 634 oder der Geltung von Ausschlussfristen für den Anspruch, BAG 13.12.2011 – 9 AZR 399/10, NZA 2012, 514.

239 BAG 24.3.2009 – 9 AZR 983/07, NZA 2009, 538.

240 EuGH 22.11.2011 – C-214/10, Slg. 2011, I-11794 = NZA 2011, 1333 – KHS. Das BAG hat sich dem angeschlossen, BAG 7.8.2012 – 9 AZR 353/10, NZA 2012, 1216; BAG 16.10.2012 – 9 AZR 63/11, NZA 2013, 326.

241 BAG 12.11.2013 – 9 AZR 727/12, AP BUrlG § 7 Abgeltung Nr. 100.

242 EuGH 3.5.2012 – C-337/10, NVwZ 2012, 688.

Auf den ersten Blick scheint X in **Fall 22** also Recht zu haben. Indes muss berücksichtigt werden, dass X, indem sie dem Urlaubswunsch des A nicht nachgekommen ist, obwohl dieser nach § 7 I BUrlG mangels entgegenstehender betrieblicher Gründe zu berücksichtigen war und A ihn auch geltend gemacht hatte, ihre Pflicht zur Urlaubsgewährung verletzt hatte. Wegen dieser Pflichtverletzung haftet sie dem A nach §§ 280 I, III, 283 BGB auf Schadensersatz, sodass dieser gem. § 249 BGB anstelle des ursprünglichen Urlaubsanspruchs einen Ersatzurlaubsanspruch in gleicher Höhe hat.[243]

e) Urlaubsabgeltung

401 Urlaub muss grundsätzlich als Freizeit gewährt werden. Eine Abgeltung in Geld widerspräche dem Gesetzeszweck. Sie ist auch dann nicht möglich, wenn die Arbeitsvertragsparteien das Kalenderjahr und den Übertragungszeitraum bewusst verstreichen lassen, ohne den Urlaub zu nehmen und zu gewähren. Es kommt dann zum Verfall des Urlaubsanspruches.

402 Ein solcher Verfall wäre aber unbillig, wenn ein entstandener Urlaubsanspruch **wegen Beendigung des Arbeitsverhältnisses** nicht mehr realisiert werden kann. Hier muss deshalb eine Abgeltung erfolgen (§ 7 IV BUrlG). In seiner Höhe entspricht der Abgeltungsanspruch dem Urlaubsentgelt. Gelten tarifliche Ausschlussfristen, sind diese zu beachten – der Anspruch auf Urlaubsabgeltung ist zu behandeln wie andere Zahlungsansprüche auch,[244] seine entgegenstehende Rechtsprechung, dass der Abgeltungsanspruch ein Surrogat des Urlaubsanspruchs sei, hat das BAG mittlerweile zu Recht aufgegeben.[245] Deshalb steht auch § 13 I 3 BUrlG dem Verzicht auf den entstandenen Urlaubsabgeltungsanspruch nicht entgegen[246] und der entstandene Anspruch auf Urlaubsabgeltung ist vererbbar.[247]

403 Stirbt der Arbeitnehmer während des Arbeitsverhältnisses, so kann sich ein zum Todeszeitpunkt noch bestehender Urlaubsanspruch richtigerweise aber nicht in einen Abgeltungsanspruch umwandeln.[248] Das BAG macht dies in seiner bisherigen Rechtsprechung zu Recht am Zweck der Abgeltung fest, dem Arbeitnehmer auch nach Beendigung des Arbeitsverhältnisses die finanziellen Mittel zur Erholung zu geben. Dieser Zweck passt ersichtlich nicht auf den Fall des Todes des Arbeitnehmers. Dies gilt unabhängig davon, ob der Urlaubsanspruch zum Zeitpunkt des Todes rechtshängig war.[249] Diese Rechtsprechung wurde aber 2014 durch den EuGH verworfen.[250] Der EuGH legt Art. 7 Arbeitszeit-RL weit aus: Danach ist der Anspruch auf Urlaubsabgeltung gerade nicht davon abhängig, auf welche Weise das Arbeitsverhältnis beendet wurde – mithin kann auch die Beendigung durch den Tod des Arbeitnehmers Abgeltungsansprüche auslösen, die dann den Erben zufallen. In dieser Entscheidung hat sich der EuGH weit vom Zweck des Erholungsurlaubs entfernt. Das BAG wiederum legte jüngst mit spezifisch erbrechtlicher Konnotation dem EuGH die Frage nochmals vor.[251]

243 BAG 14.5.2013 – 9 AZR 760/11, DB 2013, 2155.
244 BAG 22.9.2015 – 9 AZR 170/14, NJW 2016, 1837.
245 BAG 24.3.2009 – 9 AZR 983/07, NZA 2009, 538; BAG 19.6.2012 – 9 AZR 652/10, NZA 2012, 1087.
246 BAG 14.5.2013 – 9 AZR 844/11, NZA 2013, 1098.
247 BAG 22.9.2015 – 9 AZR 170/14, NZA 2016, 37; ErfK/*Gallner* BUrlG § 7 Rn. 81.
248 BAG 12.3.2013 – 9 AZR 532/11, NZA 2013, 678.
249 BAG 12.3.2013 – 9 AZR 532/11, NZA 2013, 678.
250 EuGH 12.6.2014 – C-118/13, NZA 2014, 651 – Bollacke.
251 BAG 18.10.2016 – 9 AZR 45/16, BeckRS 2016, 74836.

f) Verbot einer Erwerbstätigkeit

Nach § 8 BUrlG darf der Arbeitnehmer während des Urlaubs keiner Erwerbstätigkeit nachgehen, die dem Urlaubszweck widerspricht. Ob das der Fall ist, hängt davon ab, welcher Tätigkeit der Arbeitnehmer sonst nachgeht. Bei einem Büroangestellten widerspricht die Mithilfe bei einem Bau kaum dem Urlaubszweck; anders, wenn der Arbeitnehmer Bauarbeiter ist. 404

Sanktionen für einen Verstoß gegen § 8 BUrlG sieht das Gesetz nicht vor. Das BAG hatte früher angenommen, der Arbeitgeber habe bei einer dem Erholungszweck widersprechenden Erwerbstätigkeit aus § 812 I 2 2. Alt. BGB einen Anspruch auf Herausgabe des Urlaubsentgelts. Es hat diese Rechtsprechung aber vor allem im Hinblick darauf aufgegeben, dass es für den Bereicherungsanspruch wegen Ausbleibens des bezweckten Erfolgs an der notwendigen Übereinstimmung hinsichtlich des Erholungszwecks zwischen Arbeitgeber und Arbeitnehmer fehlt.[252] Dem lässt sich hinzufügen, dass ein solcher Rückzahlungsanspruch auch nicht dazu passt, dass eine Urlaubsabgeltung selbst dann zu erfolgen hat, wenn das Arbeitsverhältnis vom Arbeitgeber aus wichtigem Grund fristlos gekündigt wird (→ Rn. 402, 630 ff.). Dem Arbeitgeber bleibt nur die Möglichkeit, den Verstoß gegen § 8 abzumahnen und bei wiederholten erheblichen Verstößen das Arbeitsverhältnis verhaltensbedingt zu kündigen (→ Rn. 700 ff.).[253] 405

g) Urlaubsentgelt

Der Arbeitnehmer muss während des Urlaubs seinen **gewohnten Lebensstandard** aufrechterhalten können. Deshalb sieht § 1 BUrlG ausdrücklich »bezahlten Erholungsurlaub« vor. Die entsprechende Regelung findet sich in § 11 BUrlG, der Elemente von Referenz- und Lohnausfallprinzip aufnimmt.[254] Danach steht dem Arbeitnehmer als Entgelt der durchschnittliche Arbeitsverdienst zu, den er in den letzten 13 Wochen vor Beginn des Urlaubs erhalten hat. Ausgenommen sind dabei der zusätzlich für Überstunden gezahlte Arbeitsverdienst, nicht aber sonstige Zulagen.[255] Bei Akkord- oder Prämienlohn ist der Durchschnittslohn zu berechnen. Verdienstausfälle, die auf Kurzarbeit, Arbeitsausfälle oder unverschuldete Arbeitsversäumnisse zurückzuführen sind, bleiben außer Betracht.[256] 406

Das Urlaubsentgelt ist in gleichem Umfang wie das Arbeitsentgelt **pfändbar.**[257] Zusätzlich zum Urlaubsentgelt gewährte Urlaubsgelder sind in gewissem Rahmen überhaupt unpfändbar (→ Rn. 346). 407

3. Tarifliche Urlaubsregelungen

a) Vorgaben des BUrlG

Urlaubsfragen werden vielfach in Tarifverträgen geregelt. Soweit solche Regelungen den **gesetzlichen Mindesturlaub** nach dem BUrlG betreffen, müssen sie den Grundsatz respektieren, dass **alle** Arbeitnehmer und arbeitnehmerähnlichen Personen An- 408

252 BAG 25.2.1988 – 8 AZR 596/85, NZA 1988, 607.
253 AR/*Gutzeit* BUrlG § 8 Rn. 7.
254 Dazu ErfK/*Gallner* BUrlG § 11 Rn. 2 a.
255 BAG 21.9.2010 – 9 AZR 510/09, NZA 2011, 805.
256 ErfK/*Gallner* BUrlG § 11 Rn. 24.
257 BAG 20.6.2000 – 9 AZR 405/99, NZA 2001, 100.

spruch auf einen bezahlten Erholungsurlaub von mindestens 24 Werktagen haben. Sonst können sie auch zuungunsten der Arbeitnehmer vom BUrlG abweichen (§ 13 I BUrlG). So kann etwa die sechsmonatige Wartezeit abbedungen und durch einen Stichtag ersetzt, statt der Urlaubsabgeltung nach § 7 IV BUrlG eine Abfindung vorgesehen[258] oder eine von § 11 BUrlG abweichende Berechnung des Urlaubsentgelts gewählt werden.[259]

b) Zusätzlicher Tarifurlaub

409 In der Regel gewähren Tarifverträge den Arbeitnehmern Urlaubsansprüche, die über den gesetzlichen Mindesturlaub hinausgehen. Vielfach werden dabei als Urlaubstage auch nicht mehr die Werktage, also auch der Samstag, sondern nur noch die Arbeitstage berechnet. Für diesen »echten Tarifurlaub« gelten die Bestimmungen des BUrlG nicht unmittelbar. Vielmehr ist es Sache der Tarifvertragsparteien, diesen Tarifurlaub im Einzelnen auszugestalten. Etwa können sie vorsehen, dass das Urlaubsentgelt für den über den gesetzlichen Mindesturlaub hinaus gewährten Urlaub zurückzuzahlen ist, wenn der Arbeitnehmer während des Urlaubs einer dem Erholungszweck widersprechenden Tätigkeit nachgeht.[260] Freilich können die Tarifvertragsparteien auch ausdrücklich oder stillschweigend auf das BUrlG für den Tarifurlaub Bezug nehmen.

Daraus erklärt sich, weshalb der Gesetzgeber den § 5 II BUrlG, wonach Bruchteile von Urlaubstagen, die mindestens einen halben Tag ergeben, auf volle Urlaubstage aufzurunden sind, aufrechterhalten hat, obwohl seit der Gesetzesänderung von 1994 der gesetzliche Mindesturlaub 24 Tage beträgt, sodass bei einer Zwölftelung keine Bruchteile von Arbeitstagen entstehen können.

II. Bildungsurlaub

410 Eine gesetzliche Verpflichtung zur Gewährung von Bildungsurlaub sieht § 37 VI und VII BetrVG (→ Rn. 1304 ff.) zugunsten von Betriebsratsmitgliedern in bestimmtem Umfang vor. Auch Jugendleiter haben nach einigen Landesgesetzen Anspruch auf die Gewährung von Bildungsurlaub, zB nach dem bayerischen Gesetz v. 14.4.1980.

411 In einer Reihe von Bundesländern, nämlich in Berlin, Brandenburg, Bremen, Hamburg, Hessen, Mecklenburg-Vorpommern, Niedersachsen, Nordrhein-Westfalen, Rheinland-Pfalz, Saarland, Sachsen-Anhalt und Schleswig-Holstein, bestehen **allgemeine Bildungsurlaubsgesetze.**[261] Nach ihnen haben die Arbeitnehmer teils in jedem Jahr fünf, teils alle zwei Jahre zehn Tage Anspruch auf bezahlten Urlaub zu Bildungszwecken. Da der Zweck der dort eingeräumten Urlaubsansprüche nicht in der Erholung, sondern in der Bildung besteht, scheitern sie nicht am Vorrang der Bundesgesetzgebung (→ Rn. 99).

III. Elternzeit

412 Nach § 15 BEEG besteht Anspruch auf Elternzeit bis zur Vollendung des dritten Lebensjahres eines Kindes (§ 15 III 1 BEEG), wobei ein Anteil von bis zu 24 Monaten auf die Zeit bis zur Vollendung des achten Lebensjahres übertragbar ist. Die frühere Be-

258 BAG 9.8.1994 – 9 AZR 346/92, NZA 1995, 230.
259 BAG 3.12.2002 – 9 AZR 535/01, NZA 2003, 1219.
260 BAG 25.2.1988 – 8 AZR 596/85, NZA 1988, 607.
261 Vgl. die bei *Nipperdey* I unter Nr. 136 ff. abgedruckten Gesetze.

schränkung auf nur einen Elternteil besteht nicht mehr. Während der Elternzeit ruhen die Hauptpflichten aus dem Arbeitsverhältnis.[262]

Für den Zeitraum bis zum vollendeten dritten Lebensjahr des Kindes muss die Elternzeit spätestens sieben Wochen vor Beginn der Elternzeit schriftlich vom Arbeitgeber verlangt werden (§ 16 I 1 Nr. 1 BEEG), zugleich ist zu erklären, für welche Zeiträume innerhalb von zwei Jahren dies geschehen soll (§ 16 I 2 BEEG). Für den Zeitraum zwischen der Vollendung des dritten Lebensjahres des Kindes und dem vollendeten achten Lebensjahr beträgt die Frist 13 Wochen (§ 16 I 1 Nr. 2 BEEG). Jeder Elternteil kann seine Elternzeit auf drei Zeitabschnitte verteilen, eine weitere Verteilung ist nur mit Zustimmung des Arbeitgebers möglich (§ 16 I 6 BEEG). Während der Elternzeit ist Erwerbstätigkeit zulässig, wenn die vereinbarte wöchentliche Arbeitszeit 30 Stunden nicht übersteigt (§ 15 IV 1 BEEG). Über eine vom Arbeitnehmer beanspruchte Teilzeitarbeit müssen sich Arbeitgeber und Arbeitnehmer einigen; ist eine Einigung nicht möglich, kann der Arbeitnehmer den Anspruch auf Verringerung gerichtlich durchsetzen, wenn keine dringenden betrieblichen Gründe entgegenstehen (§ 15 V–VII BEEG).[263] Dabei bedarf Teilzeitarbeit bei einem anderen Arbeitgeber oder als Selbstständiger der Zustimmung des Arbeitgebers (§ 15 IV 3 BEEG). **413**

Nach § 18 I 3 BEEG genießt der Arbeitnehmer während der Elternzeit **Kündigungsschutz.** Gleiches gilt bei einem Elternzeitverlangen nach § 16 I 1 Nr. 1 BEEG bis acht Wochen vor der Elternzeit[264] und bei einem Elternzeitverlangen nach § 16 I 1 Nr. 2 BEEG bis 14 Wochen vor der Elternzeit, § 18 I 2 BEEG. Eine ordentliche oder außerordentliche Kündigung ist nur möglich, wenn sie behördlich für zulässig erklärt worden ist, was etwa in Betracht kommt, wenn der Arbeitnehmer eine schwere Vertragsverletzung begangen hat oder wenn der Betrieb während der Elternzeit stillgelegt wird.[265] Benachteiligungen, weil der Arbeitnehmer Elternzeit in Anspruch genommen hat, zB eine spätere Beförderung als bei vergleichbaren Arbeitnehmern, verstoßen gegen das **Maßregelungsverbot** des § 612a BGB und sind daher unzulässig. **414**

Nach § 19 BEEG kann der Arbeitnehmer das Arbeitsverhältnis unter Einhaltung einer Kündigungsfrist von drei Monaten zum Ende der Elternzeit kündigen, auch wenn an sich für sein Arbeitsverhältnis eine längere Kündigungsfrist gilt. **415**

Die Elternzeit kann **tarifvertraglich** ausgebaut sein. So bestimmt § 7.3 des in Anhang 1 abgedruckten Manteltarifvertrages für Betriebe mit mindestens 500 Arbeitnehmern, dass Arbeitnehmer, die im Anschluss an die Elternzeit aus dem Arbeitsverhältnis ausscheiden, bis zur Vollendung des fünften Lebensjahres des Kindes einmalig einen Anspruch auf Wiedereinstellung haben und dass ihnen während dieser Zeit Gelegenheit zu geben ist, an betrieblichen Weiterbildungsmaßnahmen teilzunehmen und kurzfristige Vertretungen wahrzunehmen. Im Bereich des öffentlichen Dienstes kann der Sonderurlaub nach § 28 TVöD (→ Rn. 421) für eine Verlängerung der Elternzeit genutzt werden.[266] **416**

262 BAG 15.4.2008 – 9 AZR 380/07, NZA 2008, 998.
263 BAG 15.4.2008 – 9 AZR 380/07, NZA 2008, 998.
264 Dazu BAG 12.5.2011 – 2 AZR 384/10, NZA 2012, 208.
265 BAG 22.6.2011 – 8 AZR 107/10, NZA-RR 2012, 119.
266 *Löwisch* ZTR 1989, 346.

417 Während der Elternzeit hat der Arbeitnehmer Anspruch auf Elterngeld (§ 1 BEEG). Nach § 2 BEEG beträgt das Elterngeld 67 % des in den zwölf Kalendermonaten vor der Geburt des Kindes durchschnittlich erzielten monatlichen Einkommens aus Erwerbsmäßigkeit bis zu einem Höchstbetrag von 1.800 EUR monatlich. Nach § 2 IV BEEG wird Elterngeld mindestens in Höhe von 300 EUR gezahlt. Insgesamt haben die Eltern Anspruch auf zwölf Monatsbeiträge (§ 4 IV 1 BEEG). Wenn für weitere zwei Monate eine Minderung des Einkommens aus Erwerbstätigkeit erfolgt, besteht Anspruch auf zwei weitere Monate (§ 4 IV 2, 3 BEEG). Unter den Voraussetzungen des § 14 IV 3 BEEG hat jeder Elternteil Anspruch auf vier weitere Monatsbeträge Elterngeld »Plus«. Bezogen werden kann das Elterngeld nur in der Zeit vom Tag der Geburt bis zur Vollendung des 14. Lebensmonats des Kindes (§ 4 I 1 BEEG, s. freilich die Ausnahme in § 4 I 2 BEEG).[267]

IV. Pflegezeit

418 Mit dem demographischen Wandel ist in den letzten Jahren verstärkt auch die Notwendigkeit der Pflege vor allem älterer Menschen in den Blickpunkt des Gesetzgebers geraten. Nachdem bereits 1994 die soziale Pflegeversicherung als fünfter Zweig der Sozialversicherung eingeführt worden war,[268] sollte mit dem Pflegezeitgesetz[269] die Möglichkeit geschaffen werden, familiäre Pflegenotwendigkeiten und Arbeitsverhältnis in Einklang zu bringen.

419 Das PflegeZG sieht hierfür zwei Formen vor. § 2 PflegeZG (als lex specialis zu § 616 BGB) gewährt dem Arbeitnehmer bei einer durch akuten Pflegebedarf naher Angehöriger ausgelösten kurzzeitigen Arbeitsverhinderung ein **Leistungsverweigerungsrecht** bis zu zehn Tagen. Dies soll gewährleisten, dass ausreichend Zeit für die weitere Organisation der Pflege gegeben ist. Eine Pflicht zur Entgeltfortzahlung trifft den Arbeitgeber aus dem PflegeZG nicht, § 2 III PflegeZG.

In § 3 PflegeZG ist die **Pflegezeit** geregelt. Der Arbeitnehmer hat im Rahmen der von ihm durch Gestaltungsrecht geltend zu machenden Pflegezeit für die Pflege naher Angehöriger bis zu sechs Monate Zeit, während derer die Hauptpflichten aus dem Arbeitsverhältnis ganz oder teilweise ruhen.[270] Der Arbeitnehmer muss die Pflegezeit mindestens zehn Tage vor deren Beginn ankündigen. Zum Schutz kleinerer Unternehmen gilt dies aber nur bei Arbeitgebern mit mehr als 15 Arbeitnehmern.

§ 5 PflegeZG enthält ein flankierendes grundsätzliches **Kündigungsverbot,** das vom Zeitpunkt der Ankündigung bis zur Beendigung der Pflegezeit besteht. Eine Kündigung ist dann nur in besonderen Fällen und bei Zustimmung der entsprechenden Landesbehörde zulässig. Die Vorschrift ist freilich schon deshalb missglückt, weil es für die Ankündigung eine Mindest- aber keine Höchstfrist gibt und sich so der Kündigungsschutz gestalten lässt. Allerdings hat eine Rechtsmissbrauchskontrolle zu erfolgen. Außerdem genießen über § 7 I Nr. 3, 5 PflegeZG auch Arbeitnehmerähnliche Kündigungsschutz.

267 Zu den Einzelheiten s. *Buchner/Becker,* Mutterschutzgesetz und Bundeselterngeld- und Elternzeitgesetz, BEEG § 4 Rn. 8 ff.
268 SGB XI v. 26.5.1994 (BGBl. 1994 I 1014).
269 Gesetz über die Pflegezeit v. 28.5.2008 (BGBl. 2008 I 896).
270 BAG 15.11.2011 – 9 AZR 348/10, NZA 2012, 323.

Während der Pflegezeit nach § 3 PflegeZG hat der Arbeitnehmer keinen Anspruch auf Arbeitsentgelt. Das (ohnehin geringe) Pflegegeld nach § 37 SGB XI steht nicht ihm, sondern dem zu pflegenden Versicherten zu. Mit dem FPflZG[271] wurde die Möglichkeit geschaffen, dass auch während der Pflegezeit der Unterhalt des Arbeitnehmers gesichert ist. So erhält der Arbeitnehmer für die Dauer der Pflegezeit nach § 3 PflegeZG statt des Arbeitsentgelts auf Antrag vom Bundesamt für Familie und zivilgesellschaftliche Aufgaben ein zinsloses Darlehen (§ 3 FPfZG). 420

V. Sonderurlaub

Tarifvertraglich wird häufig die Gewährung bezahlten und unbezahlten Urlaubs zu anderen als Erholungs- und allgemeinen Bildungszwecken vorgesehen. Etwa bestimmen Rationalisierungsschutzabkommen, dass die Arbeitnehmer in bestimmtem Umfang Anspruch auf bezahlten Urlaub für die Durchführung von Umschulungsmaßnahmen haben. Für den öffentlichen Dienst sieht § 28 TVöD ganz allgemein vor, dass Arbeitnehmer bei Vorliegen eines wichtigen Grundes unter Verzicht auf das Entgelt Sonderurlaub erhalten können. Auch arbeitsvertraglich kann die Gewährung von bezahltem oder unbezahltem Sonderurlaub vorgesehen werden. 421

VI. Feiertage

Nach § 9 I ArbZG dürfen die Arbeitnehmer auch an gesetzlichen Feiertagen grundsätzlich nicht beschäftigt werden (→ Rn. 253). Welche Tage gesetzliche Feiertage sind, bestimmen die Landesgesetze.[272] Die Zahl der Feiertage ist in den einzelnen Ländern unterschiedlich groß. Sie reicht nach der Aufhebung des Buß- und Bettages zur Finanzierung der Pflegeversicherung von neun in den norddeutschen Bundesländern bis zu dreizehn in den süddeutschen Bundesländern.[273] Die meisten Feiertage hat der Stadtkreis Augsburg, in dem auch der 8. August, der Tag des Westfälischen Friedens von 1648, gesetzlicher Feiertag ist. Für »Grenzgänger« kommt es auf die Regelung am Arbeitsort an. 422

Soweit wegen der Arbeitsruhe an gesetzlichen Feiertagen die Arbeit ausfällt, muss nach § 2 EFZG der im Falle der Arbeit erzielte **Arbeitsverdienst** gezahlt werden, sodass eine Verdienstminderung nicht eintritt. Die Entgeltzahlungspflicht entfällt lediglich bei den Arbeitnehmern, die am letzten Arbeitstag vor oder am ersten Arbeitstag nach den Feiertagen der Arbeit unentschuldigt ferngeblieben sind. 423

Für Feiertagsarbeit sehen die Tarifverträge regelmäßig besondere **Zuschläge** vor, deren Höhe von 50% bis zu 150% des Normalentgelts schwankt.[274] Auch soweit eine entsprechende tarifliche Bestimmung fehlt oder auf das Arbeitsverhältnis nicht zur Anwendung kommt, ist, wenn nicht eine ausdrücklich abweichende Bestimmung getroffen ist, anzunehmen, dass ein angemessener Zuschlag zu zahlen ist. 424

Bei Jugendlichen ist Arbeit an Feiertagen gem. § 18 JArbSchG durch Freistellung an anderen Arbeitstagen auszugleichen. 425

271 Gesetz über die Familienpflegezeit v. 7.12.2011 (BGBl. 2011 I 2564).

272 In Bayern: Art. 1 I BayFTG.

273 Wegen des Reformationsjubiläums ist einmalig der 31.10.2017 in sämtlichen Bundesländern Feiertag, s. für Bayern Art. 1 IIa BayFTG.

274 S. § 6.2 des Manteltarifvertrages der bayerischen Metall- und Elektroindustrie.

VII. Kontrollfragen

426 **Frage 27:** Wer bestimmt den Zeitpunkt des Urlaubs?
Frage 28: Was bedeuten die Begriffe Urlaubsentgelt, Urlaubsgeld und Urlaubsabgeltung?
Frage 29: Welchen Kündigungsschutz genießen Arbeitnehmer während der Elternzeit?
Frage 30: Gibt es eine gesetzliche Bestimmung über die Gewährung von Zuschlägen für Feiertagsarbeit?
Frage 31: Welche Möglichkeiten gibt es, arbeitsrechtlich Pflegenotwendigkeiten und Arbeitszeit zu vereinbaren?

§ 11 Krankenversorgung

Literatur: *Gerauer,* Keine Vergütungsfortzahlung bei Verletzungsfolgen beim Bungee-Springen, NZA 1994, 496; *Marburger,* Entgeltfortzahlung im Krankheitsfall, 10. Aufl. 2012; *J. Schmitt,* Entgeltfortzahlungsgesetz und Aufwendungsausgleichsgesetz, 7. Aufl. 2012; *Vogelsang,* Entgeltfortzahlung, 2003; *Wedde/Kunz,* Entgeltfortzahlungsgesetz, 4. Aufl. 2015.

I. Überblick

427 Die Krankenversorgung ist als Teil der Daseinsvorsorge im Kern Aufgabe der Sozialversicherung. Dementsprechend tritt die **gesetzliche Krankenversicherung** für die Kosten der Heilbehandlung, §§ 27 ff. SGB V, und in Form des Krankengeldes, §§ 44 ff. SGB V,[275] auch für den Lebensunterhalt des erkrankten Arbeitnehmers ein.[276] Allerdings ruht der Anspruch auf Krankengeld, solange der Arbeitnehmer beitragspflichtiges Arbeitsentgelt erhält, § 49 I Nr. 1 SGB V.

428 Dies ist in den ersten sechs Wochen einer Erkrankung wegen § 3 I EFZG der Fall. Der Arbeitgeber hat für diese Zeit dem Arbeitnehmer das **Arbeitsentgelt fortzuzahlen** (§§ 3 ff. EFZG). § 3 I EFZG ist eine Ausnahme des Grundsatzes »Ohne Arbeit kein Lohn« und damit der Regelung des § 326 I BGB. Dabei ist § 3 EFZG eigene Anspruchsgrundlage.

Die gesetzliche Krankenversicherung tritt insoweit mit dem Krankengeld nur ein, wenn ausnahmsweise ein Anspruch auf Fortzahlung des Arbeitsentgelts nicht besteht oder ein bestehender Anspruch, etwa wegen Zahlungsunfähigkeit des Arbeitgebers, nicht erfüllt wird (vgl. § 49 Nr. 1 SGB V sowie für einen etwaigen Regress gegen den Arbeitgeber § 115 I SGB X).[277]

429 Die Leistungen des Arbeitgebers im Krankheitsfall können **tarifvertraglich erweitert** sein,[278] die Regelungen des EFZG sind allerdings bis aus § 4 IV EFZG zwingendes Recht, von dem zuungunsten des Arbeitnehmers nicht abgewichen werden darf, § 12 EFZG.

275 Entsprechungen gibt es auch für privatversicherte Arbeitnehmer innerhalb der privaten Krankenversicherung.
276 Vgl. im Einzelnen *Igl/Welti* SozialR § 17 Rn. 34 ff. und 59 ff.
277 Zur Bedeutung der Entgeltfortzahlungskosten bei personenbedingten Kündigungen → Rn. 714 f.
278 S. § 11.4 des Manteltarifvertrages der bayerischen Metall- und Elektroindustrie.

II. Entgeltfortzahlung

1. Voraussetzungen des Entgeltfortzahlungsanspruchs

Fall 23: A, der seit längerer Zeit alkoholabhängig ist und häufig während der Arbeit trinkt, fährt in noch nüchternem Zustand mit seinem eigenen Pkw zur Arbeit. Dort trinkt er wiederum stark. Auf seiner Rückfahrt verursacht er mit einem Blutalkoholgehalt von 2,8‰ einen Auffahrunfall, bei dem er selbst erheblich verletzt und drei Wochen arbeitsunfähig krank wird. Sein Arbeitgeber weigert sich, ihm das Gehalt für die Dauer der Krankheit fortzuzahlen.

a) Beschäftigungsverhältnis

Nach § 3 I EFZG haben **alle** Arbeitnehmer für sechs Wochen Anspruch auf Entgelt- 430
fortzahlung im Krankheitsfall.

Nach § 3 III EFZG entsteht der Anspruch erst nach vierwöchiger ununterbrochener 431
Dauer des Arbeitsverhältnisses. Wird ein Arbeitnehmer während der ersten vier Wochen nach Arbeitsaufnahme krank, hat er einen Entgeltfortzahlungsanspruch also erst ab der fünften Woche (sofern die Krankheit solange dauert).[279] Schließt sich an ein beendetes Arbeitsverhältnis ein neues unmittelbar oder in kurzem Abstand an, greift keine neue Wartezeit.[280]

b) Arbeitsunfähigkeit

Der Anspruch auf Entgeltfortzahlung besteht in erster Linie bei Arbeitsunfähigkeit in- 432
folge von **Krankheit.** Krankheit ist jeder regelwidrige körperliche oder geistige Zustand, der der Heilbehandlung bedürftig und zugänglich ist.[281] Arbeitsunfähigkeit ist gegeben, wenn der Arbeitnehmer die vertraglich versprochene Leistung objektiv nicht erbringen kann oder aber zu besorgen ist, dass sich sein Zustand verschlimmert, wenn er weiterarbeitet.[282] Auch eine Arbeitsunfähigkeit, die infolge eines Arbeitsunfalls eintritt oder Folge einer krankhaften Sucht ist, löst also den Entgeltfortzahlungsanspruch aus.

Auch bei einer **vorbeugenden Therapie** gegen eine in unberechenbaren Schüben auf- 433
tretende erbliche Krankheit liegt Arbeitsunfähigkeit nach § 3 I 1 EFZG vor.[283]

Der Entgeltfortzahlungsanspruch deckt **nur das Krankheitsrisiko ab.** Besteht wäh- 434
rend der Krankheit aus einem anderen Grund kein Entgeltzahlungsanspruch, zB weil der Arbeitnehmer überhaupt nicht arbeitsbereit ist (§ 326 I 1 BGB) oder wegen der Auswirkungen eines Arbeitskampfes oder weil Kurzarbeit eingeführt wird, schlägt das auch auf den arbeitsunfähig erkrankten Arbeitnehmer durch. Man spricht vom **Grundsatz der Monokausalität,**[284] nach dem die Frage zu stellen ist, ob der Arbeitnehmer – denkt man die Krankheit hinweg – gearbeitet hätte. Verneint man die Frage, besteht kein Anspruch aus § 3 EZFG.[285]

279 BAG 26.5.1999 – 5 AZR 476/98, NZA 1999, 1273.
280 BAG 22.8.2001 – 5 AZR 699/99, NZA 2002, 610.
281 BAG 26.10.2016 – 5 AZR 167/16, BeckRS 2016, 110297; zur Abgrenzung zur Behinderung BAG 12.5.2016 – 6 AZR 365/15, NZA 2016, 1345.
282 ErfK/*Reinhard* EZFG § 3 Rn. 9.
283 BAG 9.1.1985 – 5 AZR 415/82, NZA 1985, 562.
284 BAG 24.3.2004 – 5 AZR 355/03, AP EFZG § 3 Nr. 22, dazu *Gutzeit* NZA 2003, 81 ff.
285 BAG 15.2.2012 – 7 AZR 774/10, BB 2012, 1600.

435 § 3a EFZG gewährt auch dem Organ- und Stammzellenspender einen Entgeltfortzahlungsanspruch von bis zu zwölf Wochen. Diese Sonderregelung erklärt sich damit, dass die Einschränkungen, die aus einer Organspende resultieren können, nicht durch den Krankheitsbegriff abgedeckt werden. Deshalb kommt es hier auch nicht auf eine Krankheit an, sondern auf die Arbeitsunfähigkeit infolge der Organ- oder Stammzellenspende. Eine Erkrankung des Spenders – etwa durch eine Infektion – ist aber Krankheit und wird unter § 3 EZFG gefasst.[286]

Nicht zum durch Entgeltfortzahlung abgedeckten Risiko gehört auch die Zeit einer Arbeitsunfähigkeit infolge einer medizinisch nicht indizierten Schönheitsoperation. Was diese selbst angeht, fehlt es von vornherein am regelwidrigen körperlichen Zustand, der der Hilfebehandlung bedürftig ist.[287] Aber auch eine Arbeitsunfähigkeit, die aufgrund von Komplikationen nach Schönheitsoperationen eintritt, kann keinen Entgeltfortzahlungsanspruch auslösen. Dass sich die Arbeitnehmerin oder der Arbeitnehmer dem Risiko von Gesundheitsschäden aussetzt, kann nicht den Arbeitgeber belasten.[288]

436 Als unverschuldete Arbeitsunfähigkeit iSd § 3 I EFZG gilt auch eine Arbeitsverhinderung, die infolge eines nicht rechtswidrigen **Abbruchs der Schwangerschaft** eintritt (§ 3 II 1 EFZG). Dasselbe gilt für einen Abbruch der Schwangerschaft, wenn die Schwangerschaft innerhalb von zwölf Wochen nach der Empfängnis durch einen Arzt abgebrochen wird, die schwangere Frau den Abbruch verlangt und dem Arzt durch eine Bescheinigung nachgewiesen hat, dass sie sich mindestens drei Tage vor dem Eingriff von einer anerkannten Beratungsstelle hat beraten lassen (§ 3 II 2 EFZG). Im Übrigen besteht im Falle des rechtswidrigen Schwangerschaftsabbruchs kein Anspruch auf Entgeltfortzahlung.

437 Nach § 3 II 1 EFZG steht auch die Arbeitsunfähigkeit wegen einer **Sterilisation** der Arbeitsunfähigkeit infolge Krankheit gleich. Wenn § 3 II EFZG von der »nicht rechtswidrigen« Sterilisation spricht, hat das keine praktische Bedeutung. Eine freiwillige Sterilisation ist heute immer rechtmäßig und eine unfreiwillig durchgeführte jedenfalls nicht rechtswidrig in der Person des betroffenen Arbeitnehmers. Das BAG hat es dagegen jüngst abgelehnt, die aus einer In-Vitro-Fertilisation folgende Arbeitsunfähigkeit als Grundlage eines Entgeltfortzahlungsanspruches anzuerkennen.[289]

438 Nach § 9 I EFZG steht der Arbeitsunfähigkeit infolge Krankheit auch die Arbeitsverhinderung infolge einer Maßnahme der **medizinischen Vorsorge oder Rehabilitation** gleich, sofern diese von einem Sozialleistungsträger bewilligt worden ist und **stationär** durchgeführt wird. Bei nicht sozialversicherten Arbeitnehmern genügt die ärztliche Verordnung der Maßnahme.

439 Das EFZG enthält keine besonderen Vorschriften mehr über sog. »Schonungszeiten« im Anschluss an eine Rehabilitationsmaßnahme. Der Arbeitnehmer hat aber Anspruch darauf, in dieser Zeit seinen Erholungsurlaub zu nehmen (§ 7 I 2 BUrlG). Ein Anspruch auf Entgeltfortzahlung kommt nur dann in Betracht, wenn der Arbeitnehmer im Anschluss an die Rehabilitationsmaßnahme infolge **Krankheit** arbeitsunfähig ist. Handelt es sich um dieselbe Erkrankung, wegen der er an der Rehabilitationsmaß-

286 S. dazu *Greiner* NZS 2013, 241.
287 *Igl/Welti* SozialR § 17 Rn. 31 ff.
288 *Löwisch/Beck* BB 2007, 1960, unter Hinweis darauf, dass nach § 52 II SGB V auch das Krankengeld in solchen Fällen ganz oder teilweise zu versagen ist.
289 BAG 26.10.2016 – 5 AZR 167/16, BeckRS 2016, 110297.

nahme teilgenommen hat, wird der Anspruch aber regelmäßig an der Sechs-Wochen-Grenze scheitern (→ Rn. 448ff.).

440 Bei der Arbeitsunfähigkeit kennt das EFZG nur ein Entweder-Oder: Der Arbeitnehmer kann nicht auf die Möglichkeit von Teilleistungen verwiesen werden, eine Teilarbeitsunfähigkeit gibt es nicht.[290] Allerdings kommt es nach der Rechtsprechung des BAG auf die konkrete Tätigkeit an, eine Krankenschwester, die aus gesundheitlichen Gründen keinen Nachtdienst leisten kann, ist danach dennoch nicht arbeitsunfähig, wenn sie tagsüber die Aufgaben einer Krankenschwester erfüllen kann.[291] Erzielt ein arbeitsunfähiger Arbeitnehmer aus einer anderweitigen Tätigkeit, die er ausüben kann, einen Verdienst, ist er aber nach § 285 I BGB zur Herausgabe an den Arbeitgeber verpflichtet.[292]

c) Verschulden

441 § 3 I EFZG schließt den Entgeltfortzahlungsanspruch aus, wenn den Arbeitnehmer an der Arbeitsunfähigkeit infolge Krankheit ein Verschulden trifft. Mit »Verschulden« ist dabei ein **Verschulden gegen sich selbst** gemeint, denn die Folge ist lediglich der Wegfall des Entgeltfortzahlungsanspruchs, nicht auch ein Schadensersatzanspruch des Arbeitgebers wegen Verletzung des Arbeitsvertrages. Deshalb meint Verschulden hier eine Vernachlässigung gegen das von einem verständigen Menschen im eigenen Interesse zu erwartende Verhalten.[293]

442 Um einen weitgehenden Eingriff in die Privatsphäre des Arbeitnehmers zu vermeiden, verlangt die Rechtsprechung zudem für ein Verschulden iSd § 3 I 1 EFZG eine **grobe Vernachlässigung** der Gesundheit. Etwa kann einem Bundesligafußballer nicht vorgeworfen werden, dass er sich nicht schulmedizinisch behandeln lässt, sondern auf Homöopathie oder Naturheilverfahren vertraut. Auf der anderen Seite wird im Nichtanlegen des Sicherheitsgurts ein Verschulden gesehen.[294]

443 Sportunfälle werden nur dann als Verschulden angesehen, wenn die Sportart **extrem** gefährlich ist (was sogar für das Drachenfliegen noch verneint wird[295]) oder wenn angesichts der Konstitution des Arbeitnehmers, insbesondere seines fortgeschrittenen Alters, bei der gewählten Sportart der Eintritt von Schäden besonders nahe lag oder aber, wenn in leichtfertiger Weise gegen die Regeln verstoßen wurde.[296]

444 Bei **alkoholbedingter Erkrankung** ist zu differenzieren: Beruht die Arbeitsunfähigkeit auf einem Unfall, der auf Trunkenheit zurückzuführen ist, ist ein Verschulden des Arbeitnehmers regelmäßig zu bejahen.[297] Demgegenüber ist Arbeitsunfähigkeit infolge Alkoholabhängigkeit nicht ohne Weiteres ein Verschulden. Vielmehr kommt es darauf an, ob den Arbeitnehmer ein Verschulden daran trifft, dass er in die Alkoholabhängigkeit geraten ist.[298]

290 BAG 29.1.1992 – 5 AZR 37/91, NZA 1992, 643; *Löwisch,* FS G. Jauch, 1990, 136f.
291 BAG 9.4.2014 – 10 AZR 637/13, NZA 2014, 719.
292 S. ausführlich *Löwisch* NJW 2003, 2049ff.
293 BAG 26.10.2016 – 5 AZR 167/16, BeckRS 2016, 110297; BAG 18.3.2015 – 10 AZR 99/14, NZA 2015, 801.
294 BAG 7.10.1981 – 5 AZR 1113/79, NJW 1982, 1013.
295 BAG 7.10.1981 – 5 AZR 338/79, NJW 1982, 1014; zum Bungee-Springen *Gerauer* NZA 1994, 496.
296 ErfK/*Reinhard* EZFG § 3 Rn. 26.
297 BAG 11.3.1987 – 5 AZR 739/85, NZA 1987, 452.
298 BAG 18.3.2015 – 10 AZR 99/14, NZA 2015, 801.

In **Fall 23** ist die Alkoholabhängigkeit des A zwar insofern Ursache des Unfalls geworden, als dieser sich nicht beherrschen konnte und während des Dienstes trank. Aber A kannte diese Abhängigkeit ebenso wie die Gefahren des Autofahrens unter Alkohol. Wenn er gleichwohl seinen Pkw für die Fahrt zur Arbeit benutzte, liegt darin deshalb ein grobes Verschulden.[299]

445 Fällt der Entgeltfortzahlungsanspruch wegen Verschuldens des Arbeitnehmers aus, ist dieser auf den Anspruch auf Krankengeld verwiesen (→ Rn. 427 f.). Das Krankengeld kann ihm nur dann versagt werden, wenn er sich die Krankheit vorsätzlich oder bei einem von ihm begangenen Verbrechen oder vorsätzlichen Vergehen zugezogen hat oder es sich um die Folgen einer Schönheitsoperation, Tätowierung oder Piercing handelt (§ 52 SGB V).

d) Anzeige- und Nachweispflicht

Fall 24: Vater, Mutter, Tochter und Sohn der italienischen Familie A sind in unterschiedlichen Arbeitsverhältnissen bei der Firma X in Lörrach beschäftigt. Jeweils im August verbringen sie ihren Erholungsurlaub in Italien. Zwei Jahre hintereinander übersenden sie jeweils kurz vor Ende des Urlaubs der Personalabteilung der Firma X Bescheinigungen eines italienischen Arztes, in denen sie jeweils für mehrere Wochen arbeitsunfähig krankgeschrieben werden. Im zweiten Jahr verweigert X die Entgeltzahlung mit der Begründung, die Arbeitsunfähigkeit sei vorgeschoben, den Bescheinigungen des italienischen Arztes könne man nicht trauen. Von den Familienmitgliedern auf Entgeltzahlung verklagt, fordert er dessen Vernehmung im Wege der Amtshilfe. Diese werde ergeben, dass die Bescheinigungen falsch seien. Zu diesem Zweck sollten die Familienmitglieder den Arzt von seiner Schweigepflicht befreien. Dazu sind die Familienmitglieder nicht bereit.

446 Nach § 5 I 1 EFZG ist der Arbeitnehmer verpflichtet, dem Arbeitgeber die Arbeitsunfähigkeit und deren voraussichtliche Dauer unverzüglich anzuzeigen und vor Ablauf des dritten Kalendertages nach Beginn der Arbeitsunfähigkeit eine **ärztliche Bescheinigung** über die Arbeitsunfähigkeit sowie deren voraussichtliche Dauer nachzureichen (sog. »Gelber Schein«). Der Arbeitgeber hat auch das Recht, die Vorlage der ärztlichen Bescheinigung schon früher zu verlangen (§ 5 I 3 EFZG), und zwar, soweit im Arbeitsvertrag vereinbart oder tarifvertraglich vorgesehen, auch schon vom ersten Tag der Arbeitsunfähigkeit an.[300] Dauert die Arbeitsunfähigkeit länger als angegeben, muss eine neue ärztliche Bescheinigung vorgelegt werden (§ 5 I 4 EFZG). Solange die Bescheinigung nicht vorgelegt wird, darf der Arbeitgeber die Entgeltfortzahlung verweigern (§ 7 I Nr. 1 EFZG).

447 Die Arbeitsunfähigkeitsbescheinigung hat die **tatsächliche Vermutung der Richtigkeit** für sich mit der Folge, dass der Arbeitgeber, der die Entgeltfortzahlung verweigern will, Umstände darlegen und beweisen muss, die zu ernsthaften Zweifeln an der behaupteten Erkrankung und ihrer Dauer Anlass geben.[301] Liegen begründete Zweifel an der Arbeitsunfähigkeit vor, kann der Arbeitgeber den medizinischen Dienst der Krankenkasse einschalten. Dieser ist in einem solchen Fall nach § 275 I Nr. 3b SGB V verpflichtet, auf Verlangen des Arbeitgebers eine gutachtliche Stellungnahme über die Arbeitsunfähigkeit abzugeben. Verweigert der Arbeitnehmer eine entsprechende Untersuchung, liegt eine Beweisvereitelung vor mit der Konsequenz, dass die aus der Ar-

299 BAG 30.3.1988 – 5 AZR 42/87, NZA 1988, 537.
300 BAG 26.2.2003 – 5 AZR 112/02, AP EFZG § 5 Nr. 8; BAG 14.11.2012 – 5 AZR 886/11, NZA 2013, 322.
301 BAG 19.2.1997 – 5 AZR 83/96, NZA 1997, 652.

beitsunfähigkeitsbescheinigung folgende tatsächliche Vermutung entfällt. Gelingt dem Arbeitnehmer nicht der anderweitige Nachweis der Arbeitsunfähigkeit, kann er seinen Entgeltfortzahlungsanspruch nicht durchsetzen.[302]

Tritt die krankheitsbedingte Arbeitsunfähigkeit wie in **Fall 24** bei einem **Auslandsaufenthalt,** insbesondere einem dort verbrachten Erholungsurlaub auf, kann auch ein ausländischer Arzt die Arbeitsunfähigkeit bescheinigen. Sofern die Bescheinigung erkennen lässt, dass der Arzt zwischen Erkrankung und auf ihr beruhender Arbeitsunfähigkeit unterschieden hat,[303] begründet auch sie eine tatsächliche Vermutung für das Bestehen der Arbeitsunfähigkeit, die wiederum entfällt, wenn Anhaltspunkte dafür bestehen, dass tatsächlich keine Arbeitsunfähigkeit vorlag. Ein solcher Anhaltspunkt ist die Weigerung, den Arzt von der Schweigepflicht zu befreien.
Das Besondere an **Fall 24** ist aber, dass es um den Aufenthalt in einem anderen EU-Staat geht. Für solche Fälle gilt Art. 27 VO 2009/987, wonach der Arbeitnehmer eine vom behandelnden Arzt ausgestellte Arbeitsunfähigkeitsbescheinigung vorzulegen hat und der Arbeitgeber zusätzlich den Arbeitnehmer durch einen Arzt seiner Wahl untersuchen lassen kann. Diese Vorschriften werden vom EuGH dahin interpretiert, dass die von dem ausländischen Arzt ausgestellte Arbeitsunfähigkeitsbescheinigung nicht nur eine tatsächliche Vermutung, sondern **vollen Beweis** der Arbeitsunfähigkeit begründet. Der Arbeitgeber hat nur die Möglichkeit, den Nachweis zu führen, dass der Arbeitnehmer sich missbräuchlich oder betrügerisch arbeitsunfähig gemeldet hat, ohne krank gewesen zu sein.[304] Dieser Rechtsprechung ist das BAG grundsätzlich gefolgt. Es hat aber ausdrücklich darauf hingewiesen, dass die Tatsachengerichte gem. § 286 I ZPO nach freier Überzeugung zu entscheiden haben, ob die behauptete Arbeitsunfähigkeit tatsächlich vorlag, dabei haben sie auch die prozessualen und vorprozessualen Handlungen, Erklärungen und Unterlassungen der Parteien und ihrer Vertreter zu würdigen. Im Rahmen dieser Würdigung komme der Weigerung des Arbeitnehmers, den behandelnden Arzt von seiner Schweigepflicht zu entbinden, als Beweisvereitelung erhebliche Bedeutung zu.[305] So nähert sich der Nachweis der Arbeitsunfähigkeit im Ausland dem Nachweis der Arbeitsunfähigkeit im Inland letztlich doch stark an. In **Fall 24** wird man davon ausgehen können, dass der Beweis der Arbeitsunfähigkeit der Familienmitglieder widerlegt ist.

2. Dauer des Entgeltfortzahlungsanspruchs

Fall 25: A, der wegen eines grippalen Infekts zwei Wochen krank war, wird vom Arzt am Freitagnachmittag erklärt, er sei nun wiederhergestellt. A will deshalb am Montag wieder zur Arbeit gehen. Dies scheitert jedoch daran, dass er sich am Sonntag beim Kirschenpflücken ein Bein bricht. Dadurch ist er weitere sechs Wochen arbeitsunfähig. Sein Arbeitgeber weigert sich, ihm länger als vier weitere Wochen das Gehalt fortzuzahlen.

Grundsätzlich wird das Entgelt bei Arbeitsunfähigkeit infolge von Krankheit für die **448**
Dauer von sechs Wochen fortgezahlt (§ 3 I 1 EFZG). Ob die Arbeitsunfähigkeit auf ein- und dieselbe Krankheit zurückzuführen ist oder ob während der Arbeitsunfähigkeit sich eine Krankheit an eine andere anschließt, spielt dabei keine Rolle (sog. **»Einheit des Verhinderungsfalles«**). Erkrankt der Arbeitnehmer aber, **nachdem er wieder arbeitsfähig war,** erneut, hat er grundsätzlich wieder Anspruch auf die Entgeltfortzahlung für die Dauer von sechs Wochen. Lediglich dann, wenn er innerhalb von zwölf Monaten infolge **derselben** Krankheit nochmals arbeitsunfähig wird, beschränkt sich der Anspruch auf **insgesamt** sechs Wochen. War der Arbeitnehmer jedoch vor der

302 Zu den Folgen der Verweigerung für den Krankengeldanspruch vgl. § 62 und § 66 SGB I.
303 BAG 1.10.1997 – 5 AZR 499/96, NZA 1998, 372.
304 EuGH 2.5.1996 – C-206/94, Slg. 1996, I-2357 = NZA 1996, 635 – Paletta II; zuvor EuGH 3.6.1992 – C-45/90, Slg. 1992, I-3423 = NZA 1992, 735 – Paletta I.
305 BAG 19.2.1997 – 5 AZR 747/93, NZA 1997, 705.

erneuten Arbeitsunfähigkeit mindestens sechs Monate gesund oder lediglich wegen einer anderen Krankheit arbeitsunfähig, hat er erneut für volle sechs Wochen Anspruch auf Entgeltfortzahlung.

In **Fall 25** scheint auf den ersten Blick nur eine Pflicht zur Entgeltfortzahlung für insgesamt sechs Wochen zu bestehen, weil A erneut erkrankt ist, bevor er die Arbeit wieder aufgenommen hat. Man muss jedoch bedenken, dass A an sich wieder arbeitsfähig war und die Arbeit nur noch nicht aufnehmen konnte, weil Wochenende war. Es handelt sich deshalb um eine neue Arbeitsunfähigkeit wegen einer anderen Erkrankung, die erneut den Anspruch auf sechs Wochen Entgeltfortzahlung auslöst.[306]

449 Der Anspruch auf Entgeltfortzahlung bleibt auch bestehen, wenn der Arbeitgeber das Arbeitsverhältnis, wozu er ausnahmsweise berechtigt sein kann (→ Rn. 714), aus Anlass der Arbeitsunfähigkeit **kündigt** (§ 8 I 1 EFZG).[307] Das Gleiche gilt, wenn der Arbeitnehmer das Arbeitsverhältnis aus einem vom Arbeitgeber zu vertretenden wichtigen Grund nach § 626 BGB kündigt (§ 8 I 2 EFZG).

Demgegenüber endet der Anspruch bei einer Kündigung aus einem anderen Grund oder bei Ablauf einer Befristung mit dem Ende des Arbeitsverhältnisses (§ 8 II EFZG).

450 Der Entgeltfortzahlungsanspruch wegen Krankheit ist, wie sich aus § 3 EFZG ergibt, abschließend, soweit es sich um die Vorsorgeleistung des Arbeitgebers (→ Rn. 32) handelt. Daraus folgt, dass ein Arbeitnehmer, dessen Entgeltfortzahlungsanspruch wegen Ablaufs der sechs Wochen erschöpft ist, für einen Arztbesuch, der wegen derselben Krankheit erfolgt, keinen Anspruch wegen § 616 BGB geltend machen kann.[308]

451 Ein über sechs Wochen hinausgehender Anspruch auf Entgeltfortzahlung kann sich aus §§ 611 I, 326 II BGB ergeben: Hat der Arbeitgeber die Krankheit **verschuldet,** etwa den Arbeiter mit unzulässiger Mehrarbeit belastet, sodass dieser zusammengebrochen ist, behält der Arbeiter den Anspruch auf den Lohn bis zur Wiederherstellung der Arbeitsfähigkeit. Er muss sich nur anrechnen lassen, was er erspart, anderweitig erwirbt oder böswillig zu erwerben unterlässt (§ 326 II 2 BGB).

452 Handelt es sich bei der vom Arbeitgeber verschuldeten zur Arbeitsunfähigkeit führenden Erkrankung allerdings um einen **Arbeitsunfall,** ist der Anspruch aus § 280 I BGB durch § 104 SGB VII ausgeschlossen (→ Rn. 533). Diese Vorschrift will den Unternehmer auch von nachteiligen Folgen eines von ihm verschuldeten Arbeitsunfalls freistellen. Dass sie den Ausschluss ihrem Wortlaut nach nur auf andere gesetzliche Vorschriften erstreckt, die den Unternehmer zum Ersatz des Personenschadens verpflichten, steht nicht entgegen. § 326 II 1 BGB ist seinem Sinne nach eine solche Ersatzvorschrift. So wenig der Unternehmer bei einem tödlich verlaufenden Arbeitsunfall den Hinterbliebenen des Arbeitnehmers zum Ersatz des Unterhaltsschadens verpflichtet ist, kann er bei einer Verletzung des Arbeitnehmers diesem zum Ersatz des Einkommensverlustes über den gesetzlichen Entgeltfortzahlungszeitraum hinaus verpflichtet sein.

306 BAG 12.7.1989 – 5 AZR 377/88, NZA 1989, 927.

307 Dabei genügt es, dass die Arbeitsunfähigkeit sicher bevorsteht: BAG 17.4.2002 – 5 AZR 2/01, NZA 2002, 899.

308 Vgl. für die frühere Vorschrift des § 616 III BGB: BAG 7.3.1990 – 5 AZR 189/89, NZA 1990, 567.

3. Höhe des Entgeltfortzahlungsanspruchs

Nach § 4 I EFZG erhält der Arbeitnehmer während des Entgeltfortzahlungszeitraums das Arbeitsentgelt in der Höhe fortbezahlt, in der er es auch im Falle der Arbeitsleistung erhalten hätte. **Nicht berücksichtigt** wird dabei aber das für Überstunden gezahlte Arbeitsentgelt (Grundvergütung und Zuschläge), es sei denn, es ist dadurch Teil des regelmäßigen Entgelts geworden, dass es über einen Zeitraum von mindestens zwölf Monaten hinweg gezahlt worden ist.[309] Nicht berücksichtigt werden auch Leistungen für Aufwendungen, die während der Arbeitsunfähigkeit nicht entstehen (§ 4 Ia EFZG).[310] Wird im Betrieb während der Krankheit des Arbeitnehmers kurzgearbeitet, wird auch das fortzuzahlende Arbeitsentgelt entsprechend gemindert (§ 4 III EFZG). Im Arbeitsvertrag kann vorgesehen werden, dass Sondervergütungen, zB eine Weihnachtsgratifikation, für Krankheitszeiten gekürzt werden. Die Kürzung darf für jeden Tag der Arbeitsunfähigkeit ein Viertel des Arbeitsentgelts, das im Jahresdurchschnitt auf einen Arbeitstag entfällt, nicht überschreiten (§ 4a EFZG).[311] 453

Nach § 4 IV EFZG kann durch **Tarifvertrag** eine abweichende Bemessungsgrundlage des fortzuzahlenden Arbeitsentgelts festgelegt werden.[312] 454

Der vom Gesetzgeber mit Bedacht gewählte Begriff der Bemessungsgrundlage umfasst dabei nicht nur die Berechnungsmethode, sondern auch die Entgeltbestandteile, die der Berechnung des fortzuzahlenden Entgelts zugrunde zu legen sind.[313] Dementsprechend ist es möglich, außer Überstundenvergütungen und -zuschlägen auch andere Zuschläge sowie Prämien, sonstige Zuwendungen und Bezüge durch Tarifvertrag aus der Berechnung auszunehmen, sodass letztlich nur die tarifliche Grundvergütung weiterzuzahlen ist. Die Entgeltfortzahlung darf nur nicht weniger als 100 % dieser Vergütung betragen.

4. Ausgleich der Arbeitgeberaufwendungen

Um kleineren Arbeitgebern die mit der **Entgeltfortzahlung an Arbeitnehmer** verbundene finanzielle Last zu erleichtern, sieht das Gesetz über den Ausgleich der Arbeitgeberaufwendungen für Entgeltfortzahlung (AAG)[314] ein Ausgleichsverfahren vor: Arbeitgeber mit nicht mehr als 30 Arbeitnehmern werden 80 % ihrer Aufwendungen von den Krankenkassen erstattet. Die Krankenkasse erhält die für die Erstattung notwendigen Mittel aus einer Umlage dieser Arbeitgeber. 455

III. Regress gegen Dritte

Fall 26: A macht mit ihrem Sohn, der eben die Fahrprüfung bestanden hat, in dessen neuem Pkw einen Ausflug. Der Sohn verursacht schuldhaft einen Verkehrsunfall, bei dem A so verletzt wird, dass sie vier Wochen arbeitsunfähig krank ist. Ihr Arbeitgeber zahlt ihr das Gehalt weiter, verlangt aber von ihrem Sohn Erstattung des gezahlten Betrages.

Es kann vorkommen, dass an der Krankheit, die zur Arbeitsunfähigkeit führt, einen Dritten das Verschulden trifft. In diesem Falle wäre es unangemessen, wenn der Entgeltfortzahlungsanspruch dem Dritten zugutekäme, indem er den von diesem zu er- 456

309 BAG 21.11.2001 – 5 AZR 296/00, NZA 2002, 439.
310 BAG 14.1.2009 – 5 AZR 89/08, DB 2009, 909.
311 S. dazu *Reinartz* NZA 2015, 83.
312 BAG 20.1.2010 – 5 AZR 53/09, NZA 2010, 455.
313 BAG 1.12.2004 – 5 AZR 68/04, NZA 2005, 1315; s. auch die Regelung des § 11.4 des Manteltarifvertrages des bayerischen Metall- und Elektroindustrie.
314 v. 22.12.2005 (BGBl. 2005 I 3686).

setzenden Erwerbsschaden des Arbeitnehmers mindert. Deshalb bestimmt § 6 EFZG, dass ein solcher Schadensersatzanspruch insoweit auf den Arbeitgeber **übergeht,** als dieser dem Arbeitnehmer Entgeltfortzahlung geleistet hat.

In **Fall 26** scheint das Verlangen des Arbeitgebers also berechtigt zu sein. Man muss indes bedenken, dass der Anspruch auf Entgeltfortzahlung gerade den Unterhalt der Familie sichern soll. In entsprechender Anwendung des § 86 III VVG und des § 116 VI SGB X muss deshalb der Forderungsübergang nach § 6 EFZG bei Schädigung unter Familienangehörigen, die in häuslicher Gemeinschaft mit dem Arbeitnehmer leben, ausgeschlossen werden.[315] Auf den Arbeitgeber geht aber der Direktanspruch von A gegen die Kraftfahrzeughaftpflichtversicherung ihres Sohnes aus § 115 I VVG über. Auf die Haftpflichtversicherung trifft der Gedanke des Familienschutzes nicht zu.[316]

457 Der Arbeitnehmer muss bei der Disposition über seine Schadensersatzansprüche Rücksicht auf den Arbeitgeber nehmen. Verhindert er den Forderungsübergang, etwa indem er auf den Schadensersatzanspruch verzichtet, kann der Arbeitgeber die Entgeltfortzahlung verweigern (§ 7 I Nr. 2 EFZG).[317]

458 Soweit die Krankenkasse dem Arbeitnehmer Krankengeld und Ersatz der Krankheitskosten zu gewähren hat, geht nach § 116 SGB X ein etwaiger Schadensersatzanspruch des Arbeitnehmers gegen einen Dritten auf sie über. Anders als der gesetzliche Forderungsübergang nach § 6 EFZG tritt dieser Anspruchsübergang nicht erst nach der Erbringung der Leistungen durch die Krankenkasse, sondern schon mit dem ihre Leistungsverpflichtungen auslösenden Schadensereignis ein. Das Problem einer Disposition des Arbeitnehmers über den Schadensersatzanspruch stellt sich im Verhältnis zur Krankenkasse also nicht.

IV. Kontrollfragen

459 **Frage 32:** Hat ein Arbeitnehmer, der einen Sportunfall erlitten hat, Anspruch auf Fortzahlung des Arbeitsentgelts?

Frage 33: Wie werden kleine Betriebe hinsichtlich der Entgeltfortzahlung an Arbeitnehmer entlastet?

Frage 34: Wie erfolgt der Regress gegen Dritte, die an der Erkrankung ein Verschulden trifft?

§ 12 Alters- und Invaliditätsversorgung

Literatur: *Ahrend,* Zum Schutz vor Diskriminierungen in der betrieblichen Altersversorgung durch das Allgemeine Gleichbehandlungsgesetz, RdA 2016, 129; *Blomeyer/Rolfs/Otto,* Betriebsrentengesetz, 6. Aufl. 2015; *Förster/Cisch/Karst,* Betriebsrentengesetz – Gesetz zur Verbesserung der betrieblichen Altersversorgung mit zivil-, arbeits- und steuerrechtlichen Vorschriften, 14. Aufl. 2014; *Hanau,* Neue Altersteilzeit, NZA 2009, 225; *Höfer,* BetrAVG, Bd. I, 15. Aufl. 2014; *Kisters-Kölkes/Berenz/Huber,* Kommentar zum Betriebsrentengesetz, 7. Aufl. 2016; *Löwisch,* Arbeitsrechtliche Fragen des Übergangs in den Ruhestand, ZTR 2000, 531; *Seel,* Betriebliche Altersvorsorge – eine Übersicht über die wesentlichen Rechtsgrundlagen, JA 2012, 207; *Uckermann/Fuhrmanns,* Die Rechtsbegründungsakte der betrieblichen Altersversorgung, NZA 2011, 138; *Uckermann,* Informations- und Aufklärungspflichten in der betrieblichen Altersversorgung, NZA 2011, 552.

---

315 BGH 4.3.1976 – VI ZR 60/75, NJW 1976, 1208.

316 AA BGH 4.3.1976 – VI ZR 60/75, NJW 1976, 1208 unter II 3 mit dem formalen Argument, der Haftpflichtversicherer müsse nur eintreten, wenn unabhängig vom Versicherungsschutz ein Ersatzanspruch gegen den Versicherten bestehe.

317 S. zu einem entsprechenden Fall BAG 7.12.1988 – 5 AZR 757/87, NZA 1989, 306.

I. Gesetzliche Rentenversicherung als Mindestversorgung

Die Alters- und Invaliditätsversorgung der Arbeitnehmer ist in erster Linie Sache der Rentenversicherung, die im SGB VI geregelt ist.[318] Die Leistungen der gesetzlichen Rentenversicherung stellen nur eine Mindestversorgung dar. Die Lücke zwischen der Mindestversorgung und dem zur Aufrechterhaltung des Lebensstandards auch im Rentenalter notwendigen Einkommen soll einerseits durch die vom Arbeitgeber geleistete betriebliche Altersversorgung und andererseits durch die private Altersvorsorge der einzelnen Arbeitnehmer geschlossen werden. Beide Formen der Zusatzversorgung werden vom Staat steuerlich gefördert. 460

II. Betriebliche Altersversorgung

1. Formen

Die rechtlichen Grundlagen für die betriebliche Altersversorgung finden sich im Betriebsrentengesetz (BetrAVG).[319] Nach § 1 I 1 BetrAVG versteht man unter der betrieblichen Altersversorgung eine Leistung, die einen Versorgungszweck erfüllt, indem sie der Alters-, Invaliditäts- oder Hinterbliebenenabsicherung dient und aus Anlass des Arbeitsverhältnisses vom Arbeitgeber zugesagt wird. Die betriebliche Alters- und Invaliditätsversorgung kann in verschiedenen Formen geleistet werden. Der Arbeitgeber kann die Leistungen entweder selbst erbringen, wobei es sich sowohl um laufende als auch um einmalige Leistungen handeln kann. Er kann sich aber auch eines Dritten bedienen, (etwa eines Lebensversicherers bei der Direktversicherung, einer Pensionskasse [§§ 232 VAG ff.] oder einer Unterstützungskasse). Auch einmalige Kapitalleistungen[320] oder Sachleistungen können betriebliche Altersversorgung darstellen, soweit die Leistungspflicht im Einzelfall auf einem tariflichen Tatbestand beruht, der seinerseits an biometrische Risiken im Sinne des Betriebsrentengesetzes anknüpft.[321] 461

2. Entstehen eines Rechtsanspruchs

Ein gesetzlicher Anspruch des Arbeitnehmers auf eine betriebliche Altersversorgung besteht nicht, vielmehr bedarf sie einer besonderen Zusage des Arbeitgebers. Diese kann durch **freiwillige Betriebsvereinbarungen** nach § 88 BetrVG (→ Rn. 1448 ff.) oder durch arbeitsvertragliche Vereinbarung erfolgen. Arbeitsvertragliche Zusagen können **individuell** ausgehandelt sein, sie können aber auch durch eine arbeitsvertragliche **Einheitsregelung** (→ Rn. 60 f.) erfolgen. In Betracht kommt als Grundlage eines Anspruchs auch eine **betriebliche Übung.**[322] Im Einzelfall kann sich ein Anspruch auch aus dem **arbeitsvertraglichen Gleichbehandlungsgrundsatz** (→ Rn. 147 f.) ergeben. 462

---

318 S. hierzu im Einzelnen *Igl/Welti* SozialR § 29 Rn. 1 ff.

319 Gesetz zur Verbesserung der betrieblichen Altersversorgung v. 19. 12. 1974 (BGBl. 1974 I 3610).

320 BAG 25.6.2013 – 3 AZR 219/11, NZA 2013, 1421.

321 BAG 16.3.2010 – 3 AZR 594/09, NZA-RR 2011, 146.

322 BAG 23.8.2011 – 3 AZR 650/09, NZA 2012, 37; auch bei der betrieblichen Altersversorgung wird die gegenläufige betriebliche Übung nicht anerkannt, vgl. BAG 16.2.2010 – 3 AZR 118/08, NZA 2011, 104.

3. Sicherung der Versorgungsansprüche durch das BetrAVG

a) Unverfallbarkeit

463 § 1b BetrAVG bestimmt in Bezug auf die Verfallbarkeit, dass ein Arbeitnehmer die Anwartschaft auf die zugesagte betriebliche Altersversorgung auch bei Ausscheiden aus dem Arbeitsverhältnis behält, sofern er in diesem Zeitpunkt mindestens das 25. Lebensjahr vollendet hat und die Versorgungszusage für ihn mindestens fünf Jahre bestanden hat.[323] Die unverfallbaren Anwartschaften dürfen nur unter den Voraussetzungen des § 3 BetrAVG durch eine einmalige Abfindung abgelöst werden.

b) Auszehrungsverbot

464 § 5 BetrAVG regelt das Verhältnis von gesetzlicher Rentenversicherung und betrieblicher Altersversorgung. § 5 II BetrAVG bestimmt, dass bei der **erstmaligen Festsetzung** der Leistungen der betrieblichen Altersversorgung solche Versorgungsbezüge nicht angerechnet werden dürfen, die auf eigenen Beiträgen des Arbeitnehmers, insbesondere für eine freiwillige Höherversicherung, in der Rentenversicherung beruhen. Nach wie vor möglich ist aber, die Leistungen der betrieblichen Altersversorgung unter Berücksichtigung der auf Pflichtbeiträgen beruhenden Ansprüche gegen die gesetzliche Rentenversicherung festzusetzen, also etwa zu bestimmen, dass dem Arbeitnehmer zusätzlich zu seinem gesetzlichen Rentenanspruch (nur) der Betrag gewährt wird, der notwendig ist, um einen bestimmten Prozentsatz des bisherigen Nettoarbeitsentgelts zu erreichen.

465 Sind Leistungen der betrieblichen Altersversorgung vor Eintritt des Versorgungsfalles **einmal festgesetzt,** so dürfen sie nicht mehr deshalb gemindert werden, weil sich andere Versorgungsleistungen, insbesondere solche aus der gesetzlichen Rentenversicherung erhöhen (§ 5 I BetrAVG). Möglich ist eine Minderung lediglich dann, wenn eine andere, auch vom Arbeitgeber finanzierte, Versorgungsleistung erhöht wird (sog. Einheitsbetrachtung).[324]

c) Anpassung

466 § 16 BetrAVG regelt die Anpassung der laufenden Leistungen der betrieblichen Altersversorgung an die sich ändernden Lebensverhältnisse. Nach dieser Vorschrift hat der Arbeitgeber alle drei Jahre über eine solche Anpassung nach billigem Ermessen, insbesondere unter Berücksichtigung der Belange der Versorgungsempfänger und seiner eigenen wirtschaftlichen Lage, zu entscheiden.

467 Nach § 16 II BetrAVG genügt es, die Ruhegeldleistungen an den Anstieg des Verbraucherpreisindexes für Deutschland[325] **oder** an die Nettolöhne vergleichbarer Arbeitnehmergruppen des Unternehmens anzupassen. Auch kann auf die Anpassung überhaupt verzichtet werden, wenn von vornherein festgelegt ist, dass die Leistungen jährlich um wenigstens 1 % steigen oder im Falle der Abwicklung über eine Direktversicherung oder Pensionskasse sämtliche Überschussanteile zur Erhöhung der Betriebsrenten ver-

323 Vgl. §§ 30ff. BetrAVG für betriebliche Altersversorgungen, die vor dem 1.1.2001 zugesagt wurden.
324 BAG 26.8.2003 – 3 AZR 434/02, BeckRS 2003, 41746.
325 BAG 28.6.2011 – 3 AZR 859/09, NZA 2011, 1285, wonach der zu berücksichtigende Kaufkraftverlust anhand des zum Anpassungsstichtag aktuellsten vom Statistischen Bundesamt veröffentlichten Verbraucherpreisindexes zu ermitteln ist.

wendet werden oder der Arbeitgeber eine Beitragszusage mit Mindestleistung erteilt hat (§ 16 III BetrAVG).

d) Insolvenzsicherung

Die §§ 7ff. BetrAVG sehen schließlich auch eine Insolvenzsicherung für die Versorgungsansprüche vor: Die Arbeitgeber, die Versorgungszusagen gewährt haben, haben einen privatrechtlichen Pensionssicherungsverein auf Gegenseitigkeit gegründet, zu dem sie Beiträge zu entrichten haben. Fällt ein Arbeitgeber in die Insolvenz und können infolgedessen die Versorgungsansprüche von ihm nicht mehr erfüllt werden, oder werden die Versorgungsleistungen wegen einer wirtschaftlichen Notlage des Arbeitgebers zulässigerweise gekürzt oder eingestellt, so erhalten die Versorgungsempfänger in Höhe ihrer Versorgungszusage einen Anspruch gegen den Pensionssicherungsverein. **468**

4. Schließung und Einschränkung der betrieblichen Altersversorgung

Nicht selten treffen Arbeitgeber, die bisher eine betriebliche Altersversorgung geleistet haben, die Entscheidung, **neu eingestellten** Arbeitnehmern keine entsprechende Zusage mehr zu machen. Da es keinen gesetzlichen Anspruch auf betriebliche Altersversorgung gibt (→ Rn. 462), ist eine solche **»Schließung«** zulässig. Das gilt auch, wenn Grundlage der betrieblichen Altersversorgung eine Betriebsvereinbarung ist. Notwendig ist dann nur deren Kündigung; als freiwillige Betriebsvereinbarung wirkt sie nicht nach (→ Rn. 1355). **469**

Verbunden mit einer Schließung oder unabhängig von ihr kann der Arbeitgeber auch auf eine Einschränkung von Leistungen zielen, die den Arbeitnehmern **bereits zugesagt** sind. Soweit eine solche Zusage arbeitsvertraglich erfolgt ist, behält sich der Arbeitgeber für diese Fälle regelmäßig deren **Widerruf** vor. Dessen Ausübung ist nach § 315 BGB an billiges Ermessen gebunden. Dazu hat die Rechtsprechung eine Drei-Stufen-Lösung entwickelt. Danach können bis zum Zeitpunkt des Widerrufs durch die entsprechende Dauer der Betriebszugehörigkeit, erdiente Versorgungsanwartschaften grundsätzlich nicht mehr entzogen oder gekürzt werden; in die vorgesehene Steigerung dieser erdienten Anwartschaften kann nur eingegriffen werden, wenn triftige Gründe vorliegen, die auch den Verzicht auf die Anpassung nach § 16 BetrAVG rechtfertigen würden (→ Rn. 467); künftig erst zu erwerbende Anwartschaften können eingeschränkt oder entzogen werden, wenn sachliche Gründe vorliegen, etwa auf eine ungünstige Entwicklung des Unternehmens reagiert werden soll.[326] Wo es an einem Widerrufsvorbehalt fehlt, kommt nur eine Änderungskündigung in Betracht, die nach der Rechtsprechung eine wirtschaftliche Notlage des Unternehmens voraussetzt (→ Rn. 652ff.). **470**

Ist Grundlage der betrieblichen Altersversorgung eine **Betriebsvereinbarung,** unterliegt deren Kündigung an sich auch hinsichtlich der bereits zugesagten Leistungen der Altersversorgung keiner Kontrolle. Die Wirkungen der Kündigung werden aber durch die Grundsätze des Vertrauensschutzes und der Verhältnismäßigkeit beschränkt.[327] Praktisch läuft das auf einen ähnlichen Schutz hinaus, wie er gegenüber dem Widerruf arbeitsvertraglich zugesagter Altersversorgung besteht.

---

326 Zum Widerruf wegen wirtschaftlicher Notlage s. auch BVerfG 29.2.2012 – 1 BvR 2378/10, NZA 2012, 788; grundlegend BAG 17.4.1985 – 3 AZR 72/83, NZA 1986, 57.

327 BAG 23.2.2016 – 3 AZR 961/13, BeckRS 2016, 68724.

5. Steuerliche Förderung

471 Die betriebliche Altersversorgung wird **steuerlich begünstigt.** Insbesondere können Zuwendungen an Pensions- und Unterstützungskassen sowie an Pensionsfonds in einem bestimmten Rahmen als Betriebsausgaben abgesetzt werden (§§ 4c ff. EStG) und sind für Ruhegeldverpflichtungen Rückstellungen in bestimmtem Umfang zulässig, die ebenfalls den Gewinn mindern (§ 6a EStG).

III. Private Altersvorsorge (»Riester-Rente«)

472 Die private Altersvorsorge ist in erster Linie Sache des Arbeitnehmers selbst. Sie kann in vielfältigen Formen, etwa durch die Bildung von Haus- und Grundbesitz, die Ansammlung von Kapitalvermögen oder den Abschluss von Lebensversicherungen erfolgen. Das im Zuge der Rentenreform erlassene Altersvermögensgesetz hat zusätzlich die Institution besonderer Altersvorsorgeverträge geschaffen.

473 Eine besondere Form dieser privaten Altersvorsorge stellt die **Entgeltumwandlung** dar: Der Arbeitnehmer kann seinen Anspruch auf Arbeitsentgelt in Höhe von bis zu 4% der jeweiligen Beitragsbemessungsgrenze in der Rentenversicherung in eine Aufwendung für seine Altersvorsorge umwandeln (§ 1a BetrAVG).[328] Die Einzelheiten dieser Umwandlung sind mit dem Arbeitgeber zu regeln, der aber nicht verpflichtet ist, den Arbeitnehmer auf den Umwandlungsanspruch hinzuweisen.[329] Wenn der Arbeitgeber zu einer Durchführung über einen Pensionsfonds oder eine Pensionskasse bereit ist, ist die Altersversorgung dort durchzuführen. Andernfalls kann der Arbeitnehmer verlangen, dass der Arbeitgeber für ihn eine Direktversicherung abschließt. Auch die Entgeltumwandlung wird staatlich gefördert.

IV. Altersteilzeit

474 Um den gleitenden Übergang älterer Arbeitnehmer in den Ruhestand zu fördern und damit die Einstellung von Arbeitslosen zu ermöglichen, sieht das Altersteilzeitgesetz (ATG) Leistungen der Bundesagentur für Arbeit an Arbeitgeber vor, die ältere Arbeitnehmer nur noch teilweise beschäftigen und zugleich die freigemachten Arbeitsplätze an Arbeitslose vergeben.

475 Leistungen werden nach § 2 ATG an Arbeitnehmer gewährt, die das 55. Lebensjahr vollendet haben und deren Arbeitszeit auf die Hälfte der bisherigen wöchentlichen Arbeitszeit vermindert ist. Die Verminderung der wöchentlichen Arbeitszeit muss dabei nur im Durchschnitt eines Zeitraums von drei Jahren (im Falle tariflicher Regelung von sechs Jahren) erreicht werden. Die Altersteilzeit kann also so durchgeführt werden, dass in der ersten Hälfte voll und in der zweiten Hälfte gar nicht gearbeitet wird. Von dieser Möglichkeit wird in den meisten Fällen Gebrauch gemacht.

476 Vorausgesetzt wird nach § 3 ATG, dass der Arbeitgeber das Arbeitsentgelt für die Altersteilzeitarbeit (ohne Einrechnung von Einmalzahlungen) um mindestens 20% aufgestockt hat[330] und für den Arbeitnehmer Beiträge zur Höherversicherung in der

---

328 Vgl. zu den Voraussetzungen *Uckermann/Fuhrmanns* NZA 2010, 550.
329 BAG 21.1.2014 – 3 AZR 807/11, NJW 2014, 1982.
330 Zur Berechnung des Aufstockungsbetrages s. BAG 19.2.2013 – 9 AZR 452/11, NZA-RR 2013, 494.

gesetzlichen Rentenversicherung entrichtet, sowie, dass er aus Anlass des Übergangs in die Altersteilzeit einen bei einer Agentur für Arbeit als arbeitslos gemeldeten Arbeitnehmer oder einen Ausgebildeten einstellt und die freie Entscheidung des Arbeitgebers bei einer über 5 % der Arbeitnehmer des Betriebes hinausgehenden Inanspruchnahme sichergestellt ist oder eine Ausgleichskasse der Arbeitgeber oder eine gemeinsame Einrichtung der Tarifvertragsparteien besteht.[331] Die Bundesagentur für Arbeit erstattet dem Arbeitgeber dann nach § 4 ATG für längstens sechs Jahre den Aufstockungsbetrag in Höhe von 20 % des für die Altersteilzeit gezahlten Arbeitsentgelts und die Beiträge für die Höherversicherung.

Die Förderung der Altersteilzeit durch die Bundesagentur für Arbeit ist nach § 16 ATG bis zum 31.12.2009 befristet. Für Arbeitnehmer, die erst nach diesem Zeitpunkt das 55. Lebensjahr vollenden, scheidet eine Förderung aus. 477

V. Kontrollfragen

Frage 35: Wann tritt nach dem Gesetz über die betriebliche Altersversorgung grundsätzlich die Unverfallbarkeit von Versorgungsanwartschaften ein? 478

Frage 36: Unter welchen Voraussetzungen entfällt die in § 16 BetrAVG vorgesehene Verpflichtung zur Anpassung der laufenden Leistungen der betrieblichen Altersversorgung?

Frage 37: Wie wird die Entgeltumwandlung zum Zwecke der Altersversorgung staatlich gefördert?

§ 13 Recht am Arbeitsergebnis und Vermögensbeteiligung

Literatur: *Bartenbach/Volz,* Arbeitnehmererfindungsgesetz, 5. Aufl. 2013; *Körting/Kummer,* Von der Hochschullehrererfindung zur Hochschulerfindung, RdA 2003, 279; *Leber,* Vermögensbildung in Arbeitnehmerhand, 4 Bd. 1964–1966; *Löwisch,* Der Grundsatz der freien Anlagenwahl im Recht der Vermögensbildung, FS Däubler, 1999, 470; *Loritz,* Investivlohnmodelle und Arbeitsrecht, FS Kissel, 1994, 687; *Reimer/Schade/Schippel,* Das Recht der Arbeitnehmererfindung, 8. Aufl. 2007.

I. Eigentumserwerb

Wird durch Verarbeitung oder Umbildung eines oder mehrerer Stoffe eine neue bewegliche Sache hergestellt, erwirbt das Eigentum an ihr nach § 950 BGB der Hersteller. 479
Daraus scheint auf den ersten Blick zu folgen, dass Eigentümer der in einem Betrieb durch Be- und Verarbeitung hergestellten Erzeugnisse die mit der Herstellung befassten Arbeitnehmer werden. Das würde indes der auf dem Privateigentum an den Produktionsmitteln basierenden marktwirtschaftlichen Ordnung (→ Rn. 51) widersprechen. In dieser muss Hersteller iSd § 950 BGB derjenige sein, in dessen Auftrag und Verantwortung die Erzeugnisse hergestellt werden, also der Unternehmer. Dem entspricht auch, dass nach § 855 BGB der Arbeitnehmer in Bezug auf Inventar und Erzeugnisse des Betriebes, auch wenn er die tatsächliche Gewalt über sie ausübt, nur Besitzdiener ist, während der Unternehmer selbst Besitzer ist.

331 BAG 15.11.2011 – 9 AZR 387/10, NZA 2012, 218 wonach der Arbeitgeber, der mit Arbeitnehmern Altersteilzeitarbeitsverträge abschließt, obwohl er wegen Überschreitens der in § 3 I Nr. 3 ATG geregelten Überlastquote hierzu nicht verpflichtet ist, eine freiwillige Leistung erbringt und deshalb den arbeitsrechtlichen Gleichbehandlungsgrundsatz zu beachten hat.

II. Arbeitnehmererfindung

1. Überblick

480 Erfindungen werden heute ganz überwiegend in Betrieben der privaten Wirtschaft und der öffentlichen Hand gemacht. Soweit in Betrieben der privaten Wirtschaft der Erfinder der Arbeitgeber selbst ist, entsteht daraus kein besonderes Problem. Ihm steht dann die Erfindung zu, er entscheidet über die Verwertung und ihm gebühren die aus der Nutzung der Erfindung fließenden Einnahmen.

Stammt die Erfindung aber von einem Arbeitnehmer, muss die Frage entschieden werden, ob diesem oder dem Arbeitgeber die Erfindung zusteht und wie der Arbeitnehmer im letzten Fall am Gewinn der Erfindung zu beteiligen ist. Die entsprechende Regelung findet sich im Gesetz über die Arbeitnehmererfindungen.[332]

481 Das Gesetz betrifft nur patent- oder gebrauchsmusterfähige Erfindungen. Patentfähig sind Erfindungen, wenn sie sich für den Fachmann nicht in naheliegender Weise aus dem Stand der Technik ergeben und gewerblich anwendbar sind (§§ 1 ff. PatG). Gebrauchsmusterfähig sind Erfindungen, die auf einem – einfacheren – erfinderischen Schritt beruhen und gewerblich anwendbar sind (§§ 1 ff. GebrMG).

2. Diensterfindungen

482 Macht ein Arbeitnehmer während der Dauer des Arbeitsverhältnisses eine Erfindung, die entweder aus der ihm im Betrieb obliegenden Tätigkeit entstanden ist oder maßgeblich auf Erfahrungen oder Arbeiten des Betriebes beruht, handelt es sich um eine gebundene Erfindung (Diensterfindung, § 4 II ArbNErfG). Die Diensterfindung steht dem Arbeitnehmer zu, er muss sie aber seinem Arbeitgeber melden (§ 5 ArbNErfG).

483 Der Arbeitgeber kann die Erfindung durch Erklärung gegenüber dem Arbeitnehmer in Anspruch nehmen, wodurch sämtliche Rechte aus ihr auf ihn übergehen, § 7 I ArbNErfG. Die Diensterfindung gilt als in Anspruch genommen, wenn der Arbeitgeber sie nicht binnen einer Frist von vier Monaten nach der Meldung durch eine Erklärung in Textform (§ 126b BGB) gegenüber dem Arbeitnehmer freigibt, § 6 II ArbNErfG.

Nimmt der Arbeitgeber die Diensterfindung in Anspruch, so hat er dem Arbeitnehmer eine angemessene Vergütung zu entrichten, § 9 I ArbNErfG. Für die Bemessung der Vergütung sind nach § 9 II ArbNErfG die wirtschaftliche Verwertbarkeit der Diensterfindung, die Aufgaben und die Stellung des Arbeitnehmers im Betrieb sowie der Anteil des Betriebs am Zustandekommen der Erfindung maßgebend. Es bestehen Richtlinien des Bundesarbeitsministeriums für die Ermittlung der angemessenen Vergütung.[333]

484 Der Arbeitnehmer hat die Diensterfindung geheim zu halten (§ 24 II ArbNErfG) und darf sie nicht seinerseits verwerten. Um seine Erfinderehre zu wahren, muss sein Name bei der Veröffentlichung des Patentrechts bekannt gemacht werden (§ 37 PatG).

---

332 v. 25.7.1957 (BGBl. 1957 I 756).

333 RL für die Vergütung von Arbeitnehmererfindungen im privaten Dienst v. 20.7.1959, BAnz Nr. 169 und für den öffentlichen Dienst v. 1.12.1960, BAnz Nr. 237, 2.

Will der Arbeitgeber die ihm gemeldete Diensterfindung nicht in Anspruch nehmen, so muss er sie nach § 8 S. 1 ArbNErfG durch eine Erklärung in Textform, § 126b BGB, **freigeben.** Das Verfügungsrecht über die freigegebene Diensterfindung liegt allein beim Erfinder (§ 8 S. 2 ArbNErfG). 485

§ 42 ArbNErfG enthält besondere Bestimmungen für Erfindungen der an einer **Hochschule** Beschäftigten. Diese entscheiden im Rahmen ihrer Lehr- und Forschungstätigkeit selbst über die Offenbarung einer Diensterfindung (Nr. 1 und 2). Anders als früher stehen aber auch Hochschullehrer die Rechte an ihren Erfindungen nicht mehr in eigener Person zu, sondern werden als Diensterfindungen angesehen, die der Dienstherr in Anspruch nehmen kann.[334] Dem Erfinder bleibt nur ein nicht ausschließliches Recht zur Benutzung der Diensterfindung im Rahmen seiner Lehr- und Forschungstätigkeit (Nr. 3). Verwertet der Dienstherr die Erfindung, erhält er eine Vergütung von 30 % der durch die Verwertung erzielten Einnahmen (Nr. 4). 486

3. Freie Erfindungen

Steht die Erfindung eines Arbeitnehmers in **keinem Zusammenhang** mit seiner beruflichen Tätigkeit, handelt es sich um eine betriebsfremde Erfindung, die dem Arbeitgeber nicht gemeldet werden muss. Erfindet etwa ein in einem chemischen Betrieb tätiger Diplomchemiker zu Hause in seiner Freizeit eine neue Hebevorrichtung für Lasten, so ist das allein seine Sache. 487

Macht ein Arbeitnehmer jedoch **in seinem Tätigkeitsbereich** eine Erfindung, muss er diese, auch wenn sie keine Diensterfindung im oben dargelegten Sinne ist, dem Arbeitgeber mitteilen (§ 18 ArbNErfG), um ihm die Nachprüfung zu ermöglichen, ob wirklich eine freie Erfindung vorliegt. Außerdem muss er ihm nach § 19 ArbNErfG den Erwerb einer nicht ausschließlichen Lizenz anbieten. Erfindet also ein Diplomchemiker, der an sich mit der Entwicklung eines neuen Arzneimittels befasst ist, einen neuen Farbstoff, muss er dies dem Arbeitgeber melden. 488

III. Urheberrechtsschutz

Schafft der Arbeitnehmer in Erfüllung seiner arbeitsvertraglichen Verpflichtung ein nach dem UrhG geschütztes Werk der Literatur, Wissenschaft oder Kunst (vgl. § 2 UrhG), ist er als dessen Urheber geschützt (§ 7 UrhG). Insbesondere stehen ihm grundsätzlich das Veröffentlichungsrecht, das Recht auf Anerkennung seiner Urheberschaft und auch das Verwertungsrecht zu. Allerdings ist nach § 43 iVm § 31 V UrhG davon auszugehen, dass dem Arbeitgeber das Nutzungsrecht an dem geschaffenen Werk insoweit übertragen ist, als dies dem Zweck des betreffenden Arbeitsverhältnisses entspricht. Der Arbeitnehmer hat dann Anspruch auf eine angemessene Vergütung (§ 32 I, § 32a I UrhG), wobei für die Höhe in erster Linie tarifvertragliche Regelungen und gemeinsame, von Urhebervereinigungen und Werknutzervereinigungen getroffene Vergütungsregeln maßgebend sind (§ 32 IV, § 32a IV UrhG).[335] 489

Auch **Computerprogramme** gehören nach § 2 I Nr. 1 UrhG zu den urheberrechtlich geschützten Werken. Wird ein Computerprogramm von einem Arbeitnehmer in Wahrnehmung seiner Aufgaben oder nach den Anweisungen seines Arbeitgebers ge- 490

334 S. im Einzelnen *Weyand/Haase* GRUR 2007, 28ff.; *Körting/Kummer* RdA 2003, 279 (280f.).
335 Zur Reformdiskussion BT-Drs. 18/8625; *Berger/Freier* ZUM 2016, 569.

schaffen, steht die Ausübung aller vermögensrechtlichen Befugnisse an dem Programm ausschließlich dem Arbeitgeber zu, wenn nichts anderes vereinbart ist (§ 69b I UrhG). Auch einen Vergütungsanspruch hat der Arbeitnehmer grundsätzlich nur, wenn dies besonders vereinbart ist. Lediglich bei Arbeitnehmern, die an sich arbeitsvertraglich nicht zur Herstellung solcher Programme verpflichtet sind, kann eine Vergütungsvereinbarung iSd § 612 I BGB den Umständen zu entnehmen sein.[336]

IV. Vermögensbeteiligung

491 Die Beteiligung der Arbeitnehmer an den in den Unternehmen geschaffenen Vermögenswerten gehört, auch abgesehen von dem Sonderfall der Arbeitnehmererfindung, zu den Regelungsproblemen des Arbeitsrechts (→ Rn. 38). Dabei geht es zum einen um eine Beteiligung der Arbeitnehmer an den von ihrem Beschäftigungsunternehmen erzielten Gewinn, wie sie vielfach durch Gewinnbeteiligung, Jahresschlusszahlungen unter anderem erfolgt (→ Rn. 319f.), zum anderen steht die Beteiligung am Unternehmen selbst in Rede. Verbunden damit ist das Problem der gleichmäßigeren Verteilung des wirtschaftlichen Vermögens überhaupt.

492 Für die Beteiligung der Arbeitnehmer an den **Unternehmen selbst** kommen vielfältige Formen in Betracht, die von einem dem Unternehmen als Darlehen zu belassenen Investivlohn über die Beteiligung am Unternehmen in Form von Belegschaftsaktien, Kommanditbeteiligungen und Genossenschaftsanteilen bis hin zur Bildung von Fondsvermögen reichen, die Anteile an den Unternehmen halten und an denen wiederum die Arbeitnehmer beteiligt sind. Mit ihr können sich staatliche Maßnahmen der Vermögensbildung von der einfachen Sparförderung über die Bausparförderung und die Förderung von Geldanlagen in Wertpapieren bis hin zur Ausgabe sog. Volksaktien an den im Staatseigentum stehenden Unternehmen verbinden.

493 Die Regelung der Vermögensbeteiligung hat der Gesetzgeber im Wesentlichen den Tarifvertragsparteien, den Betriebspartnern und den Arbeitsvertragsparteien überlassen. Er beschränkt sich auf deren Förderung im Rahmen der Förderung der allgemeinen Vermögensbildung nach dem Vermögensbildungsgesetz.

V. Kontrollfragen

494 **Frage 38:** Nach welcher Vorschrift erwirbt der Arbeitgeber das Eigentum an den von den Arbeitnehmern hergestellten Erzeugnissen?

Frage 39: Was ist eine Diensterfindung iSd Arbeitnehmererfindungsgesetzes?

Frage 40: Welche Rechte räumt das Arbeitnehmererfindungsgesetz dem Arbeitgeber bei freien Erfindungen des Arbeitnehmers ein?

336 BAG 13.9.1983 – 3 AZR 371/81, NJW 1984, 1579.

§ 14 Arbeitsschutz, Fürsorgepflicht und Unfallversorgung

Literatur: *Brose,* Die Reproduktionsmedizin und der Mutterschutz, NZA 2016, 604; *Buchner/Becker,* Bundeselterngeld- und Elternzeitgesetz, Mutterschutzgesetz, 8. Aufl. 2008; *Deinert,* Unfallversicherung und Arbeitsschutz, JURA 2014, 1033; *Denck,* Der Schutz des Arbeitnehmers vor der Außenhaftung, 1980; *Eberstein/Meyer,* Arbeitsstättenrecht, Loseblatt; *Kittner/Pieper,* Arbeitsschutzrecht, 2. Aufl. 2005; *Kothe,* Arbeitsschutz in der digitalen Arbeitswelt, NZA 2015, 1417; *Rieble/Picker,* Arbeitsschutz und Mitbestimmung bei häuslicher Telearbeit, ZfA 2013, 383; *Schmatz/Nöthlichs,* Sicherheitstechnik, Loseblatt;
Umfassender Überblick bei MHdB ArbR/*Wlotzke* §§ 206 ff.

Zur Entwicklung des Arbeitsschutzrechts: *Aufhauser/Brunhöber/Igl,* Arbeitssicherheitsgesetz, 4. Aufl. 2010; *Krause,* Schutzvorschriften und faktische Diskriminierung, FS Pfarr, 2010, 392; *Kollmer/Klindt,* Arbeitsschutzgesetz, 3. Aufl. 2016; *Pieper,* Arbeitsschutzgesetz, 6. Aufl. 2014; *Richardi ua,* Beiträge zur ersten Internationalen Arbeitsschutzkonferenz 1890 in Berlin, ZfA 1991, 273.

I. Überblick

Wie in → Rn. 28 ausgeführt, gehört die Fürsorge für die Person des Arbeitnehmers zu den wesentlichen Aufgaben des Arbeitsrechts. Dabei geht es in erster Linie um den Gesundheitsschutz und den Schutz vor Arbeitsunfällen. **495**

Bewerkstelligt werden der Gesundheitsschutz und der Schutz vor Arbeitsunfällen einerseits durch Sachvorschriften, die bestimmte Schutzmaßnahmen für die Arbeitstätigkeit vorschreiben, und andererseits durch den Aufbau einer betrieblichen Sicherheitsorganisation. Über den eigentlichen Arbeitsschutz hinaus geht es dabei heute auch um die menschengerechte Gestaltung der Arbeit, die Spätschäden vorbeugen soll. **496**

In zweiter Linie gilt die Fürsorge erhöht schutzbedürftigen Arbeitnehmern, wie Jugendlichen, Schwangeren und Müttern, die vor besonders gesundheitsschädlichen Beschäftigungen geschützt werden müssen. **497**

Das Arbeitsschutzrecht ist in erster Linie **öffentliches Recht.** Es wird durch eine arbeitsvertragliche Fürsorgepflicht des Arbeitgebers ergänzt. Den Ausgleich eingetretener Personenschäden übernimmt die gesetzliche Unfallversicherung, die durch Unfallverhütungsvorschriften aber auch in den vorbeugenden Arbeitsschutz eingeschaltet ist. **498**

Von der Fürsorge für die Person zu trennen ist die Fürsorge für das Eigentum des Arbeitnehmers. Sie ist allein Sache der arbeitsvertraglichen Regelung. **499**

II. Arbeitsschutzvorschriften

1. Sachvorschriften des Gesundheitsschutzes

Die Sachvorschriften des Gesundheitsschutzes sind einmal in **staatlichen Arbeitsschutzvorschriften** enthalten. Grundlage dieser Vorschriften ist das Arbeitsschutzgesetz (ArbSchG) v. 7.8.1996. Es legt eine Reihe von Grundpflichten des Arbeitgebers und der Beschäftigten im Rahmen des Arbeitsschutzes fest. 500

So hat der Arbeitgeber nach § 4 ArbSchG

- die Arbeit so zu gestalten, dass eine Gefährdung für Leben und Gesundheit möglichst vermieden und die verbleibende Gefährdung möglichst gering gehalten wird,
- Gefahren an ihrer Quelle zu bekämpfen,
- bei seinen Maßnahmen den Stand von Technik, Arbeitsmedizin und Hygiene sowie sonstige gesicherte arbeitswissenschaftliche Erkenntnisse zu berücksichtigen,
- Maßnahmen mit dem Ziel zu planen, Technik und Arbeit sachgerecht zu verknüpfen
- spezielle Gefahren für besonders schutzbedürftige Beschäftigungsgruppen zu berücksichtigen,
- den Beschäftigten geeignete Anweisungen zu erteilen und
- geschlechterspezifisch wirkende Regelungen nur durchzuführen, wenn dies aus biologischen Gründen zwingend geboten ist.

Die Beschäftigten sind nach §§ 15 und 16 ArbSchG verpflichtet,

- nach ihren Möglichkeiten gemäß der Unterweisung und Weisung des Arbeitgebers für ihre eigene Sicherheit und Gesundheit und die der mit ihnen zusammenarbeitenden Beschäftigten zu sorgen,
- Maschinen, Geräte, Werkzeuge, Arbeitsstoffe, Transportmittel sowie Schutzvorrichtungen und ihre persönliche Schutzausrüstung bestimmungsgemäß zu verwenden und
- Arbeitgeber und Vorgesetzten jede von ihnen festgestellte erhebliche Gefahr sowie jeden an den Schutzsystemen festgestellten Defekt unverzüglich zu melden.

501 Die nähere Ausgestaltung des Arbeitsschutzes erfolgt durch Rechtsverordnungen, zu deren Erlass § 18 ArbSchG die Bundesregierung ermächtigt. Hervorzuheben sind vor allem die **Arbeitsstättenverordnung**[337] und die dazu ergangenen **Arbeitsstättenrichtlinien,** die genaue Vorschriften für die Einrichtung der Arbeitsplätze, des Arbeitsablaufs und der Arbeitsumgebung enthalten, bis hin zu Raumabmessungen, Bewegungsflächen, Sicherheitsabständen bei Verkehrswegen, Lärmrichtwerten und der Einrichtung von Sanitätsräumen. Zu nennen ist weiter die Verordnung über gefährliche Arbeitsstoffe und Arbeitsschutzverordnungen für Spezialgebiete, zB die Verordnung über Arbeit in Druckluft[338] und die Bildschirmarbeitsverordnung.

502 Art. 153 AEUV ermächtigt die EU zum Erlass von Richtlinien über Mindestvorschriften zum Arbeitsschutz (auch → Rn. 163, 165). Der Europäische Gesetzgeber hat von dieser Ermächtigung umfassenden Gebrauch gemacht und inzwischen eine ganze Reihe solcher Richtlinien erlassen. Die wichtigste ist eine **Rahmenrichtlinie**[339] für die Verbesserung der Sicherheit und des Gesundheitsschutzes vom Juni 1989, die weitreichende Bestimmungen zur Verhütung von Sicherheits- und Gesundheitsgefahren enthält. Die Vorgaben dieser Arbeitsschutz-Rahmen-RL hat das Arbeitsschutzgesetz verwirklicht.

503 Eine der auf der Arbeitsschutz-Rahmen-RL aufbauenden Einzelrichtlinien sieht, unserer Arbeitsstättenverordnung vergleichbar, Mindestvorschriften für die Arbeitsräume, Arbeitsplätze und die Arbeitsumgebung vor. Weitere Einzelrichtlinien betreffen die sicherheitsgerechte Benutzung von Maschinen und Geräten, die Benutzung persönlicher Schutzeinrichtungen und die Arbeit an Bildschirmen.

---

337 VO über Arbeitsstätten v. 12.8.2004 (BGBl. 2004 I 2179).

338 Abgedr. sind die staatlichen Arbeitsschutzvorschriften bei *Nipperdey* II, Arbeitssicherheit.

339 RL 89/391/EWG des Rates über die Durchführung von Maßnahmen zur Verbesserung der Sicherheit und des Gesundheitsschutzes der Arbeitnehmer bei der Arbeit v. 12.6.1989, ABl. 1989 L 183, 1.

Entsprechend der Vorgabe der Arbeitsschutz-Rahmen-RL betrifft das Arbeitsschutzgesetz alle Beschäftigungsbereiche, insbesondere auch den öffentlichen Dienst und kirchliche Einrichtungen. Dementsprechend knüpft das Arbeitsschutzgesetz nicht an den Arbeitnehmerbegriff, sondern an einen besonderen Beschäftigungsbegriff an, der auch arbeitnehmerähnliche Personen, Beamte, Richter und Soldaten umfasst (§ 2 II ArbSchG). 504

Den staatlichen Arbeitsschutzvorschriften korrespondieren die von den Unfallversicherungsträgern aufgrund von § 15 SGB VII erlassenen **Unfallverhütungsvorschriften.** § 15 I SGB VII sieht einen Kanon von Bereichen vor, in denen die Unfallversicherungsträger autonomes Recht setzen können. So ist dies etwa möglich über Einrichtungen, Anordnungen und Maßnahmen, welche die Unternehmer zur Unfallverhütung zu treffen haben, § 1 5 I 1 Nr. 1 SGB VII, oder über das Verhalten der Unfallversicherten zur Unfallprävention, § 15 I 1 Nr. 2 SGB VII. 505

Auf dieser Grundlage wurden zahlreiche teils allgemeine, teils spezifische Unfallverhütungsvorschriften erlassen. Sie enthalten technische Anforderungen an eine Vielzahl technischer Arbeitsmittel sowie Bestimmungen über Arbeitsverfahren. Dabei werden in den neueren Vorschriften nur sicherheitstechnische Ziele fixiert. Die technischen Detailregelungen, die das Erreichen jener Ziele gewährleisten sollen, werden in Durchführungsregelungen aufgenommen, die unverbindliche Modellösungen darstellen und von denen unter Einhaltung des von der Norm vorgegebenen Sicherheitsniveaus abgewichen werden kann. Zur Mitbestimmung des Betriebsrats in diesem Bereich → Rn. 1432ff. 506

Die Einhaltung der staatlichen Arbeitsschutzvorschriften wird von den Gewerbeaufsichtsämtern, die der Unfallverhütungsvorschriften von den Berufsgenossenschaften überwacht. Dem Betriebsrat kommt nach § 89 BetrVG dabei eine Hilfsfunktion zu. Verstöße werden im einen wie im anderen Falle als Ordnungswidrigkeit oder Straftat geahndet (vgl. §§ 25, 26 ArbSchG, § 209 SGB VII). 507

2. Betriebliche Sicherheitsorganisation

Um zu erreichen, dass die Sachvorschriften des Gesundheitsschutzes den jeweiligen Betriebsverhältnissen angepasst werden und einen möglichst großen Wirkungsgrad erreichen, wird der Arbeitgeber zum Aufbau einer betrieblichen Sicherheitsorganisation verpflichtet. Die entsprechende Regelung ist im **Arbeitssicherheitsgesetz (ASiG)** enthalten. Nach ihm hat der Arbeitgeber Betriebsärzte, Sicherheitsingenieure und andere Fachkräfte für Arbeitssicherheit zu bestellen, soweit dies im Hinblick auf Betriebsart, Zahl und Zusammensetzung der Arbeitnehmerschaft und die Betriebsorganisation erforderlich ist. 508

In größeren Betrieben stehen Betriebsärzte und Fachkräfte für Arbeitssicherheit in der Regel in einem Arbeitsverhältnis. Für kleinere Betriebe werden häufig Dienst- oder Werkverträge mit selbstständigen Ärzten und anderen Sicherheitsfachkräften abgeschlossen. Möglich ist auch die Übertragung der Aufgaben an einen überbetrieblichen Dienst von Betriebsärzten oder Fachkräften für Arbeitssicherheit (§ 19 ASiG). 509

Die Betriebsärzte und Fachkräfte für Arbeitssicherheit haben mit dem Betriebsrat zusammenzuarbeiten. Dieser hat bei ihrer Bestellung und Abberufung ein Mitbestimmungsrecht (§ 9 III ASiG). 510

Auch die europäische Arbeitsschutz-Rahmen-RL enthält Bestimmungen über die Heranziehung von Sicherheitsfachkräften und eine präventiv-medizinische Überwachung der Arbeitnehmer.

511 Die Bestimmungen des ASiG über die betriebliche Sicherheitsorganisation werden durch §§ 22ff. SGB VII ergänzt, nach denen in Unternehmen mit mehr als 20 Beschäftigten unter Mitwirkung des Betriebsrats oder Personalrats **Sicherheitsbeauftragte** zu bestellen sind. Ihnen obliegt in erster Linie die Überwachung des Vorhandenseins und der ordnungsgemäßen Benutzung der in den Unfallverhütungsvorschriften vorgeschriebenen Schutzvorrichtungen.

3. Vorschriften über die menschengerechte Gestaltung der Arbeit

512 Das staatliche Arbeitsschutzrecht beschränkt sich heute nicht mehr auf den Schutz des Arbeitnehmers vor unmittelbaren Gesundheits- und Unfallgefahren, sondern sucht auch für eine möglichst menschengerechte Ausgestaltung der Arbeit zu sorgen. Dabei geht es in erster Linie um eine Anpassung der Arbeit an die physische und psychische Konstitution des Menschen. Die Erforschung dieser Fragen ist Sache der **Arbeitswissenschaft.** Diese hat vor allem Erkenntnisse über die anthropometrische Gestaltung von Arbeitsplätzen, insbesondere über die Arbeitsstellung an Maschinen, über die Muskelarbeit und über die Belastung von Sinnen und Nerven durch die geforderte Aufmerksamkeit entwickelt (sog. Ergonomie) und Fragen der Arbeitsmotivation und der Wirkung bestimmter Arbeitsabläufe auf die Psyche dargestellt (sog. Arbeitspsychologie).

513 Entsprechende Regelungen sind vor allem in der Arbeitsstättenverordnung enthalten. Aber auch die europäischen Richtlinien zum Arbeitsschutz beschäftigen sich mit diesen Fragen. Etwa schreibt die Bildschirmgeräte-Sicherheits-RL[340] vom Mai 1990 die ergonomische Gestaltung von Bildschirm, Tastatur und Arbeitsstuhl, regelmäßige Untersuchungen der Augen und Pausen vor.

514 Zur Mitwirkung und Mitbestimmung des Betriebsrats in Fragen der menschengerechten Gestaltung der Arbeit → Rn. 14.

4. Beschäftigungsverbote

a) Mutterschutz

515 Nach § 3 II MuSchG dürfen werdende Mütter in den **letzten sechs Wochen vor** der Entbindung, nach § 6 I MuSchG Wöchnerinnen bis zum Ablauf von **acht Wochen nach** der Entbindung nicht beschäftigt werden; für Mütter nach Früh- und Mehrlingsgeburten verlängert sich das Beschäftigungsverbot auf zwölf Wochen.

516 Werdende Mütter dürfen auch außerhalb der Sechswochenfrist nicht mit schwerer körperlicher Arbeit und Arbeiten beschäftigt werden, bei denen sie schädlichen Einwirkungen von gesundheitsgefährdenden Stoffen oder Strahlen, Staubgasen oder Dämpfen, Hitze, Kälte oder Nässe, Erschütterungen oder Wärme ausgesetzt sind (§ 4 I und II MuSchG). Auch die Beschäftigung von werdenden Müttern mit Akkordarbeit und Fließarbeit mit vorgegebenem Arbeitstempo ist grundsätzlich verboten (§ 4 III MuSchG). Darüber hinaus besteht nach § 3 I MuSchG ein **allgemeines Beschäfti-**

340 RL90/270/EWG des Rates über die Mindestvorschriften bezüglich der Sicherheit und des Gesundheitsschutzes bei der Arbeit an Bildschirmgeräten v. 29.5.1990, ABl. 1990 L 156, 14.

gungsverbot, soweit nach ärztlichem Zeugnis Leben oder Gesundheit von Mutter und Kind bei Fortdauer der Beschäftigung gefährdet sind.

Die Beschäftigungsverbote hindern den Arbeitgeber nicht, der werdenden Mutter eine andere Arbeit zuzuweisen, bei der eine Gesundheitsgefährdung nicht besteht. Diese Zuweisung braucht nicht durch das Direktionsrecht gedeckt zu sein, vielmehr muss dem Sinnzusammenhang der Beschäftigungsverbote mit der Entgeltfortzahlung nach § 11 I 1 MuSchG (→ Rn. 520f.) entnommen werden, dass die Arbeitnehmerin verpflichtet ist, eine ihr nach billigem Ermessen zugewiesene, zumutbare, anderweitige Arbeit zu übernehmen.[341]

Um die Beachtung der Beschäftigungsverbote zu sichern, sollen werdende Mütter dem Arbeitgeber Schwangerschaft und mutmaßlichen Tag der Entbindung mitteilen, sobald sie ihnen bekannt sind, und auf Verlangen ein ärztliches Zeugnis vorlegen. Der Arbeitgeber hat die Mitteilung unverzüglich an die Aufsichtsbehörde weiterzugeben (§ 5 I MuSchG). Für die Berechnung der Zeit des Beschäftigungsverbots vor der Entbindung ist grundsätzlich das ärztliche Zeugnis maßgebend. Irrt sich der Arzt oder die Hebamme über den Zeitpunkt der Entbindung, verkürzt oder verlängert sich die Frist entsprechend (§ 5 II MuSchG). 517

Während der Schutzfristen der § 3 II und § 6 I MuSchG erhalten Frauen nach § 13 MuschG iVm § 24i SGB V **Mutterschaftsgeld** von der Krankenkasse. Als Mutterschaftsgeld wird das durchschnittliche kalendertägliche Arbeitsentgelt der letzten drei Monate vor Beginn der Schutzfrist des § 3 II MuSchG gezahlt, allerdings begrenzt auf einen Höchstbetrag von 13 EUR täglich, § 24i II SGB V. 518

Übersteigt das Arbeitsentgelt diesen Betrag, erhält die Arbeitnehmerin die **Differenz vom Arbeitgeber** (§ 14 MuSchG). Dass auf diese Weise Arbeitgeber mit höher verdienenden Arbeitnehmerinnen eine größere Kostenlast zu tragen haben als solche mit geringer verdienenden, bringt die Gefahr einer mit Art. 3 GG nicht zu vereinbarenden Diskriminierung von Frauen mit sich, weil deren Beschäftigung bei solchen Unternehmen erschwert wird. Auf eine entsprechende Entscheidung des BVerfG hin[342] hat der Gesetzgeber deshalb in § 1 II AAG (→ Rn. 455) bestimmt, dass dem Arbeitgeber diese Aufwendungen von der Krankenkasse zu erstatten sind. Die Kosten dafür werden auf alle Arbeitgeber umgelegt, ohne Rücksicht darauf, ob diese Frauen beschäftigen oder nicht (§§ 3, 7ff. AAG). 519

Kann eine werdende Mutter wegen eines speziellen Beschäftigungsverbots nach § 4 MuSchG oder des allgemeinen Beschäftigungsverbots wegen Gesundheitsgefährdung nach § 3 I MuSchG nicht beschäftigt werden, hat sie Anspruch auf **Fortzahlung des Arbeitsentgelts** gegen den Arbeitgeber (§ 11 I MuSchG). Dabei ist der Durchschnittsverdienst der letzten 13 Wochen oder der letzten drei Monate vor Beginn des Monats zugrunde zu legen, in dem die Schwangerschaft eingetreten ist. Verdienstkürzungen infolge von Kurzarbeit, Arbeitsausfällen oder unverschuldeter Arbeitsversäumnis bleiben außer Betracht. Auch diese Aufwendungen werden auf die Arbeitgeber umgelegt. 520

Der Anspruch auf Entgeltfortzahlung nach § 11 MuSchG setzt voraus, dass der Verdienstausfall der Arbeitnehmerin auf ein Beschäftigungsverbot nach § 4 oder § 3 I MuSchG **zurückzuführen** ist. Fällt während der Zeit des Beschäftigungsverbots der 521

341 BAG 15.11.2000 – 5 AZR 365/99, NZA 2001, 386.
342 BVerfG 18.11.2003 – 1 BvR 302/96, NZA 2004, 33.

Entgeltanspruch infolge eines Arbeitskampfes oder wegen Kurzarbeit ganz oder teilweise weg, trifft dies auch die schwangere Arbeitnehmerin.[343]

522 Wenn die schwangere Arbeitnehmerin **krank** wird, erhält sie das Arbeitsentgelt nicht nach § 11 MuSchG, sondern nach den Vorschriften über die Entgeltfortzahlung im Krankheitsfall fortgezahlt mit der Folge, dass der Anspruch nach Ablauf von sechs Wochen endet und sie auf das Krankengeld angewiesen ist.[344] Nur wenn die Verschlechterung des Gesundheitszustands der schwangeren Arbeitnehmerin ausschließlich auf der Schwangerschaft beruht, besteht der (über den Entgeltfortzahlungsanspruch von sechs Wochen hinausreichende) Anspruch nach § 11 MuSchG.[345]

523 Endet die Schwangerschaft vorzeitig, etwa durch eine Fehlgeburt, enden auch die Beschäftigungsverbote. Der Anspruch auf Entgeltfortzahlung nach § 11 MuSchG entfällt. Ist Entgelt für einen Zeitraum bezahlt worden, in dem ein Beschäftigungsverbot schon nicht mehr bestand, muss es nach § 326 I, IV BGB zurückgezahlt werden. Die Arbeitnehmerin kann sich dabei nicht auf den Wegfall der Bereicherung nach § 818 III BGB berufen, weil § 326 IV BGB für die Rückabwicklung nicht auf das Bereicherungsrecht, sondern auf das Rücktrittsrecht der §§ 346ff. BGB verweist.

b) Jugendarbeitsschutz

524 Nach § 5 I JArbSchG ist die Beschäftigung von **Kindern** verboten. Kind ist, wer noch nicht 15 Jahre alt ist (§ 2 I JArbSchG). Ältere Jugendliche gelten als Kinder, wenn sie noch der Vollzeitschulpflicht unterliegen (§ 2 III JArbSchG). Ausnahmen vom Verbot der Kinderarbeit gelten für die Beschäftigung von Kindern über 13 Jahre mit leichten Arbeiten für nicht mehr als zwei Stunden, in der Landwirtschaft drei Stunden (§ 5 III JArbSchG). In engen Grenzen kann von der Aufsichtsbehörde auch die Beschäftigung von Kindern bei Theatervorstellungen, Musikaufführungen, Werbeveranstaltungen sowie Aufnahmen in Funk, Fernsehen und bei Film- und Fotoaufnahmen zugelassen werden.

525 Auch **Jugendliche bis zu 15 Jahren** dürfen grundsätzlich nicht beschäftigt werden. Unterliegen sie ausnahmsweise nicht mehr der Vollzeitschulpflicht, ist eine Beschäftigung im Berufsausbildungsverhältnis oder mit leichten Tätigkeiten bis zu sieben Stunden täglich und 35 Stunden wöchentlich zulässig (§ 7 JArbSchG).

526 Für **Jugendliche bis zu 18 Jahren** ist die Beschäftigung mit bestimmten Arbeiten verboten. Dazu gehören gefährliche Arbeiten (§ 22 JArbSchG), Akkordarbeiten und tempoabhängige Arbeiten (§ 23 JArbSchG) sowie Arbeiten unter Tage (§ 24 JArbSchG). Zum Arbeitszeitschutz jugendlicher Arbeitnehmer → Rn. 252, 260.

III. Fürsorgepflicht und Unfallversorgung

1. Fürsorgepflicht

527 § 618 I BGB verpflichtet den Arbeitgeber zur Fürsorge für die Person des Arbeitnehmers bei der Arbeitsleistung. Er hat Arbeitsräume, Einrichtungen und Maschinen so bereitzustellen und die Arbeit so zu organisieren, dass der Arbeitnehmer gegen Gefah-

343 Für den Arbeitskampffall → Rn. 1178.

344 BAG 13.2.2002 – 5 AZR 588/00, NZA 2002, 738.

345 BAG 17.10.2013 – 8 AZR 742/12, AP AGG § 15 Nr. 15; BAG 9.10.2002 – 5 AZR 443/01, NZA 2004, 257.

ren für Leben und Gesundheit so weit geschützt ist, wie die Natur der Dienstleistung es gestattet.

Konkretisiert wird diese Verpflichtung in erster Linie durch die öffentlich-rechtlichen Sachvorschriften des Gesundheitsschutzes (→ Rn. 500ff.).[346] Auf deren Einhaltung hat der Arbeitnehmer einen **klagbaren Anspruch,** etwa kann er verlangen, dass ihm die in den Unfallverhütungsvorschriften vorgeschriebene Sicherheitskleidung zur Verfügung gestellt wird.[347] Solange die Vorschriften nicht erfüllt sind, hat der Arbeitnehmer gem. § 273 BGB auch ein **Zurückbehaltungsrecht** an der Arbeitsleistung. 528

Regelmäßig geht die Fürsorgepflicht über die öffentlich-rechtlichen Arbeitsschutzverpflichtungen nicht hinaus. Der Arbeitnehmer, der die Rechte aus § 618 BGB geltend macht, braucht sich, wie es *Nipperdey*[348] formuliert hat, zwar »nicht mit weniger zu begnügen, kann aber auch nicht mehr verlangen, als für die betreffende Lage durch Arbeitsschutzvorschriften vorgeschrieben ist«. 529

Wo allerdings ein besonderes Schutzbedürfnis besteht, dem die Arbeitsschutzvorschriften nicht Rechnung tragen, kann die Fürsorgepflicht weiter gehen. Für in die häusliche Gemeinschaft aufgenommene Arbeitnehmer ordnet das § 618 II BGB ausdrücklich an. Es gilt aber auch sonst. Etwa verpflichtet die Fürsorgepflicht den Arbeitgeber zum Einschreiten, wenn ein Arbeitnehmer von Arbeitskollegen mit Körperverletzungen bedroht wird. 530

Zum Schutz des Arbeitnehmers vor Belästigungen → Rn. 189. 531

2. Eintritt der Unfallversicherung für Personenschäden

Entsteht durch die Verletzung der Fürsorgepflicht beim Arbeitnehmer ein Schaden, ist dieser nach § 280 I BGB an sich zu ersetzen. § 618 III BGB sieht insoweit sogar die Anwendung der Vorschriften der §§ 842 und 843 BGB über den Ersatz des Erwerbsschadens und im Falle der Tötung der §§ 844–846 BGB über den Ersatz des Unterhaltsschadens, entgangener Dienstleistungen und der Beerdigungskosten vor. 532

Im Regelfall wird diese Haftung durch den Eintritt der Unfallversicherung **ausgeschlossen.** Nach § 104 SGB VII ist der Arbeitgeber dem Arbeitnehmer und seinen Hinterbliebenen nach zivilrechtlichen Vorschriften zum Ersatz des durch einen Arbeitsunfall verursachten Personenschadens grundsätzlich nicht verpflichtet. Ein Arbeitsunfall ist ein Unfall, der infolge einer den Unfallversicherungsschutz begründenden Tätigkeit geschieht, § 8 I SGB VII.[349] Der Haftungsausschluss erstreckt sich dabei nicht nur auf die Ansprüche aus Fürsorgepflichtverletzung, sondern auch auf die aus unerlaubter Handlung und Gefährdungshaftung.[350] Auch aus den §§ 823ff. BGB kann deshalb kein Anspruch auf Ersatz von Krankheitskosten, Erwerbsschäden, Unter- 533

346 BAG 19.5.2009 – 9 AZR 241/08, NZA 2009, 775.

347 BAG 21.8.1985 – 7 AZR 199/83, NZA 1986, 324; auch BAG 14.6.2016 – 9 AZR 181/15, NZA-RR 2016, 565.

348 Die privatrechtliche Bedeutung des Arbeitsschutzrechts, Die Reichsgerichtspraxis im deutschen Rechtsleben, Bd. IV, 1929, 203 (217f.).

349 Dazu BSG 18.9.2012 – B 2 U 20/11 R, NZS 2013, 271; BSG 17.2.2009 – B 2 U 18/07 R, NZS 2010, 47.

350 Dazu, dass sich § 104 SGB VII auf den Anspruch aus § 326 II BGB erstreckt, → Rn. 452.

haltsschäden und Beerdigungskosten begründet werden,[351] vor allem aber wird dadurch der Anspruch auf Schmerzensgeld (§ 253 II BGB) ausgeschlossen.[352]

534 Eine Ausnahme von diesem Grundsatz gilt einmal dann, wenn der Arbeitgeber den Arbeitsunfall **vorsätzlich** verursacht hat.[353] Dabei muss sich der Vorsatz auf den Unfall selbst erstrecken. Dass der Arbeitgeber vorsätzlich eine Unfallverhütungsvorschrift außer Acht lässt, genügt nicht, wenn er, und sei es auch leichtfertig, darauf vertraut, ein Unfall werde nicht eintreten.[354]

535 Zum anderen bleibt die Haftung des Arbeitgebers bestehen, wenn es sich bei dem Arbeitsunfall um einen **Wegeunfall** nach § 8 II SGB VII handelt.[355] Wird der Arbeitnehmer auf dem Weg zur Arbeitsstätte vom Arbeitgeber angefahren, kann er diesen aus Gefährdungshaftung und im Falle des Verschuldens aus unerlaubter Handlung in Anspruch nehmen. Dass Verursacher seines Unfalls zufällig der Arbeitgeber ist, soll ihn nicht schlechter stellen. Stellt der Unfall allerdings eine innerbetriebliche Angelegenheit dar, verunglückt der Arbeitnehmer zB auf dem Weg vom Werkstor zum Arbeitsplatz oder in dem vom Arbeitgeber gesteuerten Werksbus auf der Fahrt zur Arbeitsstätte, greift § 104 SGB VII ein.[356]

536 Nach § 105 SGB VII gilt § 104 SGB VII entsprechend für die Haftung anderer im Betrieb tätiger Personen, wenn sie den Arbeitsunfall durch eine betriebliche Tätigkeit verursacht haben. Auch sie haften also zivilrechtlich dem verunglückten Arbeitnehmer nur bei Vorsatz und bei Wegeunfällen.

Mit »Personen« meint § 105 SGB VII nicht nur Arbeitnehmer, sondern alle Personen, die für den Betrieb tätig sind, also auch Leiharbeitnehmer oder Montagearbeiter eines Drittbetriebs. Umgekehrt werden diese Personen auch in den Versicherungsschutz einbezogen (§ 2 II SGB VII).

Verrichten Arbeitnehmer mehrerer Unternehmen vorübergehend betriebliche Tätigkeiten auf einer **gemeinsamen Betriebsstätte** gilt § 105 SGB VII auch für die Ersatzpflicht der im beteiligten Unternehmen Tätigen untereinander (§ 106 III Var. 3 SGB VII). Eine gemeinsame Betriebsstätte in diesem Sinne liegt allerdings nur vor, wenn die Arbeitnehmer der verschiedenen Unternehmen bewusst und gewollt zusammenwirken, wie das vor allem auf Baustellen zutreffen kann.[357] Dass die Arbeitnehmer lediglich »nebeneinander« tätig sind, genügt nicht, auch wenn das eine Unternehmen das andere zu überwachen hat.[358]

IV. Fürsorge für Sachen und sonstiges Vermögen des Arbeitnehmers

537 § 618 BGB legt dem Arbeitgeber nur die Pflicht zur Vorsorge für Leben und Gesundheit des Arbeitnehmers auf. Aus § 241 II BGB ergibt sich aber, dass der Arbeitgeber auch für Sachen des Arbeitnehmers, die in die betriebliche Sphäre gelangen, sowie für

351 BAG 24.5.1989 – 8 AZR 240/87, NZA 1989, 795.
352 Zur verfassungsrechtlichen Unbedenklichkeit: BVerfG 8.2.1995 – 1 BvR 753/94, NJW 1995, 1607.
353 Dazu BAG 20.6.2013 – 8 AZR 471/12, NZA-RR 2014, 63.
354 BAG 10.10.2002 – 8 AZR 103/02, NZA 2003, 436.
355 Dazu BSG 7.11.2000 – B 2 U 39/99 R, NZS 2001, 432.
356 BAG 19.8.2004 – 8 AZR 349/03, AP SGB VII § 104 Nr. 4.
357 BGH 22.1.2013 – VI ZR 175/11, NZS 2013, 431.
358 BAG 28.10.2004 – 8 AZR 443/03, NZA 2005, 1375.

dessen sonstige mit dem Arbeitsverhältnis im Zusammenhang stehenden Vermögensinteressen Sorge tragen muss.

Was die Sachen des Arbeitnehmers angeht, so besteht zunächst eine **Rücksichtnahmepflicht.** Wie jeder andere Schuldner muss der Arbeitgeber eine Schädigung der Sachen des Arbeitnehmers vermeiden. Verletzt er diese Pflicht schuldhaft, ist er dem Arbeitnehmer aus § 280 I BGB zum Schadensersatz verpflichtet. Dabei hat er nach § 278 BGB auch das Verschulden der Personen zu vertreten, deren er sich zur Erfüllung der ihm gegenüber dem Arbeitnehmer aus dem Arbeitsvertrag obliegenden Verpflichtungen bedient.[359] Hat der Arbeitgeber es übernommen, die Arbeitnehmer mit einem Werksbus zur Arbeitsstätte zu fahren und verunglückt der Bus infolge eines Verschuldens des Fahrers, muss er den Arbeitnehmern etwaige Schäden an Kleidung, an ihnen gehörendem Werkzeug etc. ersetzen. 538

Aus § 241 II BGB folgt auch eine **Obhutspflicht** des Arbeitgebers. Insbesondere muss er dem Arbeitnehmer eine Verwahrungsmöglichkeit, etwa einen verschließbaren Schrank, zur Verfügung stellen, damit er seine persönlichen Sachen wie Straßenkleidung, Portemonnaie oder Fahrkarten sicher verwahren kann. Verletzt er diese Pflicht und kommt infolgedessen eine Sache abhanden, ist er zum Schadensersatz verpflichtet. 539

Eine Pflicht, dem Arbeitnehmer einen **Parkplatz** zur Verfügung zu stellen, besteht grundsätzlich nicht. Vielmehr ist es Sache des Arbeitnehmers, wie er zur Arbeitsstätte gelangt. Ist aber die Arbeitsstätte mit öffentlichen Verkehrsmitteln nur schwer zu erreichen, gehört die Zurverfügungstellung geeigneter Parkmöglichkeiten zur Fürsorgepflicht.[360] Auch dann besteht aber keine Pflicht, die Fahrzeuge zu bewachen oder eine besondere Versicherung für sie abzuschließen. Dies würde angesichts der damit verbundenen wirtschaftlichen Belastungen die Fürsorgepflicht überdehnen.[361] 540

Eine Fürsorgepflicht kann auch hinsichtlich anderer mit dem Arbeitsverhältnis im Zusammenhang stehender Vermögensinteressen des Arbeitnehmers eingreifen. Etwa muss der Arbeitgeber den Arbeitnehmer über die Möglichkeiten der vermögenswirksamen Anlage von Arbeitsentgelt unterrichten oder ihn von der Geheimhaltungspflicht entbinden, wenn der Arbeitnehmer nur so Ansprüche gegen Dritte verfolgen kann. 541

V. Kontrollfragen

Frage 41: Welcher Zusammenhang besteht zwischen dem Arbeitsschutzgesetz und dem Arbeitssicherheitsgesetz einerseits und der Arbeitsschutz-Rahmen-RL über die Verbesserung der Sicherheit und des Gesundheitsschutzes andererseits? 542

Frage 42: Welche Zahlungen hat der Arbeitgeber während der Beschäftigungsverbote nach dem MuSchG zu leisten?

Frage 43: Was kann der Arbeitnehmer tun, wenn der Arbeitgeber seinen Pflichten aus § 618 I BGB nicht nachkommt?

Frage 44: Wann haftet der Arbeitgeber persönlich für Unfallschäden seiner Arbeitnehmer?

359 BAG 28.4.2011 – 8 AZR 769/09, NZA-RR 2012, 290.
360 BAG 16.3.1966 – 1 AZR 340/65, NJW 1966, 1534.
361 BAG 16.3.1966 – 1 AZR 340/65, NJW 1966, 1534; BAG 25.5.2000 – 8 AZR 518/99, NZA 2000, 1052.

§ 15 Haftung des Arbeitnehmers

Literatur: *Brose,* Haftung und Risiken nach den arbeitsrechtlichen Grundsätzen und dem SGB VII, RdA 2011, 205; *Deinert,* Unfallversicherungsregress und innerbetrieblicher Schadensausgleich, RdA 2013, 146; *Denck,* Der Schutz des Arbeitnehmers vor der Außenhaftung, 1980; *Holler,* Scherben bringen (nicht immer) Glück, JA 2017, 17; *Krause,* Geklärte und ungeklärte Probleme der Arbeitnehmerhaftung, NZA 2003, 577; *Krause,* Die Haftung des Arbeitnehmers für Mankoschäden – Bilanz und Perspektiven, RdA 2013, 129; *Oetker,* Neues zur Arbeitnehmerhaftung durch § 619a BGB?, BB 2002, 43; *Otto/Schwarze/Krause,* Die Haftung des Arbeitnehmers, 4. Aufl. 2014; *Rupp,* Haftung von Unternehmern, Unternehmensangehörigen und anderen Personen bei Arbeitsunfällen (§§ 104ff. SGB VII), JURA 2007, 124; *Schwab,* Die Haftung im Arbeitsverhältnis, NZA-RR 2016, 173ff., 230ff.; *Schwarze,* Das Fehlverhalten des Arbeitnehmers beim Ersatz von Eigenschäden, RdA 2013, 140; *Waltermann,* Risikozuweisung nach den Grundsätzen der beschränkten Arbeitnehmerhaftung, RdA 2005, 98; *Waltermann,* Besonderheiten der Haftung im Arbeitsverhältnis, JuS 2009, 193.

I. Haftung gegenüber dem Arbeitgeber

1. Schlechtleistung

543 Der Arbeitsvertrag ist Dienst-, nicht Werkvertrag. Der Arbeitnehmer schuldet lediglich die versprochenen Dienste, **nicht den Erfolg** seiner Tätigkeit. Erbringt der Arbeitnehmer seine Arbeitsleistung schlecht, produziert er etwa fehlerhafte Werkstücke (Ausschuss), führt das deshalb nicht automatisch zur Minderung des Arbeitsentgelts. Ob in einer vom Arbeitgeber angenommenen Schlechtleistung (ein Arbeitnehmer produziert etwa regelmäßig weniger Werkstücke als seine Kollegen) überhaupt eine Pflichtverletzung liegt, ist nach subjektiven Parametern zu ermitteln: Der Arbeitnehmer muss tun was er soll, aber so gut wie er kann (→ Rn. 215).

544 Liegt aber eine pflichtwidrige Schlechtleistung vor und trifft den Arbeitnehmer daran ein Verschulden, ist er nach § 280 I BGB zum Schadensersatz verpflichtet (s. zu den kündigungsschutzrechtlichen Konsequenzen → Rn. 631).

2. Zufügung weiterer Schäden

a) Haftungsbegründung

545 Der Arbeitnehmer hat gem. § 241 II BGB die Pflicht mit den Materialien, Werkzeugen, Maschinen, Fahrzeugen und Einrichtungen des Arbeitgebers sorgfältig umzugehen.[362] Verletzt er schuldhaft diese Pflicht, ist er dem Arbeitgeber nach § 280 I BGB zum Schadensersatz verpflichtet. Die gleiche Haftung trifft ihn nach § 823 I BGB.

b) Haftungsbegrenzung

Fall 27: A war bei B, einem Einzelhandelsbetrieb, als Auszubildender für den Beruf des Verkäufers mit einer im ersten Ausbildungsjahr 300 EUR netto betragenden Ausbildungsvergütung beschäftigt. Im Rahmen der Ausbildung war A auch im Lager tätig. Dort befindet sich ein Gabelstapler, der von den ausgebildeten Mitarbeitern zum Warentransport genutzt wird. A besaß weder einen Führerschein für das Fahrzeug, noch war er in die Bedienung des Gabelstaplers eingewiesen worden. Ihm war ausdrücklich untersagt worden, mit dem Gabelstapler zu fahren. Dennoch fuhr er mit dem Gabelstapler und stieß beim Ausfahren aus der Lagerhalle mit den zwei hochgefahrenen Gabeln gegen das nicht voll-

362 BAG 28.10.2010 – 8 AZR 418/09, NZA 2011, 345.

ständig geöffnete Sektionaltor und beschädigte zwei Segmente sowie die Zugeinrichtungsteile des Tores. B verlangt von ihm Ersatz des Schadens von 3.500 EUR.

Fall 28: A ist bei der Firma X als Kraftfahrer beschäftigt. Eines Nachts kommt es gegen 0.15 Uhr dadurch zu einem Verkehrsunfall, dass der von A gesteuerte Sattelschlepper von der Straße abkommt und gegen einen Baum prallt. Der Sattelschlepper erleidet Totalschaden. Die Straße war an der Unfallstelle 7 m breit, mit einer rauen Asphaltdecke versehen und trocken. Die Sichtverhältnisse waren gut. X verlangt von A Schadensersatz. Sie bringt vor, der Unfall lasse sich nur dadurch erklären, dass A am Steuer eingeschlafen sein müsse. A bringt vor, er habe einem vorschriftswidrig fahrenden Mopedfahrer ausweichen müssen. Welche Darstellung zutrifft, ist nicht zu klären.

Das BGB sieht für den Dienstvertrag und damit für den Arbeitsvertrag, anders als etwa **546**
für die Leihe (§ 599 BGB), die unentgeltliche Verwahrung (§ 690 BGB) oder für die Gesellschaft (§ 708 BGB), keinen besonderen Verschuldensmaßstab vor. Gleichwohl haftet der Arbeitnehmer für Pflichtverletzungen nicht schon bei leichter Fahrlässigkeit. Vielmehr ergibt sich nach der herrschenden Meinung in der Literatur aus dem Inhalt des Schuldverhältnisses, auf den § 276 I BGB abstellt, eine mildere Haftung für **betrieblich veranlasste** Tätigkeiten des Arbeitnehmers.[363] Die dogmatische Einordnung dieser sog. Arbeitnehmerhaftung ist freilich umstritten. Insbesondere kann § 276 I 1 BGB die »Haftungsteilung« bei mittlerer Fahrlässigkeit (→ Rn. 548) nicht systematisch einwandfrei erklären.[364]

Maßgebend für die Privilegierung des Arbeitnehmers[365] ist die Überlegung, dass den Arbeitgeber die Verantwortung für die Organisation des Betriebs und die Gestaltung der Arbeitsbedingungen in tatsächlicher und rechtlicher Hinsicht trifft, ebenso wie die Tatsache, dass Fehler des Arbeitnehmers zu erheblichen Schäden führen können und eine Haftung nach dem den §§ 249ff. BGB immanenten »Alles-oder-Nichts-Prinzip« für den Arbeitnehmer existenzgefährdend sein könnte.

Der Große Senat des BAG hat dies schon vor der Neufassung des § 276 BGB im Zuge der Schuldrechtsreform 2001 so formuliert:[366]

»Aufgrund des Weisungsrechts bestimmt der Arbeitgeber die arbeitsvertraglich geschuldete Arbeitsleistung. Er kann die Modalitäten der Arbeitsleistung (zB durch organisatorische oder technische Maßnahmen) gestalten. Auch den Umfang und die Lage der Arbeitszeit kann er im Rahmen der rechtlichen Grenzen vorgeben. Schließlich kann er auch den Ort der Arbeitsleistung nach Maßgabe der arbeitsvertraglichen Regelung festlegen. Damit prägt die vom Arbeitgeber gesetzte Organisation des Betriebs das Haftungsrisiko für den Arbeitnehmer. Kraft seiner Organisationsbefugnis kann der Arbeitgeber Bedingungen für Schadensrisiken schaffen, beibehalten oder verändern, zB Gefahrenmomenten entgegenwirken durch Veränderung der Arbeitsabläufe, durch bessere Überwachung oder durch Sicherheitsvorkehrungen. Durch den Abschluss einer Versicherung kann er sein Risiko häufig absichern.«

Die auf die Organisationsmacht des Arbeitgebers gestützte Einschränkung der Haf- **547**
tung führt zur Berücksichtigung folgender **Gesichtspunkte:** die besondere Gefahrgeneigtheit einer Tätigkeit, die Höhe des Schadens, ein vom Arbeitgeber einkalkuliertes oder durch Versicherung deckbares Risiko; die Stellung des Arbeitnehmers im Betrieb

363 Bedenken gegen die Anwendung des § 276 I 1 BGB bei: *Krause* NZA 2003, 577 (581).
364 Richtig HWK/*Krause* BGB § 619a Rn. 18.
365 S. dazu, dass auch andere Beschäftigten unter die Privilegierung fallen können LAG Hessen 2.4.2013 – 13 Sa 857/12, BB 2013, 1726; *Krause* NZA 2003, 577.
366 BAG 27.9.1994, GS 1/89 (A), NZA 1994, 1083.

und die Höhe des Arbeitsentgelts (in dem möglicherweise eine Risikoprämie enthalten ist).

Hingegen überzeugt es nicht, wenn das BAG auch die persönlichen Verhältnisse des Arbeitnehmers, wie die Dauer seiner Betriebszugehörigkeit, sein Lebensalter, seine Familienverhältnisse und sein bisheriges Verhalten, berücksichtigen will.[367] Diese Umstände haben mit der Organisationsmacht des Arbeitgebers nichts zu tun.

548 Die die Haftungsbegrenzung tragenden Umstände müssen dem Gewicht des Verursachungsbeitrags des Arbeitnehmers, insbesondere dem Maß seines Verschuldens, gegenübergestellt und mit diesem abgewogen werden. Praktisch läuft das nach der Rechtsprechung darauf hinaus, dass der Arbeitnehmer bei leichtester Fahrlässigkeit von der Haftung ganz freigestellt wird. Bei mittlerer Fahrlässigkeit wird ihm ein Schadensbeitrag auferlegt, der sich an seinem Verdienst orientiert, bei grober Fahrlässigkeit und Vorsatz bleibt es hingegen regelmäßig bei der vollen Haftung.[368] Allerdings ist bei grober Fahrlässigkeit eine Haftungsbegrenzung dann nicht ausgeschlossen, wenn der Verdienst des Arbeitnehmers in einem **deutlichen Missverhältnis** zum Schadensrisiko der Tätigkeit steht.[369] Auch in einem solchen Fall ist aber der bei grober Fahrlässigkeit vom Arbeitnehmer zu tragende Schadensbeitrag höher als der, der ihm bei mittlerer Fahrlässigkeit zur Last fällt.

Das Verschulden muss sich dabei sowohl auf die Pflichtverletzung als auch auf den Schaden beziehen.[370]

549 Diese Überlegungen greifen aber nur bei betrieblich und nicht privat veranlassten Tätigkeiten. **Betrieblich veranlasst** ist eine Tätigkeit dann, wenn bei objektiver Betrachtung aus der Sicht des Schädigers im Betriebsinteresse zu handeln war, sein Verhalten unter Berücksichtigung der Verkehrsüblichkeit nicht untypisch war und keinen Exzess darstellt.[371] Nur dann ist ein Zusammenhang mit der Organisationsmacht des Arbeitgebers zu ziehen, die eine Haftungserleichterung legitimiert. Bei privat veranlassten Tätigkeiten bleibt es bei den allgemeinen schuldrechtlichen Haftungsgrundsätzen.[372]

In **Fall 27** scheint an der vollen Haftung des A kein Weg vorbeizuführen, weil er der ausdrücklichen Untersagung mit dem Gabelstapler zu fahren vorsätzlich zuwider gehandelt hat. Indessen hat sich das BAG auf den Standpunkt gestellt, dass ein vorsätzlicher Pflichtenverstoß nur dann zur vollen Haftung des Arbeitgebers führt, wenn auch der Schaden vom Vorsatz umfasst ist. Daran fehlt es bei A. Er hat deshalb auch nur einen Anteil des Schadens zu tragen, der unter Berücksichtigung seiner geringen Ausbildungsvergütung zu bemessen ist.[373] Vorausgesetzt ist dabei allerdings, dass A mit dem Gabel-

367 BAG 28.10.2010 – 8 AZR 418/09, NZA 2011, 345; krit. auch *Otto* ArbR Rn. 186; *Waltermann* RdA 2005, 98 (107).

368 BAG 29.6.1964 – 1 AZR 434/63, AP BGB § 611 Haftung des Arbeitnehmers Nr. 33; BAG 24.11.1987 – 8 AZR 524/82, NZA 1988, 579; BAG 27.9.1994 – GS 1/89, NZA 1994, 1083; bestätigt BAG 15.11.2012 – 8 AZR 705/11, DB 2013, 705.

369 BAG 28.10.2010 – 8 AZR 418/09, NZA 2011, 345; BAG 12.11.1998 – 8 AZR 221/97, NZA 1999, 263.

370 BAG 18.4.2002 – 8 AZR 348/01, NZA 2003, 37; krit. HWK/*Krause* BGB § 619a Rn. 28.

371 BAG 28.10.2010 – 8 AZR 418/09, NZA 2011, 345; BAG 18.4.2002 – 8 AZR 348/01, NZA 2003, 37.

372 ErfK/*Preis* BGB § 619a Rn. 12.

373 BAG 18.4.2002 – 8 AZR 348/01, NZA 2003, 37.

stapler eine betriebliche Tätigkeit verrichten wollte; auf eine bloße »Spaßfahrt« finden die Grundsätze über die Haftungsbegrenzung keine Anwendung.[374]

Bei **Kraftfahrzeugunfällen** sind in der Abwägung vor allem der Grad des Verschuldens einerseits und die Gefahrgeneigtheit des Führens eines Kraftfahrzeugs andererseits zu berücksichtigen. Zulasten des Unternehmers kann jedoch das Unterlassen des Abschlusses einer Kaskoversicherung für das Unfallfahrzeug einfließen. Je nach den übrigen Umständen kann das dazu führen, dass der Arbeitnehmer nur einen Schadensbeitrag in Höhe der Selbstbeteiligung zu tragen hat, die bei einer solchen Kaskoversicherung üblich ist.[375] 550

In **Fall 28** kommt es darauf an, ob A an dem Unfall ein Verschulden trifft und ob, wenn das der Fall ist, ihm leichte oder mittlere Fahrlässigkeit anzulasten ist, sodass ihm die Haftungsbegrenzung zugutekommt. Da die Umstände des Unfalls nicht zu klären sind, hängt die Entscheidung dieser Fragen von der **Beweislast** ab. Diese liegt nach § 619 a BGB beim Arbeitgeber. Dieser muss den für den geltend gemachten Schadensersatzanspruch notwendigen Verschuldensgrad (→ Rn. 548) des Arbeitnehmers nachweisen. Will er vollen Ersatz, ist danach wenigstens der Nachweis grober Fährlässigkeit notwendig, will er nur die Übernahme eines Schadensteils durch den Arbeitnehmer, genügt der Nachweis normaler Fahrlässigkeit. Bei diesem Nachweis kommen dem Arbeitgeber allerdings die Grundsätze über den Beweis des ersten Anscheins zugute, nach denen bei typischen Geschehensabläufen von einem diesen entsprechenden Schadensablauf auszugehen ist, wenn nicht die ernsthafte Möglichkeit eines abweichenden Geschehensablaufs nachgewiesen wird.
Hieraus ergibt sich die Lösung von **Fall 28:** Bei Abkommen von einer guten Straße bei einwandfreien Sichtverhältnissen spricht der erste Anschein für ein mindestens mittleres Verschulden des Kraftfahrers. Einem solchen mittleren Verschulden angemessenen Schadensbeitrag hätte A also nur entkommen können, wenn er nachgewiesen hätte, dass sich tatsächlich ein Mopedfahrer auf der Straße befand und damit die Möglichkeit bestand, dass dessen verkehrswidriges Verhalten zum Unfall geführt hat.[376]

Arbeitsvertraglich oder **tarifvertraglich** kann eine von den Grundsätzen der Rechtsprechung abweichende Haftungsbegrenzung vorgesehen sein.[377] Das BAG selbst sieht die Grundsätze der Arbeitnehmerhaftung als einseitig zwingendes Recht an.[378] 551

3. Mankohaftung

Fall 29: Das Einzelhandelsgeschäft X verfügt über drei Kassen, an denen insgesamt sieben Kassiererinnen je nach Bedarf im Wechsel tätig sind. Mit den Kassiererinnen ist eine Vereinbarung getroffen, nach der sie jeden Monat ein Mankogeld von je 30 EUR erhalten, dafür aber anteilig für Kassenfehlbestände bis zum Betrag von je 60 EUR haften. Nachdem in einem Monat Kassenfehlbeträge von insgesamt 800 EUR aufgetreten sind, zahlt X den Verkäuferinnen nicht nur kein Mankogeld, sondern zieht ihnen vom Gehalt noch jeweils 30 EUR ab.

Bei Arbeitnehmern, die eine Kasse zu führen oder einen Waren- oder Ersatzteilbestand zu verwalten haben, tritt die Frage auf, ob und inwieweit sie für einen Fehlbetrag oder eine Fehlmenge zu haften haben (sog. **Mankohaftung**). 552

374 BAG 18.4.2002 – 8 AZR 348/01, NZA 2003, 37.
375 BAG 24.11.1987 – 8 AZR 66/82, NZA 1988, 584.
376 BAG 30.8.1966 – 1 AZR 456/65, NJW 1967, 269.
377 ErfK/*Preis* BGB § 619a Rn. 36.
378 BAG 5.2.2004 – 8 AZR 91/03, NZA 2004, 649.

553 Auch für die Mankohaftung gelten die Grundsätze über die **eingeschränkte Verschuldenshaftung** des Arbeitnehmers, weil es in den Risikobereich des Arbeitgebers fällt, die Kassengeschäfte oder die Ausgabe von Waren oder Ersatzteilen richtig zu organisieren, für eine regelmäßige Kontrolle von Kasse und Bestand zu sorgen und Überlastungen der Arbeitnehmer entgegenzuwirken.

554 Nicht anders als bei der Arbeitnehmerhaftung sonst, trifft die **Beweislast** bei der Mankohaftung in vollem Umfang den Arbeitgeber. Er muss nicht nur nachweisen, welchen Betrag oder Bestand er dem Arbeitnehmer übergeben hat und welche Abgänge nicht durch eine ordnungsgemäße Verbuchung gedeckt sind. Vielmehr obliegt ihm auch der Nachweis, dass der Fehlbetrag oder Fehlbestand auf den in Anspruch genommenen Arbeitnehmer zurückzuführen ist und diesen ein Verschulden trifft (§ 619a BGB). Der Arbeitnehmer muss lediglich zu den schadensverursachenden Umständen Stellung nehmen, um eine Aufklärung zu ermöglichen.[379]

555 Die Mankohaftung kann vom Arbeitnehmer unabhängig davon übernommen werden, ob **gerade ihm** die Verursachung eines Fehlbestandes nachzuweisen ist und ob **ihn** ein Verschulden trifft. Eine solche **Mankoabrede** findet ihre Grenze aber an § 307 I 1 BGB.[380] Dem Arbeitnehmer das Risiko der Haftung für ein Manko aufzuerlegen, ist mit Treu und Glauben nur vereinbar, wenn dem ein entsprechender Vorteil gegenübersteht. Deshalb muss mit der Mankoabrede regelmäßig die Zahlung eines sog. Mankogeldes in gleicher Höhe verbunden sein.[381]

Nach der in **Fall 29** getroffenen Mankoabrede kann X den sieben Kassiererinnen für den Monat, in dem der Fehlbetrag entstanden ist, das Mankogeld verweigern. Ein weiterer Abzug aufgrund der Mankoabrede ist nicht zulässig, weil diese insoweit unwirksam ist. Auch ein Anspruch aus § 280 I BGB scheidet schon deshalb aus, weil X nicht nachweisen kann, welche der Kassiererinnen den Fehlbetrag verursacht hat.

II. Haftung gegenüber Dritten

Fall 30: A verursacht mit dem Lieferwagen seiner Firma X bei einer Lieferfahrt durch eine Unachtsamkeit einen Verkehrsunfall, bei dem der nicht kaskoversicherte Pkw des B beschädigt wird. B hatte zunächst X auf Ersatz in Anspruch genommen, war aber rechtskräftig abgewiesen worden, weil X den Entlastungsbeweis nach § 831 I 2 BGB führen konnte. Er hat sich den Freistellungsanspruch des A gegen X pfänden und überweisen lassen und macht diesen gegen X geltend. X erhebt den Einwand der Rechtskraft.

556 Schädigt der Arbeitnehmer bei seiner Arbeitsleistung einen Dritten, haftet er diesem **nach den allgemeinen Vorschriften.** Insbesondere treffen ihn die Schadensersatzansprüche aus unerlaubter Handlung und aus Gefährdungshaftung. Eine Beschränkung dieser Haftung in entsprechender Anwendung der Grundsätze über die eingeschränkte Verschuldenshaftung des Arbeitnehmers erfolgt nicht, und zwar selbst dann nicht, wenn die Schädigung Sachen eines Dritten betrifft, die im Betrieb verwendet werden.[382]

379 BAG 17.9.1998 – 8 AZR 175/97, NZA 1999, 141; insgesamt mit Klauselbeispielen ErfK/*Preis* BGB § 619a Rn. 39ff.

380 Dazu Clemenz/Kreft/Krause/*Klumpp*, AGB-Arbeitsrecht, 2013, BGB § 307 Rn. 196f.

381 BAG 17.9.1998 – 8 AZR 175/97, NZA 1999, 141; BAG 2.12.1999 – 8 AZR 386/98, NZA 2000, 715; für einen weiteren Spielraum bei Mankoabreden *Schwirtzek* NZA 2005, 437ff.

382 BGH 19.9.1989 – VI ZR 349/88, NZA 1990, 100.

Eine Ausnahme kommt nur in Betracht, wenn eine Vertragsbeziehung zwischen dem Dritten und dem Arbeitgeber besteht und sich aus dieser ableiten lässt, dass der Dritte auf Ansprüche gegenüber den Arbeitnehmern des Arbeitgebers ganz oder teilweise verzichten will. Für einen solchen Vertrag mit Schutzwirkung zugunsten der Arbeitnehmer müssen aber konkrete Anhaltspunkte bestehen. Etwa kann in der Abrede zwischen Leasinggeber und Leasingnehmer, nach der der Erstere das geleaste Kraftfahrzeug Vollkasko zu versichern hat, die Übernahme der Verpflichtung gesehen werden, bei von Arbeitnehmern des Leasingnehmers leicht fahrlässig angerichteten Schäden nicht diese, sondern die Versicherung in Anspruch zu nehmen.[383] Auch können sich die Arbeitnehmer eines Frachtführers gegenüber dem Eigentümer des beim Transport beschädigten Gutes unter Umständen auf haftungsbeschränkende Geschäftsbedingungen berufen, an die der Eigentümer gegenüber dem Frachtführer gebunden ist.[384]

Den Grundsätzen über die Einschränkung der Arbeitnehmerhaftung muss aber auch in diesen Fällen wenigstens im **Innenverhältnis zwischen Arbeitgeber und Arbeitnehmer** Geltung verschafft werden. Das geschieht in der Weise, dass dem Arbeitnehmer hinsichtlich seiner Haftung gegenüber dem Dritten insoweit ein **Freistellungsanspruch** gegen den Arbeitgeber zuerkannt wird, als er diesem gegenüber in Anwendung dieser Grundsätze nicht haften würde.[385] Freistellung bedeutet, dass der Arbeitnehmer vom Arbeitgeber verlangen kann, dass dieser einen vom Dritten gegen den Arbeitnehmer geltend gemachten Schadensersatzanspruch erfüllt und dass er ihm eine schon erbrachte Schadensersatzleistung erstattet. 557

Da in **Fall 30** der Unfall nur durch eine Unachtsamkeit des A verursacht worden ist, steht diesem ein Freistellungsanspruch gegen X zu. Dieser konnte als abtretbarer Anspruch auf eine Vermögensleistung auch von B gepfändet und diesem überwiesen werden. Die rechtskräftige Abweisung der von B gegen X erhobenen Klage ändert an der Durchsetzbarkeit dieses Anspruchs, der einen ganz anderen Streitgegenstand betrifft, nichts.
Wäre in **Fall 30** X der Entlastungsbeweis nicht gelungen, sodass sie dem B auch selbst haftete, würde das am Freistellungsanspruch des von B in Anspruch genommenen A nichts ändern. Die Regelung des § 840 II BGB, nach welcher der gem. § 831 BGB Haftende Regress beim unmittelbar aus Delikt Haftenden nehmen kann, wird vom Grundsatz der eingeschränkten Arbeitnehmerhaftung, dessen Ausdruck der Freistellungsanspruch ist, überlagert.

Der Freistellungsanspruch kann seine Entlastungsfunktion nicht erfüllen, wenn der Arbeitgeber zahlungsunfähig ist. Der Arbeitnehmer wird dann nämlich vom Dritten voll auf Zahlung in Anspruch genommen, ist aber selbst auf die Geltendmachung seines Freistellungsanspruchs in der Insolvenz des Arbeitgebers verwiesen. Dieser Anspruch ist vielfach nicht durchzusetzen. Rechtspolitisch hat dies zur Forderung geführt, den Freistellungsanspruch im Rahmen des Insolvenzgeldes abzusichern.[386] 558

III. Haftung gegenüber anderen Arbeitnehmern

Verletzt der Arbeitnehmer im Rahmen seiner betrieblichen Tätigkeit das Eigentum anderer Arbeitnehmer, haftet er diesen an sich nach den allgemeinen schadensersatzrechtlichen Vorschriften. Das BAG schränkt diese Haftung aber nach den gleichen Grundsätzen ein.[387] Wird bei einem von einem Arbeitnehmer durch eine Unachtsamkeit 559

383 BGH 19.9.1989 – VI ZR 349/88, NZA 1990, 100.
384 BGH 21.12.1993 – VI ZR 103/93, NJW 1994, 852.
385 BAG 25.6.2009 – 8 AZR 236/08, AP BAT § 70 Nr. 40; BAG 25.9.1957 – GS 4/56, NJW 1958, 235.
386 *Denck*, Der Schutz des Arbeitnehmers vor der Außenhaftung, 1980, 318ff., sowie *Denck* JZ 1990, 175 mwN; zum Insolvenzgeld → Rn. 349.
387 BAG 25.9.1957 – GS 4/56, NJW 1958, 235.

verursachten Verkehrsunfall der Anzug eines mitfahrenden Arbeitskollegen beschädigt, haftet der Erstere also nicht. In Betracht kommt aber ein Aufwendungsersatzanspruch gegen den Arbeitgeber (→ Rn. 378). Zur Haftung für Personenschäden des Arbeitskollegen → Rn. 536.

IV. Kontrollfragen

560 **Frage 45:** Worauf gründet sich die Haftung des Arbeitnehmers für Schlechtleistungen?

Frage 46: Wie kann die Beweislast des Arbeitgebers auch für das Verschulden des Arbeitnehmers (§ 619a BGB) prozessual abgemildert werden?

Frage 47: Gelten die Grundsätze über die Haftungsbeschränkung im Arbeitsverhältnis nur bei Schädigung des Arbeitgebers?

2. Kapitel. Begründung und Beendigung des Arbeitsverhältnisses

§ 16 Begründung des Arbeitsverhältnisses

Literatur: *Benecke,* Arbeitsvertrag und Scheingeschäft, RdA 2016, 270; *Boemke/Schönfelder,* Arbeitsvertragsschluss mit sprachunkundigen Arbeitnehmern, NZA 2015, 1222; *Forst,* Bewerberauswahl über soziale Netzwerke im Internet?, NZA 2010, 427; *Franzen,* Arbeitnehmerdatenschutz – rechtspolitische Perspektiven, RdA 2010, 257; *Franzen,* Rechtliche Rahmenbedingungen psychologischer Eignungstests, NZA 2013, 1; *Herrmann,* Die Abschlußfreiheit – ein gefährdetes Prinzip, ZfA 1996, 19; *Joussen,* Der unwirksame Arbeitsvertrag, 2014, 798; *Junker,* Die Verrechtlichung der Einstellung, NZA-Beil. 2012, 27; *Kania/Sansone,* Möglichkeiten und Grenzen des Pre-Employment-Screenings, NZA 2012, 360; *Meyer,* Fragerecht nach der Gewerkschaftsmitgliedschaft bei Arbeitsbeginn?, BB 2011, 2362; *Otto,* Personale Freiheit und soziale Bindung, 1978; *Weber,* Materielle und prozessuale Folgen des Nachweisgesetzes bei Nichterteilung des Nachweises, NZA 2002, 641.

I. Vertragsschluss

Fall 31: A hat bei der Firma X eine Ausbildung als Betriebsschlosser durchlaufen. X, die gewöhnlich alle bei ihr ausgebildeten Betriebsschlosser übernimmt, lehnt die Einstellung von A ab. Sie begründet dies trotz fachlicher Qualifikation damit, dass A in der Schülerzeitung der Berufsschule einen Artikel über seine Eindrücke als Demonstrationsteilnehmer gegen den Bau des KKW Brokdorf veröffentlicht hat, in dem es unter anderem heißt: »Wir haben auch absolut nicht vor, uns von sog. militanten Demonstranten zu distanzieren. Die Gewalt, die hier von Staat und Wirtschaft ausgeübt wird, rechtfertigt jede Art von Widerstand. Dies soll kein Aufruf zu Gewalttaten sein, sondern vielmehr klar machen, dass sich die Atomkraftgegner, genauso wie Hausbesetzer und andere dem Staat unliebsame Leute, nicht in »gewalttätige« und »gewaltlose« Lager spalten lassen wollen.« A hält die Ablehnung für ungerechtfertigt und verlangt den Abschluss eines Arbeitsvertrages als Betriebsschlosser.

1. Abschlussfreiheit

a) Grundsatz

561 Gem. Art. 12 I, Art. 2 I GG besteht für den Abschluss von Arbeitsverträgen Vertragsfreiheit. Arbeitgeber und Arbeitnehmer können grundsätzlich frei wählen, mit wem sie Arbeitsverträge eingehen wollen. Für den Arbeitgeber bedeutet das, dass er weder gezwungen werden kann, bestimmte Arbeitnehmer einzustellen, noch gehindert ist, die

Arbeitnehmer einzustellen, die er einstellen will. Auch der Arbeitnehmer ist weder verpflichtet noch gehindert, einen bestimmten Arbeitsvertrag abzuschließen.

Die Abschlussfreiheit hat zur Folge, dass es auf das **Motiv** für den Abschluss oder Nichtabschluss eines Arbeitsvertrages grundsätzlich **nicht ankommt.**[388] Etwa kann der Arbeitgeber die Einstellung von bestimmten Voraussetzungen, zB einer Einstellungsuntersuchung, abhängig machen und den Vertragsschluss scheitern lassen, wenn ein Bewerber es ablehnt, sich einer solchen Untersuchung zu unterziehen. 562

Vom Prinzip der Freiheit der Vertragspartnerwahl macht das Arbeitsrecht aus Arbeitnehmerschutzgründen freilich Ausnahmen. So etwa der gesetzlich angeordnete Übergang des Arbeitsverhältnisses beim Betriebsübergang, § 613a I 1 BGB (→ Rn. 861, 874) oder das fingierte Arbeitsverhältnis bei fehlerhafter Arbeitnehmerüberlassung nach § 10 I 1 AÜG (→ Rn. 913 f.).

b) Abschlussgebote

Der Abschlussfreiheit des Arbeitgebers sind aber auch (wenige) gesetzliche und **verfassungsrechtliche Grenzen** gezogen. Die wichtigste dieser Grenzen ergibt sich unmittelbar aus Art. 9 III GG: Die Ablehnung eines Bewerbers wegen seiner Mitgliedschaft oder Nichtmitgliedschaft in einer Gewerkschaft ist nach dieser Vorschrift eine rechtswidrige, die positive oder negative Koalitionsfreiheit beschränkende Maßnahme. 563

Aus Art. 33 II GG ergibt sich, dass öffentliche Arbeitgeber Bewerbern gleichen Zugang zum öffentlichen Dienst gewähren müssen. Aus Art. 33 II GG kann auch ein Anspruch auf Einstellung folgen. Aus der Verpflichtung zu einer sachgerechten Entscheidung (nach Eignung, Befähigung, fachlicher Leistung) kann es auch zu einer Verdichtung zum Abschluss des Arbeitsvertrages mit »dem« bestgeeigneten Bewerber kommen – wenn jede andere Entscheidung als die Einstellung des Bewerbers vor dem Hintergrund des Art. 33 II GG unrechtmäßig wäre.[389]

Ein Arbeitsverhältnis aufgrund einer gesetzlichen Fiktion kann auch durch einseitige Erklärung begründet werden – das lässt § 78a BetrVG für den Fall des Übernahmebegehrens des Mitglieds der Jugend- und Auszubildendenvertretung nach Ende der Ausbildung zu (→ Rn. 292). 564

Mittelbar, nämlich über das **Verbot sittenwidriger Schädigung** in § 826 BGB, kann sich eine Beschränkung der Abschlussfreiheit auch unter anderen verfassungsrechtlichen Gesichtspunkten ergeben. Etwa darf die Meinungsäußerung eines Bewerbers nur dann als Grund für die Ablehnung des Vertragsschlusses durch den Arbeitgeber genommen werden, wenn sie – unter Berücksichtigung der Interessen des Arbeitgebers, insbesondere seiner Vertragsautonomie – für das in Betracht kommende Arbeitsverhältnis relevant ist.[390] 565

Vertragsautonomie des Arbeitgebers einerseits und Grundrechte des Bewerbers andererseits sind auch insoweit gegeneinander abzuwägen, als es um die **Folgen** eines Verfassungsverstoßes bei Ablehnung einer Einstellung geht. Art. 9 III GG ist als Schutz- 566

388 Krit. *Otto* ArbR 104 ff.

389 BAG 12.10.2010 – 9 AZR 554/09, NZA-RR 2011, 216; BAG 21.1.2003 – 9 AZR 72/02, AP GG Art. 33 II Nr. 59.

390 BAG 5.4.1984 – 2 AZR 513/82, AP BBiG § 17 Nr. 2; BVerfG 19.5.1992 – 1 BvR 126/85, NJW 1992, 2409.

gesetz iSd § 823 II BGB aufzufassen mit der Folge, dass die Verletzung gem. § 249 BGB zu einem Einstellungsanspruch führt (→ Rn. 143), wenn sich der Nachweis führen lässt, dass der Bewerber sonst tatsächlich eingestellt worden wäre.

Im Falle der Verletzung des Art. 33 II GG kann der übergangene Bewerber die Wiederholung der Auswahlentscheidung unter Beachtung der Kriterien des Art. 33 II GG verlangen (sog. arbeitsrechtliche Konkurrentenklage).[391] Dieser Anspruch kann durch eine einstweilige Verfügung gesichert werden, die dem Arbeitgeber des öffentlichen Dienstes die endgültige Besetzung der infrage stehenden Stelle untersagt.[392] Ist die Besetzung erfolgt, kommt nur noch ein Anspruch auf Geldentschädigung in Betracht.

Verletzungen anderer Grundrechte führen über § 826 iVm § 249 BGB dann zum Kontrahierungszwang, wenn dem Arbeitgeber eine Monopolstellung zukommt oder wenn der Bewerber zuvor Auszubildender beim Arbeitgeber war und deshalb mit dem Abschluss des Arbeitsvertrages unter gewöhnlichen Umständen rechnen konnte.[393] Sonst muss sich der Arbeitnehmer mit Ersatz des negativen Interesses und, sofern auch sein allgemeines Persönlichkeitsrecht verletzt ist, mit einer Entschädigung begnügen.

Da X gewöhnlich bei ihr Ausgebildete übernimmt, kommt in **Fall 31** grundsätzlich ein Einstellungsanspruch in Betracht. Ob er tatsächlich gegeben ist, hängt davon ab, ob X die Einstellung angesichts des Artikels in der Schülerzeitung zugemutet werden kann. Das BAG hat das im Hinblick auf das Interesse des Arbeitgebers am Betriebsfrieden ohne Weiteres verneint.[394] Demgegenüber hat das BVerfG eine nähere Analyse des Textes verlangt.[395]

567 Besonders geregelt sind die Folgen eines Verstoßes gegen ein Benachteiligungsverbot nach dem AGG, freilich folgt aus einer Benachteiligung wegen § 15 VI AGG gerade kein Abschlussgebot mit Einstellungsanspruch (→ Rn. 199). Die §§ 15 und 22 AGG sind auch anwendbar, wenn sich der Bewerber weigert, eine genetische Untersuchung vornehmen zu lassen, § 21 II GenDG. Genetische Untersuchungen vor und nach Begründung des Arbeitsverhältnisses sind nach § 19 GenDG verboten.

568 Zulasten des Arbeitgebers wird die Abschlussfreiheit durch Quotenregelungen durchbrochen. Einmal gelten auch für behinderte Menschen das Diskriminierungsverbot des § 7 I AGG und die Entschädigungsregelung des § 15 AGG (§ 81 II SGB IX[396]). Zum anderen müssen nach § 71 I 1 SGB IX[397] alle Arbeitgeber, die über mindestens 20 Arbeitsplätze verfügen, wenigstens 5 % dieser Arbeitsplätze mit schwerbehinderten Menschen besetzen.

569 Allerdings kann auch die Einstellung von Schwerbehinderten nicht erzwungen werden. Vielmehr besteht die Sanktion bei Nichterfüllung der Beschäftigungspflicht lediglich in einer monatlichen Ausgleichsabgabe je unbesetztem Pflichtplatz. Die Ausgleichsabgabe beträgt gestaffelt nach der Beschäftigungsquote 105, 180 oder 260 EUR, § 77 II SGB IX[398]. Ihr Ertrag wird für besondere Leistungen zur Teilhabe schwerbehinderter Menschen am Arbeitsleben verwendet (§ 77 V SGB IX[399]).

391 BAG 19.2.2008 – 9 AZR 70/07, NZA 2008, 1016; BAG 2.12.1997 – 9 AZR 445/96, NZA 1998, 884.
392 BAG 28.5.2002 – 9 AZR 751/00, NZA 2003, 324.
393 BAG 5.4.1984 – 2 AZR 513/82, AP BBiG § 17 Nr. 2.
394 BAG 5.4.1984 – 2 AZR 513/82, AP BBiG § 17 Nr. 2.
395 BVerfG 19.5.1992 – 1 BvR 126/85, NJW 1992, 2409.
396 Ab 1.1.2018: § 164 II SGB IX.
397 Ab 1.1.2018: § 154 SGB IX.
398 Ab 1.1.2018: § 160 II SGB IX.
399 Ab 1.1.2018: § 160 V SGB IX.

Arbeitnehmer können im Verteidigungs- und Spannungsfall nach dem Arbeitssicherstellungsgesetz in ein Arbeitsverhältnis verpflichtet werden (→ Rn. 160). 570

Möglich sind auch vertragliche Abschlussgebote, etwa durch Tarifvertrag (zB von Arbeitnehmern, die im Zuge von Rationalisierungsmaßnahmen ihren Arbeitsplatz verloren haben oder Arbeitnehmern, die nach Ablauf der Elternzeit zunächst aus dem Arbeitsverhältnis ausgeschieden sind[400]), Betriebsvereinbarung oder einzelvertragliche Vereinbarung. 571

c) Abschlussverbote

Für Kinder unter 15 Jahren gilt ein grundsätzliches Abschlussverbot, § 5 JArbSchG. Verträge, die dieser Vorschrift entgegenlaufen, sind nichtig.[401] 572

Aus Gründen des Arbeitnehmerschutzes bestehen eine Reihe gesetzlicher Abschlussverbote, die freilich in ihrer Reichweite differenzieren. So bestimmt § 28 BBiG, dass nur wer dazu persönlich geeignet ist, Auszubildende einstellen und ausbilden darf. Allerdings führt der Verstoß gegen dieses Verbot nur dazu, dass die Ausbildung behördlich untersagt werden kann (§ 33 II BBiG). Die Wirksamkeit des Ausbildungsvertrages bleibt unberührt (§ 10 IV BBiG) mit der Folge, dass der Auszubildende Schadensersatzansprüche geltend machen kann.

Ähnliche Verbote bestehen nach §§ 25 ff. JArbSchG für Arbeitgeber, die für die Beschäftigung Jugendlicher nicht geeignet sind.

Nach § 32 JArbSchG dürfen Jugendliche erst beschäftigt werden, wenn sie ärztlich untersucht worden sind und darüber eine ärztliche Bescheinigung vorliegt. Zur Nichtigkeit des Vertrages gem. § 134 BGB führt der Verstoß gegen § 32 JArbSchG aber nur dann, wenn die Parteien die Vorschrift überhaupt missachten wollen. Gehen sie davon aus, dass die Untersuchung noch erfolgt und die Bescheinigung nachträglich vorgelegt wird, ist der Vertrag gültig.[402] 573

Abschlussverbote können auch in Tarifverträgen enthalten sein. Hauptbeispiele sind die Besetzungsregeln in der Druckindustrie (→ Rn. 133). 574

Das Abschlussverbot, das den Vertragsschluss verhindern will, ist nicht zu verwechseln mit dem tatsächlichen Beschäftigungsverbot (etwa §§ 3, 4 MuSchG, § 32 JArbSchG). Beim Beschäftigungsverbot ist (lediglich) die tatsächliche Beschäftigung des Arbeitnehmers nicht möglich, der Arbeitsvertrag als solcher wird davon unmittelbar nicht betroffen. Freilich ist der Gesetzgeber in seiner Terminologie nicht immer eindeutig (s. § 5 JArbSchG), weshalb es auf die Normauslegung ankommt. 575

2. Form

Fall 32: A scheidet nach zweijähriger Tätigkeit zum 31.3.2017 bei der Firma X aus. Nach zwei Monaten verlangt er Nachzahlung für Überstunden, die er im Laufe des Jahres 2016 erbracht hat. Die Firma lehnt das mit Hinweis auf eine in dem für A maßgeblichen Tarifvertrag enthaltene Ausschlussfrist von sechs Wochen ab. Demgegenüber beruft sich A darauf, dass er von der Ausschlussfrist nichts gewusst

400 S. § 7.3 des Manteltarifvertrages der bayerischen Metall- und Elektroindustrie.
401 ErfK/*Schlachter* JArbSchG § 5 Rn. 12; aA aber LAG Mecklenburg-Vorpommern 15.9.2011 – 5 Sa 19/11, SpuRt 2012, 80.
402 Vgl. BAG 22.2.1972 – 2 AZR 205/71, AP BBiG § 15 Nr. 1.

habe; in seinem schriftlichen Arbeitsvertrag sei zwar allgemein von dem Tarifvertrag, nicht aber von der darin enthaltenen Ausschlussfrist die Rede.

576 Der Abschluss des Arbeitsvertrages bedarf zu seiner Wirksamkeit grundsätzlich keiner Form, ist also auch durch schlüssiges Handeln, insbesondere einverständliche Arbeitsaufnahme möglich.

Allerdings ist das die Nachweis-RL[403] umsetzende Nachweisgesetz[404] zu beachten. Hier hat der Arbeitgeber, wenn nicht von vornherein ein schriftlicher Arbeitsvertrag abgeschlossen ist, abgesehen von Aushilfstätigkeiten für höchstens einen Monat, spätestens einen Monat nach dem vereinbarten Beginn des Arbeitsverhältnisses die wesentlichen Vertragsbedingungen **schriftlich niederzulegen,** die Niederschrift zu unterzeichnen und dem Arbeitnehmer auszuhändigen (§ 2 NachwG). Das Gleiche gilt bei einer Änderung der wesentlichen Vertragsbedingungen (§ 3 NachwG). Ein Verstoß ist Pflichtverletzung, berührt die Wirksamkeit des Vertrages aber nicht.

Die wesentlichen Vertragsbedingungen sind in § 2 I 2 NachwG aufgeführt. Zu ihnen gehören unter anderem Zusammensetzung und Höhe des Arbeitsentgelts, vereinbarte Arbeitszeit, Dauer des Erholungsurlaubs, Kündigungsfristen, ein in allgemeiner Form gehaltener Hinweis auf die Tarifverträge, Betriebs- und Dienstvereinbarungen, die auf das Arbeitsverhältnis anzuwenden sind. Für Praktikumsverträge gilt § 2 Ia NachwG.

577 Die **Nachweispflicht** kann der Arbeitnehmer klageweise durchsetzen. Auch steht ihm, solange sie nicht erfüllt wird, gem. § 273 BGB ein Zurückbehaltungsrecht zu. Macht er es geltend, gerät der Arbeitgeber in Annahmeverzug (→ Rn. 221 f.). Außerdem stellt die Nichterfüllung der Nachweispflicht eine Pflichtverletzung dar, die den Arbeitgeber gem. § 280 I BGB zum Ersatz eines Schadens, etwa von Anwaltskosten, verpflichtet.

Ein solcher Schadensersatzanspruch setzt voraus, dass der Arbeitgeber die Nachweispflicht tatsächlich verletzt hat. Daran fehlt es in **Fall 32.** § 2 I 2 Nr. 10 NachwG verlangt nur einen in allgemeiner Form gehaltenen Hinweis auf die anzuwendenden Tarifverträge. Über deren konkreten Inhalt muss sich der Arbeitnehmer selbst informieren.[405] Nur wenn in dem Arbeitsvertrag auch der allgemeine Hinweis auf den Tarifvertrag unterblieben wäre, hätte A Recht. Er könnte dann der Ausschlussfrist seinen Schadensersatzanspruch nach §§ 280 I, 249 I BGB entgegenhalten.[406]

578 Die in den meisten Gemeinde- und Kreisordnungen enthaltenen Bestimmungen, nach denen eine Verpflichtung der Körperschaft nur durch schriftliche Erklärung begründet werden kann, können mangels Gesetzgebungskompetenz der Länder zwar kein konstitutives Schriftformerfordernis für abzuschließende Verträge begründen, wohl aber für die Vertretungsmacht der Organe.[407]

579 Häufig bestimmen Tarifverträge, dass Arbeitsverträge schriftlich abzuschließen sind. Von der Einhaltung dieser Form soll auch hier regelmäßig nicht die Gültigkeit des Vertrages abhängig gemacht, sondern dem Arbeitnehmer nur ein – freilich weitgehend

403 RL 91/533/EWG des Rates über die Pflicht des Arbeitgebers zur Unterrichtung des Arbeitnehmers über die für seinen Arbeitsvertrag oder sein Arbeitsverhältnis geltenden Bedingungen v. 14.10.1991, ABl. 1991 L 288, 32.

404 Gesetz über den Nachweis der für ein Arbeitsverhältnis geltenden wesentlichen Bedingungen v. 20.7.1995 (BGBl. 1995 I 946).

405 BAG 23.1.2002 – 4 AZR 56/01, NZA 2002, 800.

406 Dazu auch BAG 20.4.2011 – 5 AZR 171/10, NZA 2011, 1173.

407 BGH 20.1.1994 – VII ZR 174/92, NJW 1994, 1528; Art. 38 II BayGO; § 54 I BWGemO.

schon aus § 2 I 1 NachwG folgender – Anspruch eingeräumt werden, eine schriftliche Fassung des Arbeitsvertrages zu erhalten. Ob eine tarifliche Formvorgabe in diesem Sinne deklaratorisch oder aber ausnahmsweise doch konstitutiv ist (mit der Folge der Nichtigkeit bei Formverstoß, § 125 BGB), ist durch Auslegung zu ermitteln.[408]

3. Abschluss von Arbeitsverträgen durch Minderjährige

Arbeitsverträgen Minderjähriger muss der gesetzliche Vertreter zustimmen (§ 107 BGB). Ist der gesetzliche Vertreter ein Vormund, bedarf er zum Vertragsabschluss der Genehmigung des Familiengerichts, wenn der Arbeitsvertrag länger als ein Jahr gelten soll (§ 1822 Nr. 7 BGB). Dies gilt auch für einen Lehrvertrag (§ 1822 Nr. 6 BGB). 580

§ 112 BGB sieht die partielle Geschäftsfähigkeit durch Ermächtigung für den Minderjährigen für die Führung eines Erwerbsgeschäfts vor. Darunter fällt auch der Abschluss von Arbeitsverträgen. Hier sind aber noch §§ 112 I 2, 1643 I, 1822 Nr. 5 BGB zu beachten: Der Abschluss von Verträgen mit wiederkehrenden Verpflichtungen, die über ein Jahr über die Volljährigkeit des beschränkt Geschäftsfähigen hinausreichen, bedarf der Genehmigung des Familiengerichts. Das kann auch Arbeitsverträge betreffen. 581

Der gesetzliche Vertreter kann nach § 113 BGB den Minderjährigen **ermächtigen,** in Dienst oder Arbeit zu treten, wodurch der Minderjährige für solche Rechtsgeschäfte partiell geschäftsfähig wird, die die Eingehung oder Auflösung eines Dienst- oder Arbeitsverhältnisses oder die Erfüllung der sich aus einem solchen Verhältnis ergebenden Verpflichtungen betreffen. Dabei liegt es beim gesetzlichen Vertreter, den Umfang der Ermächtigung im Einzelnen zu bestimmen, beispielsweise den Minderjährigen zur Eingehung eines Arbeitsverhältnisses in einer bestimmten Firma zu ermächtigen oder diese Ermächtigung ganz allgemein für einen bestimmten Gewerbezweig auszusprechen. Ist die Ermächtigung erteilt, steht der Jugendliche für alle verkehrsüblichen Geschäfte dem voll geschäftsfähigen Arbeitnehmer gleich.[409] Er kann Verträge abschließen oder kündigen und Prozesse führen. Weil davon die Tarifwirkung auf sein Arbeitsverhältnis abhängt, umfasst die Ermächtigung auch die Befugnis des Minderjährigen, in eine **Gewerkschaft einzutreten** oder aus ihr auszutreten. 582

§ 113 BGB erstreckt sich nicht auf den Abschluss von **Ausbildungsverträgen.** Dass die Vorschrift diese nicht erwähnt, muss angesichts der vom BGB sonst vorgenommenen Unterscheidung zwischen Dienst- und Arbeitsverträgen einerseits und Lehrverträgen andererseits (vgl. § 1822 Nr. 6 und 7 BGB) dahin verstanden werden, dass sie nicht einbezogen werden sollen.[410] Die Ausbildungsstelle kann der Auszubildende also nicht ohne besondere Zustimmung des gesetzlichen Vertreters wechseln. 583

Schließen Eltern mit ihrem Kind einen Ausbildungsvertrag, sind sie nach § 10 III BBiG vom Verbot des Insichgeschäfts des § 181 BGB befreit. 584

408 ErfK/*Franzen* TVG § 1 Rn. 65.
409 BAG 8.6.1999 – 3 AZR 71/98, NZA 2000, 34; Staudinger/*Klumpp*, 2017, BGB § 113 Rn. 19ff.
410 Staudinger/*Klumpp*, 2017, BGB § 113 Rn. 15ff.

4. Verschulden bei Vertragsschluss

Fall 33: Der Leiter der Forschungsabteilung der Firma X ist sehr an der Einstellung des Wissenschaftlers A interessiert, der bislang bei der Firma Y tätig ist. Er erkundigt sich bei der für Einstellungen zuständigen Personalabteilung nach den möglichen Einstellungsbedingungen und führt danach mit A mehrere Gespräche, die zu einer grundsätzlichen Übereinstimmung zwischen ihm und A führen. Bei Abschluss des letzten Gesprächs erklärt er dem A, es sei fest damit zu rechnen, dass er zum Ersten des übernächsten Monats eingestellt werde; die Personalabteilung werde, wie bisher stets, seinem Vorschlag folgen. Um die neue Stelle rechtzeitig antreten zu können, kündigt A sein bisheriges Arbeitsverhältnis. Wider Erwarten wird er jedoch von X nicht eingestellt. Er findet auch über ein Jahr lang keine andere Stelle. Deshalb verlangt er von X für diese Zeit Ersatz in Höhe des Gehalts, das er bisher bezogen hat.

585 Die Aufnahme von Vertragsverhandlungen verpflichtet nach § 311 II Nr. 1 iVm § 241 II BGB Arbeitgeber und Arbeitnehmer zu wechselseitiger Sorgfalt und im Falle der Verletzung dieser Pflicht nach § 280 I BGB zum Schadensersatz. So muss der Arbeitnehmer dem Arbeitgeber den Auflösungsschaden (zB die höheren Kosten eines bis zur Neubesetzung eingestellten Leiharbeitnehmers) ersetzen, den der Arbeitgeber dadurch erleidet, dass er wegen für das Arbeitsverhältnis relevanter Umstände, zB einer ansteckenden Krankheit, die ihm der Arbeitnehmer bei den Vertragsverhandlungen verschwiegen hat, das Arbeitsverhältnis auflösen muss. Umgekehrt hat der Arbeitnehmer Anspruch etwa auf Ersatz der Kosten, die ihm für die Reise zu einem Vorstellungsgespräch entstanden sind, wenn der Arbeitgeber schon fest entschlossen war, nicht ihn, sondern einen anderen Bewerber einzustellen.[411] Eine persönliche Haftung von Vertretern des Arbeitgebers aus §§ 311 III, 280 I BGB kommt nur ausnahmsweise in Betracht.[412]

Auch in **Fall 33** hat der Leiter der Forschungsabteilung eine Sorgfaltspflicht verletzt, indem er in A das Vertrauen erweckt hat, es werde bestimmt zur Einstellung des A kommen. Für den daraus entstehenden Schaden haftet X dem A nach § 278 BGB. A hat also Anspruch auf Ersatz des ihm durch die Kündigung seines bisherigen Arbeitsverhältnisses entgehenden Gehalts.[413] Allerdings muss dieser Schaden nach den Grundsätzen über die Berücksichtigung rechtmäßigen Alternativverhaltens bis zu dem Zeitpunkt begrenzt werden, zu dem X das Arbeitsverhältnis mit A wieder hätte kündigen können.[414]

II. Vertragsmängel

1. Nichtigkeit

586 Die **allgemeinen Vorschriften über die Nichtigkeit** des Vertrags wegen Geschäftsunfähigkeit (§ 105 BGB) und Unwirksamkeit wegen Fehlens der Zustimmung bei Minderjährigen (§§ 107ff. BGB) und bei Betreuten (§ 1903 I BGB) gelten auch für den Arbeitsvertrag.

587 Arbeitsverträge sind auch an § 134 BGB zu messen. Verbotsgesetze sind etwa § 5 JArbSchG, § 10 BÄO.[415] Ob der Verstoß gegen ein **gesetzliches Verbot** zur Nichtigkeit des Arbeitsvertrages führt, hängt vom Sinngehalt des Verbots ab. Der Verstoß

411 LAG Köln 28.7.1993 – 2 Sa 199/93, LAGE Nr. 2 zu § 276 BGB Verschulden bei Vertragsschluss; zum Ersatz der Vorstellungskosten allg. → Rn. 371.

412 BAG 18.8.2011 – 8 AZR 220/10, DB 2012, 285.

413 BAG 15.5.1974 – 5 AZR 393/73, AP BGB § 276 Verschulden bei Vertragsschluss Nr. 9.

414 *Wiedemann*, FS Herschel, 1982, 479f. gegen BAG 15.5.1974 – 5 AZR 393/73, AP BGB § 276 Nr. 9.

415 Dazu BAG 3.11.2004 – 5 AZR 592/03, AP BGB § 134 Nr. 25.

gegen Arbeitnehmerschutzbestimmungen führt regelmäßig nur zur Anpassung des Vertrags an den gesetzlich zulässigen Inhalt (→ Rn. 54).[416] Auch das Fehlen der nach § 284 I SGB III erforderlichen Arbeitsgenehmigung (→ Rn. 599) lässt die Gültigkeit des Arbeitsvertrages grundsätzlich unberührt. Folge ist, dass bei endgültiger Versagung der Genehmigung nachträgliche Unmöglichkeit eintritt (§§ 275 I, 326 I 1 BGB) und der Arbeitsvertrag personenbedingt gekündigt werden kann.[417] Kann allerdings bei Abschluss des Arbeitsvertrages mit der nachträglichen Erteilung der Erlaubnis unter keinen Umständen gerechnet werden, etwa weil sie schon vorab rechtskräftig versagt worden ist, ist der Arbeitsvertrag gem. § 134 BGB nichtig und es kommt nur eine Haftung wegen Verschuldens bei Vertragsschluss (§§ 311 II Nr. 1, 241 II BGB) in Betracht. Von vornherein nichtig ist ein Arbeitsvertrag, wenn er die Ausübung des ärztlichen Berufs zum Gegenstand hat und die erforderliche Approbation nicht vorliegt und auch nicht erteilt werden kann.[418]

Im Rahmen der Prüfung der Sittenwidrigkeit ist insbesondere der Wuchertatbestand **588**
des § 138 II BGB zu beachten (→ Rn. 303).

Sittenwidrigkeit nach § 138 I BGB ist etwa gegeben, wenn die Tätigkeit, die der Arbeitnehmer zu erbringen hat, dem Sittenwidrigkeitsverdikt unterfällt oder wenn der Arbeitnehmer durch eine Vereinbarung in seiner wirtschaftlichen Bewegungsfreiheit übermäßig eingeschränkt wird.[419]

Auch hier ist aus Arbeitnehmerschutzgründen eine Gesamtnichtigkeit des Vertrages nur ausnahmsweise anzunehmen. Im Falle der Sittenwidrigkeit wegen Lohnwuchers etwa ersetzt § 612 II BGB die Lohnabrede.[420]

2. Anfechtung

Auch die Bestimmungen über die Anfechtung eines Rechtsgeschäfts wegen Irrtums **589**
oder arglistiger Täuschung (§§ 119, 123 BGB) finden Anwendung.[421] Was die Anfechtung wegen Irrtums angeht, so bestehen keine Besonderheiten hinsichtlich des Erklärungs- und des Inhaltsirrtums. Eine Anfechtung durch den Arbeitgeber nach § 119 II BGB wegen Fehlens einer verkehrswesentlichen Eigenschaft kommt nur in Betracht, wenn dem Arbeitnehmer eine konkrete Eigenschaft fehlt, die nach der Verkehrsanschauung für die von ihm geschuldete Arbeitsleistung relevant ist. In Bezug auf den Gesundheitszustand kann man davon etwa dann sprechen, wenn ein beim Abschluss des Arbeitsvertrages bestehendes ständiges Leiden, das immer wieder auftritt, den Arbeitnehmer an der Erbringung der Arbeitsleistung erheblich hindert.[422]

Dass der Arbeitnehmer nicht den vom Arbeitgeber erwarteten Grad der Leistungsfähigkeit aufweist, berechtigt regelmäßig nicht zur Anfechtung nach § 119 II BGB wegen Fehlens einer verkehrswesentlichen Eigenschaft. **Bei verständiger Würdigung**, auf die es nach § 119 I auch bei § 119 II BGB ankommt, wird

416 BAG 26.2.2003 – 5 AZR 690/01, NZA 2004, 313 für eine Schwarzarbeitsvereinbarung.

417 BAG 7.2.1990 – 2 AZR 359/89, NZA 1991, 341; aA *Hofherr,* Die illegale Beschäftigung ausländischer Arbeitnehmer und ihre arbeitsvertragsrechtlichen Folgen, 1998, 76ff. (132ff.), die schwebende Unwirksamkeit des Vertrages annimmt.

418 BAG 3.11.2004 – 5 AZR 592/03, NZA 2005, 1409.

419 BAG 10.10.1990 – 5 AZR 404/89, NZA 1991, 264; BAG 1.4.1976 – 4 AZR 96/75, NJW 1976, 1958.

420 BAG 18.11.2015 – 5 AZR 814/14, NZA 2016, 494.

421 Dazu *Odemer* JA 2015, 335.

422 Vgl. BAG 14.12.1979 – 7 AZR 38/78, AP BGB § 119 Nr. 4 für einen an Epilepsie leidenden Tanzlehrer, der während des Unterrichts immer wieder Anfälle erleidet.

ein Arbeitgeber die Leistungsfähigkeit während einer Probezeit feststellen und sich, wenn seine Erwartung enttäuscht wird, durch Kündigung wieder vom Arbeitnehmer lösen.

590 Die Anfechtung wegen Irrtums muss nach § 121 I BGB **unverzüglich** erfolgen. Dabei ist, soweit es um eine Anfechtung wegen Irrtums über eine verkehrswesentliche Eigenschaft geht, § 626 II BGB entsprechend anzuwenden. Die Anfechtung ist also nur rechtzeitig, wenn sie spätestens innerhalb von **zwei Wochen** nach Kenntnis der für die Anfechtung maßgebenden Tatsachen erfolgt.[423]

591 Auch bei der Prüfung, ob der Bewerber bei den Einstellungsverhandlungen eine arglistige Täuschung iSd § 123 BGB begangen hat, ist auf die besonderen Verhältnisse im Arbeitsrecht Rücksicht zu nehmen. Eine Offenbarungspflicht und damit eine arglistige Täuschung durch **Unterlassen** kommt nur in Betracht, wo auf der Hand liegt, dass es dem Arbeitgeber für die Entscheidung über die Einstellung auf den betreffenden Umstand ankommen muss.

Dies ist etwa dann der Fall, wenn der Bewerber zur Erbringung der Arbeitsleistung überhaupt nicht in der Lage ist – zB wegen eines Gesundheitsschadens oder eines Berufs- oder Beschäftigungsverbotes – oder wenn mit seiner Einstellung aufgrund konkreter Umstände eine erhebliche Gefahr für den Arbeitgeber verbunden ist, zB weil der Bewerber an einem Konkurrenzunternehmen beteiligt ist.

592 Auch für die arglistige Täuschung durch **positives Tun** gelten Einschränkungen. Zwar greift das Anfechtungsrecht immer ein, wenn der Arbeitnehmer dem Arbeitgeber von sich aus etwas vorspiegelt, ihm etwa gefälschte Zeugnisse vorlegt oder Fertigkeiten behauptet, von denen er weiß, dass er über sie nicht verfügt. Anders liegt es aber, wenn der Arbeitnehmer lediglich auf Fragen des Arbeitgebers reagiert. Solche Fragen sind nur berechtigt, soweit der Arbeitgeber mit ihnen nicht unverhältnismäßig in die Persönlichkeitssphäre des Arbeitnehmers eingreift. Deshalb muss sie der Arbeitnehmer nur wahrheitsgemäß beantworten, wenn sie für die Beurteilung seiner Eignung für den zu besetzenden Arbeitsplatz von Bedeutung sind und die unbedingt zu wahrende Intimsphäre des Arbeitnehmers nicht berühren. Beantwortet der Arbeitnehmer eine danach unzulässige Frage wahrheitswidrig, scheitert eine Anfechtung nach § 123 BGB an der fehlenden Rechtswidrigkeit der arglistigen Täuschung.

- Zulässig sind danach Fragen nach Schulbildung, Berufsbildung, Berufserfahrung, nach der letzten Arbeitsstelle und – wegen der Befristungsmöglichkeit nach § 14 II TzBfG (→ Rn. 833 ff.) – nach einer Vorbeschäftigung beim Arbeitgeber. Fragen nach dem **Gesundheitszustand** und nach einer Körperbehinderung sind insoweit zulässig, als es sich um schwerwiegende Beeinträchtigungen der Arbeitsfähigkeit des Betroffenen oder um eine ansteckende Erkrankung handelt, die zukünftige Kollegen oder Kunden gefährdet.[424] Die Frage nach dem Vorliegen einer HIV-Infektion ist – abgesehen vom Krankenhausbereich – regelmäßig unzulässig.[425]
- Auch nach der **Schwerbehinderteneigenschaft** als solcher darf wegen des Benachteiligungsverbots des §§ 7 I, 3, 1 AGG iVm § 81 II 1 SGB IX[426] heute vor Abschluss des Arbeitsvertrages regelmäßig nicht mehr gefragt werden,[427] im mindestens sechs

423 BAG 14.12.1979 – 7 AZR 38/78, AP BGB § 119 Nr. 4.

424 BAG 7.2.1964 – 1 AZR 251/63, NJW 1964, 1197; BAG 7.6.1984 – 2 AZR 270/83, NZA 1985, 57.

425 Vgl. *Löwisch* DB 1987, 936 (939 ff.); nach BAG 19.12.2013 – 6 AZR 190/12, NZA 2014, 372 handelt es sich bei der symptomlosen HIV-Infektion um eine Behinderung iSd § 1 AGG.

426 Ab 1.1.2018: § 164 II 1 SGB IX.

427 Offen gelassen BAG 7.7.2011 – 2 AZR 396/10, NZA 2012, 34.

Monate bestehenden und damit den Sonderkündigungsschutz nach § 85 SGB IX[428] auslösenden Arbeitsverhältnis dagegen schon.[429]
Allerdings kann sich der schwerbehinderte Bewerber auch nicht auf eine Ungleichbehandlung wegen der Behinderung berufen, wenn der Arbeitgeber keine Kenntnis von der Schwerbehinderung hatte – um eine Ungleichbehandlung wegen der Behinderung oder auch nur ein Indiz iSd § 22 AGG nachzuweisen, muss der Arbeitgeber Kenntnis von der Behinderung haben (sonst kann er auch nicht genau deswegen ungleich behandeln). Der behinderte Arbeitnehmer hat also den Arbeitgeber über die (Schwer-)Behinderung zu informieren. Geschieht dies nicht, kann er sich auch nicht auf behinderungsbezogene (Schutz-)pflichten des Arbeitgebers berufen.[430] Ein Fragerecht des Arbeitgebers im Bewerbungsverfahren löst dies aber nicht aus.

- Die Frage nach der **Schwangerschaft** vor Einstellung einer Arbeitnehmerin enthält nach Auffassung der Rechtsprechung eine unzulässige Benachteiligung wegen des Geschlechts und verstößt damit gegen das Diskriminierungsverbot des § 7 I AGG.[431] Ebenso wenig zulässig ist die Frage, ob eine Schwangerschaft demnächst zu erwarten sei oder ob intime Beziehungen bestünden.[432] Dies gilt selbst dann, wenn die Arbeitnehmerin befristet als Schwangerschaftsvertretung eingestellt werden soll.[433]
- **Die Frage nach Vorstrafen** ist nur insoweit zulässig, als die Art des zu besetzenden Arbeitsplatzes es erfordert, beispielsweise bei einem Kraftfahrer nach Vorstrafen wegen Verkehrsdelikten.[434] Die Zulässigkeit von Fragen nach Vorstrafen ist weiter eingeschränkt durch die §§ 51, 53 BZRG. Da man sich danach als unbestraft bezeichnen kann, wenn eine Verurteilung nicht in das Führungszeugnis aufzunehmen oder wenn sie zu tilgen ist, darf nach solchen Verurteilungen auch nicht gefragt werden.[435]
- Die Frage nach der **Partei-, Gewerkschafts- und Religionszugehörigkeit** ist, außer in den entsprechenden Tendenzbetrieben, unzulässig.[436]

Die Anfechtung wegen arglistiger Täuschung muss nach § 124 I und II BGB binnen **593**
eines Jahres erfolgen, nachdem der Arbeitgeber die Täuschung entdeckt hat. Solange sie nicht entdeckt ist, besteht das Anfechtungsrecht an sich zehn Jahre lang fort (§ 124 III BGB). Jedoch ist die Anfechtung nach § 242 BGB auch dann ausgeschlossen, wenn der Anfechtungsgrund so viel an Bedeutung verloren hat, dass er eine Auflösung des Arbeitsverhältnisses nicht mehr rechtfertigen kann.[437] Die Anfechtung ist nach § 144 BGB immer ausgeschlossen, wenn der Arbeitgeber den Arbeitsvertrag bestätigt hat, was insbesondere anzunehmen ist, wenn er den Arbeitnehmer in Kenntnis des Anfechtungsgrundes hat weiterarbeiten lassen.

428 Ab 1.1.2018: § 168 SGB IX.
429 BAG 16.2.2012 – 6 AZR 553/10, NZA 2012, 555.
430 BAG 26.9.2013 – 8 AZR 650/12, NZA 2014, 258.
431 S. hierzu im Einzelnen EuGH 4.10.2001 – C-109/00, Slg. 2001, I-6993 = NZA 2001, 1241 – Tele Danmark (Unzulässigkeit auch, wenn nur befristete Einstellung erfolgen soll); BAG 6.2.2003 – 2 AZR 621/01, NZA 2003, 848 (Unzulässigkeit auch dann, wenn die Frau die vereinbarte Tätigkeit wegen eines mutterschutzrechtlichen Beschäftigungsverbotes zunächst gar nicht aufnehmen kann).
432 Vgl. LAG Bremen 24.2.1960 – I Sa 160/59, BB 1960, 743.
433 LAG Köln 11.10.2012 – 6 Sa 641/12, NZA-RR 2013, 232.
434 BAG 6.9.2012 – 2 AZR 270/11, NJW 2013, 1115.
435 Dazu BAG 15.11.2012 – 6 AZR 339/11, NZA 2013, 429.
436 Dazu BAG 28.3.2000 – 1 ABR 16/99, NZA 2000, 1294.
437 BAG stRspr 28.5.1998 – 2 AZR 549/97, NZA 1998, 1052.

3. Wirkung von Nichtigkeit und Anfechtung

Fall 34: A bewirbt sich bei X um den Posten eines Kassierers. Dass er gerade eine längere Freiheitsstrafe wegen Unterschlagung bei seinem früheren Arbeitgeber verbüßt hat, erwähnt er bei den Einstellungsverhandlungen nicht, obwohl er von X nach Strafen wegen Vermögensdelikten gefragt wird. Er wird eingestellt und nimmt auch zum vereinbarten Termin die Arbeit auf. Nach vier Wochen bleibt er wegen einer Erkrankung der Arbeit fern. Nach weiteren zwei Wochen stellt das Personalbüro der X die Vorstrafe von A fest. Sie ficht den Arbeitsvertrag wegen arglistiger Täuschung an und weigert sich, dem A für die sechs Wochen Entgelt zu zahlen.

594 Wird die Nichtigkeit des Vertrags **vor Beginn der Tätigkeit** des Arbeitnehmers festgestellt oder wird bereits in diesem Zeitpunkt die Anfechtung wegen Irrtums oder arglistiger Täuschung erklärt, dann ist der Vertrag von Anfang an nichtig. Für den angefochtenen Vertrag ergibt sich das aus § 142 I BGB. Hat der Arbeitnehmer einen Vorschuss erhalten, muss er ihn nach den Vorschriften des Bereicherungsrechts zurückzahlen.

595 Hat der Arbeitnehmer die Arbeit bereits aufgenommen, würde eine Nichtigkeit von Anfang an zu unangemessenen Rechtsfolgen führen. Die für die Rückabwicklung nichtiger Verträge einschlägigen §§ 812ff. BGB bieten dem Arbeitnehmer keinen ausreichenden Schutz, wenn der nach § 818 II BGB zu ersetzende Wert seiner Arbeitsleistung die vereinbarte Vergütung nicht erreicht. Deshalb wirken nach Aufnahme der Arbeit Nichtigkeit oder Anfechtung des Arbeitsvertrages erst ab dem Zeitpunkt, von dem an sich der Arbeitgeber auf sie beruft bzw. sie erklärt (sog. Loslösung). Bis dahin behält der Arbeitnehmer seine vertraglichen Ansprüche.[438] Man spricht vom fehlerhaften Arbeitsverhältnis, das aber in jedem Fall eine natürliche Willenseinigung, wenngleich auch keine rechtsfehlerfreie, voraussetzt.[439]

Nach Auffassung des BAG soll dies auch dann gelten, wenn der Arbeitnehmer eine arglistige Täuschung begangen hat.[440] Das BAG beschränkt seine Auffassung aber auf das eigentliche Entgelt. Hinsichtlich der Entgeltfortzahlung im Krankheitsfall bestehe kein Grund, von der Rückwirkung der Anfechtung abzuweichen.[441]

596 Eine Ausnahme von der Gleichstellung wird wiederum dann gemacht, wenn übergeordnete Gesichtspunkte zu berücksichtigen sind. Dies etwa aus Gründen des Minderjährigenschutzes. Der Minderjährige selbst darf über die Figur des fehlerhaften Arbeitsverhältnisses keinen Ansprüchen ausgesetzt werden. Für den volljährigen Vertragspartner gilt das umgekehrt nicht. Insoweit verbleibt es bei den allgemeinen Grundsätzen – dh der Minderjährige kann als Arbeitnehmer Lohnansprüche aufgrund des vollzogenen Arbeitsverhältnisses geltend machen[442] oder wenn ein gesetzliches Verbot (wie § 10 BÄO) die Tätigkeit als solche verbietet.[443]

In **Fall 34** liegt eine arglistige Täuschung vor, weil A die vorausgegangene Bestrafung wegen Unterschlagung hätte offenbaren müssen. Gleichwohl hat er Anspruch auf Zahlung seines Arbeitsentgelts für die vier Wochen, in denen er gearbeitet hat. Für die Zeit der Krankheit hat er keinen Anspruch.

438 Grdl. BAG 15.11.1957 – 1 AZR 189/57, NJW 1958, 397.
439 BAG 16.2.2000 – 5 AZB 71/99, NZA 2000, 385.
440 Vgl. BAG 20.2.1986 – 2 AZR 244/85, NZA 1986, 739; Ausführlich zu dieser Frage *Löwisch/Kaiser* JURA 1998, 362.
441 BAG 3.12.1998 – 2 AZR 754/97, NZA 1999, 584.
442 MHdB ArbR/*Richardi/Buchner* § 34 Rn. 46f.
443 BAG 3.11.2004 – 5 AZR 592/03, NZA 2005, 1409.

III. Arbeitsvermittlung

Arbeitsvermittlung ist in erster Linie Aufgabe der Bundesagentur für Arbeit und ihrer Dienststellen (§§ 35 ff. SGB III). Zulässig ist aber auch die Arbeitsvermittlung durch Private. Einer besonderen Erlaubnis bedarf es dafür heute nicht mehr. § 296 SGB III enthält lediglich Bestimmungen für den Vermittlungsvertrag mit einem Arbeitssuchenden. Dieser bedarf der Schriftform. Die Vergütung darf 2.000 EUR nicht übersteigen (§ 296 III SGB III) und ist nur zu entrichten, wenn infolge der Vermittlung des Vermittlers der Arbeitsvertrag zustande gekommen ist (§ 296 II 1 SGB III). 597

IV. Beschäftigung ausländischer Arbeitnehmer

Die Beschäftigung von Ausländern aus Nicht-EU-Staaten richtet sich nach dem Aufenthaltsgesetz. Notwendig ist ein von der Ausländerbehörde zu erteilender Aufenthaltstitel zur Ausübung einer Beschäftigung (§ 18 II AufenthG). Dieser darf nur erteilt werden, wenn die Bundesagentur für Arbeit zugestimmt hat oder wenn durch Rechtsverordnung bestimmt ist, dass die Ausübung der Beschäftigung ohne Zustimmung durch die Bundesagentur für Arbeit zulässig ist. § 39 II AufenthG bindet die Bundesagentur bei der Erteilung ihrer Zustimmung an bestimmte Voraussetzungen. Insbesondere dürfen sich durch die Beschäftigung keine nachteiligen Auswirkungen auf den Arbeitsmarkt ergeben, dürfen Deutsche und Deutschen gleichgestellte Arbeitnehmer nicht zur Verfügung stehen und muss sichergestellt sein, dass der Ausländer nicht zu ungünstigeren Arbeitsbeziehungen als vergleichbare deutsche Arbeitnehmer beschäftigt wird. 598

Angesichts der im AEUV vereinbarten Freizügigkeit unter den Staatsangehörigen der EU bedürfen diese zur Aufnahme einer Arbeit in der Bundesrepublik keines Aufenthaltstitels zur Ausübung einer Beschäftigung (§ 2 II Nr. 1 FreizügG/EU). Ihnen wird von Amtswegen eine Bescheinigung über das Aufenthaltsrecht ausgestellt (§ 5 I FreizügG/EU). Staatsangehörige aus den neuen EU-Mitgliedsstaaten bedürfen für eine Übergangszeit einer Arbeitsgenehmigung-EU (§ 284 SGB III). 599

V. Kontrollfragen

Frage 48: Bedarf der Minderjährige für den Abschluss eines Ausbildungsvertrages der Zustimmung seiner gesetzlichen Vertreter? 600

Frage 49: Wann gewährt die Falschbeantwortung von Fragen in einem Einstellungsfragebogen dem Arbeitgeber das Recht, den Arbeitsvertrag nach § 123 BGB anzufechten?

Frage 50: Welche Bedeutung hat der Antritt der Arbeit für Nichtigkeit und Anfechtbarkeit des Arbeitsvertrages?

Frage 51: Welcher Unterschied besteht hinsichtlich der Arbeitsaufnahme zwischen Arbeitnehmern aus EU-Staaten und anderen ausländischen Arbeitnehmern?

§ 17 Beendigung des Arbeitsverhältnisses

Literatur: *Ascheid/Preis/Schmidt,* Großkommentar zum Kündigungsrecht; *Bauer/Krieger/Arnold,* Arbeitsrechtliche Aufhebungsverträge, 9. Aufl. 2014; *Caspers,* Rechtsfolgen des Formverstoßes bei § 623 BGB, RdA 2001, 28; *Düwell/Dahl,* Die Leistungs- und Verhaltensbeurteilung im Arbeitszeugnis, NZA 2011, 958; *Dzida,* Die Einladung zur Anhörung vor Ausspruch einer Verdachtskündigung, NZA 2013, 412; *Etzel,* e.a., KR, 11. Aufl. 2017; *Hamann/Rudnik,* Die Kündigungserklärung des Arbeitgebers,

JURA 2015, 773; *Höland,* Verzögerung, Verwirkung, Vereitelung – Probleme des Zugangs von Willenserklärungen am Beispiel der Arbeitgeberkündigung, JURA 1998, 352; *Löwisch,* Grenzen der ordentlichen Kündigung in kündigungsschutzfreien Betrieben, BB 1997, 782; *Löwisch,* Kündigung von Arbeitsverhältnissen mit Probezeit, DB 2014, 1079; *Oetker,* Das Dauerschuldverhältnis und seine Beendigung, 1994; *Schleßmann,* Das Arbeitszeugnis, 20. Aufl. 2012; *Spelge,* Die Kunst, formal wirksam zu kündigen, RdA 2016, 309; *Stahlhacke/Preis/Vossen,* Kündigung und Kündigungsschutz im Arbeitsverhältnis, 10. Aufl. 2010; *Stöhr,* Verdachtskündigung und Druckkündigung, JuS 2010, 1052; *Stoffels,* Die »Emmely«-Entscheidung des BAG – bloß eine Klarstellung von Missverständnissen?, NJW 2011, 118; *Wertheimer,* Nachvertragliche Wettbewerbsverbote bei Arbeitsverhältnissen, 1998.
S. außerdem die BGB-Kommentare zu §§ 622–630 BGB.

I. Kündigung

1. Allgemeines

a) Funktion

601 Das Arbeitsverhältnis ist ein Dauerschuldverhältnis. Wo es nicht von vornherein auf bestimmte Zeit befristet (→ Rn. 827 ff.), sondern auf unbestimmte Zeit eingegangen ist, bedarf seine Beendigung eines besonderen Rechtsakts. Dieser kann in einer entsprechenden Vereinbarung von Arbeitgeber und Arbeitnehmer, dem Aufhebungsvertrag,[444] bestehen. Kommt ein solcher nicht zustande, wird die Beendigung durch die einseitig von einem Vertragsteil erklärte **ordentliche Kündigung** bewirkt, die regelmäßig an bestimmte Fristen gebunden ist.

602 Wie bei jedem Dauerschuldverhältnis (§ 314 BGB) kann es auch beim Arbeitsverhältnis Gründe geben, aus denen man dem einen oder anderen Vertragsteil das Recht zustehen muss, den Vertrag vorzeitig zu lösen. Dies gilt sowohl für das auf unbestimmte Zeit eingegangene, ordentlich nur unter Einhaltung von Kündigungsfristen kündbare Arbeitsverhältnis, wie für das auf bestimmte Zeit befristete Arbeitsverhältnis. Mittel der sofortigen Beendigung ist die **außerordentliche Kündigung.**

b) Kündigung als rechtsgestaltende Willenserklärung

Die Kündigung ist eine einseitige, rechtsgestaltende, an den anderen Vertragspartner gerichtete Willenserklärung, auf die die Regelungen des Allgemeinen Teils des BGB anzuwenden sind. Sie ist keine Sanktion (»Strafe«) für vergangenes Verhalten, sondern beendet das Arbeitsverhältnis für die Zukunft.

Fall 35: X will der A zum 31.3. kündigen. Er sendet einen Boten, um die Kündigung zu überbringen. Der Bote übergibt das Kündigungsschreiben an den ihm befreundeten Ehemann der A – und zwar nicht bei diesem zu Hause, sondern auf dem Parkplatz vor dessen Arbeitsstelle. Der Ehemann allerdings lässt das Schreiben an seinem Arbeitsplatz liegen und übergibt es erst zwei Tage später seiner Frau. A meint, die Kündigung sei erst mit der Übergabe an sie persönlich zugegangen, deshalb sei die Kündigungsfrist zum 31.3. verstrichen.

444 Der Aufhebungsvertrag ist vom Abwicklungsvertrag zu unterschieden, bei dem eine Kündigung das Arbeitsverhältnis beendet, die Vertragsparteien sich aber über die Abwicklung des Arbeitsverhältnisses einigen, etwa auf einen Klageverzicht oder eine Abfindung.

aa) Zugang der Kündigung. Nach § 130 I 1 BGB wird die Kündigung als empfangsbedürftige Willenserklärung mit dem **Zugang** beim anderen Vertragspartner wirksam. Der Zeitpunkt des Zugangs ist besonders wegen des Laufs der Kündigungsfrist bei der ordentlichen Kündigung und der Erklärungsfrist nach § 626 II BGB bei der außerordentlichen Kündigung von großer Bedeutung. Ebenso beginnt mit Zugang die Klagefrist des § 4 KSchG. Schließlich ist der Zugang der maßgebliche Zeitpunkt für die Rechtmäßigkeitsprüfung der Kündigung. 603

Der Zugang tritt nach den allgemeinen Regeln ein, wenn die Kündigung so in den Machtbereich des anderen Vertragspartners gelangt, dass dieser unter regelmäßigen Umständen von ihr Kenntnis nehmen kann.[445] Vereitelt der Empfänger den Zugang arglistig, so liegt nach den allgemeinen rechtsgeschäftlichen Vorgaben dennoch eine wirksame Kündigung vor (Zugangsvereitelung).[446]

Zugang liegt dementsprechend nicht nur vor, wenn die Kündigung dem Arbeitnehmer ausgehändigt wird, sondern regelmäßig auch dann, wenn sie bei ihm zuhause einem erwachsenen Familienangehörigen oder einer sonst mit ihm im Hausstand lebenden Person übergeben oder in den Briefkasten eingeworfen wird und mit der Kenntnisnahme unter üblichen Umständen gerechnet werden kann.[447] Dies gilt auch, wenn der Arbeitnehmer längere Zeit von zuhause abwesend ist, etwa weil er eine Urlaubsreise macht oder sich im Krankenhaus befindet. Ob der Arbeitgeber von der Abwesenheit weiß, spielt dabei keine Rolle:[448] Für den Zugang auf den häufig unsicheren Zeitpunkt der Beendigung der Ortsabwesenheit abzustellen, lässt sich mit der Rechtssicherheit nicht vereinbaren.[449] Außerdem wäre es unbillig, dem Kündigenden, der regelmäßig Fristen zu wahren hat, aufzuerlegen, dem Kündigungsempfänger an den jeweiligen Aufenthaltsort mit der Kündigungserklärung zu folgen. Unbilligkeiten zum Nachteil des Kündigungsempfängers können über § 5 KSchG vermieden werden (dazu → Rn. 771). 604

In **Fall 35** ist die Kündigung rechtzeitig zugegangen (§ 622 I BGB). Der Ehemann der A war Empfangsbote und es ist damit zu rechnen, dass dieser den Brief am Abend übergibt, spätestens dann ist mit der Möglichkeit der Kenntnisnahme zu rechnen. Dass der Empfangsbote außerhalb der Wohnung in den Besitz des Briefes gekommen ist, spielt für das Gelangen in den Machtbereich keine Rolle.[450]

bb) Kündigung und Stellvertretung. Als einseitiges Rechtsgeschäft verträgt die Kündigung nach § 180 S. 1 BGB grundsätzlich **keine Vertretung ohne Vertretungsmacht.** Nur wenn der Kündigungsempfänger die vom Vertreter behauptete Vertretungsmacht nicht beanstandet, ist nach § 180 S. 2 BGB eine Genehmigung durch den Vertretenen möglich.[451] 605

Wird also eine Kündigung nicht vom Arbeitgeber selbst oder von jemandem ausgesprochen, der dafür die Vertretungsmacht hat, wie zB einem Prokuristen, Handlungsbevollmächtigten oder einem sonst Bevollmächtigten, etwa dem Personalleiter, sondern von jemandem, der nur mit der nachträglichen Zu-

445 BAG 9.6.2011 – 6 AZR 687/09, NZA 2011, 847; für den Zugang unter Anwesenden BAG 26.3.2015 – 2 AZR 483/14, NZA 2015, 1183; s. dazu allgemein Staudinger/*Singer/Benedict*, 2017, BGB § 130 Rn. 39ff.

446 BAG 26.3.2015 – 2 AZR 483/14, NZA 2015, 1183.

447 Für den Ehegatten als Empfangsboten BAG 9.6.2011 – 6 AZR 687/09, NZA 2011, 847.

448 BAG 24.6.2004 – 2 AZR 461/03, NZA 2004, 1330.

449 BAG 16.3.1988 – 7 AZR 587/87, NZA 1988, 875.

450 BAG 9.6.2011 – 6 AZR 687/09, NZA 2011, 847.

451 BAG 6.9.2012 – 2 AZR 858/11, NZA 2013, 524.

stimmung des Arbeitgebers rechnet, kann der Arbeitnehmer das Wirksamwerden der Kündigung verhindern, indem er sie zurückweist.

606 Praktisch wichtiger ist § 174 BGB. Danach ist die von einem Bevollmächtigten vorgenommene Kündigung unwirksam, wenn dieser keine **Vollmachtsurkunde** vorlegt und der Kündigungsempfänger die Kündigung aus diesem Grund unverzüglich zurückweist. Unverzüglich ist die Zurückweisung nach der Rechtsprechung, wenn sie spätestens eine Woche nach tatsächlicher Kenntnisnahme der Kündigung und der fehlenden Vollmacht durch den Arbeitnehmer erfolgt.[452]

Zwar ist das Zurückweisungsrecht nach § 174 S. 2 BGB ausgeschlossen, wenn der Kündigende den Kündigungsempfänger von der Bevollmächtigung in Kenntnis gesetzt hatte. Eine solche Inkenntnissetzung kann man aber, wenn sie nicht ausdrücklich erfolgt, nur ausnahmsweise annehmen, etwa wenn der Vertreter eine Stellung einnimmt, mit der üblicherweise die entsprechende Vertretungsmacht verbunden ist, wie das etwa auf einen Personalleiter zutrifft.[453] Sonst, also bei der Kündigung durch einen Sachbearbeiter oder beauftragten Rechtsanwalt, bleibt es bei der Regel des § 174 S. 1 BGB. Von vornherein keine Anwendung findet § 174 BGB auf Kündigungen durch einen gesetzlichen Vertreter, etwa den Vorstand eines Vereins.

607 cc) **(Keine) Bedingung und Umdeutung.** Als Gestaltungserklärung ist die Kündigung unbedingt, unbefristet und unwiderruflich. Der Adressat der Kündigung muss wissen, woran er ist. Die Erklärung eines Arbeitgebers: »Die Kündigung wird gegenstandslos, wenn wir neue Aufträge erhalten« ist mithin keine wirksame Kündigung.[454] Dieser Grundsatz kennt nach allgemeinen Überlegungen[455] eine Ausnahme in der Potestativbedingung, bei der der Bedingungseintritt nur vom Erklärungsempfänger abhängt und mithin für diesen keine Rechtsunsicherheit besteht. Beispiel ist hier die Änderungskündigung, bei der die Kündigung des Arbeitsverhältnisses unter der Bedingung der Nichtannahme des unterbreiteten Änderungsangebots steht (→ Rn. 653).

608 Als Willenserklärung ist die Kündigung im Falle ihrer Unwirksamkeit der **Umdeutung** nach § 140 BGB zugänglich. Das verlangt, dass die Voraussetzungen des Rechtsgeschäfts, in das umgedeutet werden soll, vorliegen, die Umdeutung dem mutmaßlichen Willen des Kündigenden entspricht und dieser Wille bei Zugang erkennbar war. Eine **außerordentliche** Kündigung, für die es an dem nach § 626 I BGB erforderlichen wichtigen Grund fehlt, ist deshalb, wenn der Kündigende das Arbeitsverhältnis auf jeden Fall beenden wollte, in eine fristgemäße Kündigung umzudeuten.[456] In Betrieben mit Betriebsrat führt eine solche Umdeutung aber nur zum Erfolg, wenn der Betriebsrat vorsorglich auch zu einer ordentlichen Kündigung angehört worden ist, da diese sonst gem. § 102 I 3 BetrVG (→ Rn. 1493) unwirksam ist.

Regelmäßig kann eine Kündigung, die unwirksam ist, in ein **Angebot auf Abschluss eines Aufhebungsvertrages** umgedeutet werden. Dass der Kündigungsempfänger sich mit der Kündigung einverstanden erklärt, führt in einem solchen Fall aber nur dann zum Abschluss eines Aufhebungsvertrages, wenn dies in dem Bewusstsein erfolgt, dass die Kündigung möglicherweise unwirksam ist und deshalb erst der Vertragsschluss das Arbeitsverhältnis auflöst.[457]

---

452 BAG 8.12.2011 – 6 AZR 354/10, DB 2012, 579.

453 BAG 3.7.2003 – 2 AZR 235/02, NZA 2004, 427; s. auch den Fall BAG 24.9.2015 – 6 AZR 492/14, NZA 2016, 102.

454 BAG 15.3.2001 – 2 AZR 705/99, NZA 2001, 1070.

455 *Wolf/Neuner,* Allgemeiner Teil des Bürgerlichen Gesetzbuchs, 11. Aufl. 2016, § 20 Rn. 37.

456 BAG 15.11.2001 – 2 AZR 310/00, NJW 2002, 2972; BAG 31.3.1993 – 2 AZR 492/92, NZA 1994, 409; BGH 8.9.1997 – II ZR 165/96, NJW 1998, 76 für die Kündigung des Anstellungsvertrages eines GmbH-Geschäftsführers.

457 BAG 13.4.1972 – 2 AZR 243/71, AP BGB § 626 Nr. 64.

Eine »Rücknahme« der wirksamen Kündigung ist nicht möglich, in einer Rücknahmeerklärung des Arbeitgebers kann aber regelmäßig das Angebot der Fortsetzung des Arbeitsverhältnisses zu den bisherigen Bedingungen gesehen werden.[458]

Keiner Anwendung des § 140 BGB bedarf es, wenn eine ordentliche Kündigung die gesetzliche, vertragliche oder tarifliche Kündigungsfrist nicht wahrt. Vielmehr wird eine solche (scheinbar) nicht fristgerechte Kündigung regelmäßig als zum nächsten möglichen Termin ausgesprochen anzusehen sein.[459] Etwas anderes gilt nur dann, wenn die falsche Kündigungsfrist und damit der falsche Beendigungstermin vom Kündigenden als alleiniger Termin gewollt ist, was durch Auslegung zu ermitteln ist: Dann ist die Kündigung unwirksam, § 140 BGB wird nicht greifen, weil der Wille des Kündigenden ja gerade und allein auf den genannten, aber falschen Zeitpunkt zielt.[460]

dd) Form. Nach § 623 BGB bedarf die Kündigung, gleichgültig ob sie durch den Ar- 609
beitgeber oder den Arbeitnehmer erfolgt, der Schriftform. Notwendig ist nach § 126 I BGB die schriftliche Erklärung, dass gekündigt werden soll und die Unterschrift unter dieser Erklärung; die nach § 126 III BGB sonst mögliche elektronische Form ist durch § 623 2. Hs. BGB ausdrücklich ausgeschlossen. Für die Kündigung von Ausbildungsverträgen ist die Schriftform in § 22 III BBiG vorgeschrieben; die elektronische Form ist in diesem Fall merkwürdigerweise nicht ausgeschlossen.[461]

Wenn **Tarifverträge** für Kündigungen die Schriftform vorschreiben,[462] hat das angesichts der Regelung in § 623 BGB heute keine praktische Bedeutung mehr. Auch tarifliche Einschränkungen der Schriftform sind angesichts des beidseitigen zwingenden Charakters von § 623 BGB[463] unwirksam. Eine strengere Form als die Schriftform kann wegen § 309 Nr. 13 BGB nicht in **Allgemeinen Arbeitsbedingungen** vereinbart werden.

Eine Kündigung, die gegen das Schriftformerfordernis des § 623 BGB verstößt, ist 610
nach § 125 S. 1 BGB nichtig. Allerdings kann der Gekündigte gem. § 242 BGB das Recht verwirken, sich auf die Nichtigkeit zu berufen, wenn ein längerer Zeitraum verstrichen ist und der Gekündigte gegenüber dem Kündigenden den Eindruck erweckt hat, sich mit der Kündigung abzufinden.[464]

ee) Mitteilung der Kündigungsgründe. Kündigungsrechtlich ist die Angabe der 611
Kündigungsgründe **keine Voraussetzung für die Wirksamkeit der Kündigung.** Bei der außerordentlichen Kündigung gibt § 626 II 3 BGB dem Gekündigten lediglich einen Anspruch auf schriftliche Mitteilung der Kündigungsgründe, wenn er diese verlangt. Die Verletzung dieser Pflicht führt aber nicht zur Unwirksamkeit der Kündigung, sondern kann nur Schadensersatzansprüche nach §§ 280 II, 286 BGB begründen, etwa wenn ein Arbeitnehmer eine aussichtslose Kündigungsschutzklage angestrengt hat, weil er die Gründe für die Kündigung nicht kannte.

---

458 S. ErfK/*Müller-Glöge* BGB § 620 Rn. 73.

459 BAG 15.12.2005 – 2 AZR 148/05, NZA 2006, 791; offengelassen aber von BAG 1.9.2010 – 5 AZR 700/09, NZA 2010, 1409.

460 BAG 15.5.2013 – 5 AZR 130/12, NZA 2013, 1076.

461 Allerdings ist eine analoge Anwendung des § 623 angezeigt, BeckOGK/*Klumpp*, 1.4.2017, BGB § 623 Rn. 6 mwN.

462 S. etwa § 8 2. IV des Manteltarifvertrages der bayerischen Metall- und Elektroindustrie.

463 AR/*Fischermeier* BGB § 623 Rn. 1.

464 S. dazu etwa die Fälle Hessisches LAG 26.2.2013 – 13 Sa 845/12, BeckRS 2013, 67961; LAG Rheinland-Pfalz 8.2.2012 – 8 Sa 318/11, BeckRS 2012, 70135; ausführlich *Caspers* RdA 2001, 28f.

612 Ausnahmen bestehen bei der Kündigung von Schwangeren und Müttern bis zu vier Monaten nach der Entbindung, § 9 III 2 MuSchG, und bei Auszubildenden, § 22 III BBiG, nach Ablauf der Probezeit. In beiden Fällen ist die schriftliche Angabe des Kündigungsgrundes Wirksamkeitsvoraussetzung für die Kündigung.

613 In Betrieben mit Betriebsrat müssen die Kündigungsgründe im Rahmen des Anhörungsverfahrens nach § 102 I BetrVG dem Betriebsrat mitgeteilt werden (→ Rn. 1494). Geschieht dies nicht, so liegt keine ausreichende Anhörung vor und die Kündigung ist damit unwirksam, § 102 I 3 BetrVG.

c) Anwendung der §§ 134, 138 und 242 BGB auf die Kündigung

614 Kündigungen können durch **gesetzliche Vorschriften** verboten und damit nach § 134 BGB nichtig sein. Dies gilt etwa für Kündigungen, die die Koalitionsfreiheit verletzen (Art. 9 III 2 GG), wegen einer zulässigen Rechtsausübung maßregeln (§ 612a BGB) oder wegen eines Betriebsübergangs erfolgen (§ 613a IV BGB, → Rn. 882 ff.). Auch eine Kündigung, die einen Arbeitnehmer wegen eines Diskriminierungsmerkmals des § 1 AGG benachteiligt, ist unwirksam. Daran ändert im Anwendungsbereich des KSchG auch § 2 IV AGG nichts (→ Rn. 201).

615 Wegen eines Verstoßes gegen ein gesetzliches Verbot nichtig ist auch die vom Arbeitgeber ausgesprochene Kündigung einer Frau während der Schwangerschaft und bis zum Ablauf von vier Monaten nach der Entbindung (§ 9 I MuSchG, → Rn. 822 f.) und während der Elternzeit (§ 18 BEEG), die ordentliche Kündigung während des (zurzeit ausgesetzten) Wehr- oder Ersatzdienstes (§ 2 I ArbPlSchG, § 78 I Nr. 1 ZDG) und die Kündigung von Mandatsträgern in Bund, Ländern, Gemeinden und Kreisen (vgl. zB Art. 48 II 2 GG).[465] Die Kündigung eines schwerbehinderten Arbeitnehmers ohne Zustimmung des Integrationsamtes scheitert an §§ 85 SGB IX, 134 BGB.[466]

616 Wie jedes Rechtsgeschäft kann auch die Kündigung des Arbeitsverhältnisses durch den Arbeitgeber **sittenwidrig** und damit gem. § 138 I BGB nichtig sein. Allerdings liegt eine solche Sittenwidrigkeit nicht schon dann vor, wenn es für die Kündigung an einem sachlichen, nachvollziehbaren Grund fehlt. Die Folgen einer grundlosen Kündigung sind für die außerordentliche Kündigung in § 626 BGB und für die ordentliche Kündigung im KSchG geregelt. Als sittenwidrig kann eine Kündigung deshalb nur dann aufgefasst werden, wenn entweder das hinter ihr stehende Motiv oder die Umstände, unter denen sie ausgesprochen wird, besonders verwerflich sind und die Kündigung damit den allgemeinen Wertvorstellungen krass widerspricht.[467]

Ein besonders verwerfliches Motiv und damit Sittenwidrigkeit kann gegeben sein, wenn die Kündigung sich als »bewusster Vergeltungsakt« für ein nicht zu beanstandendes Verhalten des Arbeitnehmers, etwa die Ablehnung unsittlicher Zumutungen oder des Ansinnens zur Beteiligung an einer strafbaren Handlung, darstellt.
Hingegen reicht der Umstand, dass die Kündigung als Reaktion auf ein nicht billigenswertes Verhalten des Arbeitnehmers erfolgt, zur Begründung der Sittenwidrigkeit auch dann nicht aus, wenn sie über das Ziel hinausschießt.[468]

465 Zur Unzulässigkeit einer ordentlichen Kündigung gegenüber Amtsträgern und Wahlbewerbern in der Betriebs- und Personalverfassung → Rn. 1318 f., 1638.

466 Ab 1.1.2018: § 168 SGB IX.

467 Zu den Rechtsfolgen sittenwidriger Kündigungen von Arbeitnehmern, die dem KSchG unterfallen, → Rn. 779 f.

468 BAG 28.9.1972 – 2 AZR 469/71, AP BGB § 134 Nr. 2.

Verwerflich kann es auch sein, wenn der Arbeitgeber mit der Kündigung droht und diese dann ausspricht, um den Arbeitnehmer zu einem Verhalten zu veranlassen, das mit dem Arbeitsverhältnis nichts zu tun hat. So liegt es etwa, wenn dem Ehemann einer Arbeitnehmerin, die ihrerseits gekündigt hat, vom Arbeitgeber gekündigt wird, damit er seine Frau zum Verbleiben bei dem Arbeitgeber bewegt.
Gegen § 138 BGB verstößt auch eine Kündigung, die nur wegen eines mit dem Arbeitsverhältnis in keinerlei Beziehung stehenden Verhaltens des Arbeitnehmers in seiner Privatsphäre, insbesondere seiner Intimsphäre erfolgt.[469]

In Betracht kommt auch ein **Verstoß gegen § 242 BGB.** Gerade hier verfängt die mittelbare Drittwirkung von Art. 12 I GG.[470] Nach der Rechtsprechung darf der Arbeitgeber wegen der grundgesetzlich geschützten Berufsfreiheit des Arbeitnehmers jedenfalls nicht willkürlich kündigen.[471] Allerdings muss insoweit beachtet werden, dass das KSchG regelt, unter welchen Voraussetzungen die ordentliche Kündigung durch den Arbeitgeber sozial ungerechtfertigt ist, der Arbeitgeber also mit der Kündigung die nach Treu und Glauben gebotene Rücksichtnahme auf das Bestandsschutzinteresse des Arbeitnehmers verletzt. Soweit es um diese Konkretisierung von Treu und Glauben geht, hat § 242 BGB neben dem allgemeinen Kündigungsschutz keinen Platz. Das KSchG darf dort, wo es nach dem Willen des Gesetzgebers nicht anwendbar ist (§§ 1 I, 23 I KSchG), nicht doch über die Generalklauseln (etwa durch entsprechende Anwendung der Vorgaben zur Sozialauswahl) gleichsam »importiert« werden. 617

Das hindert aber nicht, § 242 BGB insoweit anzuwenden, als nicht nach der Sozialwidrigkeit iSd § 1 II KSchG einer Kündigung gefragt wird. In Betracht kommt insbesondere, dass sich die Kündigung als ein Widerspruch zum vorangegangenen eigenen Verhalten des Arbeitgebers darstellt, etwa, wenn der Arbeitgeber in dem Arbeitnehmer den Glauben an den Fortbestand des Arbeitsverhältnisses weckt und dieses dann doch überraschend kündigt. Die Treuwidrigkeit der Kündigung kann sich dabei aus dem Kündigungszeitraum als auch aus dem Kündigungszweck ergeben.[472] Zur Anwendung von § 242 BGB in kündigungsschutzfreien Kleinbetrieben → Rn. 693.

Ebenfalls als Verstoß gegen den Grundsatz von Treu und Glauben lässt sich die »**Kündigung zur Unzeit**« verstehen. Hier wählt der Kündigende einen Zeitpunkt für den Zugang der Kündigung, der die zu berücksichtigenden Interessen des Empfängers besonders beeinträchtig. Das BAG hat dies etwa in einem Fall angenommen, in dem der Arbeitgeber bewusst einer Arbeitnehmerin die Kündigungserklärung am Vorabend eines schweren und auch psychisch sehr belastenden operativen Eingriffs zugehen ließ.[473] 618

d) Stillschweigende Verlängerung

Arbeitet der Arbeitnehmer nach Ablauf der Kündigungsfrist im Einverständnis mit dem Arbeitgeber weiter, gilt das Arbeitsverhältnis, wenn der Arbeitgeber nicht unverzüglich widerspricht, als auf unbestimmte Zeit verlängert (§ 625 BGB). Das Arbeitsverhältnis wird dann mit den bisherigen Rechten und Pflichten fortgesetzt.[474] 619

469 BAG 23.6.1994 – 2 AZR 617/93, NZA 1994, 1080.
470 BVerfG 21.6.2006 – 1 BvR 1659/04, NZA 2006, 913.
471 BVerfG 21.6.2006 – 1 BvR 1659/04, NZA 2006, 913; BVerfG 27.1.1998 – 1 BvL 15/87, NJW 1998, 1475.
472 Dazu etwa BAG 5.4.2001 – 2 AZR 185/00, NZA 2001, 890.
473 BAG 12.12.2013 – 8 AZR 838/12, NZA 2014, 722.
474 Dazu ErfK/*Müller-Glöge* BGB § 625 Rn. 8.

e) Klagefrist

620 Nach §§ 23 I 2–4, 13 I KSchG gilt die dreiwöchige Klagefrist für jede Kündigung. Erhebt der Arbeitnehmer innerhalb dieses Zeitraums keine Kündigungsschutzklage, so gilt die Kündigung als rechtmäßig, § 7 KSchG. Dies gilt für alle Unwirksamkeits- und auch Nichtigkeitsgründe, nicht aber für den Verstoß gegen § 623 BGB, weil § 4 KSchG den Zugang der schriftlichen Kündigung voraussetzt.[475]

S. zur Drei-Wochen-Klagefrist im Einzelnen → Rn. 762ff.

2. Ordentliche Kündigung

Fall 36: A beginnt am 1.10. bei X als Buchhalter, wobei eine dreimonatige Probezeit vereinbart wird. Am 6.12. kündigt X zum 31.12. A meint, er könne bis zum 15.1. des Folgejahres bleiben.

a) Kündigungsfristen

621 Das Gesetz sieht für die ordentliche Kündigung von Angestellten und Arbeitern gleichlange Kündigungsfristen vor. Sie sollen in Abhängigkeit von der Beschäftigungsdauer gewährleisten, dass sich der Kündigungsempfänger auf das Ende des Arbeitsverhältnisses und auf den Übergang in ein anderes vorbereiten kann. Nach § 622 I BGB beträgt die Kündigungsfrist vier Wochen zum 15. oder zum Ende eines Kalendermonats. Für eine Kündigung durch den Arbeitgeber verlängert sich gem. § 622 II BGB die Kündigungsfrist je nach Dauer des Beschäftigungsverhältnisses auf bis zu sieben Monate zum Ende eines Kalenderjahres. § 622 II 2 BGB, nach dem Zeiten, die vor Vollendung des 25. Lebensjahres liegen, nicht berücksichtigt werden, verstößt gegen das Verbot der Altersdiskriminierung nach Art. 6 Gleichbehandlungs-Rahmen-RL[476] und ist deshalb unwirksam und nicht anzuwenden.[477] Während einer Probezeit kann das Arbeitsverhältnis mit einer Frist von zwei Wochen gekündigt werden (§ 622 III BGB).

Die Entscheidung in **Fall 36** hängt davon ab, ob die regelmäßige Kündigungsfrist des § 622 I BGB oder die verkürzte Frist des § 622 III BGB gilt. Letzteres trifft zu, A muss sich deshalb mit der Kündigung zum 31.12. abfinden.

622 Die sich aus § 622 I–III BGB ergebenden Mindestkündigungsfristen können, wie sich aus § 622 IV BGB ergibt, durch **Tarifvertrag** verlängert, aber auch verkürzt werden.[478] Solche kürzeren oder längeren tariflichen Kündigungsfristen gelten auch zwischen nicht tarifgebundenen Arbeitgebern und Arbeitnehmern, wenn die Anwendung zwischen ihnen vereinbart ist.

623 Im Übrigen kann einzelvertraglich eine kürzere Kündigungsfrist als die sich aus § 622 I BGB ergebende Frist von vier Wochen nur für vorübergehend eingestellte Aushilfskräfte vereinbart werden (§ 622 V Nr. 1 BGB). Arbeitgeber mit nicht mehr als 20 Arbeitnehmern können eine vierwöchige Kündigungsfrist ohne Bindung an die festen Kündigungstermine von § 622 I BGB vereinbaren (§ 622 V Nr. 2 BGB).

475 Dazu auch *Krause* ArbR § 18 Rn. 73.

476 RL 2000/78/EG des Rates zur Festlegung eines allgemeinen Rahmens für die Verwirklichung der Gleichbehandlung in Beschäftigung und Beruf v. 27.11.2000, ABl. 2000 L 303, 16.

477 EuGH 19.1.2010 – C-555/07, Slg. 2010, I-393, NZA 2010, 85 – Kücükdeveci; BAG 9.9.2010 – 2 AZR 714/08, NZA 2011, 343.

478 S. hier die Regelung § 8.2 des Manteltarifvertrages der bayerischen Metall- und Elektroindustrie.

Nach § 622 VI BGB gilt zugunsten des Arbeitnehmers der Grundsatz der **Gleichheit der Kündigungsfristen:** Für die Kündigung des Arbeitsverhältnisses durch ihn darf einzelvertraglich keine längere Frist vereinbart werden, als für die Kündigung durch den Arbeitgeber.

Für die Kündigung durch den Insolvenzverwalter gilt § 113 S. 2 InsO und damit eine Kündigungsfrist von höchstens drei Monaten. Diese Kündigungserleichterung dient der Erleichterung von Sanierungsmaßnahmen in der Insolvenz des Arbeitgebers. **624**

Ist ein Arbeitsverhältnis auf die Lebenszeit einer Person oder für längere Zeit als fünf Jahre abgeschlossen worden, so kann der Arbeitnehmer es nach dem Ablauf von fünf Jahren mit einer Frist von sechs Monaten kündigen (§ 15 IV TzBfG)[479]. Die Bestimmung soll eine übermäßige Beschränkung der persönlichen Freiheit des Arbeitnehmers verhindern; sie ist deshalb, wie schon das Reichsgericht für § 624 BGB ausgesprochen hat,[480] zwingend.[481] **625**

Hält der Arbeitgeber die Kündigungsfrist nicht ein, so wird die Auslegung regelmäßig ergeben, dass eine Beendigung des Arbeitsverhältnisses zum nächstmöglichen Zeitpunkt gewollt ist. Ausreichend ist aber auch ein Hinweis auf die maßgeblichen gesetzlichen Fristenregelungen, wenn der Erklärungsempfänger hierdurch unschwer ermitteln kann, zu welchem Termin das Arbeitsverhältnis enden soll.[482] Ist dies nicht der Fall, so ist die Kündigung unwirksam und dieser Unwirksamkeitsgrund wird dann auch von den §§ 4, 7 KSchG erfasst.[483] **626**

b) Ausschluss der ordentlichen Kündigung

Ein **gesetzlicher** Ausschluss der ordentlichen Kündigung findet sich bei Ausbildungsverhältnissen. Sie können nur während der höchstens viermonatigen Probezeit ohne Einhaltung einer Kündigungsfrist gekündigt werden (§ 22 I BBiG). Nach der Probezeit ist nur eine Kündigung aus wichtigem Grund zulässig (§ 22 II Nr. 1 BBiG). Außerdem kann der Auszubildende mit einer Frist von vier Wochen kündigen, wenn er die Berufsausbildung wechseln oder aufgeben will (§ 22 II Nr. 2 BBiG). **627**

Die ordentliche Kündigung kann durch **Tarifvertrag**[484] für bestimmte Arbeitnehmer, etwa für solche mit einer längeren Dauer der Betriebszugehörigkeit oder mit einem höheren Lebensalter,[485] ausgeschlossen oder auf bestimmte Gründe, zB den Fall der Betriebsstilllegung oder des Erreichens der normalen Altersgrenze, beschränkt werden. Allerdings bleibt in solchen Fällen immer die Möglichkeit der Kündigung aus wichtigem Grund nach § 626 BGB übrig.[486] **628**

479 Die Regelung des § 624 BGB gilt nur für Dienstverhältnisse, die keine Arbeitsverhältnisse sind, ErfK/*Müller-Glöge* BGB § 624 Rn. 1.

480 RG 25.10.1912 – III 197/12, RGZ 80, 277.

481 ErfK/*Müller-Glöge* TzBfG § 15 Rn. 23.

482 BAG 20.6.2013 – 6 AZR 805/11, NZA 2013, 1137; BAG 10.4.2014 – 2 AZR 647/13, NZA 2015, 162; BAG 20.1.2016 – 6 AZR 782/14, NZA 2016, 485 zur Kündigung »zum nächstmöglichen Zeitpunkt«.

483 BAG 15.5.2013 – 5 AZR 130/12, NZA 2013, 1076; BAG 1.9.2010 – 5 AZR 700/09, NZA 2010, 1409.

484 S. hier die Regelung § 8 2.V des Manteltarifvertrages der bayerischen Metall- und Elektroindustrie.

485 Hierzu BAG 20.6.2013 – 2 AZR 295/12, NZA 2014, 208.

486 *Löwisch* DB 1998, 877.

629 Auch **einzelvertraglich** kann die ordentliche Kündigung ausgeschlossen oder auf bestimmte Gründe beschränkt werden. Ebenso ist ein zeitweiser vertraglicher Ausschluss der ordentlichen Kündigung möglich. Insbesondere kommt in Betracht, dass die Parteien eine Kündigung vor Aufnahme der Arbeit ausschließen. Um das anzunehmen, genügt aber noch nicht ein zeitliches Auseinanderfallen von Vertragsschluss und Arbeitsbeginn. Vielmehr muss entweder eine ausdrückliche entsprechende Bestimmung getroffen sein oder sich ein solcher Wille aus den gesamten Umständen des Falls ermitteln lassen. Zur Frage, ob Arbeitnehmer, bei denen die ordentliche Kündigung ausgeschlossen ist, in die Sozialauswahl einzubeziehen sind, → Rn. 739.

Kommt der Erledigung eines anstehenden Auftrags ausschlaggebende Bedeutung für die Einstellung des Arbeitnehmers zu, spricht das für den Willen der Parteien, dass der Arbeitnehmer seine Arbeit zunächst einmal aufnehmen muss und erst danach wieder eine Kündigung zulässig sein soll. Werden hingegen die kürzest möglichen Kündigungsfristen vereinbart, spricht dies für die Zulässigkeit der Kündigung auch schon vor Antritt der Arbeit.[487]

3. Außerordentliche Kündigung

a) Regelung des § 626 BGB

630 **aa) Verhältnis zu § 314 BGB.** § 314 BGB ist eine allgemeine Vorschrift für die Kündigung von Dauerschuldverhältnissen aus wichtigem Grund. Gegenüber dieser Regelung ist § 626 BGB eine Spezialvorschrift für die Kündigung von Dienstverhältnissen (und damit auch von Arbeitsverhältnissen) aus wichtigem Grund. Konkretisiert wird durch § 314 II BGB aber der Grundsatz, dass vor einer Kündigung aus wichtigem Grund eine Abmahnung zu erfolgen hat (→ Rn. 632).

bb) Wichtiger Grund.

Fall 37: E ist Kassiererin in einem Supermarkt. Für die verkauften Getränke werden Pfandbons ausgegeben. Drei dieser Pfandbons im Gegenwert von 1,50 EUR lässt ein Kunde uneingelöst an der Kasse des Supermarktes zurück. E nimmt diese an sich und löst sie ein. Dies ist nach der ausdrücklichen Weisung des Supermarktbetreibers untersagt. Der Arbeitgeber kündigt der E daraufhin außerordentlich wegen Diebstahl und Betruges. Die E, die den Vorfall einräumt, hält die Kündigung vor allem im Hinblick auf ihre lange Betriebszugehörigkeit von 30 Jahren, in denen sie sich nie etwas hat zuschulden kommen lassen, für unwirksam.

Fall 38: Der Betriebsleiter A des Unternehmens X achtet streng auf die Beachtung der Unfallverhütungsvorschriften. Sein Verhalten wird von der Belegschaft als derart pingelig empfunden, dass sie von X seine Entlassung verlangt und dieser Forderung durch einen unbefristeten Streik Nachdruck verleiht. Ein Versuch des X, die Belegschaft auf einer Versammlung umzustimmen, bleibt erfolglos. Um größeren Schaden für seinen Betrieb zu vermeiden, kündigt X dem A daraufhin fristlos.

Fall 39: A ist am 15.2. von der Firma X als Schreibkraft mit einer Monatsvergütung von 1.500 EUR eingestellt worden. Ihre Arbeit soll sie am 1.4. aufnehmen. Am 15.3. erhält sie von der Firma Y eine Stelle als Chefsekretärin mit einem Gehalt von 1.750 EUR angeboten. Bedingung ist, dass sie die Stelle spätestens am 1.4. übernimmt. A geht auf das Angebot ein und kündigt den Vertrag mit der Firma X am 16.3. aus »wichtigem Grund« zum 31.3.

487 BAG 9.5.1985 – 2 AZR 372/84, NZA 1986, 671.

Arbeitgeber wie Arbeitnehmer können das Arbeitsverhältnis nach § 626 I BGB aus wichtigem Grund kündigen, wenn ihnen unter Abwägung der beiderseitigen Interessen die Fortsetzung des Arbeitsverhältnisses nicht zugemutet werden kann. Mit dieser Generalklausel will das Gesetz in erster Linie eine schnelle **Reaktion auf schwere Vertragsverletzungen** ermöglichen. Stören diese das Vertragsverhältnis so nachhaltig, dass dem betroffenen Teil seine Weiterführung nicht mehr zugemutet werden kann, soll er sich alsbald von diesem lösen können. **631**

Die Rechtsprechung prüft die Zulässigkeit einer Kündigung nach § 626 I BGB **zweistufig:** Zum einen muss ein wichtiger Grund »an sich« vorliegen, das meint die abstrakte Eignung eines Verhaltens zum wichtigen Grund. Anerkannt hierfür ist etwa das Begehen einer Straftat zulasten des Arbeitgebers.[488] Zum anderen wird in der zweiten Stufe geprüft, ob auch die Fortsetzung des Arbeitsverhältnisses im konkreten Fall unzumutbar ist. Hier wird die Frage gestellt, ob die außerordentliche Kündigung das mildeste Mittel ist (und so dem Ultima-ratio-Prinzip entspricht) und ob eine negative Prognose gestellt werden kann. Es kommt zu einer umfassenden Interessenabwägung.[489] So spielen hier etwa die Beharrlichkeit des pflichtwidrigen Verhaltens, der Grad des Verschuldens, Art und Schwere der Verfehlung, der Umfang des verursachten Schadens und die Dauer der Betriebszugehörigkeit des Arbeitnehmers eine Rolle.[490]

Letztlich ist dieses zweistufige Prüfungssystem aber wenig trennscharf.[491] Insbesondere gibt es keinen abgeschlossenen Katalog der Kündigungsgründe »an sich«.

Ein wichtiger Grund für die Kündigung des Arbeitnehmers durch den Arbeitgeber kann zunächst darin liegen, dass der Arbeitnehmer seine **Arbeitspflicht nicht erfüllt.** Tritt er grundlos die Arbeit nicht an oder verlässt er sie ohne Einhaltung der für ihn geltenden Kündigungsfrist, ist dem Arbeitgeber das Festhalten am Arbeitsverhältnis regelmäßig unzumutbar. Aber auch wenn der Arbeitnehmer, ohne ein Zurückbehaltungsrecht zu haben, beharrlich die Arbeitsleistung verweigert, eigenmächtig Urlaub nimmt, unpünktlich zur Arbeit kommt oder sie vor Arbeitsschluss verlässt, kann darin ein wichtiger Grund zur Kündigung liegen.[492] Allerdings wird in solchen Fällen regelmäßig eine verhaltensbedingte ordentliche Kündigung unter Einhaltung der Kündigungsfrist ausreichen (→ Rn. 700ff.).
Ein zur Kündigung aus wichtigem Grund berechtigendes Verhalten kann auch in einer gravierenden **Schlechtleistung** des Arbeitnehmers bestehen.[493] Etwa kann einem angestellten Tierarzt, der bei der Fleischbeschau leichtfertig verdorbene Tierkörper zum Verzehr freigibt, wegen der damit verbundenen Gefährdung fristlos gekündigt werden.[494] Wirkt ein Heimerzieher trotz des im Heim bestehenden Drogenverbots an dem Cannabisverbrauch eines ihm anvertrauten Heiminsassen mit, kann auch das einen wichtigen Grund zur Kündigung darstellen.[495]

---

488 BAG 10.6.2010 – 2 AZR 541/09, NZA 2010, 1227; BAG 17.5.1984 – 2 AZR 3/83, NZA 1985, 91; BAG 11.12.2003 – 2 AZR 36/03, NZA 2004, 486; s. aber auch BAG 20.9.1984 – 2 AZR 633/82, NZA 1985, 286, wo beim Diebstahl von drei Kiwi-Früchten wegen der dortigen besonderen Umstände – Arbeitnehmer hatte mit dem Verkauf nichts zu tun, der Diebstahl spielte sich in einem anderen Betrieb des Arbeitgebers ab – das Vorliegen eines wichtigen Grundes verneint wurde.

489 BAG 10.6.2010 – 2 AZR 541/09, NZA 2010, 1227.

490 BAG 20.11.2014 – 2 AZR 651/13, NZA 2015, 294; BAG 19.4.2012 – 2 AZR 258/11, NZA-RR 2012, 567; BAG 10.6.2010 – 2 AZR 541/09, NZA 2010, 1227.

491 Zur Kritik: BeckOK ArbR/*Stoffels*, 42. Ed. 1.12.2016, BGB § 626 Rn. 49.

492 BAG 22.10.2015 – 2 AZR 569/14, NZA 2016, 417; BAG 21.11.1996 – 2 AZR 357/95, NZA 1997, 487 (beharrliche Arbeitsverweigerung); BAG 20.1.1994 – 2 AZR 521/93, NZA 1994, 548 (eigenmächtiger Urlaub); BAG 15.3.2001 – 2 AZR 151/00, NZA 2001, 831 (wiederholtes unentschuldigtes Fehlen für einen ganzen Arbeitstag); BAG 17.3.1988 – 2 AZR 576/87, NZA 1989, 261 (wiederholte Unpünktlichkeit).

493 BAG 26.11.2009 – 2 AZR 272/08, NZA 2010, 628.

494 Vgl. BAG 12.2.1973 – 2 AZR 116/72, AP BGB § 626 Ausschlussfrist Nr. 6.

495 BAG 18.10.2000 – 2 AZR 131/00, NZA 2001, 383.

Auch wer die **Pflicht zur Wahrung des Betriebsfriedens** (→ Rn. 235) nachhaltig stört, etwa andere Arbeitnehmer angreift oder beleidigt, oder im Betrieb politische Agitationen betreibt, kann einen Grund für eine fristlose Kündigung geben. Gleiches gilt für einen Arbeitnehmer, der Arbeitskollegen entgegen den Grundsätzen des AGG diskriminiert oder sexuell belästigt.[496]
Schließlich kommt eine Kündigung aus wichtigem Grund bei Verletzung der **Pflichten des Arbeitnehmers zu loyalem Verhalten,** etwa dem Verrat von Geschäftsgeheimnissen, der Annahme von Schmiergeldern,[497] der unberechtigten Strafanzeige gegen einen Vorgesetzten[498] oder dem Verstoß gegen ein Wettbewerbsverbot, in Betracht.
Auch strafbare Handlungen gegen das Vermögen des Arbeitgebers gehören hierher. Bei Kündigungen wegen Vermögensstraftaten gegen den Arbeitgeber mit geringem Gegenstandswert (»Bagatellkündigungen« wie etwa der Diebstahl eine Bienenstichs,[499] eines Fleischpflanzerls[500] oder der Unterschlagung von Wertbons in Höhe von 1,50 EUR[501]) ist nach der Rechtsprechung des BAG aber in der Interessenabwägung etwa auch zu berücksichtigen, wie hoch der Schaden durch die Straftat war und wie lange das Arbeitsverhältnis bestand.[502] Allerdings bleibt offen, wo diese richterrechtlich geschaffene Bagatellgrenze verläuft: Da es stets um eine Interessenabwägung im Einzelfall geht, verbietet sich eine starre Grenze.

In **Fall 37** ist mit der Straftat ein wichtiger Grund an sich gegeben. In der Interessenabwägung ist jedoch zu berücksichtigen, dass die E bereits langjährig ohne Beanstandungen tätig war und dass der zu Unrecht eingelöste Pfandbon nur einen geringen Wert hatte. Das BAG kam zu dem Ergebnis, dass wegen des nicht aufgezehrten, sich über die langen Jahre aufgebauten »Vertrauensüberschusses« die außerordentliche Kündigung unwirksam ist.[503]

632 Wegen einer Vertragsverletzung kann dem Arbeitnehmer auch aus wichtigem Grund regelmäßig nur dann gekündigt werden, wenn eine zur Abhilfe bestimmte Frist erfolglos abgelaufen oder eine **Abmahnung erfolglos** geblieben ist (§ 314 II 1 BGB).[504] Nur bei schweren Loyalitätspflichtverletzungen, insbesondere strafbaren Handlungen, oder dann, wenn eine Verhaltensänderung auch nach einer Abmahnung nicht zu erwarten ist, ist eine Abmahnung dem Arbeitgeber nicht zumutbar (§ 314 II 3 BGB).[505] Auch bei hartnäckiger und uneinsichtiger Arbeitsverweigerung ist die Abmahnung entbehrlich (§ 314 II 2 iVm § 323 II Nr. 1 BGB).

633 **Verletzt der Arbeitgeber den Arbeitsvertrag,** kann dies den Arbeitnehmer zur Kündigung aus wichtigem Grund berechtigen. In Betracht kommen Zahlungsverzug,[506] aber auch die Nichtbeachtung von Arbeitnehmerschutzvorschriften und Verletzung der auch dem Arbeitgeber obliegenden Loyalitätspflicht, zB durch sexuelle Belästigungen und Beleidigungen.

634 Ein wichtiger Grund zur Kündigung kann ausnahmsweise auch vorliegen, wenn der andere Teil **keine Vertragsverletzung** begangen hat. Insbesondere wenn die ordentliche Kündigung tarif- oder einzelvertraglich ausgeschlossen ist, kommt eine Kündi-

496 BAG 9.6.2011 – 2 AZR 323/10, NZA 2011, 1342; für die Rechtslage vor Inkrafttreten des AGG: BAG 8.6.2000 – 2 ABR 1/00, NZA 2001, 91.
497 BAG 15.11.2001 – 2 AZR 605/00, AP BGB § 626 Nr. 175.
498 BAG 3.7.2003 – 2 AZR 235/02, NZA 2004, 427.
499 BAG 17.5.1984 – 2 AZR 3/83, NZA 1985, 91.
500 Für Norddeutsche: Bullette oder Frikadelle.
501 BAG 10.6.2010 – 2 AZR 541/09, NZA 2010, 1227; s. aber auch den Fall BAG 22.9.2016 – 2 AZR 848/15, BeckRS 2016, 110311.
502 Dazu BAG 10.6.2010 – 2 AZR 541/09, NZA 2010, 1227.
503 BAG 10.6.2010 – 2 AZR 541/09, NZA 2010, 1227; dazu auch *Rieble* NJW 2009, 2101.
504 Zur Abmahnung s. im Einzelnen → Rn. 704 ff.
505 BAG 25.10.2012 – 2 AZR 495/11, NZA 2013, 319; BAG 9.6.2011 – 2 AZR 381/10, NZA 2011, 1027.
506 BAG 17.1.2002 – 2 AZR 494/00, NZA 2003, 816.

gung nach § 626 I BGB in Betracht, wenn ein weiteres Festhalten am Arbeitsverhältnis schlechterdings unzumutbar ist.[507] Fälle solcher Art sind etwa die Betriebsstilllegung oder die dauernde Arbeitsunfähigkeit des Arbeitnehmers, zB wegen einer unheilbaren Krankheit. Eine solche außerordentliche Kündigung muss die Kündigungsfrist einhalten, die für eine ordentliche Kündigung maßgeblich wäre; auch müssen die Grundsätze über die Sozialauswahl des § 1 III KSchG (→ Rn. 741) eingehalten werden.[508]

Auch der **Verdacht** einer gegen den Arbeitgeber oder gegen Arbeitskollegen gerichte- 635
ten strafbaren Handlung oder einer anderen schweren Vertragsverletzung, insbesondere eines groben Vertrauensbruchs, kann die außerordentliche Kündigung nach § 626 BGB rechtfertigen, sofern es gerade der Verdacht ist, der das zur Fortsetzung des Arbeitsverhältnisses notwendige Vertrauen in die Rechtschaffenheit des Arbeitnehmers zerstört oder in anderer Hinsicht eine unerträgliche Belastung des Arbeitsverhältnisses darstellt.[509] Eine Verdachtskündigung ist auch als ordentliche Kündigung sozial nur gerechtfertigt, wenn Tatsachen vorliegen, die zugleich eine außerordentliche, fristlose Kündigung gerechtfertigt hätten.[510]

Maßgeblich ist der Verdacht einer Pflichtverletzung aus dem Arbeitsverhältnis. Dieser Verdacht muss »dringend« sein, das heißt es muss eine hohe Wahrscheinlichkeit für die Vertragsverletzung bestehen.[511] Dieser dringende Verdacht muss sich dabei für den Arbeitgeber und aus dem Arbeitsverhältnis ergeben, allein die Beurteilung durch die Strafverfolgungsbehörden reicht nicht aus.[512]
Die Wirksamkeit einer Verdachtskündigung setzt voraus, dass der Arbeitnehmer vor Ausspruch der Kündigung vom Arbeitgeber zu dem Verdacht **angehört** worden ist.[513] Das Interesse des Arbeitgebers, die Gefahr weiterer Schädigung durch strafbare Handlungen oder Arbeitsvertragsverletzung zu vermeiden, kann das Interesse des Arbeitnehmers, seinen Arbeitsplatz nicht infolge eines Verdachts zu verlieren, in der durch § 626 I BGB gebotenen Abwägung nur dann überwiegen, wenn dem Arbeitgeber schlechterdings kein anderer Ausweg mehr bleibt. Das aber ist nur der Fall, wenn er zuvor alles ihm Zumutbare getan hat, um den Verdacht zu klären. Dazu gehört aber als erstes die Anhörung des betroffenen Arbeitnehmers zu dem Verdacht.[514]
Bei der Beurteilung der Frage, ob ein die Kündigung rechtfertigender schwerwiegender Verdacht vorliegt, ist wie bei allen Kündigungsgründen auf den Zeitpunkt des Zugangs der Kündigung abzustellen. Eine spätere Ausräumung oder Abschwächung des Verdachts mit der Begründung zu berücksichtigen, dass die Unschuld oder der geringere Verdacht bereits im Zeitpunkt der Kündigung gegeben gewesen sei,[515] verträgt sich nicht mit der Gestaltungswirkung der Kündigung (→ Rn. 602, 607). Dem Arbeitnehmer, dem wegen eines später ausgeräumten Verdachts gekündigt worden ist, steht aber aus dem Gedanken der nachwirkenden Fürsorgepflicht ein Wiedereinstellungsanspruch zu.[516] Ist der Verdacht von einem anderen Arbeitnehmer durch eine strafbare falsche Verdächtigung oder eine Verleumdung

507 BAG 20.6.2013 – 2 AZR 379/12, NZA 2014, 139; BAG 22.11.2012 – 2 AZR 673/11, NZA 2013, 730.

508 BAG 12.1.2006 – 2 AZR 242/05, NZA 2006, 512; zur Problematik des Ausschlusses ordentlicher betriebsbedingter Kündigungen überhaupt *Löwisch,* FS Richardi, 2007, 679ff.

509 BAG 24.5.2012 – 2 AZR 206/11, NZA 2013, 137; BAG 27.1.2011 – 2 AZR 825/09, NZA 2011, 798; BAG 12.3.2009 – 2 ABR 24/08, NZA-RR 2010, 180; BAG 6.11.2003 – 2 AZR 631/02, NZA 2004, 919.

510 BAG 21.11.2013 – 2 AZR 797/11, NZA 2014, 243.

511 BAG 25.10.2012 – 2 AZR 700/11, NZA 2013, 371.

512 BAG 25.10.2012 – 2 AZR 700/11, NZA 2013, 371.

513 Dazu *Dzida* NZA 2013, 412.

514 BAG 24.5.2012 – 2 AZR 206/11, NZA 2013, 137; BAG 12.3.2009 – 2 ABR 24/08, NZA-RR 2010, 180.

515 BAG 4.6.1964 – 2 AZR 310/63, AP BGB § 626 Verdacht strafbarer Handlung Nr. 13; BAG 14.9.1994 – 2 AZR 164/94, NZA 1995, 269; BAG 24.5.2012 – 2 AZR 206/11, NZA 2013, 137.

516 BGH 13.7.1956 – VI ZR 88/55, AP BGB § 611 Fürsorgepflicht Nr. 2; BAG 20.8.1997 – 2 AZR 620/96, NZA 1997, 1340, das darauf hinweist, dass allein die Einstellung eines staatsanwaltschaftlichen Ermittlungsverfahrens nach § 170 II 1 StPO den Verdacht noch nicht ausräumen muss.

herbeigeführt worden, ist dieser dem Gekündigten nach § 823 II BGB iVm § 164 StGB bzw. § 187 StGB zum Schadensersatz verpflichtet.[517]

636 Im Fall 38 verlangen die Arbeitnehmer die Kündigung des Betriebsleiters. Auch eine solche **Drucksituation** kann zu einem wichtigen Grund für eine Kündigung nach § 626 I BGB werden. Voraussetzung ist, dass – wie das hier zutrifft – eine andere Lösung der Situation vergeblich versucht worden ist und erhebliche Schäden für den Betrieb drohen.[518] Man spricht in diesen Fällen von einer »echten Druckkündigung«, weil der Kündigungsgrund gerade aus der Drucksituation resultiert, die einen betriebsbedingten Kündigungsgrund auslösen kann. Im Gegensatz dazu liegt bei der »unechten Druckkündigung« ein Kündigungsgrund in Verhalten oder Person des Arbeitnehmers vor, der allein schon zur Kündigung berechtigte – der Druck zur Kündigung (etwa von Seiten der Belegschaft) ist hier lediglich Reflex.[519]

Ist eine Druckkündigung ausnahmsweise gerechtfertigt, so steht dem Arbeitnehmer ein Schadensersatzanspruch gegen den Arbeitgeber aus § 280 I BGB zu, wenn dieser die Drucksituation schuldhaft herbeigeführt hat. Aber auch ohne ein solches Verschulden ist unter dem Gesichtspunkt der privatrechtlichen Aufopferung ein Entschädigungsanspruch zu bejahen.[520] Ebenso wie bei der Verdachtskündigung kommt bei der Druckkündigung ein Wiedereinstellungsanspruch in Betracht, wenn die Drucksituation nachträglich wegfällt.

637 Dass § 626 BGB eine Kündigung auch ohne Vertragsverletzung des anderen Teils ermöglicht, darf nicht zu einer Aushebelung des Grundsatzes der **Vertragstreue** führen. Weder darf der Arbeitgeber einen eben eingestellten Arbeitnehmer gleich wieder entlassen, weil er einen besser geeigneten gefunden hat, noch darf der Arbeitnehmer fristlos kündigen, weil ihm anderswo eine besser bezahlte Stelle angeboten wurde.[521]

> In **Fall 39** kann A ihren Vertrag also nicht wirksam zum 31.3. kündigen. Allerdings kann X sie auch nicht zwingen, bis zum nächstmöglichen Kündigungstermin bei ihr zu arbeiten. X stehen lediglich Schadensersatzansprüche zu (→ Rn. 214).

638 § 626 BGB ist zwingendes Recht. Deshalb sind Vereinbarungen darüber, was als wichtiger Grund anzusehen ist und was nicht, unwirksam. Dies gilt sowohl für restriktive wie für extensive Vereinbarungen. Bei Letzteren insbesondere auch deshalb, weil sonst der durch die Kündigungsfristen der ordentlichen Kündigungen (§ 622 BGB) gewährte Schutz konterkariert würde. Ein Verzicht auf das bereits **entstandene** Kündigungsrecht aus § 626 BGB ist dagegen möglich.

639 Liegt ein wichtiger Grund für eine außerordentliche Kündigung vor, kann das Arbeitsverhältnis ohne Einhaltung einer Kündigungsfrist gekündigt werden. Notwendig ist das aber nicht. Vielmehr kann der Kündigende dem Gekündigten auch noch eine **Auslauffrist** zugestehen.[522]

---

517 OLG Koblenz 23.1.2003 – 5 U 13/03, NZA 2003, 438.
518 BAG 18.7.2013 – 6 AZR 420/12, NZA 2014, 109.
519 BAG 18.7.2013 – 6 AZR 420/12, NZA 2014, 109.
520 Vgl. näher *Herschel*, FS Lehmann, Bd. 2, 1956, 662; Zur Frage eines Schadensersatzanspruches wegen »Verletzung des Rechts am Arbeitsplatz« s. BAG 4.6.1998 – 8 AZR 786/96, NJW 1999, 164.
521 BAG 1.10.1970 – 2 AZR 542/69, AP BGB § 626 Nr. 59.
522 BAG 13.5.2015 – 2 AZR 531/14, BB 2015, 2682; Dazu, dass die ordentliche Kündigungsfrist einzuhalten ist, wenn die außerordentliche Kündigung die Funktion der tarifvertraglich ausgeschlossenen Kündigung übernimmt, → Rn. 645.

cc) Zweiwochenfrist. Liegt ein wichtiger Grund vor, muss nach § 626 II 1 BGB die Kündigung innerhalb von zwei Wochen erfolgen. Weder der Arbeitgeber noch der Arbeitnehmer sollen sich Kündigungsgründe für eine ihnen günstige Gelegenheit »aufsparen« können. Eine derart verzögerte Reaktion spräche im Übrigen auch dagegen, überhaupt die Unzumutbarkeit der Fortführung des Arbeitsverhältnisses anzunehmen. Die Frist des § 626 II 1 BGB kann deshalb auch nicht durch Tarifvertrag verlängert werden.[523] 640

Die Frist beginnt nach § 626 II 2 BGB mit dem Zeitpunkt, in dem der Kündigungsberechtigte von den maßgeblichen Tatsachen Kenntnis erlangt, grob fahrlässige Unkenntnis reicht nicht aus.[524] 641

§ 626 II 2 BGB stellt auf die Kenntnis des Kündigungsberechtigten, also des Arbeitgebers oder Arbeitnehmers selbst sowie derjenigen Personen ab, die sie kraft gesetzlicher oder rechtsgeschäftlicher Vertretungsmacht bei der Erklärung der Kündigung wirksam vertreten können. Ausnahmsweise beginnt die Frist für eine Kündigung durch den Arbeitgeber auch dann zu laufen, wenn nicht er oder ein Kündigungsberechtigter, sondern ein sonst Arbeitgeberfunktionen ausübender Vorgesetzter von dem Kündigungssachverhalt Kenntnis erhält und dessen Mitteilung an den Kündigungsberechtigten verzögert. Derartige Verzögerungen können nicht zulasten des Arbeitnehmers gehen.[525] Allerdings gilt dies dann nicht, wenn der Vorgesetzte selbst am kündigungsberechtigenden Sachverhalt gegen den Arbeitgeber beteiligt ist – es kann nur auf die Kenntnis eines »undolosen« Vorgesetzten ankommen.[526]

Zu den maßgeblichen Tatsachen gehört auch die **Stellungnahme des zu Kündigenden** zum Kündigungssachverhalt.[527] Geht es um eine Kündigung wegen einer Vertragsverletzung des Arbeitnehmers, beginnt die Frist deshalb erst zu laufen, wenn er vom Arbeitgeber zur Kündigung angehört worden ist. Allerdings darf der Arbeitgeber die Anhörung auch nicht unnötig verzögern. Mehr als eine Woche Zeit darf sich der Arbeitgeber regelmäßig nicht lassen. Verzögert er die Anhörung, beginnt die Zweiwochenfrist mit dem Zeitpunkt, zu dem sie spätestens hätte durchgeführt sein müssen.[528] 642

Die Kündigung muss spätestens zum Ablauf des letzten Tages der Zwei-Wochen-Frist erfolgen (§ 188 II BGB). Erfolgt ist sie, wenn sie dem Arbeitnehmer bis zu diesem Zeitpunkt **zugeht.** Verhindert der Arbeitnehmer aber treuwidrig den Zugang, holt er etwa das Kündigungsschreiben nicht bei der Post ab, obwohl ihm ein Benachrichtigungsschein zugegangen ist und weiß er, dass ihm eine Kündigung zugehen wird, kann er sich gem. § 242 BGB auf den verspäteten Zugang nicht berufen.[529] 643

Ist die Zweiwochenfrist abgelaufen, ohne dass die Kündigung zugegangen ist, ist die Geltendmachung der betreffenden Kündigungstatsache für die Zukunft ausgeschlossen. Eine spätere Kündigung kann nur auf einen neuen Sachverhalt gestützt werden, der für sich selbst einen wichtigen Grund iSd § 626 I BGB darstellt. Hat etwa der Ar- 644

523 BAG 12.4.1978 – 4 AZR 580/76, AP BGB § 626 Ausschlussfrist Nr. 13.

524 Zum Beginn des Fristlaufs bei der Verdachtskündigung s. BAG 20.3.2014 – 2 AZR 1037/12, NZA 1015; BAG 27.1.2011 – 2 AZR 825/09, NZA 2011, 798; BAG 22.11.2012 – 2 AZR 732/11, NZA 2013, 665.

525 BAG 21.2.2013 – 2 AZR 433/12, NZA-RR 2013, 515; Vgl. KR/*Fischermeier* BGB § 626 Rn. 355 mwN.

526 BAG 18.6.2015 – 2 AZR 256/14, NZA 2016, 287.

527 BAG 25.11.2010 – 2 AZR 171/09, NZA-RR 2011, 177; BAG 10.6.1988 – 2 AZR 25/88, NZA 1989, 105.

528 BAG 20.3.2014 – 2 AZR 1037/12, NZA 2014, 1015; BAG 2.3.2006 – 2 AZR 46/05, NZA 2006, 1211.

529 BAG 7.11.2002 – 2 AZR 475/01, NZA 2003, 719.

beitgeber einen Diebstahl hingenommen, kann er eine spätere Kündigung wegen dauernder Unpünktlichkeit nicht zusätzlich darauf stützen, dass der Arbeitnehmer gegen ihn schon eine Straftat begangen hat.

Eine Besonderheit gilt nur bei sog. **Dauergründen.** Liegt der wichtige Grund in einem fortlaufenden Verhalten, zB anhaltendem unentschuldigtem Fernbleiben oder anhaltender Unpünktlichkeit des Arbeitnehmers, beginnt die Zweiwochenfrist erst mit dem letzten Vorfall zu laufen und die Kündigung kann, wenn sie innerhalb dieser Frist erfolgt, auf alle zusammenhängenden Vorfälle gestützt werden, auch wenn diese schon länger zurückliegen.[530] Gleiches gilt bei der betriebsbedingten Unmöglichkeit der Weiterbeschäftigung bei einer außerordentlichen Kündigung eines ordentlich unkündbaren Arbeitnehmers – auch hier liegt ein solcher Dauertatbestand vor.[531]

Zur Geltung der Drei-Wochen-Klagefrist für außerordentliche Kündigungen → Rn. 763.

b) Außerordentliche und ordentliche Kündigung

645 Ist ein Arbeitsverhältnis ordentlich unkündbar, so kann unter Umständen gerade in dieser Unkündbarkeit ein wichtiger Grund iSd § 626 I BGB liegen – etwa, wenn der Arbeitgeber plant, sein Unternehmen aufzugeben und damit die Betriebe stillzulegen.[532] Dann ist eine (modifizierte) außerordentliche Kündigung möglich, freilich mit einer regelmäßig der Kündigungsfrist entsprechenden »sozialen Auslauffrist«,[533] weil sonst der durch den Ausschluss der ordentlichen Kündigung besonders geschützte Arbeitnehmer schlechter stünde als der Arbeitnehmer, dessen Arbeitsverhältnis von vornherein ordentlich kündbar war. Umgekehrt kann eine unwirksame außerordentliche Kündigung bei Vorliegen der Voraussetzungen nach § 140 BGB in eine ordentliche Kündigung umgedeutet werden (→ Rn. 608).[534]

c) Arbeitsentgelt und Schadensersatz

Fall 40: A war seit 2005 bei X als Apothekerin beschäftigt. Am 20.2.2014 hat sie ein Kind geboren und im Anschluss an die Mutterschutzfrist Elternzeit genommen. Am 14.11.2016 kündigte A das Arbeitsverhältnis zum 20.2.2017, dem Ende der Elternzeit, und teilte X mit, sie verlange Weiterzahlung ihres Entgelts als Schadensersatz, da X die Kündigung durch ihr vertragswidriges Verhalten verschuldet habe. Nachdem A schwanger geworden war, habe X sie vom gemeinsamen Mittagstisch ausgeschlossen, die persönlichen Sachen A unfrei durch die Post zukommen lassen, ihr die Weihnachtsgratifikation 2013 vorenthalten, ein Zwischenzeugnis erst nach Androhung eines Zwangsgeldes erteilt und schließlich rechtswidrig während des Erziehungsurlaubs am 4.8.2014 das Arbeitsverhältnis gekündigt.

646 Wird das Arbeitsverhältnis wirksam nach § 626 BGB gekündigt, ist das Arbeitsentgelt regelmäßig bis zum Zeitpunkt des Wirksamwerdens der Kündigung zu bezahlen (§ 628 I 1 BGB). Eine im Voraus bezahlte Vergütung ist nach Maßgabe des § 346 BGB

530 BAG 22.1.1998 – 2 ABR 19/97, NZA 1998, 708.

531 BAG 22.11.2012 – 2 AZR 673/11, NZA 2013, 730.

532 BAG 20.6.2013 – 2 AZR 379/12, NZA 2014, 139; BAG 27.6.2002 – 2 AZR 367/01, AP BAT § 55 Nr. 4.

533 Bisweilen wird die Kündigung mit sozialer Auslauffrist auch als »Orlando-Kündigung« bezeichnet – nach einer Figur im gleichnamigen Roman von Virginia Wolf: Die Romanfigur wird als Mann geboren, wandelt sich dann aber zur Frau. Dazu *Bröhl,* FS Schaub, 1998, 55.

534 BAG 20.9.1984 – 2 AZR 633/82, NZA 1985, 286; BAG 12.5.2010 – 2 AZR 845/08, NZA 2010, 1348.

zurückzuerstatten. Damit ist der Arbeitnehmer, auch wenn er das Geld verbraucht hat, zum Wertersatz verpflichtet. Wenn die Kündigung ausnahmsweise nicht zu vertreten ist (Beispiel: Der Arbeitnehmer ist durch eine Intrige unverschuldet in einen schwerwiegenden Verdacht geraten), gilt Bereicherungsrecht, sodass sich der Arbeitnehmer nach § 818 III BGB auf den Wegfall der Bereicherung berufen kann.

Wird das Arbeitsverhältnis allerdings wegen einer Vertragsverletzung des Arbeitneh- **647**
mers vom Arbeitgeber gekündigt oder kündigt der Arbeitnehmer ausnahmsweise aus einem Grund, der nicht in einer Vertragsverletzung des Arbeitgebers besteht, entfällt der Anspruch auf die Vergütung insoweit, als die bisherigen Leistungen des Arbeitnehmers für den Arbeitgeber nicht von Interesse sind (§ 628 I 2 BGB). Verlässt ein Arbeitnehmer etwa noch während der Einarbeitungszeit die Arbeitsstelle wieder und wird deshalb vom Arbeitgeber nach § 626 BGB gekündigt, hat er deshalb regelmäßig keinen Anspruch auf Vergütung und muss eine schon erhaltene Vergütung zurückzahlen.

Beruht die Kündigung auf einer **Vertragsverletzung des anderen Teils,** kann der **648**
Kündigende von diesem nach § 628 II BGB Ersatz des durch die Aufhebung des Arbeitsverhältnisses entstandenen Schadens verlangen. Dies gilt (als allgemeiner Rechtsgedanke) für alle Beendigungsgründe, nicht nur für die außerordentliche Kündigung.[535] Der Gekündigte muss den Kündigenden so stellen, wie er bei Fortbestehen des Arbeitsverhältnisses stünde (§§ 249 I, 252 BGB). Ist der Kündigende der Arbeitgeber, kann er insbesondere die Differenz zwischen dem mit dem Gekündigten vereinbarten Entgelt und den höheren Kosten einer Ersatzkraft verlangen. Ist der Kündigende der Arbeitnehmer, steht ihm als Schadensersatzanspruch das bisherige Entgelt zu. Allerdings muss er sich ersparte Aufwendungen und ein anderweitig erzieltes Einkommen im Wege der Vorteilsausgleichung anrechnen lassen.[536]

An sich hätte auch A in **Fall 40** Weiterzahlung ihres Entgelts als Schadensersatz verlangen können. Der Ausschluss vom gemeinsamen Mittagstisch nach Eintritt der Schwangerschaft wie die unfreie Übersendung der persönlichen Sachen durch die Post und die Vorenthaltung der Weihnachtsgratifikation hätten als wichtiger Grund ausgereicht. Dass sie ihre Kündigung auf § 19 BEEG und nicht auf § 626 BGB gestützt hat, hätte dabei ebenfalls keine Rolle gespielt. Der Anspruch scheitert aber daran, dass A die Zweiwochenfrist des § 626 II BGB versäumt hat. Ansprüche aus § 628 BGB können nur geltend gemacht werden, wenn die Voraussetzungen des § 626 BGB, also auch die Einhaltung der Zweiwochenfrist, gegeben sind.[537]

Nach den Grundsätzen über die Berücksichtigung möglichen **rechtmäßigen Alterna-** **649**
tivverhaltens ist der Anspruch auf Ersatz des Auflösungsschadens bis zu dem Zeitpunkt begrenzt, zu dem der Gekündigte seinerseits das Arbeitsverhältnis rechtswirksam hätte kündigen können. Der Arbeitgeber kann also die Kostendifferenz für die Einstellung einer Ersatzkraft nur bis zum Ablauf der Frist für eine ordentliche Kündigung des Arbeitnehmers liquidieren. Umgekehrt findet auch der Anspruch des Arbeitnehmers auf Fortzahlung des Entgelts als Schadensersatz seine Grenze in einem Kündigungsrecht des Arbeitgebers. Beim Arbeitnehmer, der nicht dem KSchG unterliegt, ist das ebenfalls das Ende der Kündigungsfrist. Auch bei einem Arbeitnehmer mit allgemeinem Kündigungsschutz endet nach dem Zweck der Vorschrift der Anspruch mit dem Ablauf der Kündigungsfrist. Fehlt es aber an einem eine Kündigung des Arbeitge-

535 BAG 8.8.2002 – 8 AZR 574/011, NZA 2002, 1323.
536 Staudinger/*Preis*, 2016, BGB § 628 Rn. 55.
537 BAG 22.6.1989 – 8 AZR 164/88, NZA 1990, 106.

bers rechtfertigenden Grund, ist für die Zeit nach Ablauf der Kündigungsfrist eine den Verlust des Bestandschutzes ausgleichende angemessene Entschädigung entsprechend §§ 9, 10 KSchG zu zahlen.[538]

650 Auch auf den Schadensersatzanspruch aus § 628 II BGB ist § 254 BGB anzuwenden. Der Arbeitnehmer muss sich also etwa um eine neue Arbeitsstelle kümmern, um den Schaden zu mindern.

651 Ein Auflösungsschaden des § 628 II BGB darf nicht mit dem Schaden verwechselt werden, der durch die Vertragsverletzung entsteht, die zur Kündigung nach § 626 BGB führt. Der Ersatz dieses Schadens richtet sich nach § 280 I BGB.

4. Änderungskündigung

652 Wie bei jedem Dauerschuldverhältnis kann auch beim Arbeitsverhältnis für den einen wie für den anderen Vertragspartner ein Bedürfnis nach Abänderung der Vertragsbedingungen bestehen. Wird über eine solche Änderung kein Einverständnis erzielt, kann die Kündigung als Mittel zu diesem Ziel eingesetzt werden: Der Kündigende verbindet die Kündigung von vornherein mit dem Angebot, das Arbeitsverhältnis unter geänderten Bedingungen fortzusetzen, oder er stellt sie überhaupt unter die aufschiebende oder auflösende Bedingung, dass sich der Gekündigte mit der vorgeschlagenen Änderung nicht einverstanden bzw. einverstanden erklärt.

Besteht die Änderung der Arbeitsbedingungen in einer Änderung der Tätigkeit, ist eine Änderungskündigung nur erforderlich, wenn die Zuweisung der anderen Tätigkeit nicht vom Direktionsrecht (→ Rn. 212f.) gedeckt ist.[539]

653 Eine solche **Änderungskündigung** scheitert nicht an der Bedingungsfeindlichkeit der Kündigung als Gestaltungserklärung, weil es sich um eine Potestativbedingung handelt: Es liegt allein bei ihrem Adressaten, ob er sich auf die Veränderung einlässt oder nicht und ob damit das Arbeitsverhältnis aufgelöst wird oder nicht. Lässt er sich auf die Änderungskündigung ein, dann läuft das Arbeitsverhältnis mit den mit der Änderungskündigung erstrebten Veränderungen fort. Verweigert er jedoch die angebotene Änderung, so wird die Kündigung des Arbeitsverhältnisses wirksam. Regelmäßig wird die Änderungskündigung als ordentliche Kündigung ausgesprochen. Auf sie ist dann, wenn der Arbeitnehmer Kündigungsschutz genießt, das KSchG anzuwenden (→ Rn. 799ff.).

654 Bei Arbeitnehmern, deren ordentliche Kündigung gesetzlich, insbesondere nach § 15 KSchG, tariflich oder vertraglich ausgeschlossen ist, ist die Änderungskündigung nur als **Kündigung aus wichtigem Grund** nach § 626 BGB möglich. Für die Frage, ob ein solcher wichtiger Grund vorliegt, kommt es dann auf die vom Arbeitgeber angestrebte Änderung der Arbeitsbedingungen an. Die Fortsetzung des Arbeitsverhältnisses unter den bisherigen Bedingungen muss dem Arbeitgeber auch unter Berücksichtigung der Interessen des Arbeitnehmers unzumutbar sein, die alsbaldige Änderung der Arbeitsbedingungen also unabweisbar.[540] Dies hat das BAG etwa im Fall eines ordentlich un-

538 BAG 26.7.2001 – 8 AZR 739/00, NZA 2002, 325.
539 Vgl. etwa BAG 24.1.2001 – 5 AZR 411/99, BeckRS 2001, 30810888, wonach der Entzug einzelner Arbeitsaufgaben regelmäßig im Wege des Direktionsrechts erfolgen kann.
540 Näher zur außerordentlichen Änderungskündigung von Betriebsratsmitgliedern und Wahlbewerbern → Rn. 1321.

kündbaren Schwimmmeisters angenommen, der aus gesundheitlichen Gründen nicht mehr in der Lage war, diese Tätigkeit (insbesondere im Hinblick auf Rettungsmaßnahmen) auszuführen. Das hier mit einer außerordentlichen Kündigung verbundene Angebot einer anderweitigen, geringer entlohnten Tätigkeit hat das BAG goutiert.[541]

Auf die außerordentliche Änderungskündigung ist § 626 II BGB anzuwenden. Der Lauf der Ausschlussfrist beginnt im Fall der betriebsbedingten Änderungskündigung, wenn feststeht, welche bestimmten Arbeitnehmer nicht mehr auf ihrem bisherigen Arbeitsplatz oder nicht mehr zu ihren bisherigen Arbeitsbedingungen weiterbeschäftigt werden können und deshalb Änderungskündigungen notwendig sind.
Zur Anwendung des KSchG auf die außerordentliche Änderungskündigung → Rn. 809f.

II. Befristung und Bedingung

1. Befristung

Nach § 15 I TzBfG endet das kalendermäßig befristete Arbeitsverhältnis mit dem Ablauf der Zeit, für die es eingegangen ist. Vor Ablauf der Zeit kann das befristete Arbeitsverhältnis durch Kündigung aus wichtigem Grund nach § 626 BGB gekündigt werden. Eine ordentliche Kündigung ist hingegen nur möglich, wenn dies vertraglich oder tarifvertraglich vereinbart ist (§ 15 III TzBfG). Der Abschluss befristeter Arbeitsverträge kann zur Umgehung des Kündigungsschutzes nach dem KSchG führen und ist deshalb nach § 14 TzBfG nur beschränkt zulässig.[542] **655**

Ein befristetes Arbeitsverhältnis liegt auch vor, wenn es zur Erfüllung eines bestimmten Zwecks, zB der Vertretung eines erkrankten Arbeitnehmers, abgeschlossen worden ist **(Zweckbefristung).** Es endet dann nach § 15 II TzBfG mit der Erfüllung des Zwecks, beispielsweise also mit der Wiederaufnahme der Arbeit durch den erkrankten Arbeitnehmer, frühestens jedoch zwei Wochen nach Zugang der schriftlichen Unterrichtung des Arbeitnehmers durch den Arbeitgeber über den Zeitpunkt der Zweckerreichung. **656**

Wird das Arbeitsverhältnis nach Ablauf der Zeit, für die es eingegangen ist, oder nach Zweckerreichung mit Wissen des Arbeitgebers fortgesetzt, so gilt es als auf unbestimmte Zeit verlängert, wenn der Arbeitgeber nicht unverzüglich widerspricht oder dem Arbeitnehmer die Zweckerreichung nicht unverzüglich mitteilt (§ 15 V TzBfG). **657**

2. Bedingung

Gem. § 158 II BGB besteht an sich die Möglichkeit, einen Arbeitsvertrag unter einer auflösenden Bedingung abzuschließen. Auflösend bedingte Arbeitsverträge bedürfen aber für ihre Wirksamkeit eines sachlichen Grundes (§ 21 iVm § 14 I TzBfG). Ob ein solcher vorliegt, bestimmt sich nach den für befristete Arbeitsverhältnisse maßgebenden Grundsätzen (→ Rn. 839ff.). Auch sonst gelten nach § 21 TzBfG für den auflösend bedingten Arbeitsvertrag die gesetzlichen Regeln für befristete Arbeitsverträge entsprechend. Insbesondere ist die Zweiwochenfrist des § 15 II TzBfG zu wahren. **658**

Die auflösende Bedingung setzt, im Gegensatz zur Befristung oder Zweckbefristung, keinen festen Zeitpunkt oder doch den als gewiss angesehenen Eintritt eines Ereignisses für das Ende des Arbeitsverhältnisses voraus. Vielmehr bleibt ungewiss, ob und **659**

---

541 BAG 28.10.2010 – 2 AZR 688/09, NZA-RR 2011, 167.
542 Vgl. dazu im Einzelnen § 19.

wann es endet. Während sich der Arbeitnehmer bei einer Befristung von vornherein nicht auf einen dauerhaften Bestand des Arbeitsverhältnisses einrichten kann, hat er beim bedingten Arbeitsverhältnis keinen Einfluss darauf, ob und jedenfalls wann die Beendigung eintritt. Deshalb muss die Bedingung im Zeitpunkt ihres Eintritts eindeutig sein. Dass im Arbeitsvertrag einer in einer Fernsehserie eingesetzten Schauspielerin bestimmt ist, ihr Arbeitsvertrag ende, wenn ihre Rolle nicht mehr in der Serie enthalten ist, reicht dafür aus.[543]

3. Schriftform

660 Kalendermäßige Befristung, Zweckbefristung und auflösende Bedingung eines Arbeitsvertrages – nicht einzelner Arbeitsbedingungen[544] – bedürfen zu ihrer Wirksamkeit der **Schriftform** (§§ 14 IV, 21 TzBfG). Wird die Schriftform nicht eingehalten, gilt der Arbeitsvertrag als auf unbestimmte Zeit geschlossen, kann aber vor dem vereinbarten Ende ordentlich gekündigt werden (§§ 16, 21 TzBfG).

III. Aufhebungsvertrag

661 Selbstverständlich kann das Arbeitsverhältnis auch durch Vertrag beendet werden. Ein solcher Aufhebungsvertrag kann vor allem aus Sicht des Arbeitgebers erstrebenswert sein, weil er weder ein Anhörungsrecht des Betriebsrats (§ 102 I 1 BetrVG), noch die Anwendung des KSchG auslöst. Für den Arbeitnehmer kann der Abschluss eines Aufhebungsvertrages die Chance zur Vereinbarung einer Abfindung sein, der Abschluss birgt für ihn aber auch sozialrechtliche Risiken, weil nach Abschluss eines Aufhebungsvertrages beim Arbeitslosengeld eine Sperrzeit (§ 159 I 2 Nr. 1 SGB III) verhängt werden kann.[545]

662 Nach § 623 BGB bedarf auch der Aufhebungsvertrag der Schriftform. Zur Wahrung der Schriftform genügt es, wenn der Arbeitgeber in einem von ihm unterzeichneten an den Arbeitnehmer gerichteten Schreiben den Abschluss des Aufhebungsvertrages anbietet und der Arbeitnehmer dieses Angebot annimmt, indem er das Schriftstück ebenfalls unterzeichnet.[546]

663 An den einmal abgeschlossenen Aufhebungsvertrag sind Arbeitnehmer und Arbeitgeber gebunden. Ein Recht des Arbeitnehmers zum Widerruf besteht nicht. Ganz unabhängig von der Frage, ob der Arbeitnehmer als Verbraucher angesehen werden kann (→ Rn. 10), passen die verbraucherschützenden Vorschriften der §§ 312, 312b, 312g BGB für am Arbeitsplatz abgeschlossene Aufhebungsverträge nicht: Bereits vor der Reform des Verbraucherschutzrechtes zum 13.6.2014 griff die Vorgängerregelung des § 312 I 1 BGB aus teleologischen Gründen nicht.[547] Nunmehr ist § 312b BGB bereits tatbestandlich nicht einschlägig, denn der Arbeitsplatz wird regelmäßig in den Geschäftsräumen des Arbeitgebers sein, darüber hinaus und wichtiger gilt aber weiterhin,

543 BAG 2.7.2003 – 7 AZR 612/02, NZA 2004, 311.

544 BAG 10.12.2014 – 7 AZR 1009/12, NZA 2015, 811; BAG 24.2.2016 – 7 AZR 253/14, NZA 2016, 814.

545 BSG 2.5.2012 – B 11 AL 6/11 R, NZS 2012, 874; BSG 17.10.2007 – B 11a AL 51/06 R, NZS 2008, 663 (zur Vorgängervorschrift § 144 SGB III).

546 So für die Schriftform nach § 14 IV TzBfG BAG 26.7.2006 – 7 AZR 514/05, NZA 2006, 1402.

547 BAG 22.4.2004 – 2 AZR 281/03, AP BGB § 620 Aufhebungsvertrag Nr. 27; BAG 27.11.2003 – 2 AZR 135/03, NZA 2004, 597.

dass der Arbeitnehmer am Arbeitsplatz mit vertragsbezogenen Ansinnen des Arbeitgebers rechnen muss. Eine Überrumpelungssituation, auf die § 312b BGB abstellt, also gerade nicht gegeben ist.

Wohl aber unterliegt der Auflösungsvertrag der Anfechtungsmöglichkeit nach §§ 119 und 123 BGB. In Betracht kommt insbesondere eine Anfechtung wegen Drohung mit einer sonst erfolgenden fristlosen Entlassung durch den Arbeitgeber. Eine solche Drohung ist dann widerrechtlich iSd § 123 BGB, wenn ein verständiger Arbeitgeber nicht zu diesem Mittel gegriffen hätte, um die Auflösung des Arbeitsvertrages zu erreichen.[548] Beim Verdacht einer strafbaren Handlung ist das erst der Fall, wenn der Arbeitgeber sich, soweit ihm das möglich ist, Gewissheit über die näheren Umstände des Verdachts verschafft hat.[549]

Die Vereinbarung der Vertragsaufhebung ist nicht an den §§ 305ff. BGB zu messen. Zum einen stellt sich die Frage, ob überhaupt eine Allgemeine Geschäftsbedingung und damit eine vom Arbeitgeber gestellte Regelung vorliegt – wird doch die Beendigung des Arbeitsverhältnisses regelmäßig das Ergebnis von Verhandlungen zwischen Arbeitgeber und Arbeitnehmer sein. Selbst wenn dem nicht so sein sollte, handelt es sich nicht um eine Nebenvereinbarung, sodass eine Inhaltskontrolle nach § 307 III BGB ausscheidet.[550]

IV. Zeugnis und Auskunft

1. Zeugnis

Fall 41: A war mehrere Jahre als Filialleiter im Handelsunternehmen X tätig. Vor seinem Ausscheiden war es zu Auseinandersetzungen über ein bei einer Inventur in der von A geleiteten Filiale festgestelltes Warenmanko im Wert von 4.000 EUR gekommen. A hatte die Inventurberechnungsgrundlagen beanstandet und sich geweigert, das Inventurergebnis anzuerkennen. Bei seinem Ausscheiden aufgrund eigener Kündigung stellt die X dem A ein Zeugnis aus, in dem es unter anderem hieß: »Während seiner Tätigkeit bei uns haben wir Herrn A als einen fleißigen, ehrlichen und gewissenhaften Mitarbeiter kennen gelernt.« Nunmehr verlangt X von A Ersatz des Mankos mit der Begründung, das Manko lasse sich nur so erklären, dass A seine Pflichten als Filialleiter erheblich vernachlässigt habe.

a) Einfaches und qualifiziertes Zeugnis

Nach § 109 I 1, 2 GewO hat jeder Arbeitnehmer bei Beendigung eines dauernden Ar- 664
beitsverhältnisses Anspruch auf ein schriftliches Zeugnis über das Arbeitsverhältnis und dessen Dauer **(normales oder einfaches Zeugnis).**

Auf Verlangen des Arbeitnehmers ist das Zeugnis auch auf die Leistung und die Füh- 665
rung im Dienst zu erstrecken, § 109 I 3 GewO **(qualifiziertes Zeugnis).**

Die Vorschrift sagt nichts über die Frage aus, ob der Arbeitnehmer während des Ar- 666
beitsverhältnisses Anspruch auf Ausstellung eines **Zwischenzeugnisses** hat. Solch ein

548 BAG 30.9.1993 – 2 AZR 268/93, NZA 1994, 209; s. aber auch BAG 23.11.2006 – 6 AZR 394/06, NZA 2007, 466, wonach ein nach erfolgter Kündigung abgeschlossener Auflösungsvertrag nicht der Anfechtung nach § 123 BGB unterliegt, weil im Zeitpunkt seines Zustandekommens keine Drohung mehr vorliegt.

549 BAG 20.11.1969 – 2 AZR 51/69, NJW 1970, 775.

550 BAG 27.11.2003 – 2 AZR 135/03, NZA 2004, 597; hierzu Clemenz/Kreft/Krause/*Klumpp*, AGB-Arbeitsrecht, 2013, BGB § 307 Rn. 127ff.

Anspruch folgt aber aus § 242 BGB, wenn der Arbeitnehmer daran ein berechtigtes Interesse hat, es etwa für eine Bewerbung braucht oder der Vorgesetzte ausscheidet.[551]

667 Bei **Auszubildenden** muss das Zeugnis Angaben über Art, Dauer und Ziel der Berufsausbildung sowie über die erworbenen Fertigkeiten des Auszubildenden enthalten (§ 16 II 1 BBiG). Auf Verlangen des Auszubildenden sind auch Angaben über Führung, Leistung und besondere fachliche Fähigkeiten aufzunehmen (§ 16 II 2 BBiG). Hat der Arbeitgeber die Ausbildung nicht selbst durchgeführt, soll auch der Ausbilder das Zeugnis unterschreiben (§ 16 I 3 BBiG).

b) Richtigkeit

668 Das Zeugnis hat für das weitere Fortkommen des Arbeitnehmers erhebliche Bedeutung und dient dem potentiellen neuen Arbeitgeber als Informationsgrundlage. Der Arbeitgeber muss auf seine Ausstellung deshalb die nötige Sorgfalt verwenden. Es gelten die Grundsätze der **Zeugniswahrheit** und der **Zeugnisklarheit** § 109 II GewO: Die Angaben im Zeugnis müssen richtig sein, der Arbeitgeber soll aber auch wohlwollend formulieren.[552]

669 Dabei muss Nachteiliges vernünftig gewertet werden. Insbesondere müssen Vorgänge aus der Zeit unmittelbar vor Beendigung des Arbeitsverhältnisses in ihrer Relation zu Leistung und Verhalten des Arbeitnehmers während der Gesamtdauer des Arbeitsverhältnisses gesehen werden. Auch muss der Arbeitgeber die übliche Zeugnissprache[553] berücksichtigen, nach der etwa derjenige, der sich »bemüht hat«, mangelhaft arbeitete, bei der »zur Zufriedenheit« ausreichend, »zu voller Zufriedenheit« befriedigend und erst »stets zu voller Zufriedenheit« gut bedeutet.[554] Formulierungen mit versteckter Bedeutung, zB die Bezeichnung als »fröhlich«, um auf häufigen Alkoholkonsum hinzuweisen, sind unzulässig (§ 109 II 2 GewO). Auch hat der Arbeitnehmer keinen Anspruch auf eine Dankesformel am Ende eines Arbeitszeugnisses, die offensichtlich keinen Bezug zum Verhalten und/oder der Leistung des Arbeitnehmers im Arbeitsverhältnis hat.[555]

670 Der Anspruch auf Erteilung des Zeugnisses umfasst auch dessen Richtigkeit. Notfalls kann auf Erteilung eines richtigen Zeugnisses **geklagt** werden. Das Arbeitsgericht formuliert dann das Zeugnis vor und verurteilt den Arbeitgeber zu seiner Ausstellung, wobei die Vollstreckung nach § 888 ZPO (unvertretbare Handlung) erfolgt.[556]

671 Der Arbeitgeber muss sich bei der Zeugniserteilung aber andererseits auch vor Schönfärberei hüten. Das Zeugnis ist der Ausweis, mit dem der Arbeitnehmer sich um neue Stellen bewirbt. Werden in ihm für die Beurteilung des Arbeitnehmers wesentliche Vorgänge verschwiegen, kann das zur **Täuschung künftiger Arbeitgeber** führen. Hat der das Zeugnis ausstellende frühere Arbeitgeber solche Täuschungen in Kauf genom-

---

551 Vgl. BAG 1.10.1998 – 6 AZR 176/97, AP BAT § 61 Nr. 2.

552 BAG 15.11.2011 – 9 AZR 386/10, NZA 2012, 448.

553 Zu ihr BAG 15.11.2011 – 9 AZR 386/10, NZA 2012, 448.

554 Vgl. BAG 14.10.2003 – 9 AZR 12/03, NZA 2004, 842.

555 BAG 11.12.2012 – 9 AZR 227/11, NZA 2013, 324 für die Dankesformel »Wir bedanken uns für die langjährige Zusammenarbeit und wünschen ihm für seine private und berufliche Zukunft alles Gute.«.

556 BAG 9.9.2011 – 3 AZB 35/11, MDR 2012, 165; BAG 21.6.2005 – 9 AZR 352/04, AP BGB § 630 Nr. 31.

men, kann er künftigen Arbeitgebern aus § 826 BGB schadensersatzpflichtig werden.[557]

> Auch dem Arbeitnehmer gegenüber muss sich der Arbeitgeber an der Beurteilung festhalten lassen, die er dessen Leistungen im Zeugnis gegeben hat. Es stellt ein widersprüchliches, gegen § 242 BGB verstoßendes Verhalten dar, wenn der Arbeitgeber – wie in **Fall 41** – einem Arbeitnehmer erst die Ehrlichkeit bescheinigt, um ihn dann wegen angeblicher Unehrlichkeit in Anspruch zu nehmen. X kann deshalb in **Fall 41** das Manko bei A nicht mehr geltend machen.[558]

2. Auskunft

Häufig begnügt sich ein Arbeitgeber, der einen aus einem anderen Betrieb Ausgeschiedenen einstellen will, nicht mit der Einsichtnahme in dessen Zeugnis, sondern bittet den früheren Arbeitgeber um eine Auskunft über die Person des Bewerbers. Man wird annehmen müssen, dass der frühere Arbeitgeber aus dem Gesichtspunkt der über das Arbeitsverhältnis hinaus wirkenden Treuepflicht (§ 241 II BGB) dem Arbeitnehmer gegenüber verpflichtet ist, diese Auskunft zu erteilen, wenn dieser darum bittet. 672

V. Wettbewerbsverbote

> **Fall 42:** A, der Elektromeister ist, wird ab 1.4. als Meister für die Elektrowerkstatt der Firma X eingestellt. In seinem Anstellungsvertrag wird bestimmt, dass die ersten sechs Monate seines Arbeitsverhältnisses als Probezeit gelten und jeder Teil während der Probezeit den Vertrag mit einer Frist von einem Monat zum Monatsende kündigen kann. Außerdem wird dort ein Wettbewerbsverbot festgelegt, nach dem sich A verpflichtet, für die Dauer von zwei Jahren nicht für eine Konkurrenzfirma tätig zu werden, und er dafür für die Dauer des Wettbewerbsverbots die Hälfte der zuletzt empfangenen Bezüge erhält. Am 16.7. kündigt A das Arbeitsverhältnis zum 31.8. Für die Folgezeit verlangt er von X Zahlung der Karenzentschädigung.

1. Allgemeines

Dass der Arbeitnehmer während des Laufs seines Arbeitsverhältnisses einem Wettbewerbsverbot unterliegt (→ Rn. 233 f.), ist aus seiner Sicht regelmäßig nicht problematisch, weil er sein Einkommen aus dem betreffenden Arbeitsverhältnis bezieht. Anders liegt es nach dessen Beendigung. Er ist dann auf eine neue Beschäftigung angewiesen, die er zumeist nur auf dem Gebiet finden kann, auf dem er bisher tätig gewesen ist. Deshalb bedarf die Zulässigkeit nachvertraglicher Wettbewerbsverbote einer Regelung, die die Interessen des Arbeitgebers an dem Fernhalten unerwünschter Konkurrenz und das Interesse des Arbeitnehmers, seine Kenntnisse und Erfahrungen in einem neuen Arbeitsverhältnis zu verwerten, zum Ausgleich bringt.[559] 673

2. Wirksamkeit bei kaufmännischen Angestellten

Die Wirksamkeit nachvertraglicher Wettbewerbsverbote ist für kaufmännische Angestellte in den §§ 74 ff. HGB eingehend geregelt: 674

557 BGH 22.9.1970 – VI ZR 193/69, NJW 1970, 2291; BGH 15.5.1979 – VI ZR 230/76, BGHZ 74, 281 hält in Ausnahmefällen sogar eine Haftung nach Vertragsgrundsätzen aufgrund fälschlich erweckten Vertrauens für möglich – Anspruchsgrundlage für einen Schadensersatzanspruch wäre hier §§ 280 I, 311 III, 241 II BGB.

558 Vgl. BAG 8.2.1972 – 1 AZR 189/71, AP BGB § 630 Nr. 7.

559 *Hamann/Rudnik* JURA 2016, 341.

- Nach § 74 I HGB bedarf das Wettbewerbsverbot der Schriftform.[560] Dem Angestellten muss eine entsprechende Urkunde ausgehändigt werden.
- Das Wettbewerbsverbot ist nur verbindlich, wenn es die Verpflichtung des Arbeitgebers enthält, für die Dauer des Verbots an den Angestellten eine sog. Karenzentschädigung in Höhe der Hälfte des zuletzt bezogenen Entgelts zu zahlen (§ 74 II HGB).[561] Die Entschädigung muss alle bezogenen vertragsmäßigen Leistungen einschließlich etwaiger Gratifikationen, Urlaubsgelder etc. umfassen. Lediglich der Auslagenersatz ist ausgenommen (§ 74b III HGB). Handelt es sich bei den Bezügen um Provisionen, ist der Durchschnitt der letzten drei Jahre in Ansatz zu bringen (§ 74b II 1 HGB). Anderweitigen Erwerb muss sich der Arbeitnehmer nur insoweit anrechnen lassen, als er zusammen mit der Entschädigung die bisherigen Bezüge um mehr als ein Zehntel übersteigt (§ 74c I 1 HGB).
- Das Wettbewerbsverbot kann nicht auf längere Zeit als zwei Jahre, von der Beendigung des Arbeitsverhältnisses an gerechnet, erstreckt werden (§ 74a I 3 HGB).
- Es ist unverbindlich, soweit es nicht dem Schutz eines berechtigten geschäftlichen Interesses des Arbeitgebers dient (§ 74a I 1 HGB). Das ist etwa der Fall, wenn der Arbeitgeber sein Unternehmen vollständig aufgibt.
- Nach § 74a I 2 HGB ist das Wettbewerbsverbot ferner unbillig, wenn es unter Berücksichtigung der gewährten Entschädigung nach Ort, Zeit oder Gegenstand das Fortkommen des Angestellten unbillig erschwert. Das kommt etwa in Betracht, wenn dem Angestellten die Tätigkeit in einer ganzen Branche in ganz Deutschland untersagt wird, obwohl der Arbeitgeber Geschäfte nur in einem Teil der Branche und nur in einer bestimmten Region tätigt.

675 Kündigt der Angestellte das Arbeitsverhältnis wegen einer Vertragsverletzung des Arbeitgebers aus wichtigem Grund, wird das Wettbewerbsverbot unwirksam, wenn er vor Ablauf eines Monats nach der Kündigung erklärt, dass er sich an die Vereinbarung nicht gebunden erachtet (§ 75 I HGB). Er verliert dann auch den Anspruch auf die Karenzentschädigung. Wenn der Arbeitgeber ohne erheblichen Anlass in der Person des Angestellten das Arbeitsverhältnis kündigt, kann der Angestellte zwischen der Aufrechterhaltung des Wettbewerbsverbots verbunden mit der Karenzentschädigung und der Lösung von Wettbewerbsverboten unter Aufgabe der Karenzentschädigung wählen. Allerdings kann der Arbeitgeber sich in diesem Falle die Aufrechterhaltung des Wettbewerbsverbotes durch Weiterzahlung des vollen Gehalts erkaufen (§ 75 II 1 HGB). Der Arbeitgeber kann **vor** Beendigung des Arbeitsverhältnisses schriftlich auf das Wettbewerbsverbot verzichten. Er wird dann mit Ablauf eines Jahres seit dieser Erklärung von der Verpflichtung zur Karenzentschädigung frei (§ 75a HGB). Für den Fall, dass der Arbeitgeber aus wichtigem Grund kündigt, bestimmt § 75 III HGB an sich, dass der Anspruch auf Karenzentschädigung entfällt, ohne dass sich am Wettbewerbsverbot etwas ändert. Diese Vorschrift verstößt nach Auffassung des BAG aber gegen Art. 3 GG und ist deshalb nichtig.[562] Dem Arbeitgeber wird deshalb in analoger Anwendung von § 75 I HGB nur das Recht zugebilligt, zu wählen, ob er das Wettbewerbsverbot unter Weiterzahlung der Karenzentschädigung aufrechterhalten oder darauf mit der Wirkung verzichten will, dass auch die Verpflichtung zur Zahlung der Karenzentschädigung entfällt.

560 Dazu BAG 14.7.2010 – 10 AZR 291/09, NZA 2011, 413.
561 Dazu BAG 15.1.2014 – 10 AZR 243/13, NZA 2014, 536.
562 BAG 23.2.1977 – 3 AZR 620/75, NJW 1977, 1357.

3. Wirksamkeit bei sonstigen Arbeitnehmern

Nach § 110 S. 2 GewO sind die Bestimmungen der §§ 74ff. HGB auf Arbeitnehmer, die nicht kaufmännische Angestellte sind, entsprechend anzuwenden. 676

In **Fall 42** gelten die §§ 74ff. HGB also auch für A, sodass er dem vereinbarten Wettbewerbsverbot unterliegt, aber auch Anspruch auf die Karenzentschädigung hat. Dass das Arbeitsverhältnis während der Probezeit geendet hat, ändert daran nichts. Hätte X das Wettbewerbsverbot erst nach Ende der Probezeit in Kraft setzen wollen, hätte er dies ausdrücklich in den schriftlichen Vertrag aufnehmen müssen.[563] Auch ein nachträglicher Verzicht auf das Wettbewerbsverbot nützt X, nachdem die Kündigung bereits erfolgt ist, nichts mehr. Möglich ist nur eine einverständliche Aufhebung des Wettbewerbsverbotes.

Nach § 12 I 1 BBiG ist die Vereinbarung von Wettbewerbsverboten mit Auszubildenden für die Zeit nach Beendigung des Berufsausbildungsverhältnisses unzulässig. Eine Ausnahme besteht nach § 12 I 2 BBiG nur, soweit sich der Auszubildende innerhalb der letzten sechs Monate des Berufsausbildungsverhältnisses dazu verpflichtet, nach dessen Beendigung mit dem Ausbildenden ein Arbeitsverhältnis einzugehen. 677

VI. Kontrollfragen

Frage 52: Warum kann eine Kündigung grundsätzlich nicht unter einer Bedingung erklärt werden? Welche Ausnahme gibt es? 678
Frage 53: Wie lang ist die regelmäßige Kündigungsfrist für Arbeitnehmer?
Frage 54: Inwieweit kann die Kündigungsfrist des § 622 I BGB abbedungen werden?
Frage 55: Wann kann ein Berufsausbildungsverhältnis ohne Kündigungsfrist gekündigt werden?
Frage 56: Setzt die außerordentliche Kündigung nach § 626 BGB ein Verschulden des Vertragspartners voraus?
Frage 57: Darf ein Zeugnis nachteilige Angaben enthalten?
Frage 58: Für wen gelten die Vorschriften der GewO über nachvertragliche Wettbewerbsverbote?

§ 18 Kündigungsschutz

Literatur: *Ascheid/Preis/Schmidt,* Kündigungsrecht, 5. Aufl. 2017; *Aszmons/Beck,* Der Wiedereinstellungsanspruch auf einen Blick – Rechtlicher Umgang und praktische Umsetzung, NZA 2015, 1098; *Caspers,* Konzerndimensionaler Kündigungsschutz?, ZAAR Schriftenreihe, Bd. 20, 2010, 15; *Etzel, e.a.,* KR, 11. Aufl. 2016; *Fischermeier,* Zulässigkeit und Grenzen der Verdachtskündigung, FS ARGE Arbeitsrecht im DAV, 2006, 275; *v. Hoyningen-Huene/Linck,* Kündigungsschutzgesetz, 15. Aufl. 2013; *D. Kaiser,* Bestands- und Abfindungsschutz durch Betriebszugehörigkeit?, FS Konzen, 2006, 381; *Kaiser/Dahm,* Sozialauswahl ohne Lebensalter, NZA 2010, 473; *Kempter/Steinat,* Der (Weiter-)Beschäftigungsanspruch – Voraussetzungen, Rechtsfolgen und taktische Fragestellungen, NZA 2016, 913; *Löwisch,* Betriebsbedingte Kündigung und Unternehmerfreiheit, Schriftenreihe der Otto-Brenner-Stiftung, Bd. 73, 1998, 45; *Löwisch,* Auswege aus dem Kündigungsschutzrisiko?, FS zum 50-jährigen Bestehen des BAG, 2004, 423; *Löwisch,* Die betriebsbedingte Änderungskündigung und ihre Aufrechterhaltung im Wege der Umdeutung, SAE 2007, 49; *Löwisch/Spinner/Wertheimer,* KSchG, 10. Aufl. 2013; MHdB ArbR/*Berkowsky* §§ 108ff.; MüKoInsO/*Caspers,* 3. Aufl. 2013, zu § 113, §§ 125ff.; *Preis,* Prinzipien des Kündigungsrechts bei Arbeitsverhältnissen, 1987; *Reuter/Sagan/Witschen,* Die überflüssige Änderungskündigung, NZA 2013, 935; *Schiefer,* Die Abmahnung – Aktuelle Brennpunkte, DB 2013, 1785; *Stiebert,* Präklusionsfrist nach § 4 KSchG bei vollmachtlos erklärter

563 BAG 10.5.1971 – 3 AZR 126/70, NJW 1971, 2092.

Kündigung, NZA 2013, 657; *Weber,* Neuere Rechtsprechung des EuGH zur Massenentlassungsrichtlinie, NZA 2016, 727.

I. Individueller Kündigungsschutz

1. Allgemeines

679 Mit dem individuellen Kündigungsschutz zielt das KSchG in erster Linie auf **Bestandsschutz** ab. Der Arbeitnehmer soll sich des einmal erworbenen Arbeitsplatzes, der regelmäßig seine wirtschaftliche Lebensgrundlage und für ihn zugleich ein Lebensmittelpunkt ist, grundsätzlich sicher sein können. Auf der anderen Seite kann dieser Bestandsschutz nicht ausnahmslos gelten. Vielmehr muss sich der Arbeitgeber vom Arbeitsverhältnis lösen können, wenn er ein legitimes Interesse daran hat.

680 Das KSchG löst diesen Konflikt dadurch, dass eine Kündigung nur dann wirksam ist, wenn sie sozial gerechtfertigt ist. Die **soziale Rechtfertigung** nach § 1 KSchG ist dann gegeben, wenn kumulativ

- die Kündigung auf einem der in § 1 II 1 KSchG genannten **Kündigungsgründe** aufbaut und das Arbeitsverhältnis dadurch gestört wird;
- entsprechend dem Kündigungsgrund eine **negative Prognose** vorliegt, die auch zukünftig eine Störung des Arbeitsverhältnisses erwarten lässt;
- es für den Arbeitgeber **kein milderes Mittel** als Reaktion gibt (Ultima-ratio-Prinzip);
- eine abschließende **Interessenabwägung** stattgefunden hat.

In der zentralen Regelung des § 1 KSchG sind aber lediglich die Kündigungsgründe, § 1 II KSchG und die Sozialauswahl als gesetzlich vorgegebene Interessenabwägung im Falle der betriebsbedingten Kündigung genannt, § 1 III–IV KSchG. Maßgeblich für die Rechtspraxis ist deshalb die Rechtsprechung. Gerade im Kündigungsrecht ist der Richter der Herr über das Arbeitsrecht.

681 Für die Wirksamkeit der Kündigung kommt es auf den **Zeitpunkt des Zugangs nach § 130 I 1 BGB** an. Dann müssen alle Voraussetzungen der sozialen Rechtfertigung vorliegen.[564] Eine spätere Änderung der Umstände ändert an der Wirksamkeit der Kündigung nichts mehr.

a) Trias der Kündigungsgründe

682 Nach § 1 II 1 KSchG muss der Kündigungsgrund im **Verhalten** oder in der **Person** des Arbeitnehmers liegen oder durch **dringende betriebliche Erfordernisse** bedingt sein. Mit der verhaltensbedingten Kündigung wird dem Arbeitgeber eine Reaktionsmöglichkeit auf vertragswidriges Verhalten des Arbeitnehmers eingeräumt. Auch wenn dieses nicht so gravierend ist, dass es eine außerordentliche Kündigung nach § 626 BGB rechtfertigen könnte, soll es der Arbeitgeber doch nicht einfach hinnehmen müssen, sondern sich aus der Vertragsbindung lösen können. Die Möglichkeit der personenbedingten Kündigung trägt dem Austauschcharakter des Arbeitsverhältnisses Rechnung: Wo der Arbeitnehmer auf Dauer die Leistung nicht mehr erbringen kann, zu der er sich verpflichtet hat, verliert das Arbeitsverhältnis seinen wesentlichen Inhalt und muss deshalb aufgelöst werden können. Mit dem Recht zur betriebsbedingten

564 BAG 13.2.2008 – 2 AZR 543/06, NZA 2008, 821.

Kündigung zieht das Gesetz schließlich eine notwendige Folgerung aus der grundrechtlich geschützten Unternehmerfreiheit und auch aus der Tatsache, dass sich ein Unternehmen, das sich in einer marktwirtschaftlich verfassten Wirtschaftsordnung bewegt, an dem Erfordernis der Rentabilität orientieren muss.

b) Prognoseprinzip

Die Kündigung ist keine Strafe, sondern eine auf die Zukunft gerichtete rechtsgestaltende Erklärung. Liegt ein Kündigungsgrund nach § 1 II 1 KSchG an sich vor, so kommt es deshalb darauf an, dass dieser nicht nur in der Vergangenheit bestand, sondern dass er auch in Zukunft bestehen wird. Deshalb muss eine entsprechende **negative Prognose** zum Zeitpunkt des Wirksamwerdens der Kündigung – also zum Zeitpunkt des Zugangs – vorliegen. Die Prognose ist anhand von objektiven Faktoren zu treffen, maßgeblich sind hier regelmäßig die Vorkommnisse in der Vergangenheit, die dann auf die Zukunft zu projizieren sind. Durfte der Arbeitgeber zum Zeitpunkt des Kündigungszugangs eine negative Prognose stellen, bewahrheitet sich diese aber doch nicht, so ändert das nichts an der Wirksamkeit der Kündigung (wenn auch deren weitere Voraussetzungen gegeben sind).[565] Die Rechtsprechung schützt den Arbeitnehmer dann aber unter Umständen durch einen Wiedereinstellungsanspruch.[566] 683

c) Ultima-ratio-Prinzip

Der Kündigungsschutz nach dem KSchG schützt den Arbeitnehmer solange es eine andere Möglichkeit zur Beseitigung der Störung im Arbeitsverhältnis gibt. Die Kündigung muss »ultima ratio« sein. Dieses **Ultima-ratio-Prinzip** ist eine Variante des Verhältnismäßigkeitsprinzips.[567] Dem Arbeitgeber darf also zur Beseitigung der Störung kein milderes Mittel – wie etwa die Abmahnung oder die Weiterbeschäftigung auf einem anderen Arbeitsplatz – zur Verfügung stehen. Hier zeigt sich der soziale Schutz durch das KSchG besonders: Der Arbeitnehmer soll seinen Arbeitsplatz nur dann verlieren, wenn das Arbeitsverhältnis nicht auf anderem Wege »gerettet« werden kann.[568] 684

d) Interessenabwägung

Als letzter Schritt ist eine **Interessenabwägung** zwischen dem Bestandsinteresse des Arbeitnehmers und dem Beendigungsinteresse des Arbeitgebers durchzuführen. Hier kommt es gleichsam zur kündigungsschutzrechtlichen »Feinjustierung«.[569] Problematisch ist freilich, welche Gesichtspunkte in diese Abwägung aufzunehmen sind. Entgegen der (weitergehenden) Rechtsprechung wird man hier aber nur arbeitsverhältnisbezogene Gesichtspunkte aufnehmen können: Also etwa Dauer des Arbeitsverhältnisses, Grad des Verschuldens bei verhaltensbedingter Kündigung, etc, nicht aber solche, die nicht auf das konkrete Arbeitsverhältnis bezogen sind, wie etwa die Arbeitsmarktchancen des Arbeitnehmers. Für die betriebsbedingte Kündigung hat der Gesetzgeber die Interessenabwägung letztlich institutionalisiert mit der Sozialauswahl in den § 1 III–V KSchG vorgegeben. 685

565 ErfK/*Oetker* KSchG § 1 Rn. 94.

566 Grdl. BAG 27.2.1997 – 2 AZR 160/96, AP KSchG 1969 § 1 Wiedereinstellung Nr. 1; BAG 28.6.2000 – 7 AZR 904/98, NZA 2000, 1097 mwN.

567 Zum Verhältnismäßigkeitsprinzip im Privatrecht s. *Hans Hanau*, Der Grundsatz der Verhältnismäßigkeit als Schranke privater Gestaltungsmacht, 2004.

568 Dazu BAG 21.4.2005 – 2 AZR 132/04, NZA 2005, 1289.

569 Etwa BAG 24.6.2004 – 2 AZR 63/03, NZA 2005, 158.

e) Kündigungsschutzklage

686 Das KSchG verwirklicht den Bestandsschutz dadurch, dass es dem Arbeitnehmer die Möglichkeit einräumt, **im Klagewege** die Unwirksamkeit einer Kündigung, der ein zureichender Grund fehlt, feststellen zu lassen (§§ 4ff. KSchG). Allerdings braucht eine entsprechende Feststellung nicht in eine Fortsetzung des Arbeitsverhältnisses zu münden. Vielmehr kommt sowohl auf Antrag des Arbeitgebers wie auch des Arbeitnehmers trotz Feststellung der Unwirksamkeit eine Auflösung des Arbeitsverhältnisses gegen Zahlung einer Abfindung in Betracht (§§ 9f. KSchG). Praktisch endet die große Mehrzahl der Kündigungsschutzverfahren in einer solchen Auflösung des Arbeitsverhältnisses gegen Abfindung, sei es im Wege eines entsprechenden Urteils oder im Wege eines Vergleichs. Mit der Regelung des § 1a KSchG über den Abfindungsanspruch bei betriebsbedingten Kündigungen soll das Zustandekommen einer solchen Abfindungslösung auch schon vor Einleitung eines Kündigungsschutzprozesses erleichtert werden: Wenn der Arbeitgeber bei der Kündigung den Arbeitnehmer auf die Möglichkeit der Abfindung hinweist, braucht der Arbeitnehmer, um einen Abfindungsanspruch zu erwerben, nichts weiter zu tun, als die Klagefrist verstreichen zu lassen (im Einzelnen → Rn. 762ff.).

f) KSchG als zwingendes Recht

687 Als zentraler Bestandteil des Arbeitnehmerschutzrechts wirkt § 1 KSchG **zwingend** zugunsten des einzelnen Arbeitnehmers. Ein Ausschluss oder eine Beschränkung des Kündigungsschutzes kann deshalb weder arbeitsvertraglich noch tarifvertraglich vereinbart werden. Auch eine bindende Vereinbarung bestimmter Gründe, die die Kündigung stets rechtfertigen sollen,[570] ist nicht möglich. Durch die zwingende Wirkung des KSchG ist der Arbeitnehmer allerdings nicht gehindert, sich – ganz unabhängig von der Regelung des § 1a KSchG – bei oder nach Ausspruch der Kündigung mit dieser einverstanden zu erklären und durch den darin liegenden Abwicklungsvertrag (→ Rn. 601, 661ff.) gegen eine Abfindung oder ohne eine solche auf den Kündigungsschutz zu verzichten.

688 § 1 KSchG ist nur zugunsten des Arbeitnehmers zwingend. Ein über ihn hinausgehender **vereinbarter Kündigungsschutz** ist deshalb grundsätzlich möglich.[571] Der Arbeitgeber kann auch auf die Geltendmachung eines Kündigungsgrundes verzichten. Ein solcher Verzicht liegt insbesondere vor, wenn er dem Arbeitnehmer den Grund für eine verhaltensbedingte Kündigung verziehen hat, wovon dann auszugehen ist, wenn er das Fehlverhalten zwar abgemahnt oder gerügt, aber eben nicht zum Anlass für eine Kündigung genommen hat.

2. Anwendungsbereich des KSchG

a) Sachlicher Geltungsbereich

689 Das KSchG gewährt dem Arbeitnehmer Schutz gegen **vom Arbeitgeber erklärte ordentliche Kündigungen.** Für außerordentliche Kündigungen gilt der Kündigungsschutz nicht. Ihre Zulässigkeit richtet sich danach, ob ein wichtiger Grund iSd § 626 I BGB gegeben ist. Jedoch finden nach Maßgabe des § 13 KSchG auf sie die Bestimmungen über den Kündigungsschutzprozess Anwendung (→ Rn. 763).

570 BAG 15.10.1992 – 2 AZR 188/92, EzA Nr. 45 zu § 1 KSchG Verhaltensbedingte Kündigung.
571 Zu den Auswirkungen einer solchen Vereinbarung auf die Sozialauswahl → Rn. 739f.

Bei Beendigung des Arbeitsverhältnisses auf anderem Wege als der Kündigung, insbesondere durch Auflösungsvertrag oder Anfechtung nach den §§ 119ff. BGB, greift der Schutz nicht ein. Gleiches gilt für die Befristung des Arbeitsverhältnisses, die allerdings den Vorgaben des TzBfG entsprechen muss. (→ Rn. 827ff.).

Nach seinem § 25 findet das KSchG keine Anwendung auf Kündigungen im Rahmen von Arbeitskämpfen. Die Vorschrift hat heute keine wesentliche Bedeutung mehr, weil das zulässige Kampfmittel der Arbeitgeberseite in erster Linie die Aussperrung ist, für die ohnehin die besonderen arbeitskampfrechtlichen Regeln gelten (→ Rn. 1115ff.). 690

b) Persönlicher Geltungsbereich

Der individuelle Kündigungsschutz gilt nach § 1 II 2 KSchG für alle Arbeitnehmer **der privaten Wirtschaft und des öffentlichen Dienstes.** Dem besonderen Tendenzcharakter eines Unternehmens muss im Rahmen der Anwendung der Vorschriften, insbesondere bei den Anforderungen an die soziale Rechtfertigung einer Kündigung, Rechnung getragen werden (→ Rn. 1598ff.). Leitende Angestellte sind Arbeitnehmer und unterfallen deshalb dem KSchG, allerdings gelten für sie wegen ihrer regelmäßig besonderen Vertrauensstellung gegenüber dem Arbeitgeber Sonderregelungen, § 14 II KSchG. 691

c) Betrieblicher Geltungsbereich

Den betrieblichen Geltungsbereich regelt die nicht sehr verständlich formulierte Vorschrift des § 23 I KSchG. Nach § 23 I 2 KSchG genießen Arbeitnehmer in **Kleinbetrieben** und Kleinverwaltungen mit in der Regel fünf oder weniger Arbeitnehmern ausschließlich der Auszubildenden keinen Kündigungsschutz. Dem folgt § 23 I 3 KSchG mit der Maßgabe, dass in Betrieben und Verwaltungen mit nicht mehr als zehn Arbeitnehmern diejenigen Arbeitnehmer keinen Kündigungsschutz genießen, deren Arbeitsverhältnis nach dem 31.12.2003 begonnen hat. Praktisch wird so die Ausnahme von individuellem Kündigungsschutz auf Betriebe mit bis zu zehn Arbeitnehmern erstreckt. Allerdings behalten diejenigen Arbeitnehmer, die am 1.1.2004 in einem Betrieb mit mehr als fünf Arbeitnehmern beschäftigt waren, ihren Kündigungsschutz.[572] Erst wenn die Beschäftigtenzahl ihres Betriebes auf fünf oder weniger vor dem 1.1.2004 eingestellte Arbeitnehmer sinkt, endet der Schutz nach dem KSchG.[573] Bei der Berechnung der Betriebsgröße sind nach der Rechtsprechung des BAG auch im Betrieb beschäftigte Leiharbeitnehmer zu berücksichtigen, wenn ihr Einsatz auf einem »in der Regel« vorhandenen Personalbedarf beruht.[574] 692

Sowohl beim Schwellenwert des Satzes 2 wie bei dem des Satzes 3 sind nach § 23 I 4 KSchG Teilzeitarbeitnehmer mit einer Arbeitszeit von wöchentlich nicht mehr als 20 Stunden mit 0,5 und mit nicht mehr als 30 Stunden mit 0,75 zu berücksichtigen.

Der durch § 23 I 2 und 3 KSchG ausgeschlossene Kündigungsschutz von Arbeitnehmern in Kleinbetrieben kann nicht auf dem Umweg über § 242 BGB doch realisiert werden. Das würde dem Zweck der Vorschrift zuwiderlaufen, die den Kleinarbeitgeber gerade von einer solchen Bindung freistellen will, um ihm die Fortführung einer »hautnahen Zusammenarbeit« mit einem Arbeitnehmer, mit dem Spannungen aufge- 693

572 Dazu BAG 23.5.2013 – 2 AZR 54/12, NZA 2013, 1197.
573 BAG 21.9.2006 – 2 AZR 840/05, NZA 2007, 438.
574 BAG 24.1.2013 – 2 AZR 140/12, NZA 2013, 726.

treten sind, aber auch kostenträchtige und zeitraubende Streitverfahren zu ersparen. Allerdings folgt aus der aus Art. 12 GG abzuleitenden Schutzpflicht des Staates, dass Arbeitnehmer von Kleinbetrieben auf dem Weg über § 242 BGB vor willkürlichen, diskriminierenden oder auf sachfremden Motiven beruhenden Kündigungen zu schützen sind.[575] Auch muss dort, wo mehrere Arbeitnehmer für eine Kündigung in Betracht kommen, ein gewisses Maß an sozialer Rücksichtnahme, vor allem auf eine langjährige Betriebszugehörigkeit, walten.[576]

694 Seinem Zweck nach, Kleinunternehmer vor den mit der Anwendung des KSchG verbundenen Schwierigkeiten zu schützen, muss der **Begriff des Betriebes** in § 23 I KSchG iSv »Arbeitgeber« (= Unternehmen) verstanden werden. Es wäre funktionswidrig und grundrechtlich sachwidrig, Arbeitgeber mit zahlreichen kleinen Filialbetrieben vom Kündigungsschutz freizustellen, auch wenn sie mehr als die in § 23 KSchG vorausgesetzte Zahl von Arbeitnehmern beschäftigen.[577] Die Rechtsprechung geht freilich nach wie vor von der herkömmlichen Betriebsdefinition aus (→ Rn. 1200) und will nur dann auf den Arbeitgeber (»das Unternehmen«) abstellen, wenn der Zweck der Kleinbetriebsklausel konterkariert wird.[578] Daraus folgt freilich eine erhöhte Rechtsunsicherheit über die Anwendung des KSchG.

d) Wartezeit

Fall 43: A wurde als Lehrerin zur Elternvertretung seit 1.1. befristet vom Land B für eine Tätigkeit an einer Grundschule angestellt. Der befristete Vertrag endete zum Schuljahresende Ende Juli. Zum Beginn des neuen Unterrichtsjahres zum 15.9. wurde die A für dieselbe Tätigkeit unbefristet eingestellt. Das Land B kündigte der A am 25.1. zum nächstmöglichen Zeitpunkt. Die A hält das KSchG für anwendbar, das Land B wegen nicht erfüllter Wartezeit nicht.

695 Der Kündigungsschutz des Arbeitnehmers beginnt nach § 1 I KSchG erst, wenn sein Arbeitsverhältnis in demselben Betrieb oder Unternehmen ohne Unterbrechung länger als sechs Monate bestanden hat. Innerhalb dieser **Wartezeit** soll sich der Arbeitgeber noch frei entscheiden können, ob er das Arbeitsverhältnis aufrechterhalten will oder nicht. Deshalb kann der Zugang der Kündigung auch noch am letzten Tag der Wartezeit erfolgen – selbst wenn die Kündigungsfrist erst später abläuft.[579]

696 Das Gesetz knüpft den Lauf der Wartezeit nicht an die tatsächliche Beschäftigung, sondern allein an das **Bestehen des Arbeitsverhältnisses, das regelmäßig mit der Aufnahme der Tätigkeit durch den Arbeitnehmer beginnt.**[580] Dabei stellt es auf das Bestehen des Arbeitsverhältnisses **in demselben Betrieb oder Unternehmen ab.** Das bedeutet einmal, dass der Wechsel des Arbeitnehmers von einem Betrieb des Unternehmens in einen anderen am Lauf der Wartezeit nichts ändert. Es bedeutet weiter, dass es bei Bestehenbleiben des Unternehmens auch auf einen Wechsel des Inhabers nicht ankommt. Auch im Falle eines Betriebsüberganges nach § 613a BGB läuft die Wartefrist weiter.[581]

575 BAG 25.4.2001 – 5 AZR 360/99, NZA 2002, 87; BAG 6.2.2003 – 2 AZR 672/01, NZA 2003, 717.
576 Grdl. BVerfG 27.1.1998 – 1 BvL 15/87, NZA 1998, 470.
577 BVerfG 27.1.1998 – 1 BvL 15/87, NZA 1998, 470.
578 BAG 28.10.2010 – 2 AZR 392/08, AP KSchG 1969 § 23 Nr. 48.
579 BAG 18.8.1982 – 7 AZR 437/80, NJW 1983, 2836.
580 BAG 24.10.2013 – 2 AZR 1057/12, DB 2014, 958.
581 BAG 23.5.2013 – 2 AZR 54/12, NZA 2013, 1197.

§ 1 I KSchG bezieht die Wartezeit **nicht** auf das Bestehen des Arbeitsverhältnisses **im Konzern.**[582] Die in dem einen Konzernunternehmen zurückgelegte Wartezeit kann deshalb bei einer Übernahme des Arbeitnehmers in ein anderes Konzernunternehmen grundsätzlich nicht angerechnet werden. Allerdings ist in solchen Fällen zu fragen, ob nicht eine entsprechende (auch stillschweigende) Vereinbarung getroffen wurde.[583] 697

§ 1 I KSchG verlangt, dass das Arbeitsverhältnis **sechs Monate ohne Unterbrechung** bestanden hat. Das bedeutet, dass bei jeder Begründung eines Arbeitsverhältnisses die sechsmonatige Wartezeit zu laufen beginnt, ohne dass auf sie frühere, mit demselben Arbeitgeber bestehende Arbeitsverhältnisse anzurechnen wären. 698

Eine Unterbrechung in diesem Sinne liegt aber nicht vor, wenn sich das neue Arbeitsverhältnis zeitlich unmittelbar an ein vorangegangenes anschließt. Das kann etwa der Fall sein, wenn im Anschluss an ein Ausbildungsverhältnis, ein befristetes Probearbeitsverhältnis oder ein Arbeitsverhältnis im Rahmen einer Arbeitsbeschaffungsmaßnahme auf unbestimmte Zeit vereinbart wird oder wenn Arbeitgeber und Arbeitnehmer ein neues Arbeitsverhältnis an ein aufgehobenes oder von dem einen oder anderen Teil gekündigtes Arbeitsverhältnis anschließen. Eine Unterbrechung ist aber auch dann noch zu verneinen, wenn das neue Arbeitsverhältnis in einem **engen sachlichen Zusammenhang** mit dem früheren Arbeitsverhältnis steht.[584] Ob ein solcher Zusammenhang gegeben ist, richtet sich nicht allein nach der Dauer der Unterbrechung, sondern auch nach deren Anlass und nach der Art der späteren Wiederbeschäftigung.[585] 699

In **Fall 43** ist das KSchG anwendbar. Das Arbeitsverhältnis wurde zwar durch die Sommerferien unterbrochen, dennoch liegt wegen der gleichbleibenden Tätigkeit in der derselben Schulart und der zwangsläufigen Nichtbeschäftigung infolge der Schulferien ein enger sachlicher Zusammenhang zwischen der Beschäftigung vor und nach den Sommerferien vor.[586]

3. Soziale Rechtfertigung

a) Verhaltensbedingte Kündigung

Fall 44: Der bei der Firma X als Maschinenarbeiter tätige Türke A empfiehlt dem Personalleiter der Firma X die Einstellung seines Landsmannes B, die dann erfolgt. Für die Empfehlung hatte A von B eine Vermittlungsgebühr von 1.000 EUR gefordert und erhalten. Als X davon erfährt, kündigt sie dem A das Arbeitsverhältnis ordentlich zum nächsten Termin.

aa) Pflichtverletzung als Kündigungsgrund. Verhaltensbedingt ist eine ordentliche Kündigung dann, wenn sie als **Reaktion auf eine Vertragsverletzung** des Arbeitnehmers erfolgt, die zwar noch keinen wichtigen Grund zur Kündigung des Arbeitsverhältnisses nach § 626 BGB gibt, aber doch so gravierend ist, dass dem Arbeitgeber das Recht zugebilligt werden muss, den Vertrag aufzulösen und so das Risiko weiterer Vertragsverletzungen zu vermeiden. Ausgangspunkt ist hier also eine Pflichtverletzung des Arbeitnehmers, die aber nicht schuldhaft sein muss – obwohl das Verschul- 700

582 *Caspers*, Konzerndimensionaler Kündigungsschutz?, 2010, 15 (17).
583 BAG 20.2.2014 – 2 AZR 859/11, NZA 2014, 1083.
584 BAG 20.6.2013 – 2 AZR 790/11, EzA Nr. 64 zu § 1 KSchG; BAG 28.8.2008 – 2 AZR 101/07, AP KSchG 1969 § 1 Nr. 88.
585 BAG 20.6.2013 – 2 AZR 790/11, EzA Nr. 64 zu § 1 KSchG; BAG 28.8.2008 – 2 AZR 101/07, AP KSchG 1969 § 1 Nr. 88; BAG 19.6.2007 – 2 AZR 94/06, NZA 2007, 1103.
586 BAG 19.6.2007 – 2 AZR 94/06, NZA 2007, 1103.

den regelmäßig gegeben sein dürfte. Maßgeblich ist, dass ein steuerbares Verhalten des Arbeitnehmers vorliegt, was auch regelmäßig den verhaltensbedingten vom personenbedingten Kündigungsgrund unterscheidet.[587]

Als Vertragsverletzung kommen hier die Nichterfüllung der Arbeitspflicht,[588] Schlechtleistungen, Störungen des Betriebsfriedens und die Verletzung von Nebenpflichten, § 241 II BGB, einschließlich der Pflicht zu loyalem Verhalten gegenüber dem Arbeitgeber, in Betracht.[589]

Eine **Verletzung der Loyalitätspflicht** liegt nur dann vor, wenn das Verhalten des Arbeitnehmers das Arbeitsverhältnis **konkret beeinträchtigt** hat, sei es im Bereich der eigentlichen Leistungserbringung, sei es im Bereich der betrieblichen Verbundenheit zu anderen Arbeitnehmern oder im Vertrauensbereich zum Arbeitgeber. Politische Betätigungen im Betrieb etwa verletzen den Arbeitsvertrag nur dann, wenn sie zu schweren Auseinandersetzungen unter den Betriebsangehörigen führen, den Unmut von Kunden des Unternehmens hervorrufen oder den Arbeitgeber ungerechtfertigt herabsetzen (→ Rn. 135, 235).

701 Die Pflicht des Arbeitnehmers zu loyalem Verhalten beschränkt sich grundsätzlich auf den innerdienstlichen Bereich, die **private Lebensführung** des Arbeitnehmers betrifft sie nicht. Aus dem Arbeitsverhältnis ergibt sich für den Arbeitnehmer keine Pflicht, seine Arbeitskraft zu erhalten. Wer den Sicherheitsgurt nicht anlegt und verunglückt, hat zwar keinen Entgeltfortzahlungsanspruch (→ Rn. 442), sein Arbeitsverhältnis kann aber gleichwohl nicht verhaltensbedingt gekündigt werden.

Nach der Anschauung des Arbeitslebens nicht zum Bereich der privaten Lebensführung, sondern zum Bereich der Erfüllung der Arbeitspflicht gehört aber ein Verhalten, das in unmittelbarem zeitlichen Zusammenhang mit der Erbringung der Arbeitsleistung steht. Wer zwischen den Arbeitszeiten übermäßig Alkohol genießt oder unmittelbar vor Arbeitsbeginn sich körperlich überanstrengt und dadurch arbeitsunfähig und in seiner Arbeitsleistung beeinträchtigt wird, begeht eine Arbeitspflichtverletzung.

702 Für den Arbeitnehmer besteht auch keine Pflicht zu einem »ordentlichen Lebenswandel«. Deshalb berechtigen weder das Begehen von Straftaten im außerdienstlichen Bereich noch sittlich anstößiges Verhalten zur verhaltensbedingten Kündigung des Arbeitsverhältnisses. Etwas anderes gilt nur dort, wo eine derartige Handlung das Arbeitsverhältnis konkret beeinträchtigt, etwa das Vertrauensverhältnis zwischen Arbeitgeber und Arbeitnehmer zerstört oder sich negativ auf die Geschäftsbeziehungen des Unternehmens auswirkt.[590]

In dem Fall, dem **Fall 44** gebildet ist, hat das BAG das Vorliegen eines Grundes für eine verhaltensbedingte Kündigung verneint, weil es sich um ein außerdienstliches Verhalten gehandelt habe, das zu keiner konkreten Beeinträchtigung des Arbeitsverhältnisses geführt habe.[591] Dem lässt sich entgegenhalten, dass die Annahme von Schmiergeldern für eine Einflussnahme des Arbeitnehmers auf den Geschäftsbetrieb kein bloßes außerdienstliches Verhalten, sondern die Verletzung einer Pflicht ist, die nach der Anschauung des Arbeitslebens jedem Arbeitnehmer selbstverständlich obliegt.[592]

---

587 BAG 3.11.2011 – 2 AZR 748/10, NZA 2012, 607; v. Hoyningen-Huene/Linck/*Linck* KSchG § 1 Rn. 312.

588 Etwa BAG 9.6.2011 – 2 AZR 284/10, NZA-RR 2012, 12.

589 Für Einzelfälle s. die Kommentare zum KSchG, Löwisch/Spinner/Wertheimer/*Löwisch* KSchG § 1 Rn. 152ff.; AR/*Kaiser* KSchG § 1 Rn. 46; KR/*Griebeling* KSchG § 1 Rn. 414ff.; v. Hoyningen-Huene/Linck/*Linck* KSchG § 1 Rn. 489ff.

590 BAG 20.6.2013 – 2 AZR 583/12, NZA 2013, 1345; BAG 10.9.2009 – 2 AZR 257/08, NZA 2010, 220.

591 BAG 24.9.1987 – 2 AZR 26/87, NJW 1988, 2261.

592 S. näher *Löwisch*, Anm. zu BAG 24.9.1987 – 2 AZR 26/87, EzA Nr. 18 zu § 1 KSchG Verhaltensbedingte Kündigung.

bb) Prognoseprinzip. Die Störung des Arbeitsverhältnisses durch weitere Pflichtverletzungen muss auch in der Zukunft zu befürchten sein. Eine solche **negative Prognose** kann aus zwei Gründen erfolgen: Zum einen aufgrund einer schweren (wenngleich keine außerordentliche Kündigung rechtfertigenden) Pflichtverletzung, die allein geeignet ist, das Arbeitsverhältnis zukünftig zu stören; zum anderen, wenn es wahrscheinlich ist, dass der Arbeitnehmer zukünftig fortgesetzt im Einzelnen weniger schwer wiegende Pflichtverletzungen gleicher Art begehen wird und aus dieser Fortsetzung die Störung weiterhin zu befürchten ist.[593] Maßgebliches Indiz für den letzten Fall ist etwa, ob der Arbeitnehmer auch nach (mehreren) Abmahnungen weiterhin nicht einschlägig vertragstreu war.[594] 703

cc) Ultima-ratio-Grundsatz. Nach dem **Ultima-ratio-Grundsatz** (→ Rn. 684) ist eine verhaltensbedingte Kündigung erst dann gerechtfertigt, wenn der Arbeitgeber auf das vertragswidrige Verhalten anders nicht ausreichend reagieren kann. Daraus folgt einmal, dass kleinere Vertragswidrigkeiten, bei denen sich ein verständiger Arbeitgeber mit einer Ermahnung oder Rüge begnügt, für eine Kündigung nicht ausreichen. Vor allem muss dort, wo es möglich erscheint, das Arbeitsverhältnis in der Zukunft störungsfrei fortzusetzen, zunächst ein entsprechender Versuch gemacht werden. Praktisch bedeutet das, dass sowohl bei einer vertragswidrigen Nichterfüllung der Arbeitspflicht als auch bei der Schlechterfüllung und bei der Verletzung von Nebenpflichten der verhaltensbedingten Kündigung eine **Abmahnung des vertragswidrigen Verhaltens** vorauszugehen hat. Dies entspricht im Übrigen auch dem Grundgedanken von § 314 II BGB. Nur wo die Abmahnung von vornherein keinen Erfolg verspricht, ist sie – entsprechend § 314 II 2 iVm § 323 II BGB, § 314 II 3 BGB – entbehrlich.[595] Das ist einmal dort der Fall, wo dem Arbeitnehmer jede Einsichtsfähigkeit fehlt, er insbesondere schon erklärt hat, dass er das vertragswidrige Verhalten fortsetzen werde, oder wo das vertragswidrige Verhalten den Vertrauensbereich des Arbeitsverhältnisses betroffen hat und eine Wiederherstellung des zur ordnungsgemäßen Erfüllung der Vertragspflicht notwendigen Vertrauensverhältnisses nicht mehr möglich erscheint. 704

Dem Zweck der Abmahnung innewohnenden Warn- und Ankündigungsfunktion entspricht es, zu verlangen, dass der Arbeitgeber in einer für den Arbeitnehmer **deutlich erkennbaren** Art und Weise dessen vertragswidriges Verhalten beanstandet und damit den ernst gemeinten Hinweis verbindet, dass im Wiederholungsfall der Inhalt oder Bestand des Arbeitsverhältnisses gefährdet sei.[596] Bloße Ermahnungen oder etwa der Ratschlag, sich einen anderen Beruf zu suchen, genügen nicht. 705

Die Abmahnung ist eine rechtsgeschäftsähnliche Erklärung des Arbeitgebers, auf die die rechtsgeschäftlichen Regelungen des Allgemeinen Teils des BGB regelmäßig entsprechend anzuwenden ist.[597] Eine unmittelbare Rechtsfolge im ungekündigten Arbeitsverhältnis hat sie dann, wenn der Arbeitgeber bei vorliegendem Kündigungs- 706

593 BAG 23.6.2009 – 2 AZR 283/08, AP KSchG 1969 § 1 Abmahnung Nr. 5.

594 BAG 23.6.2009 – 2 AZR 103/08, NZA 2009, 1198.

595 BAG 23.1.2014 – 2 AZR 638/13, NZA 2014, 965; BAG 11.7.2013 – 2 AZR 994/12, NZA 2014, 250; BAG 9.6.2011 – 2 AZR 284/10, NZA-RR 2012, 12; *Blinkert* NZA 2016, 721.

596 BAG 23.6.2009 – 2 AZR 283/08, AP KSchG 1969 § 1 Abmahnung Nr. 5; BAG 16.9.2004 – 2 AZR 406/03, NZA 2005, 459.

597 ErfK/*Müller-Glöge* BGB § 626 Rn. 31.

grund zur Abmahnung greift und so auf die Kündigung verzichtet.[598] Bedeutsamer wird die Abmahnung aber – wie gesehen – bei der Prüfung der Rechtsmäßigkeit einer Kündigung. Hat der Arbeitgeber einen Arbeitnehmer wegen eines angeblich vertragswidrigen Verhaltens abgemahnt und hierüber einen Vermerk zu den Personalakten genommen, so kann der Arbeitnehmer entsprechend §§ 1004, 242 BGB die Entfernung dieses Vermerks aus der Personalakte verlangen, wenn der Vorwurf ungerechtfertigt oder mittlerweile bedeutungslos ist.[599]

707 Aus dem Gedanken, dass die Kündigung für den Arbeitgeber ultima ratio sein muss, um sozial gerechtfertigt zu sein, hat das BAG den Schluss gezogen, dass auch bei einer verhaltensbedingten Kündigung gefragt werden muss, ob sich die Kündigung dadurch vermeiden lässt, dass der Arbeitnehmer an einem anderen Arbeitsplatz oder zu geänderten Arbeitsbedingungen weiterbeschäftigt wird.[600] Das wird aber nur selten zu bejahen sein. Ist eine Vertragsverletzung so erheblich, dass sie eine Kündigung als verhaltensbedingt relevant erscheinen lässt, so kann man es dem Arbeitgeber nicht zumuten, es mit dem Arbeitnehmer an einem anderen Arbeitsplatz noch einmal zu versuchen. Das würde den Sozialschutz zulasten des auch im Arbeitsverhältnis Geltung beanspruchenden Grundsatzes, dass Verträge ordnungsgemäß zu erfüllen sind und im Falle der nicht ordnungsgemäßen Erfüllung der Vertragspartner das Recht haben muss, sich aus der ihn treffenden Vertragsbindung zu lösen, überdehnen.[601] Nur dann, wenn die konkrete Arbeitsplatzsituation allein Grund für das Verhalten des Arbeitnehmers ist, wird man etwa eine Versetzung an einen anderen Arbeitsplatz in Betracht ziehen müssen.

708 **dd) Interessenabwägung.** Schließlich ist eine Abwägung des Bestandsinteresses des Arbeitnehmers mit dem Beendigungsinteresse des Arbeitgebers vorzunehmen. In diese Interessenabwägung sind aber nur arbeitsverhältnisbezogene Parameter einzubeziehen, also etwa die Art der Pflichtverletzung, die Schwere des Schadens, der Grad des Verschuldens oder die Dauer des Arbeitsverhältnisses. Andere Faktoren, wie etwa die Arbeitsmarktchancen des Arbeitnehmers, sind nicht einzubeziehen.[602]

b) Personenbedingte Kündigung

Fall 45: Der seit über zehn Jahren bei der Firma X tätige Elektriker A ist alkoholabhängig. Er ist wegen des Alkoholgenusses und der damit verbundenen Beeinträchtigung seiner Arbeitsleistung bereits mehrfach abgemahnt worden. Die ihm von der Sozialberatungsstelle der Firma X angebotene Suchttherapie hat er mehrfach strikt abgelehnt. Nachdem es wieder zu einem alkoholbedingten Vorfall gekommen war, in dessen Folge – auf eine Entscheidung des Werksarztes hin – die Feuerwehr A nach Hause bringen musste, kündigt X das Arbeitsverhältnis fristgemäß. A hält die Kündigung für unberechtigt und weist im Kündigungsschutzprozess darauf hin, dass er sich nachträglich einer erfolgreichen Therapie unterzogen habe.

598 BAG 12.5.2011 – 2 AZR 479/09, NZA-RR 2012, 43; BAG 26.11.2009 – 2 AZR 751/08, NZA 2010, 823.

599 BAG 23.6.2009 – 2 AZR 606/08, NZA 2009, 1011; BAG 19.7.2012 – 2 AZR 782/11, NZA 2013, 91.

600 BAG 20.6.2013 – 2 AZR 583/12, NZA 2013, 1345; BAG 6.10.2005 – 2 AZR 280/04, NZA 2006, 431.

601 S. näher Löwisch/Spinner/Wertheimer/*Löwisch* KSchG § 1 Rn. 145ff.

602 Dazu ErfK/*Oetker* KSchG § 1 Rn. 201ff.

aa) Störung des Austauschcharakters als Ausgangspunkt. Personenbedingt sozial gerechtfertigt ist eine ordentliche Kündigung dann, wenn der Arbeitnehmer wegen (fehlender) persönlicher Fähigkeiten und Eigenschaften auf Dauer nicht mehr in der Lage ist, die von ihm geschuldete Arbeitsleistung zu erbringen und damit der **Austauschcharakter des Arbeitsverhältnisses gestört ist.**[603] Es geht hier also im Gegensatz zur verhaltensbedingten Kündigung um **nichtsteuerbare** Faktoren. 709

Ein solcher personenbedingter Grund ist einmal dann gegeben, wenn der Arbeitnehmer **tatsächlich oder rechtlich gehindert** ist, die geschuldete Arbeitsleistung zu erbringen. Tatsächliche Verhinderung liegt etwa bei längerem Freiheitsentzug vor.[604] Rechtliche Verhinderung ist vor allem in dem Fall gegeben, dass einem Ausländer die nach § 284 SGB III erforderliche Arbeitsgenehmigung fehlt (→ Rn. 599).[605] 710

Zum anderen liegt ein personenbedingter Grund vor, wenn dem Arbeitnehmer die Fähigkeit abgeht, die Arbeitsleistung **fachlich einwandfrei** zu erbringen. Zu denken ist insoweit einmal an Mängel in der physischen und psychischen Eignung, etwa ein Nachlassen der Körperkraft, der Geschicklichkeit, der Seh- oder Hörschärfe, der Konzentrationsfähigkeit oder des Gedächtnisses. Auf die Ursachen dieser physischen oder psychischen Beeinträchtigungen der Leistungsfähigkeit kommt es dabei nicht an. Auch wo sie krankheits- oder altersbedingt sind, können sie die personenbedingte Kündigung rechtfertigen, sofern die berechtigte Erwartung des Arbeitgebers von der Gleichwertigkeit der beiderseitigen Leistungen in einem solchen Maße enttäuscht ist, dass ihm ein Festhalten am Arbeitsvertrag unzumutbar ist.[606] Unabhängig davon kann in der mangelnden Leistung des Arbeitnehmers eine Vertragsverletzung liegen, wenn nämlich der Arbeitnehmer seine Leistungsfähigkeit nicht ausschöpft, obwohl er dies könnte. Kann der Arbeitgeber nachweisen, dass der Arbeitnehmer die Durchschnittsleistung erheblich unterschreitet, muss der Arbeitnehmer die Gründe für das Unterschreiten darlegen; tut er das nicht, ist von einer Vertragsverletzung auszugehen.[607] 711

Ein Mangel in der fachlichen Eignung liegt auch vor, wenn der Arbeitnehmer den für die Erbringung seiner Arbeitsleistung **erforderlichen Kenntnisstand** nicht beibehält, weil er sich nicht im berufsüblichen Umfang weiterbildet, es etwa als Arzt unterlässt, die Fachzeitschriften in ausreichendem Umfang zu verfolgen oder sich als Automechaniker nicht die zur Durchführung von Reparaturen notwendigen Kenntnisse über neue Modelle verschafft. Auch der Fall, dass dem Arbeitnehmer eine für die Erbringung der von ihm geschuldeten Arbeitsleistung gesetzlich vorgeschriebene Erlaubnis, zB die Fahrerlaubnis oder die Fluglizenz fehlt, gehört hierher.[608] 712

Schließlich liegt ein personenbedingter Grund für eine Kündigung in der **mangelnden Arbeitsfähigkeit.** Wird der Arbeitnehmer auf Dauer unfähig, die geschuldete Arbeitsleistung zu erbringen, verliert das Arbeitsverhältnis seinen Sinn und muss aufgelöst werden können.[609] Dies betrifft vor allem krankheitsbedingte Arbeitsunfähigkeit, kann 713

603 v. Hoyningen-Huene/Linck/*Linck* KSchG § 1 Rn. 294.

604 BAG 23.5.2013 – 2 AZR 120/12, NZA 2013, 1211; BAG 24.3.2011 – 2 AZR 790/09, NZA 2011, 1084; BAG 25.11.2010 – 2 AZR 984/08, NZA 2011, 686.

605 v. Hoyningen-Huene/Linck/*Linck* KSchG § 1 Rn. 333.

606 BAG 11.12.2003 – 2 AZR 667/02, NZA 2004, 784.

607 BAG 11.12.2003 – 2 AZR 667/02, NZA 2004, 784.

608 BAG 31.1.1996 – 2 AZR 68/95, NZA 1996, 819.

609 BAG 18.1.2007 – 2 AZR 759/05, AP KSchG 1969 § 1 Krankheit für den Fall der krankheitsbedingten dauernden Arbeitsunfähigkeit Nr. 44.

aber auch gegeben sein, wenn etwa einem im öffentlichen Dienst Beschäftigten die Verfassungstreue abzusprechen ist[610] oder wenn ein Arbeitnehmer aus Glaubens- oder Gewissensgründen gehindert ist, die geschuldete Arbeitsleistung zu erbringen.[611] Man wird hierunter auch den Fall fassen können, dass ein kirchlicher Arbeitnehmer gegen die Loyalitätsanforderungen des kirchlichen Arbeitgebers (etwa im katholischen Bereich durch die Wiederverheiratung nach Scheidung) verstößt.[612]

714 **bb) Besonders: Krankheitsbedingte Kündigung.** Problematisch ist in diesem Zusammenhang die Zulässigkeit **krankheitsbedingter Kündigungen.** Dass die Erkrankung des Arbeitnehmers einen Grund für eine personenbedingte Kündigung abgeben kann, ergibt der Schluss aus § 8 I 1 EFZG. Auf der anderen Seite folgt aus dem Anspruch auf Entgeltfortzahlung im Krankheitsfall (§ 3 EFZG), dass die heutige Rechtsordnung davon ausgeht, dass der Arbeitgeber in bestimmtem Umfang krankheitsbedingte Arbeitsausfälle hinzunehmen hat, ohne das Arbeitsverhältnis kündigen zu können. Zum Anlass einer Kündigung kann die Erkrankung deshalb nur genommen werden, wenn Ausmaß, Dauer und Auswirkung der infolge der Krankheit eintretenden Leistungsverhinderung so groß sind, dass das Interesse des Arbeitgebers an der Wiedererlangung der Dispositionsfreiheit über den Arbeitsplatz durchschlägt. Die Rechtsprechung behilft sich hier mit einer differenzierten **Prüfung in drei Stufen:**[613] Zum einen wird anhand einer Prognose die voraussichtliche Dauer der Arbeitsunfähigkeit geprüft (erste Stufe), dann eine auf der Arbeitsunfähigkeit beruhende erhebliche Beeinträchtigung betrieblicher Interessen (zweite Stufe) und schließlich wird durch eine Interessenabwägung ermittelt, ob die betrieblichen Beeinträchtigungen zu einer billigerweise nicht mehr hinzunehmenden Belastung des Arbeitgebers führen (dritte Stufe). Im Einzelnen gilt:

Bei einer **lang anhaltenden Erkrankung** kommt eine Kündigung erst in Betracht, wenn zum Zeitpunkt ihres Zugangs objektive Anhaltspunkte für ein weiteres, langfristiges Fortdauern der Erkrankung bestehen und es unter Berücksichtigung der bereits verstrichenen Zeit aus betrieblichen Gründen notwendig ist, den Arbeitsplatz anderweitig auf Dauer zu besetzen und sich nicht mit Überbrückungsmaßnahmen zu begnügen.[614] Ob Letzteres der Fall ist, richtet sich nach den konkreten betrieblichen Verhältnissen, vor allem aber nach der Position des erkrankten Arbeitnehmers. Handelt es sich etwa um den einzigen leitenden Angestellten oder die einzige Fachkraft mit einer bestimmten Qualifikation, so wird die Neubesetzung schneller dringlich als bei einem Arbeitnehmer, der von einem anderen Arbeitnehmer gleicher Qualifikation vertreten oder für den eine Aushilfskraft oder ein Leiharbeitnehmer eingestellt werden kann. Eine feste, in allen Fällen geltende Grenze kann nicht gezogen werden. Immerhin wird man sagen können, dass nach einer Krankheitsdauer von über sechs Monaten im Falle der **Nichtabsehbarkeit** des Endes der Erkrankung das Bedürfnis nach einer Neubesetzung des Arbeitsplatzes auch in einem Großbetrieb und bei ungelernten Kräften genügend groß ist, weil der Arbeitgeber dann die Möglichkeit haben muss, klare, auf Dauer angelegte Verhältnisse zu schaffen.[615] Kündigt der Arbeitgeber hingegen schon früher, wird es darauf ankommen, ob abzusehen ist, dass die Krankheit so lange andauert, dass mit einer Gesamtkrankheitsdauer von wesentlich über sechs Monaten zu rechnen ist. Auch dann ist nach dem Ultima-ratio-Grundsatz (→ Rn. 684) die Kündigung nicht zulässig, wenn der Arbeitnehmer

610 BAG 6.9.2012 – 2 AZR 372/11, NZA-RR 2013, 441; BAG 12.5.2011 – 2 AZR 479/09, NZA-RR 2012, 43.
611 BAG 24.2.2011 – 2 AZR 636/09, NZA 2011, 1087.
612 BAG 8.9.2011 – 2 AZR 543/10, NZA 2012, 443.
613 StRspr BAG 30.9.2010 – 2 AZR 88/09, NZA 2011, 39; BAG 8.11.2007 – 2 AZR 292/06, NZA 2008, 593; BAG 18.1.2007 – 2 AZR 759/05, AP KSchG 1969 § 1 Krankheit Nr. 44.
614 BAG 22.2.1980 – 7 AZR 295/78, AP KSchG 1969 § 1 Krankheit Nr. 6.
615 BAG 12.4.2002 – 2 AZR 148/01, NZA 2002, 1081, für einen Fall, in dem für die weiteren 24 Monate mit einer Ungewissheit über die Wiederherstellung der Arbeitsverhältnisse zu rechnen war.

nach einer etwaigen Wiederherstellung seiner Arbeitsfähigkeit auf einem anderen Arbeitsplatz oder sonst unter geänderten Vertragsbedingungen, ggf. nach einer Umschulungsmaßnahme, weiterbeschäftigt werden kann.[616]
Sollen **häufige Kurzerkrankungen** des Arbeitnehmers zum Anlass einer Kündigung genommen werden, so kommt es einerseits darauf an, ob zum Kündigungszeitpunkt objektive Tatsachen vorliegen, die die Besorgnis weiterer Erkrankungen rechtfertigen. Derartige Tatsachen sind die Art der bisherigen Erkrankungen, aber auch die Häufigkeit der bisherigen krankheitsbedingten Fehlzeiten.[617] Andererseits ist auch hier zu prüfen, ob die zu erwartenden weiteren krankheitsbedingten Fehlzeiten zu einer unzumutbaren Beeinträchtigung des Betriebsablaufs oder zu einer unzumutbaren wirtschaftlichen Belastung des Arbeitgebers führen.[618] Ob die wirtschaftlichen Belastungen dem Arbeitgeber noch zumutbar sind, hängt insbesondere von der Dauer des ungestörten Bestandes des Arbeitsverhältnisses ab; je länger ein Arbeitsverhältnis ungestört bestanden hat, desto mehr Rücksicht ist vom Arbeitgeber zu erwarten.[619] Auch die Mitverursachung der Erkrankungen durch die betrieblichen Verhältnisse (Staub, Nässe usw) ist zu berücksichtigen, fällt aber bei einer entsprechenden Krankheitsanlage des Arbeitnehmers nur unerheblich ins Gewicht.[620] Wirtschaftliche Unzumutbarkeit kann auch durch außergewöhnlich hohe Entgeltfortzahlungskosten infolge der häufigen Kurzerkrankungen begründet sein.[621] Doch kann der Arbeitgeber nicht auf die infolge eines hohen Krankenstandes eingetretenen Gesamtkosten, sondern immer nur auf die vom konkreten Arbeitnehmer verursachten Kosten verweisen.[622]

715 Zu den Erkrankungen, die eine personenbedingte Kündigung rechtfertigen können, gehören auch **Alkoholabhängigkeit und Drogenabhängigkeit,** die die Leistungsfähigkeit des Arbeitnehmers beeinträchtigen. Entscheidend ist auch hier die Prognose.[623] Besteht Aussicht auf Heilung in absehbarer Zeit, kommt eine Kündigung nicht in Betracht. Die Aussicht auf Heilung hängt wiederum von der Bereitschaft des Arbeitnehmers ab, sich einer Therapie zu unterziehen und diese durchzuhalten.

In **Fall 45** hat diese Bereitschaft im Zeitpunkt des Ausspruchs der Kündigung bei A gefehlt, sodass die Kündigung gerechtfertigt war. Dass er später sich doch einer Therapie unterzogen hat, kann daran nichts mehr ändern.[624]

716 **bb) Prognoseprinzip.** Wie gezeigt spielt auch bei personenbedingten Kündigungsgründen die Prognose über die Arbeitsfähigkeit eine Rolle. Diese Prognose ist negativ, wenn auch für die Zukunft mit personenbedingten Leistungseinschränkungen zu rechnen ist.[625]

717 **cc) Ultima ratio.** Dem Gedanken, dass die Kündigung des Arbeitsverhältnisses **ultima ratio** für den Arbeitgeber sein muss (→ Rn. 684), kommt bei der personenbedingten Kündigung besondere Bedeutung zu. Da die personenbedingte Kündigung die Fälle betrifft, in denen der Arbeitnehmer eine Arbeitsleistung nicht oder nicht mehr ordnungsgemäß erbringen kann, ohne dass ihn daran ein Verschulden trifft, wäre es unverhältnismäßig, wenn der Arbeitgeber kündigen würde, obwohl es einen zumutba-

616 BAG 22.2.1980 – 7 AZR 295/78, AP KSchG 1969 § 1 Krankheit Nr. 6.
617 BAG 10.11.2005 – 2 AZR 44/05, NZA 2006, 655.
618 BAG 23.6.1983 – 2 AZR 15/82, AP KSchG 1969 § 1 Krankheit Nr. 10; BAG 26.9.1991 – 2 AZR 132/91, NZA 1992, 1073.
619 BAG 15.2.1984 – 2 AZR 573/82, NZA 1984, 86.
620 BAG 5.7.1990 – 2 AZR 154/90, NZA 1991, 185.
621 BAG 7.11.2002 – 2 AZR 599/01, AP KSchG 1969 § 1 Krankheit Nr. 40.
622 BAG 7.11.1985 – 2 AZR 657/84, NZA 1986, 359.
623 BAG 20.3.2014 – 2 AZR 565/12, NZA 2014, 602; BAG 20.12.2012 – 2 AZR 32/11, NZA-RR 2013, 627.
624 BAG 9.4.1987 – 2 AZR 210/86, NZA 1987, 811.
625 ErfK/*Oetker* KSchG § 1 Rn. 105.

ren Weg gibt, um erbrachte und geschuldete Arbeitsleistung wieder in Einklang zu bringen.

718 Zu denken ist in erster Linie an die Herstellung der erforderlichen Leistungsfähigkeit des Arbeitnehmers. Hat der Arbeitnehmer eine für seine Tätigkeit notwendige Erlaubnis verloren, besteht aber die Möglichkeit, dass er sie in zumutbarer Zeit wiedererhält, muss bis zur Entscheidung der Behörde zugewartet werden.[626] Ist eine Anpassung der Leistungsfähigkeit im Wege von **Umschulungs- und Fortbildungsmaßnahmen** möglich, die dem Arbeitgeber zumutbar sind, scheidet eine Kündigung aus.

Das dem Arbeitgeber Zumutbare ist dabei im Zusammenhang mit den Qualifizierungsmaßnahmen nach § 97 II BetrVG (→ Rn. 1465) zu sehen: Hat der Arbeitnehmer ihm angebotene Qualifizierungsmaßnahmen im Vorfeld nicht genutzt, kann vom Arbeitgeber regelmäßig nicht verlangt werden, dass er sie jetzt noch durchführt. Umgekehrt sind an den Arbeitgeber strenge Anforderungen zu stellen, wenn vorbeugende Qualifizierungsmaßnahmen iSv § 97 II BetrVG unterblieben sind.

719 Der **Ultima-ratio-Grundsatz** gebietet auch, dass der Arbeitgeber die Einrichtung des Arbeitsplatzes so verändert, dass eine Einschränkung der Leistungsfähigkeit – etwa eine unfallbedingte Behinderung – sich nicht mehr auswirkt. Auch muss die Möglichkeit der Anpassung der geschuldeten Arbeitsleistung an die noch vorhandene Leistungsfähigkeit genutzt werden. Kann der Arbeitnehmer an einem **anderen Arbeitsplatz** in demselben Betrieb oder einem anderen Betrieb des Unternehmens weiterbeschäftigt werden, so geht eine entsprechende Versetzung der Kündigung vor.[627] Aber auch wenn sonst eine Weiterbeschäftigung zu **geänderten Arbeitsbedingungen** möglich ist, etwa der Arbeitnehmer unter Herabsetzung der wöchentlichen Arbeitszeit oder mit veränderten Arbeitsaufgaben weiterbeschäftigt werden kann, hat dies zu geschehen.[628]

Die Initiative muss dabei vom Arbeitgeber ausgehen. Er muss entweder von vornherein eine Änderungskündigung aussprechen oder dem Arbeitnehmer ein entsprechendes Angebot unterbreiten und klarstellen, dass bei dessen Ablehnung eine Kündigung erfolgen soll. Der Arbeitnehmer kann dann entscheiden, ob er dieses Angebot unter einem dem § 2 KSchG entsprechenden Vorbehalt annehmen oder ablehnen will. Auch wenn er das Letztere tut, muss der Arbeitgeber, um die Änderung durchzusetzen, eine Änderungskündigung aussprechen. Eine Beendigungskündigung kommt nur in Betracht, wenn ganz offensichtlich ist, dass der Arbeitnehmer sich auf die Änderung nicht einlassen würde, etwa wenn es um die Kündigung eines leitenden Angestellten geht, einziger freier Arbeitsplatz aber der eines Pförtners ist.[629]
Im Rahmen des Ultima-ratio-Prinzips ist auch das in § 84 II SGB IX[630] geregelte Betriebliche Eingliederungsmanagement (BEM) von Bedeutung. Obwohl im Schwerbehindertenarbeitsrecht geregelt, gilt die Regelung für alle Arbeitnehmer, die länger als sechs Wochen arbeitsunfähig sind. Dann ist in einem nur vage vorgegebenen Verfahren zu klären, wie der Arbeitsplatz des Arbeitnehmers erhalten werden kann.[631] Die Durchführung des BEM ist aber keine formale Voraussetzung für die Wirksamkeit einer krankheitsbedingten Kündigung.[632] Führt der Arbeitgeber aber kein BEM durch, so soll er die Dar-

626 BAG 7.12.2000 – 2 AZR 459/99, NZA 2001, 1304 für die Erneuerung der Flugerlaubnis des Piloten.

627 BAG 30.9.2010 – 2 AZR 88/09, NZA 2011, 39; BAG 29.1.1997 – 2 AZR 9/96, NZA 1997, 709, das sogar verlangt, dass ein entsprechender Arbeitsplatz frei gemacht wird, wenn der dort bisher beschäftigte Arbeitnehmer qua Direktionsrecht an einen anderen Arbeitsplatz versetzt werden kann und der Betriebsrat dieser Versetzung gem. § 99 BetrVG zustimmt; noch weiter BAG 20.11.2014 – 2 AZR 664/13, NZA 2015, 931.

628 BAG 29.8.2013 – 2 AZR 721/12, NZA-RR 2014, 325; BAG 20.6.2013 – 2 AZR 583/12, NZA 2013, 1345; BAG 27.9.1984 – 2 AZR 62/83, NZA 1985, 455.

629 BAG 21.4.2005 – 2 AZR 132/04, NZA 2005, 1289.

630 Ab 1.1.2018: § 167 II SGB IX.

631 Dazu *Deinert* NZA 2010, 969.

632 BAG 24.3.2011 – 2 AZR 170/10, NZA 2011, 992.

legungs- und Beweislast dafür tragen, dass es statt der personenbedingte Kündigung keine milderen Mittel gibt.[633]

720 **dd) Interessenabwägung.** Es ist zu fragen, ob die hervorgerufenen Störungen so gewichtig sind, dass sie vom Arbeitgeber nicht hingenommen werden müssen. Das Bestandsinteresse des Arbeitnehmers ist gegen die erheblichen betrieblichen oder wirtschaftlichen Interessen des Arbeitgebers abzuwägen. In die Abwägung sind alle Umstände einzubeziehen, die einen konkreten Bezug zum Arbeitsverhältnis haben – insbesondere die Dauer des Arbeitsverhältnisses, Betriebszugehörigkeit, Grund für den Verlust zur Fähigkeit der Arbeitsleistung, die betrieblichen und wirtschaftlichen Beeinträchtigungen (insbesondere: Höhe der Entgeltfortzahlungskosten). »Arbeitsverhältnisferne« Faktoren spielen keine Rolle.[634]

c) Betriebsbedingte Kündigung

721 **aa) Dringende betriebliche Erfordernisse.** Führt ein Mangel an kostendeckenden Aufträgen zu einem Überhang von Arbeitskräften, muss eine Personalverminderung ebenso möglich sein wie in den Fällen, in denen dieser Überhang seine Ursache in der Einführung arbeitskräftesparender, kostensenkender Arbeitsmethoden oder einer Umstrukturierung hat. § 1 lässt deshalb auch eine Kündigung aus dringenden betrieblichen Erfordernissen zu – die sozialgerechtfertigte **betriebsbedingte Kündigung.**

722 An der Öffnung des Bestandsschutzes gegenüber einer Kündigung aus dringenden betrieblichen Erfordernissen wird deutlich, dass das KSchG **kein Mittel zur Verhinderung von Arbeitslosigkeit** oder zum Abbau eingetretener Arbeitslosigkeit sein kann. Vielmehr obliegen sie der Wirtschaftspolitik und der Sozialpolitik und hier insbesondere den Behörden der Arbeitsverwaltung, denen das KSchG mit den Vorschriften über die Anzeigepflicht bei Entlassungen lediglich Flankenschutz geben kann (→ Rn. 811 ff.).

723 Betriebsbedingt und damit sozial gerechtfertigt ist eine Kündigung dann, wenn sie notwendig ist, um den Personalbestand des Betriebs dem tatsächlichen Personalbedarf anzugleichen. Worauf die **Diskrepanz zwischen Personalbedarf und Personalbestand** zurückzuführen ist, spielt aber im Grundsatz keine Rolle. Die betriebsbedingte Kündigung meint im Bereich der privaten Wirtschaft sowohl den Fall, dass der Personalüberhang seine Ursache in den Außenbeziehungen des Unternehmens hat, insbesondere auf den Mangel an kostendeckenden Aufträgen, Rohstoff- oder Energiemangel oder auf Finanzierungsschwierigkeiten zurückzuführen ist, als auch den, dass der Personalbedarf infolge einer Veränderung der Gegebenheiten im Unternehmen oder Betrieb selbst sinkt, etwa weil der Betriebszweck geändert wird, Rationalisierungsmaßnahmen ergriffen oder neue Produktions- und Arbeitsmethoden eingeführt werden. Sinngemäß geht es im Bereich des öffentlichen Dienstes sowohl um den Fall, dass Aufgaben entfallen oder wegen äußerer Umstände nicht erfüllt werden können, als auch um den, dass aufgrund interner Maßnahmen, etwa Verwaltungsvereinfachungen oder durch Rationalisierungen, der Personalbedarf vermindert wird.

724 Indem das Gesetz auf die dringenden **betrieblichen** Erfordernisse abstellt, bringt es zum Ausdruck, dass es genügt, wenn die Kündigung in der **betriebswirtschaftlichen**

633 BAG 13.5.2015 – 2 AZR 565/14, NZA 2015, 1249; BAG 20.11.2014 – 2 AZR 664/13, NZA 2015, 931.

634 Anders etwa für Unterhaltsverpflichtungen des Arbeitnehmers BAG 20.1.2000 – 2 AZR 378/99, NZA 2000, 768.

Notwendigkeit begründet ist. Nicht kommt es darauf an, ob die unternehmerischen Entscheidungen, die zu diesen geführt haben, als dringend anzusehen sind. Dem KSchG kann angesichts der verfassungsrechtlich gewährten **Unternehmerfreiheit** (→Rn. 129ff.) nicht der Zweck zugemessen werden, die Entscheidungen, die der Unternehmer im Rahmen der Unternehmensführung trifft, einer Nachprüfung durch die Gerichte für Arbeitssachen zu unterziehen.[635]

725 Das gilt sowohl für die Entscheidungen, die der Unternehmer außerbetrieblich im Hinblick auf den Markt trifft, also etwa über die Hereinnahme oder Nichthereinnahme eines Auftrags, die Planung der Absatzgebiete und die Werbung sowie seine Einkaufspolitik und die Finanzierungsmethoden. Es gilt aber auch für die Entscheidungen, welche er betriebssintern trifft, also etwa über die Fortführung oder Stilllegung des Betriebs, seine Verlagerung oder seinen Zusammenschluss mit anderen Betrieben, eine Betriebseinschränkung, die Änderung des Betriebszwecks, das Produktions- und Investitionsprogramm, die Fabrikations- und Arbeitsmethoden, Rationalisierungsvorhaben und Organisationsänderungen.[636] Allerdings hängen außerbetriebliche Gründe und innerbetriebliche Entscheidung stets zusammen, denn auch außerbetriebliche Gründe müssen durch interne Unternehmerentscheidung transformiert werden. Dies gilt letztlich auch für die sog. selbstbindenden Unternehmerentscheidungen, bei denen der Arbeitgeber die Notwendigkeit eines Personalabbaus direkt an externe Faktoren wie etwa einen Auftragsmangel knüpft.[637]

Das Interesse der Arbeitnehmer bei diesen unternehmerischen Entscheidungen zu wahren, ist nicht Aufgabe des KSchG, sondern der Mitbestimmungsrechte, die den Arbeitnehmervertretern im Rahmen der Mitbestimmungsgesetze und in beschränktem Umfang im Rahmen der §§ 111ff. BetrVG eingeräumt sind (→Rn. 1541ff.).

In seiner Rechtsprechung hat das BAG auch die Entscheidung über die Kapazität an Arbeitskräften und an Arbeitszeit sowie die Entscheidung darüber, wie diese Kräfte verteilt werden sollen, der freien Unternehmerentscheidung zugeordnet. Es gehöre zur Organisation und Gestaltung des Betriebes, neben der Anschaffung von Maschinen, Gerätschaften sowie Vorrichtungen und der Gestaltung der Arbeitsabläufe auch die Stärke der Belegschaft, mit der das Betriebsziel erreicht werden soll, festzulegen. Dabei könne die Unternehmerentscheidung auch darin liegen, künftig auf Dauer mit weniger Personal zu arbeiten. Soweit dadurch eine Leistungsverdichtung eintrete, sei sie als Konzept gewollt; der rationelle Einsatz des Personals sei Sache der Unternehmerentscheidung. Ebenso sei Sache der Unternehmenspolitik die Bestimmung, ob ein umfangmäßig konkretisierter Arbeitskräftebedarf nur mit Vollzeit- oder teilweise auch mit Halbtagskräften abgedeckt werden soll.[638]

726 Die Unternehmerentscheidung ist Grundrechtsausübung, Art. 12 I, 14 GG und deshalb geschützt. Der Richter (und damit der Staat!) soll grundsätzlich nicht die Befugnis haben, eine Unternehmerentscheidung zu korrigieren. Dass die Entscheidungen des Unternehmers über die Leitung des Unternehmens von der Nachprüfung durch die Arbeitsgerichte freizuhalten sind, bedeutet aber auf der anderen Seite nicht, dass diese sich im Kündigungsschutzprozess mit bloßen Behauptungen des Unternehmers zu begnügen hätten. Vielmehr haben sie voll nachzuprüfen, ob die behaupteten inner- oder

---

635 BAG 20.11.2014 – 2 AZR 512/13, NZA 2015, 679; *Schrader/Siebert* NZA-RR 2013, 113; *Löwisch*, Betriebsbedingte Kündigung und Unternehmerfreiheit, 1998, 45ff.

636 StRspr, grdl. BAG 17.9.1957 – 1 AZR 352/56, NJW 1957, 1855; BAG 18.1.2001 – 2 AZR 514/99, NZA 2001, 719.

637 BAG 23.2.2012 – 2 AZR 548/10, NZA 2012, 852; BAG 15.6.1989 – 2 AZR 600/88, NZA 1990, 65.

638 BAG 24.4.1997 – 2 AZR 352/96, NZA 1997, 1047; BAG 22.5.2003 – 2 AZR 326/02, AP KSchG 1969 § 1 Betriebsbedingte Kündigung Nr. 128.

außerbetrieblichen Entscheidungen **tatsächlich getroffen** worden sind und ob sie sich im betrieblichen Bereich **tatsächlich dahin auswirken,** dass für die Weiterbeschäftigung des gekündigten Arbeitnehmers kein Bedürfnis mehr besteht.[639] Macht der Arbeitgeber etwa geltend, ein dauerhafter Umsatzrückgang sei Grund für die Freisetzung von Arbeitnehmern, wird gerichtlich nachgeprüft, ob tatsächlich ein dauerhafter Umsatzrückgang vorliegt und in welchem Ausmaß sich die deshalb getroffene Unternehmerentscheidung auf die Arbeitsmenge bestimmter Arbeitnehmer auswirkt.[640] Die Darlegungs- und Beweislast trifft den Arbeitgeber.[641]

Die Rechtsprechung steht auf dem Standpunkt, dass die Freisetzung eines Arbeitnehmers dann nicht als dringendes betriebliches Erfordernis für seine Kündigung angesehen werden kann, wenn die unternehmerische Entscheidung, die zu der Freisetzung geführt hat, als **offenbar unsachlich, unvernünftig oder willkürlich** angesehen werden muss.[642] Im Grundsatz ist dem beizupflichten, denn einem betrieblichen Erfordernis, das auf eine offenbar unsachliche, unvernünftige oder willkürliche Entscheidung zurückgeht, fehlt das Gewicht, das notwendig ist, um eine Kündigung zu rechtfertigen. Freilich kann es sich insoweit nur um extreme Ausnahmefälle handeln. Die Missbrauchskontrolle darf nicht dazu führen, mit einer anderen Begründung doch die den Gerichten für Arbeitssachen verwehrte Prüfung der Notwendigkeit und Zweckmäßigkeit unternehmerischer Entscheidungen nachzuholen.[643]

Aus alledem folgt aber auch, dass die Kündigungsentscheidung selbst nie eine solche nur eingeschränkt zu prüfende Unternehmerentscheidung ist, sondern stets aus dieser zu folgen hat – die zulässige betriebsbedingte Kündigung ist also nicht Ausgangpunkt, sondern Ergebnis der Unternehmerentscheidung.

bb) Wegfall der Beschäftigungsmöglichkeit (Prognose). Aufgrund der Unternehmerentscheidung muss im Betrieb die Beschäftigungsmöglichkeit für Arbeitnehmer wegfallen.[644] Dabei muss sich dieses letztlich prognostische Element nicht auf den konkreten Arbeitsplatz des letztlich gekündigten Arbeitnehmers beziehen, weil die Auswahl des zu kündigenden Arbeitnehmers Aufgabe der schließlich durchzuführenden Sozialauswahl (→Rn. 736ff.) ist.[645] Ein Wegfall der Beschäftigungsmöglichkeit liegt auch vor, wenn der Arbeitgeber künftig eine Tätigkeit von außen »einkaufen« will (»outsourcing«), denn auch dann hat der Arbeitgeber für eigene Arbeitnehmer gerade keine Beschäftigungsmöglichkeit mehr.[646] Anders wäre es dann, wenn der Arbeitgeber etwa »teure« tarifgebundene Arbeitnehmer durch »billigere« nicht tariflich gebundene Arbeitnehmer ersetzen wollte – denn dann besteht bei ihm selbst die Beschäftigungsmöglichkeit noch.[647] Das BAG hat (freilich zweifelhaft) auch angenommen, dass dies beim Austausch mit Leiharbeitnehmern der Fall ist.[648] 727

639 BAG 29.8.2013 – 2 AZR 809/12, DB 2014, 663; BAG 10.7.2008 – 2 AZR 1111/06, NZA 2009, 312.

640 BAG 15.6.1989 – 2 AZR 600/88, NZA 1990, 65.

641 BAG 16.2.2012 – 8 AZR 693/10, NZA-RR 2012, 465.

642 Zuletzt BAG 20.11.2013 – 2 AZR 512/13, NZA 2015, 679; BAG 20.6.2013 – 2 AZR 379/12, NZA 2014, 139; BAG 16.12.2010 – 2 AZR 770/09, NZA 2011, 505; s. auch BAG 26.9.2002 – 2 AZR 636/01, NZA 2003, 549, das die Entscheidung eines Unternehmers, einen Betriebsteil durch eine noch zu gründende, finanziell, wirtschaftlich und organisatorisch in sein Unternehmen voll eingegliederte Organgesellschaft mit von dieser neu einzustellenden Arbeitnehmern weiterbetreiben zu lassen, als rechtsmissbräuchlich angesehen hat.

643 S. als abweichendes Beispiel ArbG Gelsenkirchen 28.10.1997 – 2 Ca 3762/96, NZA 1998, 944.

644 BAG 23.2.2012 – 2 AZR 548/10, NZA 2012, 852; BAG 2.6.2005 – 2 AZR 480/04, NZA 2006, 207.

645 BAG 16.12.2004 – 2 AZR 66/04, NZA 2005, 761.

646 BAG 16.12.2004 – 2 AZR 66/04, NZA 2005, 761 mwN.

647 S. dazu BAG 13.3.2008 – 2 AZR 1037/06, NZA 2008, 878.

648 BAG 12.3.2009 – 2 AZR 418/07, NZA 2009, 1023.

728 Ein nur vorübergehender Arbeitsmangel kann eine betriebsbedingte Kündigung nicht rechtfertigen. Deshalb spricht die Einführung von Kurzarbeit, die regelmäßig zur Überbrückung vorübergehender Beschäftigungsengpässe eingesetzt wird, gegen einen dauerhaft gesunkenen Beschäftigungsbedarf.[649]

729 Freilich kann sich eine Prognose auch als falsch herausstellen. Wollte etwa der Arbeitgeber einen Betrieb stilllegen und spricht deshalb betriebsbedingte Kündigungen aus, kommt es aber später doch noch zu einem Betriebsübergang (§ 613a BGB) so bleiben die Beschäftigungsmöglichkeiten erhalten. In diesen Fällen gewährt die Rechtsprechung auf der Grundlage der §§ 611, 242 BGB einen **Wiedereinstellungsanspruch.** Voraussetzung ist aber, dass die Kündigungsfrist des Arbeitnehmers noch nicht abgelaufen ist und dass der Arbeitgeber nicht anderweitig über den Arbeitsplatz disponiert hat.[650]

730 cc) **Ultima-ratio-Grundsatz.** Auch die betriebsbedingte Kündigung unterliegt dem Ultima-ratio-Prinzip: Kann die Kündigung durch eine betriebliche Maßnahme vermieden werden, ist sie nicht unvermeidbar und damit nicht dringlich.[651] Diesen Grundsatz bringt auch § 2 II 2 Nr. 2 SGB III besonders zum Ausdruck, nach dem Arbeitgeber »vorrangig durch betriebliche Maßnahmen die Inanspruchnahme von Leistungen der Arbeitsförderung sowie Entlassungen von Arbeitnehmern vermeiden« sollen. Allerdings folgt aus dieser arbeitsförderungsrechtlichen Vorschrift keine arbeitsrechtliche Verpflichtung des Arbeitgebers.[652]

731 Wegen Verstoßes gegen den **Ultima-ratio-Grundsatz** ist eine sonst betriebsbedingte Kündigung zunächst dann nicht gerechtfertigt, wenn der Arbeitnehmer an einem anderen Arbeitsplatz weiterbeschäftigt werden kann. Ob dieser Arbeitsplatz im selben oder in einem anderen **Betrieb des Unternehmens** liegt, spielt keine Rolle. Der Ultima-ratio-Grundsatz als Ausdruck der Interessenabwägung (→ Rn. 684 ff.) knüpft an das an, was dem Arbeitgeber als dem Vertragspartner des Arbeitnehmers insgesamt zumutbar ist und lässt sich deshalb nicht nach Betrieben aufspalten. Hingegen kann der Arbeitgeber grundsätzlich **nicht** auf Weiterbeschäftigungsmöglichkeiten in einem **anderen Unternehmen des Konzerns,** zu dem auch sein Unternehmen gehört, verwiesen werden. Einem solchen konzernbezogenen Kündigungsschutz steht die rechtliche Selbstständigkeit der Konzernunternehmen entgegen. Etwas anderes gilt nur, wenn sich ein anderes Konzernunternehmen zur Übernahme des Arbeitnehmers bereit erklärt hat oder wenn sich eine entsprechende Verpflichtung anderer Konzernunternehmen daraus ergibt, dass der Arbeitnehmer für den ganzen Konzern eingestellt oder planmäßig konzernweit eingesetzt worden ist.[653]

732 Die Möglichkeit der Weiterbeschäftigung an einem anderen Arbeitsplatz setzt voraus, dass ein solcher Arbeitsplatz **tatsächlich frei** ist und nicht erst frei gemacht oder neu geschaffen werden muss.[654] Weder soll der Ultima-ratio-Grundsatz Kündigungs-

649 BAG 23.2.2012 – 2 AZR 548/10, NZA 2012, 852.

650 BAG 15.12.2011 – 8 AZR 197/11, DB 2012, 696; BAG 21.8.2008 – 8 AZR 201/07, NZA 2009, 29.

651 BAG 23.2.2012 – 2 AZR 548/10, NZA 2012, 852; BAG 7.12.1978 – 2 AZR 155/77, AP KSchG 1969 § 1 Betriebsbedingte Kündigung Nr. 6.

652 BAG 29.9.2005 – 8 AZR 571/04, NZA 2005, 1406.

653 BAG 22.11.2012 – 2 AZR 673/11, NZA 2013, 730; BAG 23.11.2004 – 2 AZR 24/04, NZA 2005, 929.

654 BAG 15.12.2011 – 2 AZR 42/10, DB 2012, 1445.

gründe schaffen,[655] noch kann er den Arbeitgeber verpflichten, einen neuen Arbeitsplatz einzurichten.[656] Allerdings darf der Arbeitgeber nach dem Rechtsgedanken des § 162 BGB nicht durch eine vorgezogene Stellenbesetzung treuwidrig für den Wegfall freier Arbeitsplätze im Kündigungszeitpunkt sorgen.[657]

Stehen im **Betrieb** weniger freie Arbeitsplätze zur Verfügung als Arbeitnehmer zu kündigen sind, bestimmt sich nach den Grundsätzen über die Sozialauswahl gem. § 1 III KSchG (→ Rn. 741), welche dieser Arbeitnehmer gekündigt werden dürfen und welche der Kündigung durch Versetzung auf die freien Arbeitsplätze entgehen. 733

Ist dieselbe Situation im **Unternehmen** gegeben, ist § 1 III KSchG entsprechend anzuwenden: Sind in dem aus drei Betrieben bestehenden Unternehmen drei Arbeitsplätze im Betrieb A frei und müssen in Betrieb B und in Betrieb C je drei Arbeitnehmer betriebsbedingt gekündigt werden, so ist es angemessen, die Auswahl zwischen den zu Kündigenden und den auf die freien Arbeitsplätze zu Versetzenden nach sozialen Gesichtspunkten vorzunehmen, soweit nicht berechtigte betriebliche Interessen des Arbeitgebers die Versetzung gerade des einen oder des anderen bedingen.[658]

Der Ultima-ratio-Grundsatz schließt eine betriebsbedingte Kündigung auch dann aus, 734 wenn die Weiterbeschäftigung des Arbeitnehmers nach **Fortbildungs- oder Umschulungsmaßnahmen** möglich ist. Voraussetzung ist, dass die Umschulungs- oder Fortbildungsmaßnahmen dem Arbeitgeber zumutbar sind.

Bei der Feststellung der Zumutbarkeit sind insbesondere die Dauer der Betriebszugehörigkeit des Arbeitnehmers und seine Fähigkeiten und auf der Seite des Arbeitgebers die Kosten der Maßnahme von Bedeutung. Auch Verstöße gegen die Beratungspflicht nach § 92a II BetrVG oder gegen die Erörterungspflicht nach § 81 IV 2 BetrVG fallen ins Gewicht (→ Rn. 1453, 1583).

Der Ultima-ratio-Grundsatz steht einer betriebsbedingten Kündigung weiter dann 735 entgegen, wenn die Weiterbeschäftigung des Arbeitnehmers, sei es an dem bisherigen oder an einem anderen Arbeitsplatz, unter **geänderten Vertragsbedingungen** möglich ist.[659] Ein Anspruch auf Weiterbeschäftigung zu besseren Arbeitsbedingungen folgt aber aus dem Ultima-ratio-Prinzip nicht.[660] Das zur personenbedingten Kündigung (→ Rn. 717 ff.) Geschriebene gilt auch hier.

Weiter in Betracht kommen der Abbau von (dauerhaft geleisteten) Überstunden und der Abbau von (nicht nur zum Auffangen von Auftragsspitzen durchgeführter) Leiharbeit.[661] Die Einführung von Kurzarbeit ist dagegen vom Arbeitgeber nicht zu verlangen. Denn die Kurzarbeit (flankiert durch das Kurzarbeitergeld, §§ 95 ff SGB III) ist ein Instrument zum Auffangen vorübergehender wirtschaftlicher Krisenlagen. Darüber hinaus greift sie tief in das Vertragsverhältnis aller betroffenen Arbeitnehmer ein.[662]

---

655 BAG 13.5.2004 – 2 AZR 36/04, NZA 2004, 1271.

656 Schon BAG 3.2.1977 – 2 AZR 476/75, NJW 1977, 1846; BAG 2.2.2006 – 2 AZR 38/05, AP KSchG 1969 § 1 Betriebsbedingte Kündigung Nr. 142.

657 BAG 25.10.2012 – 2 AZR 552/11, NZA-RR 2013, 632; BAG 1.2.2007 – 2 AZR 710/05, AP BGB § 162 Nr. 6.

658 BAG 21.9.2000 – 2 AZR 385/99, NZA 2001, 535, welches die Anwendung des § 1 III KSchG allerdings dahingestellt sein lässt und stattdessen mit § 315 BGB argumentiert.

659 BAG 29.8.2013 – 2 AZR 721/12, NZA-RR 2014, 325.

660 BAG 5.6.2008 – 2 AZR 107/07, NZA 2008, 1180.

661 BAG 15.12.2011 – 2 AZR 42/10, DB 2012, 1445; APS/*Kiel* KSchG § 1 Rn. 567 f.

662 BAG 11.9.1986 – 2 AZR 564/85, BB 1987, 1882; aA *Löwisch*, FS Wiese, 1998, 249 ff.

dd) Sozialauswahl

Fall 46: In der Firma X müssen als Folge von Rationalisierungsmaßnahmen in der Verwaltung 20 von 300 Angestellten entlassen werden. Die Personalleitung wählt die Angestellten unter Berücksichtigung der Dauer ihrer Betriebszugehörigkeit, des Lebensalters, der Familienverhältnisse und vorliegender Schwerbehinderungen aus. Aus Versehen wird in die Auswahl aber die jüngere Angestellte B, die erst ein Jahr dem Betrieb angehört und mit einem gut verdienenden Mann verheiratet ist, nicht einbezogen. A, dem gekündigt worden ist, macht im Kündigungsschutzprozess geltend, dass B hätte gekündigt werden müssen, was dann möglicherweise dazu geführt hätte, dass seine Kündigung unterblieben wäre.

736 Trotz Vorliegens dringender betrieblicher Erfordernisse ist eine Kündigung nach § 1 III 1 KSchG sozial ungerechtfertigt, wenn der Arbeitgeber bei der Auswahl der gekündigten Arbeitnehmer unter mehreren in Betracht kommenden Arbeitnehmern die Dauer der Betriebszugehörigkeit, das Lebensalter, die Unterhaltspflichten und die Schwerbehinderung des Arbeitnehmers nicht oder nicht ausreichend berücksichtigt hat. Mit dieser Vorschrift verfolgt das Gesetz das Ziel, im Verhältnis der Arbeitnehmer zueinander Gerechtigkeit bei dem gravierenden Eingriff des Arbeitsplatzverlustes walten zu lassen. Das Risiko der betriebsbedingten Kündigung wird damit unter den Arbeitnehmern kollektiviert.

737 In die Sozialauswahl sind nur Arbeitnehmer **des entsprechenden Betriebs** mit einzubeziehen. Nach § 1 II 1 KSchG kommt es für die Rechtfertigung der Kündigung darauf an, ob die betrieblichen Erfordernisse der Weiterbeschäftigung des Arbeitnehmers »in diesem Betrieb« entgegenstehen. Bezugspunkt ist also der Betrieb. Das bedeutet auf der einen Seite, dass sich die Sozialauswahl nicht auf die Arbeitnehmer der Betriebsabteilung, in der Arbeitsplätze weggefallen sind, beschränken darf. Auf der anderen Seite ist die Sozialauswahl in Unternehmen mit mehreren Betrieben aber auch nicht auf das ganze Unternehmen oder gar den ganzen Konzern, sondern eben nur auf den betreffenden Betrieb zu beziehen.[663] Unternehmensbezogenheit spielt nur eine Rolle bei der Weiterbeschäftigungsmöglichkeit auf einem **freien** Arbeitsplatz nach dem Ultima-ratio-Prinzip (→ Rn. 732).

738 In die Sozialauswahl können nur die Arbeitnehmer einbezogen werden, deren Funktion auch von dem Arbeitnehmer wahrgenommen werden könnte, dessen Arbeitsplatz weggefallen ist. Gibt es keinen in diesem Sinne **vergleichbaren Arbeitnehmer** oder muss allen diesen Arbeitnehmern gleichzeitig gekündigt werden, kann eine Sozialauswahl nicht stattfinden. Dabei hat die Vergleichbarkeit zwei Komponenten: eine hinsichtlich der Tätigkeit und Qualifikation der Arbeitnehmer und eine hinsichtlich der arbeitsvertraglich festgelegten Versetzbarkeit.[664] Ob der Arbeitnehmer, dessen Arbeitsplatz weggefallen ist, die Funktion anderer Arbeitnehmer wahrnehmen kann, richtet sich in erster Linie nach der ausgeübten Tätigkeit: Arbeitnehmer, die gleichartige Arbeitsplätze innehaben, sind ohne Weiteres austauschbar, ohne dass es dabei auf eine etwaige unterschiedliche Ausbildung ankommen könnte. Es reicht aber auch aus, wenn der Arbeitnehmer, dessen Arbeitsplatz weggefallen ist, aufgrund seiner Fähig-

663 BAG 20.6.2013 – 2 AZR 271/12, NZA 2013, 837; BAG 22.5.1986 – 2 AZR 612/85, NZA 1987, 125.

664 BAG 19.12.2013 – 6 AZR 790/12, NZA-RR 2014, 185; BAG 15.12.2011 – 2 AZR 42/10, DB 2012, 1445.

keiten und betrieblichen Erfahrungen in der Lage ist, die auf einem bestehen bleibenden Arbeitsplatz geforderte Tätigkeit auszuüben. Voraussetzung ist nach der Rechtsprechung immer, dass der Arbeitnehmer, dessen Arbeitsplatz weggefallen ist, ohne Änderung seines Arbeitsvertrages kraft Direktionsrechts auf den infrage kommenden, fortbestehenden Arbeitsplatz umgesetzt werden kann.[665]

Nicht in die Sozialauswahl einzubeziehen sind Arbeitnehmer, die im hierarchischen Aufbau des Betriebes eine **niedriger zu bewertende Tätigkeit** ausüben, insbesondere einen geringer vergüteten Arbeitsplatz innehaben: Bei der Vergleichbarkeit kommt es damit allein auf die horizontale, nicht auf die vertikale Betrachtung an.[666] Dies gilt unbestrittenermaßen dann, wenn gar nicht feststeht, ob der die höherwertige Tätigkeit ausübende Arbeitnehmer, dessen Kündigung ansteht, bereit wäre, die niedriger zu bewertende Tätigkeit auszuüben. § 1 III KSchG verlangt vom Arbeitgeber nicht, dass er von sich aus an einen solchen Arbeitnehmer herantritt, um ihn zu einer entsprechenden Vertragsänderung zu bewegen.[667] Es ist aber auch dann richtig, wenn der betroffene Arbeitnehmer sein Einverständnis mit der Übernahme der niedriger zu bewertenden Tätigkeit erklärt hat. Es kann nicht der Sinn des § 1 III KSchG sein, einen – konsequenterweise sich dann von Stufe zu Stufe fortsetzenden – Verdrängungswettbewerb nach unten zu eröffnen.[668] Ebenso werden Arbeitnehmer, die **höher bewertete Tätigkeiten** ausüben, nicht in den Vergleich einbezogen, auch wenn eine Beförderung des gekündigten Arbeitnehmers auf einen ähnlichen Arbeitsplatz möglich gewesen wäre.[669]

Nicht in die Sozialauswahl einbezogen werden können Arbeitnehmer, deren ordentliche Kündigung, etwa nach § 15 KSchG, gesetzlich ausgeschlossen ist. Arbeitnehmer, bei denen die Kündigung an die Zustimmung einer Behörde gebunden ist (etwa § 85 SGB IX[670]sind dann in die Sozialauswahl einzubeziehen, wenn diese Zustimmung vorliegt.[671] 739

Ob die tarif- oder einzelvertragliche Unkündbarkeit den Einbezug in die Sozialauswahl hindert, ist streitig.[672] Dagegen spricht vor allem, dass der mit § 1 III KSchG beabsichtigte Schutz sozial schwächerer Arbeitnehmer sonst ausgehöhlt werden könnte.[673] Das BAG lässt einen Einbezug jedenfalls dann zu, wenn die Herausnahme der tariflich unkündbaren Arbeitnehmer zu einer groben Fehlerhaftigkeit der Sozialauswahl führen würde.[674] Bei einzelvertraglichen Regelungen ist die Frage zu stellen, ob die Unkündbarkeitsvereinbarung nur dazu dienen sollte, die konkrete Sozialauswahl zu beeinflussen.[675]

Auf der anderen Seite sind Arbeitnehmer, die noch keinen Kündigungsschutz genießen, weil sie die Wartezeit noch nicht erfüllt haben, trotz eventuell für sie sprechender sozialer **Gesichtspunkte** vor allen Arbeitnehmern mit Kündigungsschutz zu kündigen.[676] 740

665 BAG 2.3.2006 – 2 AZR 23/05, NZA 2006, 1350.
666 BAG 5.6.2008 – 2 AZR 907/06, NZA 2008, 1120.
667 BAG 7.2.1985 – 2 AZR 91/84, NZA 1986, 260.
668 BAG 29.3.1990 – 2 AZR 369/89, AP KSchG 1969 § 1 Betriebsbedingte Kündigung Nr. 50.
669 BAG 29.3.1990 – 2 AZR 369/89, AP KSchG 1969 § 1 Betriebsbedingte Kündigung Nr. 50.
670 Ab 1.1.2018: § 168 SGB IX.
671 v. Hoyningen-Huene/Linck/*Linck* KSchG § 1 Rn. 948.
672 v. Hoyningen-Huene/Linck/*Linck* KSchG § 1 Rn. 950ff. mwN; auch *Weinbrenner/Lerch* NZA 2011, 1388.
673 Löwisch/Spinner/Wertheimer/*Löwisch* KSchG § 1 Rn. 441.
674 BAG 20.6.2013 – 2 AZR 295/12, NZA 2014, 208; BAG 5.6.2008 – 2 AZR 907/06, NZA 2008, 1120.
675 ErfK/*Oetker* KSchG § 1 Rn. 313.
676 BAG 25.4.1985 – 2 AZR 140/84, NZA 1986, 64.

741 Eine betriebsbedingte Kündigung ist wegen fehlerhafter Sozialauswahl nur dann sozial ungerechtfertigt, wenn einer oder mehrere der **ausdrücklich im Gesetz genannten Gesichtspunkte** nicht oder nicht ausreichend berücksichtigt worden sind. Zu beachten sind:

- Die **Dauer der Betriebszugehörigkeit.** In ihr drückt sich der Wert des Arbeitsplatzes für den Arbeitnehmer aus. Dabei ist auf die Gesamtdauer der Beschäftigung bei einem Arbeitgeber abzustellen, gleichgültig in welchem Betrieb sie erfolgt ist.[677]
- Das **Lebensalter** des Arbeitnehmers.[678] Die mit einem Arbeitsplatzwechsel verbundenen Folgen, insbesondere die Einstellung auf die neue Arbeit und ein etwaiger Wohnungswechsel, sind von einem jüngeren Arbeitnehmer leichter zu tragen als von einem älteren.
- Die **Unterhaltspflichten** des Arbeitnehmers. Wer nur für sich selbst zu sorgen hat, kann den Verlust des Arbeitsplatzes eher verkraften als derjenige, der auch gesetzlichen[679] Unterhalt für Familienangehörige leisten muss.
- Die **Schwerbehinderung** des Arbeitnehmers. Wer schwerbehindert ist, ergibt sich aus § 2 II SGB IX. Mit diesem Gesichtspunkt soll der besonderen Schutzbedürftigkeit schwerbehinderter Arbeitnehmer über den im SGB IX festgelegten Schutz hinaus (→ Rn. 816ff.) Rechnung getragen werden.[680]

742 Weitere Gesichtspunkte sind nicht in die Sozialauswahl einzubeziehen, die gesetzliche Aufzählung ist **enumerativ** – so ist es etwa unerheblich, ob ein Arbeitnehmer dem Übergang seines Arbeitsverhältnisses auf einen Betriebserwerber widersprochen und damit einen sicheren Arbeitsplatz aufgegeben hat. Kommt es dann beim Veräußerer zu einer Sozialauswahl, spielt dieser Umstand keine Rolle.[681]

743 Als Informationsquelle kann der Arbeitgeber vor allem auf die ihm durch Personalakten oder Lohnsteuerabzugsmerkmale zur Verfügung stehenden Daten zurückgreifen. Eine Frageobliegenheit trifft ihn nur, wenn der Arbeitgeber Anhaltspunkte dafür hat, dass sich die ihm bekannten Daten geändert haben.[682]

744 Das Gesetz verlangt vom Arbeitgeber nur die **ausreichende** Berücksichtigung der genannten sozialen Gesichtspunkte. Er muss diese nicht vollkommen richtig, gleichsam ideal gewürdigt haben, sondern es genügt, wenn er dies in ausreichendem Maß getan hat. Damit steht ihm ein Bewertungsspielraum zu, den die Gerichte für Arbeitssachen respektieren müssen.[683] Nur wenn der Arbeitgeber nicht einmal die vier benannten sozialen Gesichtspunkte berücksichtigt hat oder wenn deren Gewichtung unvertretbar ist, ist die soziale Auswahl verfehlt und damit die Kündigung unwirksam.[684]

745 Die Berücksichtigung des Alters im Rahmen der Sozialauswahl führt zu einer Benachteiligung der jüngeren vergleichbaren Arbeitnehmer. Richtigerweise ist diese Benach-

677 BAG 2.6.2005 – 2 AZR 158/04, AP KSchG 1969 § 1 Soziale Auswahl Nr. 73.
678 Dazu auch *Kaiser/Dahm* NZA 2010, 473ff.; *Seidler/Lunk* NZA 2014, 455.
679 BAG 12.8.2010 – 2 AZR 945/08, NZA 2011, 460.
680 Zur Berücksichtigung dieses Gesichtspunktes ausführlich *Löwisch* BB 2004, 154f.
681 BAG 31.5.2007 – 2 AZR 276/06, NZA 2008, 33.
682 BAG 17.1.2008 – 2 AZR 405/06, NZA-RR 2008, 571.
683 BAG 7.7.2011 – 2 AZR 476/10, AP KSchG 1969 § 1 Wartezeit Nr. 26; BAG 17.3.2005 – 2 AZR 4/04, AP KSchG 1969 § 1 Soziale Auswahl Nr. 71; BAG 18.10.1984 – 2 AZR 543/83, NZA 1985, 423.
684 BAG 19.12.2013 – 6 AZR 790/12, NZA-RR 2014, 185; BAG 18.10.2006 – 2 AZR 473/05, NZA 2007, 504.

teiligung aber gerechtfertigt, weil die älteren Arbeitnehmer geringere Arbeitsmarktchancen haben als die jüngeren.[685] Das gilt jedenfalls bei der jetzigen Arbeitsmarktsituation.[686]

Was die **Schwerbehinderung** anlangt, kommt es nicht darauf an, ob die Schwerbehinderteneigenschaft im Verfahren nach § 69 SGB IX[687] förmlich festgestellt ist. Es ist deshalb möglich, dass der Arbeitgeber bei Ausspruch der Kündigung von der Schwerbehinderteneigenschaft des Arbeitnehmers, den er als sozial weniger schutzbedürftig angesehen hat, nichts weiß. In einem solchen Fall kann die erstmalige Berufung des Arbeitnehmers auf die Schwerbehinderung im Rahmen des Kündigungsschutzprozesses aber nicht zulasten des Arbeitgebers gehen. Sie muss bei der Beurteilung der Angemessenheit der Sozialauswahl außer Betracht bleiben.[688] Das heißt auch, dass der schwerbehinderte Arbeitnehmer, der auf die Frage nach der Schwerbehinderung wahrheitswidrig antwortet, rechtsmissbräuchlich handelt, wenn er sich später für eine Sozialauswahl auf seine Schwerbehinderung beruft. Dies gilt jedenfalls dann, wenn die sechs-Monatsfrist nach § 90 I Nr. 1 SGB IX[689] vorüber ist.[690] Hier ist die Frage nach der Schwerbehinderung also zulässig. 746

In **Fall 46** ist die Sozialauswahl sicher fehlerhaft, weil die für die Kündigung in Betracht kommende B überhaupt nicht in die Abwägung mit einbezogen worden ist. Auf diesen Fehler hätten sich nach der bisherigen Rechtsprechung des BAG alle gekündigten Arbeitnehmer berufen können, die sozial schutzbedürftiger als B sind und deshalb möglicherweise nicht gekündigt worden wären, wenn diese die Kündigung getroffen hätte.[691] Diese Rechtsprechung hat das BAG aufgegeben. Nunmehr gilt: Kann der Arbeitgeber im Kündigungsschutzprozess aufzeigen, dass der gekündigte Arbeitnehmer auch bei Vermeidung des Fehlers zur Kündigung angestanden hätte, ist die Kündigung nicht wegen fehlerhafter Sozialauswahl unwirksam, weil der Fehler für die Auswahl des gekündigten Arbeitnehmers nicht ursächlich geworden ist.[692]
Ist in **Fall 46** also davon auszugehen, dass A trotz der Kündigung der B ebenfalls gekündigt worden wäre, ändert sich an der Wirksamkeit seiner Kündigung nichts, weil die fehlerhafte soziale Auswahl für sie nicht ursächlich geworden ist.

Die Sozialauswahl kann in einer **Auswahlrichtlinie** nach § 95 BetrVG (→ Rn. 1458 ff.) oder auch in einem **Tarifvertrag** geregelt werden. Legt eine solche Regelung fest, wie die sozialen Gesichtspunkte im Verhältnis zueinander zu bewerten sind, kann diese Bewertung **nur auf grobe Fehlerhaftigkeit** überprüft werden (§ 1 IV KSchG). Grob fehlerhaft nach § 1 IV KSchG ist eine Gewichtung der Sozialdaten dann, wenn sie jede Ausgewogenheit vermissen lässt, das heißt wenn einzelne Sozialdaten überhaupt nicht, eindeutig unzureichend oder mit eindeutig überhöhter Bedeutung berücksichtigt werden, wie etwa bei übermäßiger Betonung der Betriebszugehörigkeit gegenüber dem **Alter.**[693] 747

685 BAG 15.12.2011 – 2 AZR 42/10, DB 2012, 1445.
686 BAG 20.6.2013 – 2 AZR 295/12, NZA 2014, 208; krit. *Kaiser/Dahm* NZA 2010, 473.
687 Ab 1.1.2018: § 152 SGB IX.
688 *Löwisch* BB 2004, 154; offengelassen bei APS/*Kiel* KSchG § 1 Rn. 652.
689 Ab 1.1.2018: § 173 I Nr. 1 SGB IX.
690 BAG 16.2.2012 – 6 AZR 553/10, NZA 2012, 555.
691 BAG 18.10.1984 – 2 AZR 543/83, NZA 1985, 423.
692 BAG 9.11.2006 – 2 AZR 812/05, NZA 2007, 549.
693 BAG 18.10.2006 – 2 AZR 473/05, NZA 2007, 504; BAG 5.6.2008 – 2 AZR 107/07, NZA 2008, 1180; BAG 24.10.2013 – 6 AZR 854/11, NZA 2014, 46.

Soweit solche Auswahlrichtlinien Kriterien für die als vergleichbar in die Sozialauswahl einzubeziehenden Arbeitnehmer aufstellen, tritt nach der Neufassung der Vorschrift zwar keine Beschränkung der Nachprüfbarkeit auf grobe Fehlerhaftigkeit ein. Doch wird diese praktisch dadurch eingeschränkt, dass die Rechtsprechung von einem weiten Beurteilungsspielraum der Richtlinien und Tarifverträge ausgeht.[694]

748 Nach § 1 III 2 KSchG sind in die soziale Auswahl Arbeitnehmer nicht einzubeziehen, deren Weiterbeschäftigung, insbesondere wegen ihrer Kenntnisse, Fähigkeiten und Leistungen oder zur Sicherung einer ausgewogenen Personalstruktur des Betriebes, im **berechtigten betrieblichen Interesse** liegt. Was den ersten Punkt anlangt, ist vor allem an ein Bedürfnis zu denken, Arbeitnehmer mit besonderen Kenntnissen weiterzubeschäftigen, etwa weil allein sie selten anfallende Spezialarbeiten durchführen können. Auch besondere Führungseigenschaften einzelner Arbeitnehmer oder Leistungen, die den Arbeitnehmer auch für einen Aufstieg in eine gehobenere Position prädestinieren, können die Durchbrechung der Rangfolge nach sozialen Gesichtspunkten rechtfertigen.

Durchbrochen werden kann die Auswahl nach sozialen Gesichtspunkten aber auch zur Sicherung einer **ausgewogenen Personalstruktur** des Betriebes: Der Arbeitgeber kann bei der Sozialauswahl die bisherige Leistungsstärke seiner Belegschaft aufrechterhalten. Er darf zwar nicht systematisch nur die in ihrer Leistung schwächer beurteilten Arbeitnehmer kündigen, aber er muss diese auch nicht – wenn dies die Rangfolge der sozialen Schutzbedürftigkeit so ergibt – alle behalten. Vielmehr kann er darauf achten, dass eine in etwa gleiche Leistungsstruktur erhalten bleibt. Orientierungspunkte für diese Entscheidung sind vor allem die Leistungsbeurteilungen, die im öffentlichen Dienst, aber weithin auch in der privaten Wirtschaft über die Arbeitnehmer regelmäßig erstellt werden. Zudem hat der Arbeitgeber auch das Recht, die bisherige **Altersstruktur** seiner Belegschaft zu erhalten.[695] Er darf zwar nicht systematisch nur ältere Arbeitnehmer kündigen, braucht aber nicht nur jüngeren und damit sozial weniger schutzbedürftigen Arbeitnehmern zu kündigen. Vielmehr kann er sich von den älteren in der umgekehrten Reihenfolge ihrer sozialen Schutzbedürftigkeit insoweit lösen, wie dies zur Aufrechterhaltung der bisherigen Altersstruktur erforderlich ist.[696] Das ist auch diskriminierungsrechtlich unbedenklich.[697]

Dabei bedeutet Sicherung die Erhaltung einer bestehenden Struktur, nicht das Schaffen einer neuen[698] (anderes gilt im Falle der Insolvenz, § 125 I 1 Nr. 2 InsO[699]).

749 ee) **Kündigungsbenennung im Interessenausgleich.** Betriebsbedingte Kündigungen, die im Zuge eines umfangreichen Personalabbaus erfolgen, sind nach §§ 111f. BetrVG als Betriebsänderungen Gegenstand eines möglichen Interessenausgleichs zwischen Unternehmer und Betriebsrat (→ Rn. 1555). In diesem Zusammenhang ermöglicht es § 1 V KSchG, durch eine namentliche Benennung der zu kündigenden Arbeitnehmer

694 BAG 15.6.1989 – 2 AZR 580/88, NZA 1990, 226.

695 BAG 22.3.2012 – 2 AZR 167/11, NZA 2012, 1040; zur diskriminierungsrechtlichen Problematik s. BAG 5.11.2009 – 2 AZR 676/08, NZA 2010, 457.

696 Für die gleichlautende v. 1.10.1996 bis 31.12.1998 geltende Fassung anerkannt v. BAG 23.11.2000 – 2 AZR 533/99, NZA 2001, 601.

697 BAG 15.12.2011 – 2 AZR 42/10, DB 2012, 1445.

698 BAG 26.3.2015 – 2 AZR 478/13, NZA 2015, 1122.

699 Dazu BAG 19.12.2013 – 6 AZR 790/12, NZA-RR 2014, 185.

eine Vermutung für die Betriebsbedingtheit der Kündigung zu schaffen (→Rn. 759) und die Kontrolle der Sozialauswahl auf grobe Fehlerhaftigkeit zu beschränken.

§ 1 V 1 KSchG verlangt, dass die zu kündigenden Arbeitnehmer im Interessenausgleich **namentlich genannt** werden. Das Gesetz will so gewährleisten, dass sich Arbeitgeber und Betriebsrat genaue Rechenschaft darüber ablegen, welche Kündigungen tatsächlich betriebsbedingt sind und welche Arbeitnehmer als vergleichbar für eine Sozialauswahl in Betracht kommen, welche soziale Rangfolge zwischen ihnen besteht und wer aus der Sozialauswahl auszuscheiden hat, weil für seine Beschäftigung ein betriebliches Bedürfnis besteht. 750

Namentliche Bezeichnung heißt, dass die zu kündigenden Arbeitnehmer mit Vor- und Nachnamen aufgeführt werden. Die Angabe der Personalnummern im Stellenplan oder lediglich die Bezeichnung der Abteilung, in der die zu kündigenden Arbeitnehmer beschäftigt sind, genügen dem Erfordernis der namentlichen Bezeichnung ebenso wenig wie eine »Negativliste« der Arbeitnehmer, denen nicht gekündigt werden soll.[700]

§ 1 V 2 KSchG bestimmt, dass die soziale Auswahl der Arbeitnehmer nur auf grobe Fehlerhaftigkeit überprüft werden kann. Diese Einschränkung betrifft sowohl die Gewichtung der vier Grunddaten Dauer der Betriebszugehörigkeit, Lebensalter, Unterhaltspflichten und Schwerbehinderung zueinander wie auch die Bestimmung des Kreises der Arbeitnehmer, die als vergleichbar in die Sozialauswahl einbezogen werden,[701] schließlich auch die Anwendung der Kriterien im einzelnen Fall. Aber auch die Herausnahme von Arbeitnehmern aus der Sozialauswahl wegen berechtigter betrieblicher Interessen unterliegt nur der beschränkten Nachprüfbarkeit: § 1 V 2 KSchG bezieht sich, anders als § 1 IV KSchG, auf die soziale Auswahl der Arbeitnehmer **insgesamt** und damit auf alle Elemente, die nach § 1 III KSchG zur Sozialauswahl gehören.[702] Fehler im Auswahlverfahren müssen sich aber auf das Auswahlergebnis in jedem Falle niederschlagen.[703] 751

Nach § 1 V 3 KSchG gilt die Vermutung der Betriebsbedingtheit der Kündigung der im Interessenausgleich benannten Arbeitnehmer und die Beschränkung der Nachprüfung der Sozialauswahl auf grobe Fehlerhaftigkeit insoweit nicht, als sich »die Sachlage nach Zustandekommen des Interessenausgleichs wesentlich geändert hat«. Wesentlich ist eine Änderung dann, wenn sie, hätten sie Arbeitgeber und Betriebsrat bei Abschluss des Interessenausgleichs vorausgesehen, zu keiner, zu einer eingeschränkteren oder zu einer anderen Namensliste geführt hätte. Dass die Namensliste nicht nur in Bezug auf einen oder wenige Arbeitnehmer, sondern in Bezug auf eine größere Anzahl von Arbeitnehmern anders ausgefallen wäre,[704] kann angesichts ihrer Einwirkung auf das einzelne Arbeitsverhältnis nicht verlangt werden. 752

§ 1 V KSchG räumt Arbeitgeber und Betriebsrat gegenüber den Arbeitnehmern beträchtliche Macht ein. Dass diese Macht in Einzelfällen **missbraucht** wird, lässt sich 753

700 Hierzu und zum Folgenden ausführlich die Kommentierung der Parallelvorschrift des § 125 InsO bei MüKoInsO/*Caspers* § 125 Rn. 74ff. mwN.

701 BAG 19.7.2012 – 2 AZR 386/11, NZA 2013, 333; BAG 21.9.2006 – 2 AZR 284/06, AP KSchG 1969 § 1 Namensliste Nr. 12.

702 BAG 17.11.2005 – 6 AZR 107/05, NZA 2006, 661; BAG 28.8.2003 – 2 AZR 368/02, NZA 2004, 432.

703 BAG 10.6.2010 – 2 AZR 420/09, NZA 2010, 1352.

704 BAG 24.10.2013 – 6 AZR 854/11, NZA 2014, 46; *Fischer* ArbuR 1998, 261 unter Bezugnahme auf die Zahlen und Prozentangaben des § 17 KSchG.

nicht ausschließen. Arbeitgeber und Betriebsrat können andere als soziale Gesichtspunkte für die Aufnahme oder Nichtaufnahme in die Namensliste maßgebend sein lassen, etwa einheimische gegenüber ausländischen Arbeitnehmern bevorzugen. Der Betriebsrat kann versucht sein, Arbeitnehmer, die derselben Gewerkschaft angehören wie er, nicht zu benennen. Der Arbeitgeber kann bestrebt sein, Arbeitnehmer, die ihm wegen Bestehens auf ihren Rechten unbequem geworden sind, in die Namensliste zu bringen. Rechtlicher Ansatzpunkt für die Bekämpfung solchen Missbrauchs ist die **Rechtskontrolle des Interessenausgleichs:** Als Institut der Betriebsverfassung unterliegt der Interessenausgleich wie eine Betriebsvereinbarung den Rechtsgrundsätzen des AGG und des § 75 BetrVG. Werden diese verletzt, ist der Interessenausgleich nichtig. Machen Arbeitgeber und Betriebsrat also Nationalität oder Gewerkschaftszugehörigkeit bzw. -betätigung zum Kriterium für die Aufnahme in die Namensliste, ist die getroffene Regelung unwirksam. Eine auf ihrer Grundlage ausgesprochene Kündigung unterliegt der normalen Kontrolle auf ihre Betriebsbedingtheit iSd § 1 II KSchG und auf die Richtigkeit der Sozialauswahl iSd § 1 III KSchG. Gleiches gilt nach § 612a BGB, wenn die Namensliste zur Maßregelung eines Arbeitnehmers, der in zulässiger Weise seine Rechte ausgeübt hat, verwendet wird.[705]

d) Beweislast für die soziale Rechtfertigung

754 Nach § 1 II 4 KSchG hat der Arbeitgeber die Tatsachen zu beweisen, die die Kündigung bedingen.

755 Für die **verhaltensbedingte** Kündigung bedeutet das, dass der Arbeitgeber darzulegen und zu beweisen hat, dass der Arbeitnehmer eine Vertragsverletzung begangen hat und dass diese von solchem Gewicht ist, dass ihm das weitere Festhalten am Arbeitsvertrag nicht zuzumuten ist. Auch dass der Kündigung dort, wo diese notwendig ist, eine Abmahnung vorausgegangen ist, fällt in die Beweislast des Arbeitgebers.

756 Wird eine **personenbedingte** Kündigung auf die Begründung gestützt, dass ein Arbeitnehmer über das zumutbare Maß hinaus krankheitsbedingt ausfallen wird, muss der Arbeitgeber grundsätzlich die Tatsachen darlegen und beweisen, aus denen sich eine derartige Prognose ergibt. Einen Anscheinsbeweis dergestalt, dass eine langandauernde Krankheit in der Vergangenheit auf eine negative gesundheitliche Konstitution in der Zukunft schließen ließe, gibt es nicht.[706] Allerdings können vorausgegangene häufige Kurzerkrankungen eine solche Prognose indizieren. In einem solchen Fall darf sich der Arbeitgeber zunächst darauf beschränken, die Fehlzeiten darzulegen. Der Arbeitnehmer muss dann dartun, weshalb die früheren Erkrankungen nichts darüber aussagen, ob auch künftig ständig weitere Krankheiten zu befürchten sind oder weshalb in der Zukunft mit einer nachhaltigen Genesung zu rechnen ist.[707] Sind dem Arbeitnehmer aber Krankheitsbefund und vermutliche Entwicklung selbst nicht hinreichend bekannt, so genügt er seiner Mitwirkungspflicht, wenn er seine Ärzte von der Schweigepflicht entbindet. Weigert er sich, die Ärzte von der Schweigepflicht zu entbinden, bleibt es bei der Indizwirkung.

757 Bei einer **betriebsbedingten** Kündigung hat der Arbeitgeber die inner- oder außerbetrieblichen Gründe für die Kündigung im Einzelnen ebenso darzulegen und unter Be-

---

705 *Löwisch* BB 2004, 154 (157).
706 BAG 25.11.1982 – 2 AZR 140/81, NJW 1983, 2897.
707 BAG 23.6.1983 – 2 AZR 15/82, NJW 1984, 1836.

weis zu stellen wie auch, dass sich diese Gründe im betrieblichen Bereich tatsächlich dahin auswirken, dass für die Weiterbeschäftigung des gekündigten Arbeitnehmers kein Bedürfnis mehr besteht.

Auch das Fehlen einer **anderweitigen Weiterbeschäftigungsmöglichkeit** gehört an sich zur Darlegungs- und Beweislast des Arbeitgebers. Bestreitet der Arbeitnehmer aber lediglich, dass sein Arbeitsplatz weggefallen sei, dann genügt der Arbeitgeber seiner Darlegungspflicht mit dem Vortrag, wegen der notwendigen Betriebsänderung sei eine Weiterbeschäftigung des Arbeitnehmers nicht möglich. Wenn jedoch der Arbeitnehmer über das Bestreiten hinaus darlegt, wie er sich eine anderweitige Beschäftigung vorstellt, muss der Arbeitgeber unter Darlegung von Einzelheiten erläutern, aus welchen Gründen die Umsetzung auf einen entsprechenden freien Arbeitsplatz nicht möglich gewesen sei.[708]

Nach § 1 III 3 KSchG trifft den Arbeitnehmer die Beweislast für die **fehlerhafte Sozialauswahl.** Er muss vortragen, welche Arbeitnehmer an seiner Stelle hätten gekündigt werden können und warum diese weniger schutzbedürftig sind als er. Allerdings kommt ihm insoweit die Mitteilungspflicht des Arbeitgebers nach § 1 III 1 Hs. 2 KSchG zu Hilfe. Ihr ist zu entnehmen, dass der Arbeitnehmer seiner Darlegungslast zunächst genügt, wenn er den Arbeitgeber auffordert, seine Gründe für die Sozialauswahl mitzuteilen. Erst wenn der Arbeitgeber diesem Verlangen nachgekommen ist, trifft den Arbeitnehmer wieder die volle Darlegungs- und Beweislast, und er hat vorzutragen, welche vom Arbeitgeber in die Auswahl einbezogenen Arbeitnehmer weniger schutzbedürftig sein sollen oder welche weiteren vom Arbeitgeber nicht benannten Arbeitnehmer bei der Sozialauswahl zusätzlich zu berücksichtigen sind.[709] Kommt der Arbeitgeber dem Verlangen nicht nach, so ist der dem Kenntnisstand des Arbeitnehmers entsprechende und ihm konkreter nicht mögliche Vortrag, Dauer der Betriebszugehörigkeit, Lebensalter, Unterhaltspflichten und Schwerbehinderung seien nicht ausreichend berücksichtigt, als unstreitig anzusehen.[710] 758

Eine Sonderregelung für die Beweislast bei der betriebsbedingten Kündigung trifft § 1 V 1 KSchG. Sind Arbeitnehmer, denen gekündigt werden soll, im Interessenausgleich namentlich genannt, wird vermutet, dass die Kündigung durch dringende betriebliche Erfordernisse iSv § 1 II KSchG bedingt ist. Die Beweislastregel des § 1 II 4 KSchG wird damit hinsichtlich der betriebsbedingten Kündigung umgekehrt: Nicht der Arbeitgeber muss beweisen, dass der Arbeitsplatz, auf dem der Arbeitnehmer bislang beschäftigt war, durch die Betriebsänderung weggefallen ist, sondern der Arbeitnehmer muss beweisen, dass sein Arbeitsplatz trotz der Betriebsänderung noch vorhanden ist. 759

Macht der Arbeitnehmer geltend, dass der Interessenausgleich unwirksam ist, weil er unter Verstoß gegen ein gesetzliches Verbot benannt ist (→ Rn. 201; 614f.), liegt die Beweislast an sich ebenfalls bei ihm, da es sich um negative Tatsachen handelt. Soweit es um einen Fall der Diskriminierung wegen der Rasse, ethnischen Herkunft, Geschlechts, Religion oder Weltanschauung, Behinderung, Alters oder sexuellen Identität geht, kann dem Arbeitnehmer aber § 22 AGG zu Hilfe kommen.[711] Danach wird die Beweislast auf dem Arbeitgeber verlagert, wenn der Arbeitnehmer Indizien beweist, die eine Diskriminierung vermuten lassen.

e) Auswirkung eines Widerspruchs des Betriebsrats gegen die Kündigung

Nach § 1 II 2 Nr. 1 b KSchG, der § 102 III Nr. 3 BetrVG entspricht, ist eine Kündigung im Falle eines Widerspruchs des Betriebsrats dann sozial ungerechtfertigt, wenn der 760

708 BAG 3.2.1977 – 2 AZR 476/75, NJW 1977, 1846; BAG 20.1.1994 – 2 AZR 489/93, NZA 1994, 653.
709 BAG 24.3.1983 – 2 AZR 21/82, AP KSchG 1969 § 1 Betriebsbedingte Kündigung Nr. 12.
710 BAG 5.5.1994 – 2 AZR 917/93, NZA 1994, 1023.
711 Offengelassen BAG 6.11.2008 – 2 AZR 523/07, NZA 2009, 361.

Arbeitnehmer an einem anderen Arbeitsplatz im Betrieb oder in einem anderen Betrieb des Unternehmens weiterbeschäftigt werden kann. Gleiches gilt nach § 1 II 3 KSchG, wenn eine Weiterbeschäftigung nach zumutbaren Umschulungs- oder Fortbildungsmaßnahmen oder zu geänderten Arbeitsbedingungen möglich ist. Diese zusätzlichen Sozialwidrigkeitsgründe haben keine wesentliche praktische Bedeutung, denn sie sind Ausdruck des Ultima-ratio-Grundsatzes, der im Rahmen des Kündigungsschutzes ohnehin gilt. Keinesfalls darf aus ihrer besonderen Erwähnung in § 1 II KSchG geschlossen werden, dass sie nur zu berücksichtigen seien, wenn der Betriebsrat Widerspruch erhoben hat. Vielmehr greift der Ultima-ratio-Grundsatz auch für Arbeitnehmer in Betrieben ohne Betriebsrat und für solche, bei denen der Betriebsrat, aus welchen Gründen auch immer, auf einen Widerspruch verzichtet hat.

761 Hingegen hat § 1 II Nr. 1 a KSchG, nach dem eine Kündigung bei entsprechendem Widerspruch dann sozial ungerechtfertigt ist, wenn sie gegen eine Auswahlrichtlinie gem. § 95 BetrVG verstößt, eine gewisse praktische Bedeutung. Er gibt einem gekündigten Arbeitnehmer das Recht, sich darauf zu berufen, dass der Arbeitgeber die Bewertung der sozialen Gesichtspunkte anders vorgenommen hat als in der Auswahlrichtlinie vorgesehen. Voraussetzung ist allerdings, dass der Betriebsrat aus diesem Grund gem. § 102 III Nr. 2 BetrVG Widerspruch gegen die Kündigung erhoben hat.

4. Gerichtliche Geltendmachung des Kündigungsschutzes

a) Kündigungsschutzklage[712]

762 aa) **Klagefrist.** Eine sozial ungerechtfertigte Kündigung ist nach § 1 I KSchG rechtsunwirksam. § 4 KSchG schreibt jedoch vor, dass der Arbeitnehmer diese Rechtsunwirksamkeit innerhalb einer **Frist von drei Wochen** durch Klage beim Arbeitsgericht geltend zu machen hat. Versäumt der Arbeitnehmer diese Frist, so kann er sich auf die mangelnde soziale Rechtfertigung der Kündigung nicht mehr berufen. Die Kündigung gilt, wie § 7 KSchG ausdrücklich klarstellt, als von Anfang an rechtswirksam. § 4 KSchG ist eine materialrechtliche Ausschlussfrist, keine prozessrechtliche. Eine Klage ist deshalb nach Fristablauf unbegründet und nicht etwa unzulässig.

763 Das Gebot, die Unwirksamkeit einer Kündigung durch Klageerhebung binnen drei Wochen geltend zu machen, gilt nach § 13 I 2 KSchG auch für die Geltendmachung der Rechtsunwirksamkeit einer außerordentlichen Kündigung wegen Fehlens eines wichtigen Grundes und Versäumung der Zwei-Wochen-Frist des § 626 II BGB.

764 §§ 4, 7 KSchG erstrecken die Drei-Wochen-Klagefrist auf **alle anderen Rechtsunwirksamkeitsgründe.** Solche Gründe sind neben der Sozialwidrigkeit, insbesondere die nicht ordnungsgemäße Anhörung des Betriebsrates oder des Personalrates (§ 102 I 3 BetrVG, §§ 79 I 1 iVm IV, 108 II BPersVG), die Nichtbeachtung des Verbots der ordentlichen Kündigung von Betriebs- und Personalratsmitgliedern (§ 15 KSchG), der Verstoß gegen das Verbot der Benachteiligung wegen Koalitionszugehörigkeit oder -betätigung (Art. 9 III GG), die Verletzung des Maßregelungsverbots des § 612 a BGB, die Kündigung wegen des Betriebsübergangs (§ 613 a IV 1 BGB), der Verstoß gegen das Kündigungsverbot nach § 11 TzBfG, die Sittenwidrigkeit der Kündigung (§ 138 BGB), der Verstoß gegen Treu und Glauben (§ 242 BGB), soweit dieser überhaupt zur

712 Im Rahmen der Kündigungsschutzklage stellen sich sowohl prozessuale wie auch materiale Sonderprobleme. Für die prozessualen Fragen → Rn. 1698 ff.

Unwirksamkeit einer Kündigung führen kann, sowie der Verstoß gegen allgemeine rechtsgeschäftliche Wirksamkeitsvoraussetzungen.[713]

Ausgenommen ist nur der Verstoß gegen die Schriftform des § 623 BGB: Indem § 4 S. 1 KSchG die Drei-Wochen-Klagefrist erst »nach Zugang der schriftlichen Kündigung« laufen lässt, nimmt er die nur mündliche oder konkludente Kündigung aus dem Anwendungsbereich aus.[714] **765**

Die Nichteinhaltung der Kündigungsfrist wird ebenfalls von §§ 4, 7 KSchG umfasst. Sie muss deshalb innerhalb der Klagefrist geltend gemacht werden.[715] In den meisten Fällen wird aber die Auslegung der Kündigungserklärung ergeben, dass die Kündigung zum nächsten möglichen Kündigungstermin ausgesprochen werden soll – dann ist die Kündigung zu diesem Zeitpunkt ohnehin wirksam.[716]

§ 23 I 2 und 3 KSchG erstreckt die Drei-Wochen-Klagefrist auch auf in **Kleinbetrieben** beschäftigte Arbeitnehmer. Auch diese können eine etwaige Unwirksamkeit der Kündigung nach § 7 KSchG nicht mehr geltend machen, wenn die Klagefrist verstrichen ist. Dass auch Arbeitnehmer, welche die **Wartezeit noch nicht** erfüllt haben, an die Klagefrist gebunden sind, ergibt sich aus der allgemeinen Formulierung des § 4 S. 1 KSchG. **766**

Für die Geltendmachung der Unwirksamkeit anderer Beendigungstatbestände, insbesondere für die Anfechtung des Arbeitsverhältnisses durch den Arbeitgeber, gilt § 4 KSchG seinem eindeutigen Wortlaut nach nicht. **767**

Nach § 4 S. 4 KSchG läuft bei Kündigungen, die – wie insbesondere nach § 18 BEEG, § 9 MuSchG und § 85 SGB IX[717]– der Zustimmung einer Behörde bedürfen, die Klagefrist erst von der Bekanntgabe der Entscheidung der Behörde an den Arbeitnehmer ab. Gemeint ist damit der Fall, dass die Zustimmung zunächst nur dem Arbeitgeber erteilt wird, der daraufhin die Kündigung wirksam ausspricht. Die Drei-Wochen-Frist beginnt dann nicht mit dem Zeitpunkt der Kündigung, sondern erst mit dem Zeitpunkt, zu dem auch dem Arbeitnehmer die Zustimmung mitgeteilt wird. Dies gilt aber nur dann, wenn der Arbeitgeber auch Kenntnis von der Zustimmungsbedürftigkeit hat.[718] **768**

Weiß der Arbeitgeber von der Schwerbehinderung des Arbeitnehmers und damit von der Zustimmungsbedürftigkeit nach § 85 SGB IX[719] nichts und fehlt deshalb auch die Zustimmung des Integrationsamts, so ändert dies grundsätzlich nichts an der Unwirksamkeit der Kündigung.[720] Allerdings muss der Arbeitnehmer sich innerhalb von drei Wochen nach der ausgesprochenen Kündigung auf den Kündigungsschutz berufen. Das BAG macht dies dogmatisch an der Rechtsverwirkung (§ 242 BGB) fest. Dabei handelt es sich um einen materialrechtlichen Einwand. Der Arbeitnehmer muss darüber hinaus auch noch rechtzeitig Kündigungsschutzklage erheben.[721]

Die Drei-Wochen-Frist für die Kündigungsschutzklage beginnt nach § 4 S. 1 KSchG mit dem **schriftlichen Zugang der Kündigung** (→ Rn. 603 ff.). Für die Berechnung **769**

713 Dazu MüKoInsO/*Caspers* § 113 Rn. 40 ff.

714 BAG 28.6.2007 – 6 AZR 873/06, NZA 2007, 972; BeckOGK/*Klumpp*, 1.4.2017, BGB, § 623 Rn. 64; dazu auch *Löwisch* BB 2004, 154 (159).

715 BAG 1.9.2010 – 5 AZR 700/09, NZA 2010, 1409.

716 BAG 15.5.2013 – 5 AZR 130/12, NZA 2013, 1076; BAG 15.12.2005 – 2 AZR 148/05, NZA 2006, 791.

717 Ab 1.1.2018: § 168 SGB IX.

718 BAG 19.2.2009 – 2 AZR 286/07, NZA 2009, 980; BAG 13.2.2008 – 2 AZR 864/06, NZA 2008, 1055.

719 Ab 1.1.2018: § 168 SGB IX.

720 BAG 9.6.2011 – 2 AZR 703/09, NZA-RR 2011, 516; BAG 13.2.2008 – 2 AZR 864/06, NZA 2008, 1055.

721 BAG 23.2.2010 – 2 AZR 659/08, NZA 2011, 411.

der Frist gelten die §§ 187 I, 188 II, 193 BGB. Die Frist beginnt danach mit dem auf den Zugang der Kündigung folgenden Tag. Hat der Arbeitgeber zB am 19.8. einem Angestellten zum 30.9. gekündigt, so endet die Drei-Wochen-Frist mit dem 9.9. Fällt der letzte Tag auf einen Samstag, einen Sonntag oder einen gesetzlich anerkannten Feiertag, so verlängert sie sich um diesen Tag.

770 Nach § 4 S. 1 KSchG muss der Arbeitnehmer zur Wahrung der Drei-Wochen-Frist **Klage beim Arbeitsgericht** erheben. Dabei ist der Zeitpunkt maßgebend, zu dem die Klage beim Arbeitsgericht eingereicht wird, sofern die Zustellung an den beklagten Arbeitgeber »demnächst« erfolgt (§ 46 II ArbGG iVm §§ 495, 167 ZPO). Ist die Klage vor einem örtlich unzuständigen Arbeitsgericht erhoben, so ist das unschädlich, wenn die Zuständigkeit nicht gerügt oder die Sache an das zuständige Gericht verwiesen wird. Auch wenn die Klage bei einem Gericht einer anderen Gerichtsbarkeit erhoben und von diesem an das Arbeitsgericht verwiesen worden ist (→ Rn. 1702), reicht dies zur Wahrung der Drei-Wochen-Frist aus (§ 48 I ArbGG, § 17b I 2 GVG).

bb) Nachträgliche Klagezulassung.

Fall 47: Firma X ist in finanzielle Schwierigkeiten geraten. Sie kündigt deshalb einer Reihe von Arbeitnehmern, darunter A, am 15.3. fristlos und stellt die Lohnzahlungen an sie ein. Am 1.4. erhebt A durch einen Rechtsanwalt Klage auf Zahlung des rückständigen Lohns. In der am 15.5. stattfindenden Verhandlung vor dem Arbeitsgericht erklärt er, er wolle auch die Unwirksamkeit der Kündigung festgestellt haben.

771 § 5 KSchG sieht eine ausnahmsweise **Zulassung verspäteter Kündigungsschutzklagen** vor. War der Arbeitnehmer trotz Anwendung aller ihm nach der Lage der Dinge zumutbaren Sorgfalt verhindert, die Drei-Wochen-Frist einzuhalten, kann er binnen zwei Wochen nach Behebung des Hindernisses die nachträgliche Zulassung der Klage beantragen. Nach Ablauf von sechs Monaten vom Ende der Drei-Wochen-Frist an gerechnet, ist auch dieser Antrag nicht mehr zulässig. In Betracht kommt eine nachträgliche Zulassung der Klage vor allem dann, wenn die Kündigung dem Arbeitnehmer während seiner Abwesenheit, etwa eines Krankenhausaufenthalts oder einer längeren Urlaubsreise, zugeht (→ Rn. 604). Dass der Arbeitnehmer nicht für eine Nachsendung sorgt, kann ihm regelmäßig nicht als ein Verschulden angelastet werden.[722] Eine nachträgliche Klagezulassung erfolgt auch, wenn eine Frau von ihrer Schwangerschaft aus einem nicht von ihr zu vertretenden Grund erst nach Ablauf der Frist des § 4 S. 1 KSchG Kenntnis erlangt hat (§ 5 I 2 KSchG). Das Verschulden des Prozessbevollmächtigten wird dem Arbeitnehmer entsprechend § 85 II ZPO zugerechnet.[723]

772 Der Arbeitnehmer muss innerhalb der Frist des § 4 KSchG die Kündigungsschutzklage erheben, er muss aber nicht alle infrage kommenden **Unwirksamkeitsgründe** innerhalb dieser Frist vorbringen. § 6 KSchG erlaubt, dass Unwirksamkeitsgründe bis zum Ende der mündlichen Verhandlung vorgebracht werden können. Es kann sein, dass der Arbeitnehmer innerhalb von drei Wochen zwar nicht direkt Klage gegen die

722 LAG Nürnberg 23.8.2005 – 6 Ta 136/05, MDR 2006, 274 mwN; LAG München 23.1.1992 – 4 Ta 16/92, NZA 1993, 266, das dem Arbeitnehmer außerdem nach Rückkehr aus dem Urlaub noch eine Vorbereitungsfrist von drei Tagen zugesteht; s. im Übrigen zu diesem Fragenkreis Löwisch/Spinner/Wertheimer/*Löwisch* KSchG § 5 Rn. 17f.

723 BAG 11.12.2008 – 2 AZR 472/08, NZA 2009, 692.

Unwirksamkeit der Kündigung erhebt, wohl aber im Zusammenhang mit einer anderen Klage geltend macht, dass eine rechtswirksame Kündigung nicht vorliege. Auch dann erlaubt ihm § 6 KSchG noch bis zum Schluss der mündlichen Verhandlung erster Instanz sich zur Begründung der Unwirksamkeit der Kündigung auch auf innerhalb der Klagefrist nicht geltend gemachte Gründe zu berufen.[724]

In **Fall 47** geht es um die Unwirksamkeit der von X ausgesprochenen Kündigung wegen Fehlens eines wichtigen Grundes. Diese hat A nicht in der Drei-Wochen-Frist des § 13 I iVm § 4 S. 1 KSchG geltend gemacht. Seine Klage hat sich auch nicht auf Feststellung der Unwirksamkeit der Kündigung aus anderen Gründen gerichtet. Mit seiner Lohnklage hat er sich aber doch inzident gegen die Kündigung gewandt. Das reicht nach § 6 KSchG aus, um den Antrag auf Feststellung der Unwirksamkeit der Kündigung zu stellen.[725]

cc) **Klageantrag.** Nach § 4 S. 1 KSchG richtet sich die Kündigungsschutzklage auf die Feststellung, dass das Arbeitsverhältnis **durch die Kündigung** nicht aufgelöst ist (sog. **punktueller Streitgegenstand**). Ob das Arbeitsverhältnis aus einem anderen Grunde, zB durch eine weitere Kündigung oder einen Auflösungsvertrag aufgelöst worden ist, ist damit nicht Gegenstand des Kündigungsschutzprozesses.[726] Will der Arbeitnehmer in solchen Fällen Gewissheit über das Fortbestehen des Arbeitsverhältnisses insgesamt erreichen, muss er mit der Kündigungsschutzklage eine allgemeine Feststellungsklage nach § 256 ZPO verbinden, in der er beantragt, festzustellen, dass das Arbeitsverhältnis über den Kündigungstermin hinaus fortbesteht.[727] Das Rechtsschutzinteresse an einer solchen Feststellung besteht freilich nur dann, wenn zwischen Arbeitgeber und Arbeitnehmer tatsächlich streitig ist, ob das Arbeitsverhältnis auch noch aus einem anderen Grunde als der angegriffenen Kündigung aufgelöst ist.[728] 773

Ob tatsächlich eine solche allgemeine Feststellungsklage erhoben ist, bedarf im konkreten Fall genauer Nachprüfung. Dass der Arbeitnehmer beantragt hat, »festzustellen, dass das Arbeitsverhältnis durch die Kündigung nicht aufgelöst ist und fortbesteht«, reicht nicht aus, wenn sich aus der Klagebegründung keine Anhaltspunkte dafür ergeben, dass auch, abgesehen von der angegriffenen Kündigung, ein Streit über das Fortbestehen des Arbeitsverhältnisses besteht und geklärt werden soll.[729] Auf der anderen Seite genügt es, wenn für den Arbeitgeber hinreichend erkennbar wird, dass der Arbeitnehmer nicht nur die konkrete Kündigung, sondern auch andere Beendigungstatbestände angreifen will.[730]

b) Urteil

Fall 48: Der 56-jährige A, der 23 Jahre bei der Firma X beschäftigt war, ist wegen des Verdachts einer strafbaren Handlung am 10.3. fristlos gekündigt worden. Er hat fristgerecht Kündigungsschutzklage erhoben. Der Prozess zieht sich zwei Jahre hin. A überlegt, ob er Antrag auf Auflösung des Arbeitsverhältnisses gegen Abfindung stellen soll.

---

724 Dazu ErfK/*Kiel* KSchG § 6 Rn. 3; APS/*Hesse* KSchG § 6 Rn. 14.

725 BAG 23.4.2008 – 2 AZR 699/06, NZA-RR 2008, 466; BAG 28.6.1973 – 2 AZR 378/72, AP KSchG 1969§ 13 Nr. 2.

726 BAG 12.5.2005 – 2 AZR 426/04, NZA 2005, 1259; hierzu ausführlich Löwisch/Spinner/Wertheimer/*Spinner* KSchG § 4 Rn. 14ff.

727 BAG 12.5.2005 – 2 AZR 426/04, NZA 2005, 1259; BAG 21.1.1988 – 2 AZR 581/86, NZA 1988, 651 = AR-Blattei D-Blatt Kündigungsschutz Entsch. 295 mAnm *Löwisch;* Zur allgemeinen Feststellungsklage s. Löwisch/Spinner/Wertheimer/*Spinner* KSchG § 4 Rn. 103ff.

728 BAG 27.1.1994 – 2 AZR 484/93, NZA 1994, 812; BAG 14.9.1994 – 2 AZR 182/94, NZA 1995, 417.

729 BAG 16.3.1994 – 8 AZR 97/93, NZA 1994, 860.

730 BAG 12.5.2005 – 2 AZR 426/04, NZA 2005, 1259.

774 **Unterliegt** der Arbeitnehmer mit der Kündigungsschutzklage, so steht damit fest, dass das Arbeitsverhältnis durch die Kündigung aufgelöst ist. Auch wenn nachträglich Umstände bekannt werden, die die Unwirksamkeit der Kündigung begründen können, kann sie der Arbeitnehmer nicht mehr geltend machen. Streitgegenstand der Kündigungsschutzklage ist – wie sich aus der Formulierung des § 4 S. 1 KSchG ergibt – nicht nur der geltend gemachte Unwirksamkeitsgrund, sondern die Auflösung des Arbeitsverhältnisses durch die angegriffene Kündigung überhaupt. Daraus folgt, dass die Rechtskraft des klageabweisenden Urteils auch bislang nicht geltend gemachte Unwirksamkeitsgründe erfasst.

Obsiegt der Arbeitnehmer mit seiner Kündigungsschutzklage, steht fest, dass das Arbeitsverhältnis durch die angegriffene Kündigung nicht aufgelöst ist. Es ist grundsätzlich mit den bisherigen Rechten und Pflichten **fortzusetzen.**

775 Auch für die **Zeit bis zum Urteil** behält der Arbeitnehmer seine Ansprüche. Selbst wenn er in dieser Zeit nicht beschäftigt wurde, kann er nach § 615 S. 1 BGB Zahlung seines Arbeitsentgelts verlangen, ohne zur Nachleistung verpflichtet zu sein. Nach § 11 KSchG, der insoweit an die Stelle des § 615 S. 2 BGB tritt, muss er sich allerdings anrechnen lassen, was er durch anderweitige Arbeit verdient hat, bzw. was er hätte verdienen können, wenn er es nicht böswillig unterlassen hätte, eine ihm zumutbare Arbeit anzunehmen, und was er an öffentlich-rechtlichen Leistungen infolge Arbeitslosigkeit erhalten hat. Diese Beträge hat der Arbeitgeber dem Sozialversicherungsträger zu erstatten (§ 115 I SGB X, § 11 Nr. 3 KSchG); anders als nach § 615 S. 2 BGB braucht sich der Arbeitnehmer ersparte Aufwendungen, zB für Fahrtkosten, nicht anrechnen zu lassen.

776 Die Fortsetzung des Arbeitsverhältnisses wird den legitimen Interessen des Arbeitnehmers wie des Arbeitgebers nicht in allen Fällen gerecht. Die Tatsache der, wenn auch unwirksamen Kündigung, die gerichtliche Auseinandersetzung über sie, vor allem aber die häufige tatsächliche Unterbrechung des Arbeitsverhältnisses während des Kündigungsschutzprozesses können dem Arbeitnehmer die Wiederaufnahme der Arbeit unzumutbar machen. Auf der anderen Seite können diese Umstände auch aus betrieblicher Sicht einer weiteren Zusammenarbeit des Arbeitgebers mit dem Arbeitnehmer im Wege stehen, sodass man dem Arbeitgeber zubilligen muss, das Arbeitsverhältnis zu lösen. Dem trägt **§ 9 KSchG** Rechnung, indem er unter bestimmten Voraussetzungen dem Arbeitnehmer wie dem Arbeitgeber das Recht einräumt, das durch die Kündigung nicht beendete Arbeitsverhältnis durch eine Entscheidung des Arbeitsgerichts doch **auflösen** zu lassen. Die dabei festzusetzende **Abfindung** entschädigt den Arbeitnehmer für den an sich nicht gerechtfertigten Verlust seines Arbeitsplatzes.

777 Voraussetzung für die Auflösung auf Antrag des Arbeitnehmers ist nach § 9 I 1 KSchG die **Unzumutbarkeit** der Fortsetzung des Arbeitsverhältnisses für ihn. Eine solche Unzumutbarkeit kann sich einmal aus den Umständen der Kündigung ergeben. Ist die Kündigung leichtfertig mit unzutreffenden, ehrverletzenden Behauptungen über die Person oder das Verhalten des Arbeitnehmers begründet worden, so wird das Arbeitsverhältnis zwischen Arbeitnehmer und Arbeitgeber häufig so gestört sein, dass der Arbeitnehmer am Arbeitsverhältnis gegen seinen Willen nicht mehr festgehalten werden kann. Eine Unzumutbarkeit kommt weiter in Betracht, wenn aus den Umständen zu schließen ist, dass der Arbeitnehmer im Falle der Rückkehr in den Betrieb gegenüber den übrigen Mitarbeitern benachteiligt oder sonst inkorrekt behandelt werden würde.

Ist etwa die Kündigung damit begründet worden, dass dem Arbeitnehmer die erforderliche Qualifikation für seinen Arbeitsplatz fehle, und hat der Arbeitgeber erklärt, dass er an dieser Meinung ungeachtet einer möglichen gegenteiligen Auffassung des Gerichts festhalten werde, so macht auch dies dem Arbeitnehmer die Fortsetzung des Arbeitsverhältnisses unzumutbar.[731] Dass der Arbeitnehmer befürchten muss, vom Arbeitgeber gekündigt zu werden, begründet nach Auffassung des BAG für sich genommen die Unzumutbarkeit noch nicht. Dass der Arbeitgeber das Ziel der Auflösung des Arbeitsverhältnisses weiterverfolgt, ist sein legitimes Interesse. Nur wenn sich in dieser Weiterverfolgung eine Zerrüttung des Vertrauensverhältnisses zwischen Arbeitgeber und Arbeitnehmer ausdrückt, liegt aus der Sicht des Arbeitnehmers Unzumutbarkeit vor.[732]

Ist der Arbeitnehmer ein neues Arbeitsverhältnis eingegangen, so macht dies allein ihm noch nicht unzumutbar, das gekündigte Arbeitsverhältnis fortzusetzen, da für diese Fälle in § 12 KSchG eine besondere Regelung vorgesehen ist. Andererseits schließt die Eingehung eines neuen Arbeitsverhältnisses einen Antrag nach § 9 I KSchG auch nicht aus, denn die Unzumutbarkeit der Fortsetzung des bisherigen Arbeitsverhältnisses hängt vom Verhältnis zwischen Arbeitnehmer und altem Arbeitgeber ab.

Die Auflösung des Arbeitsverhältnisses auf Antrag des **Arbeitgebers** setzt nach § 9 I 2 778
KSchG voraus, dass eine den Betriebszwecken dienliche **weitere Zusammenarbeit** zwischen Arbeitgeber und Arbeitnehmer nicht zu erwarten ist.[733] Als Umstände, die den Auflösungsantrag des Arbeitgebers begründen können, kommen in erster Linie solche in Betracht, die darauf schließen lassen, dass eine vertrauensvolle Zusammenarbeit des Arbeitnehmers mit dem Arbeitgeber oder mit anderen Arbeitnehmern, sei es als Vorgesetzter oder Untergebener, nicht mehr möglich ist. Solche Umstände können sich aus dem Verhalten des Arbeitnehmers nach Ausspruch der Kündigung und während des Kündigungsschutzprozesses ergeben, wenn er etwa den Arbeitgeber oder andere Arbeitnehmer im Verfahren persönlich angegriffen, seine Kündigung zum Gegenstand einer öffentlichen Erörterung im Betrieb gemacht hat oder zwischenzeitlich bei einem Konkurrenzunternehmen tätig gewesen ist. Aber auch der Anlass, der zur Kündigung geführt hat, kann die schlechte Prognose für eine den Betriebszwecken dienliche weitere Zusammenarbeit verstärken.[734] Auf ein von ihm selbst oder von Personen, für die er einzustehen hat, provoziertes Verhalten kann sich der Arbeitgeber aber nicht berufen.[735]

Wirtschaftliche Schwierigkeiten und andere betriebliche Gegebenheiten, die eine Weiterbeschäftigung des Arbeitnehmers als unangebracht erscheinen lassen, reichen zur Begründung des Auflösungsantrags nicht aus. Hierbei handelt es sich nicht um eine Folge der Störung des Arbeitsverhältnisses durch die vom Arbeitgeber ausgesprochene Kündigung. Es ist nicht der Sinn des § 9 I 2 KSchG, dem Arbeitgeber wegen der vorausgegangenen Kündigung eine Auflösung des Arbeitsverhältnisses aus betrieblichen Gründen unter leichteren Voraussetzungen zu ermöglichen, als sie § 1 I KSchG vorsieht.

Der **Arbeitnehmer** kann den Antrag auf Auflösung gegen Abfindung nicht nur im 779
Falle der Sozialwidrigkeit einer ordentlichen Kündigung, sondern auch im Falle der Unbegründetheit einer außerordentlichen und im Falle einer sittenwidrigen Kündigung stellen (§ 13 I 3 und II KSchG). Dass die Kündigung auch noch aus einem ande-

---

731 BAG 26.11.1981 – 2 AZR 509/79, AP KSchG 1969 § 9 Nr. 8 mAnm *Denck*.

732 BAG 27.3.2003 – 2 AZR 9/02, AP KSchG 1969 § 9 Nr. 48.

733 BAG 11.7.2013 – 2 AZR 994/12, NZA 2014, 250; BAG 6.9.2007 – 2 AZR 264/06, NZA 2008, 636.

734 BAG 23.6.2005 – 2 AZR 256/04, NZA 2006, 363.

735 BAG 11.7.2013 – 2 AZR 994/12, NZA 2014, 250; BAG 2.6.2005 – 2 AZR 234/04, AP KSchG 1969 § 9 Nr. 51.

ren Grunde als wegen Sozialwidrigkeit, Fehlen eines wichtigen Grundes oder Sittenwidrigkeit unwirksam ist, hindert die Auflösung auf Antrag des Arbeitnehmers nicht. Ist die Kündigung aber **nur** aus einem anderen Grunde unwirksam, scheidet die Auflösung nach § 9 KSchG aus.

780 Anders als der Arbeitnehmer kann der **Arbeitgeber** die Auflösung nur verlangen, wenn die Kündigung **lediglich sozialwidrig** ist.[736] Ist sie bereits aus anderen Gründen unwirksam, muss er sich, wenn nicht der Arbeitnehmer die Auflösung beantragt, mit der Fortsetzung des Arbeitsverhältnisses abfinden.[737] Auch im Falle der außerordentlichen und sittenwidrigen Kündigung kann er keine Auflösung verlangen.

781 Nach § 10 I KSchG ist als **Abfindung** ein Betrag von bis zu zwölf Monatsverdiensten festzusetzen. Diese Höchstgrenze erhöht sich nach § 10 II 1 KSchG auf 15 Monatsverdienste, wenn der Arbeitnehmer bereits das 50. Lebensjahr vollendet und das Arbeitsverhältnis mindestens 15 Jahre bestanden hat, und auf 18 Monatsverdienste, wenn der Arbeitnehmer das 55. Lebensjahr vollendet und das Arbeitsverhältnis mindestens 20 Jahre bestanden hat. Beide Voraussetzungen müssen jeweils zusammentreffen. Maßgebend ist dabei der Zeitpunkt, zu dem das Gericht gem. § 9 II KSchG das Arbeitsverhältnis aufgelöst hat.

Daraus, dass die Abfindung eine Entschädigung für den an sich nicht gerechtfertigten Verlust des Arbeitsplatzes darstellt, folgt, dass die **Dauer des Arbeitsverhältnisses** der wichtigste Faktor für die Bemessung der Abfindung ist. Weitere Faktoren sind das Lebensalter und der Familienstand des Arbeitnehmers, die Dauer einer etwaigen Arbeitslosigkeit und der Grad der Sozialwidrigkeit der Kündigung.

782 Nach § 9 II KSchG hat das Arbeitsgericht das Arbeitsverhältnis zu dem **Zeitpunkt aufzulösen,** an dem es bei sozial gerechtfertigter Kündigung geendet hätte. Das ist regelmäßig das Ende der sich aus Gesetz, Tarifvertrag oder Arbeitsvertrag ergebenden ordentlichen Kündigungsfrist. Hat der Arbeitgeber zu einem späteren Termin gekündigt, ist dieser maßgebend. Hat er die Kündigungsfrist nicht eingehalten, so ist der Zeitpunkt festzusetzen, zu dem das Arbeitsverhältnis bei Einhaltung der Kündigungsfrist geendet hätte.[738] Hierher gehört auch der Fall, dass eine unwirksame fristlose Kündigung gem. § 140 BGB in eine ordentliche Kündigung umgedeutet wird (→ Rn. 608).

Dass das Arbeitsverhältnis bereits zum Ende der Kündigungsfrist aufgelöst wird, kann bei länger dauernden Kündigungsschutzprozessen zu Nachteilen für den Arbeitnehmer führen, weil er ab jenem Zeitpunkt kein Arbeitsentgelt mehr erhält. An dem eindeutigen Wortlaut des § 9 II KSchG ist aber nicht vorbeizukommen.[739] Immerhin wird man in solchen Fällen den Ausfall des Arbeitsentgelts während der Dauer des Kündigungsschutzprozesses als weiteren Faktor bei der Bemessung der Abfindung berücksichtigen können.

783 § 9 II KSchG ist auch bei der Auflösung eines Arbeitsverhältnisses nach einer außerordentlichen Kündigung anzuwenden (§ 13 I 3 KSchG). Dabei ist das Arbeitsverhältnis zum Zeitpunkt des Zugangs der Kündigung aufzulösen (§ 13 I 4 KSchG).

736 BAG 26.3.2009 – 2 AZR 879/07, NZA 2009, 679.
737 StRspr, vgl. BAG 10.11.1994 – 2 AZR 207/94, NZA 1995, 309.
738 BAG 21.6.2012 – 2 AZR 694/11, NZA 2013, 199.
739 BAG 25.11.1982 – 2 AZR 21/81, AP KSchG 1969 § 9 Nr. 10.

In **Fall 48** muss sich A also sehr gut überlegen, ob er den Auflösungsantrag stellt. Denn mit ihm gelangt er, selbst wenn die Dauer des Kündigungsschutzprozesses bei der Bemessung berücksichtigt wird, höchstens zu 18 Monatsverdiensten, während er bei Fortsetzung des Arbeitsverhältnisses das Arbeitsentgelt für die ganze Dauer des Prozesses und darüber hinaus fordern kann.

c) Weiterbeschäftigungsanspruch

Fall 49: A, der von der Firma X wegen Auftragsmangels gekündigt worden ist, hat Kündigungsschutzklage erhoben und gleichzeitig Antrag auf Verpflichtung der Firma X zu seiner Weiterbeschäftigung gestellt. Das Arbeitsgericht hat seinen Anträgen stattgegeben. Er ist daraufhin von X weiterbeschäftigt worden. Das LAG hat das Urteil des Arbeitsgerichts aufgehoben und die Klage rechtskräftig abgewiesen. X weigert sich daraufhin, dem A das noch rückständige Entgelt aus den letzten vier Wochen vor dem Urteil des LAG zu bezahlen, wobei sie geltend macht, dass A in den letzten drei Wochen krank gewesen sei.

Wie in → Rn. 223 ausgeführt, hat der Arbeitnehmer aus dem Arbeitsvertrag auch Anspruch auf tatsächliche Beschäftigung, der sich letztlich auf das Persönlichkeitsrecht des Arbeitnehmers stützen lässt. Dieser Anspruch steht auch dem gekündigten Arbeitnehmer zu. Eine Kündigung kann ihn grundsätzlich nur dann beseitigen, wenn sie wirksam ist und damit die arbeitsvertraglichen Pflichten zum Erlöschen bringt. Ist sie unwirksam, bleibt auch der Beschäftigungsanspruch bestehen. Dies hat den Großen Senat des BAG[740] veranlasst, dem Arbeitnehmer auch außerhalb der Regelung des § 102 V BetrVG (→ Rn. 1511 ff.) einen Anspruch auf Weiterbeschäftigung während des Kündigungsrechtsstreits zuzubilligen, sofern die Kündigung unwirksam ist und überwiegend schützenswerte Interessen des Arbeitgebers nicht entgegenstehen. Dieser Weiterbeschäftigungsanspruch darf nicht mit einem Wiedereinstellungsanspruch verwechselt werden (→ Rn. 683, 729). 784

Ein solches **schützenswertes Interesse** des Arbeitgebers sieht der Große Senat in der Regel so lange als gegeben an, wie noch **kein** die Unwirksamkeit der Kündigung feststellendes **Urteil** ergangen ist. Ergeht ein solches Urteil, tritt das Interesse des Arbeitgebers hinter das Beschäftigungsinteresse des Arbeitnehmers zurück und dieser ist weiterzubeschäftigen. Erst wenn das Urteil aufgehoben wird, überwiegt wieder das Interesse des Arbeitgebers an der Nichtbeschäftigung des Arbeitnehmers. Von vornherein besteht ein schützenswertes Interesse des Arbeitgebers nach Ansicht des Großen Senats nur dann nicht, wenn die Kündigung **offensichtlich unwirksam** ist, etwa weil offen zutage liegt, dass das Anhörungsrecht des Betriebsrats nach § 102 I BetrVG oder das Kündigungsverbot für werdende Mütter nach § 9 I MuSchG (→ Rn. 822 f.) missachtet ist. 785

Praktisch kann der gekündigte Arbeitnehmer, der sich gegen die Kündigung gerichtlich wehrt, also **spätestens ab einem obsiegenden Urteil erster Instanz** seine Weiterbeschäftigung durchsetzen. Das hat dazu geführt, dass Kündigungsschutzklagen heute vielfach mit dem Antrag verbunden werden, den Arbeitgeber zur Weiterbeschäftigung des Arbeitnehmers zu verpflichten.[741] 786

Was die **rechtlichen Folgen einer Weiterbeschäftigung** aufgrund des Urteils des Arbeitsgerichts angeht, muss unterschieden werden: Ist die Kündigung auch nach Fest- 787

740 BAG 27.2.1985 – GS 1/84, NZA 1985, 702.

741 Zur Problematik der Zulässigkeit des Antrags im Hinblick auf § 259 ZPO s. *Löwisch* Anm. zu BAG 13.6.1985 – 2 AZR 410/84, EWiR 1986, 771.

stellung der Rechtsmittelgerichte tatsächlich unwirksam, haben die Rechte und Pflichten aus dem Arbeitsvertrag auch während der Weiterbeschäftigung unverändert fortbestanden. Soweit die Ansprüche des Arbeitnehmers nicht ohnehin erfüllt worden sind, kann er sie ohne Weiteres geltend machen. Stellt sich hingegen in den Rechtsmittelinstanzen die Wirksamkeit der Kündigung heraus, hat er seit Ablauf der Kündigungsfrist keine Vertragsansprüche mehr. Nach Auffassung des BAG bestehen dann lediglich Ansprüche aus ungerechtfertigter Bereicherung (§§ 812ff. BGB), wobei dem Arbeitnehmer als Wert der geleisteten Arbeit allerdings gem. § 818 II BGB die übliche Vergütung zu leisten ist.[742] Richtiger erscheint es demgegenüber, das Weiterbeschäftigungsverhältnis während seines Vollzugs wie ein gültiges Arbeitsverhältnis zu behandeln, denn die Situation ist nicht anders als bei einem nichtigen oder wirksam angefochtenen Arbeitsverhältnis bis zum Zeitpunkt der Feststellung der Nichtigkeit oder Erklärung der Anfechtung.[743]

Der Unterschied der Auffassungen zeigt sich in **Fall 49.** Nach dem BAG kann A Vergütung nur für die Zeit beanspruchen, in der er tatsächlich gearbeitet hat, weil nur in dieser Zeit der X ein Wert zugeflossen ist. Hingegen ist nach der anderen Auffassung auch Entgeltfortzahlung im Krankheitsfall zu leisten.

788 Es kann vorkommen, dass der Arbeitgeber, um dem Risiko der Verpflichtung zur nachträglichen Zahlung von Annahmeverzugslohn gem. § 615 S. 1 BGB zu entgehen, dem Arbeitnehmer **von sich** aus die Weiterbeschäftigung während des Kündigungsrechtsstreits anbietet[744] Geht der Arbeitnehmer auf dieses Angebot ein, ist in der Regel anzunehmen, dass das ursprüngliche Arbeitsverhältnis mit den bisherigen Rechten und Pflichten, auflösend bedingt durch die rechtskräftige Entscheidung über die Kündigungsschutzklage, fortgesetzt werden soll, bis über die Wirksamkeit der Kündigung Klarheit besteht.[745] Allerdings ist dann auch das Schriftformgebot des § 14 IV TzBfG zu beachten.[746]

789 Nimmt der Arbeitnehmer das Angebot des Arbeitgebers nicht an, bleibt nach Auffassung des BAG der Annahmeverzug bestehen. Beenden könne ihn der Arbeitgeber nur, wenn er mit dem Angebot der Weiterbeschäftigung auch von der Kündigung Abstand nähme.[747] Dem Weiterbeschäftigungsangebot kommt nach dieser Auffassung Bedeutung aber insoweit zu, als die Ablehnung durch den Arbeitnehmer ein böswilliges Unterlassen anderweitigen Erwerbs darstellen kann, was regelmäßig der Fall ist, wenn ihm für die Dauer des Kündigungsrechtsstreits die bisherige Beschäftigung zu dem bisherigen Verdienst angeboten wird.[748]

742 StRspr, BAG 10.3.1987 – 8 AZR 146/84, NZA 1987, 373; BAG 12.2.1992 – 5 AZR 297/90, NZA 1993, 177.

743 *Schwerdtner* DB 1989, 878 und 2025; dem BAG folgend v. Hoyningen-Huene/Linck/*Linck* KSchG § 4 Rn. 160ff.

744 Dazu *Ricken* NZA 2005, 323.

745 BAG 4.9.1986 – 8 AZR 636/84, NZA 1987, 376.

746 BAG 22.10.2003 – 7 AZR 113/03, NZA 2004, 1275.

747 BAG 7.11.2002 – 2 AZR 650/00, AP BGB § 615 Nr. 98; krit. hierzu *Löwisch,* FS 50 Jahre BAG, 2004, 423 (435f.).

748 Vgl. BAG 11.1.2006 – 5 AZR 98/05, NZA 2006, 314; ausführlich v. Hoyningen-Huene/Linck/*Linck* KSchG § 11 Rn. 37ff.

5. Kündigungsschutz leitender Angestellter

§ 14 I KSchG nimmt Organmitglieder juristischer Personen und zur Vertretung berufene Gesellschafter aus dem Anwendungsbereich des KSchG aus. Das stimmt damit überein, dass dieser Personenkreis nicht zu den Arbeitnehmern gehört (→ Rn. 8). 790

Betriebsleiter und ähnliche leitende Angestellte, soweit diese zur selbstständigen Einstellung **oder** Entlassung berechtigt sind,[749] genießen grundsätzlich Kündigungsschutz (§ 14 II KSchG). Ihre Kündigung bedarf ebenso wie die anderer Arbeitnehmer der sozialen Rechtfertigung nach § 1 KSchG. Auch sie müssen die Sozialwidrigkeit einer Kündigung durch Kündigungsschutzklage nach § 4 KSchG geltend machen. 791

Wegen der Vertrauensstellung leitender Angestellter bestimmt § 14 II 2 KSchG, dass bei leitenden Angestellten der Arbeitgeber stets die Auflösung des Arbeitsverhältnisses gegen Abfindung gem. § 9 I 2 iVm § 10 KSchG durchsetzen kann. Aus dem gleichen Grund kommt auch ein Weiterbeschäftigungsanspruch der leitenden Angestellten während des Kündigungsrechtsstreits nicht in Betracht.[750] 792

Voraussetzung für die Anwendung des § 14 II KSchG ist, dass der leitende Angestellte die Einstellungs- oder Entlassungsbefugnis tatsächlich ausübt, sodass sie seine Stellung im Betrieb prägt. Ohne eine solche ausreichende Personalverantwortung wäre die Einschränkung des Kündigungsschutzes nicht gerechtfertigt.[751] 793

6. Auflösung gegen Abfindung

Fall 50: A ist bei der Firma X seit zehn Jahren als Mechaniker beschäftigt. Am 20.5. erhält er von der Firma folgendes Schreiben: »Leider sehen wir uns gezwungen, das Arbeitsverhältnis mit Ihnen wegen Aufgabe der Betriebsabteilung, in der Sie beschäftigt sind, zum 30.9. zu kündigen. Sofern Sie auf gerichtliche Schritte gegen die Kündigung verzichten, sind wir bereit, Ihnen eine Abfindung von vier Monatsgehältern zu bezahlen.« A lässt die Drei-Wochen-Klagefrist verstreichen und verlangt von X Zahlung einer Abfindung von fünf Monatsgehältern.

Arbeitgeber und Arbeitnehmer können das Arbeitsverhältnis auch durch Auflösungsvertrag aufheben (→ Rn. 661 ff.) und in diesem Zusammenhang die Verpflichtung des Arbeitgebers zur Zahlung einer Abfindung an den Arbeitnehmer festlegen. Für den Arbeitnehmer kann dies attraktiv sein, weil er die Gefahr vermeidet, im Falle seines Unterliegens im Kündigungsschutzprozess leer auszugehen. Auf der anderen Seite entgeht der Arbeitgeber dem Risiko der Festsetzung einer noch höheren Abfindung durch ein Urteil nach § 9 KSchG, zu dem dann auch noch der Annahmeverzugslohn für die Dauer der Kündigungsfrist tritt (→ Rn. 362, 365). Da Abfindungen gem. § 158 SGB III nur beschränkt mit dem Arbeitslosengeld verrechnet werden, enden die meisten Streitigkeiten auf diese Weise, sei es vorprozessual durch Vertrag oder in einem etwaigen Kündigungsschutzprozess durch gerichtlichen Vergleich. 794

749 Der Begriff des leitenden Angestellten ist damit etwas anders als in § 5 III BetrVG, vgl. → Rn. 1216 ff.

750 Löwisch/Spinner/Wertheimer/*Wertheimer* KSchG § 14 Rn. 45; *D. Kaiser,* Sprecherausschüsse für leitende Angestellte, 1995, Rn. 299; aA *Rumler,* Der Kündigungsschutz leitender Angestellter, 1990, 194.

751 BAG 19.4.2012 – 2 AZR 186/11, NZA 2013, 27; BAG 27.9.2001 – 2 AZR 176/00, NZA 2002, 1277.

795 Mit der Vorschrift des § 1 a KSchG will der Gesetzgeber das Zustandekommen vorprozessualer Abfindungslösungen erleichtern:[752] Erhebt der Arbeitnehmer im Falle einer betriebsbedingten Kündigung keine Kündigungsschutzklage, erwirbt er mit Ablauf der Kündigungsfrist einen Anspruch auf eine Abfindung in Höhe von 0,5 Monatsverdiensten für jedes Jahr des Bestehens des Arbeitsverhältnisses (§ 1 a I 1 iVm II KSchG). Der Anspruch setzt jedoch den Hinweis des Arbeitgebers in der Kündigungserklärung voraus, dass es sich um eine betriebsbedingte Kündigung handelt und der Arbeitnehmer bei Verstreichenlassen der Klagefrist die Abfindung beanspruchen kann (§ 1 a I 2 KSchG).

796 Der Gesetzgeber hat die Regelung des § 1 a KSchG nicht so ausgestaltet, dass der Arbeitnehmer, der im Falle einer betriebsbedingten Kündigung keine Kündigungsschutzklage erhebt, automatisch einen Anspruch auf Abfindung erhält. Vielmehr besteht ein solcher Anspruch nur, wenn der Arbeitgeber die in § 1 a I 2 KSchG vorgesehene Erklärung abgibt. Damit trägt der Vorgang **rechtsgeschäftlichen Charakter.**[753] Konkret handelt es sich um einen Vertrag: Der Arbeitgeber bietet dem Arbeitnehmer die Abfindung gegen einen Verzicht auf die Erhebung der Kündigungsschutzklage an. Der Arbeitnehmer nimmt dieses Angebot an, indem er die Klagefrist verstreichen lässt.[754]

Damit ergibt sich schon die Lösung von **Fall 50:** Da ein entsprechendes Angebot der Firma nicht vorliegt, kann A keine Abfindung in Höhe von fünf Monatsgehältern beanspruchen. Wohl aber stehen ihm die von der Firma angebotenen vier Monatsgehälter zu, denn man muss den Umstand, dass er die Klagefrist hat verstreichen lassen, dahin werten, dass er jedenfalls die niedrigere angebotene Abfindung annehmen will. Täte man das nicht, gäbe man dem Arbeitnehmer Steine statt Brot. Denn infolge der Rechtswirkung des § 7 iVm § 4 KSchG hat er nach Ablauf der Klagefrist keine Möglichkeit mehr, die Unwirksamkeit der Kündigung geltend zu machen. § 150 II BGB steht einer solchen Wertung nicht entgegen. Es liegt ein Fall vor, in dem die über den Umfang des Angebots hinausschießende Annahme als Annahme des Angebots verbunden mit einem Antrag auf Abschluss eines zusätzlichen Vertrages über den überschießenden Teil angesehen werden kann.[755]

797 Als Annahme kann man das Verstreichenlassen der Klagefrist nur bewerten, wenn der Arbeitnehmer von der Kündigung und dem mit dieser verbundenen Hinweis auf die Abfindung **Kenntnis** hat. Nur dann kann seinem Verhalten die Qualität einer Willenserklärung beigelegt werden. Weiß der Arbeitnehmer ausnahmsweise nichts von der Kündigung, etwa weil er sich zum Zeitpunkt des Zugangs der Kündigung und über die Klagefrist hinaus im Urlaub befindet, steht ihm der Weg zur Kündigungsschutzklage über die nachträgliche Zulassung nach § 5 KSchG offen. Nur wenn er von dieser Möglichkeit keinen Gebrauch macht, indem er die Frist des § 5 III KSchG verstreichen lässt, oder sonst die Annahme des Angebots des Arbeitgebers zum Ausdruck bringt, steht ihm der Anspruch auf die Abfindung zu.

798 Ob der Arbeitgeber dem Arbeitnehmer, sei es auf dem Weg über § 1 a KSchG, sei es sonst, eine Abfindung anbietet, steht grundsätzlich in seiner freien Entscheidung. Insbesondere zwingt ihn der **arbeitsrechtliche Gleichbehandlungsgrundsatz** (→ Rn. 147 f.) nicht, im Falle der gleichzeitigen Kündigung mehrerer Arbeitnehmer diesen allen eine Abfindung in gleicher Höhe anzubieten. Abfindungsregelungen haben zum Zweck, ge-

752 BAG 19.7.2016 – 2 AZR 536/15, BeckRS 2016, 74727.
753 Offen gelassen von BAG 16.12.2010 – 6 AZR 423/09, NZA-RR 2011, 421.
754 *Löwisch* BB 2004, 154 (157).
755 Staudinger/*Bork*, 2015, BGB § 150 Rn. 11.

richtliche Auseinandersetzungen über die Berechtigung einer Kündigung zu vermeiden. Ob es zu einer solchen Auseinandersetzung kommt, hängt von Umständen (Beschäftigungsmöglichkeit, soziale Situation des Arbeitnehmers, usw) ab, die von Fall zu Fall verschieden sein können. Deshalb ist es regelmäßig nicht willkürlich, wenn der Arbeitgeber bei manchen Arbeitnehmern diesen Weg beschreitet und bei manchen nicht oder wenn er in der Höhe der angebotenen Abfindungen differenziert. Etwas anderes gilt nur, wenn der Arbeitgeber bestimmte Arbeitnehmer oder Arbeitnehmergruppen aus sachfremden Erwägungen, insbesondere unter Verstoß gegen ein Benachteiligungsverbot des AGG diskriminiert. Nur ausländischen Arbeitnehmern keine Abfindung anzubieten, weil der Arbeitgeber deren Widerstandskraft als geringer einschätzt, wäre unzulässig.

II. Kündigungsschutz bei der Änderungskündigung

1. Allgemeines

Der Arbeitgeber wird bisweilen die Notwendigkeit sehen, die Arbeitsbedingungen zu 799
ändern. Das ist aber jenseits des Direktionsrechts einseitig nicht möglich, sondern individualrechtlich nur durch Vereinbarung mit dem Arbeitnehmer. Ist der Arbeitnehmer aber nicht zu einer Änderung bereit, so kann der Arbeitgeber sein Änderungsangebot mit einer Beendigungskündigung kombinieren: Der Arbeitgeber beendet das Arbeitsverhältnis durch Kündigung und bietet gleichzeitig die Fortsetzung zu geänderten Bedingungen an. Er kann auch die Kündigung unter die Bedingung der Angebotsablehnung stellen.

Diese Änderungskündigung besteht damit aus **zwei Elementen:** dem Änderungsangebot und der Beendigungskündigung. Geregelt ist sie in §§ 2, 4 S. 2, 7 KSchG. Die Änderungskündigung bedarf als Kündigung der Schriftform des § 623 BGB und zwar auch hinsichtlich des Änderungsangebotes.[756] Außerdem muss das Änderungsangebot (entsprechend der allgemeinen rechtsgeschäftlichen Regelungen) bestimmt genug sein, dass es der Arbeitnehmer mit einfachen »Ja« annehmen kann.[757] Hält sich das »Änderungsangebot« allerdings im Rahmen des bestehenden Weisungsrechts des Arbeitgebers, ist die dennoch ausgesprochene Änderungskündigung letztlich überflüssig. Das aber hat zur Folge, dass die vom Arbeitnehmer erhobene Änderungsschutzklage unbegründet ist. Es liegen eben keine »Änderungen der Arbeitsbedingungen« iSv § 2 S. 1, § 4 S. 2 KSchG vor.[758]

Das KSchG aber gewährt dem Arbeitnehmer hinsichtlich seines Arbeitsverhältnisses nicht nur Bestandsschutz, sondern auch **Vertragsinhaltsschutz.** Der Arbeitgeber kann sich aus den einmal eingegangenen arbeitsvertraglichen Verpflichtungen gegenüber dem Arbeitnehmer nicht im Wege der Kündigung einfach lösen, sondern bedarf auch für die einseitige Abänderung des Vertragsinhalts eines rechtfertigenden Grundes. Auf diese Weise wird der vom KSchG beabsichtigte Bestandsschutz gegen eine Aushöhlung durch beliebige Verschlechterung der Arbeitsbedingungen abgesichert.

756 BAG 16.9.2004 – 2 AZR 628/03, NZA 2005, 635.
757 BAG 10.9.2009 – 2 AZR 822/07, NZA 2010, 333; BAG 17.5.2001 – 2 AZR 460/00, NZA 2002, 54.
758 BAG 17.12.2015 – 2 AZR 304/15, NZA 2016, 568; BAG 19.7.2012 – 2 AZR 25/11, NZA 2012, 1038.

800 Während der Arbeitnehmer aber bis zur Änderung des KSchG durch das erste Arbeitsrechtsbereinigungsgesetz v. 14.8.1969 seinen Kündigungsschutz gegenüber einer Änderungskündigung nur mit der allgemeinen Kündigungsschutzklage geltend machen konnte und damit das Risiko des Arbeitsplatzverlusts im Falle der Wirksamkeit der Kündigung trug, ermöglicht ihm die heute vorgesehene **Änderungsschutzklage** die Beschränkung des Rechtsstreits auf die Berechtigung der ihm angesonnenen Änderung der Arbeitsbedingungen.

2. Vorbehalt des Änderungsschutzes

801 Spricht der Arbeitgeber eine Änderungskündigung aus, so kann der Arbeitnehmer auf drei Wegen reagieren: Er kann das Änderungsangebot **annehmen,** womit das Arbeitsverhältnis zu den geänderten Bedingungen fortbesteht. Er kann entgegengesetzt das Änderungsangebot **ablehnen,** dann steht noch die Beendigungskündigung im Raum, gegen die sich der Arbeitnehmer zu wenden hat. Es kommt zu einer Überprüfung allein der Beendigungskündigung.

802 Als dritten Weg kann der Arbeitnehmer nach § 2 S. 1 KSchG das ihm vom Arbeitgeber mit der Änderungskündigung gemachte Angebot aber auch **unter dem Vorbehalt annehmen,** dass die Änderung der Arbeitsbedingungen nicht sozial ungerechtfertigt ist. § 2 KSchG ermöglicht damit eine Ausnahme von § 150 II BGB. Das Arbeitsverhältnis besteht dann zunächst mit den **geänderten** Arbeitsbedingungen fort.[759] Wird aber später auf die Klage des Arbeitnehmers festgestellt, dass die Änderung sozial ungerechtfertigt ist, gilt gem. § 8 KSchG die Änderungskündigung als von Anfang an unwirksam. Das Arbeitsverhältnis läuft für die Zukunft zu den ursprünglichen Bedingungen fort und auch für die Vergangenheit muss der Arbeitgeber dem Arbeitnehmer gem. § 159 BGB gewähren, was diesem zugestanden hätte, wenn die Änderung der Arbeitsbedingungen nicht erfolgt wäre.[760]

803 Erfolgt die Feststellung nicht, weil der Arbeitnehmer nicht rechtzeitig nach § 4 S. 2 KSchG Änderungsschutzklage erhebt oder weil er im Prozess unterliegt, so erlischt der Vorbehalt und das Arbeitsverhältnis besteht unter den geänderten Arbeitsbedingungen fort (§ 7 KSchG).

804 Nach § 2 S. 2 KSchG muss der Arbeitnehmer den Vorbehalt innerhalb der für die vom Arbeitgeber ausgesprochene Änderungskündigung geltenden **Kündigungsfrist,** spätestens jedoch innerhalb von drei Wochen nach Zugang der Kündigung erklären. Diese Vorschrift kann angesichts ihres eindeutigen Wortlautes nicht anders als dahin verstanden werden, dass immer die kürzere der beiden Fristen gilt.

805 Nimmt der Arbeitnehmer das Änderungsangebot nicht innerhalb der kürzeren der beiden Fristen an, so ist ihm gem. § 2 S. 2 KSchG der Weg der Änderungsschutzklage verschlossen. Dies bedeutet aber nicht, dass er sich gegen die Änderungskündigung überhaupt nicht mehr zur Wehr setzen könnte. Vielmehr kann er dann die Kündigung als solche mit der normalen Kündigungsschutzklage angreifen. Mit ihr riskiert er aber seinen Arbeitsplatz. Unterliegt er im Kündigungsschutzprozess, so steht fest, dass sein

759 Ein Anspruch auf Weiterbeschäftigung zu den alten Arbeitsbedingungen nach den vom Großen Senat entwickelten Grundsätzen (→ Rn. 784 ff.) scheidet damit aus: BAG 18.1.1990 – 2 AZR 183/89, NZA 1990, 734.

760 Zur Änderungskündigung in der Fallbearbeitung s. *Eufinger* JuS 2015, 1013.

Arbeitsverhältnis durch die Kündigung beendet worden ist. Andererseits gewinnt er die ihm bei der Änderungsschutzklage verschlossene Möglichkeit,[761] gem. § 9 I KSchG die Auflösung des Arbeitsverhältnisses gegen Abfindung zu beantragen.

3. Soziale Rechtfertigung bei der Änderungskündigung

Fall 51: Beim Autohaus X arbeitet der Fahrzeugverkauf seit mehreren Jahren mit Verlust. Um dort wieder in die schwarzen Zahlen zu kommen, will X die Provisionen der Verkäufer von 17% auf 14% des Verkaufspreises senken. A ist damit nicht einverstanden und macht deshalb, als er eine entsprechende Änderungskündigung erhält, den Vorbehalt der Sozialwidrigkeit geltend und erhebt Änderungsschutzklage.

Die Maßstäbe für die soziale Rechtfertigung der Änderungskündigung sind nach § 2 S. 1 KSchG dem § 1 II 1–3 und III 1 und 2 KSchG zu entnehmen. Es ist zu prüfen, ob personen-, verhaltens- oder betriebsbedingte Gründe für die Beendigung des Arbeitsverhältnisses zu den gegebenen Bedingungen vorliegen, sodann ist zu prüfen, ob der Arbeitnehmer die angebotenen Änderungen billigerweise hinnehmen muss.[762] § 1 IV und V KSchG (Kündigungsbenennung im Interessenausgleich) gelten auch bei der Änderungskündigung.[763] 806

Geht es, wie meist, um eine Änderung der Arbeitsbedingungen aus betrieblichen Gründen, ist diese als sozial gerechtfertigt anzusehen, wenn so dringende betriebliche Erfordernisse für sie gegeben sind, dass unter Abwägung des Interesses des Arbeitgebers an der erstrebten Änderung und des Interesses des Arbeitnehmers an der Aufrechterhaltung seiner gegenwärtigen Arbeitsbedingungen die Änderung billigenswert und angemessen erscheint.[764] Dabei gilt, was die Interessen des Arbeitgebers angeht, auch hier, dass die von ihm getroffenen unternehmerischen Entscheidungen nicht nachgeprüft werden können (→ Rn. 724 ff.). 807

Die Absicht von X im **Fall 51**, die Entgeltkosten zu senken, stellt noch keine solche unternehmerische Entscheidung dar. Dies anzunehmen, würde den Kündigungsschutz entwerten, weil angesichts der Rentabilitätsorientierung der Unternehmen das Bestreben, die Entgeltkosten zu senken, stets akzeptiert werden müsste. Zu hohe Personalkosten können Entgeltsenkungen erst dann rechtfertigen, wenn bei Aufrechterhaltung der bisherigen Personalkostenstruktur weitere, betrieblich nicht mehr auffangbare Verluste entstehen, die absehbar zu einer Reduzierung der Belegschaft oder sogar zu einer Schließung des Betriebes führen.[765] Auch dann wäre aber immer noch zu fragen, ob es billig ist, A und die anderen Verkäufer in dem ihnen angesonnenen Umfang zur Schließung der Finanzierungslücke heranzuziehen.

Wie aus dem Verweis des § 2 S. 1 KSchG folgt, muss der Arbeitgeber auch bei der betriebsbedingten Änderungskündigung das Gebot der **Auswahl nach sozialen Gesichtspunkten** beachten. Dabei muss die Bewertung der vier Kriterien Lebensalter, Dauer der Betriebszugehörigkeit, Unterhaltspflichten und Schwerbehinderung an der 808

761 BAG 24.10.2013 – 2 AZR 320/13, NJW 2014, 1405.

762 BAG 26.3.2009 – 2 AZR 879/07, NZA 2009, 679; BAG 28.5.2009 – 2 AZR 844/07, NZA 2009, 954.

763 BAG 23.2.2012 – 2 AZR 44/11, AP KSchG 1969 § 2 Nr. 154; BAG 19.6.2007 – 2 AZR 304/06, NZA 2008, 103.

764 BAG 24.5.2012 – 2 AZR 163/11, NZA-RR 2013, 74; BAG 23.6.2005 – 2 AZR 642/04, NZA 2006, 92.

765 BAG 12.1.2006 – 2 AZR 126/05, NZA 2006, 587.

vom Arbeitgeber vorgesehenen Änderung ausgerichtet werden. Etwa hat die Schwerbehinderung eines Arbeitnehmers bei einer Versetzung größeres Gewicht als sonst.[766]

Soweit es um die **Herabsetzung von Entgelten und Sozialleistungen** geht, kommt eine Sozialauswahl von vornherein nur in Betracht, wenn die Herabsetzung nur einen Teil der vergleichbaren Arbeitnehmer betreffen soll. Werden, wie das die Regel sein wird, alle vergleichbaren Arbeitnehmer einer solchen Herabsetzung ausgesetzt, findet überhaupt keine Auswahlentscheidung statt; maßgebend ist dann die Wahrung der Billigkeit der vorgesehenen Änderung. Diese wird meist eine prozentual gleichmäßige Herabsetzung erfordern.[767]

4. Änderungsschutz bei der außerordentlichen Änderungskündigung

809 Obwohl § 13 I 2 KSchG die §§ 2, 4 S. 2 und 8 KSchG nicht in Bezug nimmt, geht die herrschende Meinung davon aus, dass dem Arbeitnehmer auch gegenüber der außerordentlichen Änderungskündigung der Weg der besonderen Änderungsschutzklage offen steht, er also das Änderungsangebot unter Vorbehalt annehmen und gerichtlich nachprüfen lassen kann, ob für die Änderung ein wichtiger Grund iSd § 626 I BGB gegeben ist.[768]

Angesichts des Umstands, dass die außerordentliche Änderungskündigung gem. § 626 BGB nicht an eine Frist gebunden ist, bedeutet die analoge Anwendung des § 2 S. 2 KSchG, dass der Arbeitnehmer die Annahme des Angebots unter Vorbehalt unverzüglich erklären muss. Tut der Arbeitnehmer das nicht, bleibt ihm nur die normale Kündigungsschutzklage nach § 13 I iVm § 4 S. 1 KSchG, sofern in der Weiterarbeit nicht überhaupt eine stillschweigende Annahme des Änderungsangebots gesehen werden muss.[769]

810 Die Voraussetzungen einer auf betriebliche Gründe gestützten außerordentlichen Änderungskündigung gehen über die Anforderungen an eine ordentliche Änderungskündigung hinaus. Wird etwa die außerordentliche Änderungskündigung gegenüber einem ordentlich unkündbaren Arbeitnehmer auf eine Reorganisationsentscheidung gestützt, so ist entscheidender Gesichtspunkt, ob das geänderte unternehmerische Konzept die vorgeschlagene Änderung **erzwingt,** oder ob es im Wesentlichen auch ohne oder mit weniger einschneidenden Änderungen im Arbeitsvertrag des Gekündigten durchsetzbar bleibt.[770]

III. Kündigungsschutz bei Massenentlassungen

811 Beabsichtigt ein Arbeitgeber in Betrieben[771] mit 20–60 Arbeitnehmern mehr als fünf Arbeitnehmer, in Betrieben von 60–500 Arbeitnehmern 10 % der Belegschaft oder mehr als 25 Arbeitnehmer und in Betrieben mit mindestens 500 Arbeitnehmern 30 Arbeitnehmer oder mehr innerhalb von 30 Kalendertagen zu entlassen (sog. Massenentlassung), hat er dies der Agentur für Arbeit anzuzeigen (§ 17 I KSchG). Als **Entlas-**

766 Löwisch/Spinner/Wertheimer/*Löwisch/Wertheimer* KSchG § 2 Rn. 98.
767 S. zur Entgeltabsenkung durch Änderungskündigung BAG 20.6.2013 – 2 AZR 396/12, NZA 2013, 1409.
768 BAG 28.10.2010 – 2 AZR 688/09, NZA-RR 2011, 155; BAG 19.6.1986 – 2 AZR 565/85, NZA 1987, 94.
769 BAG 19.6.1986 – 2 AZR 565/85, NZA 1987, 94; BAG 27.3.1987 – 7 AZR 790/85, NZA 1988, 737 = AR-Blattei D-Blatt Kündigungsschutz, Entsch. 8 mAnm *Löwisch.*
770 BAG 28.10.2010 – 2 AZR 688/09, NZA-RR 2011, 155; BAG 1.3.2007 – 2 AZR 580/05, NZA 2007, 1445; BAG 2.3.2006 – 2 AZR 64/05, NZA 2006, 985.
771 Zum massenentlassungsrechtlichen Betriebsbegriff s. EuGH 30.4.2015 – C-80/14, NZA 2015, 601 – USDAW; EuGH 13.5.2015 – C-392/13, NZA 2015, 669 – Rabal Cañas.

sung gilt dabei nicht nur die Kündigung durch den Arbeitgeber, sondern jede Beendigung des Arbeitsverhältnisses, die durch ihn veranlasst wird (§ 17 I 2 KSchG).

Um das Auftreten einer konzentrierten Arbeitslosigkeit zu vermeiden, werden die ge- **812**
planten Entlassungen vor Ablauf eines Monats nach Eingang der Anzeige nur mit **Zustimmung** der Agentur für Arbeit wirksam (§ 18 I KSchG). Diese kann die Entlassungssperre im Einzelfall auf zwei Monate erstrecken (§ 18 II KSchG). Insofern verfolgen die §§ 17ff. KSchG einen **arbeitsmarktbezogenen Zweck:** Die Vorbereitung auf eine größere Zahl an neuen Arbeitssuchenden soll für die Arbeitsbehörden durch frühe Meldung erleichtert werden.

Ist der Arbeitgeber nicht in der Lage, die Arbeitnehmer während der Dauer der Ent- **813**
lassungssperre zu beschäftigen, kann ihn die Bundesagentur für Arbeit zur **Einführung von Kurzarbeit** ermächtigen (§ 19 I KSchG). Die Kürzung der Arbeitsentgelte ist auch in diesem Fall aber erst von dem Zeitpunkt an möglich, zu dem das Arbeitsverhältnis ohne die Entlassungssperre enden würde (§ 19 II KSchG).

Die Bestimmungen der §§ 17ff. KSchG müssen sich aber an der Massenentlassungs- **814**
RL[772] (→ Rn. 165) messen lassen, diese wiederum verfolgt den Zweck des Arbeitnehmerschutzes[773] insbesondere durch die Unterrichtung der Arbeitnehmervertretungen soll noch Einfluss auf die Kündigungsentscheidungen genommen werden können. Folgerichtig hat der EuGH im sog. Junk-Urteil entschieden, dass als Entlassung im Sinne der Richtlinie die Kündigungserklärung des Arbeitgebers gilt.[774] Das führt bei richtlinienkonformer Auslegung dazu, dass auch der Begriff der Entlassung in § 17 I KSchG als **Ausspruch der Kündigung** zu verstehen ist.[775] Dementsprechend sind Kündigungen, die ausgesprochen wurden, bevor die Massenentlassungsanzeige erstattet worden ist, nach § 134 BGB nichtig.[776] Zudem legt der EuGH mit der in jüngerer Zeit ergangenen Balkaya-Entscheidung auch den Arbeitnehmerbegriff so erweiternd aus, dass darunter grundsätzlich auch gesellschaftsrechtlich weisungsgebundene Organmitglieder einer Kapitalgesellschaft gefasst werden.[777]

Nach § 17 II KSchG muss der Arbeitgeber auch den Betriebsrat von einer geplanten **815**
Massenentlassung informieren und sie mit ihm beraten (sog. Konsultationsverfahren).[778] Das ist vor allem dort von Bedeutung, wo in der Massenentlassung nicht gleichzeitig eine – nach § 111 BetrVG informations- und beratungspflichtige – Betriebsänderung liegt, weil von ihr weniger als 5 % der Belegschaft betroffen sind (→ Rn. 1543). Unterlässt der Arbeitgeber die Information des Betriebsrats, sind die Kündigungen ebenfalls nicht wirksam.[779]

772 RL 98/59/EG des Rates vom 20.7.1988 zur Angleichung der Rechtsvorschriften der Mitgliedstaaten über Massenentlassungen, ABl. 1998 L 225, 16.

773 EuGH 30.4.2015 – C-80/14, NZA 2015, 601 – USDAW.

774 EuGH 27.1.2005 – C-188/03, Slg. 2005, I-903 = NZA 2005, 213 – Junk; s. auch EuGH 11.11.2015 – C-422/14, NZA 2015, 1441 – Pujante Rivera.

775 BAG 21.3.2013 – 2 AZR 60/12, NZA 2013, 966; BAG 23.3.2006 – 2 AZR 343/05, NZA 2006, 971; BAG 13.7.2006 – 6 AZR 198/06, NZA 2007, 25.

776 BAG 21.3.2013 – 2 AZR 60/12, NZA 2013, 966.

777 EuGH 9.7.2015 – C-229/14, NZA 2015, 861 – Balkaya.

778 Dazu BAG 20.9.2012 – 6 AZR 155/11, NZA 2013, 32.

779 S. zu dieser Frage *Löwisch* GPR 2005, 150 (152).

IV. Kündigungsschutz Schwerbehinderter nach dem SGB IX

Fall 52: A, der bei der Firma X beschäftigt ist, hat Antrag auf Feststellung einer Behinderung gestellt. Der Personalleitung hat er davon nichts gesagt, weil er befürchtete, in ein schlechtes Licht zu geraten. Auch als er von X aus betriebsbedingten Gründen gekündigt wird, sagt er über den Antrag zunächst nichts, erhebt aber Kündigungsschutzklage. Als er zwei Monate später seinen Schwerbehindertenausweis erhält, legt er ihn im Kündigungsschutzprozess vor.

816 Die Kündigung des Arbeitsverhältnisses eines Schwerbehinderten durch den Arbeitgeber bedarf nach § 85 SGB IX[780] der vorherigen **Zustimmung des Integrationsamts.**[781] Eine ohne Zustimmung ausgesprochene Kündigung ist nichtig, § 85 SGB IX iVm § 134 BGB.[782]

817 Geht es um eine ordentliche Kündigung, hat das Integrationsamt bei seiner Entscheidung nach **pflichtgemäßem Ermessen** das Interesse des Arbeitgebers an der Auflösung des Arbeitsverhältnisses und das des Arbeitnehmers am Erhalt des Arbeitsplatzes gegeneinander abzuwägen. § 89 SGB IX[783] schränkt dieses Ermessen aber in drei Fällen ein. Nach § 89 I 1 SGB IX[784] muss die Zustimmung erteilt werden, wenn der Betrieb, in dem der Schwerbehinderte tätig ist, eingestellt wird, es sei denn, er kann auf einem freien Arbeitsplatz in einem anderen Betrieb desselben Arbeitgebers weiterbeschäftigt werden. Nach § 89 I 2 SGB IX[785] soll die Zustimmung auch bei wesentlichen Betriebseinschränkungen erteilt werden, wenn die Gesamtzahl der verbleibenden Schwerbehinderten zur Erfüllung der Beschäftigungspflicht nach § 71 SGB IX[786] (→ Rn. 568) ausreicht. In beiden Fällen müssen zwischen dem Tag der Kündigung und dem Tag, bis zu dem Gehalt oder Lohn bezahlt wird, mindestens drei Monate liegen. Außerdem soll die Zustimmung erteilt werden, wenn dem Schwerbehinderten ein anderer zumutbarer Arbeitsplatz, sei es beim bisherigen, sei es bei einem anderen Arbeitgeber, gesichert ist.

818 Erteilt das Integrationsamt die Zustimmung, kann der Arbeitgeber die Kündigung binnen eines Monats nach Zustellung erklären (§ 88 III SGB IX[787]).Wird sie nicht erteilt, kann er dagegen Widerspruch einlegen und ggf. Verpflichtungsklage beim Verwaltungsgericht erheben.[788]

819 Bei der **außerordentlichen Kündigung** ist das Ermessen des Integrationsamts noch weiter eingeschränkt. Nach § 91 IV SGB IX[789] soll es die Zustimmung immer erteilen, wenn die Kündigung aus einem Grund erfolgt, der nicht im Zusammenhang mit der Behinderung steht. Um § 626 II BGB Rechnung zu tragen, kann die Zustimmung zu

780 Ab 1.1.2018: § 168 SGB IX.
781 Zur Bedeutung der Zustimmungsbedürftigkeit für den Lauf der Klagefrist des § 4 KSchG → Rn. 615.
782 Ab 1.1.2018: § 168 SGB IX.
783 Ab 1.1.2018: § 172 SGB IX.
784 Ab 1.1.2018: § 172 I 1 SGB IX.
785 Ab 1.1.2018: § 172 I 2 SGB IX.
786 Ab 1.1.2018: § 154 SGB IX.
787 Ab 1.1.2018: § 171 III SGB IX.
788 Nicht beim Sozialgericht: Der Streit über die Zustimmung ist nicht in der Zuständigkeitsvorschrift des § 51 I Nr. 7 SGG aufgeführt.
789 Ab 1.1.2018: § 174 IV SGB IX.

einer außerordentlichen Kündigung nur innerhalb von zwei Wochen seit dem Zeitpunkt beantragt werden, zu dem der Arbeitgeber von den für die Kündigung maßgebenden Tatsachen Kenntnis erlangt (§ 91 II SGB IX[790] Ist die Zustimmung erteilt, muss die Kündigung unverzüglich erklärt werden (§ 91 V SGB IX[791]; Eine nachträgliche Zustimmung des Integrationsamts heilt das Verstreichenlassen der Frist nach § 626 II BGB nicht – das Integrationsamt ist nicht für die arbeitsrechtliche Beurteilung zuständig.[792]

Der Sonderkündigungsschutz nach § 85 SGB IX[793] ist grundsätzlich unabhängig von **820**
der Kenntnis des Arbeitgebers von der Schwerbehinderung. Allerdings muss sich der Arbeitnehmer bis spätestens drei Wochen nach Zugang der Kündigung auf den Sonderkündigungsschutz berufen, sonst liegt nach der Rechtsprechung des BAG Verwirkung vor.[794]

Für die Anwendung des Sonderkündigungsschutzes ist § 90 SGB IX[795] zu beachten. **821**
Wesentlich ist hier, dass der Kündigungsschutz erst nach sechs Monaten Beschäftigungszeit greift, § 90 I Nr. 1 SGB IX[796]. Besondere Beachtung verdient die nicht leicht zu verstehende Regelung des § 90 IIa SGB IX[797]. Danach muss die Schwerbehinderung bei Zugang der Kündigung entweder festgestellt oder offensichtlich sein oder aber der Antrag auf Feststellung muss mindestens drei Wochen vor der Kündigung gestellt worden sein.[798] Der Kündigungsschutz nach den §§ 85ff. SGB IX[799] greift also nicht ein, wenn der Arbeitnehmer erst nach Ausspruch der Kündigung die Feststellung der Behinderung beantragt, mag auch die Feststellung dann noch vor Abschluss des Kündigungsrechtsstreits erfolgen. War der Antrag aber schon vor Ausspruch der Kündigung gestellt und lag die Behinderung im Zeitpunkt der Kündigung auch tatsächlich vor, greift der Kündigungsschutz grundsätzlich ein, selbst wenn der Arbeitgeber von der Behinderung oder der Antragstellung nichts wusste.[800]

Zusätzlich zur Anhörung des Betriebsrates nach § 102 I BetrVG hat der Arbeitgeber bei **821a**
der beabsichtigten Kündigung eines schwerbehinderten Arbeitnehmers auch die Schwerbehindertenvertretung zu unterrichten und anzuhören, § 95 II 1 SGB IX[801]; entspricht der Arbeitgeber dem nicht, ist die Kündigung unwirksam, § 95 II 3 SGB IX[802].

> Damit scheint in **Fall 52** die Kündigung des A wegen Fehlens der Zustimmung des Integrationsamts unwirksam zu sein. Indes muss man davon ausgehen, dass ein Arbeitnehmer, der einen Antrag auf Feststellung der Behinderung gestellt hat, dies nach einer erfolgten Kündigung dem Arbeitgeber mitteilt. Unterlässt er das, verwirkt er den Kündigungsschutz. Die Frist, die ihm für diese Mitteilung zur

790 Ab 1.1.2018: § 174 II SGB IX.
791 Ab 1.1.2018: § 174 V SGB IX.
792 BAG 2.3.2006 – 2 AZR 46/05, NZA 2006, 1211; BAG 1.2.2007 – 2 AZR 333/06, NZA 2007, 744.
793 Ab 1.1.2018: § 168 SGB IX.
794 BAG 9.6.2011 – 2 AZR 703/09, NZA-RR 2011, 516; BAG 1.3.2007 – 2 AZR 650/05, AP KSchG 1968 § 1 Betriebsbedingte Kündigung Nr. 164; BAG 12.1.2006 – 2 AZR 539/05, NZA 2006, 1035.
795 Ab 1.1.2018: § 173 SGB IX.
796 Ab 1.1.2018: § 173 I Nr. 1 SGB IX.
797 Ab 1.1.2018: § 173 III SGB IX.
798 APS/*Vossen* SGB IX § 90 Rn. 10ff. mwN; ErfK/*Rolfs* SGB IX § 90 Rn. 5ff.
799 Ab 1.1.2018: § 168ff. SGB IX.
800 BAG 7.3.2002 – 2 AZR 612/00, NZA 2002, 1145.
801 Ab 1.1.2018: § 178 II 1 SGB IX.
802 Ab 1.1.2018: § 178 II 3 SGB IX.

Verfügung steht, wird von der Rechtsprechung nunmehr mit drei Wochen angenommen.[803] Diese Frist hat A in **Fall 52** versäumt.

Zur Berücksichtigung der Schwerbehinderung bei der Sozialauswahl → Rn. 746.

V. Sonstiger Sonderkündigungsschutz

1. Kündigungsschutz nach dem MuSchG

Fall 53: Frau A wird das Arbeitsverhältnis bei der Firma X aus betriebsbedingten Gründen am 1.3. zum 31.3. fristgerecht gekündigt. Am 20.3. erfährt Frau A von ihrem Arzt, dass sie im dritten Monat schwanger ist. Sie teilt dies sofort der Personalabteilung mit. Diese meint, an der Wirksamkeit der Kündigung könne diese Mitteilung nichts mehr ändern.

822 Während der Schwangerschaft und bis zum Ablauf von vier Monaten nach der Entbindung kann einer Frau nicht gekündigt werden, wenn der Arbeitgeber zur Zeit der Kündigung die Schwangerschaft oder die Entbindung kannte oder wenn sie ihm zwei Wochen nach Zugang der Kündigung mitgeteilt werden (§ 9 I 1 MuSchG).

In **Fall 53** ist, als Frau A der Personalabteilung die Schwangerschaft mitteilt, die Zwei-Wochen-Frist an sich abgelaufen, sodass nach dem Wortlaut des § 9 I MuSchG das Kündigungsverbot nicht eingreift. Indes muss im Interesse des in Art. 6 IV GG garantierten Anspruchs der werdenden Mutter auf Schutz und Fürsorge der Gemeinschaft § 9 I 1 MuSchG dahin interpretiert werden, dass es genügt, wenn dem Arbeitgeber die Schwangerschaft unverzüglich mitgeteilt wird, nachdem die Schwangere von ihr Kenntnis hat.[804] Die Kündigung ist in **Fall 53** also unwirksam.

823 Das Kündigungsverbot nach § 9 I 1 MuSchG gilt sowohl für ordentliche als auch für außerordentliche Kündigungen. Im einen wie im anderen Fall kann aber die Arbeitsbehörde **ausnahmsweise** die Kündigung für zulässig erklären. Infrage kommt das, wenn der Betrieb überhaupt stillgelegt wird.[805]

2. Elternzeit und Pflegezeit

824 Zum Kündigungsschutz von Arbeitnehmern während der Elternzeit → Rn. 414.

825 § 5 PflegeZG sieht ebenfalls das Verbot einer Kündigung vor. Kündigungen bedürfen auch hier der Zustimmung. Dabei gilt der Sonderkündigungsschutz von der Ankündigung der Pflegezeit bis zu deren Ende.

VI. Kontrollfragen

826 **Frage 59:** Unter welchen Voraussetzungen läuft die Wartezeit des § 1 I KSchG auch bei Unterbrechungen des Arbeitsverhältnisses?

Frage 60: Welche hauptsächliche Bedeutung hat der Ultima-ratio-Grundsatz bei der verhaltensbedingten Kündigung?

Frage 61: Kann das Arbeitsgericht bei der betriebsbedingten Kündigung nachprüfen, ob die unternehmerischen Maßnahmen, die zur Freisetzung der Arbeitskräfte geführt haben, notwendig waren?

---

803 BAG 12.1.2006 – 2 AZR 539/05, NZA 2006, 1035.

804 BVerfG 13.11.1979 – 1 BvL 24/77, BVerfGE 52, 357 = NJW 1980, 824; zur Frage, wann die Überschreitung der Frist von der Schwangeren zu vertreten ist, BAG 16.5.2002 – 2 AZR 730/00, NZA 2003, 217 = EzA Nr. 3 zu § 9 MuSchG nF mAnm *Löwisch.*

805 Vgl. zu einem solchen Fall BAG 25.3.2004 – 2 AZR 295/03, AP MuSchG 1968 § 9 Nr. 36.

Frage 62: Welche Entscheidungen können im Kündigungsschutzprozess getroffen werden, wenn die Kündigung sozial ungerechtfertigt war?
Frage 63: In welchen Punkten findet das KSchG auch auf die außerordentliche Kündigung Anwendung?
Frage 64: Kann ein Arbeitnehmer, der die Klagefrist des § 4 S. 1 KSchG versäumt hat, nachträglich geltend machen, dass der Betriebsrat zu seiner Kündigung nicht angehört worden ist?
Frage 65: Genießen leitende Angestellte Kündigungsschutz?
Frage 66: Welche Bedeutung hat das Junk-Urteil des EuGH für das Recht der Massenentlassung nach §§ 17ff. KSchG?

§ 19 Zulässigkeit von Befristungen

Literatur: *Annuß/Thüsing,* Teilzeit- und Befristungsgesetz, 3. Aufl. 2012; *Arnold/Gräfl/Imping,* Teilzeit- und Befristungsgesetz, 4. Aufl. 2016; *Bayreuther,* Kettenbefristung zur Vertretung von Arbeitnehmern, NZA 2013, 23; *Boecken/Joussen,* Teilzeit- und Befristungsgesetz, 4. Aufl. 2016; AR/*Schüren* TzBfG; *Dörner,* Das Formgebot für die Vereinbarung einer Befristung nach § 14 TzBfG, FS Richardi, 2007, 219; *Francken,* Die Schranken der sachgrundlosen Befristung auf Grund Tarifvertrags nach § 14 II 3 TzBfG, NZA 2013, 122; *Laux/Schlachter,* Teilzeit- und Befristungsgesetz, 2. Aufl. 2011; *Löwisch,* »Zuvor« bedeutet nicht »in aller Vergangenheit«, BB 2001, 254; *Löwisch,* Die Ablösung der Befristungsbestimmungen des Hochschulrahmengesetzes durch das Wissenschaftszeitvertragsgesetz, NZA 2007, 479; *Lunk/Leder,* Der Arbeitsvertrag – Befristung und Teilzeit, NJW 2016, 1705; *Maschmann,* Die Befristung einzelner Arbeitsbedingungen, RdA 2005, 212; *Meinel/Heyn/Herms,* Kommentar zum Teilzeit- und Befristungsgesetz, 5. Aufl. 2015; *Picker,* Doppelt hält besser! – Zur Doppelbefristung und ihrem Verhältnis zur Fiktionswirkung des § 15 Abs. 5 TzBfG, ZfA 2013, 73; MHdB ArbR/*Reichold,* §§ 36ff.; *Walker,* Zur Zulässigkeit der Befristung von Arbeitsverträgen mit Berufsfußballspielern, NZA 2016, 657.

I. Allgemeines

1. Rechtsgrundlagen der Befristung

Wie sich aus § 620 I iVm III BGB ergibt, ist es grundsätzlich zulässig, Arbeitsverhält- 827
nisse befristet abzuschließen. Sie enden dann mit Ablauf der bestimmten Zeit oder mit Erreichung des Zwecks, für den sie eingegangen sind, ohne dass es einer ordentlichen Kündigung bedürfte. Bei befristeten Arbeitsverhältnissen fehlt also bereits der Anknüpfungspunkt für die Gewährung von Kündigungsschutz nach dem KSchG. Die daraus resultierende Schlechterstellung des befristet eingestellten gegenüber dem unbefristet beschäftigten Arbeitnehmer ist aber dort nicht erträglich, wo die unterschiedliche Behandlung keine Rechtfertigung in sachlichen Unterschieden zwischen diesen beiden Typen des Arbeitsverhältnisses findet. Auf der anderen Seite steht das praktische Bedürfnis der Arbeitgeber nach Flexibilität auch durch die Möglichkeit einer rechtssicheren Befristung von Arbeitsverträgen (etwa für eine Elternzeitvertretung) sowie die Hoffnung, dass sich aus einem zunächst befristeten Arbeitsverhältnis ein unbefristetes entwickelt (sog. »Klebeeffekt«).

Die Rechtsprechung des BAG hatte dieses Problem im Wesentlichen damit bewältigt, 828
dass sie unter dem Gesichtspunkt der **Gesetzesumgehung** Arbeitsverhältnisse trotz ihrer Befristung als auf unbestimmte Zeit eingegangen behandelte, wenn für die Befristung kein sachlicher Grund gegeben war.[806] Der Gesetzgeber regelte die Befristung

806 BAG 12.10.1960 – GS 1/59, NJW 1961, 798.

von Arbeitsverträgen sodann zunächst mit dem Beschäftigungsförderungsgesetz (BeschFG) v. 26.4.1985[807], im Zuge der Umsetzung der Befristungs-RL[808] schließlich durch die §§ 1, 3, 4, 5, 14ff. Teilzeit- und Befristungsgesetz (TzBfG) v. 21.12.2000.[809] Weil das Befristungsrecht also richtlinienumsetzend ist, sind die §§ 14ff. TzBfG richtlinienkonform anzuwenden.[810]

2. Grundaussagen des TzBfG

829 Das TzBfG lässt in den §§ 14ff. TzBfG eine Befristung des Arbeitsverhältnisses zum einen dann zu, wenn ein Sachgrund für die Befristung gegeben ist, § 14 I TzBfG (Sachgrundbefristung), zum anderen dann, wenn die Befristung grundsätzlich nicht länger als zwei Jahre erfolgt, § 14 II TzBfG (sachgrundlose Befristung, zeit- oder kalendermäßige Befristung). Die Befristung ist schriftlich zu vereinbaren, § 14 IV TzBfG. Bei einer unzulässigen Befristungsabrede kommt es zu einem unbefristeten Arbeitsverhältnis, § 16 S. 1 TzBfG. Die fehlerhafte Befristung hat der Arbeitnehmer in einer Entfristungsklage aber spätestens drei Wochen nach dem vereinbarten Fristablauf geltend zu machen, § 17 TzBfG.

3. Diskriminierungsschutz

830 Nach § 4 II TzBfG darf ein befristet beschäftigter Arbeitnehmer wegen der Befristung des Arbeitsvertrages nicht schlechter behandelt werden als ein vergleichbarer unbefristet beschäftigter Arbeitnehmer. Sein Arbeitsentgelt darf im Vergleich zu unbefristet beschäftigten Arbeitnehmern nicht niedriger sein als es seiner Beschäftigungsdauer entspricht. Auch müssen, etwa für die betriebliche Altersvorsorge (→ Rn. 461ff.), Beschäftigungszeiten in befristeten Arbeitsverhältnissen gleich bewertet werden wie solche in unbefristeten Arbeitsverhältnissen. Zulässig ist eine unterschiedliche Behandlung aber dann, wenn für sie ein sachlicher Grund besteht.[811] Etwa braucht einer aushilfsweise für zwei Monate beschäftigten Schreibkraft nicht in gleicher Weise Zugang zu einem betriebsinternen Informationssystem eingeräumt werden wie einer unbefristeten Schreibkraft.

4. Vereinbarung der Befristung (Schriftform)

831 Nach § 14 IV TzBfG bedarf die Befristung eines Arbeitsvertrages zu ihrer Wirksamkeit der Schriftform nach § 126 I BGB. Dabei muss das Ende des Arbeitsverhältnisses (oder der zu erreichende Zweck) schriftlich festgehalten werden. Bei der Sachgrundbefristung ist die schriftliche Fixierung des Sachgrundes nicht notwendig.[812] Wird die Schriftform nicht beachtet, gilt der Arbeitsvertrag als auf unbestimmte Zeit geschlossen (§ 16 S. 1 TzBfG), kann aber – vorbehaltlich eines etwa bestehenden Kündigungsschutzes – mit der gesetzlichen Kündigungsfrist gekündigt werden und zwar auch schon vor dem ursprünglich vereinbarten Ende (§ 16 S. 1 TzBfG).

---

807 BGBl. 1985 I 710, dazu *Löwisch* BB 1985, 1200.

808 RL 1999/70/EG des Rates zu der EGB-UNICE-CEEP-Rahmenvereinbarung über befristete Arbeitsverträge v. 28.6.1999, ABl. 1999 L 175, 43.

809 BGBl. 2000 I 1966.

810 S. etwa die Entscheidungen EuGH 22.11.2005 – C-144/04, Slg. 2005, I-9981 = NZA 2005, 1345 – Mangold; EuGH 26.1.2012 – C-586/10, NZA 2012, 135 – Kücük.

811 BAG 19.12.2007 – 5 AZR 260/07, NZA-RR 2008, 275.

812 BAG 26.7.2006 – 7 AZR 515/05, NZA 2007, 34.

Nach Ansicht des BAG kann der Arbeitgeber aber das Zustandekommen eines befristeten Arbeitsvertrages von einem schriftlichen Vertrag abhängig machen. Nimmt der Arbeitnehmer dann dennoch ohne schriftliche Vereinbarung die Arbeit auf, kommt kein Arbeitsvertrag zustande, da sich die Willenserklärungen von Arbeitgeber und Arbeitnehmer nicht decken. Letztlich sind die Erklärungen von Arbeitnehmer und Arbeitgeber auszulegen (§§ 133, 157 BGB).[813] Nachträglich kann eine Befristungsvereinbarung ein unbefristetes in ein befristetes Arbeitsverhältnis wandeln[814] – freilich wegen § 14 II 2 TzBfG dann nur mit Sachgrund.

5. Berücksichtigung bei Besetzung unbefristeter Arbeitsplätze

Nach § 18 TzBfG hat der Arbeitgeber die befristet beschäftigten Arbeitnehmer über 832
ihrer Tätigkeit entsprechende freie unbefristete Arbeitsplätze zu informieren. Verletzt er diese Pflicht, kann es zu einem Schadensersatzanspruch des nicht informierten befristet beschäftigten Arbeitnehmers kommen – allerdings hat dieser den Erfolg seiner hypothetischen Bewerbung zu beweisen, was ihm regelmäßig nur schwer möglich sein wird.[815] Ergänzt wird diese Vorschrift durch das Zustimmungsverweigerungsrecht des Betriebsrats nach § 99 II Nr. 3 BetrVG (→ Rn. 1484f.).

II. Gesetzlich zulässige Befristungen

1. Sachgrundlose Befristung nach § 14 II–III TzBfG

Fall 54: A wird von der Firma X für ein Jahr befristet als Schreibkraft eingestellt. Nach Ablauf des Jahres will A weiterbeschäftigt werden. Sie beruft sich einmal darauf, dass im einschlägigen Tarifvertrag bestimmt ist, dass »Zeitangestellte nur eingestellt werden dürfen, wenn hierfür sachliche oder in der Person des Angestellten liegende Gründe vorliegen«. Außerdem macht sie geltend, dass sie vor zehn Jahren schon einmal aushilfsweise zwei Wochen lang bei X beschäftigt gewesen sei. Demgegenüber verweist X auf § 14 II TzBfG sowie darauf, dass A gar nicht Mitglied in einer der Gewerkschaften ist, die den fraglichen Tarifvertrag abgeschlossen haben.

Rechtssichere Befristungen sind vor allem durch die in § 14 II, III TzBfG geregelte sach- 833
grundlose Befristung (auch Zeit- oder Kalenderbefristung) möglich. Um den Arbeitgebern den Entschluss zu Neueinstellungen zu erleichtern, lässt § 14 II TzBfG den Abschluss befristeter Arbeitsverträge bis zur Dauer von **zwei Jahren** zu, auch ohne dass ein sachlicher Grund für die Befristung vorliegt. Bis zur Gesamtdauer von zwei Jahren kann ein zunächst kürzer befristeter Vertrag auch höchstens dreimal verlängert werden, womit also eine insgesamt viermalige Befristungsmöglichkeit besteht. Das Risiko von Neueinstellungen kann so herabgesetzt werden[816] und es wird dadurch ermöglicht, einem längerfristigen Vertrag eine Probezeit vorzuschalten. Verlängerung meint in diesem Zusammenhang eine nahtlose, unveränderte Weiterbeschäftigung, also insbesondere keine verspätete nochmalige Befristungsabrede nach Ablauf der ersten Befristung.[817]

813 BAG 16.4.2008 – 7 AZR 1048/06, NZA 2008, 1184.
814 ErfK/*Müller-Glöge* TzBfG § 14 Rn. 123.
815 Dazu *Laux/Schlachter*, Teilzeit- und Befristungsgesetz, TzBfG § 18 Rn. 5ff.
816 S. aber zur rechtsmissbräuchlichen Gestaltung bei Zusammenwirken mehrerer Arbeitgeber BAG 22.1.2014 – 7 AZR 243/12, NZA 2014, 483; BAG 15.5.2013 – 7 AZR 525/11, NZA 2013, 1214; vgl. hierzu *Greiner* NZA 2014, 284.
817 BAG 12.8.2009 – 7 AZR 270/08, AP TzBfG § 14 Nr. 63; BAG 20.2.2008 – 7 AZR 786/06, NZA 2008, 883.

Merke: Es kann nur verlängert werden, was noch besteht.

834 Die Befristung nach § 14 II TzBfG ist nach dessen Satz 2 allerdings nicht zulässig, wenn mit demselben Arbeitgeber[818] »bereits zuvor« ein befristetes oder unbefristetes Arbeitsverhältnis bestanden hat. Damit sollen sachgrundlose Kettenbefristungen verhindert werden. Schon um Arbeitnehmern mögliche Beschäftigungschancen nicht zu verbauen, muss dieser Ausschlusstatbestand aber restriktiv interpretiert werden.[819] Weit zurückliegende frühere Beschäftigungen ohne zeitlichen oder sachlichen Zusammenhang mit der jetzt vorgesehenen Beschäftigung sind als unschädlich anzusehen.[820] Dem ist nun auch die Rechtsprechung gefolgt: Das BAG verneint nunmehr grundsätzlich einen solchen sachlichen Zusammenhang, wenn das frühere Arbeitsverhältnis mehr als drei Jahre vor dem befristeten liegt.[821]

Demgemäß scheitert im **Fall 54** die Befristung nicht an der zehn Jahre zurückliegenden Aushilfstätigkeit. Auch die Tarifvertragsbestimmung steht der Befristung nicht entgegen. Zwar schließt § 14 II TzBfG tarifvertragliche Bestimmungen nicht aus, nach denen die Befristung eines Arbeitsverhältnisses doch eines sachlichen Grundes bedarf.[822] Jedoch ist zu beachten, dass A keiner der tarifschließenden Gewerkschaften angehört. Bei Tarifvertragsbestimmungen, die die Zulässigkeit von befristeten Arbeitsverhältnissen einschränken, handelt es sich um tarifliche Abschlussnormen, die gem. § 3 I TVG nur für beiderseits Tarifgebundene gelten.[823] Sofern nicht im Arbeitsvertrag von A die Anwendung der tariflichen Bestimmung vereinbart ist, kann diese sich also auf den dort festgelegten Ausschluss der Befristung ohne sachlichen Grund nicht berufen.

835 Nach § 14 IIa TzBfG ist in den ersten vier Jahren nach der Gründung eines Unternehmens die kalendermäßige Befristung eines Arbeitsvertrages ohne Vorliegen eines sachlichen Grundes bis zur **Dauer von vier Jahren** zulässig. Dies gilt freilich nur bei echten Unternehmensneugründungen, § 14 IIa 2 TzBfG. Die Vorschrift ist ein Seitstück zu § 112a II BetrVG. Dazu → Rn. 1568.

836 Mit Arbeitnehmern, die das 52. Lebensjahr vollendet haben, ist nach § 14 III TzBfG der Abschluss befristeter Arbeitsverhältnisse bis zu einer Dauer von fünf Jahren zulässig, wenn sie unmittelbar vor Beginn des befristeten Arbeitsverhältnisses mindestens vier Monate beschäftigungslos gewesen sind, Transferkurzarbeitergeld (§ 111 SGB III → Rn. 1565) bezogen oder an einer öffentlich geförderten Beschäftigungsmaßnahme teilgenommen haben. Ein solcher Vertrag kann bis zu einer Dauer von fünf Jahren auch mehrfach verlängert werden. Damit sollen die Einstellungschancen der älteren Arbeitslosen erhöht werden.[824]

---

818 Dazu BAG 4.12.2013 – 7 AZR 290/12, NZA 2014, 426; BAG 9.3.2011 – 7 AZR 657/09, NZA 2011, 1147.

819 Schon *Löwisch* BB 2001, 254ff.

820 *Löwisch* BB 2001, 254ff.

821 BAG 6.4.2011 – 7 AZR 716/09, NZA 2011, 905; BAG 21.9.2011 – 7 AZR 375/10, NZA 2012, 255; s. auch die zuvorige nicht einschränkende Rechtsprechung BAG 6.11.2003 – 2 AZR 690/02, NZA 2005, 218. Das LAG BW 21.2.2014 – 7 Sa 64/13 (nicht rkr; anhängig unter 7 AZR 196/14) und 13.10.2016 – 3 Sa 34/16 ist nach wie vor dieser Meinung.

822 BAG 24.2.1988 – 7 AZR 454/87, NZA 1988, 545.

823 BAG 27.4.1988 – 7 AZR 593/87, NZA 1988, 771.

824 S. zur europarechtswidrigen Vorgängerregelung EuGH 22.11.2005 – C-144/04, Slg. 2005, I-9981 = NZA 2005, 1345 – Mangold.

§ 14 II und III TzBfG lässt die Befristung von Arbeitsverhältnissen aus sachlichem Grund (→ Rn. 839ff.) unberührt. Insbesondere kann, sofern ein solcher Grund gegeben ist, nach einem gem. § 14 II TzBfG befristeten Arbeitsverhältnis ein weiteres befristetes abgeschlossen werden. In Betracht kommt das etwa dann, wenn nach Ablauf der ursprünglichen Befristung dem Arbeitnehmer die Überbrückung der Zeit bis zum Antritt einer neuen Arbeitsstelle erleichtert werden soll (→ Rn. 840). 837

Durch Tarifvertrag kann nach § 14 II 3 TzBfG die Anzahl der Verlängerungen oder die Höchstdauer der Befristung abweichend geregelt werden.[825] Wie die Auslegung des § 14 II 3 TzBfG ergibt, erlaubt die Vorschrift den Tarifvertragsparteien nicht nur, entweder Gesamtdauer oder Anzahl der Verlängerungen, sondern beides zugleich auch zuungunsten der Arbeitnehmer abweichend vom Gesetz zu regeln.[826] 838

Die Arbeitsvertragsparteien können eine Verlängerung der sachgrundlosen Befristungszeit über die zwei Jahre des § 14 II 2 TzBfG hinaus erreichen, indem sie auf einen entsprechenden Tarifvertrag Bezug nehmen – sofern das Arbeitsverhältnis vom Geltungsbereich des Tarifvertrages umfasst wird, § 14 II 4 TzBfG.

2. Zulässigkeit aus sachlichem Grund nach § 14 I TzBfG

Fall 55: Das Tiefbauunternehmen X hat den Auftrag für den Bau eines größeren Brückenbauwerks erhalten. Um den Auftrag innerhalb der im Vertrag vorgesehenen Zeit von 2 1/2 Jahren bewältigen zu können, hat es zahlreiche Bauarbeiter, darunter A, befristet für 2 1/2 Jahre eingestellt. Nach Ablauf der 2 1/2 Jahre will A weiterbeschäftigt werden. Er weist darauf hin, dass X kurz zuvor einen weiteren Brückenbauauftrag erhalten habe, für den es wieder Zusatzarbeitskräfte benötige.

Fall 56: Studentin A ist vom Unternehmer X nacheinander dreimal für je ein Jahr als Schreibkraft in Nebenbeschäftigung mit einer Arbeitszeit von 25 Stunden monatlich eingestellt worden. Eine weitere Beschäftigung lehnt X unter Hinweis auf andere studentische Bewerber ab. A will dies nicht hinnehmen.

Ob für die Befristung eines Arbeitsverhältnisses ein sachlicher Grund vorliegt, richtet sich danach, ob die Befristung, gemessen an der Auffassung verständiger und verantwortungsbewusster Vertragspartner, die auf die sozialen und wirtschaftlichen Verhältnisse beider Vertragspartner Rücksicht nehmen, als angemessen erscheint. 839

§ 14 I TzBfG zählt eine Reihe von sachlichen Gründen auf. Der Katalog ist nicht abschließend. 840

Danach liegt ein sachlicher Grund aber insbesondere in folgenden Fällen vor:

- Der betriebliche Bedarf an der Arbeitsleistung besteht nur vorübergehend (Nr. 1). Davon ist etwa auszugehen bei saisonabhängigen Beschäftigungen,[827] oder wenn die Einstellung für die restliche Zeit des Bestehens eines Betriebes bis zu seiner schon festgelegten Stilllegung[828] oder für ein bestimmtes Projekt erfolgt.[829] Der Ar-

825 S. hier § 7 Nr. 2 I des Manteltarifvertrages der bayerischen Metall- und Elektroindustrie; zu § 14 II 3 TzBfG s. auch *Francken* NZA 2010, 305ff.

826 BAG 15.8.2012 – 7 AZR 184/11, NZA 2013, 45; vgl. hierzu auch *Loth/Ulber* NZA 2013, 130.

827 BAG 29.1.1987 – 2 AZR 109/86, NZA 1987, 627.

828 BAG 3.12.1997 – 7 AZR 651/96, NZA 1998, 1000.

829 BAG 13.2.2013 – 7 AZR 284/11, NZA 2013, 1271; BAG 25.8.2004 – 7 AZR 7/04, NZA 2005, 357.

beitgeber muss den Beschäftigungsbedarf dabei möglichst genau prognostizieren, darf also nicht gleichsam ins Blaue hinein befristen.[830] Eine unsichere Prognose rechtfertigt daher keine Sachgrundbefristung wegen vorübergehenden Bedarfs. Es reicht also nicht aus, dass der Arbeitgeber im Zeitpunkt des Abschlusses des befristeten Vertrags davon ausgeht, dass die Aufgabe in Zukunft möglicherweise wieder entfällt.[831]

Insgesamt darf aber nicht das Unternehmerrisiko auf den Arbeitnehmer verlagert werden,[832] weshalb der Arbeitgeber nicht etwa mehr Arbeitnehmer befristet einstellen darf, als zum Auffangen des Mehrbedarfs notwendig ist.[833]

In **Fall 55** ist die Befristung zwar nicht nach § 14 II 1 TzBfG gerechtfertigt, weil die Zeit von zwei Jahren überschritten ist. Es liegt aber der Sachgrund der zeitlichen Begrenzung der Aufgaben vor. Dass bei Ablauf der Befristung wieder ein neuer Bedarf an Arbeitskräften besteht, begründet kein anderes Ergebnis. Für den sachlichen Grund kommt es auf die Verhältnisse zum Zeitpunkt des Vertragsschlusses an.[834] Da das Arbeitsverhältnis mit dem Ablauf der Frist geendet hat, kommt auch kein Wiedereinstellungsanspruch in Betracht.[835]

- Die Befristung erfolgt im Anschluss an eine Ausbildung oder ein Studium, um den Übergang des Arbeitnehmers in eine Anschlussbeschäftigung zu erleichtern (Nr. 2). Dazu muss die Befristung aber gerade der vertiefenden Aus- und Weiterbildung dienen.[836]
- Der Arbeitnehmer wird zur Vertretung eines anderen Arbeitnehmers beschäftigt (Nr. 3). In Betracht kommt insbesondere die Vertretung eines erkrankten Arbeitnehmers, sofern der Arbeitgeber davon ausgehen durfte, dass der Erkrankte auf seinen Arbeitsplatz zurückkehren wird.[837] Dabei muss der vertretende Arbeitnehmer nicht die Aufgaben des Vertretenen wahrnehmen (unmittelbare Vertretung), sondern der Arbeitgeber kann ihm auch Tätigkeiten eines anderen seiner Arbeitnehmer zuweisen, wenn dieser wiederum den zu vertretenden Arbeitnehmer vertritt (mittelbare Vertretung).[838] Darüber hinaus lässt es die Rechtsprechung zu, dass der vertretende Arbeitnehmer solche Tätigkeiten durchführt, die dem später zurückkehrenden Arbeitnehmer noch nicht faktisch zugeordnet waren, sehr wohl durch Direktionsrecht zugeordnet werden können und ihm bereits »gedanklich zugeordnet« sind. [839]
  Sog. Kettenbefristungen sind nach der Rechtsprechung des EuGH auch bei ständigem Vertretungsbedarf grundsätzlich zulässig.[840]
- Die Eigenart der Arbeitsleistung rechtfertigt die Befristung (Nr. 4). Anzunehmen ist das etwa im Bereich des Bühnenwesens, wo die Notwendigkeit besteht, künstleri-

830 BAG 15.5.2012 – 7 AZR 35/11, NZA 2012, 1366; BAG 29.7.2009 – 7 AZR 907/07, AP TzBfG § 14 Nr. 65.
831 BAG 11.9.2013 – 7 AZR 107/12, NZA 2014, 150.
832 BAG 29.7.2009 – 7 AZR 907/07, AP TzBfG § 14 Nr. 65.
833 BAG 17.3.2010 – 7 AZR 640/08, NZA 2010, 633.
834 BAG 12.9.1996 – 7 AZR 790/95, NZA 1997, 313.
835 BAG 20.2.2002 – 7 AZR 600/00, NZA 2002, 896.
836 BAG 24.8.2011 – 7 AZR 368/10, AP TzBfG § 14 Nr. 85.
837 BAG 29.6.2011 – 7 AZR 6/10, NZA 2011, 1346; BAG 23.1.2002 – 7 AZR 440/00, NZA 2002, 665.
838 Dazu BAG 6.11.2013 – 7 AZR 96/12, NZA 2014, 430; BAG 10.10.2012 – 7 AZR 462/11, NZA-RR 2013, 185; BAG 12.1.2011 – 7 AZR 194/09, NZA 2011, 507; BAG 14.4.2010 – 7 AZR 121/09, NZA 2010, 942.
839 BAG 18.7.2012 – 7 AZR 443/09, NZA 2012, 1351.
840 EuGH 26.1.2012 – C-586/10, NJW 2012, 989 – Kücük.

sche Konzepte zu wechseln[841] und bei den Rundfunkanstalten wegen deren Programmgestaltungsfreiheit,[842] nicht aber bei der Gewährleistung eines aktuellen Sprachunterrichts durch Muttersprachler.[843]

- Die Befristung erfolgt zur Erprobung (Nr. 5). Die Probezeit darf aber eine angemessene Zeitspanne nicht überschreiten. Angemessen sind, von Ausnahmen abgesehen, sechs Monate, in denen wegen Nichterfüllung der Wartezeit nach § 1 I KSchG ein auf unbestimmte Zeit eingegangenes Arbeitsverhältnis gekündigt werden kann.[844]
- In der Person des Arbeitnehmers liegende Gründe rechtfertigen die Befristung (Nr. 6). Anzunehmen ist das, wenn ein entsprechender Wunsch gerade nach einem **befristeten** Arbeitsverhältnis[845] und ein entsprechendes Eigeninteresse des Arbeitnehmers vorliegen, zB wenn dieser die Zeit bis zur Übernahme einer Dauerstelle überbrücken will.[846]

In **Fall 56** reicht der Umstand, dass A Studentin ist und nur eine Nebenbeschäftigung ausübt, als Befristungsgrund nicht aus. Auch ihr Interesse, die Arbeitsverpflichtung mit den Anforderungen ihres Studiums in Einklang zu bringen, rechtfertigt wegen des geringen Umfangs der Arbeitszeit die Befristung nicht.[847] Da auch der Zweijahreszeitraum von § 14 II TzBfG überschritten ist, kann A in der Tat ihre Weiterbeschäftigung verlangen.

- Der Arbeitnehmer wird aus Haushaltsmitteln vergütet, die haushaltsrechtlich für eine befristete Beschäftigung bestimmt sind, vorausgesetzt, er wird entsprechend beschäftigt (Nr. 7). Der Haushalt muss auch konkret Mittel für bestimmte Beschäftigungen vorsehen.[848] Dabei gilt der Sachgrund nicht für jeden öffentlichen Arbeitgeber, sondern nur dann, wenn dessen Haushalt fremdbestimmt ist.[849] Hier stellt sich ein Gleichheitsproblem gegenüber nichtöffentlichen Arbeitgebern.[850]
- Die Befristung beruht auf einem gerichtlichen Vergleich (Nr. 8). Die Mitwirkung des Richters beim gerichtlichen Vergleich wird vom Gesetz als ausreichende Gewähr für die Wahrung des Arbeitnehmerinteresses angesehen.[851] Vorausgesetzt ist aber, dass durch den Vergleich wirklich ein Streit der Parteien über das Bestehen eines Arbeitsverhältnisses beseitigt wird.[852]

Werden mehrere befristete Arbeitsverhältnisse nacheinander abgeschlossen (Kettenbefristung),[853] kommt es für die Frage, ob ein sachlicher Grund für die Befristung vorliegt, nur auf den zuletzt abgeschlossenen Arbeitsvertrag an; denn in dessen Abschluss liegt konkludent die Aufhebung des vorletzten Vertrags, selbst wenn dessen Befristung **841**

841 BAG 21.5.1981 – 2 AZR 1117/78, AP BGB § 611 Bühnenengagementsvertrag Nr. 15.
842 BVerfG 13.1.1982 – 1 BvR 848/77, NJW 1982, 1447; BAG 26.7.2006 – 7 AZR 495/05, NZA 2007, 147.
843 BAG 16.4.2008 – 7 AZR 85/07, NJW 2009, 795.
844 BAG 2.6.2010 – 7 AZR 85/09, NZA 2010, 1293.
845 BAG 21.1.2009 – 7 AZR 630/07, NZA 2009, 727.
846 BAG 26.4.1985 – 7 AZR 316/84, AP BGB § 620 Befristeter Arbeitsvertrag Nr. 91.
847 BAG 29.10.1998 – 7 AZR 561/97, NZA 1999, 990.
848 BAG 17.3.2010 – 7 AZR 640/08, NZA 2010, 633; BAG 18.10.2006 – 7 AZR 419/05, NZA 2007, 332.
849 BAG 9.3.2011 – 7 AZR 728/09, NZA 2011, 911.
850 Offengelassen BAG 13.2.2013 – 7 AZR 225/11, NZA 2013, 777.
851 BAG 15.2.2012 – 7 AZR 734/10, NZA 2012, 919.
852 BAG 26.4.2006 – 7 AZR 366/05, NZA 2006, 1431.
853 BAG 25.3.2009 – 7 AZR 34/08, NZA 2010, 34.

unzulässig gewesen wäre.[854] Dieser Folge kann der Arbeitnehmer aber dadurch entgehen, dass er den letzten Vertrag nur unter der (Rechts-)Bedingung abschließt, dass nicht infolge Unwirksamkeit der Befristung des vorletzten Vertrages ohnehin ein unbefristetes Arbeitsverhältnis besteht.[855]

842 Für die Beurteilung der Wirksamkeit einer Befristung des Arbeitsverhältnisses ist nur darauf abzustellen, ob **für die Befristung überhaupt** ein Sachgrund besteht. Ein besonderer Sachgrund für die gewählte Dauer der Befristung ist nicht erforderlich, vielmehr kann die vereinbarte Vertragsdauer hinter der bei Vertragsabschluss voraussehbaren Dauer des Befristungsgrundes zurückbleiben, solange eine dem Sachgrund der Befristung entsprechende Tätigkeit des Arbeitnehmers noch sinnvoll erscheint.[856]

843 § 14 TzBfG gilt auch für Arbeitsverhältnisse, die dem Kündigungsschutzgesetz nicht unterliegen. Sofern kein Fall des § 14 II oder III TzBfG gegeben ist, bedarf auch die Befristung von Arbeitsverhältnissen der Arbeitnehmer in Kleinbetrieben (§ 23 KSchG) eines sachlichen Grundes; gleiches gilt für Befristungen, die die Wartezeit des § 1 I KSchG nicht überschreiten.[857] Allerdings kann der Arbeitgeber in diesen Fällen unter Wahrung der Kündigungsfrist das Arbeitsverhältnis auch ohne Vorliegen eines Grundes ordentlich kündigen. Eine solche Kündigung kann auch vorsorglich für den Fall der Unwirksamkeit der vereinbarten Befristung erfolgen.

844 Die Grundsätze des § 14 I TzBfG über die Befristung aus sachlichem Grund gelten in gleicher Weise wie für die kalendermäßige Befristung auch für eine Zweckbefristung (→ Rn. 656) und gem. § 21 TzBfG auch für den auflösend bedingten Arbeitsvertrag (→ Rn. 658 f.).[858] Etwa kann eine Vertretungsbefristung nach § 14 I Nr. 3 TzBfG auch in der Weise vereinbart werden, dass das Arbeitsverhältnis des Vertreters endet, wenn der Vertretene an seinen Arbeitsplatz zurückkehrt.

Dass der Vertretene aus seinem Arbeitsverhältnis ausscheidet, stellt allerdings keinen Sachgrund für eine solche Zweckbefristung oder auflösende Bedingung dar, da das Ausscheiden nicht zu bedeuten braucht, dass auch der Arbeitsplatz wegfällt. Vielmehr bedarf es insoweit eines besonderen Sachgrundes, der etwa in der Entscheidung des Arbeitgebers liegen kann, den Arbeitsplatz nach dem Ausscheiden des Stelleninhabers mit einem Mitarbeiter zu besetzen, der über bestimmte Anforderungen verfügt.[859]

3. Befristungsregelungen außerhalb des TzBfG

a) Befristung von Arbeitsverhältnissen im Hochschulbereich

845 Das am 18.4.2007 in Kraft getretene Wissenschaftszeitvertragsgesetz (WissZeitVG) v. 12.4.2007 (BGBl. 2007 I 506) regelt die Befristung von Arbeitsverträgen mit wissenschaftlichem Personal besonders. Der Hauptgedanke der Regelung besteht in einer **zeitlich begrenzten Zulassung befristeter Arbeitsverträge ohne besonderen Grund:** Nach § 2 I 1 WissZeitVG ist eine Befristung der Verträge mit wissenschaftlichem Personal, das nicht promoviert ist, bis zu einer Dauer von sechs Jahren zulässig. Nach § 2 I 2 WissZeitVG ist nach abgeschlossener Promotion eine weitere Befristung bis zu einer

854 BAG 25.3.2009 – 7 AZR 59/08, AP TzBfG § 14 Nr. 58; dazu auch EuGH 26.1.2012 – C-586/10, NJW 2012, 989 – Kücük.
855 BAG 25.3.2009 – 7 AZR 59/08, AP TzBfG § 14 Nr. 58; BAG 4.6.2003 – 7 AZR 523/02, NZA-RR 2003, 621.
856 ErfK/*Müller-Glöge* TzBfG § 14 Rn. 19.
857 BAG 6.11.2003 – 2 AZR 690/02, NZA 2005, 218.
858 BAG 4.12.2002 – 7 AZR 492/01, NZA 2003, 611.
859 BAG 5.6.2002 – 7 AZR 201/01, AP BGB § 620 Befristeter Arbeitsvertrag Nr. 235.

Dauer von sechs Jahren, im Bereich der Medizin bis zu einer Dauer von neun Jahren möglich, wobei sich die zulässige Befristungsdauer in dem Umfang verlängert, in dem der Sechsjahreszeitraum vor der Promotion nicht ausgeschöpft ist.[860] Freilich gibt § 2 I 3 WissZeitVG vor, dass die jeweilige konkrete Befristungsdauer so zu bemessen ist, dass sie der angestrebten Qualifizierung angemessen ist.[861] Für Arbeitsverträge mit wissenschaftlichen und studentischen Hilfskräften gilt mit § 6 WissZeitVG eine eigene Befristungsregelung; hier ist ebenfalls eine bis zu sechsjährige Befristung möglich, wobei auf der anderen Seite nach § 2 III 3 WissZeitVG die Beschäftigung vor dem Abschluss des Studiums nicht auf die zulässige Befristungsdauer anzurechnen ist. Praktisch bedeutet das, dass derjenige, der erst das Stadium als studentische Hilfskraft, dann die erste Phase des § 2 I 1 WissZeitVG und danach die zweite Phase des § 2 I 2 WissZeitVG durchläuft, auf eine Befristungsdauer von 18 Jahren kommen kann.

§ 2 II WissZeitVG hat neben der Befristung nach der Zeitdauer als weiteren Tatbestand **846** die **Befristung wegen Drittmittelfinanzierung** gestellt.[862] Danach ist eine Befristung von Arbeitsverträgen des wissenschaftlichen Personals auch zulässig, wenn die Beschäftigung überwiegend aus Mitteln Dritter finanziert wird, die Finanzierung für eine bestimmte Aufgabe und Zeitdauer bewilligt ist und die Mitarbeiterin oder der Mitarbeiter überwiegend der Zweckbestimmung dieser Mittel entsprechend beschäftigt wird. Wenn § 2 II WissZeitVG verlangt, dass die Drittmittel »für eine bestimmte Aufgabe und Zeitdauer bewilligt« sind, heißt das nicht, dass die Drittmittel für eine von vornherein befristete Beschäftigung bestimmt sein müssen. Gemeint ist nur, dass die Drittmittel für eine bestimmte Aufgabe bewilligt sind und dass die Bewilligung lediglich für eine bestimmte Zeitdauer erfolgt ist. Es genügt also, dass Zweck der Bewilligung die Durchführung eines Forschungsvorhabens ist. Dass dieses von vornherein eine bestimmte Laufzeit aufweist, ist nicht notwendig. Vielmehr genügt es, dass die Bewilligung für einen zeitlich begrenzten Teilabschnitt erfolgt.[863]

Für nichtwissenschaftliches Personal gilt das WissZVG insgesamt nicht – die alte Rege- **846a** lung des § 2 II 2 WissZVG aF, nach der bei Drittmittel- und damit Projektbezug eine entsprechende Befristungsdauer auf für das beteiligte nichtwissenschaftliche Personal möglich war, wurde gestrichen.[864]

Nach § 2 IV WissZeitVG ist im Arbeitsvertrag anzugeben, ob die Befristung auf den **847** Vorschriften des WissZeitVG beruht. Fehlt diese Angabe, kann die Befristung nicht auf die Vorschriften dieses Gesetzes gestützt werden. Die Dauer der Befristung muss bei Arbeitsverträgen nach § 2 I WissZeitVG (nicht bei solchen nach § 2 II WissZeitVG) kalendermäßig bestimmt oder bestimmbar sein.

Das WissZeitVG enthält **beidseitig zwingendes Recht:** Nach § 1 I 2 WissZeitVG kann **848** davon durch Vereinbarung nicht abgewichen werden. Dies gilt grundsätzlich auch für

860 BAG 24.8.2011 – 7 AZR 228/10, NZA 2012, 385.

861 Dazu *Mandler/Meisner,* Entwurfsdiskussion WissZeitVG – Möglichkeiten, Einschränkungen, Verbesserungspotential, Ordnung der Wissenschaft 2016, 34, abrufbar unter www.ordnungderwissenschaft.de.

862 Hierzu BAG 13.2.2013 – 7 AZR 284/11, NZA 2013, 1271.

863 Vgl. BAG 22.11.1995 – 7 AZR 248/95, NZA 1996, 1092; *Löwisch* NZA 2007, 479.

864 Dazu *Mandler/Meisner,* Entwurfsdiskussion WissZeitVG – Möglichkeiten, Einschränkungen, Verbesserungspotential, Ordnung der Wissenschaft 2016, 34, abrufbar unter www.ordnungderwissenschaft.de.

Tarifverträge. § 1 I 3 WissZeitVG lässt lediglich zu, dass Tarifverträge für bestimmte Fachrichtungen und Forschungsbereiche andere als die in § 2 I WissZeitVG vorgesehenen Fristen festlegen und regeln, wie oft im Rahmen der Fristenverlängerungen befristete Arbeitsverträge möglich sind. Die Beschränkung der Befugnis der Tarifvertragsparteien zur Regelung befristeter Arbeitsverträge im Hochschulbereich verstößt nicht gegen Art. 9 III GG, weil sie zum Schutz der Wissenschaftsfreiheit (Art. 5 III GG) gerechtfertigt ist.[865]

849 Die Möglichkeit der Befristung von Arbeitsverhältnissen nach dem WissZeitVG steht **neben** den Befristungsmöglichkeiten nach § 14 TzBfG, § 2 II TzBfG: Es ist sowohl möglich, Arbeitsverträge mit wissenschaftlichem Personal statt nach dem WissZeitVG nach § 14 TzBfG zu befristen, als auch möglich, nach Ausschöpfung der nach § 2 I WissZeitVG zulässigen Befristungsdauer Arbeitsverhältnisse nach Maßgabe des TzBfG zu befristen.

Dabei ist zu beachten, dass insoweit nach der Sonderregelung § 40 Nr. 8 TV-L für Beschäftigte an Hochschulen und Forschungseinrichtungen eine Höchstdauer von sieben Jahren für den einzelnen befristeten Vertrag gilt.

b) Befristung von Vertretungen (Mutterschutz, Elternzeit)

850 Wird ein Arbeitnehmer zur Vertretung eines anderen Arbeitnehmers für die Dauer der Beschäftigungsverbote nach dem MuSchG, für die Dauer der Elternzeit oder für beide Zeiten zusammen oder für Teile davon eingestellt, fingiert § 21 I BEEG das Vorliegen eines sachlichen Grundes für die Befristung. Die Dauer der Befristung muss nach § 21 III BEEG kalendermäßig bestimmt oder bestimmbar sein oder dem Vertretungszweck, etwa mit der Formulierung »bis zum Ende der Elternzeit«, entnommen werden können. Allerdings kann das befristete Arbeitsverhältnis unter Einhaltung einer Drei-Wochen-Frist gekündigt werden, wenn der Arbeitnehmer die Elternzeit vorzeitig beendet (§ 21 IV BEEG).

c) Zweckbefristung von Ausbildungsverhältnissen

851 Nach § 21 I und II BBiG endet das Berufsausbildungsverhältnis mit dem Ablauf der Ausbildungszeit und, wenn der Auszubildende vorher die Abschlussprüfung besteht, mit diesem Zeitpunkt. Auf der anderen Seite verlängert sich das Berufsausbildungsverhältnis bei Nichtbestehen der Abschlussprüfung auf Verlangen des Auszubildenden bis zur nächsten schriftlichen Wiederholungsprüfung, höchstens um ein Jahr (§ 21 III BBiG).

III. Folgen der Befristung

1. Ende des befristeten Arbeitsvertrages

852 Ist ein Arbeitsvertrag kalendermäßig befristet, endet er mit Ablauf der vereinbarten Zeit (§ 15 I TzBfG). Ein zweckbefristeter Arbeitsvertrag endet mit Erreichen des Zwecks, frühestens jedoch zwei Wochen nach Zugang der schriftlichen Unterrichtung des Arbeitnehmers durch den Arbeitgeber über den Zeitpunkt der Zweckerreichung (§ 15 II TzBfG); gleiches gilt für den auflösend bedingten Arbeitsvertrag (§ 21 TzBfG). Auf einen Kündigungs- oder Sonderkündigungsschutz kann sich der Arbeitnehmer nicht berufen.

865 BVerfG 24.4.1996 – 1 BvR 712/86, NZA 1996, 1157.

Eine ordentliche Kündigung eines befristeten Arbeitsverhältnisses ist nur möglich, wenn dies einzelvertraglich oder tarifvertraglich vereinbart ist (§ 15 III TzBfG, s. aber auch das Sonderkündigungsrecht für Langbefristungen, § 15 IV TzBfG). Eine außerordentliche Kündigung ist auch im befristeten Arbeitsverhältnis möglich.

Wird das Arbeitsverhältnis nach Ablauf der Zeit, für die es eingegangen ist, nach Zweckerreichung oder nach Eintritt der auflösenden Bedingung mit Wissen des Arbeitgebers fortgesetzt, gilt es als auf unbestimmte Zeit verlängert, wenn der Arbeitgeber nicht unverzüglich widerspricht (§ 15 V TzBfG). **853**

2. Folgen bei Unwirksamkeit der Befristung

a) Unterstellung eines Arbeitsverhältnisses auf unbestimmte Zeit

Ist die Befristung unwirksam, so gilt das Arbeitsverhältnis als auf unbestimmte Zeit abgeschlossen (§ 16 S. 1 Hs. 1 TzBfG). Eine Auflösung ist dann nur durch Auflösungsvertrag oder Kündigung möglich, wobei der Arbeitnehmer bei einer Kündigung den Schutz des KSchG genießt, wenn dessen Voraussetzungen vorliegen. **854**

Aus der Unwirksamkeit der Befristung folgt nicht, dass sich die Parteien schon vor Ablauf der vorgesehenen Frist ohne Weiteres aus dem Vertrag lösen könnten. Vielmehr kann der Arbeitgeber frühestens zum vereinbarten Ende ordentlich kündigen (§ 16 S. 1 Hs. 2 TzBfG). Nur wenn die Befristung lediglich wegen Mangels der Schriftform unwirksam ist, kann der Arbeitsvertrag auch vor dem vereinbarten Ende ordentlich gekündigt werden (§ 16 S. 2 TzBfG). Eine außerordentliche Kündigung aus wichtigem Grund nach § 626 BGB bleibt auch hier immer möglich. **855**

b) Gerichtliche Geltendmachung

Die Unwirksamkeit der Befristung kann der Arbeitnehmer mit der **Feststellungsklage** des § 256 ZPO geltend machen. Nach § 17 TzBfG muss der Arbeitnehmer diese Klage innerhalb von drei Wochen nach dem vereinbarten Ende des Arbeitsvertrages erheben. Das vereinbarte Ende, an das § 17 S. 1 TzBfG iVm § 21 TzBfG anknüpft, ist mit dem Eintritt der auflösenden Bedingung erreicht. Lediglich in den Fällen, in denen die Bedingung vor Ablauf der Zweiwochenfrist der §§ 21, 15 II TzBfG eingetreten ist, beginnt die Klagefrist erst mit dem Zugang der schriftlichen Erklärung des Arbeitgebers.[866] Die Klagefrist erstreckt sich auf alle **Unwirksamkeitsgründe,** anders als bei der Kündigung (→ Rn. 620) auch auf die fehlende Schriftform. **856**

Die **Beweislast** dafür, dass und für welche Dauer ein Arbeitsverhältnis befristet worden ist, trifft denjenigen, der sich auf die Beendigung infolge Fristablaufs beruft, regelmäßig also den Arbeitgeber.[867] Dies gilt auch für das Vorliegen eines sachlichen Grundes; denn § 14 I 1 TzBfG erklärt diesen zur Voraussetzung der Befristung eines Arbeitsvertrages. **857**

Ist die Beendigung eines Arbeitsverhältnisses durch Ablauf einer Befristung streitig, steht dem Arbeitnehmer wie bei einer streitigen Kündigung ein Anspruch auf **vorläufige Weiterbeschäftigung** bei Obsiegen in erster Instanz zu.[868] **858**

---

866 BAG 15.8.2012 – 7 AZN 956/12, NZA 2012, 1116.
867 BAG 12.10.1994 – 7 AZR 745/93, NZA 1995, 780.
868 BAG 28.9.1988 – 7 AZR 451/87, AP BGB § 620 Befristeter Arbeitsvertrag Nr. 125.

IV. Befristung einzelner Bedingungen des Arbeitsvertrages

859 Es ist denkbar, dass Arbeitnehmer und Arbeitgeber bei ansonsten unbefristetem Arbeitsverhältnis die Befristung einzelner Arbeitsbedingungen vereinbaren. Etwa kann dem Arbeitnehmer eine bestimmte Funktion nur für eine bestimmte Zeit übertragen werden, kann ein Teilzeitbeschäftigter für eine bestimmte Dauer eine zusätzliche Beschäftigung erhalten oder können Zulagen zeitlich begrenzt zugesagt werden. § 14 TzBfG ist auf die Befristung einzelner Vertragsbedingungen nicht anwendbar.[869] Regelmäßig wird es sich um eine Allgemeine Arbeitsbedingung handeln, die dann aber nach den §§ 305 ff. BGB auf Angemessenheit zu prüfen ist.[870]

V. Kontrollfragen

860 **Frage 67:** Welche Sonderregelung gilt für die Befristung bei über 52-jährigen Arbeitnehmern?

Frage 68: Bedarf bei der Befristung nach § 14 I TzBfG auch die Dauer der Befristung eines sachlichen Grundes?

Frage 69: Wie wird die Unwirksamkeit der Befristung gerichtlich geltend gemacht?

§ 20 Übergang des Arbeitsverhältnisses auf den Betriebsnachfolger

Literatur: *Franzen,* Informationspflichten und Widerspruchsrecht beim Betriebsübergang nach § 613 a V und VI BGB, RdA 2002, 258; *Husemann,* Der Schutz der Arbeitnehmer bei einem Betriebsübergang, JURA 2016, 472; *Lipinski,* Reichweite der Kündigungskontrolle durch § 613 a IV 3 BGB, NZA 2002, 75; *Lobinger,* EuGH zur dynamischen Bezugnahme von Tarifverträgen beim Betriebsübergang, NZA 2013, 945; *Löwisch,* Betriebsübergang: Betriebliche Stellung widersprechender Arbeitnehmer, FS Bepler, 2012, 411, *Meyer,* »Auftragsnachfolge« und Unterrichtung bei Betriebsübergang, NZA 2012, 1185; *Müller-Bonanni,* Zentrale Fragen des Betriebsübergangs im Spiegel der jüngsten Rechtsprechung und Reform, RdA 2016, 270; *Nebeling/Kille,* Verwirkung des Widerspruchsrechts bei fehlerhafter Unterrichtung über den Betriebsübergang, NZA-RR 2013, 1; *Rieble,* Widerspruch nach § 613 a VI BGB – die (ungeregelte) Rechtsfolge, NZA 2004, 1; *Rieble/Wiebauer,* Widerspruch (§ 613 a VI BGB) nach Aufhebungsvertrag, NZA 2009, 401; *Salamon,* der Betriebsteilbegriff des § 613 a BGB, NZA 2012, 482; *Sieg/Maschmann,* Unternehmensumstrukturierung aus arbeitsrechtlicher Sicht, 2. Aufl. 2010; *Steffan,* Das »nachträgliche« Widerspruchsrecht beim Betriebsübergang – eine unendliche Geschichte?, NZA 2016, 608; *Willemsen/Hohenstatt/Schweibert/Seibt,* Umstrukturierung und Übertragung von Unternehmen, 5. Aufl. 2016.
S. außerdem die Kommentare zu § 613 a BGB.

I. Arbeitsplatzschutz und Schutz der Betriebsverfassung als Funktion

861 Betriebe und Unternehmen sind selbst Wirtschaftsgüter, die aus unterschiedlichen Gründen übertragen werden. Der zu übertragende Betrieb ist aber auch die organisatorische und materiale Grundlage für die Arbeitsplätze der dort beschäftigten Arbeitnehmer. Geht nun im Rahmen eines sog. »asset-deals«[871] und damit durch das Übertragen einzelner Vermögensbestandteile der Betrieb auf den Betriebserwerber über, so stellt sich die Frage nach dem Schicksal der Arbeitsverhältnisse. Denn der bisherige Arbeitgeber hat wegen der Betriebsübertragung keinen Arbeitsplatz mehr, auf dem er

869 Vgl. BAG 14.1.2004 – 7 AZR 213/03, NZA 2004, 719.
870 BAG 2.9.2009 – 7 AZR 233/08, NZA 2009, 1253; näher *Schramm/Naber* NZA 2009, 1318.
871 Im Gegensatz dazu liegt beim »share deal«, also des Kaufs und der Übertragung von Gesellschaftsanteilen, kein Betriebsübergang vor, weil sich hier die Person des Arbeitgebers nicht ändert.

die Arbeitnehmer beschäftigen könnte – die Konsequenz wäre die sozial gerechtfertigte betriebsbedingte Kündigung und damit der Verlust des Arbeitsplatzes für die Arbeitnehmer. Genau dies will § 613a I 1 BGB verhindern, indem er anordnet, dass bei einem Betriebsübergang der Betriebserwerber als neuer Arbeitgeber in die Rechte und Pflichten der Arbeitsverhältnisse eintritt. Die Vorschrift dient so dem Bestandsschutz des Arbeitsverhältnisses im Falle der Betriebsveräußerung. Dieser wird durch § 613a IV BGB noch verstärkt, der Kündigungen wegen des Betriebsüberganges verbietet.

Neben dem Bestandsschutz hat § 613a BGB weitere Funktionen: die Gewährleistung 862
der Kontinuität der kollektivrechtlichen Regelungen im Betrieb, § 613 I 2–4 BGB; die Kontinuität der Arbeitnehmervertretungen; den Schutz der Arbeitnehmer durch die doppelte Haftung von Veräußerer und Erwerber nach § 613a II BGB, aber auch die Gewährleistung der negativen Vertragsfreiheit für die Arbeitnehmer, die den gesetzlichen Arbeitgeberwechsel nicht hinnehmen wollen – sie werden durch das Informations- und Widerspruchsrecht des § 613a V, VI BGB geschützt.

§ 613a BGB ist richtlinienumsetzendes Recht. Die Betriebsübergangs-RL[872] ist für die richtlinienkonforme Auslegung maßgeblich. So hat denn auch die Rechtsprechung des EuGH maßgebenden Einfluss auf das deutsche Betriebsübergangsrecht.

II. Voraussetzungen

Die Rechtsfolge des Arbeitgeberwechsels tritt nur ein, wenn ein Betrieb oder Betriebs- 863
teil durch Rechtsgeschäft auf einen anderen Inhaber übergeht.

1. Übergang eines Betriebs oder Betriebsteils

Fall 57: Die Sparkasse X führte die Reinigungsarbeiten in ihrem Gebäude bislang mit drei eigenen Arbeitnehmerinnen durch. Sie entschließt sich, diese Arbeiten künftig einer Reinigungsfirma zu übertragen und will den Arbeitnehmerinnen kündigen. Diese meinen, nunmehr müsse sie die Reinigungsfirma zu ihren bisherigen Arbeitsbedingungen beschäftigen.

a) Betrieb iSd § 613a BGB

§ 613a I BGB setzt den **Übergang des Betriebs** auf einen neuen Inhaber voraus. Des- 864
halb ist zunächst zu fragen, wann eine Einheit ein übergangsfähiger Betrieb oder Betriebsteil ist. Das BAG folgte (zunächst) dem **allgemeinen Betriebsbegriff** (»Betrieb als organisatorische Einheit, mit der der Arbeitgeber allein oder in Gemeinschaft mit Arbeitnehmern einen arbeitstechnischen Zweck fortgesetzt verfolgt«). Dies entsprach und entspricht den Betriebsbegriffen etwa im BetrVG und im KSchG.[873] Unter dem Eindruck der Rechtsprechung des EuGH und der Betriebsübergangs-RL wird der **Betrieb** aber (etwas breiter akzentuiert) **als wirtschaftliche Einheit im Sinne einer organisierten Zusammenfassung von Ressourcen zur Verfolgung einer wirtschaftlichen Haupt- oder Nebentätigkeit** verstanden, die beim Betriebsübergang ihre Identität wahrt (Art. 1 I lit. b Betriebsübergangs-RL). Eine wirtschaftliche Einheit ist nach der Rechtsprechung des EuGH (nur wenig präzisier) eine »hinreichend strukturierte und

872 RL 2001/23/EG des Rates zur Angleichung der Rechtsvorschriften der Mitgliedstaaten über die Wahrung von Ansprüchen der Arbeitnehmer beim Übergang von Unternehmen, Betrieben oder Unternehmens- oder Betriebsteilen v. 12.3.2001, ABl. 2001 L 82, 16.

873 Etwa BAG 9.2.1994 – 2 AZR 781/93, NZA 1994, 612.

selbstständige Gesamtheit von Personen und Sachen zur Ausübung einer wirtschaftlichen Tätigkeit mit eigenem Zweck«.[874] Damit spielen folgende Punkte für die Feststellung eines Betriebs iSd § 613 a I BGB eine Rolle: Zweck der Einheit, zugewiesene materielle und immaterielle Betriebsmittel, zugewiesenes Personal, Arbeitsorganisation, Betriebsmethoden oder Leitungsbefugnisse. Praktisch bedeutsam werden diese Parameter vor allem dann, wenn es um die Frage nach dem Betriebsteilübergang geht.

b) Übergang des Betriebs

865 Für den Betriebs**übergang** selbst ist Voraussetzung, dass die betreffende Einheit nach einem Inhaberwechsel ihre Identität bewahrt.[875] Damit muss zunächst die Frage gestellt werden, was überhaupt die Identität einer wirtschaftlichen Einheit ausmacht. Hierfür ist zu prüfen, was der **»Kern des zur Wertschöpfung erforderlichen Funktionszusammenhanges«** einer Einheit ist. Geht dieser »Kern« über, liegt ein Betriebsübergang vor.[876] Die Rechtsprechung wendet bei der Ermittlung eines identitätswahrenden Betriebsübergangs folgende »Sieben Punkte« an[877] und fragt, welche Art des Betriebs oder Unternehmens vorliegt;[878] ob materielle[879] oder immaterielle[880] Betriebsmittel übergegangen sind; ob die Hauptbelegschaft übernommen wurde;[881] ob die Möglichkeit der Aufrechterhaltung der Kundenbeziehungen nach wie vor besteht;[882] ob eine Ähnlichkeit der vor und nach Übergang ausgeübten Tätigkeit und des Betriebszwecks gegeben ist,[883] sowie wie lange eine eventuelle Tätigkeitsunterbrechung dauerte.[884] Keiner dieser Parameter ist als absolute Übergangsbedingung zu werten. Vielmehr ist das Ergebnis im Rahmen einer Gesamtabwägung zu ermitteln (sog. typologische Gesamtbetrachtung[885]). Aus ihr muss sich ergeben, dass sich der Erwerber gleichsam »in das gemachte Nest« setzt.

866 Eine wesentliche Weichenstellung ergibt sich aus der **Art des Betriebes.** Man unterscheidet gemeinhin zwischen betriebsmittelintensiven und betriebsmittelarmen Betrieben. Bei jenen kommt es in der Gesamtbetrachtung verstärkt auf die Übertragung der materiellen Betriebsmittel (etwa Maschinen, Grundstücke, etc.) an, bei diesen dagegen eher auf die Übernahme des im Betrieb verkörperten Know-hows – also insbesondere der Arbeitnehmer des Betriebs.[886]

---

874 S. nur: EuGH 11.3.1997 – C-13/95, Slg. 1997, I-1259 = NZA 1997, 433 – Ayse Süzen; EuGH 15.12.2005 – C-232/04, Slg. 2005, I-11237 = NZA 2006, 29 – Güney-Görres; EuGH 6.9.2011 – C-108/10, Slg. 2011, I-7532 = NZA 2011, 1077 – Scattolon.

875 EuGH 20.11.2003 – C-340/01, Slg. 2003, I-14023 = NZA 2003, 1385 – Carlito Abler.

876 BAG 23.5.2013 – 8 AZR 207/12, AP BGB § 613a Nr. 441; BAG 25.6.2009 – 8 AZR 258/08, NZA 2009, 1412.

877 Grundlegend: EuGH 11.3.1997 – C-13/95, Slg. 1997, I-1259 = NZA 1997, 433 – Ayse Süzen; EuGH 15.12.2005 – C-232/04, Slg. 2005, I-11237 = NZA 2006, 29 – Güney-Görres.

878 BAG 25.6.2009 – 8 AZR 258/08, NZA 2009, 1412.

879 EuGH 25.1.2001 – C-172/99, Slg. 2001, I-745 = NZA 2001, 249 – Oy Liikenne AB.

880 BAG 21.8.2008 – 8 AZR 201/07, NZA 2009, 29.

881 BAG 24.5.2005 – 8 AZR 333/04, NZA 2006, 31.

882 BAG 26.7.2007 – 8 AZR 769/06, NZA 2008, 112.

883 BAG 26.5.2011 – 8 AZR 37/10, NZA 2011, 1143.

884 EuGH 20.11.2003 – C-340/01, Slg. 2003, I-14023 = NZA 2003, 1385 – Carlito Abler; EuGH 29.7.2010 – C-151/09, Slg. 2010, I-7617 = NZA 2010, 1014 – UTG-FSP.

885 BAG 25.8.2016 – 8 AZR 56/15, BeckRS 2016, 112655.

886 Als betriebsmittelarm werden etwa Reinigungsunternehmen BAG 21.5.2008 – 8 AZR 481/07, NZA 2009, 144; Callcenter BAG 25.6.2009 – 8 AZR 258/08, NZA 2009, 1412 oder Bewachungsbetriebe BAG 25.9.2008 – 8 AZR 607/07, NZA-RR 2009, 469 angesehen.

Die Übertragung von Eigentum an den materiellen Betriebsmitteln auf den Betriebserwerber oder auch nur die eigenwirtschaftliche Nutzung durch diesen ist nicht nötig, es genügt jedes Zurverfügungstellen.[887] Gehen die sächlichen Betriebsmittel bei einem **betriebsmittelintensiven Betrieb** über, so ist dies Indiz, aber kein hinreichendes Kriterium für einen Betriebsübergang.[888] Auch dann kommt es auf eine Gesamtbetrachtung an, die etwa bei einer Zweckänderung (Küche wird übernommen, aber der Geschäftszweck von einem Spezialitätenrestaurant in eine Aufwärmkantine geändert) dazu führt, dass kein Betriebsübergang iSd § 613 I 1 BGB vorliegt.

Liegt ein **betriebsmittelarmer Betrieb** vor, so kann die (freiwillige) Übernahme eines **867** nach »Zahl und Sachkunde« wesentlichen Teils der Hauptbelegschaft für den identitätswahrenden Übergang maßgeblich sein.[889] Die freiwillige Übernahme »zieht« dann wegen § 613a I 1 BGB alle anderen Arbeitnehmer des Betriebs nach.[890] Allerdings verbieten sich hier starre Übernahmezahlen. Bei Betrieben mit einfach-qualifizierten Tätigkeiten wird man einen höheren Prozentsatz übernommener Arbeitnehmer fordern müssen[891] als bei einem Betrieb mit hochqualifizierten Tätigkeiten – werden bei diesem etwa von zehn Arbeitnehmern nur vier übernommen, bilden diese aber durch ihr Know-how den Kern der Wertschöpfung (etwa bei einer Entwicklungsabteilung), so kann durchaus ein Betriebsübergang vorliegen.

Man war lange davon ausgegangen, dass ein Betriebsübergang nur dann vorliegt, wenn **868** der Erwerber die **Organisation des übernommenen Betriebs** aufrechterhält.[892] Durch Zerschlagen der Organisation (etwa durch auflösende Eingliederung in einen bereits bestehenden Erwerberbetrieb) konnte so ein Betriebsübergang verhindert werden. Der EuGH wollte eine solche in seinen Augen unstatthafte »Umgehung« des Übergangsschutzes verhindern und judiziert nunmehr, dass eine fortbestehende organisatorische Selbstständigkeit des übergehenden Betriebs beim Erwerber nicht notwendig ist, wenn **die funktionelle Verknüpfung zwischen den Produktionsfaktoren beibehalten** wird und der Erwerber diese nutzen kann, um **derselben oder einer gleichartigen wirtschaftlichen Tätigkeit nachzugehen.**[893] Dabei bleibt freilich unscharf, wann diese funktionelle Verknüpfung gegeben ist.

Einig ist man sich jedenfalls darin, dass die **Übernahme einer bloßen Tätigkeit** keinen **869** Betriebsübergang auslösen kann.[894] Deshalb führt eine Funktionsnachfolge durch

887 EuGH 15.12.2005 – C-232/04, Slg. 2005, I-11237 = NZA 2006, 29 – Güney-Görres; BAG 13.6.2006 – 8 AZR 271/05, NZA 2006, 1101.

888 Etwa BAG 13.5.2004 – 8 AZR 331/03, AP BGB § 613a Nr. 273.

889 BAG 22.5.2014 – 8 AZR 1069/12 – NZA 2014, 1335; BAG 19.3.2015 – 8 AZR 150/14, AP BGB § 613a Nr. 461; BAG 21.6.2012 – 8 AZR 243/11, AP BGB § 613a Nr. 430.

890 S. auch EuGH 24.1.2002 – C-51/00, Slg. 2002, I-969 = NZA 2002, 265 – Temco, für tariflichen Übergang als freiwilligen Übergang.

891 Bei nicht qualifizierten Tätigkeiten reichen 75 % nicht (BAG 10.12.1998 – 8 AZR 676/97, NZA 1999, 420); 57 % nicht im Bewachungsgewerbe (BAG 15.12.2011 – 8 AZR 197/11, NZA-RR 2013, 179); 60 % reichen bei Reinigungstätigkeiten nicht (BAG 24.5.2005 – 8 AZR 333/04, NZA 2006, 31); 85 % hingegen schon (BAG 13.11.1997 – 8 AZR 295/95, NZA 1998, 251).

892 BAG 6.4.2006 – 8 AZR 249/04, NZA 2006, 1039; BAG 13.7.2006 – 8 AZR 331/05, NZA 2006, 1357; BAG 25.9.2003 – 8 AZR 421/02, NZA 2004, 316.

893 EuGH 12.2.2009 – C-466/07, Slg. 2009, I-819 = NZA 2009, 251 – Klarenberg; ebenso BAG 12.12.2013 – 8 AZR 1023/12, NZA 2014, 436; BAG 23.5.2013 – 8 AZR 207/12, BB 2014, 61.

894 EuGH 20.1.2011 – C-463/09, Slg. 2011, I-122 = NZA 2011, 148 – CLECE; BAG 25.8.2016 – 8 AZR 56/15, BeckRS 2016, 112655.

Auftragsvergabe, Auftragsrücknahme oder einem Auftragnehmerwechsel (auch »Outsourcing« oder »Insourcing«) allein nicht zur Rechtsfolge des § 613a I 1 BGB. Lässt der Arbeitgeber etwa Reinigungsarbeiten nicht mehr von eigenen Arbeitnehmern durchführen, sondern schließt er mit externen Anbietern entsprechende Werkverträge ab, so liegt (wenn keine anderen Betriebsmittel übertragen werden) kein Betriebsübergang vor.[895]

c) Betriebsteil

870 Nach § 613a I 1 BGB genügt auch der Übergang eines **Betriebsteils.** Darunter ist eine organisatorische Untergliederung des Betriebs zu verstehen, in der bestimmte arbeitstechnische Teilzwecke verfolgt werden:[896] wie etwa eine Vertriebsabteilung in einem Produktionsbetrieb. Dass es sich um einen für den Gesamtbetrieb wesentlichen Betriebsteil handelt, ist nicht erforderlich; eine untergeordnete Hilfsfunktion genügt.[897] Auf der anderen Seite ist es nicht notwendig, dass der »zurückbleibende« Betriebsrest für sich alleine genommen wirtschaftlich lebensfähig ist. Auch bei Übertragung des Betriebsteils müssen sowohl der arbeitstechnische Teilzweck, wie die wesentlichen Betriebsmittel, mit denen er verfolgt wird, übergehen. Maßgeblich kommt es hier auf die Zuordnung der Arbeitnehmer zum Betriebsteil an.[898]

In **Fall 57** kann es sich bei den Reinigungskräften zwar um einen, wenn auch weniger bedeutenden, Betriebsteil handeln. Auch ist die Weiterverfolgung des arbeitstechnischen Zwecks auf einen anderen, nämlich die Reinigungsfirma, übertragen worden. Es fehlt jedoch am Übergang der Betriebsmittel. Weder sächliche Betriebsmittel noch ein wesentlicher Teil des Personals sind übernommen worden. Ein Fall des § 613a I BGB liegt deshalb nicht vor.

2. Durch Rechtsgeschäft

871 Die Übertragung des Betriebs oder Betriebsteils muss durch Rechtsgeschäft erfolgen. Dabei kommt neben dem Verkauf und der Übereignung des Betriebs auch eine Betriebsverpachtung[899] (einschließlich einer Weiterverpachtung) oder sonstige Betriebsüberlassung (Rückübertragung an den Betriebsverpächter, der den Betrieb weiterführt)[900] in Betracht. Ein unmittelbares Rechtsgeschäft zwischen Veräußerer und Erwerber ist nicht notwendig,[901] ebenso wenig ein wirksames.[902]

Insbesondere nach der Rechtsprechung des EuGH ist der Begriff des Rechtsgeschäftes aus Schutzzweckerwägungen weit zu fassen:[903] Bedarf es nach der Rechtsprechung des BAG einer freiwilligen Entscheidung (und damit eines abgeleiteten Erwerbs), soll nach

895 EuGH 20.11.2003 – C-340/01, Slg. 2003, I-14023 = NZA 2003, 1385 – Carlito Abler.
896 BAG 13.10.2011 – 8 AZR 455/10, NZA 2012, 504; BAG 21.6.2012 – 8 AZR 181/11, NZA-RR 2013, 6; BAG 25.9.2008 – 8 AZR 607/07, NZA-RR 2009, 469; BAG 17.12.2009 – 8 AZR 1019/08, NZA 2010, 499.
897 BAG 9.2.1994 – 2 AZR 666/93, NZA 1994, 686 für die Fleischzerlegung in einem Schlachthof.
898 Dazu BAG 17.10.2013 – 8 AZR 763/12, NZA-RR 2014, 175; BAG 27.9.2007 – 8 AZR 941/06, NZA 2008, 1130.
899 BAG 17.3.1987 – 1 ABR 47/85, NZA 1987, 523.
900 BAG 18.3.1999 – 8 AZR 159/98, NZA 1999, 704.
901 BAG 18.8.2011 – 8 AZR 230/10, NZA 2012, 267; BAG 21.8.2008 – 8 AZR 201/07, NZA 2009, 29.
902 BAG 11.12.1997 – 8 AZR 729/96, NZA 1998, 534; BAG 6.2.1985 – 5 AZR 411/83, NZA 1985, 735.
903 EuGH 6.9.2011 – C-108/10, Slg. 2011, I-7532 = NZA 2011, 1077 – Scattolon; hierzu *Steffan* NZA 2012, 473.

der Sichtweise des EuGH nunmehr auch der gesetzliche Übergang (im konkreten Fall) ausreichen. Maßgeblich ist also, ob eine »Entscheidung« getroffen wird, die dann zum Betriebsübergang führt. Damit wird das Unterscheidungsmerkmal »Rechtsgeschäft« aber weitgehend inhaltsleer.

Auch auf einen Betriebsübergang, dem eine Verschmelzung, Spaltung oder Vermö- 872
gensübertragung nach dem UmwG zugrunde liegt, ist § 613a BGB anwendbar, das folgt aus § 324 UmwG. Ob die Übertragung **durch** Rechtsgeschäft oder wegen der Gesamtrechtsnachfolge **aufgrund** Rechtsgeschäfts erfolgt, kann keinen Unterschied machen.[904]

3. Wechsel des Betriebsinhabers

Betriebsinhaber ist, wer den Betrieb in eigenem Namen und nach außen hin erkennbar 873
führt.[905] Erst wenn es in diesem Sinne zu einem Wechsel in der Betriebsinhaberschaft kommt, liegt auch ein Betriebsübergang vor. Deshalb ist die Übernahme der **tatsächlichen Betriebsführung** der maßgebliche Zeitpunkt für den Betriebsübergang.[906]

III. Rechtsfolgen

1. Eintritt des Betriebsnachfolgers in die Arbeitsverhältnisse

Der Erwerber tritt nach § 613a I 1 BGB in alle Rechte und Pflichten aus den im Zeit- 874
punkt des Übergangs bestehenden Arbeitsverhältnissen ein. Er hat alle rückständigen und zukünftigen Haupt- und Nebenforderungen der Arbeitnehmer aus dem Arbeitsverhältnis zu erfüllen. Umgekehrt sind diese zur Erfüllung aller Haupt- und Nebenleistungen dem Erwerber gegenüber verpflichtet.

Auch die **Dauer der Betriebszugehörigkeit** beim Betriebsveräußerer muss der Erwer- 875
ber gegen sich gelten lassen.[907] Das ist etwa bei der Berechnung der Wartefrist nach § 1 I KSchG relevant oder bei der Berechnung eines von der Dauer der Betriebszugehörigkeit abhängigen Zusatzurlaubs. Weil es zum Vertragsparteiwechsel kommt, gehen auch Gestaltungsrechte über, ebenso werden dem neuen Arbeitgeber die Kenntnisse des alten zugerechnet.[908] Zu einer »Mitnahme« des Kündigungsschutzes nach dem KSchG bei Betriebsteilübergang aus einem Betrieb, der dem KSchG unterfällt, auf einen, bei dem dies nicht der Fall ist, kommt es allerdings nicht.[909]

2. Mithaftung des Betriebsveräußerers

Nach § 613a II BGB haftet der Betriebsveräußerer den Arbeitnehmern für die Ver- 876
pflichtungen aus dem Arbeitsverhältnis in begrenztem Umfang als Gesamtschuldner neben dem Erwerber.[910] Im Einzelnen gilt:

904 Vgl. § 324 UmwG; bei einer Umwandlung durch Formwechsel bedarf es einer Anwendung des § 613a BGB nicht, weil die Identität des Betriebsinhabers erhalten bleibt.
905 BAG 15.12.2005 – 8 AZR 202/05, AP BGB § 613a Nr. 294.
906 BAG 10.5.2012 – 8 AZR 434/11, NZA 2012, 1161; BAG 21.2.2008 – 8 AZR 77/07, NZA 2008, 825.
907 BAG 18.9.2003 – 2 AZR 330/02, NZA 2004, 319.
908 BAG 11.12.2008 – 2 AZR 395/07, AP BGB § 613a Nr. 362.
909 BAG 15.2.2007 – 8 AZR 397/06, NZA 2007, 739.
910 Für einen Betriebsübergang im Rahmen einer Spaltung nach dem UmwG gelten die Spezialregelungen der §§ 133f. UmwG.

Für vor Betriebsübergang **entstandene und fällig gewordene** Verpflichtungen, also etwa Lohnrückstände, haften Erwerber und Veräußerer ohne Einschränkung als Gesamtschuldner.
Für vor Betriebsübergang entstandene, aber **erst später fällig werdende** Altschulden haftet der Veräußerer nur mit, wenn sie binnen eines Jahres fällig werden. »Entstanden« bedeutet dabei, dass die betreffenden Arbeitnehmerforderungen zum Zeitpunkt des Betriebsübergangs bereits »erdient« sein müssen. Der Veräußerer haftet also nicht für die nach dem Betriebsübergang entstehenden Lohnansprüche mit, sondern nur zeitanteilig für Gewinnbeteiligungen, Weihnachtsgratifikationen und ähnliches. Auch für den Urlaubsanspruch haftet der Veräußerer zeitanteilig.[911]

877 Der **Gesamtschuldnerausgleich** zwischen Veräußerer und Erwerber richtet sich in erster Linie nach dem zwischen ihnen geschlossenen Vertrag. Fehlt eine vertragliche Bestimmung oder liegt ein Fall vor, in dem zwischen früherem und neuem Inhaber kein Vertrag besteht, würde nach § 426 I 1 BGB an sich das »Halbe-Halbe-Prinzip« gelten. Das wäre aber unangemessen. Dass der Erwerber auch für vor dem Zeitpunkt des Übergangs entstandene Ansprüche haftet, dient allein dem Arbeitnehmerschutz. Es besteht kein Grund, diese Haftung teilweise auch dem Veräußerer zugutekommen zu lassen. Deshalb ist es sachgerecht, diesen im Innenverhältnis die Verpflichtungen allein tragen zu lassen.[912]

3. Fortgeltung von Kollektivnormen

878 Soweit Arbeitnehmerforderungen auf Rechtsnormen eines zur Zeit des Betriebsübergangs geltenden Tarifvertrages oder auf Betriebsvereinbarungen beruhen, ist zunächst zu fragen, ob nicht auch der Betriebserwerber ohnehin an dieselben kollektivrechtlichen Regelungen unmittelbar gebunden ist, der Tarifvertrag oder die Betriebsvereinbarung also normativ fortbesteht. Das ist etwa der Fall, wenn der Erwerber an denselben Verbandstarifvertrag gebunden ist wie der Veräußerer oder wenn die Betriebsvereinbarungen wegen Wahrung der Betriebsidentität weitergelten.[913] Diese normative kollektivrechtliche Geltung bleibt vom Betriebsübergang unberührt.

Ist aber der Erwerber nicht bereits normativ an die kollektiven Regelungen gebunden, so gelten sie im Falle des Betriebsübergangs im Verhältnis zwischen Arbeitnehmer und Erwerber mit ihrem zum Zeitpunkt des Betriebsübergangs bestehenden Inhalt als Inhalt des Arbeitsverhältnisses dennoch fort.[914] Sie können vor Ablauf eines Jahres nach dem Zeitpunkt des Übergangs auch nicht zum Nachteil des Arbeitnehmers geändert werden (§ 613 a I 2 BGB). Dabei bezieht sich die Veränderungssperre nur auf die kollektiv gesetzten Regelungen, nicht auf die anderen, individualvertraglich begründeten Arbeitsbedingungen.[915]

879 Die einseitig zwingende Wirkung für ein Jahr nach Betriebsübergang gilt nach § 613 a I 3 BGB dann nicht, wenn die Arbeitsverträge bei dem (tarifgebundenen) Betriebserwerber durch **Rechtsnormen eines anderen Tarifvertrages oder durch eine andere Betriebsvereinbarung** geregelt werden. Dies gilt auch dann, wenn der Tarifvertrag oder die Betriebsvereinbarung erst nach dem Betriebsübergang abgeschlossen wird.[916]

911 BGH 4.7.1985 – IX ZR 172/84, NJW 1985, 2643.
912 KG 18.10.1984 – 2 U 3139/83, nv, bestätigt von BGH 4.7.1985 – IX ZR 172/84, NJW 1985, 2643.
913 BAG 7.6.2011 – 1 ABR 110/09, NZA 2012, 110; BAG 18.11.2003 – 1 AZR 604/02, NZA 2004, 803.
914 S. dazu auch BAG 5.5.2015 – 1 AZR 763/13, NZA 2015, 1331.
915 BAG 7.11.2007 – 5 AZR 1007/06, NZA 2008, 530.
916 BAG 19.3.1986 – 4 AZR 640/84, NZA 1986, 687.

Es muss allerdings kongruente, das heißt zweiseitige Tarifbindung vorliegen.[917] Hier kann auch zuungunsten der (tarifgebundenen) Arbeitnehmer vom bisherigen Inhalt des Arbeitsverhältnisses abgewichen werden.[918] Allerdings kann eine Betriebsvereinbarung keinen Tarifvertrag ablösen, eine »Überkreuzablösung« ist also nicht möglich.[919]

§ 613a I 4 BGB sieht vor, dass vor Ablauf der Frist nach Satz 2 die Rechte und Pflich- 880
ten, die die kollektive Regelung vermittelt, geändert werden können, wenn der Tarifvertrag oder die Betriebsvereinbarung nicht mehr gilt, oder bei fehlender beiderseitiger Tarifgebundenheit im Geltungsbereich eines anderen Tarifvertrages dessen Anwendung zwischen dem neuen Inhaber und dem Arbeitnehmer vereinbart wird.[920]

§ 613a I 2 BGB gilt nur für Arbeitsverhältnisse, bei denen Arbeitgeber und Arbeitneh- 881
mer gem. § 3 I TVG tarifgebunden sind. Ist in den Arbeitsverträgen **auf Tarifverträge Bezug genommen,** gilt deren Inhalt aber nach § 613a I 1 BGB im Arbeitsverhältnis mit dem Erwerber weiter. So kann es auch über eine dynamische Bezugnahme zu einer »Ewigkeitsbindung« an den Tarifvertrag kommen. Nach Ansicht des EuGH dürfen Betriebserwerber aber nicht dauerhaft zur Erfüllung arbeitsvertraglich vereinbarter Tarifverträge verpflichtet werden, wenn sie von den Verhandlungen über diese Tarifverträge ausgeschlossen sind.[921] Zum Umfang dieser Weitergeltung siehe im Einzelnen (→ Rn. 1048ff., 1053).

4. Kündigungsschutz

Um eine Umgehung des mit dem Übergang des Arbeitsverhältnisses auf den Betriebs- 882
nachfolger verbundenen Schutzes der Arbeitnehmer zu verhindern, verbietet § 613a IV BGB Veräußerer wie Erwerber die Kündigung der Arbeitsverhältnisse wegen des Übergangs des Betriebs oder Betriebsteils. § 613a IV BGB, der auch im Falle einer durch den Arbeitgeber veranlassten Eigenkündigung des Arbeitnehmers greift,[922] enthält damit ein eigenständiges Kündigungsverbot und nicht lediglich eine Konkretisierung der Sozialwidrigkeit iSd § 1 I KSchG.[923] Der Schutz des § 613a IV BGB greift damit auch für Arbeitnehmer, die die Wartezeit nicht erfüllt haben, oder die Betrieben bis zu zehn Arbeitnehmern angehören. Umgekehrt ist eine Auflösung des Arbeitsverhältnisses gegen Abfindung nach § 9 KSchG nicht möglich.

Eine Kündigung »wegen« des Betriebsübergangs liegt nur vor, wenn der Betriebsüber- 883
gang tragender Grund für die Kündigung ist. Daran fehlt es, wenn die Kündigung erfolgt, bevor ein Betriebsübergang überhaupt erwogen wird.[924] Aber auch wenn der Betriebsübergang schon in Aussicht steht, kann das Arbeitsverhältnis aus anderen Gründen als dem Betriebsübergang gekündigt werden (§ 613a IV 2 BGB). Insbeson-

917 BAG 26.8.2009 – 4 AZR 280/08, NZA 2010, 238; BAG 11.5.2005 – 4 AZR 315/04, NZA 2005, 1362.
918 EuGH 6.9.2011 – C-108/10, Slg. 2011, I-7532 = NZA 2011, 1077 – Scattolon, dazu *Steffan* NZA 2012, 473; *Winter* RdA 2013, 36.
919 BAG 13.11.2007 – 3 AZR 191/06, NZA 2008, 600.
920 Dazu BAG 22.4.2009 – 4 AZR 100/08, AP BGB § 613a Nr. 371.
921 EuGH vom 18.7.2013 – C-426/11, NZA 2013, 835 – Alemo-Herron ua; dazu *Willemsen/Grau* NJW 2014,12; *Jacobs/Frieling* EuZW 2013, 737.
922 BAG 27.9.2012 – 8 AZR 826/11, NZA 2013, 961.
923 BAG 31.1.1985 – 2 AZR 530/83, NZA 1985, 593.
924 BAG 28.4.1988 – 2 AZR 623/87, NZA 1989, 265.

dere kommt eine betriebsbedingte Kündigung sowohl durch den Veräußerer wie durch den Erwerber in Betracht: Das allgemeine Beendigungsrisiko kann dem Arbeitnehmer auch im Falle eines Betriebsübergangs nicht genommen werden.[925]

884 Der **Veräußerer** kann so die infolge eines Widerspruchs bei ihm verbleibenden Arbeitnehmer betriebsbedingt kündigen, wenn er keine Verwendungsmöglichkeit mehr für sie hat. Mit künftigen Betriebsänderungen des Erwerbers kann der Veräußerer Kündigungen aber grundsätzlich nicht begründen. Etwas anderes gilt nur, wenn ein verbindliches Konzept oder ein Sanierungsplan des Erwerbers vorliegt, dessen Durchführung im Zeitpunkt der Kündigung bereits greifbare Formen angenommen hat, denn dann würde die Anwendung des § 613a IV BGB nur zu einer zweckwidrigen »künstlichen Verlängerung« des Arbeitsverhältnisses führen.[926]

885 Der **Erwerber** kündigt nur dann wegen des Betriebsübergangs, wenn es ihm darum geht, gerade die Arbeitnehmer, deren Arbeitsverhältnisse auf ihn übergegangen sind, nicht weiter zu beschäftigen. Auf andere Gründe kann er Kündigungen stützen. Insbesondere kann er geltend machen, dass sein Arbeitskräftebedarf nicht so groß ist, dass er sowohl die schon bisher bei ihm tätigen wie die hinzugekommenen Arbeitnehmer weiterbeschäftigen kann. Er muss nur bei einer betriebsbedingten Kündigung, insbesondere bei der Sozialauswahl, übernommene und bisherige Arbeitnehmer nach den gleichen Kriterien behandeln.[927]

886 Die **gerichtliche Geltendmachung** der Unwirksamkeit einer Kündigung wegen Verstoßes gegen § 613a IV BGB kann entweder mit einer allgemeinen Feststellungsklage (§ 256 ZPO) oder im Zusammenhang mit einer ohnehin erhobenen Kündigungsschutzklage erfolgen. Für die Geltendmachung gilt auch die Drei-Wochen-Klagefrist des § 4 KSchG (→ Rn. 764). Die Klage ist gegen denjenigen zu richten, der im Zeitpunkt der Klageerhebung Betriebsinhaber und damit Träger der Rechte und Pflichten aus dem Arbeitsverhältnis ist. Erfolgt der Betriebsübergang, nachdem bereits Klage gegen den Veräußerer erhoben war, kann der Arbeitnehmer einen Auflösungsantrag nach § 9 KSchG (→ Rn. 776 ff.) nur in einem neuen Prozess gegen den Betriebserwerber stellen.[928]

887 Nicht nur Kündigungen wegen des Betriebsüberganges sind unwirksam. Kommt es etwa wegen des Betriebsüberganges zu einem **Aufhebungsvertrag** zwischen Veräußerer und Arbeitnehmer und darauf zu einem Arbeitsvertrag mit schlechteren Bedingungen mit dem Erwerber, so ist der Aufhebungsvertrag wegen Umgehung ebenfalls unwirksam.[929] Anders entscheiden hieße, das übergangsrechtliche Ziel des Bestandsschutzes, das auch den Vertragsinhaltsschutz umfasst, zu konterkarieren.

---

925 BAG 20.9.2006 – 6 AZR 249/05, NZA 2007, 387.

926 BAG 20.9.2006 – 6 AZR 249/05, NZA 2007, 387; BAG 20.3.2003 – 8 AZR 97/02, NZA 2003, 1027.

927 MHdB ArbR/*Wank* § 103 Rn. 21.

928 BAG 20.3.1997 – 8 AZR 769/95, NZA 1997, 937; s. *Löwisch/Neumann* DB 1996, 474.

929 BAG 18.8.2011 – 8 AZR 312/10, NZA 2012, 152; BAG 25.10.2012 – 8 AZR 572/11, AP BGB § 613a Nr. 436; BAG 25.10.2007 – 8 AZR 917/06, NZA-RR 2008, 367.

5. Widerspruchsrecht und Unterrichtung des Arbeitnehmers

§ 613a BGB soll dem Schutz der Arbeitnehmer im Fall einer Betriebsveräußerung dienen. Dieser Schutz könnte in sein Gegenteil verkehrt werden, wenn sich die Arbeitnehmer auch einen neuen Arbeitgeber aufdrängen lassen müssten, der sich für sie etwa als weniger seriöser Vertragspartner darstellt als der bisherige. Man braucht nur an den Fall zu denken, dass ein kapitalkräftiges Großunternehmen einen notleidenden Betrieb oder Betriebsteil an ein sanierungsbedürftiges oder an ein neu gegründetes Unternehmen veräußert. 888

In restriktiver Auslegung des Wortlauts des § 613a I 1 BGB hatte das BAG dem Arbeitnehmer deshalb das Recht zugebilligt, dem Übergang des Arbeitsverhältnisses auf den Betriebsnachfolger zu widersprechen und damit den Fortbestand des Arbeitsverhältnisses mit dem bisherigen Arbeitgeber zu erreichen. Diese Rechtsprechung hat der Gesetzgeber mit § 613a VI BGB aufgegriffen. Danach kann der Arbeitnehmer dem Übergang des Arbeitsverhältnisses innerhalb eines Monats entweder gegenüber dem bisherigen Arbeitgeber oder gegenüber dem neuen Inhaber schriftlich widersprechen. Das Widerspruchsrecht schützt somit die negative Vertragsfreiheit des Arbeitnehmers.[930] 889

Das **Widerspruchsrecht** ist Gestaltungsrecht, durch den Widerspruch kommt es nicht zum Übergang des Arbeitsverhältnisses. Ist der Betriebsübergang bereits erfolgt, wenn der Arbeitnehmer widerspricht, dann wirkt der Widerspruch ex-tunc, zum Betriebserwerber hat dann also kein Arbeitsverhältnis bestanden, sondern stets nur zum Veräußerer. Für den Verdienst, den der Arbeitnehmer beim Erwerber erhalten hat, gilt § 615 S. 2 BGB.[931]

Der Widerspruch muss nicht begründet werden, § 613a VI BGB verlangt lediglich Schriftform. Insbesondere wird ein widersprechender Arbeitnehmer bei einer anschließenden Sozialauswahl beim Veräußerer nicht schlechter gestellt. Der Widerspruch (und damit die Aufgabe eines sicheren Arbeitsplatzes) ist bei einer Sozialauswahl beim Veräußerer nicht zu berücksichtigen.[932] Praktisch relevant wird dies beim Betriebsteilübergang.

Die Monatsfrist läuft ab dem Zeitpunkt, zu dem der Arbeitnehmer gem. § 613a V BGB über den Zeitpunkt des Übergangs, den Grund für den Übergang, dessen rechtlichen, wirtschaftlichen und sozialen Folgen und die hinsichtlich der Arbeitnehmer in Aussicht genommenen Maßnahmen in Textform informiert worden ist. Die Unterrichtung muss nach der Rechtsprechung des BAG »präzise sein und darf keine juristischen Fehler enthalten, eine nur im Kern richtige und ausreichende Unterrichtung genügt nicht«. Dabei muss sie aber auch laienverständlich sein.[933] Das ist deshalb notwendig, weil die Unterrichtung nach § 613a V BGB die Informationsgrundlage für die Ausübung des Widerspruchsrechts durch den Arbeitnehmer ist.[934] Allerdings stellt die **Unterrichtungspflicht** die Praxis vor große Probleme, weil ihre Reichweite im konkreten Fall nur schwer zu antizipieren ist. Die Unterrichtungspflicht nach § 613a V BGB trifft Veräußerer und Erwerber als Gesamtschuldner. 890

930 BAG 30.9.2004 – 8 AZR 462/03, NZA 2005, 43.
931 Etwa BAG 27.11.2008 – 8 AZR 1021/06, AP BGB § 613a Nr. 361; aA *Rieble* NZA 2004, 1.
932 BAG 31.5.2007 – 2 AZR 276/06, NZA 2008, 33.
933 BAG 14.11.2013 – 8 AZR 824/12, NZA 2014, 610; BAG 26.5.2011 – 8 AZR 18/10, NZA 2011, 1448; BAG 23.7.2009 – 8 AZR 538/08, NZA 2010, 89.
934 BAG 14.11.2013 – 8 AZR 824/12, NZA 2014, 610.

891 Solange diese Information noch nicht erfolgt ist, besteht das Widerspruchsrecht grundsätzlich zeitlich unbegrenzt fort.[935] Deshalb kann den Veräußerer (und Altarbeitgeber) bei einer falschen oder fehlenden Unterrichtung der späte Widerspruch vieler Arbeitnehmer treffen. Das ist gerade bei größeren Betriebsübergängen ein erhebliches wirtschaftliches Risiko.

Die Rechtsprechung begrenzt dieses Risiko nicht mit einer starren Ausübungsfrist, sondern mit dem Instrument der Verwirkung, § 242 BGB.[936] Dazu bedarf es eines Zeit- und eines Umstandsmoments, aus denen heraus der Arbeitgeber schließen kann, dass der Arbeitnehmer sein Widerspruchsrecht nicht mehr ausüben wird.[937] So liegt etwa regelmäßig das notwendige Umstandsmoment darin, dass der Arbeitnehmer beim Erwerber selbst über das Arbeitsverhältnis disponiert, etwa durch Abschluss eines Aufhebungsvertrages. Der Zeitablauf alleine und die bloße Tätigkeit beim Erwerber reichen regelmäßig nicht aus, um den Verwirkungstatbestand zu erfüllen.[938] Unabhängig von einer Verwirkung geht das Widerspruchsrecht unter, wenn der Arbeitnehmer vor oder nach Betriebsübergang der Übertragung seines Arbeitsverhältnisses ausdrücklich oder stillschweigend **zustimmt** – auch das ist (siehe den Rechtsgedanken des § 144 BGB) Ausübung des Widerspruchsrechts.[939]

892 Der Widerspruch ist eine einseitige empfangsbedürftige Willenserklärung, die den Übergang des Arbeitsverhältnisses gem. § 613 a I 1 BGB ausschließt, Adressat können Betriebserwerber wie Betriebsveräußerer sein.[940] Als rechtsgestaltende Willenserklärung kann sie nicht widerrufen, sehr wohl aber angefochten werden.[941] Auch eine »Aufhebung« durch Vertrag zwischen Betriebsveräußerer und Arbeitnehmer zulasten des Betriebserwerbers ist nicht möglich.[942]

IV. Kontrollfragen

893 **Frage 70:** Welche Voraussetzungen müssen für einen Betriebsübergang gegeben sein?

Frage 71: Warum räumt das Gesetz dem Arbeitnehmer ein Widerspruchsrecht gegen den Übergang des Arbeitsverhältnisses bei der Betriebsveräußerung ein?

Frage 72: Haftet der Betriebsveräußerer nach Betriebsübergang für das laufende Arbeitsentgelt ein Jahr lang mit?

935 BAG 24.5.2005 – 8 AZR 398/04, NZA 2005, 1302; BAG 13.7.2006 – 8 AZR 303/05, NZA 2006, 1273; s. aber für »Betriebsübergangsketten« BAG 21.4.2016 – 8 AZR 728/14, BeckRS 2016, 73351; BAG 19.11.2015 – 8 AZR 773/14, NZA 2016, 647; aA *Rieble* NZA 2004, 1; *Löwisch*, FS Birk, 2008, 541 ff.

936 BAG 17.10.2013 – 8 AZR 974/12, BB 2014, 1213; BAG 22.6.2011 – 8 AZR 752/09, NZA-RR 2012, 507.

937 BAG 17.10.2013 – 8 AZR 974/12, BB 2014, 1213; BAG 22.6.2011 – 8 AZR 752/09, NZA-RR 2012, 507; BAG 24.2.2011 – 8 AZR 469/09, NZA 2011, 973.

938 BAG 24.7.2008 – 8 AZR 175/07, AP BGB § 613 a Nr. 347.

939 S. dazu *Rieble/Wiebauer* NZA 2009, 401; *Löwisch* BB 2009, 326.

940 BAG 18.6.2015 – 8 AZR 321/14, BeckRS 2015, 71036.

941 BAG 15.12.2011 – 8 AZR 220/11, NZA 2011, 1101.

942 BAG 30.10.2003 – 8 AZR 491/02, NZA 2004, 481.

§ 21 Arbeitnehmerüberlassung

Literatur: *Boemke/Lembke,* Arbeitnehmerüberlassungsgesetz, 3. Aufl. 2013; *Greiner,* Werkvertrag und Arbeitnehmerüberlassung – Abgrenzungsfragen und aktuelle Rechtspolitik, NZA 2013, 697; *Hauß-mann/Bauer,* Arbeiten verboten! – Das neue Streikbrecherverbot für Leiharbeitnehmer, NZA 2016, 803; *Lembke,* AÜG-Reform 2017 – Eine Reformatio in Peius, NZA 2017, 1; *Maschmann,* Fremdpersonaleinsatz im Unternehmen und die Flucht in den Werkvertrag, NZA 2013, 1305; *Neighbour/Schröder,* Die Reform des Arbeitnehmerüberlassungsgesetzes – Was ändert sich zum 1.4.2017?, BB 2016, 2869; *Reineke,* Arbeitnehmerüberlassung – Reformbedarf nach den Hartz-Reformen, FS Löwisch, 2007, 211; *Rieble,* Zeitarbeit – invers, NZA 2013, 309; *Rieble/Junker/Giesen* (Hrsg.), Freie Industriedienstleistungen als Alternative zur regulierten Zeitarbeit, 2012; *Schüren,* AÜG, 4. Aufl. 2010; *Schüren,* Die Regelung der Vergütung der Leiharbeitnehmer oder »Der Besuch des Elephanten im Porzellanladen des kollektiven Arbeitsrechts«, FS Löwisch 2007, 367; *Schüren,* Die Verfassungsmäßigkeit der Reform des Arbeitnehmerüberlassungsgesetzes – ein Rückblick mit Ausblicken, RdA 2006, 303; *Schüren,* Scheinwerk- und Scheindienstverträge mit Arbeitnehmerüberlassungserlaubnis, NZA 2013, 176; *Schüren/Wank,* Die neue Leiharbeitsrichtlinie und ihre Umsetzung in deutsches Recht, RdA 2011; *Thüsing,* AÜG, 3. Aufl. 2012; *Thüsing/Stiebert,* Equal pay in der Arbeitnehmerüberlassung zwischen Unionsrecht und nationalem Recht, ZESAR 2012, 199; *Ulber,* AÜG – Arbeitnehmerüberlassungsgesetz, 4. Aufl. 2011.

I. Grundlagen der Arbeitnehmerüberlassung

§ 613 S. 2 BGB lässt die arbeitsvertragliche Vereinbarung zu, dass der Arbeitnehmer **894**
seine Arbeitsleistung nicht beim Arbeitgeber, sondern bei einem Dritten (Entleiher) erbringt, dem er zu diesem Zweck von seinem Arbeitgeber überlassen wird. Geschieht dies im Rahmen der wirtschaftlichen Tätigkeit des Arbeitgebers, liegt nach § 1 I 1 AÜG der Tatbestand der Arbeitnehmerüberlassung vor.[943] Diese (auch »Zeitarbeit« oder »Leiharbeit« genannt) hat für den Entleiher den Flexibilitätsvorteil, dass er auf Arbeitskräfte zurückgreifen kann, mit denen er selbst nicht vertraglich verbunden ist, weil deren vertragliche Grundlage nur zum Verleiher besteht. Es kommt so zum **verleihungsrechtlichen Dreieck** zwischen Arbeitnehmer, Verleiher und Entleiher. Der Entleiher kann deshalb auch die Tätigkeit der Leiharbeitnehmer gegenüber dem Verleiher beenden – ohne Beachtung etwa der kündigungsschutzrechtlichen Regelungen.

Eine solche Arbeitnehmerüberlassung ist **von einem Werkvertrag zu unterscheiden,** bei dem der Werkunternehmer sein Personal als eigene Erfüllungsgehilfen beim Besteller einsetzt.[944] Der Werkunternehmer bleibt für die Herstellung des dem Besteller vertraglich geschuldeten Werkes verantwortlich, während bei der Arbeitnehmerüberlassung der verleihende Arbeitgeber dem Entleiher geeignete Arbeitskräfte überlässt, die dieser nach eigenen betrieblichen Erfordernissen in seinem Betrieb selbst einsetzt.[945] Dass der Arbeitnehmer werkbezogene Weisungen des Bestellers nach § 645 BGB zu befolgen hat, genügt noch nicht für die Annahme einer Arbeitnehmerüberlassung, solange er damit noch ausschließlich Pflichten erfüllt, die dem Werkunternehmer gegenüber dem Besteller zukommen. Etwa liegt noch keine Arbeitnehmerüberlassung vor, wenn ein Speditionsfahrer die Weisungen des Versenders für die Ausführung des Transports befolgt.[946]

943 Überlässt ein Dritter den Arbeitnehmer gilt § 10a AÜG.
944 *Greiner* NZA 2013, 697; *Maschmann* NZA 2013, 1305.
945 BAG 30.1.1991 – 7 AZR 497/89, NZA 1992, 19; BGH 21.1.2003 – X ZR 261/01, NZA 2003, 616.
946 BAG 22.6.1994 – 7 AZR 286/93, NZA 1995, 462.

895 Die Abgrenzung zwischen Arbeitnehmerüberlassung und Werkvertrag ist in der Praxis freilich schwierig. Dies nicht zuletzt deshalb, weil so gut wie jede im Betrieb anfallende Tätigkeit durch den Arbeitgeber auch durch Werkvertrag »eingekauft« werden kann.[947] § 1 I 2 AÜG nimmt deshalb die Rechtsprechung des BAG auf und Arbeitnehmerüberlassung dann an, wenn der (Dritt-)Arbeitnehmer in die Arbeitsorganisation des Entleihers eingegliedert wird und dessen Weisungen unterliegt; er sich also etwa an den betrieblichen Ablauf zu halten hat, die Arbeitsmaterialien des Auftraggebers zu verwenden hat, kurz, wenn er wie ein eigener Arbeitnehmer des Auftraggebers eingesetzt wird.[948]

Der Überlassungsvertrag muss nach § 1 I 5 AÜG ausdrücklich als solcher bezeichnet werden und vor der Überlassung müssen die überlassenen Arbeitnehmer konkretisiert werden, § 1 I 6 AÜG. Dadurch soll »verdeckte« Arbeitnehmerüberlassung verhindert werden. Allerdings bedeutet dies nicht, dass im Falle einer Bezeichnung eines Überlassungsvertrages als »Werkvertrag« keine Arbeitnehmerüberlassung vorliegen könnte – denn hierfür kommt es auf die bloße Bezeichnung des Vertrages zwischen Entleiher und Verleiher nicht an, § 12 I 2 AÜG, § 611 a I 6 BGB. Zu den Folgen einer Verletzung dieses Bezeichnungs- und Konkretisierungsgebotes s. Rn. 909.

896 Die Arbeitnehmerüberlassung ist für den Arbeitnehmer im Vergleich zu den beim Entleiher arbeitenden Stammarbeitnehmern regelmäßig nicht vorteilhaft (wenngleich auch in der Leiharbeit die Möglichkeit des sog. »Klebeeffekts« gesehen wird, also der möglichen Übernahme des Leiharbeitnehmers in ein Arbeitsverhältnis mit dem Entleiher): Zeitarbeit zählt zu den sog. prekären Arbeitsverhältnissen,[949] sie lohnt sich für den Entleiher regelmäßig nur, wenn sie günstiger ist als die Einstellung »eigener« Arbeitnehmer. Deshalb liegt das Lohnniveau der Leiharbeitnehmer tendenziell unter dem der Stammarbeitnehmer. Außerdem sind die Leiharbeitnehmer selten länger bei einem Entleiher tätig, sondern wechseln diesen oft.

Aus diesen Gründen haben der europäische und der deutsche Gesetzgeber mit der Leiharbeits-RL[950] und dem in Umsetzung mit Gesetz v. 20.12.2011 geänderten Arbeitnehmerüberlassungsgesetz (AÜG), das mit Wirkung zum 1.4.2017 wiederum reformiert wurde,[951] Schutzvorschriften für die Leiharbeitnehmer erlassen.

1. Erlaubnispflicht

897 Zunächst bedarf die Arbeitnehmerüberlassung der **Erlaubnis** durch die Bundesagentur für Arbeit (§ 1 I 1 AÜG). Ausnahmen davon – und von der grundsätzlichen Anwendung des AÜG – sieht § 1 III AÜG vor. Bedeutsam sind hier vor allem etwa die Ausnahme für die konzerninterne Arbeitnehmerüberlassung, vorausgesetzt, der Arbeitnehmer wurde nicht gerade zum Zweck der Überlassung eingestellt und beschäf-

947 Dazu *Maschmann* NZA 2013, 1305.

948 So schon BAG 18.1.2012 – 7 AZR 723/10, NZA-RR 2012, 455; zu allem *Maschmann* NZA 2013, 1305.

949 S. zu den prekären Arbeitsverhältnissen insgesamt *Waltermann,* Verhandlungen zum 68. DJT, Gutachten B, Abschied vom Normalarbeitsverhältnis?, 2010.

950 RL 2008/104/EG des Europäischen Parlaments und des Rates über Leiharbeit v. 19.11.2008, ABl. 2008 L 327, 9.

951 Art. 1 Gesetz zur Änderung des Arbeitnehmerüberlassungsgesetzes und anderer Gesetze v. 21.2.2017, BGBl. 2017 I 258; s. zu den Änderungen *Lembke* NZA 2017, 1.

tigt, § 1 III Nr. 2 AÜG, oder die gelegentliche Überlassung, allerdings auch diese nur dann, wenn der Arbeitnehmer nicht zum Zweck der Überlassung eingestellt wurde, § 1 III Nr. 2a AÜG. Ebenfalls grundsätzlich nicht anwendbar ist das AÜG auf die im Öffentlichen Dienst tarifvertraglich geregelte Personalgestellung, § 1 III 2b, 2c AÜG.

Nach § 1a AÜG bedarf es keiner Erlaubnis, wenn ein Arbeitgeber zur Vermeidung **897a**
von Kurzarbeit oder Entlassungen einen Arbeitnehmer überlässt, sofern dieser nicht zum Zweck der Überlassung eingestellt worden ist.

Im Baugewerbe ist die gewerbsmäßige Arbeitnehmerüberlassung grundsätzlich unzu- **898**
lässig (§ 1b S. 1 AÜG, zu den Ausnahmen siehe § 1b S. 2 AÜG).

Der Zweck der Erlaubnispflicht kommt in den Gründen zum Vorschein, bei denen sie **899**
zu versagen ist. Dies ist nach § 3 I AÜG der Fall, wenn der Verleiher die für die Ausübung der Tätigkeit nach § 1 AÜG erforderliche Zuverlässigkeit nicht besitzt (Nr. 1), oder nach der Gestaltung seiner Betriebsorganisation nicht in der Lage ist, die üblichen Arbeitgeberpflichten ordnungsgemäß zu erfüllen (Nr. 2). Außerdem setzt die Erlaubnis nach § 3 I Nr. 3 AÜG voraus, dass der in § 8 AÜG normierte Gleichstellungsgrundsatz (»equal pay« und »equal treatment«) gegenüber dem Leiharbeitnehmer gewahrt ist (→ Rn. 903). So soll gewährleistet werden, dass der Leiharbeitnehmer einen zuverlässigen und regelkonform arbeitenden Arbeitgeber hat.

Der Überlassungsvertrag zwischen Verleiher und Entleiher bedarf der **Schriftform,** wobei der Verleiher zu erklären hat, ob er die Erlaubnis zur Arbeitnehmerüberlassung besitzt (§ 12 I 1, 3 AÜG). Des Weiteren hat der Verleiher den Entleiher auch unverzüglich über den Wegfall der Erlaubnis zu unterrichten (§ 12 II AÜG).

§ 9 I AÜG reagiert wiederum auf den Verstoß gegen die Erlaubnispflicht mit einer rigi- **900**
den Rechtsfolge: So sind der Überlassungsvertrag zwischen Entleiher und Verleiher und der Arbeitsvertrag zwischen Verleiher und Arbeitnehmer unwirksam, wenn der Verleiher nicht die erforderliche Erlaubnis hat, § 9 I Nr. 1 AÜG.

Diese Unwirksamkeitsanordnungen, die sichtlich einen Präventionszweck verfolgen, haben für den Arbeitnehmer freilich den Verlust der vertraglichen Bindung zum Verleiher zur Folge. Deshalb ordnet § 10 I 1 AÜG an, dass in diesen Fällen im Wege der gesetzlichen Fiktion ein Arbeitsverhältnis zwischen dem Entleiher und dem Arbeitnehmer zustande kommt. Dadurch wird der Arbeitnehmer also gleichsam »aufgefangen«(→ Rn. 913 ff.).

Nach § 1 II AÜG wird in den Fällen, in denen gem. § 3 I AÜG die Erlaubnis zu ver- **901**
sagen ist, vermutet, dass der Überlassende Arbeitsvermittlung betreibt. Diese Vorschrift ist jedoch ohne Bedeutung: Arbeitsvermittlung durch Private bedarf keiner Erlaubnis mehr (→ Rn. 597). An der Wirksamkeit des Arbeitsverhältnisses zwischen Verleiher und Leiharbeitnehmer ändert sich durch § 1 II AÜG nichts. Mangels einer entsprechenden Bestimmung entsteht heute auch kein Arbeitsverhältnis zwischen Leiharbeitnehmer und Entleiher.[952]

952 BAG 28.6.2000 – 7 AZR 100/99, NZA 2000, 1160.

2. Überlassungsdauer

902 § 1 I 2 AÜG aF setzte eine lediglich vorübergehende Überlassung voraus, dabei war aber lebhaft umstritten, was unter einer solchen vorübergehenden Überlassung zu verstehen war.[953] Nach § 1 I 4, Ib AÜG beträgt nun die Höchstüberlassungsdauer grundsätzlich 18 Monate. Diese Frist kann durch Tarifvertrag der Einsatzbranche verlängert werden, § 1 Ib 3 AÜG. Sieht dieser eine entsprechende Öffnung vor, so kann eine Verlängerung auch durch Betriebs- oder Dienstvereinbarung erfolgen. Für nichttarifgebundene Entleiher im Geltungsbereich des Tarifvertrages heißt dies aber, dass eine Verlängerung der Höchstüberlassungsdauer durch betriebliche Vereinbarung nur bis zu 24 Monate möglich ist, § 1 Ib 5 AÜG, wenn nicht ein anwendbarer Tarifvertrag eine kürzere Dauer vorsieht. Kirchen und öffentlich-rechtlich verfasste Religionsgemeinschaften können ebenfalls von der Höchstüberlassungsdauer abweichende Regelungen vorsehen, § 1 Ib 6 AÜG.

3. Gleichstellungsgrundsatz

903 Herzstück des Schutzes der Leiharbeitnehmer ist der Grundsatz, dass sie die gleichen Arbeitsbedingungen haben müssen wie vergleichbare Arbeitnehmer des Entleihers (auch: Grundsatz des equal pay/equal treatment). Dieser nunmehr in § 8 AÜG geregelte Gleichstellungsgrundsatz betrifft alle wesentlichen Arbeitsbedingungen, aber vor allem das Arbeitsentgelt: Die Leiharbeitnehmer müssen grundsätzlich ebenso viel verdienen wie die Stammarbeitnehmer beim Entleiher.

Der Gleichstellungsgrundsatz kennt allerdings eine bedeutsame **Ausnahme,** denn ein **Tarifvertrag** kann abweichende (das heißt praktisch für den Leiharbeitnehmer im Vergleich nachteiligere) Bedingungen festsetzen, § 8 II AÜG. Das Gesetz geht davon aus, dass es bei einem Tarifvertrag gerade nicht zu einer Übervorteilung der Arbeitnehmer kommt. Eine noch größere Bedeutung der tarifvertraglichen Abweichung wird dadurch erreicht, dass auch die schuldrechtliche Bezugnahme auf einen entsprechenden Tarifvertrag ausreicht, soweit der tarifliche Geltungsbereich das Arbeitsverhältnis erfasst, § 8 II 3 AÜG.

904 Von der durch Tarifvertrag möglichen Ausnahme wurde und wird häufig Gebrauch gemacht – schon aus dem Grund, dass bei Anwendung des Gleichstellungsgrundsatzes die Arbeitnehmerüberlassung für den Verleiher meist nicht rentabel wäre. Es kam zu einer erheblichen Unterschreitung des Gleichstellungslohns durch die Tarifverträge. Einer Tarifvertragspartei auf Arbeitnehmerseite, der CGZP (Tarifgemeinschaft Christlicher Gewerkschaften für Zeitarbeit und Personalserviceagenturen) hat das BAG[954] allerdings die Tariffähigkeit aberkannt – mit weitreichenden Folgen: Die Leiharbeitnehmer haben nicht nur Anspruch auf die nicht erhaltene Lohndifferenz zwischen ausgezahltem (vermeintlichem) Tariflohn und Gleichstellungslohn, sondern die Verleiher (und subsidiär auch die Entleiher, § 28e II SGB IV) sehen sich auch Beitragsnachforderungen der Sozialversicherungen gegenüber.[955]

953 BAG 10.7.2013 – 7 ABR 91/11, NZA 2013, 1296; *Rieble/Vielmeier* EuZA 2011, 474; *Thüsing/Stiebert* DB 2012, 632.

954 BAG 14.12.2010 – 1 ABR 19/10, NZA 2011, 289; BAG 23.5.2012 – 1 AZB 67/11, NZA 2012, 625.

955 *Giesen,* Arbeits- und beitragsrechtliche Folgen der CGZP-Entscheidung des Bundesarbeitsgerichts, 2011.

Auch die tarifliche Abweichung vom Gleichstellungsgrundsatz ist aber begrenzt, zunächst zeitlich auf die ersten neun Monate der Überlassung, § 8 IV 1 AÜ; eine Verlängerung um 15 Monate ist möglich, wenn der Tarifvertrag eine stufenweise Heranführung an das tarifliche Entgelt der Stammarbeitnehmer vorsieht, § 8 IV 2 AÜG. Auch hier reicht eine Bezugnahme auf den Tarifvertrag aus, § 8 IV 3 AÜG. Dann durch die Lohnuntergrenze des § 3a AÜG (→Rn. 906), der auch tariflich nicht unterschritten werden darf, und durch die Absicht, einen sog. Drehtüreffekt zu verhindern: Denn eine abweichende tarifliche Regelung gilt nicht für Leiharbeitnehmer, die in den letzten sechs Monaten vor der Überlassung an den Entleiher aus einem Arbeitsverhältnis bei diesem oder einem Arbeitgeber, der mit dem Entleiher einen Konzern iSd § 18 des AktG bildet, ausgeschieden sind, § 8 III AÜG. 905

Der Anspruch des Leiharbeitnehmers gegen den Verleiher auf gleiche Behandlung (und vor allem Bezahlung) entsteht nach den allgemeinen Regelungen. Die Verjährung des Anspruches beginnt mit der Kenntnis des Leiharbeitnehmers über die höhere Vergütung der Stammarbeitnehmer.[956]

4. Lohnuntergrenze

§ 3a AÜG sieht die Möglichkeit einer Lohnuntergrenze im Bereich der Leiharbeit vor: Gewerkschaften und Vereinigungen von Arbeitgebern, die zumindest auch für ihre jeweiligen in der Arbeitnehmerüberlassung tätigen Mitglieder zuständig sind (vorschlagsberechtigte Tarifvertragsparteien) und bundesweit tarifliche Mindeststundenentgelte im Bereich der Arbeitnehmerüberlassung miteinander vereinbart haben, können dem Bundesministerium für Arbeit und Soziales gemeinsam vorschlagen, diese als Lohnuntergrenze in einer Rechtsverordnung verbindlich festzusetzen. Das BMAS kann dann eine entsprechende Rechtsverordnung erlassen, wenn dies im öffentlichen Interesse geboten erscheint, § 3a II 1 AÜG.[957] 906

Die Lohnuntergrenze des § 3a AÜG darf noch bis zum 31.12.2017 den allgemeinen Mindestlohn von 8,84 EUR unterschreiten, § 24 I 2 MiLoG. 907

II. Der Leiharbeitsvertrag zwischen Verleiher und Leiharbeitnehmer

§ 11 AÜG trifft besondere Bestimmungen für das Verhältnis von Verleiher und Leiharbeitnehmer. So muss der Verleiher den wesentlichen Inhalt des Arbeitsverhältnisses entsprechend den Bestimmungen des Nachweisgesetzes (→Rn. 576ff.) schriftlich niederlegen und dem Leiharbeitnehmer die Niederschrift aushändigen. Dabei sind zusätzlich Firma und Anschrift des Verleihers, Erlaubnisbehörde sowie Ort und Datum der Erlaubnis und Art und Höhe der Leistungen für Zeiten, in denen der Leiharbeitnehmer nicht verliehen ist, anzugeben. Zudem muss er den Arbeitnehmer durch Aushändigung eines entsprechenden Merkblattes der Bundesagentur über die wesentlichen Inhalte des AÜG und darüber informieren, dass er als Leiharbeitnehmer tätig wird – und zwar vor jeder einzelnen Überlassung, § 11 II AÜG. Auch über den Wegfall der Überlassungserlaubnis hat der Verleiher den Arbeitnehmer zu unterrichten, § 11 III AÜG, was schon deshalb notwendig ist, damit der Arbeitnehmer seine aus § 10 I AÜG folgenden Rechte gegenüber dem Entleiher geltend machen kann. 908

956 BAG 20.11.2013 – 5 AZR 776/12, AP AÜG § 10 Nr. 30.
957 S. *Ulber* AÜG § 3a Rn. 27ff.

Nach § 11 IV 1 ist § 622 V Nr. 1 BGB auf das Arbeitsverhältnis nicht anzuwenden, sodass einzelvertraglich auch für Aushilfen eine kürzere Kündigungsfrist als vier Wochen zum Monatsende oder zum 15. des Monats nicht vereinbart werden kann. Und § 11 IV S. 2 wiederum bestimmt, dass § 615 S. 1 BGB für das Arbeitsverhältnis des Leiharbeitnehmers zwingende Wirkung hat. Der Anspruch des Leiharbeitnehmers auf Vergütung kann also nicht für den Fall ausgeschlossen werden, dass der Verleiher ihm keine Arbeitsstelle nachweisen kann.

909 Wie bereits benannt, führt die Überlassung ohne die erforderliche Erlaubnis nach § 9 I Nr. 1 AÜG zur Unwirksamkeit des Arbeitsvertrages zwischen Verleiher und Arbeitnehmer (→ Rn. 900). Der Arbeitsvertrag zwischen Verleiher und Arbeitnehmer ist aber auch dann unwirksam, wenn gegen das Bezeichnungs- und Konkretisierungsgebot des § 1 I 5, 6 AÜG verstoßen wird, § 9 I Nr. 1a AÜG, oder wenn die zulässige Höchstüberlassungsdauer überschritten wird, § 9 I Nr. 1b AÜG. Dann ordnet § 10 I 1 AÜG ein Arbeitsverhältnis zum Entleiher an (→ Rn. 913ff.). Eine Vereinbarung wiederum, die gegen den Gleichstellungsgrundsatz des § 8 verstößt (→ Rn. 903) ist nach § 9 I Nr. 2 AÜG unwirksam.

910 Im Übrigen gelten für das Leiharbeitsverhältnis die allgemeinen Regelungen für den Arbeitsvertrag. Soweit der Leiharbeitsvertrag befristet abgeschlossen wird, sind die Bestimmungen der §§ 14ff. TzBfG (→ Rn. 833ff.) maßgebend. Dabei stellt der vorübergehende Bedarf des Entleihers nach Leiharbeitskräften regelmäßig keinen Sachgrund iSd § 14 I 2 Nr. 1 TzBfG für die Befristung des Leiharbeitsvertrages dar. Das würde zu Unrecht das Unternehmerrisiko des Verleihers auf den Leiharbeitnehmer verlagern.[958] Etwas anderes kann nur gelten, wenn von vornherein feststeht, dass für Arbeitskräfte der betreffenden Art lediglich ein vorübergehender Bedarf besteht, etwa für Erntehelfer in der Erntezeit.[959]

911 Nach § 14 I AÜG bleiben die Leiharbeitnehmer auch während der Zeit ihrer Arbeitsleistung bei einem Entleiher **betriebsverfassungsrechtlich** Angehörige des Verleiherbetriebs. Sie sind dort wahlberechtigt und wählbar. Sofern sie aber länger als drei Monate im Entleiherbetrieb eingesetzt werden, haben sie dort nach § 7 S. 2 BetrVG das aktive Wahlrecht (→ Rn. 1231). Sie können die Sprechstunden des dortigen Betriebsrats aufsuchen und an Betriebsversammlungen teilnehmen (§ 14 II 2 AÜG). Außerdem haben sie gleichen Zugang zu Gemeinschaftseinrichtungen im Entleiherbetrieb wie die Stammarbeitnehmer, § 13b AÜG. Vor ihrer Übernahme in den Entleiherbetrieb ist dessen Betriebsrat nach § 99 BetrVG zu beteiligen (§ 14 III AÜG, → Rn. 1469).[960] Dem Betriebsrat des Entleiherbetriebs steht auch hinsichtlich der Leiharbeitnehmer das Mitbestimmungsrecht über die Lage der Arbeitszeit (§ 87 I Nr. 2 BetrVG) zu.[961] Für die betriebsverfassungsrechtlichen Schwellenwerte im Entleiherbetrieb und für die Schwellenwerte der Unternehmensmitbestimmung sind Leiharbeitnehmer grundsätzlich zu berücksichtigen, in der Unternehmensmitbestimmung allerdings nur dann, wenn ihre Einsatzdauer sechs Monate übersteigt, das regelt nunmehr § 14 II 4–6 AÜG.[962] Damit ist eine lang umstrittene Frage gesetzlich gelöst.[963]

958 *Reineke*, FS Löwisch, 2007, 211 (218); *Frik* NZA 2005, 386.
959 Schüren/Hamann/*Schüren* AÜG § 3 Rn. 100.
960 BAG 10.7.2013 – 7 ABR 91/11, NZA 2013, 1296.
961 BAG 15.12.1992 – 1 ABR 38/92, NZA 1993, 513.
962 Dazu *Oetker* NZA 2017, 29.
963 S. nur BAG 18.10.2011 – 1 AZR 335/10, NZA 2012, 221.

III. Das Verhältnis von Entleiher und Leiharbeitnehmer

Zwischen Entleiher und Arbeitnehmer bestehen an sich keine arbeitsvertraglichen Beziehungen. Jedoch unterliegt der Arbeitnehmer aufgrund seines Einverständnisses mit der Überlassung dem Direktionsrecht des Entleihers. Auf der anderen Seite gelten für ihn die Arbeitsschutzvorschriften des Entleiherbetriebs, wobei auch § 618 BGB zu seinen Gunsten anzuwenden ist (§ 11 VI AÜG). Macht er während der Dauer der Tätigkeit beim Entleiher eine Erfindung oder einen technischen Verbesserungsvorschlag, gilt der Entleiher als sein Arbeitgeber iSd Arbeitnehmererfindungsgesetzes (§ 11 VII AÜG). 912

Ist der Arbeitsvertrag zwischen dem Leiharbeitnehmer und dem Verleiher aus einem der Gründe der §§ 9, 10a AÜG **unwirksam,** gilt nach § 10 I 1 AÜG ein Arbeitsverhältnis zwischen Entleiher und Leiharbeitnehmer als zustande gekommen (→ Rn. 900). Der Entleiher hat gegen ihn einen Anspruch auf die Arbeitsleistung und umgekehrt kann der Arbeitnehmer vom Entleiher Vergütung, Urlaub, Entgeltfortzahlung im Krankheitsfall und Gewährung aller sonstigen sich aus dem Arbeitsvertrag für ihn ergebenden Rechte verlangen. 913

Dabei gilt die zwischen Verleiher und Entleiher vorgesehene Arbeitszeit als vereinbart und das Arbeitsverhältnis ist als befristet anzusehen, wenn die Tätigkeit beim Entleiher nur befristet vorgesehen war (§ 10 I 2 und 3 AÜG). Im Übrigen bestimmen sich Inhalt und Dauer dieses fingierten Arbeitsverhältnisses nach den für den Betrieb des Entleihers geltenden Vorschriften und Regelungen (§ 10 I 4 AÜG). Der Leiharbeitnehmer kann aber immer mindestens das mit dem Verleiher vereinbarte Arbeitsentgelt verlangen (§ 10 I 5 AÜG). 914

Um der negativen Vertragsfreiheit des Arbeitnehmers zu genügen, gewährt § 9 I Nr. 1a–b AÜG dem Arbeitnehmer ein Widerspruchsrecht gegen das Arbeitsverhältnis mit dem Entleiher. Durch diese sog. Festhalteerklärung verbleibt das Arbeitsverhältnis mit dem Verleiher bestehen. Sie hat schriftlich, § 126 BGB, zu erfolgen. Es handelt sich um ein Gestaltungsrecht, dessen Ausübung aber stark reguliert wird. Dies zunächst zeitlich, weil die Erklärung des Arbeitnehmers, am Arbeitsverhältnis mit dem Verleiher festhalten zu wollen, nur innerhalb einer Frist von einem Monat nach Beginn der Überlassung erfolgen kann. Auf die Kenntnis des Arbeitnehmers scheint es dabei nicht anzukommen. Eine »prophylaktische« Festhaltenserklärung vor der Überlassung – und so etwa gar im Rahmen des Vertragsschlusses mit dem Verleiher – ist nicht möglich, § 9 III 1 AÜG, und soll gerade auch verhindert werden. Aber § 9 II AÜG erschwert die Festhalteerklärung noch mehr, weil diese nur dann wirksam ist, wenn sie der Arbeitnehmer persönlich in der Agentur für Arbeit vorlegt, diese mit einem Hinweis über die Identität des Arbeitnehmers versehen wird und die Erklärung spätestens am dritten Tag nach der Vorlage dem Ver- oder Entleiher zugeht. Insgesamt sind diese Regularien sehr einschneidend und vor dem Hintergrund der durch den Widerspruch zu schützenden negativen Vertragsfreiheit des Arbeitnehmers wurde schon zu recht die Frage gestellt, ob sie noch verfassungskonform ausgelegt werden können oder nicht bereits verfassungswidrig sind.[964] 914a

964 *Lembke* NZA 2017, 1 (10).

915 Nach § 10 II 1 AÜG hat der Leiharbeitnehmer gegen den Verleiher Anspruch auf **Ersatz des Schadens,** den er dadurch erleidet, dass er auf die Wirksamkeit des Arbeitsvertrages vertraut. Praktisch trifft den Verleiher so eine Ausfallhaftung für die Ansprüche, die der Leiharbeitnehmer gem. § 10 I AÜG gegen den Entleiher hat.

Der Anspruch auf Ersatz des Vertrauensschadens nach § 10 II 2 AÜG besteht dann nicht, wenn der Leiharbeitnehmer den Grund der Unwirksamkeit kannte. Fahrlässige Unkenntnis schadet anders als in §§ 122, 179 BGB nicht und kann folgerichtig auch nicht zu einer Minderung des Ersatzanspruchs nach § 254 BGB führen.[965]

915a § 11 V AÜG hat nunmehr eine verstärkte arbeitskampfrechtliche Konnotation, die darauf resultiert, dass von einem Streik betroffene Arbeitgeber den entstehenden Arbeitsausfall gerne mit überlassenen Arbeitnehmern kompensieren. Bis zum 31.3.2017 hatten diese Leiharbeitnehmer nach § 11 V AÜG aF ein Leistungsverweigerungsrecht – ein Einsatz war möglich, wenn der Arbeitnehmer einverstanden war. Das war dem Gesetzgeber zu wenig und zu missbrauchsanfällig;[966] der seit dem 1.4.2017 geltende § 11 V AÜG sieht nun ein Einsatzverbot von überlassenen Arbeitnehmern im bestreikten Betrieb vor, wenn diese unmittelbar oder mittelbar Tätigkeiten übernehmen sollen, die von streikenden Arbeitnehmern ausgeführt wurden.

IV. Kontrollfrage

916 **Frage 73:** Was bedeutet der überlassungsrechtliche Gleichstellungsgrundsatz?

965 Boemke/Lembke/*Lembke* AÜG § 10 Rn. 106.
966 BT-Drs. 18/9232, 27f.

3. Teil. Kollektives Arbeitsrecht

1. Kapitel. Koalitionsrecht

§ 22 Koalitionsverbandsrecht

Literatur: *E.-G. Erdmann,* Zur Entwicklung der Aufgaben der Arbeitgeberverbände, FS Arbeitsgerichtsverband, 1994, 187; *G. Erdmann,* Die deutschen Arbeitgeberverbände im sozialgeschichtlichen Wandel der Zeit, 1966; *Gamillscheg* KollektArbR I §§ 3ff.; MHdB ArbR/*Löwisch/Rieble* §§ 159ff.; *Niedenhoff/Pege,* Gewerkschaftshandbuch, 3. Aufl. 1997; *Rieble,* Der gewerkschaftshörige Arbeitgeberverband, FS Reuter, 2010, 805; *Schmiegel,* Die Inhaltskontrolle von Koalitionssatzungen, 1995; *Schneider,* Kleine Geschichte der Gewerkschaften, 2. Aufl. 2000; *Schroeder* (Hrsg.), Handbuch der Gewerkschaften in Deutschland, 2. Aufl. 2014; *Schroeder/Weßels* (Hrsg.), Handbuch Arbeitgeber- und Wirtschaftsverbände in Deutschland, 2. Aufl. 2017; *Wisskirchen,* Die Rolle der Verbände in der Entwicklung des europäischen Arbeitsrechts, FS Wlotzke, 1996, 793.
Ältere Literatur s. Vorauflagen.

I. Gewerkschaften

1. Geschichtliche Entwicklung

Die ersten Gewerkschaften entstanden in Deutschland nach der Aufhebung der Koalitionsverbote (→ Rn. 75) Mitte des 19. Jahrhunderts. Beginnend mit dem Zentralverband für Tabakarbeiter 1865, dem Zentralverband für Buchdrucker 1866 und dem Zentralverband für Schneider 1867 waren sie im Wesentlichen als **Berufsverbände** (→ Rn. 926) organisiert mit der Folge, dass Arbeiter und Angestellte – und ab 1918 auch Beamte – verschiedenen Gewerkschaften angehörten. Nach ihrer **ideologischen Ausrichtung** ließen sich drei Zweige von Gewerkschaften unterscheiden: Die sog. freien, den sozialdemokratischen Parteien nahestehenden Gewerkschaften, die liberalen Hirsch-Dunckerschen Gewerkvereine sowie die christlichen Gewerkschaften. 917

Unter den **freien Gewerkschaften** standen dem Allgemeinen Deutschen Arbeiterverein (ADAV) *Lassalles,* der vor allem politische Ziele wie das allgemeine und gleiche Wahlrecht verfolgte, die unter Einfluss *Bebels* gegründeten Gewerkschaften gegenüber, für die die konkrete gewerkschaftliche Arbeit im Vordergrund stand. 1892 wurde die Generalkommission der Gewerkschaften Deutschlands als zentrales Koordinationsorgan der freien Gewerkschaften gebildet. Um eine festere Struktur zu schaffen, schlossen sich die freien Arbeitergewerkschaften 1919 zum Allgemeinen Deutschen Gewerkschaftsbund (ADGB) zusammen. 918

Gegen die sozialdemokratisch beeinflussten freien Gewerkschaften wurden 1868 von *Hirsch* und *Duncker* die **Hirsch-Dunckerschen-Gewerkvereine** gegründet, die der liberalen Fortschrittspartei nahe standen. Sie schlossen sich 1869 als Verband zusammen. **Christlich-nationale, interkonfessionelle Gewerkschaften** entstanden ab 1894 als ideologisches Gegengewicht zu den freien Gewerkschaften. Sie vertraten jedoch ähnliche sozialpolitische Forderungen wie diese und schlossen den Arbeitskampf als – wenn auch letztes – Mittel zur Durchsetzung ihrer Forderungen nicht aus. Zur Vereinheitlichung 919 und gegenseitigen Unterstützung schlossen sie sich 1899 zum Gesamtverband der christlichen Gewerkschaften zusammen.

Insgesamt erreichten die Gewerkschaften bis 1932 einen Organisationsgrad von etwa 40%. Die Mehrheit der gewerkschaftlich gebundenen Arbeitnehmer war in freien Gewerkschaften organisiert. Diese konnten ihre Mitgliederzahl von etwa 300.000 Arbeitnehmern bei Aufhebung der Sozialistengesetze zunächst stetig steigern und kamen bis 1932 auf etwa 4,7 Mio. Mitglieder. Die Hirsch-Dunckerschen-Gewerkvereine zählten 1913 gerade 100.000 und erreichten auch bis 1932 kaum mehr als eine halbe Million Mitglieder. Die christlichen Gewerkschaften hatten 1913 bereits 340.000 Mitglieder und kamen bis 1933 auf etwa 1,3 Mio. Mitglieder.[1]

920 Im Mai 1933 wurden alle Gewerkschaften durch das nationalsozialistische Regime aufgelöst und durch die aus Arbeitnehmern und Arbeitgebern bestehende Deutsche Arbeitsfront ersetzt.[2] Erst 1945 konnte wieder mit der Gründung von Gewerkschaften begonnen werden. Ziel war dabei die Bildung von **Einheitsgewerkschaften.** Anders als in ihrer bisherigen Geschichte sollten die Gewerkschaften politisch und weltanschaulich neutral sein. Außerdem sollten **Industriegewerkschaften** an die Stelle von Berufsverbänden treten, um Zersplitterungen zu vermeiden und eine möglichst große Durchschlagskraft zu erzielen. Nach der Gründung des Deutschen Gewerkschaftsbundes (DGB) in der britischen Zone 1947 und Gewerkschaftszusammenschlüssen auf Landesebene in der amerikanischen und der französischen Zone wurde im Oktober 1949 auf Bundesebene der **Deutsche Gewerkschaftsbund** (DGB) als Spitzenorganisation von 16 Einzelgewerkschaften gegründet. Die meisten dieser Gewerkschaften waren und sind bis heute, soweit sie nicht fusioniert haben (→ Rn. 923), Industriegewerkschaften. Jedoch wurde das Industrieverbandsprinzip nicht vollständig verwirklicht. Einzelne Gewerkschaften innerhalb des DGB grenzten sich nach bestimmten Berufen (so die GEW) oder dem Arbeitgeber (so die frühere ÖTV) ab.[3]

921 Bereits 1945 wurde als Nachfolgerin früherer Angestelltenverbände die **Deutsche Angestellten Gewerkschaft** (DAG) in Hamburg gegründet. Ihre Mitglieder hielten eine Interessenvertretung der Angestellten durch reine Industriegewerkschaften für nicht ausreichend. Anlass der Gründung **christlicher Gewerkschaften** waren Auseinandersetzungen um die parteipolitische Neutralität des DGB. 1955 wurde die Christliche Gewerkschaftsbewegung Deutschlands (CGD) gegründet und 1959 in den Christlichen Gewerkschaftsbund Deutschland (CGB) umbenannt. Der CGB folgt dem **Berufsverbandsprinzip.** Verbände von Arbeitern, Angestellten und Beamten sind ihrerseits zu Gesamtverbänden zusammengeschlossen, deren Spitzenverband der CGB ist. Im Unterschied zu den Jahren zwischen 1894 und 1932 hat der CGB keine große Bedeutung erreichen können.[4] Als bedeutendster Zusammenschluss der Beamten außerhalb des DGB wurde 1950 der **Deutsche Beamtenbund** (DBB) gegründet, zu dem heute auch eine Reihe von Arbeitnehmergewerkschaften gehört, die eine »Tarifunion« bilden. Verschiedene Verbände der leitenden Angestellten haben sich im **Deutschen Führungskräfteverband** (ULA)[5] zusammengeschlossen.[6]

1 MHdB ArbR/*Löwisch/Rieble* § 159 Rn. 5ff.
2 Dazu näher *Hueck/Nipperdey* ArbR II/1, 119f.; *Gamillscheg* KollektArbR I 124f.; *Richardi,* Arbeitsrecht als Teil freiheitlicher Ordnung, 2002, 39ff.
3 S. im Einzelnen MHdB ArbR/*Löwisch/Rieble* § 159 Rn. 10ff., 15.
4 MHdB ArbR/*Löwisch/Rieble* § 159 Rn. 16.
5 Ehemals Union der Leitenden Angestellten.
6 Zu den Verbänden im Einzelnen *Hromadka,* Das Recht der leitenden Angestellten, 1979, 194ff.; *Niedenhoff/Pege,* Gewerkschaftshandbuch, 3. Aufl. 1997, 421ff.

In der **DDR** entstanden unter der zentralistischen Lenkung des Freien Deutschen Gewerkschaftsbundes (FDGB) Einheitsgewerkschaften, die mehr und mehr mit Partei und Staat verwoben waren. Nach der Wiedervereinigung haben sich die Gewerkschaften der Bundesrepublik Deutschland auf die DDR ausgedehnt. 922

Seit Mitte der 1990iger Jahre sind die **Gewerkschaften in eine Krise geraten.** Änderungen der Wirtschaftsstruktur haben zum Niedergang bestimmter Industriezweige geführt, während andere aufgestiegen sind. Bisherige Organisationsstrukturen haben sich als veraltet und zu aufwendig erwiesen. Vor allem ist, bedingt durch hohe Arbeitslosigkeit, Änderungen in der Beschäftigtenstruktur und eine Entsolidarisierung im Bewusstsein der Arbeitnehmer, ein erheblicher Mitgliederschwund zu verzeichnen gewesen. Reagiert haben die Gewerkschaften des DGB auf diese Krise mit einem **Konzentrationsprozess.** Bereits 1989 haben die Industriegewerkschaft Druck und Papier und die Gewerkschaft Kunst zur IG Medien fusioniert. Weiter fusionierten 1996 die IG Bau-Steine-Erden und die Gewerkschaft Gartenbau, Land- und Forstwirtschaft zur IG Bauen-Agrar-Umwelt (IG BAU), 1997 die IG Bergbau und Energie, die IG Chemie und die Gewerkschaft Leder zur IG Bergbau, Chemie und Energie (IG BCE), 1998 die IG Metall und die Gewerkschaft Textil-Bekleidung zur IG Metall neu (IGM); diese hat 2000 mit der Gewerkschaft Holz und Kunststoff (GHK) fusioniert. 2001 ist durch einen Zusammenschluss der Gewerkschaften ÖTV, HBV, DPG, IG Medien und der – sich damit dem DGB anschließenden – DAG die Vereinte Dienstleistungsgewerkschaft – ver.di – gegründet worden. Im Jahr 2010 haben die beiden Eisenbahnergewerkschaften TRANSNET (DGB) und GDBA (DBB) zur Eisenbahn- und Verkehrsgewerkschaft EVG (DGB) fusioniert. 923

Die Bereitschaft der Arbeitnehmer, sich gewerkschaftlich zu organisieren, geht seit Jahren zurück. Nach einer Auswertung des Instituts der deutschen Wirtschaft betrug im Jahr 2014 der sog. **Netto-Organisationsgrad** der Gewerkschaften, der nicht tatsächlich Beschäftigte wie Rentner und Arbeitslose unberücksichtigt lässt, nur noch 15 %. Im europäischen Vergleich liegt Deutschland im hinteren Mittelfeld.[7] Nach einer Stabilisierung bei etwa 20 % im Jahr 2012 setzte sich der seit Mitte der 1990iger Jahre bestehende Abwärtstrend damit fort.[8] Mit nach eigenen Angaben 6,1 Mio. Mitgliedern im Jahr 2014 nehmen die im DGB organisierten Gewerkschaften die Spitzenstellung ein.[9] Der Organisationsgrad der DGB-Gewerkschaften ist in den vergangenen 20 Jahren aber insgesamt stark zurückgegangen,[10] zuletzt hat sich der Rückgang jedoch verlangsamt, bei einigen Gewerkschaften wurde der Trend gestoppt, vereinzelt hat er sich sogar umgekehrt.[11] Der CGB konnte nach einer eigenen Auskunft aus dem Jahr 2014 über 280.000 Mitglieder auf sich vereinen.[12] 1,28 Mio. Beamte, Arbeiter und Angestellte waren im Jahr 2014 nach dessen Angaben im Deutschen Beamtenbund organisiert.[13] Diese Zahl ist zuletzt auf 1,31 Mio. angestiegen.[14] 924

7 www.iwkoeln.de/studien/iw-gewerkschaftsspiegel/beitrag/gewerkschaften-hundert-jahre-anerkennung-309589 (zuletzt abgerufen am 2.3.2017).

8 www.iwd.de/artikel/woran-es-hapert-246746 (zuletzt abgerufen am 2.3.2017).

9 www.dgb.de/uber-uns/dgb-heute/mitgliederzahlen (zuletzt abgerufen am 2.3.2017).

10 MHdB ArbR/*Löwisch/Rieble* § 159 Rn. 13.

11 www.dgb.de/uber-uns/dgb-heute/mitgliederzahlen (zuletzt abgerufen am 2.3.2017).

12 www.cgb.info/aktuell/aktuelles.html 24.7.2014.

13 www.dbb.de/teaserdetail/artikel/dbb-mitgliederzahl-steigt-erneut.html (zuletzt abgerufen am 2.3.2017).

14 www.dbb.de/teaserdetail/artikel/dbb-erneut-mit-kraeftigem-Anstieg-der-mitgliederzahlen.html (zuletzt abgerufen am 2.3.2017).

2. Aufbau

a) Industrieverbands- und Berufsverbandsprinzip

925 Das von den Gewerkschaften des DGB befolgte **Industrieverbandsprinzip** bedeutet, dass sich die Zuständigkeit einer Gewerkschaft für einen bestimmten Arbeitnehmer nicht nach dem von diesem ausgeübten Beruf richtet, sondern danach, in welchem **Wirtschaftszweig** er beschäftigt ist. So sind in der IG Metall nicht nur die in Metallberufen tätigen Arbeitnehmer organisiert, sondern alle in der Metallbranche Tätigen, selbst wenn sie dort etwa in der Energieversorgung, als Maurer oder als Schreibkraft beschäftigt sind. Diesen Arbeitnehmern ist es umgekehrt auch nicht möglich, der IG Bauen-Agrar-Umwelt oder ver.di beizutreten. Ist die Tätigkeit eines Unternehmers nicht auf eine Branche beschränkt, so ist diejenige Gewerkschaft für die Arbeitnehmer zuständig, deren satzungsmäßiger Organisationsbereich der Tätigkeit entspricht, die dem Unternehmen das Gepräge gibt.[15]

926 Nach dem **Berufsverbandsprinzip** sind zahlreiche etablierte und auch erst in jüngerer Zeit gegründete Gewerkschaften aufgebaut, in denen sich sog. Funktionseliten organisieren und die regen Zuspruch erfahren. Zu diesen Berufs- bzw. **Spartengewerkschaften** gehören zB die Gewerkschaft Deutscher Lokomotivführer (GDL), die dem DBB angehört, die Ärztegewerkschaft Marburger Bund, die Vereinigung Cockpit als Gewerkschaft der Piloten, die Gewerkschaft Unabhängige Flugbegleiter Organisation (UFO) und die Gewerkschaft der Flugsicherung (GdF).

b) Neutralität

927 Die im DGB zusammengeschlossenen Gewerkschaften nehmen für sich in Anspruch, als Einheitsgewerkschaften Arbeitnehmer aller weltanschaulichen Richtungen und ohne Rücksicht auf Konfession, Alter oder Geschlecht zu vertreten. In ihren Satzungen haben sie parteipolitische Neutralität verankert.[16]

c) Gliederung und Zuständigkeitsverteilung

928 Die im DGB zusammengeschlossenen Einzelgewerkschaften sind in der Regel **drei- oder vierstufig aufgebaut.** Die Mitgliedschaft besteht im jeweiligen Bundesverband. Unterhalb der Bundesebene sind sie in verschiedene (Landes-)Bezirke aufgeteilt, die ihrerseits wiederum – abhängig von der Größe der Gewerkschaft und den Standorten des Wirtschaftszweiges – in regionale und/oder lokale Stellen untergliedert sind. Der DGB selbst ist folgendermaßen aufgebaut: Organe auf Bundesebene sind der aus Delegierten der Gewerkschaften bestehende Bundeskongress – der damit zugleich das gemeinsame höchste Organ von DGB und Einzelgewerkschaften ist –, der Bundesausschuss, der Bundesvorstand, der geschäftsführende Bundesvorstand und die Revisionskommission. Unterhalb der Bundesebene sind Landesbezirke, Kreise und Ortskartelle mit jeweils eigenen Organen gebildet.[17]

929 Der DGB und seine Einzelgewerkschaften sind streng **hierarchisch** verfasst. Die Organe der unteren Ebenen haben spezifisch regionale oder landespolitische Aufgaben zu erfüllen. Im Übrigen sind sie Beauftragte der übergeordneten Stellen und führen deren Weisungen aus. Die Organe auf Landes- oder Bundesebene führen Tarifverhandlun-

15 BAG 25.9.1996 – 1 ABR 4/96, NZA 1997, 613.
16 § 2 der Satzung der IG Metall; § 5 der Satzung von ver.di.
17 Zu den Einzelheiten s. MHdB ArbR/*Löwisch/Rieble* § 159 Rn. 34f.

gen und schließen Tarifverträge ab. Tarifvertragsabschlüsse setzen dabei die Zustimmung, jedenfalls aber die Anhörung eigens gebildeter **Tarifkommissionen** voraus. Die Einleitung von Arbeitskampfmaßnahmen ist grundsätzlich von der Zustimmung des jeweiligen Hauptvorstands auf Bundesebene abhängig.[18]

Der Deutsche Gewerkschaftsbund (DGB) vertritt als **Spitzenorganisation** die ge- 930
meinsamen Interessen der in ihm vereinigten Gewerkschaften. Im Gegensatz zu den Einzelgewerkschaften steht für ihn die Wahrnehmung von branchenübergreifenden Aufgaben im Vordergrund. Außerdem gewährt er im gesetzlich zulässigen Rahmen (→ Rn. 1695 f.) den Gewerkschaftsmitgliedern Rechtsschutz.[19]

3. Aufgaben

Aus dem politischen, wirtschaftlichen, sozialen und kulturellen Leben der Bundesre- 931
publik sind die Gewerkschaften nicht wegzudenken. Durch die Mitwirkung ihrer Vertreter in Organen und Gremien, durch Stellungnahmen zu den unterschiedlichsten Fragen von öffentlichem Interesse in eigenen Publikationen und anderen Medien, durch das Betreiben eigener Wirtschaftsunternehmen und eigener Bildungseinrichtungen wirken sie bei der **Gestaltung von Politik und Gesellschaft** mit.

Von diesen allgemeinen Funktionen der Gewerkschaften ist ein **engerer Aufgaben-** 932
kreis zu unterscheiden, der ihnen rechtlich, teils von der Verfassung, teils durch einfaches Recht, zugeschrieben ist. Er lässt sich in drei Bereiche aufgliedern, die sich nach der Art der Mitwirkung unterscheiden: Die Gewerkschaften nehmen selbstständig nichtstaatliche Aufgaben wahr. Ihnen stehen Anhörungs- und Antragsrechte gegenüber Gesetzgebung und Verwaltung zu. Sie benennen und entsenden Vertreter in Gerichte und (Selbst-)Verwaltungsgremien.

Die Gewerkschaften und ihre Spitzenorganisationen schließen **Tarifverträge** ab, deren 933
Normen die Arbeitsverhältnisse mit unmittelbarer und grundsätzlich zwingender Wirkung gestalten. Die maßgeblichen Vorschriften dazu finden sich im Tarifvertragsgesetz (→ Rn. 978 ff.). In den **Betrieben** steht den Gewerkschaften ein originäres Recht auf Koalitionsbetätigung zu (→ Rn. 1328 ff.). Daneben ist ihnen durch das Betriebsverfassungsgesetz (→ Rn. 1323 ff.) und die Personalvertretungsgesetze eine Reihe von Befugnissen zugewiesen. Gleiches gilt für die **Unternehmensmitbestimmung** (→ Rn. 1671 ff.).

Die Gewerkschaften werden im **Gesetzgebungsverfahren** bei sozialpolitischen Ge- 934
setzen gehört (vgl. § 70 GO-BT). Eine gesetzlich vorgesehene Mitwirkung besteht zudem bei der Anpassung des gesetzlichen Mindestlohns in der Mindestlohnkommission (§ 5 I MiLoG) (→ Rn. 302). Weiter haben sie **Benennungs- und Entsendungsrechte** zu einer Vielzahl staatlicher und staatlich geregelter Institutionen auf dem Gebiet des Arbeitsrechts, der Sozialversicherung, der Wirtschaft und der Gesellschaft. In internationalen Organisationen wie der ILO[20] und in Gremien der EU[21] sind sie ebenfalls vertreten.

18 MHdB ArbR/*Löwisch/Rieble* § 159 Rn. 37 f.

19 Näher MHdB ArbR/*Löwisch/Rieble* § 159 Rn. 39 ff.

20 Art. 3 und 7 Verfassung der Internationalen Arbeitsorganisation (ILO), abgedr. bei *Nipperdey I* Nr. 1081.

21 Etwa im beratenden Ausschuss nach Art. 24 Freizügigkeits-VO (EU) Nr. 492/2011 und dem Ausschuss für den Europäischen Sozialfonds nach Art. 163 AEUV.

935 Für die **Arbeitsgerichtsbarkeit** stellen die Arbeitnehmerkoalitionen Vorschlagslisten auf, aus denen die ehrenamtlichen Richter der Arbeitnehmerseite berufen werden (§§ 20 II, 37 II, 43 I ArbGG). In der Sozialgerichtsbarkeit gilt Entsprechendes für die ehrenamtlichen Richter der Versicherten (§§ 14 I, 35 I 2 und § 45 II iVm § 46 I SGG). Außerdem nehmen sie in diesen Gerichtsbarkeiten den **Rechtsschutz** für ihre Mitglieder wahr.

4. Internationale Zusammenschlüsse

936 Der DGB ist Mitglied des im November 2006 gegründeten **Internationalen Gewerkschaftsbundes** (IGB), der 340 Gewerkschaftsdachverbände als Vertreter von knapp 181 Mio. Arbeitnehmern aus 162 Ländern umfasst.[22] Der IGB hat sich zum Ziel gesetzt, weltweit, insbesondere auch in den wirtschaftlich weniger entwickelten Gebieten, die Rechte der Arbeitnehmer zu schützen und zu fördern sowie die Arbeit der Gewerkschaftsbewegung zu unterstützen und zu fördern. Der IGB unterhält Kontakt zu einer Vielzahl internationaler Organisationen. Innerhalb der ILO entsendet er Delegierte zur Internationalen Arbeitskonferenz und in den Verwaltungsrat. Gegenüber anderen UN-Organisationen, wie etwa der FAO und der UNESCO, hat er einen anerkannten Konsultationsstatus. Auch mit dem Gewerkschaftsausschuss der OECD, TUAC (Trade Union Advisory Committee to OECD), arbeitet er eng zusammen.[23]

937 Auf europäischer Ebene ist der DGB mit 89 anderen nationalen gewerkschaftlichen Spitzenorganisationen und mit zehn europäischen Gewerkschaftsverbänden im 1973 gegründeten **Europäischen Gewerkschaftsbund** (EGB) zusammengeschlossen.[24] Der EGB vertritt die Belange seiner Mitglieder gegenüber den Organen der EU.[25] Zudem schließt er im Rahmen des sozialen Dialogs nach Art. 155 AEUV mit den Arbeitgebern Sozialpartnervereinbarungen, die regelmäßig durch eine Richtlinie verbindlich gemacht werden (Art. 155 II AEUV) und in diesem Fall gem. Art. 288 AEUV in nationales Recht umzusetzen sind. Ein Beispiel hierfür ist die Befristungs-RL[26] zu der EGB-UNICE-CEEP-Rahmenvereinbarung über befristete Arbeitsverträge (→ Rn. 166f.).

II. Arbeitgeberverbände

1. Geschichtliche Entwicklung

938 Die Gründung von Arbeitgeberverbänden blieb zunächst hinter der der Gewerkschaften zurück. Erst ab 1890 schlossen sich die Arbeitgeber zunehmend zu eigenen Verbänden innerhalb der jeweiligen Branchen zusammen, um sich effektiver gegen die Forderungen der Gewerkschaften, die sie als Vertreter der Arbeitnehmer nicht anerkannten, zur Wehr setzen zu können. 1904 entstanden die ersten Spitzenorganisationen der Arbeitgeberverbände, und zwar die Hauptstelle Deutscher Arbeitgeberverbände, die der Wirtschaftsvereinigung Zentralverband Deutscher Industrieller nahe

22 www.ituc-csi.org/vorstandssitzung-des-igb-in-wien (zuletzt abgerufen am 2.3.2017) – Angaben zum Stand November 2016.

23 Zum IGB iE s. www.ituc-csi.org (zuletzt abgerufen am 2.3.2017)

24 www.etuc.org/composition-and-organisation (zuletzt abgerufen am 2.3.2017); s. allg. zum EGB *Niedenhoff/Pege*, Gewerkschaftshandbuch, 3. Aufl. 1997, 538ff.

25 Ausführlich *Tudyka* in *Mielke*, Internationales Gewerkschaftshandbuch, 1983, 50.

26 RL 1999/70/EG des Rates zu der EGB-UNICE-CEEP-Rahmenvereinbarung über befristete Arbeitsverträge v. 28.6.1999, ABl. 1999 L 175, 43.

stand, und der Verein deutscher Arbeitgeberverbände, der sich an den Bund der Industriellen anlehnte. Diese schlossen sich 1913 zur Vereinigung der Deutschen Arbeitgeberverbände zusammen, die bis 1933 bestand.[27]

Die Machtergreifung der Nationalsozialisten im Jahr 1933 führte zur **Auflösung** der Arbeitgeberverbände und ihres Dachverbands. Unternehmenszusammenschlüsse bestanden nur noch in Form von Wirtschaftsverbänden mit Zwangsmitgliedschaft, die wiederum in der Reichswirtschaftskammer zusammengeschlossen waren und nur wirtschaftspolitische Funktionen hatten.[28] 939

Die Neugründung von Arbeitgeberverbänden stieß bei den Besatzungsmächten nach 1945 zunächst auf Widerstand. Einzelanordnungen der Militärregierung ließen nur wirtschaftliche Vereinigungen von Unternehmen derselben Branche zu, die neben der Verfolgung ihrer wirtschaftlichen Ziele auch zu Verhandlungen mit den Gewerkschaften befugt waren. So konnte erst im November 1950 die **Bundesvereinigung der Deutschen Arbeitgeberverbände** (BDA) gegründet werden. 940

Die BDA ist heute die **Spitzenorganisation** von 49 Bundesfachspitzenverbänden und 14 überfachlichen Landesvereinigungen mit Mitgliedsverbänden aus Industrie (einschließlich Bergbau), Handwerk, Landwirtschaft, Handel, Banken, Versicherungen, Verkehr und sonstigem Gewerbe.[29] Der BDA nicht angeschlossen sind der Bund, die Tarifgemeinschaft Deutscher Länder und die Vereinigung der kommunalen Arbeitgeberverbände. 941

Auch die Arbeitgeberverbände sind **in eine Krise geraten.** Der Eindruck, durch die tariflichen Arbeitsbedingungen überfordert zu werden, hat zu Verbandsaustritten und zu mangelnder Bereitschaft neugegründeter Unternehmen zum Verbandsbeitritt geführt. Die Arbeitgeberverbände suchen dem mit dem Drängen auf eine stärkere Differenzierung und Flexibilisierung der tariflichen Arbeitsbedingungen zu begegnen. Zunehmend wurden auch Arbeitgeberverbände ohne Tarifzweck gebildet. Zudem haben einige Arbeitgeberverbände mit Tarifzweck eine besondere Mitgliedschaft ohne Tarifbindung (»OT-Mitgliedschaft«) eingeführt (→ Rn. 1000). 942

2. Aufbau

Die Arbeitgeberverbände weisen eine **Vielzahl von Organisationsformen** auf. Grundsätzlich stehen Fachverbänden, die nach der Zugehörigkeit zu bestimmten Industriezweigen abgegrenzt sind, überfachlich zusammengesetzte Arbeitgebervereinigungen gegenüber, deren Mitgliedschaft alle Arbeitgeber einer bestimmten Region erwerben können. Eine weitere Unterscheidung ist hinsichtlich der Aufgaben der einzelnen Vereinigungen zu treffen: Während sich diese zum Teil auf die Vertretung der sozialpolitischen, mithin auf die Arbeitgeberposition bezogenen Interessen ihrer Mitglieder beschränken, zählen andere auch die Verfolgung wirtschaftlicher Ziele zu ihren Aufgaben. 943

27 IE *G. Erdmann,* Die deutschen Arbeitgeberverbände im sozialgeschichtlichen Wandel der Zeit, 1966, 53ff., 67ff.; MHdB ArbR/*Löwisch/Rieble* § 159 Rn. 8.

28 *G. Erdmann,* Die deutschen Arbeitgeberverbände im sozialgeschichtlichen Wandel der Zeit, 1966, 210f.; MHdB ArbR/*Löwisch/Rieble* § 159 Rn. 21.

29 S. die Angaben der BDA unter www.arbeitgeber.de/www/arbeitgeber.nsf/id/de_unsere-mitglieder (zuletzt abgerufen am 2.3.2017).

944 Die Arbeitgeberverbände sind im Gegensatz zu den Gewerkschaften durch einen **Aufbau von unten nach oben** charakterisiert. Die regionalen Fachverbände schließen sich vielfach zu Landesverbänden zusammen, die wiederum gemeinsam mit den nicht auf Landesebene verbundenen regionalen Fachverbänden dem Fachspitzenverband auf Bundesebene angehören. Daneben bilden die Landesfachverbände gemeinsam mit den fachübergreifenden Regionalverbänden die Landesvereinigungen der Arbeitgeberverbände. Fachspitzenverbände und Landesvereinigungen der Arbeitgeber sind unmittelbare Mitglieder der BDA.

945 Die **Verteilung der Aufgaben** zwischen den Arbeitgebervereinigungen auf den verschiedenen Ebenen richtet sich nach ihrer Bedeutung in fachlicher und örtlicher Hinsicht. Die Zuständigkeit für die Tarifpolitik liegt regelmäßig bei den Fachverbänden auf Regional- und Landesebene. Überfachliche Zusammenschlüsse nehmen oft Aufgaben der Aus- und Weiterbildung sowie der Rechtspolitik wahr. Die Arbeitgeberverbände auf Bundesebene werden dann tätig, wenn es um Fragen grundsätzlicher oder übergeordneter Bedeutung geht, ein einheitliches Vorgehen zu sichern oder ein gemeinsames Interesse zu vertreten ist. Zum Abschluss von Tarifverträgen sind sie zumeist nur bei entsprechenden Vollmachten der ihnen angeschlossenen Verbände gem. § 2 II TVG befugt. Nur vereinzelt ist in den Satzungen der Spitzenorganisationen vorgesehen, dass sie gem. § 2 III TVG selbst Partei eines Tarifvertrages sein können (→ Rn. 996 f.).

946 Die Arbeitgeberverbände haben neben Vorstand und Mitgliederversammlung regelmäßig weitere Gremien, denen besondere Aufgaben in der Tarifpolitik und für den Arbeitskampf zugewiesen sind. Organe der BDA sind die Mitgliederversammlung, der Vorstand, das Präsidium und die Geschäftsführung. Außerdem kann der Vorstand für bestimmte Aufgaben Ausschüsse einsetzen.[30]

3. Aufgaben

947 Den Arbeitgeberverbänden kommen im Wesentlichen dieselben Aufgaben wie den Gewerkschaften zu (→ Rn. 931 ff.). Ihre Befugnisse bleiben hinter denen der Arbeitnehmerkoalitionen aber dort zurück, wo es um spezifische Arbeitnehmerinteressen geht, etwa in weiten Teilen der Betriebs- und Unternehmensverfassung.

4. Internationale Zusammenschlüsse

948 Die BDA ist Mitglied der 1920 gegründeten **Internationalen Arbeitgeberorganisation** (IOE), in der sich mehr als 150 nationale Arbeitgeber- und Unternehmerverbände zusammengeschlossen haben.[31] Aufgabe der IOE ist es, die Interessen der Arbeitgeber gegenüber internationalen Organisationen, insbesondere der ILO, zu vertreten. Sie fördert den Informations- und Erfahrungsaustausch der Mitgliedsverbände und strebt die Stärkung von Arbeitgeberorganisationen in den wirtschaftlich weniger entwickelten Ländern an. Die Interessenvertretung der Wirtschafts- und Arbeitgeberverbände gegenüber der OECD wird vom BIAC (Business and Industry Advisory Committee

30 S. § 10 und § 15 Satzung der BDA, www.arbeitgeber.de/www/arbeitgeber.nsf/id/DE_7LJDBU_Satzung (zuletzt abgerufen am 2.3.2017).
31 www.ioe-emp.org (zuletzt abgerufen am 2.3.2017).

to the OECD) wahrgenommen. Diesem gehören aus der Bundesrepublik die BDA sowie der Bundesverband der Deutschen Industrie (BDI) an.[32]

Auf europäischer Ebene sind die BDA und der BDI Mitglied in dem europäischen Arbeitgeberverband **BUSINESSEUROPE,**[33] der die unternehmerischen Belange seiner Mitglieder koordiniert und gegenüber den Organen der EU vertritt. Außerdem nimmt BUSINESSEUROPE für die Arbeitgeberseite am sozialen Dialog teil und schließt mit dem EGB Sozialpartnervereinbarungen gem. Art. 155 AEUV ab (→ Rn. 166f., 937). 949

III. Rechtsstellung der Koalitionen

1. Voraussetzungen der Koalitionseigenschaft nach Art. 9 III GG

Fall 58: Eine Reihe von Arbeitnehmerinnen und Arbeitnehmern des DGB und diesem angehörenden Einzelgewerkschaften hat einen Verband der Gewerkschaftsbeschäftigten gegründet, um ihre wirtschaftlichen und sozialen Interessen gegenüber der jeweiligen Gewerkschaft als ihrem Arbeitgeber besser vertreten zu können. Auf lange Sicht wird der Abschluss von Tarifverträgen zwischen dem Verband und den Gewerkschaften angestrebt. Aktuell sollen die den Gewerkschaften in der Betriebsverfassung zustehenden Rechte in den Gewerkschaftsbetrieben wahrgenommen werden. Als Reaktion auf die Gründung fasst eine der Einzelgewerkschaften einen Beschluss, nach dem die Mitgliedschaft im Verband der Gewerkschaftsbeschäftigten mit ihr unvereinbar ist. Der Verband der Gewerkschaftsbeschäftigten wendet sich mit einer Unterlassungsklage gegen den Unvereinbarkeitsbeschluss.

Koalitionen stehen unter dem besonderen Schutz des Art. 9 III GG (→ Rn. 124). Deshalb muss geklärt werden, unter welchen Voraussetzungen von einer Koalition gesprochen werden kann. 950

a) Koalition als Vereinigung iSd Art. 9 III 1 GG

Mit dem Begriff der **Vereinigungen** nimmt Art. 9 III GG Bezug auf die Vereine und Gesellschaften des Art. 9 I GG.[34] Auch für die Koalitionen gilt damit die Legaldefinition des § 2 I VereinsG, wonach »ohne Rücksicht auf die Rechtsform jede Vereinigung, zu der sich eine Mehrheit natürlicher oder juristischer Personen für längere Zeit zu einem gemeinsamen Zweck freiwillig zusammengeschlossen und einer organisierten Willensbildung unterworfen hat«, als Verein anzusehen ist. 951

Wenn § 2 I VereinsG einen **Zusammenschluss für längere Zeit** verlangt, so bedeutet das, dass nicht schon jede Versammlung als Augenblicksverband unter den Schutz des Art. 9 GG fällt. Vielmehr müssen die Mitglieder über die einmalige (Gründungs-)Versammlung hinaus weiter verbunden sein.[35] Deshalb können sog. ad-hoc-Koalitionen, in denen sich Arbeitnehmer zur Erreichung eines einmaligen Ziels zusammenfinden, durchaus dem Schutz des Art. 9 III GG unterfallen. Vorausgesetzt ist nur, dass das Ziel sich nicht schon in seiner gemeinschaftlichen Kundgabe, etwa einer Protestaktion, erschöpft, sondern weiter verfolgt wird.[36] 952

32 www.biac.org/our-members/(zuletzt abgerufen am 2.3.2017).

33 www.businesseurope.eu/members (zuletzt abgerufen am 2.3.2017); bis Anfang des Jahres 2007 trug dieser Verband den Namen UNICE (Union des Industries de la Communauté européenne).

34 v. Münch/Kunig/*Löwer,* Grundgesetzkommentar, 6. Aufl. 2012, GG Art. 9 Rn. 91.

35 Jarass/*Pieroth,* Grundgesetz für die Bundesrepublik Deutschland, 14. Aufl. 2016, GG Art. 9 Rn. 33.

36 Vgl. BVerfG 26.6.1991 – 1 BvR 779/85, BVerfGE 84, 212 = NZA 1991, 809 für Kampfbündnisse; BAG 28.4.1966 – 2 AZR 176/65, AP GG Art. 9 Arbeitskampf Nr. 37.

953 **Freiwillig** ist nur eine Koalition gebildet, die nicht auf einem zwangsweisen Zusammenschluss beruht. Damit scheiden öffentlich-rechtliche Zwangsverbände, insbesondere Kammern (Ärztekammern; Industrie- und Handelskammern), als Koalitionen aus.

b) Besondere Koalitionsvoraussetzungen nach Art. 9 III GG

954 **aa) Gegnerunabhängigkeit.** Neben dem freiwilligen Zusammenschluss für längere Zeit zu dem Zweck, die Arbeits- und Wirtschaftsbedingungen der Mitglieder zu wahren und zu fördern, muss die Vereinigung weitere Voraussetzungen erfüllen, um Art. 9 III GG zu unterfallen. Zu den besonderen Koalitionsvoraussetzungen gehört, dass die Vereinigung nach ihrer Gesamtstruktur **vom sozialen Gegenspieler unabhängig** ist.[37]

955 Diese Voraussetzung ist nicht gegeben, wenn der soziale Gegenspieler **von außen entscheidenden Einfluss** auf die Zielsetzung der Koalition und deren Durchsetzung nimmt. Die Einflussnahme kann insbesondere **finanzieller Art** sein. Unterstützt die Arbeitgeberseite eine Gewerkschaft mit Geld, fehlt es dieser, die dann als »gelbe Gewerkschaft« bezeichnet wird,[38] an der Gegnerunabhängigkeit. Finanzmittel, die auf dem Weg über die Vergütung von Aufsichtsräten, Einigungsstellenbeisitzern und die Kostentragung in der Betriebsverfassung, etwa für Schulungsveranstaltungen oder den Bezug gewerkschaftlicher Zeitschriften, von der Arbeitgeberseite den Gewerkschaften zukommen, werden allerdings nicht als so erheblich angesehen, dass sie einen bedeutenden Einfluss ermöglichten.[39] An der Gegnerunabhängigkeit würde es zB aber fehlen, wenn die Arbeitgeberseite der Gewerkschaft im Arbeitskampf die Leistungen ersetzte, die diese ihren streikenden Mitgliedern erbringt.

956 Die Gegnerunabhängigkeit ist weiter dann nicht gewahrt, wenn der Gegner, etwa durch Repräsentation in den Organen, über **inneren Einfluss auf die Koalition** verfügt. Das ist zB der Fall, wenn der Geschäftsführer eines Berufsfortbildungsunternehmens einer DGB-Gewerkschaft zugleich stellvertretender Vorsitzender eines Arbeitgeberverbandes ist und für eine Zweckgemeinschaft von Mitgliedsunternehmen dieses Verbandes mit den DGB-Gewerkschaften Tarifverträge schließt.[40] Die bestehenden personellen Verflechtungen durch die Mitbestimmung in den Unternehmensaufsichtsräten und die Zusammenarbeit in gemeinsamen Einrichtungen der Tarifvertragsparteien, jedenfalls in ihrer bisherigen Form, wiegen indessen nicht so schwer, dass sie die Gegnerunabhängigkeit infrage stellen können.[41] Auch der Einzug von Mitgliedsbeiträgen der Gewerkschaft durch Abzug vom Lohn durch die Arbeitgeber würde noch keinen entscheidenden Einfluss bedeuten.[42]

---

37 BVerfG 18.11.1954 – 1 BvR 629/52, BVerfGE 4, 96 = AP GG Art. 9 Nr. 1.

38 Näher *Hueck/Nipperdey* ArbR II/1, 94; *Gamillscheg* KollektArbR I 415ff.

39 Für die an eine Gewerkschaft abzuführende Aufsichtsratsvergütung BAG 21.5.2015 – 8 AZR 956/13, NZA 2015, 1319; für die an eine Gewerkschaft abzuführenden Honorare von Einigungsstellenbeisitzern BAG 14.12.1988 – 7 ABR 73/87, NZA 1989, 515; für gewerkschaftliche Schulungsveranstaltungen BVerfG 14.2.1978 – 1 BvR 466/75, BVerfGE 47, 191 = AP BetrVG § 40 Nr. 13; für den Bezug gewerkschaftlicher Zeitschriften BAG 21.4.1983 – 6 ABR 70/82, AP BetrVG 1972 § 40 Nr. 20.

40 *Rieble*, FS Reuter, 2010, 805ff.

41 Zur Unternehmensmitbestimmung BVerfG 1.3.1979 – 1 BvR 532/77 ua, BVerfGE 50, 290 = AP MitbestG § 1 Nr. 1; zu den gemeinsamen Einrichtungen der Tarifvertragsparteien *Bötticher*, Die gemeinsamen Einrichtungen der Tarifvertragsparteien, 1966, 143.

42 v. Münch/Kunig/*Löwer*, Grundgesetzkommentar, 6. Aufl. 2012, GG Art. 9 Rn. 95.

bb) Überbetriebliche Organisation? Die überwiegende Ansicht fordert, Koalitionen müssten überbetrieblich organisiert sein,[43] womit (die verwendete Bezeichnung ist nicht exakt) gemeint ist, dass die Koalitionen grundsätzlich über ein einzelnes Unternehmen hinausgreifen müssen.[44] Dem ist so nicht zu folgen.[45] Historisch ist dieses Erfordernis nur unter dem Gesichtspunkt der Gegnerunabhängigkeit in Abgrenzung zu den sog. Werksvereinen zu erklären.[46] Ob eine auf ein Unternehmen beschränkte Arbeitnehmervereinigung vom Arbeitgeber abhängig ist, ist aber eine Frage des Einzelfalls, bei der vor allem die Belegschaftsgröße eine Rolle spielt. Die frühere Möglichkeit des Arbeitgebers, die Arbeitnehmerkoalition durch Kündigung ihrer Mitglieder zu schwächen, besteht angesichts des umfassenden Kündigungsschutzes heute nicht mehr. 957

cc) Unabhängigkeit von Staat, Parteien und Kirchen. Der Zweck einer wirksamen Vertretung von Arbeitgebern oder Arbeitnehmern kann nicht erreicht werden, wenn dritte Mächte, also der Staat, politische Parteien oder die Kirchen, mitbestimmend Einfluss auf Zielfindung und Zieldurchsetzung einer Koalition haben.[47] An der **Unabhängigkeit vom Staat** fehlt es dabei nicht nur im Fall staatlich organisierter oder institutionalisierter Gewerkschaften, wie sie in totalitären Staaten vorkommen. Abhängigkeit besteht auch, wenn der Staat den Koalitionen erhebliche finanzielle Mittel zuwendet, weil dann die Gefahr besteht, dass Entscheidungen der Koalitionen Rücksicht auf die Erwartungen der über die Leistungen entscheidenden staatlichen Stellen nehmen. 958

Besonders problematisch sind dabei **staatliche Leistungen im Arbeitskampf.** Würde der Staat nicht mehr bloß Leistungen an mittelbar betroffene Arbeitnehmer nach § 160 III SGB III auf dem Weg über die Bundesagentur für Arbeit erbringen (→ Rn. 1180), sondern unter Aufhebung der in § 160 II SGB III enthaltenen Regelung auch den streikenden Arbeitnehmern den Lohnausfall ersetzen, läge darin eine so beträchtliche finanzielle Unterstützung der Gewerkschaften, dass man diese nicht mehr als unabhängig ansehen könnte. 959

Die gebotene **Unabhängigkeit von Parteien und Kirchen** bedeutet nicht, dass Koalitionen parteipolitisch oder religiös neutral sein müssten. Es gehört zur inneren Autonomie einer Koalition, sich bestimmte gesellschaftliche Ordnungsvorstellungen zu eigen zu machen, mögen diese auch von politischen Parteien oder Kirchen entlehnt sein.[48] Die Grenze zur Abhängigkeit ist erst überschritten, wenn sich die Koalition in die Hand einer Partei oder Kirche begibt, sei es, dass die Satzung auf die jeweilige Parteipolitik dynamisch verweist, sei es, dass Funktionsträger einer Partei oder Kirche geborene Mitglieder von Koalitionsorganen sind. 960

43 *Hueck/Nipperdey* ArbR II/1, 81; *Hanau/Adomeit* ArbR Rn. 173; vgl. auch BAG 14.12.2004 – 1 ABR 51/03, NZA 2005, 697, das offen gelassen hat, ob es sich dabei nur um einen Aspekt der Gegnerunabhängigkeit handelt.

44 *Zöllner/Loritz/Hergenröder* ArbR § 10 Rn. 22.

45 Wie hier *Junker* GK ArbR Rn. 466.

46 *Gamillscheg* KollektArbR I 406f.

47 BVerfG 1.3.1979 – 1 BvR 532/77 ua, BVerfGE 50, 290 = AP MitbestG § 1 Nr. 1 bezeichnet die Freiheit von staatlichem Einfluss als entscheidendes Element der Koalitionsfreiheit.

48 *G. Müller*, FS Nipperdey II, 1965, 435; Maunz/Dürig/*Scholz*, Grundgesetz Kommentar, Loseblatt Stand 09/2016, GG Art. 9 Rn. 219.

961 **dd) Demokratische Organisation?** In der Literatur wird als weitere Voraussetzung der Koalitionsgewährleistung – jedenfalls auf Arbeitnehmerseite – gefordert, dass die **Vereinigung demokratisch organisiert** ist.[49] Das ist nur bedingt richtig. Art. 9 III GG stellt, anders als Art. 21 I 3 GG, kein besonderes Gebot demokratischer Ordnung auf, sondern überlässt die Ausgestaltung der erforderlichen Willensbildung gerade der autonomen Entscheidung des Verbandes im Rahmen des privaten Vereins- und Gesellschaftsrechts. Aus der Zwecksetzung der Koalitionen folgt ein Gebot demokratischer Organisation erst auf der Ebene der Tariffähigkeit (→ Rn. 986). In ihm drückt sich die Notwendigkeit aus, eine hinreichende Legitimation der tariflichen Normsetzungsbefugnis durch die Mitglieder zu gewährleisten.

962 **ee) Keine weiteren Voraussetzungen.** Das BAG fordert unter Billigung des BVerfG für die Tariffähigkeit einer Koalition zusätzlich, dass die Vereinigung tarifwillig ist, das staatliche Tarif-, Arbeitskampf- und Schlichtungsrecht als für sich verbindlich anerkennt und so mächtig ist, dass sie wirkungsvoll Druck und Gegendruck auf den sozialen Gegenspieler ausüben kann. Diese Voraussetzungen sollen ein sinnvolles Funktionieren der Tarifvertragsordnung sicherstellen und sind deshalb maßgeblich bei der Frage, ob eine Koalition tariffähig ist (→ Rn. 986 ff.). Sie zugleich zu solchen der Koalitionseigenschaft zu machen,[50] wäre nur begründet, wenn jeder Koalition die Fähigkeit zum Tarifvertragsabschluss immanent wäre. Das aber ist nicht der Fall. Vielmehr steht es in der freien Entscheidung der Koalitionen, mit welchen Mitteln sie die Arbeits- und Wirtschaftsbedingungen ihrer Mitglieder gestalten wollen.[51] Der Tarifvertrag ist nicht das allein geeignete Mittel, dieses Ziel zu erreichen. Als andere Mittel kommen zB die Darstellung des Gruppeninteresses gegenüber staatlichen Organen, die Auseinandersetzung mit dem Gegenspieler außerhalb des Tarifvertragssystems und die Informations- und Werbetätigkeit im Betrieb in Betracht.[52]

Im **Fall 58** hat das BAG der auf Art. 9 III 2 GG iVm § 1004 I 2 BGB analog gestützten Unterlassungsklage des Verbands der Gewerkschaftsbeschäftigten stattgegeben. Der Verband erfülle die Voraussetzungen, die an eine Koalition zu stellen seien. Dass er aktuell noch nicht über die für die Tariffähigkeit notwendige Mächtigkeit verfüge, sei unschädlich. Für den spezifischen verfassungsrechtlichen Schutz des Art. 9 III GG genüge das allgemeine Ziel der Interessenvertretung auf dem Gebiet der Arbeits- und Wirtschaftsbedingungen.[53]

963 Mit der Zubilligung der Koalitionseigenschaft nicht zu verwechseln ist die Frage, ob auch die Verleihung anderer rechtlicher Befugnisse an die Koalition von der Erfüllung weiterer Voraussetzungen abhängig gemacht werden kann. Das gilt insbesondere für die Befugnis der Gewerkschaften und Arbeitgebervereinigungen im Betriebsverfassungsgesetz (→ Rn. 1323 ff.) und den Personalvertretungsgesetzen und für die Frage der Prozessvertretung durch Gewerkschaften und Arbeitgebervereinigungen nach § 11 II Nr. 4 ArbGG (→ Rn. 1695 f.).

49 *Junker* GK ArbR Rn. 461; Kempen/Zachert/*Kempen*, Tarifvertragsgesetz, 5. Aufl. 2014, Grundl. Rn. 82 ff.

50 So *Hueck/Nipperdey* ArbR II/1, 102, 105.

51 Vgl. BVerfG 20.10.1981 – 1 BvR 404/78, BVerfGE 58, 233 = AP TVG § 2 Nr. 31; v. Münch/Kunig/*Löwer*, Grundgesetzkommentar, 6. Aufl. 2012, GG Art. 9 Rn. 96.

52 BAG 22.5.2012 – 1 ABR 11/11, NZA 2012, 1176 für die Mitgliederwerbung einer nicht tariffähigen Arbeitnehmerkoalition.

53 BAG 17.2.1998 – 1 AZR 364/97, NZA 1998, 754. Zu den dem Verband der Gewerkschaftsbeschäftigten in der Betriebsverfassung zustehenden Rechten → Rn. 1327.

2. Vereinsrechtliche Organisation

a) Organisation

964 In aller Regel organisieren sich die Koalitionen als Vereine. Die Arbeitgeberverbände wählen regelmäßig die Form des rechtsfähigen Vereins. Die Rechtsfähigkeit resultiert dabei aus der Eintragung als Idealverein nach § 21 BGB; die Arbeitgeberverbände sind nicht etwa nach § 22 BGB konzessionsbedürftige wirtschaftliche Vereine.[54] Die Gewerkschaften haben dagegen historisch bedingt meist die Rechtsform des nichtrechtsfähigen Vereins, weil das Vereinsrecht ursprünglich die Rechtsfähigkeit von einer Konzession abhängig machte, die den Gewerkschaften regelmäßig versagt wurde. Auch nach Inkrafttreten des BGB hatte die Verwaltungsbehörde ein Einspruchsrecht gegen die Eintragung von Vereinen mit politischen, religiösen und sozialpolitischen Zielen (§ 61 II BGB aF).[55] Die Dienstleistungsgewerkschaft ver.di, die aus einer Fusion mehrerer Gewerkschaften hervorgegangen ist (→ Rn. 923), hat sich für die Rechtsform des eingetragenen Vereins entschieden.

b) Rechte und Pflichten der Mitglieder

965 Der Erwerb der Mitgliedschaft richtet sich nach den in der Koalitionssatzung festgelegten Voraussetzungen. Einen Aufnahmeanspruch geben die Satzungen grundsätzlich nicht. Nur zwischen DGB-Gewerkschaften ist das Übertrittsrecht formuliert für den Fall, dass für das Mitglied eine andere DGB-Gewerkschaft zuständig wird.[56]

966 Soweit der Koalition eine überragende Machtstellung zukommt, ein wesentliches Interesse am Erwerb der Mitgliedschaft besteht und kein sachlicher Grund die Versagung der Mitgliedschaft rechtfertigt, besteht ein **gesetzlicher Aufnahmeanspruch.** Für mächtige Gewerkschaften hat das der BGH mehrfach ausgesprochen.[57] Es gilt aber auch für Arbeitgeberverbände, wenn diese eine überragende Stellung innehaben. Der BGH sieht den Grund für diesen gesetzlichen Aufnahmeanspruch im allgemeinen Rechtsgedanken des Verbots des Machtmissbrauchs durch Monopolvereine. Im speziellen Fall der Gewerkschaften und Arbeitgeberverbände folgt er aber auch direkt aus der Koalitionsfreiheit, die vom Einzelnen effektiv nur ausgeübt werden kann, wenn er vor der missbräuchlichen Versagung der Mitgliedschaft geschützt wird. Ein Aufnahmeanspruch besteht aber nur, wenn der Beitrittswillige die satzungsgemäßen Voraussetzungen der Mitgliedschaft erfüllt, soweit diese nicht willkürlich sind. Insbesondere kann mit dem Instrument des Aufnahmeanspruchs nicht die autonome Entscheidung der Koalition über ihren Einzugsbereich und ihre Ziele überspielt werden. Deshalb darf eine mächtige Gewerkschaft das Mitglied einer Partei, die den Fortbestand von Gewerkschaften in ihrer heutigen Form infrage stellt, abweisen oder ausschließen.[58] Nach Auffassung des BVerfG rechtfertigt auch die Kandidatur zum Betriebsrat auf einer gewerkschaftsfremden Liste den Ausschluss.[59] Unabhängig davon besteht ein

54 Vgl. MüKoBGB/*Reuter*, 7. Aufl. 2015, §§ 21, 22 Rn. 49f.

55 Zu den historischen Gründen iE MHdB ArbR/*Löwisch*/*Rieble* § 160 Rn. 5.

56 Vgl. etwa § 6 Nr. 2 Satzung der IG Metall, wonach ein derartiger Übertritt abgelehnt werden kann, wenn dies im Interesse der IG Metall notwendig erscheint.

57 BGH 1.10.1984 – II ZR 292/83, NJW 1985, 1214; BGH 10.12.1984 – II ZR 91/84, BGHZ 93, 151 = NJW 1985, 1216.

58 BGH 28.9.1972 – II ZR 5/70, AP GG Art. 9 Nr. 21; BGH 4.3.1991 – II ZR 90/90, NJW-RR 1991, 888.

59 BVerfG 24.2.1999 – 1 BvR 123/93, BVerfGE 100, 214 = NZA 1999, 713 – in Korrektur der Rechtsprechung des BGH 27.2.1978 – II ZR 17/77, BGHZ 71, 126 = AP GG Art. 9 Nr. 27; BGH

Aufnahmeanspruch bei Verstoß gegen ein Benachteiligungsverbot des AGG (§ 18 II AGG).

967 Auch der **Verlust der Mitgliedschaft** in der Koalition richtet sich nach der Satzung. Die Satzung einer Koalition darf den Austritt jedoch nicht unverhältnismäßig erschweren. Eine Frist von mehr als einem halben Jahr für den Austritt aus einer Koalition ist nicht mehr mit der negativen Koalitionsfreiheit (→ Rn. 123) vereinbar.[60]

968 Die **Mitwirkungs-, Stimm- und Leistungsrechte** des Mitglieds ergeben sich zunächst aus der Satzung. Ihr ist zu entnehmen, bei welchen Wahlen und Abstimmungen das Mitglied unter welchen Voraussetzungen stimmberechtigt ist. Sie regelt die Wählbarkeit in Organe und Gremien sowie die Rechte der Mitglieder, insbesondere den Rechtsschutz und Unterstützungsleistungen. Der Satzungsgeber ist bei mächtigen Koalitionen in der Ausgestaltung dieser Rechte aber nicht frei. Vielmehr unterliegt die satzungsgemäße Ausgestaltung der Rechtsstellung des Mitglieds einer Inhaltskontrolle auf ihre Vereinbarkeit mit Treu und Glauben.[61] Das hat zur Folge, dass die Koalition nicht einzelne ihrer Mitglieder willkürlich von ihren Leistungen ausschließen darf.[62] So wäre es unbillig, wenn arbeitslose Gewerkschaftsmitglieder vom gewerkschaftlichen Rechtsschutz ausgeschlossen würden.

969 Die Mitglieder von Arbeitnehmer- und Arbeitgeberkoalitionen müssen satzungsgemäß Beiträge zahlen. Der vereinsrechtliche Gleichbehandlungsgrundsatz lässt Differenzierungen der Beitragslast zu, solange diese sachlich gerechtfertigt sind. **Mitgliederbeiträge** müssen deshalb nicht auf denselben Nennbetrag lauten. Sie können auf Arbeitnehmerseite vielmehr an das Einkommen anknüpfen und dabei sogar progressiv ausgestaltet sein. Auf Arbeitgeberseite kann an den Umsatz, die Beschäftigtenzahl oder an die Lohn- und Gehaltssumme angeknüpft werden.[63]

970 Das Mitglied muss sich an der gemeinsamen Interessenwahrnehmung im Verband in dem Umfang beteiligen, wie ihm die Satzung das zur Pflicht macht. Angefangen von der Übernahme von Ehrenämtern in der Koalition bis hin zum Arbeitskampf unterliegt das Mitglied einer allgemeinen **Mitwirkungs- und Folgepflicht.** So ist beispielsweise der gewerkschaftsangehörige Arbeitnehmer zum Streik, der im Arbeitgeberverband organisierte Arbeitgeber zur Aussperrung verpflichtet, wenn sein Verband ihn dazu aufruft. Auch andere im Zusammenhang mit dem Arbeitskampf stehende Pflichten müssen erfüllt werden. Etwa muss das Gewerkschaftsmitglied Streikposten stehen und, wenn es vom Arbeitskampf ausgenommen ist, Anordnungen der Streikleitung auf Unterlassung von Streikarbeit Folge leisten, zu der es nicht verpflichtet ist (→ Rn. 1155f.).

19.1.1981 – II ZR 20/80, AP BetrVG 1972 § 20 Nr. 7; BGH 19.10.1987 – II ZR 43/87, BGHZ 102, 265 = NJW 1988, 552.

60 BGH 4.7.1977 – II ZR 30/76, AP GG Art. 9 Nr. 25 und BGH 22.9.1980 – II ZR 34/80, AP GG Art. 9 Nr. 33 für den Austritt aus einer Gewerkschaft; BGH 29.7.2014 – II ZR 243/13, NZA 2014, 1352 für den Austritt aus einem Arbeitgeberverband; *Schmiegel,* Die Inhaltskontrolle von Koalitionssatzungen, 1995, 180.

61 BGH 24.10.1988 – II ZR 311/87, BGHZ 105, 306 = NJW 1989, 1724 allgemein für Vereine und Verbände. Eine AGB-Kontrolle von Vereinssatzungen findet wegen der Bereichsausnahme für das Gesellschaftsrecht nach § 310 IV 1 BGB dagegen nicht statt, vgl. Ulmer/Brandner/Hensen/*Ulmer/Schäfer,* AGB-Recht, 12. Aufl. 2016, BGB § 310 Rn. 124.

62 Vgl. dazu den Fall BGH 24.10.1988 – II ZR 311/87, BGHZ 105, 306 = NJW 1989, 1724.

63 MHdB ArbR/*Löwisch/Rieble* § 161 Rn. 26.

Die dem DGB angehörenden Gewerkschaften sehen in ihren Satzungen und diese ergänzenden Richtlinien regelmäßig vor, dass Gewerkschaftsmitglieder, die ein **Aufsichtsratsmandat** im Rahmen der Unternehmensmitbestimmung wahrnehmen (→ Rn. 1659 ff.), eine dafür bezogene **Vergütung** (vgl. § 113 AktG) ganz oder jedenfalls zu einem erheblichen Teil an eine gewerkschaftsnahe Organisation **abzuführen haben.**[64] Das BAG erachtet dies jedenfalls dann als zulässig, wenn die Gewerkschaft zuvor selbst die Wahl des Mitglieds in den Aufsichtsrat unterstützt hat. Derartige Satzungsbestimmungen seien von der Satzungsautonomie und dem Vereinsrecht gedeckt, eine zusätzliche konstitutive Verpflichtungserklärung des Gewerkschaftsmitglieds sei nicht erforderlich.[65] Dabei ist überwiegend anerkannt, wenn auch nicht unumstritten, dass durch die Abführung der Aufsichtsratsvergütungen der gewerkschaftsangehörigen Arbeitnehmervertreter im Aufsichtsrat die Gegnerunabhängigkeit der Gewerkschaft noch nicht infrage gestellt wird (→ Rn. 955). 970a

Kommt das Verbandsmitglied seinen Mitwirkungs-, Folge- und Beitragspflichten nicht nach, kann dies mit den Mitteln der **Vereinsgewalt** geahndet werden. Die Satzungen der Gewerkschaften sehen dafür gewöhnlich den Entzug der Unterstützungszahlung und den Ausschluss aus der Gewerkschaft, die Satzungen der Arbeitgeberverbände den kurzfristigen Ausschluss des Arbeitgebers aus dem Verband vor. Maßnahmen der Vereinsgewalt kommen freilich nur so lange in Betracht, wie der Betreffende noch Mitglied ist, insbesondere nicht wirksam seinen Austritt erklärt hat.[66] Ausstehende Zahlungsansprüche gegen das Mitglied (zB auf den Mitgliedsbeitrag oder abzuführende Aufsichtsratsvergütungen) können im Wege der Leistungsklage durchgesetzt werden. 971

3. Stellung im Privat- und Prozessrecht

Arbeitgeberverbände sind als eingetragene Vereine nach § 21 BGB rechtsfähig. Den Gewerkschaften kommt als nicht eingetragenen Vereinen an sich keine **Rechtsfähigkeit** zu. Vielmehr finden auf sie nach § 54 S. 1 BGB die Vorschriften über die Gesellschaft Anwendung, was ihrer körperschaftlichen Struktur und ihren Bedürfnissen aber nicht entspricht.[67] Jedenfalls nachdem der BGH der nach außen auftretenden Gesellschaft bürgerlichen Rechts die Rechtsfähigkeit zuerkannt hat, soweit sie durch Teilnahme am Rechtsverkehr eigene Rechte und Pflichten begründet,[68] muss auch der nichtrechtsfähige Verein und damit eine Gewerkschaft als rechtsfähig angesehen werden, soweit sie im Rechtsverkehr auftritt. Insbesondere erwirbt die Gewerkschaft als solche Ansprüche aus einem in ihrem Namen abgeschlossenen Vertrag und wird Schuldner der für sie eingegangenen Verbindlichkeit. Letztlich sind sich Rechtsprechung und Lehre im Ergebnis darüber einig, dass auf den nicht rechtsfähigen Verein und damit auch auf die als nicht rechtsfähiger Verein organisierten Koalitionen die 972

---

64 Vgl. etwa § 10 Nr. 2 lit. d Satzung von ver.di und § 3 Nr. 11 Satzung der IG Metall. Die Gelder fließen gewerkschaftsnahen Einrichtungen, insbesondere der Hans-Böckler-Stiftung zu; näher dazu *Hanau,* Die Verpflichtung zur Abführung von Aufsichtsratsvergütungen an die Hans-Böckler-Stiftung, 2012, 7 ff.

65 BAG 21.5.2015 – 8 AZR 956/13, NZA 2015, 1319; allgemein kritisch zu solchen Satzungsbestimmungen und der gängigen Abführungspraxis *Thüsing/Forst,* FS v. Westphalen, 2010, 693 (702 ff. mN).

66 Zu den möglichen Sanktionen gegen ein Koalitionsmitglied MHdB ArbR/*Löwisch/Rieble* § 161 Rn. 43 ff.

67 Im Einzelnen BGH 11.7.1968 – VII ZR 63/66, BGHZ 50, 325 (328 ff.) = NJW 1968, 1830.

68 BGH 29.1.2001 – II ZR 331/00, BGHZ 146, 341 = AP ZPO § 50 Nr. 9.

§§ 21 ff. BGB anzuwenden sind, soweit es sich nicht um solche Vorschriften handelt, welche die Rechtsfähigkeit oder die Eintragung zur Voraussetzung haben.[69]

973 **Rechtsgeschäfte** der Koalitionen werden vom Vorstand (§ 26 BGB), besonderen satzungsgemäßen Vertretern (§ 30 BGB) oder von diesen nach §§ 164 ff. BGB bevollmächtigten Personen vorgenommen. § 54 S. 2 BGB bleibt allerdings anwendbar. Danach haften auch die für den nichtrechtsfähigen Verein rechtsgeschäftlich Handelnden persönlich als Gesamtschuldner. Ein Verstoß gegen Art. 9 III GG liegt darin nicht, da die Möglichkeit besteht, diese Haftung durch Eintragung des Vereins insgesamt auszuschließen oder bestimmte Rechtsgeschäfte von Kapitalgesellschaften oder eingetragenen Untervereinen vornehmen zu lassen.[70] Im Übrigen scheidet aber eine persönliche Haftung der Koalitionsmitglieder mit ihrem Privatvermögen für die Verbindlichkeiten der Koalition aus.[71] Für **deliktische Handlungen** ihrer Organe haftet die Koalition gem. § 31 BGB. Zudem haften die Organmitglieder unter den Voraussetzungen des jeweiligen Deliktstatbestandes auch selbst.

974 Der **Namensschutz** des § 12 BGB erstreckt sich auf alle unter einem Gesamtnamen auftretenden Personenvereinigungen, ohne Rücksicht darauf, ob diese sonst rechtsfähig sind. Dies gilt auch für die Koalitionen, denen deshalb gegen unbefugten Gebrauch dieses Namens oder einer Namensabkürzung mit Verkehrsgeltung ein Unterlassungsanspruch zusteht.[72]

975 Die **Parteifähigkeit** von Gewerkschaften und Arbeitgeberverbänden ist für das arbeitsgerichtliche Verfahren in § 10 ArbGG ausdrücklich geregelt. Für Rechtsstreitigkeiten vor den Zivilgerichten folgt sie aus § 50 ZPO. Der rechtsfähige Verein ist nach § 50 I ZPO parteifähig. Für den nichtrechtsfähigen Verein regelt § 50 II ZPO ausdrücklich, dass dieser klagen und verklagt werden kann. Das hatte der BGH für Gewerkschaften im Wege richterlicher Rechtsfortbildung bereits angenommen, als lediglich die passive Parteifähigkeit nicht rechtsfähiger Vereine in § 50 II ZPO aF vorgesehen war.[73] Auch ergab sich die aktive Parteifähigkeit als Konsequenz der Zuerkennung der Rechtsfähigkeit an die Gesellschaft bürgerlichen Rechts und damit auch an den nichtrechtsfähigen Verein.[74]

976 Bei der **Zwangsvollstreckung** in das Vermögen der nicht eingetragenen Koalition genügt nach § 735 ZPO ein gegen sie ergangenes Urteil. Zudem ist auch die nicht eingetragene Koalition gem. § 11 I 2 InsO insolvenzfähig.[75]

---

69 BAG 21.5.2015 – 8 AZR 956/13, NZA 2015, 1319; Bamberger/Roth/*Schöpflin,* BGB, 3. Aufl. 2012, BGB § 54 Rn. 15; Palandt/*Ellenberger,* BGB, 76. Aufl. 2017, BGB § 54 Rn. 1; vgl. auch *Medicus/Petersen,* Allgemeiner Teil des BGB, 11. Aufl. 2016, Rn. 1158.

70 MHdB ArbR/*Löwisch/Rieble* § 160 Rn. 35.

71 Vgl. allgemein für den nicht rechtsfähigen Idealverein BGH 30.6.2003 – II ZR 153/02, NJW-RR 2003, 1265; für Gewerkschaften (in einem obiter dictum) auch BGH 11.7.1968 – VII ZR 63/66, BGHZ 50, 325 (329) = NJW 1968, 1830; Palandt/*Ellenberger,* BGB, 76. Aufl. 2017, BGB § 54 Rn. 12.

72 BGH 24.2.1965 – IV ZR 81/64, BGHZ 43, 245 = AP BGB § 12 Nr. 1.

73 BGH 6.10.1964 – VI ZR 176/63, BGHZ 42, 210 = AP BGB § 54 Nr. 6; BGH 11.7.1968 – VII ZR 63/66, BGHZ 50, 325 = AP ZPO § 50 Nr. 1.

74 BGH 29.1.2001 – II ZR 331/00, BGHZ 146, 341 = AP ZPO § 50 Nr. 9.

75 Palandt/*Ellenberger,* BGB, 76. Aufl. 2017, BGB § 54 Rn. 11; MHdB ArbR/*Löwisch/Rieble* § 161 Rn. 42.

IV. Kontrollfragen

Frage 74: Wann entstanden in Deutschland die ersten Gewerkschaften? 977

Frage 75: Nach welchem Prinzip sind die Einzelgewerkschaften des DGB gegliedert?

Frage 76: Decken sich die Voraussetzungen der Koalitionseigenschaft und die Voraussetzungen der Tariffähigkeit?

Frage 77: Welche privat- und prozessrechtliche Rechtsstellung haben die Gewerkschaften?

§ 23 Tarifvertragsrecht

Literatur: *Berg/Kocher/Schumann,* Tarifvertragsgesetz und Arbeitskampfrecht, 5. Aufl. 2015; *Däubler* (Hrsg.), Tarifvertragsgesetz, 4. Aufl. 2016; *Dieterich/Hanau/Henssler/Oetker/Wank/Wiedemann,* Empfehlungen zur Entwicklung des Tarifvertragsrechts, RdA 2004, 65; *Fuchs/Reichold,* Tarifvertragsrecht, 2. Aufl. 2006; *Gamillscheg* KollektArbR I §§ 12 ff.; *Henssler/Moll/Bepler,* Der Tarifvertrag – Handbuch für das gesamte Tarifrecht, 2. Aufl. 2016; *Herschel,* Zur Entstehung des Tarifvertragsgesetzes, ZfA 1973, 103; *Jacobs/Krause/Oetker/Schubert,* Tarifvertragsrecht, 2. Aufl. 2013; *Kempen/Zachert* (Hrsg.), Tarifvertragsgesetz, 5. Aufl. 2014; *Löwisch,* Die Ausrichtung der tariflichen Lohnfestsetzung am gesamtwirtschaftlichen Gleichgewicht, RdA 1969, 129; *Löwisch/Rieble,* Tarifvertragsgesetz, 4. Aufl. 2017; *Picker,* Die Tarifautonomie in der deutschen Arbeitsverfassung, 2000; *Picker,* Tarifautonomie – Betriebsautonomie – Privatautonomie, NZA 2002, 761; *Richardi,* Kollektivgewalt und Individualwille bei der Gestaltung des Arbeitsverhältnisses, 1968; *Richardi,* Verbandsmitgliedschaft und Tarifgeltung als Grundprinzipien der Tarifautonomie, NZA 2013, 408; *Richardi/Bayreuther* KollektArbR §§ 3 ff.; *Rieble,* Der Tarifvertrag als kollektiv-privatautonomer Vertrag, ZfA 2000, 5; MHdB ArbR/*Rieble/Klumpp* §§ 162 ff.; *Thüsing/Braun* (Hrsg.), Tarifrecht, 2. Aufl. 2016; Schaub/*Treber* §§ 197 ff.; *Waltermann,* Entwicklungslinien der Tarifautonomie, RdA 2014, 86; *Wiedemann* (Hrsg.), Tarifvertragsgesetz, 7. Aufl. 2007; *Wiedemann,* Tarifautonomie heute, BB 2013, 1397.
Ältere Literatur s. Vorauflagen.

I. Tarifvertrag im Rechts- und Wirtschaftssystem

1. Tarifvertrag als Rechtsinstitut

Nach § 1 TVG hat der Tarifvertrag eine Doppelnatur. Einerseits ist er Vertrag und be- 978
gründet wie jeder Vertrag Rechte und Pflichten der Vertragsparteien. Andererseits bringt er Rechtsnormen für die dem Tarifvertrag unterstehenden Arbeitsverhältnisse hervor.

Seiner Funktion nach steht der Tarifvertrag über dem individuellen Arbeitsvertrag. Er 979
bietet den Koalitionen der Arbeitnehmer und Arbeitgeber die Möglichkeit, ihre kollektive Macht in der Form eines mit zwingender Wirkung für die einzelnen Arbeitsverhältnisse ausgestatteten Vertrages zur Geltung zu bringen. Dadurch hebt er auf der einen Seite das auf der Ebene des Einzelarbeitsvertrages vorhandene Machtungleichgewicht zwischen Arbeitgeber und Arbeitnehmer auf und setzt auf der anderen Seite doch die marktwirtschaftliche Ordnung am Arbeitsmarkt durch. Der Tarifvertrag ist ein kollektiv-privatautonomer Vertrag.[76]

76 Zum Verständnis der Tarifautonomie als kollektiv ausgeübte Privatautonomie *Richardi,* Kollektivgewalt und Individualwille bei der Gestaltung des Arbeitsverhältnisses, 1968, 137 ff., 164 f.; *Picker,* Die Tarifautonomie in der deutschen Arbeitsverfassung, 2000, 39 ff.; *Rieble* ZfA 2000, 5 ff. (23 ff.); *Bayreuther,* Tarifautonomie als kollektiv ausgeübte Privatautonomie, 2005, 55 ff., 91 ff.; aus der Rechtsprechung etwa BAG 30.8.2000 – 4 AZR 563/99, NZA 2001, 613; BAG 7.7.2010 – 4 AZR 549/08, NZA 2010, 1068; BAG 25.9.2013 – 4 AZR 173/12, AP TVG § 1 Tarifverträge: Musiker Nr. 26; aA

2. Wirtschaftliche Funktion des Tarifvertrages

980 Tarifverträge legen die Arbeitsbedingungen für einen großen Teil der Arbeitsverhältnisse durch eine Vereinbarung zwischen den Koalitionen der Arbeitnehmer und Arbeitgeber für einen bestimmten Zeitraum für beide Seiten verbindlich fest. Sie erfüllen dabei nicht nur eine **Schutzfunktion** zugunsten der Arbeitnehmer, sondern geben den Unternehmen zugleich eine sichere Kalkulationsgrundlage. Da der Inhalt der Tarifverträge wegen der tariflichen Friedenspflicht für ihre Laufzeit nicht durch Nachforderungen infrage gestellt werden darf (→ Rn. 1079 ff.), kann für diesen Zeitraum von feststehenden Kosten ausgegangen werden. Volkswirtschaftlich gesehen kommt den Tarifverträgen so eine **Kartellwirkung** zu. Sie legen den Mindestinhalt der Arbeitsbedingungen gleichförmig fest und schalten insoweit den Wettbewerb aus. Für diesen bleibt nur der Bereich der übertariflichen, zwischen Arbeitgeber und Arbeitnehmer individualvertraglich vereinbarten Arbeitsbedingungen.[77]

981 Die Kartellwirkung der Tarifverträge gerät zunehmend in Konflikt mit den Erfordernissen der **weltweiten Öffnung der Märkte.** Sie hindert die tarifgebundenen Unternehmen, durch eine Veränderung der für sie geltenden Arbeitsbedingungen, insbesondere eine Ausweitung der betrieblichen Arbeitszeit und eine (temporäre) Herabsetzung der Tarifentgelte, auf Wettbewerbsvorteile konkurrierender ausländischer Unternehmen zu reagieren. Die Tarifpolitik muss dieser Problematik durch **Flexibilisierung der Tarifverträge** Rechnung tragen und tut dies auch mehr und mehr.

982 Beim Bundesministerium für Arbeit und Soziales waren nach dem Stand vom 1.1.2017 rund 73.000 gültige Tarifverträge registriert.[78] Insgesamt waren 443 für allgemeinverbindlich erklärt. Wie viele Arbeitsverhältnisse in der Bundesrepublik Deutschland direkt von Tarifverträgen erfasst werden, lässt sich mangels entsprechenden statistischen Materials nur schwer abschätzen. Einen Anhaltspunkt gibt der gewerkschaftliche Organisationsgrad der Spitzenverbände (DGB, DBB, CGB) von heute nur noch weniger als 20 % (→ Rn. 924). Die wirtschaftliche **Bedeutung der Tarifverträge** greift freilich weit über diese Zahl hinaus, weil in sehr vielen Fällen Arbeitgeber und Arbeitnehmer auch nicht tarifgebundene Arbeitsverhältnisse an einschlägigen Tarifverträgen ausrichten, die so zugleich eine Art Leitfunktion erfüllen. Nach einer Erhebung des Instituts für Arbeitsmarkt- und Berufsforschung waren im Jahr 2015 rund 51 % aller Beschäftigten im Westen Deutschlands und 37 % aller Beschäftigten in den neuen Bundesländern bei branchentarifgebundenen Arbeitgebern beschäftigt, bei weiteren rund 20 % wurden die Arbeitsbedingungen an Tarifverträgen orientiert.[79]

983 Ihrem **Gegenstand** nach regeln Tarifverträge die meisten mit dem Arbeitsverhältnis zusammenhängenden Fragen. Die Regelung erfolgt dabei nicht in einem einzigen Einheitstarifvertrag, sondern in mehreren, verschiedenen Gegenständen gewidmeten Verträgen. Handelt es sich dabei um ein aufeinander abgestimmtes tarifvertragliches Rege-

Britz/Volkmann, Tarifautonomie in Deutschland und Europa, 2003, 5; auch noch BAG 15.1.1955 – 1 AZR 305/54, AP GG Art. 3 Nr. 4, wonach es sich um die staatlich delegierte Befugnis zur Regelung der Arbeitsbedingungen handeln soll.

77 *Löwisch,* FS Rittner, 1991, 381 (387); *Rieble,* Arbeitsmarkt und Wettbewerb, 1996, Rn. 1305 ff.

78 Vgl. Verzeichnis der für allgemeinverbindlich erklärten Tarifverträge, abrufbar unter www.bmas.bund.de (zuletzt abgerufen am 4.3.2017).

79 *Ellguth/Kohaut,* Tarifbindung und betriebliche Interessenvertretung: Ergebnisse aus dem IAB-Betriebspanel 2015, WSI-Mitteilungen 2016, 283 (284 f.).

lungssystem, wird von einem »Tarifwerk« gesprochen.[80] Zu unterscheiden sind insbesondere Lohn- oder Gehaltstarifverträge und Manteltarifverträge. Die Ersteren legen unmittelbar die Vergütung für die Arbeitsleistung fest, die Letzteren die allgemeinen Bedingungen (eben den Mantel) des Arbeitsverhältnisses. Daneben gibt es zahlreiche Unterformen von Tarifverträgen, etwa Lohnrahmenabkommen mit allgemeinen Bedingungen für die Lohnermittlung, Urlaubsabkommen, Verträge über Ausbildungsvergütungen, Abkommen für die Montagearbeit, Rationalisierungsschutzabkommen oder Sanierungstarifverträge. Der Manteltarifvertrag für die Arbeitnehmer der bayerischen Metall- und Elektroindustrie v. 23.6.2008 ist im Anhang dieses Buches auszugsweise abgedruckt (→ Anhang 1).

Nicht dem Gegenstand nach, sondern den Parteien nach sind zu unterscheiden der 984
Verbandstarifvertrag und der **Haustarifvertrag** (auch Unternehmens-, Werk- oder Firmentarifvertrag genannt). Partner des Verbandstarifvertrages sind eine oder mehrere Gewerkschaften auf der einen und einer oder mehrere Arbeitgeberverbände auf der anderen Seite, Partner des Haustarifvertrages eine oder mehrere Gewerkschaften auf der einen und ein einzelner oder mehrere Arbeitgeber auf der anderen Seite. Die Zahl der Unternehmen, die Haustarifverträge abgeschlossen haben, ist von 5.841 im Jahr 1999 auf 10.879 im Jahr 2015 gestiegen.[81]

II. Zustandekommen und Beendigung des Tarifvertrages

1. Tariffähigkeit

Fall 59: Die Arbeitgeber der Metallindustrie eines Bundeslandes fürchten wegen der Arbeitszeitpolitik der IG Metall um ihre Wettbewerbsfähigkeit. Sie ändern deshalb die Bestimmung der Satzung ihres Arbeitgeberverbandes, nach der der Abschluss von Tarifverträgen zu den Aufgaben des Verbandes gehört, dahin ab, dass der Verband kein Recht hat, Tarifverträge über Arbeitszeitfragen abzuschließen. Sie hoffen damit, künftigen Tarifforderungen der IG Metall über Arbeitszeitfragen entgehen zu können.

a) der Koalition

Nach § 2 I TVG können Gewerkschaften und Vereinigungen von Arbeitgebern Tarif- 985
vertragsparteien sein. Welche Voraussetzungen im Einzelnen gegeben sein müssen, damit einer Gewerkschaft oder einem Arbeitgeberverband Tariffähigkeit zukommt, sagt das Gesetz nicht. Jedoch haben das BAG und teilweise auch das BVerfG eine Reihe von Mindestanforderungen entwickelt, die für die Tariffähigkeit erfüllt sein müssen. Danach muss die Vereinigung zunächst die Voraussetzungen erfüllen, die an die **Eigenschaft als Koalition** iSd Art. 9 III GG (→ Rn. 951 ff.) zu stellen sind. Es muss sich also um einen freiwilligen Zusammenschluss mit organisierter Willensbildung handeln, der vom sozialen Gegenspieler sowie von Staat, Parteien und Kirchen unabhängig ist. Eine Ausnahme besteht insoweit nur hinsichtlich der Handwerksinnungen, die kraft ausdrücklicher Anordnung in § 54 III Nr. 1 HwO tariffähig sind.[82]

Vorausgesetzt wird weiter, dass die Vereinigung Arbeitgeber oder Arbeitnehmer in 986
ihrer Eigenschaft als solche (das heißt zur Wahrnehmung ihrer kollektiven Arbeitge-

80 Henssler/Moll/Bepler/*Greiner*, Der Tarifvertrag, 2. Aufl. 2016, Teil 9 Rn. 79.
81 WSI-Tarifarchiv, Statistisches Taschenbuch Tarifpolitik, 2016, unter 1.4 (www.boeckler.de/wsi-tarif archiv_4828 [zuletzt abgerufen am 4.3.2017]).
82 Näher *Löwisch/Rieble* TVG § 2 Rn. 559 ff.

ber- oder Arbeitnehmerinteressen) erfasst und zu diesem Zweck namentlich den Abschluss von Tarifverträgen anstrebt, also **tarifwillig** ist, und dass sie über eine **demokratische Organisation** verfügt. Darin kommt zum Ausdruck, dass die Tariffähigkeit von Vereinigungen von der Legitimation durch die Normunterworfenen abhängt. Diese Legitimation liegt nur vor, wenn das Mitglied bei seinem Beitritt zu einem Verband erkennen konnte, dass dieser Tarifverträge abschließen werde, und wenn ihm die Möglichkeit eingeräumt ist, über die Wahl der leitenden Organe der Vereinigung und darüber hinaus durch eine Einflussnahme auf die Tarifpolitik seine Interessen zur Geltung zu bringen.[83]

987 Weiter muss die Vereinigung über **soziale Mächtigkeit** verfügen, um wirksam Druck und Gegendruck auf den tariflichen Gegenspieler ausüben zu können. Nur dann kann erwartet werden, dass die Tarifvertragsparteien mit gleichen Chancen in die Tarifverhandlungen gehen und diese dann auch zu einem vernünftigen Ergebnis führen, insbesondere die Interessen von Arbeitgebern und Arbeitnehmern ausgewogen berücksichtigen. Mächtig und leistungsfähig ist eine Vereinigung nur, wenn sie Autorität gegenüber dem Gegenspieler und gegenüber ihren Mitgliedern besitzt, eine ausreichende finanzielle Grundlage hat und von ihrem organisatorischen Aufbau her in der Lage ist, die ihr gestellten Aufgaben zu erfüllen.[84]

988 Umstritten ist vor allem die Tariffähigkeit der Christlichen Gewerkschaften. Für die Christliche Gewerkschaft Metall (CGM) ist sie vom BAG bejaht worden. Zwar seien in ihr höchstens 2 % der bundesweit in der Metall- und Elektroindustrie, im Metallhandwerk sowie in sonstigen Metallbetrieben beschäftigten Arbeitnehmer organisiert. Die Gewerkschaft habe aber durch den **Abschluss von** etwa 3.000 Anschlusstarifverträgen und etwa 550 eigenständigen **Tarifverträgen** hinreichend unter Beweis gestellt, dass sie als Tarifvertragspartei von der Arbeitgeberseite wahr- und ernstgenommen werde. Auch die organisatorische Leistungsfähigkeit sei ausreichend, um die Aufgaben einer Tarifvertragspartei erfüllen zu können.[85]

989 Zur Tariffähigkeit der im Jahr 2003 gegründeten Gewerkschaft für Kunststoffgewerbe und Holzverarbeitung im Christlichen Gewerkschaftsbund (GKH) hat das BAG demgegenüber entschieden, dass für die einzelfallbezogene Beurteilung der Mächtigkeit und Leistungsfähigkeit einer Arbeitnehmervereinigung der **Mitgliederzahl** eine entscheidende Bedeutung zukommt. Beteilige sich eine noch junge Arbeitnehmerkoalition im zeitlichen Zusammenhang mit ihrer Gründung am Aushandeln von Tarifverträgen, könne ohne Angaben zur Zahl ihrer Mitglieder und organisatorischen Leistungsfähigkeit allein die Anzahl abgeschlossener Tarifverträge ihre Tariffähigkeit nicht belegen.[86] Auch im Fall der im März 2008 gegründeten »medsonet, Die Gesundheitsgewerkschaft« wurde nach diesen Kriterien entschieden und rechtskräftig festgestellt, dass diese zu keinem Zeitpunkt tariffähig gewesen sei. Mit nach eigenen Angaben rund 7.000 Mitgliedern habe »medsonet« nicht einmal 1 % der in ihren Zuständigkeitsbereich fallenden Arbeitnehmer im Gesundheitswesen und den sozialen Diensten organisiert.[87]

83 IE MHdB ArbR/*Rieble/Klumpp* § 164 Rn. 5ff. mwN.

84 *Löwisch/Rieble* TVG § 2 Rn. 178ff. mwN.

85 BAG 28.3.2006 – 1 ABR 58/04, NZA 2006, 1112.

86 BAG 5.10.2010 – 1 ABR 88/09, NZA 2011, 300; nachgehend LAG Hamm 23.9.2011 – 10 TaBV 14/11, NZA-RR 2012, 25.

87 LAG Hamburg 21.3.2012 – 3 TaBV 7/11, BeckRS 2013, 72934; vgl. auch BAG 11.6.2013 – 1 ABR 33/12, NZA-RR 2013, 641; ebenso LAG Hessen 9.4.2015 – 9 TaBV 225/14, NZA-RR 2015, 482

Kein Zweifel an der Tariffähigkeit besteht bei Gewerkschaften, welche spezialisierte Arbeitnehmer (Piloten, Fluglotsen, Flugbegleiter, Lokführer, Ärzte) organisieren (sog. **Spartengewerkschaften** → Rn. 926). Sie verfügen, weil sie vom Arbeitgeber in Arbeitskämpfen nur schwer ersetzbar sind, regelmäßig über die erforderliche Durchsetzungskraft.[88] 990

Bei **Arbeitgeberverbänden** will das BAG auf das Kriterium der Mächtigkeit verzichten.[89] Dem ist nicht zu folgen. Die Funktionsfähigkeit des Tarifvertragssystems setzt auch auf der Arbeitgeberseite genügende Durchsetzungskraft voraus. Sie ist bei kleinen, leistungsschwachen Arbeitgeberverbänden nicht gegeben. Insbesondere kann es bei ihnen leicht dazu kommen, dass sie sich nach einem nicht genehmen Tarifvertragsabschluss einfach auflösen und damit die zwingende Wirkung des Tarifvertrages in Wegfall bringen (→ Rn. 1025, 1058). Wenn das BAG darauf hinweist, dass nach § 2 I TVG sogar ein einzelner Arbeitgeber ohne Weiteres tariffähig ist, verfängt das nicht. § 2 I TVG verleiht dem einzelnen Arbeitgeber die Tariffähigkeit nicht um seiner selbst willen, sondern um sicherzustellen, dass den Gewerkschaften stets ein Tarifvertragspartner zur Verfügung steht (→ Rn. 994). Dieser Zweck der Tariffähigkeit des einzelnen Arbeitgebers wird nicht tangiert, wenn für die Tariffähigkeit von Arbeitgeberverbänden soziale Mächtigkeit verlangt wird.[90] 991

Zur Fähigkeit, genügenden Druck auszuüben, gehört regelmäßig auch die Bereitschaft, einen Arbeitskampf zu führen. Lediglich in Randbereichen, in denen die Konfliktlösung üblicherweise friedlich von statten geht, kann **Arbeitskampfbereitschaft** nicht verlangt werden, weswegen das BVerfG eine Entscheidung des BAG aufgehoben hat, die dem Verband katholischer Hausgehilfinnen wegen mangelnder Arbeitskampfbereitschaft die Tariffähigkeit abgesprochen hatte.[91] 992

Zu den Voraussetzungen der Tariffähigkeit zählt schließlich die **Anerkennung des staatlichen Schlichtungs- und Arbeitskampfrechts.** Die Befugnis, sich am Tarifvertragssystem zu beteiligen, kann nur dem zuerkannt werden, der die Spielregeln, insbesondere die Friedenspflicht nach Abschluss des Tarifvertrages (→ Rn. 1079 ff.), beachtet. Denn sonst würden neue Konflikte geschaffen, anstatt vorhandene gelöst. 993

b) des einzelnen Arbeitgebers

Tariffähig ist nach § 2 I TVG auch der einzelne Arbeitgeber. Mit dieser Regelung wird erreicht, dass sich Arbeitgeber dem Abschluss von Tarifverträgen nicht dadurch entziehen können, dass sie keinem Arbeitgeberverband beitreten. Die Gewerkschaft soll vielmehr die Möglichkeit haben, wenigstens den Abschluss eines Haustarifvertrages zu erzwingen. 994

Auch Gewerkschaften können in ihrer Rolle als Arbeitgeber Haustarifverträge abschließen. Sie können nicht unter Berufung auf die Gegnerfreiheit die Freistellung von Tarifforderungen einer Gewerkschaft ihrer Beschäftigten beanspruchen (zum Verband der Gewerkschaftsbeschäftigten → Rn. 962).

(Tarifunfähigkeit der »Neue Assekuranz Gewerkschaft« – NAG e.V.); krit. zur neueren Rechtsprechung *Löwisch/Rieble* TVG § 2 Rn. 181 ff.

88 Für die Flugbegleiter-Gewerkschaft UFO BAG 14.12.2004 – 1 ABR 51/03, NZA 2005, 697.

89 BAG 20.11.1990 – 1 ABR 62/89, NZA 1991, 428.

90 ErfK/*Franzen* TVG § 2 Rn. 11; *Löwisch/Rieble* TVG § 2 Rn. 200 ff.; Wiedemann/*Oetker* TVG § 2 Rn. 396 ff.

91 BVerfG 6.5.1964 – 1 BvR 79/62, BVerfGE 18, 18 = NJW 1964, 1267.

995 Der Beitritt zu einem Arbeitgeberverband hindert den einzelnen Arbeitgeber nicht, mit der zuständigen Gewerkschaft einen Haustarifvertrag zu schließen.[92] Verbands- und Haustarifvertrag stehen dann gleichberechtigt nach § 2 I TVG nebeneinander. Eine etwa entstehende Tarifkonkurrenz ist lösbar (→ Rn. 1042 ff.).

c) der Spitzenorganisationen

996 Zusammenschlüsse von Gewerkschaften und Arbeitgeberverbänden, sog. Spitzenorganisationen, können ebenfalls Tarifverträge abschließen. Dabei sind zwei Fälle zu unterscheiden: Die Spitzenorganisationen schließen **im Namen ihrer Mitgliedsverbände** Tarifverträge ab, wenn sie eine entsprechende Vollmacht haben (§ 2 II TVG). **Selbst tariffähig** sind sie, wenn der Abschluss von Tarifverträgen zu ihren satzungsgemäßen Aufgaben gehört und sie auch ihrerseits die sonstigen Voraussetzungen der Tariffähigkeit erfüllen (§ 2 III TVG). Eine solche eigene Tariffähigkeit der Spitzenorganisationen lässt die Tariffähigkeit ihrer Mitgliedsverbände unberührt. § 2 III TVG zielt auf die Einführung einer zusätzlichen Tariffähigkeit, nicht auf eine Beschneidung der Tariffähigkeit gem. § 2 I TVG ab.[93] Eine daraus möglicherweise entstehende Konkurrenz mehrerer Tarifverträge für ein Arbeitsverhältnis ist auch hier lösbar (→ Rn. 1042 ff.).

997 Besondere **Voraussetzungen** für die Tariffähigkeit einer Spitzenorganisation hat das BAG im Beschluss zur Tariffähigkeit der Tarifgemeinschaft für Zeitarbeit und Personalserviceagenturen (CGZP) entwickelt. Das BAG verlangt zum einen, dass die sich zu einer Spitzenorganisation nach § 2 II und III TVG zusammenschließenden Koalitionen selbst tariffähig sind. Zum anderen verlangt das BAG, dass die zu einer Spitzenorganisation zusammengeschlossenen Gewerkschaften ihre Tariffähigkeit der Spitzenorganisation vollständig vermitteln. Dies erfordere, dass der Organisationsbereich der Spitzenorganisation mit dem ihrer Mitgliedsgewerkschaften übereinstimme. Die tarifrechtlichen Anforderungen an eine Spitzenorganisation seien nicht erfüllt, wenn deren satzungsmäßige Zuständigkeit für den Abschluss von Tarifverträgen über die Organisationsbereiche der ihr angeschlossenen Gewerkschaften hinausgehe.[94] Diese Entscheidung ist problematisch, unter anderem deshalb, weil in ihr Fragen der Tariffähigkeit mit solchen der Tarifzuständigkeit (→ Rn. 999 ff.) vermengt werden.[95]

d) Gewollte Tarifunfähigkeit

998 Da Tarifwilligkeit Voraussetzung der Tariffähigkeit ist (→ Rn. 986), kann eine Koalition ihre **Tariffähigkeit beseitigen,** indem sie den Abschluss von Tarifverträgen aus ihren Satzungszwecken herausnimmt. Verfährt ein Arbeitgeberverband in dieser Weise, bleibt der Gewerkschaft nichts anderes übrig, als Haustarifverträge mit den einzelnen verbandsangehörigen Unternehmen abzuschließen und dazu erforderlichenfalls Arbeitskämpfe zu führen. Allerdings gibt es nur ein Entweder-Oder. Eine Beschränkung der Tariffähigkeit auf bestimmte Sachgebiete ist nicht zulässig, weil dies das Funktionieren der Tarifvertragsordnung infrage stellen würde.[96]

---

92 BAG 10.12.2002 – 1 AZR 96/02, NZA 2003, 734; zum Streitstand *Löwisch/Rieble* TVG § 2 Rn. 467 ff.

93 BAG 22.2.1957 – 1 AZR 426/56, AP TVG § 2 Nr. 2.

94 BAG 14.12.2010 – 1 ABR 19/10, NZA 2011, 289.

95 Zur Problematik dieser Entscheidung *Löwisch,* Anm. zu BAG 14.12.2010, SAE 2011, 61 ff.; *Löwisch/Rieble* TVG § 2 Rn. 410 ff.; *Lembke,* FS Bepler, 2012, 345 ff.

96 *Löwisch/Rieble* TVG § 2 Rn. 223; Jacobs/Krause/Oetker/Schubert/*Schubert,* Tarifvertragsrecht, § 2 Rn. 79.

In **Fall 59** führt der Weg, den sich die Verbandsmitglieder ausgedacht haben, nicht zum Ziel. Vielmehr bleibt ihr Verband so lange tariffähig, wie sie den Abschluss von Tarifverträgen nicht generell aus dessen Satzung gestrichen haben.

2. Tarifzuständigkeit

Von der Tariffähigkeit zu unterscheiden ist die **Tarifzuständigkeit,** die sich nach der Satzung der jeweiligen Koalition richtet. Es gehört zur Satzungsautonomie von Gewerkschaften und Arbeitgeberverbänden festzulegen, für welche Arbeitsverhältnisse sie Tarifverträge abschließen wollen.[97] Nur soweit sich die von der Gewerkschaft einerseits und vom Arbeitgeberverband andererseits festgelegten Tarifzuständigkeiten decken, können jene Tarifverträge mit Wirkung für ihre Mitglieder vereinbaren. Dass die Tarifzuständigkeit sich nach der Satzung richtet, ist vor allem für die Gewerkschaften wichtig, weil sie auf diese Weise ihr Tätigkeitsfeld entsprechend dem Industrieverbandsprinzip (→ Rn. 925) abgrenzen können. § 15 Nr. 2 der Satzung des DGB[98] sieht deshalb vor, dass die Satzungsbestimmungen der Industriegewerkschaften über ihre Organisationsbereiche und damit ihre Tarifzuständigkeit nur mit einstimmiger Zustimmung des Bundesvorstands oder mit Zustimmung des Bundesausschusses geändert werden können.[99] 999

Seit einiger Zeit sehen manche Arbeitgeberverbände in ihrer Satzung neben der Vollmitgliedschaft auch eine Mitgliedschaft ohne Tarifbindung (sog. **OT-Mitgliedschaft**) vor. Die Verbände wollen damit erreichen, dass die von ihnen abgeschlossenen Tarifverträge nur für ihre Vollmitglieder gelten und dass sie für die OT-Mitglieder lediglich die übrigen Arbeitgeberinteressen wahrnehmen. Das BAG hat eine solche Vorgehensweise für zulässig erachtet. Danach können Verbände eine Form der Mitgliedschaft vorsehen, die nicht zur Tarifgebundenheit nach § 3 I TVG führt, wenn die **Satzung** eine klare und eindeutige Trennung der Befugnisse von Mitgliedern mit Tarifbindung und solchen ohne Tarifbindung vorsieht und ausschließt, dass OT-Mitglieder eine unmittelbare Einflussnahme auf tarifpolitische Entscheidungen haben können.[100] Die Frage ist insofern nur von eingeschränkter praktischer Bedeutung, als zahlreiche Arbeitgeberverbände für Arbeitgeber, die nicht an die Verbandstarifverträge gebunden sein wollen, weitere rechtlich selbstständige Verbände gegründet haben, die den Abschluss von Tarifverträgen überhaupt nicht zu ihren satzungsmäßigen Zwecken zählen und deshalb schon nicht tariffähig sind (→ Rn. 998). 1000

So besteht in Bayern nicht nur der tariffähige Verband der bayerischen Metall- und Elektroindustrie e. V. (vbm), sondern auch der Bayerische Unternehmensverband Metall- und Elektro e. V. (bayme), der zwar auch die Interessen seiner Mitglieder verfolgt und diesen Information und Unterstützung anbietet, dabei jedoch nicht selbst Tarifverträge abschließen will.

---

97 BAG 24.7.1990 – 1 ABR 46/89, NZA 1991, 21; BAG 17.4.2012 – 1 ABR 5/11, NZA 2012, 1104.
98 www.dgb.de/uber-uns/dgb-heute/satzung (zuletzt abgerufen am 2.3.2017).
99 Zur Problematik dieser Regelung ausführlich *Löwisch/Rieble* TVG § 2 Rn. 276ff.
100 BAG 18.7.2006 – 1 ABR 36/05, NZA 2006, 1225; BAG 4.6.2008 – 4 AZR 419/07, NZA 2008, 1366; BAG 15.12.2010 – 4 AZR 256/09, NZA-RR 2012, 260; BAG 21.1.2015 – 4 AZR 797/13, NZA 2015, 1521.

3. Vertragsschluss

a) Vertragspartner

1001 Partner des Verbandstarifvertrages sind die tariffähige Gewerkschaft einerseits und der tariffähige Arbeitgeberverband andererseits, Partner des Haustarifvertrages die Gewerkschaft und der betreffende Arbeitgeber. Die Gewerkschaft und der Arbeitgeberverband handeln nicht etwa im Namen ihrer Mitglieder, wie das vor der gesetzlichen Regelung des Tarifvertragsrechts angenommen wurde, um eine rechtliche Bindung der einzelnen Arbeitgeber zu erreichen (Vertretungstheorie), sondern im eigenen Namen (Verbandstheorie).

b) Schriftform

1002 Nach § 1 II TVG bedarf der Tarifvertrag der Schriftform. Das bedeutet, dass er schriftlich niedergelegt und von beiden Seiten unterschrieben werden muss (§ 126 BGB). Bei einem unter Abwesenden geschlossenen Tarifvertrag muss die Erklärung dem anderen Teil in der gesetzlich vorgesehenen Schriftform zugehen; die Übermittlung der Vertragsurkunde durch Telefax genügt nicht.[101] Da § 1 II TVG nichts anderes bestimmt, kann die Schriftform gem. § 126 III BGB durch die elektronische Form ersetzt werden. Die Tarifvertragsparteien müssen dafür jeweils ein gleichlautendes elektronisches Dokument mit einer qualifizierten elektronischen Signatur der Unterzeichnenden nach dem Signaturgesetz versehen (§ 126a BGB).

c) Bezugnahme auf einen anderen Tarifvertrag

Fall 60: In einem zwischen der Firma X und der IG Metall abgeschlossenen Haustarifvertrag ist bestimmt: »Für die Dauer der Arbeitszeit gilt der Manteltarifvertrag zwischen der IG Metall und dem Arbeitgeberverband der Metallindustrie im Bundesland Y in seiner jeweiligen Fassung.« Als die Arbeitszeit bei einer Neufassung des Manteltarifvertrages weiter verkürzt wird, will X das nicht mitmachen.

1003 Gelegentlich verweisen Tarifverträge auf die Regelung eines Gesetzes oder auf andere Tarifverträge, ohne die Angelegenheit selbst näher zu regeln. Das ist unproblematisch, wenn auf eine Regelung in der zum Zeitpunkt des Tarifvertragsschlusses vorliegenden Fassung verwiesen wird **(statische Verweisung).** Das Schriftformerfordernis des § 1 II TVG dient lediglich der Klarstellung des Tarifvertragsinhalts. Dieser Zweck ist aber schon erreicht, wenn im Zeitpunkt der jeweiligen Anwendung des verweisenden Tarifvertrages die in Bezug genommene Regelung schriftlich abgefasst und im verweisenden Tarifvertrag bestimmt genug bezeichnet ist.[102]

1004 Verweist der Tarifvertrag auf die jeweils geltende Fassung der in Bezug genommenen Regelung **(dynamische Verweisung),** begegnet dies insofern Bedenken, als darin eine Verletzung des mit der Tarifautonomie einhergehenden Auftrags zu eigenverantwortlicher Regelung liegen könnte. Aus dem Sinn und Zweck der Tarifautonomie ergibt sich, dass die Tarifvertragsparteien eine an den Interessen ihrer Mitglieder orientierte Gestaltung der Arbeits- und Wirtschaftsbedingungen vorzunehmen haben. Das ist nicht gewährleistet, wenn sie auf die Tarifnormen eines anderen Tarifbereichs verweisen, für den die dortigen Tarifvertragsparteien eine eigenständige, an den Interessen ihrer Mitglieder orientierte Regelung getroffen haben. Indes entfallen auch diese Be-

101 BAG 7.7.2010 – 4 AZR 1023/08, NZA-RR 2011, 30.
102 BAG 9.7.1980 – 4 AZR 564/78, AP TVG § 1 Form Nr. 7.

denken, wenn ein **enger sachlicher Zusammenhang** zwischen dem verweisenden Tarifvertrag und dem in Bezug genommenen Tarifvertrag besteht.[103] Das ist der Fall, wenn die Interessenlagen, die den Regelungen beider Tarifverträge zugrunde liegen, einander so ähnlich sind, dass die Lösung, die in dem in Bezug genommenen Tarifvertrag getroffen worden ist, auch als sachgerechte Lösung des Interessenkonflikts der verweisenden Tarifparteien gelten kann.

Damit ergibt sich die Lösung von **Fall 60:** Nimmt ein Haustarifvertrag als sog. Anschlusstarifvertrag für die Arbeitnehmer eines Metallunternehmens auf den entsprechenden Verbandstarifvertrag (hier in Form eines Manteltarifvertrages) Bezug, liegt ein solcher enger sachlicher Zusammenhang vor.

d) Abschlussmittel

Die Mehrzahl der Tarifverträge wird in freien Verhandlungen zwischen Gewerkschaften auf der einen Seite und Arbeitgeberverbänden oder einzelnen Arbeitgebern auf der anderen Seite geschlossen. Vielfach gibt es aber auch Konflikte über den Inhalt zu schließender Tarifverträge. Solche Konflikte zu lösen ist die Aufgabe von **Schlichtung und Arbeitskampf.** Schlichtung ist in erster Linie Verhandlungsförderung. Entweder die Tarifparteien selbst oder der Staat stellen einen besonderen Verfahrensweg zur Verfügung, auf dem festgefahrene Tarifverhandlungen zu einem Abschluss gebracht werden können (→ Rn. 1088 ff.). Demgegenüber zielt der Arbeitskampf auf Konfliktlösung durch Kampf. Die jeweils andere Seite soll durch die Ausübung wirtschaftlichen Drucks auf sie selbst und ihre Mitglieder zum Nachgeben gezwungen und dadurch der Abschluss des Tarifvertrages erreicht werden (→ Rn. 1110 ff.). 1005

e) Kein Verhandlungsanspruch

Das BAG steht in ständiger Rechtsprechung auf dem Standpunkt, dass eine Gewerkschaft oder ein Arbeitgeberverband keinen allgemeinen Anspruch gegen den tariflichen Gegenspieler auf Aufnahme und Führung von Tarifverhandlungen hat, sondern darauf beschränkt ist, die Ablehnung von Verhandlungen durch Kampfmaßnahmen zu überwinden.[104] Das überrascht auf den ersten Blick, weil dadurch entgegen dem arbeitskampfrechtlichen ultima-ratio-Prinzip (→ Rn. 1129) Chancen für eine friedliche Konfliktlösung vertan zu werden scheinen. Indessen muss beachtet werden, dass ein solcher Verhandlungsanspruch letzten Endes zu einer gerichtlichen Kontrolle von Tarifforderungen führen müsste, weil jeweils festzustellen wäre, ob die strikte Ablehnung einer bestimmten Forderung Ausdruck der Verhandlungsunwilligkeit oder aber sachlich begründet ist. Eine solche Kontrolle würde der Tarifautonomie widersprechen. Ein Verhandlungsanspruch oder gar ein Anspruch auf Abschluss eines bestimmten Tarifvertrages kann deshalb nur dann angenommen werden, wenn eine gesonderte Anspruchsgrundlage dazu existiert, etwa in einem vorangegangenen Tarifvertrag oder in einem Vorvertrag derselben Tarifvertragsparteien.[105] 1006

103 BAG 9.7.1980 – 4 AZR 564/78, AP TVG § 1 Form Nr. 7; BAG 22.2.2012 – 4 AZR 8/10, AP TVG § 1 Bezugnahme auf Tarifvertrag Nr. 108.
104 BAG 2.8.1963 – 1 AZR 9/63, AP GG Art. 9 Nr. 5; BAG 14.7.1981 – 1 AZR 159/78, AP TVG § 1 Verhandlungspflicht Nr. 1; BAG 14.2.1989 – 1 AZR 142/88, NZA 1989, 601.
105 BAG 25.9.2013 – 4 AZR 173/12, AP TVG § 1 Tarifverträge: Musiker Nr. 26.

4. Beendigung

1007 Wie jeder Dauervertrag kann auch der Tarifvertrag **befristet** werden. Er endet dann mit Ablauf der bestimmten Zeit. Vereinbaren die Tarifvertragsparteien keine feste Laufzeit, ist der Tarifvertrag **ordentlich kündbar.** Dabei gilt die im Tarifvertrag festgelegte Kündigungsfrist. Fehlt eine solche, ist in entsprechender Anwendung von § 77 V BetrVG (→ Rn. 1353) von einer Kündigungsfrist von drei Monaten auszugehen. Eine Teilkündigung ist auch beim Tarifvertrag nur möglich, wenn sie ausdrücklich vorgesehen ist.[106]

1008 Als Dauerverträge können Tarifverträge nach § 314 BGB auch aus wichtigem Grund gekündigt werden. Dies kommt insbesondere in Betracht, wenn die **Geschäftsgrundlage des Tarifvertrages schwer gestört** ist. Das kann etwa eintreten, wenn infolge der Änderung der wirtschaftlichen Verhältnisse die Erfüllung der tariflichen Arbeitsbedingungen für die Arbeitgeberseite völlig unzumutbar wird.[107] Auf der anderen Seite kann sich für eine Gewerkschaft das Festhalten an einem Sanierungstarifvertrag als unzumutbar erweisen, wenn die Sanierung fehlschlägt.[108] Einer Kündigung aus wichtigem Grund hat aber stets ein Angebot auf Vertragsanpassung voranzugehen.[109]

III. Normativer Teil

1. Normsetzungswille

1009 Nach § 1 I TVG regelt der Tarifvertrag die Rechte und Pflichten der Tarifvertragsparteien und enthält Rechtsnormen, die den Inhalt, den Abschluss und die Beendigung von Arbeitsverhältnissen sowie betriebliche und betriebsverfassungsrechtliche Fragen ordnen können. Diese **Rechtsnormwirkung** setzt einen darauf gerichteten Willen der Tarifvertragsparteien voraus. Es sind nämlich auch Tarifverträge denkbar, die sich auf die Festlegung schuldrechtlicher Rechte und Pflichten beschränken, indem sie etwa ein Recht auf Auskunft oder eine Verpflichtung zum Eintritt in Verhandlungen festlegen. Auf die Bezeichnung als Tarifvertrag kommt es für den Willen zur Normsetzung nicht an. Insbesondere kann sog. Protokollnotizen, mit denen einzelne Bestimmungen eines Tarifvertrages näher konkretisiert werden, Rechtsnormwirkung zukommen.[110]

2. Gegenstand der Normsetzungsbefugnis

Fall 61: Dem 56-jährigen A, der seit elf Jahren bei X beschäftigt ist, soll wegen nachlassender Leistungsfähigkeit gekündigt werden. Er beruft sich demgegenüber auf § 8 des für ihn geltenden – im Anhang 1 abgedruckten – Tarifvertrages.

1010 Die Rechtsnormen des Tarifvertrages können ihre Wirkung nur in **Arbeitsverhältnissen** entfalten. Personen, die nicht Arbeitnehmer sind, können Tarifverträgen nicht un-

106 Vgl. für einen solchen Fall § 24 Nr. 2 des Manteltarifvertrages der bayerischen Metall- und Elektroindustrie.

107 BAG 18.12.1996 – 4 AZR 129/96, NZA 1997, 830; BAG 18.6.1997 – 4 AZR 710/95, NZA 1997, 1234; BAG 18.2.1998 – 4 AZR 363/96, NZA 1998, 1008; *Löwisch* NJW 1997, 905 ff.

108 BAG 24.1.2001 – 4 AZR 655/99, NZA 2001, 788.

109 BAG 24.1.2001 – 4 AZR 655/99, NZA 2001, 788.

110 Beispiel einer solchen Protokollnotiz mit Rechtsnormwirkung ist die 2. Protokollnotiz zu § 22 Nr. 3 (III), Beispiel einer Protokollnotiz ohne Rechtsnormwirkung die zu § 8 Nr. 2 (II) des Manteltarifvertrages der bayerischen Metall- und Elektroindustrie.

terfallen. Zu den Arbeitnehmern im Sinne des Tarifrechts zählen nach § 12a TVG allerdings in bestimmtem Umfang wegen ihrer wirtschaftlichen Abhängigkeit auch **arbeitnehmerähnliche Personen.** Praktisch ist das vor allem für die freien Mitarbeiter der Rundfunkanstalten, die aufgrund selbstständiger Dienst- oder Werkverträge tätig sind. Auch für **Heimarbeiter** können aufgrund der Regelung des § 17 HAG Tarifverträge geschlossen werden.

a) Inhaltsnormen

Die Rechtsnormen des Tarifvertrages können alles regeln, **was Inhalt des Arbeitsverhältnisses sein kann.** Gegenstand der Tarifverträge sind also nicht nur Arbeitspflicht, Arbeitszeit und Arbeitsentgelt, sondern auch alle anderen mit Leistung und Gegenleistung zusammenhängenden Bedingungen, insbesondere Urlaub,[111] Entgeltzahlung bei Arbeitsverhinderung,[112] Dienstreisen[113] oder der Ausschluss von Ansprüchen.[114] Die Rechtsnormen des Tarifvertrages können dabei – so die Regel – gebietenden, aber auch verbietenden Charakter haben. Letzteres ist etwa der Fall, wenn die arbeitsvertragliche Vereinbarung von Konkurrenzklauseln vom Tarifvertrag ausgeschlossen wird. 1011

b) Abschlussnormen

Als Abschlussnormen kommen einmal **Formvorschriften** für den Abschluss des Arbeitsvertrages in Betracht, insbesondere ein Schriftformerfordernis. Solche Formvorschriften haben in aller Regel keine konstitutive Wirkung. Ihre Nichtbeachtung führt nicht zur Nichtigkeit des Arbeitsvertrages gem. § 125 BGB, weil dies dem Arbeitnehmer, der ohne schriftlichen Arbeitsvertrag die Arbeit aufnimmt, nur Nachteile bringen würde. Formvorschriften begründen demnach lediglich die Verpflichtung, den Vertragsinhalt schriftlich niederzulegen. Wegen der Bestimmungen des Nachweisgesetzes (→ Rn. 576) haben tarifvertragliche Formvorschriften keine große praktische Bedeutung mehr. 1012

Tarifliche **Abschlussverbote,** mit denen dem Arbeitgeber der Abschluss bestimmter Arbeitsverträge untersagt wird, zählen ebenfalls zu den Abschlussnormen. So kann dem Arbeitgeber die Einstellung Jugendlicher auf bestimmten Arbeitsplätzen untersagt sein. Die Durchsetzung solcher Abschlussverbote ist in erster Linie Sache des Betriebsrats gem. § 99 BetrVG, dem in diesen Fragen ein Zustimmungsverweigerungsrecht zukommt (→ Rn. 1481). 1013

Schließlich kann der Tarifvertrag auch **Abschlussgebote** enthalten. Etwa kann der Tarifvertrag die Wiedereinstellung von Arbeitnehmern vorschreiben, die im Zuge von Rationalisierungsmaßnahmen ihren Arbeitsplatz verloren haben. Auch das Gebot der Wiedereinstellung während eines Arbeitskampfes entlassener Arbeitnehmer kommt in Betracht. 1014

Denkbar ist auch ein Tarifvertrag, der den tarifgebundenen Arbeitgebern vorschreibt, eine bestimmte Anzahl von **Bewerbern um einen Ausbildungsplatz** einzustellen. Freilich müsste ein solcher Tarifvertrag sich an der Unternehmerfreiheit nach Art. 12 I GG messen lassen (→ Rn. 129ff.). Mit ihr lässt sich ein Kontrahierungszwang des Inhalts, dass der Arbeitgeber verpflichtet ist, den Bewerbern bis zum Erreichen der fest- 1015

111 Vgl. § 18 des Manteltarifvertrages der bayerischen Metall- und Elektroindustrie.
112 Vgl. § 10 des Manteltarifvertrages der bayerischen Metall- und Elektroindustrie.
113 Vgl. § 19 des Manteltarifvertrages der bayerischen Metall- und Elektroindustrie.
114 Vgl. § 22 Nr. 3 des Manteltarifvertrages der bayerischen Metall- und Elektroindustrie.

gelegten Zahl einen Anspruch auf Abschluss eines Ausbildungsvertrages einzuräumen, nicht vereinbaren.[115] Verfassungsrechtlich unbedenklich ist aber eine Bestimmung, die lediglich bei Nichterreichen der Zahl eine Abgabe, etwa an einen tariflichen Fonds, vorsieht.

c) Beendigungsnormen

1016 Regelt der Tarifvertrag die Zulässigkeit und Modalitäten von Kündigungen, handelt es sich dabei um Beendigungsnormen. Gleiches gilt bei Regelungen zu anderen Beendigungstatbeständen, etwa wenn der Tarifvertrag vorsieht, dass das Arbeitsverhältnis mit Zeitablauf oder Zweckerreichung endet (→ Rn. 655 f., 827 ff.).[116]

1017 Soweit Beendigungsnormen **Formvorschriften** enthalten, etwa für die Kündigung Schriftform vorschreiben, haben sie konstitutive Wirkung. Inzwischen sind derartige Formvorschriften aber durch die gesetzlichen Formvorschriften des § 623 BGB (→ Rn. 609 f.) und des § 14 IV TzBfG (→ Rn. 831) überholt. Das gilt auch, soweit solche Beendigungsnormen in Ausnahmefällen mündliche Kündigungen durch den Arbeitnehmer genügen lassen wollen. § 623 BGB ist als Formvorschrift beidseitig zwingend.[117]

1018 Materiell können Beendigungsnormen Kündigungsfristen festlegen und das Recht des Arbeitgebers zur **Kündigung** beschränken. Etwa kann für Arbeitnehmer mit bestimmtem Lebensalter und bestimmter Dauer der Betriebszugehörigkeit die ordentliche Kündigung ausgeschlossen werden.[118] Um eine Inhaltsnorm handelt es sich dagegen, wenn für den Fall von Kündigungen Abfindungen vorgesehen werden.

> So liegt es im **Fall 61**: Da A älter als 55 Jahre und seit über zehn Jahren bei X beschäftigt ist, kann er nur noch aus wichtigem Grund gekündigt werden (§ 8 Nr. 2 [III] des Manteltarifvertrages der bayerischen Metall- und Elektroindustrie[119] → Anhang 1). Nachlassende Leistungsfähigkeit, die an sich einen Grund für eine personenbedingte ordentliche Kündigung nach § 1 II KSchG (→ Rn. 711) darstellen kann, reicht dafür nicht aus. Erst bei gänzlicher Arbeitsunfähigkeit kommt eine Kündigung aus wichtigem Grund in Betracht.

d) Betriebliche und betriebsverfassungsrechtliche Normen

1019 Mit der Zulassung von Normen über betriebliche und betriebsverfassungsrechtliche Fragen eröffnet das TVG den Tarifvertragsparteien die Einflussnahme auf die rechtliche Ordnung in den Betrieben. Die Normsetzungsbefugnis erstreckt sich auf die nähere betriebliche Ausgestaltung der Arbeitsverhältnisse und auf Fragen, die die Arbeitnehmer nicht als einzelne, sondern als Mitglied der Belegschaft betreffen (betriebliche Fragen).

1019a **Betriebsnormen** sind dann zulässig, wenn es um Regelungen geht, die »aus tatsächlichen oder rechtlichen Gründen nur betriebseinheitlich gelten können«.[120] Etwa kön-

---

115 ErfK/*Franzen* TVG § 1 Rn. 43; *Löwisch/Rieble* TVG § 1 Rn. 364 ff., 367; aA Däubler/*Nebe* TVG § 1 Rn. 325.

116 Zur Einordnung von tariflichen Befristungsregeln näher *Löwisch/Rieble* TVG § 1 Rn. 353 ff., 388 mwN.

117 Staudinger/*Oetker*, 2016, BGB § 623 Rn. 63.

118 Vgl. § 8 Nr. 2 (III) des Manteltarifvertrages der bayerischen Metall- und Elektroindustrie.

119 Von den dort genannten Ausnahmetatbeständen, unter denen die ordentliche Kündigung möglich bleibt, liegt in Fall 61 keiner vor.

120 BAG 21.1.1987 – 4 AZR 547/86, NZA 1987, 233; BAG 7.11.1995 – 3 AZR 676/94, NZA 1996, 1214.

nen betriebliche Arbeitszeitfragen, zB ein Schichtsystem, oder auch betriebliche Rauchverbote durch Tarifvertrag geregelt werden. Darüber hinausgehend soll es nach Auffassung des BAG für die Annahme einer Betriebsnorm aber auch ausreichen, wenn eine individualvertragliche Regelung wegen »evident sachlogischer Unzweckmäßigkeit« ausscheidet, weil eine einheitliche Regelung auf betrieblicher Ebene unerlässlich ist.[121] Das BAG hat dies angenommen für die qualitativen Besetzungsregeln der Druckindustrie[122] sowie für die tarifliche Regelung einer bestimmten Quote von Arbeitnehmern im Betrieb, bei denen die tarifliche Arbeitszeit (35-Stunden-Woche in der Metall- und Elektroindustrie) überschritten werden darf.[123] Der Arbeitnehmer kann aus einer Betriebsnorm keine individuellen Ansprüche herleiten,[124] wird von ihr aber reflexartig betroffen.[125]

Durch **Betriebsverfassungsnorm** können Einrichtungen, Organisation und Arbeit 1020
der betriebsverfassungsrechtlichen Organe geregelt werden (betriebsverfassungsrechtliche Fragen). Auch die Schaffung anderer oder zusätzlicher Betriebsverfassungsorgane ist im Rahmen von § 3 BetrVG möglich (→ Rn. 1210ff.). Schließlich können die Tarifvertragsparteien dem Betriebsrat zusätzliche oder weitergehende Mitbestimmungsrechte als nach dem BetrVG vorgesehen einräumen (→ Rn. 1403, 1515).

e) Normen über gemeinsame Einrichtungen

Nicht aus § 1 I TVG, wohl aber aus § 4 II TVG ergibt sich die Möglichkeit von Rechts- 1021
normen über gemeinsame Einrichtungen der Tarifvertragsparteien. Solche gemeinsamen Einrichtungen gibt es insbesondere in der **Bauwirtschaft.** Etwa besteht dort eine Zusatzversorgungskasse, aus der die Arbeitnehmer der Bauindustrie und des Baugewerbes eine zusätzliche Altersversorgung erhalten. Finanziert wird diese durch die Bauarbeitgeber, die Beiträge an die gemeinsame Einrichtung abzuführen haben.[126]

Die **Besonderheit** der Normen über gemeinsame Einrichtungen besteht darin, dass 1022
sich die Rechtsnormwirkung auf die Beziehung der gemeinsamen Einrichtung zu den Arbeitnehmern und zu den Arbeitgebern erstreckt, diesen also unmittelbar Leistungsansprüche eingeräumt und Beitragspflichten auferlegt werden können. Weil sie auf Beitragspflichten der Arbeitgeber verzichten, stellen die im Rahmen der sog. »Riester-Rente« bestehenden Pensionsfonds (→ Rn. 473) keine Gemeinsamen Einrichtungen iSv § 4 II TVG dar.

3. Geltungsbereich der Tarifnormen

Der Geltungsbereich eines Tarifvertrages wird von den Tarifvertragsparteien autonom 1023
im Tarifvertrag festgelegt. Dabei können die Tarifvertragsparteien den Geltungsbereich nicht weiter ausdehnen, als ihre gemeinsame Tarifzuständigkeit erlaubt (→ Rn. 999). Diese gemeinsame Tarifzuständigkeit schöpfen die Tarifvertragsparteien allerdings gewöhnlich nicht aus. Vielmehr legen sie dem Tarifvertrag einen eingeschränkteren räumlichen, fachlichen und persönlichen Geltungsbereich bei. Dabei werden bezeichnet:

---

121 BAG 26.1.2011 – 4 AZR 159/09, NZA 2011, 808.
122 BAG 26.4.1990 – 1 ABR 84/87, NZA 1990, 850.
123 BAG 17.6.1997 – 1 ABR 3/97, NZA 1998, 213.
124 BAG 22.2.2012 – 4 AZR 527/10, AP TVG § 3 Nr. 52.
125 Näher *Löwisch/Rieble* TVG § 1 Rn. 395ff., 408.
126 Dazu *Daeschler* NZA 2010 Beil 1, 6ff.; *Sahl* NZA Beil. 1/2010, 8ff.

- als **räumlicher Geltungsbereich** das Gebiet, für das der Tarifvertrag gelten soll, zB das Bundesgebiet, ein bestimmtes Bundesland[127] oder ein bestimmter Regierungsbezirk;
- als **fachlicher Geltungsbereich** ihrer Art nach diejenigen Betriebe, die unter den Tarifvertrag fallen sollen, zB die Betriebe einer bestimmten Branche[128] oder die Betriebe derjenigen Arbeitgeber, die Mitglied des tarifschließenden Arbeitgeberverbandes sind;[129]
- als **persönlicher Geltungsbereich** diejenigen Arbeitnehmer, für die der Tarifvertrag gelten soll, zB alle Arbeitnehmer und Auszubildenden mit Ausnahme bestimmter, näher umschriebener Arbeitnehmer[130] oder alle gewerblichen Arbeiter oder alle Angestellten.
- als **zeitlicher Geltungsbereich** der Zeitraum vom Inkrafttreten des Tarifvertrages bis zu seinem Ende.

4. Tarifgebundenheit

Fall 62: X ist mit der Verkürzung der tariflichen Wochenarbeitszeit nicht zufrieden, die der Arbeitgeberverband, dem er angehört, vereinbart hat. Um zu hohen Belastungen und einem befürchteten Fachkräftemangel zu entgehen, will er deshalb aus dem Arbeitgeberverband austreten.

a) Tarifgebundenheit im Regelfall

1024 Der Tarifvertrag gilt grundsätzlich nur für die beiderseits tarifgebundenen Arbeitsverhältnisse. Das setzt für den Verbandstarifvertrag voraus, dass der Arbeitnehmer Mitglied der tarifschließenden Gewerkschaft und der Arbeitgeber Mitglied des tarifschließenden Arbeitgeberverbandes ist. Beim Haustarifvertrag besteht **beiderseitige Tarifbindung** dann, wenn der Arbeitnehmer Mitglied der tarifschließenden Gewerkschaft ist und der Arbeitgeber selbst den Tarifvertrag mit der Gewerkschaft abgeschlossen hat (§ 3 I TVG).

1025 Damit sich niemand durch Austritt aus Arbeitgeberverband oder Gewerkschaft einem geltenden Tarifvertrag entziehen kann, bestimmt § 3 III TVG, dass die Tarifgebundenheit bestehen bleibt, bis der Tarifvertrag endet (sog. **Nachbindung**). Scheidet der Arbeitgeber infolge einer gleichzeitigen Änderung seines Betriebszwecks aus dem Geltungsbereich des Tarifvertrages aus, endet die Tarifgebundenheit dagegen sogleich; § 3 III TVG findet in diesem Fall keine Anwendung.[131] Gleiches gilt entgegen einer Entscheidung des BAG, wenn sich eine Tarifvertragspartei (zB der Arbeitgeberverband) auflöst.[132] Denn das Bestehen tariffähiger Tarifvertragsparteien ist Wirksamkeitsvoraussetzung des Tarifvertrages und damit Voraussetzung einer unmittelbaren

---

127 So § 1 Nr. 1 des Manteltarifvertrages der bayerischen Metall- und Elektroindustrie.

128 So § 1 Nr. 2 des Manteltarifvertrages der bayerischen Metall- und Elektroindustrie.

129 Die Entscheidung BAG 18.7.2006 – 1 ABR 36/05, NZA 2006, 1225 steht einer solchen Regelung nicht entgegen. Sie erklärt nur Satzungsbestimmungen von Arbeitgeberverbänden für unzulässig, in der die *Tarifzuständigkeit* auf die jeweiligen Mitglieder des Arbeitgeberverbands beschränkt wird. Hier geht es aber um den einvernehmlich zwischen den Tarifparteien festgelegten fachlichen Geltungsbereich.

130 So § 1 Nr. 3 des Manteltarifvertrages der bayerischen Metall- und Elektroindustrie.

131 BAG 10.12.1997 – 4 AZR 247/96, NZA 1998, 484.

132 AA BAG 23.1.2008 – 4 AZR 312/01/NZA 2008, 771, wonach im Fall der Verbandsauflösung die Tarifgebundenheit bis zur Beendigung des Tarifvertrages nach § 3 III TVG ebenfalls bestehen bleiben soll; richtig dagegen noch BAG 28.5.1997 – 4 AZR 546/95, NZA 1998, 40.

und zwingenden Geltung der Tarifnormen, da jemand die Verantwortung für das Regelwerk tragen muss.[133] Es kommt deshalb mit der Verbandauflösung richtigerweise nur zu einer Nachwirkung analog § 4 V TVG (→ Rn. 1058).

Im **Fall 62** kann X, auch wenn er aus dem Arbeitgeberverband austritt, eine vom Tarifvertrag abweichende Arbeitszeitregelung frühestens mit dem Ende des Tarifvertrages erreichen. Unabhängig davon muss er damit rechnen, dass die Gewerkschaft von ihm den Abschluss eines Haustarifvertrages verlangt, der den gleichen Inhalt wie der Verbandstarifvertrag hat.

Die erweiterte Tarifgebundenheit nach § 3 III TVG bezieht sich nur auf solche Tarifverträge, die zum **Zeitpunkt des Verbandsaustritts** schon existieren. An nach dem Austritt abgeschlossene Tarifverträge sind die Arbeitsvertragsparteien nicht gebunden. Auch bei einer Änderung der bestehenden Tarifverträge endet die Nachbindung, weil der geänderte Tarifvertragsinhalt von dem ausgetretenen Arbeitgeber oder Arbeitnehmer nicht mehr durch Mitgliedschaft legitimiert ist. Nach Auffassung des BAG erfasst das Ende der Nachbindung dabei nicht nur die Tarifnormen, die geändert wurden. Vielmehr endet die Nachbindung an den Tarifvertrag insgesamt.[134] Umgekehrt lehnt es das BAG ab, die Dauer der Nachbindung auf die erste Kündigungsmöglichkeit nach dem Verbandsaustritt oder auf die Dauer eines Jahres unter Heranziehung des Rechtsgedankens von § 613 a I 2 BGB zu begrenzen.[135] 1026

Finden gerade Tarifverhandlungen statt und tritt der Arbeitgeber noch kurz vor dem Abschluss des Tarifvertrages aus dem Arbeitgeberverband aus (sog. **Blitzaustritt**), ohne dass dies der Gewerkschaft mitgeteilt wird, soll nach neuerer Rechtsprechung des BAG trotz der **vereinsrechtlich wirksamen** Beendigung der Mitgliedschaft der Arbeitgeber an den neu abgeschlossenen Tarifvertrag tarifgebunden sein. Die Mitteilung des Austritts an die Gewerkschaft sei zur Wahrung der Funktionsfähigkeit der Tarifautonomie erforderlich, da nur dann die Gewerkschaft die Konsequenzen für den abzuschließenden Verbandstarifvertrag abschätzen könne. Fehle es daran, sei die Beendigung der Mitgliedschaft **tarifrechtlich** wegen Verstoßes gegen Art. 9 III 2 GG iVm § 134 BGB **unwirksam.**[136] Dem kann nicht gefolgt werden: Eine solche Vorbindung im Wege richterlicher Rechtsfortbildung verstößt gegen die klare Regelung des § 3 TVG und ist deshalb mit Art. 20 III GG nicht zu vereinbaren.[137] 1027

b) Allgemeinverbindlicherklärung

Tarifverträge können nach § 5 TVG für allgemeinverbindlich erklärt werden.[138] Dadurch wird erreicht, dass die Normen des Tarifvertrages in seinem räumlichen, fachlichen und persönlichen Geltungsbereich auch die bisher nicht tarifgebundenen Arbeit- 1028

133 *Löwisch/Rieble* TVG § 2 Rn. 241 ff.

134 BAG 17.5.2000 – 4 AZR 363/99, NZA 2001, 453; BAG 7.11.2001 – 4 AZR 703/00, NZA 2002, 748; BAG 1.7.2009 – 4 AZR 261/08, NZA 2010, 53.

135 BAG 1.7.2009 – 4 AZR 261/08, NZA 2010, 53 mwN.

136 BAG 20.2.2008 – 4 AZR 64/07, NZA 2008, 946; BAG 4.6.2008 – 4 AZR 419/07, NZA 2008, 1366; BAG 26.8.2009 – 4 AZR 285/08, NZA 2010, 230; BAG 19.6.2012 – 1 AZR 775/10, NZA 2012, 1372.

137 *Rieble* RdA 2009, 280 (283 ff.).

138 Eine vierteljährlich aktualisierte Zusammenstellung aller für allgemeinverbindlich erklärten Tarifverträge gibt das Verzeichnis der für allgemeinverbindlich erklärten Tarifverträge unter www.bmas.de/DE/Themen/Arbeitsrecht/Tarifvertraege/tarifvertraege.html (zuletzt abgerufen am 4.3.2017); vgl. auch die Aufstellung bei BMAS (Hrsg.), Übersicht über das Arbeitsrecht/Arbeitsschutzrecht, 10. Aufl. 2016, 399 f.

geber und Arbeitnehmer erfassen (§ 5 IV 1 TVG). Diese **Tarifnormerstreckung** erfasst nicht nur die bei organisierten Arbeitgebern beschäftigten nicht organisierten Arbeitnehmer, sondern auch die nicht organisierten Arbeitgeber mit ihren Arbeitnehmern. Zudem können von der Allgemeinverbindlicherklärung auch anderweitig Tarifgebundene erfasst werden, was dann eine Tarifkonkurrenz auslöst (→ Rn. 1042). Die Allgemeinverbindlichkeit des Tarifvertrages endet, wenn sie nicht ausdrücklich aufgehoben wird, mit dessen Ablauf (§ 5 V TVG).

1029 Die Allgemeinverbindlicherklärung erfolgt gem. § 5 I 1 TVG auf gemeinsamen Antrag der Tarifvertragsparteien durch das **Bundesministerium für Arbeit und Soziales** im Einvernehmen mit einem aus je drei Vertretern der Spitzenorganisationen der Arbeitgeber und der Arbeitnehmer bestehenden Ausschuss (sog. **Tarifausschuss**). Vor der Entscheidung über den Antrag ist Arbeitgebern und Arbeitnehmern, die von der Allgemeinverbindlicherklärung betroffen sind, den am Ausgang des Verfahrens interessierten Gewerkschaften und Vereinigungen der Arbeitgeber sowie den obersten Arbeitsbehörden der Länder, auf deren Bereich sich der Tarifvertrag erstreckt, Gelegenheit zur schriftlichen Stellungnahme sowie zur Äußerung in einer mündlichen und öffentlichen Verhandlung zu geben (§ 5 II TVG). Legitimiert wird die Tarifnormerstreckung gegenüber den nicht organisierten Arbeitgebern und Arbeitnehmern durch die staatliche Mitwirkung.[139] Es handelt sich um einen Akt der Rechtssetzung. Um die **demokratische Legitimation** zu wahren, verlangt das BAG die zustimmende Befassung des zuständigen Ministers oder seines Staatssekretärs mit der Angelegenheit und nicht nur diejenige eines Referatsleiters, andernfalls ist die Allgemeinverbindlicherklärung unwirksam.[140] Nach § 5 VI TVG kann das Bundesministerium für Arbeit und Soziales der obersten Arbeitsbehörde eines Landes für einzelne Fälle das Recht zur Allgemeinverbindlicherklärung sowie zur Aufhebung der Allgemeinverbindlichkeit übertragen. Die Allgemeinverbindlicherklärung wie auch deren Aufhebung bedürfen der öffentlichen Bekanntmachung (§ 5 VII TVG).

1030 Nach der durch das Gesetz zur Stärkung der Tarifautonomie **(Tarifautonomiestärkungsgesetz)** v. 11.8.2014 erfolgten Änderung des § 5 I TVG[141] setzt eine Allgemeinverbindlicherklärung materiell nur noch voraus, dass sie im **öffentlichen Interesse** geboten erscheint. Das ist nach § 5 I 2 TVG in der Regel der Fall, wenn der Tarifvertrag in seinem Geltungsbereich für die Gestaltung der Arbeitsbedingungen überwiegende Bedeutung erlangt hat (§ 5 I 2 Nr. 1 TVG) oder wenn die Absicherung der Wirksamkeit der tarifvertraglichen Normsetzung gegen die Folgen wirtschaftlicher Fehlentwicklungen eine Allgemeinverbindlicherklärung verlangt (§ 5 I 2 Nr. 2 TVG). § 5 I TVG aF sah dagegen neben dem Erfordernis, dass die Allgemeinverbindlicherklärung im öffentlichen Interesse geboten erschien, noch vor, dass ein Tarifvertrag nur dann für allgemeinverbindlich erklärt werden konnte, wenn die tarifgebundenen Arbeitgeber nicht weniger als 50 % der unter den Geltungsbereich des Tarifvertrages fallenden Arbeitnehmer beschäftigten (§ 5 I 1 Nr. 1 TVG aF). Die **Abschaffung des Quorums** ist eine Reaktion darauf, dass es häufig nicht mehr erfüllt wurde oder jedenfalls nicht

139 BVerfG 24.5.1977 – 2 BvL 11/74, BVerfGE 44, 322 = AP TVG § 5 Nr. 15; BVerfG 15.7.1980 – 1 BvR 24/74 ua, BVerfGE 55, 7 = AP TVG § 5 Nr. 17.

140 BAG 21.9.2016 – 10 ABR 33/15, NZA Beil. 1/2017, 12.

141 Art. 5 Gesetz zur Stärkung der Tarifautonomie (Tarifautonomiestärkungsgesetz) v. 11.8.2014 (BGBl. 2014 I 1348).

durch entsprechendes Zahlenmaterial belegt werden konnte.[142] Die Lockerung der Voraussetzungen einer Allgemeinverbindlicherklärung durch das Tarifautonomiestärkungsgesetz ist eine Reaktion auf das Schwinden der autonomen Tarifbindung. Im Ergebnis führt das Tarifautonomiestärkungsgesetz aber zu einer Schwächung und nicht zu einer Stärkung der Tarifautonomie.[143]

Bei der in § 5 I 1 TVG getroffenen Regelung zum **öffentlichen Interesse** handelt es 1031
sich um eine Generalklausel. Ob die Allgemeinverbindlicherklärung im öffentlichen Interesse geboten erscheint, stellt das Bundesministerium für Arbeit im Rahmen einer **Abwägung** fest, in die es neben dem Schutzinteresse der Arbeitnehmer an angemessenen Arbeitsbedingungen ebenso die Belastungen für die nicht tarifgebundenen Arbeitgeber und Arbeitnehmer, für konkurrierende Koalitionen sowie sonstige Nachteile einstellen muss.[144] Dem Bundesministerium für Arbeit und Soziales kommt allerdings, wie aus der Formulierung »geboten erscheint» deutlich wird, ein **Beurteilungsspielraum** zu, der von den für die Entscheidung über die Wirksamkeit einer Allgemeinverbindlicherklärung im Verfahren nach § 98 ArbGG ausschließlich zuständigen Gerichten für Arbeitssachen (→ Rn. 1723, 1735) nur eingeschränkt überprüft werden kann.[145] Indessen kann das öffentliche Interesse nicht mit Konkurrenzschutzerwägungen zugunsten der Arbeitgeber begründet werden. Das TVG ist kein Wettbewerbsgesetz, sondern ein arbeitsrechtliches Gesetz.[146] Deshalb könnte ein Tarifvertrag, mit dem im Einzelhandel die Arbeitszeiten gegenüber einem Landes-Ladenschlussgesetz weiter beschränkt werden, nicht aus Wettbewerbsgründen mit dem Ziel einheitlicher Ladenöffnungszeiten für allgemeinverbindlich erklärt werden.

Das öffentliche Interesse wird in § 5 I 2 TVG konkretisiert. **Überwiegende Bedeutung** 1032
für die Gestaltung der Arbeitsbedingungen iSd § 5 I 2 Nr. 1 TVG erlangt ein Tarifvertrag in seinem Geltungsbereich regelmäßig dann, wenn er eine gewisse Akzeptanz am Arbeitsmarkt hat, wobei es auf die tatsächliche Tarifanwendung ankommt. Hintergrund der Regelung ist, dass ein allgemeinverbindlicher Tarifvertrag die Berufsausübungs- und Vertragsfreiheit der nicht verbandsangehörigen Arbeitgeber erheblich beschränkt. Die nicht organisierten Arbeitgeber, sofern diese die Mehrheit der Arbeitsverhältnisse stellen, der zwingenden Wirkung eines Minderheitentarifvertrages zu unterstellen, der sich in seinem Geltungsbereich am Arbeitsmarkt nicht durchgesetzt hat, kann im Einzelfall unverhältnismäßig sein. Eine feste Größe, wie man die Akzeptanz des Tarifvertrages auf dem Arbeitsmarkt misst und die mit dem 50%-Quorum nach § 5 I 1 Nr. 1 TVG aF früher bestand, existiert nun nicht mehr. Insoweit wird man aber davon ausgehen müssen, dass es in der Abwägung besonders triftiger Gründe bedarf, um einen Minderheitstarifvertrag im Wege der Allgemeinverbindlicherklärung auf die nicht Tarifgebundenen zu erstrecken.[147]

Unter **wirtschaftlicher Fehlentwicklung** iSd § 5 I 2 Nr. 2 TVG wird nach den Geset- 1033
zesmaterialien der Fall verstanden, dass in Regionen und Wirtschaftszweigen Tarif-

142 S. dazu BAG 21.9.2016 – 10 ABR 33/15, NZA Beil. 1/2017, 12.

143 *Löwisch/Rieble* TVG § 5 Rn. 1ff., 9ff. mwN.

144 ErfK/*Franzen* TVG § 5 Rn. 17; *Löwisch/Rieble* TVG § 5 Rn. 162f.

145 BAG 21.9.2016 – 10 ABR 33/15, NZA Beil. 1/2017, 12; s. auch BAG 28.3.1990 – 4 AZR 536/89, NZA 1990, 781; zum Abwägungsgebot und zur Abwägungskontrolle im Einzelnen *Löwisch/Rieble* TVG § 5 Rn. 165ff.

146 BAG 24.1.1979 – 4 AZR 377/77, AP TVG § 5 Nr. 16; *Löwisch/Rieble* TVG § 5 Rn. 32ff., 35.

147 *Löwisch/Rieble* TVG § 5 Rn. 178ff.

strukturen erodieren oder die Aushöhlung der tariflichen Ordnung den Arbeitsfrieden gefährdet. Hier soll, wenn der Verbreitungsgrad der Tarifverträge gering und der Organisationsgrad der Tarifvertragsparteien schwach ist, ein besonderes Bedürfnis bestehen, »eine bedrängte tarifliche Ordnung zu stützen und damit in diesen Bereichen angemessene Arbeitsbedingungen zu gewährleisten«. Die Stützung der tariflichen Ordnung soll nur dann nicht möglich sein, »wenn der Tarifvertrag von im konkreten Bereich völlig unbedeutenden Koalitionen abgeschlossen worden ist«.[148] Es ist freilich nicht möglich, mit dieser Begründung den Außenseiterwettbewerb auszuschalten und schwachen Tarifvertragsparteien zum Erfolg zu verhelfen. Denn das Gesetz spricht von wirtschaftlicher Fehlentwicklung. Darunter ist eine solche auf dem Güter- und Dienstleistungsmarkt zu verstehen und nicht eine soziale Fehlentwicklung.[149] Zudem muss die wirtschaftliche Fehlentwicklung negative Folgen für die Wirksamkeit der tarifvertraglichen Normsetzung haben und eine Absicherung durch Allgemeinverbindlicherklärung verlangen.[150]

1033a Für allgemeinverbindlich werden in der Regel mehrere **Tarifverträge der Bauwirtschaft** erklärt, in der eine verhältnismäßig große Zahl kleinerer Unternehmer nicht organisiert ist. Insbesondere wird mit der Allgemeinverbindlicherklärung das Funktionieren der gemeinsamen Einrichtungen der Bauwirtschaft (→ Rn. 1021 f.) sichergestellt. Die Voraussetzungen, unter denen ein Tarifvertrag, der die Einziehung von Beiträgen und die Gewährung von Leistungen durch eine **gemeinsame Einrichtung der Tarifvertragsparteien** über den Erholungsurlaub, Urlaubsentgelt oder ein zusätzliches Urlaubsgeld (Urlaubskassen), über eine betriebliche Altersversorgung iSd Betriebsrentengesetzes oder über weitere näher bezeichnete Gegenstände regelt, für allgemeinverbindlich erklärt werden kann, sind durch das **Tarifautonomiestärkungsgesetz** v. 11.8.2014 ebenfalls gelockert und in § 5 Ia TVG gesondert geregelt worden. Vorausgesetzt werden lediglich ein gemeinsamer Antrag der Tarifvertragsparteien und das Einvernehmen mit dem Tarifausschuss. Zudem muss die Allgemeinverbindlicherklärung zur Sicherung der Funktionsfähigkeit der gemeinsamen Einrichtung erfolgen. Dabei ist auch eine besondere Regelung zur Tarifkonkurrenz (→ Rn. 1042, 1047c) geschaffen worden, nach der ein nach § 5 Ia TVG für allgemeinverbindlich erklärter Tarifvertrag vom Arbeitgeber auch dann einzuhalten ist, wenn er nach § 3 TVG an einen anderen Tarifvertrag gebunden ist (§ 5 IV 2 TVG). Tarifverträge über gemeinsame Einrichtungen, die nicht unter Abs. 1 a fallen, können auch weiterhin nach § 5 I TVG für allgemeinverbindlich erklärt werden.[151]

c) Tarifnormerstreckung durch Rechtsverordnung

1034 Eine besondere Möglichkeit der Erstreckung von Tarifnormen auf Tarifaußenseiter sieht das Arbeitnehmerentsendegesetz (AEntG) vor. Von einer das Baugewerbe betreffenden Ausnahme abgesehen, nach der auch eine Allgemeinverbindlicherklärung nach § 5 TVG (→ Rn. 1028 ff.) in den Anwendungsbereich des Gesetzes fällt, findet hier die Tarifnormerstreckung durch **Rechtsverordnung** statt. Das gilt allerdings nur für Tarifverträge über die in § 5 AEntG genannten Arbeitsbedingungen. Auch war die Ermächtigung des Bundesministeriums für Arbeit und Soziales zur Tarifnormerstreckung durch Rechts-

---

148 BT-Drs. 18/1558, 58 f.
149 *Löwisch/Rieble* TVG § 5 Rn. 205.
150 Näher dazu *Löwisch/Rieble* TVG § 5 Rn. 203 ff.
151 BT-Drs. 18/1558, 22, 59 f.

verordnung bis zum Jahr 2014 auf bestimmte Branchen beschränkt, was die Verordnungsermächtigung des § 7 I iVm § 4 I AEntG noch heute widerspiegelt. Neben Tarifverträgen der Bauwirtschaft, für die die Vorläuferbestimmungen des heutigen AEntG im Jahr 1996 in Kraft gesetzt worden waren,[152] sind zwischen den Jahren 2007 und 2014 Tarifverträge der Gebäudereinigung, für Briefdienstleistungen, für Sicherheitsdienstleistungen, für Bergbauspezialarbeiten auf Steinkohlebergwerken, für Wäschereidienstleistungen im Objektkundengeschäft, der Abfallwirtschaft einschließlich Straßenreinigung und Winterdienst, für Aus- und Weiterbildungsdienstleistungen nach dem Zweiten oder Dritten Buch Sozialgesetzbuch und schließlich für Schlachten und Fleischverarbeitung in den Anwendungsbereich des Gesetzes einbezogen worden (§ 4 I AEntG). Indessen ist mit dem **Tarifautonomiestärkungsgesetz** (→ Rn. 1030) der Geltungsbereich des AEntG auf alle anderen Branchen erweitert worden (§ 4 II AEntG). Die Ermächtigung, Tarifverträge dieser Branchen über die in § 5 AEntG genannten Arbeitsbedingungen durch Rechtsverordnung verbindlich zu machen, ist in § 7a AEntG geregelt.

Die Erstreckung von Tarifnormen durch Rechtsverordnung nach dem AEntG setzt **1035** einen **gemeinsamen Antrag** der Parteien des zu erstreckenden Tarifvertrages sowie ein **öffentliches Interesse** voraus (vgl. § 7 I AEntG für die in § 4 I AEntG ausdrücklich genannten Branchen sowie § 7a I AEntG für die anderen Branchen). Teilweise ist auch der aus den Vertretern der Spitzenorganisationen bestehende Tarifausschuss nach § 5 I 1 TVG mit dem Antrag zu befassen (§ 7 V AEntG, § 7a IV AEntG).

Mit dem AEntG verfolgt der Gesetzgeber einen **doppelten Zweck:** Einerseits setzt er **1036** die **Entsende-RL**[153] (→ Rn. 165 und → Rn. 180) um, indem gem. § 2 AEntG bestimmte, in Rechts- und Verwaltungsvorschriften enthaltene Regelungen zum Schutz der Arbeitnehmer auf Arbeitsverhältnisse zwischen einem im Ausland ansässigen Arbeitgeber und seinen nach Deutschland entsandten Arbeitnehmern zwingend anzuwenden sind. Tarifverträge über Mindestentgeltsätze einschließlich der Überstundensätze, über die Dauer des Erholungsurlaubs, das Urlaubsentgelt sowie ein zusätzliches Urlaubsgeld, über die Einziehung von Beiträgen und die Gewährung von Leistungen im Zusammenhang mit Urlaubsansprüchen durch eine gemeinsame Einrichtung der Tarifvertragsparteien sowie über weitere in § 5 AEntG genannte Bedingungen erfassen, wenn sie durch Rechtsverordnung nach § 7 AEntG oder § 7a AEntG erstreckt worden sind oder – das gilt insoweit nur noch für das Baugewerbe – nach § 5 TVG für allgemeinverbindlich erklärt worden sind, auch die Arbeitsverhältnisse der aus dem Ausland nach Deutschland entsandten und im räumlichen Geltungsbereich des Tarifvertrages beschäftigten Arbeitnehmer mit **international-privatrechtlich zwingender Wirkung** (§ 3 AEntG). Der Arbeitgeber ist nach § 8 I AEntG verpflichtet, seinen Arbeitnehmern die tariflichen Mindestarbeitsbedingungen zu leisten – was sich freilich schon aus der Rechtsnormwirkung des Tarifvertrages (→ Rn. 1060) ergibt.[154]

Führt zB ein polnischer Bauunternehmer auf einer in Deutschland gelegenen Baustelle Bauleistungen durch, was ihm die Dienstleistungsfreiheit erlaubt (Art. 56ff. AEUV), ist er verpflichtet, seinen nach Deutschland entsandten Arbeitnehmern den Mindestlohn nach dem durch Rechtsverordnung erstreckten TV-Mindestlohn der Bauwirtschaft zu zahlen und Beiträge zu der Urlaubs- und Lohnausgleichs-

152 Vgl. § 1 I des Gesetzes über zwingende Arbeitsbedingungen bei grenzüberschreitenden Dienstleistungen (Arbeitnehmer-Entsendegesetz – AEntG) v. 26.2.1996 (BGBl. 1996 I 227).

153 RL 96/71/EG des Europäischen Parlaments und des Rates über die Entsendung von Arbeitnehmern im Rahmen der Erbringung von Dienstleistungen v. 16.12.1996, ABl. 1997 L 18, 1.

154 *Löwisch* RdA 2009, 215 (217).

kasse der Bauwirtschaft nach Maßgabe des allgemeinverbindlichen Verfahrenstarifvertrags (VTV) zu entrichten.[155] Die Kontrolle und Durchsetzung obliegt nach §§ 16ff. AEntG dem Zoll.

1037 Zum anderen hat der Gesetzgeber das AEntG mit der am 24.4.2009 in Kraft getretenen Neufassung[156] zu einem **Instrument branchenspezifischer Mindestlöhne** fortentwickelt. So können Mindestlohntarifverträge durch Rechtsverordnung der Bundesregierung auch dann erstreckt werden, wenn im Tarifausschuss lediglich zwei oder drei Ausschussmitglieder für den Antrag stimmen (§ 7 V 3 und § 7a IV 3 AEntG). Eine Ablehnung der Tariflohnerstreckung zB durch die Arbeitgeberseite im Ausschuss kann so überwunden werden. Zwingend ist ein **tariflicher Mindestlohn** im Anwendungsbereich des AEntG zudem, weil er auch die deutschem Arbeitsrecht unterfallenden Arbeitsverhältnisse erfasst und vom Arbeitgeber auch dann zu beachten ist, wenn er nach § 3 TVG oder kraft Allgemeinverbindlicherklärung nach § 5 TVG an einen anderen Tarifvertrag gebunden ist (§ 8 II AEntG).[157] Derartige nach dem AEntG erstreckte tarifliche Mindestlöhne stehen neben dem allgemeinen gesetzlichen Mindestlohn nach dem MiLoG, der ebenfalls mit dem Tarifautonomiestärkungsgesetz zum 1.1.2015 eingeführt wurde (→ Rn. 302). Nach § 24 I 1 MiLoG und § 24a AEntG kann der allgemeine gesetzliche Mindestlohn durch einen nach dem AEntG erstreckten tariflichen Mindestlohn bis zum 31.12.2017 unterschritten werden, wobei ab dem 1.1.2017 der abweichende tarifliche Mindestlohn mindestens ein Entgelt von 8,50 EUR je Zeitstunde vorsehen muss. Ab dem 1.1.2018 ist der gesetzliche Mindestlohn auch insoweit zwingend. Damit stellt sich die Frage, ob branchenspezifische Mindestlöhne durch eine Tariflohnerstreckung auf Tarifaußenseiter neben dem allgemeinen gesetzlichen Mindestlohn noch verfassungsrechtlich gerechtfertigt sind.[158]

Ein eigenständiges Verfahren zur Verordnung eines Mindestlohns und von Regelungen zum Urlaub, das keine Erstreckung von Tarifverträgen vorsieht, existiert für die **Pflegebranche.** Geregelt ist es – systematisch verfehlt – in den §§ 10ff. AEntG.[159] Zudem besteht ein besonderes Verfahren zur Bestimmung einer Lohnuntergrenze für die **Leiharbeit** in § 3a AÜG, das ebenfalls zu einer Festsetzung des Mindestlohns durch Rechtsverordnung führt (→ Rn. 906f.).[160] Von beiden Ermächtigungen hat das Bundesministerium für Arbeit und Soziales Gebrauch gemacht.

d) Tariftreue im Vergaberecht

1038 Auf eine Allgemeinverbindlicherklärung außerhalb der Voraussetzungen von § 5 TVG zielten gesetzliche Bestimmungen über die **Tariftreue im Vergaberecht,** die von einer Reihe von Bundesländern erlassen worden waren. Nach diesen Gesetzen wurde zwar keine zwingende Tarifgebundenheit iSv § 5 IV TVG oder § 3 AEntG bewirkt. Jedoch mussten sich Unternehmen, die sich um öffentliche Bauaufträge oder um Aufträge zur Erbringung von Leistungen des öffentlichen Personennahverkehrs bewarben, zur Anwendung der am Ort der Leistung geltenden Entgelttarifverträge verpflichten. Im

155 Zur Unwirksamkeit der Allgemeinverbindlicherklärungen des VTV des Baugewerbes der Jahre 2008, 2010 und 2012 bis 2014 nach § 5 TVG aF s. allerdings BAG 21.9.2016 – 10 ABR 33/15, NZA Beil. 1/2017, 12; BAG 21.9.2016 – 10 ABR 48/15, BeckRS 2016, 74224; BAG 25.1.2017 – 10 ABR 43/15, PM; BAG 25.1.2017 – 10 ABR 34/15, PM.

156 Gesetz über zwingende Arbeitsbedingungen für grenzüberschreitend entsandte und für regelmäßig im Inland beschäftigte Arbeitnehmer und Arbeitnehmerinnen (Arbeitnehmer-Entsendegesetz – AEntG) v. 20.4.2009 (BGBl. 2009 I 799).

157 Dazu näher *Löwisch/Rieble* TVG § 4a Rn. 316ff.; AR/*Krebber* AEntG § 8 Rn. 3.

158 Verneinend *Löwisch/Rieble* TVG Grundl. Rn. 215; europarechtliche Bedenken bei *Sittard* RdA 2013, 301 (308).

159 Näher dazu *Löwisch* RdA 2009, 215 (219ff.); AR/*Krebber* AEntG §§ 10–13 Rn. 1ff.

160 Näher dazu AR/*Reineke/Beck* AÜG § 3a Rn. 1ff.; ErfK/*Wank* AÜG § 3a Rn. 1ff.

Gegensatz zum BGH[161] sah das BVerfG in den Tariftreuebestimmungen der Vergabegesetze der Länder weder einen Verstoß gegen die Kompetenzvorschriften des Grundgesetzes noch eine Verletzung von Art. 9 III und 12 I GG.[162]

Auf Vorlage des OLG Celle[163] hat der EuGH in der *Rüffert*-Entscheidung in derartigem Tariftreueverlangen allerdings einen **Verstoß gegen die Entsende-RL** (→ Rn. 165) erblickt. Zugrunde lag ein Fall, in dem ein polnisches Bauunternehmen als Nachunternehmer eingesetzt worden war. Die Entsende-RL lasse sich – im Lichte der Dienstleistungsfreiheit des Art. 56 AEUV – nicht dahin auslegen, dass es einem Mitgliedstaat erlaubt sei, die Erbringung einer Dienstleistung in seinem Hoheitsgebiet davon abhängig zu machen, dass Arbeits- und Beschäftigungsbedingungen einzuhalten seien, die über die zwingenden Bestimmungen über ein Mindestmaß an Schutz hinausgingen. Die Richtlinie gebe den Grad an Schutz vor, den der Aufnahmemitgliedstaat in anderen Mitgliedstaaten ansässigen Unternehmen abzuverlangen berechtigt sei.[164] Konsequenz dieser Entscheidung ist, dass Tariftreuegesetze die Tariftreueverpflichtung, soweit die europäische Dienstleistungsfreiheit betroffen ist, auf nach dem AEntG erstreckte Tarifverträge beschränken müssen und dies, unabhängig von der Entsendesituation, inzwischen auch tun.[165] 1039

Nach der *Rüffert*-Entscheidung des EuGH haben mehrere Bundesländer sog. **»vergabespezifische Mindestlöhne«** durch Gesetz eingeführt, die den bei der öffentlichen Auftragsvergabe vom Auftragnehmer einzuhaltenden Mindestlohn im Einzelnen beziffern. Die Vereinbarkeit dieser Regelungen mit der europäischen Dienstleistungsfreiheit war umstritten. Insbesondere war unter Bezugnahme auf die *Rüffert*-Entscheidung geltend gemacht worden, dass der von einem Mitgliedstaat als erforderlich angesehene Arbeitnehmerschutz grundsätzlich nur dann eine Beschränkung der Dienstleistungsfreiheit rechtfertigen könne, wenn er umfassend Geltung besitze und nicht davon abhängig sei, ob der Arbeitnehmer in Ausführung eines öffentlichen Auftrags oder eines privaten Auftrags tätig werde.[166]
Diese Sichtweise hat der EuGH unter Verweis auf die damals einschlägige Vergabe-RL 2004[167] zwischenzeitlich verworfen. Er hält vergabespezifische Mindestlöhne für zulässig, wenn das Vergabegesetz den Mindestlohn selbst festlegt.[168] Durch die Schaffung eines allgemeinen gesetzlichen Mindestlohns (→ Rn. 302) ist die Verfassungsmäßigkeit eines zusätzlichen Vergabemindestlohns allerdings wieder fraglich geworden, da die Arbeitnehmer durch den allgemeinen Mindestlohn bereits hinreichend geschützt sind.[169]

Umstritten ist, inwieweit noch besondere Tariftreueregelungen für die Vergabe im öffentlichen Personennahverkehr zulässig sind.[170]

e) Tarifgebundenheit im Falle von Betriebsnormen und Betriebsverfassungsnormen

Tarifnormen über betriebliche und betriebsverfassungsrechtliche Fragen (→ Rn. 1019ff.) 1040
gelten nach § 3 II TVG für alle Arbeitnehmer der Betriebe, deren Arbeitgeber tarifgebun-

161 Vorlagebeschluss BGH 18.1.2000 – KVR 23/98, NZA 2000, 327.

162 BVerfG 11.7.2006 – 1 BvL 4/00, BVerfGE 116, 202 = NZA 2007, 42.

163 OLG Celle 3.8.2006 – 13 U 72/06, NZBau 2006, 660.

164 EuGH 3.4.2008 – C-346/06, Slg. 2008, I-1989 = NZA 2008, 537 – Rüffert.

165 *Löwisch/Rieble* TVG § 5 Rn. 458; Kempen/Zachert/*Seifert* TVG § 5 Anhang 2 Rn. 25f.

166 *Pünder/Klafki* NJW 2014, 429 (430ff.); Kempen/Zachert/*Seifert* TVG § 5 Anhang 2 Rn. 27; aA *Greiner* ZIP 2011, 2129 (2134).

167 RL 2004/18/EG des Europäischen Parlaments und des Rates über die Koordinierung der Verfahren zur Vergabe öffentlicher Bauaufträge, Lieferaufträge und Dienstleistungsaufträge v. 31.3.2004, ABl. 2004 L 134, 114; nunmehr RL 2014/24/EU des Europäischen Parlaments und des Rates über die öffentliche Auftragsvergabe und zur Aufhebung der Richtlinie 2004/18/EG v. 26.2.2014, ABl. 2014 L 94, 65.

168 EuGH 17.11.2015 – C-115/14, NZA 2016, 155 – RegioPost; dazu ErfK/*Franzen* TVG § 5 Rn. 30f.; *Löwisch/Rieble* TVG § 5 Rn. 459ff.

169 *Löwisch/Rieble* TVG § 5 Rn. 471f.

170 S. dazu *Löwisch/Rieble* TVG § 5 Rn. 474ff.; Kempen/Zachert/*Seifert* TVG § 5 Anhang 2 Rn. 7, 28.

den sind. Auf die Mitgliedschaft des einzelnen Arbeitnehmers in der tarifschließenden Gewerkschaft kommt es nicht an. Die betriebseinheitliche Regelung ist bei diesen Normen praktisch notwendig und muss deshalb von den nicht organisierten Arbeitnehmern hingenommen werden.

1041 § 3 II TVG darf nicht dazu genutzt werden, auch den Inhalt der Arbeitsverhältnisse nicht organisierter Arbeitnehmer tariflich zu regeln. Inhaltsnormen können nur auf dem Weg über die Allgemeinverbindlicherklärung, an der der Staat mitwirkt (→ Rn. 1028 ff.), oder durch Rechtsverordnung (→ Rn. 1034 ff.) auf die Nichtorganisierten erstreckt werden. Eine Tarifnorm, die dem Arbeitgeber vorschreibt, welcher Prozentsatz der Belegschaft mit Überstunden beschäftigt werden darf, als Betriebsnorm aufzufassen, deren Geltung nach § 3 II TVG nur die Tarifbindung des Arbeitgebers erfordert,[171] begegnet deshalb verfassungsrechtlichen Bedenken.

f) Tarifkollisionen

1042 Nicht selten kommt es dazu, dass Arbeitsverhältnisse gleichzeitig mehreren Tarifverträgen mit zumindest auf einer Seite verschiedenen Tarifparteien unterfallen. Soweit diese Tarifverträge sich nicht nur ergänzen, sondern sich mit ihren Regelungsbereichen überschneiden und für ein und dasselbe Arbeitsverhältnis normativ gelten, liegt eine **Tarifkonkurrenz** vor.[172] Diese tritt zB ein, wenn der Arbeitgeber und der Arbeitnehmer an einen Verbandstarifvertrag gebunden sind und der Arbeitgeber mit derselben Gewerkschaft einen Haustarifvertrag schließt, der vom Verbandstarifvertrag abweichende Arbeitszeit- und Entgeltregelungen enthält. Hier muss entschieden werden, welche dieser Regelungen im Arbeitsverhältnis zur Anwendung kommen (→ Rn. 1047 c). Gleiches gilt, wenn der Arbeitgeber in einen anderen Arbeitgeberverband übertritt, der einen Tarifvertrag mit derselben Gewerkschaft geschlossen hat, oder wenn das Arbeitsverhältnis neben einem kraft Tarifbindung gem. § 3 TVG geltenden Tarifvertrag auch von einem für allgemeinverbindlich erklärten Tarifvertrag erfasst wird. Keine Tarifkonkurrenz entsteht dagegen, wenn im Arbeitsvertrag auf einen Tarifvertrag Bezug genommen wird und zugleich ein anderer Tarifvertrag kraft Tarifbindung gilt[173] (zu dieser Konstellation → Rn. 1062).

1043 Vom Fall der Tarifkonkurrenz ist der Fall der **Tarifpluralität** zu unterscheiden. Bei unterschiedlicher Organisationszugehörigkeit (Gewerkschaftszugehörigkeit) der Arbeitnehmer eines Arbeitgebers kann es zur Geltung verschiedener Tarifverträge im Betrieb des Arbeitgebers kommen, wenn dieser selbst oder sein Verband Tarifverträge mit verschiedenen Gewerkschaften geschlossen hat.

1044 Die Auflösung der eigentlichen Tarifkonkurrenz ist im Tarifvertragsgesetz nicht geregelt. Für Fälle der Tarifpluralität hat der Gesetzgeber mit dem **Tarifeinheitsgesetz v. 3.7.2015**[174] nun aber eine Regelung geschaffen. Dem Tarifeinheitsgesetz ging voraus, dass das BAG im Jahr 2010 seine Rechtsprechung zur sog. »Tarifeinheit« aufgegeben hat.[175] Zuvor war das BAG dem **Grundsatz der Tarifeinheit** gefolgt, welcher besagt, dass im Betrieb immer nur die Bestimmungen eines Tarifwerks derselben Tarifvertrags-

171 BAG 17.6.1997 – 1 ABR 3/97, NZA 1998, 213.
172 Näher ErfK/*Franzen* TVG § 4 a Rn. 29; *Löwisch/Rieble* TVG § 4 a Rn. 9.
173 BAG 22.10.2008 – 4 AZR 784/07, NZA 2009, 151 mwN.
174 BGBl. 2015 I 1130.
175 BAG 7.7.2010 – 4 AZR 549/08, NZA 2010, 1068.

parteien Anwendung finden können und Tarifverträge anderer Tarifvertragsparteien von diesen verdrängt werden. Das BAG war früher der Auffassung, dass im Betrieb die Tarifanwendung nur einheitlich erfolgen könne[176] (»ein Betrieb – eine Gewerkschaft«). Diese Rechtsprechung hatte zur Konsequenz, dass Mitglieder der Gewerkschaft, deren Tarifvertrag von den »Obsiegenden« verdrängt wurde, auf den Status von Nichtorganisierten zurückfielen. Für sie galt kein Tarifvertrag: ihr Tarifvertrag nicht, weil er verdrängt wurde, und der andere Tarifvertrag mangels Mitgliedschaft in der tarifschließenden Gewerkschaft nicht.[177] Diese Rechtsprechung hatte auch die nicht unumstrittene Konsequenz, dass mit Berufsgruppen- bzw. Spartengewerkschaften (→ Rn. 926) abgeschlossene Tarifverträge verdrängt wurden, weil sich der Grundsatz der Sachnähe, nach welchem die Tarifpluralität hin zu einer einheitlichen Tarifanwendung aufzulösen war, auf den Betrieb insgesamt und nicht nur auf einzelne Arbeitnehmergruppen bezog.[178] Mit dem sachnäheren war der speziellere Tarifvertrag (→ Rn. 1047 c) gemeint.

In der Rechtsprechung zur Tarifeinheit ist zu Recht ein **Verstoß gegen Art. 9 III GG** 1045
erblickt worden.[179] Verletzt wurden sowohl die Tarifautonomie der Tarifvertragsparteien, die den verdrängten Tarifvertrag abgeschlossen hatten, als auch die individuelle Koalitionsfreiheit ihrer Mitglieder, was das BAG zu seiner Rechtsprechungswende im Jahr 2010 veranlasst hat.[180] Diese hatte zur Folge, dass eine Tarifpluralität nicht mehr aufzulösen war mit der Konsequenz, dass der Arbeitgeber gegenüber den jeweils tarifgebundenen Arbeitnehmern die jeweils mit den verschiedenen Gewerkschaften abgeschlossenen Tarifverträge anwenden musste.

Forderungen von BDA und DGB, die Tarifeinheit im Betrieb wieder herzustellen, ins- 1046
besondere um die Entfaltungsmöglichkeiten von Berufsgruppen- und Spartengewerkschaften (→ Rn. 926) zu beschneiden,[181] ist der Gesetzgeber mit dem **Tarifeinheitsgesetz v. 3.7.2015** nachgekommen. Mit dem neu geschaffenen § 4 a TVG will er Tarifkollisionen im Betrieb vermeiden (§ 4 a I TVG), soweit diese auf einer Tarifbindung gem. § 3 TVG an mehrere Tarifverträge unterschiedlicher Gewerkschaften beruhen (§ 4 a II 1 TVG). Dazu enthält § 4 a II 2 TVG die zentrale Regelung: »Soweit sich die Geltungsbereiche nicht inhaltsgleicher Tarifverträge verschiedener Gewerkschaften überschneiden (kollidierende Tarifverträge), sind im Betrieb nur die Rechtsnormen des Tarifvertrags derjenigen Gewerkschaft anwendbar, die zum Zeitpunkt des Abschlusses des zuletzt abgeschlossenen kollidierenden Tarifvertrags im Betrieb die meisten in einem Arbeitsverhältnis stehenden Mitglieder hat.« **Voraussetzung der Tarifeinheit** ist demnach, dass sich die Geltungsbereiche von Tarifverträgen (→ Rn. 1023), die mit verschiedenen Gewerkschaften abgeschlossen wurden, überschneiden, und dass die Tarifverträge nicht inhaltsgleich sind. Die Kollisionsregel des § 4 a II 2 TVG soll nur dann zur Anwendung kommen, wenn es den verschiedenen Tarifvertragspar-

176 BAG 5.9.1990 – 4 AZR 59/90, NZA 1991, 202; BAG 20.3.1991 – 4 AZR 455/90, NZA 1991, 736; BAG 4.12.2002 – 10 AZR 113/02, AP TVG § 4 Tarifkonkurrenz Nr. 28.

177 BAG 20.3.1991 – 4 AZR 455/90, NZA 1991, 736 sprach insoweit von einem »tariffreien Raum«.

178 *Bayreuther* BB 2005, 2633 (2640); *Rieble* SAE 2006, 89 (93); aA Jacobs/Krause/Oetker/Schubert/*Jacobs*, Tarifvertragsrecht, § 7 Rn. 218.

179 Umfassend *Rieble*, Verfassungsfragen der Tarifeinheit, 2010.

180 BAG 7.7.2010 – 4 AZR 549/08, NZA 2010, 1068.

181 Gemeinsames Eckpunktepapier von BDA und DGB v. 4.6.2010: Funktionsfähigkeit der Tarifautonomie sichern – Tarifeinheit gesetzlich regeln, RdA 2010, 315 ff.; s. auch *Giesen* ZfA 2011, 1 ff.; zu einem weiteren Vorschlag *Bayreuther/Franzen* ua, Tarifpluralität als Aufgabe des Gesetzgebers, 2011; im Überblick *Franzen*, FS Bepler, 2012, 171 ff.

teien nicht gelingt, Tarifkollisionen durch autonome Entscheidungen zu vermeiden, indem zB die Geltungsbereiche der Tarifverträge für verschiedene Arbeitnehmergruppen voneinander abgegrenzt oder inhaltsgleiche Tarifverträge vereinbart werden.[182]

1047 Anders als nach der früheren Rechtsprechung zur Tarifeinheit erfolgt die Auflösung der Tarifpluralität nicht mehr nach dem Grundsatz der Sachnähe (Spezialität), sondern nach dem **betriebsbezogenen Mehrheitsprinzip.** Anwendbar ist der Tarifvertrag, der von derjenigen Gewerkschaft abgeschlossen wurde, die im Betrieb die meisten Mitglieder hat, wobei es auf die relative Mehrheit im Zeitpunkt des zuletzt abgeschlossenen kollidierenden Tarifvertrages ankommt. Nach § 4a II 3 TVG ist ein späterer Zeitpunkt für die Mehrheitsfeststellung maßgeblich, wenn die Tarifverträge erst zu einem späteren Zeitpunkt kollidieren, was zB der Fall sein kann, wenn der Arbeitgeber erst später dem tarifschließenden Arbeitgeberverband beitritt oder ein Betrieb erst nachträglich neu gegründet wird.[183] Maßgeblichlich ist der betriebsverfassungsrechtliche Betriebsbegriff (→ Rn. 1200f.),[184] wobei auch ein gemeinsamer Betrieb mehrerer Unternehmen nach § 1 I 2 BetrVG und ein durch Tarifvertrag nach § 3 I Nr. 1–3 BetrVG errichteter Betrieb nach näherer Maßgabe des § 4a II 4 und 5 TVG als Betrieb iSd Vorschrift gelten. Die alleinige Anwendbarkeit des Tarifvertrages der Mehrheitsgewerkschaft nach § 4a II 2 TVG führt nicht dazu, dass der mit der Minderheitsgewerkschaft abgeschlossene Tarifvertrag unwirksam wird. Jedoch werden seine Rechtsnormen für die Dauer der Kollisionslage in dem entsprechenden Betrieb verdrängt.[185] Ein besonderer »Nachzeichnungsanspruch« der Gewerkschaft, deren Tarifvertrag verdrängt wird (§ 4a IV TVG), sowie eine Bekanntmachungs- und Anhörungspflicht (§ 4a V TVG) sollen den Belangen der Minderheitsgewerkschaft Rechnung tragen.[186]

1047a In einem besonderen Beschlussverfahren, welches der Gesetzgeber mit dem Tarifeinheitsgesetz in § 99 ArbGG vorgesehen hat, kann eine **gerichtliche Entscheidung** über den nach § 4a II 2 TVG im Betrieb anwendbaren Tarifvertrag herbeigeführt werden, wobei ein rechtskräftiger Beschluss für und gegen jedermann wirkt (→ Rn. 1735). Auch wurde in § 58 III ArbGG geregelt, dass über die Zahl der in einem Arbeitsverhältnis stehenden Mitglieder einer Gewerkschaft in einem Betrieb und damit für die Mehrheitsfeststellung iSd § 4a II 2 TVG Beweis auch durch die Vorlegung öffentlicher Urkunden angetreten werden kann, was die Einschaltung eines Notars ermöglichen soll (→ Rn. 1730, → Fall 104). Ob es zur Tarifeinheit gem. § 4a II 2 TVG nur auf Antrag einer Tarifvertragspartei eines kollidierenden Tarifvertrages durch gerichtliche Entscheidung im Verfahren nach § 99 ArbGG kommt,[187] oder ob § 4a II 2 TVG ipso jure materiell-rechtliche Wirkung entfaltet,[188] ist umstritten.

Arbeitskampfrechtliche Fragen regelt das Tarifeinheitsgesetz nicht, obwohl hier der eigentliche Grund für seinen Erlass liegt. In den Gesetzesmaterialien steht sogar ausdrücklich, dass die Regelungen zur Tarifeinheit das **Arbeitskampfrecht** nicht ändern.[189] Zugleich wird dort aber die Einschätzung geäußert,

182 BT-Drs. 18/4062, 9; ErfK/*Franzen* TVG § 4a Rn. 6, 10.

183 BT-Drs. 18/4062, 13; ErfK/*Franzen* TVG § 4a Rn. 16.

184 BeckOK ArbR/*Giesen,* 42. Ed. 1.12.2016, TVG § 4a Rn. 18; *Löwisch/Rieble* TVG § 4a Rn. 81ff.; krit. ErfK/*Franzen* TVG § 4a Rn. 18ff.

185 ErfK/*Franzen* TVG § 4a Rn. 17; *Löwisch/Rieble* TVG § 4a Rn. 174.

186 BT-Drs. 18/4062, 9.

187 So *Löwisch* NZA 2015, 1369ff.; *Löwisch/Rieble* TVG § 4a Rn. 253ff., 259.

188 So *Bepler* in Däubler/Bepler, Das neue Tarifeinheitsrecht, 2016, Rn. 63ff., 123; ErfK/*Franzen* TVG § 4a Rn. 3, 17; HWK/*Henssler* TVG § 4a Rn. 36.

189 BT-Drs. 18/4062, 12.

dass über die Verhältnismäßigkeit von Arbeitskämpfen, mit denen ein kollidierender Tarifvertrag erwirkt werden soll, im Einzelfall im Sinne des Prinzips der Tarifeinheit zu entscheiden sein werde.[190] Die Vorstellung ist also, dass ein Streik um einen Tarifvertrag, der sich in der Tarifkollision nicht durchsetzt, unverhältnismäßig und damit rechtswidrig ist (vgl. dazu allgemein → Rn. 1128ff.). Dem kann nicht gefolgt werden: So hat schon unter der richterrechtlichen Tarifeinheit das BAG diese Schlussfolgerung nicht gezogen.[191] Vor allem aber legt § 4a II 2 TVG den Zeitpunkt des zuletzt abgeschlossenen kollidierenden Tarifvertrages als für die Herstellung der Tarifeinheit maßgeblich fest. Der Abschluss des Tarifvertrages und damit der für die Feststellung der Mehrheit maßgebliche Zeitpunkt liegt also zeitlich nach einem Arbeitskampf, der um diesen Tarifvertrag geführt wird. Auch kann es der Gewerkschaft durchaus gelingen, im Zuge eines Streiks Arbeitnehmer zum Beitritt zu bewegen, was sich auf die Mehrheitsverhältnisse auswirken kann. Ferner kann sich der Tarifvertrag in einem Betrieb des Arbeitgebers durchsetzen und in einem anderen nicht. Schließlich setzt das Nachzeichnungsrecht der Minderheitsgewerkschaft gem. § 4a IV TVG den Abschluss eines Tarifvertrages der Minderheitsgewerkschaft voraus, den diese dann auch durch einen Streik erzwingen dürfen muss.[192]

Die **Verfassungskonformität** des § 4a TVG steht im Streit. Eine nicht gerechtfertigte Beeinträchtigung von Art. 9 III GG, die das BAG bei seiner Abkehr von der richterlichen Tarifeinheit ins Feld geführt hat (→ Rn. 1044f.), liegt auch hier nahe. Verletzt werden die kollektive Koalitionsfreiheit der Tarifvertragsparteien, die den verdrängten Tarifvertrag abgeschlossen haben, und die individuelle Koalitionsfreiheit ihrer Mitglieder. Aus Art. 9 III GG geht ausdrücklich hervor, dass die Koalitionsfreiheit »für alle Berufe« gewährleistet ist, was Berufsgruppengewerkschaften umfasst. Das BVerfG hat den Anträgen mehrerer Berufsgruppengewerkschaften, durch Erlass einer einstweiligen Anordnung den Vollzug des Gesetzes auszusetzen, zwar nicht entsprochen.[193] Ihren Verfassungsbeschwerden gegen das Gesetz werden aber in der Hauptsache durchaus Erfolgsaussichten beigemessen.[194] Das BVerfG wird voraussichtlich noch im Jahr 2017 über die Verfassungsbeschwerden entscheiden. 1047b

Die eigentliche **Tarifkonkurrenz** (→ Rn. 1042) ist durch das Tarifeinheitsgesetz ungeregelt geblieben. Soweit § 4a TVG nicht eingreift, weil die Kollision mit einem für allgemeinverbindlich erklärten Tarifvertrag oder zwischen zwei mit derselben Gewerkschaft geschlossenen Tarifverträgen besteht, sind die bisherigen Grundsätze, nach denen eine Tarifkonkurrenz aufzulösen ist, weiterhin anzuwenden.[195] Das BAG und im Ausgangspunkt auch die überwiegende Auffassung im arbeitsrechtlichen Schrifttum entscheiden nach dem **Grundsatz der Spezialität** (auch Grundsatz der Sachnähe), welcher Tarifvertrag vorgeht. Danach setzt sich der Tarifvertrag durch, der dem Betrieb räumlich, betrieblich, fachlich und persönlich am nächsten steht und deshalb den Erfordernissen und Eigenarten des Betriebs und der darin tätigen Arbeitnehmer am besten gerecht wird.[196] Weil er in diesem Sinne mit seinem engeren Geltungsbereich 1047c

190 BT-Drs. 18/4062, 12.

191 Näher ErfK/*Franzen* TVG § 4a Rn. 26 mN.

192 Zum Ganzen *Fischinger/Monsch* NJW 2015, 2209ff.; *Greiner* NZA 2015, 769 (776f.); *Löwisch* DB 2015, 1102f.

193 BVerfG 6.10.2015 – 1 BvR 1571/15 ua, NZA 2015, 1271.

194 S. die zahlreichen Nachweise für und gegen die Verfassungswidrigkeit bei ErfK/*Linsenmaier* GG Art. 9 Rn. 68c sowie im Beschluss BVerfG 6.10.2015 – 1 BvR 1571 ua, NZA 2015, 1271.

195 Zu den verbliebenen Fallkonstellationen ErfK/*Franzen* TVG § 4a Rn. 28ff.; *Löwisch/Rieble* TVG § 4a Rn. 7ff., 312ff.

196 BAG 14.6.1989 – 4 AZR 200/89, AP TVG § 4 Tarifkonkurrenz Nr. 16; BAG 15.11.2006 – 10 AZR 665/05, NZA 2007, 448; *Gamillscheg* KollektArbR I 755f.; Wiedemann/*Wank* TVG § 4 Rn. 298; weiter differenzierend *Löwisch/Rieble* TVG § 4a Rn. 336ff., 339 und ErfK/*Franzen* TVG § 4a Rn. 33, die zu Recht danach fragen, welchem von mehreren Normgebern die Normsetzungskompetenz zukommt; für differenzierte und normzweckorientierte Lösungen auch *Jacobs/Krois*, FS Bepler, 2012, 241ff.

sachnäher ist, geht zB der Haustarifvertrag einem Verbandstarifvertrag stets vor. Das gilt auch dann, wenn der Haustarifvertrag Regelungen des Verbandstarifvertrags zulasten der Arbeitnehmer verdrängt.[197] Besteht die Tarifkonkurrenz mit einem für allgemeinverbindlich erklärten Tarifvertrag, muss sich – außerhalb des Anwendungsbereichs des AEntG (→ Rn. 1034ff.) und des § 5 IV 2 TVG (→ Rn. 1033a) – angesichts des Verfassungsrangs der Tarifautonomie der autonom geltende Tarifvertrag durchsetzen.[198] Lässt sich, wie das bei der Tarifkonkurrenz von Betriebsnormen vorkommen kann, eine Spezialität nicht feststellen, gilt der Tarifvertrag, der die meisten Arbeitsverhältnisse in einem Betrieb erfasst.[199]

g) Arbeitsvertragliche Bezugnahme auf den Tarifvertrag

1048 Dass der Tarifvertrag grundsätzlich nur für die beiderseits Tarifgebundenen gilt (→ Rn. 1024), hindert den Arbeitgeber nicht, den nichtorganisierten Arbeitnehmern die gleichen Leistungen zu gewähren wie den organisierten. Regelmäßig übernimmt der Arbeitgeber im Arbeitsvertrag eine solche Verpflichtung, indem er auf die ihrem Geltungsbereich nach einschlägigen Tarifverträge Bezug nimmt. Das führt zwar nicht zu einer normativen Wirkung des Tarifvertrages nach §§ 3 I, 4 I TVG wie bei den Gewerkschaftsmitgliedern, hat aber zur Konsequenz, dass der Tarifvertrag schuldrechtlich gilt. Inhalt der Arbeitsverträge wird der Inhalt der in Bezug genommenen Tarifverträge.[200]

1049 Die arbeitsvertragliche Bezugnahme kann in der Weise erfolgen, dass ein bestimmter Tarifvertrag in seiner zum Zeitpunkt der Bezugnahme geltenden Fassung in Bezug genommen wird **(statische Verweisung).** Ist auf den Tarifvertrag in seiner jeweils geltenden Fassung Bezug genommen, handelt es sich um eine **dynamische Verweisung.** Änderungen des in Bezug genommenen Tarifvertrages werden im Arbeitsvertrag automatisch nachvollzogen (»kleine dynamische Bezugnahme«). Bei Zweifeln ist die Verweisung dynamisch zu verstehen.[201] Ist im Wege einer sog. »großen dynamischen Bezugnahme« auf die im Betrieb des Arbeitgebers jeweils geltenden Tarifverträge verwiesen, vollzieht die Bezugnahme auch einen etwaigen Tarifwechsel mit **(Tarifwechselklausel).**[202]

1050 Das BAG hat lange Zeit angenommen, dass dynamische Bezugnahmeklauseln, die von tarifgebundenen Arbeitgebern mit ihren Arbeitnehmern vereinbart werden, stets die Gleichstellung der nicht organisierten Arbeitnehmer mit den Gewerkschaftsmitgliedern bezwecken. Für das Verständnis der Bezugnahmeklausel als **Gleichstellungsabrede** hat es insbesondere angeführt, dass der Arbeitgeber beim Abschluss des Arbeitsvertrags nicht nach der Gewerkschaftszugehörigkeit fragen darf[203] (→ Rn. 592). Konsequenz die-

197 BAG 24.1.2001 – 4 AZR 655/99, NZA 2001, 788 (für den Ausschluss von Teilen eines 13. Monatseinkommens); BAG 4.4.2001 – 4 AZR 237/00, NZA 2001, 1085 (für eine Vergütungsabsenkung durch Haustarifvertrag); BAG 8.10.2008 – 5 AZR 8/08, NZA 2009, 98 (für die Regelung eines Sanierungsarbeitszeitkontos); Wiedemann/*Wank* TVG § 4 Rn. 299; iErg für die meisten Fallkonstellationen auch ErfK/*Franzen* TVG § 4a Rn. 32; Jacobs/Krause/Oetker/Schubert/*Jacobs*, Tarifvertragsrecht, § 7 Rn. 216f.; *Löwisch/Rieble* TVG § 4a Rn. 339f.

198 ErfK/*Franzen* TVG § 4a Rn. 33; *Löwisch/Rieble* TVG § 4a Rn. 355ff.; aA Däubler/*Zwanziger* TVG § 5 Rn. 191.

199 ErfK/*Franzen* TVG § 4a Rn. 32f.

200 BAG 26.9.2001 – 4 AZR 544/00, NZA 2002, 634; BAG 17.6.2015 – 4 AZR 61/14 (A), NZA 2016, 373.

201 BAG 26.9.2001 – 4 AZR 544/00, NZA 2002, 634.

202 *Löwisch/Rieble* TVG § 3 Rn. 608ff. mwN.

203 BAG 27.11.2002 – 4 AZR 661/01, AP TVG § 1 Bezugnahme auf Tarifvertrag Nr. 28.

ser Rechtsprechung war, dass eine dynamische Bezugnahmeklausel mit dem Ende der Tarifbindung des Arbeitgebers ihre Dynamik verlor. Der Arbeitsvertrag vollzog nur das nach, was tarifrechtlich galt. Trat zB der Arbeitgeber aus dem Verband aus und war er deshalb an neue oder geänderte Tarifverträge nicht mehr gebunden (→ Rn. 1025f.), gelangten diese auch nicht schuldrechtlich über die Bezugnahme zur Anwendung. Parallel zur tarifrechtlichen Rechtslage (→ Rn. 1025, 1058) galt der Tarifvertrag auch über die Bezugnahme nur mit dem Inhalt fort, den er zum Zeitpunkt des Verbandsaustritts hatte.[204]

Diese **Rechtsprechung** hat das BAG **geändert.** Die Unklarheitenregel des § 305c II BGB, das Transparenzgebot des § 307 I 2 BGB sowie das Verbot der geltungserhaltenden Reduktion in § 306 BGB stritten als allgemeine Rechtsgrundsätze gegen eine wohlwollende Auslegung der Bezugnahmeklausel zugunsten des Arbeitgebers als Klauselverwender. Von einer Gleichstellungsabrede geht das BAG nur noch dann aus, wenn dies in der Klausel hinreichend deutlich zum Ausdruck kommt. Fehlt es daran, wird nach der geänderten Rechtsprechung der Arbeitgeber über die Bezugnahmeklausel schuldrechtlich auch an künftige Fassungen des Tarifvertrages gebunden, obwohl, etwa durch einen Verbandsaustritt, seine tarifrechtliche Bindung an den Tarifvertrag längst geendet hat (sog. **unbedingte zeitdynamische Verweisung**).[205] Aus Vertrauensschutzgesichtspunkten wendet das BAG die bisherige Rechtsprechung zur Gleichstellungsabrede allerdings weiter auf solche Bezugnahmeklauseln an, die vor dem Inkrafttreten der Schuldrechtsreform am 1.1.2002, mit der die AGB-Kontrolle nach den §§ 305ff. BGB auf den Arbeitsvertrag erstreckt wurde, vereinbart worden sind.[206] 1051

Die Rechtsprechung des BAG muss sich **Kritik** gefallen lassen. So ist der 1.1.2002 als der maßgebliche Zeitpunkt, ab dem die neue Rechtsprechung zur Anwendung gelangt, nicht überzeugend gewählt. Denn noch im Jahr 2003 hatte das BAG zu einer – allerdings vor dem 1.1.2002 – vereinbarten Bezugnahmeklausel seine bisherige Rechtsprechung zur Gleichstellungsabrede gegen Kritik im arbeitsrechtlichen Schrifttum verteidigt und dabei ausgeführt, die Unklarheitenregel des § 305c II BGB stehe dieser Auslegung auch dann nicht entgegen, wenn dem Arbeitnehmer die Tarifgebundenheit des Arbeitgebers unbekannt sei.[207] Dadurch wurde ein Vertrauen der Arbeitgeber in den Fortbestand der bisherigen Rechtsprechung ausgelöst. Deshalb wäre die Entscheidung v. 14.12.2005, in der das BAG die Änderung seiner Rechtsprechung erstmals angekündigt hat, der richtige Zeitpunkt gewesen, weil bis dahin die Arbeitsvertragsparteien redlicherweise auf die bisherige Rechtsprechung vertrauen durften. 1052

Soweit Fälle des **Betriebsübergangs** betroffen sind (→ Rn. 861ff., 878ff.), steht die Rechtsprechung des BAG zudem im **Widerspruch zu zwei Entscheidungen des EuGH.** Nach dem Rechtsprechungswandel des BAG gelten die im Arbeitsvertrag dynamisch in Bezug genommenen Tarifverträge über § 613a I 1 BGB auch beim Betriebserwerber auf arbeitsvertraglicher Grundlage dynamisch fort.[208] Indessen ist es nach 1053

204 BAG 26.9.2001 – 4 AZR 544/00, NZA 2002, 634; BAG 19.3.2003 – 4 AZR 331/02, NZA 2003, 1207.

205 BAG 14.12.2005 – 4 AZR 536/04, NZA 2006, 607; BAG 18.4.2007 – 4 AZR 652/05, NZA 2007, 965; BAG 24.2.2010 – 4 AZR 691/08, NZA-RR 2010, 530 mwN.

206 BAG 14.12.2005 – 4 AZR 536/04, NZA 2006, 607; BAG 27.1.2010 – 4 AZR 570/08, AP TVG § 1 Bezugnahme auf Tarifvertrag Nr. 74; BAG 11.12.2013 – 4 AZR 473/12, NZA 2014, 900.

207 BAG 19.3.2003 – 4 AZR 331/03, NZA 2003, 1207.

208 BAG 23.9.2009 – 4 AZR 331/08, NZA 2010, 513; BAG 17.11.2010 – 4 AZR 391/09, NZA 2011, 356.

dem Urteil des EuGH in der Rechtssache *Alemo-Herron* mit Art. 3 Betriebsübergangs-RL[209] nicht zu vereinbaren, dass Klauseln, die dynamisch auf nach dem Zeitpunkt des Übergangs verhandelte und abgeschlossene Kollektivverträge verweisen, gegenüber dem Erwerber durchsetzbar sind, wenn dieser nicht die Möglichkeit hat, an den Verhandlungen über diese nach dem Übergang abgeschlossenen Kollektivverträge teilzunehmen.[210] Zur Begründung verweist der EuGH auf Art. 16 GRCh, der die Unternehmerfreiheit schützt, was Vertragsfreiheit umfasst. Dem Erwerber müsse es möglich sein, im Rahmen eines zum Vertragsschluss führenden Verfahrens, an dem er beteiligt sei, seine Interessen wirksam geltend zu machen und die die Entwicklung der Arbeitsbedingungen seiner Arbeitnehmer bestimmenden Faktoren mit Blick auf seine künftige wirtschaftliche Tätigkeit auszuhandeln. Sei es ihm verwehrt, in dem entsprechenden Tarifverhandlungsorgan mitzuwirken (was bei einem Branchenwechsel regelmäßig der Fall ist), sei seine Vertragsfreiheit so erheblich reduziert, dass der Wesensgehalt seines Rechts auf unternehmerische Freiheit beeinträchtigt sein könne. Schon einige Jahre zuvor hatte der EuGH zur Weitergeltung von Kollektivnormen beim Betriebserwerber mit Blick auf die negative Vereinigungsfreiheit geurteilt, dass dessen Interesse nicht unberücksichtigt bleiben dürfe, die für die Fortsetzung seiner Tätigkeit erforderlichen Anpassungen vorzunehmen.[211]

1053a Das BAG möchte an seiner geänderten Rechtsprechung festhalten und hat dem EuGH gem. Art. 267 AEUV die Frage zur **Vorabentscheidung** vorgelegt, ob seine Auslegung von § 613a I 1 BGB mit Art. 3 Betriebsübergangs-RL und Art. 16 GRCh vereinbar ist.[212] Dabei verweist das BAG insbesondere darauf, dass es nach deutschem Arbeitsrecht nicht um eine normative Wirkung der in Bezug genommenen Tarifverträge gehe und die Möglichkeit einer Anpassung der Bezugnahme bestehe, die entweder einvernehmlich zwischen Betriebserwerber und Arbeitnehmer im Wege eines Änderungsvertrags vorgenommen oder vom Betriebserwerber mittels einer Änderungskündigung unter Wahrung der gesetzlichen Voraussetzungen des § 2 KSchG durchgesetzt werden könne. Die Rechtslage unterscheide sich von derjenigen im Vereinigten Königreich, die der Entscheidung des EuGH in der Rechtssache *Alemo-Herron* zugrunde gelegen habe. Es müsse zwischen den Voraussetzungen und Rechtsfolgen von Art. 3 I und III Betriebsübergangs-RL differenziert werden. Der EuGH hat noch nicht entschieden, wird dies aber voraussichtlich im Jahr 2017 tun.[213] Damit ist derzeit offen, ob das BAG für den Fall des Betriebsübergangs an seiner Rechtsprechung zur Bezugnahme auf den Tarifvertrag wird festhalten können oder ob es diese wird korrigieren müssen, indem es entweder die Zeitdynamik der Bezugnahme begrenzt oder aber zumindest die Voraussetzungen einer betriebsbedingen Änderungskündigung zum Zweck der Entdynamisierung der Bezugnahme lockert.[214]

209 RL 2001/23/EG des Rates zur Angleichung der Rechtsvorschriften der Mitgliedstaaten über die Wahrung von Ansprüchen beim Übergang von Unternehmen, Betrieben oder Unternehmens- und Betriebsteilen v. 12.3.2001, ABl. 2001 L 82, 16.

210 EuGH 18.7.2013 – C-426/11, NZA 2013, 835 – Alemo Herron.

211 EuGH 9.3.2006 – C-499/04, Slg. 2006, I-2397 = NZA 2006, 376 – Werhof; dazu *Löwisch/Feldmann*, Anm. zu BAG 14.12.2005, EzA TVG § 3 Bezugnahme auf Tarifvertrag Nr. 32.

212 BAG 17.6.2015 – 4 AZR 61/14 (A), NZA 2016, 373.

213 Rs. C-680/15.

214 Zu den Konsequenzen des Alemo-Herron-Urteils für das deutsche Arbeitsrecht *Jacobs/Frieling* EuZW 2013, 737 (739f.); *Latzel* RdA 2014, 110 (115ff.); *Lobinger* NZA 2013, 945 (947); *Naber/Krois* ZESAR 2014, 121 (124ff.).

1054 Da die Geltung der tariflichen Arbeitsbedingungen im Falle der Bezugnahme auf dem Arbeitsvertrag beruht, unterliegt sie der **Disposition der Arbeitsvertragsparteien.** Sie können die Geltung beschränken, zB indem sie von vornherein bestimmte Teile des Tarifvertrages, etwa solche über Sonderzuwendungen, nicht in den Arbeitsvertrag übernehmen. Bei einer solchen Teilverweisung stellt sich dann aber die Frage der AGB-Kontrolle (→ Rn. 1072). Ein Verzicht auf Ansprüche aus dem Tarifvertrag ist in diesem Fall möglich, sofern nicht zugleich nach §§ 3 I, 4 I TVG eine beiderseitige Bindung an den Tarifvertrag besteht.

5. In- und Außerkrafttreten, Nachwirkung von Tarifvertragsnormen

Fall 63: In Fall 62 hat sich X damit abgefunden, dass der Tarifvertrag auch für ihn trotz seines Verbandsaustritts weitergilt. Nachdem der Tarifvertrag abgelaufen ist, schöpft er neue Hoffnung. Er schreibt seinen Arbeitnehmern, ab sofort gelte wieder die 40-Stunden-Woche.

a) Inkrafttreten und Außerkrafttreten

1055 Die Rechtsnormen des Tarifvertrages treten mit dem im Tarifvertrag bestimmten Zeitpunkt in Kraft. Außer Kraft treten sie mit dem Tarifvertrag selbst oder zu dem im Tarifvertrag bestimmten Zeitpunkt (zeitlicher Geltungsbereich [→ Rn. 1023]).

b) Nachwirkung

1056 Nach § 4 V TVG gelten nach Ablauf des Tarifvertrages seine Rechtsnormen weiter, bis sie durch eine andere Abmachung ersetzt werden. Die **Funktion** dieser Nachwirkung liegt einerseits darin, die Zeit bis zum Abschluss eines neuen Tarifvertrages zu überbrücken. Andererseits soll verhindert werden, dass die Arbeitsverhältnisse nach dem Ablauf des Tarifvertrages inhaltsleer werden und durch dispositives Gesetzesrecht ergänzt werden müssen.[215] Deshalb wird die beim Ablauf des Tarifvertrages geltende Regelung – zeitlich unbegrenzt[216] – aufrechterhalten. Sie kann aber nicht nur durch einen neuen Tarifvertrag, sondern auch durch eine arbeitsvertragliche Abrede sowie – vorbehaltlich der Tarifüblichkeitssperre des § 77 III BetrVG (→ Rn. 1358f.) – durch eine Betriebsvereinbarung, eine Richtlinie nach § 28 II SprAuG und eine Dienstvereinbarung nach den Personalvertretungsgesetzen aufgehoben werden.

Daraus ergibt sich die Lösung von **Fall 63:** Nach der Rechtsprechung wirkt ein Tarifvertrag auch gegenüber den Arbeitgebern und Arbeitnehmern nach, die nach einem Verbandsaustritt an diesen zuletzt nur nach § 3 III TVG tarifgebunden waren (§ 4 V TVG analog).[217] X bleibt deshalb weiterhin an die tarifliche Arbeitszeit gebunden, kann aber mit seinen Arbeitnehmern eine längere Arbeitszeit vereinbaren. Sind diese damit nicht einverstanden, kann er den Versuch unternehmen, mit einer Änderungskündigung (→ Rn. 652ff.) sein Ziel zu erreichen – was im Geltungsbereich des KSchG freilich voraussetzt, dass die Änderung der Arbeitsbedingungen sozial gerechtfertigt ist.[218]

1057 Anerkannt ist, dass die Tarifvertragsparteien den Überbrückungsschutz selbst beseitigen können, indem sie die **Nachwirkung ausschließen,** befristen oder sachlich be-

215 BAG 18.3.1992 – 4 AZR 339/91, NZA 1992, 700; BAG 15.11.2006 – 10 AZR 665/05, NZA 2007, 448; AR/*Krebber* TVG § 4 Rn. 40.
216 BAG 15.10.2003 – 4 AZR 573/02, NZA 2004, 387.
217 BAG 13.12.1995 – 4 AZR 1062/94, NZA 1996, 769; BAG 7.11.2001 – 4 AZR 703/00, NZA 2002, 748.
218 BAG 27.9.2001 – 2 AZR 236/00, NZA 2002, 750.

schränken.[219] Das soll nach der Rechtsprechung sogar konkludent möglich sein,[220] was vor dem Hintergrund, dass der regelnde Ausschluss der Nachwirkung seinen Niederschlag in der Tarifurkunde gefunden haben muss, problematisch ist.[221] Wegen der Vertragsinhaltsschutzfunktion der Nachwirkung sind die essentialia des Arbeitsvertrags wie Arbeitszeit und Entgelt insoweit auszunehmen, als der Arbeitsvertrag durch den Ausschluss oder die Beschränkung der Nachwirkung nicht funktionslos werden darf.[222]

1058 Um Regelungslücken für die Arbeitsverträge zu vermeiden, wendet die Rechtsprechung neben dem bereits erwähnten Anschluss an die Nachbindung (→ Rn. 1025) § 4 V TVG auch dann analog an, wenn der Arbeitgeber zwischenzeitlich, etwa durch eine Änderung seines Produktionszwecks, aus dem Geltungsbereich des Tarifvertrages ausgeschieden ist.[223] Richtigerweise kommt es aus dem in → Rn. 1025 genannten Grund zu einer direkten Nachwirkung analog § 4 V TVG auch dann, wenn sich eine der Tarifvertragsparteien auflöst.[224] § 4 V TVG bildet insoweit einen Auffangtatbestand. Dagegen erstreckt sich die Nachwirkung tariflicher Inhalts-, Abschluss- und Beendigungsnormen nicht auf erst nach Ablauf des Tarifvertrages begründete Arbeitsverhältnisse, weil es in einem solchen Fall Sache der Arbeitsvertragsparteien ist, ihre Rechte und Pflichten festzulegen.[225]

6. Anmeldung zum Register und Auslegen des Tarifvertrages

1059 Ohne dass davon das Inkrafttreten des Tarifvertrages abhängig wäre, ist der Tarifvertrag dem Tarifregister, welches beim Bundesarbeitsministerium geführt wird, mitzuteilen (§ 6 TVG mit § 14 DVO-TVG). Außerdem ist er im Betrieb an geeigneter Stelle, dh dort, wo die Arbeitnehmer ohne besondere Mühe von ihm Kenntnis nehmen können, auszulegen oder auszuhängen (§ 8 TVG).

7. Wirkung der Tarifvertragsnormen

Fall 64: A ist bei der Firma X als Schlosser angestellt. In seinem Arbeitsvertrag steht: »Nach Beendigung des Arbeitsverhältnisses gelten alle gegenseitigen Ansprüche als erledigt, wenn sie nicht binnen einer Ausschlussfrist von drei Monaten geltend gemacht werden.« A kündigt das Arbeitsverhältnis. Vier Monate später entdeckt er, dass sein Tariflohn drei Monate lang nicht richtig abgerechnet worden ist. Als er die Differenz geltend macht, weist die Firma auf die Klausel des Arbeitsvertrages hin. A meint demgegenüber, im Tarifvertrag stehe von solchen Ausschlussfristen nichts.

---

219 BAG 3.9.1986 – 5 AZR 319/85, NZA 1987, 178; BAG 22.10.2008 – 4 AZR 789/07, NZA 2009, 265; Jacobs/Krause/Oetker/Schubert/*Oetker*, Tarifvertragsrecht, § 8 Rn. 65ff.

220 BAG 3.9.1986 – 5 AZR 319/85, NZA 1987, 178; BAG 16.5.2012 – 4 AZR 366/10, NZA 2013, 220.

221 *Löwisch/Rieble* TVG § 4 Rn. 863.

222 *Löwisch/Rieble* TVG § 4 Rn. 862.

223 BAG 10.12.1997 – 4 AZR 247/96, NZA 1998, 484.

224 *Löwisch/Rieble* TVG § 4 Rn. 787f.; aA BAG 23.1.2008 – 4 AZR 312/01, NZA 2008, 771, wonach es im Fall der Verbandsauflösung zunächst zu einer unmittelbaren und zwingenden Weitergeltung der Tarifnormen kommen soll.

225 BAG 10.12.1997 – 4 AZR 247/96, NZA 1998, 484; BAG 22.7.1998 – 4 AZR 403/97, NZA 1998, 1287; BAG 5.8.2009 – 10 AZR 1006/08, AP TVG § 4 Nr. 32.

a) Unmittelbare und zwingende Wirkung

Die Tarifvertragsnormen wirken unmittelbar und zwingend (§ 4 I TVG). Durch sie werden die unter den Tarifvertrag fallenden Arbeitsverhältnisse so ausgestaltet, wie es dem Tarifvertrag entspricht. Abweichendes wird verdrängt, Fehlendes wird ergänzt. Eine Umsetzung in die Arbeitsverträge ist nicht notwendig. Zwingend ist der Tarifvertrag insoweit, als von ihm nicht zulasten der Arbeitnehmer abgewichen werden kann. 1060

b) Günstigkeitsprinzip

Nach dem eben Gesagten setzen die Tarifvertragsnormen nur Mindestbedingungen. Den Parteien des Arbeitsverhältnisses steht es gem. § 4 III TVG frei, bessere Arbeitsbedingungen, als sie der Tarifvertrag vorsieht, zu vereinbaren. Das **Günstigkeitsprinzip,** mit dem das Gesetz der Vertragsautonomie Geltung verschafft, kann von den Tarifvertragsparteien nicht ausgeschlossen werden (→ Rn. 114). 1061

Die Frage, ob eine arbeitsvertragliche Regelung für Arbeitnehmer günstiger ist als die tarifvertraglich vorgesehene, ist oft nicht leicht zu entscheiden. Denkbar wäre ein **Gesamtvergleich** der arbeitsvertraglichen Arbeitsbedingungen mit denen des Tarifvertrages, was aber nicht praktikabel ist. Ein **Einzelvergleich** in der Weise, dass jede einzelne Vertragsregelung mit der entsprechenden Tarifnorm verglichen wird und die jeweils günstigere Regelung gilt, ist abzulehnen, weil ein derartiges Rosinenpicken weder dem entspricht, was die Tarifvertragsparteien gewollt haben, noch dem entspricht, was die Arbeitsvertragsparteien angestrebt haben.[226] Die überwiegende Auffassung beurteilt die Günstigkeit deshalb schon lange anhand des sog. **Sachgruppenvergleichs.**[227] Um den Schutzzweck des Tarifvertrages zu wahren, wird der Vergleich auf sachlich eng zusammenhängende Bestimmungen von Tarifvertrag und Arbeitsvertrag beschränkt. Es kommt darauf an, wie ein verständiger Arbeitnehmer unter Berücksichtigung der Umstände des Einzelfalls die Bestimmung des Arbeitsvertrags im Vergleich zu der des Tarifvertrages einschätzen würde. Danach ist eine Kompensation untertariflicher Bedingungen auf dem einen Feld durch übertarifliche auf einem anderen Feld weitgehend ausgeschlossen. Etwa kann untertariflicher Lohn nicht durch übertariflichen Urlaub ausgeglichen werden. Umgekehrt kann der Arbeitnehmer nicht aus dem Arbeitsvertrag mehr Urlaubstage gegenüber dem Tarifvertrag und zugleich aus dem Tarifvertrag ein höheres Urlaubsgeld gegenüber dem Arbeitsvertrag verlangen. Urlaub und Urlaubsgeld hängen sachlich eng zusammen.[228] Gleiches gilt für die Dauer der vom Arbeitnehmer zu erbringenden Arbeitsleistung und das ihm dafür zustehende Arbeitsentgelt.[229] Nach dem Günstigkeitsprinzip und damit dem Sachgruppenvergleich ist auch zu entscheiden, wenn der Arbeitsvertrag auf einen anderen als den normativ kraft Tarifgebundenheit geltenden Tarifvertrag Bezug nimmt.[230] 1062

Das **traditionelle Verständnis** des Günstigkeitsprinzips wird vielfach in Zweifel gezogen. Im Zusammenhang mit der fortschreitenden Arbeitszeitverkürzung wird die Auf- 1063

226 *Löwisch/Rieble* TVG § 4 Rn. 596ff., 609ff.

227 BAG 20.4.1999 – 1 ABR 72/98, NZA 1999, 887; BAG 1.7.2009 – 4 AZR 261/08, NZA 2010, 53; Däubler/*Deinert* TVG § 4 Rn. 712; ErfK/*Franzen* TVG § 4 Rn. 36ff.; *Gamillscheg* KollektArbR I 852ff.

228 Vgl. BAG 23.5.1984 – 4 AZR 129/82, NZA 1984, 255.

229 BAG 15.4.2015 – 4 AZR 587/13, NZA 2015, 1274.

230 BAG 24.2.2010 – 4 AZR 691/08, NZA-RR 2010, 530; BAG 15.4.2015 – 4 AZR 587/13, NZA 2015, 1274.

fassung vertreten, für den einzelnen Arbeitnehmer könne es günstiger sein, über die tarifliche Arbeitszeit hinaus zu arbeiten und damit mehr Verdienst zu erzielen.[231] Vor allem aber wird geltend gemacht, für den Arbeitnehmer könne es günstiger sein, länger zu arbeiten oder weniger zu verdienen als im Tarifvertrag vorgesehen, wenn er dafür eine arbeitsvertragliche Arbeitsplatzgarantie erhält. Solche **betrieblichen Bündnisse für Arbeit** müssten möglich sein.[232] Das BAG hat dies wiederholt abgelehnt[233] und als einen »Vergleich von Äpfeln mit Birnen« bezeichnet.[234] Wenn die Tarifautonomie nicht ausgehöhlt werden solle, müsse es Sache der Tarifvertragsparteien bleiben, zu entscheiden, welche Arbeitsplatzrisiken tarifpolitisch in Kauf genommen werden sollten. Eine Grenze werde den Tarifvertragsparteien insofern nur durch die völlige Unzumutbarkeit der tariflichen Arbeitsbedingungen gezogen. Sie könne ein Recht zur außerordentlichen Kündigung des Tarifvertrages begründen (→ Rn. 1008).

c) Öffnungsklauseln

1064 Eine Abweichung von den Rechtsnormen des Tarifvertrages zu Ungunsten des Arbeitnehmers ist nach § 4 III TVG dann möglich, wenn sie der Tarifvertrag durch eine sog. Öffnungsklausel gestattet. Eine solche Gestattung kann sowohl gegenüber den Parteien der Betriebsvereinbarung als auch gegenüber den Parteien des Arbeitsvertrages ausgesprochen werden. Häufig sind sie im Zusammenhang mit Arbeitszeitverkürzungen. Sie gestatten dann den Betriebs- oder den Arbeitsvertragsparteien die Vereinbarung einer längeren als der tariflichen Arbeitszeit und schaffen so eine gewisse Flexibilität.[235] In Betracht kommt auch, dass der Tarifvertrag nur für ein bestimmtes Unternehmen geöffnet wird. Etwa kann einem sanierungsbedürftigen Unternehmen in einem besonderen Tarifvertrag für einen bestimmten Zeitraum gestattet werden, die Tariflöhne zu unterschreiten oder die Arbeitszeit ohne Lohnausgleich auszuweiten. Eine Öffnungsklausel zur abweichenden Regelung durch Betriebsvereinbarung ist wegen § 77 III BetrVG (→ Rn. 1358f.) auch dann erforderlich, wenn durch Betriebsvereinbarung für die Arbeitnehmer günstigere Regelungen getroffen werden sollen.

d) Verzicht, Verwirkung, Ausschlussfrist

1065 Der Arbeitnehmer kann auf entstandene tarifliche Rechte nicht wirksam verzichten. Das gilt auch für einen von ihm abgeschlossenen Vergleich, soweit dieser einen **Verzicht** auf entstandene tarifliche Rechte enthält. Ein solcher Vergleich wird nur wirksam, wenn er von den Tarifvertragsparteien gebilligt wird (§ 4 IV 1 TVG).

§ 4 IV 1 TVG verbietet nur den Rechtsverzicht. Auf sog. **Tatsachenvergleiche,** durch die die Vertragsparteien den Streit über tatsächliche Voraussetzungen eines Anspruchs beilegen, ist die Vorschrift nicht anwendbar.[236] Demnach kann der Arbeitnehmer zB nicht auf eine tarifliche Überstundenvergütung verzichten, wohl aber sich mit dem Arbeitgeber über die Zahl der geleisteten Überstunden einigen, wenn darüber eine Ungewissheit besteht.

231 *Buchner* DB 1989, 2029; *Löwisch* BB 1991, 59.

232 Insbesondere *Adomeit* NJW 1984, 26f.; *Buchner,* GS Heinze, 2005, 105 (113f.); *Krauss* DB 2000, 1962 (1964); umfassend zum Meinungsstand *Löwisch/Rieble* TVG § 4 Rn. 648ff.

233 BAG 1.7.2009 – 4 AZR 261/08, NZA 2010, 53 mwN.

234 BAG 20.4.1999 – 1 ABR 72/98, NZA 1999, 887.

235 Ein Beispiel hierfür enthält § 2 Nr. 1 (II)–(VII) des Manteltarifvertrages der bayerischen Metall- und Elektroindustrie.

236 BAG 5.11.1997 – 4 AZR 682/95, NZA 1998, 434; BAG 12.2.2014 – 4 AZR 317/12, NZA 2014, 613.

Der Arbeitgeber kann sich nicht darauf berufen, der Arbeitnehmer habe seine Rechte so lange nicht geltend gemacht, dass davon ausgegangen werden müsse, er habe sie nicht mehr geltend machen wollen. Eine solche **Verwirkung,** wie sie sonst bei privatrechtlichen Ansprüchen in Betracht kommt (→ Rn. 338), ist bei tariflichen Rechten ausgeschlossen (§ 4 IV 2 TVG). 1066

Schließlich können arbeitsvertraglich auch keine **Ausschlussfristen** (→ Rn. 336f.) für tarifliche Rechte vereinbart werden (§ 4 IV 3 TVG). Erfasst werden tarifvertragliche Rechte nur von tarifvertraglich vereinbarten Ausschlussfristen.[237] Diese können wegen der Bereichsausnahme des § 310 IV 1 BGB (→ Rn. 1072) freilich kürzer sein als arbeitsvertraglich vereinbarte Ausschlussfristen (→ Rn. 336). 1067

Im **Fall 64** hat A also Recht: Wenn der Tarifvertrag keine Ausschlussfrist enthält, kann A die Lohndifferenz weiterhin fordern. Von der arbeitsvertraglichen Ausschlussfrist wird der Tariflohn nicht erfasst.

Die genannten Einschränkungen des § 4 IV TVG gelten nur für tarifgebundene Arbeitnehmer und nicht für diejenigen, die allein über eine arbeitsvertragliche Bezugnahme (→ Rn. 1048ff.) die tariflichen Leistungen erhalten. 1068

8. Grenzen der Tarifmacht

Fall 65: Die bei der Firma X angestellten A und B gehören derselben Tarifgruppe an und erhalten eine übertarifliche Zulage, die unterschiedlich hoch ist. Bei A beträgt sie 100 EUR, bei B 200 EUR. Als die Tarifgehälter um 100 EUR erhöht werden, will X die übertarifliche Zulage streichen, weil er ansonsten die Rentabilität des Betriebs gefährdet sieht.

a) Dazu beruft sich X auf folgende Klausel im Tarifvertrag: »Auf die sich aus diesem Tarifvertrag ergebenden Erhöhungen können alle übertariflichen Zulagen einschließlich Leistungszulagen angerechnet werden.« A und B wollen eine solche Anrechnung nicht hinnehmen.
b) A und B berufen sich darauf, dass der Tarifvertrag die Klausel enthält: »Die tarifliche Erhöhung muss bei jedem Arbeitnehmer voll wirksam werden.«

Fall 66: A, der von den Erträgen seines im Wesentlichen auf Spar- und Festgeldkonten angelegten Vermögens von 500.000 EUR lebt, ist der Auffassung, die letzte Tarifrunde in der Metallindustrie habe die Inflation entscheidend beschleunigt und ihm damit Geldwertverluste von mindestens 30.000 EUR zugefügt. Diese verlangt er gem. § 826 BGB von der IG Metall und den Arbeitgebern der Metallindustrie ersetzt.

a) Bindung an das Grundgesetz

Die Tarifvertragsparteien müssen bei ihrer Normsetzung die **Grundrechte** beachten. Da die Tarifunterworfenen in besonderer Weise Beeinträchtigungen ihrer grundrechtlich geschützten Positionen, insbesondere ihrer Berufsfreiheit, der Vertragsfreiheit und der Gleichbehandlung durch die Tarifvertragsparteien ausgeliefert sind, muss der Staat für effektiven Grundrechtsschutz sorgen. Dies kann nur durch eine strenge Bindung des Tarifvertrages an die Grundrechte geschehen. 1069

237 Vgl. für tarifvertragliche Ausschlussfristen § 22 Nr. 3 (I)–(III) des Manteltarifvertrages der bayerischen Metall- und Elektroindustrie.

1070 Lange Zeit wurde die Grundrechtsbindung der Tarifvertragsparteien damit begründet, dass Tarifnormen »Gesetz« iSv Art. 1 III GG seien.[238] Dem lag die Vorstellung zugrunde, dass der Gesetzgeber seine Rechtssetzungsbefugnis auf die Tarifvertragsparteien delegiert habe.[239] Nach neuerem Verständnis ist der Tarifvertrag dagegen das Ergebnis **kollektiv ausgeübter Privatautonomie** (→ Rn. 979). Das lässt eine Grundrechtsbindung der Tarifvertragsparteien allerdings nicht entfallen. Die zwingende Wirkung der Tarifverträge führt zu einer verstärkten privaten Verbandsmacht, vor der die Tarifunterworfenen im Wege der **mittelbaren Drittwirkung** der Grundrechte zu schützen sind.[240] Umstritten ist dabei, ob den Tarifvertragsparteien ein größerer Spielraum zuzugestehen ist als dem Gesetzgeber.[241] Eine Grundrechtskontrolle minderer Intensität ist allerdings abzulehnen, da die Grenzziehung unklar ist und ein effektiver Schutz vor der Verbandsmacht nicht sichergestellt wäre. Den Staat trifft hier eine Pflicht zum Schutz der Tarifunterworfenen vor dem Tarifvertrag.[242]

b) Bindung an sonstiges staatliches Recht

1071 Der Tarifvertrag ist nicht nur an die Grundrechte gebunden, sondern auch sonst die gegenüber dem staatlichen Recht schwächere Rechtsquelle. Wo die Rechtsnormen des Tarifvertrages einem Gesetz, etwa dem AGG (→ Rn. 196), oder einer Verordnung widersprechen, gehen die Letzteren vor. Ein solcher Widerspruch liegt bei unterschiedlicher gesetzlicher und tarifvertraglicher Regelung desselben Gegenstandes aber nur vor, wenn das staatliche Recht zwingend ist. Ist es dispositiv (→ Rn. 54), sind die Rechtsnormen des Tarifvertrages gültig.

1072 Der für **Allgemeine Geschäftsbedingungen** geltenden Inhaltskontrolle nach den §§ 305 ff. BGB unterliegen Tarifverträge nach der ausdrücklichen Vorschrift des § 310 IV 1 BGB nicht. Voraussetzung für diese Ausnahme ist, dass der Tarifvertrag in dem betreffenden Arbeitsverhältnis kraft beiderseitiger Tarifgebundenheit normativ gilt. Bei der **Bezugnahme im Arbeitsvertrag** (→ Rn. 1048 ff.) muss zwischen der Kontrolle der Bezugnahmeklausel als solcher und der Kontrolle des in Bezug genommenen Regelwerks unterschieden werden: Bei der Bezugnahmeklausel selbst ist § 305 c II BGB und das Transparenzgebot des § 307 I 2 BGB zu beachten. Zu einer Abweichung von Rechtsvorschriften iSv § 307 III 1 BGB kann es dagegen nur durch die in Bezug genommenen Regelungen kommen. Wird im Arbeitsvertrag auf einen Tarifvertrag, in dessen Geltungsbereich das Arbeitsverhältnis fällt, insgesamt Bezug genommen (Globalverweisung), kommt eine AGB-Kontrolle der Tarifvertragsklauseln nicht in Betracht. Denn eine solche Kontrolle würde den Nichtorganisierten die Vorteile des Tarifvertrages belassen, ihnen aber die Nachteile nehmen und sie damit systemwidrig besser stellen als die Gewerkschaftsmitglieder, worin eine Art. 9 III GG zuwiderlaufende Diskriminierung der organisierten Arbeitnehmer läge.[243] Im Fall einer nur punktuellen Verweisung auf einzelne Klauseln des Tarifvertrages (Einzelverweisung) ent-

238 BAG 15.1.1955 – 1 AZR 305/54, AP GG Art. 3 Nr. 4; BAG 4.4.2000 – 3 AZR 729/98, NZA 2002, 917.

239 Zuletzt wieder BAG 29.7.2009 – 7 ABR 27/08, NZA 2009, 1424 und BAG 13.3.2013 – 7 ABR 70/11, NZA 2013, 738 für Zuordnungstarifverträge nach § 3 BetrVG.

240 BAG 27.5.2004 – 6 AZR 129/03, NZA 2004, 1399; BAG 15.12.2015 – 9 AZR 611/14, NZA 2016, 772.

241 So etwa *Dieterich,* FS Schaub, 1998, 117 (121 f.); *Dieterich* RdA 2001, 112 ff.

242 Zu dieser Schutzzwecktheorie umfassend *Löwisch/Rieble* TVG § 1 Rn. 662 ff. mwN.

243 *Löwisch/Rieble* TVG § 3 Rn. 551 ff.

fällt dagegen die Privilegierung. Die Klauseln sind voll kontrollfähig, da der von den Tarifvertragsparteien hergestellte tarifliche Zusammenhang nicht mehr besteht.[244] Ebenso ist der tarifliche Zusammenhang aufgelöst, wenn nur auf bestimmte Regelungskomplexe des Tarifvertrages verwiesen wird (Teilverweisung); auch hier kann das Kontrollprivileg nicht greifen.[245] Auf ein aus mehreren Tarifverträgen bestehendes Tarifwerk (→ Rn. 983) muss allerdings nicht verwiesen werden.[246]

c) Begrenzung aus dem Zweck

Der Tarifvertrag hat die Aufgabe, eine wirksame Vertretung der Interessen der Arbeitnehmer gegenüber dem Arbeitgeber zu ermöglichen. Das Verhalten des Arbeitnehmers außerhalb des Arbeitsverhältnisses soll er nicht regeln. Deshalb sind tarifliche Bestimmungen unzulässig, die dem Arbeitnehmer die Verwendung des Arbeitsentgelts vorschreiben, ihn etwa verpflichten, einen bestimmten Betrag als Gewerkschaftsbeitrag abzuführen. 1073

Nicht mehr vom Zweck der Tarifmacht gedeckt sind auch Bestimmungen, die eine Seite in den Dienst der koalitionspolitischen Zwecke der anderen Seite stellen wollen. Aus diesem Grund sind qualifizierte **Differenzierungsklauseln** (→ Rn. 126) von der Tarifmacht nicht umfasst, mit denen den Gewerkschaftsmitgliedern ein Vorteil in der Weise zugewendet werden soll, dass eine bestimmte tarifliche Leistung ausschließlich Gewerkschaftsmitgliedern zukommt und den Arbeitgebern zugleich verboten wird, dieselbe Leistung auch den nicht organisierten Arbeitnehmern zu gewähren (Tarifausschlussklausel). Gleiches gilt für solche Differenzierungsklauseln, nach denen Gewerkschaftsmitglieder stets einen bestimmten Entgeltvorsprung haben müssen (Spannenklausel oder Abstandsklausel).[247] Einfache Differenzierungsklauseln, die lediglich die Gewerkschaftszugehörigkeit zur Voraussetzung des Anspruchs auf die tarifliche Leistung machen, sind dagegen zulässig, weil sie dem Arbeitgeber nicht verbieten, die entsprechende Leistung auch den nicht gewerkschaftszugehörigen Arbeitnehmern zukommen zu lassen.[248] Insoweit kann auch über eine gemeinsame Einrichtung der Tarifvertragsparteien iSv § 4 II TVG eine Differenzierung bewirkt werden.[249] 1074

Auch im **Fall 65 a)** ist die Tarifmacht überschritten. Das Ziel einer solchen **negativen Effektivklausel**, den Arbeitgeber von einer eingegangenen arbeitsvertraglichen Verpflichtung zur Zahlung eines übertariflichen Entgelts zu befreien, verfehlt den Arbeitnehmerschutz.[250] Ob X die übertarifliche Zulage

---

244 BAG 6.5.2009 – 10 AZR 390/08, NZA-RR 2009, 593; Clemenz/Kreft/Krause/*Klumpp*, AGB-Arbeitsrecht, 2013, BGB § 307 Rn. 163.

245 *Löwisch/Rieble* TVG § 3 Rn. 561 ff.; aA Clemenz/Kreft/Krause/*Klumpp*, AGB-Arbeitsrecht, 2013, BGB § 307 Rn. 164, wonach Kontrollfreiheit bestehen soll, wenn es sich um einen abgeschlossenen Sachbereich handelt.

246 Clemenz/Kreft/Krause/*Klumpp*, AGB-Arbeitsrecht, 2013, BGB § 307 Rn. 164; *Löwisch/Rieble* TVG § 3 Rn. 563.

247 BAG 23.3.2011 – 4 AZR 366/09, NZA 2011, 920; *Bauer/Arnold* NZA 2011, 945 (947).

248 BAG 18.3.2009 – 4 AZR 64/08, NZA 2009, 1028; BAG 15.4.2015 – 4 AZR 796/13, NZA 2015, 1388, wo das Gericht zugleich eine Binnendifferenzierung nach einem bestimmten Stichtag der Gewerkschaftszugehörigkeit für zulässig gehalten hat; zum Ganzen *Löwisch/Rieble* TVG § 1 Rn. 2122 ff., 2143 ff.

249 *Hader*, Die Differenzierung nach der Gewerkschaftsmitgliedschaft durch Vereinbarung, 2012, 136 ff.; *Löwisch/Rieble* TVG § 1 Rn. 2137 ff.; aA *Thüsing/von Hoff* ZfA 2008, 100 (103).

250 BAG 18.8.1971 – 4 AZR 342/70, AP TVG § 4 Effektivklausel Nr. 8 mit der Begründung, eine solche negative Effektivklausel setze eine Höchstarbeitsbedingung.

auf die Tariflohnerhöhung nach den allgemeinen arbeits- und betriebsverfassungsrechtlichen Regelungen anrechnen kann (→ Rn. 67, 1441), ist eine davon zu trennende Frage.
Unzulässig ist auch die Klausel in **Fall 65 b)**: Eine solche **positive Effektivklausel** verstößt gegen Art. 3 I GG, weil sie durch die einheitliche Festschreibung der unterschiedlich hohen Zulagen den Arbeitnehmern trotz gleicher Tarifgruppe unterschiedliche tarifliche Vorteile gewährt. Dabei kommt es nicht darauf an, ob eine solche positive Effektivklausel so gemeint ist, dass die bisherigen übertariflichen Zulagen Tariflohn werden (sog. Effektivgarantieklausel), oder nur so, dass eine Streichung der Zulage aus Anlass der Tariflohnerhöhung verboten wird (sog. begrenzte Effektivklausel), denn auch in letzterem Fall hat der Arbeitnehmer mit der höheren Zulage einen größeren Vorteil als der mit der geringeren.[251]

d) Keine Gemeinwohlbindung

1075 Die Tarifautonomie funktioniert nach dem Gegengewichtsprinzip. Durch Spiel und Gegenspiel im Mechanismus des Tarifvertrages soll es zu einer ausgewogenen, den Interessen beider Seiten und gleichzeitig den Interessen der Allgemeinheit Rechnung tragenden Regelung kommen. Deshalb wird dem Tarifvertrag auch eine **Richtigkeitsgewähr** zuerkannt. Damit verträgt sich eine Bindung des Tarifvertrages an staatliche Vorgaben, insbesondere staatliche Gemeinwohlvorstellungen nicht. Die mit solchen Vorgaben notwendig einhergehende Kontrolle liefe auf eine **Tarifzensur** hinaus, die auf den Einigungsprozess zurückschlüge, weil beide Seiten von vornherein die mögliche Kontrolle einkalkulieren würden. Dass die Tarifverträge von Fall zu Fall den Vorstellungen der Allgemeinheit über die richtige Lohn- und Arbeitsmarktpolitik zuwiderlaufen, muss deshalb in Kauf genommen werden.[252]

In **Fall 66** kommt A mit seinen Schadensersatzansprüchen also nicht durch. Dem Bürger kann es, wie es der BGH formuliert hat, nicht gestattet sein, die Tarifautonomie durch Unterlassungs- und Ersatzansprüche einzuengen.[253] Die Rechtsordnung findet sich bewusst damit ab, dass Tarifverträge im Einzelfall ungünstige Auswirkungen auf die Währungsentwicklung und damit auch auf das Geldvermögen der Bürger haben können.

9. Auslegung der Tarifvertragsnormen

1076 Nicht selten müssen die Rechtsnormen eines Tarifvertrages ausgelegt werden, weil ihr Inhalt nicht eindeutig ist. Dabei wendet das BAG die **Grundsätze der Gesetzesauslegung** an, die es um weitere Kriterien ergänzt.[254] Auszugehen ist vom **Tarifwortlaut.** Es ist der maßgebliche Sinn der Erklärung zu erforschen, ohne am Buchstaben zu haften. Bei der Verwendung bestimmter Rechts- oder Fachbegriffe in einer Tarifnorm ist im Zweifel anzunehmen, dass diese Begriffe in ihrer zutreffenden rechtlichen oder fachlichen Bedeutung zu verstehen sind.[255] Der **Wille** der Tarifvertragsparteien kann bei der Auslegung nur dann berücksichtigt werden, wenn er in den Tarifnormen unmittelbar einen Niederschlag gefunden hat. Die Tarifunterworfenen müssen erkennen können, welchen Regelungsgehalt die Tarifnormen haben, ohne auf Auskünfte ihrer Koalition angewiesen zu sein.[256] Abzustellen ist auch auf den **tariflichen Gesamtzu-**

251 BAG 14.2.1968 – 4 AZR 275/67, AP TVG § 4 Effektivklausel Nr. 7; *Löwisch/Rieble* TVG § 1 Rn. 2164; aA Däubler/*Deinert* TVG § 4 Rn. 864ff., 867ff.
252 S. dazu *Löwisch/Rieble* TVG Grundl. Rn. 226ff., 239ff.; MHdB ArbR/*Richardi* § 152 Rn. 21f. mwN.
253 BGH 14.3.1978 – VI ZR 68/76, NJW 1978, 2031.
254 Grundlegend BAG 12.9.1984 – 4 AZR 336/82, NZA 1985, 160.
255 BAG 11.11.2010 – 8 AZR 392/09, NZA 2011, 763 für die Formulierung »betriebsbedingte Beendigung des Arbeitsverhältnisses auf Veranlassung des Arbeitgebers«.
256 BAG 19.9.2007 – 4 AZR 670/06, NZA 2008, 950; BAG 21.3.2012 – 4 AZR 254/10, AP TVG § 1 Auslegung Nr. 229.

sammenhang, weil dieser Anhaltspunkte für den Willen der Tarifvertragsparteien liefert und nur so Sinn und Zweck der Tarifnorm zutreffend ermittelt werden können.[257] Verbleiben Zweifel, können weitere Kriterien wie die **Tarifgeschichte,** die praktische **Tarifübung** und die **Entstehungsgeschichte** des Tarifvertrages ohne Bindung an eine bestimmte Reihenfolge berücksichtigt werden. Im Zweifel ist diejenige Tarifauslegung zu wählen, die zu einer vernünftigen, sachgerechten, zweckorientierten und praktisch brauchbaren Lösung führt.[258]

Bei der Auslegung von Tarifnormen ist im Zweifel davon auszugehen, dass die Tarif- 1077
vertragsparteien eine Regelung treffen wollten, die nicht wegen Unvereinbarkeit mit zwingendem höherrangigen Recht unwirksam ist.[259] Deshalb gilt das Prinzip **rechtskonformer Auslegung.** Wie Gesetze sind Tarifnormen verfassungskonform in der Weise auszulegen, dass von zwei Auslegungsvarianten die verfassungsgemäße bzw. diejenige vorzuziehen ist, die verfassungsrechtlich geschützte Rechtsgüter am wenigsten beeinträchtigt (zur Bindung an das GG → Rn. 1069f.). Auch einfaches Gesetzesrecht ist bei der Auslegung zu berücksichtigen.[260] Schließlich können die Tarifvertragsparteien den gerichtlichen Entscheidungsspielraum bei der Auslegung selbst einengen, indem sie eine verbindliche authentische Interpretation durch Tarifnorm selbst vornehmen.[261]

Nach Auffassung des BAG kommt unter bestimmten Voraussetzungen auch eine **er-** 1078
gänzende Tarifvertragsauslegung in Betracht. Tarifvertragliche Regelungen seien einer ergänzenden Vertragsauslegung zwar grundsätzlich nur dann zugänglich, wenn damit kein Eingriff in die durch Art. 9 III GG geschützte Tarifautonomie verbunden sei. Jedoch hätten die Gerichte für Arbeitssachen, wenn eine unbewusste Regelungslücke vorliege oder eine Regelung nachträglich lückenhaft geworden sei, die Möglichkeit und die Pflicht, die Tariflücke zu schließen, wenn sich unter Berücksichtigung von Treu und Glauben ausreichende Anhaltspunkte für den mutmaßlichen Willen der Tarifvertragsparteien ergäben.[262] Eine ergänzende Auslegung scheidet allerdings auch nach Auffassung des BAG aus, wenn den Tarifvertragsparteien ein Spielraum zur Lückenschließung bleibt und es ihnen wegen der verfassungsrechtlich geschützten Tarifautonomie überlassen bleiben muss, die von ihnen für angemessen gehaltene Regelung selbst zu finden. Wurde eine Regelung bewusst unterlassen, kommt eine ergänzende Auslegung von vornherein nicht in Betracht.

Nach diesen Grundsätzen hat das BAG zB die Regelung eines Tarifvertrages über Rationalisierungs-, Kündigungs- und Einkommensschutz (Schutz-TV) aus dem Jahr 1997, wonach kein Anspruch auf die tarifliche Abfindungszahlung besteht, »wenn dem Arbeitnehmer durch Urteil oder Vergleich eine Abfindung wegen der Beendigung des Beschäftigungsverhältnisses zugesprochen worden ist«, ergänzend dahin ausgelegt, dass auch eine Abfindung nach dem zum 1.1.2004 in Kraft getretenen § 1a KSchG den tariflichen Abfindungsanspruch ausschließt. Das BAG hat in der Entscheidung entsprechend dem Zweck und der Ausgestaltung einer durch Vergleich festgelegten Abfindung und einer solchen nach § 1a KSchG hinreichend klare Anhaltspunkte dafür erkannt, dass die Tarifvertragsparteien des Schutz-

257 BAG 22.4.2010 – 6 AZR 962/08, NZA 2011, 1293.
258 BAG 12.8.2015 – 7 AZR 592/13, NZA 2016, 173.
259 BAG 21.7.1993 – 4 AZR 468/92, NZA 1994, 181.
260 Im Einzelnen *Löwisch/Rieble* TVG § 1 Rn. 1713ff.
261 BAG 17.9.2003 – 4 AZR 540/02, NZA-RR 2004, 644 für die verbindliche Auslegung des Tarifbegriffs »geteilte Schicht« durch die Tarifvertragsparteien selbst; *Löwisch/Rieble* TVG § 1 Rn. 1732.
262 BAG 3.11.1998 – 3 AZR 432/97, NZA 1999, 999; BAG 15.1.2015 – 6 AZR 646/13, NZA-RR 2015, 272.

TV bei einem Anspruch des Arbeitnehmers auf Abfindung nach § 1a KSchG (→ Rn. 795ff.) den tariflichen Abfindungsanspruch ausgeschlossen hätten, wenn die in dieser Vorschrift getroffene Abfindungsregelung bereits bei Abschluss des Schutz-TV gegolten hätte oder absehbar gewesen wäre. Das aber war im Jahr 1997 noch nicht der Fall.[263]

IV. Schuldrechtliche Pflichten der Tarifvertragsparteien

1. Friedenspflicht

a) Relative Friedenspflicht

1079 Dem Sinn des Tarifvertrages, die Mindestarbeitsbedingungen für einen bestimmten Zeitraum bindend festzulegen, würde es widersprechen, könnten die Tarifvertragsparteien während dieses Zeitraums die Geltung der Mindestarbeitsbedingungen einseitig wieder infrage stellen. Jedem Tarifvertrag ist deshalb die relative **Friedenspflicht immanent.** Während der Laufzeit des Tarifvertrages darf keine der Tarifvertragsparteien gegen die andere Kampfmaßnahmen ergreifen, um eine Änderung der im Tarifvertrag festgelegten Arbeitsbedingungen oder jetzt schon deren Neuregelung für die Zukunft zu erreichen (zu den Folgen eines Verstoßes gegen die Friedenspflicht (→ Rn. 1137, 1161ff).

1080 Als **relativ** bezeichnet man die Friedenspflicht, weil sie sich gegenständlich nur so weit erstreckt, wie der betreffende Tarifvertrag reicht. So hindert zum Beispiel die aus einem laufenden Manteltarifvertrag fließende relative Friedenspflicht nicht den Arbeitskampf um einen Lohntarifvertrag, wenn der vorherige Lohntarifvertrag abgelaufen ist.[264]

1081 Die relative Friedenspflicht kann durch Schlichtungsabkommen zeitlich über den Ablauf des Tarifvertrages hinaus erstreckt werden (→ Rn. 1105f.).

b) Absolute Friedenspflicht

1082 Möglich, aber in Deutschland nicht praktiziert, ist auch die Vereinbarung einer absoluten Friedenspflicht, die für einen bestimmten Zeitraum jeden Arbeitskampf verbietet. Eine solche absolute Friedenspflicht enthält Art. 2 des Friedensabkommens für die Schweizer Maschinen- und Metallindustrie.[265]

2. Durchführungspflicht

Fall 67: X, dem die von seinem Arbeitgeberverband vereinbarten Tariflöhne zu hoch sind, bezahlt seine Arbeitnehmer 5% unter Tarif. Weil sie Entlassungen fürchten, trauen die Arbeitnehmer sich nicht, den Tariflohn zu fordern und einzuklagen. Sie wenden sich an ihre Gewerkschaft.

1083 Aus dem Sinn des Tarifvertrages folgt die Pflicht der Tarifvertragsparteien, dafür zu sorgen, dass die Rechtsnormen des Tarifvertrages von den Tarifgebundenen in der Praxis auch angewandt und vereinbarungswidrige Maßnahmen unterlassen werden. Wer-

263 BAG 16.12.2010 – 6 AZR 423/09, NZA-RR 2011, 421.

264 Im Einzelfall kann diese Frage schwierig zu beantworten sein. Betrifft die Forderung nach Arbeitszeitverkürzung bei vollem Lohnausgleich nur den die Arbeitszeit betreffenden Manteltarifvertrag oder auch den Lohntarifvertrag? – Vgl. zu diesem Problem NZA Beil. 2/1988 mit mehreren Urteilen von Landesarbeitsgerichten und Beiträgen von *Blank, Bobke/Grimberg* und *Löwisch.*

265 Dazu *Geiser/Müller,* Arbeitsrecht in der Schweiz, 3. Aufl. 2015, Rn. 781ff., 818; zur aktuellen Fassung des Gesamtarbeitsvertrages (GAV) in der Maschinen-, Elektro- und Metallindustrie, www.gav-service.ch (zuletzt abgerufen am 2.3.2017).

den die tariflichen Arbeitsbedingungen von einem tarifgebundenen Arbeitgeber dauernd unterschritten, so ist der Arbeitgeberverband verpflichtet, dagegen einzuschreiten. Im Fall des Haustarifvertrags trifft die Durchführungspflicht den tarifschließenden Arbeitgeber direkt. Die Durchführungspflicht ist wie die Friedenspflicht dem Tarifvertrag **immanent.** Einer ausdrücklichen Vereinbarung der Durchführungspflicht bedarf es nicht.[266]

Daraus ergibt sich die Lösung von **Fall 67:** Die Gewerkschaft kann von dem Arbeitgeberverband als ihrem Vertragspartner verlangen, dass er für die Einhaltung des Tarifvertrages durch seine Mitglieder sorgt. Diese Durchführungspflicht kann gerichtlich mit der Leistungsklage durchgesetzt werden.[267] Der Arbeitgeberverband muss dann entsprechend auf sein Mitglied einwirken. Ist die Unterschreitung der Tariflöhne mit dem Betriebsrat abgesprochen, kommt sogar ein direkter Anspruch der Gewerkschaft gegen den Arbeitgeber in Betracht (→ Rn. 144).

3. Weitere Pflichten

Den Tarifvertragsparteien steht es frei, weitere Pflichten zu vereinbaren. Etwa können **1084** Informationspflichten oder die Pflicht zu Gesprächen auch während der Laufzeit eines Tarifvertrages festgelegt werden. Typischerweise werden auch die Voraussetzungen einer Kündigung des Tarifvertrages und die dabei einzuhaltenden Kündigungsfristen im Tarifvertrag geregelt.[268] Jedoch dürfen die Tarifvertragsparteien auf dem Weg über den schuldrechtlichen Teil nicht die **Grenzen umgehen,** die ihrer Normsetzungsbefugnis gezogen sind. So wäre etwa eine schuldrechtliche Verpflichtung des Arbeitgebers, vergleichbar einer Tarifausschlussklausel oder Spannenklausel (→ Rn. 1074) zwischen Gewerkschaftsmitgliedern und Außenseitern zu differenzieren, nichtig.[269] Eine Vereinbarung, in der sich der Arbeitgeber gegenüber der Gewerkschaft verpflichtet, einen Verein mit einem bestimmten Geldbetrag auszustatten, den der Verein dann nur den bei diesem Arbeitgeber beschäftigten Mitgliedern der Gewerkschaft auszahlt, ist dagegen zulässig, wenn es dem Arbeitgeber – vergleichbar einer einfachen Differenzierungsklausel (→ Rn. 1074) – nicht verwehrt ist, auch den Außenseitern eine entsprechende Leistung zukommen zu lassen. Der arbeitsrechtliche Gleichbehandlungsgrundsatz findet hier keine Anwendung, sodass die Arbeitnehmer, die nicht Mitglied der Gewerkschaft sind, die Leistung nicht ohne Weiteres fordern können.[270]

4. Adressaten der Rechte und Pflichten

Schuldrechtlich aus dem Tarifvertrag **verpflichtet** sind die tarifschließenden Koalitio- **1085** nen und der Arbeitgeber, der selbst Partei des Tarifvertrages ist. Dies gilt auch für die Spitzenorganisationen, auch wenn sie nur im Namen ihrer Mitgliedsverbände gehandelt haben. Umgekehrt haften die Mitgliedsverbände auch dann, wenn die Spitzenverbände im eigenen Namen gehandelt haben (§ 2 IV TVG).

---

266 BAG 29.4.1992 – 4 AZR 432/91, NZA 1992, 846; ErfK/*Franzen* TVG § 1 Rn. 79, 86; *Löwisch/Rieble* TVG § 1 Rn. 1145, 1246 ff.

267 Die Vollstreckung kann dann gem. § 888 ZPO erfolgen: BAG 29.4.1992 – 4 AZR 432/91, NZA 1992, 846.

268 Zur Auslegung einer solchen Regelung BAG 27.2.2013 – 4 AZR 78/11, NZA 2013, 1026.

269 S. im Einzelnen *Löwisch/Rieble* TVG § 1 Rn. 1346; *Zöllner/Loritz/Hergenröder* ArbR § 38 Rn. 32.

270 Für eine über einen solchen Verein an Gewerkschaftsmitglieder ausgezahlte Erholungsbeihilfe BAG 21.5.2014 – 4 AZR 50/13, NZA 2015, 115; s. weiter *Löwisch/Rieble* TVG § 1 Rn. 1363 ff., 1366 und Rn. 1343 f. zu der steuer-, sozialversicherungs- und strafrechtlichen Einordnung einer solchen Erholungsbeihilfe.

1086 **Berechtigt** aus dem Tarifvertrag sind die jeweiligen Tarifvertragsparteien. Da der Tarifvertrag aber die Interessen ihrer Mitglieder verfolgt, ist er als Vertrag zugunsten Dritter nach § 328 BGB anzusehen. Die Mitglieder haben also auch direkte Ansprüche gegen die jeweils andere Tarifvertragspartei.[271] Nach der Rechtsprechung des BAG sind andere Dritte in der Regel aber nicht in den schuldrechtlichen Teil des Tarifvertrages mit einbezogen.[272]

V. Kontrollfragen

1087 **Frage 78:** Was ist ein Manteltarifvertrag?
Frage 79: Können Spitzenorganisationen Tarifverträge abschließen?
Frage 80: Wer ist tarifgebunden?
Frage 81: Wie wirken Tarifverträge auf die Arbeitsverhältnisse ein?
Frage 82: Welche Rechtswirkung hat eine arbeitsvertragliche Bezugnahmeklausel?
Frage 83: Was versteht man unter tarifdispositivem Recht?
Frage 84: Was bedeutet »relative« Friedenspflicht im Unterschied zur »absoluten« Friedenspflicht?

§ 24 Schlichtungsrecht

Literatur: *Arnold,* Die badische Landesschlichtungsordnung, RdA 1996, 356; *v. Brauchitsch,* Arbeitskampf und Schlichtung, ArbuR 1993, 137; *Heinze,* Konfliktlösungsmechanismen – Wie können Streik und Aussperrung überwunden werden? FS Däubler, 1999, 431; *Kissel* Arbeitskampfrecht, 2002, §§ 68ff.; *Knevels,* Das Schlichtungswesen in der Bundesrepublik, ZTR 1988, 408; *Lembke,* Staatliche Schlichtung in Arbeitsstreitigkeiten nach dem Kontrollratsgesetz Nr. 35 – Relikt der Besatzungszeit oder Modell für Mediation im Arbeitsrecht?, RdA 2000, 223; *Lieb,* Vorbeugende Schlichtung unter Beteiligung Dritter, FS Hanau, 1999, 561; *Löwisch,* Modernes Tarifverhandlungsrecht: Förderung alternativer Konfliktlösung, in Rieble (Hrsg.), Zukunft des Arbeitskampfes, 2005, 35; Löwisch/*Löwisch/Rumler,* Arbeitskampf- und Schlichtungsrecht, 1997, SD 170.11; *Otto* Arbeitskampf- und Schlichtungsrecht, 2006, §§ 20ff. (zit.: Otto ArbeitskampfR); *Rüthers,* Tarifautonomie und gerichtliche Zwangsschlichtung, 1973.

I. Schlichtung und Tarifvertragsordnung

1. Tariflicher Regelungsstreit als Gegenstand der Schlichtung

1088 Die Schlichtung dient der Konfliktlösung in der Tarifvertragsordnung im Wege der Verhandlungsförderung (→ Rn. 1005). Gegenstand der Schlichtung ist ein tariflicher **Regelungsstreit.** Die Schlichtung unterscheidet sich damit vom arbeitsgerichtlichen, aber auch vom schiedsgerichtlichen Verfahren. Deren Gegenstand ist die Entscheidung von **Rechtsstreitigkeiten,** zu denen auch der Streit über das Bestehen eines Tarifvertrages, über die Auslegung einer Tarifvertragsbestimmung oder über die Verletzung einer tariflichen Pflicht gehört (vgl. §§ 2 I Nr. 1, 101 I ArbGG).

2. Schlichtungsspruch als Tarifvertrag

1089 Ergeht im Schlichtungsverfahren ein Schlichtungsspruch, der verbindlich ist, so hat er die Wirkung eines Tarifvertrages. Er legt wie dieser Rechte und Pflichten der beteiligten Tarifvertragsparteien, insbesondere die Friedenspflicht und die Durchführungspflicht,

271 BAG 31.10.1958 – 1 AZR 632/57, AP TVG § 1 Friedenspflicht Nr. 2; *Löwisch/Rieble* TVG § 1 Rn. 1173 und 1423ff.
272 BAG 25.8.2015 – 1 AZR 875/13, NZA 2016, 179.

fest. Soweit er den Inhalt, den Abschluss oder die Beendigung von Arbeitsverhältnissen oder betriebliche und betriebsverfassungsrechtliche Fragen oder auch gemeinsame Einrichtungen regelt, entfaltet er wie der Tarifvertrag Rechtsnormwirkung.[273]

II. Staatliche und vereinbarte Schlichtung

Rechtsgrundlage der Schlichtung kann eine staatliche Regelung oder eine Vereinbarung der Tarifvertragsparteien, ein sog. Schlichtungsabkommen, sein. 1090

1. Staatliche Schlichtung

Das staatliche Schlichtungsrecht ist im **Kontrollratsgesetz Nr. 35** (KRG Nr. 35) v. 20.8.1946,[274] das als Bundesrecht fortgilt,[275] sowie in dazu ergangenen Verfahrensregeln der Bundesländer enthalten. Gem. Art. 8 des Einigungsvertrags v. 31.8.1990 findet das KRG Nr. 35 seit dem 3.10.1990 auch in den neuen Bundesländern Anwendung. In Baden gilt eine eigene Landesschlichtungsordnung.[276] In der Praxis wird von der Möglichkeit der staatlichen Schlichtung kaum noch Gebrauch gemacht. 1091

Art. IV, V KRG Nr. 35 sehen die Errichtung von **Schiedsausschüssen** bei den Landesarbeitsbehörden vor, die aus einem Vorsitzenden und bis zu fünf Beisitzern jeder Seite bestehen. 1092

Der **Vorsitzende** wird von den Landesarbeitsbehörden für jedes Schlichtungsverfahren aus einer Vorsitzendenliste ausgewählt und bestellt (Art. VI Abs. 1 KRG Nr. 35). Er bedarf nach Art. IX Abs. 2 KRG Nr. 35 der Billigung beider Parteien. 1093

Die **Einleitung des Schlichtungsverfahrens** erfolgt dadurch, dass die Parteien den zu schlichtenden Konflikt der Arbeitsbehörde des Landes mit der Maßgabe mitteilen, ihn dem Schiedsausschuss zu übergeben (Art. II Abs. 1 KRG Nr. 35). Geht die Mitteilung nur von einer der Parteien aus, darf die Arbeitsbehörde sie dem Schiedsausschuss nur unterbreiten, wenn auch die andere Partei zustimmt (Art. VIII KRG Nr. 35). 1094

Der Schiedsausschuss hat in jeder Lage des Verfahrens auf eine **Einigung der Parteien** hinzuwirken. Kommt eine Einigung zustande, so ist sie schriftlich niederzulegen und von den Parteien zu unterschreiben. Kann der Schiedsausschuss keine Einigung erzielen, hat er einen **Schiedsspruch** zu fällen, der schriftlich niederzulegen ist (Art. IX Abs. 5 S. 2 KRG Nr. 35). Für den Schiedsspruch genügt die einfache Mehrheit (Art. IX Abs. 5 S. 1 KRG Nr. 35), sodass der Vorsitzende regelmäßig den Ausschlag geben kann. Der Schiedsspruch ist aber nur dann verbindlich, wenn entweder die Parteien sich ihm vorab unterworfen haben oder wenn sie nachträglich die Annahme erklären (Art. X KRG Nr. 35). 1095

---

273 BAG 24.2.1988 – 4 AZR 614/87, NZA 1988, 553.

274 Abgedruckt bei *Löwisch*, Arbeitskampf- und Schlichtungsrecht, 1997, Anhang 1 und *Nipperdey*, Nr. 520.

275 Das KRG Nr. 35 gilt nach Art. 123 I GG auch über den ersten Zusammentritt des Bundestages am 7.9.1949 hinaus fort. Da es in allen Besatzungszonen einheitlich galt und auch früheres Reichsrecht, nämlich das Arbeitsordnungsgesetz, nach dem 8.5.1945 abgeändert hat, kommt ihm gem. Art. 125 Nr. 1 und 2 GG der Rang von Bundesrecht zu.

276 Abgedruckt bei *Löwisch*, Arbeitskampf- und Schlichtungsrecht, 1997, Anhang 2 und *Nipperdey*, Nr. 521.

2. Vereinbarte Schlichtung

1096 Ganz im Vordergrund stehen heute die **tariflichen Schlichtungsabkommen.** Die meisten größeren Wirtschaftszweige und der öffentliche Dienst haben solche Schlichtungsabkommen vereinbart.[277] Aber auch in kleineren Branchen sind Schlichtungsvereinbarungen nicht unüblich.

1097 Die Schlichtungsabkommen legen Rechte und Pflichten der Tarifparteien hinsichtlich der Einlassung auf das **Schlichtungsverfahren** und hinsichtlich seiner Durchführung fest. Sie sind damit Tarifverträge iSd § 1 I TVG und bedürfen zu ihrer Wirksamkeit nach § 1 II TVG der Schriftform.

1098 Den Schlichtungsstellen gehört eine **gleiche Anzahl von Beisitzern** beider an dem tariflichen Regelungsstreit beteiligten Parteien an. Regelmäßig werden diese für das jeweilige konkrete Schlichtungsverfahren bestimmt. In den meisten Fällen sehen die Schlichtungsabkommen den Einsatz eines unparteiischen stimmberechtigten **Vorsitzenden** vor, der im Nichteinigungsfalle eine Entscheidung über einen Schlichtungsspruch herbeiführen kann.

Alle Schlichtungsabkommen streben naturgemäß eine Einigung beider Seiten über die Person des Vorsitzenden an. Kommt eine Einigung nicht zustande, so sind die Auswahlverfahren unterschiedlich. Teilweise ist vorgesehen, dass in diesem Falle der Vorsitzende von einer dritten Stelle bestimmt wird. Teilweise wird in diesem Fall von jeder Seite ein Vorsitzender benannt und über die Stimmberechtigung der beiden Vorsitzenden entweder durch Einigung oder durch Los oder in der Weise entschieden, dass das Stimmrecht von Verfahren zu Verfahren wechselt, nachdem es das erste Mal durch das Los bestimmt worden ist. Teilweise wird für diesen Fall auf eine Regelung ganz verzichtet, sodass das Schlichtungsabkommen nur dann Wirksamkeit entfalten kann, wenn eine Einigung über den Vorsitzenden stattfindet.

1099 Es ist aber auch möglich, dass ein Schlichtungsabkommen auf die Institution des unparteiischen stimmberechtigten Vorsitzenden überhaupt verzichtet und die Führung des Vorsitzes **abwechselnd einem Beisitzer** der einen und der anderen Seite überträgt.[278] In diesem Falle nimmt die Beratung in der Schlichtungsstelle die Form einer Fortsetzung der Tarifverhandlungen in einem anderen Gewand an. Dieses Verfahren kann, wie die Erfahrung in der Chemischen Industrie zeigt, durchaus effektiv sein, weil es den in der Schlichtungsstelle vorhandenen Personen eine Unabhängigkeit gewährt, die in normalen Tarifverhandlungen nicht besteht.

1100 Kommt es im Zuge der Verhandlungen vor der Schlichtungsstelle zu einer Einigung zwischen den Tarifvertragsparteien, so endet damit das Schlichtungsverfahren. Ist das nicht der Fall, sehen die Schlichtungsabkommen durchweg vor, dass die Schlichtungsstelle einen **Schlichtungsspruch** fällt. Verbindlichkeit kommt dem Schlichtungsspruch auch hier nur dann zu, wenn die Tarifparteien ihn nachträglich annehmen oder sich ihm vorher unterworfen haben. Teilweise bestimmen die Schlichtungsabkommen außerdem, dass ein einstimmiger oder ein mit qualifizierter Mehrheit gefällter Schlich-

277 Die wichtigsten dieser Schlichtungsabkommen, nämlich die für das Baugewerbe, für die Metallindustrie, für die Chemische Industrie und für die Druckindustrie sind abgedruckt bei *Löwisch*, Arbeitskampf- und Schlichtungsrecht, 1997, Anhang 4–7; die Schlichtungsvereinbarung vom 25.10.2011 zwischen der Bundesrepublik Deutschland, der Vereinigung der kommunalen Arbeitgeberverbände und ver.di findet sich unter www.kavsh.de/downloads/Materialien/Schlichtungs vereinb.pdf (zuletzt abgerufen am 2.3.2017). Für den Bereich der Länder besteht derzeit kein Schlichtungsabkommen im öffentlichen Dienst.

278 So zB § 4 III der Schlichtungsregelung für die Chemische Industrie.

tungsspruch erforderlich ist. In der Chemischen Industrie genügt dagegen schon die einfache Mehrheit der Stimmen.[279]

III. Einfache Schlichtung, Schlichtungszwang und Zwangsschlichtung

Der Intensität nach lassen sich drei Formen der Schlichtung unterscheiden: Sie kann als **einfache Schlichtung** lediglich in einem Verfahren bestehen, dessen sich die Konfliktparteien bedienen können, aber nicht bedienen müssen. Eine solche einfache Schlichtung stellt die staatliche Schlichtung nach dem KRG Nr. 35 dar. 1101

Die Schlichtung kann aber auch einen **Schlichtungszwang** vorsehen, indem sich die Parteien verpflichten, sich auf Verlangen der jeweils anderen auf das Schlichtungsverfahren einzulassen. So liegt es nach den meisten tariflichen Schlichtungsordnungen. Davon abgesehen ergibt sich ein solcher Schlichtungszwang richtigerweise aus dem arbeitskampfrechtlichen Ultima-ratio-Prinzip (→ Rn. 1129). 1102

Schließlich kann die Schlichtung als **Zwangsschlichtung** eine verbindliche Entscheidung des Regelungsstreites durch die Schlichtungsinstanz vorsehen. Dies ist nach tariflichen Ordnungen nur noch ganz ausnahmsweise der Fall. Eine staatliche Zwangsschlichtung ist im KRG Nr. 35 nicht vorgesehen. Sie wäre auch nicht mit dem aus Art. 9 III GG abzuleitenden Verbot der Staatsintervention in die Tarifvertragsordnung zu vereinbaren.[280] 1103

IV. Schlichtung und Friedenspflicht

1. Keine Schlichtung zur Abänderung eines laufenden Tarifvertrages

Die mit jedem Tarifvertrag für seine Laufzeit verbundene relative **Friedenspflicht** (→ Rn. 1079 ff.) steht nicht nur Kampfmaßnahmen zur Änderung oder Neuregelung der tariflich geregelten Materie entgegen, sondern auch der Einleitung eines Schlichtungsverfahrens zu diesem Zweck. Auch die Durchführung eines Schlichtungsverfahrens, insbesondere ein – wenn auch unverbindlicher – Schlichtungsspruch, stellt die Ordnung des im Tarifvertrag geregelten Bereichs der Arbeitsbedingungen infrage und bringt die Gefahr mit sich, dass sich die Beteiligten nicht mehr an den Tarifvertrag halten. 1104

2. Friedenspflicht aus Schlichtungsabkommen

Ob aus den Schlichtungsabkommen unabhängig von etwa bestehenden Tarifverträgen eine Friedenspflicht folgt, ist eine **Frage des Parteiwillens.** Meist ist diese ausdrücklich geregelt. So untersagen etwa die Schlichtungsabkommen für den öffentlichen Dienst, das Baugewerbe und die Chemische Industrie Arbeitskampfmaßnahmen bis zum Abschluss des Schlichtungsverfahrens, während in der Metallindustrie lediglich für eine Frist von vier Wochen nach Ablauf eines Tarifvertrages keine Kampfmaßnahmen ergriffen werden dürfen. 1105

Welche **Kampfmaßnahmen** die aus einem Schlichtungsabkommen folgende Friedenspflicht untersagt, ist ebenfalls eine Frage der Auslegung. Sofern nur allgemein von der 1106

279 Vgl. § 7 II der Schlichtungsregelung für die Chemische Industrie.
280 BAG 20.11.2012 – 1 AZR 611/11, NZA 2013, 437; *Kissel* ArbeitskampfR § 70 Rn. 24 ff.; differenzierend für Notstand- bzw. Extremsituationen Löwisch/*Löwisch/Rumler*, SD 170.11 Rn. 10, 86 und *Otto* ArbeitskampfR § 22 Rn. 14 ff. mwN.

Friedenspflicht und von dem Verbot von Streik und Aussperrung die Rede ist, ist davon auszugehen, dass alle Maßnahmen, mit denen kollektiver Druck auf die Gegenseite ausgeübt werden soll, verboten sein sollen, insbesondere auch Warnstreiks.[281] Hingegen sind Maßnahmen, die Arbeitskämpfe vorbereiten, insbesondere Urabstimmungen, nur dann als Verstoß gegen die Friedenspflicht aus einem Schlichtungsabkommen anzusehen, wenn sie ausdrücklich für unzulässig erklärt worden sind.[282]

V. Schlichtung im Bereich der Kirchen

1107 Die überwiegende Zahl der bei den beiden großen Kirchen angestellten Mitarbeiter ist aufgrund eines Arbeitsvertrages in abhängiger Stellung tätig und damit Arbeitnehmer. Dabei bestehen unterschiedliche Verfahren, mit denen die Arbeitsbedingungen für die kirchlichen Mitarbeiter festgelegt werden können.

1108 Die frühere einseitige Festlegung durch die kirchlichen Leitungsorgane (erster Weg) ist als nicht mehr sach- und zeitgerecht von den Kirchen aufgegeben worden. Auch der an sich mögliche Abschluss von Tarifverträgen **(zweiter Weg)** wird von der Mehrzahl der Kirchen abgelehnt. Lediglich die evangelische Kirche in Berlin-Brandenburg und früher die Nordelbische Evangelisch-Lutherische Kirche, für deren Gebiet dies auch nach ihrem Aufgehen in der Evangelisch-Lutherischen Kirche in Norddeutschland weiterhin gilt,[283] schließen Tarifverträge ab, wobei es beim Scheitern der Verhandlungen einer Schlichtungsstelle obliegt, eine Regelung zu treffen.

1108a Die ganz überwiegende Zahl der Kirchen hat sich stattdessen für ein eigenständiges Arbeitsrechtsregelungsverfahren, den sog. **dritten Weg** entschieden, was ihnen aufgrund ihres durch Art. 140 GG, 137 III WRV garantierten Selbstbestimmungsrechts (→ Rn. 115 f.) freisteht. Der dritte Weg besteht in einer Beteiligung der Mitarbeiter und ihrer Verbände an der Regelung der Arbeitsbedingungen im Rahmen sog. arbeitsrechtlicher Kommissionen und für den Fall des Scheiterns der Verhandlungen in diesen Kommissionen in einer verbindlichen Schlichtung. Dahinter steht das Leitbild, dass die Kirchen und ihre Mitarbeiter (Dienstgeber und Dienstnehmer) eine **Dienstgemeinschaft** bilden, in der sie ihre Interessenkonflikte nicht durch Konfrontation, sondern durch Kooperation verbindlich zum Ausgleich bringen.[284] Mit diesem Leitbild ist auch ein Arbeitskampf nicht zu vereinbaren (→ Rn. 1183 f.).

---

281 Für die vierwöchige Friedenspflicht nach § 3 I der Schlichtungs- und Schiedsvereinbarung für die Metallindustrie BAG 12.9.1984 – 1 AZR 342/83, NZA 1984, 393.

282 Dies ist der Fall in der Schlichtungsregelung für die Chemische Industrie, nach deren § 8 sich die Friedenspflicht ausdrücklich auf Urabstimmungen erstreckt, wobei allerdings rein interne vorsorgliche organisatorische Maßnahmen zur Vorbereitung einer Urabstimmung nicht erfasst werden. Ebenso ist nach § 16 des Schlichtungsabkommens für das Baugewerbe die »Durchführung von Urabstimmungen, Streiks, Aussperrungen oder sonstigen Kampfmaßnahmen« untersagt. Weitergehend BAG 31.10.1958 – 1 AZR 632/57, AP TVG § 1 Friedenspflicht Nr. 2, das Urabstimmungen allgemein als Verstoß gegen die tarifliche und damit auch gegen die aus Schlichtungsabkommen folgende Friedenspflicht werten will.

283 Vgl. zum sog. »kleinen Trennungsmodell« I.3.2.1 der Anlage des Vertrages über die Bildung einer Evangelisch-Lutherischen Kirche in Norddeutschland zwischen der Evangelisch-Lutherischen Landeskirche Mecklenburgs, der Nordelbischen Evangelisch-Lutherischen Kirche und der Pommerschen Evangelischen Kirche, www.kirchenrecht.net/de/evkir/plus/2009-02-05_Fusionsvertrag-Nordkirche.pdf (zuletzt abgerufen am 2.3.2017).

284 Zu diesem Leitbild *Joussen* RdA 2007, 328 (331 ff., 333); *Klumpp* ZAT 2013, 120 (124 ff.).

Für die Evangelische Kirche in Deutschland (EKD) sind die Grundsätze zur Regelung der Arbeitsverhältnisse sowohl im dritten als auch im zweiten Weg im Arbeitsrechtsregelungsgrundsätzegesetz (ARGG-EKD) geregelt.[285] Die katholische Kirche geht ausschließlich den dritten Weg (Art. 7 II der Grundordnung), wobei Einrichtung und Zuständigkeit der paritätisch besetzten Kommissionen zur Ordnung des Arbeitsvertragsrechts (KODA) in unterschiedlichen KODA-Ordnungen umgesetzt sind.[286]

VI. Kontrollfragen

Frage 85: Wie unterscheiden sich Schlichtungsverfahren und schiedsgerichtliches Verfahren? 1109
Frage 86: Welche Rechtswirkung hat ein verbindlicher Schlichtungsspruch?

§ 25 Arbeitskampfrecht

Literatur: *Beckerle/Stolzenberg,* Kollektive Krankmeldungen – Rückkehr eines atypischen Kampfmittels?, NZA 2016, 1313; *Berg/Kocher/Schumann,* Tarifvertragsgesetz und Arbeitskampfrecht, 5. Aufl. 2015; *Birk/Konzen/Löwisch/Raiser/Seiter,* Gesetz zur Regelung kollektiver Arbeitskonflikte – Entwurf und Begründung – 1988 (der Entwurf ist auch abgedr. in Löwisch [Hrsg.], Arbeitskampf- und Schlichtungsrecht, 1997, Anhang 8); *Brox/Rüthers,* Arbeitskampfrecht, 2. Aufl. 1982; *Däubler* (Hrsg.), Arbeitskampfrecht, 3. Aufl. 2011; *Franzen,* Arbeitskampf und Europa, EuZA 2010, 453; *Franzen/Thüsing/Waldhoff,* Arbeitskampf in der Daseinsvorsorge – Vorschläge zur gesetzlichen Regelung von Streik und Aussperrung in Unternehmen der Daseinsvorsorge, 2012; *Giesen,* Arbeitskämpfe und Drittbetroffenheit: Regelungsbedarf für den Gesetzgeber, SF 2016, 266; *Kissel,* Arbeitskampfrecht, 2002; *Kittner,* Arbeitskampf: Geschichte, Recht, Gegenwart, 2005; *Klumpp,* Kampfexzess und Veranstalterverantwortung (Arbeitskampfcompliance), in Rieble/Junker/Giesen (Hrsg.), Neues Arbeitskampfrecht?, 2010, 129; *Konzen,* Kampfmittelfreiheit und Flash mob-Aktionen, FS Reuter, 2010, 603; *Löwisch* (Hrsg.), Arbeitskampf- und Schlichtungsrecht, 1997; *Löwisch,* Arbeitskampf und Vertragserfüllung, AcP 174 (1974), 202; *Löwisch,* Besitzschutz gegen Flashmob, NZA 2010, 209; *Otto,* Arbeitskampf- und Schlichtungsrecht, 2006; *Otto,* Das konturlose Arbeitskampfrecht des BAG, RdA 2010, 135; *Picker,* Der Arbeitskampf in der Rechts- und Wirtschaftsordnung – Zu einer Dogmatik des Arbeitskampfrechts, Teil I: ZfA 2010, 499; Teil II: ZfA 2011, 443; Teil III: ZfA 2011, 557; MHdB ArbR/*Ricken* §§ 193 ff.; *Rieble* (Hrsg.), Zukunft des Arbeitskampfes, 2005; *Rieble,* Das neue Arbeitskampfrecht des BAG, BB 2008, 1506; *Schliemann,* Streik in der Daseinsvorsorge, RdA 2012, 14; *Seiter,* Streikrecht und Aussperrungsrecht, 1975; s. auch die Literatur zum Schlichtungsrecht (§ 24).
Ältere Literatur s. Vorauflagen.

I. Konfliktlösung in der Tarifvertragsordnung als Funktion

Der Arbeitskampf erfüllt in unserem Rechts- und Wirtschaftssystem die Funktion eines 1110
Konfliktlösungsmittels. Kann über die Festlegung von Arbeitsbedingungen durch einen Tarifvertrag zwischen den Tarifvertragsparteien auf der Verhandlungsbasis keine Einigung erzielt werden, so muss diese auf anderem Wege herbeigeführt werden. Da unsere Rechtsordnung eine staatliche Zwangsschlichtung nicht kennt und wegen der Tarifautonomie auch nicht zulassen kann (→ Rn. 1103), bleibt nichts anderes übrig, als die Konfliktlösung letztlich dem Arbeitskampf der Beteiligten zu überlassen. An einer gesetzlichen Regelung fehlt es. Arbeitskampfrecht ist **Richterrecht** (→ Rn. 55).

285 Dazu näher *Klumpp* ZMV 2014, 2 ff.
286 Zu den Einzelheiten *Richardi,* Arbeitsrecht in der Kirche, 7. Aufl. 2015, 227 ff.; zum Verfahren des Dritten Weges außerdem *Eder* ZTR 2016, 680 (681 ff.); *Reichold/Kulschewski* ZAT 2016, 50 ff.

1111 Unter einem Arbeitskampf wird gemeinhin die von der Arbeitnehmer- oder der Arbeitgeberseite bewirkte zielgerichtete Ausübung kollektiven Drucks durch Störung der Arbeitsbeziehungen verstanden.[287] Zentrale Kampfmittel sind dabei auf der Arbeitnehmerseite der **Streik,** also die planmäßige Einstellung der Arbeit durch eine Gruppe von Arbeitnehmern, und auf der Arbeitgeberseite die **Aussperrung,** also die Ausschließung einer Gruppe von Arbeitnehmern von der Arbeit und vom Bezug des Arbeitsentgelts.

1112 Streik und Aussperrung sind, weil zum Funktionieren der Tarifautonomie notwendig, durch Art. 9 III GG **verfassungsrechtlich garantiert** (→ Rn. 106f.). Für den Streik leuchtet das unmittelbar ein. Es gilt aber auch für die Aussperrung. Damit ein Machtgleichgewicht (Verhandlungs- und Kampfparität) herrscht, muss auch die Arbeitgeberseite aktiven Einfluss auf die Tarifauseinandersetzung nehmen können. In den Worten des Großen Senats des BAG:

»Könnte die eine Seite, nämlich die Arbeitnehmerschaft vertreten durch die Gewerkschaft, allein das Kampfgeschehen bestimmen und wäre der Arbeitgeber auf ein Dulden und Durchstehen des Arbeitskampfes beschränkt, so bestünde die Gefahr, dass die Regelung der Arbeitsbedingungen nicht mehr auf einem System freier Vereinbarung beruht, das Voraussetzung für ein Funktionieren und innerer Grund des Tarifvertragssystems ist.«[288]

Dem hat sich das BVerfG angeschlossen.[289]

1113 Das führt in erster Linie zur verfassungsrechtlichen Garantie der **Abwehraussperrung.** In besonderen Situationen, etwa bei gesamtwirtschaftlichen Krisen, steht der Arbeitgeberseite aber auch das Recht zur **Angriffsaussperrung** zu.[290] Verzichten ließe sich auf die Aussperrung nur, wenn entweder das Recht zum Streik stark beschränkt würde oder wenn die Möglichkeit bestünde, Arbeitskämpfe durch staatliche Intervention zu verhindern oder zu beenden.

1114 **Andere Arbeitskampfmittel** wie Boykotts, Betriebsbesetzungen, Betriebsblockaden oder Flashmobs (→ Rn. 1140ff.), sind für das Funktionieren der Tarifautonomie nicht unerlässlich. Dass es sich auch bei ihnen um Koalitionsbetätigungen handelt, rechtfertigt nicht den Bruch der allgemeinen Rechtsordnung. Die zivil- und strafrechtlichen Verbotstatbestände müssen eingehalten werden.[291]

II. Zulässigkeit von Arbeitskämpfen

1. Zulässigkeit von Streik und Aussperrung

1115 Streik und Aussperrung sind nur dann zulässig, wenn sie auf die Lösung eines Tarifkonflikts zielen (→ Rn. 1116ff.). Das setzt wiederum voraus, dass die Tarifauseinandersetzung von tariffähigen Parteien geführt wird (→ Rn. 1124ff.). Weiter darf der Arbeitskampf nicht gegen das Übermaßverbot verstoßen. Das bedeutet, dass die

287 Vgl. etwa *Junker* GK ArbR Rn. 592; *Otto* ArbeitskampfR § 1 Rn. 2 mwN.

288 BAG 21.4.1971 – GS 1/68, AP GG Art. 9 Arbeitskampf Nr. 43.

289 BVerfG 26.6.1991 – 1 BvR 779/85, BVerfGE 84, 212 = NZA 1991, 809.

290 BAG 21.4.1971 – GS 1/68, AP GG Art. 9 Arbeitskampf Nr. 43; offen gelassen von BVerfG 26.6.1991 – 1 BvR 779/85, BVerfGE 84, 212 = NZA 1991, 809; wie das BAG *Kissel* ArbeitskampfR § 53 Rn. 51ff.; einschränkend *Otto* ArbeitskampfR § 10 Rn. 60ff.

291 BGH 19.10.1954 – 5 StR 171/54, AP StGB § 125 Nr. 1; BAG 14.2.1978 – 1 AZR 103/76, AP GG Art. 9 Arbeitskampf Nr. 59; BAG 21.6.1988 – 1 AZR 651/86, NZA 1988, 846; BAG 8.11.1988 – 1 AZR 417/86, NZA 1989, 475.

Kampfparteien die Verhältnismäßigkeit wahren müssen (→ Rn. 1128 ff.). Schließlich darf der Arbeitskampf nicht gegen die Friedenspflicht aus einem noch bindenden Tarifvertrag verstoßen (→ Rn. 1137).

a) Bindung an die Konfliktlösungsfunktion

Fall 68: Die Bundesregierung plant eine Änderung der Vorschriften des SGB III über die Zahlung von Arbeitslosengeld an von Arbeitskämpfen betroffene Arbeitnehmer. Die Arbeitgeberverbände fürchten, dass die Durchführung dieses Plans ihre Durchsetzungskraft in Tarifauseinandersetzungen beeinträchtigt. Sie rufen deshalb zu einer vierundzwanzigstündigen Warnaussperrung auf.

Fall 69: Nach Abschluss eines neuen Lohntarifvertrages weigert sich ein dem Arbeitgeberverband angehöriger Arbeitgeber unter Hinweis auf die schlechte Geschäftslage, seinen Arbeitnehmern die erhöhten Löhne zu zahlen. Die zuständige Gewerkschaft ruft daraufhin die betroffenen Arbeitnehmer zu einem Streik auf, um der Forderung nach Zahlung der erhöhten Löhne Nachdruck zu verleihen.

Fall 70: In einem Tarifgebiet der Metallindustrie ziehen sich die Verhandlungen seit Monaten hin. Ohne dass die IG Metall das beschlossen hätte, entschließen sich daraufhin 200 Arbeitnehmer des Unternehmens X zu einem Streik, um die Unternehmensleitung zu veranlassen, im Arbeitgeberverband auf ein baldiges Nachgeben hinzuwirken.

Die Bindung des Arbeitskampfes an die Konfliktlösungsfunktion in der Tarifvertragsordnung führt dazu, dass Streik und Aussperrung nur insoweit zulässig sind, als sie um den **Abschluss eines Tarifvertrages** geführt werden. Nur insoweit sind die mit ihnen verbundenen Eingriffe in die Arbeitsverträge und die sonstigen Rechte des Kampfgegners gerechtfertigt.[292] Daraus folgt: 1116

Das inhaltliche Ziel des Arbeitskampfes muss **tariflich regelbar** sein. Der Arbeitskampf muss um den Inhalt, den Abschluss oder die Beendigung von Arbeitsverhältnissen, über betriebliche oder betriebsverfassungsrechtliche Fragen (§ 1 I TVG), Bestimmungen über gemeinsame Einrichtungen der Tarifvertragsparteien (§ 4 II TVG) oder um eine schuldrechtliche Tarifregelung geführt werden. Zudem darf er die **Grenzen der Tarifmacht** (→ Rn. 1069 ff.) nicht überschreiten. Wird der Arbeitskampf um ein Ziel geführt, das mit der Regelung der Arbeitsbedingungen im Sinne des Tarifrechts nichts zu tun hat, richtet er sich etwa an den Gesetzgeber oder die Regierung, ist er unzulässig.[293] 1117

Daraus folgt die Rechtswidrigkeit der Warnaussperrung in **Fall 68.** Ihr geht es nicht um ein Verhalten der Arbeitnehmerseite, sondern darum, den Gesetzgeber von einer bestimmten Maßnahme abzuhalten.[294]

Unzulässig ist auch ein Arbeitskampf, mit dem in die nach der geltenden Wirtschaftsverfassung dem Unternehmer vorbehaltene **Führung des Unternehmens** eingegriffen werden soll. Weder die Organisation des Unternehmens noch die Auswahl der Geschäftsleitung oder das Verhalten des Unternehmers auf dem Markt (Preispolitik, Finanzpolitik, Produktpolitik) unterliegen der Tarifmacht. Damit können sie nicht Ge- 1118

292 BAG 5.3.1985 – 1 AZR 468/83, NZA 1985, 504.
293 BAG 23.10.1984 – 1 AZR 126/81, AP GG Art. 9 Arbeitskampf Nr. 82.
294 Für den Warnstreik LAG Rheinland-Pfalz 5.3.1986 – 1 Ta 50/86, NZA 1986, 264; ArbG Hagen 23.1.1991 – 1 Ca 66/87, AP GG Art. 9 Arbeitskampf Nr. 118.

genstand eines Arbeitskampfes sein.[295] Gleiches gilt für die unternehmerische Entscheidung, eine Tochtergesellschaft im Ausland zu gründen und einen Teil der unternehmerischen Tätigkeit dorthin zu verlagern. Ihre Umsetzung kann von der Gewerkschaft nicht mittels eines Streiks verhindert werden.[296] Das ist auch bei einem Streik um einen sog. »Tarifsozialplan« zu beachten (→ Rn. 1575 ff.).

1119 An der fehlenden tariflichen Regelbarkeit scheitert auch die Zulässigkeit von Arbeitskämpfen um die **Dienstbedingungen von Beamten.** Diese werden in den Beamten- und Besoldungsgesetzen des Bundes und der Länder abschließend geregelt.[297] Zulässig ist aber der Arbeitskampf um die – tariflich regelbaren – Arbeitsbedingungen der Angestellten und Arbeiter des öffentlichen Dienstes, und zwar auch dann, wenn diese mit Ausübung hoheitlicher Gewalt betraut sind.[298] Eine Grenze zieht insoweit lediglich die aus dem Übermaßverbot folgende Pflicht zu Notdienstarbeiten (→ Rn. 1132).

Der EGMR hat zum Streik im öffentlichen Dienst entschieden, dass es mit Art. 11 EMRK vereinbar ist, Streiks von Angehörigen des öffentlichen Dienstes zu verbieten, die im Namen des Staates Hoheitsgewalt ausüben. Ein allgemeines Streikverbot für Angehörige des öffentlichen Dienstes sei aber unverhältnismäßig.[299] Daraus wird teilweise ein Streikrecht für Beamte abgeleitet, die keine Hoheitsgewalt ausüben. Etwa hat das VG Düsseldorf im Fall einer verbeamteten Lehrerin, die sich an einem Warnstreik beteiligt hatte, im Wege völkerrechtsfreundlicher Auslegung entschieden, dass die aus diesem Grund gegen die Lehrerin ergangene Disziplinarverfügung rechtswidrig sei.[300] Das OVG Nordrhein-Westfalen hat diese Entscheidung unter Bezug auf die im GG verankerten hergebrachten Grundsätze des Berufsbeamtentums aufgehoben und darauf hingewiesen, dass im öffentlichen Dienst klar zwischen dem Beamtenverhältnis einerseits und dem Arbeitsverhältnis andererseits mit seiner jeweiligen Ausprägung zu unterscheiden sei. Auch aus der EMRK lasse sich ein Streikrecht für deutsche Beamte nicht ableiten. Die EMRK habe in der Bundesrepublik Deutschland den Rang eines einfachen Bundesgesetzes und sei damit an den Vorgaben des höherrangigen Grundgesetzes zu messen.[301] Das BVerwG hat die Entscheidung insoweit bestätigt. Als hergebrachter Grundsatz des Berufsbeamtentums gelte das Streikverbot gem. Art. 33 V GG für alle Beamten gleichermaßen, ohne nach dem Einsatz- oder Aufgabenbereich der Beamten zu unterscheiden.[302]

1120 Für zulässig hält das BAG den **Unterstützungsstreik** (auch Sympathiestreik oder Solidarstreik genannt). Damit ist gemeint, dass eine Gewerkschaft Arbeitnehmer zur Unterstützung eines auf den Abschluss eines Tarifvertrages gerichteten anderen Streiks (Hauptarbeitskampf) zum Streik aufruft, obwohl der Hauptarbeitskampf zum Abschluss eines Tarifvertrages führen soll, der für die Arbeitnehmer des Unterstützungsstreiks nicht gilt. Nach Auffassung des BAG handelt es sich dabei um eine von Art. 9 III GG geschützte Koalitionsbetätigung, die nur am Grundsatz der Verhältnismäßigkeit zu messen und für deren Beurteilung die Nähe oder Ferne des Unterstützungs-

---

295 BAG 26.10.1971 – 1 AZR 113/68, AP GG Art. 9 Arbeitskampf Nr. 44 mit dem Beispiel der Forderung nach Übertragung eines Spielbankbetriebs auf eine der Gewerkschaft nahestehende Finanzgruppe.

296 LAG Hessen 9.9.2015 – 9 SaGa 1082/15, NZA 2015, 1337 (Untersagung eines von der Vereinigung Cockpit e. V. geführten Pilotenstreiks).

297 BVerfG 11.6.1958 – 1 BvR 1/52 ua, BVerfGE 8, 1, 17 = DÖV 1958, 620; BAG 10.9.1985 – 1 AZR 262/84, NZA 1985, 814; BGH 31.1.1978 – VI ZR 32/77, BGHZ 70, 277 (279) = AP GG Art. 9 Arbeitskampf Nr. 61; BVerwG 10.5.1984 – 2 C 18/82, BVerwGE 69, 208 = NZA 1984, 401.

298 BVerfG 2.3.1993 – 1 BvR 1213/85, BVerfGE 88, 103 = AP GG Art. 9 Arbeitskampf Nr. 126.

299 EGMR 21.4.2009 – 68959/01, NZA 2010, 1423 – Enerji Yapi-Yol Sen/Türkei.

300 VG Düsseldorf 15.12.2010 – 31 K 3904/10.O, ArbuR 2011, 74.

301 OVG Nordrhein-Westfalen 7.3.2012 – 3d A 317/11.O, NVwZ 2012, 890.

302 BVerwG 27.2.2014 – 2 C 1/13, NVwZ 2014, 736; bestätigt von BVerwG 26.2.2015 – 2 B 6/15, NZA 2015, 505; insoweit zust. *Rothballer* NZA 2016, 1119 ff.; zur Problematik auch *Junker,* FS Wank, 2014, 219 ff.

streiks gegenüber dem Hauptarbeitskampf von Bedeutung sei. Dabei könne insbesondere eine konzernrechtliche Verbindung eine Rolle spielen. Auch könne den Unterschied ausmachen, ob die Gewerkschaft durch den Unterstützungsstreik einen eigenen oder einen fremden Hauptstreik fördern wolle. Im entschiedenen Fall ging es um den Unterstützungsstreik in einer Druckerei, mit dem der Hauptstreik gegen ein konzernzugehöriges Verlagsunternehmen um den Abschluss eines Tarifvertrages für Redakteure von Tageszeitungen unterstützt werden sollte.[303] In älteren Entscheidungen war das BAG noch davon ausgegangen, dass Unterstützungskampfmaßnahmen regelmäßig unzulässig seien; nur ausnahmsweise seien sie zulässig, wenn nur durch sie das Kampfgleichgewicht in einer Tarifauseinandersetzung hergestellt werden könne. Seien, wie das etwa in Wirtschaftszweigen mit überwiegend Kleinbetrieben und einfacher Arbeit zutreffen könne, die Belegschaften leicht austauschbar, könne die Arbeitgeberseite einem Streik im Tarifgebiet möglicherweise dadurch jede Wirkung nehmen, dass sie die Streikenden durch neue Arbeitnehmer ersetze. Hier könne ein Sympathiestreik das Kampfgleichgewicht herstellen.[304]

Der Rechtsprechung ist nicht zu folgen. Unterstützungsstreiks **fehlt es an der Konfliktlösungsfunktion** in der Tarifvertragsordnung, weil sie sich nicht unmittelbar gegen die Tarifvertragspartei richten, die den Tarifvertrag abschließen soll. Unbeteiligte Arbeitgeber werden mit einem Streik überzogen, ohne dass feststeht, ob sie den eigentlichen Tarifpartner überhaupt zu einem Tarifabschluss bewegen können.[305] Auch wird die Friedenspflicht (→ Rn. 1079ff., 1137) aus einem eigenen Tarifvertrag des vom Unterstützungsstreik überzogenen Arbeitgebers entwertet. Zwar wird bei rein formaler Betrachtung dieser Tarifvertrag selbst nicht infrage gestellt, weshalb das BAG einen Verstoß gegen die Friedenspflicht verneint.[306] Jedoch kann der Arbeitgeber nicht mehr sicher sein, während der Laufzeit von Tarifverträgen von Streiks verschont zu bleiben. Das läuft dem Sinn von Tarifverträgen zuwider.[307]

Unzulässig ist auch ein Arbeitskampf, der zwar noch im Zusammenhang mit den Arbeitsbedingungen steht, jedoch um ein Ziel geführt wird, dem **zwingendes staatliches Recht** entgegensteht, etwa die Grundrechte anderer Arbeitnehmer (Art. 3 GG, Art. 9 III GG, Art. 12 I GG), zwingendes Arbeitnehmerschutzrecht oder zwingende wirtschaftsverfassungsrechtliche Vorschriften. 1121

Ein **Beispiel** für das Erstgenannte bieten qualifizierte Differenzierungsklauseln (→ Rn. 126, 1074). Ein Beispiel für das Zweite wäre ein Streik, durch den der Arbeitgeber zur Nichtbeachtung von Beschäftigungsverboten veranlasst werden soll. Zur dritten Gruppe würden Arbeitskämpfe zählen, mit denen eine Änderung der in den Mitbestimmungsgesetzen niedergelegten Unternehmensverfassung oder eine Abweichung von zwingenden Vorschriften des BetrVG erreicht werden soll.

Ein anderes Mittel zur Konfliktlösung steht bereit, wenn **Rechtsschutz** in Anspruch genommen werden kann. Deshalb ist ein Streik unzulässig, mit dem die tatsächliche Durchsetzung von durch Tarifvertrag dem einzelnen Arbeitnehmer oder der Gewerkschaft eingeräumten Rechten erreicht werden soll. Soweit der Tarifvertrag normativ wirkt, entstehen aus ihm unmittelbar Ansprüche und sonstige Rechte der Arbeitnehmer, die sie vor den Arbeitsgerichten durchsetzen können. Aus dem schuldrechtlichen 1122

303 BAG 19.6.2007 – 1 AZR 396/06, NZA 2007, 1055.
304 BAG 5.3.1985 – 1 AZR 468/83, NZA 1985, 504; BAG 12.1.1988 – 1 AZR 219/86, NZA 1988, 474.
305 *Rieble* BB 2008, 1506 (1512f.).
306 BAG 19.6.2007 – 1 AZR 396/06, NZA 2007, 1055.
307 *Benecke,* FS Buchner, 2009, 96 (101ff.), die zu Recht auf die Befriedungsfunktion des Tarifvertrages hinweist; weiter zu Recht krit. *Bieder* NZA 2008, 799 (801).

Teil des Tarifvertrages erwachsen gerichtlich durchsetzbare Ansprüche der Gewerkschaften wie der Arbeitgeberverbände (→ Rn. 1083). Auch die Durchsetzung gesetzlicher und durch Betriebsvereinbarung oder durch Individualvereinbarung begründeter Rechte darf nicht im Wege des Arbeitskampfes erfolgen, sondern muss dem Rechtsweg überlassen bleiben.[308]

Der in **Fall 69** geführte Streik zur Durchsetzung der Lohnansprüche der Arbeitnehmer ist also unzulässig, weil diese Lohnansprüche vor dem Arbeitsgericht durchzusetzen sind.

1123 Weiter scheidet ein Arbeitskampf dort aus, wo das Gesetz als Konfliktlösungsmittel ein **zwingendes Regelungsverfahren** vorsieht. Dies trifft für das Betriebsverfassungs- und Personalvertretungsrecht zu, wo Auseinandersetzungen zwischen Arbeitgeber- und Arbeitnehmerseite in besonderen, vom Betriebsverfassungsgesetz und den Personalvertretungsgesetzen zur Verfügung gestellten Verfahren auszutragen sind, in denen letztlich eine Einigungsstelle und notfalls die Arbeitsgerichte bzw. die Verwaltungsgerichte entscheiden (§ 76 BetrVG; § 71 BPersVG).[309] § 74 II 1 BetrVG spricht dieses Arbeitskampfverbot ausdrücklich aus (→ Rn. 1335).

Dies gilt auch für den Fall, dass durch einen Streik die Entlassung eines anderen Arbeitnehmers, etwa eines unbeliebten Vorgesetzten, erzwungen werden soll. Denn auch hierfür sieht das BetrVG in § 104 ein besonderes Verfahren vor.[310] Ebenso unzulässig ist ein Streik, mit dem der Arbeitgeber gezwungen werden soll, einen Antrag beim Arbeitsgericht auf Ersetzung der Zustimmung des Betriebsrats zur Kündigung eines seiner Mitglieder zurückzunehmen. Denn § 103 BetrVG weist dafür einen eigenen Weg zur Konfliktlösung.[311]

b) Kampfführung durch Tarifvertragsparteien

1124 Tarifverträge können nur von Tarifvertragsparteien abgeschlossen werden (→ Rn. 985 ff., 1001). Dementsprechend muss auch der Arbeitskampf von tariffähigen Parteien geführt werden. Das gilt für den Aufruf zum Arbeitskampf wie auch für dessen Durchführung.

1125 Tarifvertragspartei sind auf der Arbeitnehmerseite nur **Gewerkschaften.** Deshalb ist der unabhängig von einer Gewerkschaft von einer Arbeitnehmergruppe geführte sog. »wilde Streik« rechtswidrig.[312] Nach Auffassung des BAG kann er aber nachträglich von der zuständigen Gewerkschaft übernommen werden und verliert so rückwirkend den Makel der Rechtswidrigkeit, wenn die Gewerkschaft selbst zum Streik berechtigt war.[313]

Im **Fall 70** ist der Streik als wilder Streik rechtswidrig. Nach der Rechtsprechung des BAG kann er allerdings von der die Tarifauseinandersetzung führenden Gewerkschaft übernommen werden, womit er rechtmäßig würde.

1126 Auf der Arbeitgeberseite sind nicht nur **Arbeitgeberverbände,** sondern auch die **einzelnen Arbeitgeber** tariffähig, § 2 I TVG (→ Rn. 994 f.). Das hat zur Konsequenz, dass gegen sie ein Arbeitskampf zulässig ist. Das ist unstreitig, soweit die Gewerkschaft

308 BAG 14.2.1978 – 1 AZR 76/76, AP GG Art. 9 Arbeitskampf Nr. 58.
309 BAG 17.12.1976 – 1 AZR 772/75, AP GG Art. 9 Arbeitskampf Nr. 52.
310 ArbG Nürnberg 8.2.1962 – 4 Ca 12a/62, BB 1962, 336.
311 BAG 7.6.1988 – 1 AZR 372/86, NZA 1988, 883.
312 BAG 20.12.1963 – 1 AZR 157/63, AP GG Art. 9 Arbeitskampf Nr. 32; BAG 7.6.1988 – 1 AZR 372/86, NZA 1988, 883.
313 So BAG 20.12.1963 – 1 AZR 157/63, AP GG Art. 9 Arbeitskampf Nr. 32.

einen nicht verbandsangehörigen Arbeitgeber auf Abschluss eines Haustarifvertrages in Anspruch nimmt. Es gilt aber auch für verbandsangehörige Arbeitgeber. Die Tariffähigkeit ist dem einzelnen Arbeitgeber von § 2 I TVG unabhängig davon zugesprochen, ob er Verbandsmitglied ist oder nicht. Dementsprechend kann auch die Zulässigkeit des Hausarbeitskampfs nicht von der Verbandszugehörigkeit abhängen.[314] Zu beachten ist in diesem Fall allerdings die aus einem Verbandstarifvertrag folgende Friedenspflicht (→ Rn. 1137).

Jeder Arbeitskampf setzt einen **Kampfbeschluss** durch das zuständige Organ der kampfführenden Tarifvertragspartei voraus, der dem Gegner mitgeteilt werden muss. So muss die Gewerkschaft den Streikbeschluss dem Arbeitgeberverband bekannt geben, damit dieser die Streikforderungen kennt und Reaktionsmaßnahmen ergreifen kann.[315] Beim Streik um den Haustarifvertrag muss der Streikbeschluss dem betroffenen Arbeitgeber mitgeteilt werden.[316] Umgekehrt ist der Aussperrungsbeschluss der Gewerkschaft mitzuteilen.[317] Der Aufruf gegenüber den eigenen Mitgliedern zur Beteiligung am Arbeitskampf (→ Rn. 970) sowie die Suspendierung der arbeitsvertraglichen Pflichten durch die Erklärung der Teilnahme am Streik gegenüber dem Arbeitgeber bzw. durch die Erklärung der Aussperrung gegenüber den auszusperrenden Arbeitnehmern (→ Rn. 1151 f.) sind davon zu trennende Fragen. Ebenso ist der Kampfbeschluss von einer eventuellen Urabstimmung zu unterscheiden, bei der es sich um eine innerverbandliche Maßnahme handelt (→ Rn. 1130). 1127

c) Begrenzung durch das Übermaßverbot

Fall 71: In einem Tarifgebiet der Metallindustrie kommt es zu einem Arbeitskampf, in dessen Verlauf alle Arbeitnehmer der Firma X ausgesperrt werden. Unter ihnen befindet sich auch der schwerbehinderte A, der schon vor Beginn der Aussperrung erkrankt war, und dessen Erkrankung über das Ende des Arbeitskampfes hinaus fortdauerte. X verweigert ihm für die Dauer des Arbeitskampfes die Entgeltfortzahlung im Krankheitsfall.

Der Arbeitskampf greift in Rechtspositionen der Koalitionsmitglieder, nicht organisierter Arbeitnehmer und Arbeitgeber, Dritter und der Allgemeinheit nachhaltig ein. Diese Rechtspositionen genießen nach Art. 12 (Berufswahl), nach Art. 14 (Eigentum) und nach Art. 2 I GG (wirtschaftliche Entfaltungsfreiheit) selbst Verfassungsrang und beschränken deshalb die Koalitionsbetätigungsgarantie. Zu lösen ist dieser Konflikt durch Herstellung praktischer Konkordanz nach dem verfassungsrechtlichen **Übermaßverbot.** Arbeitskämpfe müssen, wie es der Große Senat des BAG formuliert hat, »unter dem obersten Gebot der Verhältnismäßigkeit stehen«.[318] Gemessen an ihrer Funktion, wirtschaftlichen Druck zur Lösung eines Tarifkonflikts auszuüben, müssen Arbeitskampfmaßnahmen deshalb geeignet und erforderlich sein. Auch dürfen die durch sie ausgelösten Beeinträchtigungen der genannten Rechtspositionen nicht außer Verhältnis zu dieser Funktion stehen; sie dürfen also nicht unangemessen sein. 1128

314 BAG 10.12.2002 – 1 AZR 96/02, NZA 2003, 734.

315 BAG 19.6.2012 – 1 AZR 775/10, NZA 2012, 1372; *Kissel* ArbeitskampfR § 42 Rn. 15; s. auch BAG 23.10.1996 – 1 AZR 269/96, NZA 1997, 397 für einen Beschluss zur Beendigung des Streiks.

316 *Kissel* ArbeitskampfR § 42 Rn. 15.

317 BAG 31.10.1995 – 1 AZR 217/95, NZA 1996, 389; *Kissel* ArbeitskampfR § 56 Rn. 1 ff.

318 BAG 21.4.1971 – GS 1/68, AP GG Art. 9 Arbeitskampf Nr. 43; zum Übermaßverbot ausführlich *Kissel* ArbeitskampfR § 29 Rn. 1 ff.

1128a Nicht im Gesetz selbst, jedoch in den Gesetzesmaterialen zum **Tarifeinheitsgesetz** hat der Gesetzgeber die Auffassung geäußert, dass über die Verhältnismäßigkeit von Arbeitskämpfen, mit denen ein **kollidierender Tarifvertrag erwirkt** werden soll, im Einzelfall im Sinne des Prinzips der Tarifeinheit zu entscheiden sein werde.[319] Dem liegt die Vorstellung zugrunde, dass ein Streik um einen Tarifvertrag, der sich in der Tarifkollision nicht durchsetzt, unverhältnismäßig und damit rechtswidrig ist. Dies ist aus den in → Rn. 1047a genannten Gründen unzutreffend.

1129 Aus dem zum Übermaßverbot gehörenden Grundsatz der Erforderlichkeit folgt, dass Arbeitskampfmaßnahmen **ultima ratio** sein müssen, also nur ergriffen werden dürfen, wenn alle Verhandlungsmöglichkeiten ausgeschöpft sind (Ultima-ratio-Prinzip). Freilich folgt aus dieser Verhandlungspflicht kein irgend gearteter Zwang zum Kompromiss. Vielmehr steht jeder Tarifvertragspartei die Entscheidung offen, den **Verhandlungen** noch eine Chance beizumessen oder sie für **gescheitert** zu erklären. Das BAG will sogar auf eine förmliche Erklärung des Scheiterns verzichten und den Kampfbeginn als konkludente Erklärung des Scheiterns werten.[320] Das BAG ermöglicht so die Durchführung von **Warnstreiks,** obwohl die Verhandlungen in Wahrheit meist nicht gescheitert, sondern nur verhärtet sind, was sich daran zeigt, dass zwischen einzelnen Warnstreiks weiterverhandelt wird. Auch hat diese Rechtsprechung die problematische Konsequenz, dass jeder Warnstreik mit einer Aussperrung beantwortet werden kann.[321] Deshalb ist eine förmliche Erklärung des Scheiterns zu verlangen. Nimmt man das Übermaßverbot ernst, kann sogar nach dem förmlichen Scheitern der Verhandlungen der Weg zu normalen Kampfmaßnahmen noch nicht offen stehen. Vielmehr muss zunächst die **friedliche Konfliktlösung** auf dem Weg der Schlichtung versucht werden. Erst wenn auch ein von einer Seite geforderter Schlichtungsversuch nicht zum Ziel geführt hat, ist der Arbeitskampf ultima ratio.[322]

1130 Aus dem Übermaßverbot lässt sich nicht herleiten, dass Streiks erst nach Durchführung einer **Urabstimmung** zulässig sind, die viele Gewerkschaftssatzungen in unterschiedlicher Form vorsehen.[323] Bei der Urabstimmung handelt es sich um ein Problem der Legitimation der streikführenden Gewerkschaft gegenüber ihren Mitgliedern, nicht aber gegenüber der Arbeitgeberseite.[324] Unterbleibt eine von der Satzung geforderte Urabstimmung oder bringt diese nicht die erforderliche Mehrheit, braucht das einzelne Mitglied einem Streikaufruf seiner Gewerkschaft aber nicht Folge zu leisten.[325]

1131 Nach dem Grundsatz der Erforderlichkeit dürfen solche Arbeiten nicht verweigert werden, die nur der Gefahrenabwehr und der Erhaltung der Produktionsanlagen die-

319 BT-Drs. 18/4062, 12.

320 BAG 21.6.1988 – 1 AZR 651/86, NZA 1988, 846.

321 So BAG 11.8.1992 – 1 AZR 103/92, NZA 1993, 39.

322 *Birk/Konzen/Löwisch/Raiser/Seiter,* Gesetz zur Regelung kollektiver Arbeitskonflikte, 1988, Entwurf, 38; *Heinze,* FS Däubler, 1999, 431 (433); *Löwisch* in Rieble, Zukunft des Arbeitskampfes, 2005, 35ff.; gegen eine solche Voraussetzung *Kissel* ArbeitskampfR § 30 Rn. 42ff.; *Otto* ArbeitskampfR § 7 Rn. 11ff.

323 Vgl. zB § 11 der Satzung der IG BCE (www.igbce.de/vanity/renderDownloadLink/398/8538 [zuletzt abgerufen am 2.3.2017]).

324 *Kissel* ArbeitskampfR § 40 Rn. 17ff.; *Otto* ArbeitskampfR § 7 Rn. 29ff.; aA *Rieble,* FS Canaris Bd. I, 2007, 1439 (1442ff.) mwN.

325 *Kissel* ArbeitskampfR § 40 Rn. 18; Däubler/*Reinfelder,* Arbeitskampfrecht, § 15 Rn. 34; *von Steinau-Steinrück* in Thüsing/Braun, Tarifrecht, 2. Aufl. 2016, 3. Kap. Rn. 78.

nen (sog. **Erhaltungsarbeiten**). Dazu zählen etwa Pförtner- und Wächterdienste, Feuer- und Wasserwehr, Erste-Hilfe-Bereitschaftsdienst, Schutz temperaturempfindlicher Anlagen, Überwachung der Heizungsanlage, Schutz vor Korrosion, Inbetriebhaltung von Anlagen, deren Stilllegung zu ihrer Beschädigung führen würde, und die sachgerechte Stilllegung von Anlagen.[326]

Nach dem Grundsatz der Verhältnismäßigkeit im engeren Sinne dürfen auch solche Erhaltungsarbeiten nicht verweigert werden, die zur Erhaltung der Produktionsanlagen nicht unbedingt erforderlich sind, deren Unterbleiben aber zu unverhältnismäßigen wirtschaftlichen Schäden des Arbeitgebers führen würde. Unter diesem Gesichtspunkt können in engen Grenzen sog. Abwicklungsarbeiten (Abnahme und Lagerung von Zulieferungen, Weiterverarbeitung verderblicher Werkstoffe) zu den Erhaltungsarbeiten gehören, etwa, wenn in einem landwirtschaftlichen oder Gärtnereibetrieb die gesamte Jahresernte zu verderben droht.[327]

Nach Auffassung des Großen Senats des BAG folgt aus dem Übermaßverbot auch, dass ein Arbeitskampf das **Gemeinwohl nicht offensichtlich verletzen** darf.[328] Daraus folgt aber keine Befugnis der Arbeitsgerichte zur Zensur von Tarifforderungen (→ Rn. 1075). Wohl aber ergibt sich aus der Gemeinwohlbindung das Verbot, durch Arbeitskämpfe die für die Befriedigung der elementaren persönlichen, sozialen und staatlichen Bedürfnisse erforderliche **Mindestversorgung der Bevölkerung** ernstlich zu gefährden. Sicherzustellen ist eine solche Mindestversorgung in der Daseinsvorsorge, insbesondere in den Bereichen Nahrung und Gesundheit, Energie und Wasser, Verkehr, Post, Fernmeldewesen, Rundfunk und Fernsehen, Feuerwehr, Bestattung, Müllbeseitigung, Landesverteidigung und innere Sicherheit.[329] 1132

Das Übermaßverbot führt des Weiteren zu einer **Begrenzung des Rechts der Arbeitgeberseite zur Aussperrung.** Soweit die Aussperrung nicht notwendig ist, um Verhandlungsparität herzustellen, ist sie rechtswidrig. Ein wichtiges Indiz ist dabei das Missverhältnis zwischen der Zahl der Streikenden und der vom Aussperrungsbeschluss betroffenen Arbeitnehmer. Danach ist eine bundesweite unbefristete Abwehraussperrung, mit der auf einen Streik in wenigen Betrieben reagiert wird, in aller Regel als unverhältnismäßig anzusehen.[330] 1133

Um das Gebot der Verhältnismäßigkeit der Aussperrungen praktisch handhabbar zu machen, hat das BAG für den Arbeitskampf um einen Verbandstarifvertrag in zwei Urteilen vom 10.6.1980 die sog. **Quotenregelung** entwickelt.[331] Nach ihr soll die Arbeitgeberseite auf einen Streik, der weniger als ein Viertel der Arbeitnehmer des Tarifgebiets erfasst, ihrerseits ein weiteres Viertel der betreffenden Arbeitnehmer aussperren dürfen. Sind bereits mehr als ein Viertel der Arbeitnehmer im Streik, soll sie lediglich dafür sorgen können, dass insgesamt die Hälfte der Arbeitnehmer streikt oder ausgesperrt ist. Maßgeblich ist der gewerkschaftliche Streikaufruf.

Die Quotenregelung ist vielfältiger Kritik ausgesetzt. Zum einen sind die Quoten frei gegriffen. Zum anderen führt diese Arithmetik nur bedingt zu einem Mehr an Rechtssicherheit.[332]

326 BAG 30.3.1982 – 1 AZR 265/80, AP GG Art. 9 Arbeitskampf Nr. 74.

327 BAG 30.3.1982 – 1 AZR 265/80, AP GG Art. 9 Arbeitskampf Nr. 74.

328 BAG 21.4.1971 – GS 1/68, AP GG Art. 9 Arbeitskampf Nr. 43.

329 Zum Umfang solcher Notdienstarbeiten iE *Kissel* ArbeitskampfR § 43 Rn. 120ff.; *Rudkowski*, Der Streik in der Daseinsvorsorge, 2010, 116ff.; *Schliemann* RdA 2012, 14 (21f.); auch *Franzen/Thüsing/Waldhoff*, Arbeitskampf in der Daseinsvorsorge, 2012, 134ff. mit einem Gesetzesvorschlag.

330 BAG 12.3.1985 – 1 AZR 636/82, NZA 1985, 537.

331 BAG 10.6.1980 – 1 AZR 331/79, AP GG Art. 9 Arbeitskampf Nr. 66; BAG 10.6.1980 – 1 AZR 168/79, AP GG Art. 9 Arbeitskampf Nr. 65.

332 Ausführliche Zusammenfassung der Kritik bei *Kissel* ArbeitskampfR § 53 Rn. 10ff.

1134 Aus dem Übermaßverbot folgt auch, dass **Warnstreiks** und andere Streiks von kurzer Dauer (sog. **Wellenstreiks**) nicht mit länger dauernden Aussperrungen beantwortet werden dürfen. Auf einen halbstündigen Streik mit einer halbtägigen Aussperrung zu reagieren, ist noch in Ordnung, eine zweitägige Aussperrung hingegen eine unverhältnismäßige Reaktion.[333]

1135 Dem Übermaßverbot entspricht es, dass die Aussperrung die **Arbeitsverhältnisse** regelmäßig nur für die Dauer des Arbeitskampfes **suspendiert.** Das bedeutet, dass die Rechte und Pflichten aus dem Arbeitsverhältnis für die Dauer der Aussperrung ruhen (→ Rn. 1151 f.). Eine **lösende Aussperrung,** die zu einer Beendigung der Arbeitsverhältnisse führt, kommt nur ausnahmsweise in Betracht, wenn die Arbeitgeberseite auf einen Streik nicht mit der Kampfausweitung auf andere Betriebe reagiert, sondern die Produktion fortzuführen versucht (Politik der offenen Tür). Soweit dafür eine anderweitige Besetzung der Arbeitsplätze notwendig ist oder aber Arbeitsplätze durch Rationalisierungsmaßnahmen wegfallen, müssen streikende Arbeitnehmer lösend ausgesperrt werden können.[334] Auch dann besteht aber eine Pflicht zur Wiedereinstellung, wenn sich nach Ende des Arbeitskampfes herausstellt, dass der bisherige Arbeitsplatz wieder zur Verfügung steht.

1136 Dass eine Reihe von Arbeitnehmergruppen, insbesondere Betriebs- und Personalratsmitglieder, Schwangere, Mütter, Schwerbehinderte und Erkrankte, **besonderen arbeitsrechtlichen Schutz** genießt, macht ihre suspendierende Aussperrung nicht unverhältnismäßig, denn dieser Schutz will lediglich besondere Risiken wie Krankheit, Schwangerschaft usw abdecken. Nicht sollen diese besonderen Arbeitnehmergruppen außerhalb der genannten Risiken im Verhältnis zu den übrigen Arbeitnehmern bessergestellt werden.

Im **Fall 71** braucht X den Lohn an A für die Dauer der Aussperrung also nicht fortzuzahlen. Der Entgeltfortzahlungsanspruch nach dem Entgeltfortzahlungsgesetz will nur das Risiko der Krankheit, nicht auch das des Arbeitskampfes abdecken,[335] und das Schwerbehindertenrecht des SGB IX gibt keinen unbedingten, gegen Arbeitskampfmaßnahmen gefeiten Beschäftigungsanspruch.[336]

d) Beachtung der Friedenspflicht

1137 Eine nach allgemeinen Grundsätzen legitime Kampfmaßnahme kann dennoch rechtswidrig sein, wenn sie gegen einen noch bindenden Tarifvertrag verstößt. Gemeint ist damit, dass die Arbeitskampfparteien die aus laufenden Tarifverträgen resultierende relative Friedenspflicht beachten müssen (→ Rn. 1079 ff.). Betrifft die Tarifforderung, die mittels Streik oder Aussperrung durchgesetzt werden soll, auch nur einen Gegenstand, der der tariflichen Friedenspflicht unterfällt, hat dies zur Folge, dass der in Rede stehende Streik oder die in Rede stehende Aussperrung **insgesamt rechtswidrig** ist.[337] Dies wird anschaulich als **»Rührei-Theorie«** bezeichnet: »Wenn in einem Rührei neben drei guten ein schlechtes Ei ist, ist das ganze Rührei schlecht.«[338] Dabei ist zu be-

333 BAG 11.8.1992 – 1 AZR 103/92, NZA 1993, 39.
334 BAG 21.4.1971 – GS 1/68, AP GG Art. 9 Arbeitskampf Nr. 43.
335 BAG 1.10.1991 – 1 AZR 147/91, NZA 1992, 163.
336 BAG 7.6.1988 – 1 AZR 597/86, NZA 1988, 890; BAG 7.6.1988 – 1 AZR 23/87, NZA 1988, 892; zu den Einzelheiten *Otto* ArbeitskampfR § 8 Rn. 19 f.
337 BAG 26.7.2016 – 1 AZR 160/14, NZA 2016, 1543 mN.
338 *Reuss* ArbuR 1966, 33.

achten, dass die aus einem Verbandstarifvertrag folgende Friedenspflicht während der Laufzeit des Tarifvertrages auch Arbeitskämpfe gegen einzelne Arbeitgeber um den Abschluss eines Haustarifvertrages verbietet, wenn diese das Ziel haben, vom Verbandstarifvertrag abweichende Regelungen zu treffen (→ Rn. 1126).

2. Zulässigkeit anderer Arbeitskampfmaßnahmen

Fall 72: Im Zuge eines Streiks um einen neuen Tarifvertrag für den Einzelhandel ruft die Gewerkschaft ver.di in einem Flugblatt ihre Gewerkschaftsmitglieder »und alle, die uns unterstützen wollen« zu einem »gezielten Einkaufen« auf. Auch in der Presse und auf einer öffentlichen Kundgebung wird von ver.di für eine solche Flashmob-Aktion geworben. Am Tag darauf begeben sich 40 Personen, per SMS von ver.di dorthin bestellt, in ein Ladengeschäft des Einzelhandelsunternehmens X. Zwei Teilnehmer tragen Jacken mit der Aufschrift ver.di, zahlreiche andere entsprechende Sticker an ihren Jacken. Etliche Aktionsteilnehmer kaufen eine Vielzahl von Cent-Artikeln, wodurch sich an den Kassen Warteschlangen bilden. Andere Aktionsteilnehmer befüllen Einkaufswagen und lassen diese dann ohne Begründung oder mit dem Vorwand, das Geld vergessen zu haben, in den Gängen und im Kassenbereich stehen. X hält die Aktion für rechtswidrig.

Fall 73: Um während eines Streiks die Produktion wenigstens teilweise aufrechtzuerhalten, zahlt X den Arbeitnehmern, die sich nicht am Streik beteiligen, eine zusätzliche Prämie in Höhe von 200 EUR. Nach Ende des Arbeitskampfes verlangt A, der am Streik teilgenommen hatte, die Zahlung eines gleich hohen Betrages. Er beruft sich dafür auf § 612 a BGB und eine nach Ende des Arbeitskampfes zwischen den Tarifvertragsparteien abgeschlossene Vereinbarung, nach der jede »Maßregelung wegen Beteiligung am Arbeitskampf unterbleibt«.

a) Gebrauch von Vertragsrechten

Es ist möglich, dass Arbeitnehmer aus dem Arbeitsvertrag folgende **Rechte gemeinsam** 1138 **ausüben,** um ein kollektives Ziel zu erreichen. Etwa können sie gemeinsam Zurückbehaltungsrechte geltend machen oder im Falle eines Betriebsübergangs gemeinsam gem. § 613 a VI BGB dem Übergang ihrer Arbeitsverhältnisse auf den Betriebserwerber widersprechen. Umgekehrt kann der Arbeitgeber zur Durchsetzung eines Ziels gegenüber einer bestimmten Gruppe von Arbeitnehmern ebenfalls seine Vertragsrechte ausüben, insbesondere kündigen.

Dieser kollektive Gebrauch von Vertragsrechten ist zulässig. Dabei müssen allerdings 1139 die sich aus dem Arbeitsvertrag ergebenden Bindungen beachtet werden. Zurückbehaltungsrechte können nur geltend gemacht werden, wenn sie tatsächlich bestehen, zB weil der Arbeitgeber mit der Entgeltzahlung im Verzug ist. Auch darf der Gebrauch der Vertragsrechte **nicht rechtsmissbräuchlich sein.** Etwa darf das Widerspruchsrecht nach § 613 a VI BGB nicht dafür eingesetzt werden, den Betriebsübergang überhaupt zu verhindern oder Vergünstigungen zu erzielen, auf die die Arbeitnehmer keinen Rechtsanspruch haben. Bezwecken die Arbeitnehmer mit dem Widerspruch indessen nur, die Auswechslung des Arbeitgebers zu verhindern, wie das der Funktion des Widerspruchsrechts entspricht, sind auch kollektiv ausgeübte Widersprüche wirksam, selbst wenn hierdurch eine Drucksituation für den Arbeitgeber entsteht.[339] Vertragsbrüchig verhalten sich wiederum Arbeitnehmer, die eine krankheitsbedingte Arbeits-

339 BAG 30.9.2004 – 8 AZR 462/03, NZA 2005, 43.

unfähigkeit nur vortäuschen, um dem gewerkschaftlichen Streikaufruf auszuweichen oder den Arbeitgeber zusätzlich unter Druck zu setzen.[340]

b) Beeinträchtigung von Unternehmenstätigkeit und Arbeitnehmerrechten

1140 Kampfmaßnahmen, die über Streik und Aussperrung hinausgehen, müssen sich an der allgemeinen **Rechtsordnung** messen lassen. Das gilt sowohl für Störungen der Unternehmenstätigkeit, die durch Betriebsbesetzungen, Betriebsblockaden und Boykottaufrufe eintreten, als auch für Beeinträchtigungen der wirtschaftlichen Position der Arbeitnehmer, etwa für die Herausgabe sog. »schwarzer Listen« über kampfbeteiligte Arbeitnehmer.

1141 Relevant sind dabei, was die Störung der Unternehmenstätigkeit anlangt, die Vorschriften über den Besitz (§§ 854ff. BGB) und im Zusammenhang damit § 123 StGB sowie das Recht der unerlaubten Handlungen (§§ 823ff. BGB), insbesondere der Schutz des Eigentums und des Rechts am eingerichteten und ausgeübten Gewerbebetrieb. Hinsichtlich der Störungen der wirtschaftlichen Tätigkeit der Arbeitnehmer steht der Schutz des allgemeinen Persönlichkeitsrechts nach § 823 I BGB in Rede.

1142 **Betriebsbesetzungen** sind danach rechtswidrig, denn sie lassen sich mit dem gem. § 855 BGB alleinigem Besitzrecht des Arbeitgebers an den Fabrikanlagen und regelmäßig auch mit seinem Eigentumsrecht an den Produktionsanlagen nicht vereinbaren.[341]

1143 **Betriebsblockaden,** mit denen Arbeitnehmer den Zugang zum Betrieb versperren und weiter verhindern, dass Menschen und Waren den Betrieb verlassen können, sind ebenfalls unzulässig. Sie beeinträchtigen das Recht der arbeitswilligen Arbeitnehmer auf körperliche Bewegungsfreiheit und das Recht des Arbeitgebers am eingerichteten und ausgeübten Gewerbebetrieb in unangemessener Weise.[342] Dass solche Blockaden nach der Sitzblockadenentscheidung des BVerfG unter Umständen keine Gewalt iSd § 240 StGB darstellen,[343] ändert nichts daran, dass ein Eingriff in die Freiheit der Willensentschließung und Willensbetätigung der Arbeitnehmer und in den Gewerbebetrieb des Arbeitgebers vorliegt.[344] Zulässig ist nur der Versuch, mit friedlichen Mitteln, etwa der Überredung durch Streikposten, die Arbeitswilligen von der Aufnahme der Arbeit abzuhalten. Dabei muss den Arbeitswilligen ein leicht erkennbarer und genügend breiter Zugang zur Arbeitsstätte freigelassen werden, den sie ohne Besorgnis benutzen können. Dafür ist nach Auffassung des LAG Köln regelmäßig eine drei Meter breite, einfach begehbare Gasse hinreichend und erforderlich.[345]

1144 Ähnliche Wirkung wie Betriebsbesetzungen und -blockaden haben streikbegleitende **Flashmob-Aktionen** (»Blitzpöbel«). Sie haben zur Folge, dass Besitz und Eigentum, Unternehmenstätigkeit und Betriebsablauf, Kundenbeziehungen und Arbeitnehmer-

340 Zu diesem Phänomen und den Reaktionsmöglichkeiten des Arbeitgebers *Beckerle/Stolzenberg* NZA 2016, 1313ff.

341 BAG 14.2.1978 – 1 AZR 103/76, AP GG Art. 9 Arbeitskampf Nr. 59; *Otto* ArbeitskampfR § 11 Rn. 6ff.

342 BAG 21.6.1988 – 1 AZR 653/86, NZA 1988, 884; LAG Berlin-Brandenburg 15.6.2016 – 23 SaGa 968/16, BB 2016, 1588 (Kurzwiedergabe).

343 BVerfG 10.1.1995 – 1 BvR 718/89 ua, BVerfGE 92, 1 = NJW 1995, 1141.

344 *Löwisch/Krauß* DB 1995, 1330ff.; *Kissel* ArbeitskampfR § 61 Rn. 104, 107.

345 LAG Köln 2.7.1984 – 9 Sa 602/84, NZA 1984, 402 mwN.

rechte massiv beeinträchtigt werden. Es besteht die Gefahr, dass die Aktionen allein oder überwiegend von am Arbeitsverhältnis unbeteiligten Dritten durchgeführt werden. Deren Verhalten kann die Gewerkschaft nicht steuern, was das Exzessrisiko deutlich erhöht.[346] Der Sache nach geht es um Sabotage.[347] Effektive Verteidigungsmöglichkeiten stehen dem Arbeitgeber nur sehr begrenzt zur Verfügung.[348] Die vorübergehende Betriebsschließung ist in der konkreten Situation keine Verteidigung, sondern verwirklicht gerade das gewerkschaftliche Ziel der Betriebseinstellung, welches zu erreichen der Gewerkschaft allein mit dem Streik nicht gelungen ist.[349]

Im **Fall 72** ist der mit der Flashmob-Aktion von ver.di einhergehende unmittelbare Eingriff in den eingerichteten und ausgeübten Gewerbebetrieb von X rechtswidrig. Dem entgegenstehend hat das BAG den Eingriff als gerechtfertigt angesehen. Streikbegleitende Flashmob-Aktionen der Gewerkschaften, die der Verfolgung tariflicher Ziele dienten, unterfielen als koalitionsspezifische Betätigung dem Schutzbereich des Art. 9 III GG. Dieser sei auch nicht deshalb versperrt, weil nicht von vornherein ausgeschlossen werden könne, dass sich an gewerkschaftlichen Flashmob-Aktionen auch Dritte beteiligten. Die Zulässigkeit zum Zweck des Arbeitskampfs durchgeführter Flashmob-Aktionen richte sich nach dem Grundsatz der Verhältnismäßigkeit. Eine Bewertung von Arbeitskampfmaßnahmen als rechtswidrig komme grundsätzlich nur in Betracht, wenn sie offensichtlich ungeeignet oder nicht erforderlich oder wenn sie unverhältnismäßig seien. Insoweit billigt das BAG der Gewerkschaft bei der Frage der Geeignetheit und der Erforderlichkeit einen Beurteilungsspielraum zu. Streikbegleitende Flashmob-Aktionen unterschieden sich zwar vom herkömmlichen Arbeitskampfmittel des Streiks nicht unbeträchtlich dadurch, dass sie auf eine aktive Störung betrieblicher Abläufe gerichtet und für die Aktionsteilnehmer nicht mit einem eigenen wirtschaftlichen Nachteil verbunden seien. Die Arbeitgeberseite sei derartigen Maßnahmen aber nicht wehrlos ausgeliefert. Ihr stünden mit dem auf Eigentum und Besitz beruhenden Hausrecht und der Möglichkeit einer vorübergehenden Betriebsschließung wirksame Verteidigungsmöglichkeiten zur Verfügung.[350] Die gegen das Urteil eingelegte Verfassungsbeschwerde hat das BVerfG nicht zur Entscheidung angenommen, weil das Urteil nicht die von Art. 9 III GG geschützte Koalitionsfreiheit des Beschwerdeführers verletze. Da nur der Arbeitgeberverband geklagt und Verfassungsbeschwerde eingelegt hatte, nicht aber das betroffene Einzelhandelsunternehmen, war die Verfassungsbeschwerde im Hinblick auf die Rüge einer Verletzung von Art. 12 I GG und Art. 14 GG schon unzulässig.[351]

Eine Beeinträchtigung von Unternehmenstätigkeit und Arbeitnehmerrechten liegt 1145
auch in unterschiedlichen Formen des **Boykotts.** Zuzugssperren, mit denen Arbeitnehmer aufgefordert werden, nicht an die Stelle streikender oder ausgesperrter Arbeitnehmer zu treten, werden als zulässig angesehen, ebenso Aufrufe, Streikarbeit zu unterlassen.[352] Die Herausgabe schwarzer Listen durch Arbeitgeber ist dagegen ein unangemessener Eingriff in das allgemeine Persönlichkeitsrecht. Es geht zu weit, den Arbeitnehmer planmäßig überhaupt an der Verwendung seiner Arbeitskraft zu hindern oder in seine allgemeinen privatrechtlichen Beziehungen zu Dritten einzugreifen.[353] Der Versuch, durch Boykottaufruf den Arbeitgeber vom Bezug oder Absatz

346 *Rieble* NZA 2008, 796 (798f.); *Klumpp* in Rieble/Junker/Giesen, Neues Arbeitskampfrecht? 2010, 129 (141ff.).
347 *Rieble* NZA 2008, 796 (797).
348 Dazu *Löwisch* NZA 2010, 209ff.
349 *Krieger/Günther* NZA 2010, 20 (21), die von »Kapitulation« sprechen; *Rüthers/Höpfner*, Anm. zu BAG 22.9.2009, JZ 2010, 261 (263f.).
350 BAG 22.9.2009 – 1 AZR 972/08, NZA 2009, 1347.
351 BVerfG 26.3.2014 (3. Kammer des Ersten Senats) – 1 BvR 3185/09, NZA 2014, 493.
352 *Otto* ArbeitskampfR § 11 Rn. 29.
353 *Kissel* ArbeitskampfR § 62 Rn. 34; *Otto* ArbeitskampfR § 11 Rn. 29.

von Waren und Dienstleistungen abzuschneiden (Lieferboykott und Käuferboykott), ist jedenfalls dann als unzulässig anzusehen, wenn Dritte gezielt zum Vertragsbruch angeleitet werden sollen.[354] Richtigerweise scheidet der Liefer- oder Käuferboykott als Kampfmaßnahme wegen seiner Nichtbeherrschbarkeit aber generell aus.[355]

c) Streikbruchprämien

1146 Streikbruchprämien während des Arbeitskampfes sind ein zulässiges Kampfmittel. So wie der Arbeitgeber mit der Politik der offenen Tür neue Arbeitnehmer gewinnen darf, kann er auch den Streikenden eine **Sondervergütung** anbieten, damit sie die Arbeit wieder aufnehmen. Dass dafür wegen der kampfbedingten Verknappung des Arbeitsangebotes ein höherer Preis zu zahlen ist, ist normal.[356] Anders liegt es bei Prämien, die nach Ende des Streiks gleichsam als Belohnung für die Nichtteilnahme am Streik gezahlt werden. Sie maßregeln die von ihnen ausgeschlossenen Arbeitnehmer dafür, dass sie ihr Streikrecht wahrgenommen haben. Das verstößt gegen § 612a BGB.

In **Fall 73** war gegen die Zusatzzahlung also nichts einzuwenden. Sie stellt deshalb auch keine nach § 612a BGB unzulässige Maßregelung der Streikteilnehmer dar.[357] Jedoch ergibt sich der von A geltend gemachte Anspruch aus der tarifvertraglichen Bestimmung, die jegliche unterschiedliche Behandlung der Streikteilnehmer gegenüber den nichtstreikenden Arbeitnehmern ausgleichen will.[358]

3. Beteiligung Nicht- und Andersorganisierter

1147 An dem von einer Gewerkschaft geführten Streik dürfen sich auch nicht- und andersorganisierte Arbeitnehmer beteiligen, sofern der Streikaufruf auf sie passt.[359] Die Funktionsfähigkeit des Arbeitskampfsystems erfordert diese Teilnahmemöglichkeit. Das Arbeitskampfrecht kann sich insoweit nicht der Tatsache verschließen, dass der Organisationsgrad der Arbeitnehmer in den Gewerkschaften nicht einmal mehr ein Fünftel erreicht, sodass ohne die Beteiligung der nicht- und andersorganisierten Arbeitnehmer die Parität vielfach nicht gewährleistet wäre.[360]

Allerdings darf die aus einem anderen Tarifvertrag fließende Friedenspflicht nicht infrage gestellt werden. Arbeitnehmer, für die ein anderer Tarifvertrag in Geltung ist – sei es ein von der kampfführenden Gewerkschaft abgeschlossener Tarifvertrag mit einem anderen persönlichen Geltungsbereich, sei es der Tarifvertrag einer anderen Gewerkschaft –, dürfen sich am Streik deshalb nicht beteiligen.[361]

1148 Aus den gleichen Gründen dürfen nicht- und andersorganisierte Arbeitnehmer auch ausgesperrt werden. Das BAG leitet aus Art. 9 III GG sogar ein Differenzierungsver-

354 *Otto* ArbeitskampfR § 11 Rn. 27.

355 *Rieble,* Arbeitsmarkt und Wettbewerb, 1996, Rn. 1400ff.; *Rieble* NZA 2008, 796 (798).

356 BAG 13.7.1993 – 1 AZR 676/92, NZA 1993, 1135.

357 Dazu LAG Berlin-Brandenburg 29.7.2016 – 2 Sa 787/16, NZA-RR 2017, 29; ArbG Braunschweig 2.6.2016 – 6 Sa 529/15, NZA-RR 2016, 426, wonach eine Streikbruchprämie in Höhe von 200 EUR je Streiktag für eine Vollzeitkraft im Einzelhandel nicht als unverhältnismäßig anzusehen ist.

358 BAG 13.7.1993 – 1 AZR 676/92, NZA 1993, 1135.

359 *Kissel* ArbeitskampfR § 42 Rn. 56 mwN.

360 Vgl. BAG 21.4.1971 – GS 1/68, AP GG Art. 9 Arbeitskampf Nr. 43, wo der Große Senat insoweit mit Recht davon spricht, dass die soziale Wirklichkeit des Arbeitskampfgeschehens nicht ohne rechtliche Folge bleiben könne.

361 BAG 21.4.1971 – GS 1/68, AP GG Art. 9 Arbeitskampf Nr. 43; unzutreffend BAG 18.2.2003 – 1 AZR 142/02, NZA 2003, 866, wonach Arbeitnehmern, für die ein ungekündigter Haustarifvertrag gilt, der auf einen Verbandstarifvertrag dynamisch Bezug nimmt, das Recht zur Teilnahme am Arbeitskampf um den in Bezug genommenen Verbandstarifvertrag zustehen soll (sog. Partizipationsstreik); krit. dazu *Löwisch,* Anm. zu BAG 18.2.2003, AR-Blattei ES 170.1 Nr. 49.

bot dahingehend ab, dass die selektive Aussperrung nur von Gewerkschaftsmitgliedern unzulässig ist.[362]

4. Abwehrkampf gegen unzulässige Kampfmaßnahmen

Rechtswidrigen Arbeitskämpfen kann mit Kampfmaßnahmen begegnet werden. Diesen kommt insofern konfliktlösende Funktion zu, als mit der erstrebten Aufgabe des rechtswidrigen Arbeitskampfes der Arbeitsfrieden wiederhergestellt wird. 1149

Gegenüber einem unzulässigen Streik kommt dabei als Abwehrreaktion nicht nur die suspendierende, sondern auch die **lösende Aussperrung** in Betracht.[363] Nur sie enthält gegenüber den unzulässig Streikenden noch ein effektives Mittel der Verteidigung und ist auf der anderen Seite gegenüber der individualrechtlichen Reaktion durch fristlose Kündigung das mildere Mittel, weil sie mit einem Wiedereinstellungsanspruch nach billigem Ermessen verbunden ist und auch nicht den mit der fristlosen Kündigung verbundenen Schuldvorwurf erhebt.[364] 1150

III. Rechtsfolgen des Arbeitskampfes für das Arbeitsverhältnis

1. Rechtsfolgen zulässiger Arbeitskämpfe

a) Suspendierung der arbeitsvertraglichen Pflichten

Der zulässige Streik und die zulässige Aussperrung **suspendieren** für ihre Dauer **die arbeitsvertraglichen Pflichten.** Der Arbeitnehmer ist nicht zur Arbeitsleistung, der Arbeitgeber nicht zur Beschäftigung und Entgeltzahlung verpflichtet. Auf die Länge der Arbeitskampfmaßnahme kommt es dabei nicht an. Auch während eines Warnstreiks oder einer kurzfristigen Aussperrung ruhen die beiderseitigen Pflichten aus dem Arbeitsverhältnis.[365] 1151

Für den Eintritt der suspendierenden Wirkung ist die ausdrückliche oder konkludente **Erklärung der Teilnahme** am Streik durch die betreffenden Arbeitnehmer gegenüber dem Arbeitgeber erforderlich. Umgekehrt muss der Arbeitgeber den Arbeitnehmern die Aussperrung erklären. Dabei handelt es sich um einseitige empfangsbedürftige Willenserklärungen.[366] Auch das Ende der suspendierenden Wirkung setzt die Erklärung der Beendigung der jeweiligen Kampfmaßnahme voraus.[367] Diese Erklärungen sind erforderlich, um die legitimen Interessen der von der jeweiligen Kampfmaßnahme Betroffenen zu wahren. Der Arbeitgeber muss wissen, ob der Arbeitnehmer nun wegen der Teilnahme an einem Streik oder aus anderen Gründen der Arbeit fernbleibt. Der Arbeitnehmer muss Gewissheit haben, aus welchen Gründen er kein Entgelt erhält, schon, um etwaige Unterstützungsansprüche gegenüber seiner Gewerkschaft oder gegenüber öffentlichen Stellen geltend machen zu können. 1152

362 BAG 10.6.1980 – 1 AZR 331/79, AP GG Art. 9 Arbeitskampf Nr. 66.
363 BAG 21.4.1971 – GS 1/68, AP GG Art. 9 Arbeitskampf Nr. 43.
364 S. zum Abwehrkampf gegen unzulässige Kampfmaßnahmen Löwisch/*Löwisch/Rieble* SD 170.2 Rn. 100ff.
365 BAG 21.3.1984 – 4 AZR 375/83, AP BGB § 611 Bühnenengagementsvertrag Nr. 22.
366 *Kissel* ArbeitskampfR § 42 Rn. 11, 64ff. und § 56 Rn. 2ff.; *Otto* ArbeitskampfR § 14 Rn. 4f., beide mwN.
367 BAG 31.5.1988 – 1 AZR 589/86, NZA 1988, 886 für die Beendigung des Streiks; BAG 27.6.1995 – 1 AZR 1016/94, NZA 1996, 212 für die Beendigung der Aussperrung.

b) Kein Arbeitsvertragsbruch

1153 Soweit Streik und Aussperrung zulässig sind, stellt die Teilnahme an ihnen **keinen Arbeitsvertragsbruch** dar. Daraus folgt, dass Streik und Aussperrung in der Regel keinen wichtigen Grund iSd § 626 BGB zur fristlosen Kündigung des Arbeitsverhältnisses darstellen.

1154 Da Streik und Aussperrung nicht arbeitsvertragswidrig sind, kann die mit ihnen verbundene Nichterfüllung arbeitsvertraglicher Pflichten auch **keine Schadensersatzansprüche** der betroffenen anderen Arbeitsvertragspartei begründen. Den Arbeitnehmern dürfen wegen der Teilnahme am Streik auch sonst keine Nachteile zugefügt werden. Insbesondere dürfen sie nicht von späteren Entgelterhöhungen ausgeschlossen werden. Das ergibt sich aus dem Maßregelungsverbot des § 612a BGB.

c) Recht zur Verweigerung von Streikarbeit

1155 Durch den Arbeitskampf wird die **Arbeitspflicht der nicht am Arbeitskampf beteiligten Arbeitnehmer** nicht erweitert. Die Arbeitnehmer sind nicht verpflichtet, zur Abwendung von Produktionsausfällen eine vertraglich sonst nicht geschuldete Leistung zu erbringen.[368] Auf der anderen Seite ist der einzelne Arbeitnehmer nicht berechtigt, die ihm bislang obliegende Arbeitsleistung zu verweigern, um damit den Streik von Kollegen oder von Arbeitnehmern anderer Betriebe zu verschärfen. Will der Arbeitnehmer auf diese Weise den Arbeitskampf beeinflussen, muss er sich – soweit das zulässig ist – dem Arbeitskampf selbst anschließen.[369] Verlangt der Arbeitgeber indessen vom Arbeitnehmer eine **bislang nicht verrichtete Arbeit,** die aufgrund des Weisungsrechts an sich von ihm gefordert werden kann, darf der Arbeitnehmer diese verweigern, weil es ihm unzumutbar ist, den Arbeitskampf seiner Kollegen zu unterlaufen. Er muss nicht dazu beitragen, dass der Streik wirkungslos bleibt.[370] Eine entsprechende Weisung des Arbeitgebers ist dann unbillig iSd § 106 S. 1 GewO.[371]

1156 Eine besondere Regelung besteht zu der Frage, ob während eines Streiks **Leiharbeitnehmer** eingesetzt werden können. Nach dem durch das Gesetz zur Änderung des Arbeitnehmerüberlassungsgesetzes und anderer Gesetze mit Wirkung zum 1.4.2017 neu gefassten § 11 V AÜG darf der Entleiher Leiharbeitnehmer nicht tätig werden lassen, wenn sein Betrieb unmittelbar durch einen Arbeitskampf betroffen ist. Beschäftigen darf er sie nur, wenn er sicherstellt, dass Leiharbeitnehmer keine Tätigkeiten übernehmen, die bisher von Arbeitnehmern erledigt wurden, die sich im Arbeitskampf befinden (§ 11 V 2 Nr. 1 AÜG) oder ihrerseits Tätigkeiten von Arbeitnehmern, die sich im Arbeitskampf befinden, übernommen haben (§ 11 V 2 Nr. 2 AÜG). Auch in diesen Fällen steht dem Leiharbeitnehmer ein Leistungsverweigerungsrecht zu, auf das ihn der Verleiher hinzuweisen hat (§ 11 V 3, 4 AÜG). Die Neuregelung[372] führt zu einer Verschiebung des Kräftegleichgewichts im Arbeitskampf zugunsten der Gewerkschaften. Die Verfassungsmäßigkeit ist wegen des mit ihr verbundenen Eingriffs in die

---

368 Vgl. BAG 25.7.1957 – 1 AZR 194/56, AP BGB § 615 Betriebsrisiko Nr. 3; BGH 19.1.1978 – II ZR 192/76, AP GG Art. 9 Arbeitskampf Nr. 56.

369 *Zöllner/Loritz/Hergenröder* ArbR § 46 Rn. 32.

370 *Rüthers* ZfA 1972, 403ff. (418), der von einem Leistungsverweigerungsrecht nach § 242 BGB ausgeht; *Kissel* ArbeitskampfR § 42 Rn. 91.

371 Vgl. Löwisch/*Löwisch/Rieble* SD 170.2 Rn. 334.

372 Nach § 11 V AÜG aF bestand nur ein Leistungsverweigerungsrecht des Leiharbeitnehmers, auf das ihn der Verleiher hinzuweisen hatte.

Berufsausübungsfreiheit der Leiharbeitnehmer (Art. 12 I GG) sowie in die Unternehmerfreiheit (Art. 12 I und 14 GG) und insbesondere in die Koalitionsbetätigungsfreiheit der bestreikten Arbeitgeber (Art. 9 III GG) zweifelhaft.[373]

Im Fall eines Arbeitskampfes im öffentlichen Dienst ist der **Einsatz von Beamten** zur Aufrechterhaltung des Dienstbetriebes auch dann nicht zulässig, wenn nach Beamtenrecht eine Pflicht des Beamten zur Übernahme der anderweitigen Tätigkeit besteht. Nach Auffassung des BVerfG setzt ein solcher Einsatz wegen seiner Auswirkung auf die Koalitionsfreiheit eine gesetzliche Regelung voraus.[374] 1157

2. Rechtsfolgen unzulässiger Arbeitskämpfe

Mit der Teilnahme an einem unzulässigen Streik verletzt der Arbeitnehmer seinen Arbeitsvertrag. Die Teilnahme am unzulässigen Streik kann dem Arbeitgeber deshalb sowohl ein **Recht zur Kündigung des Arbeitsverhältnisses** aus wichtigem Grund nach § 626 BGB als auch zu einer verhaltensbedingten ordentlichen Kündigung nach § 1 KSchG geben. Sowohl die Kündigung nach § 626 BGB als auch die verhaltensbedingte ordentliche Kündigung nach § 1 KSchG setzen dabei stets eine vorhergehende Abmahnung des arbeitsvertragswidrigen Verhaltens voraus.[375] 1158

Als Vertragsverletzung verpflichtet die Teilnahme an einem unzulässigen Streik den Arbeitnehmer gem. § 280 I BGB zum **Schadensersatz,** sofern ihm ein Verschulden zur Last fällt (§ 619a BGB). Ein solches Verschulden liegt in aller Regel vor, wenn es sich um einen wilden Streik handelt oder wenn der Streik nicht um die tarifliche Regelung von Arbeitsbedingungen geführt wird. Denn dann ist für den Arbeitnehmer ohne Weiteres erkennbar, dass er sich an einem unzulässigen Streik beteiligt. Handelt es sich dagegen um einen von einer Gewerkschaft um eine Tarifregelung geführten Streik, kann der Arbeitnehmer meist darauf vertrauen, dass seine Gewerkschaft ihn zu einem zulässigen Streik aufgerufen hat.[376] Häufig werden solche Schadensersatzansprüche allerdings durch Maßregelungsverbote ausgeschlossen, die in den letztlich vereinbarten Tarifvertrag aufgenommen werden und als Inhaltsnormen für die Arbeitsverhältnisse Geltung erlangen.[377] 1159

Mit der **Aussperrung** verweigert der Arbeitgeber die Erfüllung der sich aus dem Arbeitsvertrag ergebenden Pflicht zur Entgeltzahlung und Beschäftigung. Ist die Aussperrung unzulässig, so ist diese Erfüllungsverweigerung nicht gerechtfertigt. Der Arbeitnehmer hat nach wie vor den einklagbaren Anspruch auf Entgeltzahlung und Beschäftigung. Eine Pflicht zur Nachleistung der Arbeit besteht nicht, weil der Arbeitgeber mit der Aussperrung die Abnahme der Arbeitsleistung verweigert und damit in Annahmeverzug gerät (§§ 615 S. 1, 293 BGB). Regelmäßig führt die rechtswidrige Aussperrung auch zum Schuldnerverzug des Arbeitgebers mit der Entgeltzahlung und verpflichtet diesen gem. §§ 280 I, II, 286 BGB zum Ersatz des Verzögerungsschadens. Hat etwa der Arbeitnehmer infolge der fehlenden Lohnzahlung ein Darlehen 1160

373 Krit. insbesondere *Lembke* BB 2014, 1333 (1340); *Bauer/Haußmann* NZA 2016, 803 (804ff.); *Henssler* RdA 2016, 19 (24).
374 BVerfG 2.3.1993 – 1 BvR 1213/85, BVerfGE 88, 103 = AP GG Art. 9 Arbeitskampf Nr. 126.
375 BAG 17.12.1976 – 1 AZR 772/75, AP GG Art. 9 Arbeitskampf Nr. 52.
376 BAG 29.11.1983 – 1 AZR 469/82, NZA 1984, 34.
377 S. zu solchen Maßregelungsverboten Löwisch/*Löwisch/Krauß* SD 170.3.1 Rn. 84ff.; *Kissel* ArbeitskampfR § 64 Rn. 74ff.

aufnehmen müssen, um Ratenzahlungsverpflichtungen nachzukommen, so sind ihm die Darlehenskosten zu ersetzen. Ebenso wie der rechtswidrige Streik dem Arbeitgeber, gewährt die rechtswidrige Aussperrung dem Arbeitnehmer das Recht, das Arbeitsverhältnis aus wichtigem Grund nach § 626 BGB zu kündigen.

IV. Rechtsschutz bei rechtswidrigen Kampfmaßnahmen

1. Deliktsschutz

1161 Der Streik stellt tatbestandsmäßig einen Eingriff in das Recht des bestreikten Arbeitgebers an seinem **eingerichteten und ausgeübten Gewerbebetrieb** dar. Hat der Streik nicht den Abschluss eines Tarifvertrages zum Ziel (→ Rn. 1116 ff.), verstößt er gegen das Übermaßverbot (→ Rn. 1128 ff.) oder verletzt er die Friedenspflicht (→ Rn. 1137), ist er iSv § 823 I BGB rechtswidrig und verpflichtet die streikenden Arbeitnehmer und ggf. die streikführende Gewerkschaft zum Schadensersatz, sofern nicht ausnahmsweise das Verschulden, etwa wegen eines unvermeidbaren Rechtsirrtums, zu verneinen ist. Auch besteht entsprechend § 1004 BGB ein Anspruch auf Unterlassung.

Ein Anspruch auf Schadensersatz aus § 823 I BGB wegen Eingriffs in den eingerichteten und ausgeübten Gewerbebetrieb setzt voraus, dass der **Eingriff betriebsbezogen** ist, was bedeutet, dass er sich unmittelbar gegen den Betrieb als solchen richten muss und nicht vom Gewerbebetrieb ohne Weiteres ablösbare Rechte und Rechtsgüter betrifft.[378] Einen solchen unmittelbaren Eingriff in den Gewerbebetrieb einer Fluggesellschaft hat das BAG in einem Fall verneint, in dem Flugzeuge der Fluggesellschaft wegen eines rund fünfstündigen, von der Gewerkschaft der Flugsicherung (GdF) organisierten Streiks der in der Vorfeldkontrolle eingesetzten Fluglotsen an dem vom Streik betroffenen Flughafen weder starten noch landen konnten. Der Streik habe nur darauf gezielt, den Betrieb einer Einrichtung der DFS (Deutsche Flugsicherung GmbH) zu beeinträchtigen.[379] Auch eine vor dem Rahmenrecht des Gewerbebetriebs zu prüfende Verletzung des Eigentums aufgrund einer nicht unerheblichen Beeinträchtigung der bestimmungsgemäßen Verwendung der an dem Flughafen für die Dauer des Streiks festgehaltenen Flugzeuge entsprechend der sog. »Fleet-Fall-Rechtsprechung« des BGH[380] hat das BAG nicht anerkannt, da die Intensität der Nutzungsbeeinträchtigung nicht hinreichend gravierend gewesen sei.[381]

1162 Im Falle unzulässiger Arbeitskampfmaßnahmen haften persönlich nicht nur die beteiligten **Arbeitnehmer.** Sind sie zu diesen Maßnahmen von den Mitgliedern der betrieblichen, örtlichen oder regionalen **Arbeitskampfleitung** oder der arbeitskampfführenden Koalition veranlasst worden oder werden sie von diesen unterstützt, haften gem. § 830 II BGB auch diese. Die **Koalition selbst** haftet nach §§ 823 I, 31 BGB für das Verschulden ihrer Organe, insbesondere die Mitglieder der Streikleitung, und nach § 831 BGB für sonst an der Kampfaktion Beteiligte, etwa für Streikposten.[382] Lässt sich eine Anstiftung oder Beihilfe aufseiten der Mitglieder der Arbeitskampfleitung oder der arbeitskampfführenden Koalitionen selbst nicht feststellen, können diese nach den §§ 1004, 823 I BGB gleichwohl auf Beseitigung, Unterlassung und Schadensersatz in Anspruch genommen werden. Denn sie trifft im Rahmen des Zumutbaren

378 S. allgemein BGH 9.12.2014 – VI ZR 155/14, NJW 2015, 1174; MüKoBGB/*Wagner,* 6. Aufl. 2013, § 823 Rn. 257 mwN.

379 BAG 25.8.2015 – 1 AZR 754/13, NZA 2016, 47 mit krit. Anm. *Löwisch,* AP GG Art. 9 Arbeitskampf Nr. 182; in einem vergleichbaren Fall auch BAG 26.7.2016 – 1 AZR 160/14, NZA 2016, 1543.

380 BGH 21.12.1970 – II ZR 133/68, BGHZ 55, 153 (158 ff.) = NJW 1971, 886; eingrenzend BGH 11.1.2005 – VI ZR 34/04, NJW-RR 2005, 673; BGH 9.12.2014 – IV ZR 155/14, NJW 2015, 1174.

381 BAG 25.8.2015 – 1 AZR 754/13, NZA 2016, 47.

382 BAG 21.6.1988 – 1 AZR 651/86, NZA 1988, 846.

eine Überwachungs- und Steuerungspflicht in Bezug auf die Durchführung des Arbeitskampfes.[383]

Die Aussperrung stellt, wenn sie unzulässig ist, einen rechtswidrigen Eingriff in das als Teil des **allgemeinen Persönlichkeitsrechts** nach § 823 I BGB geschützte Betätigungsrecht des Arbeitnehmers dar und verpflichtet den aussperrenden Arbeitgeber und ggf. seine Koalition ebenfalls zum Schadensersatz und entsprechend § 1004 BGB zur Unterlassung.[384] 1163

2. Besitzschutz

Da der Arbeitgeber nach § 855 BGB im Verhältnis zum Arbeitnehmer alleiniger Besitzer ist, stellen **Betriebsbesetzungen,** gleichgültig, ob sie im Zuge eines Streiks, als Reaktion auf eine Aussperrung oder in einem mittelbar von einem Arbeitskampf betroffenen Betrieb erfolgen, eine verbotene Eigenmacht iSv § 858 BGB dar. Der Arbeitgeber darf sich ihrer nach § 859 BGB mit Gewalt erwehren, etwa den Werksschutz einsetzen, sofern die Betriebsbesetzung nicht auf andere Weise, insbesondere durch die Polizei, beendet wird.[385] Auch steht dem Arbeitgeber der besitzrechtliche Beseitigungs- und Unterlassungsanspruch des § 862 I BGB zu. Gleiches gilt bei Flashmob-Aktionen.[386] 1164

3. Einstweilige Verfügung

Die sich aus § 823 I iVm § 1004 BGB und eventuell § 862 BGB ergebenden Ansprüche auf Unterlassung rechtswidriger Arbeitskampfmaßnahmen können im Wege einstweiliger Verfügung durchgesetzt werden. In Betracht kommt eine **Regelungsverfügung** nach § 940 ZPO, die sich, weil sie zu einer jedenfalls zeitweisen Erfüllung des Unterlassungsanspruchs führt, als sog. Leistungsverfügung darstellt.[387] 1165

V. Entgeltzahlungspflicht in mittelbar betroffenen Unternehmen

Fall 74: Nachdem die zwischen dem zuständigen Arbeitgeberverband und der IG Metall geführten Lohntarifverhandlungen für die Arbeitnehmer der Metall- und Elektroindustrie in Bayern gescheitert sind, ruft die Industriegewerkschaft Metall etwa ein Zwanzigstel der im Tarifgebiet beschäftigten Arbeitnehmer, darunter die Belegschaft des Kühlerherstellerwerks A, zum Streik auf. Der Streikaufruf wird befolgt. Drei Tage später beschließt der zuständige Arbeitgeberverband die Aussperrung von weiteren rund vier Zwanzigsteln der im Tarifgebiet beschäftigten Arbeitnehmer, darunter die Belegschaft des Pkw-Werks B. Auch der Aussperrungsbeschluss wird befolgt.
Nachdem der Arbeitskampf eine weitere Woche gedauert hat, kündigen der Lkw-Hersteller C und der Scheibenwischerhersteller D, die beide ihren Sitz in Baden-Württemberg haben und dem dortigen Arbeitgeberverband der Metallindustrie angehören, in Aushängen im Betrieb an, dass sie ihre Produktion am nächsten Tag einstellen werden. C begründet das damit, dass infolge des Ausbleibens von Lieferungen der Firma A keine Lkws mehr hergestellt werden können. D weist darauf hin, dass die Scheiben-

383 BAG 8.11.1988 – 1 AZR 417/86, NZA 1989, 475.
384 Löwisch/*Löwisch/Krauß* SD 170.3.3 Rn. 36f., 85ff.; *Kissel* ArbeitskampfR § 58 Rn. 4 und 6.
385 Vgl. iE Löwisch/*Löwisch/Krauß* SD 170.3.3 Rn. 84ff.; *Kissel* ArbeitskampfR § 61 Rn. 112f.
386 IE *Löwisch* NZA 2010, 209 (210).
387 LAG Schleswig-Holstein 25.11.1999 – 4 Sa 584/99, NZA-RR 2000, 143; LAG Hessen 7.11.2014 – 9 SaGa 1496/14, ZTR 2015, 132; vgl. auch BAG 21.3.1978 – 1 AZR 11/76, AP GG Art. 9 Arbeitskampf Nr. 62; ausführlich *Kissel* ArbeitskampfR § 65 Rn. 5ff.; *Otto* ArbeitskampfR § 19 Rn. 25.

wischer zu 100% an die Firma B geliefert werden; diese nehme keine Scheibenwischer mehr ab. Gleiches kündigt der in Niedersachsen ansässige Reifenhersteller E an.

1. Arbeitskampfrechtsordnung und Risikoverteilung im Arbeitsverhältnis

1166 Arbeitskämpfe ziehen in der arbeitsteiligen Wirtschaft neben den unmittelbar betroffenen Arbeitgebern gewöhnlich auch sehr rasch andere Unternehmen in Mitleidenschaft. Für die Produktion benötigte Zulieferungen aus einem bestreikten oder aussperrenden Betrieb bleiben aus, Produkte können von einem im Arbeitskampf stehenden Unternehmen nicht mehr abgenommen werden. In diesen Fällen fragt es sich, ob die Arbeitnehmer in dem **mittelbar betroffenen Unternehmen** nach wie vor Lohnzahlung verlangen können oder ob wegen der Arbeitskampfbedingtheit des Arbeitsausfalls der Entgeltanspruch ausgeschlossen ist.

1167 Würde man die allgemeinen Grundsätze über die Tragung des Lohnrisikos bei Arbeitsausfällen zugrunde legen, würde der Entgeltanspruch bestehen bleiben. Denn nach diesen Grundsätzen trägt der Arbeitgeber als Unternehmer Verantwortung dafür, dass er seine Arbeitnehmer entsprechend ihren Arbeitsverhältnissen beschäftigen kann (→Rn. 369ff.). Indessen geraten diese Grundsätze in Konflikt mit der Arbeitskampfrechtsordnung. Soweit die Auswirkungen eines Arbeitskampfes in anderen Unternehmen für die kämpfenden Parteien Bedeutung gewinnen, weil sie deren Verhandlungsstärke beeinflussen, müssen sie im Arbeitskampfrecht berücksichtigt werden. Insoweit kann den betroffenen Arbeitgebern das **Beschäftigungs- und Lohnrisiko** nicht aufgebürdet werden, weil sie sonst stärker belastet würden als die unmittelbar bestreikten Arbeitgeber. Daraus ergäbe sich ein wesentlicher kampftaktischer Vorteil für die Gewerkschaften. Diese könnten sich darauf beschränken, besonders wichtige Schlüsselbetriebe oder kleine Funktionseliten in einen Teilstreik zu führen, ohne die erheblichen Fernwirkungen einer solchen Kampftaktik mit Lohneinbußen erkaufen zu müssen. Gleichzeitig stünden die bestreikten Arbeitgeber unter dem latenten oder sogar aktuellen Druck der mittelbar betroffenen Arbeitgeber, den Forderungen der Gewerkschaften nachzugeben.[388]

2. Voraussetzungen der Verlagerung des Lohnrisikos

1168 Die Kampfparität erfordert die Verlagerung des Lohnrisikos auf die Arbeitnehmer immer dann, wenn der **Arbeitsausfall** von einem Arbeitskampf herrührt, der **im gleichen Unternehmen** stattfindet. Nähme man die Verlagerung des Lohnrisikos auf die Arbeitnehmer in diesem Fall nicht vor, würde sich das Unternehmen nicht nur dem Nachteil des Produktionsstillstandes bei fortlaufenden Kosten ausgesetzt sehen, sondern zusätzlich auch noch dem Nachteil der Lohnfortzahlung für Arbeitnehmer, die wegen des arbeitskampfbedingten Produktionsstillstands nicht beschäftigt werden können, während die Arbeitnehmerseite vom Nachteil des Lohnverlustes befreit wäre. Von dieser Kostenlast, welche die bei einem Vollstreik oder einer Vollaussperrung gegebene beträchtlich übersteigt, ginge ein Druck aus, der das Verhandlungsgleichgewicht störte.[389]

388 BAG 22.12.1980 – 1 ABR 2/79, AP GG Art. 9 Arbeitskampf Nr. 70.

389 BAG 14.12.1993 – 1 AZR 550/93, NZA 1994, 331; BAG 12.11.1996 – 1 AZR 364/96, NZA 1997, 393.

Können bei einem **Teilstreik** die Arbeitnehmer, die dem Streikaufruf nicht folgen, an sich weiterbeschäftigt werden, steht nach der Rechtsprechung des BAG dem Unternehmer das Recht zu, im Wege einer vorübergehenden Betriebsstilllegung die Arbeitsverhältnisse der dem Streikaufruf nicht folgenden Arbeitnehmer zu suspendieren (sog. **suspendierende Betriebsstilllegung**). Die Arbeitnehmer verlieren dadurch ihren Beschäftigungs- und Vergütungsanspruch für die Dauer der Stilllegung.[390] Die vorübergehende Betriebsstilllegung setzt voraus, dass die Geschäftstätigkeit des Arbeitgebers während des Arbeitskampfs weder von diesem selbst noch von einem von ihm beauftragten Drittunternehmen ausgeübt wird.[391] Diese Rechtsprechung hat die (vom BAG auch tatsächlich gezogene) Konsequenz, dass die streikführende Gewerkschaft den Abschluss einer Notdienstvereinbarung davon abhängig machen kann, dass der Arbeitgeber alle vom Streikaufruf erfassten arbeitswilligen Arbeitnehmer suspendiert. Auf diese Weise die Arbeitswilligen einem kartellmäßigen Zusammenwirken von Arbeitgeber und Gewerkschaft auszuliefern, stellt einen unzulässigen Eingriff in deren Recht dar, sich als Arbeitnehmer zu betätigen, und ist deshalb abzulehnen.[392] 1169

Das arbeitskampfbedingte Lohnrisiko muss auch dort auf die Arbeitnehmer verlagert werden, wo das mittelbar betroffene Unternehmen mit dem kämpfenden Unternehmen, dessen Zulieferungen ausbleiben oder das Leistungen nicht abnimmt, in einem **Verhältnis wirtschaftlicher Abhängigkeit** steht, insbesondere mit ihm konzernmäßig verbunden ist. Sind unmittelbar und mittelbar kampfbetroffene Unternehmen in dem Sinne wirtschaftlich verbunden, dass Kostenbelastungen des einen auch beim anderen zu Buche schlagen, so übt die Lohnfortzahlungspflicht im mittelbar betroffenen Unternehmen beim kämpfenden Unternehmen einen erhöhten Kostendruck aus, was zur Folge hat, dass sein zur Wahrung des Verhandlungsgleichgewichts notwendiges Durchhaltevermögen geschwächt ist.[393] 1170

Verlagert wird das Lohnrisiko auch dann auf die Arbeitnehmer, wenn zwischen unmittelbar und mittelbar kampfbetroffenen Arbeitgebern auf der einen Seite und unmittelbar und mittelbar betroffenen Arbeitnehmern auf der anderen Seite **koalitionspolitische Verbindungen** bestehen. Dass eine solche Verbindung relevant für die Kampfparität ist, trifft sicher zu, wenn unmittelbar und mittelbar betroffene Unternehmen demselben Arbeitgeberverband und unmittelbar und mittelbar betroffene Arbeitnehmer derselben Gewerkschaft angehören. 1171

Paritätsrelevant ist aber auch noch eine Verbindung, bei der zwar keine Identität der Verbände besteht, jedoch **Verhandlungspolitik und Kampftaktik von einer Stelle koordiniert** werden, wie das für eine Branche bei den zentral organisierten Industriegewerkschaften ohnehin und auf der Arbeitgeberseite über fachliche Gesamtverbände in weitem Umfang geschieht. Denn dann werden die mittelbar betroffenen Arbeitgeber und Arbeitnehmer ihre Einflussmöglichkeit auf den Willensbildungsprozess dieser Stelle nutzen und eine Berücksichtigung der mittelbaren Schäden verlangen. Auch 1172

390 BAG 22.3.1994 – 1 AZR 622/93, NZA 1994, 1097; BAG 31.1.1995 – 1 AZR 142/94, NZA 1995, 958; BAG 12.11.1996 – 1 AZR 364/96, NZA 1997, 393; BAG 13.12.2011 – 1 AZR 495/10, NZA 2012, 995, wonach die Bekanntgabe der Stilllegungsentscheidung in betriebsüblicher Weise genügt und es einer individuellen Benachrichtigung der betroffenen Arbeitnehmer nicht bedarf.

391 BAG 13.12.2011 – 1 AZR 495/10, NZA 2012, 995.

392 *Löwisch,* FS Gitter, 1995, 533ff.; krit. auch *Kissel* ArbeitskampfR § 33 Rn. 104ff. und *Otto* ArbeitskampfR § 11 Rn. 12ff.; aA *Hanau* NZA 1996, 841 (846f.).

393 BAG 22.12.1980 – 1 ABR 2/79, AP GG Art. 9 Arbeitskampf Nr. 70.

könnte, wenn eine Verlagerung des Lohnrisikos nicht einträte, die Gewerkschaftsseite ihre Kampftaktik darauf ausrichten, dass möglichst viele Fälle mittelbarer Betroffenheit hervorgerufen würden, ohne dass ein angemessener Kostendruck entstünde.[394]

1173 Ist die Kampfparität maßgebliches Kriterium der Verlagerung des Lohnrisikos auf die Arbeitnehmer, muss unerheblich sein, ob die Betriebsstörung auf **Streik oder Aussperrung** beruht. Da die Aussperrung die Funktion hat, Kampfparität herzustellen, muss sich im Prinzip auch bei ihr der beiderseitige Kostendruck über die unmittelbar Kampfbeteiligten hinaus bei den Drittbetroffenen fortsetzen.[395] Erfasst werden von der Verlagerung des Lohnrisikos auch nicht organisierte Arbeitnehmer. Insoweit gelten die gleichen Überlegungen wie für Streik und Aussperrung (→ Rn. 1147f.).

1174 Die Verlagerung des Lohnrisikos auf die Arbeitnehmer kann nur eintreten, wenn der **Arbeitsausfall durch den Arbeitskampf bedingt** ist. Das ist der Fall, wenn die Arbeit infolge des Arbeitskampfes technisch unmöglich geworden ist, insbesondere wenn die Zulieferung für die Produktion notwendiger Rohstoffe oder Halbzeuge, sei es aus dem eigenen Betrieb oder Unternehmen, sei es von dritten Lieferanten, ausbleibt oder die benötigte Energiezufuhr unterbrochen wird. Unmöglich ist die Arbeitsleistung aber auch dann, wenn das Ausbleiben der Arbeit eines kämpfenden Arbeitnehmers andere Arbeitnehmer an der Arbeit hindert, sie etwa eine Maschine nicht bedienen oder am Fließband nicht weiterarbeiten können.

1175 Wehrt sich der Arbeitgeber gegen einen in seinem Unternehmen stattfindenden **Wellenstreik,** dessen Ende unsicher ist, dadurch, dass er Aushilfskräfte einsetzt oder Arbeiten an Fremdunternehmen vergibt, trifft die kampfbeteiligten Arbeitnehmer das Lohnrisiko, wenn sie den Streik beenden, aber wegen der getroffenen Abhilfemaßnahmen nicht beschäftigt werden können.[396] Voraussetzung ist aber, dass die Abhilfemaßnahmen in unmittelbarem Zusammenhang mit einem tatsächlich erfolgten Wellenstreik getroffen worden sind. Das Risiko von Vorsorgemaßnahmen gegenüber einem nur befürchteten Streik bleibt beim Arbeitgeber.[397]

1176 Unter Paritätsgesichtspunkten ist auch derjenige Arbeitsausfall arbeitskampfbedingt, der eintritt, weil der Arbeitgeber auf die Erbringung **wirtschaftlich sinnloser Arbeitsleistung** verzichtet.[398] Die wirtschaftliche Sinnlosigkeit kann wiederum auf den betriebs- oder unternehmensinternen Verhältnissen beruhen. Ein Teilstreik in der Weiterverarbeitung kann die Produktion von Halbzeugen sinnwidrig machen. Sie kann sich aber auch aus den Außenbeziehungen des Unternehmens ergeben. So liegt es bei Zulieferbetrieben, die mit ihrer Produktion ganz auf die – infolge des Arbeitskampfes ausfallende – Produktion eines anderen Unternehmens ausgerichtet sind, oder wenn ein Arbeitskampf einen Strukturwandel auslöst, der zu einer Substitution der Produkte des betroffenen Unternehmens führt.[399]

394 BAG 22.12.1980 – 1 ABR 2/79, AP GG Art. 9 Arbeitskampf Nr. 70 für den Fall der mittelbaren Auswirkungen eines Arbeitskampfes in der Metallindustrie auf andere Unternehmen der Metallindustrie.

395 BAG 22.12.1980 – 1 ABR 2/79, AP GG Art. 9 Arbeitskampf Nr. 70.

396 BAG 12.11.1996 – 1 AZR 364/96, NZA 1997, 393; auch LAG Bremen 22.1.2013 – 1 Sa 151/12, ZTR 2014, 172 für einen Warnstreik.

397 BAG 15.12.1998 – 1 AZR 289/98, NZA 1999, 552 = AR-Blattei ES 170.1 Entsch. Nr. 47 mAnm *Löwisch.*

398 BAG 22.12.1980 – 1 ABR 2/79, AP GG Art. 9 Arbeitskampf Nr. 70.

399 BAG 26.10.1971 – 1 AZR 245/68, AP GG Art. 9 Arbeitskampf Nr. 45.

Ein Problem ist in diesen Fällen häufig die Frage, unter welchen Voraussetzungen von wirtschaftlicher Sinnlosigkeit einer an sich möglichen Arbeitsleistung gesprochen werden kann. Maßstab müssen die **Grundsätze wirtschaftlicher Unternehmensführung** sein: Würde ein vernünftiger Unternehmer die Betriebstätigkeit fortführen, ist der Arbeitsausfall nicht durch den Arbeitskampf bedingt, sondern muss der unternehmerischen Fehlentscheidung zugerechnet werden.[400] 1177

In **Fall 74** brauchen weder C noch D nach der Einstellung der Produktion die Entgelte an ihre Arbeitnehmer fortzuzahlen: Bei beiden besteht die notwendige koalitionspolitische Verbindung zu den Firmen A und B über den Gesamtverband der Metallarbeitgeberverbände (Gesamtmetall) einerseits und die IG Metall andererseits. Dass die Firma B nicht bestreikt wird, sondern ausgesperrt hat, spielt ebenso wenig eine Rolle wie die Tatsache, dass sie Abnehmer und nicht Zulieferer ist. Hingegen muss E die Entgelte fortbezahlen, weil er als Reifenhersteller einer anderen Branche angehört, für die andere Koalitionen zuständig sind. Ihm bleibt nur die Möglichkeit, auf normalem Weg Kurzarbeit einzuführen. Anders wäre es nur, wenn E von B oder C wirtschaftlich abhängig wäre.

3. Auswirkungen der Risikoverlagerung

Der arbeitskampfbedingte Arbeitsausfall führt zum **Verlust des Entgeltanspruchs** des Arbeitnehmers. Dieser Verlust tritt automatisch ein. Ihren Auswirkungen nach stellt die Überbürdung des arbeitskampfbedingten Lohnrisikos auf die Arbeitnehmer eine Unterausnahme von der Auferlegung des allgemeinen Betriebs- und Wirtschaftsrisikos auf den Arbeitgeber dar, die wiederum eine Ausnahme von dem sich aus § 326 I 1 BGB ergebenden Grundsatz ist, dass ohne Arbeitsleistung kein Entgeltanspruch besteht (→ Rn. 354). Der Verlust des Entgeltanspruchs umfasst alle Entgeltteile, die angefallen wären, wenn der Arbeitnehmer zur Zeit des Arbeitsausfalls gearbeitet hätte, einschließlich von Lohnersatzleistungen wie zum Beispiel der Entgeltfortzahlung im Krankheitsfall.[401] 1178

Da der Arbeitgeber von der Entgeltzahlungspflicht befreit ist, bietet der arbeitskampfbedingte Arbeitsausfall regelmäßig keinen Grund zur Kündigung der Arbeitsverhältnisse. Etwas anderes kommt nur in Betracht, wenn die Betriebsstörung zu dauerhaften Veränderungen der Beschäftigungssituation in dem betroffenen Betrieb, etwa zu einem dauerhaften Verlust von Absatzmärkten, geführt hat. 1179

VI. Arbeitskampf und Sozialrecht

Der Arbeitskampf hat auch sozialrechtliche Auswirkungen. Im Vordergrund steht dabei die Frage, inwieweit im Arbeitskampf **Arbeitslosengeld I und Kurzarbeitergeld** beansprucht werden können. Geregelt ist dieser Fragenkreis in § 160 SGB III,[402] der nach § 100 I SGB III auch für das Kurzarbeitergeld gilt. Die Vorschrift, die vom BVerfG für verfassungsgemäß erklärt worden ist,[403] regelt die **Neutralitätspflicht der Bundesagentur für Arbeit.** Diese soll das Arbeitskampfrisiko nicht durch die Gewährung von Arbeitslosengeld beeinflussen. Nach ihr haben Arbeitnehmer, die selbst streiken oder ausgesperrt sind, keine Ansprüche (§ 160 II SGB III), während für Ar- 1180

400 Vgl. § 30 II des Entwurfs von *Birk/Konzen/Löwisch/Raiser/Seiter,* Gesetz zur Regelung kollektiver Arbeitskonflikte, 1988, Begründung, 91.
401 Vgl. zu den Einzelheiten Löwisch/*Löwisch/Bittner* SD 170.3.2 Rn. 75ff.
402 Vorläuferbestimmungen sind § 116 AFG und § 146 SGB III.
403 BVerfG 4.7.1995 – 1 BvF 2/86 ua, BVerfGE 92, 365 = NZA 1995, 754.

beitnehmer, die von einem Arbeitskampf mittelbar betroffen sind, in den Abs. 3–6 der Vorschrift eine differenzierende Regelung enthalten ist, die vor allem darauf abstellt, ob die Arbeitnehmer im mittelbar betroffenen Betrieb vom umkämpften Tarifvertrag profitieren, weil sie dessen Geltungsbereich zuzuordnen sind oder weil davon auszugehen ist, dass der für sie maßgebende Tarifvertrag das Ergebnis des Arbeitskampfs übernehmen wird (Partizipationsprinzip).[404]

1181 Nach § 7 III 1 SGB IV dauert das sozialversicherungsrechtliche **Beschäftigungsverhältnis,** weil im Arbeitskampf kein Anspruch auf Arbeitsentgelt besteht, nur für längstens einen Monat fort. Für die Krankenversicherung besteht eine Sonderregelung in § 192 I Nr. 1 SGB V. Danach bleibt der Arbeitnehmer bei einem rechtmäßigen Arbeitskampf für dessen ganze Dauer voll krankenversichert, während es im Falle eines rechtswidrigen Streiks bei dem Grundsatz des § 7 III SGB IV verbleibt.

1182 Soweit der unmittelbar oder mittelbar von einem Arbeitskampf betroffene Arbeitnehmer kein Arbeitsentgelt und keine Leistungen der Arbeitslosenversicherung erhält und deshalb seinen notwendigen Lebensunterhalt nicht selbst bestreiten kann, hat er Anspruch auf Arbeitslosengeld II nach Maßgabe des SGB II.[405]

VII. Arbeitskampf und Kirchenautonomie

1183 Soweit sich die Kirchen für den **dritten Weg** entschieden haben (→ Rn. 1108 f.), sind Streiks um den Abschluss von Tarifverträgen zur Regelung der Arbeitsverhältnisse der Mitarbeiter der Kirchen und kirchlicher Einrichtungen unzulässig. Dies hat das BAG im Jahr 2012 bestätigt, dabei aber verlangt, dass den Gewerkschaften die Möglichkeit gegeben werden muss, im Verfahren des dritten Wegs mitzuwirken. Auch müsse das Verhandlungsergebnis in den arbeitsrechtlichen Kommissionen verbindlich sein. Auf diese Weise soll praktische Konkordanz zwischen dem verfassungsrechtlich garantierten Selbstbestimmungsrecht der Kirchen (→ Rn. 115 f.) und der Koalitionsbetätigungsfreiheit der Gewerkschaften hergestellt werden.[406] Die von der Dienstleistungsgewerkschaft ver.di gegen das Urteil eingelegte Verfassungsbeschwerde hat das BVerfG mangels Beschwerdebefugnis als unzulässig verworfen.[407]

1184 Im **zweiten Weg** (→ Rn. 1108) kann die Kirche den Abschluss von Tarifverträgen mit einer Gewerkschaft davon abhängig machen, dass die Gewerkschaft zuvor eine absolute Friedenspflicht vereinbart und einem Schlichtungsabkommen zustimmt.[408] Da im Bereich der EKD der Abschluss von Tarifverträgen an diese Voraussetzung gebunden ist (§§ 3, 13 II und 14 ARGG-EKD), sind auch dort Arbeitskämpfe unzulässig.[409]

VIII. Arbeitskampf und Europa

1185 Die durch Art. 6 I EUV seit dem Vertrag von Lissabon verbindliche **Charta der Grundrechte der Europäischen Union** v. 12.12.2007 (→ Rn. 168) sieht in Art. 28 vor,

404 S. dazu iE die Darstellung bei *Bittner* AR-Blattei SD 170.5 (2007) Rn. 48 ff.; MHdB ArbR/*Ricken* § 207 Rn. 16 ff.
405 Zu den Einzelheiten *Bittner* AR-Blattei SD 170.5 (2007) Rn. 147 ff.
406 BAG 20.11.2012 – 1 AZR 179/11, NZA 2013, 448; dazu *Grzeszick* NZA 2013, 1377 ff.; *Reichold* NZA 2013, 585 ff.
407 BVerfG 15.7.2015 – 2 BvR 2292/13, BVerfGE 140, 42 = NZA 2015, 1117.
408 BAG 20.11.2012 – 1 AZR 611/11, NZA 2013, 437.
409 Näher dazu *Klumpp* ZMV 2014, 2 (5 f.).

dass Arbeitnehmer und Arbeitgeber oder ihre jeweiligen Organisationen nach dem Unionsrecht und den einzelstaatlichen Rechtsvorschriften und Gepflogenheiten das Recht haben, Tarifverträge auf den geeigneten Ebenen auszuhandeln und zu schließen und bei Interessenkonflikten **kollektive Maßnahmen** zur Verteidigung ihrer Interessen, einschließlich Streiks, zu ergreifen. Für das innerstaatliche Arbeitskampfrecht ist die Bedeutung des Art. 28 I GRCh bislang gering. Denn nach Art. 51 GRCh gilt die Charta allein für die Organe der EU und für die Mitgliedstaaten ausschließlich bei der Durchführung von Unionsrecht. Insoweit bestimmt aber Art. 153 V AEUV, dass dieser Artikel (gemeint ist die Unionskompetenz des Art. 153 AEUV zur Regelung arbeitsrechtlicher Angelegenheiten) nicht für das Arbeitsentgelt, das Koalitionsrecht, das Streikrecht und das Aussperrungsrecht gilt.[410]

Arbeitskämpfe, die einen grenzüberschreitenden Bezug innerhalb der EU haben, müssen sich allerdings an den **Grundfreiheiten des AEUV** messen lassen. Art. 153 V AEUV steht dem nicht entgegen.[411] Relevant sind hierbei vor allem die Niederlassungsfreiheit (Art. 49 AEUV) und die Dienstleistungsfreiheit (Art. 56 AEUV), die nicht nur gegenüber mitgliedstaatlichen Maßnahmen schützen, sondern Drittwirkung gegenüber Privaten haben.[412] Nach der Rechtsprechung des EuGH ist die Durchführung kollektiver Maßnahmen, also etwa von Streiks, die den Schutz von Arbeitnehmern bezwecken, ein zwingender Grund des Allgemeininteresses, der grundsätzlich eine **Beschränkung** einer der vom AEUV gewährleisteten Grundfreiheiten zu rechtfertigen vermag.[413] Jedoch kommt es auf eine Abwägung nach Maßgabe des Verhältnismäßigkeitsgrundsatzes an, unter dessen Wahrung eine Einschränkung von Grundfreiheiten überhaupt nur in Betracht kommt.[414] Umgekehrt stellt der EuGH klar, dass auch die Ausübung von Grundrechten, wie das Recht auf Durchführung kollektiver Maßnahmen einschließlich des Streikrechts, Beschränkungen unterworfen werden kann.[415] 1186

Die **Niederlassungsfreiheit** ist zB betroffen, wenn ein Unternehmen seinen Betrieb in einen anderen Mitgliedstaat der EU auf eine dort ansässige Tochtergesellschaft verlagern möchte. Nach Auffassung des EuGH in der Rechtssache *Viking Line* kann ein Streik, der auf eine Verteuerung der Arbeitskosten am neuen Standort zielt, indem die dort ansässige Tochtergesellschaft die Bestimmungen des erkämpften Tarifvertrages anzuwenden hat, rechtmäßig sein, auch wenn ein solcher Tarifvertrag geeignet ist, das Unternehmen von der Verlagerung abzubringen. Im entschiedenen Fall wollte die finnische Fährgesellschaft *Viking* das Schiff »Rosella« nicht mehr unter finnischer Flagge, sondern unter der Flagge Estlands auf dem Seeweg zwischen Tallinn und Helsinki verkehren lassen, um über das geringere estnische Lohnniveau im Konkurrenzkampf mit den estnischen Fährgesellschaften mithalten zu können. Die finnische Gewerkschaft 1187

410 Näher dazu *Franzen*, FS Wank, 2014, 105 ff.

411 EuGH 11.12.2007 – C-438/05, Slg. 2007, I-10779 = NZA 2008, 124 – Viking; EuGH 18.12.2007 – C-341/05, Slg. 2007, I-11767 = NZA 2008, 159 – Laval.

412 Vgl. allg. EuGH 12.12.1974 – Rs. 36/74, Slg. 1974, I-1405 = NJW 1975, 1093 – Walrave; EuGH 6.6.2000 – C-281/98, Slg. 2000, I-4139 = NVwZ 2001, 901 – Angonese.

413 EuGH 11.12.2007 – C-438/05, Slg. 2007, I-10779 = NZA 2008, 124 – Viking.

414 Vgl. allg. EuGH 12.6.2003 – C-112/00, Slg. 2003, I-5659 = NJW 2003, 3185 – Schmidberger, für die Einschränkung der Warenverkehrsfreiheit; EuGH 14.10.2004 – C-36/02, Slg. 2004, I-9609 = NVwZ 2004, 1471 – Omega, für die Einschränkung der Dienstleistungsfreiheit.

415 EuGH 11.12.2007 – C-438/05, Slg. 2007, I-10779 = NZA 2008, 124 – Viking; EuGH 18.12.2007 – C-341/05, Slg. 2007, I-11767 = NZA 2008, 159 – Laval.

für Seeleute (FSU), unterstützt durch die internationale Föderation von Gewerkschaften für Arbeiter, die im Transportsektor beschäftigt sind (ITF), wollte dagegen durch einen Streik erreichen, dass eine solche Umflaggung wirtschaftlich sinnlos wird.[416] Nach dem Urteil des EuGH ist die mit einer solchen Maßnahme verbundene Einschränkung der Niederlassungsfreiheit im Sinne des Arbeitnehmerschutzes dann verhältnismäßig, wenn die fraglichen Arbeitsplätze und Arbeitsbedingungen durch das Umflaggen tatsächlich gefährdet oder ernstlich bedroht sind. Dabei muss der Streik geeignet sein, das verfolgte Ziel – hier: den Erhalt der Arbeitsplätze und Beschäftigungsbedingungen – zu erreichen, und darf auch nicht über das dazu Erforderliche hinausgehen, was festzustellen Aufgabe des nationalen Gerichts ist. Der EuGH stellt zudem klar, dass zu prüfen ist, ob die Gewerkschaft nach den nationalen Rechtsvorschriften und dem geltenden Tarifrecht über andere, die Niederlassungsfreiheit weniger beschränkende Mittel verfügt, um zu einem Abschluss der Tarifverhandlungen zu gelangen. Diese Mittel muss sie vor Einleitung des Streiks ausgeschöpft haben.[417]

1188 Eine unverhältnismäßige Beschränkung der **Dienstleistungsfreiheit** hat der EuGH in der arbeitskampfbedingten Blockade einer Baustelle erblickt, auf der aus dem Ausland entsandte Arbeitnehmer tätig waren. Im entschiedenen Fall ging es darum, dass das lettische Bauunternehmen *Laval* mit eigenen Arbeitnehmern auf einer schwedischen Baustelle Bauleistungen erbrachte. Mit einer Blockade der Baustelle versuchten schwedische Gewerkschaften die Anwendung eines inländischen Bautarifvertrages durch *Laval* zu erreichen, der Arbeitsbedingungen auf einem höheren Niveau zur Folge gehabt hätte, als sie *Laval* nach den Bestimmungen des Arbeitnehmerentsenderechts (→ Rn. 1034 ff.) seinen Arbeitnehmern zu gewähren verpflichtet war. Nach dem Urteil des EuGH erlaubt es die Entsende-RL nicht, die Dienstleistung in einem Mitgliedstaat davon abhängig zu machen, dass Arbeits- und Beschäftigungsbedingungen eingehalten werden, die über die nach der Richtlinie zwingend einzuhaltenden Bestimmungen des Mitgliedstaats über ein Mindestmaß an Schutz hinausgehen. Aufgrund der Drittwirkung der Dienstleistungsfreiheit gilt dies auch für einen Arbeitskampf, mit dem die Anwendung eines Tarifvertrages herbeigeführt werden soll, dessen Inhalt über diesen Mindestschutz hinausreicht.[418]

1189 Abzuwarten ist, ob die Rechtsprechung des EGMR zu Art. 11 EMRK (→ Rn. 169 und → Rn. 1119) in Zukunft stärker als bisher Auswirkungen auf das nationale Arbeitskampfrecht entfalten wird.[419]

IX. Kontrollfragen

1190 **Frage 87:** Welche Funktion erfüllt der Arbeitskampf in der Tarifvertragsordnung und welche Folgerungen zieht man daraus für seine rechtliche Bewertung?

Frage 88: Was bedeutet die sog. Quotenregelung der Aussperrung?

Frage 89: Welche Vorschriften gewähren im Fall von Betriebsbesetzungen Rechtsschutz?

Frage 90: In welchen Fällen wird das Entgelt in mittelbar vom Arbeitskampf betroffenen Unternehmen nicht fortgezahlt?

416 EuGH 11.12.2007 – C-438/05, Slg. 2007, I-10779 = NZA 2008, 124 – Viking.
417 EuGH 11.12.2007 – C-438/05, Slg. 2007, I-10779 = NZA 2008, 124 – Viking.
418 EuGH 18.12.2007 – C-341/05, Slg. 2007, I-11767 = NZA 2008, 159 – Laval.
419 Weiterführend dazu *Franzen* EuZA 2010, 453 (454 ff.); *Franzen*, FS Wank, 2014, 105 (113 f.); *Jacobs/Schmidt* EuZA 2016, 82 (92 ff.).

2. Kapitel. Betriebs-, Personal- und Unternehmensverfassungsrecht

§ 26 Betriebsverfassungsrecht

Literatur: a) Kommentare/Gesamtdarstellungen: *Annuß/Kühn/Rudolph/Rupp,* Europäisches Betriebsräte-Gesetz, 2014; *Däubler/Kittner/Klebe/Wedde* (Hrsg.), Betriebsverfassungsgesetz, 15. Aufl. 2016; *Düwell* (Hrsg.), Betriebsverfassungsgesetz, 4. Aufl. 2014; *Edenfeld,* Betriebsverfassungsrecht, 4. Aufl. 2014; *Fitting/Engels/Schmidt/Trebinger/Linsenmaier,* Betriebsverfassungsgesetz, 28. Aufl. 2016; *Gamillscheg,* Kollektives Arbeitsrecht II, 2008; *Hess/Worzalla/Glock/Nicolai/Rose/Huke,* Betriebsverfassungsgesetz, 9. Aufl. 2014 (zit.: HWGNRH/*Bearbeiter*); *v. Hoyningen-Huene,* Betriebsverfassungsrecht, 6. Aufl. 2007; MHdB ArbR/*v. Hoyningen-Huene/Joost/Matthes* §§ 210ff.; *Klebe/Ratayczak/Heilmann/Spoo,* Betriebsverfassungsgesetz, 19. Aufl. 2016; *Löwisch/Kaiser,* Betriebsverfassungsgesetz, 6. Aufl. 2010; *Reichold,* Betriebsverfassung als Sozialprivatrecht, 1995; *Richardi* (Hrsg.), Betriebsverfassungsgesetz, 15. Aufl. 2016; *Richardi/Bayreuther,* Kollektives Arbeitsrecht, 3. Aufl. 2016; Schaub/*Koch* §§ 210ff.; *Stege/Weinspach/Schiefer,* Betriebsverfassungsgesetz, 9. Aufl. 2002; *Teuteberg,* Geschichte der industriellen Mitbestimmung in Deutschland, 1961; *Wiese/Kreutz/Oetker/Raab/Weber/Franzen/Gutzeit/Jacobs,* Betriebsverfassungsgesetz, Bd. I, 10. Aufl. 2014, Bd. II, 10. Aufl. 2014 (zit.: GK/*Bearbeiter*); *Wlotzke/Preis/Kreft,* Betriebsverfassungsgesetz, 4. Aufl. 2009.

b) Sonstige Literatur: *Franzen,* Über den Sozialplanstreik, FS Reuter, 2010, 479; *Franzen,* Die vertragliche Haftung des Betriebsrats und seiner Mitglieder bei der Beauftragung Dritter – Überlegungen zum Urteil des Bundesgerichtshofs vom 25.10.2012 – III ZR 266/11, FS v. Hoyningen-Huene, 2014, 87; *Jacobs/Frieling,* Betriebsratsvergütung – Grundlagen und Grenzen der Bezahlung freigestellter Betriebsratsmitglieder, ZfA 2015, 241; *Kaiser,* Standortsicherungs- und Tarifsozialpläne zwischen Tarif- und Betriebsverfassungsrecht, FS Buchner, 2009, 385; *Lobinger,* Systemdenken im Betriebsverfassungsrecht, RdA 2011, 76; *Löwisch,* Betriebsrat wider den Willen der Belegschaft?, BB 2006, 664; *Löwisch/Wegmann,* Zahlenmäßige Berücksichtigung von Leiharbeitnehmern in Betriebsverfassungs- und Mitbestimmungsrecht, BB 2017, 373; *Rieble,* Die Betriebsratsvergütung, NZA 2008, 276; *Walker,* Die Haftung des Betriebsrats und seines Vorsitzenden gegenüber externen Beratern, FS v. Hoyningen-Huene, 2014, 535; *Waltermann,* Rechtsquellenfragen der Betriebsvereinbarung mit Blick auf den Tarifvertrag, FS v. Hoyningen-Huene, 2014, 549; *Wiese,* Zur Freiheit der Meinungsäußerungen des Betriebsrats und seiner Mitglieder im Außenverhältnis, FS 50 Jahre BAG, 2004, 1125.
Weitere Literatur, insbesondere zur Reform 2001, siehe Vorauflagen.

I. Grundgedanken und Entwicklung

1. Grundgedanken

Gegenstand des Betriebsverfassungsrechts ist die Stellung der Arbeitnehmer in der arbeitsteiligen Organisation des Betriebs (→ Rn. 40). Das geltende Betriebsverfassungsrecht wird dabei von folgenden Grundgedanken geprägt: 1191

Im Vordergrund steht die **Interessenvertretung.** Auch im Betrieb gibt es zwei beteiligte Seiten, die Arbeitnehmer und den Unternehmer. Sie haben widerstreitende Interessen. Diese Interessen müssen zur Geltung und zum Ausgleich gebracht werden. Deshalb erhalten die Arbeitnehmer in Gestalt des Betriebsrats eine Interessenvertretung, der das Gesetz bestimmte Rechte gegenüber dem Unternehmer einräumt. Freilich entsteht diese Interessenvertretung nicht automatisch. Der Gesetzgeber erstrebt zwar, dass in allen betriebsratsfähigen Betrieben Betriebsräte gewählt werden (§ 1 I 1192

BetrVG). Ist aber zB kein Arbeitnehmer zur Kandidatur bereit, kann ein Betriebsrat nicht gebildet werden. Auch ein gewählter Betriebsrat muss nicht von allen seinen Befugnissen Gebrauch machen.[420]

Nach neueren Erhebungen sind in Westdeutschland nur 42 %, in Ostdeutschland sogar nur 33 % der in betriebsratsfähigen Betrieben (→ Rn. 1204 f.) beschäftigten Arbeitnehmer durch einen Betriebsrat vertreten. Zwar wurden in rund 88 % der Großbetriebe mit mehr als 500 Beschäftigen Betriebsräte gewählt, in mittleren und kleineren Betrieben sind es aber wesentlich weniger. Unter den Betrieben mit zwischen fünf und 50 Beschäftigten beträgt der Anteil der Betriebe mit Betriebsrat deutschlandweit nur 5 %.[421]

1193 Zweiter Grundgedanke ist der der **Teilhabe.** Die Arbeitnehmer des Betriebs sollen an der Regelung der sie betreffenden sozialen, personellen und wirtschaftlichen Angelegenheiten teilhaben. Dazu wählen sie den Betriebsrat, der die insoweit bestehenden Mitwirkungs- und Mitbestimmungsrechte ausübt. Mit dem Teilhabegedanken zusammen hängt der Gedanke der **betrieblichen Partnerschaft.** Bei aller Anerkennung der widerstreitenden Interessen der Arbeitnehmer und des Unternehmers lässt sich nicht leugnen, dass beide Seiten auch ein gemeinsames Interesse daran haben, dass das Unternehmen floriert. Das drängt zur betrieblichen Zusammenarbeit. Auch dies kommt in den Regelungen des Betriebsverfassungsrechts zum Ausdruck.

1194 Schließlich will das Betriebsverfassungsrecht die **Rechtsstellung des einzelnen Arbeitnehmers** und seine Eigenverantwortung in den betrieblichen Abläufen stärken. Deshalb sehen die §§ 81 ff. BetrVG Mitwirkungs- und Beschwerderechte der Arbeitnehmer vor. Zudem verpflichtet § 75 BetrVG Betriebsrat und Arbeitgeber zur Gleichbehandlung der Arbeitnehmer und Wahrung ihrer Persönlichkeitsrechte und stattet § 28 a BetrVG Arbeitsgruppen mit eigenen Befugnissen aus.

1195 Gegenstand des Betriebsverfassungsrechts ist die Regelung der Mitwirkung der Arbeitnehmer auf der Ebene des Betriebs (→ Rn. 1200 ff.). Vom Betriebsverfassungsrecht in diesem Sinne ist das **Unternehmensverfassungsrecht** zu trennen, das die Mitwirkung der Arbeitnehmer auf der Ebene des Unternehmens regelt (→ Rn. 1659 ff.).

2. Entwicklung

1196 Der erste Versuch einer Einrichtung von Vertretungen der Arbeitnehmer in den Betrieben ging von einer Minderheit der Frankfurter Nationalversammlung von 1848/49 aus. Ihr Entwurf sah die Bildung eines aus Arbeitgeber- und Arbeitnehmervertretern zusammengesetzten Fabrikausschusses vor, der unter anderem für die Festlegung der Arbeitsordnung und die Verwaltung von Krankenkassen zuständig sein sollte. Dieser Vorschlag wurde nicht Gesetz. Erst das Arbeiterschutzgesetz von 1891 ermöglichte die Einrichtung von **Arbeiterausschüssen.** Es machte außerdem den Erlass von Arbeitsordnungen durch den Arbeitgeber nach Anhörung der Arbeitnehmerschaft obligatorisch. Die Einrichtung von Arbeiterausschüssen wurde 1905 für preußische Bergwerke und 1916 im vaterländischen Hilfsdienstgesetz dann allgemein vorgeschrieben.

1197 Nach dem Ende des Ersten Weltkriegs wurden, zuerst aufgrund einer Vereinbarung zwischen Arbeitgeberverbänden und Gewerkschaften v. 15.11.1918, sodann aufgrund einer Verordnung des Rats der Volksbeauftragten v. 22.12.1918, **Arbeiter- und Angestelltenausschüsse** mit weitgehenden Befugnissen eingerichtet. Ihre Bildung wurde

420 Näher *Löwisch* BB 2006, 664 f.

421 Ergebnisse des IAB-Betriebspanels 2015, vgl. *Ellguth/Kohaut,* Tarifbindung und betriebliche Interessenvertretung: Ergebnisse aus dem IAB-Betriebspanel 2015, WSI-Mitteilungen 2016, 283 (287 ff.).

auch in Art. 165 WRV vorgeschrieben und fand schließlich eine ausführliche Regelung im **Betriebsrätegesetz** v. 4.2.1920. Durch diese Entwicklung wurden zugleich die in der Novemberrevolution von 1918 errichteten Arbeiter- und Soldatenräte, die teilweise auch in den Betrieben die wirtschaftliche Macht übernommen hatten, politisch überholt.

In der Zeit des Nationalsozialismus wurden die gewählten Arbeitnehmervertretungen durch Vertrauensräte unter **Reichstreuhändern der Arbeit** ersetzt (→ Rn. 80 ff.). Sie hatten lediglich beratende Funktion. 1198

Nach dem Ende des Zweiten Weltkriegs wurden erneut gewählte Arbeitnehmervertretungen geschaffen, denen in vielen Punkten weitergehende Beteiligungsrechte zukamen als in der Weimarer Zeit. Die Entwicklung mündete zunächst in das **Betriebsverfassungsgesetz** v. 11.10.1952, welches durch das heute geltende Betriebsverfassungsgesetz v. 15.1.1972 abgelöst wurde. Dieses ist in der Zwischenzeit, insbesondere durch das BetrVerf-ReformG 2001, in einer Reihe von Punkten weiterentwickelt worden. 1199

II. Regelungsbereich

1. Betrieb als Anknüpfungspunkt der Betriebsverfassung

Fall 75: Die Versicherungsgesellschaft X betreibt das Lebensversicherungsgeschäft, die Versicherungsgesellschaft Y ist auf dem Gebiet der Sachversicherung tätig. Aus Rationalisierungsgründen vereinbaren X und Y, ihre Geschäftsbetriebe in einem Gebäude zusammenzulegen und eine gemeinsame Personalverwaltung zu schaffen. Ihre gesellschaftsrechtliche Selbstständigkeit soll davon aber unberührt bleiben. Anlässlich der nächsten Betriebsratswahl entsteht die Frage, ob wie bisher zwei Betriebsräte zu wählen sind oder nur einer.

a) Betriebsbegriff

Nach § 1 I 1 BetrVG werden Betriebsräte **in Betrieben** gewählt. Der Betriebsbegriff wird vom Gesetz nicht näher definiert. Gemeint ist nach ständiger Rechtsprechung die organisatorische Einheit, innerhalb derer der Arbeitgeber zusammen mit seinen Arbeitnehmern einen oder mehrere arbeitstechnische Zwecke fortgesetzt verfolgt. Die in der Betriebsstätte vorhandenen materiellen und immateriellen Betriebsmittel müssen zusammengefasst, geordnet und gezielt eingesetzt und die menschliche Arbeitskraft von einem einheitlichen Leitungsapparat gesteuert werden.[422] 1200

Voraussetzung für einen selbstständigen Betrieb ist also zunächst das Vorhandensein einer **einheitlichen Betriebsorganisation.** Maßgebend ist zudem, wo die Entscheidungen des Arbeitgebers in personellen und sozialen Angelegenheiten gegenüber den Arbeitnehmern fallen. Auch beim Bestehen einer eigenen technischen Leitung, etwa einer Produktionsstätte, kann daher von einem selbstständigen Betrieb nicht gesprochen werden, wenn diese Leitung in personellen und sozialen Fragen nicht selbst entscheiden kann.[423] 1201

422 BAG 14.9.1988 – 7 ABR 10/87, NZA 1989, 190; BAG 17.1.2007 – 7 ABR 63/05, NZA 2007, 703; BAG 9.12.2009 – 7 ABR 38/08, NZA 2010, 906.

423 Vgl. BAG 23.9.1982 – 6 ABR 42/81, AP BetrVG 1972 § 4 Nr. 3, wo die Leitung der Produktionsstätte indessen über die maßgeblichen Arbeitgeberfunktionen in personellen und sozialen Angelegenheiten verfügte.

1202 Die Entscheidungsbefugnis in personellen und sozialen Fragen ist auch dort zusätzliches Kriterium für den Betriebsbegriff, wo mehrere Unternehmen ihre Geschäfte gemeinsam betreiben. Ein **gemeinsamer Betrieb** (§ 1 I 2 BetrVG) liegt nur dann vor, wenn die Unternehmen Arbeitnehmer und Betriebsmittel zusammengefasst und vereinbart haben, die Arbeitgeberfunktion im Bereich der personellen und sozialen Angelegenheiten einheitlich wahrzunehmen. Erforderlich ist ein einheitlicher Leitungsapparat, der auf einer Vereinbarung der beteiligten Unternehmen (Führungsvereinbarung) beruht. Diese Vereinbarung kann auch stillschweigend geschlossen werden.[424]

1203 Häufig ist zweifelhaft, ob eine einheitliche Leitung besteht. Für diese Fälle enthält § 1 II BetrVG eine **Vermutung:** Werden die Betriebsmittel und die Arbeitnehmer von den Unternehmen gemeinsam eingesetzt (Abs. 2 Nr. 1) oder werden im Falle einer Unternehmensspaltung Betriebsteile ohne Organisationsänderung verschiedenen Unternehmen zugeordnet (Abs. 2 Nr. 2), wird vermutet, dass ein einheitlicher Leitungsapparat und damit ein gemeinsamer Betrieb mehrerer Unternehmen vorliegt. Die Vermutung kann aber durch den Nachweis widerlegt werden, dass doch keine einheitliche Leitung gegeben ist.

In **Fall 75** ist die Voraussetzung des gemeinsamen Betriebs ohne Weiteres gegeben. Die beiden selbstständigen Versicherungsgesellschaften haben ihren Geschäftsbetrieb zusammengelegt und eine einheitliche Personalverwaltung vereinbart.

b) Mindestgröße

1204 Betriebsräte werden nach § 1 I 1 BetrVG nur in Betrieben mit in der Regel mindestens fünf wahlberechtigten Arbeitnehmern, von denen drei wählbar sind, gewählt. Die Wahlberechtigung richtet sich nach § 7 BetrVG, die Wählbarkeit nach § 8 BetrVG (→ Rn. 1231).

Leiharbeitnehmer sind gemäß dem zum 1.4.2017 in Kraft getretenen § 14 II 4 AÜG[425] im Entleiherbetrieb zu berücksichtigen, soweit Bestimmungen des BetrVG eine bestimmte Anzahl von Arbeitnehmern voraussetzen. Damit sind Leiharbeitnehmer grundsätzlich auch bei § 1 I 1 BetrVG mitzuzählen, soweit ihnen das aktive Wahlrecht nach § 7 S. 2 BetrVG zusteht. Da nach § 1 I 1 BetrVG allerdings nur »in der Regel« beschäftigte und »ständig« wahlberechtigte Arbeitnehmer zu berücksichtigen sind, sind Leiharbeitnehmer nur in dem Umfang mitzuzählen, wie sie die Stärke der Belegschaft während des größten Teils des Jahres bestimmen. Auch müssen sie über eine längere Dauer im Entleiherbetrieb eingesetzt werden.[426] Zu den wählbaren Arbeitnehmern gehören Leiharbeitnehmer gem. § 14 II 1 AÜG von vornherein nicht.

1205 In Betrieben, die wegen Unterschreitens der Mindestgröße oder auch, weil keine Wahl stattfindet, **betriebsratslos** bleiben, gibt es keine Beteiligungsrechte der Arbeitnehmer. Vielmehr regelt der Arbeitgeber die sonst mitbestimmungspflichtigen Angelegenheiten im Rahmen seines Weisungsrechts (→ Rn. 212 f.).

c) Kleinstbetriebe und Betriebsteile

Fall 76: Die Rundfunk Orchester und Chöre GmbH Berlin (ROC) betreibt seit 1994 die bis dahin eigenständigen Klangkörper Deutsches-Symphonie-Orchester Berlin (DSO), Rundfunk-Sinfonieorchester Berlin (RSO), Rundfunkchor Berlin und RIAS-Kammerchor. In ihrer Verwaltung sowie im Kartenbüro/

424 BAG 14.9.1988 – 7 ABR 10/87, NZA 1989, 190; BAG 22.6.2005 – 7 ABR 57/04, NZA 2005, 1248; BAG 13.2.2013 – 7 ABR 36/11, NZA-RR 2013, 521.

425 Vgl. Art. 1 des Gesetzes zur Änderung des Arbeitnehmerüberlassungsgesetzes und anderer Gesetze v. 21.2.2017, BGBl. 2017 I 258.

426 *Löwisch/Wegmann* BB 2017, 373 (375).

Besucherservice beschäftigt die ROC GmbH 19 Angestellte, außerdem sind dort der leitende Dramaturg, der kaufmännische Leiter und Mitarbeiter in den dazugehörigen Sekretariaten tätig, die Aufgaben für alle vier Ensembles wahrnehmen. Jeder der vier Klangkörper verfügt über eine eigene Verwaltung und eine vorrangig genutzte Probenspielstätte, besitzt eine eigenständige künstlerische und konzeptionelle Ausrichtung und führt eigene Veranstaltungen und Tourneen durch. Künstlerischer Leiter des DSO ist der Chefdirigent, das personelle und administrative Weisungsrecht übt der Orchesterdirektor sowohl gegenüber künstlerischen als auch gegenüber administrativen und technischen Mitarbeitern des DSO aus. Er erstellt die Dienst- und Urlaubspläne und legt die Arbeits- und Ruhezeiten fest. Kündigungen erfolgen nach einer Vorlage des Orchesterdirektors durch den Geschäftsführer der ROC GmbH. Die Entscheidung über Einstellungen und Entlassungen obliegt dem Orchester, das nach Maßgabe einer Probespielordnung entscheidet. Der Geschäftsführer unterzeichnet die vom künstlerischen Leiter oder dem Orchesterdirektor im Rahmen seiner Zuständigkeit vorbereiteten Verträge, sofern die finanziellen, rechtlichen und sonstigen Rahmenvorgaben beachtet werden. Nach der Probespielordnung darf die Geschäftsführung gegen ein Votum des Orchesters grundsätzlich kein unbefristetes Arbeitsverhältnis eingehen, sofern sich das Orchester aus künstlerischen Gründen gegen den Bewerber ausgesprochen hat. Nachdem zunächst ein gemeinsamer Betriebsrat für die Belegschaften der vier Klangkörper gewählt worden war, wählen die beim DSO tätigen Arbeitnehmer bei der nächsten regulären Betriebsratswahl den Betriebsrat DSO. Die ROC GmbH sowie der für alle Beschäftigten der Arbeitgeberin kurz darauf neu gewählte Betriebsrat ROC wollen das nicht gelten lassen. Sie sind der Auffassung, dass das DSO keine betriebsratsfähige Organisationseinheit darstelle und dem Hauptbetrieb der ROC GmbH zuzuordnen sei, sodass sich die Zuständigkeit des Betriebsrats ROC auch auf den Betriebsteil DSO erstrecke.

§ 4 BetrVG enthält eine nicht leicht zu verstehende Regelung für die Errichtung von 1206
Betriebsräten in Kleinstbetrieben von Unternehmen mit mehreren Betrieben und in Betriebsteilen. Das Gesetz verfolgt mit ihr einen **doppelten Zweck:** Einmal soll die Bildung von Betriebsräten möglichst nicht am Nichterreichen der Mindestarbeitnehmerzahl scheitern, zum anderen soll bei bloß einem Betrieb im Sinne des Betriebsbegriffs die Bildung mehrerer Betriebsräte dort ermöglicht werden, wo das praktisch sinnvoll ist.

Um den **ersten Zweck** zu erreichen, bestimmt § 4 II BetrVG, dass **Kleinstbetriebe** 1207
trotz ihrer Selbstständigkeit dem Hauptbetrieb zuzuordnen sind, wenn sie nicht für sich die Mindestgröße des § 1 I 1 BetrVG aufweisen. Der Verwendung des Begriffs »Hauptbetrieb« wird vom BAG entnommen, dass der Betrieb, dem der Kleinstbetrieb zuzuordnen ist, gegenüber diesem eine hervorgehobene Bedeutung haben muss, die vornehmlich in einer beratenden Unterstützung in personellen und sozialen Angelegenheiten liegen kann. Dabei soll es auf die räumliche Entfernung zwischen beiden Betrieben grundsätzlich nicht ankommen, und zwar auch dann nicht, wenn der Arbeitgeber noch andere, räumlich näher zu dem nicht betriebsratsfähigen Betrieb gelegene Betriebe unterhält, die den gleichen oder einen ähnlichen arbeitstechnischen Zweck verfolgen wie der nicht betriebsratsfähige Betrieb.[427]

Dem **zweiten Zweck** dient § 4 I BetrVG. Nach seinem Satz 1 gelten bloße **Betriebsteile** 1208
als selbstständige Betriebe, wenn sie räumlich weit vom Hauptbetrieb entfernt sind (Nr. 1) oder wenn sie über einen eigenständigen Aufgabenbereich und eine eigenständige Organisation verfügen (Nr. 2). Solche Betriebsteile werden also von Gesetzes wegen als eigenständige Betriebe fingiert. Ein Betriebsteil ist dadurch gekennzeichnet,

427 BAG 17.1.2007 – 7 ABR 63/05, NZA 2007, 703.

dass er auf den Zweck des Hauptbetriebs ausgerichtet und in dessen Organisation eingegliedert, gleichwohl diesem gegenüber organisatorisch abgrenzbar und **relativ verselbstständigt** ist. Notwendig ist auch hier eine eigene Leitung, die in einem begrenzten Umfang Weisungsrechte des Arbeitgebers ausübt.[428] Die in dem Betriebsteil vorhandenen Vertreter des Arbeitgebers müssen in der Lage sein, die Arbeitgeberfunktion in den wesentlichen Bereichen der betrieblichen Mitbestimmung wahrzunehmen.[429]

In **Fall 76** sind die Voraussetzungen eines betriebsratsfähigen Betriebsteils nach § 4 I Nr. 2 BetrVG gegeben. Das Deutsche Symphonieorchester Berlin (DSO) ist von dem Rundfunk-Sinfonieorchester Berlin (RSO) und den beiden Chören, die die Arbeitgeberin unterhält, organisatorisch abgrenzbar und relativ verselbstständigt. Es besteht ein eigenständiger Aufgabenbereich, weil das DSO über ein eigenes künstlerisches Profil verfügt, nach außen unter eigenem Namen mit einem selbst ausgewählten Programm in Erscheinung tritt, ohne nennenswerte Mitwirkung der Arbeitgeberin Solisten und Gastdirigenten anwirbt und selbstständig Konzertreisen organsiert. Die wesentlichen der betrieblichen Mitbestimmung unterliegenden Arbeitgeberfunktionen werden innerhalb des DSO vor allem durch den Orchesterdirektor ausgeübt. Die inhaltliche Entscheidung, ob ein bestimmter Musiker eingestellt wird, trifft das Orchester. Die Geschäftsführung nimmt letztlich nur eine Kontrolle der zuvor auf Orchesterebene getroffenen Entscheidungen vor. Die beim DSO tätigen Arbeitnehmer haben deshalb zu Recht einen eigenen Betriebsrat gewählt.[430]

1209 Nach § 4 I 2–4 BetrVG können die Arbeitnehmer in den Fällen des § 4 I 1 Nr. 1 und 2 BetrVG beschließen, an der Wahl des Betriebsrats im Hauptbetrieb teilzunehmen. Hierdurch verliert der Betriebsteil seine gesetzlich fingierte Eigenständigkeit.[431]

d) Abweichende Regelungen

1210 Das BetrVerf-ReformG hat im Interesse der Flexibilität die Möglichkeiten, abweichende Organisationsstrukturen zu schaffen, erweitert und erleichtert:

Nach § 3 I Nr. 1 BetrVG kann nach dem Vorbild von § 20 SprAuG (→ Rn. 1612) in Unternehmen mit mehreren Betrieben die Bildung eines **unternehmenseinheitlichen Betriebsrats** oder die Zusammenfassung von Betrieben vorgesehen werden, wenn dies die Bildung von Betriebsräten erleichtert oder einer sachgerechten Wahrnehmung der Interessen der Arbeitnehmer dient. Im ersten Fall wird die Bildung eines Gesamtbetriebsrats (→ Rn. 1247 ff.) entbehrlich.
Nach § 3 I Nr. 2 BetrVG kann für Unternehmen und Konzerne, die nach produkt- oder projektbezogenen Sparten organisiert sind, die Bildung von **Spartenbetriebsräten** vorgesehen werden, wenn den Leitungen der Sparten die Entscheidung in mitwirkungs- und mitbestimmungspflichtigen Angelegenheiten übertragen ist und die Bildung von Spartenbetriebsräten der sachgerechten Wahrnehmung der Aufgaben des Betriebsrats dient.
Nach § 3 I Nr. 3 BetrVG sind auch noch **andere Arbeitnehmervertretungsstrukturen** möglich, soweit dies einer wirksamen und zweckmäßigen Interessenvertretung der Arbeitnehmer dient. Die Vorschrift ermöglicht einerseits die Vereinfachung der gesetzlichen Vertretungsstrukturen. Etwa kann in einem Konzern kleinerer Unternehmen auf die Bildung von Gesamtbetriebsräten (→ Rn. 1247 ff.) verzichtet und deren Aufgaben auf den Konzernbetriebsrat (→ Rn. 1254 f.) verlagert werden.[432] Andererseits sind an moderne Produktions- und Dienstleistungsformen angepasste Arbeitnehmervertretungsstrukturen möglich. So kann für einen Industriepark, in dem mehrere Unternehmen bei einer Produktion zusammenarbeiten, ein besonderer Betriebsrat gebildet werden.

---

428 BAG 19.2.2002 – 1 ABR 26/01, NZA 2002, 1300.
429 BAG 21.7.2004 – 7 ABR 57/03, AP BetrVG 1972 § 4 Nr. 15.
430 BAG 21.7.2004 – 7 ABR 57/03, AP BetrVG 1972 § 4 Nr. 15.
431 BAG 17.9.2013 – 1 ABR 21/12, NZA 2014, 96.
432 Löwisch/Kaiser/*Löwisch* § 3 Rn. 14; AR/*Maschmann* BetrVG § 3 Rn. 6; *Kania/Klemm* RdA 2006, 22 (23 f.); aA GK/*Franzen* § 3 Rn. 19; *Giesen* BB 2002, 1480 (1481).

Nach § 3 I Nr. 4 BetrVG können zusätzlich zu den im BetrVG vorgesehenen Gremien Arbeitsgemeinschaften zur **unternehmensübergreifenden Zusammenarbeit** von Arbeitnehmervertretungen und nach § 3 I Nr. 5 BetrVG **zusätzliche** betriebsverfassungsrechtliche **Vertretungen** der Arbeitnehmer, die die Zusammenarbeit zwischen Betriebsrat und Arbeitnehmern erleichtern, geschaffen werden.

Die nach § 3 I 1 Nr. 1–3 BetrVG geschaffenen abweichenden Arbeitnehmervertretungen treten **an die Stelle der im BetrVG vorgesehenen.** Nach Abs. 5 S. 1 sind die so gebildeten betriebsverfassungsrechtlichen Organisationseinheiten als Betriebe im Sinne des BetrVG anzusehen, und nach Satz 2 finden auf die in ihnen gebildeten Arbeitnehmervertretungen die Vorschriften über die Rechte und Pflichten des Betriebsrats und die Rechtsstellung seiner Mitglieder Anwendung. Dementsprechend stehen diesen Vertretungen sämtliche im vierten Teil des Gesetzes vorgesehenen Mitwirkungs- und Mitbestimmungsrechte zu. 1211

Die Schaffung abweichender Organisationsstrukturen ist nach § 3 I BetrVG in erster Linie Sache der **Tarifvertragsparteien,** die dazu ihre Normsetzungsbefugnis in betriebsverfassungsrechtlichen Fragen (→ Rn. 1020, 1040 f.) nutzen können. Beim Abschluss eines solchen Tarifvertrags mit einer tarifzuständigen Gewerkschaft müssen andere, gleichfalls tarifzuständige Gewerkschaften nicht beteiligt werden.[433] Auch kann der Abschluss eines Tarifvertrags nach § 3 I Nr. 1–3 BetrVG Gegenstand eines Arbeitskampfs sein.[434] In zweiter Linie kommt nach § 3 II BetrVG eine Regelung der nach Abs. 1 Nr. 1, 2, 4 oder 5 angestrebten Arbeitnehmervertretungen durch **Betriebsvereinbarung** in Betracht. Wo keine tarifliche Regelung und auch kein Betriebsrat besteht, kann die Schaffung eines unternehmenseinheitlichen Betriebsrats (Abs. 1 Nr. 1 lit. a) gem. Abs. 3 auch durch einen Beschluss der Belegschaft erfolgen. 1212

Nach Abs. 2 ist die Regelung durch Betriebsvereinbarung nicht nur dann ausgeschlossen, wenn ein Tarifvertrag eine abweichende Organisationsstruktur schafft, sondern auch dann, wenn in dem Betrieb nur irgendein anderer Tarifvertrag, zB ein Lohntarifvertrag, gilt.[435] Diese große Reichweite der Sperrwirkung ist verfassungsrechtlich und rechtspolitisch umstritten.[436] Sie tritt jedenfalls nur dann ein, wenn der Tarifvertrag normativ gilt; eine bloße arbeitsvertragliche Bezugnahme auf Tarifverträge (→ Rn. 1048 ff.) löst die Sperrwirkung nicht aus.[437]

2. Arbeitnehmer im Sinne des Betriebsverfassungsgesetzes

Fall 77: Frau A ist in der Niederlassung Nürnberg einer größeren Versicherungsgesellschaft seit fünf Jahren tätig. Zum 1.1.2014 ist ihr gem. §§ 48 ff. HGB Prokura erteilt worden. Das entsprechende Schreiben der Geschäftsleitung enthält den Passus: »Vertragsabschlüsse sowie die Anerkennung von Versicherungsfällen bedürfen weiterhin der Gegenzeichnung der Geschäftsleitung.« Bei den Wahlen zum Betriebsrat und zum Sprecherausschuss 2014 ist Frau A im Verfahren nach § 18 a BetrVG gegen ihren Protest in die Wählerliste für den Betriebsrat eingetragen worden. Hiergegen will sie sich gerichtlich zur Wehr setzen.

a) Arbeitnehmerbegriff

Nach § 5 I 1 BetrVG sind Arbeitnehmer im Sinne des BetrVG »Arbeiter und Angestellte einschließlich der zu ihrer Berufsausbildung Beschäftigten«. Damit definiert 1213

433 BAG 29.7.2009 – 7 ABR 27/08, NZA 2009, 1424.
434 BAG 29.7.2009 – 7 ABR 27/08, NZA 2009, 1424.
435 ErfK/*Koch* BetrVG § 3 Rn. 9.
436 Näher dazu Löwisch/Kaiser/*Löwisch* § 3 Rn. 23 f.
437 BAG 24.4.2013 – 7 ABR 71/11, AP BetrVG 1972 § 3 Nr. 11.

das Gesetz den Begriff des Arbeitnehmers nur scheinbar. Denn die Begriffe des Arbeiters und des Angestellten setzen den **allgemeinen Begriff des Arbeitnehmers** voraus, der nun durch die gesetzliche Regelung des Arbeitsvertrags von § 611 a I BGB indirekt mitbestimmt wird. Danach ist Arbeitnehmer derjenige, der aufgrund eines Arbeitsvertrages im Dienste eines anderen weisungsgebundene fremdbestimmte Arbeit in persönlicher Abhängigkeit leistet (→ Rn. 1, 4ff.). Beschäftigte, die persönlich selbstständig, aber vom Betriebsinhaber wirtschaftlich abhängig und vergleichbar einem Arbeitnehmer sozial schutzbedürftig sind (sog. arbeitnehmerähnliche Personen), sind damit nicht Arbeitnehmer im Sinne des BetrVG. Jedoch gelten Heimarbeiter (→ Rn. 6), die in der Hauptsache für denselben Betrieb arbeiten, nach Abs. 1 S. 2 als Arbeitnehmer im Sinne des BetrVG.

Mit den »zu ihrer Berufsausbildung Beschäftigten« meint § 5 I 1 BetrVG nur Auszubildende, die in vergleichbarer Weise wie Arbeitnehmer an der Verwirklichung des arbeitstechnischen Zwecks des Betriebs mitwirken. Ist, wie in einem Berufsbildungswerk, Betriebszweck die Ausbildung selbst, gehören die Auszubildenden nicht zu den Arbeitnehmern des betreffenden Betriebs.[438] Ebenso werden solche Auszubildende vom BetrVG nicht erfasst, die eine rein schulische Ausbildung durchlaufen, aber an der Verwirklichung des arbeitstechnischen Zwecks nicht beteiligt sind.[439]

1214 Als Arbeitnehmer im Sinne des BetrVG gelten nach § 5 I 3 BetrVG ferner **Beamte, Soldaten** sowie **Arbeitnehmer des öffentlichen Dienstes,** die in Betrieben privatrechtlich organisierter Unternehmen tätig sind. Gemeint sind dabei solche Personen, die aufgrund ihres öffentlich-rechtlichen Dienstverhältnisses kraft Abordnung oder Überlassung in den Betrieb eines privatrechtlich organisierten Unternehmens eingegliedert sind.[440]

1215 § 5 II Nr. 1–5 BetrVG nimmt **bestimmte Personen** ausdrücklich vom Arbeitnehmerbegriff aus. In den in Nr. 1 bis Nr. 4 genannten Fällen – Mitglieder des Organs einer juristischen Person, Gesellschafter einer OHG usw – handelt es sich im Wesentlichen nur um eine Klarstellung, da die dort genannten Personen in der Regel schon dem allgemeinen Arbeitnehmerbegriff nicht unterfallen. Bei den in Nr. 5 genannten Personen handelt es sich um Familienangehörige, die mit dem Arbeitgeber in häuslicher Gemeinschaft leben. Selbst wenn diese im Einzelfall die Arbeitsleistung aufgrund eines Arbeitsvertrags erbringen sollten (→ Rn. 14), sind sie wegen der persönlichen Nähe zum Arbeitgeber nicht als Arbeitnehmer iSd BetrVG anzusehen und werden deshalb von diesem nicht erfasst.

b) Leitende Angestellte

1216 **aa) Begriff.** Nach § 5 III 1 BetrVG findet das BetrVG, soweit in ihm (wie zB in § 105 BetrVG) nicht ausdrücklich etwas anderes bestimmt ist, keine Anwendung auf leitende Angestellte. Diese sind zwar Arbeitnehmer, können aber wegen ihrer arbeitgeberähnlichen Stellung im Betrieb oder wegen ihrer unternehmerischen Aufgaben und wegen ihrer besonderen Interessenlage der Belegschaft nicht zugerechnet werden. In Form der Sprecherausschüsse haben sie eine eigene betriebsverfassungsrechtliche Vertretung (→ Rn. 1610ff.).

438 BAG 13.6.2007 – 7 ABR 44/06, AP BetrVG 1972 § 5 Ausbildung Nr. 12 mwN.
439 BAG 6.11.2013 – 7 ABR 76/11, NZA 2014, 678.
440 Näher dazu *Fitting* § 5 Rn. 316ff.

§ 5 III 2 BetrVG definiert drei Tatbestandsgruppen von leitenden Angestellten. Diese setzen nach dem Eingangshalbsatz der Vorschrift voraus, dass dem Angestellten die Position eines leitenden Angestellten nach seinem **Arbeitsvertrag und** nach seiner **Stellung im Unternehmen oder im Betrieb** zukommt. Das hat eine dreifache Bedeutung: Einmal wird klargestellt, dass es nicht genügt, wenn dem Angestellten lediglich pro forma im Arbeitsvertrag diejenigen Befugnisse zuerkannt werden, die nach den Tatbestandsgruppen der Nr. 1–3 die Stellung des leitenden Angestellten ausmachen. Zur vertraglichen Befugnis muss die tatsächliche Ausübung der betreffenden Funktion hinzukommen.[441] Umgekehrt stellt die Regelung klar, dass dem Angestellten aufgrund seines Arbeitsvertrags auch die rechtliche Befugnis zur Wahrnehmung der betreffenden Funktion zukommen muss. Schließlich kommt in dieser Voraussetzung zum Ausdruck, dass nicht schon die gelegentliche Ausübung der in Nr. 1 und 3 genannten Befugnisse genügt, um einen Angestellten zum leitenden Angestellten zu machen. Deren Ausübung muss einen **wesentlichen Teil der Tätigkeit** des Angestellten ausmachen, sie muss seine Stellung im Betrieb prägen. Eine bloße Aushilfstätigkeit oder die kommissarische Vertretung eines verhinderten leitenden Angestellten genügen demnach nicht.[442] 1217

Zur **selbstständigen Einstellung und Entlassung** berechtigt (§ 5 III 2 Nr. 1 BetrVG) ist der leitende Angestellte, wenn ihm in der betrieblichen Zuständigkeitsordnung die Entscheidungsbefugnis zukommt. Insbesondere muss er, etwa als Personalleiter oder Betriebsleiter, die Auswahl der Einzustellenden und zu Entlassenden treffen können. Die Befugnis muss sich dabei, anders als nach § 14 II 1 KSchG (→ Rn. 790 ff.), auf Einstellung **und** Entlassung beziehen. Hat etwa ein Betriebsleiter, der Personal selbstständig einstellen darf, bei Entlassungen die Personalabteilung einzuschalten, ist er nicht leitender Angestellter nach Nr. 1. 1218

Die Tatbestandsgruppe des § 5 III 2 Nr. 2 BetrVG setzt voraus, dass dem Angestellten vom Arbeitgeber **Generalvollmacht oder Prokura** erteilt wurde. Nach dem Eingangshalbsatz der Vorschrift muss die Befugnis im Innenverhältnis zum Arbeitgeber auch ausgeübt werden dürfen. Sie muss allerdings nicht für den gesamten gesetzlichen Umfang der Prokura bestehen. Vielmehr genügt es, dass sie nicht unbedeutend ist, also in einem wesentlichen Bereich, zB im Einkauf, wahrgenommen werden kann. 1219

In **Fall 77** fehlt es an der Befugnis zur Ausübung der Prokura, denn Frau A muss bei allen Vertragsschlüssen etc. die Zustimmung der Geschäftsleitung einholen. Die Prokura stellt praktisch nur einen Titel dar. Das reicht nicht aus, um Frau A die Stellung eines leitenden Angestellten zu geben.[443]

Aus dem Wortlaut des § 5 III 2 Nr. 3 BetrVG ergibt sich, dass diese Tatbestandsgruppe des leitenden Angestellten durch **zwei Merkmalgruppen** umschrieben wird, eine **sachliche und eine persönliche.** Sachlich muss es sich um Aufgaben handeln, die für den Bestand und die Entwicklung des Unternehmens oder eines Betriebes von Bedeu- 1220

441 BAG 16.4.2002 – 1 ABR 23/01, NZA 2003, 56 zu § 5 III 2 Nr. 1 (Bereichsleiter einer Spielbank); BAG 25.3.2009 – 7 ABR 2/08, NZA 2009, 1296 zu § 5 III 2 Nr. 2 (Prokura an Leiter der Revisionsabteilung einer Genossenschaftsbank).

442 BAG 23.1.1986 – 6 ABR 51/81, NZA 1986, 484.

443 BAG 11.1.1995 – 7 ABR 33/94, NZA 1995, 747; BAG 25.3.2009 – 7 ABR 2/08, NZA 2009, 1296. Das BAG geht allerdings zu weit, wenn es nur diejenigen Prokuristen als leitende Angestellte ansehen will, die unternehmerische Leitungsaufgaben iSd § 5 III 2 Nr. 3 BetrVG wahrnehmen. Dem Gesetz genügt es, dass eine typische Prokuristenfunktion in nicht nur unbedeutendem Umfang ausgeübt wird.

tung sind und deren Erfüllung besondere Erfahrungen und Kenntnisse voraussetzt. Persönlich muss der Angestellte bei der Erfüllung dieser Aufgaben eigenverantwortlich tätig sein, indem er entweder die Entscheidung im Wesentlichen frei von Weisungen selbst trifft oder maßgeblich beeinflusst.

Mit »Bedeutung für den Bestand und die Entwicklung des Unternehmens oder eines Betriebs« ist gemeint, dass die dem Angestellten übertragene unternehmerische Aufgabe von einem Gewicht ist, welches sich deutlich von den Aufgaben abhebt, die eine normale Angestelltentätigkeit ausmachen. Dementsprechend genügt weder die Einschaltung des Angestellten bei der rein arbeitstechnischen, gleichsam »vorprogrammierten« Durchführung unternehmerischer Entscheidungen noch eine reine Aufsichts- und Überwachungsfunktion oder die Wahrnehmung von Sicherungsaufgaben. In persönlicher Hinsicht muss der Angestellte im Rahmen seiner unternehmerischen Teilaufgaben einen erheblichen eigenen Entscheidungsspielraum haben. Es genügt, dass er die Entscheidungen so maßgeblich vorbereitet, dass die Unternehmensleitung an seiner Auffassung »nicht vorbeigehen kann«.[444]

1221 Bei den Merkmalen der Tatbestandsgruppe des Satzes 2 Nr. 3 handelt es sich um **unbestimmte Rechtsbegriffe,** deren Ausfüllung auch nach genauer Erforschung des Sachverhalts zweifelhaft bleiben kann. Um in solchen Zweifelsfällen die Entscheidung zu erleichtern, sieht Abs. 4 vor, dass bei Vorliegen einer der dort genannten objektiven Voraussetzungen der betreffende Angestellte als leitender Angestellter anzusehen ist. Die Fallgruppen des Abs. 4 sind keine Regelbeispiele, bei deren Vorliegen die Eigenschaft als leitender Angestellter zu vermuten wäre, sondern **Auslegungsregeln,** die nur greifen, wenn die Auslegung des Abs. 3 S. 2 Nr. 3 für sich allein noch nicht zu einem eindeutigen Ergebnis führt.[445]

Die Beurteilung der Eigenschaft als leitender Angestellter iSd Nr. 3 hat demnach in zwei Stufen zu erfolgen: Zunächst ist zu fragen, ob die Eigenschaft als leitender Angestellter eindeutig bejaht oder eindeutig verneint werden kann. Ist das der Fall, steht die Entscheidung fest. Fehlt es an der Eindeutigkeit, ist zu überprüfen, ob eine der Voraussetzungen des Abs. 4 gegeben ist. Trifft das zu, ist der Betreffende leitender Angestellter. Trifft das nicht zu, gehört er zu den normalen Arbeitnehmern.

1222 **bb) Zuordnung.** Wegen der Schwierigkeiten der Abgrenzung sieht § 18a BetrVG für die Zuordnung leitender Angestellter ein bestimmtes **Verfahren bei Wahlen** zum Betriebsrat und zum Sprecherausschuss vor. Sein Zweck ist eine rasche und kostengünstige Klärung der Zuordnung, um Unsicherheiten über die Wahlberechtigung zu vermeiden. Dementsprechend ist in § 18a V BetrVG vorgesehen, dass die Anfechtung der Betriebsratswahl oder Sprecherausschusswahl wegen fehlerhafter Zuordnung nur eingeschränkt möglich ist.[446]

1223 Das Zuordnungsverfahren gilt **nur für die Wahlen** zum Betriebsrat und zum Sprecherausschuss. Ob ein Arbeitnehmer sonst den Status eines leitenden Angestellten hat oder nicht, ist unabhängig von der in diesem Verfahren erfolgten Zuordnung zu beurteilen. Die gerichtliche Klärung hat im Beschlussverfahren nach § 2a I Nr. 1 ArbGG zu erfolgen.

In **Fall 77** kann Frau A beim Arbeitsgericht die Feststellung beantragen, dass sie als leitende Angestellte anzusehen ist. Nach dem oben Gesagten wird Frau A damit allerdings nicht durchdringen.

1224 **cc) Betriebsverfassungsrechtliche Stellung.** Aus der Nichtanwendbarkeit des BetrVG auf die leitenden Angestellten folgt, dass diese bei der Ermittlung der Betriebsgröße

444 BAG 5.5.2010 – 7 ABR 97/08, NZA 2010, 955 mwN.
445 Löwisch/Kaiser/*Kaiser* § 5 Rn. 40ff.
446 Zu den Einzelheiten des Zuordnungsverfahrens vgl. Löwisch/Kaiser/*Kaiser* § 18a Rn. 1ff.

nicht mitzurechnen sind, dass sie weder das aktive noch das passive Wahlrecht zum Betriebsrat besitzen und dass sie nicht den Mitbestimmungsrechten des Betriebsrats bei personellen Einzelmaßnahmen unterliegen. Nach § 105 BetrVG ist dem Betriebsrat eine beabsichtigte Einstellung oder personelle Veränderung eines leitenden Angestellten lediglich mitzuteilen. Nach § 107 I 2 BetrVG kann der Betriebsrat zu Mitgliedern des Wirtschaftsausschusses auch leitende Angestellte bestimmen. Nach § 108 II 2 BetrVG kann der Arbeitgeber seinerseits leitende Angestellte zu den Sitzungen des Wirtschaftsausschusses hinzuziehen.[447]

3. Beschränkung auf die Privatwirtschaft

Fall 78: Die Stadt X betreibt einige Omnibuslinien mit etwa 40 Arbeitnehmern. Sie entschließt sich, eine eigene GmbH für die Omnibuslinien zu schaffen. Als das geschehen ist, wollen die Arbeitnehmer einen eigenen Betriebsrat wählen. Der Oberbürgermeister meint, es genüge, dass sie an den Wahlen zum Personalrat der Stadt teilnehmen.

Das Betriebsverfassungsgesetz regelt die Vertretungen der Arbeitnehmer in den Betrieben der privaten Wirtschaft. Für den Bereich des öffentlichen Dienstes gelten die Personalvertretungsgesetze des Bundes und der Länder (vgl. § 130 BetrVG). 1225

Was die Wirtschaftsbetriebe der öffentlichen Hand anlangt, so ist für die Abgrenzung zwischen privater Wirtschaft und öffentlichem Dienst **allein die Rechtsform** maßgebend, in der der betreffende Betrieb geführt wird.[448] 1226

In **Fall 78** war es daher, solange die Omnibuslinie von der Stadt X als sog. Eigenbetrieb geführt wurde, richtig, dass die dort beschäftigten Arbeitnehmer an der Wahl zum Personalrat teilnahmen. Mit der Umwandlung in eine privatrechtliche GmbH unterstehen die Verkehrsbetriebe aber dem Betriebsverfassungsgesetz, sodass ein Betriebsrat gewählt werden kann.

In neuerer Zeit kommt es vermehrt dazu, dass juristische Personen des öffentlichen Rechts und private Unternehmen **gemeinsame Betriebe** bilden. Etwa betreiben Kommunen oder kommunale Zweckverbände und private Unternehmen Dienstleistungseinrichtungen, zB Rechenzentren, gemeinsam. BAG und BVerwG unterstellen solche gemeinsamen Betriebe mit Blick auf den privatrechtlichen Charakter der Zusammenarbeit der Betriebsverfassung.[449] An solche Betriebe abgeordnete Beamte gelten nach § 5 I 3 BetrVG nunmehr als Arbeitnehmer.[450] 1227

Aus § 130 BetrVG folgt, dass das BetrVG auf diejenigen **Kirchen** von vornherein keine Anwendung findet, die öffentlich-rechtlich organisiert sind. Dies gilt auch für deren nicht verselbstständigte Einrichtungen wirtschaftlicher Art, zB für die Brauerei eines Ordens, der den Status einer Körperschaft des öffentlichen Rechts hat.[451] 1228

Auch soweit Religionsgemeinschaften nicht öffentlich-rechtlich organisiert sind, sind sie und ihre karitativen und erzieherischen Einrichtungen nach der Sondervorschrift des § 118 II BetrVG aus dem Anwendungsbereich des BetrVG ausgenommen. Damit wird der Kirchenautonomie (→ Rn. 115) Rechnung getragen. 1229

447 Zum Verhältnis zwischen Betriebsrat und Sprecherausschuss vgl. → Rn. 1614.
448 BAG 7.11.1975 – 1 AZR 74/74, AP BetrVG 1972 § 130 Nr. 1.
449 BAG 24.1.1996 – 7 ABR 10/95, NZA 1996, 1110; BVerwG 13.6.2001 – 6 P 8/00, NZA 2003, 115.
450 Löwisch/Kaiser/*Löwisch* § 1 Rn. 33.
451 BAG 30.7.1987 – 6 ABR 78/85, NZA 1988, 402.

III. Bildung der Betriebsvertretungen

1. Betriebsrat

a) Wahl

1230 Zentralorgan der Arbeitnehmer im Betrieb ist der von ihnen gewählte **Betriebsrat.** Ihm stehen die wesentlichen Befugnisse der Arbeitnehmerseite im Rahmen der Betriebsverfassung zu. Die Zahl der zu wählenden Mitglieder richtet sich nach der nach der Zahl der Arbeitnehmer zu bemessenden Größe des Betriebs (§ 9 BetrVG).

1231 **Wahlberechtigt** sind, mit Ausnahme der leitenden Angestellten, alle Arbeitnehmer des Betriebs, die das 18. Lebensjahr vollendet haben (§ 7 S. 1 BetrVG). **Wählbar** sind alle Wahlberechtigten, die sechs Monate dem Betrieb angehören und nicht infolge strafgerichtlicher Verurteilung die Fähigkeit verloren haben, Rechte aus öffentlichen Wahlen zu erlangen (siehe näher § 8 BetrVG).

Leiharbeitnehmer sind gem. § 7 S. 2 BetrVG im Betrieb des Entleihers wahlberechtigt, wenn sie länger als drei Monate im Betrieb eingesetzt werden. Im Übrigen ändert die Vorschrift an der betriebsverfassungsrechtlichen Stellung der Leiharbeitnehmer nichts. Nach § 14 II 1 AÜG sind Leiharbeitnehmer bei der Wahl der betriebsverfassungsrechtlichen Arbeitnehmervertretungen im Entleiherbetrieb nicht wählbar. Auch kommt ihnen, abgesehen von der Möglichkeit der Kontaktaufnahme mit dem Betriebsrat nach § 14 II 2 und 3 AÜG, nicht die Stellung betriebsangehöriger Arbeitnehmer zu. Nach § 14 II 4 AÜG in der am 1.4.2017 in Kraft getretenen Fassung[452] sind Leiharbeitnehmer (mit Ausnahme der in § 112a BetrVG geregelten Schwellenwerte) im Entleiherbetrieb allerdings dort mitzuzählen, wo das BetrVG auf die Zahl der Arbeitnehmer abstellt[453] (→ Rn. 911). Das BAG hatte dies früher mangels Betriebszugehörigkeit der Leiharbeitnehmer im Betrieb des Entleihers für die Schwellenwerte des § 9 BetrVG[454] und des § 38 BetrVG[455] abgelehnt, zuletzt aber schon vor der gesetzlichen Regelung in § 14 II 4 AÜG in zwei Entscheidungen zu § 9 BetrVG und § 111 BetrVG seine Auffassung geändert und Leiharbeitnehmer entsprechend berücksichtigt.[456]

1232 Betriebsräte **werden alle vier Jahre** in der Zeit vom 1.3. bis zum 31.5. gewählt (§ 13 I BetrVG). Die letzte dieser regelmäßigen Wahlen hat 2014 stattgefunden. Besteht in einem Betrieb kein Betriebsrat oder endet seine Wahlperiode aus besonderen Gründen vorzeitig, kann eine Wahl auch außerhalb dieser Zeit stattfinden (§ 13 II BetrVG).

1233 Nach § 14 I BetrVG wird der Betriebsrat in geheimer und unmittelbarer Wahl gewählt. Grundsätzlich gilt **Verhältniswahl** (§ 14 II 1 BetrVG). Wird nur ein Wahlvorschlag eingereicht, gilt Mehrheitswahl. Gleiches gilt, wenn der Betriebsrat im vereinfachten Wahlverfahren nach § 14a BetrVG (→ Rn. 1238) zu wählen ist (§ 14 II 2 BetrVG).

1234 Die Wahl wird von einem **Wahlvorstand** durchgeführt, der grundsätzlich zehn Wochen vor Ablauf der Amtszeit **vom Betriebsrat zu bestellen** ist (§ 16 I BetrVG). Ist das acht Wochen vor Ablauf der Amtszeit des Betriebsrats noch nicht geschehen, wird der Wahlvorstand auf Antrag von mindestens drei Wahlberechtigten oder einer im Be-

---

452 Vgl. Art. 1 des Gesetzes zur Änderung des Arbeitnehmerüberlassungsgesetzes und anderer Gesetze v. 21.2.2017, BGBl. 2017 I 258.

453 Näher dazu *Löwisch/Wegmann* BB 2017, 373ff.

454 BAG 16.4.2003 – 7 ABR 53/02, NZA 2003, 1345; BAG 10.3.2004 – 7 ABR 49/03, NZA 2004, 1340.

455 BAG 22.10.2003 – 7 ABR 3/03, NZA 2004, 1052.

456 BAG 13.3.2013 – 7 ABR 69/11, NZA 2013, 789 (zu § 9 BetrVG); BAG 18.10.2011 – 1 AZR 335/10, NZA 2012, 221 (zu § 111 BetrVG); krit. dazu *Rieble* NZA 2012, 485ff.

trieb vertretenen Gewerkschaft[457] durch das Arbeitsgericht bestellt (§ 16 II BetrVG). Auch kann in einem solchen Fall in Unternehmen mit mehreren Betrieben der Gesamtbetriebsrat oder, falls ein solcher nicht besteht, der Konzernbetriebsrat den Wahlvorstand bestellen (§ 16 III BetrVG).

In Betrieben, in denen **noch kein Betriebsrat besteht,** wird der Wahlvorstand vom Gesamtbetriebsrat oder Konzernbetriebsrat bestellt (§ 17 I BetrVG). Besteht weder ein Gesamtbetriebsrat noch ein Konzernbetriebsrat oder werden diese nicht tätig, wird der Wahlvorstand in einer Betriebsversammlung gewählt, zu der drei wahlberechtigte Arbeitnehmer oder eine im Betrieb vertretene Gewerkschaft einladen können (§ 17 II und III BetrVG). Findet trotz Einladung keine Betriebsversammlung statt oder wählt diese keinen Wahlvorstand, so bestellt ihn das Arbeitsgericht auf Antrag von mindestens drei wahlberechtigten Arbeitnehmern oder einer im Betrieb vertretenen Gewerkschaft, wobei notfalls auch Mitglieder dieser Gewerkschaft, die nicht dem Betrieb angehören, zu Mitgliedern des Wahlvorstands bestellt werden können (§ 17 IV BetrVG). **1235**

Wahlvorschläge können die im Betrieb mit mindestens einem Mitglied vertretenen Gewerkschaften und die wahlberechtigten Arbeitnehmer selbst machen (§ 14 III BetrVG). Wahlvorschläge der Arbeitnehmer müssen von einem Zwanzigstel, mindestens jedoch von drei Wahlberechtigten unterzeichnet sein. In Betrieben mit in der Regel bis zu 20 wahlberechtigten Arbeitnehmern genügt die Unterzeichnung durch zwei Wahlberechtigte. Die Unterzeichnung durch 50 Wahlberechtigte genügt in jedem Fall (§ 14 IV BetrVG). **1236**

Die Durchführung der Wahl im Einzelnen ist in § 18 BetrVG und der Wahlordnung zum BetrVG geregelt, die das Bundesministerium für Arbeit und Soziales auf der Grundlage der Ermächtigung des § 126 BetrVG erlassen hat. **1237**

Für Betriebe mit in der Regel 5–50 wahlberechtigten Arbeitnehmern sieht § 14a iVm § 17a BetrVG ein besonderes, über **Wahlversammlungen** abzuwickelndes Wahlverfahren vor. Danach wird in Betrieben ohne Betriebsrat in einer ersten Wahlversammlung nicht nur der Wahlvorstand gewählt, sondern es können dort auch die Wahlvorschläge eingereicht werden (§ 14a I 2, II BetrVG). Die Wahl des Betriebsrats findet dann in einer weiteren Wahlversammlung eine Woche später statt (§ 14a I 4 BetrVG), wobei allerdings wahlberechtigten Arbeitnehmern, die an dieser Wahlversammlung nicht teilnehmen können, die Briefwahl zu ermöglichen ist (§ 14a IV BetrVG). Besteht bereits ein Betriebsrat, wird auch in Kleinbetrieben der Wahlvorstand durch den Betriebsrat, Gesamtbetriebsrat oder Konzernbetriebsrat bestellt; lediglich die Wahl als solche findet dann in einer Wahlversammlung statt (§ 14a III BetrVG). **1238**

Nach § 15 I BetrVG soll sich der Betriebsrat möglichst aus Arbeitnehmern der einzelnen Organisationsbereiche und der verschiedenen Beschäftigungsarten zusammensetzen. Nach § 15 II BetrVG muss das **Geschlecht,** das in der Belegschaft **in der Minderheit** ist, mindestens entsprechend seinem zahlenmäßigen Verhältnis im Betriebsrat vertreten sein, wenn dieser aus mindestens drei Mitgliedern besteht. Letzteres wird durch die Wahlordnung dahin konkretisiert, dass unter Anwendung des d'Hondtschen **1239**

457 Im Betrieb vertreten ist eine Gewerkschaft, wenn ihr mindestens ein Arbeitnehmer des Betriebs als Mitglied angehört und dieser nach der Satzung nicht offensichtlich zu Unrecht als Mitglied aufgenommen wurde: BAG 10.11.2004 – 7 ABR 19/04, NZA 2005, 426.

Höchstzahlverfahrens zunächst ermittelt wird, wie viele Sitze auf das Geschlecht entfallen, das unter den Arbeitnehmern des Betriebes in der Minderheit ist (§ 5 WO). Befinden sich nach der Wahl unter den eigentlich Gewählten nicht genügend Angehörige des Geschlechts in der Minderheit, gilt nach § 15 V WO Folgendes: An die Stelle der auf der Vorschlagsliste mit der niedrigsten Höchstzahl benannten Person, die nicht dem Geschlecht in der Minderheit angehört, tritt die in derselben Vorschlagsliste in der Reihenfolge nach ihr benannte, nicht berücksichtigte Person des Geschlechts in der Minderheit (§ 15 V Nr. 1 WO). Verfügt die Liste nicht über genügend Angehörige des Geschlechts in der Minderheit, geht der Sitz auf die Liste mit der nächsten Höchstzahl über, sog. Listensprung (§ 15 V Nr. 2 WO). Dies ist so lange fortzusetzen, bis der Mindestanteil der Sitze des Geschlechts in der Minderheit erreicht ist (§ 15 V Nr. 3 WO). Verfügt keine andere Vorschlagsliste mehr über Angehörige des Geschlechts in der Minderheit, verbleibt der Sitz bei der Vorschlagsliste, die zuletzt ihren Sitz zugunsten des Geschlechts in der Minderheit hätte abgeben müssen (§ 15 V Nr. 5 WO). Der Sitz geht dann an einen Angehörigen des Mehrheitsgeschlechts.[458]

Findet gem. § 14 II 2 BetrVG Mehrheitswahl statt (bei nur einem Wahlvorschlag sowie im vereinfachten Wahlverfahren nach § 14a BetrVG), so richtet sich die Verteilung der dem Geschlecht in der Minderheit nach § 15 II BetrVG zustehenden Mindestsitze nach § 22 WO (iVm § 34 V WO).[459]
Dass § 15 II BetrVG keine verhältnismäßige Verteilung der Betriebsratssitze auf die Geschlechter anordnet, sondern nur eine Mindestvertretung des Geschlechts in der Minderheit vorsieht, hat zur Konsequenz, dass das Geschlecht in der Mehrheit nicht anteilig, im Extremfall überhaupt nicht im Betriebsrat zu vertreten sein braucht. Etwa kann es in Betrieben mit einer überwiegenden Frauenbelegschaft dabei bleiben, dass der Betriebsrat nur oder nahezu nur aus Männern besteht. Der mit § 15 II BetrVG verbundene Eingriff in den Grundsatz der Wahlrechtsgleichheit ist nach Auffassung des BAG durch das Gleichberechtigungsgebot des Art. 3 II GG gerechtfertigt.[460]

b) Wahlanfechtung

Fall 79: Die Maschinenfabrik X mit 100 Beschäftigten in München hat eine Zweigniederlassung in Erlangen errichtet und 20 Arbeitnehmer dorthin versetzt. Bei der letzten Betriebsratswahl ist von den in München und Erlangen tätigen Arbeitnehmern, ohne dass eine Abstimmung nach § 4 I 2–4 BetrVG stattgefunden hätte, gemeinsam ein Betriebsrat gewählt worden. Zwei Jahre später kommt es zwischen diesem Betriebsrat und der Geschäftsleitung zu Konflikten in Mitbestimmungsfragen. Daraufhin erklärt die Geschäftsleitung, sie betrachte den Betriebsrat als gar nicht existent, weil für den Münchener und den Erlanger Betrieb eigene Betriebsräte hätten gewählt werden müssen.

1240 § 19 BetrVG ermöglicht die **gerichtliche Anfechtung** einer rechtswidrigen Betriebsratswahl binnen einer Frist von zwei Wochen, die vom Tag der Bekanntgabe des Wahlergebnisses an gerechnet wird. Die Anfechtung führt je nach dem vorliegenden Gesetzesverstoß zur Erklärung der Ungültigkeit der Wahl des gesamten Betriebsrats, nur einer Gruppe der Betriebsratsmitglieder oder eines einzelnen Betriebsratsmitglieds oder auch nur zur Richtigstellung des Wahlergebnisses durch das Gericht. Wird die Wahl nicht innerhalb der Zweiwochenfrist angefochten, so ist sie von Anfang an gültig.

1241 Eine Wahlanfechtung kommt zunächst dann in Betracht, wenn gegen **Vorschriften über das Wahlrecht** (§ 7 BetrVG) verstoßen worden ist. Hierher gehört die Zulassung nicht wahlberechtigter Arbeitnehmer[461] oder die Nichtzulassung berechtigter Arbeit-

458 Zum Ganzen *Fitting* § 15 Rn. 15ff. mit Zahlenbeispielen.
459 Näher *Fitting* § 15 Rn. 30ff.
460 BAG 16.3.2005 – 7 ABR 40/04, NZA 2005, 1252.
461 BAG 21.7.1993 – 7 ABR 35/92, NZA 1994, 713.

nehmer und die Nichtberücksichtigung des Geschlechts in der Minderheit. Die Anfechtung kann weiter begründet sein, wenn Vorschriften über die **Wählbarkeit** nicht eingehalten sind,[462] der Gewählte also nicht zu den Wahlberechtigten gehört, keine sechs Monate dem Betrieb angehört oder infolge strafgerichtlicher Verurteilung nicht wählbar ist (§ 8 BetrVG). Mängel der Wählbarkeit können auch noch nach Ablauf der Wahlanfechtungsfrist gem. § 24 I Nr. 4 und 6 BetrVG geltend gemacht werden; ihre gerichtliche Feststellung führt zum Verlust des Betriebsratsamts (→ Rn. 1268). Schließlich können Verstöße gegen wesentliche Vorschriften über das **Wahlverfahren** die Anfechtung begründen.

Solche Verstöße sind etwa die fehlerhafte Bestellung des Wahlvorstands,[463] die Wahl eines größeren als vorgeschriebenen Betriebsrats,[464] die Wahl im vereinfachten Verfahren in Betrieben mit in der Regel 51–100 wahlberechtigten Arbeitnehmern nach § 14a V BetrVG ohne entsprechende Vereinbarung mit dem Arbeitgeber,[465] mangelhafte Unterrichtung ausländischer, der deutschen Sprache nicht mächtiger Arbeitnehmer über die Wahl,[466] fehlende oder nicht ordnungsgemäße Bekanntmachung des Wahlausschreibens,[467] fehlende Versiegelung der Wahlurnen,[468] fehlende betriebliche Bekanntgabe von Ort und Zeit der Stimmauszählung[469] sowie eine Differenz zwischen der Zahl der abgegebenen Stimmen und der Zahl der in die Wählerliste eingetragenen Stimmabgabevermerke.[470] Zu den Vorschriften über das Wahlverfahren gehört neben den §§ 9–18 BetrVG und der Wahlordnung auch § 20 BetrVG, der jedermann, insbesondere dem Arbeitgeber, verbietet, die Wahl zu behindern oder durch Zufügung oder Androhung von Nachteilen oder durch Gewährung oder Versprechen von Vorteilen zu beeinflussen. Deshalb begründet auch die finanzielle Unterstützung der Wahlwerbung bestimmter Kandidaten durch den Arbeitgeber die Wahlanfechtung.[471]

Verstöße gegen gesetzliche Vorschriften, durch die das **Wahlergebnis weder geändert** 1242
noch beeinflusst werden konnte, begründen die Anfechtung nicht. Voraussetzung dafür ist, dass einwandfrei festgestellt werden kann, dass eine Beeinträchtigung des Wahlergebnisses nicht möglich gewesen ist. Das BAG verlangt, dass bei einer hypothetischen Betrachtungsweise ohne Verstoß das Wahlergebnis zwingend dasselbe gewesen wäre.[472]

Anfechtungsberechtigt sind nach § 19 II BetrVG mindestens drei wahlberechtigte 1243
Arbeitnehmer, eine im Betrieb vertretene Gewerkschaft und der Arbeitgeber. Nicht anfechtungsberechtigt sind Betriebsrat, Wahlvorstand oder einzelne Wahlbewerber.

Wird die Wahl des Betriebsrats **insgesamt angefochten** und erklärt das Gericht die 1244
Wahl für ungültig, so steht mit Eintritt der Rechtskraft der Entscheidung die Ungültigkeit der Betriebsratswahl endgültig fest. Der Betriebsrat ist neu zu wählen. Ist die Wahl eines einzelnen Betriebsratsmitglieds erfolgreich angefochten, so scheidet dieses mit Eintritt der Rechtskraft des arbeitsgerichtlichen Beschlusses aus dem Betriebsrat aus. Das Ersatzmitglied (→ Rn. 1269) rückt nach.

---

462 BAG 28.11.1977 – 1 ABR 40/76, AP BetrVG 1972 § 8 Nr. 2.
463 BAG 27.7.2011 – 7 ABR 61/10, NZA 2012, 345.
464 BAG 29.5.1991 – 7 ABR 67/90, NZA 1992, 36.
465 BAG 19.11.2003 – 7 ABR 24/03, NZA 2004, 395.
466 BAG 13.10.2004 – 7 ABR 5/04, AP BetrVG 1972 § 2 WahlO Nr. 1.
467 BAG 5.5.2004 – 7 ABR 44/03, NZA 2004, 1285; BAG 21.1.2009 – 7 ABR 65/07, NZA-RR 2009, 481.
468 LAG Köln 16.9.1987 – 7 TaBV 13/87, LAGE § 19 BetrVG 1972 Nr. 5; LAG Brandenburg 27.11.1998 – 5 TaBV 18/98, NZA-RR 1999, 418.
469 BAG 15.11.2000 – 7 ABR 53/99, NZA 2001, 853.
470 BAG 12.6.2013 – 7 ABR 77/11, NZA 2013, 1368.
471 BAG 4.12.1986 – 6 ABR 48/85, NZA 1987, 166.
472 BAG 19.11.2003 – 7 ABR 24/03, NZA 2004, 395.

1245 Die Anfechtungsentscheidung wirkt lediglich **für die Zukunft.** Die Wahl kann im Interesse der Rechtsbeständigkeit der betriebsverfassungsrechtlichen Ordnung nicht rückwirkend für ungültig erklärt werden. Bisher vorgenommene Handlungen und Maßnahmen des Betriebsrats bleiben wirksam.

1246 Ist in so grober und offensichtlicher Weise gegen die gesetzlichen Wahlvorschriften verstoßen worden, dass auch der Anschein einer dem Gesetz entsprechenden Wahl nicht mehr vorliegt, so ist die Betriebsratswahl nicht bloß anfechtbar, sondern von Anfang an **nichtig.**[473] In Betracht kommt in erster Linie die Wahl eines Betriebsrats in einem nach § 1 I 1 BetrVG überhaupt nicht betriebsratsfähigen Betrieb. Verstöße gegen die Verfahrensvorschriften für die Wahl führen nur in Ausnahmefällen zur Nichtigkeit, etwa bei einer Wahl ohne Wahlvorstand, bei einer Wahl durch Akklamation oder wenn anstatt der Wahl eine Auslosung vorgenommen wird. Die Nichtigkeit der Wahl kann von jedermann jederzeit geltend gemacht werden, sofern daran ein berechtigtes Interesse besteht.[474] Eine entsprechende Feststellung kann auch in einem arbeitsgerichtlichen Beschlussverfahren getroffen werden.

In **Fall 79** hätten zwar nach § 4 I 1 Nr. 1 BetrVG wegen der räumlichen Entfernung in der Tat in München und in Erlangen jeweils eigene Betriebsräte gewählt werden müssen. Indessen führt eine solche Verkennung des Betriebsbegriffs nicht zur Nichtigkeit, sondern nur zur Anfechtbarkeit der Wahl.[475] Die Verkennung des Betriebsbegriffs kann zwar im Einzelfall offensichtlich sein. Ihretwegen die Wahl für nichtig anzusehen führt aber zu nicht erträglichen Folgen. Da die Anfechtungsfrist des § 19 II 2 BetrVG verstrichen ist, muss sich die Geschäftsleitung bis zur nächsten Wahl mit dem Betriebsrat beider Betriebe abfinden. Immerhin kann sie bis dahin eine Vorabentscheidung des Arbeitsgerichts über die richtige Zuordnung der Zweigniederlassung herbeiführen (§ 18 II BetrVG).

2. Gesamtbetriebsrat

1247 Besteht ein Unternehmen aus mehreren Betrieben und hat es mehrere Betriebsräte, so ist gem. §§ 47ff. BetrVG ein Gesamtbetriebsrat zu bilden. Grundsätzlich entsendet jeder Betriebsrat mit bis zu drei Mitgliedern eines seiner Mitglieder, jeder Betriebsrat mit mehr als drei Mitgliedern zwei seiner Mitglieder in den Gesamtbetriebsrat. Über die **Entsendung** entscheidet der entsendende Betriebsrat mit Mehrheitsbeschluss nach § 33 BetrVG; Verhältniswahl schreibt das Gesetz für diesen Fall nicht vor.[476] Jedes entsandte Mitglied hat so viele Stimmen, wie in dem Betrieb, in dem es gewählt wurde, wahlberechtigte Arbeitnehmer in die Wählerliste eingetragen sind; mehreren entsandten Mitgliedern stehen die Stimmen anteilig zu (§ 47 VII BetrVG).

1248 Der Gesamtbetriebsrat steht neben den weiterhin für ihre Betriebe verantwortlichen Einzelbetriebsräten und ist ihnen weder über- noch untergeordnet. Er führt seine Geschäfte im Rahmen seiner **eigenen Zuständigkeit** unabhängig von den Einzelbetriebsräten. Diese haben auch keine Ersatzzuständigkeit, wenn der Gesamtbetriebsrat mit dem Arbeitgeber noch keine abschließende Regelung getroffen hat oder völlig untätig bleibt; die Regelungskompetenz verbleibt beim Gesamtbetriebsrat.[477] Halten die Ein-

473 StRspr, BAG 19.11.2003 – 7 ABR 24/03, NZA 2004, 395; BAG 27.7.2011 – 7 ABR 61/10, NZA 2012, 345 mwN.

474 BAG 21.7.2004 – 7 ABR 57/03, AP BetrVG 1972 § 4 Nr. 15.

475 BAG 13.9.1984 – 6 ABR 43/83, NZA 1985, 293; BAG 19.11.2003 – 7 ABR 25/03, AP BetrVG 1972 § 19 Nr. 55; BAG 27.7.2011 – 7 ABR 61/10, NZA 2012, 345.

476 BAG 21.7.2004 – 7 ABR 58/03, NZA 2005, 170.

477 BAG 14.11.2006 – 1 ABR 4/06, NZA 2007, 399.

zelbetriebsräte eine Initiative, etwa zur Neuregelung eines unternehmenseinheitlichen Sozialleistungssystems, für notwendig, müssen sie auf den Gesamtbetriebsrat einwirken und notfalls andere Mitglieder in diesen entsenden.

Der Gesamtbetriebsrat ist, wenn er einmal errichtet worden ist, vom Fortbestand und 1249
von der Amtsdauer der einzelnen Betriebsräte unabhängig. Der Ausschluss einzelner Gesamtbetriebsratsmitglieder nach § 48 BetrVG berührt den **Fortbestand des Gesamtbetriebsrats** ebenso wenig wie die Amtsniederlegung oder Abberufung einzelner seiner Mitglieder. In diesem Falle sind die Einzelbetriebsräte verpflichtet, unverzüglich neue Vertreter zu entsenden. Der Gesamtbetriebsrat endet nur, wenn die gesetzlichen Voraussetzungen für seine Errichtung entfallen, indem die Gliederung des Unternehmens in mehrere Betriebe, etwa durch Zusammenlegung von Betrieben, entfällt oder nicht mehr in mindestens zwei Betrieben Betriebsräte existieren, zB weil die Wahl in einem von zwei Betrieben erfolgreich angefochten worden ist. Die vom BAG geteilte Ansicht, dass der Gesamtbetriebsrat nur dann entfällt, wenn von einem dauerhaften Wegfall der Errichtungsvoraussetzungen auszugehen ist und deren vorübergehendes Entfallen an der Existenz des Gesamtbetriebsrats nichts ändert,[478] ist abzulehnen, da die mit ihr verbundene Rechtsunsicherheit zu groß ist.[479]

Nach § 50 I 1 BetrVG ist der Gesamtbetriebsrat **zuständig** für die Behandlung von 1250
Angelegenheiten, die das Unternehmen oder mehrere Betriebe des Unternehmens betreffen und nicht durch die einzelnen Betriebsräte innerhalb ihrer Betriebe behandelt werden können. Die Vorschrift bedeutet keine allgemeine Zuständigkeit des Gesamtbetriebsrats für überbetriebliche Angelegenheiten. Vielmehr ist diese auf solche Fragen beschränkt, die einerseits das Gesamtunternehmen oder mehrere Betriebe betreffen und andererseits nicht durch die einzelnen Betriebsräte innerhalb ihrer Betriebe geregelt werden können. Letzteres ist nach der Rechtsprechung nicht schon dann der Fall, wenn eine einheitliche Regelung zweckmäßig ist, sondern erst dann, wenn aus technischen oder rechtlichen Gründen ein **zwingendes Erfordernis** für eine unternehmenseinheitliche oder betriebsübergreifende Regelung besteht.[480] Ein solches Erfordernis ist gegeben, wenn das Betriebsverfassungsgesetz selbst an das Unternehmen anknüpft oder wenn die Regelung nur in einem Betrieb notwendig Auswirkungen auf die Regelung in anderen Betrieben haben müsste.

Danach ist der Gesamtbetriebsrat zuständig für die Angelegenheiten des Wirtschaftsausschusses, der für das Unternehmen gebildet wird (§ 106 BetrVG) und für Fälle, in denen einer arbeitstechnischen Verzahnung der Betriebe, etwa bei einer Arbeitszeitregelung, Rechnung getragen werden muss. Hingegen betreffen die sozialen Angelegenheiten nach § 87 BetrVG im Übrigen und die personellen Angelegenheiten (§§ 99ff. BetrVG) einzelner Arbeitnehmer regelmäßig nur einzelne Betriebe, sodass die einzelnen Betriebsräte zuständig sind. Für Betriebsänderungen (§§ 111ff. BetrVG) ist der Gesamtbetriebsrat nur zuständig, wenn unternehmenseinheitlich verfahren werden soll, insbesondere die Betriebsänderung mehrere Betriebe betrifft. Ob in einem solchen Fall der Gesamtbetriebsrat auch für den Sozialplan zuständig ist, hängt davon ab, ob ein sachlich zwingendes Bedürfnis für eine betriebsübergreifende Regelung besteht.[481]

478 BAG 15.10.2014 – 7 ABR 53/12, NZA 2015, 1014; ebenso *Fitting* § 47 Rn. 27 mwN.

479 Zutreffend Löwisch/Kaiser/*Löwisch* § 47 Rn. 7.

480 BAG 15.1.2002 – 1 ABR 10/01, NZA 2002, 988; BAG 14.11.2006 – 1 ABR 4/06, NZA 2007, 399; BAG 19.6.2012 – 1 ABR 19/11, NZA 2012, 1237.

481 BAG 23.10.2002 – 7 ABR 55/01, AP BetrVG 1972 § 50 Nr. 26; BAG 3.5.2006 – 1 ABR 15/05, NZA 2007, 1245.

1251 Anders als im Bereich der zwingenden Mitbestimmung kann der Arbeitgeber im **Bereich der freiwilligen Mitbestimmung** die Zuständigkeit des Gesamtbetriebsrats dadurch begründen, dass er eine betriebsübergreifende Regelung verlangt. Will der Arbeitgeber in nicht mitbestimmungspflichtigen Angelegenheiten unternehmenseinheitlich verfahren, etwa bei einer betrieblichen Altersversorgung oder einem System von Arbeitgeberdarlehen, ist für den Abschluss einer entsprechenden Betriebsvereinbarung der Gesamtbetriebsrat zuständig.[482] Dass der Arbeitgeber eine mitbestimmungspflichtige Angelegenheit unternehmenseinheitlich regeln will, genügt hingegen nicht, um die Zuständigkeit des Gesamtbetriebsrates zu begründen, weil das die in § 50 I BetrVG vorgesehene Kompetenzverteilung stören würde.[483]

1252 Soweit der Gesamtbetriebsrat nach § 50 I BetrVG zuständig ist, erstreckt sich seine Zuständigkeit gem. Satz 1 Hs. 2 auch auf die Betriebe eines Unternehmens, in denen **kein Betriebsrat** gewählt worden ist. So können auch diese zB in ein durch Gesamtbetriebsvereinbarung geregeltes System der betrieblichen Altersversorgung einbezogen werden.

1253 Nach § 50 II 1 BetrVG kann jeder Einzelbetriebsrat mit der Mehrheit der Stimmen seiner Mitglieder dem Gesamtbetriebsrat die Behandlung weiterer **Angelegenheiten übertragen,** die an sich zu seiner eigenen Zuständigkeit gehören. Dem Einzelbetriebsrat bleibt es dabei überlassen, ob er sich die Entscheidung selbst vorbehalten will oder ob er dem Gesamtbetriebsrat in der übertragenen Angelegenheit auch die Befugnis zusprechen will, an seiner Stelle die Entscheidung zu treffen (Abs. 2 S. 2). Im Übrigen ist die Zuständigkeitsverteilung zwischen Gesamtbetriebsrat und Einzelbetriebsräten zwingend. Sie kann weder durch Tarifvertrag noch durch Betriebsvereinbarung geändert werden.[484]

3. Konzernbetriebsrat

1254 Die §§ 54–59a BetrVG sehen für Konzerne, in denen ein herrschendes und ein oder mehrere abhängige Unternehmen unter der einheitlichen Leitung des herrschenden Unternehmens zusammengefasst sind (Unterordnungskonzerne, § 18 I AktG), die Möglichkeit vor, durch Beschluss der Gesamtbetriebsräte der zum Konzern gehörenden Unternehmen einen **Konzernbetriebsrat** zu errichten. Notwendig ist dafür gem. § 54 I 2 BetrVG die Zustimmung von Gesamtbetriebsräten, die insgesamt mehr als 50 vom Hundert der Arbeitnehmer des Konzerns repräsentieren. Von dieser Möglichkeit wird in großen Konzernen regelmäßig Gebrauch gemacht.

1255 Die **Zuständigkeit** eines solchen Konzernbetriebsrats erstreckt sich nach § 58 I BetrVG auf die Angelegenheiten, die den Konzern oder mehrere Konzernunternehmen betreffen und nicht durch die einzelnen Gesamtbetriebsräte innerhalb ihrer Unternehmen geregelt werden können. Hierzu gehören insbesondere Sozialeinrichtungen, deren Wirkungsbereich sich auf den ganzen Konzern erstreckt (§ 87 I Nr. 8 BetrVG),[485] aber auch

482 Allgemein BAG 6.12.1988 – 1 ABR 44/87, NZA 1989, 479; BAG 18.10.1994 – 1 ABR 17/94, NZA 1995, 390.

483 BAG 15.1.2002 – 1 ABR 10/01, NZA 2002, 988; BAG 14.11.2006 – 1 ABR 4/06, NZA 2007, 399; BAG 17.3.2015 – 1 ABR 48/13, NZA 2015, 885.

484 BAG 21.1.2003 – 3 ABR 26/02, EzA § 50 BetrVG 2001 Nr. 2.

485 BAG 14.12.1993 – 3 AZR 618/93, NZA 1994, 554.

der Austausch von Mitarbeiterdaten zwischen den Konzernunternehmen.[486] Außerdem können die Gesamtbetriebsräte den Konzernbetriebsrat mit der Wahrnehmung von Aufgaben beauftragen (§ 58 II BetrVG). Faktisch reicht die Bedeutung der Konzernbetriebsräte als Ansprechpartner der Konzernleitung über die gesetzlichen Zuständigkeiten weit hinaus.

4. Betriebs- und Abteilungsversammlungen

Nach § 43 I BetrVG hat der Betriebsrat einmal in jedem Kalendervierteljahr eine **Betriebsversammlung** einzuberufen. Diese besteht aus den Arbeitnehmern des Betriebs (§ 42 I 1 Hs. 1 BetrVG) und dient der **Information der Belegschaft.** Als Betriebsverfassungsorgan hat sie kein Weisungs- oder Absetzungsrecht gegenüber dem Betriebsrat (vgl. § 45 S. 2 BetrVG). Keine Betriebsversammlung im Sinne des Gesetzes sind Belegschaftsversammlungen, die der Arbeitgeber einberuft, um wichtige Angelegenheiten zu erörtern.[487] 1256

An der Betriebsversammlung können nach § 42 I 1 BetrVG **alle Arbeitnehmer des Betriebs** teilnehmen. Eine Teilnahmepflicht besteht nicht, allerdings bleiben Arbeitnehmer, die nicht teilnehmen, für die Dauer der Versammlung arbeitspflichtig.[488] 1257

Teilnahmeberechtigt an der Betriebsversammlung ist auch der **Arbeitgeber,** der unter Mitteilung der Tagesordnung einzuladen ist (§ 43 II 1 BetrVG). Beauftragte der im Betrieb durch wenigstens ein Mitglied vertretenen **Gewerkschaften** (→ Rn. 1234, 1327) können nach § 46 I 1 BetrVG an der Betriebsversammlung beratend teilnehmen. Der Arbeitgeber kann nach § 46 I 2 BetrVG einen Beauftragten seines **Arbeitgeberverbandes** hinzuziehen. Andere Personen können zugelassen werden, wenn ihre Teilnahme sachdienlich ist, sie etwa Auskünfte zu in der Betriebsversammlung behandelten Themen geben sollen. 1258

Betriebsversammlungen sind **nicht öffentlich** (§ 42 I 2 BetrVG). Dies bedeutet, dass eine öffentliche Berichterstattung durch Presse, Rundfunk und Fernsehen über den Verlauf der Betriebsversammlung unzulässig ist und Reportern der Zutritt nicht gestattet werden kann.[489] 1259

Abweichend vom Regelfall können auf Beschluss des Betriebsrates **Teilversammlungen** durchgeführt werden, wenn eine Versammlung aller Arbeitnehmer (Vollversammlung) zum gleichen Zeitpunkt »wegen der Eigenart des Betriebes« nicht stattfinden kann (§ 42 I 3 BetrVG). Dies kann wegen der Größe der Belegschaft, bei weit auseinanderliegenden Betriebsstätten oder beim Schichtbetrieb der Fall sein. 1260

Nach § 42 II BetrVG sind für die Arbeitnehmer organisatorisch und räumlich abgegrenzter Betriebsteile **Abteilungsversammlungen** durchzuführen, wenn dies für die Erörterung der besonderen Belange der dort tätigen Arbeitnehmer erforderlich ist. In diesem Fall sind nach § 43 I 2 BetrVG zwei der jährlichen Betriebsversammlungen als Abteilungsversammlungen durchzuführen. 1261

486 BAG 20.12.1995 – 7 ABR 8/95, NZA 1996, 945.
487 BAG 27.6.1989 – 1 ABR 28/88, NZA 1990, 113.
488 Löwisch/Kaiser/*Löwisch* § 42 Rn. 8.
489 Löwisch/Kaiser/*Löwisch* § 42 Rn. 17.

1262 § 43 I 1 BetrVG verpflichtet den Betriebsrat, in **jedem Kalendervierteljahr** eine Betriebsversammlung abzuhalten. Diese regelmäßigen Betriebsversammlungen finden grundsätzlich während der Arbeitszeit statt. Die Zeit der Teilnahme an diesen Versammlungen ist wie Arbeitszeit zu vergüten (§ 44 I BetrVG). Nach § 43 III BetrVG ist der Betriebsrat berechtigt, weitere außerordentliche Betriebs- und Abteilungsversammlungen durchzuführen, die allerdings außerhalb der Arbeitszeit stattfinden (§ 44 II 1 BetrVG). Nach der gleichen Vorschrift ist der Betriebsrat auf Verlangen des Arbeitgebers verpflichtet, eine außerordentliche Betriebs- oder Abteilungsversammlung einzuberufen, die nach § 44 I BetrVG während der Arbeitszeit stattfindet.

1263 In der regelmäßigen Betriebsversammlung hat der Betriebsrat nach § 43 I 1 BetrVG einen **Tätigkeitsbericht** zu erstatten. Der Tätigkeitsbericht dient trotz seiner Bezeichnung nicht nur der Berichterstattung über Maßnahmen und Beschlüsse des Betriebsrats für die Zeit seit dem letzten Bericht. Der Betriebsrat kann vielmehr auch sonstige betriebliche Vorgänge, die die Belange der Arbeitnehmer berühren, erörtern und zu den eingetretenen oder zu erwartenden Auswirkungen Stellung nehmen.

1264 Der **Arbeitgeber** oder sein Vertreter ist nach § 43 II 3 BetrVG verpflichtet, in jedem Kalenderjahr mindestens einmal in einer Betriebsversammlung einen **Lagebericht** zu erstatten. Der Lagebericht hat mündlich zu erfolgen. Er muss einen Überblick über die wirtschaftliche Lage und Entwicklung des Betriebs, den betrieblichen Umweltschutz sowie über das Personal- und Sozialwesen einschließlich des Stands der Gleichstellung von Frauen und Männern im Betrieb sowie der Integration der ausländischen Arbeitnehmer geben.

1265 Eine Betriebsversammlung darf nach § 45 I BetrVG **Angelegenheiten** einschließlich solcher tarifpolitischer, sozialpolitischer, umweltpolitischer und wirtschaftlicher Art behandeln, die den Betrieb oder seine Arbeitnehmer unmittelbar betreffen. Es genügt demnach nicht, wenn diese nur in ihrer Eigenschaft als Staatsbürger oder als Gewerkschaftsmitglieder berührt werden. Auf der anderen Seite beschränkt sich die Zuständigkeit der Betriebsversammlung aber auch nicht auf rein innerbetriebliche Angelegenheiten. Vielmehr können auch außerbetriebliche Fragen, die die Arbeitnehmer des Betriebs unmittelbar berühren, etwa die Einrichtung einer Werkshaltestelle des öffentlichen Nahverkehrs, Immissionen von dritter Seite oder die Errichtung oder Auflösung einer gemeindlichen Kindertagesstätte in der Nähe des Betriebes, behandelt werden.

5. Jugend- und Auszubildendenvertretung

1266 Für die Interessenvertretung der Jugendlichen und Auszubildenden sieht das Betriebsverfassungsgesetz eine besondere Vertretung vor (§§ 60ff. BetrVG). Die Jugend- und Auszubildendenvertretung hält eigene Sprechstunden ab (§ 69 BetrVG), hat das Recht, stimmberechtigte Vertreter zu Betriebsratssitzungen zu entsenden (§ 67 BetrVG), und kann gegen Jugendliche oder Auszubildende betreffende Beschlüsse des Betriebsrats sogar ein aufschiebendes Veto einlegen (§ 66 BetrVG). Bestehen in einem Unternehmen mehrere Jugend- und Auszubildendenvertretungen, so ist gem. § 72 BetrVG eine Gesamt-Jugend- und Auszubildendenvertretung zu errichten. In einem Unterordnungskonzern iSd § 18 I AktG kann nach Maßgabe des § 73a BetrVG eine Konzern-Jugend- und Auszubildendenvertretung gebildet werden.

IV. Betriebsratsarbeit

1. Amtszeit und Mitgliedschaft

Die regelmäßige **Amtszeit des Betriebsrats** beträgt vier Jahre (§ 21 S. 1 BetrVG). Sie 1267
beginnt nach § 21 S. 2 BetrVG mit der Bekanntgabe des Wahlergebnisses durch den Wahlvorstand an die Arbeitnehmer des Betriebs (§ 18 III 1 BetrVG). Ist der frühere Betriebsrat bei der Wahl noch im Amt, beginnt die Amtszeit des neu gewählten Betriebsrats erst mit dem Ablauf der Amtszeit des früheren Betriebsrats. Die Amtszeit endet im Regelfall nach Ablauf von vier Jahren, spätestens aber am 31.5. des Jahres der regelmäßigen Betriebsratswahl (§ 21 S. 3 BetrVG). Ist bis dahin kein neuer Betriebsrat gewählt, wird der Betrieb vertretungslos. Endet die Wahlperiode aus den besonderen Gründen des § 13 II BetrVG vorzeitig, führt auch das zum Ende des Betriebsrats. Allerdings führt in einer Reihe dieser Fälle der Betriebsrat die Geschäfte weiter, bis der neue Betriebsrat gewählt und das Wahlergebnis bekannt gegeben ist (§§ 21 S. 5, 22 BetrVG).

Die **Mitgliedschaft im Betriebsrat** endet nach § 24 BetrVG regelmäßig mit dessen 1268
Amtszeit (Nr. 1). Vorzeitig endet sie, wenn das Mitglied sein Amt niederlegt (Nr. 2), wenn das Arbeitsverhältnis beendet wird (Nr. 3), wenn das Betriebsratsmitglied die Wählbarkeit nach § 8 BetrVG verliert (Nr. 4), wenn es aus dem Betriebsrat ausgeschlossen wird oder dieser durch gerichtliche Entscheidung aufgelöst wird (Nr. 5) oder wenn die Nichtwählbarkeit des Betriebsratsmitglieds zum Zeitpunkt der Wahl in einem Statusverfahren gerichtlich festgestellt wird (Nr. 6).

Scheiden Mitglieder aus dem Betriebsrat aus, so rücken nach § 25 I 1 BetrVG **Ersatz-** 1269
mitglieder nach, die damit für die restliche Amtszeit des Betriebsrats die volle Rechtsstellung eines Betriebsratsmitglieds erwerben. Die Ersatzmitglieder sind den Vorschlagslisten nach Maßgabe des § 25 II BetrVG zu entnehmen.[490]

Nach § 25 I 2 BetrVG haben die Ersatzmitglieder auch die Aufgabe, zeitweilig **ver-** 1270
hinderte Betriebsratsmitglieder zu vertreten. Fälle solcher Verhinderung sind vor allem Urlaub und Krankheit, aber auch kurzfristige Verhinderungen (Arztbesuch, Teilnahme an einer Beerdigung, kurze Dienstreisen, betriebliche Unabkömmlichkeit usw). Nach der Rechtsprechung des BAG rückt das Ersatzmitglied bei einer solchen Verhinderung mit Beginn des Verhinderungsfalls automatisch in den Betriebsrat nach, unabhängig davon, ob dem Ersatzmitglied die Verhinderung des ordentlichen Betriebsratsmitglieds bekannt ist und ob an dem jeweiligen Tag Betriebsratstätigkeit anfällt, wobei das BAG offengelassen hat, ob dies auch dann gilt, wenn der Ausfall des ordentlichen Betriebsratsmitglieds, etwa wegen eines kurzzeitigen Arztbesuchs, von vornherein nur für wenige Stunden zu erwarten ist.[491] Von der Beratung und Beschlussfassung des Betriebsrats in personellen Angelegenheiten, die das **Betriebsratsmitglied selbst betreffen,** zum Beispiel über eine Kündigung oder über eine Versetzung oder Umgruppierung, ist dieses ausgeschlossen, weil niemand Richter in eigener Sache sein kann.[492] Auch dies ist ein Fall der Verhinderung nach Abs. 1 S. 2. Keine Verhinderung in diesem Sinne liegt dagegen vor bei Beratung und Beschlussfassung über

490 Näher dazu *Fitting* § 25 Rn. 24ff. mit Beispielen.
491 BAG 8.9.2011 – 2 AZR 388/10, NZA 2012, 400.
492 BAG 23.8.1984 – 2 AZR 391/83, NZA 1985, 254; BAG 3.8.1999 – 1 ABR 30/98, NZA 2000, 440.

innerorganisatorische Fragen des Betriebsrats, so über die Wahl des Vorsitzenden oder die Entsendung in die Gesamtgremien oder in die Ausschüsse.

1271 Im Falle eines **Betriebsübergangs** nach § 613 a BGB auf einen anderen Inhaber (→ Rn. 861 ff.) bleibt der Betriebsrat im Amt, sofern der Betrieb als organisatorische Einheit (→ Rn. 1200 ff.) durch den Betriebsübergang unverändert bleibt.[493]

1272 Wird ein **Betrieb gespalten,** erhält nach § 21 a I BetrVG dessen Betriebsrat ein **Übergangsmandat,** sofern die aus der Spaltung hervorgegangenen Betriebsteile die Voraussetzungen des § 1 I 1 BetrVG erfüllen und nicht in einen Betrieb eingegliedert werden, in dem ein Betriebsrat besteht. Das Übergangsmandat berechtigt und verpflichtet den Betriebsrat zur weiteren Ausübung aller Mitwirkungs- und Mitbestimmungsrechte. Vor allem aber hat er unverzüglich Wahlvorstände für die neu entstandenen Betriebe zu bestellen. Das Übergangsmandat endet, sobald in den Betriebsteilen ein neuer Betriebsrat gewählt ist, spätestens jedoch sechs Monate nach Wirksamwerden der Spaltung. Werden Betriebe oder Betriebsteile **zu einem Betrieb zusammengefasst,** erhält nach § 21 a II BetrVG der Betriebsrat des nach Zahl der wahlberechtigten Arbeitnehmer größten Betriebs oder Betriebsteils das Übergangsmandat. Ob die Spaltung oder der Zusammenschluss im Zusammenhang mit dem Übergang eines Betriebs oder Betriebsteils nach § 613 a BGB (→ Rn. 861 ff.) oder einer Unternehmensumwandlung nach dem UmwG oder aber ohne solche Veränderungen erfolgen, spielt keine Rolle (§ 21 a III BetrVG).

1273 Nach § 21 b BetrVG hat der Betriebsrat ein **Restmandat,** wenn der Betrieb durch Stilllegung, Spaltung oder Zusammenlegung untergeht. Der Betriebsrat bleibt so lange im Amt, wie dies zur Wahrnehmung der damit im Zusammenhang stehenden Mitwirkungs- und Mitbestimmungsrechte erforderlich ist. Meist geht es dabei noch um das Aushandeln eines Sozialplans (→ Rn. 1559 ff.). Das Restmandat kann das Ende der eigentlichen Wahlperiode wie auch das Ende des Arbeitsverhältnisses deutlich überdauern; § 24 Nr. 3 BetrVG findet im Restmandat keine Anwendung.[494]

2. Geschäftsführung des Betriebsrats

a) Vorsitzender

1274 Nach § 26 I BetrVG hat jeder aus mehreren Personen bestehende Betriebsrat einen **Vorsitzenden** und dessen Stellvertreter zu wählen. Dies geschieht in einer ersten Betriebsratssitzung, zu der der Wahlvorstand die Mitglieder des Betriebsrats vor Ablauf einer Woche nach dem Wahltag einzuladen hat (§ 29 I BetrVG). Der Vorsitzende oder im Fall seiner Verhinderung sein Stellvertreter vertritt den Betriebsrat im Rahmen der von diesem gefassten Beschlüsse (§ 26 II 1 BetrVG). Er kann infolgedessen für den Betriebsrat wirksame Erklärungen nur abgeben, wenn und soweit diesen ein Betriebsratsbeschluss zugrunde liegt. Unbefugt abgegebene Erklärungen des Vorsitzenden, die nicht auf einem Beschluss des Betriebsrats fußen, sind ebenso unwirksam wie der Abschluss einer nicht vom Betriebsrat beschlossenen Betriebsvereinbarung durch den

493 BAG 11.10.1995 – 7 ABR 17/95, NZA 1996, 495; näher *Fitting* § 1 Rn. 136 ff., 140; Löwisch/Kaiser/*Löwisch* § 1 Rn. 14.

494 BAG 5.5.2010 – 7 AZR 728/08, NZA 2010, 1025 für zwei Betriebsratsmitglieder, die nach Eintritt in den Ruhestand noch mehrere Jahre Betriebsratstätigkeit im Restmandat ausübten.

Betriebsratsvorsitzenden.[495] Im Einzelfall, etwa beim Zustimmungserfordernis nach § 103 I BetrVG (→ Rn. 1518ff.), kann Vertrauensschutz für den Arbeitgeber in Betracht kommen.[496] Zu den im Rahmen des Anhörungsverfahrens nach § 102 BetrVG geltenden Besonderheiten (→ Rn. 1504).

Der Vorsitzende hat als Sprecher des Betriebsrats dessen **Beschlüsse durchzuführen.** 1275
Darüber hinaus muss er alle Verhandlungen für den Betriebsrat mit dem Arbeitgeber und den Behörden führen und allen Arbeitnehmern für Rücksprachen und Auskünfte zur Verfügung stehen. Nach § 26 II 2 BetrVG ist der Vorsitzende befugt, alle für den Betriebsrat bestimmten **Erklärungen entgegenzunehmen.** Das gilt insbesondere für Erklärungen des Arbeitgebers, etwa die Mitteilung einer beabsichtigten Kündigung. Erklärungen, die einem anderen (unzuständigen) Mitglied des Betriebsrats gegenüber abgegeben werden, gehen dem Betriebsrat erst zu, wenn sie von diesem Mitglied an den Vorsitzenden weitergeleitet werden.[497]

Der **Stellvertreter** hat nicht die gleichen Rechte wie der Vorsitzende. Er ist auch kein 1276
»zweiter Vorsitzender«, sondern tritt lediglich im Falle der Verhinderung des Vorsitzenden zeitweilig an dessen Stelle. Dann aber hat er alle Befugnisse, die dem Vorsitzenden zustehen.

b) Ausschüsse und Übertragung von Aufgaben auf Arbeitsgruppen

Um die Geschäftsführung größerer Betriebsräte zu erleichtern, sieht § 27 BetrVG bei 1277
Betriebsräten mit neun oder mehr Mitgliedern die Bildung eines **Betriebsausschusses** vor. Der Betriebsausschuss besteht aus dem Vorsitzenden, dessen Stellvertreter und weiteren Mitgliedern. Diese werden gem. § 27 I 3 BetrVG nach den Grundsätzen der Verhältniswahl bestimmt, was zur Folge hat, dass bei Erhöhung der Zahl der Ausschussmitglieder eine Neuwahl aller Mitglieder stattzufinden hat.[498]

Aufgabe des Betriebsausschusses ist nach § 27 II 1 BetrVG die **Führung der laufenden** 1278
Geschäfte des Betriebsrats. Darunter sind solche Angelegenheiten zu verstehen, die mit einer gewissen Regelmäßigkeit auftreten und entweder ohne grundsätzliche Bedeutung für die Belegschaft sind oder ihrem Inhalt nach durch eine kollektivrechtliche Vereinbarung auf Betriebsebene oder einen Betriebsratsbeschluss vorherbestimmt sind.[499]

Dabei beantwortet sich die Frage nach den Angelegenheiten ohne grundsätzliche Bedeutung für die Belegschaft nach den Gegebenheiten und der Größe des einzelnen Betriebs. In den Rahmen inhaltlich vorbestimmter Angelegenheiten können auch Aufgaben vorbereitenden Charakters fallen, zum Beispiel Entschließungsentwürfe für Betriebsversammlungen, Vorbesprechungen mit dem Arbeitgeber und den im Betriebsrat vertretenen Gewerkschaften sowie Einholung von Auskünften und Beschaffung von Unterlagen.[500]

Die Ausübung der Mitbestimmungs- und Mitwirkungsrechte, vor allem in personellen 1279
Angelegenheiten, gehört nicht zur laufenden Geschäftsführung. Allerdings kann sie gem. § 27 II 2 und 3 BetrVG durch besonderen Beschluss des Betriebsrats dem Be-

495 BAG 15.12.1961 – 1 AZR 207/59, AP BGB § 615 Kurzarbeit Nr. 1 für den unbefugten Abschluss einer Betriebsvereinbarung.
496 BAG 23.8.1984 – 2 AZR 391/83, NZA 1985, 254.
497 BAG 27.6.1985 – 2 AZR 412/84, NZA 1986, 426.
498 Vgl. BAG 16.3.2005 – 7 ABR 43/04, NZA 2005, 1072.
499 Löwisch/Kaiser/*Löwisch* § 27 Rn. 14; Richardi/*Thüsing* § 27 Rn. 50.
500 Näher Löwisch/Kaiser/*Löwisch* § 27 Rn. 15.

triebsausschuss übertragen werden. Der Abschluss von Betriebsvereinbarungen bleibt in jedem Fall dem Betriebsrat vorbehalten.

1280 In Betrieben mit mehr als 100 Arbeitnehmern kann der Betriebsrat **weitere Ausschüsse** bilden und ihnen bestimmte Aufgaben übertragen (§ 28 I BetrVG). In Betracht kommen Fachausschüsse (etwa Personal-, Akkord-, Sozial- oder Berufsbildungsausschüsse) oder auch Spezialausschüsse zur Erledigung begrenzter Aufgaben (Stellungnahme zu Umgruppierungen oder zur Ausgestaltung der Arbeitsplätze) oder von Einzelfällen (Arbeitszeitregelung zwischen Weihnachten und Neujahr). Allerdings kann in Betrieben mit einem aus sieben Personen bestehenden Betriebsrat nicht die Führung der laufenden Geschäfte auf einen Ausschuss nach § 28 BetrVG übertragen werden. Da in solchen Betrieben ein Betriebsausschuss nicht gebildet werden kann (§ 27 I BetrVG), kommt gem. § 27 III BetrVG nur eine Übertragung der laufenden Geschäfte auf den Vorsitzenden des Betriebsrats oder andere Betriebsratsmitglieder in Betracht.[501]

1281 § 28 II BetrVG gibt dem Betriebsrat die Möglichkeit, in entsprechender Anwendung des Abs. 1 Betriebsratsmitgliedern, die er in einen gemeinsam mit dem Arbeitgeber gebildeten Ausschuss entsandt hat, bestimmte **Aufgaben zur selbstständigen Entscheidung** zu übertragen. Ein derartiger Ausschuss (zB gemeinsame Akkordkommission, gemeinsamer Verwaltungsausschuss einer Sozialeinrichtung) kann dann die erforderlichen Entscheidungen treffen, ohne dass der Betriebsrat nochmals eingeschaltet werden muss.

1282 Nach Maßgabe des § 28a BetrVG kann der Betriebsrat in Betrieben mit mehr als 100 Arbeitnehmern bestimmte Aufgaben auf **Arbeitsgruppen** übertragen. Die Aufgaben müssen im Zusammenhang mit den von der Arbeitsgruppe zu erledigenden Tätigkeiten stehen. Etwa kann die Regelung der täglichen Arbeitszeit der Arbeitsgruppe dieser selbst überlassen werden. Zum Mitbestimmungsrecht des Betriebsrats über die Grundsätze der Durchführung von Gruppenarbeit → Rn. 1445.

c) Sitzungen und Beschlüsse

1283 **Sitzungen des Betriebsrats** werden gem. § 29 II BetrVG vom Vorsitzenden einberufen, der auch die Tagesordnung festsetzt und die Verhandlung leitet. Auf Antrag eines Viertels der Mitglieder oder des Arbeitgebers hat er eine Sitzung einzuberufen und den Gegenstand, dessen Beratung verlangt wird, auf die Tagesordnung zu setzen (§ 29 III BetrVG).

1284 An den Sitzungen nehmen die gewählten Mitglieder des Betriebsrats teil. Ist ein Mitglied verhindert, so wird es durch ein **Ersatzmitglied** vertreten (→ Rn. 1270). Auf Antrag eines Viertels der Mitglieder kann ein Beauftragter einer im Betriebsrat durch mindestens ein Mitglied vertretenen **Gewerkschaft** teilnehmen (§ 31 BetrVG). Der Arbeitgeber ist an solchen Sitzungen teilnahmeberechtigt, die auf sein Verlangen anberaumt sind oder zu denen er ausdrücklich eingeladen ist (§ 29 IV BetrVG). Die Sitzungen des Betriebsrats sind nicht öffentlich (§ 30 S. 4 BetrVG).

1285 Die Sitzungen des Betriebsrats finden nach § 30 S. 1 BetrVG in der Regel **während der Arbeitszeit** statt, wobei auf die betrieblichen Notwendigkeiten Rücksicht zu nehmen ist (§ 30 S. 2 BetrVG).

501 BAG 14.8.2013 – 7 ABR 66/11, NZA 2014, 161.

Entscheidungen in Mitwirkungs- und Mitbestimmungsangelegenheiten sowie in Fragen seiner eigenen Organisation trifft der Betriebsrat **durch Beschluss** nach § 33 BetrVG. Beschlüsse des Betriebsrats können nur in einer ordnungsgemäß, durch rechtzeitige **Ladung sämtlicher Mitglieder** einberufenen Sitzung gefasst werden, also nicht in einer formlosen Besprechung, die zufällig im Dienstzimmer eines Vorgesetzten zustande kommt. Die Ladung aller Betriebsratsmitglieder einschließlich etwaiger Ersatzmitglieder ist eine wesentliche Voraussetzung für das ordnungsgemäße Zustandekommen eines Betriebsratsbeschlusses.[502] Zur ordnungsgemäßen Ladung gehört gem. § 29 II 3 BetrVG zudem die **Mitteilung der Tagesordnung.** Wird die Tagesordnung nicht mitgeteilt, liegt darin ein erheblicher Verfahrensfehler. Dieser kann jedoch geheilt werden, sofern alle Betriebsratsmitglieder einschließlich erforderlicher Ersatzmitglieder rechtzeitig zur Sitzung geladen wurden und der Betriebsrat beschlussfähig ist (→ Rn. 1287). In diesem Fall kann die Tagesordnung in der Sitzung durch einstimmigen Beschluss auch dann erst aufgestellt oder ergänzt werden, wenn nicht alle Betriebsratsmitglieder zur Sitzung erschienen sind.[503] Verweigert aber nur eines der anwesenden Betriebsratsmitglieder seine Zustimmung zur Aufstellung oder Ergänzung der Tagesordnung, ist der Betriebsrat an einer abschließenden Willensbildung der betreffenden Angelegenheit in der jeweiligen Sitzung gehindert.[504] Eine Beschlussfassung im Wege des Umlaufverfahrens ist, wie aus dem Wortlaut des § 33 I 1 BetrVG folgt, auch in einfachen Angelegenheiten nicht zulässig.[505] 1286

Nach § 33 II BetrVG ist der Betriebsrat **nur beschlussfähig,** wenn mindestens die Hälfte aller Mitglieder (selbst oder vertreten durch ein Ersatzmitglied) an der Beschlussfassung teilnimmt. Teilnahme bedeutet über die bloße Anwesenheit hinaus, dass mindestens die Hälfte aller Mitglieder bei jeder Abstimmung mitstimmt. Erklärt daher ein im Sitzungssaal anwesendes Betriebsratsmitglied, dass es an einer bestimmten Abstimmung nicht teilnehmen wolle, darf es bei der Feststellung der Beschlussfähigkeit nicht mitgezählt werden.[506] 1287

Nach § 33 I 1 BetrVG werden Beschlüsse grundsätzlich »mit der Mehrheit der Stimmen der anwesenden Mitglieder« gefasst. Entgegen der herrschenden Meinung bedeutet diese Formulierung nicht, dass Stimmenthaltungen als Nein-Stimmen zu werten wären.[507] Die Vorschrift bringt nur zum Ausdruck, dass bei der Bildung der **Mehrheit** die nicht anwesenden Mitglieder nicht berücksichtigt werden.[508] In einer Reihe von Fällen, zB bei der Beauftragung des Gesamtbetriebsrats (§ 50 II BetrVG) oder der Übertragung von Aufgaben zur selbstständigen Erledigung an den Betriebsausschuss 1288

---

502 BAG 3.8.1999 – 1 ABR 30/98, NZA 2000, 440.

503 BAG 15.4.2014 – 1 ABR 2/13, NZA 2014, 551 in einem Fall, in dem die Ladung ohne Beifügung einer Tagesordnung erfolgte; BAG 22.1.2014 – 7 AS 6/13, NZA 2014, 441; aA noch BAG 28.10.1992 – 7 ABR 14/92, NZA 1993, 466 und BAG 18.2.2003 – 1 ABR 17/02, NZA 2004, 336, wonach die Tagesordnung nur ergänzt werden konnte, wenn alle Mitglieder des vollständig versammelten Betriebsrats mit der Ergänzung einverstanden waren.

504 BAG 15.4.2014 – 1 ABR 2/13, NZA 2014, 551; krit. insoweit *Joussen* NZA 2014, 505 (508).

505 LAG Köln 25.11.1998 – 2 TaBV 38/98, NZA-RR 1999, 245; aA LAG München 6.8.1974 – 5 Sa 395/74, DB 1975, 1228.

506 *Fitting* § 33 Rn. 13 a, 34; Löwisch/Kaiser/*Löwisch* § 33 Rn. 6.

507 So aber *Fitting* § 33 Rn. 33; GK/*Raab* § 33 Rn. 29; Richardi/*Thüsing* § 33 Rn. 18.

508 So für die parallele Vorschrift des § 32 I 3 BGB aF BGH 25.1.1982 – II ZR 164/81, BGHZ 83, 35 = NJW 1982, 1585; ausführlich *Löwisch* BB 1996, 1006 f.; Löwisch/Kaiser/*Löwisch* § 33 Rn. 10; HWGNRH/*Glock* § 33 Rn. 26.

(§ 27 II BetrVG), schreibt das Gesetz hingegen ausdrücklich vor, dass die Mehrheit der Stimmen der Mitglieder des Betriebsrats erreicht sein muss.

1289 Beschlüsse, die die Zuständigkeitsgrenzen des Betriebsrats überschreiten oder gegen ein Gesetz oder einen Tarifvertrag verstoßen, sind unwirksam. Auch ein schwerwiegender Verstoß gegen Verfahrensvorschriften führt, wenn die jeweilige Verfahrensvorschrift für das Zustandekommen des Betriebsratsbeschlusses als wesentlich anzusehen ist, zu dessen Unwirksamkeit.[509] Gleiches gilt, wenn der Verfahrensfehler Einfluss auf das Ergebnis der Beschlussfassung haben konnte. Einer besonderen Anfechtung der Betriebsratsbeschlüsse bedarf es nicht. Doch kann die Unwirksamkeit im arbeitsgerichtlichen Beschlussverfahren festgestellt werden.

d) Sprechstunden

1290 Nach § 39 I BetrVG kann der Betriebsrat während der Arbeitszeit **Sprechstunden** für die Arbeitnehmer einrichten. Zeit und Ort sind im Einvernehmen mit dem Arbeitgeber festzulegen. Die Arbeitnehmer haben das Recht, nach Abmeldung bei ihrem Vorgesetzten in die Sprechstunden zu gehen. Die eintretende Versäumnis von Arbeitszeit berechtigt den Arbeitgeber nach § 39 III BetrVG nicht zur Minderung des Arbeitsentgelts.

e) Kosten

Fall 80: Das gem. § 47 II BetrVG in den Gesamtbetriebsrat entsandte Betriebsratsmitglied A verunglückt auf der Fahrt zu einer Sitzung des Gesamtbetriebsrats auf vereister Straße. Der nicht kaskoversicherte Pkw des A wird beschädigt. A will die Reparaturkosten in Höhe von 1.500 EUR vom Arbeitgeber ersetzt verlangen.

1291 § 40 BetrVG verpflichtet den Arbeitgeber, die Kosten der Tätigkeit des Betriebsrats zu tragen (Abs. 1) und diesem im erforderlichen Umfang Räume, sachliche Mittel, Informations- und Kommunikationstechnik sowie Büropersonal zur Verfügung zu stellen (Abs. 2). Soweit dem Betriebsrat insoweit Aufwendungen entstehen, hat ihn der Arbeitgeber von entsprechenden Ansprüchen Dritter freizustellen. Eine Finanzierung der Betriebsratstätigkeit durch Umlage unter den Arbeitnehmern ist nach § 41 BetrVG verboten.

1292 Zu ersetzen sind nur die **Kosten und** der **Aufwand,** die der Betriebsrat nach pflichtgemäßer Beurteilung zur ordnungsgemäßen Durchführung seiner Aufgaben **für erforderlich halten durfte.**[510] Das gilt etwa für die Kosten eines Beraters, den der Betriebsrat gem. § 111 S. 2 BetrVG bei einer vom Arbeitgeber geplanten Betriebsänderung zu seiner Unterstützung hinzuzieht (→ Rn. 1552) oder für die Kosten einer anwaltlichen Vertretung in einem arbeitsgerichtlichen Beschlussverfahren.[511] Dabei bedeutet Erforderlichkeit nicht nur, dass die Aufgabe, derer sich der Betriebsrat annimmt, im Zeitpunkt seines Tätigwerdens tatsächlich erfüllt werden muss. Es darf auch kein anderes geeignetes, weniger aufwendiges Mittel zur Erfüllung der Aufgabe zur Verfügung stehen. Auch bei einem zur Erfüllung der Betriebsratsaufgaben an sich erforderlichen Mittel müssen die entstehenden Kosten in einem angemessenen Verhältnis zu der Be-

509 BAG 30.9.2014 – 1 ABR 32/13, NZA 2015, 370.
510 BAG 20.10.1999 – 7 ABR 25/98, NZA 2000, 556; BAG 29.7.2009 – 7 ABR 95/07, NZA 2009, 1223 mwN.
511 BAG 18.3.2015 – 7 ABR 4/13, NZA 2015, 954.

deutung der betreffenden Aufgabe stehen. Bei der Einschätzung der Erforderlichkeit steht dem Betriebsrat ein Beurteilungsspielraum zu.[512]

Der Betriebsrat ist als Gremium **nicht generell rechts- und vermögensfähig.** Nach der Rechtsprechung des BAG ist er allerdings partiell vermögensfähig, soweit er innerhalb des ihm vom BetrVG zugewiesenen Wirkungskreises tätig wird.[513] So ist der Betriebsrat Inhaber des aus § 40 I BetrVG folgenden Freistellungsanspruchs gegen den Arbeitgeber. Zudem kann der Betriebsrat als Gremium im Rahmen seines gesetzlichen Aufgabenbereichs – zu dem auch die Hinzuziehung externer Berater nach § 111 S. 2 BetrVG gehört – selbst Verträge mit Dritten abschließen, zB einen Beratungsvertrag.[514] Er wird als partiell rechtsfähig angesehen, soweit seine gesetzlichen Aufgaben den Abschluss von Hilfsgeschäften mit Dritten erfordern. Diese partielle Rechtsfähigkeit geht allerdings nur so weit, wie der Betriebsrat im Innenverhältnis zum Arbeitgeber einen Freistellungsanspruch aus § 40 BetrVG hat und die entstandenen Kosten die Grenze der Erforderlichkeit einhalten. Das »rechtliche Können« folgt insoweit dem »vermögensmäßigen Können«.[515] Werden diese Grenzen überschritten, so haften die am Vertragsschluss beteiligten Betriebsratsmitglieder analog § 179 BGB als Vertreter ohne Vertretungsmacht.[516] 1293

Auch hinsichtlich der Erforderlichkeit in Anspruch genommener **Sachmittel** steht dem Betriebsrat ein Beurteilungsspielraum zu. Nach ständiger Rechtsprechung beschränkt sich die arbeitsgerichtliche Nachprüfung darauf, ob der Betriebsrat bei seiner Entscheidung über das verlangte Sachmittel in der konkreten betrieblichen Situation nicht nur die Interessen der Belegschaft berücksichtigt, sondern auch berechtigten Belangen des Arbeitgebers Rechnung getragen hat.[517] Zu dem vom Arbeitgeber zur Verfügung zu stellenden Sachaufwand gehören insbesondere Räume sowie eine Büroeinrichtung samt Büromaterial. 1294

Zum erforderlichen Sachaufwand des Betriebsrats gehört eine **arbeitsrechtliche Grundausstattung.** Zu ihr zählt eine arbeitsrechtliche Textsammlung, Texte der im Betrieb geltenden Tarifverträge und Unfallverhütungsvorschriften, die aktuelle Ausgabe eines Kommentars zum BetrVG[518] sowie eine arbeitsrechtliche Fachzeitschrift. Diese Fachzeitschrift auszuwählen ist Sache des Betriebsrats, dem deshalb nicht verwehrt werden kann, eine in einem gewerkschaftseigenen Verlag erscheinende Zeitschrift zu abonnieren.[519] 1295

Nach § 40 II BetrVG hat der Arbeitgeber dem Betriebsrat auch **Informations- und Kommunikationsmittel** in erforderlichem Umfang zur Verfügung zu stellen. Dazu gehört die Einrichtung eines Telefons, eines Internetzugangs sowie eigener E-Mail- 1296

512 BAG 3.12.1987 – 6 ABR 79/85, NZA 1998, 440; BGH 25.10.2012 – III ZR 266/11, NZA 2012, 1382; *Fitting* § 40 Rn. 9.

513 BAG 24.10.2001 – 7 ABR 20/00, NZA 2003, 53; BAG 29.9.2004 – 1 ABR 30/03, NZA 2005, 123; zum Streitstand Richardi/*Richardi* Einl. Rn. 111 ff.; GK/*Franzen* § 1 Rn. 72 ff.

514 BGH 25.10.2012 – III ZR 266/11, NZA 2012, 1382.

515 BGH 25.10.2012 – III ZR 266/11, NZA 2012, 1382.

516 BGH 25.10.2012 – III ZR 266/11, NZA 2012, 1382; zust. *Walker,* FS v. Hoyningen-Huene, 2014, 535 (540); krit. und weitergehend *Franzen,* FS v. Hoyningen-Huene, 2014, 87 (96 ff.).

517 BAG 3.9.2003 – 7 ABR 12/03, NZA 2004, 278; BAG 20.1.2010 – 7 ABR 79/08, NZA 2010, 709 mwN.

518 BAG 26.10.1994 – 7 ABR 15/94, NZA 1995, 386.

519 BAG 21.4.1983 – 6 ABR 70/82, AP BetrVG 1972 § 40 Nr. 20.

Adressen für die einzelnen Betriebsratsmitglieder.[520] Dabei genügt es, wenn der Arbeitgeber dem Betriebsrat den Zugang über das im Unternehmen genutzte Netzwerk vermittelt; einen separaten, vom Netz des Arbeitgebers unabhängigen Zugang darf der Betriebsrat nicht ohne Weiteres für erforderlich halten.[521] Von § 40 II BetrVG erfasst wird auch der Zugang zum Intranet, sodass der Betriebsrat die Belegschaft auf einer eigenen Seite informieren kann.[522] Neben der Begrenzung der Kostentragungspflicht können sonstige berechtigte Interessen des Arbeitgebers, etwa die konkrete Möglichkeit der Gefährdung besonderer Geheimhaltungsinteressen, dem Verlangen des Betriebsrats nach Informations- und Kommunikationsmitteln entgegenstehen. Auch kann das betriebsübliche und auf Arbeitgeberseite vorhandene Ausstattungsniveau bei der Berücksichtigung betrieblicher Interessen von Bedeutung sein.[523] Dass der Arbeitgeber das Internet in dem betreffenden Betrieb nicht nutzt, soll nach Auffassung des BAG dem Verlangen des Betriebsrats auf einen Internetzugang aber nicht grundsätzlich entgegenstehen. Im entschiedenen Fall hat es das verhältnismäßig geringe Ausstattungsniveau in dem in Rede stehenden Betrieb dadurch als relativiert angesehen, dass die Mitarbeiter der Personalabteilung in der Unternehmenszentrale über einen Internetzugang verfügten.[524]

1297 Die Kostenpflicht umfasst auch **Aufwendungen**, die den **einzelnen Betriebsratsmitgliedern** durch ihre Tätigkeit entstehen. Dazu zählen zB notwendige Reise- und Übernachtungskosten,[525] Kosten für Briefporto und Telefongespräche oder die Kosten notwendiger Schulungs- und Bildungsveranstaltungen.[526] Zu weit geht es, wenn das BAG zu den nach § 40 I BetrVG vom Arbeitgeber zu tragenden Kosten auch solche rechnet, die einem alleinerziehenden Betriebsratsmitglied durch die Fremdbetreuung seines minderjährigen Kindes während einer mehrtägigen auswärtigen Betriebsratstätigkeit entstehen, weil eine kostenlose Betreuung, etwa durch Familienangehörige, nicht zur Verfügung steht.[527]

1298 **Schäden**, die das Betriebsratsmitglied infolge seiner Betriebsratstätigkeit an seinen eigenen Sachen erleidet, können vom Arbeitgeber nach § 40 I BetrVG zu ersetzen sein. Voraussetzung ist, dass das Betriebsratsmitglied den Einsatz der eigenen Sache für erforderlich halten durfte, sei es, weil der Arbeitgeber dies selbst gewünscht hat oder ein anderes taugliches Mittel zur Erledigung der Aufgabe nicht vorhanden war. Des Weiteren kommt es darauf an, ob das Betriebsratsmitglied selbst ein Verschulden an der Entstehung des Schadens trifft. Es liegt insoweit nicht anders als sonst beim Ersatz von Schäden im Rahmen des Aufwendungsersatzes nach §§ 670, 675 BGB.[528] Dabei kommen dem Betriebsratsmitglied, wie jedem Arbeitnehmer, die Grundsätze zur Einschränkung der Arbeitnehmerhaftung zugute (→ Rn. 380, 546 ff.).

520 BAG 20.1.2010 – 7 ABR 79/08, NZA 2010, 709; BAG 14.7.2010 – 7 ABR 80/08, AP BetrVG 1972 § 40 Nr. 107, beide mwN.
521 BAG 20.4.2016 – 7 ABR 50/14, NZA 2016, 1033.
522 BAG 3.9.2003 – 7 ABR 12/03, NZA 2004, 278.
523 BAG 20.1.2010 – 7 ABR 79/08, NZA 2010, 709.
524 BAG 17.2.2010 – 7 ABR 81/09, NZA-RR 2010, 413.
525 Vgl. BAG 27.5.2015 – 7 ABR 26/13, NZA 2015, 1141.
526 Näher Löwisch/Kaiser/*Löwisch* § 40 Rn. 35 ff., 44 ff.
527 BAG 23.6.2010 – 7 ABR 103/08, NZA 2010, 1298; näher dazu *Wiebauer* BB 2011, 2104 ff.
528 BAG 3.3.1983 – 6 ABR 4/80, AP BetrVG 1972 § 20 Nr. 8.

Lag es in **Fall 80** also so, dass A den eigenen Pkw vernünftigerweise für die Fahrt zur Gesamtbetriebsratssitzung benutzen durfte, und trifft ihn am Unfall auch nur leichte Fahrlässigkeit, muss ihm der Arbeitgeber den Schaden ersetzen.

Unfälle aus Anlass der Betriebsratstätigkeit sind Arbeitsunfälle nach § 8 SGB VII. 1299
Personenschäden lösen Ansprüche gegen die gesetzliche Unfallversicherung aus (→ Rn. 532 ff.).

3. Rechtsstellung der Betriebsratsmitglieder

a) Freistellung von der Arbeit

Das Betriebsratsamt ist nach § 37 I BetrVG ein **Ehrenamt,** das unentgeltlich geführt 1300
wird. Damit verfolgt der Gesetzgeber den Zweck, die innere und äußere Unabhängigkeit des Betriebsratsmitglieds zu sichern.[529] Die Mitglieder des Betriebsrats sind nach § 37 II BetrVG von ihrer beruflichen Tätigkeit **ohne Minderung des Arbeitsentgelts zu befreien,** soweit das zur ordnungsgemäßen Durchführung ihrer Aufgaben erforderlich ist. Das geschuldete Arbeitsentgelt ist nach dem Lohnausfallprinzip zu ermitteln. Das bedeutet, dass dem Betriebsratsmitglied das Arbeitsentgelt weiterzuzahlen ist, das es verdient hätte, wenn es keine Betriebsratstätigkeit ausgeübt, sondern in dem entsprechenden Zeitraum gearbeitet hätte.[530] Muss Betriebsratstätigkeit aus betriebsbedingten Gründen außerhalb der Arbeitszeit ausgeführt werden, entsteht ein Anspruch auf entsprechende Arbeitsbefreiung unter Fortzahlung des Entgelts (§ 37 III 1 BetrVG).

Betriebsbedingte Gründe liegen nach Abs. 3 S. 2 auch vor, wenn die Betriebsratstätig- 1301
keit wegen der unterschiedlichen Arbeitszeiten der Betriebsratsmitglieder **nicht innerhalb der persönlichen Arbeitszeit** erfolgen kann. Davon ist nicht nur auszugehen, wenn, wie insbesondere in einem Schichtbetrieb, die Lage der Arbeitszeit unterschiedlich ist. Vielmehr wird auch der Fall des unterschiedlichen Umfangs der Arbeitszeit erfasst, sodass teilzeitbeschäftigte Arbeitnehmer einen Anspruch auf Arbeitsbefreiung unter Fortzahlung des Arbeitsentgelts erhalten, wenn die Betriebsratstätigkeit, insbesondere eine Betriebsratssitzung, in ihre Freizeit fällt.[531]

Wenn § 37 II BetrVG davon spricht, dass die Betriebsratsmitglieder von ihrer Arbeits- 1302
tätigkeit »zu befreien« sind, ist damit nicht gemeint, dass nur ein erst bei Gericht durchzusetzender Anspruch auf Arbeitsbefreiung bestünde. Vielmehr zielt die Vorschrift auf eine Verpflichtung des Mitglieds, sich von seinem Arbeitsplatz **abzumelden.**[532] Verweigert der Arbeitgeber die Arbeitsbefreiung, darf sich das Betriebsratsmitglied gleichwohl von seinem Arbeitsplatz entfernen, soweit das objektiv tatsächlich erforderlich ist.[533]

In größeren Betrieben, in denen erfahrungsgemäß in erheblichem Umfang Betriebs- 1303
ratstätigkeit anfällt, ist nach Maßgabe des § 38 I BetrVG eine bestimmte Anzahl von Betriebsratsmitgliedern von der beruflichen Tätigkeit **vollständig freizustellen.** Frei-

529 BAG 5.5.2010 – 7 AZR 728/08, NZA 2010, 1025 mwN.

530 BAG 29.4.2015 – 7 AZR 123/13, NZA 2015, 1328 (für die hypothetische Berechnung des Jahresbonus eines Betriebsratsmitglieds); BAG 18.5.2016 – 7 AZR 401/14, NZA 2016, 1212 (für die Verpflichtung zur Gewährung von Nachtarbeitszuschlägen – vorliegend verneint), mwN.

531 BAG 16.2.2005 – 7 AZR 330/04, NZA 2005, 936.

532 BAG 13.5.1997 – 1 ABR 2/97, NZA 1997, 1062; diff. BAG 29.6.2011 – 7 ABR 135/09, NZA 2012, 47.

533 BAG 6.8.1981 – 6 AZR 505/78, AP BetrVG 1972 § 37 Nr. 39.

gestellte Betriebsratsmitglieder sind verpflichtet, während der vertraglichen Arbeitszeit im Betrieb anwesend zu sein und sich dort für anfallende Betriebsratsarbeit bereitzuhalten. Sofern sie erforderliche Betriebsratsaufgaben außerhalb des Betriebs wahrnehmen, haben sie sich beim Arbeitgeber unter Angabe der voraussichtlichen Dauer der Betriebsratstätigkeit abzumelden und bei der Rückkehr in den Betrieb zurückzumelden.[534] Nach § 38 I 3 BetrVG darf der Betriebsrat die Freistellungen auch anteilig für mehrere seiner Mitglieder verwenden. Solche Teilfreistellungen dürfen nach § 38 I 2 BetrVG zusammengenommen nicht den Umfang der in § 38 I 1 BetrVG genannten Freistellungen überschreiten.[535]

b) Schulungs- und Bildungsveranstaltungen

1304 Nach § 37 VI BetrVG haben Betriebsräte Anspruch auf Arbeitsbefreiung unter Fortzahlung des Entgelts, wenn sie an Schulungs- und Bildungsveranstaltungen teilnehmen, in denen für die Betriebsratsarbeit **erforderliche Kenntnisse** vermittelt werden. Zu den erforderlichen Kenntnissen gehört etwa bei neugewählten Betriebsräten die Vermittlung von Grundkenntnissen allgemeiner, insbesondere arbeitsrechtlicher Art, während nach langjähriger Tätigkeit regelmäßig davon auszugehen ist, dass die notwendigen Kenntnisse vorhanden sind.[536] Nicht erforderlich sind Kenntnisse im Sozialversicherungsrecht, weil die Beratung der Arbeitnehmer in sozialversicherungsrechtlichen Fragen nicht zu den Aufgaben des Betriebsrats gehört.[537]

1305 Erfolgt die Schulung des Betriebsratsmitglieds **außerhalb seiner Arbeitszeit,** besteht ein Anspruch auf Freizeitausgleich unter Fortzahlung des Arbeitsentgelts, wenn die Diskrepanz zwischen Schulungszeit und persönlicher Arbeitszeit auf betriebsbedingte Gründe zurückzuführen ist (§ 37 VI 1 iVm III 1 BetrVG). Betriebsbedingte Gründe liegen nach Abs. 6 S. 2 auch vor, wenn diese Diskrepanz auf Besonderheiten der betrieblichen Arbeitszeitgestaltung zurückzuführen ist. Nach Auffassung des BAG besteht der Ausgleichsanspruch auch dann, wenn die Teilzeitbeschäftigung auf einen eigenen Wunsch des Betriebsratsmitglieds zurückgeht.[538] Das überdehnt den Begriff der Besonderheiten der betrieblichen Arbeitszeitgestaltung. Davon lässt sich bei Teilzeitbeschäftigten nur dann sprechen, wenn die Teilzeitarbeit auf einer Organisationsentscheidung des Arbeitgebers beruht, nicht aber dann, wenn sie darauf zurückgeht, dass der Arbeitnehmer seinen Anspruch auf Teilzeitarbeit nach § 8 TzBfG (→ Rn. 289 ff.) geltend gemacht hat.[539]

Auch wenn die Diskrepanz auf Besonderheiten der betrieblichen Arbeitszeitgestaltung beruht, ist der Umfang des Ausgleichsanspruchs unter Einbeziehung der ohnehin nach Abs. 2 gegebenen Arbeitsbefreiung pro Schulungstag begrenzt auf die Arbeitszeit eines vollzeitbeschäftigten Arbeitnehmers. Nimmt also eine Teilzeitbeschäftigte mit einer täglichen Arbeitszeit von drei Stunden an einer Schulungsveranstaltung teil, die an einem Tag neun Stunden dauert, hat sie einen Ausgleichsanspruch in Höhe der in der Abteilung der Teilzeitbeschäftigten üblichen täglichen Arbeitszeit von unterstellt acht Stunden minus drei Stunden, mithin einen solchen von fünf Stunden.[540]

534 BAG 24.2.2016 – 7 ABR 20/14, NZA 2016, 831.
535 Näher dazu Löwisch/Kaiser/*Löwisch* § 38 Rn. 9 f.
536 BAG 16.10.1986 – 6 ABR 14/84, NZA 1987, 643; zu den Einzelheiten Löwisch/Kaiser/*Löwisch* § 37 Rn. 45 ff.
537 BAG 4.6.2003 – 7 ABR 42/02, NZA 2003, 1284.
538 BAG 16.2.2005 – 7 AZR 330/04, NZA 2005, 936.
539 Löwisch/Kaiser/*Löwisch* § 37 Rn. 71; *Hanau* RdA 2001, 65 (71); *Reichold* NZA 2001, 857 (861); aA *Fitting* § 37 Rn. 189; GK/*Weber* § 37 Rn. 227.
540 IE BAG 16.2.2005 – 7 AZR 330/04, NZA 2005, 936.

Unabhängig von § 37 VI BetrVG gibt § 37 VII BetrVG jedem Betriebsratsmitglied einmal in jeder Wahlperiode für drei Wochen (bei erstmaliger Wahl für vier Wochen) einen Anspruch auf Arbeitsbefreiung unter Fortzahlung des Arbeitsentgelts zur Teilnahme an Schulungs- und Bildungsveranstaltungen, die von der zuständigen obersten Arbeitsbehörde des Landes **als geeignet anerkannt** sind. Solche Schulungsveranstaltungen werden insbesondere von Gewerkschaften, aber auch von Arbeitgebervereinigungen angeboten. 1306

c) Behinderungs-, Benachteiligungs- und Begünstigungsverbot

Fall 81: A, kaufmännischer Angestellter in der Zentrale eines deutschen Großunternehmens, gehört seit mehreren Jahren dem dortigen Betriebsrat, dem Gesamtbetriebsrat des Unternehmens und dem Konzernbetriebsrat an. Mehr und mehr erwirbt er sich das besondere Vertrauen seiner Betriebsratskollegen. In der folgenden Wahlperiode wird er deswegen von diesen zum Betriebsratsvorsitzenden, zum Gesamtbetriebsratsvorsitzenden und zum Konzernbetriebsratsvorsitzenden gewählt. Nach seiner Wahl wird A beim Vorstand des Unternehmens wiederholt vorstellig, um eine ihm angemessen erscheinende Vergütung zu erhalten. Auch verlangt er Sonderzahlungen anlässlich von Reisen zu den ausländischen Konzerntöchtern. Der Vorstand bewilligt A nach und nach höhere Vergütungen, zuletzt eine solche von 400.000 EUR im Jahr. Auch die von ihm verlangten Sonderzahlungen erhält A regelmäßig. Als die Rechtsabteilung des Unternehmens von den Zahlungen erfährt, meldet sie erhebliche rechtliche Bedenken an. Der Vorstand stellt daraufhin die Sonderzahlungen ein und reduziert das Gehalt von A auf das Niveau des Gehalts kaufmännischer Angestellter in der Zentrale. Die dieses Maß übersteigenden Zahlungen verlangt er zurück. A will sich beides nicht gefallen lassen.

Nach § 78 S. 1 BetrVG dürfen **Betriebsratsmitglieder** und Mitglieder der anderen dort genannten Betriebsverfassungsorgane in der Ausübung ihrer Tätigkeit **nicht gestört oder behindert** werden. Etwa darf ihnen der Arbeitgeber den Zugang zum Betrieb oder zum Sitzungsraum nicht verwehren. 1307

§ 78 S. 1 BetrVG schützt **auch den Betriebsrat selbst** gegen Störungen und Behinderungen. Der Arbeitgeber darf weder Sitzungen des Betriebsrats noch Betriebsversammlungen verhindern oder erschweren, etwa durch die Aufforderung an die Arbeitnehmer, keine Betriebsversammlungen mehr zu besuchen.[541] Das eigenmächtige Entfernen von Anschlägen des Betriebsrats am schwarzen Brett stellt ebenfalls eine Störung der Betriebsratstätigkeit dar. Ein Anspruch des Betriebsrats auf Entfernung einer Abmahnung aus der Personalakte (→ Rn. 706) eines seiner Mitglieder kann aus § 78 S. 1 BetrVG aber nicht hergeleitet werden. Ein solcher Anspruch steht dem betroffenen Arbeitnehmer nur selbst zu.[542] 1308

§ 78 S. 2 BetrVG **verbietet jegliche Benachteiligung oder Begünstigung** der Betriebsratsmitglieder im Vergleich zu den übrigen Arbeitnehmern des Betriebes. Ein Amt im Rahmen der Betriebsverfassung darf nicht zum Anlass genommen werden, den Funktionsinhaber in dieser Eigenschaft zu maßregeln oder durch Gewährung von Vergünstigungen zu beeinflussen. Etwa kann eine Benachteiligung eines befristet beschäftigten Betriebsratsmitglieds darin liegen, dass diesem nur wegen seiner Betriebsratstätigkeit lediglich ein befristeter und kein unbefristeter Folgevertrag angeboten wird. Grundsätzlich enden aber auch befristete Arbeitsverhältnisse von Betriebsratsmitgliedern 1309

541 OLG Stuttgart 9.9.1988 – 1 Ws 237/88, BB 1988, 2245 (Ls.).
542 BAG 9.9.2015 – 7 ABR 69/13, NZA 2016, 57.

nicht anders als diejenigen anderer Arbeitnehmer mit dem Ablauf der vereinbarten Zeit.[543]

Die Leistungen, die A im **Fall 81** erhält, stellen eine unzulässige Begünstigung iSv § 78 S. 2 BetrVG dar. Dies gilt nicht nur für die Sonderzahlungen anlässlich der Auslandsreisen, sondern auch für die höhere Vergütung. Nach § 37 I BetrVG ist das Betriebsratsamt ein unentgeltliches Ehrenamt. Das Betriebsratsmitglied hat nach § 37 IV BetrVG gesetzlich nur einen Anspruch auf das Arbeitsentgelt vergleichbarer Arbeitnehmer mit betriebsüblicher beruflicher Entwicklung (→ Rn. 1316). Ihm vertraglich eine höhere Vergütung zu gewähren, schanzt ihm Vorteile zu, die es ohne seine Betriebsratstätigkeit nicht hätte.[544] Die Vereinbarung der überhöhten Vergütung und der Sonderzahlungen ist damit nach § 134 BGB nichtig. A hat keinen Anspruch auf Weitergewährung der überhöhten Leistungen. Soweit diese schon erbracht wurden, können sie vom Arbeitgeber nach § 812 I 1 Alt. 1 BGB zurückgefordert werden; § 817 S. 2 BGB findet keine Anwendung.[545]

1310 Die vorsätzliche Begünstigung von Betriebsratsmitgliedern ist gem. § 119 I Nr. 3 BetrVG strafbar. Die Strafverfolgung setzt aber einen Antrag des Betriebsrats, des Gesamtbetriebsrats, des Konzernbetriebsrats, des Unternehmers oder einer im Betrieb vertretenen Gewerkschaft voraus (§ 119 II BetrVG).

d) Geheimhaltungs- und Verschwiegenheitspflicht

1311 Nach § 79 I BetrVG müssen die Mitglieder und Ersatzmitglieder des Betriebsrates, nach § 79 II BetrVG auch die Mitglieder anderer Vertretungsorgane des Betriebs und die Vertreter von Gewerkschaften und Arbeitgebervereinigungen Betriebs- und Geschäftsgeheimnisse geheim halten.

1312 Der **Begriff des Betriebs- und Geschäftsgeheimnisses** ist der gleiche wie in § 17 UWG. Es sind darunter Tatsachen zu verstehen, die im Zusammenhang mit dem technischen Betrieb oder der wirtschaftlichen Betätigung des Unternehmens stehen, allenfalls einem kleinen Personenkreis bekannt, also nicht offenkundig sind und an deren Geheimhaltung der Arbeitgeber, insbesondere in seiner Eigenschaft als Wettbewerber, ein begründetes Interesse hat.[546]

Beispiele für Betriebsgeheimnisse sind etwa Modelle, ein Geheimverfahren und Diensterfindungen. Sind Letztere aber zum Patent oder Gebrauchsmuster angemeldet, stellen sie keine Betriebsgeheimnisse mehr dar. Als Geschäftsgeheimnisse kommen in Betracht: Kundenlisten, Vertreterverzeichnisse, Musterstücke, Preisberechnungen, Kalkulationsunterlagen oder Jahresabschlüsse, solange sie nicht veröffentlicht sind, sowie die innerbetriebliche Lohn- und Gehaltsstruktur.[547]

1313 Um Klarheit zu schaffen, welche Betriebs- oder Geschäftsgeheimnisse geheim zu halten sind, fordert das Gesetz, dass der Arbeitgeber oder ein von ihm bestimmter Vertreter die Angelegenheit ausdrücklich **als geheimhaltungsbedürftig bezeichnet.** Andernfalls wird eine Schweigepflicht nach § 79 BetrVG nicht begründet.

543 BAG 25.6.2014 – 7 AZR 847/12, NZA 2014, 1209.

544 Vgl. LAG Köln 6.3.1998 – 11 (9) Sa 383/97, NZA-RR 1999, 247 für die Vereinbarung einer Vergütung von »betriebsratsbedingter« Mehrarbeit; allg. Löwisch/Kaiser/*Kaiser* § 78 Rn. 14; *Fitting* § 78 Rn. 22; GK/*Kreutz* § 78 Rn. 64ff.; Richardi/*Thüsing* § 78 Rn. 28.

545 Löwisch/Kaiser/*Kaiser* § 78 Rn. 24; GK/*Kreutz* § 78 Rn. 76; Richardi/*Thüsing* § 78 Rn. 37; *Rieble* NZA 2008, 276 (278); für die Anwendung des § 817 S. 2 BGB dagegen *Fitting* § 78 Rn. 23.

546 BAG 26.2.1987 – 6 ABR 46/84, NZA 1988, 63; BAG 13.2.2007 – 1 ABR 14/06, NZA 2007, 1121.

547 BAG 26.2.1987 – 6 ABR 46/84, NZA 1988, 63; BAG 13.2.2007 – 1 ABR 14/06, NZA 2007, 1121.

Die Kenntnis **persönlicher Angelegenheiten** der Arbeitnehmer des Betriebs begründet keine Geheimhaltungspflicht nach § 79 BetrVG. Soweit solche Tatsachen dem Betriebsrat im Rahmen der Mitbestimmung bei personellen Einzelmaßnahmen, anlässlich der Erörterung der Leistungsbeurteilung des Arbeitnehmers oder aus den Personalakten bekannt werden, ist er aber nach §§ 82 II 3, 83 I 3, 99 I 3 und 102 II 5 BetrVG zur Verschwiegenheit verpflichtet. 1314

Die **Verletzung** der Geheimhaltungs- und Verschwiegenheitspflicht ist nach § 120 BetrVG strafbar und kann den Ausschluss aus dem Betriebsrat gem. § 23 I BetrVG rechtfertigen (→ Rn. 1385). Außerdem verpflichtet sie als Verletzung des Arbeitsvertrags nach § 280 I BGB und als Verletzung eines Schutzgesetzes nach § 823 II BGB zum Schadensersatz.[548] 1315

e) Entgeltgarantie und Kündigungsschutz

Fall 82: A ist als Abteilungsleiter in einem Warenhaus in Aurich (Ostfriesland) tätig und gehört dem dort gewählten Betriebsrat an. Der Konzern, zu dem das Warenhaus gehört, ordnet dieses im Zuge organisatorischer Änderungen als sog. Anschlusshaus dem Stammhaus in Bremen zu. Im Zusammenhang damit werden die Positionen der Abteilungsleiter gestrichen. Den bisherigen Stelleninhabern wird wahlweise der Wechsel in das Stammhaus oder eine Zurückstufung zum bloßen Bereichsleiter in Aurich angeboten. Als A sich weder auf das eine noch das andere einlässt, spricht ihm die Geschäftsleitung eine Änderungskündigung mit dem Ziel der Zurückstufung zum Bereichsleiter aus.

§ 37 IV BetrVG garantiert den Mitgliedern des Betriebsrats für die Dauer ihrer Amtszeit und ein weiteres Jahr das **Arbeitsentgelt,** das vergleichbare Arbeitnehmer mit betriebsüblicher beruflicher Entwicklung erzielen. Die einzelnen Betriebsratsmitglieder können nach § 242 BGB vom Arbeitgeber Auskunft über die Gehaltsentwicklung vergleichbarer Arbeitnehmer mit betriebsüblicher beruflicher Entwicklung verlangen.[549] Nach § 37 V BetrVG müssen die Mitglieder des Betriebsrats in diesem Zeitraum grundsätzlich mit Tätigkeiten beschäftigt werden, die den Tätigkeiten dieser vergleichbaren Arbeitnehmer gleichwertig sind. 1316

Das Amt des Betriebsrats und die anderen Ämter der Betriebsverfassung haben ihre Grundlage im **Arbeitsverhältnis** des Amtsträgers. Endet das Arbeitsverhältnis, so endet auch das Amt (§ 24 I Nr. 3 BetrVG). Im Interesse der Funktionsfähigkeit der Organe der Betriebsverfassung und einer unbefangenen Amtsausübung der gewählten Organmitglieder müssen die Amtsinhaber deshalb arbeitsvertraglich abgesichert werden. 1317

Um dieses Ziel zu erreichen, erklärt das Gesetz in den §§ 15f. KSchG die **ordentliche Kündigung** von Betriebsratsmitgliedern und anderen Amtsträgern mit Ausnahme des Falles der Betriebsstilllegung für schlechthin **unzulässig.** Der Kündigungsschutz gilt nicht nur für die Amtszeit, sondern gem. § 15 I 2 KSchG auch für ein Jahr nach Beendigung der Amtszeit. **Ersatzmitglieder** genießen den Kündigungsschutz nicht nur, wenn sie in den Betriebsrat nachgerückt sind, sondern auch, wenn sie ein Betriebsratsmitglied zeitweilig vertreten. Das soll nach Auffassung des BAG unabhängig davon gelten, ob in dieser Zeit Betriebsratstätigkeit anfällt,[550] was das Risiko des Rechtsmiss- 1318

548 Näher GK/*Oetker* § 79 Rn. 65ff.
549 BAG 4.11.2015 – 7 AZR 972/13, NZA 2016, 1339.
550 BAG 8.9.2011 – 2 AZR 388/10, NZA 2012, 400.

brauchs durch kollusives Zusammenwirken von Betriebsratsmitglied und Ersatzmitglied erhöht.[551] Kündigungsschutz gilt dann für die Dauer der Vertretung und – nach der sehr weit gehenden Rechtsprechung des BAG – auch für jeweils ein Jahr nach Beendigung des Vertretungsfalls, wobei für den nachwirkenden Kündigungsschutz des Ersatzmitglieds auch nach Auffassung des BAG tatsächlich Betriebsratstätigkeit angefallen sein muss.[552]

1319 Auch **Mitglieder eines Wahlvorstands und Wahlbewerber** sind gegen ordentliche Kündigungen geschützt (§ 15 III 1 KSchG). Bei Mitgliedern des Wahlvorstands beginnt der besondere Kündigungsschutz mit deren Bestellung, bei Wahlbewerbern mit der Aufstellung des Wahlvorschlags.[553] Er endet jeweils mit der Bekanntgabe des Wahlergebnisses. Darüber hinaus haben auch Wahlvorstände und Wahlbewerber einen nachwirkenden Kündigungsschutz, der sich bei ihnen allerdings auf sechs Monate nach Bekanntgabe des Wahlergebnisses beschränkt (§ 15 III 2 KSchG). Kündigungsschutz genießen nach § 15 IIIa KSchG auch die Initiatoren einer Betriebsratswahl.

1320 § 15 KSchG schützt die Betriebsratsmitglieder und die anderen dort genannten Personen auch gegen **ordentliche Änderungskündigungen** (→ Rn. 652 ff.).

1321 Das Recht, die Arbeitsverhältnisse von Betriebsratsmitgliedern, anderen Amtsträgern und Wahlbewerbern nach § 626 BGB **außerordentlich zu kündigen,** wird vom Kündigungsschutzgesetz nicht ausgeschlossen. Jedoch bestimmt § 103 BetrVG, dass eine solche Kündigung erst erfolgen darf, wenn ihr der Betriebsrat zugestimmt hat oder diese **Zustimmung** durch das Arbeitsgericht ersetzt ist. Mit dieser Regelung wird missbräuchlichen Kündigungen vorgebeugt (→ Rn. 1518 ff.). In der Phase des nachwirkenden Kündigungsschutzes nach Beendigung der Amtszeit bzw. nach Bekanntgabe des Wahlergebnisses bedarf es der Zustimmung des Betriebsrats nach § 103 BetrVG hingegen nicht (vgl. § 15 I 2 und III 2 KSchG).

> In **Fall 82** kann die Geschäftsleitung ihr Ziel mit einer ordentlichen Änderungskündigung nicht erreichen, weil diese gem. § 15 KSchG ausgeschlossen ist. In Betracht kommt aber eine außerordentliche Änderungskündigung. Der Umstand, dass eine Beschäftigungsmöglichkeit als Abteilungsleiter in Aurich nicht mehr vorhanden ist, kann als wichtiger Grund für die damit unabweisbare Zurückstufung zum Bereichsleiter angesehen werden.[554] Dabei muss der Arbeitgeber die Frist wahren, die bei einer ordentlichen Kündigung einzuhalten wäre (sog. »fiktive Kündigungsfrist«).[555] Um die Kündigung aussprechen zu können, muss die Geschäftsleitung aber nach § 103 BetrVG zunächst die Zustimmung des Betriebsrats herbeiführen oder diese durch das Arbeitsgericht ersetzen lassen.

1322 Bei **Auszubildenden,** die ein Amt in der Betriebsverfassung innehaben, reicht der Schutz gegen eine Kündigung nicht aus, weil Ausbildungsverhältnisse nach § 21 II BBiG mit dem Bestehen der Abschlussprüfung automatisch enden (→ Rn. 851). Deshalb gewährt ihnen § 78a BetrVG einen Anspruch auf Abschluss eines unbefristeten Arbeitsverhältnisses nach Ende der Ausbildungszeit. Der Arbeitgeber kann die Wei-

551 Löwisch/Spinner/Wertheimer/*Wertheimer,* Kündigungsschutzgesetz, 10. Aufl. 2013, § 15 Rn. 37.
552 BAG 12.2.2004 – 2 AZR 163/03, AP KSchG 1969 § 15 Ersatzmitglied Nr. 1; BAG 19.4.2012 – 2 AZR 233/11, NZA 2012, 1449.
553 Zum Beginn des Sonderkündigungsschutzes für Mitglieder des Wahlvorstands BAG 26.11.2009 – 2 AZR 185/08, NZA 2010, 443; für Wahlbewerber BAG 7.7.2011 – 2 AZR 377/10, NZA 2012, 107.
554 BAG 6.3.1986 – 2 ABR 15/85, NZA 1987, 102; BAG 17.3.2005 – 2 ABR 2/04, NZA 2005, 949.
555 BAG 27.9.2001 – 2 AZR 487/00, EzA § 15 nF KSchG Nr. 54 mit dem Hinweis, dass das Betriebsratsmitglied sonst entgegen § 78 S. 2 BetrVG wegen seiner Betriebsratstätigkeit benachteiligt würde.

terbeschäftigung nur ablehnen, wenn sie ihm aus besonderen Gründen, zB mangels eines Arbeitsplatzes, unzumutbar ist.[556]

4. Stellung der Koalitionen im Betrieb

Fall 83: Eine Reihe von Arbeitnehmerinnen und Arbeitnehmern des DGB und diesem angehörenden Einzelgewerkschaften haben einen Verband der Gewerkschaftsbeschäftigten gegründet, um ihre wirtschaftlichen und sozialen Interessen gegenüber der jeweiligen Gewerkschaft als ihrem Arbeitgeber besser vertreten zu können. Auf lange Sicht wird der Abschluss von Tarifverträgen zwischen dem Verband und den Gewerkschaften angestrebt. Aktuell sollen die den Gewerkschaften in der Betriebsverfassung zustehenden Rechte in den Gewerkschaftsbetrieben wahrgenommen werden.[557] Der Betriebsrat im Betrieb eines Landesbezirks von ver.di weigert sich, einem Beauftragten des Verbands der Gewerkschaftsbeschäftigten Zutritt zu den Betriebsversammlungen zu gewähren. Daraufhin beantragt der Verband der Gewerkschaftsbeschäftigten beim Arbeitsgericht, den Betriebsrat zu verpflichten, den Zutritt einer von ihm beauftragten Person zu den Betriebsversammlungen zu dulden.

Fall 84: In einem Betrieb zur Aufbereitung von Sand und Kies ist das Tragen von Schutzhelmen durch die Unfallverhütungsvorschriften vorgeschrieben. Teilweise verwenden die Arbeitnehmer eigene Schutzhelme, teilweise werden diese vom Betrieb gestellt. Die der IG Bauen-Agrar-Umwelt angehörenden Arbeitnehmer wollen auf den Schutzhelmen das Gewerkschaftsemblem anbringen. Der Arbeitgeber will das nicht dulden.

a) Betriebsverfassungsrechtliche Befugnisse

Dem deutschen Recht ist im Unterschied zu anderen Rechtsordnungen die grundsätz- 1323
liche Trennung von Organisation und Aufgaben der Organe der Betriebsverfassung einerseits und der **Gewerkschaften** andererseits eigen. Der Betriebsrat ist ein von allen Arbeitnehmern gewähltes Organ der gesamten Arbeitnehmerschaft des Betriebs. Die Gewerkschaft ist die Koalition ihrer Mitglieder. Allerdings wird diese Trennung nicht völlig durchgehalten. Vielmehr haben die im Betrieb durch wenigstens ein Mitglied vertretenen Gewerkschaften (→ Rn. 1234) umfangreiche Initiativ-, Beratungs- und Kontrollrechte in der Betriebsverfassung.

Gewerkschaftsvertreter können bei der Einleitung der Betriebsratswahl, insbesondere 1324
der Bildung eines Wahlvorstandes, initiativ werden (§§ 16 II, 17 III und IV BetrVG). Sie haben ein selbstständiges Wahlvorschlagsrecht (§ 14 III und V BetrVG). Sie können die Arbeitnehmervertretungen beraten und unterstützen, an Betriebsversammlungen (§ 46 I BetrVG) und auf Wunsch eines Viertels der Betriebsratsmitglieder auch an Betriebsratssitzungen teilnehmen (§ 31 BetrVG). Sie können erzwingen, dass eine Betriebsversammlung abgehalten wird (§ 43 IV BetrVG). Schließlich kommt ihnen das Recht zu, gegen den Arbeitgeber bei Verstößen gegen die Betriebsverfassung Zwangsmaßnahmen zu beantragen (§ 23 III BetrVG) sowie den Ausschluss eines Mitglieds aus dem Betriebsrat oder die Auflösung des Betriebsrats bei grober Verletzung der Pflichten zu verlangen (§ 23 I BetrVG).

Zur Wahrnehmung dieser Befugnisse haben die im Betrieb vertretenen Gewerkschaf- 1325
ten das Recht, **Beauftragte in den Betrieb zu entsenden.** Der Arbeitgeber hat ihnen

556 BAG 12.11.1997 – 7 ABR 73/96, NZA 1998, 1057; iE Löwisch/Kaiser/*Kaiser* § 78a Rn. 1 ff.

557 Zur Koalitionseigenschaft des Verbands der Gewerkschaftsbeschäftigten s. Fall 58 (→ Rn. 950 und → Rn. 962).

Zugang zu gewähren, soweit dem nicht unumgängliche Notwendigkeiten des Betriebsablaufs, zwingende Sicherheitsvorschriften oder der Schutz von Betriebsgeheimnissen entgegenstehen (§ 2 II BetrVG).

1326 Eine betriebsverfassungsrechtliche Befugnis von **Arbeitgeberverbänden** sieht nur § 46 I 2 BetrVG vor. Danach kann der Arbeitgeber einen Beauftragten des Arbeitgeberverbandes, dem er angehört, zur Betriebsversammlung hinzuziehen.

1327 Die herrschende Meinung steht auf dem Standpunkt, dass die genannten betriebsverfassungsrechtlichen Befugnisse nur solchen Arbeitnehmer- und Arbeitgebervereinigungen zukommen, die **tariffähig** sind. Zum **Begriff der Gewerkschaft** gehöre die Tariffähigkeit. Der Inhalt des Gewerkschaftsbegriffs sei in sämtlichen Rechtsgebieten der Gleiche. Die Einheitlichkeit des Gewerkschaftsbegriffs stehe nicht zur Disposition der Gerichte.[558] Auch soweit Arbeitgebervereinigungen Befugnisse zuerkannt würden, müsse es sich um tariffähige Vereinigungen handeln.[559] Mit Art. 9 III GG ist diese Auffassung nicht vereinbar.[560] Anders als für das Funktionieren der Tarifvertragsordnung sind für das Tätigwerden der Gewerkschaften im Rahmen der Betriebsverfassung deren Tarifwilligkeit, Überbetrieblichkeit und soziale Mächtigkeit (→ Rn. 962, 986ff.) nicht erforderlich. Dementsprechend sind Gewerkschaften im Sinne des BetrVG auch Zusammenschlüsse von Arbeitnehmern auf betrieblicher Ebene, Arbeitnehmervereinigungen, die – wie etwa ausländische Gewerkschaften – keine Tarifverträge abschließen wollen und neue Gewerkschaften, in denen nur eine kleine Zahl von Arbeitnehmern organisiert ist, sodass sie noch nicht über die für die Tariffähigkeit notwendige Mächtigkeit verfügen.[561] Hinzugezogen werden können auf Arbeitgeberseite auch Beauftragte sog. OT-Verbände (→ Rn. 1000). Für die Wahrnehmung der eingeschränkten Befugnis nach § 46 I 2 BetrVG ist Tariffähigkeit keineswegs erforderlich.

Im **Fall 83** ist das BAG der herrschenden Meinung gefolgt und hat den Antrag des Verbands der Gewerkschaftsbeschäftigten mangels Tariffähigkeit abgewiesen. Die Übertragung betriebsverfassungsrechtlicher Aufgaben und Befugnisse auf die Gewerkschaften als tariffähige Arbeitnehmervereinigungen trage der engen Verflechtung zwischen Betriebsverfassung und der Regelung von Arbeits- und Wirtschaftsbedingungen durch Tarifverträge Rechnung. Die effektive Unterstützung von Betriebsrat und Belegschaft in den Betrieben und Unternehmen sowie die Ausübung der betriebsverfassungsrechtlichen Ordnungsfunktion vermöge nicht jede Arbeitnehmerkoalition in gleicher Weise zu leisten. Das gelte auch dann, wenn sie den Anforderungen des Koalitionsbegriffs des Art. 9 III GG genüge.[562] Aus den soeben genannten Gründen ist diese Rechtsprechung abzulehnen.

b) Koalitionsrechtliche Befugnisse

1328 Nach § 2 III BetrVG werden die Aufgaben der Gewerkschaften und der Arbeitgeberverbände durch das BetrVG nicht berührt. Das Gesetz respektiert damit das aus Art. 9 III GG folgende **Recht der Koalition zur Betätigung** (→ Rn. 124) auch in den Betrieben.

1329 Zu den koalitionsrechtlichen Befugnissen der Gewerkschaft im Betrieb gehört zunächst das Recht, als Bindeglied zwischen dem hauptamtlichen Funktionärskörper

558 BAG 19.6.2006 – 1 ABR 53/05, NZA 2007, 518; *Fitting* § 2 Rn. 32ff.; Richardi/*Richardi* § 2 Rn. 39ff.
559 *Fitting* § 2 Rn. 41; Richardi/*Richardi* § 2 Rn. 63.
560 AA BAG 19.6.2006 – 1 ABR 53/05, NZA 2007, 518.
561 Löwisch/Kaiser/*Löwisch* § 2 Rn. 18; GK/*Franzen* § 2 Rn. 33 mwN.
562 BAG 19.9.2006 – 1 ABR 53/05, NZA 2007, 518.

und den Gewerkschaftsmitgliedern im Betrieb bestimmte Mitglieder zu **Vertrauensleuten** für ihren Betrieb oder für eine Betriebsabteilung zu bestellen.[563] Aus Art. 9 III GG folgt weiter das Recht der Gewerkschaften, bei betrieblichen Wahlen **Wahlwerbung** für die Listen ihrer Mitglieder zu betreiben.[564] Die Gewerkschaften dürfen schließlich auch, soweit Arbeitsablauf und Betriebsfrieden nicht gestört werden, ihre Mitglieder im Betrieb informieren und dort neue **Mitglieder werben.**[565] Der Arbeitgeber muss daher die Verteilung von gewerkschaftlichem Informations- und Werbematerial in seinem Betrieb dulden. Dies gilt auch für die Verteilung von Gewerkschaftszeitungen.[566] Im Wege gesetzesvertretender Rechtsfortbildung bejaht das BAG außerdem ein Recht der Gewerkschaft, Informationen und Werbung an die dienstlichen E-Mail-Adressen der Arbeitnehmer zu versenden.[567]

Nach Auffassung des BAG kann eine Gewerkschaft auch nicht generell darauf ver- 1330
wiesen werden, ausschließlich betriebsangehörige Gewerkschaftsmitglieder mit der Durchführung der Mitgliederwerbung zu beauftragen. Im Wege der richterrechtlichen Ausgestaltung folgert das BAG aus Art. 9 III GG ein **Zutrittsrecht betriebsfremder Gewerkschaftsbeauftragter** zum Betrieb zum Zweck der Mitgliederwerbung, wobei zu den grundrechtlich durch Art. 12 I und Art. 14 I GG geschützten Interessen des Arbeitgebers praktische Konkordanz herzustellen sei.[568] Eine solche richterrechtliche Ausgestaltungsbefugnis besteht nicht. Die Regelung eines Zutrittsrechts selbst wie dessen nähere Ausgestaltung und Eingrenzung ist allein Sache des Gesetzgebers.[569]

Der Arbeitgeber hat die mit der Werbetätigkeit notwendig verbundene **Inanspruch-** 1331
nahme der betrieblichen Räume zu dulden. Er muss deshalb insbesondere die Anbringung entsprechenden Schriftguts an den Bekanntmachungstafeln des Betriebs akzeptieren.[570] Störungen des Arbeitsablaufs oder des Betriebsfriedens braucht der Arbeitgeber nicht hinzunehmen.[571] Auch dass die Gewerkschaftsmitglieder Betriebsmittel, etwa Maschinen, firmeneigene Kraftfahrzeuge oder die vom Arbeitgeber gestellte Arbeitskleidung als Werbeträger verwenden, braucht der Arbeitgeber nicht zu tolerieren.[572]

Für **Fall 84** ergibt sich, dass der Arbeitgeber das Anbringen des Gewerkschaftsemblems auf den von ihm gestellten Schutzhelmen tatsächlich nicht zu dulden braucht. Dass die Arbeitnehmer auf ihren eigenen Schutzhelmen in angemessener Form für ihre Gewerkschaft werben, kann er aber nicht verhindern.[573]

---

563 BAG 8.12.1978 – 1 AZR 303/77, AP GG Art. 9 Nr. 28; zu den Einzelheiten Löwisch/Kaiser/*Löwisch* § 2 Rn. 28.

564 BVerfG 30.11.1965 – 2 BvR 54/62, BVerfGE 19, 303 = NJW 1966, 491; BVerfG 28.4.1976 – 1 BvR 71/73, BVerfGE 42, 133 = NJW 1976, 1627.

565 BVerfG 14.11.1995 – 1 BvR 601/92, BVerfGE 93, 352 = NZA 1996, 381; BAG 31.5.2005 – 1 AZR 141/04, NZA 2005, 1182.

566 BAG 23.2.1979 – 1 AZR 540/77, AP GG Art. 9 Nr. 29.

567 BAG 20.1.2009 – 1 AZR 515/08, NZA 2009, 615; krit. GK/*Franzen* § 2 Rn. 93.

568 BAG 28.2.2006 – 1 AZR 460/04, NZA 2006, 798; BAG 22.6.2010 – 1 AZR 179/09, NZA 2010, 1365, wonach sich die Häufigkeit des Zutrittsverlangens an der gesetzlichen Wertung des § 43 IV BetrVG orientieren soll.

569 *Richardi*, Anm. zu BAG 28.2.2006, AP GG Art. 9 Nr. 127; *Uffmann*, Anm. zu BAG 22.6.2010, SAE 2011, 109 (113 ff.) mwN.

570 BAG 14.2.1978 – 1 AZR 280/77, AP GG Art. 9 Nr. 26.

571 BAG 28.2.2006 – 1 AZR 460/04, NZA 2006, 798.

572 BAG 23.2.1979 – 1 AZR 172/78, AP GG Art. 9 Nr. 30; GK/*Franzen* § 2 Rn. 92; Löwisch/Kaiser/*Löwisch* § 2 Rn. 31; Richardi/*Richardi* § 2 Rn. 158; aA *Fitting* § 2 Rn. 85.

573 BAG 23.2.1979 – 1 AZR 172/78, AP GG Art. 9 Nr. 30.

V. Grundsätze für die Beziehungen zwischen Arbeitgeber und Betriebsrat

1. Zusammenarbeit

Fall 85: Im Bundestagswahlkampf 1980 erschienen im Kaufhaus X eine Reihe von Arbeitnehmern, darunter auch Betriebsräte, mit Plaketten an der Kleidung. Sie trugen die Aufschrift: »Unser Kanzler: Franz Josef Strauß«. Andere trugen Plaketten mit dem Satz: »Zieh mit – Wähl Schmidt«.

a) Grundsatz der vertrauensvollen Zusammenarbeit

1332 Ob in einem Betrieb ein gutes Klima herrscht, hängt nicht zuletzt von dem Verhältnis zwischen Betriebsrat und Arbeitgeber ab. § 2 I BetrVG verpflichtet deshalb Arbeitgeber und Betriebsrat zur vertrauensvollen Zusammenarbeit.

1333 Was mit vertrauensvoller Zusammenarbeit **im Einzelnen** gemeint ist, hat das BetrVG in einer Reihe von Vorschriften näher ausgeführt. Zu nennen sind in erster Linie die in § 74 BetrVG niedergelegten Grundsätze, das Gleichbehandlungsgebot und das Gebot zu Schutz und Förderung des Persönlichkeitsrechts (§ 75 BetrVG, → Rn. 148 ff.), die Pflicht der Betriebsratsmitglieder zur Wahrung der Betriebs- und Geschäftsgeheimnisse (§ 79 BetrVG, → Rn. 1311 ff.) und das an den Betriebsrat gerichtete Verbot, durch einseitige Handlungen in die Leitung des Betriebs einzugreifen (§ 77 I 2 BetrVG). Allgemein gilt: Arbeitgeber und Betriebsrat sollen bei allen Erklärungen, Maßnahmen und Entscheidungen Offenheit und Ehrlichkeit walten lassen und den Argumenten der anderen Seite Verständnis entgegenbringen.

b) Besprechungs- und Verhandlungspflicht

1334 § 74 I BetrVG verpflichtet Arbeitgeber und Betriebsrat zu monatlichen Besprechungen und zur Verhandlung über streitige Fragen. Arbeitgeber und Betriebsrat müssen immer zuerst selbst einen Ausgleich versuchen. Erst wenn dieser misslingt, können sie, soweit das vorgesehen ist, die Einigungsstelle (→ Rn. 1366 ff.) oder das Arbeitsgericht anrufen. Zur Zusammenarbeit von Betriebsrat und Sprecherausschuss der leitenden Angestellten → Rn. 1614.

c) Arbeitskampfverbot

1335 § 74 II 1 BetrVG verbietet Arbeitskampfmaßnahmen von Arbeitgeber und Betriebsrat gegeneinander. Konfliktlösungsmittel zwischen Arbeitgeber und Betriebsrat ist die Schlichtung über die Einigungsstelle.

1336 Arbeitskämpfe **auf der tariflichen Ebene** werden dadurch aber nicht ausgeschlossen, und zwar auch dann nicht, wenn es um einen Haustarifvertrag geht. Als Arbeitnehmer können die Betriebsratsmitglieder an einem solchen zulässigen Arbeitskampf teilnehmen (§ 74 III BetrVG). Allerdings dürfen sie das Betriebsratsamt nicht mit dem Arbeitskampf verquicken, zB eine Betriebsversammlung einberufen, um die Führung eines Warnstreiks zu erörtern.[574]

1337 Dass im Betrieb ein Arbeitskampf stattfindet, macht den **Betriebsrat** als Organ **nicht funktionsunfähig.**[575] Doch werden seine Mitwirkungsrechte eingeschränkt, soweit

574 Näher Löwisch/Kaiser/*Kaiser* § 74 Rn. 13 ff., 16.
575 BAG 5.5.1987 – 1 AZR 292/85, NZA 1987, 853.

dies das Funktionieren der Arbeitskampfrechtsordnung, insbesondere der Grundsatz der Kampfparität, erfordert.

Mitbestimmungsfrei sind danach insbesondere die Aussperrung und alle mit ihr in untrennbarem Zusammenhang stehenden Maßnahmen, wie etwa die Kennzeichnung des Werksausweises nicht ausgesperrter Arbeitnehmer.[576] Eingeschränkt wird die Mitbestimmung über die Einführung von Mehr- oder Kurzarbeit nach § 87 I Nr. 3 BetrVG im Falle arbeitskampfbedingter Verlagerung des Lohnrisikos: In einem Betrieb, dessen Belegschaft zum Teil selbst im Arbeitskampf steht, scheidet sie überhaupt aus. In anderen mittelbar vom Arbeitskampf betroffenen Betrieben reduziert sie sich auf die Verteilung der Modalitäten der Verlagerung des Lohnrisikos auf die Arbeitnehmer, insbesondere auf die Entscheidung der Frage, ob und wie lange die Arbeit gestreckt wird.[577] Mitbestimmungsfrei ist wiederum die Einstellung von Arbeitnehmern während des Arbeitskampfs[578] und auch die Versetzung, unabhängig davon, ob der abgebende Betrieb in den Arbeitskampf einbezogen ist oder nicht.[579] Mitbestimmungspflichtig bleiben im Arbeitskampf dagegen Arbeitgebermaßnahmen, denen ein näherer Zusammenhang mit dem Arbeitskampf fehlt, wie etwa solche der Berufsbildung. Der Informationsanspruch des Betriebsrats aus § 80 II 1 BetrVG besteht auch während der Dauer von Arbeitskampfmaßnahmen, weil durch Informationen die Arbeitskampffreiheit des Arbeitgebers nicht eingeschränkt wird.[580]

d) Pflicht zur Erhaltung des Betriebsfriedens

Nach § 74 II 2 BetrVG haben Arbeitgeber und Betriebsrat Betätigungen zu unterlassen, durch die der Arbeitsablauf oder der Frieden des Betriebs beeinträchtigt werden. Mit Arbeitsablauf meint das Gesetz die eigentliche Durchführung der im Betrieb anfallenden Arbeiten, während unter Frieden die Atmosphäre der Zusammenarbeit sowohl zwischen Arbeitgeber und Arbeitnehmer als auch unter den Arbeitnehmern sowie zwischen Arbeitgeber und Betriebsrat gemeint ist. Der Arbeitsablauf wird zB beeinträchtigt, wenn die Arbeitnehmer in Bezug auf durchzuführende Arbeiten dadurch verunsichert werden, dass der Betriebsrat sie auffordert, Weisungen nicht mehr zu folgen. Eine Beeinträchtigung des Betriebsfriedens kann in einem gewaltsamen Vorgehen liegen, etwa der Entfernung von Anschlägen des anderen Betriebspartners vom Schwarzen Brett. 1338

e) Verbot parteipolitischer Betätigung

Mit dem Verbot parteipolitischer Betätigung will § 74 II 3 BetrVG den Betrieb aus den Meinungsstreitigkeiten einzelner Gruppen heraushalten und die **Meinungs- und Wahlfreiheit** der einzelnen Arbeitnehmer schützen.[581] 1339

Gegen das Verbot parteipolitischer Betätigung verstößt in erster Linie die unmittelbare Betätigung durch Verbreiten von politischen Zeitungen, Druckschriften, Anschlägen oder Flugblättern oder das Tragen von Meinungsplaketten innerhalb der Betriebsräume. Aber auch politische Abstimmungen oder Umfragen brauchen weder der Arbeitgeber noch der Betriebsrat im Betrieb zu dulden.[582] Verboten ist lediglich die parteipolitische Betätigung **im Betrieb,** doch genügt, dass die Auseinandersetzung in den Betrieb hineingetragen wird. Deshalb ist das Verteilen von Flugblättern unmittelbar 1340

576 BAG 16.12.1986 – 1 ABR 35/85, NZA 1987, 355.
577 BAG 22.12.1980 – 1 ABR 76/79, AP GG Art. 9 Arbeitskampf Nr. 71; zu den Einzelheiten *Kissel,* Arbeitskampfrecht 2002, § 72 Rn. 1ff.; *Otto,* Arbeitskampf- und Schlichtungsrecht 2006, § 16 Rn. 1ff.
578 BAG 26.10.1971 – 1 AZR 113/68, AP GG Art. 9 Arbeitskampf Nr. 44.
579 BAG 13.12.2011 – 1 ABR 2/10, NZA 2012, 571.
580 BAG 10.12.2002 – 1 ABR 7/02, NZA 2004, 223.
581 BAG 13.9.1977 – 1 ABR 67/75, AP BetrVG 1972 § 42 Nr. 1.
582 BAG 12.6.1986 – 6 ABR 67/84, AP BetrVG 1972 § 74 Nr. 5.

vor den Werkstoren unzulässig. Unzulässig ist auch die Einladung eines im Wahlkampf stehenden Politikers zu einem Referat in der Betriebsversammlung, auch wenn es sich um ein an sich »neutrales« Thema handelt.[583]

Nach Auffassung des BAG verstößt ein an alle Arbeitnehmer gerichteter Aufruf des Betriebsrats, sich an einer bevorstehenden politischen Abstimmung oder Wahl zu beteiligen, nicht gegen das Verbot parteipolitischer Betätigung, weil der Betriebsrat hierdurch weder für noch gegen eine politische Partei, Gruppierung oder Richtung eintrete, sondern sich nur allgemeinpolitisch betätige. Äußerungen allgemeinpolitischen Inhalts würden von § 74 II 3 BetrVG aber nicht erfasst.[584] Dies ist im Hinblick auf den in der Entscheidung in Rede stehenden Aufruf zur Teilnahme an einem bevorstehenden Volksentscheid schon deshalb zweifelhaft, weil solche Abstimmungen von bestimmten parteipolitischen Gruppierungen typischerweise für oder gegen die streitige Angelegenheit initiiert und unterstützt werden. Zudem hängt ihr Erfolg regelmäßig von dem Erreichen eines bestimmten Quorums ab.

1341 Die Arbeitnehmer des Betriebs werden durch § 74 II 2 und 3 BetrVG unmittelbar nicht betroffen. Für sie ergibt sich freilich aus dem Arbeitsvertrag, dass sie parteipolitische Betätigungen im Betrieb insoweit unterlassen müssen, als dadurch das Arbeitsverhältnis beeinträchtigt wird, sei es im Leistungsbereich, sei es im Bereich der betrieblichen Verbundenheit aller Mitarbeiter (Betriebsordnung, Betriebsfrieden), im personalen Vertrauensbereich der Vertragspartner oder auch im Unternehmensbereich (Betriebsgefährdung).[585]

In **Fall 85** ist das Tragen der Plaketten nicht nur den Betriebsratsmitgliedern untersagt. Aufgrund der **besonderen** Situation des Betriebs (Kaufhaus und damit möglicherweise Publikumsverkehr, der daran Anstoß nimmt) wird bei den übrigen Arbeitnehmern der Leistungsbereich des Arbeitsverhältnisses beeinträchtigt.

2. Betriebsvereinbarung als Regelungsinstrument

Fall 86: In einem mittelfränkischen Unternehmen mit 200 Beschäftigten ist eine Betriebsvereinbarung über die Einräumung eines Wiedereinstellungsanspruchs an Beschäftigte geschlossen worden, die im Anschluss an die Elternzeit nach dem BEEG aus dem Betrieb ausscheiden, um ihr Kind weiter zu betreuen. Als ein Arbeitnehmer den Wiedereinstellungsanspruch geltend macht, beruft sich der nicht dem Arbeitgeberverband der Bayerischen Metall- und Elektro-Industrie e.V. (vbm) angehörende Arbeitgeber darauf, dass § 7 Nr. 3 des Manteltarifvertrags (→ Anhang 1) einen solchen Wiedereinstellungsanspruch ebenfalls vorsehe, Betriebe mit weniger als 500 Beschäftigten davon aber ausgenommen seien. Diese Regelung gehe der Betriebsvereinbarung vor.

a) Funktion

1342 Das Betriebsverfassungsgesetz räumt dem Betriebsrat, insbesondere in den sozialen Angelegenheiten (→ Rn. 1400 ff.), eine Vielzahl von Mitbestimmungsrechten ein. In diesen Fällen erfordert die Regelung der Angelegenheiten im Betrieb eine Einigung zwischen Arbeitgeber und Betriebsrat. Das gesetzliche Instrument dieser Einigung ist die Betriebsvereinbarung.

b) Zustandekommen

1343 Trotz des eigentümlichen Wortlauts von § 77 II BetrVG (»gemeinsam zu beschließen«) kommt die Betriebsvereinbarung ebenso wie der Tarifvertrag **als Vertrag** zustande.

583 BAG 13.9.1977 – 1 ABR 67/75, AP BetrVG 1972 § 42 Nr. 1; *Löwisch* DB 1976, 676.
584 BAG 17.3.2010 – 7 ABR 95/08, NZA 2010, 1133.
585 BAG 9.12.1982 – 2 AZR 620/80, AP BGB § 626 Nr. 73.

Das setzt übereinstimmende Willenserklärungen von **Arbeitgeber und Betriebsrat** voraus. Zudem muss aufseiten des Betriebsrats vor Abschluss der Betriebsvereinbarung ein entsprechender Beschluss gefasst werden (→ Rn. 1286). Fehlt es an einem wirksamen Betriebsratsbeschluss, kann die Betriebsvereinbarung aber durch eine spätere ordnungsgemäße Beschlussfassung des Betriebsrats nach § 184 I BGB genehmigt werden.[586] Außerdem bedarf die Betriebsvereinbarung nach § 77 II BetrVG der Schriftform. Die hM interpretiert dies dahin, dass gem. § 126 II 1 BGB die Unterschriften beider Organe der Betriebsverfassung bzw. bevollmächtigter Vertreter auf derselben Urkunde stehen müssen. Der Austausch einseitig unterzeichneter Urkunden gem. § 126 II 2 BGB genügt dem Schriftformerfordernis damit nicht.[587]

Im Rahmen ihrer Zuständigkeit können auch der Gesamtbetriebsrat (→ Rn. 1247 ff.) und der Konzernbetriebsrat (→ Rn. 1254 f.) Betriebsvereinbarungen schließen. Man spricht dann von der Gesamtbetriebsvereinbarung bzw. Konzernbetriebsvereinbarung. Die in § 77 BetrVG getroffenen Regelungen finden auch auf diese Vereinbarungen Anwendung.

Betriebsvereinbarungen können auf Tarifverträge Bezug nehmen. Eine dynamische Verweisung ist aber nur zulässig, wenn zu dem betreffenden Tarifvertrag ein enger Sachzusammenhang besteht. Es gelten die gleichen Grundsätze wie bei der dynamischen Verweisung von einem Tarifvertrag auf einen anderen Tarifvertrag[588] (→ Rn. 1003 f.). **1344**

c) Normativer Teil

Ebenso wie der Tarifvertrag enthält die Betriebsvereinbarung Rechtsnormen, die unmittelbar und zwingend gelten (§ 77 IV 1 BetrVG). Nach allgemeiner Meinung sind diese wie Tarifverträge auszulegen (→ Rn. 1076 ff.); in erster Linie kommt es auf den Wortlaut an.[589] Regelt die Betriebsvereinbarung den **Inhalt** der einzelnen Arbeitsverhältnisse, so werden diese entsprechend um- bzw. ausgestaltet: Abweichendes wird verdrängt, Fehlendes wird ergänzt. Auch sog. negative Inhaltsnormen, zB ein Verbot der Vereinbarung von Arbeit auf Abruf, sind möglich.[590] **1345**

Adressat von **Abschlussnormen** der Betriebsvereinbarung ist der Arbeitgeber. Verstößt er gegen sie, erhält der Betriebsrat gem. § 99 II Nr. 1 BetrVG das Recht, die Zustimmung zu der betreffenden personellen Einzelmaßnahme, zB einer Einstellung, zu verweigern. **1346**

Nach dem Vorbild des § 4 IV 1 TVG ordnet § 77 IV 2 BetrVG an, dass ein **Verzicht auf Rechte,** die den Arbeitnehmern durch Betriebsvereinbarung eingeräumt werden, nur mit Zustimmung des Betriebsrats zulässig ist. Das erfordert einen entsprechenden Beschluss des Betriebsrats, der nur wirksam ist, wenn der Betriebsrat zuvor ordnungsgemäß über die für die Entscheidung wesentlichen Umstände, insbesondere den Umfang des individuellen Verzichts, unterrichtet worden ist.[591] Verzicht ist der Erlass von Ansprüchen sowie das negative Schuldanerkenntnis (§ 397 I und II BGB), also insbesondere auch die sog. Ausgleichsquittung (→ Rn. 341). § 77 IV 3 BetrVG schließt auch die **1347**

586 BAG 9.12.2014 – 1 ABR 19/13, NZA 2015, 368.

587 BAG 14.2.1978 – 1 AZR 154/76, AP GG Art. 9 Arbeitskampf Nr. 60; *Raab,* FS Konzen, 2006, 719 (734); *Fitting* § 77 Rn. 21.

588 BAG 23.6.1992 – 1 ABR 9/92, NZA 1993, 229.

589 BAG 27.7.2010 – 1 AZR 874/08, NZA 2010, 1369; BAG 5.3.2013 – 1 AZR 417/12, NZA 2013, 916; iE AR/*Rieble* BetrVG § 77 Rn. 12.

590 BAG 13.10.1987 – 1 ABR 51/86, NZA 1988, 253.

591 BAG 15.10.2013 – 1 AZR 405/12, NZA 2014, 217.

Verwirkung solcher Rechte aus. Der Arbeitgeber kann sich demnach einem Arbeitnehmer gegenüber nicht darauf berufen, dessen Forderungen seien zwar noch nicht verjährt, er mache sie aber treuwidrig zu spät geltend. Auch **Ausschlussfristen** für durch Betriebsvereinbarung eingeräumte Rechte und die nach § 202 I BGB abgesehen von der Haftung wegen Vorsatzes an sich zulässige **Verkürzung von Verjährungsfristen** für diese sind nach § 77 IV 4 BetrVG grundsätzlich unwirksam. Etwas anderes gilt nur, wenn dies in einer Betriebsvereinbarung oder in einem Tarifvertrag vereinbart ist.[592]

1348 Nach der Rechtsprechung des BAG unterliegen Betriebsvereinbarungen, anders als Tarifverträge, einer **Billigkeitskontrolle** durch die Arbeitsgerichte. Die Billigkeitskontrolle betrifft die billige Behandlung des einzelnen Arbeitnehmers durch eine Betriebsvereinbarung. Insbesondere kann geprüft werden, ob die Schlechter- oder Besserstellung bestimmter Arbeitnehmer oder Arbeitnehmergruppen sachgerecht ist[593] und ob bei dem Entzug von Leistungen durch eine spätere Betriebsvereinbarung der Vertrauensschutzgedanke beachtet ist.[594]

1349 Das Konzept einer Billigkeitskontrolle von Betriebsvereinbarungen wird in der Literatur unter Hinweis auf § 310 IV 1 BGB überwiegend abgelehnt.[595] Dieses Argument überzeugt insoweit nicht, als diese Vorschrift lediglich die besondere AGB-Kontrolle ausschließt, aber nichts über das Bedürfnis einer davon unabhängigen Kontrolle aussagt. Die gerichtliche Kontrolle erstreckt sich nach wie vor auf die in § 75 I BetrVG festgelegte Pflicht der Betriebspartner, alle im Betrieb tätigen Personen billig und gerecht zu behandeln. Im Hinblick darauf kreist die Diskussion aber heute mehr oder minder um die **richtige Terminologie.** Ob eine Betriebsvereinbarung im Verhältnis von Arbeitgeber und Belegschaft billiges Ermessen wahrt, unterfällt nicht der Kontrolle nach § 75 I BetrVG, sondern ist nur nachprüfbar, wenn die Betriebsvereinbarung auf einem Spruch der Einigungsstelle beruht (§ 76 V 3 und 4 BetrVG; → Rn. 1379 f.). Deshalb ist es zur Abgrenzung besser, bei der Kontrolle nach § 75 I BetrVG von einer Inhaltskontrolle zu sprechen,[596] weil es sich um eine Rechtskontrolle handelt[597] (näher zu § 75 I BetrVG → Rn. 148 ff.).

1350 Die Betriebsvereinbarung muss sich **im Rahmen des zwingenden staatlichen Rechts** halten. Dabei ist zu beachten, dass es gesetzliche Bestimmungen gibt, die zwar gegenüber arbeitsvertraglichen Vereinbarungen zwingend sind, nicht aber gegenüber Betriebsvereinbarungen. Beispiel für ein solches »betriebsvereinbarungsdispositives Recht« ist § 7 ArbZG.

1351 Als Arbeitnehmerschutzrecht ist das staatliche Arbeitsrecht häufig nur einseitig zwingend. Für die Arbeitnehmer günstigere Regelungen sind zulässig. Allerdings enthält das Gesetz für erzwingbare Betriebsvereinbarungen in sozialen Angelegenheiten inso-

592 Eine entsprechende Vereinbarung in einem Tarifvertrag gilt nur für Arbeitnehmer, die an diesen Tarifvertrag gebunden sind. Es handelt sich um eine Inhaltsnorm des Tarifvertrags, nicht um eine Norm über betriebliche Fragen iSd § 3 II TVG.

593 BAG 14.2.1984 – 1 AZR 574/82, NZA 1984, 201.

594 Für erdiente Versorgungsanwartschaften grds. verneinend BAG 16.7.1996 – 3 AZR 398/95, NZA 1997, 533; für Ansprüche auf längerfristige Entgeltfortzahlung im Krankheitsfall grds. bejahend BAG 15.11.2000 – 5 AZR 310/99, NZA 2001, 900.

595 *Reichold* ArbR § 14 Rn. 44; GK/*Kreutz* § 77 Rn. 324 ff.; *Fitting* § 77 Rn. 231 f.

596 So etwa BAG 1.2.2006 – 5 AZR 187/05, NZA 2006, 563.

597 Löwisch/Kaiser/*Kaiser* § 77 Rn. 147 f.

weit eine wichtige Einschränkung in Gestalt des in § 87 I BetrVG angeordneten Sperrvorrangs der gesetzlichen Regelung (→ Rn. 1409f.).

d) Schuldrechtliche Pflichten

Nicht anders als der Tarifvertrag enthält auch die Betriebsvereinbarung Rechte und Pflichten von Arbeitgeber und Betriebsrat. Der Betriebsrat kann vom Arbeitgeber die Durchführung der Betriebsvereinbarung verlangen und ihn auf die Unterlassung vereinbarungswidriger Maßnahmen in Anspruch nehmen.[598] Aber auch aufseiten des Betriebsrats können sich Pflichten zur Mitwirkung, etwa bei der Errichtung, Verwaltung oder Ausgestaltung einer Sozialeinrichtung ergeben, auf deren Erfüllung er vom Arbeitgeber in Anspruch genommen werden kann. 1352

e) Beendigung

Die Betriebsvereinbarung endet, wenn sie befristet ist, mit Ablauf der bestimmten Frist, sonst durch Aufhebungsvertrag oder Kündigung. Dabei gilt für die Kündigung eine Frist von drei Monaten, wenn nichts anderes vereinbart ist (§ 77 V BetrVG). Nach dem Grundsatz, dass jede zeitlich jüngere Rechtsnorm eine entgegenstehende ältere Rechtsnorm beseitigt, setzt auch jede Betriebsvereinbarung selbsttätig diejenigen Bestimmungen älterer Betriebsvereinbarungen außer Kraft, die denselben Gegenstand betreffen.[599] Etwas anderes gilt nur, soweit der Vertrauensschutzgedanke greift. 1353

Nach § 77 VI BetrVG gelten die Rechtsnormen einer Betriebsvereinbarung nach deren Ablauf weiter, bis sie durch eine andere »Abmachung« ersetzt werden **(Nachwirkung)**, es sei denn, dass die Betriebsparteien die Nachwirkung bereits in der Betriebsvereinbarung ausgeschlossen haben.[600] Als andere Abmachung kommt dabei sowohl eine Betriebsvereinbarung als auch eine arbeitsvertragliche Abrede zwischen Arbeitgeber und Arbeitnehmer in Betracht. Allerdings kann eine arbeitsvertragliche Einheitsregelung (→ Rn. 60) die Nachwirkung nicht beenden, wenn dadurch Mitbestimmungsrechte des Betriebsrats umgangen werden. 1354

Die Nachwirkung gilt nur in den Angelegenheiten, in denen ein Spruch der Einigungsstelle die Einigung zwischen Arbeitgeber und Betriebsrat ersetzt, weil nur hier jeder der Beteiligten die Ablösung der nachwirkenden Normen durch eine neue Betriebsvereinbarung erzwingen kann. Bei Ablauf lediglich **freiwilliger Betriebsvereinbarungen** (→ Rn. 1448f.) tritt der ohne diese geltende Rechtszustand wieder ein.[601] War die Angelegenheit zuvor arbeitsvertraglich geregelt, lebt die arbeitsvertragliche Regelung mit ihrem damaligen Inhalt wieder auf. Allerdings können die Betriebspartner die Nachwirkung auch freiwilliger Betriebsvereinbarungen vereinbaren, sofern sie eine Beendigungsmöglichkeit, jedenfalls durch Entscheidung der Einigungsstelle, vorsehen.[602] 1355

598 BAG 10.11.1987 – 1 ABR 55/86, NZA 1988, 255; BAG 18.5.2010 – 1 ABR 6/09, NZA 2010, 1433.
599 BAG 16.9.1986 – GS 1/82, NZA 1987, 168; BAG 23.1.2008 – 1 AZR 988/06, NZA 2008, 709 mwN.
600 BAG 17.1.1995 – 1 ABR 29/94, NZA 1995, 1010; BAG 18.2.2003 – 1 ABR 17/02, NZA 2004, 336.
601 BAG 26.4.1990 – 6 AZR 278/88, NZA 1990, 814. Zur Nachwirkung von Betriebsvereinbarungen, die teils mitbestimmungspflichtige, teils mitbestimmungsfreie Angelegenheiten regeln, GK/*Kreutz* § 77 Rn. 433ff. und Fall 91 → Rn. 1439ff.
602 BAG 28.4.1998 – 1 ABR 43/97, NZA 1998, 1348.

f) Verhältnis zur tariflichen Regelung

1356 Im Prinzip gehen Tarifverträge Betriebsvereinbarungen im Rang vor und setzen daher in ihrem Geltungsbereich ohne Rücksicht auf die zeitliche Reihenfolge widersprechende »tarifwidrige« Bestimmungen einer Betriebsvereinbarung außer Kraft. **Tarifrechtlich** gilt dieser Grundsatz aber nicht uneingeschränkt: Nach § 4 III TVG sind abweichende Betriebsvereinbarungen zulässig, soweit sie der Tarifvertrag selbst gestattet oder soweit die in ihnen enthaltenen Regelungen günstiger sind als die des Tarifvertrags. Nach § 4 V TVG kann ein nur noch nachwirkender Tarifvertrag (→ Rn. 1056) auch durch eine Betriebsvereinbarung ersetzt werden.

1357 Das **Betriebsverfassungsrecht** verstärkt den Vorrang des Tarifvertrages aber wieder. Für die sozialen Angelegenheiten, die der **erzwingbaren Mitbestimmung** des Betriebsrats unterliegen, legt § 87 I BetrVG einen einfachen Tarifvorrang fest. Das Mitbestimmungsrecht des Betriebsrats ist ausgeschlossen, soweit eine tarifliche Regelung besteht (im Einzelnen → Rn. 1411 ff.).

1358 Freiwillige Betriebsvereinbarungen stoßen an den **Sperrvorrang des Tarifvertrags.** § 77 III 1 BetrVG erklärt Betriebsvereinbarungen schlechthin für unzulässig, soweit sie Regelungen über Arbeitsentgelte und sonstige Arbeitsbedingungen enthalten, die durch Tarifvertrag geregelt sind oder üblicherweise geregelt werden. Betriebsvereinbarungen sind nach § 77 III 2 BetrVG in diesem Bereich nur möglich, wenn sie der betreffende Tarifvertrag ausdrücklich zulässt. Die Sperrwirkung beschränkt sich auf den jeweiligen Bereich, in dem eine bestimmte inhaltliche tarifliche Regelung besteht oder üblich ist. Maßgebend ist der räumliche, fachliche und persönliche **Geltungsbereich der tariflichen Regelung.**[603] Demgegenüber spielt die Tarifgebundenheit keine Rolle. Weder muss der Arbeitgeber tarifgebunden sein, noch kommt es auf die Zahl der in den tarifgebundenen Betrieben beschäftigten Arbeitnehmer an.[604]

An der Tarifüblichkeit fehlt es allerdings, wenn es in der Vergangenheit noch keinen einschlägigen Tarifvertrag über den Regelungsgegenstand, zu dem eine Betriebsvereinbarung abgeschlossen werden soll, gegeben hat und die Tarifvertragsparteien lediglich beabsichtigen, die Angelegenheit künftig tariflich zu regeln.[605] Bei mehreren den Betrieb räumlich, fachlich und persönlich erfassenden Tarifverträgen löst jeder Tarifvertrag, der entsprechende Regelungen enthält, unabhängig von der Tarifgebundenheit des Arbeitgebers die Sperre des Abs. 3 aus.[606]

1359 Der **Sinn der Sperrwirkung** liegt in einer funktionellen Zuständigkeitsabgrenzung. Um der Tarifautonomie genügend Raum zu lassen, sollen die Tarifpartner im Bereich der materiellen Arbeitsbedingungen den unbedingten Vorrang haben. § 77 III BetrVG dient der Sicherung der ausgeübten und aktualisierten Tarifautonomie sowie der Erhaltung und Stärkung der Funktionsfähigkeit der Koalitionen.[607] Der Betriebsrat soll sich nicht als »beitragsfreie Ersatzgewerkschaft« gerieren dürfen.[608] Indem auch nicht tarifgebundene Arbeitgeber erfasst werden, soll den Gewerkschaften zudem die Er-

603 BAG 9.12.1997 – 1 AZR 319/97, NZA 1998, 661.
604 BAG 20.11.2001 – 1 AZR 12/01, EzA § 77 BetrVG 1972 Nr. 70.
605 BAG 5.3.2013 – 1 AZR 417/12, NZA 2013, 916.
606 *Franzen* RdA 2008, 193 (200); *Jacobs* NZA 2008, 325 (332); *Fitting* § 77 Rn. 81; Löwisch/Kaiser/*Kaiser* § 77 Rn. 122.
607 BAG 30.5.2006 – 1 AZR 111/05, NZA 2006, 1170 mwN.
608 *Hromadka*, FS Schaub, 1998, 337 (345); in der Sache bereits *Hanau* RdA 1973, 281 (284); *Zöllner*, FS Nipperdey, 1965, Bd. II, 699 (701 ff.).

streckung von Tarifregelungen auf diese erleichtert werden, zB durch das Verlangen nach einem Haustarifvertrag.

Der unbedingte Vorrang des Tarifvertrags ist nicht unumstritten. Aus wirtschaftspolitischer Sicht wird er dafür verantwortlich gemacht, dass Unternehmen auf Umsatz- und Ertragsschwankungen nicht flexibel genug reagieren können. Insbesondere mache er **betriebliche Bündnisse für Arbeit** auf betriebsverfassungsrechtlicher Grundlage unmöglich. Deshalb wird gefordert, ihn entweder ganz zu streichen oder doch auf tatsächlich bestehende Tarifverträge zu beschränken. Auf der anderen Seite wird von solchen Maßnahmen eine Aushöhlung der Tarifautonomie befürchtet.[609] In letzter Zeit ist es rechtspolitisch um § 77 III BetrVG wieder ruhiger geworden.

In **Fall 86** scheitert die Anwendung von § 77 III BetrVG nicht daran, dass das Unternehmen dem tarifschließenden Arbeitgeberverband nicht angehört. Im Übrigen lässt sich argumentieren, dass der fachliche Geltungsbereich der tariflichen Bestimmungen über den Wiedereinstellungsanspruch nach einer Kindererziehungszeit sich nicht auf Betriebe mit weniger als 500 Arbeitnehmern erstreckt und deshalb der Tarifvertrag vorliegend keine Sperrwirkung entfaltet. Dann wäre die Betriebsvereinbarung wirksam. Zwingend ist dies aber keineswegs. Vorzugswürdig erscheint es vielmehr, in dem Schwellenwert keine Regelung zum Geltungsbereich zu erblicken, sondern den Sachbereich »Wiedereinstellungsanspruch nach Kindererziehungszeit« als von den Tarifvertragsparteien abschließend geregelt zu betrachten, indem Betriebe mit weniger als 500 Arbeitnehmern vor den finanziellen und organisatorischen Belastungen durch solche Wiedereinstellungsansprüche verschont werden sollen. Die Betriebsvereinbarung scheitert dann an der Sperre des § 77 III BetrVG. Dies entspricht auch der Funktion des § 77 III BetrVG, wonach der Betriebsrat der Gewerkschaft keine Konkurrenz machen soll.

g) Verhältnis zur arbeitsvertraglichen Regelung

Die Regelungen der Betriebsvereinbarung gehen kraft ihrer unmittelbaren und zwingenden Wirkung arbeitsvertraglichen Vereinbarungen grundsätzlich vor (§ 77 IV 1 BetrVG). Obwohl § 77 IV BetrVG keine dem § 4 III TVG entsprechende Bestimmung enthält, können aber auch die Betriebspartner in der Betriebsvereinbarung abweichende Vereinbarungen zwischen Arbeitgeber und Arbeitnehmer zulassen **(Öffnungsklausel).**[610] Zwischen Betriebsvereinbarung und Einzelarbeitsvertrag gilt zudem das **Günstigkeitsprinzip.**[611] ZB kann arbeitsvertraglich für den Arbeitnehmer, etwa mit Rücksicht auf Verkehrsverbindungen, ein abweichender Arbeitsbeginn festgelegt werden. 1360

Problematisch ist die Geltung des Günstigkeitsprinzips im Verhältnis von Betriebsvereinbarung und **»arbeitsvertraglicher Einheitsregelung«** (→ Rn. 60). Die Frage stellt sich insbesondere dort, wo bisher in einer arbeitsvertraglichen Einheitsregelung festgelegte Sozialleistungssysteme durch ein neues, in einer Betriebsvereinbarung festgelegtes System abgelöst werden sollen. Der Große Senat des BAG hat sich insoweit für eine Mittellösung entschieden. Danach muss der einzelne Arbeitnehmer die Wirkung der Betriebsvereinbarung hinnehmen, auch wenn sie für ihn selbst ungünstiger ist. Für die Gesamtheit der betroffenen Arbeitnehmer darf die Neuregelung in der Betriebsvereinbarung aber nicht ungünstiger sein als die in der arbeitsvertraglichen Einheitsregelung getroffene (sog. **kollektiver Günstigkeitsvergleich**); eine Abänderung, die auch insgesamt zu einer Verschlechterung führt, ist nur auf individualrechtlichem Wege möglich, also durch Änderungsvertrag, Ausübung eines vorbehaltenen Wider- 1361

609 Zum Streitstand *Fitting* § 77 Rn. 68f.

610 *Fitting* § 77 Rn. 130; Löwisch/Kaiser/*Kaiser* § 77 Rn. 48; Richardi/*Richardi* § 77 Rn. 139f.

611 BAG 18.8.1987 – 1 ABR 30/86, NZA 1987, 779; Löwisch/Kaiser/*Kaiser* § 77 Rn. 51ff. mwN.

rufsrechts oder Änderungskündigung.[612] Das BAG hat klargestellt, dass der kollektive Günstigkeitsvergleich nur für Leistungen gilt, die untereinander in einem Bezugssystem stehen, wie das auf Sozialleistungen zutrifft, nicht aber für andere Leistungen, insbesondere das eigentliche Arbeitsentgelt.[613]

1362 Keine Rolle spielt das Günstigkeitsprinzip, wenn die arbeitsvertragliche Regelung selbst eine – wenn auch nur stillschweigende – Ermächtigung zur Änderung durch Betriebsvereinbarung enthält. Dann ist die Änderung ohne Weiteres möglich. Der Arbeitsvertrag wird als **»betriebsvereinbarungsoffen«** bezeichnet.[614] Solche Betriebsvereinbarungsoffenheit handhabt das BAG großzügig. So soll es genügen, wenn der Arbeitsvertrag auf geltende und künftige Betriebsvereinbarungen Bezug nimmt.[615] Zudem nimmt das BAG neuerdings eine Betriebsvereinbarungsoffenheit an, wenn der Vertragsgegenstand in AGB enthalten ist und einen kollektiven Bezug hat.[616] Schließlich geht das BAG für das Betriebsrentenrecht davon aus, dass der Arbeitgeber mit einer Gesamtzusage über ein betriebliches Ruhegeld im Regelfall nur eine Versorgung nach den jeweils bei ihm geltenden Versorgungsregeln zusage.[617] Dadurch wird eine Umstrukturierung durch Betriebsvereinbarung ermöglicht.

h) Regelungsabrede

1363 Die Betriebsvereinbarung ist nicht das einzige Instrument für die Ausübung der Mitbestimmung durch den Betriebsrat. Als formgebundene normativ wirkende Regelung genügt sie den Bedürfnissen der Betriebspraxis nicht immer. Insbesondere bei der Regelung von Einzelfragen, die der Mitbestimmung unterliegen, zB der Festlegung rasch notwendig werdender Mehrarbeit (vgl. § 87 I Nr. 3 BetrVG), ist sie zu schwerfällig. Daher ist anerkannt, dass die Einigung der Betriebspartner auch formlos als sog. **»Regelungsabrede«** getroffen werden kann. Einen ordnungsgemäßen Betriebsratsbeschluss setzt aber auch sie voraus. Im Gegensatz zur Betriebsvereinbarung kommt der Regelungsabrede keine normative, die einzelnen Arbeitsverhältnisse unmittelbar gestaltende Rechtswirkung zu.

1364 Praktische **Bedeutung** hat die Regelungsabrede auch im Zusammenhang mit vertraglichen Einheitsregelungen. Wird deren Gegenstand von Mitbestimmungsrechten des Betriebsrats erfasst, wie etwa im Fall einer Zulagen- oder Ruhegeldordnung, kann die Mitbestimmung des Betriebsrats durch formlose Zustimmung zu der arbeitsvertraglichen Einheitsregelung bzw. deren Änderung erfolgen.[618]

---

612 BAG 16.9.1986 – GS 1/82, NZA 1987, 168.

613 BAG 28.3.2000 – 1 AZR 366/99, NZA 2001, 49.

614 BAG 16.9.1986 – GS 1/82, NZA 1987, 168; BAG 10.12.2002 – 3 AZR 92/02, NZA 2004, 271; näher dazu *Fitting* § 77 Rn. 198; Löwisch/Kaiser/*Kaiser* § 77 Rn. 49f.

615 BAG 20.11.1987 – 2 AZR 284/86, NZA 1988, 617; BAG 24.1.2006 – 3 AZR 483/04, NZA-RR 2007, 595; enger *Rieble/Schul* RdA 2006, 339 (340), die einen ausdrücklichen Hinweis verlangen, dass arbeitsvertragliche Regelungen durch Betriebsvereinbarung auch »verschlechternd« abgelöst werden können.

616 BAG 5.3.2013 – 1 AZR 417/12, NZA 2013, 916 in einem obiter dictum; zu Recht krit. *Preis/Ulber* NZA 2014, 6ff.

617 BAG 10.3.2015 – 3 AZR 56/14, NZA-RR 2015, 371.

618 BAG 9.7.1985 – 3 AZR 546/82, NZA 1986, 517.

i) Durchführung durch den Arbeitgeber

Die in Betriebsvereinbarungen getroffenen Regelungen durchzuführen ist nach § 77 I 1 BetrVG grundsätzlich Sache des Arbeitgebers, da er den Betrieb leitet. Deshalb bestimmt auch nur er, welche Personen er mit der Durchführung betraut.[619] Der Betriebsrat kann vom Arbeitgeber die Durchführung der Betriebsvereinbarung verlangen **(Durchführungsanspruch).** Dieser Anspruch steht aber immer nur demjenigen Gremium (Betriebsrat, Gesamtbetriebsrat, Konzernbetriebsrat) zu, das die Betriebsvereinbarung mit dem Arbeitgeber abgeschlossen hat.[620] Im Einzelfall kann es zulässig sein, wenn dem Betriebsrat ausnahmsweise die Ausführung von Vereinbarungen mit dem Arbeitgeber übertragen wird. Ein Beispiel ist die Überlassung der Verwaltung einer Sozialeinrichtung an den Betriebsrat.[621] 1365

3. Einigungsstelle als Konfliktlösungsmittel

a) Funktion

Mit der Institution der Einigungsstelle in § 76 BetrVG konkretisiert das BetrVG das Gebot vertrauensvoller Zusammenarbeit. Wo sich Arbeitgeber und Betriebsrat trotz Besprechung und Verhandlung nicht einigen können, soll die Einigung über die paritätisch besetzte Einigungsstelle doch noch zustande gebracht werden. Dabei ist zu unterscheiden: Wo der Betriebsrat nach dem Gesetz lediglich nicht erzwingbare Mitwirkungsrechte hat, tritt die Einigungsstelle nur in beiderseitigem Einverständnis in Funktion (§ 76 VI BetrVG). Wo das Gesetz dem Betriebsrat eine erzwingbare Mitbestimmung einräumt (zB § 87 II 2 BetrVG), entscheidet die Einigungsstelle auf Antrag einer Seite verbindlich (§ 76 V BetrVG). 1366

Der von der Einigungsstelle zu entscheidende Konflikt geht in der Mehrzahl der Fälle (insbesondere bei den praktisch im Vordergrund stehenden sozialen Angelegenheiten des § 87 BetrVG) darum, wie die Gestaltung einer mitbestimmungspflichtigen Angelegenheit in Zukunft aussehen soll. Es muss eine Regelung getroffen werden, weswegen man von einem »**Regelungsstreit**« spricht. In einer Reihe von Fällen, etwa hinsichtlich der Information des Wirtschaftsausschusses (vgl. § 109 BetrVG), entscheidet die Einigungsstelle auch über unbestimmte Rechtsbegriffe. Die Entscheidungen in solchen »**Rechtsstreitigkeiten**« unterliegen der vollen Rechtskontrolle (→ Rn. 1538f.). 1367

b) Organisation

§ 76 I 1 BetrVG sieht es als die Regel an, dass eine Einigungsstelle zur Beilegung einer konkreten Meinungsverschiedenheit »ad hoc« gebildet wird. § 76 I 2 BetrVG eröffnet aber auch die Möglichkeit, durch Betriebsvereinbarung eine ständige Einigungsstelle zu bilden, die dann in jedem auftretenden Streit tätig wird. 1368

Die Einigungsstelle besteht zunächst aus einer **gleichen Anzahl von Beisitzern,** die vom Arbeitgeber und Betriebsrat bestimmt werden. Die Zahl der Beisitzer hat sich nach Art und Umfang des Falles zu richten, der von der Einigungsstelle zu entscheiden ist. Die Bestellung von zwei Beisitzern auf jeder Seite kann als Regelbesetzung angese- 1369

619 BAG 16.3.1982 – 1 ABR 63/80, AP BetrVG 1972 § 87 Vorschlagswesen Nr. 2.
620 BAG 18.5.2010 – 1 ABR 6/09, NZA 2010, 1433, wo ein Durchführungsanspruch des örtlichen Betriebsrats nicht bestand, da es sich um eine Konzernbetriebsvereinbarung handelte.
621 BAG 24.4.1986 – 6 AZR 607/83, NZA 1987, 100.

hen werden, von der in besonders einfach gelagerten Fällen nach unten und bei schwierigen und differenziert zu beurteilenden Verhandlungsgegenständen nach oben abgewichen werden kann. Im Streitfall entscheidet gem. § 76 II 3 BetrVG iVm § 100 I 1 ArbGG über die Zahl der Beisitzer das Arbeitsgericht (→ Rn. 1736). Die Beisitzer müssen nicht Betriebsangehörige sein, insbesondere kommen auch Gewerkschaftsvertreter oder Vertreter eines Arbeitgeberverbandes in Betracht. Mit Blick auf § 2 I BetrVG ist es den Betriebsparteien verwehrt, Personen als Beisitzer von Einigungsstellen zu benennen, die für diese Aufgabe ungeeignet sind, was insbesondere dann der Fall ist, wenn es an den erforderlichen Kenntnissen und Erfahrungen, über die der Einigungsstelle vorliegende Regelungsmaterie zu entscheiden, offensichtlich fehlt.[622]

1370 Die Einigungsstelle besteht weiter aus einem **unparteiischen Vorsitzenden,** auf dessen Person sich beide Seiten einigen müssen. Kommt eine Einigung über die Person des Vorsitzenden nicht zustande, so bestellt ihn das Arbeitsgericht (§ 76 II 2 BetrVG iVm § 100 I 1 ArbGG).

§ 76 II 2 BetrVG gilt auch in dem Fall, dass Arbeitgeber oder Betriebsrat die Mitwirkung bei der Bestellung des Vorsitzenden deshalb verweigern, weil sie der Meinung sind, es sei überhaupt kein Fall gegeben, in dem die Einigungsstelle zum Tätigwerden berufen ist. Die damit entstehende Frage, inwieweit in dem Verfahren nach § 76 II 2 BetrVG nachzuprüfen ist, ob die Einigungsstelle für den Streit, um den es geht, überhaupt zuständig ist, hat § 100 I 2 ArbGG dahin entschieden, dass der Antrag auf Bestellung des Vorsitzenden nur dann zurückgewiesen werden kann, wenn die Einigungsstelle offensichtlich unzuständig ist. Das Arbeitsgericht muss den Vorsitzenden also schon dann bestellen, wenn die funktionale Zuständigkeit der Einigungsstelle aus rechtlichen oder tatsächlichen Gründen jedenfalls nicht auszuschließen ist.

1371 Die **Kosten** der Einigungsstelle trägt der Arbeitgeber. Die Einzelheiten dieser Kostentragungspflicht sind in § 76a BetrVG geregelt. Von der in § 76a IV BetrVG geschaffenen Ermächtigung, die Vergütung des Vorsitzenden und der Beisitzer der Einigungsstelle (vgl. § 76a III BetrVG) durch Rechtsverordnung zu regeln, hat das Bundesministerium für Arbeit und Soziales bislang keinen Gebrauch gemacht.

1372 § 76 VIII BetrVG gibt den Tarifvertragsparteien die Möglichkeit, an die Stelle der Einigungsstelle eine **tarifliche Schlichtungsstelle** zu setzen. Die entsprechende Bestimmung eines Tarifvertrags gilt als betriebsverfassungsrechtliche Norm für alle Betriebe, deren Arbeitgeber tarifgebunden sind, ohne Rücksicht auf die Tarifgebundenheit der Arbeitnehmer (§ 3 II TVG). Der im Anhang abgedruckte Manteltarifvertrag hat auf eine solche tarifliche Schlichtungsstelle verzichtet. In § 23 C sieht er allerdings vor, dass Streitigkeiten über die Durchführung tariflicher Regelungen im Betrieb in erster Linie durch Verhandlungen zwischen dem Arbeitgeber und dem Betriebsrat zu regeln sind. Ist eine Verständigung zwischen Arbeitgeber und Betriebsrat nicht möglich, so sind die beiderseitigen Vertreter der Tarifvertragsparteien (Organisationsvertreter) hinzuzuziehen (→ Anhang 1).

c) Verfahren und Beschlussfassung

1373 Neben der schon erwähnten Bestimmung über das Tätigwerden der Einigungsstelle (→ Rn. 1366) ist das **Verfahren** vor der Einigungsstelle **nur in Grundzügen geregelt.** Darüber hinausgehend gelten die elementaren Grundsätze für ein rechtsstaatliches Verfahren. Das bedeutet, dass jeder Beteiligte Anspruch auf rechtliches Gehör hat.[623]

622 BAG 24.4.1996 – 7 ABR 40/95, NZA 1996, 1171; BAG 28.5.2014 – 7 ABR 36/12, NZA 2014, 1213.

623 BAG 11.2.1992 – 1 ABR 51/91, NZA 1992, 702.

Auch darf die Beratung nicht öffentlich sein, sodass sie ohne Beteiligung der Betriebsparteien stattfinden muss.[624]

Der Gang der **Beratung und Beschlussfassung** ist in § 76 III BetrVG geregelt. Nach Satz 1 hat die Einigungsstelle unverzüglich tätig zu werden. Nach Satz 2 hat die Beratung mündlich zu erfolgen. Bei der Beschlussfassung hat sich der Vorsitzende im ersten Abstimmungsgang der Stimme zu enthalten; kommt eine Stimmenmehrheit nicht zustande, so nimmt der Vorsitzende nach weiterer Beratung an der erneuten Beschlussfassung teil (Satz 3). 1374

Die Einigungsstelle muss sich bei ihrer Beschlussfassung im **Rahmen ihrer Zuständigkeiten** halten. Dazu gehört nicht nur, dass sie in einer Angelegenheit überhaupt zur Entscheidung berufen ist. Vielmehr muss sie im Falle einer verbindlichen Entscheidung auch die Grenzen beachten, die den Mitbestimmungsrechten des Betriebsrats gezogen sind. So ist es der Einigungsstelle verwehrt, den Umfang der Höchstarbeitszeit zu regeln, weil sich das Mitbestimmungsrecht des § 87 I Nr. 2 BetrVG hierauf nicht erstreckt.[625] 1375

Für diesen Fall der verbindlichen Entscheidung hat die Einigungsstelle außerdem als **Maßstab** die angemessene Berücksichtigung der Belange des Betriebs und der betroffenen Arbeitnehmer nach billigem Ermessen zugrunde zu legen (§ 76 V 3 BetrVG). Die Einigungsstelle hat so zu entscheiden, wie Arbeitgeber und Betriebsrat sich vernünftigerweise hätten einigen können. 1376

Die Abwägung der Belange des Betriebs und der betroffenen Arbeitnehmer braucht dabei keineswegs immer zu einem Kompromiss zu führen. Bringt ein Vorschlag des Arbeitgebers erhebliche wirtschaftliche Vorteile für das Unternehmen und nur ganz geringe Nachteile für die Arbeitnehmer, handelt die Einigungsstelle im Rahmen ihres Ermessens, wenn sie dem Vorschlag des Arbeitgebers folgt.

Die **Beschlüsse der Einigungsstelle** sind schriftlich niederzulegen, vom Vorsitzenden zu unterschreiben und Arbeitgeber und Betriebsrat zuzuleiten (§ 76 III 4 BetrVG). Ein den Betriebsparteien in Form einer PDF-Datei übermittelter Einigungsstellenspruch mit eingescannter Unterschrift des Einigungsstellenvorsitzenden genügt den Anforderungen nicht.[626] Soweit in Regelungsstreitigkeiten die Entscheidung der Einigungsstelle **an die Stelle einer Betriebsvereinbarung** tritt, also insbesondere im Falle des § 87 II BetrVG, kommt ihr auch deren Wirkung zu. Sie erzeugt wie diese Rechte und Pflichten für Arbeitgeber und Betriebsrat und wirkt normativ auf die Arbeitsverhältnisse ein. 1377

d) Kontrolle

Die Sprüche der Einigungsstelle unterliegen der **Rechtskontrolle** durch die Gerichte für Arbeitssachen. Die Rechtskontrolle erstreckt sich dabei zunächst auf die verfahrensrechtliche Seite, wie die Einhaltung des § 76 II, III und VI BetrVG und die Gewährung rechtlichen Gehörs. Wo Regelungsstreitigkeiten entschieden werden, erstreckt sich die Nachprüfung auf die Frage, ob sich die Einigungsstelle bei ihrer Entscheidung in dem durch das Recht gezogenen Rahmen gehalten, also insbesondere die Mitbestimmungsvorschriften des BetrVG nicht überschritten und die Grundsätze des § 75 BetrVG, das übrige zwingende Arbeitsrecht und die Tarifverträge beachtet hat. 1378

624 BAG 18.1.1994 – 1 ABR 43/93, NZA 1994, 571.
625 BAG 22.7.2003 – 1 ABR 28/02, NZA 2004, 507.
626 BAG 10.12.2013 – 1 ABR 45/12, NZA 2014, 862.

1379 Auch die Frage, ob die Einigungsstelle Regelungsstreitigkeiten unter angemessener Berücksichtigung der Belange des Betriebs und der betroffenen Arbeitnehmer nach billigem Ermessen entschieden hat (§ 76 V 3 BetrVG), unterliegt der arbeitsgerichtlichen Nachprüfung. Allerdings kann das Arbeitsgericht sein Ermessen nicht an die Stelle des Ermessens der Einigungsstelle setzen, sondern nur die **Einhaltung der Ermessensgrenzen** kontrollieren.[627] Die Grenzen des Ermessens sind dann nicht gewahrt, wenn die getroffene Regelung die Belange des Betriebs und der betroffenen Arbeitnehmer nicht angemessen berücksichtigt und billigem Ermessen nicht entspricht.[628] Darüber hinausgehend sind sie aber auch dann nicht gewahrt, wenn eine an sich noch im Rahmen des § 76 V 3 BetrVG liegende Regelung nach sachfremden Motiven gefällt wurde.[629]

1380 Nach § 76 V 4 BetrVG kann die Überschreitung der Grenzen des Ermessens von Arbeitgeber und Betriebsrat nur **binnen einer Frist von zwei Wochen** vom Tage der Zuleitung des Beschlusses der Einigungsstelle an beim Arbeitsgericht geltend gemacht werden. Ist das Arbeitsgericht der Auffassung, die Einigungsstelle habe einen Rechts- oder Ermessensfehler begangen, so stellt es die Unwirksamkeit des Spruchs der Einigungsstelle fest. Eine »Zurückverweisung« an die Einigungsstelle gibt es nicht. Soweit eine Rechtsfrage in Rede steht, ist diese mit der Entscheidung des Arbeitsgerichts verbindlich entschieden. In Regelungsstreitigkeiten liegt es an Arbeitgeber und Betriebsrat, ob sie von einer Regelung der Angelegenheit nach der Entscheidung des Arbeitsgerichts absehen, über eine Einigung verhandeln oder erneut die Einigungsstelle anrufen wollen.

4. Rechtsschutz

Fall 87: X plant, die Lohnbuchhaltung auf ein neues EDV-Programm umzustellen. Der Betriebsrat ist der Auffassung, ihm stehe insoweit nach § 87 I Nr. 6 BetrVG ein Mitbestimmungsrecht zu. X verneint das, weil – was zutrifft – das vorgesehene EDV-Programm wie das vorherige für Überwachungsaufgaben nicht geeignet ist, und beginnt mit der Umstellung. Der Betriebsrat will ihm das bis zur Entscheidung der von ihm angerufenen Einigungsstelle durch einstweilige Verfügung verbieten lassen.

a) Durchsetzung von Leistungsansprüchen

1381 Aus dem BetrVG selbst ergibt sich eine Reihe von Ansprüchen des Betriebsrats gegen den Arbeitgeber auf Geld oder Sachleistungen (§ 40 BetrVG), auf Unterrichtung des Betriebsrats (§§ 80 II 1, 90, 92 I 1, 106 II, 111 S. 1 BetrVG), auf Vorlage von Unterlagen (§§ 80 II 2, 92 I 1, 99 I 1, 106 II BetrVG), auf Zurverfügungstellung von Auskunftspersonen (§ 80 II 4 BetrVG), auf Zustimmung zur Hinzuziehung eines Sachverständigen (§ 80 III BetrVG) oder auf Abgabe einer Begründung für die Ablehnung eines Vorschlags zur Beschäftigungssicherung (§ 92 a II 2 BetrVG). Diese Ansprüche können im arbeitsgerichtlichen Beschlussverfahren (→ Rn. 1723 ff.) durchgesetzt werden. Gleiches gilt für Ansprüche, die sich aus einer Betriebsvereinbarung ergeben, zB den Anspruch des Betriebsrats gegen den Arbeitgeber, ein Alkoholverbot nur durch Vorgesetzte, nicht aber durch den Einsatz von Detektiven zu überwachen,[630] oder den Anspruch

627 BAG 31.8.1982 – 1 ABR 27/80, AP BetrVG 1972 § 87 Arbeitszeit Nr. 8.

628 BAG 6.5.2003 – 1 ABR 11/02, NZA 2004, 108.

629 *Rieble,* Die Kontrolle des Ermessens der betriebsverfassungsrechtlichen Einigungsstelle, 1989, 152 (163 ff.); Löwisch/Kaiser/*Kaiser* § 76 Rn. 57 mwN.

630 BAG 10.11.1987 – 1 ABR 55/86, NZA 1988, 255.

des Arbeitgebers gegen den Betriebsrat, an der Errichtung und Verwaltung einer Sozialeinrichtung mitzuwirken.

Das BAG ist der Auffassung, dass dem Arbeitgeber ein gerichtlich durchsetzbarer Anspruch auf **Unterlassung** betriebsverfassungswidriger Handlungen gegen den Betriebsrat nicht zusteht.[631] Entschieden hat es dies zunächst für § 74 II 3 BetrVG, nach dem Arbeitgeber und Betriebsrat jede parteipolitische Betätigung im Betrieb zu unterlassen haben (→ Rn. 1339 ff.). Die Einhaltung des parteipolitischen Neutralitätsgebotes durch den Betriebsrat könne durch einen Unterlassungsanspruch nicht gewährleistet werden, da wegen der Vermögenslosigkeit des Betriebsrats ein entsprechender Unterlassungstitel nicht vollstreckbar sei. Die Rechte des Arbeitgebers würden dadurch nicht verkürzt, weil er bei groben Verstößen des Betriebsrats gegen die parteipolitische Neutralitätspflicht nach § 23 I 1 BetrVG dessen Auflösung verlangen könne (→ Rn. 1387) und der Arbeitgeber im Übrigen die Möglichkeit habe, die Rechtmäßigkeit bestimmter Betätigungen im Wege eines Feststellungsantrags nach § 256 I ZPO klären zu lassen, was dann erhebliche Bedeutung für einen Auflösungsantrag nach § 23 I BetrVG habe.[632] Dieser Auffassung ist entgegengehalten worden, dass sie dem Arbeitgeber effektiven Rechtsschutz – schon im Hinblick auf die Möglichkeit einer einstweiligen Verfügung – versagt.[633] Dem kommt das BAG jetzt insoweit entgegen, als es zur Wahrung effektiven Rechtsschutzes den Erlass einer Feststellungsverfügung im Verfahren der einstweiligen Verfügung unter den Voraussetzungen des § 940 ZPO als möglich ansieht.[634] 1381a

b) Sicherung der Mitbestimmung und vorläufige Regelung

Anders als in personellen Angelegenheiten nach den §§ 100, 101 BetrVG (→ Rn. 1491) und § 102 V BetrVG (→ Rn. 1511 ff.) enthält das BetrVG in sozialen Angelegenheiten keine besonderen Vorschriften zur Sicherung der Mitbestimmungsrechte des Betriebsrats und zur vorläufigen Regelung von Angelegenheiten, in denen das Bestehen eines Mitbestimmungsrechts streitig ist. Was den ersten Punkt anlangt, greift zwar die Lehre von der Mitbestimmung als Wirksamkeitsvoraussetzung einer getroffenen Maßnahme (→ Rn. 1405 f.). Sie beschränkt sich aber auf die arbeitsvertragliche Ebene und räumt dem Betriebsrat selbst keine unmittelbaren Rechte gegen den Arbeitgeber ein. Insoweit leitet das BAG seit einiger Zeit aus dem zwischen Arbeitgeber und Betriebsrat bestehenden, durch den Grundsatz der vertrauensvollen Zusammenarbeit (§ 2 BetrVG) geprägten »Betriebsverhältnis« einen allgemeinen **Anspruch des Betriebsrats auf Unterlassung** mitbestimmungswidriger Maßnahmen ab, der im arbeitsgerichtlichen Beschlussverfahren im Wege der einstweiligen Verfügung gem. § 85 II ArbGG, §§ 935, 890 ZPO durchgesetzt werden kann.[635] Auf die Mitwirkung und Mitbestimmung bei Betriebsänderungen lässt sich diese Rechtsprechung allerdings nicht übertragen (→ Rn. 1580). Auch besteht im Fall einer mitbestimmungswidrig durchgeführten personellen Einzelmaßnahme nach §§ 99 I, 100 II BetrVG kein allgemeiner, von § 23 III BetrVG (→ Rn. 1384) unabhängiger Unterlassungsanspruch des Betriebsrats, weil sich 1382

631 BAG 28.5.2014 – 7 ABR 36/12, NZA 2014, 1213.

632 BAG 17.3.2010 – 7 ABR 95/08, NZA 2010, 1133; krit. dazu GK/*Kreutz* § 74 Rn. 127 f. mN.

633 *Caspers* ZfA 2012, 291 (404 f.); *Reichold,* Anm. zu BAG 17.3.2010, RdA 2011, 58 (59).

634 BAG 28.5.2014 – 7 ABR 36/12, NZA 2014, 1213.

635 BAG 3.5.1994 – 1 ABR 24/93, NZA 1995, 40; BAG 15.5.2007 – 1 ABR 32/06, NZA 2007, 1240; ausführlich GK/*Oetker* § 23 Rn. 164 ff.

der Gesetzgeber hier mit § 101 S. 1 BetrVG für einen Anspruch auf Aufhebung der konkreten Maßnahme entschieden hat[636] (→ Rn. 1491).

Im **Fall 87** gilt Folgendes: Ob bei der Einführung von Datenverarbeitungsprogrammen in der Lohnbuchhaltung das Mitbestimmungsrecht des § 87 I Nr. 6 BetrVG eingreift, hängt nach der Rechtsprechung des BAG davon ab, inwieweit das verwendete Programm objektiv geeignet ist, Daten über Verhalten und Leistung von Arbeitnehmern aufzunehmen (→ Rn. 1429). Da das neue EDV-Programm im **Fall 87** diese Eigenschaft nicht hat, liegt bei Zugrundelegung der Rechtsprechung des BAG eine Verletzung des Mitbestimmungsrechts des Betriebsrats nicht vor, sodass der Antrag des Betriebsrats auf einstweilige Verfügung abzuweisen ist.

1383 Das »Betriebsverhältnis« verpflichtet auch den Betriebsrat. Er muss, wo ein Aufschub der mitbestimmungspflichtigen Maßnahme bis zur endgültigen Klärung, ggf. durch Spruch der Einigungsstelle, zu erheblichen betrieblichen Nachteilen führt **(Eilfall)**, einer vorläufigen Regelung zustimmen. Auch dieser Anspruch des Arbeitgebers kann im Wege der einstweiligen Verfügung gem. § 85 II ArbGG, §§ 940, 894 ZPO durchgesetzt werden.[637] Das gilt etwa dann, wenn wegen eines kurzfristig abzuarbeitenden Großauftrags Mehrarbeit angeordnet werden muss. Bei **Notfällen,** zB Naturkatastrophen, ist die Mitbestimmung keine Wirksamkeitsvoraussetzung, sodass der Arbeitgeber die notwendigen Anordnungen treffen kann.[638]

c) Sanktion grober Pflichtverletzung

1384 Nach § 23 III BetrVG kann ein gerichtliches **Erzwingungsverfahren gegen den Arbeitgeber** durchgeführt werden, wenn er einen groben Verstoß gegen seine Verpflichtungen aus dem BetrVG begangen hat. Insoweit kann der Betriebsrat beim Arbeitsgericht beantragen, dem Arbeitgeber aufzugeben, eine Handlung zu unterlassen, die Vornahme einer Handlung zu dulden oder eine Handlung vorzunehmen. Früher ist nach dieser Vorschrift die Verletzung von Mitbestimmungsrechten beurteilt worden. Das ist dort, wo die Rechtsprechung einen allgemeinen Unterlassungsanspruch des Betriebsrats ohne das Erfordernis eines groben Verstoßes bejaht (→ Rn. 1382), überholt. Praktische Bedeutung hat § 23 III BetrVG in diesen Fällen noch deshalb, als auch eine im Betrieb vertretene Gewerkschaft den Antrag stellen kann. Im Übrigen können mit der Vorschrift grobe Verstöße des Arbeitgebers gegen nicht vom allgemeinen Unterlassungsanspruch erfasste Mitbestimmungsrechte[639] sowie gegen seine allgemeinen Pflichten aus den §§ 2, 74 und 78 BetrVG sanktioniert werden, etwa grob herabsetzende Äußerungen über den Betriebsrat in einer Betriebsversammlung.[640]

Einen zusätzlichen Anwendungsbereich hat § 23 III BetrVG durch § 17 II AGG gewonnen. Danach können bei einem groben Verstoß des Arbeitgebers gegen seine Pflichten aus dem AGG, insbesondere aus dessen §§ 11 und 12, der Betriebsrat oder eine im Betrieb vertretene Gewerkschaft nach § 23 III BetrVG gegen den Arbeitgeber vorgehen. Rechtsansprüche eines benachteiligten Arbeitnehmers können sie allerdings nicht geltend machen.

636 BAG 23.6.2009 – 1 ABR 23/08, NZA 2009, 1430.

637 Richardi/*Richardi* § 87 Rn. 55ff., 61; aA *Fitting* § 87 Rn. 23f.; Löwisch/Kaiser/*Kaiser* § 87 Rn. 20.

638 *Fitting* § 87 Rn. 25; Löwisch/Kaiser/*Kaiser* § 87 Rn. 21; Richardi/*Richardi* § 87 Rn. 62ff., alle mwN.

639 BAG 19.1.2010 – 1 ABR 55/08, NZA 2010, 659 für das Mitbestimmungsrecht nach § 99 I BetrVG; s. auch BAG 7.2.2012 – 1 ABR 77/10, NZA-RR 2012, 359 für die Anordnung und Duldung von Arbeit während mit dem Betriebsrat festgelegter Pausenzeiten; BAG 18.3.2014 – 1 ABR 77/12, NZA 2014, 987 für die Nichtbeachtung der in § 98 III, IV BetrVG getroffenen Regelung über die Freistellung von Arbeitnehmern für eine Bildungsmaßnahme.

640 Vgl. BAG 12.11.1997 – 7 ABR 14/97, NZA 1998, 559, wo es um eine Äußerung des Arbeitgebers zu den Kosten der Betriebsratstätigkeit ging.

Verletzt ein **Betriebsratsmitglied** seine Pflichten aus dem BetrVG grob, offenbart es etwa Betriebs- oder Geschäftsgeheimnisse oder missbraucht es sein Amt, um Arbeitnehmer unter Ausübung von Druck zum Eintritt in die Gewerkschaft zu bewegen, kann es nach § 23 I 1 Alt. 1 BetrVG durch Beschluss des Arbeitsgerichts aus dem Betriebsrat **ausgeschlossen** werden. Antragsbefugt ist neben dem Arbeitgeber unter anderem auch der Betriebsrat als Organ (§ 23 I 2 BetrVG). 1385

Verletzt das **Betriebsratsmitglied** durch ein und dieselbe Handlung sowohl seine Amtspflicht als auch seine arbeitsvertraglichen Pflichten, initiiert es zB einen unzulässigen wilden Streik oder betreibt es im Betrieb politische Agitation, kommt unabhängig vom Verfahren nach § 23 I BetrVG eine **Kündigung** des Arbeitsverhältnisses nach § 626 BGB in Betracht. Diese bedarf allerdings der vorherigen Zustimmung des Betriebsrats (→ Rn. 1518ff.). Verletzt das Betriebsratsmitglied hingegen ausschließlich betriebsverfassungsrechtliche Amtspflichten, kommt nur das Verfahren nach § 23 I BetrVG in Betracht; eine außerordentliche Kündigung nach § 626 BGB oder eine Abmahnung sind in diesem Fall ausgeschlossen.[641] 1386

Verstößt der **Betriebsrat** grob gegen seine Pflichten aus dem BetrVG, kann er **aufgelöst** werden (§ 23 I 1 Alt. 2 BetrVG). Eine solche grobe Pflichtverletzung stellt es etwa dar, wenn er systematisch keine Betriebsversammlungen einberuft oder ständig im Zusammenwirken mit dem Arbeitgeber den Sperrvorrang des Tarifvertrags nach § 77 III BetrVG missachtet.[642] Einen entsprechenden Antrag können ein Viertel der wahlberechtigten Arbeitnehmer, der Arbeitgeber oder eine im Betrieb vertretene Gewerkschaft stellen. 1387

d) Strafrechtsschutz

Die Verletzung bestimmter betriebsverfassungsrechtlicher Pflichten durch den Arbeitgeber, so die Verletzung des Behinderungs-, Benachteiligungs- und Begünstigungsverbots (→ Rn. 1307ff.), ist nach § 119 BetrVG strafbar. Die Strafverfolgung setzt nach § 119 II BetrVG einen Antrag voraus. Die Verletzung einer Reihe von Aufklärungs- und Auskunftspflichten ist nach § 121 BetrVG ordnungswidrig. 1388

Auch Betriebsratsmitglieder unterstehen Strafvorschriften. Strafbar ist für sie insbesondere die Verletzung von Geheimnissen (§ 120 BetrVG). 1389

VI. Allgemeine Aufgaben des Betriebsrats nach § 80 BetrVG

1. Interessenwahrnehmung als allgemeine Aufgabe

Der Schwerpunkt der Wahrnehmung der Interessen der Belegschaft durch den Betriebsrat liegt bei den konkreten Mitbestimmungsrechten in sozialen Angelegenheiten (§§ 87–89 BetrVG), bei der Gestaltung des Arbeitsplatzes, -ablaufs und der -umgebung (§§ 90, 91 BetrVG), in personellen Angelegenheiten (§§ 92–105 BetrVG) und in wirtschaftlichen Angelegenheiten (§§ 106–113 BetrVG). 1390

§ 80 I BetrVG weist dem Betriebsrat aber auch eine **Reihe allgemeiner Aufgaben** bei der Interessenwahrnehmung zu. Insbesondere hat er darüber zu wachen, dass die zugunsten der Arbeitnehmer geltenden Rechtsvorschriften (einschließlich der unge- 1391

641 BAG 9.9.2015 – 7 ABR 69/13, NZA 2016, 57; *Fitting* § 23 Rn. 21 mwN.
642 BAG 22.6.1993 – 1 ABR 62/92, NZA 1994, 184.

schriebenen arbeitsrechtlichen Grundsätze wie des Gleichbehandlungsgrundsatzes), Tarifverträge und Betriebsvereinbarungen durchgeführt werden (Nr. 1).

Zu den Rechtsvorschriften gehören auch das Nachweisgesetz und das Recht der Allgemeinen Geschäftsbedingungen der §§ 305ff. BGB. Dabei erstreckt sich das Überwachungsrecht aber nur auf eine Rechtskontrolle der Vertragsklauseln, nicht auf deren Zweckmäßigkeit.[643]

1392 Der Betriebsrat hat ein allgemeines Recht zu Vorschlägen und Anregungen (Nr. 2 und Nr. 3). Auch obliegt ihm die Förderung der Gleichstellung von Männern und Frauen (Nr. 2a), der Vereinbarkeit von Familie und Erwerbstätigkeit (Nr. 2b) und der Eingliederung besonders schutzbedürftiger Personen (Nr. 4, 6, 7) sowie die Beschäftigungsförderung und -sicherung (Nr. 8) und die Förderung des Arbeitsschutzes und des betrieblichen Umweltschutzes (Nr. 9).

2. Informationsrecht

Fall 88: Der Betriebsrat eines größeren Unternehmens will sich einen Überblick über die Lohn- und Gehaltssituation verschaffen. Er verlangt deshalb vom Arbeitgeber Einblick in Unterlagen, aus denen sich ergibt:

a) Wer in welche Tarifgruppe eingereiht ist,
b) wer welche übertarifliche Zulage erhält,
c) was an die AT-Angestellten gezahlt wird.

1393 Um dem Betriebsrat die Wahrnehmung der allgemeinen Aufgaben nach § 80 I BetrVG, aber auch die Wahrnehmung seiner sonstigen Rechte nach dem BetrVG, insbesondere seiner Mitwirkungs- und Mitbestimmungsrechte, zu erleichtern, gibt ihm § 80 II 1 BetrVG einen **Anspruch auf rechtzeitige und umfassende Information** durch den Arbeitgeber. Da dort, wo besondere Mitbestimmungsrechte vorgesehen sind, gewöhnlich auch besonders ausgestaltete Unterrichtungspflichten bestehen (vgl. §§ 89, 90 I, 92 I, 99 I, 100 II, 102 I, 105, 106 II und 111 S. 1 BetrVG), wird dieses Informationsrecht insbesondere dort praktisch, wo es um die Einhaltung von Rechtsvorschriften nach § 80 I Nr. 1 BetrVG geht oder wo der Betriebsrat die Initiative für bestimmte Maßnahmen ergreifen will. Etwa muss der Arbeitgeber dem Betriebsrat darlegen, wie er das AGG oder die Arbeitszeitvorschriften des ArbZG und eines einschlägigen Tarifvertrags durchführt und ihn über die Situation der ausländischen Arbeitnehmer im Betrieb informieren, wenn der Betriebsrat ein Konzept für deren Eingliederung erarbeiten will. Nach der ausdrücklichen Regelung in § 80 II 1 Hs. 2 BetrVG erstreckt sich die Unterrichtung auch auf die Beschäftigung von Personen, die nicht in einem Arbeitsverhältnis zum Arbeitgeber stehen und umfasst insbesondere den zeitlichen Umfang des Einsatzes, den Einsatzort und die Arbeitsaufgaben dieser Personen.

1394 Dem Betriebsrat sind auf sein Verlangen die zur Durchführung seiner Aufgaben **erforderlichen Unterlagen** zur Verfügung zu stellen (§ 80 II 2 Hs. 1 BetrVG). Unterlagen sind dabei nicht nur schriftliche oder auf Datenträgern der EDV festgehaltene Informationen wie Urlaubslisten, Überstundenaufstellungen, vom Arbeitgeber eingeholte Gutachten über die Gestaltung der Arbeitsplätze usw, sondern auch andere Beweisstücke. Etwa kann der Betriebsrat die Vorlage von Ausschussstücken verlangen, um festzustellen, ob eine im Tarifvertrag vorgesehene Minderung von Prämien zu Recht

643 BAG 16.11.2005 – 7 ABR 12/05, NZA 2006, 553.

erfolgt ist. Zu den erforderlichen Unterlagen, die dem Betriebsrat auf sein Verlangen zur Verfügung zu stellen sind, gehören auch die Verträge, die der Beschäftigung von Personen zugrunde liegen, die nicht in einem Arbeitsverhältnis zum Arbeitgeber stehen (§ 80 II 3 BetrVG).

Nach Auffassung des BAG hat der Arbeitgeber für die Durchführung der Betriebsratsaufgaben erforderliche **Informationen nötigenfalls zu beschaffen.** So soll er sich gegenüber einem Betriebsrat, der die Einhaltung der in § 5 ArbZG vorgeschriebenen Mindestruhezeit überprüfen will, nicht darauf berufen können, dass er bei einer bestimmten Mitarbeitergruppe das Modell der »Vertrauensarbeitszeit« praktiziert und deshalb von der tatsächlichen Beschäftigungszeit dieser Beschäftigten keine Kenntnis nimmt.[644] 1395

Zu den Unterlagen, die zur Verfügung zu stellen sind, zählen **nicht die Personalakten** der einzelnen Arbeitnehmer. Für sie enthält § 83 I BetrVG eine Sonderregelung, nach der es vom Arbeitnehmer abhängt, ob er bei der Einsichtnahme in seine Personalakte ein Betriebsratsmitglied hinzuziehen will oder nicht (→ Rn. 1586). Damit würde sich ein eigenes Einsichtsrecht des Betriebsrats nicht vertragen. Auch ein Anspruch auf Vorlage aller vergangenen Abmahnungen besteht nicht.[645] 1396

§ 80 II 2 Hs. 2 BetrVG gewährt dem Betriebsausschuss oder einem nach § 28 BetrVG gewählten Ausschuss bzw., soweit solche Ausschüsse nicht gebildet werden können, dem Betriebsratsvorsitzenden[646] ein Einblicksrecht in die **Liste der Bruttolöhne** und -gehälter. Dabei ist es, wie sonst auch, notwendig, dass die Einblicknahme zur Wahrnehmung einer gesetzlichen Aufgabe des Betriebsrats erfolgt. 1397

Eine solche Aufgabe ist regelmäßig gegeben, wie **Fall 88** zeigt: Da es nach § 80 I Nr. 1 BetrVG zur Aufgabe des Betriebsrats gehört, darüber zu wachen, dass die geltenden Tarifverträge eingehalten werden, hat der Betriebsrat ohne Weiteres das Recht auf Einblick in die Unterlagen, aus denen sich die Einreihung in die Tarifgruppen ergibt. Bezüglich der übertariflichen Zulagen kann sich der Betriebsrat darauf berufen, dass er überwachen muss, ob der arbeitsrechtliche Gleichbehandlungsanspruch eingehalten ist. Hinsichtlich der außertariflichen Angestellten bleibt wenigstens die Aufgabe, sich Kenntnis von der tatsächlichen Entgeltgestaltung zu verschaffen, um Überlegungen anstellen zu können, ob eine Initiative für die Einführung bestimmter Entgeltregeln entfaltet werden soll.[647]

Nach § 80 II 4 BetrVG hat der Arbeitgeber dem Betriebsrat **sachkundige Arbeitnehmer als Auskunftspersonen** zur Verfügung zu stellen, soweit es zur ordnungsgemäßen Erfüllung der Aufgaben des Betriebsrats erforderlich ist. Auf diese Weise soll der Betriebsrat die Möglichkeit erhalten, den Sachverstand der Arbeitnehmer zu nutzen und in die Suche nach Problemlösungen einzubeziehen. In Betracht kommt dies etwa, wenn es um Maßnahmen des Arbeitsschutzes (§§ 80 I Nr. 9, 87 I Nr. 7 BetrVG) oder um technische Überwachungseinrichtungen (§ 87 I Nr. 6 BetrVG) geht. Der Arbeitgeber muss einen Vorschlag des Betriebsrats zur Person des sachkundigen Arbeitnehmers berücksichtigen, soweit nicht betriebliche Notwendigkeiten entgegenstehen. Im Wege des Direktionsrechts (→ Rn. 212f.) kann der Arbeitgeber den Arbeitnehmer an- 1398

644 BAG 6.5.2003 – 1 ABR 13/02, NZA 2003, 1348; s. aber auch BAG 7.8.1986 – 6 ABR 77/83, NZA 1987, 134, wonach die Installation von technischen Anlagen zur Feststellung der Lärmbelästigung der Arbeitnehmer nicht verlangt werden kann.

645 BAG 17.9.2013 – 1 ABR 26/12, NZA 2014, 269.

646 BAG 23.2.1973 – 1 ABR 17/72, AP BetrVG 1972 § 80 Nr. 2.

647 BAG 30.6.1981 – 1 ABR 26/79, AP BetrVG 1972 § 80 Nr. 15.

weisen, als Auskunftsperson zur Verfügung zu stehen und die Auskünfte zu erteilen, wobei es dem Arbeitgeber obliegt, Gegenstand und Umfang der zu erteilenden Auskünfte näher zu bestimmen.[648]

1399 Soweit es zur ordnungsgemäßen Erfüllung der Aufgaben nach dem BetrVG erforderlich ist, kann auch der Betriebsrat, wenn die Zuziehung einer Auskunftsperson nicht ausreicht,[649] nach Vereinbarung mit dem Arbeitgeber **Sachverständige** auf dessen Kosten hinzuziehen (§ 80 III BetrVG). Dies kommt etwa hinsichtlich der arbeitsmedizinischen Auswirkungen von bestimmten Maßnahmen, bei technischen Kontrolleinrichtungen, in Fragen der Arbeitswissenschaft oder bei versicherungsmathematischen Fragen im Zusammenhang mit der betrieblichen Altersversorgung in Betracht. Dass eine Vereinbarung mit dem Arbeitgeber notwendig ist, hat zur Folge, dass der Betriebsrat im Nichteinigungsfall eine gerichtliche Entscheidung herbeiführen muss. Fehlt es daran, ist der Arbeitgeber nicht verpflichtet, die Kosten für die Hinzuziehung des Sachverständigen zu tragen.[650]

VII. Mitbestimmung in sozialen Angelegenheiten

1. Allgemeines

a) Umfang und Grenzen der Mitbestimmung

1400 § 87 BetrVG ist die Zentralvorschrift für die Mitbestimmung des Betriebsrats in sozialen Angelegenheiten. Mit ihr will das Gesetz die Arbeitsbedingungen erfassen, welche in jedem Betrieb gesonderter Regelung bedürfen, andererseits aber auch nicht der arbeitsvertraglichen Vereinbarung zwischen Arbeitgeber und Arbeitnehmer überlassen werden sollen. Das Schwergewicht liegt dementsprechend auf den **näheren betrieblichen Umständen** der Erbringung von Leistung und Gegenleistung im Arbeitsverhältnis. Die Festsetzung von Leistung und Gegenleistung selbst ist dagegen in erster Linie Sache des Tarifvertrags und der einzelnen Arbeitsverträge. Das bedeutet auf der anderen Seite aber nicht, dass die materiellen Arbeitsbedingungen in jedem Fall aus der Mitbestimmung ausgeschlossen wären. Vielmehr muss für jede Nummer des Katalogs des § 87 BetrVG festgestellt werden, inwieweit sie die materielle Seite der betreffenden Angelegenheiten in die Mitbestimmung einbeziehen will.

1401 Die Mitbestimmung nach § 87 BetrVG setzt voraus, dass die zu regelnde Angelegenheit **kollektiven Bezug** hat. Damit ist gemeint, dass die in Rede stehende Regelung unabhängig von den konkreten Arbeitsverhältnissen die betrieblichen Arbeitsbedingungen abstrakt-generell betrifft.[651] Diesen Grundsatz relativiert das Gesetz in § 87 I Nr. 5 und 9 BetrVG insoweit selbst, als dort auch an individuelle Maßnahmen, etwa die Kündigung einer Werkmietwohnung (Nr. 9) angeknüpft wird.[652]

1402 Die Mitbestimmungsrechte des Betriebsrats nach § 87 BetrVG stehen nicht unter dem allgemeinen Vorbehalt, dass durch sie nicht in die **unternehmerische Entscheidungs-**

648 BAG 20.1.2015 – 1 ABR 25/13, NZA 2015, 696; GK/*Weber* § 80 Rn. 124f. mwN.
649 BAG 16.11.2005 – 7 ABR 12/05, NZA 2006, 553.
650 BAG 11.11.2009 – 7 ABR 26/08, NZA 2010, 353; *Fitting* § 80 Rn. 86ff., 90, 93.
651 BAG 3.12.1991 – GS 2/90, NZA 1992, 749 für § 87 I Nr. 10 BetrVG; BAG 18.3.2014 – 1 ABR 73/12, NZA 2014, 855 für das Mitbestimmungsrecht des Betriebsrats gem. § 87 I Nr. 7 BetrVG beim Aufbau einer Organisationsstruktur nach § 3 II ArbSchG.
652 Näher *Fitting* § 87 Rn. 14ff.; AR/*Rieble* BetrVG § 87 Rn. 2; GK/*Wiese* § 87 Rn. 19.

freiheit eingegriffen werden dürfte, denn der Gesetzgeber hat den Konflikt zwischen unternehmerischer Entscheidungsfreiheit und Wahrnehmung der Arbeitnehmerinteressen durch den Betriebsrat durch die Festlegung von Art und Ausmaß der in § 87 BetrVG gewährten Mitbestimmungsrechte bereits geregelt. Deshalb steht etwa der Wille eines Einzelhandelsunternehmens, die gesetzlichen Ladenschlusszeiten auszuschöpfen, nicht von vornherein einer Arbeitszeitregelung nach § 87 I Nr. 2 BetrVG entgegen, die diese Ausschöpfung unmöglich macht.[653] Dies entbindet Arbeitgeber und Betriebsrat und vor allem die Einigungsstelle aber nicht von der Beachtung getroffener unternehmerischer Entscheidungen; vielmehr müssen bei der Abwägung der betrieblichen Belange gegen die Belange der betroffenen Arbeitnehmer (vgl. § 76 V 3 BetrVG) die Ersteren so zugrunde gelegt werden, wie sie sich aufgrund der getroffenen unternehmerischen Entscheidung darstellen. Im genannten Beispiel darf also nicht gefragt werden, ob sich die Ausschöpfung der Ladenschlusszeiten unternehmerisch überhaupt lohnt. Gefragt werden darf nur, ob sie, auch wenn sie sich lohnt, hinter den Interessen der Arbeitnehmer an kürzeren Ladenöffnungszeiten zurückstehen muss.[654]

Der Kreis der mitbestimmungspflichtigen sozialen Angelegenheiten kann **durch Tarifvertrag erweitert** werden. §§ 1, 3 II TVG sprechen dem Tarifvertrag auch die Kraft 1403 zu, betriebsverfassungsrechtliche Fragen mit normativer Wirkung für alle Arbeitnehmer tarifgebundener Arbeitgeber zu regeln (→ Rn. 1019 ff.). Das schließt grundsätzlich auch die Möglichkeit ein, weitere Angelegenheiten dem Mitbestimmungsrecht des Betriebsrats zu unterstellen.[655]

Die Mitbestimmungsrechte nach § 87 I BetrVG geben dem Betriebsrat regelmäßig **ein Initiativrecht.** 1404 Er ist nicht darauf beschränkt, bei einer vom Arbeitgeber erstrebten Regelung mitzubestimmen. Vielmehr kann er seinerseits initiativ werden, um die Regelung einer mitbestimmungspflichtigen Angelegenheit herbeizuführen. Etwa kann er unter Berufung auf sein Mitbestimmungsrecht nach § 87 I Nr. 2 BetrVG die Einigungsstelle anrufen, um die Einführung einer Gleitzeitregelung zu erreichen.

b) Wirkungsweise der Mitbestimmung

Fall 89: Im Betrieb X will der Arbeitgeber Kurzarbeit einführen. Da er den Betriebsrat als störrisch einschätzt, wendet er sich direkt an seine 50 Arbeitnehmer. Unter Hinweis auf die schlechte Lage und die Möglichkeit, Kurzarbeitergeld nach §§ 95 ff. SGB III in Anspruch zu nehmen, gelingt es ihm, 40 Arbeitnehmer zu überreden, schriftlich für acht Wochen Kurzarbeit zu vereinbaren. Den zehn weiteren stellt er eine entsprechende Änderungskündigung zu.

An sich können die in § 87 BetrVG genannten Angelegenheiten durch Einzelarbeits- 1405 vertrag, zum Teil auch aufgrund des Weisungsrechts einseitig vom Arbeitgeber geregelt werden. Gerade diese Möglichkeiten aber sollen durch das dem Betriebsrat in § 87 BetrVG verliehene Mitbestimmungsrecht eingeengt werden. Mitbestimmung bedeutet deshalb ihrem Sinn nach, dass eine für mitbestimmungspflichtig erklärte Angelegenheit nicht ohne Zustimmung des Betriebsrats geregelt werden kann. Die Mitbestimmung des Betriebsrats im Wege der Betriebsvereinbarung oder der Regelungsabrede ist **Wirksamkeitsvoraussetzung** mit der Folge, dass ohne Zustimmung des Betriebs-

653 BAG 31.8.1982 – 1 ABR 27/80, AP BetrVG 1972 § 87 Arbeitszeit Nr. 8.
654 *Löwisch*, Anm. zu BAG 31.8.1982, SAE 1983, 141.
655 BAG 10.2.1988 – 1 ABR 70/86, NZA 1988, 699; BAG 29.9.2004 – 1 ABR 29/03, NZA 2005, 313.

rats getroffene Maßnahmen unwirksam sind (Theorie der Wirksamkeitsvoraussetzung/Theorie der notwendigen Mitbestimmung).

Da es sich bei der Einführung von Kurzarbeit in **Fall 89** um eine nach § 87 I Nr. 3 BetrVG mitbestimmungspflichtige Angelegenheit handelt, sind die schriftlichen Vereinbarungen mit den Arbeitnehmern über die Kurzarbeit unwirksam. Eine durch Änderungskündigung herbeigeführte Vertragsänderung (→ Rn. 652 ff.) kann nach der Rechtsprechung des BAG solange nicht vollzogen werden, wie das Mitbestimmungsverfahren nicht durchgeführt ist.[656] Die Arbeitnehmer haben nach wie vor Anspruch auf die volle Vergütung.

1406 Wirksamkeitsvoraussetzung bedeutet nicht, dass bei Durchführung einer vom Arbeitgeber einseitig getroffenen Regelung nicht auch **Rechte für die Arbeitnehmer** entstehen können. Unzulässige Mehrarbeit oder Nachtarbeit muss ebenso vergütet werden wie eine ohne Zustimmung des Betriebsrats getroffene Entlohnungsregelung insoweit befolgt werden muss, als der Arbeitnehmer nach ihr gearbeitet hat.[657]

1407 Nicht notwendig ist, dass alle Einzelheiten zwischen Arbeitgeber und Betriebsrat geregelt werden. Vielmehr kann sich die Regelung auf die **Grundsätze beschränken** und die Durchführung dem Arbeitgeber überlassen. Etwa genügt bei der Einführung von Schichtarbeit die Festlegung eines allgemeinen Rahmens für die Schichtpläne, die dann im Einzelnen vom Arbeitgeber aufgestellt werden.[658] Der Betriebsrat darf dem Arbeitgeber aber nicht den Kernbereich des Mitbestimmungsrechts zur Letztentscheidung überlassen; die Ausgestaltung einer Leistungsprämie muss jedenfalls in den Grundzügen zwischen Arbeitgeber und Betriebsrat festgelegt werden.[659]

1408 Das Gesetz fordert nicht, dass zu jeder einzelnen mitbestimmungspflichtigen Maßnahme jeweils die Zustimmung des Betriebsrats eingeholt wird. So kann der Betriebsrat für gleichliegende, immer wieder auftretende Fälle seine **Zustimmung im Voraus** erteilen. Das kann etwa für ein kurzfristig auftretendes Bedürfnis nach Überstunden geschehen.[660] Nicht ausreichend ist auf der anderen Seite, wenn der Betriebsrat einer getroffenen Regelung lediglich nachträglich zustimmt,[661] auch nicht, wenn es sich um einen sog. Eilfall handelt[662] (→ Rn. 1383).

c) Vorrang von Gesetz und Tarifvertrag

Fall 90: In einem Tarifvertrag heißt es über die Arbeitszeit: »Die Arbeitszeit beträgt wöchentlich 38 Stunden. Die Arbeitszeit ist gleichmäßig auf die Tage Montag bis Freitag zu verteilen.« In einem Betrieb, für den der Tarifvertrag gilt, will der Betriebsrat gleitende Arbeitszeit einführen. Außerdem soll die Arbeitszeit Montag bis Donnerstag acht Stunden und Freitag nur sechs Stunden betragen.

1409 Mitbestimmungsrechte können dem Betriebsrat nur insoweit zukommen, wie der Arbeitgeber selbst einen Entscheidungsspielraum hat. Schreibt eine **staatliche Regelung** dem Arbeitgeber zwingend ein bestimmtes Verhalten vor, könnte daran eine Betriebsvereinbarung als schwächere Rechtsquelle nichts ändern. Ein Mitbestimmungsrecht

656 BAG 17.6.1998 – 2 AZR 336/97, NZA 1998, 1225.
657 BAG 5.7.1976 – 5 AZR 264/75, AP AZO § 12 Nr. 10.
658 BAG 29.9.2004 – 5 AZR 559/03, AP BetrVG 1972 § 87 Arbeitszeit Nr. 111.
659 BAG 26.4.2005 – 1 AZR 76/04, NZA 2005, 892.
660 BAG 3.6.2003 – 1 AZR 349/02, NZA 2003, 1155.
661 BAG 20.1.1998 – 9 AZR 698/96, NZA 1998, 1237.
662 BAG 17.11.1998 – 1 ABR 12/98, NZA 1999, 662.

wäre funktionslos. § 87 I BetrVG Eingangssatz bringt diesen an sich selbstverständlichen Gedanken dadurch zum Ausdruck, dass er die Mitbestimmungsrechte nur gewährt, soweit eine gesetzliche Regelung nicht besteht.

Der **Vorrang des Gesetzes** greift zunächst dort, wo staatliche Gesetze oder Verordnungen bestimmte Arbeitsbedingungen zwingend festlegen. Etwa findet das Mitbestimmungsrecht des § 87 I Nr. 2 BetrVG über die Lage der Arbeitszeit seine Grenze an den zwingenden Regelungen des ArbZG über Pausen und Ruhezeiten. Aber auch **Verwaltungsakte** und Gerichtsurteile, die aufgrund einer gesetzlichen Ermächtigung ergehen und den Arbeitgeber binden, schließen – soweit die Bindung reicht – ein Mitbestimmungsrecht aus. Etwa scheidet das Mitbestimmungsrecht nach § 87 I Nr. 1 BetrVG in Fragen der Arbeitsordnung aus, soweit dem Arbeitgeber eines kerntechnischen Betriebs in der Genehmigung die Auflage gemacht worden ist, Torkontrollen bestimmter Art und bestimmten Ausmaßes durchzuführen.[663] 1410

§ 87 I BetrVG Eingangssatz schließt die Mitbestimmungsrechte auch aus, soweit eine **tarifliche Regelung** besteht. Es räumt damit auch dem Tarifvertrag den Vorrang vor der betrieblichen Regelung ein. Dieser Vorrang gilt aber nur, wenn der Tarifvertrag die Angelegenheit so regelt, wie sie auch die Betriebsparteien regeln könnten. Insbesondere kommt eine Ermächtigung des Arbeitgebers zur einseitigen Regelung nur in Betracht, soweit eine entsprechende Betriebsvereinbarung dem betreffenden Mitbestimmungsrecht genügen würde (→ Rn. 1407 f.).[664] 1411

Im Unterschied zu § 77 III BetrVG (→ Rn. 1358) ist **Voraussetzung des Tarifvorrangs** nach § 87 I BetrVG, dass eine tarifliche Regelung der betreffenden betrieblichen Frage **tatsächlich besteht** und der Arbeitgeber an diese gebunden ist. Bloße Tarifüblichkeit genügt nicht, um das Mitbestimmungsrecht des Betriebsrats auszuschließen, weil dies die Arbeitnehmer in zentralen Fragen der betrieblichen Ausgestaltung ihrer Arbeitsverhältnisse schutzlos stellen würde. Daraus sowie aus dem Bedürfnis nach einer mit unmittelbarer und zwingender Wirkung ausgestatteten Regelung der mitbestimmungspflichtigen Angelegenheiten folgt dann auch, dass der Sperrvorrang des § 77 III BetrVG nicht zusätzlich zum Tarifvorrang des § 87 I BetrVG eingreifen kann, sodass die Regelung einer nach § 87 I BetrVG mitbestimmungspflichtigen Angelegenheit stets durch Betriebsvereinbarung erfolgen kann, sofern der Tarifvorrang des § 87 I BetrVG Eingangssatz nicht greift. Insoweit hat sich die »**Vorrangtheorie**« gegenüber der früher herrschenden »**Zwei-Schranken-Theorie**« durchgesetzt,[665] welche auch im Fall fehlender Bindung des Arbeitgebers an eine tarifliche Regelung der mitbestimmungspflichtigen Angelegenheit in einem vom Geltungsbereich einschlägigen Tarifvertrag (→ Rn. 1023) sowie im Fall der Tarifüblichkeit die Zulässigkeit einer Betriebsvereinbarung verneint. Nach der »Zwei-Schranken-Theorie« kommt hier nur eine Regelungsabrede (→ Rn. 1363 f.) in Betracht.[666] 1412

Für das Bestehen einer tariflichen Regelung iSd § 87 I BetrVG genügt es, dass der **Arbeitgeber tarifgebunden** ist. Ob und wie viele Arbeitnehmer der tarifschließenden Gewerkschaft angehören, spielt keine Rolle. Das gilt auch dann, wenn es sich bei der 1413

663 BAG 26.5.1988 – 1 ABR 9/87, NZA 1988, 811.
664 BAG 17.11.1998 – 1 ABR 12/98, NZA 1999, 662.
665 BAG 24.2.1987 – 1 ABR 18/85, NZA 1987, 639; BAG 3.12.1991 – GS 2/90, NZA 1992, 749; BAG 29.4.2004 – 1 ABR 30/02, NZA 2004, 670.
666 Näher dazu GK/*Wiese* § 87 Rn. 48 ff. mit umfassenden Nachweisen.

tariflichen Regelung um eine Inhaltsnorm (→ Rn. 1011) handelt. Diese sperrt nach der Rechtsprechung des BAG das Mitbestimmungsrecht insgesamt.[667]

In **Fall 90** betrifft an sich sowohl die Einführung der gleitenden Arbeitszeit wie die Verteilung der Arbeitszeit auf die Wochentage eine mitbestimmungspflichtige Angelegenheit iSd § 87 I Nr. 2 BetrVG. Nur der erste Punkt kann aber durch Betriebsvereinbarung geregelt werden, denn die gleichmäßige Verteilung der Arbeitszeit auf die Arbeitstage ist durch den Tarifvertrag bereits festgelegt. Dass die Arbeitnehmer eine Verkürzung der Arbeitszeit am Freitag zulasten längerer Arbeitszeit an übrigen Tagen möglicherweise als günstiger empfinden, spielt keine Rolle, denn im Verhältnis von Betriebsvereinbarung und Tarifvertrag gilt wegen des Zwecks des Tarifvorrangs das Günstigkeitsprinzip nicht. Möglich ist nur, dass einzelne Arbeitnehmer mit dem Arbeitgeber eine abweichende Verteilung der Arbeitszeit vereinbaren, denn im Verhältnis zwischen Tarifvertrag und Arbeitsvertrag gilt das Günstigkeitsprinzip ebenso wie es im Verhältnis von Betriebsvereinbarung und Arbeitsvertrag gilt (→ Rn. 1061 ff., 1360 ff.).

2. Mitbestimmungsangelegenheiten im Einzelnen

a) Ordnung und Verhalten (§ 87 I Nr. 1 BetrVG)

1414 Gegenstand der Mitbestimmung nach Nr. 1 ist die **innere soziale Ordnung** des Betriebs. In Betracht kommt in erster Linie die Aufstellung verbindlicher Verhaltensvorschriften, also die Regelung des sog. **Ordnungsverhaltens.** Dazu zählen zB Regelungen über die Benutzung von Werksausweisen oder Formularen zur Bescheinigung von Abwesenheiten,[668] über die Verpflichtung der Arbeitnehmer des Betriebs, eine ärztliche Bescheinigung über das Bestehen einer Arbeitsunfähigkeit und deren voraussichtliche Dauer (→ Rn. 446) abweichend von § 5 I 2 EFZG schon zu einem früheren Zeitpunkt vorzulegen,[669] über Torkontrollen, biometrische Zugangskontrollen im Kundenbetrieb,[670] Rauchverbote, Alkoholverbote, Verbote des Radiohörens, Arbeitskleidung,[671] Namensschilder,[672] über die Festlegung der Nutzungsbedingungen von Parkflächen, die der Arbeitgeber den Arbeitnehmern zur Verfügung stellt[673] usw. Auch sog. »Ethikrichtlinien« gehören hierher.[674]

1415 **Nicht** zu den Fragen der Ordnung und des Verhaltens der Arbeitnehmer im Betrieb zählt die der Konkretisierung der eigentlichen Arbeitspflicht dienende Arbeitsanweisung **(Arbeitsverhalten bzw. Leistungsverhalten),** also etwa die Weisung, bei der Herstellung eines bestimmten Arbeitsstücks in einer bestimmten Reihenfolge vorzugehen oder ein bestimmtes Werkzeug zu benutzen.

1416 Die Mitbestimmung nach Nr. 1 findet dort ihre Grenze, wo **gesetzliche Vorschriften** eine bestimmte Ordnung oder ein bestimmtes Verhalten vorschreiben (gesetzliche Rauchverbote, Torkontrollen in kerntechnischen Anlagen) (→ Rn. 1410).

1417 Der Mitbestimmungstatbestand der Nr. 1 erstreckt sich auch auf **Betriebsstrafenordnungen,** die der Durchsetzung von Verhaltens- und Ordnungsvorschriften dienen sol-

667 BAG 24.2.1987 – 1 ABR 18/85, NZA 1987, 639; BAG 18.10.2011 – 1 ABR 25/10, NZA 2012, 392.
668 BAG 21.1.1997 – 1 ABR 53/96, NZA 1997, 785.
669 BAG 23.8.2016 – 1 ABR 43/14, NZA 2016, 1483.
670 BAG 27.1.2004 – 1 ABR 7/03, NZA 2004, 556.
671 BAG 11.6.2002 – 1 ABR 46/01, NZA 2002, 1299 (Namensschilder an der Dienstkleidung); BAG 30.9.2014 – 1 AZR 1083/12, NZA 2015, 121 (Cockpit-Mütze); iE *Kaiser,* FS Kreutz, 2010, 183 ff.
672 BAG 11.6.2002 – 1 ABR 46/01, NZA 2002, 1299.
673 BAG 7.2.2012 – 1 ABR 63/10, NZA 2012, 685.
674 BAG 22.7.2008 – 1 ABR 40/07, NZA 2008, 1248.

len. Mitbestimmungspflichtig ist dabei nicht nur die Aufstellung der Betriebsstrafenordnung, sondern auch die Verhängung der Betriebsstrafen im einzelnen Fall.[675]

b) Arbeitszeit (§ 87 I Nr. 2 und Nr. 3 BetrVG)

Nach Nr. 2 und 3 unterliegen die Lage der Arbeitszeit und ihre vorübergehende Verkürzung oder Verlängerung der Mitbestimmung. Die regelmäßige Dauer der Arbeitszeit ist aus dem Mitbestimmungsrecht ausgeklammert.[676] Sie richtet sich nach Gesetz, Tarifvertrag oder Einzelarbeitsvertrag und kann nur Gegenstand einer freiwilligen Betriebsvereinbarung nach § 88 BetrVG sein. 1418

Zur mitbestimmungspflichtigen **Lage der Arbeitszeit** gehören der tägliche Beginn und das tägliche Ende der Arbeitszeit, auch für nur kurzfristig beschäftigte Arbeitnehmer, Pausen und die Verteilung der Arbeitszeit auf die Arbeitstage der Woche. Mitbestimmungspflichtig sind dabei auch die Einführung von Schichtbetrieb und die Regelung von Schicht- und Dienstplänen einschließlich der Zuordnung der Arbeitnehmer zu den einzelnen Schichten.[677] Dabei genügt aber die Festlegung eines Rahmens. Die Aufstellung der Pläne im Einzelnen kann dem Arbeitgeber überlassen werden (→ Rn. 1407). 1419

Das Mitbestimmungsrecht der Nr. 3 hat eine Doppelfunktion. Einerseits bindet es den Arbeitgeber bei der **Einführung von Kurz- oder Mehrarbeit** an die Zustimmung des Betriebsrats. Entsprechende arbeitsvertragliche Vereinbarungen sind nur möglich, wenn der Betriebsrat zustimmt. Andererseits erblickt die überwiegende Auffassung in dem Mitbestimmungsrecht die Ermächtigung, durch eine gem. § 77 IV BetrVG gegenüber dem Arbeitsvertrag unmittelbar und zwingend wirkende Betriebsvereinbarung Kurz- oder Mehrarbeit ohne Rücksicht auf den Willen der betroffenen Arbeitnehmer auch dort einzuführen, wo dies nicht bereits tarifvertraglich (so in §§ 3–5 des im Anhang abgedruckten Manteltarifvertrags) oder arbeitsvertraglich vorgesehen ist.[678] Eine derartige Ermächtigung zum Eingriff in den Arbeitsvertrag ist mit dem Schutzzweck der Nr. 3, die Arbeitnehmer vor einer ungerechtfertigten Minderung ihres Beschäftigungs- und Entgeltanspruchs zu schützen, nur schwer zu vereinbaren.[679] 1420

Das Mitbestimmungsrecht nach Nr. 3 bezieht sich auf alle Fälle, in denen einem betrieblichen Bedürfnis nach erweiterter oder verminderter Arbeitsleistung Rechnung getragen werden soll, auch wenn nur einzelne oder wenige Arbeitnehmer betroffen sind. Auch die Anordnung von Überstunden für Teilzeitbeschäftigte (zB die Pförtner) des Betriebs unterliegt der Mitbestimmung.[680] 1421

c) Auszahlung der Arbeitsentgelte (§ 87 I Nr. 4 BetrVG)

Gegenstand der Mitbestimmung nach Nr. 4 ist vor allem die Frage, ob das Arbeitsentgelt bar ausgezahlt oder auf ein Bankkonto überwiesen wird. Das Mitbestimmungsrecht soll sich nach Auffassung des BAG dabei auch auf die Tragung der anteiligen 1422

675 BAG 5.12.1975 – 1 AZR 94/74, AP BetrVG 1972 § 87 Betriebsbuße Nr. 1.
676 BAG 22.7.2003 – 1 ABR 28/02, NZA 2004, 507; BAG 15.5.2007 – 1 ABR 32/06, NZA 2007, 1240.
677 BAG 29.9.2004 – 5 AZR 559/03, AP BetrVG 1972 § 87 Arbeitszeit Nr. 111.
678 BAG 12.10.1994 – 7 AZR 398/93, NZA 1995, 641; BAG 16.12.2008 – 9 AZR 164/08, NZA 2009, 689; BAG 18.11.2015 – 5 AZR 491/14, NZA 2016, 565; *Fitting* § 87 Rn. 158; GK/Wiese § 87 Rn. 363 mwN.
679 Löwisch/Kaiser/*Kaiser* § 87 Rn. 103 f.; AR/*Rieble* BetrVG § 87 Rn. 25.
680 BAG 23.7.1996 – 1 ABR 13/96, NZA 1997, 274.

Kontoführungsgebühren erstrecken.[681] Das ist in Zeiten, in denen inzwischen nahezu jedermann über ein Girokonto verfügt, überholt.[682]

d) Urlaub (§ 87 I Nr. 5 BetrVG)

1423 Gemäß Nr. 5 sind zunächst die **allgemeinen Regeln** mitbestimmungspflichtig, nach denen dem einzelnen Arbeitnehmer vom Arbeitgeber im Einzelfall Urlaub zu gewähren ist oder aber nicht gewährt werden darf oder soll. Hierunter fallen etwa die Fragen, welchen Einfluss das Vorhandensein schulpflichtiger Kinder auf die zeitliche Lage des Urlaubs haben soll und ob im ganzen Betrieb oder einzelnen Betriebsabteilungen für eine bestimmte Zeit Betriebsferien gemacht werden sollen oder nicht.

1424 Der **Urlaubsplan** ist das Programm für die zeitliche Ordnung, in der den einzelnen Arbeitnehmern der Urlaub im Laufe des Kalenderjahres gewährt werden soll. Zum Urlaubsplan gehört auch der Plan der Vertretung der im Urlaub befindlichen Arbeitnehmer. An den mitbestimmten Urlaubsplan ist der Arbeitgeber gebunden; der Urlaub muss nicht mehr eigens vom Arbeitgeber gewährt werden.[683]

1425 Nr. 5 erstreckt das Mitbestimmungsrecht des Betriebsrats auch auf die **Urlaubsfestsetzung für den einzelnen Arbeitnehmer,** sofern über diese Streit zwischen Arbeitgeber und Arbeitnehmer besteht. Damit erhält der Arbeitnehmer eine zusätzliche Möglichkeit, seinen sich aus § 7 I BUrlG ergebenden Anspruch auf Berücksichtigung seiner Urlaubswünsche zu verfolgen (→ Rn. 393 ff.).

e) Technische Überwachungseinrichtungen (§ 87 I Nr. 6 BetrVG)

1426 Nr. 6 verstärkt das Mitbestimmungsrecht der Nr. 1: Werden **Verhalten und Leistung** mittels technischer Einrichtungen überwacht, übt das einen besonderen Druck auf die Arbeitnehmer aus. Sie sehen sich nicht einem Vorgesetzten gegenüber, mit dem man sprechen kann, sondern einer anonymen Maschine. Das hat den Gesetzgeber veranlasst, die Einführung und Anwendung solcher technischen Überwachungseinrichtungen in Nr. 6 einem eigenen Mitbestimmungsrecht zu unterstellen. Unabhängig davon finden solche Überwachungseinrichtungen in dem durch § 75 II BetrVG geschützten allgemeinen Persönlichkeitsrecht der Arbeitnehmer ihre Grenzen. Das BAG unterzieht Eingriffe in das Persönlichkeitsrecht der Arbeitnehmer einer strengen Verhältnismäßigkeitskontrolle. Eingriffe in dieses Recht müssen durch schutzwürdige Belange des Arbeitgebers gerechtfertigt sein.[684] Der Gesetzgeber hat dies durch die Regelung des § 32 BDSG (→ Rn. 236 ff.) bestätigt.

1427 Der **Begriff der technischen Einrichtung** ist dabei umfassend. In Betracht kommen Stechuhren, bei Beginn und Ende einzelner Arbeitsvorgänge zu bedienende Zeitstempler, elektronische Zeiterfassungssysteme, Fernseh- und Videoanlagen, Mikrofone, Filmkameras, Produktografen, aber auch Geräte zur Erfassung von Telefongesprächen, Datenverarbeitungsanlagen einschließlich Bildschirmarbeitsgeräten, ebenso die mit einer Datenverarbeitungsanlage verbundenen Codekarten im Rahmen eines

---

681 BAG 15.1.2002 – 1 ABR 10/01, NZA 2002, 988 mwN = SAE 2003, 1 mkritAnm *Löwisch.*

682 Näher Löwisch/Kaiser/*Kaiser* § 87 Rn. 116; GK/*Wiese* § 87 Rn. 435 ff.

683 BAG 16.12.2008 – 9 AZR 164/08, NZA 2009, 689; *Fitting* § 87 Rn. 201.

684 So für Fälle der Videoüberwachung BAG 14.12.2004 – 1 ABR 34/03, NZA 2005, 839; BAG 26.8.2008 – 1 ABR 16/07, NZA 2008, 1187.

Zeiterfassungs- oder Zugangskontrollsystems und biometrische Zugangskontrollen.[685]

Nach der Rechtsprechung kommt es nicht darauf an, ob die technische Einrichtung die leistungs- oder verhaltensbezogenen Daten des Arbeitnehmers selbst gewinnt oder ob sie lediglich bei der Auswertung manuell durch die betroffenen Arbeitnehmer selbst oder andere betriebliche Stellen erfasster Daten eingesetzt wird.[686] Deshalb zählen auch EDV-Anlagen, in denen Arbeitnehmerdaten gesammelt oder verwertet werden (sog. Personalinformationssysteme), zu den technischen Einrichtungen iSd Nr. 6. Notwendig ist aber immer, dass der **Überwachungseffekt durch die technische Einrichtung selbst** erzielt wird. Diese muss die erfassten oder eingegebenen Daten selbst »zu Aussagen« über Verhalten und Leistung, etwa durch die Ermittlung von Fehlzeiten, verarbeiten. EDV-Anlagen müssen ein entsprechendes Programm enthalten. Hingegen greift das Mitbestimmungsrecht nicht ein, soweit Systeme lediglich betriebs-, etwa produktions- oder lagerhaltungsbezogene Informationen verarbeiten oder als Personalinformationssysteme ein Programm zur Verarbeitung nicht leistungs- oder verhaltensbezogener Daten, etwa ein Lohnabrechnungsprogramm, enthalten. Auch wird der Überwachungseffekt nicht durch die technische Einrichtung selbst erzielt, wenn der Arbeitgeber zur Überprüfung von Streckenangaben in Fahrtkostenabrechnungen seiner Arbeitnehmer einen Online-Routenplaner verwendet.[687] **1428**

Nach dem Wortlaut der Vorschrift muss die Einrichtung dazu bestimmt sein, Leistung oder Verhalten des Arbeitnehmers zu überwachen. **»Bestimmt sein«** heißt in diesem Zusammenhang nicht, dass die Überwachung von Leistung und Verhalten der eigentliche Zweck sein muss, den der Arbeitgeber mit der Einrichtung verfolgt. Aus der Zielsetzung der Vorschrift, nämlich die Persönlichkeit der Arbeitnehmer zu schützen, ergibt sich vielmehr, dass es für die Anwendung der Nr. 6 genügt, wenn die Anlage für eine Überwachung von Leistung oder Verhalten des Arbeitnehmers **objektiv geeignet ist.**[688] Daraus folgt insbesondere, dass zur Ermittlung von Vorgabezeiten beim Akkord (→ Rn. 312 f.) eingesetzte Multimomentkameras oder auch Überwachungskameras in Geldinstituten unter die Vorschrift fallen.[689] Auch die technische Auswertung von Leistungsdaten, die nicht auf einzelne Arbeitnehmer, sondern auf eine Arbeitsgruppe in ihrer Gesamtheit bezogen ist, ist dann ausnahmsweise eine Überwachung iSd Nr. 6, wenn der Überwachungsdruck auf die einzelnen Gruppenmitglieder weitergeleitet wird.[690] Mitzubestimmen hat der Betriebsrat auch, wenn der Arbeitgeber auf seiner Facebook-Seite für andere Facebook-Nutzer die Veröffentlichung von sog. Besucher-Beiträgen (Postings), die sich nach ihrem Inhalt auf das Verhalten oder die Leistung einzelner Beschäftigter beziehen, ermöglicht.[691] **1429**

Eine Mitbestimmung nach Nr. 6 kommt dort nicht in Betracht, wo die Überwachungseinrichtung **gesetzlich vorgeschrieben** ist. Dies ist etwa bei den Fahrtenschreibern in Lastkraftwagen und Omnibussen gem. § 57 a StVZO der Fall. **1430**

685 Weitere Beispiele bei *Fitting* § 87 Rn. 244 ff. und Löwisch/Kaiser/*Kaiser* § 87 Rn. 140.
686 BAG 14.9.1984 – 1 ABR 23/82, NZA 1985, 28.
687 BAG 10.12.2013 – 1 ABR 43/12, NZA 2014, 439.
688 BAG 9.9.1975 – 1 ABR 20/74, AP BetrVG 1972 § 87 Überwachung Nr. 2; BAG 27.1.2004 – 1 ABR 7/03, NZA 2004, 556.
689 BAG 14.5.1974 – 1 ABR 45/73, AP BetrVG 1972 § 87 Überwachung Nr. 1.
690 BAG 26.7.1994 – 1 ABR 6/94, NZA 1995, 185.
691 BAG 13.12.2016 – 1 ABR 7/15, PM.

1431 Dass sich die Mitbestimmung des Betriebsrats auf die »Einführung« von Überwachungseinrichtungen erstreckt, darf nicht dahingehend missverstanden werden, dass der Betriebsrat seinerseits ein Initiativrecht zur Einführung einer Überwachungseinrichtung hätte. Zweck des Mitbestimmungsrechts nach Nr. 6 ist gerade, den Arbeitnehmer vor den Gefahren technischer Überwachung zu schützen. Damit verträgt sich ein Initiativrecht des Betriebsrats nicht. Folgerichtig bedarf auch die Abschaffung einer solchen Einrichtung nicht der Zustimmung des Betriebsrats.[692]

f) Arbeitsschutz und betrieblicher Umweltschutz (§ 87 I Nr. 7 und § 89 BetrVG)

1432 Nr. 7 unterstellt Regelungen über den **Arbeits- und Gesundheitsschutz** der Mitbestimmung. Das Mitbestimmungsrecht hat aber nur eingeschränkte Bedeutung, weil es an den vorgegebenen Rahmen der gesetzlichen Vorschriften und der Unfallverhütungsvorschriften gebunden ist. Diese schreiben die zu treffenden Maßnahmen des Arbeits- und Gesundheitsschutzes gewöhnlich bis in die Einzelheiten vor, sodass für eine Konkretisierung durch Betriebsvereinbarungen nur ausnahmsweise Raum bleibt. Der Mitbestimmung unterfallen zB Regelungen zur Gefährdungsbeurteilung und zur Unterweisung der Beschäftigten nach §§ 5, 12 ArbSchG,[693] der Aufbau einer Organisation des betrieblichen Arbeitsschutzes nach § 3 II ArbSchG[694] sowie die Ausgestaltung des in § 6 V ArbZG vorgesehenen Ausgleichs für Nachtarbeit.[695]

1433 Von größerer praktischer Bedeutung ist das Mitwirkungsrecht des Betriebsrats bei der **Bekämpfung von Unfall- und Gesundheitsgefahren** nach § 89 BetrVG. Es gibt ihm die Möglichkeit, sich in Untersuchungen, Besichtigungen und Besprechungen der für den Arbeitsschutz zuständigen Stellen mit dem Arbeitgeber einzuschalten, sich zu orientieren und dort eigene Anregungen für die Verbesserung des Unfall- und Gesundheitsschutzes zu geben.[696]

1434 § 89 BetrVG räumt dem Betriebsrat auch die Befugnis ein, im Interesse und zum Schutz der von ihm vertretenen Arbeitnehmer die **Verbesserung der Umweltsituation** im Betrieb, zB der dort herrschenden Licht- und Luftverhältnisse, zum Gegenstand der Mitwirkung nach § 89 BetrVG zu machen. Eine allgemeine Zuständigkeit für Umweltschutzfragen ist damit aber nicht verbunden. Etwa ist es nicht Aufgabe des Betriebsrats, darauf hinzuwirken, dass der Arbeitgeber auf dem Dach des Betriebsgebäudes eine Solaranlage installiert oder in Kraftfahrzeuge wirksamere Katalysatoren einbaut als gesetzlich vorgeschrieben. Dies würde den Zusammenhang mit dem Arbeitsverhältnis sprengen.[697]

g) Sozialeinrichtungen (§ 87 I Nr. 8 und Nr. 9 BetrVG)

1435 Nr. 8 unterstellt Sozialeinrichtungen der Mitbestimmung. Derartige **Einrichtungen** sind zB Unterstützungs- und Pensionskassen zur betrieblichen Altersversorgung, Betriebskindergärten, Kantinen, Sportanlagen, Ferienheime sowie Werkswohnungen, für die Nr. 9 noch eine besondere Regelung enthält. Getragen wird das Mitbestimmungs-

692 BAG 28.11.1989 – 1 ABR 97/88, NZA 1990, 406.

693 BAG 8.6.2004 – 1 ABR 4/03, NZA 2005, 227; BAG 11.1.2011 – 1 ABR 104/09, NZA 2011, 651.

694 BAG 18.3.2014 – 1 ABR 73/12, NZA 2014, 855.

695 BAG 26.4.2005 – 1 ABR 1/04, NZA 2005, 884.

696 Zur Zusammenarbeit des Betriebsrats mit den Betriebsärzten und Fachkräften für Arbeitssicherheit → Rn. 510f.

697 S. ausführlich Löwisch/Kaiser/*Kaiser* § 89 Rn. 16.

recht von dem Gedanken, dass solche Einrichtungen für die Arbeitnehmer auch von deren Repräsentanten mitverwaltet werden sollen. Dementsprechend liegt eine Einrichtung nur vor, wenn ein Ansatz für eine solche Mitverwaltung durch den Betriebsrat vorhanden ist. Es muss sich um einen **abgesonderten Teil konkreter Mittel** mit einer gewissen Organisation handeln.[698] Reine Sozialleistungen, etwa vom Arbeitgeber direkt zu zahlende Ruhegelder oder Arbeitgeberdarlehen oder die Durchführung eines Betriebsausflugs mit Lohnausgleich,[699] genügen dafür nicht. Insoweit kommt nur eine Mitbestimmung nach Nr. 10 in Betracht (→ Rn. 1439ff.).

Nr. 8 erstreckt die Mitbestimmung zunächst auf die **Rechtsform** der Sozialeinrichtung. Mitbestimmungspflichtig ist weiter die **Verwaltung.** Bei unselbstständigen Sozialeinrichtungen unterliegt jede Verwaltungsmaßnahme der Mitbestimmung. Bei selbstständigen müssen die Organe paritätisch besetzt sein, oder es muss zwischen Arbeitgeber und Betriebsrat im Einzelfall festgelegt werden, wie die Organe verfahren sollen.[700] Bei der ebenfalls mitbestimmungspflichtigen **Ausgestaltung** handelt es sich um die nähere Konkretisierung der Zweckbestimmung der sozialen Einrichtung, zB die Festlegung allgemeiner Benutzungsgrundsätze einer Kantine oder den Leistungsplan einer Ruhegeldeinrichtung. 1436

Die Entscheidung, ob eine **Sozialeinrichtung errichtet** werden soll oder nicht, überlässt das Gesetz dem Arbeitgeber. Dies folgt aus § 88 Nr. 2 BetrVG, der die Errichtung von Sozialeinrichtungen der freiwilligen Mitbestimmung zwischen Arbeitgeber und Betriebsrat überantwortet. Ob eine geplante betriebliche Altersversorgung über eine Sozialeinrichtung oder über Direktzusagen und damit ohne Sozialeinrichtung abgewickelt wird (hierzu näher → Rn. 461), unterliegt deshalb nicht der Mitbestimmung. Zur Errichtung gehört auch die **Zweckbestimmung** der Sozialeinrichtung. Will der Arbeitgeber eine betriebliche Ruhegeldeinrichtung schaffen, so kann daraus nicht auf dem Wege über die Mitbestimmung bei der Ausgestaltung etwas anderes gemacht werden, etwa eine Einrichtung, die Werkswohnungen oder Ferienheime betreibt. Eng verbunden mit der Gründung einer sozialen Einrichtung ist auch deren **finanzielle Dotierung.** Die Entscheidung hierüber ist deshalb dem Arbeitgeber vorbehalten. 1437

Ebenso wie die Errichtung ist die **Aufhebung einer Sozialeinrichtung,** die Änderung ihrer Zweckbestimmung und die Kürzung ihrer Dotierung mitbestimmungsfrei. So hat der Betriebsrat kein Mitbestimmungsrecht, wenn der Arbeitgeber entscheidet, bisher allen Arbeitnehmern zur Verfügung stehende Werkmietwohnungen künftig nur noch an leitende Angestellte zu vergeben.[701] Wird die Dotierung gekürzt, kann der Betriebsrat nur über die Anpassung der Verteilungsordnung an den neuen Leistungsrahmen mitbestimmen. 1438

h) Lohnfragen (§ 87 I Nr. 10 und Nr. 11 BetrVG)

Fall 91: Das Automobilunternehmen X hat seinen Arbeitnehmern bislang ein Weihnachtsgeld gewährt. Grundlage war eine gesonderte Betriebsvereinbarung, nach der Arbeitnehmer mit bis zu zweijähriger Betriebszugehörigkeit 50 %, bis zu dreijähriger Betriebszugehörigkeit 75 % und über fünfjähriger Betriebszugehörigkeit 100 % eines Monatsgehalts erhielten. Um Kosten zu sparen, kündigt X die

698 BAG 9.12.1980 – 1 ABR 80/77, AP BetrVG 1972 § 87 Lohngestaltung Nr. 5.
699 Vgl. dazu BAG 27.1.1998 – 1 ABR 35/97, NZA 1998, 835.
700 Vgl. zu den Einzelheiten Löwisch/Kaiser/*Kaiser* § 87 Rn. 180ff.
701 BAG 23.3.1993 – 1 ABR 65/92, NZA 1993, 766.

Betriebsvereinbarung. Er will künftig allen Arbeitnehmern ein Weihnachtsgeld in Höhe von 50% eines Monatsbezugs zahlen, was er diesen auch sogleich mitteilt. A, der seit acht Jahren dem Unternehmen angehört, ist damit nicht einverstanden. Solange keine neue Betriebsvereinbarung geschlossen sei, habe er Anspruch auf ein volles Monatsgehalt.

1439 Nr. 10 unterstellt die **Art und Weise** der Ermittlung des Arbeitsentgelts im Betrieb der Mitbestimmung. Durch die Mitbestimmung über die »Strukturformen des Entgelts einschließlich ihrer näheren Vollziehungsformen« sollen die Arbeitnehmer vor einer einseitig an den Interessen des Unternehmens orientierten oder willkürlichen Lohngestaltung geschützt werden. Der Zweck ist die Sicherung der Angemessenheit und Durchsichtigkeit des innerbetrieblichen Lohngefüges.[702]

1440 Zu den **Entlohnungsgrundsätzen** gehört das System, nach dem das Entgelt für den Betrieb, für bestimmte Betriebsabteilungen oder für Gruppen von Arbeitnehmern ermittelt werden soll. Beispiele sind insbesondere das Zeitlohnsystem, das Akkordlohnsystem oder das Prämienlohnsystem (→ Rn. 307ff.). Aber auch das System, nach dem übertarifliche Zulagen zum Arbeitsentgelt bestimmt werden, gehört zu den Entlohnungsgrundsätzen. **Entlohnungsmethode** ist die Art und Weise, in der das gewählte Entlohnungssystem verfahrensmäßig durchgeführt wird. Dabei geht es um die Findung des Arbeitswerts, also des Schwierigkeitsgrades der Arbeit, von dem die Zuordnung zu der Entgeltgruppe abhängt. Hier kommen Punktbewertungssysteme, die die Schwierigkeitsgrade jeder Arbeit durch Punkte ausdrücken, ebenso in Betracht wie Leistungsgruppensysteme, über die bestimmte Typen von Arbeiten bestimmten Gruppen zugeordnet werden. Zum anderen geht es um die Art und Weise, in der der Leistungsgrad des einzelnen Arbeitnehmers, insbesondere beim Akkord- und Prämienlohn, ermittelt wird.

1441 Auf die Entgelthöhe erstreckt sich die Mitbestimmung nicht, in der **Dotierung** ist der Arbeitgeber auch beim Entgelt frei.[703] Von praktischer Bedeutung ist das insbesondere für die Kürzung (Widerruf oder Anrechnung) übertariflicher Zulagen aus Anlass einer Tariflohnerhöhung. An dieser selbst kann der Betriebsrat den Arbeitgeber nicht hindern. Nur soweit die Kürzung mit einer Änderung der Verteilungsgrundsätze für die übertariflichen Zulagen verbunden ist, hat er ein Mitbestimmungsrecht.[704] Da sich das Mitbestimmungsrecht nach Nr. 10 nicht auf die Entgelthöhe erstreckt, stellt auch die Vereinbarung einer höheren Wochenarbeitszeit ohne Lohnausgleich keine mitbestimmungspflichtige Maßnahme dar.[705]

1442 Nr. 11 verstärkt das Mitbestimmungsrecht des Betriebsrats in Lohnfragen für den **Akkordlohn** (→ Rn. 312ff.) in doppelter Richtung. Einmal wird die Festsetzung der Vorgabezeit in jedem einzelnen Fall der Mitbestimmung des Betriebsrats unterstellt, zum anderen erstreckt sich diese auch auf den Geldfaktor. Letzteres spielt wegen des Tarifvorrangs dort keine Rolle, wo der Geldfaktor bereits tariflich festgesetzt ist. Fehlt aber eine solche tarifliche Festsetzung, wird damit beim Akkordlohn auch die Lohnhöhe

702 BAG 22.1.1980 – 1 ABR 48/77, AP BetrVG 1972 § 87 Lohngestaltung Nr. 3; BAG 30.9.2008 – 1 ABR 54/07, NZA 2009, 502; BAG 10.12.2013 – 1 ABR 39/12, NZA 2014, 1040.

703 BAG 21.1.2003 – 1 ABR 5/02, NZA 2003, 810.

704 BAG 3.12.1991 – GS 2/90, NZA 1992, 749; BAG 28.2.2006 – 1 ABR 4/05, NZA 2006, 1426; BAG 27.8.2008 – 5 AZR 820/07, NZA 2009, 49.

705 BAG 30.10.2001 – 1 ABR 8/01, NZA 2002, 919.

der Mitbestimmung unterstellt.[706] Nr. 11 gilt auch für den **Prämienlohn** (→ Rn. 315f.) und andere vergleichbar leistungsbezogene Entgeltformen. Er hat dort aber nur geringe praktische Bedeutung, denn die Voraussetzungen für diese Entgelte sind gewöhnlich schon in den Entlohnungsgrundsätzen der Nr. 10, beim Prämienlohn in der Prämienkurve, festgelegt.

1443 Das Mitbestimmungsrecht bei der Lohngestaltung nach Nr. 10 betrifft nicht nur das eigentliche Arbeitsentgelt, sondern **alle Vergünstigungen und sonstigen Vorteile,** die mit Rücksicht auf die Arbeitsleistung gewährt werden, also auch Leistungen der betrieblichen Altersversorgung, Gratifikationen, Urlaubsgelder und Arbeitgeberdarlehen; nicht erfasst wird lediglich reiner Aufwendungsersatz.[707] Da sich Nr. 10 nicht auf die Entgelthöhe erstreckt, bleibt die Einführung, Zweckbestimmung, Dotierung und Abschaffung von Sozialleistungen mitbestimmungsfrei, lediglich die nähere Ausgestaltung bestimmt der Betriebsrat ähnlich wie bei den Sozialeinrichtungen mit.[708]

In **Fall 91** beruft sich A auf die Nachwirkung der Betriebsvereinbarung (→ Rn. 1354f.). Damit kann er nur durchdringen, soweit diese eine mitbestimmungspflichtige Angelegenheit regelt. Das ist in Bezug auf die Verteilungsgrundsätze der Fall, nicht aber in Bezug auf die Dotierung des Weihnachtsgeldes durch den Arbeitgeber. Gleichwohl wirkt die Betriebsvereinbarung insgesamt nach, weil X weder die Leistung von Weihnachtsgeld insgesamt einstellen noch lediglich den Umfang der Zahlungen unter Beibehaltung der bisherigen Verteilung nach der Dauer der Betriebszugehörigkeit reduzieren wollte. Im ersten Fall würde die Betriebsvereinbarung überhaupt nicht, im zweiten Fall würde sie lediglich teilweise – bezogen auf die Verteilungsregeln – nachwirken.[709] Das wäre etwa der Fall, wenn X unter Beibehaltung der bisherigen Prozentsätze und Betriebszugehörigkeitszeiten statt einem ganzen Monatsgehalt künftig nur noch ein halbes Monatsgehalt der Berechnung hätte zugrunde legen wollen. Im vorliegenden Fall, in dem der Arbeitgeber sowohl den Gesamtumfang der Zahlungen reduzieren als auch die Verteilungsregeln ändern will, wirkt die Betriebsvereinbarung indessen insgesamt nach, was eine gewisse überschießende Wirkung des Mitbestimmungsrechts bedeutet. Eine Aufspaltung ist in einem solchen Fall aber mangels Berechenbarkeit des Weihnachtsgeldes nicht möglich. Deshalb kann A weiterhin ein Weihnachtsgeld von einem vollen Monatsgehalt fordern.[710] Um die von ihm angestrebte Änderung umsetzen zu können, muss X, notfalls über die Einigungsstelle, eine neue Betriebsvereinbarung herbeiführen.

i) Betriebliches Vorschlagswesen (§ 87 I Nr. 12 BetrVG)

1444 Nach Nr. 12 sind Grundsätze über das betriebliche Vorschlagswesen, insbesondere Prämiengrundsätze und Bewertungsmaßstäbe für Verbesserungsvorschläge, nicht aber die Höhe etwaiger Prämien mitbestimmungspflichtig.

j) Durchführung von Gruppenarbeit (§ 87 I Nr. 13 BetrVG)

1445 In der modernen Wirtschaft werden die Arbeitsprozesse nicht durchgängig vom Arbeitgeber qua Weisungsrecht geordnet, sondern teilweise der **autonomen Zusammenarbeit von Arbeitnehmern** in einer Arbeitsgruppe überantwortet. Das BetrVG trägt dieser Entwicklung einmal durch § 28a BetrVG Rechnung, nach dem die Ausübung von Mitbestimmungsrechten den Gruppenmitgliedern übertragen werden

706 Vgl. BAG 13.9.1983 – 1 ABR 32/81, AP BetrVG 1972 § 87 Prämie Nr. 3.
707 BAG 27.10.1998 – 1 ABR 3/98, NZA 1999, 381.
708 BAG 26.5.1998 – 1 AZR 704/97, NZA 1998, 1292.
709 BAG 26.8.2008 – 1 AZR 354/07, NZA 2008, 1426.
710 Vgl. BAG 26.10.1993 – 1 AZR 46/93, NZA 1994, 572; ausführlich *Fitting* § 77 Rn. 190ff. mwN; zur Vereinbarkeit der Anknüpfung an Betriebszugehörigkeitszeiten mit §§ 1, 3 II AGG vgl. BAG 27.1.2011 – 6 AZR 578/09, AP TVG § 1 Tarifverträge: Versorgungsbetriebe Nr. 2.

kann (→ Rn. 1282). Andererseits wird dem Betriebsrat mit Nr. 13 ein Mitbestimmungsrecht hinsichtlich der Grundsätze über die Durchführung von Gruppenarbeit eingeräumt. Dieses Mitbestimmungsrecht ergänzt die Mitbestimmungsrechte nach den Nr. 1–12. Es erstreckt sich mit der »Durchführung« der Gruppenarbeit in erster Linie auf Organisation und Verfahren der Zusammenarbeit in der Gruppe, zB die Wahl eines Gruppensprechers oder das Abhalten von Gruppengesprächen, und in zweiter Linie auf die Abwehr von Druck auf einzelne Gruppenmitglieder oder deren Ausgrenzung. Nicht erfasst werden die Einführung oder Abschaffung von Gruppenarbeit und der Zuschnitt von Arbeitsgruppen. Auch die Organisation der Arbeit selbst unterliegt nicht dem Mitbestimmungsrecht, sondern ist Sache der Gruppenmitglieder, die insoweit anstelle des auf sein Weisungsrecht verzichtenden Arbeitgebers autonom handeln.[711]

k) Arbeitsplatz, Arbeitsablauf und Arbeitsumgebung (§ 90 und § 91 BetrVG)

1446 Nach § 90 BetrVG hat der Arbeitgeber den Betriebsrat über die Planung von Bauten, von technischen Anlagen, von Arbeitsverfahren und -abläufen und der Arbeitsplätze zu **unterrichten.** Er hat diese Maßnahmen mit dem Betriebsrat im Hinblick auf deren Auswirkungen auf die Arbeitnehmer, insbesondere auf die Art ihrer Arbeit, die Anforderungen an ihre berufliche Qualifikation und die wirtschaftlichen Folgen für sie, zu beraten.

1447 § 91 BetrVG gibt dem Betriebsrat bei Änderungen der Arbeitsplätze, des Arbeitsablaufs und der Arbeitsumgebung nur ein **eingeschränktes Mitbestimmungsrecht:** Widersprechen die Änderungen offensichtlich den gesicherten arbeitswissenschaftlichen Erkenntnissen über die menschengerechte Gestaltung der Arbeit und werden die Arbeitnehmer dadurch besonders belastet, kann der Betriebsrat angemessene Maßnahmen zur Abwendung, zur Milderung oder zum Ausgleich verlangen. Etwa können der Einsatz von Servosystemen zur Abwendung übermäßiger körperlicher Belastungen oder Vorsorge- und Überwachungsmaßnahmen bei gesundheitsgefährdenden Arbeiten verlangt werden. Wo das nicht möglich ist, kommt als Ausgleichsmaßnahme etwa die Gewährung von Zusatzurlaub in Betracht. Zur Unterrichtung der einzelnen Arbeitnehmer über Änderungen der Arbeitsplatzgestaltung (→ Rn. 1582).

3. Freiwillige Betriebsvereinbarungen

1448 § 88 BetrVG verleiht Arbeitgeber und Betriebsrat eine umfassende Zuständigkeit **zur Regelung sozialer Angelegenheiten** durch freiwillige Betriebsvereinbarungen. Die lediglich sechs Beispielsfälle für die Zuständigkeit in der Vorschrift sind um die amtliche Überschrift des dritten Abschnitts »Soziale Angelegenheiten« zu ergänzen und müssen wie folgt gelesen werden: »Durch Betriebsvereinbarung können soziale Angelegenheiten geregelt werden, insbesondere.« Erfasst werden damit Gewinnbeteiligungen und sonstige über- und außertarifliche Leistungen des Arbeitgebers,[712] die Dauer der Arbeitszeit und »Daten« für persönliche Einzelmaßnahmen wie etwa die Vorschrift, dass Teilzeitarbeitsverträge nur mit festen Arbeitszeiten abgeschlossen werden dürfen.[713] Über den Bereich der sozialen Angelegenheiten hinausgehend soll nach Auffas-

711 Näher Löwisch/Kaiser/*Kaiser* § 87 Rn. 269ff.

712 BAG 28.11.1989 – 3 AZR 118/88, NZA 1990, 559.

713 BAG 13.10.1987 – 1 ABR 51/86, NZA 1988, 253.

sung des BAG aus § 88 BetrVG sogar eine generelle Befugnis zur Regelung betrieblicher und arbeitsvertraglicher Fragen folgen, die ebenso weit reicht wie diejenige der Tarifvertragsparteien.[714]

Soweit freiwillige Betriebsvereinbarungen Arbeitsentgelt und andere materielle Arbeitsbedingungen regeln sollen, muss die **Tarifsperre** des § 77 III BetrVG beachtet werden (→ Rn. 1358f.). 1449

VIII. Mitbestimmung in personellen Angelegenheiten

1. Allgemeine personelle Maßnahmen

Fall 92: In der Firma X sollen für Einstellungen Personalfragebögen verwendet werden. Der Betriebsrat stimmt zu, nachdem sich X bereit erklärt hat, die an sich vorgesehene Frage nach früheren Erkrankungen auf dem Fragebogen zu streichen. Gleichwohl verwendet X danach in einer Reihe von Fällen Fragebögen, die diese Frage enthalten. Die Bewerberin A beantwortet die Frage mit Nein, obwohl sie eine Reihe von Erkrankungen hinter sich hat. Nachdem X davon erfährt, ficht er den Arbeitsvertrag an.

a) Personalplanung und Beschäftigungssicherung (§§ 92, 92a BetrVG)

Zur Führung eines Betriebs gehört die Personalplanung. Es muss festgestellt werden, 1450
wie viele Arbeitskräfte für die gegenwärtigen und künftigen Aufgaben benötigt werden und welche Kenntnisse und Fertigkeiten diese Arbeitskräfte haben müssen (»Personalbedarfsplanung«). Weiter muss geplant werden, wie der festgestellte Bedarf zu decken (»Personaldeckungsplanung«) und wie eine etwa vorhandene Überdeckung zu beseitigen ist (»Personalabbauplanung«). In diesen für die Arbeitnehmer wichtigen Fragen hat der Betriebsrat nach § 92 I 1 BetrVG ein umfassendes **Unterrichtungsrecht,** wobei ihm auch Unterlagen wie Stellenpläne, Personalstatistiken usw zugänglich gemacht werden müssen.

Das Unterrichtungsrecht erstreckt sich auch auf die geplante Beschäftigung von Personen, die nicht in einem Arbeitsverhältnis zum Arbeitgeber stehen. Gemeint sind damit Leiharbeitnehmer (→ Rn. 894ff.) sowie sonstige Externe, die im Zuge von Dienst- oder Werkverträgen im Betrieb eingesetzt werden sollen.[715]

Hinsichtlich der Personaldeckungsplanung und der -abbauplanung wird das Unter- 1451
richtungsrecht in § 92 I 2 BetrVG durch ein **Mitberatungsrecht** ergänzt. Insbesondere muss der Arbeitgeber mit dem Betriebsrat erörtern, ob und inwieweit ein Bedarf durch Maßnahmen der betrieblichen Berufsbildung gedeckt werden soll und wie bei einem Personalabbau Entlassungen vermieden werden können.

Über seine Beteiligung an der Personalplanung hinaus hat der Betriebsrat nach § 92a 1452
BetrVG das Recht, dem Arbeitgeber **Vorschläge zur Sicherung und Förderung der Beschäftigung** zu machen. Diese Vorschläge können sich nach § 92a I 2 BetrVG nicht nur auf die Gestaltung der Arbeit und der Arbeitsverhältnisse im Betrieb erstrecken, sondern auch auf unternehmerische Maßnahmen wie Alternativen zur Ausgliederung von Arbeiten oder deren Vergabe an andere Unternehmen und zum Produktions- und Investitionsprogramm.

714 BAG 7.11.1989 – GS 3/85, NZA 1990, 816; BAG 29.9.2004 – 1 AZR 445/03, NZA 2005, 532; BAG 7.6.2011 – 1 AZR 807/09, NZA 2011, 1234; näher *Fitting* § 77 Rn. 45f., § 88 Rn. 2f.
715 BT-Drs. 18/9232, 32.

1453 § 92a BetrVG enthält nur ein Vorschlags- und Beratungsrecht, kein Mitbestimmungsrecht. Nach Abs. 2 ist der Arbeitgeber lediglich verpflichtet, eine **Ablehnung der Vorschläge** des Betriebsrats zu begründen, wobei die Begründung in Betrieben mit mehr als 100 Arbeitnehmern schriftlich erfolgen muss. Objektiv stichhaltig muss die Begründung nicht sein. Es genügt, dass der Arbeitgeber in nachvollziehbarer Weise darlegt, warum er die Vorschläge des Betriebsrats nicht für geeignet hält.[716]

Verständigen sich Arbeitgeber und Betriebsrat über Maßnahmen zur Beschäftigungssicherung, können sie darüber eine **freiwillige Betriebsvereinbarung** nach § 88 BetrVG abschließen. Voraussetzung ist aber, dass es sich um eine soziale Angelegenheit im Sinne des in → Rn. 1448 Gesagten handelt. Wirtschaftliche Maßnahmen, wie etwa die Fremdvergabe von Aufträgen, können nicht Gegenstand einer Betriebsvereinbarung, sondern nur Gegenstand eines Interessenausgleichs nach § 112 BetrVG mit dessen eingeschränkter Bindungswirkung (→ Rn. 1557) sein. Dies ist allerdings umstritten.[717]

b) Ausschreibung von Arbeitsplätzen (§ 93 BetrVG)

1454 Nach § 93 BetrVG kann der Betriebsrat verlangen, dass die Arbeitsplätze **innerhalb des Betriebs ausgeschrieben** werden. Das gilt auch für Arbeitsplätze, die mit Leiharbeitnehmern besetzt werden sollen, es sei denn, dass mit Bewerbungen von im Betrieb beschäftigten Arbeitnehmern auf die infrage kommenden Arbeitsplätze offenkundig nicht zu rechnen ist.[718] Kommt der Arbeitgeber einem Verlangen des Betriebsrats nach innerbetrieblicher Ausschreibung nicht nach oder ist die Ausschreibung fehlerhaft, etwa weil sie einen diskriminierenden Inhalt hat und daher gegen § 11 AGG verstößt, kann der Betriebsrat nach § 99 II Nr. 5 BetrVG die Zustimmung zu einer Einstellung oder Versetzung auf den Arbeitsplatz verweigern.

c) Personalfragebögen und Beurteilungsgrundsätze (§ 94 BetrVG)

1455 § 94 BetrVG unterstellt den Inhalt von Personalfragebögen und das Erfragen persönlicher Angaben in Formulararbeitsverträgen einem Zustimmungsrecht des Betriebsrats. Damit wird eine Art »**Vorkontrolle**« erreicht. Der Betriebsrat kann den Arbeitnehmer gegen eine ungerechtfertigte Ausforschung der persönlichen Verhältnisse schützen. Gleichzeitig trägt das Zustimmungsrecht zur Vermeidung von Streitigkeiten zwischen Arbeitgeber und einzelnen Arbeitnehmern über die Zulässigkeit von Fragen aus Anlass des Abschlusses des Arbeitsvertrags bei. Eine Frage, die schon den Filter des Zustimmungsrechts des Betriebsrats nicht passiert hat, darf vom Arbeitgeber nicht gestellt werden.

Stellt der Arbeitgeber wie in **Fall 92** trotzdem eine unzulässige Frage, darf sie vom Bewerber falsch beantwortet werden, ohne dass dies den Arbeitgeber zur Anfechtung wegen arglistiger Täuschung nach § 123 I BGB berechtigen würde. Dabei kommt es entgegen der Auffassung des BAG nicht darauf an, ob die Frage individualrechtlich zulässig ist oder nicht.[719] § 94 BetrVG bezweckt gerade auch den Schutz von Bewerbern gegenüber Fragen, deren Zulässigkeit zweifelhaft ist, wie das auf die Frage nach Vorerkrankungen zutrifft (→ Rn. 592).

716 Näher Löwisch/Kaiser/*Kaiser* § 92a Rn. 10f.

717 Zum Streitstand *Foldenauer*, Die Norm- und Bindungswirkung des Interessenausgleichs, 2015, 144ff.

718 BAG 1.2.2011 – 1 ABR 79/09, NZA 2011, 703; BAG 15.10.2013 – 1 ABR 25/12, NZA 2014, 214.

719 AA BAG 2.12.1999 – 2 AZR 724/98, NZA 2001, 107 für den Fall einer an sich zulässigen Frage, deren Aufnahme in einen Personalfragebogen der Personalrat nicht zugestimmt hatte; ebenso BAG 16.2.2012 – 6 AZR 553/10, NZA 2012, 555; GK/*Raab* § 94 Rn. 50 mwN; wie hier *Fitting* § 94 Rn. 35.

Gegenstand des Zustimmungsrechts sind nach § 94 II BetrVG auch allgemeine Grundsätze, nach denen der Arbeitgeber bei der **Beurteilung der Arbeitnehmer** sowie neu einzustellender Bewerber in fachlicher oder persönlicher Hinsicht verfahren will. Gegenüber Bewerbern kommen insbesondere Systeme der Auswertung von Bewerbungsunterlagen, psychologische Testverfahren und Einstellungsprüfungen infrage. Gegenüber den Arbeitnehmern des Betriebs geht es vor allem um Grundsätze für die Beurteilung der Arbeitsleistung im weitesten Sinne, also vom Arbeitsergebnis über die Arbeitsausführung, den Arbeitseinsatz, die betriebliche Zusammenarbeit bis hin zur Überzeugungsfähigkeit und zum Führungsverhalten bei Vorgesetzten. Soll zB die Beurteilung auf der Grundlage von Mitarbeitergesprächen durchgeführt werden, so unterfällt das dem Zustimmungsrecht.[720] **1456**

§ 94 BetrVG beschränkt den Betriebsrat auf ein **Zustimmungsrecht.** Er kann also nicht seinerseits initiativ werden, um Personalfragebögen oder Beurteilungsgrundsätze einzuführen. Vielmehr liegt es in der Entscheidung des Arbeitgebers, ob er sich dieser personalpolitischen Instrumente überhaupt bedienen will oder nicht. **1457**

d) Auswahlrichtlinien (§ 95 BetrVG)

Das aus § 92 BetrVG folgende Mitberatungsrecht des Betriebsrats bei der Personalplanung wird durch § 95 BetrVG in einem für die Arbeitnehmer besonders wichtigen Punkt verstärkt: Bei der Aufstellung von Auswahlrichtlinien für **Personalbeschaffung und Personalabbau** erhält der Betriebsrat in Betrieben mit bis zu 500 Arbeitnehmern ein Zustimmungsrecht (Abs. 1) und in Betrieben mit mehr als 500 Arbeitnehmern ein – das Initiativrecht umfassendes – Mitbestimmungsrecht (Abs. 2). **1458**

Die Richtlinien können sich, wie sich aus § 95 II 1 BetrVG ergibt, auf die bei der Auswahl zu beachtenden fachlichen und persönlichen Voraussetzungen und sozialen Gesichtspunkte beziehen. Die **fachlichen Voraussetzungen** können sowohl an einen fachlichen Ausbildungsabschluss als auch an die praktische Beherrschung bestimmter Kenntnisse und Fertigkeiten (zB die Beherrschung des Umgangs mit elektronischen Textverarbeitungsanlagen bei Sekretärinnen oder eine bestimmte Fahrpraxis bei Kraftfahrern) geknüpft werden. Die **persönlichen Voraussetzungen** können einerseits physischer und physiologischer Art sein, zB Muskelkraft oder Sehleistung betreffen. Andererseits gehört hierher auch die Dauer der Betriebszugehörigkeit. **1459**

Zu den in § 95 II 1 BetrVG weiter genannten **sozialen Gesichtspunkten** gehört die Frage, ob bei der Besetzung von Arbeitsplätzen bei gleicher Qualifikation betriebsangehörige Arbeitnehmer vorzuziehen sind, sowie die Berücksichtigung der in § 80 I Nr. 2a, 2b, 4, 6 und 7 BetrVG enthaltenen Schutzaufträge bei der Beförderungspolitik. Bei der Kündigung geht es darum, welche Arbeitnehmer bei anstehenden betriebsbedingten Kündigungen in die Sozialauswahl einzubeziehen sind, welche sozialen Gesichtspunkte zu berücksichtigen und wie diese im Verhältnis zueinander zu bewerten sind. Allerdings müssen sich Sozialauswahlrichtlinien im Rahmen des geltenden Kündigungsschutzrechts halten. Sie können den Kündigungsschutz weder erweitern noch beschränken.[721] Wurde die **Bewertung** der sozialen Gesichtspunkte im Verhältnis zueinander in einer Betriebsvereinbarung festgelegt, kann im Falle einer Kündigungs- **1460**

720 BAG 17.3.2015 – 1 ABR 48/13, NZA 2015, 885.
721 BAG 5.6.2008 – 2 AZR 907/06, NZA 2008, 1120.

schutzklage des gekündigten Arbeitnehmers die Bewertung allerdings nur auf grobe Fehlerhaftigkeit überprüft werden, § 1 IV KSchG (→ Rn. 747).

1461 Verstößt der Arbeitgeber bei einer Einstellung, Versetzung oder Umgruppierung gegen eine Auswahlrichtlinie, so gibt dies dem Betriebsrat einen Grund, seine Zustimmung zu verweigern (§§ 99 II Nr. 2 BetrVG; → Rn. 1483). Der **Verstoß gegen eine Auswahlrichtlinie** für Kündigungen gibt dem Betriebsrat das Recht, der ordentlichen Kündigung zu widersprechen (§ 102 III Nr. 2 BetrVG; → Rn. 1507). Im Kündigungsschutzprozess kann sich der Arbeitnehmer nach § 1 II 2 Nr. 1 lit. a KSchG auf den Verstoß gegen die Auswahlrichtlinie berufen.

1462 Hat der Arbeitgeber ohne Zustimmung des Betriebsrats eine Auswahlrichtlinie aufgestellt, hat der Betriebsrat nach Auffassung des BAG unabhängig von § 23 III BetrVG einen Anspruch darauf, dass der Arbeitgeber deren Anwendung unterlässt.[722] Insoweit hat das BAG die zu § 87 BetrVG entwickelte Rechtsprechung vom allgemeinen **Unterlassungsanspruch** (→ Rn. 1382) auf § 95 BetrVG übertragen. Allerdings ist die ordnungsgemäße Durchführung des Mitbestimmungsverfahrens nach § 95 I BetrVG nicht Wirksamkeitsvoraussetzung einer Kündigung.[723]

e) Berufsbildung (§§ 96 ff. BetrVG)

1463 § 96 I 1 BetrVG verpflichtet Arbeitgeber und Betriebsrat zur **Förderung der Berufsbildung** der Arbeitnehmer des Betriebs. Nach § 96 II BetrVG haben sie insbesondere darauf zu achten, dass den Arbeitnehmern die Teilnahme an den betrieblichen oder außerbetrieblichen Maßnahmen der Berufsbildung ermöglicht wird.

1464 § 96 I 2 und 3 BetrVG gibt dem Betriebsrat ein **Beratungs- und Vorschlagsrecht** in Fragen der Berufsbildung. Dieses bezieht sich nach § 97 I BetrVG besonders auf die Errichtung und Ausstattung betrieblicher Einrichtungen zur Berufsbildung und auf die Einführung betrieblicher Berufsbildungsmaßnahmen.

1465 Hinsichtlich der **Einführung betrieblicher Berufsbildungsmaßnahmen** verstärkt § 97 II BetrVG das Beteiligungsrecht des Betriebsrats zu einem Mitbestimmungsrecht: Führen vom Arbeitgeber durchgeführte oder geplante Maßnahmen dazu, dass sich die Tätigkeit von Arbeitnehmern so ändert, dass ihre Kenntnisse und Fähigkeiten nicht mehr ausreichen, kann der Betriebsrat die Einführung von Qualifizierungsmaßnahmen im Betrieb verlangen und darüber notwendigenfalls eine Entscheidung der Einigungsstelle herbeiführen.

Wie der Gegenschluss aus § 97 I BetrVG ergibt, erstreckt sich das Mitbestimmungsrecht nicht auf die Errichtung und Ausgestaltung betrieblicher Einrichtungen zur Berufsbildung. Auch ermöglicht es die Vorschrift dem Betriebsrat nicht, Individualansprüche einzelner Arbeitnehmer auf Qualifizierung zu erzwingen; insoweit besteht lediglich das Mitbestimmungsrecht über die Auswahl der Teilnehmer nach § 98 III BetrVG (→ Rn. 1466).[724] Für den einzelnen Arbeitnehmer hat das Mitbestimmungsrecht aber mittelbare Bedeutung im Rahmen des Kündigungsschutzes. Sind zwischen Betriebsrat und Arbeitgeber vereinbarte Qualifizierungsmaßnahmen nicht durchgeführt worden, scheitert eine personenbedingte Kündigung regelmäßig an der Nichtbeachtung des ultima ratio Grundsatzes (→ Rn. 717 f.).

1466 Nach § 98 I BetrVG hat der Betriebsrat auch ein **Mitbestimmungsrecht über die Art und Weise**, in der die Berufsbildung – im Rahmen der staatlichen Vorschriften, insbe-

722 BAG 26.7.2005 – 1 ABR 29/04, NZA 2005, 1372.
723 BAG 9.11.2006 – 2 AZR 812/05, NZA 2007, 549.
724 *Reichold* NZA 2001, 857 (864); Löwisch/Kaiser/*Kaiser* § 97 Rn. 15.

sondere des BBiG und der Ausbildungsverordnungen – durchgeführt wird. So hat er mitzubestimmen, wenn der Arbeitgeber generell eine nach § 8 I BBiG verkürzte Ausbildung vorsehen will.[725] Weiter erstreckt sich nach § 98 III BetrVG sein Mitbestimmungsrecht auf die **Auswahl der Teilnehmer** an betrieblichen und außerbetrieblichen Maßnahmen der Berufsbildung. Die Einigungsstelle muss der Arbeitgeber gem. § 98 IV BetrVG insoweit aber nur dann anrufen, wenn der Betriebsrat selbst Teilnehmer für die entsprechende Maßnahme namentlich vorgeschlagen hat; ein bloßer Widerspruch gegen die vom Arbeitgeber getroffene Auswahl genügt nicht.[726] Schließlich hat der Betriebsrat das Recht, der Bestellung einer mit der Durchführung der Berufsbildung beauftragten Person zu widersprechen oder deren Abberufung zu verlangen, wenn diese die notwendige Eignung nicht besitzt oder ihre Aufgaben vernachlässigt (§ 98 II BetrVG).

2. Einstellungen, Eingruppierungen, Umgruppierungen und Versetzungen (§§ 99–101 BetrVG)

a) Allgemeines

In Unternehmen mit mehr als 20 wahlberechtigten Arbeitnehmern macht § 99 BetrVG Einstellungen, Eingruppierungen, Umgruppierungen und Versetzungen von der **Zustimmung des Betriebsrats** abhängig, die dieser aber nur aus bestimmten, im Gesetz aufgeführten Gründen verweigern kann. Das Zustimmungsrecht soll dem Betriebsrat einerseits eine gewisse Kontrolle darüber geben, ob der Arbeitgeber gesetzliche Vorschriften, Tarifverträge, Betriebsvereinbarungen und Auswahlrichtlinien einhält und seiner Ausschreibungspflicht nach § 93 BetrVG nachkommt (§ 99 II Nr. 1, 2 und 5 BetrVG). Andererseits soll er Nachteile für die von einer personellen Maßnahme betroffenen Arbeitnehmer, aber auch Nachteile für andere Belegschaftsangehörige verhindern können (Nr. 4 und 3). Schließlich soll er Gefahren für den Betriebsfrieden vorbeugen können (Nr. 6). 1467

Seit der Neufassung im Jahr 2001 stellt § 99 I 1 BetrVG für den **Schwellenwert** von mehr als 20 wahlberechtigten Arbeitnehmern nicht mehr auf den Betrieb, sondern auf das **Unternehmen** ab. Erreicht wird so, dass das Zustimmungsrecht auch in Unternehmen mit mehreren kleineren Betrieben, etwa einem Einzelhandelsunternehmen mit zahlreichen kleinen Filialen, gilt. Auf der anderen Seite scheidet dem Wortlaut nach in größeren gemeinsamen Betrieben mehrerer kleinerer Unternehmen (→ Rn. 1202 f.) das Mitbestimmungsrecht aus. 1468

Das BAG hat sich über diesen eindeutigen Wortlaut hinweggesetzt und § 99 BetrVG auch in dem Fall angewandt, dass mehrere Unternehmen mit jeweils nicht mehr als 20 wahlberechtigten Arbeitnehmern gemeinsam einen Betrieb führen, in dem mehr als 20 wahlberechtigte Arbeitnehmer beschäftigt sind.[727] Diese Auffassung des BAG überschreitet die Grenzen der Analogie. Der Sinn des Begriffs »Unternehmen« ist im Zusammenhang des BetrVG eindeutig.[728] Dem Gesetzgeber zu unterstellen, er habe bei seinem Gebrauch nicht gewusst, was er tat, geht zu weit.

725 BAG 24.8.2004 – 1 ABR 28/03, NZA 2005, 371 zu § 29 II BBiG aF.
726 BAG 20.4.2010 – 1 ABR 78/08, NZA 2010, 902; BAG 18.3.2014 – 1 ABR 77/12, NZA 2014, 987.
727 BAG 29.9.2004 – 1 ABR 39/03, NZA 2005, 420.
728 AR/*Rieble* BetrVG § 99 Rn. 1.

b) Mitbestimmungspflichtige Maßnahmen

Fall 93: Um ihre Maschinen besser auszulasten, will die Firma X deren Wartung samstags vornehmen lassen. Als es ihr nicht gelingt, mit dem Betriebsrat eine Einigung über die notwendige Samstagsarbeit zu erzielen, beauftragt sie eine auf solche Wartungsarbeiten spezialisierte Firma mit deren Durchführung. Der Betriebsrat ist der Auffassung, er habe bei der Verwirklichung dieses Plans ein Zustimmungsrecht nach § 99 BetrVG.

1469 Unter **Einstellung** ist die tatsächliche Eingliederung des Arbeitnehmers in den Betrieb zu verstehen und nicht der Abschluss des Arbeitsvertrags.[729] Es genügt, dass der Arbeitgeber gegenüber dem bei ihm Tätigen das Weisungsrecht erhält. Dementsprechend stellt die Beschäftigung von Leiharbeitnehmern ebenso eine Einstellung dar, bei der der Betriebsrat des Entleiherbetriebs gem. § 99 BetrVG zu beteiligen ist (§ 14 III AÜG), wie die Beschäftigung von Arbeitnehmern, die von einem Schwesterunternehmen gestellt werden.[730]

In **Fall 93** liegt keine Einstellung vor. Zwar werden bei der Vergabe von Aufträgen an Fremdfirmen im Wege von Dienst- oder Werkverträgen deren Arbeitnehmer (Fremdarbeitnehmer) häufig im Betrieb tätig, aber sie werden in der Regel nicht in den Betrieb eingegliedert, der Arbeitgeber erhält ihnen gegenüber kein Weisungsrecht. Es ist nicht Sinn des Zustimmungsrechts des § 99 BetrVG, die Arbeitnehmer des Betriebs vor Nachteilen, die durch die Beauftragung solcher Fremdfirmen entstehen können, zu schützen.[731] Insoweit greifen nur das allgemeine Unterrichtungs- und Mitberatungsrecht nach § 92 BetrVG (→ Rn. 1450 f.) und das Vorschlagsrecht des § 92 a BetrVG (→ Rn. 1452 f.). Nur wenn die Fremdarbeitnehmer derart in den Betrieb eingegliedert werden, dass der Betriebsinhaber – zumindest in gewissem Umfang – die für ein Arbeitsverhältnis typischen Entscheidungen über den Arbeitseinsatz des Fremdpersonals nach Inhalt, Ort und Zeit trifft, liegt eine Einstellung iSd § 99 BetrVG vor und greift das Mitbestimmungsrecht.[732] Der Aufnahme in die Dienstpläne des Betriebsinhabers kommt nach Auffassung des BAG indizielle Wirkung für eine betriebsverfassungsrechtlich relevante Arbeitgeberstellung zu.

1470 Als Einstellung zu werten sind auch die Weiterbeschäftigung über die vertraglich vereinbarte Altersgrenze hinaus[733], die Weiterführung eines befristeten Arbeitsverhältnisses über den Beendigungstermin hinaus,[734] die Überleitung eines Ausbildungsverhältnisses in ein Arbeitsverhältnis (vgl. § 24 BBiG) sowie der Wechsel von der Teilzeitarbeit zur Vollzeitarbeit,[735] denn in allen diesen Fällen wird eine **neue Entscheidung über die Besetzung** eines Arbeitsplatzes getroffen.

1471 Dass unter Einstellung **nicht der Abschluss des Arbeitsvertrages** zu verstehen ist, hat zur Folge, dass dieser ohne Rücksicht auf die Zustimmung des Betriebsrats wirksam wird. Der Arbeitnehmer behält auch bei Verweigerung der Zustimmung seinen Entgeltanspruch gem. § 615 BGB, bis der Arbeitsvertrag vom Arbeitgeber wieder gekündigt ist.[736] Deshalb kann es ratsam sein, den Arbeitsvertrag unter die aufschiebende Bedingung der Zustimmung des Betriebsrats zur Einstellung zu stellen (§ 158 I BGB).

729 BAG 2.10.2007 – 1 ABR 60/06, NZA 2008, 244; BAG 23.6.2010 – 7 ABR 1/09, NZA 2010, 1302.
730 BAG 13.12.2005 – 1 ABR 51/04, NZA 2006, 1369.
731 BAG 18.10.1994 – 1 ABR 9/94, NZA 1995, 281.
732 BAG 5.3.1991 – 1 ABR 39/90, NZA 1991, 686; BAG 13.5.2014 – 1 ABR 50/12, NZA 2014, 1149.
733 BAG 10.3.1992 – 1 ABR 67/91, NZA 1992, 992.
734 BAG 27.10.2010 – 7 ABR 86/09, NZA 2011, 418 mwN.
735 BAG 25.1.2005 – 1 ABR 59/03, NZA 2005, 945.
736 BAG 2.7.1980 – 5 AZR 56/79, AP BetrVG 1972 § 101 Nr. 5.

Versetzung ist nach der in § 95 III 1 BetrVG enthaltenen Definition die Zuweisung eines anderen Arbeitsbereichs, die voraussichtlich die Dauer von einem Monat überschreitet oder die mit einer erheblichen Änderung der Umstände verbunden ist, unter denen die Arbeit zu leisten ist. Unter Zuweisung eines anderen Arbeitsbereichs ist einerseits die Zuweisung eines anderen Arbeitsplatzes zu verstehen, zB die Entsendung in einen anderen Betrieb desselben Unternehmens oder der Wechsel aus einer Betriebseinheit in eine andere, etwa von der Forschungsabteilung in die Produktion. Zum anderen ist unter Zuweisung eines anderen Arbeitsbereichs die Zuweisung einer anderen Arbeitsaufgabe zu verstehen. Beispiele sind der Einsatz eines Sachbearbeiters als Abteilungsleiter, einer Stenotypistin als Chefsekretärin oder eines Arbeiters als Lagerverwalter. Auch der Übergang in Gruppenarbeit kann eine Versetzung darstellen.[737] 1472

Keine Veränderung der Arbeitsaufgabe liegt vor, wenn sich die Dauer der Beschäftigung oder die Lage der Arbeitszeit ändert. Deshalb ist weder der Übergang eines Arbeitnehmers von Teilzeitarbeit zu Vollzeitarbeit oder umgekehrt,[738] noch der Übergang von normaler Arbeitszeit zum Schichtdienst oder von einer Schicht in eine andere[739] eine Versetzung. 1473

Nach § 95 III 2 BetrVG gilt bei Arbeitnehmern, die nach der Eigenart ihres Arbeitsverhältnisses üblicherweise nicht ständig an einem bestimmten Arbeitsplatz beschäftigt sind, die Bestimmung des jeweiligen Arbeitsplatzes nicht als Versetzung. Der ständige Wechsel des Arbeitsplatzes muss bei Arbeitsverhältnissen dieser Art typisch sein. Dies ist etwa der Fall bei Montagearbeiten oder bei Arbeitnehmern im Baugewerbe.

Unter **Eingruppierung** ist die erste Festsetzung der für die Entlohnung des Arbeitnehmers maßgebenden tariflichen oder sonstigen Lohn- bzw. Gehaltsgruppe zu verstehen. Die Zugehörigkeit eines Arbeitnehmers zu einer Lohn- und Gehaltsgruppe ergibt sich an sich automatisch aus seiner Tätigkeit. Maßgebend ist die Gruppe, deren Tätigkeitsmerkmale er erfüllt. Demgemäß ist die Eingruppierung kein Akt rechtlicher Gestaltung, sondern lediglich **Rechtsanwendung** durch den Arbeitgeber. Auch das Zustimmungsrecht des Betriebsrats ist deshalb lediglich ein Mitbeurteilungsrecht, das der Richtigkeitskontrolle iSd § 99 II Nr. 1 BetrVG dient. Der betreffende Arbeitnehmer erhält neben der Möglichkeit, seinen Anspruch auf richtige Entlohnung selbst geltend zu machen, die Unterstützung durch den Betriebsrat, der sich seinerseits mit dem Arbeitgeber über die richtige Eingruppierung auseinandersetzen kann. 1474

Unter **Umgruppierung** ist jede vom Arbeitgeber ausgesprochene Änderung der Zuordnung des Arbeitnehmers zu der für ihn maßgebenden Lohn- bzw. Gehaltsgruppe zu verstehen. Auch das Zustimmungsrecht bei der Umgruppierung dient der zusätzlichen Richtigkeitskontrolle. Ob die Änderung durch eine Veränderung der Tätigkeit des Arbeitnehmers ausgelöst wird oder ob es sich um die Berichtigung der bisherigen Eingruppierung oder Veränderung der betrieblichen Stellung handelt, spielt für das Zustimmungsrecht keine Rolle. Eine Rückgruppierung wegen veränderter Tätigkeit wird allerdings so lange nicht wirksam, wie die Zustimmung des Betriebsrats zu einer darin liegenden Versetzung nicht vorliegt.[740] Hingegen kann der Arbeitnehmer bei 1475

737 BAG 22.4.1997 – 1 ABR 84/96, NZA 1997, 1358.
738 BAG 25.1.2005 – 1 ABR 59/03, NZA 2005, 945.
739 BAG 23.11.1993 – 1 ABR 38/93, NZA 1994, 718.
740 BAG 14.7.1965 – 4 AZR 358/64, AP TVG § 1 Tarifverträge BAVAV Nr. 5 (Ls. 7).

einer korrigierenden Rückgruppierung nur die »richtige Vergütung« nach der zutreffenden Vergütungsgruppe verlangen.[741]

1476 Geht der Streit zwischen Betriebsrat und Arbeitgeber nur um die Ein- oder Umgruppierung eines Arbeitnehmers, kann der Betriebsrat nicht aus diesem Grund seine Zustimmung zur Einstellung oder Versetzung verweigern.

c) Mitteilungspflicht des Arbeitgebers

1477 Nach § 99 I 1 BetrVG hat der Arbeitgeber den Betriebsrat vor jeder Einstellung, Eingruppierung, Umgruppierung und Versetzung **umfassend zu unterrichten.** Dazu hat er dem Betriebsrat die erforderlichen Bewerbungsunterlagen vorzulegen und Auskunft über die Person der Beteiligten sowie über die Auswirkungen der geplanten Maßnahmen zu geben. Bei Einstellungen und Versetzungen hat der Arbeitgeber gem. § 99 I 2 BetrVG zudem den in Aussicht genommenen Arbeitsplatz und die vorgesehene Eingruppierung mitzuteilen. Der **Umfang** der vom Arbeitgeber geforderten Unterrichtung bestimmt sich nach dem Zweck der Beteiligung des Betriebsrats an der jeweiligen personellen Maßnahme. Die Unterrichtung muss so umfassend sein, dass der Betriebsrat prüfen kann, ob einer der in § 99 II BetrVG genannten Zustimmungsverweigerungsgründe vorliegt.[742] Für die Einstellung bedeutet dies zB, dass sich die Mitteilungspflicht nicht nur auf denjenigen Bewerber erstreckt, den der Arbeitgeber einstellen will, sondern der Betriebsrat auch über diejenigen Bewerber unterrichtet werden muss, die der Arbeitgeber nicht berücksichtigen möchte. Dabei ist auch der Inhalt der für eine Einstellungsentscheidung maßgeblichen Vorstellungsgespräche Gegenstand der Auskunftspflicht.[743] Allerdings ist der Arbeitgeber nicht verpflichtet, den Betriebsrat zum Vorstellungsgespräch hinzuzuziehen.[744]

1478 **Bewerbungsunterlagen** sind einmal die von den Bewerbern aus Anlass ihrer Bewerbung eingereichten Unterlagen wie Arbeitszeugnisse, Lebenslauf etc. Zu den Bewerbungsunterlagen zählen aber auch die Unterlagen, die der Arbeitgeber anlässlich der Bewerbung erstellt, also insbesondere ausgefüllte Personalfragebögen, Ergebnisse von Einstellungsprüfungen und Tests.[745] Da sich das Zustimmungsrecht des Betriebsrats nicht auf den Abschluss der Arbeitsverträge erstreckt, gehört deren Inhalt, insbesondere die vorgesehene Vergütung, nicht zu den vorzulegenden Bewerbungsunterlagen.

d) Zustimmungsrecht des Betriebsrats

Fall 94: In der Firma X muss die Stelle des Betriebsschlossers neu besetzt werden. Dem Arbeitgeber gelingt es, A, der mit seiner bisherigen Stellung als Schlosser in der Firma Y nicht mehr zufrieden ist, für den Posten zu gewinnen. Auf die Mitteilung, dass A eingestellt werden soll, erklärt der Betriebsrat schriftlich, er sei damit nicht einverstanden. Für die Stelle kämen betriebsangehörige Arbeitnehmer in Betracht, die lediglich für diesen Posten umgeschult werden müssten. X will A trotzdem mit sofortiger Wirkung einstellen. A weiß nicht, ob er sich darauf einlassen soll.

741 BAG 30.5.1990 – 4 AZR 74/90, NZA 1990, 899; zum Ganzen AR/*Rieble* BetrVG § 99 Rn. 22ff., 25.
742 BAG 27.10.2010 – 7 ABR 86/09, NZA 2011, 418; BAG 21.10.2014 – 1 ABR 10/13, NZA 2015, 311.
743 BAG 28.6.2005 – 1 ABR 26/04, NZA 2006, 111.
744 BAG 14.4.2015 – 1 ABR 58/13, NZA 2015, 1081.
745 BAG 17.6.2008 – 1 ABR 20/07, NZA 2008, 1139.

aa) Gründe für die Zustimmungsverweigerung. (1) Verstoß gegen Rechtsvorschriften (§ 99 II Nr. 1 BetrVG). Der Betriebsrat hat ein Zustimmungsverweigerungsrecht zunächst bei einem Verstoß gegen eine der in § 99 II Nr. 1 BetrVG genannten Rechtsvorschriften. Als **Gesetze oder Verordnungen** kommen insbesondere Beschäftigungsverbote, etwa nach dem MuSchG oder dem JArbSchG in Betracht. Ob das Beschäftigungsverbot dem Schutz der betroffenen Arbeitnehmer oder dem Schutz der Belegschaft dient, spielt keine Rolle. Etwa werden von § 99 II Nr. 1 BetrVG auch die Vorschriften erfasst, die wie § 28 I 2 BBiG oder § 4f II 1 BDSG eine Tätigkeit von einer bestimmten persönlichen und fachlichen Eignung abhängig machen. Fehlt diese einem Ausbilder oder Datenschutzbeauftragten, kann der Betriebsrat seine Zustimmung verweigern.[746] 1479

Die Rechtsvorschrift muss der jeweiligen personellen Maßnahme als solcher entgegenstehen. Deshalb stellt das Mitbestimmungsrecht bei Einstellungen **kein Instrument einer umfassenden Vertragsinhaltskontrolle** dar. Verstöße allein des Arbeitsvertrags gegen zwingendes Recht begründen folglich kein Zustimmungsverweigerungsrecht. Etwa kann die Zustimmung zu einer Einstellung nicht deshalb verweigert werden, weil der Arbeitsvertrag unzulässigerweise befristet ist[747] oder die Vergütung des einzustellenden Leiharbeitnehmers gegen das Equal-Pay-Gebot (→ Rn. 903 ff.) verstößt.[748] Auch verstößt die Einstellung als solche nicht gegen das Gesetz, wenn dadurch ein anderer Bewerber unter Verstoß gegen §§ 7 und 1 AGG benachteiligt wird, was unter anderem § 15 VI AGG entnommen werden kann.[749] 1480

Tarifvertragliche Bestimmungen iSd § 99 II Nr. 1 BetrVG sind hinsichtlich der Einstellung Abschlussverbote. Etwa kann die Beschäftigung bestimmter Arbeitnehmergruppen an bestimmten Arbeitsplätzen untersagt sein, insbesondere durch sog. Besetzungsregelungen (→ Rn. 133). Ihre eigentliche Bedeutung entfalten Tarifverträge im Rahmen des § 99 II Nr. 1 BetrVG bei der Eingruppierung und Umgruppierung (→ Rn. 1474 f.). 1481

Ein Verstoß gegen eine **gerichtliche Entscheidung** ist vor allem denkbar, wenn der Arbeitnehmer einem Berufsverbot nach § 70 StGB oder als Berufskraftfahrer einem Fahrverbot nach § 44 StGB unterliegt. **Behördliche Anordnungen** iSd § 99 II Nr. 1 BetrVG sind etwa die Untersagung der Einstellung von Auszubildenden und des Ausbildens gem. §§ 27, 33 BBiG und §§ 23, 24 HwO. 1482

(2) Verstoß gegen Auswahlrichtlinien (§ 99 II Nr. 2 BetrVG). § 99 II Nr. 2 BetrVG begründet ein Zustimmungsverweigerungsrecht bei Verstoß einer personellen Einzelmaßnahme gegen eine Auswahlrichtlinie iSd § 95 BetrVG (→ Rn. 1458 ff.). Aus Abs. 2 Nr. 2 folgt zugleich negativ, dass der Verstoß weitere Folgen für das Arbeitsverhältnis nicht hat. Stimmt der Betriebsrat der Maßnahme zu, so ist sie – vorbehaltlich anderer Unwirksamkeitsgründe – wirksam. 1483

---

746 BAG 22.3.1994 – 1 ABR 51/93, NZA 1994, 1049.

747 BAG 28.6.1994 – 1 ABR 59/93, NZA 1995, 387; vgl. auch BAG 27.10.2010 – 7 ABR 86/09, NZA 2011, 418, wonach der Betriebsrat dementsprechend auch keinen Anspruch auf Mitteilung des Sachgrundes hat.

748 BAG 21.7.2009 – 1 ABR 35/08, NZA 2009, 1156.

749 AR/*Rieble* BetrVG § 99 Rn. 50.

1484 (3) **Besorgnis der Benachteiligung anderer Arbeitnehmer (§ 99 II Nr. 3 BetrVG).** Das Zustimmungsverweigerungsrecht nach § 99 II Nr. 3 BetrVG zielt in erster Linie auf eine Verstärkung des Kündigungsschutzes. Bei Einstellungen und Versetzungen soll präventiv geprüft werden, ob sie zu unnötigen Kündigungen anderer Arbeitnehmer des Betriebs führen. Aber auch die Besorgnis einer sonstigen Verschlechterung der Position anderer Arbeitnehmer, etwa die durch die Versetzung eines Arbeitnehmers eintretende erhöhte Belastung der verbleibenden Arbeitnehmer einer Arbeitsgruppe, gehört hierher.

Das BAG nutzt § 99 II Nr. 3 BetrVG sogar für eine **vorbeugende Sozialauswahl.** Im Fall der Versetzung eines Arbeitnehmers, dessen Arbeitsplatz wegfällt, auf einen bereits besetzten anderen Arbeitsplatz soll der Betriebsrat seine Zustimmung verweigern dürfen, wenn der versetzte Arbeitnehmer iSd § 1 III KSchG sozial stärker ist als der Arbeitsplatzinhaber. Das gleiche soll gelten, wenn der Arbeitgeber einen Personalabbau plant und einen von mehreren konkurrierenden Arbeitnehmern auf eine neue Stelle versetzen möchte.[750] Dagegen lässt sich einwenden, dass sich der betreffende Arbeitnehmer im Fall einer späteren Kündigung ohnehin der Sozialauswahl mit konkurrierenden Arbeitnehmern stellen muss.[751]

1485 Als Nachteil gilt nach § 99 II Nr. 3 Hs. 2 BetrVG bei **unbefristeter Einstellung** auch die Nichtberücksichtigung eines gleichgeeigneten, bereits befristet beschäftigten Arbeitnehmers, der sich um die Stelle beworben hat. Die Vorschrift ergänzt § 18 S. 1 TzBfG (→ Rn. 832), nach dem der Arbeitgeber befristet beschäftigte Arbeitnehmer über zu besetzende unbefristete Arbeitsplätze zu informieren hat. Weit führt die Regelung aber nicht. Denn die **befristete Einstellung** eines externen Bewerbers bleibt unberührt.

1486 (4) **Benachteiligung des betroffenen Arbeitnehmers (§ 99 II Nr. 4 BetrVG).** Nach § 99 II Nr. 4 BetrVG kann der Betriebsrat seine Zustimmung verweigern, wenn der von der Maßnahme selbst betroffene Arbeitnehmer durch die personelle Maßnahme benachteiligt wird, ohne dass dies aus betrieblichen oder in der Person des Arbeitnehmers liegenden Gründen gerechtfertigt ist. Praktisch kommt für diese Vorschrift nur die Versetzung in Betracht. Durch sie kann der Arbeitnehmer eine Entgelteinbuße erleiden, etwa im Fall der Zuweisung eines anderen Verkaufsbezirks an einen auf Provisionsbasis beschäftigten kaufmännischen Angestellten, oder weniger angenehmen Arbeitsbedingungen ausgesetzt sein.[752] Da Abs. 2 Nr. 4 allein der Wahrung der Interessen des betroffenen Arbeitnehmers dient, besteht kein Zustimmungsverweigerungsrecht, wenn sich der Arbeitnehmer frei für die Versetzung entschieden hat, weil sie seinen Vorstellungen und Bedürfnissen entspricht. Das ist der Fall, wenn sich der Arbeitnehmer aus freien Stücken auf die Stelle beworben hat.[753]

1487 (5) **Unterbliebene Ausschreibung (§ 99 II Nr. 5 BetrVG).** Nach § 99 II Nr. 5 BetrVG kann die Zustimmung verweigert werden, wenn und solange eine nach § 93 BetrVG vom Betriebsrat verlangte Ausschreibung unterblieben ist (→ Rn. 1454). Eine fehlerhafte Ausschreibung wird erfasst, wenn der Fehler so schwer wiegt, dass dies einer unterbliebenen Ausschreibung gleichzustellen ist.[754] Hingegen löst ein nachträgliches Ausschreibungsverlangen, das der Betriebsrat im konkreten Fall erst nach dem Zustimmungsersuchen des Arbeitgebers geltend macht, das Zustimmungsverweigerungs-

750 BAG 30.8.1995 – 1 ABR 11/95, NZA 1996, 496.
751 Löwisch/Kaiser/*Kaiser* § 99 Rn. 79f.; ausführlich *Kaiser*, FS Löwisch, 2007, 153 (157ff.).
752 Näher *Fitting* § 99 Rn. 242ff.; AR/*Rieble* BetrVG § 99 Rn. 61.
753 BAG 9.10.2013 – 7 ABR 1/12, NZA 2014, 156.
754 BAG 10.3.2009 – 1 ABR 93/07, NZA 2009, 622.

recht nicht aus, sofern nicht eine generelle Vereinbarung über die Ausschreibung zu besetzender Arbeitsplätze zwischen Arbeitgeber und Betriebsrat existiert.[755]

(6) Gefahr für den Betriebsfrieden (§ 99 II Nr. 6 BetrVG). Schließlich kann der Betriebsrat nach § 99 II Nr. 6 BetrVG die Zustimmung verweigern, wenn die durch Tatsachen begründete Besorgnis besteht, dass für die personelle Maßnahme ein in Aussicht genommener Bewerber oder Arbeitnehmer den Betriebsfrieden durch gesetzwidriges Verhalten oder durch grobe Verletzung der in § 75 I BetrVG enthaltenen Grundsätze, insbesondere durch rassistische oder fremdenfeindliche Betätigung, stören werde. 1488

bb) Erteilung und Versagung der Zustimmung. Ist der Betriebsrat vom Arbeitgeber über die geplante personelle Einzelmaßnahme unterrichtet worden, so kann er seine Zustimmung zu dieser innerhalb einer Frist von einer Woche nach Unterrichtung verweigern (§ 99 III 1 BetrVG). Nach dem Gesetzeswortlaut muss die **Zustimmungsverweigerung** dem Arbeitgeber schriftlich mitgeteilt werden. Nach der Rechtsprechung des BAG genügt aber ein Telefax[756] oder die Zusendung per E-Mail,[757] solange dadurch die Anforderungen des § 126b BGB gewahrt sind. Die Mitteilung muss unter Angabe von Gründen erfolgen. Dabei genügt es, wenn die vom Betriebsrat vorgetragene Begründung es als möglich erscheinen lässt, dass einer der Gründe des Abs. 2 geltend gemacht wird.[758] Die Erklärung der Zustimmungsverweigerung bedarf zu ihrer Wirksamkeit eines darauf gerichteten Beschlusses des Betriebsrats. Dabei ist aber nicht erforderlich, dass der Betriebsrat auch über die dem Arbeitgeber mitzuteilenden Zustimmungsverweigerungsgründe beschließt. Die Abfassung der entsprechenden Mitteilung obliegt allein dem Betriebsratsvorsitzenden.[759] Wird die Zustimmungsverweigerung nicht innerhalb der Wochenfrist schriftlich oder ordnungsgemäß begründet eingereicht, so gilt die Zustimmung als erteilt (§ 99 III 2 BetrVG). 1489

cc) Ersetzung der Zustimmung durch das Arbeitsgericht. Hat der Betriebsrat seine Zustimmung zu der personellen Einzelmaßnahme verweigert, so kann der Arbeitgeber, wenn er sich damit nicht abfinden will, nach § 99 IV BetrVG beim Arbeitsgericht beantragen, die Zustimmung zu ersetzen. Das Arbeitsgericht ersetzt die Zustimmung, wenn der Arbeitgeber die Frist des § 99 III 1 BetrVG in Gang gesetzt hat und der vom Betriebsrat geltend gemachte Zustimmungsverweigerungsgrund nicht besteht.[760] 1490

dd) Vorläufige Durchführung durch den Arbeitgeber. Um aus dem Zustimmungsrecht des Betriebsrats für den Arbeitgeber möglicherweise entstehende Unzuträglichkeiten zu vermeiden, räumt § 100 BetrVG dem Arbeitgeber das Recht ein, die personelle Einzelmaßnahme vor einer Äußerung des Betriebsrats oder trotz dessen Zustimmungsverweigerung **vorläufig durchzuführen,** wenn dies aus sachlichen Gründen dringend erforderlich ist. Eine solche vorläufige Maßnahme muss er dem Betriebsrat unverzüg- 1491

755 BAG 14.12.2004 – 1 ABR 54/03, NZA 2005, 424.

756 BAG 11.6.2002 – 1 ABR 43/01, NZA 2003, 226 mit der nicht zutreffenden Begründung, bei der Zustimmungsverweigerung handele es sich nicht um eine Willenserklärung, sondern um eine rechtsgeschäftsähnliche Handlung; richtig *Oetker,* Anm. zu BAG 11.6.2002, AP BetrVG 1972 § 99 Nr. 118.

757 BAG 10.3.2009 – 1 ABR 93/07, NZA 2009, 622.

758 BAG 26.1.1988 – 1 AZR 531/86, NZA 1988, 476; BAG 30.9.2014 – 1 ABR 32/13, NZA 2015, 370.

759 BAG 30.9.2014 – 1 ABR 32/13, NZA 2015, 370.

760 BAG 18.3.2008 – 1 ABR 81/06, NZA 2008, 832; näher *Fitting* § 99 Rn. 277ff.

lich mitteilen, ebenso deren Beendigung.[761] Bestreitet der Betriebsrat die Erforderlichkeit der personellen Maßnahme, muss der Arbeitgeber binnen drei Tagen die Ersetzung der Zustimmung des Betriebsrats und die Feststellung der Erforderlichkeit der Maßnahme beim Arbeitsgericht beantragen. Die vorläufige Maßnahme bleibt dann bis zur Entscheidung des Gerichts bestehen. Ersetzt dieses die Zustimmung, wird sie endgültig, lehnt es die Ersetzung ab oder kommt es zum Ergebnis, dass die Maßnahme offensichtlich nicht erforderlich ist, endet diese mit einer Auslauffrist von zwei Wochen. Erhält der Arbeitgeber sie trotzdem aufrecht, kann der Betriebsrat nach § 101 BetrVG ein Zwangsgeld beantragen.

In **Fall 94** liegt eine begründete, nämlich auf § 99 II Nr. 3 BetrVG gestützte Zustimmungsverweigerung des Betriebsrats vor. Die Firma X kann A deshalb nur vorläufig einstellen und muss, wenn sich der Betriebsrat dagegen wendet, das Gericht anrufen. Damit ist für A in der Tat ein erhebliches Risiko verbunden. Zwar wird das Arbeitsgericht kaum je zum Ergebnis kommen, dass die vorläufige Maßnahme offensichtlich nicht erforderlich war. Ob das Gericht aber die Verweigerung der Zustimmung durch den Betriebsrat für berechtigt halten wird, lässt sich nur schwer vorhersagen.

3. Kündigungen (§§ 102–104 BetrVG)

a) Allgemeines

Fall 95: X ist entschlossen, sich von A zu trennen, weil dieser im vergangenen halben Jahr mehrfach wegen Krankheit gefehlt hat. Er setzt ein Kündigungsschreiben auf und unterschreibt dieses. Sodann unterrichtet er den Betriebsrat von der beabsichtigten Kündigung. Der Betriebsrat hat Bedenken gegen die Kündigung, weil er der Ansicht ist, es habe sich bei A um vorübergehende Erkrankungen gehandelt, dieser sei jetzt aber vollständig wiederhergestellt. Als der Betriebsratsvorsitzende dem Arbeitgeber ein entsprechendes Schreiben aushändigen will, verweigert dieser kurzerhand die Entgegennahme und sendet das Kündigungsschreiben an A ab.

1492 Der Schwerpunkt des Schutzes des Arbeitnehmers gegen unberechtigte Kündigungen liegt im Kündigungsschutzgesetz und in § 626 BGB. Ersteres verlangt für die ordentliche Kündigung eine soziale Rechtfertigung durch einen im Verhalten oder in der Person des Arbeitnehmers liegenden Grund oder durch dringende betriebliche Erfordernisse (§ 1 II KSchG). § 626 BGB bindet die außerordentliche Kündigung an das Vorliegen eines wichtigen Grundes. Dieser individuelle Kündigungsschutz wird durch § 102 BetrVG ergänzt, der vor Ausspruch einer Kündigung die Anhörung des Betriebsrats vorschreibt, diesem unter bestimmten Voraussetzungen ein Widerspruchsrecht gegen Kündigungen einräumt und im Falle eines solchen Widerspruchs einen vorläufigen Weiterbeschäftigungsanspruch bis zum rechtskräftigen Abschluss eines Kündigungsschutzprozesses vorsieht.

b) Anhörungsrecht des Betriebsrats

1493 **aa) Unterrichtung des Betriebsrats durch den Arbeitgeber.** Der Arbeitgeber hat den Betriebsrat nach § 102 I 1 BetrVG **vor jeder Kündigung zu hören.** Das gilt sowohl für die ordentliche als auch für die außerordentliche Kündigung. Dazu gehört zunächst, dass er die Person des Arbeitnehmers, dem gekündigt werden soll, bezeichnet und angibt, ob eine ordentliche oder eine außerordentliche Kündigung erfolgen soll. Auch eine etwaige Kündigungsfrist ist anzugeben, es sei denn, der Betriebsrat ist über die tatsächlichen Umstände für die Berechnung der maßgeblichen Kündigungsfrist bereits

761 BAG 15.4.2014 – 1 ABR 101/12, NZA 2014, 920.

unterrichtet.[762] Die Unterrichtung kann mündlich erfolgen.[763] Aus Beweisgründen empfiehlt sich jedoch eine schriftliche Unterrichtung.

Gem. § 102 I 2 BetrVG gehört zur Unterrichtung die **Mitteilung der Kündigungsgründe.** Die Kündigungsgründe müssen vom Arbeitgeber so detailliert dargelegt werden, dass sich der Betriebsrat ein Bild über ihre Stichhaltigkeit machen und beurteilen kann, ob es sinnvoll ist, Bedenken zu äußern oder Widerspruch gegen die Kündigung einzulegen. Der Betriebsrat soll in die Lage versetzt werden, sachgerecht auf die Willensbildung des Arbeitgebers einzuwirken.[764] Eine nur pauschale, schlag- oder stichwortartige Bezeichnung der Kündigungsgründe genügt in der Regel ebenso wenig wie die Mitteilung eines Werturteils ohne Angabe der für die Bewertung maßgeblichen Tatsachen. Auch Vorstellungen, die der Arbeitnehmer gegen die Kündigung erhoben hat, müssen mitgeteilt werden. 1494

Bei einer personenbedingten Kündigung wegen **häufiger Kurzerkrankungen** (→ Rn. 714) sind nicht nur die bisherigen Fehlzeiten und die Art der Erkrankungen mitzuteilen, sondern auch die wirtschaftlichen Belastungen und Betriebsbeeinträchtigungen, die infolge der Fehlzeiten entstanden sind und mit denen noch gerechnet werden muss. Hinsichtlich der wirtschaftlichen Belastungen und Betriebsbeeinträchtigungen kann sich der Arbeitgeber auf pauschale Hinweise beschränken, wenn die betriebstypischen Störungen des Betriebsablaufs dem Betriebsrat bekannt sind.[765]
Im Fall der Kündigung wegen **dringender betrieblicher Erfordernisse** (→ Rn. 721 ff.) muss dem Betriebsrat im Einzelnen mitgeteilt werden, inwiefern der Arbeitsplatz des zu kündigenden Arbeitnehmers weggefallen ist; Pauschalhinweise auf Auftragsmangel, Arbeitsmangel oder Rationalisierungsmaßnahmen genügen nicht.

Für den Fall, dass einem oder mehreren Arbeitnehmern aus einer Reihe von Arbeitnehmern mit vergleichbarer Tätigkeit betriebsbedingt gekündigt werden soll, müssen dem Betriebsrat auch die Gesichtspunkte für die vom Arbeitgeber beabsichtigte **soziale Auswahl** (Alter, Dauer der Betriebszugehörigkeit, Familienstand, Zahl der Kinder und eine etwaige Schwerbehinderung) mitgeteilt werden, und zwar auch der Arbeitnehmer, denen nicht gekündigt werden soll.[766] Soll, etwa im Falle einer Betriebsstilllegung, allen vergleichbaren Arbeitnehmern gekündigt werden, ist eine Mitteilung der sozialen Gesichtspunkte nicht notwendig.[767] 1495

Will der Arbeitgeber im Wege der **Änderungskündigung** eine Änderung der Arbeitsbedingungen erzwingen (→ Rn. 652 ff.), so hat er dem Betriebsrat auch das Änderungsangebot und die Gründe für die beabsichtigte Änderung der Arbeitsbedingungen mitzuteilen. Will er sich eine Beendigungskündigung vorbehalten und dazu eine erneute Anhörung ersparen, muss er zugleich verdeutlichen, dass er im Falle der Ablehnung des Änderungsangebots durch den Arbeitnehmer die Beendigungskündigung beabsichtigt.[768] 1496

762 BAG 15.12.1994 – 2 AZR 327/94, NZA 1995, 521.
763 BAG 26.1.1995 – 2 AZR 386/94, NZA 1995, 672.
764 BAG 17.2.2000 – 2 AZR 913/98, NZA 2000, 761; BAG 23.10.2014 – 2 AZR 736/13, NZA 2015, 476; BAG 16.7.2015 – 2 AZR 15/15, NZA 2016, 99.
765 BAG 24.11.1983 – 2 AZR 347/82, NZA 1984, 93; BAG 27.2.1997 – 2 AZR 302/96, NZA 1997, 761.
766 BAG 20.5.1999 – 2 AZR 532/98, NZA 1999, 1101.
767 BAG 13.5.2004 – 2 AZR 329/03, NZA 2004, 1037.
768 BAG 30.11.1989 – 2 AZR 197/89, NZA 1990, 529; BAG 22.4.2010 – 2 AZR 991/08, NZA-RR 2010, 583 für den Fall des Widerspruchs gegen einen Betriebsübergang.

1497 Der Arbeitgeber braucht nur die Kündigungsgründe mitzuteilen, die seinen Kündigungsentschluss tatsächlich bestimmt haben (Grundsatz der **subjektiven Determinierung** der Unterrichtungspflicht).[769] Die fehlende Mitteilung objektiver Kündigungsgründe führt nicht zur Unwirksamkeit der Kündigung nach § 102 I BetrVG. Allerdings kann die Kündigung im Kündigungsschutzprozess nicht auf solche nicht mitgeteilten Gründe gestützt werden.[770] Etwa kann eine Kündigung wegen einer für nachgewiesen erachteten Straftat nicht nachträglich mit dem Verdacht dieser Straftat begründet werden. Zu Kündigungsgründen, die der Arbeitgeber beim Ausspruch der Kündigung gar nicht gekannt hat, ist hingegen eine nachträgliche Anhörung des Betriebsrats möglich; sie können – nach erfolgter Anhörung – im Kündigungsschutzprozess noch nachgeschoben werden.[771]

1498 Will der Arbeitgeber das Arbeitsverhältnis noch **während der Wartezeit** des § 1 I KSchG kündigen, braucht er dem Betriebsrat keine Gründe mitzuteilen, die den objektiven Merkmalen des § 1 II KSchG entsprechen. Denn dies würde zu einer unzulässigen Vorverlagerung des erst nach Ablauf der Wartezeit eintretenden Kündigungsschutzes in das Anhörungsverfahren führen. Dem Grundsatz der subjektiven Determination entsprechend muss der Arbeitgeber auch hier diejenigen Umstände mitteilen, aus denen er seinen Kündigungsentschluss herleitet. Das kann auch ein abschließendes Werturteil sein, wenn dieses für den Kündigungsentschluss maßgeblich ist, ohne dass der Arbeitgeber begründen muss, wie er zu diesem Werturteil gelangt ist.[772] Das gilt auch im kündigungsschutzfreien Kleinbetrieb.[773]

1499 Die Mitteilung der Gründe, auf die der Arbeitgeber die Kündigung stützen will, muss **vollständig** sein. Die Mitteilung von Scheingründen oder das Verschweigen für den Kündigungsentschluss des Arbeitgebers relevanter Umstände, etwa dass ein Tatzeuge den Verdacht gegen den Arbeitnehmer nicht bestätigt hat, macht die Anhörung unwirksam.[774] Auch darf der Arbeitgeber ihm bekannte Umstände, die sich bei objektiver Betrachtung zugunsten des Arbeitnehmers auswirken können, dem Betriebsrat nicht deshalb vorenthalten, weil sie für seinen eigenen Kündigungsentschluss ohne Bedeutung waren.[775] Auf der anderen Seite führen unbewusste Fehlinformationen, zB über die Länge der Kündigungsfrist, nicht zur Unwirksamkeit der Kündigung.[776]

1500 Von der geplanten Kündigung ist der **Betriebsratsvorsitzende** oder im Fall seiner Verhinderung sein Stellvertreter zu unterrichten (§ 26 II 2 BetrVG → Rn. 1275). Die Unterrichtung eines anderen Betriebsratsmitglieds genügt nur, wenn dieses vom Betriebsrat oder dessen Vorsitzendem zur Entgegennahme der Mitteilung ermächtigt ist.[777]

769 BAG 21.11.2013 – 2 AZR 797/11, NZA 2014, 243; BAG 23.10.2014 – 2 AZR 736/13, NZA 2015, 476 mwN.

770 BAG 11.12.2003 – 2 AZR 536/02, AP KSchG 1969 § 1 Soziale Auswahl Nr. 65.

771 BAG 11.4.1985 – 2 AZR 239/84, NZA 1986, 674; BAG 23.5.2013 – 2 AZR 102/12, NZA 2013, 1416.

772 BAG 18.5.1994 – 2 AZR 920/93, NZA 1995, 24; BAG 12.9.2013 – 6 AZR 121/12, NZA 2013, 1412.

773 *Fitting* § 102 Rn. 23; KR/*Etzel/Rinck*, 11. Aufl. 2016, BetrVG § 102 Rn. 83.

774 BAG 16.9.2004 – 2 AZR 511/03, AP BetrVG 1972 § 102 Nr. 142.

775 BAG 16.7.2015 – 2 AZR 15/15, NZA 2016, 99.

776 BAG 15.12.1994 – 2 AZR 327/94, NZA 1995, 521; BAG 23.10.2014 – 2 AZR 736/13, NZA 2015, 476.

777 BAG 6.10.2005 – 2 AZR 316/04, NZA 2006, 990.

§ 102 BetrVG bezieht sich nur auf **Kündigungen.** Von der Absicht, mit dem Arbeitnehmer einen Aufhebungsvertrag zu schließen, von dem bevorstehenden Ende eines befristeten Arbeitsvertrages oder von einer geplanten Anfechtung braucht der Arbeitgeber den Betriebsrat nicht zu unterrichten. 1501

bb) Äußerung des Betriebsrats. Ist der Betriebsrat vom Arbeitgeber von einer geplanten ordentlichen Kündigung ordnungsgemäß unterrichtet worden, so kann er gem. § 102 II 1 BetrVG dem Arbeitgeber innerhalb einer Woche schriftlich und unter Angabe von Gründen **Bedenken gegen die Kündigung** mitteilen. Bei einer außerordentlichen Kündigung kann sich der Betriebsrat nur unverzüglich, spätestens jedoch innerhalb von drei Tagen äußern. 1502

Äußert sich der Betriebsrat **innerhalb der Anhörungsfrist nicht,** so ist das Anhörungsverfahren beendet, der Arbeitgeber kann die Kündigung aussprechen. **Äußert sich der Betriebsrat,** so hat der Arbeitgeber diese Erklärung und ggf. nähere mündliche Erläuterungen zur Kenntnis zu nehmen. Eine Beratung mit dem Betriebsrat verlangt das Gesetz nicht. Vielmehr ist das Anhörungsverfahren mit dem Eingang der Äußerung des Betriebsrats beendet und kann der Arbeitgeber nach der Kenntnisnahme die Kündigung aussprechen. Den Ablauf der Anhörungsfrist braucht er nicht mehr abzuwarten, wenn er von einer abschließenden, das Anhörungsverfahren beendenden Stellungnahme des Betriebsrats ausgehen darf.[778] Nach einer neueren Entscheidung des BAG darf er dies allerdings nur, wenn besondere Anhaltspunkte hierfür vorliegen.[779] Damit vertauscht das Gericht Regel und Ausnahme. Nach dem Empfängerhorizont kann jedenfalls bei schriftlichen Äußerungen und auch im Fall eines Telefaxes (→ Rn. 1508) richtigerweise von einer abschließenden Stellungnahme ausgegangen werden, sofern nicht (wie im entschiedenen Fall) besondere Anhaltspunkte für deren Vorläufigkeit sprechen. 1503

> In **Fall 95** schadet es zwar nicht, dass X die Kündigung schon unterschrieben hat. Denn solange er sie noch nicht aus der Hand gegeben hat, besteht immer noch die Möglichkeit, dass er sich durch den Betriebsrat umstimmen lässt.[780] Die Weigerung, die Stellungnahme des Betriebsrats zur Kenntnis zu nehmen, macht das Anhörungsverfahren aber sinnlos. Die Anhörung ist damit nicht ordnungsgemäß erfolgt und die Kündigung daher unwirksam (→ Rn. 1506).

Für die Wirksamkeit des Anhörungsverfahrens kommt es grundsätzlich nicht darauf an, ob der Äußerung des Betriebsrats ein ordnungsgemäßer Beschluss des zustimmenden Gremiums zugrunde liegt. Hat der Arbeitgeber das Anhörungsverfahren ordnungsgemäß eingeleitet, so müssen **Verfahrensmängel,** die **im Verantwortungsbereich des Betriebsrats** liegen, zulasten des Betriebsrats und damit des gekündigten Arbeitnehmers gehen (Sphärentheorie). Der Arbeitgeber kann deshalb nach Kenntnisnahme der Äußerung des Betriebsrats kündigen,[781] sofern die Anhörungsfrist nach § 102 II 1 BetrVG abgelaufen ist oder er das Anhörungsverfahren vor Ablauf der Anhörungsfrist als abgeschlossen ansehen durfte (→ Rn. 1503). Das gilt selbst dann, wenn 1504

778 BAG 23.10.2014 – 2 AZR 736/13, NZA 2015, 476.
779 BAG 25.5.2016 – 2 AZR 345/15, NZA 2016, 1140.
780 BAG 28.9.1978 – 2 AZR 2/77, AP BetrVG 1972 § 102 Nr. 19; s. auch BAG 8.4.2003 – 2 AZR 515/02, NZA 2003, 961, wonach die Kündigung sogar bereits einem Kurierdienst ausgehändigt sein kann, wenn nur sichergestellt ist, dass sie zurückgerufen werden kann, wenn sich der Betriebsrat innerhalb der Wochenfrist äußert.
781 BAG 6.10.2005 – 2 AZR 316/04, NZA 2006, 990.

der Arbeitgeber im Kündigungszeitpunkt weiß oder erkennen kann, dass der Betriebsrat die Angelegenheit nicht fehlerfrei behandelt hat.[782] Ob das BAG hieran auch im Fall einer vor Ablauf der Anhörungsfrist ausgesprochenen Kündigung festhalten wird, ist mit Blick auf seine neue Rechtsprechung (→ Rn. 1503) zweifelhaft.

Bei § 102 BetrVG liegt es anders als bei § 103 BetrVG. Dort ist die Wirksamkeit der Kündigung von der Zustimmung des Betriebsrats abhängig. Dafür ist ein ordnungsgemäßer Beschluss des Betriebsrats unabdingbar. Allerdings kann das Vertrauen des Arbeitgebers in die ordnungsgemäße Zustimmung schutzwürdig sein (→ Rn. 1519).

1505 Anders verhält es sich beim Anhörungsverfahren dann, wenn der **Arbeitgeber** selbst durch unsachgemäßes Verhalten den Mangel bei der Beteiligung des Betriebsrats **veranlasst** hat. Würde der Arbeitgeber sich hier auf den Standpunkt stellen, das Anhörungsverfahren sei ordnungsgemäß durchgeführt, so wäre das wegen widersprüchlichen Verhaltens rechtsmissbräuchlich.[783] Es genügt deshalb nicht, wenn sich der Arbeitgeber nur die Zustimmung des Betriebsratsvorsitzenden zu einer Kündigung geben lässt.

1506 cc) **Folgen der Nichtanhörung.** Eine Kündigung, die ohne Anhörung des Betriebsrats erfolgt, ist nach § 102 I 3 BetrVG stets unwirksam. Gleiches gilt für eine fehlerhafte Anhörung, deren Mangel nicht in den Verantwortungsbereich des Betriebsrats fällt. Bei dieser **Unwirksamkeit** handelt es sich um eine Rechtsunwirksamkeit aus anderen Gründen iSd § 13 III KSchG. Eine Auflösung des Arbeitsverhältnisses gegen Abfindung gem. den §§ 9, 10 KSchG kommt deshalb nicht in Betracht (→ Rn. 779f.). Die Drei-Wochen-Klagefrist gilt aber auch für diesen Unwirksamkeitsgrund.

c) Widerspruchsrecht des Betriebsrats

Fall 96: Infolge einer Rationalisierungsmaßnahme ist der Arbeitsplatz des A weggefallen und sein Arbeitsverhältnis deshalb vom Arbeitgeber gekündigt worden. Während des Anhörungsverfahrens hatte A den Betriebsrat darauf hingewiesen, dass – was zutraf – ein anderer Arbeitsplatz im Betrieb frei sei, für den er die notwendige Qualifikation mitbringe. Der Betriebsrat hatte sich allerdings nicht entschließen können, deswegen der Kündigung gegenüber dem Arbeitgeber zu widersprechen. A hält seine Kündigung gleichwohl für unberechtigt.

1507 aa) **Widerspruchsgründe.** Bei der ordentlichen Kündigung ist der Betriebsrat nicht nur berechtigt, dem Arbeitgeber etwaige Bedenken mitzuteilen, um so dessen Kündigungsentschluss zu beeinflussen. Vielmehr kann er nach § 102 III BetrVG innerhalb der Wochenfrist der Kündigung auch **förmlich widersprechen,** wenn bestimmte Gründe vorliegen. Diese Widerspruchsgründe sind:

- Die nicht – oder nicht ausreichende – Beachtung sozialer Gesichtspunkte bei der Auswahl des zu kündigenden Arbeitnehmers im Falle einer betriebsbedingten Kündigung (Nr. 1).
- Der Verstoß gegen eine Auswahlrichtlinie iSd § 95 BetrVG (Nr. 2) (→ Rn. 1458ff.).
- Die Möglichkeit der Weiterbeschäftigung des Arbeitnehmers an einem anderen freien Arbeitsplatz im selben Betrieb oder in einem anderen Betrieb desselben Unternehmens (Nr. 3). Dieser Widerspruchsgrund kommt in erster Linie bei dringenden betrieblichen Erfordernissen in Betracht, gilt aber auch bei personenbedingten

782 BAG 16.1.2003 – 2 AZR 707/01, NZA 2003, 927; BAG 6.10.2005 – 2 AZR 316/04, NZA 2006, 990.

783 BAG 15.11.1995 – 2 AZR 974/94, NZA 1996, 419.

Kündigungen, etwa wenn sich der Arbeitnehmer aus gesundheitlichen Gründen nicht mehr für den bisherigen, wohl aber für einen anderen Arbeitsplatz eignet. Hingegen kann einer verhaltensbedingten Kündigung nicht nach § 102 III Nr. 3 BetrVG widersprochen werden: Hat der Arbeitnehmer eine Vertragsverletzung begangen, die so erheblich ist, dass sie eine verhaltensbedingte Kündigung rechtfertigt, kann man dem Arbeitgeber nicht zumuten, es mit dem Arbeitnehmer auf einem anderen Arbeitsplatz nochmals zu versuchen.[784]

- Die Möglichkeit der Weiterbeschäftigung des Arbeitnehmers nach ihm und dem Arbeitgeber zumutbaren Umschulungs- oder Fortbildungsmaßnahmen (Nr. 4).
- Die Möglichkeit der Weiterbeschäftigung unter geänderten Vertragsbedingungen, etwa nach Kürzung eines übertariflichen Gehalts oder Umstellung auf Teilzeitarbeit, wenn der Arbeitnehmer hierzu sein Einverständnis erklärt hat (Nr. 5).

bb) Widerspruchsverfahren. Der Widerspruch muss innerhalb der Wochenfrist des 1508 § 102 II 1 BetrVG dem Arbeitgeber schriftlich mitgeteilt werden, wobei das Erfordernis, den Widerspruch schriftlich geltend zu machen, aus dem Zusammenhang des Abs. 3 mit Abs. 2 und Abs. 4 folgt.[785] Wie bei der Ausübung des Zustimmungsverweigerungsrechts nach § 99 BetrVG (→ Rn. 1489) genügt Textform iSd § 126b BGB; die Mitteilung des Widerspruchs per Telefax oder E-Mail ist damit möglich.[786] Der Betriebsrat muss den Widerspruch **mit Gründen** versehen. Auch insoweit gelten dieselben Erwägungen wie bei der Ausübung des Zustimmungsverweigerungsrechts nach § 99 BetrVG. Eine formelhafte, nicht dem Einzelfall angepasste Begründung, zB die bloße Bezugnahme auf eine der Nummern in Abs. 3, reicht nicht aus. Etwa müssen im Falle von Nr. 1 die nach Auffassung des Betriebsrats zu Unrecht nicht in die Sozialauswahl einbezogenen Arbeitnehmer entweder konkret benannt werden oder anhand abstrakter Merkmale bestimmbar sein.[787]

Wird der Widerspruch nicht innerhalb der Frist ordnungsgemäß vom Betriebsrat oder 1509 vom Personalausschuss beschlossen und dem Arbeitgeber mitgeteilt, so ist das Widerspruchsverfahren beendet. Ist wirksam Widerspruch erhoben worden, hat der Arbeitgeber, wenn er sich dennoch zur Kündigung entschließt, dem Arbeitnehmer mit der Kündigung eine Abschrift der Stellungnahme des Betriebsrats zuzuleiten (Abs. 4).

cc) Einführung des Widerspruchs in den Kündigungsschutzprozess. § 102 BetrVG 1510 überlässt es dem Arbeitnehmer, ob er eine trotz Widerspruchs des Betriebsrats ausgesprochene Kündigung im Kündigungsschutzprozess angreifen will. Tut er dies, so kann er sich auf den Widerspruch des Betriebsrats stützen: Nach § 1 II 2 und 3 KSchG ist die Kündigung auch sozial ungerechtfertigt, wenn einer der Widerspruchsgründe vorliegt und der Betriebsrat deswegen widersprochen hat. Das bedeutet auf der anderen Seite allerdings nicht, dass sich Arbeitnehmer im Kündigungsschutzprozess auf die Möglichkeit ihrer anderweitigen Weiterbeschäftigung nur berufen können, wenn der Betriebsrat der Kündigung tatsächlich widersprochen hat. Auch ohne den Wider-

---

784 AA BAG 22.7.1982 – 2 AZR 30/81, AP KSchG 1969 § 1 Verhaltensbedingte Kündigung Nr. 5; BAG 31.3.1993 – 2 AZR 492/92, NZA 1994, 409; BAG 6.10.2005 – 2 AZR 280/04, NZA 2006, 431; wie hier Löwisch/Spinner/Wertheimer/*Löwisch* KSchG, 10. Aufl. 2013, § 1 Rn. 145.

785 Löwisch/Kaiser/*Kaiser* § 102 Rn. 50; Richardi/*Thüsing* § 102 Rn. 189.

786 KR/*Etzel*/*Rinck*, 11. Aufl. 2016, BetrVG § 102 Rn. 200; *Fitting* § 102 Rn. 64, 71; teilweise aA Richardi/*Thüsing* § 102 Rn. 189 (keine E-Mail).

787 BAG 9.7.2003 – 5 AZR 305/02, NZA 2003, 1191.

spruch ist die Kündigung in solchen Fällen unverhältnismäßig und damit sozial ungerechtfertigt (→ Rn. 684, 760). § 102 III BetrVG will den Kündigungsschutz nach dem Kündigungsschutzgesetz nicht einschränken, sondern verstärken.[788]

In **Fall 96** hat A Recht. Kann er auf einem anderen freien Arbeitsplatz weiterbeschäftigt werden, ist seine Kündigung sozial ungerechtfertigt. Dass der Betriebsrat davon abgesehen hat, Widerspruch einzulegen, spielt dafür keine Rolle.

d) Anspruch auf vorläufige Weiterbeschäftigung

Fall 97: A ist von seinem Arbeitgeber mit der Begründung gekündigt worden, er habe laufend mangelhafte Arbeitsleistungen erbracht. Weil A diese Vorwürfe bestreitet, hat der Betriebsrat unter Hinweis auf die Sachdarstellung des A Widerspruch gegen die Kündigung erhoben. A, der gegen die Kündigung klagt, möchte bis zum Abschluss des Kündigungsschutzprozesses weiterbeschäftigt werden und sein Entgelt erhalten.

1511 Hat der Betriebsrat einer ordentlichen Kündigung innerhalb der Wochenfrist und unter Angabe von Gründen widersprochen und ist Kündigungsschutzklage erhoben worden, so kann der Arbeitnehmer nach § 102 V BetrVG **Weiterbeschäftigung** bis zum rechtskräftigen Abschluss des Kündigungsschutzprozesses verlangen. Er behält so nicht nur bis zu diesem Zeitpunkt seinen Entgeltanspruch einschließlich aller Nebenansprüche (Urlaub, Krankengeld usw), sondern muss auch tatsächlich beschäftigt werden. Diese Ansprüche kann er klageweise, notfalls auch im Wege der einstweiligen Verfügung nach § 940 ZPO iVm § 62 II ArbGG durchsetzen, wobei die Klage bzw. der Antrag schon dann begründet ist, wenn der Arbeitnehmer die frist- und ordnungsgemäße Erhebung des Widerspruchs nachweist.

1512 Das vorläufige Weiterbeschäftigungsverhältnis endet mit dem rechtskräftigen **Abschluss des Kündigungsschutzprozesses:** Obsiegt der Arbeitnehmer in diesem Verfahren, so steht fest, dass das Arbeitsverhältnis durch die Kündigung nicht aufgelöst worden ist. Unterliegt er oder nimmt er die Kündigungsschutzklage zurück, so endet damit auch die Verpflichtung zur vorläufigen Weiterbeschäftigung.

1513 Nach § 102 V 2 BetrVG kann das Arbeitsgericht den Arbeitgeber auf seinen Antrag durch einstweilige Verfügung von der Verpflichtung zur Weiterbeschäftigung **entbinden.** In Betracht kommt das, wenn:

- Die Klage des Arbeitnehmers keine hinreichende Aussicht auf Erfolg bietet oder mutwillig erscheint (Nr. 1), also nicht wenigstens eine gewisse Wahrscheinlichkeit dafür besteht, dass der Arbeitnehmer mit der Kündigungsschutzklage durchdringt.
- Die Weiterbeschäftigung zu einer über die Verpflichtung zur Entgeltzahlung hinausgehenden unzumutbaren wirtschaftlichen Belastung des Arbeitgebers, zB zu Liquiditätsschwierigkeiten, führen würde (Nr. 2).
- Der Widerspruch des Betriebsrats offensichtlich unbegründet war (Nr. 3), etwa weil der andere freie Arbeitsplatz, auf den der Betriebsrat hingewiesen hat, gar nicht vorhanden war.

1514 Die Beschränkung der vorläufigen Weiterbeschäftigung nach § 102 V BetrVG auf den Fall des Widerspruchs des Betriebsrats ist einmal deshalb unbefriedigend, weil der Schutz des Arbeitnehmers von der Aktivität des Betriebsrats abhängig ist. Zum anderen greift er nur bei Vorliegen eines der in § 102 III BetrVG genannten Widerspruchs-

788 BAG 22.7.1982 – 2 AZR 30/81, AP KSchG 1969 § 1 Verhaltensbedingte Kündigung Nr. 5.

gründe. Die Kernfragen, um die es bei der sozialen Rechtfertigung einer Kündigung geht, ob nämlich der Arbeitnehmer eine die Kündigung rechtfertigende Vertragsverletzung begangen oder die für seine Arbeit erforderliche persönliche Eignung eingebüßt hat oder ob sein Arbeitsplatz weggefallen ist, sind gerade aus dem Widerspruchsrecht ausgenommen. Daher wird von der Rechtsprechung ein **Weiterbeschäftigungsanspruch** während des Kündigungsrechtsstreits auch **außerhalb des § 102 V BetrVG** anerkannt, sofern die Kündigung offensichtlich unwirksam ist oder das Gericht erster Instanz die Unwirksamkeit festgestellt hat (→ Rn. 784 ff.).

Hieraus ergibt sich die Lösung im **Fall 97**. Ein Anspruch auf vorläufige Weiterbeschäftigung nach § 102 V BetrVG hat A nicht, weil der Widerspruch nicht auf einen der in § 102 III BetrVG genannten Widerspruchsgründe gestützt und damit nicht ordnungsgemäß ist. Obsiegt er aber im Kündigungsschutzprozess in erster Instanz, kann er von da ab Weiterbeschäftigung bis zu einer gegenteiligen Entscheidung in der Berufungs- oder Revisionsinstanz verlangen.[789]

e) Bindung der Kündigung an die Zustimmung des Betriebsrats

Nach § 102 VI BetrVG können Arbeitgeber und Betriebsrat eine freiwillige Betriebsvereinbarung des Inhalts schließen, dass Kündigungen der **Zustimmung des Betriebsrats** bedürfen und bei Meinungsverschiedenheiten über die Berechtigung der Nichterteilung der Zustimmung die Einigungsstelle entscheidet. Die Zustimmungsbedürftigkeit kann auch durch Tarifvertrag geregelt werden, nicht aber durch den Arbeitsvertrag.[790] Eine solche Regelung hat zunächst verfahrensmäßige Bedeutung. Der Betriebsrat hat es dann ähnlich wie im Falle des § 103 BetrVG (→ Rn. 1524) in der Hand, dem Arbeitnehmer die Weiterbeschäftigung zu sichern, bis über die Berechtigung der Kündigung endgültig entschieden ist. **1515**

Bis zur Grenze des zwingenden Rechts, insbesondere § 626 BGB und – zugunsten des Arbeitnehmers – § 1 KSchG, kann auf diese Weise die Kündigung aber auch materiell an die Zustimmung des Betriebsrats gebunden werden, sei es, dass er das Recht erhält, seine Zustimmung aus bestimmten Gründen zu verweigern, sei es, dass Kündigungen generell der Zustimmung des Betriebsrats unterstellt werden. **1516**

Die **Befugnis der Einigungsstelle** richtet sich nach dem Inhalt der Zustimmungsregelung. Soweit diese Verfahrensregeln oder Zustimmungsverweigerungsgründe festlegt, übt die Einigungsstelle eine Rechtskontrolle aus und sind dementsprechend ihre Entscheidungen arbeitsgerichtlich voll nachprüfbar.[791] Unterstellt die Betriebsvereinbarung die Kündigung überhaupt der Mitbestimmung des Betriebsrats, hat die Einigungsstelle in Anwendung von § 76 V 3 BetrVG unter Abwägung der betrieblichen Belange und der Belange der betroffenen Arbeitnehmer zu entscheiden, ob die Zustimmung zu erteilen ist oder nicht. Ihre Entscheidungen sind vom Arbeitsgericht nur auf Ermessensfehler zu überprüfen. Eine Regelung, nach der der Arbeitgeber die Nichterteilung der Zustimmung hinnehmen müsste, ohne die Einigungsstelle oder aber zumindest direkt das Arbeitsgericht anrufen zu können,[792] wäre als unverhältnismäßiger Eingriff in die Unternehmerfreiheit unzulässig.[793] **1517**

789 Näher KR/*Etzel/Rinck*, 11. Aufl. 2016, BetrVG § 102 Rn. 381 f.
790 BAG 23.4.2009 – 6 AZR 263/08, NZA 2009, 915.
791 BAG 7.12.2000 – 2 AZR 391/99, NZA 2001, 495.
792 Vgl. BAG 21.6.2000 – 4 AZR 379/99, NZA 2001, 271 zur Zulässigkeit einer tarifvertraglichen Regelung, die für den Konfliktfall die direkte Anrufung des Arbeitsgerichts vorsieht.
793 *Rieble* ArbuR 1993, 39 (45); GK/*Raab* § 102 Rn. 226 f. mwN.

f) Kündigung von Mandatsträgern

1518 Nach § 15 KSchG ist die ordentliche Kündigung von Betriebsratsmitgliedern und anderen Amtsträgern sowie Wahlbewerbern ausgeschlossen (→ Rn. 1318 ff.). Das Recht zur außerordentlichen Kündigung nach § 626 BGB bleibt bestehen. Um missbräuchlichen Kündigungen vorzubeugen, sieht § 103 I BetrVG jedoch vor, dass die außerordentliche Kündigung der dort genannten Mandatsträger sowie von Wahlbewerbern der **Zustimmung des Betriebsrats** bedarf. Liegt diese zum Zeitpunkt des Ausspruchs der Kündigung nicht vor, ist die Kündigung unwirksam.

1519 Die Zustimmung zur Kündigung durch den Betriebsrat setzt einen ordnungsgemäßen **Betriebsratsbeschluss** nach § 33 BetrVG voraus. Nach Auffassung des BAG gilt die zu § 102 BetrVG entwickelte Sphärentheorie (→ Rn. 1504) hier nicht.[794] Jedoch wird der Arbeitgeber in seinem Vertrauen auf die Zustimmung geschützt, wenn er von dem Verfahrensmangel bei Ausspruch der Kündigung nichts wusste und von diesem auch nichts wissen musste.[795] Im Ergebnis besteht der Unterschied darin, dass bei § 102 BetrVG auch solche Mängel aus der Sphäre des Betriebsrats zulasten des gekündigten Arbeitnehmers gehen, von denen der Arbeitgeber Kenntnis hat.

1520 Der Betriebsrat darf seine Zustimmung zur außerordentlichen Kündigung nur **verweigern,** wenn er der Auffassung ist, die Kündigung sei unwirksam, weil ein wichtiger Grund nach § 626 I BGB nicht vorliege oder ein anderer Unwirksamkeitsgrund gegeben, etwa die Frist des § 626 II BGB versäumt sei. § 103 BetrVG will den Betriebsrat nicht an der Entscheidung des Arbeitgebers beteiligen, ob er von einem gegebenen Kündigungsrecht nach § 626 BGB Gebrauch macht, sondern lediglich eine Vorprüfung durch ihn ermöglichen.

1521 Bei der Frage, ob ein **wichtiger Grund** iSd § 626 I BGB vorliegt, kommt es nicht allein auf die allgemein dafür in der Rechtsprechung entwickelten Grundsätze an. Vielmehr sind auch die kollektiven Interessen des Betriebsrats und der Belegschaft in Rechnung zu stellen und muss weiter beachtet werden, dass bei der Verletzung von Amtspflichten § 23 BetrVG ein Ausschlussverfahren ermöglicht (→ Rn. 1385 f.). Stellt eine Handlung des Betriebsratsmitglieds sowohl eine Amtspflichtverletzung als auch einen Verstoß gegen die Pflichten aus dem Arbeitsverhältnis dar, so ist deshalb die außerordentliche Kündigung nur gerechtfertigt, wenn unter Anlegung eines besonders strengen Maßstabs das pflichtwidrige Verhalten als ein schwerer Verstoß gegen die Pflichten aus dem Arbeitsverhältnis zu werten ist. Ein Beispiel dafür ist etwa die Bereitschaft, in einem Rechtsstreit gegen den Arbeitgeber vorsätzlich falsch auszusagen.[796]

1522 Verweigert der Betriebsrat seine Zustimmung, so kann der Arbeitgeber nach § 103 II BetrVG beim Arbeitsgericht deren **Ersetzung** beantragen. Das gleiche gilt nach der Rechtsprechung, wenn der Betriebsrat die Zustimmung zwar nicht ausdrücklich verweigert, sich aber zu dem Zustimmungsverlangen des Arbeitgebers nicht unverzüglich, spätestens jedoch innerhalb von drei Tagen äußert (vgl. § 102 II 3 BetrVG).[797] Nach § 626 II BGB kann die außerordentliche Kündigung an sich nur innerhalb von

794 BAG 23.8.1984 – 2 AZR 391/83, NZA 1985, 254.

795 BAG 23.8.1984 – 2 AZR 391/83, NZA 1985, 254.

796 BAG 16.10.1986 – 2 ABR 71/85, AP BGB § 626 Nr. 95; weitere Beispiele bei Löwisch/Kaiser/*Kaiser* § 103 Rn. 30 f.

797 BAG 18.8.1977 – 2 ABR 19/77, AP BetrVG 1972 § 103 Nr. 10.

zwei Wochen nach dem Zeitpunkt erklärt werden, in dem der Kündigungsberechtigte von den für die Kündigung maßgebenden Tatsachen Kenntnis erlangt (→ Rn. 640ff.). Im Falle des § 103 BetrVG genügt es aber, dass der Arbeitgeber innerhalb der Zweiwochenfrist des § 626 II BGB die Zustimmung beim Betriebsrat beantragt und bei dessen Weigerung das Verfahren beim Arbeitsgericht noch innerhalb dieser Frist einleitet.[798]

Das Arbeitsgericht hat nachzuprüfen, ob die Kündigung wirksam ist oder nicht, insbesondere, ob ein wichtiger Grund für die Kündigung nach § 626 BGB vorliegt und ob die Ausschlussfrist des § 626 II BGB eingehalten ist. Das Arbeitsgericht trifft eine Rechtsentscheidung, die praktisch den **Kündigungsschutzprozess vorwegnimmt.**[799] Ersetzt das Arbeitsgericht die Zustimmung, trifft es damit zugleich für einen etwa nachfolgenden Kündigungsschutzprozess die bindende Feststellung, dass die außerordentliche Kündigung gerechtfertigt ist. Das Betriebsratsmitglied kann im Kündigungsschutzprozess die Unrichtigkeit der Entscheidung nur geltend machen, wenn es neue Tatsachen vorträgt, die im Beschlussverfahren noch nicht berücksichtigt werden konnten.[800] Das Betriebsratsmitglied ist deshalb gut beraten, wenn es von seinen Befugnissen als Beteiligter des Verfahrens über die Ersetzung der Zustimmung (§ 103 II 2 BetrVG) Gebrauch macht. **1523**

Hat das Arbeitsgericht die **Zustimmung** zur außerordentlichen Kündigung des Betriebsratsmitglieds **ersetzt,** beginnt die Ausschlussfrist des § 626 II BGB nicht erneut. Vielmehr muss der Arbeitgeber in entsprechender Anwendung des § 91 V SGB IX[801] ab der formellen Rechtskraft des Beschlusses unverzüglich die außerordentliche Kündigung erklären.[802] Bis zum Zugang der außerordentlichen Kündigung hat der Arbeitnehmer seinen Anspruch aus dem Arbeitsverhältnis auf Zahlung seiner Bezüge und auf Beschäftigung und damit gleichzeitig die Möglichkeit, sein betriebsverfassungsrechtliches Amt auszuüben. Darin liegt gerade der Sinn der Regelung des § 103 BetrVG. Eine vor dem Eintritt der formellen Rechtskraft des Zustimmungsersetzungsbeschlusses ausgesprochene Kündigung ist unwirksam.[803] **1524**

Nach § 103 III BetrVG muss der Betriebsrat auch einer **Versetzung** eines Betriebsratsmitglieds zustimmen, die zu einem Verlust des Amtes oder der Wählbarkeit führen würde. Erfasst wird einmal der Fall, in dem das Betriebsratsmitglied in einen anderen Betrieb wechseln soll, und zum anderen der Fall, dass das Betriebsratsmitglied zum leitenden Angestellten befördert wird. Ob die Versetzung eine Änderungskündigung erfordert oder an sich kraft Direktionsrechts möglich ist, spielt für die Zustimmungsbedürftigkeit keine Rolle. Allerdings greift die Vorschrift nach Abs. 3 S. 1 Hs. 2 nicht, wenn der betroffene Arbeitnehmer mit der Versetzung einverstanden ist. **1525**

---

798 BAG 18.8.1977 – 2 ABR 19/77, AP BetrVG 1972 § 103 Nr. 10; BAG 10.12.1992 – 2 ABR 32/92, NZA 1993, 501.

799 BAG 22.8.1974 – 2 ABR 17/74, AP BetrVG 1972 § 103 Nr. 1.

800 BAG 24.4.1975 – 2 AZR 118/74, AP BetrVG 1972 § 103 Nr. 3.

801 Ab dem 1.1.2018: § 174 V SGB IX.

802 BAG 25.1.1979 – 2 AZR 983/77, AP BetrVG 1972 § 103 Nr. 12; KR/*Fischermeier,* 11. Aufl. 2016, BGB § 626 Rn. 353; aA *Fitting* § 103 Rn. 46, wonach der Arbeitgeber binnen zwei Wochen kündigen muss.

803 BAG 9.7.1998 – 2 AZR 142/98, NZA 1998, 1273.

g) Entfernung betriebsstörender Arbeitnehmer

1526 Hat ein Arbeitnehmer durch gesetzwidriges Verhalten oder durch grobe Verletzung der in § 75 I BetrVG enthaltenen Grundsätze den Betriebsfrieden wiederholt ernstlich gestört, so kann der Betriebsrat seine Entlassung oder Versetzung verlangen und gerichtlich durchsetzen (§ 104 BetrVG).

IX. Mitwirkung und Mitbestimmung in wirtschaftlichen Angelegenheiten

1. Allgemeines

1527 Die Mitbestimmung in wirtschaftlichen Angelegenheiten ist an sich keine Frage der Betriebsverfassung, sondern eine solche der **Unternehmensverfassung,** also der in den Mitbestimmungsgesetzen geregelten Beteiligung von Repräsentanten der Arbeitnehmer in den Unternehmensorganen, insbesondere in den Aufsichtsräten der Kapitalgesellschaften. Auf sie wird in § 29 dieses Buches (→ Rn. 1659ff.) eingegangen.

1528 Soweit eine **Mitwirkung der Betriebsräte in wirtschaftlichen Angelegenheiten** vorgesehen ist, hat sie, wie die sonstige Mitwirkung und Mitbestimmung auch, soziale Schutzfunktion zugunsten der Arbeitnehmer. Einmal soll ihnen, vornehmlich auf dem Weg über den Wirtschaftsausschuss, umfassender Einblick in die wirtschaftliche Lage des Unternehmens verschafft werden, sodass sie sich entsprechend einrichten können. Zum anderen sollen wichtige Veränderungen auf der betrieblichen Ebene mit ihren regelmäßig einschneidenden Folgen für die Arbeitnehmer vom Betriebsrat mitberaten und jene Folgen sozial aufgefangen werden können. Dem dient das Mitwirkungs- und Mitbestimmungsrecht bei Betriebsänderungen (→ Rn. 1541 ff.).

1529 Eine **Erweiterung der Beteiligungsrechte** in wirtschaftlichen Angelegenheiten durch Betriebsvereinbarungen oder Tarifverträge ist ausgeschlossen. Die §§ 106ff. BetrVG wägen unter Berücksichtigung der in den Mitbestimmungsgesetzen geregelten Beteiligung der Arbeitnehmer auf der Unternehmensebene die berechtigten Interessen der Arbeitnehmer in wirtschaftlichen Angelegenheiten und die unternehmerisch-wirtschaftliche Entscheidungsfreiheit des Betriebsinhabers sorgfältig ab. Sie sind infolgedessen kein bloßes Modell, sondern die vom Gesetzgeber für angemessen gehaltene Lösung, die durch Betriebsvereinbarung und Tarifvertrag nicht strukturell verändert werden kann.[804]

2. Wirtschaftsausschuss

a) Bildung und Zusammensetzung

1530 Nach § 106 I 1 BetrVG ist in Unternehmen mit in der Regel mehr als 100 ständig beschäftigten Arbeitnehmern ein Wirtschaftsausschuss zu bilden. Das Gesetz knüpft bewusst nicht an den Betrieb als die technisch-organisatorische Einheit, sondern an das **Unternehmen** als die übergeordnete wirtschaftliche Einheit an. Dementsprechend ist in Unternehmen mit mehreren Betrieben für die Bildung des Wirtschaftsausschusses gem. § 50 I BetrVG der Gesamtbetriebsrat zuständig.

1531 Nach § 107 I und II BetrVG besteht der Wirtschaftsausschuss aus mindestens drei und höchstens sieben Mitgliedern, die vom Betriebsrat bzw. Gesamtbetriebsrat bestimmt

804 Richardi/*Annuß* Vorb. zu § 106 Rn. 13; *Gamillscheg* KollektArbR I 616f.; diff. GK/*Oetker* Vorb. § 106 Rn. 12.

werden. Die **Wirtschaftsausschussmitglieder** müssen dem Unternehmen angehören, können aber auch leitende Angestellte iSd § 5 III BetrVG sein. Eines der Mitglieder muss dem Betriebsrat angehören.

Nach § 107 III BetrVG kann der Betriebsrat auf die Bildung eines besonderen Wirt- 1532
schaftsausschusses verzichten und dessen Aufgaben einem nach § 28 BetrVG gebildeten Ausschuss übertragen.

b) Informations- und Beratungsrechte des Wirtschaftsausschusses

Der Wirtschaftsausschuss hat nach § 106 I 2 BetrVG eine **Doppelfunktion.** Er soll ei- 1533
nerseits die wirtschaftlichen Angelegenheiten mit dem Unternehmer beraten und andererseits den Betriebsrat unterrichten. Die Grundlage für die Erfüllung beider Aufgaben gibt ihm die Information durch den Unternehmer gem. § 106 II BetrVG.

Beratung mit dem Unternehmer bedeutet zunächst, dass der Wirtschaftsausschuss 1534
eine ins Einzelne gehende Erörterung der wirtschaftlichen Angelegenheiten durchführen kann, über die ihn der Unternehmer informiert hat. Der Wirtschaftsausschuss kann aber auch von sich aus wirtschaftliche Angelegenheiten zur Sprache bringen und eine Erörterung mit dem Unternehmer verlangen. Näher konkretisiert wird die Beratung mit dem Unternehmer durch § 108 I und II BetrVG, in denen die monatlich abzuhaltenden Sitzungen des Wirtschaftsausschusses geregelt sind.

Die Verpflichtung des Wirtschaftsausschusses, den **Betriebsrat** in den wirtschaftlichen 1535
Angelegenheiten **zu unterrichten** (§ 106 I 2 BetrVG), wird durch § 108 IV BetrVG ergänzt, wonach dem Betriebsrat über jede Sitzung unverzüglich und vollständig berichtet werden muss. Gegenstand der Unterrichtung durch den Unternehmer sind **sämtliche wirtschaftlichen Angelegenheiten** des Unternehmens, wobei sich die Unterrichtung auch auf die Auswirkungen auf die Personalplanung erstreckt.

Was zu den wirtschaftlichen Angelegenheiten gehört, ist in dem Katalog des § 106 III BetrVG im Einzelnen aufgeführt. Danach geht es nicht nur um die wirtschaftliche und finanzielle Situation des Unternehmens im eigentlichen Sinne (vgl. Nr. 1), sondern auch um Unternehmens- und Betriebsvorgänge, die für die wirtschaftliche Lage von Bedeutung sein können (Nr. 2–9). Mit Nr. 9a ist ein Unterrichtungsrecht des Wirtschaftsausschusses des Zielunternehmens bei Unternehmensübernahmen geschaffen worden,[805] dem das Zielunternehmen jedoch kaum nachkommen kann, da kein Informationsanspruch gegen den Übernehmer besteht. Schließlich werden durch eine Generalklausel auch alle sonstigen Vorgänge und Vorhaben, welche die wirtschaftlichen Interessen der Arbeitnehmer wesentlich berühren können, in die Unterrichtung einbezogen (Nr. 10).[806]

Die Unterrichtung hat unter **Vorlage der dafür erforderlichen Unterlagen** zu erfol- 1536
gen. Als solche Unterlagen kommen Betriebsstatistiken, Kalkulationsgrundlagen, Investitionspläne, Kostenanalysen, Rationalisierungspläne, Entwürfe für neue Fabrikations- und Arbeitsmethoden, wichtige Verträge und Organisationsmodelle sowie Wirtschaftsprüfberichte in Betracht. Nach § 108 V BetrVG ist dem Wirtschaftsausschuss auch der Jahresabschluss, dh die Jahresbilanz sowie die Gewinn- und Verlustrechnung des Unternehmens (§ 242 HGB), zu erläutern.[807]

805 In Unternehmen, in denen kein Wirtschaftsausschuss besteht, ist im Fall des § 106 III Nr. 9a BetrVG der Betriebsrat zu beteiligen (§ 109a BetrVG).

806 Näher zum Katalog des § 106 III BetrVG Löwisch/Kaiser/*Löwisch* § 106 Rn. 18ff.

807 Vgl. iE Löwisch/Kaiser/*Löwisch* § 106 Rn. 12f.

1537 Die Unterrichtung in wirtschaftlichen Angelegenheiten berührt die **Betriebs- und Geschäftsgeheimnisse** (→Rn. 1311ff.) in besonders großem Umfang. Deshalb begnügt sich das Gesetz hier nicht mit der allgemeinen Geheimhaltungspflicht des § 79 BetrVG, sondern spricht dem Arbeitgeber in § 106 II 1 BetrVG die Befugnis zu, die Unterrichtung in wirtschaftlichen Angelegenheiten dann zu beschränken, wenn durch die Unterrichtung die Betriebs- und Geschäftsgeheimnisse des Unternehmens gefährdet werden. Eine solche Gefährdung kommt in zwei Fallgruppen in Betracht. Einmal kann es an der Zuverlässigkeit der Mitglieder des Wirtschaftsausschusses oder der des von diesem unterrichteten Betriebsrats oder gem. § 31 BetrVG zugezogener Gewerkschaftsbeauftragter fehlen, sodass das Vertrauen auf die Geheimhaltungspflicht des § 79 BetrVG nicht ausreicht.[808] Die andere Fallgruppe betrifft solche Betriebs- und Geschäftsgeheimnisse, die für das Unternehmen so wesentlich sind, dass auch schon die geringste Gefahr einer unbefugten Weitergabe vermieden werden muss. Dies kommt etwa in Betracht bei einem neuen, für das Unternehmen entscheidenden Fertigungsverfahren, an dem die Konkurrenz ebenfalls arbeitet, oder bei delikaten Verhandlungen über einen Großauftrag aus dem Ausland.

c) Entscheidung der Einigungsstelle über die Auskunftspflicht

1538 Kommt der Unternehmer seiner Unterrichtungspflicht nicht nach, so kann er dazu im arbeitsgerichtlichen Beschlussverfahren angehalten werden. Geht es allerdings darum, dass der Unternehmer eine vom Wirtschaftsausschuss verlangte Auskunft nicht, nicht rechtzeitig oder nur ungenügend erteilt, so findet das besondere Verfahren des § 109 BetrVG Anwendung. Das Verfahren nach § 109 BetrVG erstreckt sich dabei auch auf die Frage, ob eine konkrete Auskunft vom Unternehmer deshalb verweigert werden darf, weil dadurch Betriebs- oder Geschäftsgeheimnisse gefährdet werden.[809]

1539 Das Verfahren nach § 109 BetrVG setzt ein ausdrückliches **Auskunftsverlangen** des Wirtschaftsausschusses voraus. Der Wirtschaftsausschuss muss in einer bestimmten wirtschaftlichen Angelegenheit konkrete Fragen an den Unternehmer richten. Kommt der Unternehmer einem solchen Auskunftsverlangen nicht nach, so muss sich der Wirtschaftsausschuss an den Betriebsrat wenden. Die Weiterführung des Verfahrens liegt dann bei diesem. Er hat eine Einigung mit dem Unternehmer zu versuchen. Kommt eine Einigung nicht zustande, können er oder der Unternehmer die Einigungsstelle anrufen, die über die Berechtigung des Auskunftsverlangens entscheidet. Deren Entscheidung wiederum unterliegt, weil sie eine Rechtsstreitigkeit betrifft, der vollen Kontrolle durch das Arbeitsgericht.[810]

d) Unterrichtung der Arbeitnehmer

1540 In Unternehmen mit in der Regel mehr als 1000 ständig beschäftigten Arbeitnehmern hat der Unternehmer mindestens einmal im Kalendervierteljahr nach vorheriger Abstimmung mit dem Wirtschaftsausschuss und dem Betriebsrat die Arbeitnehmer schriftlich über die wirtschaftliche Lage und Entwicklung des Unternehmens zu unterrichten (§ 110 I BetrVG). In Unternehmen mit weniger Arbeitnehmern kann diese Unterrichtung auch mündlich erfolgen. In Unternehmen mit nicht mehr als 20 Arbeitnehmern ist sie nicht erforderlich (§ 110 II BetrVG).

808 BAG 11.7.2000 – 1 ABR 43/99, NZA 2001, 402.
809 BAG 11.7.2000 – 1 ABR 43/99, NZA 2001, 402.
810 BAG 11.7.2000 – 1 ABR 43/99, NZA 2001, 402.

3. Mitwirkung und Mitbestimmung bei Betriebsänderungen

a) Fälle der Betriebsänderung

Nach den §§ 111ff. BetrVG unterliegt der Unternehmer dem Mitbestimmungsrecht des Betriebsrats, wenn er in Unternehmen mit in der Regel mehr als 20 Arbeitnehmern Betriebsänderungen vornehmen will. Ebenso wie im Rahmen des § 99 BetrVG (→ Rn. 1468) hat der Gesetzgeber im Jahr 2001 an die Stelle des Betriebs das **Unternehmen als Anknüpfungspunkt für den Schwellenwert** gesetzt. Das hat zur Folge, dass einerseits kleinere Betriebe größerer Unternehmen miterfasst, andererseits Gemeinschaftsbetriebe kleinerer Unternehmen von der Geltung ausgenommen werden. Eine analoge Anwendung auf solche Gemeinschaftsbetriebe, wie sie vom BAG für § 99 BetrVG vertreten wird (→ Rn. 1468), kommt für die §§ 111ff. BetrVG nicht in Betracht. Der Schwellenwert von mehr als 20 Arbeitnehmern soll kleinere Unternehmen vor den wirtschaftlichen Belastungen schützen, die mit der Mitwirkung und Mitbestimmung bei Betriebsänderungen einhergehen. Dieses Schutzbedürfnis ist nicht davon abhängig, ob das Kleinunternehmen an einem Gemeinschaftsbetrieb beteiligt ist oder nicht.[811] 1541

Abgesehen vom Schwellenwert stellen die Mitwirkungs- und Mitbestimmungsrechte der §§ 111ff. BetrVG auf die Ebene des Betriebs ab. Was **Betriebsänderungen** sind, ist in § 111 S. 3 BetrVG näher aufgeführt, wobei im Vordergrund die Einschränkung und Stilllegung des ganzen Betriebs oder von wesentlichen Betriebsteilen (Nr. 1) steht. **Stilllegung** bedeutet die ernstliche und endgültige Aufgabe der Betriebs- und Produktionsgemeinschaft für einen seiner Dauer nach unbestimmten, wirtschaftlich nicht unerheblichen Zeitraum. Notwendig ist, dass der Unternehmer die Stilllegungsabsicht unmissverständlich kundgibt, die Betriebstätigkeit vollständig einstellt, allen Arbeitnehmern kündigt und die Betriebsmittel, über die er verfügen kann, veräußert.[812] Ob bei einer juristischen Person schon ein Beschluss des für die Auflösung zuständigen Organs vorliegt, spielt keine Rolle; entscheidend ist, dass der Geschäftsbetrieb tatsächlich aufgegeben wird.[813] 1542

Wird die betriebliche Arbeit infolge äußerer Einwirkungen, wie zB einer Naturkatastrophe, lediglich unterbrochen, liegt keine Stilllegung vor. Die Übernahme eines Betriebs durch einen neuen Inhaber ist für sich ebenfalls keine Stilllegung. Der Gesetzgeber hat die hier auftretenden Probleme durch die Anordnung des Übergangs der Arbeitsverhältnisse nach § 613a BGB gelöst. Auch die Aufspaltung eines Unternehmens in eine Besitzgesellschaft und eine Betriebsgesellschaft gehört nicht hierher.

Unter § 111 S. 3 Nr. 1 BetrVG fallen nicht nur Betriebsstilllegungen, sondern auch **Betriebseinschränkungen.** Ob diese durch eine teilweise Außerbetriebsetzung von Betriebsanlagen oder durch eine Herabsetzung der Zahl der regelmäßig beschäftigten Arbeitnehmer erfolgen, ist gleichgültig. Allerdings muss ein **Personalabbau** einen bestimmten Umfang erreichen, um als Betriebseinschränkung gewertet werden zu können. Die Rechtsprechung orientiert sich dafür an den Zahlen und Prozentangaben, von denen § 17 KSchG die Voraussetzungen der Massenentlassung abhängig macht. 1543

---

811 S. ausführlich Löwisch/Kaiser/*Löwisch* § 111 Rn. 4f.; Richardi/*Annuß* § 111 Rn. 26; AR/*Rieble* BetrVG § 111 Rn. 4; aA LAG Berlin 23.1.2003 – 18 TaBV 2141/02, NZA-RR 2003, 477; GK/*Oetker* § 111 Rn. 15; diff. (Anwendbarkeit der Vorschriften über den Interessenausgleich, keine Anwendbarkeit der Vorschriften über den Sozialplan) *Fitting* § 111 Rn. 23.

812 BAG 17.3.1987 – 1 ABR 47/85, NZA 1987, 523; BAG 30.5.2006 – 1 AZR 25/05, NZA 2006, 1122; BAG 14.4.2015 – 1 AZR 794/13, NZA 2015, 1147.

813 BAG 11.3.1998 – 2 AZR 414/97, NZA 1998, 879; BAG 5.4.2001 – 2 AZR 696/99, NZA 2001, 949.

Danach müssen in Betrieben mit 21–59 Arbeitnehmern mehr als fünf, in Betrieben mit 60–499 Arbeitnehmern 10% oder mehr als 25 Arbeitnehmer und in Betrieben mit mindestens 500 Arbeitnehmern mindestens 30 Arbeitnehmer zur Entlassung anstehen. Allerdings müssen stets mindestens 5 % der Belegschaft betroffen sein.[814]

Bei Betrieben mit bis zu 20 Arbeitnehmern, die, wenn sie zu größeren Unternehmen gehören, der Regelung unterfallen (→ Rn. 1541), versagt die Parallele zu § 17 KSchG. Entsprechend der in § 112a BetrVG getroffenen Regelung ist in solchen Kleinbetrieben ein erheblicher Teil der Belegschaft betroffen, wenn die Mindestzahl von sechs Arbeitnehmern erreicht ist.[815]

1544 Maßgebend sind entsprechend dem Schutzzweck der §§ 111ff. BetrVG nur **betriebsbedingte Kündigungen.** Verhaltens- oder personenbedingten Kündigungen bleiben ebenso außer Betracht wie Beendigungen von Arbeitsverhältnissen wegen Fristablaufs und das Ausscheiden von Arbeitnehmern wegen Erreichens der Altersgrenze. Hingegen sind Aufhebungsverträge, die zum Zweck des Personalabbaus geschlossen werden, mitzuzählen (arg. e. § 112a I 2 BetrVG). Gleiches gilt für vom Arbeitgeber veranlasste Eigenkündigungen.[816]

1545 Unter § 111 S. 3 Nr. 1 BetrVG fällt nicht nur die Einschränkung oder Stilllegung des ganzen Betriebs, sondern auch die von **wesentlichen Betriebsteilen.** Um einen wesentlichen Betriebsteil – wiederum entsprechend der Schutzfunktion der §§ 111ff. BetrVG – handelt es sich immer dann, wenn ein erheblicher Teil der Belegschaft im eben (→ Rn. 1543) erörterten Sinne betroffen ist.[817]

1546 Als Betriebsänderung gilt nach § 111 S. 3 Nr. 2 BetrVG weiter die **Verlegung** des Betriebs oder von wesentlichen Betriebsteilen. Damit ist eine nicht nur geringfügige Standortverlagerung gemeint.[818]

1547 Eine Betriebsänderung stellt nach § 111 S. 3 Nr. 3 BetrVG auch der **Zusammenschluss** von Betrieben dar, sei es, dass ein Betrieb in einen anderen eingegliedert wird oder dass mehrere Betriebe zu einem neuen zusammengeschlossen werden. Auch die **Spaltung** von Betrieben fällt in den Anwendungsbereich der Vorschrift. Sie setzt voraus, dass zumindest zwei neue Einheiten entstehen,[819] was zB der Fall ist, wenn ein Betriebsteil abgespalten und veräußert werden soll,[820] während die bloße Stilllegung eines Betriebsteils keine Spaltung iSd § 111 S. 3 Nr. 3 BetrVG darstellt.[821] Anders als bei § 111 S. 3 Nr. 1 BetrVG (→ Rn. 1545) kommt es nicht darauf an, ob es sich bei dem abgespaltenen Betriebsteil um einen wesentlichen Betriebsteil handelt. Das Überschreiten einer nicht näher definierten Bagatellschwelle wird allerdings vorausgesetzt.[822] Der Zusammenschluss von Unternehmen, etwa eine Verschmelzung von Aktiengesellschaften, oder eine Spaltung von Unternehmen nach dem Umwandlungsgesetz gehören nicht

814 BAG 28.3.2006 – 1 ABR 5/05, NZA 2006, 932; BAG 19.7.2012 – 2 AZR 352/11, NZA 2013, 86 mwN; zur Sozialplanpflichtigkeit bei reinem Personalabbau → Rn. 1568.

815 BAG 9.11.2010 – 1 AZR 708/09, NZA 2011, 466; Löwisch/Kaiser/*Löwisch* § 111 Rn. 28.

816 BAG 23.8.1988 – 1 AZR 276/87, NZA 1989, 31; Löwisch/Kaiser/*Löwisch* § 111 Rn. 29f.

817 BAG 28.3.2006 – 1 ABR 5/05, NZA 2006, 932; BAG 18.3.2008 – 1 ABR 77/06, NZA 2008, 957; ErfK/*Kania* BetrVG § 111 Rn. 11.

818 BAG 17.8.1982 – 1 ABR 40/80, AP BetrVG 1972 § 111 Nr. 11; *Fitting* § 111 Rn. 81.

819 BAG 18.3.2008 – 1 ABR 77/06, NZA 2008, 957.

820 BAG 10.12.1996 – 1 ABR 32/96, NZA 1997, 898.

821 BAG 18.3.2008 – 1 ABR 77/06, NZA 2008, 957.

822 BAG 18.3.2008 – 1 ABR 77/06, NZA 2008, 957; ErfK/*Kania* BetrVG § 111 Rn. 16; aA Däubler/Kittner/Klebe/Wedde/*Däubler* § 111 Rn. 100.

hierher. Sie lösen die Mitwirkungs- und Mitbestimmungsrechte der §§ 111ff. BetrVG nur aus, wenn es in ihrer Folge zu einem Zusammenschluss oder einer Spaltung von Betrieben oder einer sonstigen Betriebsänderung kommt.

Nach § 111 S. 3 Nr. 4 BetrVG gelten als Betriebsänderung auch **grundlegende Änderungen** der Betriebsorganisation, des Betriebszwecks oder der Betriebsanlagen. Grundlegend wird die **Betriebsorganisation** geändert, wenn der Betriebsaufbau, die Gliederung des Betriebs oder die Zuständigkeiten umgewandelt werden. Es kommt entscheidend darauf an, ob die Änderung einschneidende Auswirkungen auf den Betriebsablauf, die Arbeitsweise oder die Arbeitsbedingungen der Arbeitnehmer hat.[823] Von einer grundlegenden Änderung des **Betriebszwecks** ist bei einer das Gepräge des Betriebes völlig verändernden Umstellung des Gegenstandes der Betriebstätigkeit zu sprechen, etwa, wenn ein bisheriger Produktionsbetrieb nur noch Dienstleistungen erbringt; bloße Veränderungen des Produkts genügen nicht. Ob die Änderung der **Betriebsanlagen** grundlegend ist, hängt in erster Linie vom Grad der technischen Änderung ab. Lassen die genannten Umstände eine zweifelsfreie Beurteilung der Frage nach der grundlegenden Änderung von Betriebsorganisation, -zweck und -anlagen nicht zu, ist entsprechend der sozialen Schutzfunktion des § 111 BetrVG auf den Grad der nachteiligen Auswirkungen auf die betroffenen Arbeitnehmer abzustellen.[824] 1548

Die Einführung grundlegend neuer **Arbeitsmethoden und Fertigungsverfahren** wird schließlich nach § 111 S. 3 Nr. 5 BetrVG der Beteiligung des Betriebsrats bei Betriebsänderungen unterstellt. Beispiele sind etwa der Übergang von Einzel- zu Serienfertigung, von Fließband- zu Gruppenarbeit, von halbautomatischer zu vollautomatischer Fertigung, die Einführung von Datensichtgeräten im Rechnungswesen, die Einführung einer Inline-Produktionsanlage in einer Druckerei oder die Aufgabe der Eigenfertigung eines wesentlichen Vorprodukts.[825] 1549

Dass § 111 S. 1 BetrVG von Betriebsänderungen spricht, die **wesentliche Nachteile** für die Belegschaft oder erhebliche Teile der Belegschaft zur Folge haben können, hat nach der Rechtsprechung des BAG keine eigenständige Bedeutung. Sie geht davon aus, dass § 111 S. 3 BetrVG für die dort genannten Betriebsänderungen das Entstehen solcher Nachteile fingiert und erst bei der Aufstellung des Sozialplans zu prüfen ist, ob sie tatsächlich entstehen.[826] 1550

b) Unterrichtungs- und Beratungspflicht

§ 111 S. 1 BetrVG verpflichtet den Unternehmer, den Betriebsrat über geplante Betriebsänderungen **rechtzeitig und umfassend zu unterrichten** und diese mit ihm zu beraten. Das das Unterrichtungs- und Beratungsrecht auslösende Planungsstadium ist erreicht, wenn Vorüberlegungen für Betriebsänderungen so konkretisiert werden, dass man sie als Vorgaben ansehen kann, nach denen der Unternehmer – vorbehaltlich der Beratung mit dem Betriebsrat – verfahren will. Hat der Unternehmer den grundsätzlichen Entschluss zu einer Betriebsänderung gefasst, so muss er den Betriebsrat zu einem so frühen Zeitpunkt unterrichten, dass sowohl die in § 111 S. 1 BetrVG vorgesehene Beratung als auch die Verhandlungen über Interessenausgleich und Sozialplan 1551

823 BAG 18.3.2008 – 1 ABR 77/06, NZA 2008, 957; BAG 22.3.2016 – 1 ABR 12/14, NZA 2016, 894.
824 BAG 26.10.1982 – 1 ABR 11/81, AP BetrVG 1972 § 111 Nr. 10.
825 Löwisch/Kaiser/*Löwisch* § 111 Rn. 40.
826 BAG 16.6.1987 – 1 ABR 41/85, NZA 1987, 671; BAG 9.11.2010 – 1 AZR 708/09, NZA 2011, 466.

ohne Zeitdruck durchgeführt werden können. Eine Unterrichtung, nachdem mit der Betriebsänderung begonnen worden ist, kommt in jedem Fall zu spät. Handelt es sich bei der Betriebsänderung um einen erheblichen Personalabbau (Massenentlassung), wird die Unterrichtung und Beratung sinnvollerweise mit der Konsultation nach § 17 II KSchG (→ Rn. 815) verknüpft.

1552 § 111 S. 2 BetrVG gibt dem Betriebsrat in Unternehmen mit mehr als 300 Arbeitnehmern das Recht, zu seiner Unterstützung einen **Berater,** zB einen Rechtsanwalt, Wirtschaftsprüfer, Unternehmensberater oder Gewerkschaftssekretär, zuzuziehen. Einer vorherigen Absprache mit dem Unternehmer bedarf es dazu nicht. Der Honoraranspruch des Beraters zählt zu den Kosten der Betriebsratstätigkeit nach § 40 BetrVG (→ Rn. 1291 ff.).[827]

1553 Die Verletzung der Unterrichtungspflicht stellt eine Ordnungswidrigkeit dar (§ 121 I BetrVG). Zu den Konsequenzen im Übrigen → Rn. 1579 f.

c) Interessenausgleich

1554 § 112 BetrVG sucht den sozialen Schutz der Arbeitnehmer bei Betriebsänderungen auf doppelte Weise zu verwirklichen: Durch die Einbeziehung der unternehmerischen Entscheidung über die Betriebsänderung in ein **formalisiertes Mitberatungsverfahren** (Interessenausgleich) und durch die Einräumung eines Mitbestimmungsrechts für den Ausgleich der sozialen Folgen von Betriebsänderungen (Sozialplan). Interessenausgleich und Sozialplan sind dabei nicht isoliert zu sehen; vielmehr sollen sie bei der Lösung der bei einer Betriebsänderung anstehenden Probleme nach Möglichkeit ineinander greifen. Soweit es dem Unternehmer aus wirtschaftlichen Gründen vertretbar erscheint, soll er die Betriebsänderung so vornehmen, dass die Interessen der Arbeitnehmer möglichst wenig beeinträchtigt werden. Soweit eine solche Beeinträchtigung unvermeidlich ist, sollen ihre Folgen ausgeglichen werden.

1555 **Gegenstand** des Interessenausgleichs ist die geplante Betriebsänderung selbst. Arbeitgeber und Betriebsrat sollen in dem in § 112 II und III BetrVG vorgesehenen Verfahren beraten, ob die geplante Betriebsänderung tatsächlich durchgeführt werden muss und wie das ggf. zu geschehen hat. Dabei ist insbesondere zu erörtern, welche Arbeitnehmer Auswirkungen der Betriebsänderung hinnehmen müssen und welche Modifizierungen möglich sind, um den Interessen der betroffenen Arbeitnehmer Rechnung zu tragen. Dementsprechend kann im Interessenausgleich einerseits festgelegt werden, welche Arbeitnehmer zu entlassen oder zu versetzen sind (zur Bedeutung einer entsprechenden Namensliste im Kündigungsschutzprozess → Rn. 749 ff.). Andererseits kann der Plan des Unternehmers modifiziert, zB bestimmt werden, dass die Betriebsänderung zeitlich hinauszuschieben oder umfangmäßig zu beschränken ist oder dass eine andere als die geplante Maßnahme vorgenommen wird.

1556 Kommt ein Interessenausgleich zustande, ist dieser nach § 112 I 1 BetrVG **schriftlich** niederzulegen und von Betriebsrat und Unternehmer zu unterzeichnen. Das braucht nicht in einer besonderen Urkunde zu geschehen. Es genügt, wenn sich aus einer schriftlichen Vereinbarung zwischen Arbeitgeber und Betriebsrat ergibt, dass sie sich über die Betriebsänderung einig sind. Insbesondere enthält ein Sozialplan (→ Rn. 1559 ff.) häufig

827 Vgl. dazu BAG 9.12.2009 – 7 ABR 90/07, NZA 2010, 461.

mittelbar auch die Einigung darüber, dass eine Betriebsänderung stattfinden und wie diese aussehen soll.[828]

Wie sich aus § 113 I und II BetrVG ergibt, hindert der Interessenausgleich den Arbeitgeber nicht, die von ihm geplante Betriebsänderung so durchzuführen, wie er das ursprünglich beabsichtigt hatte. Er kann auf die **Einhaltung des Interessenausgleichs** vom Betriebsrat nicht in Anspruch genommen werden. Besteht allerdings kein zwingender Grund für die Abweichung, ist der Unternehmer gem. § 113 I BetrVG zur Zahlung eines Nachteilsausgleichs an die betroffenen Arbeitnehmer verpflichtet (→ Rn. 1578). 1557

Kommt ein **Interessenausgleich nicht zustande,** kann jede Seite den Vorstand der Bundesagentur für Arbeit um Vermittlung ersuchen (§ 112 II 1 BetrVG) oder die Einigungsstelle anrufen (§ 112 II 2 und 3 und III BetrVG). Gelingt auch dabei keine Einigung, endet das Interessenausgleichsverfahren. Eine verbindliche Entscheidung der Einigungsstelle ist hier nicht vorgesehen. 1558

d) Sozialplan

Fall 98: Das Großhandelsunternehmen X plant die Verlegung seines Betriebs von Köln nach Berlin. Es ist bereit, sämtliche Arbeitnehmer in Berlin weiterzubeschäftigen und für die Umzugskosten sowie während einer Übergangszeit für eine Trennungsentschädigung aufzukommen. Arbeitnehmer, die den Umzug nach Berlin ablehnen, sollen entlassen werden; irgendwelche Leistungen hat das Unternehmen für sie nicht vorgesehen. Demgegenüber meint der Betriebsrat, diese Arbeitnehmer müssten zumindest Abfindungen erhalten.

Gegenstand des Sozialplans ist der Ausgleich oder die Milderung der wirtschaftlichen Nachteile, die den Arbeitnehmern durch die geplante Betriebsänderung entstehen (§ 112 I 2 BetrVG). Als solcher wirtschaftlicher Nachteil kommt in erster Linie die Einkommensminderung infolge des Verlusts des Arbeitsplatzes in Betracht. Er kann aber auch in einer schlechteren Bezahlung als Folge einer Versetzung oder des durch eine neue Fabrikationsmethode bedingten Übergangs vom Akkordlohn zum Zeitlohn liegen. Auch erhöhte Aufwendungen, etwa höhere Fahrtkosten infolge einer Betriebsverlegung, sind wirtschaftliche Nachteile. 1559

Der **Inhalt** des Sozialplans kann in finanziellen Leistungen des Arbeitgebers bestehen, insbesondere in Abfindungszahlungen im Fall von Entlassungen, aber auch in der Übernahme von Umzugskosten, dem Ersatz zusätzlicher Fahrtkosten, Beihilfen zu Umschulungen oder Verdienstgarantien. Der Sozialplan soll nur die künftig entstehenden wirklichen Nachteile der Arbeitnehmer ausgleichen. Folglich hat er **Überbrückungsfunktion.**[829] Für Arbeitnehmer, die keine Nachteile erleiden, insbesondere, weil sie sofort einen gleichwertigen Arbeitsplatz finden, brauchen keine Leistungen vorgesehen zu werden.[830] 1560

828 BAG 20.4.1994 – 10 AZR 186/93, NZA 1995, 89.
829 BAG 20.4.2010 – 1 AZR 988/08, NZA 2010, 1018; BAG 23.4.2013 – 1 AZR 916/11, NZA 2013, 980.
830 BAG 8.12.2009 – 1 AZR 801/08, NZA 2010, 351; vgl. auch BAG 5.2.1997 – 10 AZR 553/96, NZA 1998, 158 für den Fall, dass der Arbeitnehmer einen ihm angebotenen zumutbaren Arbeitsplatz ausschlägt.

1561 Auch über den Sozialplan ist eine Einigung zunächst in Verhandlungen zwischen Betriebsrat und Arbeitgeber zu suchen. Kommt sie nicht zustande, können wiederum der Vorstand der Bundesagentur für Arbeit um Vermittlung ersucht und die **Einigungsstelle** angerufen werden. Anders als über den Interessenausgleich entscheidet die Einigungsstelle über die Aufstellung des Sozialplans verbindlich (§ 112 IV 2 BetrVG).

1562 Bei der verbindlichen Entscheidung über den Sozialplan hat die Einigungsstelle nach § 112 V 1 BetrVG die sozialen Belange der betroffenen Arbeitnehmer und die wirtschaftliche Vertretbarkeit des Sozialplans für das Unternehmen gegeneinander abzuwägen. Dabei gibt ihr § 112 V 2 BetrVG **Ermessensrichtlinien** vor, die einer Ausuferung von Sozialplanleistungen vorbeugen sollen. Direkt kommen sie nur zur Anwendung, wenn der Sozialplan durch einen Spruch der Einigungsstelle zustande kommt. Einigen sich Unternehmer und Betriebsrat, und sei es unter Vermittlung der Einigungsstelle, über den Sozialplan, brauchen die folgenden Richtlinien nicht beachtet zu werden.

1563 Nach § 112 V 2 Nr. 1 BetrVG soll die Einigungsstelle, wenn sie durch Spruch entscheidet, beim Ausgleich oder der Milderung wirtschaftlicher Nachteile Leistungen vorsehen, die in der Regel den **Gegebenheiten des Einzelfalls** Rechnung tragen. Grobe Pauschalierungen sind damit ausgeschlossen. Etwa ist es ermessensfehlerhaft, wenn die Einigungsstelle ohne Unterschied für alle infolge einer Betriebsänderung entlassenen Arbeitnehmer Abfindungen festsetzt, deren Höhe sich allein nach Monatseinkommen und Dauer der Betriebszugehörigkeit bemisst.[831]

1564 Nach § 112 V 2 Nr. 2 BetrVG hat die Einigungsstelle die **Aussichten der betroffenen Arbeitnehmer auf dem Arbeitsmarkt** zu berücksichtigen und soll Arbeitnehmer von Leistungen ausschließen, die ein zumutbares Arbeitsverhältnis ablehnen.

1565 Nach § 112 V 2 Nr. 2a BetrVG soll die Einigungsstelle insbesondere die im SGB III vorgesehenen **Förderungsmöglichkeiten zur Vermeidung von Arbeitslosigkeit** berücksichtigen. Damit ist auf § 110 SGB III Bezug genommen. Nach dieser Vorschrift kann die Teilnahme von Arbeitnehmern, die aufgrund von Betriebsänderungen von Arbeitslosigkeit bedroht sind, an Transfermaßnahmen durch Zuschüsse der Bundesagentur für Arbeit gefördert werden. Die Zuschüsse sind im Zusammenhang mit dem sog. »Transferkurzarbeitergeld« nach § 111 SGB III zu sehen, das Arbeitnehmern zur Vermeidung von Entlassungen und zur Verbesserung ihrer Vermittlungsaussichten in Fällen betrieblicher Restrukturierungen gezahlt werden kann.

1566 Schließlich hat die Einigungsstelle nach § 112 V 2 Nr. 3 BetrVG bei der Bemessung des Gesamtbetrags der Sozialplanleistungen darauf zu achten, dass der **Fortbestand des Unternehmens** oder die nach Durchführung der Betriebsänderung verbleibenden Arbeitsplätze nicht gefährdet werden. Dabei können es die wirtschaftlichen Verhältnisse des Unternehmens sogar gebieten, von einer substantiellen Milderung der wirtschaftlichen Nachteile der Arbeitnehmer abzusehen.[832] Auf der anderen Seite sieht das BAG, wenn ein größerer Teil der Belegschaft betroffen ist, auch einschneidende Belastungen bis an den Rand der Bestandsgefährdung des Unternehmens als vertretbar an.[833]

---

831 BAG 14.9.1994 – 10 ABR 7/94, NZA 1995, 440; näher dazu Richardi/*Annuß* § 112 Rn. 149ff.; vgl. auch GK/*Oetker* §§ 112, 112a Rn. 461ff.

832 BAG 24.8.2004 – 1 ABR 23/03, NZA 2005, 302; vgl. auch BAG 22.1.2013 – 1 ABR 85/11, NZA-RR 2013, 409.

833 BAG 6.5.2003 – 1 ABR 11/02, NZA 2004, 108.

In **Fall 98** hat das Verlangen des Betriebsrats, Sozialplanleistungen auch für die Arbeitnehmer vorzusehen, die nicht bereit sind, nach Berlin umzuziehen, Aussicht auf Erfolg. Zwar soll nach § 112 V 2 Nr. 2 BetrVG die Einigungsstelle Arbeitnehmer von Leistungen ausschließen, die in einem zumutbaren Arbeitsverhältnis im selben Unternehmen weiterbeschäftigt werden können und die Weiterbeschäftigung ablehnen, wobei die mögliche Weiterbeschäftigung an einem anderen Ort für sich allein nicht die Unzumutbarkeit begründet.[834] Aber die Zumutbarkeit hat Grenzen. Selbst im Rahmen der Arbeitslosenversicherung wird Arbeitslosen nur ein zeitlicher Mehraufwand für den Weg zwischen Wohnung und Arbeitsstätte von bis zu zweieinhalb Stunden täglich zugemutet (vgl. § 140 IV 2 SGB III) und ist nach den Umständen des Einzelfalls gem. § 140 I, IV 6, 7 SGB III der Umzug an einen anderen Ort dann nicht zu verlangen, wenn diesem ein wichtiger Grund, der sich insbesondere aus familiären Bindungen ergeben kann, entgegensteht. 1567

§ 112a BetrVG schränkt die Möglichkeit, einen Sozialplan zu erzwingen, in Fällen des **reinen Personalabbaus** und bei **Neugründungen von Unternehmen** ein. Nach Abs. 1 ist bei einer Betriebsänderung, die ausschließlich in der Entlassung von Arbeitnehmern besteht, ein Sozialplan nur erzwingbar, wenn die Zahl der betroffenen Arbeitnehmer die dort genannte Höhe erreicht. Unterhalb der Schwellenwerte des § 112a I BetrVG besteht Sozialplanpflichtigkeit nur dann, wenn mit dem Personalabbau eine sonstige Maßnahme einhergeht, die allein oder zusammen mit dem Personalabbau eine Betriebsänderung iSd § 111 S. 3 BetrVG darstellt.[835] Nach § 112a II BetrVG kann in Betrieben eines neu gegründeten Unternehmens in den ersten vier Jahren nach der Neugründung ein Sozialplan nicht erzwungen werden, sofern die Neugründung nicht nur im Zusammenhang mit der Umstrukturierung von Unternehmen und Konzernen erfolgt.[836] Die Privilegierung bezieht sich allein auf neu gegründete Unternehmen und erfasst nicht ältere Unternehmen, die lediglich einen neuen Betrieb gründen.[837] 1568

§ 112a BetrVG schränkt nur die **Erzwingbarkeit** des Sozialplans ein. Die Unterrichtung und Beratung nach § 111 S. 1 BetrVG und das Verfahren über den Interessenausgleich nach § 112 I–III BetrVG sind auch in den von § 112a BetrVG geregelten Fällen durchzuführen, wenn die Voraussetzungen des § 111 S. 3 Nr. 1 BetrVG (→ Rn. 1543ff.) erfüllt sind.

Nach § 112 I 3 BetrVG hat der Sozialplan die **Wirkung einer Betriebsvereinbarung.** Für ihn gelten deshalb die für Betriebsvereinbarungen maßgebenden Regelungen (→ Rn. 1342ff.) entsprechend. Eine Ausnahme besteht nur für den Sperrvorrang des Tarifvertrags gem. § 77 III BetrVG, der nach § 112 I 4 BetrVG bei Sozialplänen nicht greift. Die **Kündigung** eines Sozialplans, der lediglich einmal zu erbringende Leistungen vorsieht, ist nur dann möglich, wenn das Recht zur ordentlichen Kündigung im Sozialplan vereinbart wurde. Ein Sozialplan, der Dauerregelungen enthält, kann hingegen auch ohne ausdrückliche Kündigungsvereinbarung ordentlich gekündigt werden (§ 112 I 3 iVm § 77 V BetrVG).[838] 1569

Der Sozialplan ist wie jede Betriebsvereinbarung an das **zwingende staatliche Recht** gebunden. Von Bedeutung ist dabei neben dem Gleichbehandlungsgebot (→ Rn. 1573) 1570

834 Vgl. BAG 12.7.2007 – 2 AZR 448/05, NZA 2008, 425, wonach der Arbeitnehmer jedenfalls eine Entfernung von 100 km (von Braunschweig nach Magdeburg) bei einer Fahrtdauer von regelmäßig rund einer Stunde pro Strecke hinzunehmen hat.

835 BAG 28.3.2006 – 1 ABR 5/05, NZA 2006, 932; Löwisch/Kaiser/*Löwisch* § 112a Rn. 5.

836 Dazu BAG 22.2.1995 – 10 ABR 23/94, NZA 1995, 697; BAG 22.2.1995 – 10 ABR 21/94, NZA 1995, 699; näher *Fitting* §§ 112, 112a Rn. 106ff.

837 BAG 27.6.2006 – 1 ABR 18/05, NZA 2007, 106.

838 BAG 10.8.1994 – 10 ABR 61/93, NZA 1995, 314.

insbesondere das Kündigungsschutzgesetz. Der Sozialplan hat weder die Kraft, eine nicht betriebsbedingte Kündigung sozial zu rechtfertigen, noch kann er die soziale Auswahl nach § 1 III KSchG präjudizieren. Er darf die Zahlung von Abfindungen an die infolge einer Betriebsänderung entlassenen Arbeitnehmer auch nicht davon abhängig machen, dass diese keine Kündigungsschutzklage erheben.[839] Erhebt der Arbeitnehmer ungeachtet der Geltung eines Sozialplans für ihn Kündigungsschutzklage und obsiegt er, kann er jedoch nur die Fortsetzung des Arbeitsverhältnisses oder an deren Stelle eine Abfindung nach §§ 9, 10 KSchG, nicht aber die Abfindung nach dem Sozialplan beanspruchen. Denn er hat dann nicht infolge der Betriebsänderung seinen Arbeitsplatz verloren.

Das KSchG hindert Arbeitgeber und Betriebsrat nicht, im Interesse des Arbeitgebers an alsbaldiger Planungssicherheit zusätzlich zu einem Sozialplan in einer freiwilligen Betriebsvereinbarung Leistungen für den Fall vorzusehen, dass der Arbeitnehmer von seinem Recht zur Erhebung einer Kündigungsschutzklage keinen Gebrauch macht (sog. **Turboprämie**). Eine solche Regelung entspricht der in § 1a KSchG (→ Rn. 795 ff.) zum Ausdruck kommenden gesetzgeberischen Wertung.[840]

1571 Nach § 2 I Nr. 2 iVm § 1 AGG dürfen Sozialpläne Arbeitnehmer nicht aus Gründen der Rasse oder der ethnischen Herkunft, des Geschlechts, der Religion oder Weltanschauung, einer Behinderung, des Alters oder der sexuellen Identität benachteiligen. Unzulässig sind nach § 3 I und II AGG sowohl **unmittelbare als auch mittelbare Benachteiligungen,** wobei Letztere dann zulässig sind, wenn die betreffende Regelung durch ein rechtmäßiges Ziel sachlich gerechtfertigt und die Mittel zur Erreichung dieses Ziels angemessen und erforderlich sind (allgemein → Rn. 187 ff.). Abgesehen vom Alter werden unmittelbare Benachteiligungen in Sozialplänen nur selten vorkommen. Denkbar sind aber mittelbare Benachteiligungen. Etwa kann es eine mittelbare Benachteiligung von Frauen darstellen, wenn Sozialplanleistungen an die Dauer der tatsächlichen Beschäftigung angeknüpft werden, weil überwiegend bei Frauen die tatsächliche Beschäftigungsdauer wegen der Inanspruchnahme von Elternzeit geringer ist als bei Männern.[841]

1572 § 10 S. 3 Nr. 6 AGG enthält eine besondere Regelung für die Differenzierung von Sozialplanleistungen wegen des Alters und der Dauer der Betriebszugehörigkeit. Danach ist eine nach **Alter oder Betriebszugehörigkeit** gestaffelte Abfindungsregelung zulässig, wenn die wesentlich vom Alter abhängigen Chancen auf dem Arbeitsmarkt durch eine verhältnismäßig starke Betonung des Lebensalters erkennbar berücksichtigt worden sind oder Beschäftigte von den Leistungen des Sozialplans ausgeschlossen werden, die wirtschaftlich abgesichert sind, weil sie, ggf. nach dem Bezug von Arbeitslosengeld, rentenberechtigt sind. Dementsprechend kann ein Sozialplan vorsehen, dass Arbeitnehmer zusätzlich zu der sich nach der Dauer der Betriebszugehörigkeit und dem Arbeitsverdienst errechneten Grundabfindung mit dem Erreichen des 45. und des 50. Lebensjahres der Höhe nach gestaffelte Alterszuschläge erhalten, ohne dass jüngere Arbeitnehmer hierdurch unzulässig wegen ihres Lebensalters benachteiligt werden.[842]

---

839 BAG 31.5.2005 – 1 AZR 254/04, NZA 2005, 997; BAG 9.12.2014 – 1 AZR 146/13, NZA 2015, 438.

840 BAG 31.5.2005 – 1 AZR 254/04, NZA 2005, 997; BAG 18.5.2010 – 1 AZR 187/09, NZA 2010, 1304; BAG 9.12.2014 – 1 AZR 146/13, NZA 2015, 438.

841 Vgl. BAG 12.11.2002 – 1 AZR 58/02, NZA 2003, 1287, das darin einen Verstoß gegen Recht und Billigkeit iSv § 75 BetrVG erblickt hat; dazu auch *Bauer/Krieger,* AGG, 4. Aufl. 2015, § 10 Rn. 55.

842 BAG 12.4.2011 – 1 AZR 743/09, NZA 2011, 985.

Auf der anderen Seite ist eine Regelung zulässig, nach der **rentennahe Jahrgänge** wegen abnehmender Schutzbedürftigkeit eine Kürzung der Sozialplanabfindung hinnehmen müssen. Etwa ist es nach Art. 6 I Gleichbehandlungs-Rahmen-RL[843] und § 10 S. 3 Nr. 6 AGG gerechtfertigt, ältere Arbeitnehmer von Sozialplanleistungen vollständig auszuschließen, die unmittelbar nach der Beendigung des Arbeitsverhältnisses oder im direkten Anschluss an den Bezug von Arbeitslosengeld Regelaltersrente beziehen können.[844] Die dahinterstehende Überlegung ist, dass ab diesem Zeitpunkt idR ein vernünftiges Einkommen gesichert ist, sodass es einer Überbrückung nicht bedarf.[845] Zudem können Sozialplanleistungen begrenzt werden, wenn der Arbeitnehmer vorgezogen Altersrente in Anspruch nehmen kann, auch wenn sich durch die vorgezogene Inanspruchnahme die Altersrente reduziert.[846] Ein vollständiger Ausschluss von Sozialplanleistungen ist in diesem Fall aber nicht möglich. Auch ist bei der Bemessung der Kürzung zu berücksichtigen, dass die Schlechterstellung nicht zu einem unverhältnismäßigen Zwang zur Frühverrentung führen darf.[847] An die Möglichkeit des Bezugs einer vorzeitigen Altersrente für schwerbehinderte Menschen gem. §§ 37 S. 2, 236a I 2, II SGB VI darf überhaupt nicht angeknüpft werden, weil darin, je nach Ausgestaltung, eine mittelbare oder unmittelbare Diskriminierung wegen einer Behinderung liegt.[848] 1572a

Die Betriebsparteien und die Einigungsstelle sind bei der Aufstellung des Sozialplans auch an § 75 I BetrVG gebunden. Dieser wiederholt die Benachteiligungsverbote des AGG und geht insoweit darüber hinaus, als er auch Benachteiligungen wegen politischer oder gewerkschaftlicher Betätigung oder Einstellung untersagt. Zudem lässt sich der Vorschrift die Geltung des **allgemeinen Gleichbehandlungsgrundsatzes** (→ Rn. 149) entnehmen. Etwa verstößt die Herausnahme durch Eigenkündigung oder Aufhebungsvertrag ausgeschiedener Arbeitnehmer aus dem Sozialplan gegen § 75 I BetrVG und den arbeitsrechtlichen Gleichbehandlungsgrundsatz, wenn der Arbeitgeber die Kündigung oder den Vertragsschluss veranlasst hat.[849] 1573

Dass über das Vermögen eines Unternehmens das **Insolvenzverfahren** eröffnet wird, ändert grundsätzlich nichts an den Beteiligungsrechten des Betriebsrats nach den §§ 111 ff. BetrVG. Daraus folgt insbesondere auch, dass im Insolvenzfall zwischen Insolvenzverwalter und Betriebsrat ein Sozialplan zu vereinbaren ist. Dabei zieht § 123 InsO eine absolute und relative Obergrenze für die Höhe der Sozialplanleistungen.[850] 1574

843 RL 2000/78/EG des Rates zur Festlegung eines allgemeinen Rahmens für die Verwirklichung der Gleichbehandlung in Beschäftigung und Beruf v. 27.11.2000, ABl. 2000 L 303, 16.

844 BAG 9.12.2014 – 1 AZR 102/13, NZA 2015, 365.

845 ErfK/*Kania* BetrVG §§ 112, 112a Rn. 24a; ähnlich *Bauer/Krieger*, AGG, 4. Aufl. 2015, § 10 Rn. 53c.

846 EuGH 6.12.2012 – C-152/11, NZA 2012, 1435 – Odar; BAG 26.3.2013 – 1 AZR 813/11, NZA 2013, 921.

847 ErfK/*Kania* BetrVG §§ 112, 112a Rn. 24a unter Verweis auf EuGH 12.10.2010 – C-499/08, Slg. 2010, I-9343 = NZA 2010, 1341 – Andersen; zu dieser Entscheidung auch *Giesen* EuZA 2011, 383 (387 ff.).

848 EuGH 6.12.2012 – C-152/11, NZA 2012, 1435 – Odar; BAG 17.11.2015 – 1 AZR 938/13, NZA 2016, 501; krit. *Bauer/Krieger*, AGG, 4. Aufl. 2015, § 10 Rn. 53c.

849 BAG 20.4.1994 – 10 AZR 323/93, NZA 1995, 489; vgl. auch BAG 13.2.2007 – 1 AZR 163/06, NZA 2007, 756; iE Löwisch/Kaiser/*Löwisch* § 112 Rn. 18.

850 Näher MüKoInsO/*Caspers*, 3. Aufl. 2013, § 123 Rn. 59 ff.

1575 Die §§ 111ff. BetrVG hindern die Tarifvertragsparteien nicht, ihrerseits Tarifverträge über anstehende Betriebsänderungen und deren Folgen zu schließen.[851] Derartige, entweder als Haustarifverträge oder als unternehmensbezogene Verbandstarifverträge (→ Rn. 984) abgeschlossene »**Tarifsozialpläne**« müssen aber die eigentliche unternehmerische Entscheidung zur Betriebsänderung respektieren. Standortgarantien oder der gänzliche Ausschluss betriebsbedingter Kündigungen verletzen die durch Art. 12 I GG geschützte Unternehmerfreiheit und überschreiten so die Tarifmacht.[852] Auch die im Zuge der Verhandlungen über einen solchen Tarifsozialplan geforderten Ausgleichsmaßnahmen für zu entlassende Arbeitnehmer dürfen nicht so hoch sein, dass in Wirklichkeit die Betriebsänderung selbst auf dem Prüfstand steht.[853]

1576 Da die Tarifsperre des § 77 III BetrVG nach § 112 I 4 BetrVG nicht anzuwenden ist, können ein tariflicher und ein betrieblicher Sozialplan nebeneinander aufgestellt werden. Für tarifgebundene Arbeitnehmer gilt in diesem Fall nach § 4 III TVG das **Günstigkeitsprinzip,** während nichttarifgebundene Arbeitnehmer nur Ansprüche aus dem mit dem Betriebsrat abgeschlossenen Sozialplan haben, weil der Tarifsozialplan allein Individualnormen zugunsten tarifgebundener Arbeitnehmer enthält. Ein Gleichbehandlungsproblem liegt darin nicht.[854]

1577 Das BAG hält den **Streik um einen Tarifsozialplan** grundsätzlich für zulässig.[855] Wird ein solcher Streik geführt, ruhen die Mitwirkungs- und Mitbestimmungsrechte des Betriebsrats (→ Rn. 1337).

e) Nachteilsausgleich

1578 Wie sich aus § 113 I BetrVG ergibt, kann der Unternehmer von einem vereinbarten Interessenausgleich selbst dann abweichen, wenn dafür kein zwingender Grund besteht. In diesem Fall hat er jedoch wirtschaftliche Nachteile, die Arbeitnehmer infolge der Abweichung erleiden, auszugleichen. Dementsprechend sieht § 113 I BetrVG für Arbeitnehmer, die infolge der Abweichung entlassen werden, einen **Anspruch auf Abfindung** vor, der gemäß dem entsprechend anwendbaren § 10 KSchG bis zu 18 Monatsverdienste erreichen kann. Erleiden Arbeitnehmer andere Nachteile, werden sie etwa versetzt, sind daraus entstehende Nachteile, zB erhöhte Fahrtkosten, bis zu einem Zeitraum von zwölf Monaten zu ersetzen (§ 113 II BetrVG).

1579 Ansprüche auf Nachteilsausgleich erwerben infolge einer Betriebsänderung entlassene oder sonst benachteiligte Arbeitnehmer nach § 113 III BetrVG auch dann, wenn der Unternehmer die Betriebsänderung durchführt, ohne über sie einen **Interessenausgleich mit dem Betriebsrat versucht** zu haben. Nach der Rechtsprechung des BAG hat der Unternehmer einen Interessenausgleich erst dann hinreichend versucht, wenn nach Ausschöpfung aller Verständigungsmöglichkeiten ein Interessenausgleich vor der

---

851 BAG 6.12.2006 – 4 AZR 798/05, NZA 2007, 821.
852 *Löwisch* DB 2005, 554 (556f.); *Löwisch,* FS Richardi, 2007, 679 (680f.).
853 *Löwisch/Rieble,* TVG, 4. Aufl. 2017, § 1 Rn. 272f., 795; aA Däubler/*Zwanziger,* TVG, 4. Aufl. 2016, § 4a Rn. 212.
854 *Löwisch/Rieble,* TVG, 4. Aufl. 2017, § 1 Rn. 486, § 4 Rn. 592; aA *Lobinger,* Arbeitskampf bei Standortschließungen und -verlagerungen?, in Rieble (Hrsg.), Zukunft des Arbeitskampfes, 2005, 55 (82f.).
855 BAG 24.4.2007 – 1 AZR 252/06, NZA 2007, 987; krit. *Franzen,* FS Reuter, 2010, 479ff.

Einigungsstelle gescheitert ist. Dazu muss der Unternehmer ggf. auch selbst die Einigungsstelle anrufen.[856]

1580 Führt der Unternehmer die Betriebsänderung durch, **ohne einen Interessenausgleich versucht zu haben,** so treffen ihn nur die Nachteilsausgleichsansprüche des § 113 III BetrVG. Entscheidend ist, ob der Unternehmer mit der Durchführung der Betriebsänderung begonnen hat. Handelt es sich bei der Betriebsänderung um eine Betriebsstilllegung oder um die Einschränkung eines wesentlichen Betriebsteils, ist das der Fall, wenn der Unternehmer unumkehrbare Maßnahmen zur Auflösung der betrieblichen Organisation ergriffen hat,[857] zB Arbeitnehmern gekündigt[858] oder einen Großteil von ihnen unwiderruflich von der Arbeitsleistung freigestellt hat.[859] Bloße vorbereitende Maßnahmen wie die Anhörung des Betriebsrats zu den Kündigungen nach § 102 I BetrVG, die Erstattung der Massenentlassungsanzeige gegenüber der Agentur für Arbeit vor Ausspruch der Kündigungen gem. § 17 KSchG oder die widerrufliche Freistellung der Arbeitnehmer von der Arbeitsleistung genügen noch nicht.[860] Auch ein – durch einstweilige Verfügung zu sichernder – Anspruch des Betriebsrats auf **Unterlassung der Betriebsänderung** bis zur Durchführung des Interessenausgleichsverfahrens besteht nicht, denn das würde der in § 113 I BetrVG zum Ausdruck kommenden Wertung zuwiderlaufen, dass der Unternehmer letztlich allein entscheidet, ob er eine Betriebsänderung vornehmen will. Unter den LAG ist das Bestehen eines Unterlassungsanspruchs allerdings umstritten.[861]

X. Rechte des einzelnen Arbeitnehmers nach dem BetrVG (§§ 81–86a BetrVG)

1. Informations-, Anhörungs- und Beschwerderechte des Arbeitnehmers

Fall 99: Arbeitnehmer A hat Auseinandersetzungen mit seinem Vorgesetzten gehabt und ist von diesem mehrfach gerügt worden. Er fürchtet, dass Nachteiliges in seine Personalakten gekommen ist. Deshalb will er sich die Personalakten vorlegen lassen, daraus Abschriften machen und nötigenfalls den Akten eigene Erklärungen beifügen. Auch besteht er darauf, dass Frau Rechtsanwältin R an der Einsichtnahme in die Personalakten teilnimmt.

a) Informationsrechte

1581 Nach § 81 I BetrVG hat der Arbeitgeber den Arbeitnehmer über dessen Aufgabe und Verantwortung sowie über die Art seiner Tätigkeit und ihre Einordnung in den Arbeitsablauf des Betriebs zu unterrichten und ihn über Unfall- und Gesundheitsgefahren zu belehren. Solange das nicht geschieht, hat der Arbeitnehmer ein Zurückbehaltungsrecht an seiner Arbeitsleistung.

1582 Nach § 81 II und III BetrVG ist der Arbeitnehmer auch über Veränderungen in seinem Arbeitsbereich rechtzeitig zu unterrichten. Dazu gehört insbesondere die Information über die aufgrund einer Planung von technischen Anlagen, von Arbeitsverfahren und

856 BAG 20.11.2001 – 1 AZR 97/01, NZA 2002, 992; BAG 26.10.2004 – 1 AZR 493/03, NZA 2005, 237 mwN; krit. Löwisch/Kaiser/*Löwisch* § 113 Rn. 12f.

857 BAG 30.5.2006 – 1 AZR 25/05, NZA 2006, 1122; BAG 14.4.2015 – 1 AZR 794/13, NZA 2015, 1147.

858 BAG 4.6.2003 – 10 AZR 586/02, NZA 2003, 1087.

859 LAG Berlin-Brandenburg 2.3.2012 – 13 Sa 2187/11, ZIP 2012, 1429.

860 BAG 14.4.2015 – 1 AZR 794/13, NZA 2015, 1147.

861 Ausführlicher Überblick zur Rechtsprechung bei GK/*Oetker* § 111 Rn. 269ff.

-abläufen oder von Arbeitsplätzen vorgesehenen Maßnahmen und ihre Auswirkungen auf seinen Arbeitsplatz, seine Arbeitsumgebung sowie auf den Inhalt und die Art seiner Tätigkeit. Die Vorschrift ist im Zusammenhang mit § 90 BetrVG zu sehen (→ Rn. 1446): Technische Veränderungen, die Auswirkungen auf die Gestaltung von Arbeitsplatz, Arbeitsablauf und Arbeitsumgebung haben können, sollen nicht nur mit dem Betriebsrat erörtert, sondern auch direkt den betroffenen Arbeitnehmern mitgeteilt werden, damit sich diese darauf einstellen können.

1583 Ist über die Planung entschieden und steht fest, dass sich durch ihre Verwirklichung die Tätigkeit des Arbeitnehmers ändern wird und seine bisherigen Kenntnisse und Fähigkeiten für sie nicht mehr ausreichen, hat der Arbeitgeber nach § 81 IV 2 BetrVG mit dem Arbeitnehmer zu erörtern, wie dessen berufliche Kenntnisse und Fähigkeiten den künftigen Anforderungen angepasst werden können. Diese Pflicht wird ergänzt durch das Mitbestimmungsrecht des Betriebsrats über Qualifizierungsmaßnahmen nach § 97 II BetrVG (→ Rn. 1465).

b) Anhörungs- und Vorschlagsrechte

1584 Gem. § 82 BetrVG hat der Arbeitnehmer das Recht, in Angelegenheiten, die seine Person betreffen, von der zuständigen Person gehört zu werden, Stellung zu nehmen und Vorschläge zu machen. Ebenso kann er verlangen, dass ihm die Berechnung und Zusammensetzung seines Arbeitsentgelts erläutert und dass mit ihm die Beurteilung seiner Leistung sowie die Möglichkeit seiner beruflichen Entwicklung im Betrieb erörtert werden. Der Arbeitnehmer kann dabei ein Mitglied des Betriebsrats hinzuziehen.

1585 § 86 a BetrVG gibt dem einzelnen Arbeitnehmer auch ein **Vorschlagsrecht** gegenüber dem Betriebsrat. Wird ein solcher Vorschlag von mindestens fünf vom Hundert der Arbeitnehmer unterstützt, muss ihn der Betriebsrat binnen zwei Wochen auf die Tagesordnung einer Betriebsratssitzung setzen.

c) Recht auf Einsichtnahme in die Personalakten und Berichtigungsanspruch

1586 Nach § 83 BetrVG kann der Arbeitnehmer in die über ihn geführten Personalakten **Einsicht** nehmen und den Personalakten Erklärungen beifügen. Auch hierfür kann er die Hilfe eines Betriebsratsmitglieds in Anspruch nehmen.

> In **Fall 99** kann A also die Personalakten einsehen und ihnen eigene Erklärungen beifügen. Zudem kann er sich Notizen machen. Die Teilnahme der Rechtsanwältin R an der Einsichtnahme kann A aber jedenfalls dann nicht verlangen, wenn der Arbeitgeber ihm erlaubt, Kopien der in der Personalakte befindlichen Schriftstücke zu fertigen.[862]

1587 Ein Anspruch auf **Berichtigung** der Personalakten ergibt sich aus § 83 BetrVG nicht. Er kann aber gem. § 242 BGB als Nebenpflicht aus dem Arbeitsvertrag folgen.[863] Insbesondere besteht ein Anspruch darauf, dass Leistungsbeurteilungen, die in tatsächlicher Hinsicht unrichtig sind oder unhaltbare Bewertungen enthalten, berichtigt oder aus den Personalakten entfernt werden.[864] Auch wenn der Arbeitnehmer zu Unrecht

---

862 BAG 12.7.2016 – 9 AZR 791/14, NZA 2016, 1344.

863 Teilweise wird der Anspruch auch auf § 241 II BGB gestützt. Dies ist freilich nur dann möglich, wenn man darin eine Grundlage für klagbare Ansprüche erblickt; so etwa AR/*Löwisch* BGB § 241 Rn. 3; allgemein zur Klagbarkeit von Rücksichtspflichten Staudinger/*Olzen*, 2015, § 241 Rn. 554 ff.

864 BAG 27.11.1985 – 5 AZR 101/84, NZA 1986, 227; BAG 18.11.2008 – 9 AZR 865/07, NZA 2009, 206.

wegen eines angeblich vertragswidrigen Verhaltens abgemahnt und hierüber ein Vermerk zu den Personalakten genommen worden ist, kann die Entfernung dieses Vermerks verlangt werden.[865] Liegt hingegen tatsächlich eine Verletzung einzelvertraglicher Pflichten vor, so besteht kein Anspruch auf Entfernung eines entsprechenden Eintrags. Die Entfernung einer wahren Sachverhaltsdarstellung kann nur verlangt werden, wenn das gerügte Verhalten für das Arbeitsverhältnis in jeder Hinsicht bedeutungslos geworden ist.[866]

d) Beschwerderecht

§ 84 BetrVG sieht ein Beschwerderecht des Arbeitnehmers gegenüber betrieblichen 1588
Stellen vor. Zudem regelt § 85 BetrVG ein Beschwerderecht gegenüber dem **Betriebsrat.** Richtet der Arbeitnehmer eine Beschwerde an den Betriebsrat, so kann bei Meinungsverschiedenheiten zwischen Betriebsrat und Arbeitgeber über die Berechtigung der Beschwerde Ersterer die Einigungsstelle anrufen, deren Spruch die Einigung zwischen Arbeitgeber und Betriebsrat ersetzt, soweit Gegenstand der Beschwerde keine Rechtsfrage ist.

§ 84 BetrVG wird für den Bereich der Benachteiligungen im Sinne des AGG durch § 13 AGG ergänzt. Nach dieser Vorschrift haben die Beschäftigten das Recht, sich bei den zuständigen Stellen des Betriebs und des Unternehmens zu beschweren, wenn sie sich vom Arbeitgeber, vom Vorgesetzten, anderen Beschäftigten oder Dritten wegen eines in § 1 AGG genannten Grundes benachteiligt fühlen. Unabhängig davon kann sich der Arbeitnehmer auch in einem solchen Fall gem. § 85 BetrVG beim Betriebsrat beschweren.

2. Recht auf Gleichbehandlung und Schutz der Persönlichkeit

§ 75 BetrVG verpflichtet Arbeitgeber und Betriebsrat zur Wahrung des Gleichbehand- 1589
lungsgrundsatzes und des Rechts des Arbeitnehmers auf die freie Entfaltung der Persönlichkeit auch im Betrieb (→ Rn. 148 ff.).

XI. Tendenzbetriebe

1. Zweck des Tendenzschutzes

Es gibt Unternehmen und Betriebe, die sich nicht auf eine erwerbswirtschaftliche 1590
Zwecksetzung beschränken, sondern bei denen die Verwirklichung von Zwecken im Vordergrund steht, die **durch das Grundgesetz besonders geschützt** sind, zB Presseunternehmen. Die von den Beteiligungsrechten des Betriebsrats ausgehende Beschränkung der Unternehmerfreiheit kann bei ihnen nicht ohne Weiteres hingenommen werden, sondern bedarf der Eingrenzung nach dem verfassungsrechtlichen Prinzip der Verhältnismäßigkeit.[867] Dem dient der in § 118 I BetrVG geregelte Tendenzschutz.

2. Kreis der Tendenzbetriebe

Tendenzschutz genießen nach § 118 I 1 Nr. 1 BetrVG Unternehmen und Betriebe mit 1591
politischer, koalitionspolitischer, konfessioneller, karitativer, erzieherischer, wissenschaftlicher oder künstlerischer Bestimmung. Beispiele sind die Parteien und die mit ihnen verbundenen Organisationen, etwa ihre Stiftungen, weiter Gewerkschaften und

865 BAG 5.8.1992 – 5 AZR 531/91, NZA 1993, 838.
866 BAG 19.7.2012 – 2 AZR 782/11, NZA 2013, 91.
867 BVerfG 6.11.1979 – 1 BvR 81/76, BVerfGE 52, 283 = AP BetrVG 1972 § 118 Nr. 14.

Arbeitgeberverbände mit ihren Bildungs- und Schulungseinrichtungen, Jugendverbände der Kirchen, die Betriebe des Roten Kreuzes und der Wohlfahrtsverbände, Privatschulen und private Kindergärten, private Forschungseinrichtungen wie die Max-Planck-Gesellschaft oder die Fraunhofer-Gesellschaft, Theater, Orchester, Musikverlage und -produzenten.[868]

1592 Nach § 118 I 1 Nr. 2 BetrVG gehören zu den Tendenzunternehmen und -betrieben auch die, die Zwecken der **Berichterstattung und Meinungsäußerung** dienen, also Zeitungs- und Buchverlage sowie private Rundfunk- und Fernsehanstalten.

1593 Die Aufzählung in § 118 I 1 Nr. 1 und 2 ist BetrVG **abschließend.** Deshalb können zB Sportverbände keinen Tendenzschutz in Anspruch nehmen.[869]

1594 Der Tendenzschutz setzt voraus, dass Betrieb oder Unternehmen der geschützten Tendenz unmittelbar und überwiegend dienen. Mit **unmittelbar** ist gemeint, dass der Unternehmenszweck selbst auf die Tendenz ausgerichtet sein muss. Die Arbeitnehmer des Betriebs bzw. des Unternehmens müssen »direkt die Tendenz erarbeiten und damit beeinflussen können«.[870] Damit genießen zB im Bereich der **Medien** Tendenzschutz lediglich die Verlage und ihnen vergleichbare Unternehmen und Betriebe, nicht aber Unternehmen und Betriebe der Herstellung (Druckereien, Tonträgerhersteller) und des Vertriebs (Zeitschriften-, Buch-, Tonträgerhandel). Voraussetzung einer **karitativen Tätigkeit** von Unternehmen ist, dass diese fremdnützig und ohne Absicht der Gewinnerzielung erfolgt.[871] Dabei kommt es auf das Unternehmen selbst und nicht auf die Frage an, ob dieses einer Verbandsorganisation angehört, auf welche die Tendenzträgereigenschaft zutrifft. Diese folgt nicht ohne Weiteres aus der steuerlichen Anerkennung der Gemeinnützigkeit.[872]

1595 Mit dem Merkmal **»überwiegend«** wird dem Umstand Rechnung getragen, dass sowohl auf der betrieblichen als auch auf der Unternehmensebene tendenzgeschützte und nicht tendenzgeschützte Unternehmenszwecke nebeneinander verwirklicht werden können (sog. Mischbetriebe und Mischunternehmen). Hier soll nach dem Übergewicht der Zwecke entschieden werden, ob § 118 BetrVG Anwendung findet oder nicht.

Was den Pressebereich angeht, so hindert der Umstand, dass ein Verlagsbetrieb gleichzeitig eine Druckabteilung hat, in der die verlegten Werke gedruckt werden, nicht den Tendenzcharakter, und zwar auch dann nicht, wenn in der Druckabteilung gleichzeitig Fremdaufträge erledigt werden. Erst dann, wenn Letztere ein solches Gewicht erlangen, dass man dem Gesamtgepräge nach nicht mehr nur von einem Verlagsbetrieb mit Druckerei, sondern ebenso von einem Druckereibetrieb mit Verlag sprechen kann, scheidet der Tendenzcharakter aus.[873]

3. Einschränkung des BetrVG in wirtschaftlichen Angelegenheiten

1596 Nach § 118 I 2 BetrVG sind die §§ 106–110 BetrVG auf Tendenzunternehmen nicht anzuwenden. Hier ist also weder ein Wirtschaftsausschuss zu bilden noch eine Unterrichtung der Arbeitnehmer gem. § 110 BetrVG vorzunehmen. Entscheidend ist die Bestimmung oder der Zweck des Unternehmens, weil der Wirtschaftsausschuss an das

868 Zu den einzelnen Tendenzen Löwisch/Kaiser/*Kaiser* § 118 Rn. 5ff.
869 BAG 23.3.1999 – 1 ABR 28/98, NZA 1999, 1347.
870 BAG 31.10.1975 – 1 ABR 64/74, AP BetrVG 1972 § 118 Nr. 3.
871 BAG 14.9.2010 – 1 ABR 29/09, NZA 2011, 225.
872 BAG 22.5.2012 – 1 ABR 7/11, NZA-RR 2013, 78; nicht beanstandet von BVerfG 30.4.2015 (3. Kammer des Ersten Senats) – 1 BvR 2274/12, NZA 2015, 820.
873 BAG 9.12.1975 – 1 ABR 37/74, AP BetrVG 1972 § 118 Nr. 7.

Unternehmen als die übergeordnete wirtschaftliche Einheit und nicht an den Betrieb als die technisch-organisatorische Einheit anknüpft.[874]

Die §§ 111–113 BetrVG sind in Tendenzbetrieben nur insoweit anzuwenden, als sie den Ausgleich oder die Milderung wirtschaftlicher Nachteile für die Arbeitnehmer infolge von Betriebsänderungen regeln. Im Einzelnen bedeutet das: Die Pflicht, den Betriebsrat über geplante Betriebsänderungen zu unterrichten und mit ihm zu beraten (§ 111 S. 1 BetrVG), besteht auch hier. Die Beratung erstreckt sich dabei nur auf die mit der Betriebsänderung verbundenen **sozialen Auswirkungen,** nicht auf die Betriebsänderung selbst. § 112 BetrVG gilt nur insoweit, wie er sich mit dem Zustandekommen eines Sozialplans beschäftigt. Dagegen findet er keine Anwendung, soweit er den Interessenausgleich betrifft. Diesen braucht der Unternehmer in Tendenzbetrieben nicht zu versuchen. § 113 BetrVG ist nur anwendbar, soweit es darum geht, dass der Unternehmer den Betriebsrat nicht über Umstände unterrichtet hat, die für einen im Zusammenhang mit der Betriebsänderung notwendig werdenden Sozialplan relevant sind.[875] 1597

4. Eingeschränkte Anwendung der übrigen Vorschriften des BetrVG

Fall 100: Die Privatschule X mit angeschlossenem Internat will ihren Betrieb auf Ganztagsunterricht umstellen. Zu diesem Zweck ändert sie die Dienstpläne der Lehrer dahin, dass diese nicht mehr so wie bisher nur vormittags, sondern auch nachmittags Unterricht zu geben und die Schüler zu betreuen haben. Der Betriebsrat ist der Auffassung, ihm stehe dabei ein Mitbestimmungsrecht zu.

Soweit nicht die wirtschaftlichen Angelegenheiten betroffen sind, findet das BetrVG auch in Tendenzbetrieben und -unternehmen grundsätzlich Anwendung. Eine Ausnahme gilt nach § 118 I 1 BetrVG nur, soweit die Eigenart des Unternehmens oder des Betriebs der Anwendung entgegensteht. 1598

In **sozialen Angelegenheiten** sind die Mitbestimmungsrechte regelmäßig nicht eingeschränkt. Bei der Regelung der dort genannten betrieblichen Fragen geht es normalerweise im Tendenzbetrieb um das gleiche Interesse des Arbeitgebers an einem reibungslosen Betriebsablauf wie in jedem anderen Betrieb. Der Tendenzcharakter des Betriebs spielt insoweit keine Rolle. Nur wo tendenzbedingte Gründe für die Regelung einer Angelegenheit des § 87 I BetrVG den Ausschlag geben, entfällt die Mitbestimmung. Etwa ist § 87 I Nr. 1 BetrVG nicht anwendbar, wenn eine Wirtschaftszeitung »Ethikregeln« einführt, die für ihre Redakteure den Besitz von Wertpapieren oder die Ausübung von Nebentätigkeiten mit dem Ziel einschränken, die Unabhängigkeit der Berichterstattung zu gewährleisten.[876] 1599

Auch in **Fall 100** besteht hinsichtlich der Heranziehung der Lehrer an den Nachmittagen kein Mitbestimmungsrecht. Ob eine Schule als Ganztagsschule betrieben wird, ist eine unmittelbar auf die Erziehung gerichtete Entscheidung des Schulträgers, die von der Mitbestimmung des Betriebsrats frei bleiben muss.[877] Lediglich die Einzelheiten der Dienstpläne, nach denen die Lehrer nachmittags herangezogen werden, unterliegen dann wieder der Mitbestimmung.[878]

874 BAG 22.7.2014 – 1 ABR 93/12, NZA 2014, 1417.
875 BAG 18.11.2003 – 1 AZR 637/02, NZA 2004, 741.
876 BAG 28.5.2002 – 1 ABR 32/01, NZA 2003, 166.
877 BAG 13.1.1987 – 1 ABR 49/85, AP BetrVG 1972 § 118 Nr. 33.
878 Vgl. für die Dienstpläne eines Dialysezentrums BAG 18.4.1989 – 1 ABR 2/88, NZA 1989, 807; für die Arbeitszeit von Redakteuren BAG 30.1.1990 – 1 ABR 101/88, NZA 1990, 693.

1600 In **personellen Angelegenheiten** kommt eine Einschränkung der Beteiligungsrechte nur hinsichtlich solcher Arbeitnehmer in Betracht, die als sog. **Tendenzträger** unmittelbar an der Verwirklichung der geistig ideellen Zielsetzung des Unternehmens mitwirken und dabei die Möglichkeit haben, auf die Tendenzverwirklichung Einfluss zu nehmen.[879] Tendenzträger sind etwa die Redakteure von Tageszeitungen, nicht aber die dort beschäftigten Schreibkräfte und Druckereiarbeiter.

1601 Auch bei Tendenzträgern steht der Tendenzcharakter des Betriebs **Unterrichtungs- und Beratungsrechten** des Betriebsrats nicht entgegen. Deshalb sind die in den §§ 99ff. und § 102 BetrVG vorgesehenen Unterrichtungen, Beratungen und Anhörungen vom Arbeitgeber auch dann vorzunehmen, wenn die geplante personelle Maßnahme einen Tendenzträger betrifft, und zwar auch dann, wenn sie aus tendenzbedingten Gründen erfolgt.[880]

1602 Hinsichtlich des Zustimmungsverweigerungsrechts nach § 99 II BetrVG, des Widerspruchsrechts nach § 102 III BetrVG und des Zustimmungsrechts nach § 103 BetrVG kommt es für die Frage, ob das jeweilige Recht bei einer einen Tendenzträger betreffenden Maßnahme ausgeübt werden kann oder nicht, darauf an, ob die Maßnahme aus tendenzbedingten Gründen erfolgt oder nicht. Nur im ersteren Falle steht der Tendenzcharakter des Betriebs der Ausübung des Mitbestimmungsrechts entgegen.[881]

Dabei spricht für die Tendenzbedingtheit der Einstellung oder Versetzung eines Tendenzträgers eine tatsächliche Vermutung. Es liegt auf der Hand, dass ein Orchestermusiker wegen seiner künstlerischen Fähigkeiten eingestellt wird. Hingegen ist die Mitbestimmung bei der Eingruppierung oder Umgruppierung eines Tendenzträgers als bloße Mitbeurteilung (→ Rn. 1474f.) regelmäßig neutral.
Was die Kündigung anbelangt, so kommen zwar in gleicher Weise tendenzbedingte wie nicht tendenzbedingte Gründe in Betracht. Allerdings wird bei personen- oder betriebsbedingter Kündigung, an die das Widerspruchsrecht des § 102 III BetrVG anknüpft, der Tendenzcharakter regelmäßig zu bejahen sein. Im ersten Fall geht es um die Fähigkeit des Tendenzträgers für seine tendenzbestimmte Arbeitsleistung, im zweiten Fall entweder um eine Einschränkung des Tendenzbetriebs oder um eine Auswahl zwischen mehreren für eine Kündigung in Betracht kommenden Tendenzträgern. Der Betriebsrat darf sich dann allein zu den nicht tendenzbezogenen Gründen äußern.[882]

XII. Europäischer Betriebsrat

1. Rechtsgrundlagen und Geltungsbereich

1603 Um eine Unterrichtung und Anhörung der Arbeitnehmer bei ihre Interessen berührenden Fragen in grenzüberschreitenden Unternehmen sicherzustellen, hat die EG die Richtlinie über Europäische Betriebsräte (sog. **EBR-Richtlinie,** RL 94/45/EG) erlassen. Die Regelung wurde auch von den Vertragsstaaten des Abkommens über den Europäischen Wirtschaftsraum, die der EU nicht angehören, nämlich von Norwegen, Island und Liechtenstein, übernommen. Die Richtlinie ist in Deutschland durch das **Gesetz über Europäische Betriebsräte** (EBRG) umgesetzt worden. Nach einer Neufassung der EBR-Richtlinie (RL 2009/38/EG) ist das Gesetz im Jahr 2011 an die neuen europarechtlichen Vorgaben angepasst worden.[883]

879 BAG 14.9.2010 – 1 ABR 29/09, NZA 2011, 225 mwN.
880 BAG 1.9.1987 – 1 ABR 23/86, NZA 1988, 97; BAG 31.1.1995 – 1 ABR 35/94, NZA 1995, 1059.
881 BAG 28.8.2003 – 2 ABR 48/02, NZA 2004, 501.
882 BAG 7.11.1975 – 1 AZR 282/74, AP BetrVG 1972 § 118 Nr. 4; BVerfG 6.11.1979 – 1 BvR 81/76, BVerfGE 52, 283 = AP BetrVG 1972 § 118 Nr. 14.
883 Hierzu *Franzen* EuZA 2010, 180ff.; zum neugefassten EBRG ausführlich HWK/*Giesen* EBRG Rn. 1–135.

Das Gesetz gilt nach § 3 EBRG für **Unternehmen und Unternehmensgruppen,** die mindestens 1000 Arbeitnehmer in den Mitgliedstaaten und davon jeweils mindestens 150 Arbeitnehmer in mindestens zwei Mitgliedstaaten beschäftigen. Ob das Unternehmen oder die Unternehmensgruppe ihren Sitz in einem Mitgliedstaat hat, ist nach § 2 EBRG nicht ausschlaggebend. Unternehmen und Unternehmensgruppen mit Sitz außerhalb eines Mitgliedstaates müssen für die Durchführung des Gesetzes einen Betrieb oder ein Unternehmen als Vertreter benennen. Sonst findet das Recht des Mitgliedstaates Anwendung, in dem die meisten Arbeitnehmer beschäftigt sind (§ 2 II EBRG). Praktisch muss also auch ein US-amerikanischer Konzern einen Europäischen Betriebsrat bilden, wenn er unter den Voraussetzungen des § 3 EBRG mehr als 1000 Arbeitnehmer in der EU beschäftigt. 1604

2. Ausgestaltung und Errichtung

Die Errichtung und Ausgestaltung eines Europäischen Betriebsrats soll möglichst im **Verhandlungsweg** festgelegt werden. Die Verhandlungen mit dem Unternehmen oder dem herrschenden Unternehmen der Unternehmensgruppe (zentrale Leitung) führt auf Arbeitnehmerseite das sog. besondere Verhandlungsgremium. Dessen Bildung und Zusammensetzung richtet sich nach den §§ 8ff. EBRG. Dabei müssen sich die Arbeitnehmervertreter im Vorfeld der Bildung dieses Gremiums oftmals zunächst Klarheit darüber verschaffen, ob ihr Unternehmen oder ihre Unternehmensgruppe »EBR-fähig«, also die Voraussetzung der »gemeinschaftsweiten Tätigkeit« iSv § 3 EBRG gegeben ist. Hierzu steht ihnen gem. § 5 EBRG ein **Auskunftsanspruch** gegenüber der zentralen Leitung zur Seite. Liegt die tatsächliche zentrale Leitung nicht in einem Mitgliedstaat und ist sie nicht dazu bereit, der im Inland gem. § 2 II EBRG fingierten zentralen Leitung die nötigen Informationen (zB Zahl der Mitarbeiter und ihre Verteilung auf die Mitgliedstaaten) zu geben, kann sich die fingierte zentrale Leitung hierauf nicht berufen.[884] Sie ist nach § 5 III EBRG vielmehr verpflichtet, die erforderlichen Informationen (§ 5 I EBRG) zu erheben und zur Verfügung zu stellen.[885] 1605

Ist das besondere Verhandlungsgremium einberufen, verhandelt es mit der Unternehmens- oder Konzernleitung über die konkrete Ausgestaltung, welche das Gesetz in erster Linie den Beteiligten überlässt. Ergebnis dieser Verhandlung kann entweder die **Vereinbarung eines grenzübergreifenden Unterrichtungs- und Anhörungsverfahrens** (§ 17 EBRG) oder die Errichtung eines Europäischen Betriebsrats sein, dessen Zusammensetzung, Verfahren und Mitwirkungsrechte frei vereinbart werden (sog. **Europäischer Betriebsrat kraft Vereinbarung,** § 18 EBRG). Nur wenn es zu keiner Vereinbarung kommt, weil Unternehmens- oder Konzernleitung die Aufnahme von Verhandlungen überhaupt verweigern oder weil man sich nicht einigen kann, ist ein Europäischer Betriebsrat nach den gesetzlichen Vorschriften der §§ 21ff. EBRG zu errichten (sog. **Europäischer Betriebsrat kraft Gesetzes**). Beschließt hingegen das besondere Verhandlungsgremium, nicht zu verhandeln oder die Verhandlungen abzubrechen, greift die Auffangregelung der §§ 21ff. EBRG nicht (§ 15 EBRG). Ein besonderes Verhandlungsgremium kann in diesem Fall grundsätzlich frühestens nach zwei Jahren erneut gebildet werden (§ 15 II EBRG). 1606

884 EuGH 13.1.2004 – Rs. C-440/00, Slg. 2004, I-787 = NZA 2004, 160 – Kühne & Nagel; BAG 29.6.2004 – 1 ABR 32/99, NZA 2005, 118.

885 Zum Anspruch auf Informationserhebung HWK/*Giesen* EBRG Rn. 29ff.

3. Mitwirkungsrechte

1607 Die Mitwirkungsrechte des Europäischen Betriebsrats bestehen in erster Linie in einer jährlichen Unterrichtung und Anhörung über Entwicklung und Perspektiven des gemeinschaftsweit tätigen Unternehmens oder Konzerns (§ 29 EBRG). Außerdem hat eine Unterrichtung über außergewöhnliche Umstände, insbesondere die Verlegung oder Stilllegung von Unternehmen, Betrieben oder wesentlichen Betriebsteilen und Massenentlassungen, zu erfolgen (§ 30 EBRG). Die Verletzung der Informationspflicht durch das Unternehmen oder den Konzern stellt eine Ordnungswidrigkeit dar (§ 45 EBRG). Ein Anspruch, die Durchführung der Maßnahme bis zur ordnungsgemäßen Unterrichtung und Anhörung zu unterlassen, steht dem Europäischen Betriebsrat nicht zu, da es an einer entsprechenden Rechtsgrundlage fehlt.[886] Auch besteht eine § 113 III BetrVG vergleichbare Vorschrift über einen Nachteilsausgleich (→ Rn. 1579 f.) nicht.

1608 Unabhängig von der Bildung eines europäischen Betriebsrats legt die Richtlinie 2002/14/EG einen allgemeinen Rahmen für die Information und Anhörung der Arbeitnehmer fest.[887]

XIII. Kontrollfragen

1609 **Frage 91:** Welche Bedeutung hat § 5 IV BetrVG für die Abgrenzung des leitenden Angestellten?
Frage 92: Welche Betriebe unterfallen dem BetrVG nicht?
Frage 93: Wie ist das Verhältnis von Betriebsrat und Betriebsversammlung?
Frage 94: Welche Auswirkungen hat der Übergang des Betriebs auf einen neuen Inhaber auf das Amt des Betriebsrats?
Frage 95: Inwieweit haben Betriebsräte Anspruch auf Arbeitsbefreiung unter Fortzahlung des Entgelts zur Teilnahme an Schulungs- und Bildungsveranstaltungen?
Frage 96: Was bezweckt das Verbot parteipolitischer Betätigung im Betrieb?
Frage 97: Welcher Rechtszustand tritt ein, wenn eine freiwillige Betriebsvereinbarung endet?
Frage 98: Wie kann sich der Betriebsrat gegen eine Verletzung seines Mitbestimmungsrechts in sozialen Angelegenheiten wehren?
Frage 99: Was bedeutet der Vorrang der gesetzlichen Regelung in § 87 I BetrVG?
Frage 100: Inwiefern hat das Mitbestimmungsrecht des § 87 I Nr. 3 BetrVG eine Doppelfunktion?
Frage 101: Was ist unter Einstellung im Sinne des § 99 BetrVG zu verstehen?
Frage 102: Erstreckt sich die Mitteilungspflicht des Arbeitgebers bei Kündigungen auch auf Fragen der Sozialauswahl?
Frage 103: Welche Wirkung hat der Widerspruch des Betriebsrats bei einer ordentlichen Kündigung?
Frage 104: Wann kann dem Wirtschaftsausschuss eine Information wegen Gefährdung von Betriebs- oder Geschäftsgeheimnissen verweigert werden?
Frage 105: Wann gilt der Personalabbau als Betriebsänderung gem. § 111 BetrVG?
Frage 106: Ergibt sich aus § 83 BetrVG ein Anspruch auf Berichtigung der Personalakten?
Frage 107: Inwiefern schränkt der Tendenzschutz die Beteiligungsrechte des Betriebsrats nach § 99 BetrVG ein?

886 LAG Köln 8.9.2011 – 13 Ta 267/11, ZIP 2011, 2121; LAG Baden-Württemberg 12.10.2015 – 9 TaBV 2/15, NZA-RR 2016, 358 (nicht rechtskräftig), anhängig beim BAG unter 1 ABR 9/16.
887 Dazu *Reichold* NZA 2003, 289 ff.

§ 27 Recht der Sprecherausschussverfassung

Literatur: *Bauer,* Sprecherausschussgesetz mit Wahlordnung und Erläuterungen, 2. Aufl. 1990; *Borgwardt/Fischer/Janert,* Sprecherausschussgesetz für leitende Angestellte, 2. Aufl. 1990; *Hromadka,* 20 Jahre Sprecherausschusswahlen, ZfA 2010, 711; *Hromadka/Sieg,* Sprecherausschussgesetz, 3. Aufl. 2014; MHdB ArbR/*Joost* §§ 233ff.; *Kaiser,* Sprecherausschüsse für leitende Angestellte, 1995; Schaub/*Koch,* §§ 247ff.; *Löwisch,* Taschenkommentar zum Sprecherausschussgesetz, 2. Aufl. 1994; *Oetker,* Grundprobleme bei der Anwendung des Sprecherausschussgesetzes, ZfA 1990, 43; *Sieg,* Leiten ohne zu leiden – Das Sprecherausschussgesetz in der betrieblichen Praxis, FS Richardi, 2007, 777; *Sieg,* Trennen ohne zu leiden – Plädoyer für ein faires Trennungsmanagement bei Leitenden Angestellten, FS Etzel, 2011, 361; NK-GA/*von Steinau-Steinrück* SprAuG.

I. Einrichtung von Sprecherausschüssen

Wie oben (→ Rn. 1216ff.) ausgeführt, nimmt das Betriebsverfassungsgesetz in § 5 III BetrVG die **leitenden Angestellten** aus seinem Anwendungsbereich aus. Für diese große Gruppe von Arbeitnehmern – insgesamt dürfte es um etwa 300.000 Personen gehen – besteht in Gestalt der Sprecherausschüsse eine eigene gesetzliche Interessenvertretung. 1610

Wie das Betriebsverfassungsgesetz knüpft das Sprecherausschussgesetz organisatorisch an den **Betrieb** an. Nach § 1 I SprAuG werden in Betrieben mit in der Regel mindestens zehn leitenden Angestellten Sprecherausschüsse gewählt. 1611

§ 20 SprAuG sieht die Möglichkeit vor, in Unternehmen mit mehreren Betrieben als einziges Organ einen **Unternehmenssprecherausschuss** zu errichten. Die Vorschrift hat eine dreifache Funktion. Einmal ermöglicht sie die Errichtung eines Sprecherausschusses, wo Betriebssprecherausschüsse nicht errichtet werden können, weil ein Betrieb mit mindestens zehn leitenden Angestellten nicht vorhanden ist. Zweitens erlaubt sie aus Praktikabilitätsgründen auf die an sich mögliche Errichtung mehrerer Betriebssprecherausschüsse und damit verbunden eines Gesamtsprecherausschusses zugunsten eines Unternehmenssprecherausschusses zu verzichten. Schließlich macht sie die Sprecherausschussverfassung von betrieblichen Umstrukturierungen durch den Arbeitgeber unabhängig. 1612

§ 20 SprAuG ist zum Vorbild für die Regelung des § 3 I Nr. 1 lit. a BetrVG geworden, der – freilich unter engeren Voraussetzungen – die Bildung eines unternehmenseinheitlichen Betriebsrats ermöglicht (→ Rn. 1210).

II. Mitwirkungsrechte des Sprecherausschusses

Fall 101: A, Leiter einer Betriebsabteilung von 50 Beschäftigten, war bei den letzten Wahlen zum Betriebsrat und zum Sprecherausschuss den leitenden Angestellten zugeordnet und anschließend als Mitglied in den Sprecherausschuss gewählt worden. Ihm soll im Zuge von Rationalisierungsmaßnahmen gekündigt werden. Die Firmenleitung teilt das dem Sprecherausschuss mit. Dieser erhebt Bedenken gegen die Kündigung, weil A Sprecherausschussmitglied ist. Die Firmenleitung kündigt trotzdem. Nun macht A geltend, er sei gar kein leitender Angestellter, deshalb sei die Kündigung wegen fehlender Anhörung des Betriebsrats unwirksam.

Anders als das Betriebsverfassungsgesetz dem Betriebsrat räumt das Sprecherausschussgesetz dem Sprecherausschuss **keine Mitbestimmungsrechte** ein. Es beschränkt 1613 ihn streng auf die Information durch den Arbeitgeber und die Beratung mit diesem. Die Informations- und Beratungsrechte sind aber umfassend. Werden sie von den Sprecherausschüssen ausgeschöpft und auf der anderen Seite vom Arbeitgeber in der vom Gesetzgeber erwarteten Weise respektiert, gewinnen die Sprecherausschüsse beträchtlichen Einfluss auf die Regelung der Angelegenheiten der leitenden Angestellten.

1614 Nach § 2 I 1 SprAuG haben Arbeitgeber und Sprecherausschuss vertrauensvoll zusammenzuarbeiten. Im **Verhältnis von Sprecherausschuss und Betriebsrat** verordnet das Gesetz keine Zusammenarbeit, ermöglicht sie aber. Nach § 2 II 1 und 2 SprAuG können Betriebsrat und Sprecherausschuss wechselseitig die Teilnahme von Mitgliedern des jeweils anderen Gremiums an ihren Sitzungen zulassen. Nach § 2 II 3 SprAuG soll einmal im Kalenderjahr eine gemeinsame Sitzung von Betriebsrat und Sprecherausschuss stattfinden.

1615 Nach § 2 I 2 SprAuG muss der Arbeitgeber den Sprecherausschuss **anhören,** bevor er eine Betriebsvereinbarung abschließt, die die Interessen der leitenden Angestellten berührt. Davon lässt sich einmal dann sprechen, wenn eine betriebseinheitliche Regelung der Angelegenheit zwingend ist, wie das etwa für die Regelung der Lage der Arbeitszeit, Urlaubsfragen wie die Festlegung von Werksferien oder Maßnahmen der Unfallverhütung zutrifft. Zum anderen gehören hierher gemeinsame Einrichtungen für leitende Angestellte und andere Arbeitnehmer, etwa eine einheitliche betriebliche Altersversorgung.

1616 Obwohl das Sprecherausschussgesetz den Sprecherausschüssen keine Mitbestimmungsrechte einräumt, sieht § 28 SprAuG die Möglichkeit vor, durch **Richtlinien** die Angelegenheiten der leitenden Angestellten zwischen Arbeitgeber und Sprecherausschuss einverständlich zu regeln.[888] Die Vorschrift ist § 88 BetrVG vergleichbar, nach dem Arbeitgeber und Betriebsrat durch freiwillige Betriebsvereinbarung soziale Angelegenheiten der Arbeitnehmer des Betriebs regeln können (→ Rn. 1448f.). Unmittelbare und zwingende Wirkung kommt einer solchen Richtlinie nur zu, soweit dies zwischen Arbeitgeber und Sprecherausschuss vereinbart ist (§ 28 II SprAuG). Der gemeinsame Wille dazu muss sich aus der Vereinbarung eindeutig ergeben.[889] Die Auslegung einer solchen unmittelbar und zwingend wirkenden Richtlinie erfolgt nach denselben Grundsätzen wie die Auslegung einer Betriebsvereinbarung[890] (→ Rn. 1345).

1617 § 30 SprAuG verpflichtet den Arbeitgeber bei **Änderungen** der Gehaltsgestaltung und sonstiger allgemeiner **Arbeitsbedingungen** sowie der Einführung und Änderung allgemeiner Beurteilungsgrundsätze, die die leitenden Angestellten betreffen, den Sprecherausschuss rechtzeitig zu unterrichten und die vorgesehene Maßnahme mit ihm zu beraten.

1618 Nach § 31 I SprAuG hat der Arbeitgeber dem Sprecherausschuss beabsichtigte **Einstellungen oder personelle Veränderungen** leitender Angestellter rechtzeitig mitzuteilen. Der Sprecherausschuss soll dadurch einmal in den Stand versetzt werden, den betroffenen leitenden Angestellten bei der Wahrnehmung seiner Belange gegenüber dem Arbeitgeber zu unterstützen. Zugleich soll er die von einer solchen Maßnahme berührten Interessen der übrigen leitenden Angestellten zur Geltung bringen können.

888 Beispiel für eine solche »Rahmenvereinbarung« bei *Sieg,* FS Etzel, 2011, 361 (377ff.).
889 BAG 10.2.2009 – 1 AZR 767/07, NZA 2009, 970.
890 BAG 17.1.2012 – 3 AZR 135/10, AP BetrAVG § 1 Auslegung Nr. 30.

Dementsprechend ist unter Einstellung nicht nur die Übertragung der Position eines leitenden Angestellten an einen externen Bewerber zu verstehen, sondern auch die Beförderung eines internen Bewerbers zum leitenden Angestellten. Denn diese berührt auch die Interessen der übrigen leitenden Angestellten, deren Vertretung Aufgabe des Sprecherausschusses ist.[891] Der Umfang der Mitteilungspflicht ist der gleiche wie der der Unterrichtungspflicht des Arbeitgebers gegenüber dem Betriebsrat nach § 99 BetrVG (→ Rn. 1477f.). Ergänzt wird § 31 I SprAuG durch § 105 BetrVG, der eine entsprechende Mitteilungspflicht gegenüber dem Betriebsrat vorsieht (→ Rn. 1224).

Parallel zu § 102 I BetrVG sieht § 31 II SprAuG ein **Anhörungsrecht** des Sprecheraus- 1619
schusses **bei der Kündigung** von leitenden Angestellten vor. So wie der Arbeitgeber vor der Kündigung eines sonstigen Arbeitnehmers den Betriebsrat anhören muss, muss er vor der Kündigung eines leitenden Angestellten den Sprecherausschuss unterrichten. Eine Kündigung darf er erst aussprechen, wenn sich der Sprecherausschuss zu der Kündigungsabsicht geäußert oder eine Äußerungsfrist von einer Woche bei der ordentlichen Kündigung und von drei Tagen bei der außerordentlichen Kündigung hat verstreichen lassen, ohne sich zu äußern.

Eine Kündigung, die ohne Anhörung des Sprecherausschusses erfolgt ist, ist stets **un-** 1620
wirksam (§ 31 II 3 SprAuG). Auch dieser Unwirksamkeitsgrund muss nach § 4 KSchG innerhalb der Drei-Wochen-Klagefrist geltend gemacht werden.

> In **Fall 101** ist der Einwand des Sprecherausschusses unbeachtlich. Anders als Betriebsratsmitglieder (→ Rn. 1318ff.) genießen Sprecherausschussmitglieder keinen besonderen Kündigungsschutz. Hingegen führt das Vorbringen von A, sollte es zutreffen, tatsächlich zur Unwirksamkeit der Kündigung. War A nicht leitender Angestellter, musste zu seiner Kündigung gem. § 102 I BetrVG der Betriebsrat angehört werden. Die Zuordnung bei der Wahl ändert daran nichts, weil sie nur für die Wahl von Bedeutung ist (→ Rn. 1223). Man sieht: Der Arbeitgeber ist gut beraten, wenn er in Zweifelsfällen der Zuordnung bei Kündigungen sowohl den Sprecherausschuss als auch den Betriebsrat anhört.

§ 32 I 1 SprAuG verpflichtet den Unternehmer zu umfassender Unterrichtung des 1621
Sprecherausschusses über die **wirtschaftlichen Angelegenheiten** des Betriebs und des Unternehmens. Für den Umfang der Unterrichtungspflicht knüpft die Vorschrift an den Begriff der wirtschaftlichen Angelegenheiten iSd § 106 III BetrVG an. Dabei findet die Unterrichtung – nicht anders als die des Wirtschaftsausschusses (→ Rn. 1533ff.) – ihre Grenze an der Gefährdung der Betriebs- und Geschäftsgeheimnisse des Unternehmens.

Nach dem Vorbild von § 111 BetrVG verpflichtet § 32 II SprAuG den Unternehmer, 1622
den Sprecherausschuss von geplanten **Betriebsänderungen,** die wesentliche Nachteile für leitende Angestellte zur Folge haben können, zu unterrichten. Entstehen leitenden Angestellten infolge der geplanten Betriebsänderung tatsächlich wirtschaftliche Nachteile, verpflichtet § 32 II 2 SprAuG den Unternehmer, mit dem Sprecherausschuss Maßnahmen über den Ausgleich oder die Milderung dieser Nachteile zu beraten. Diese Beratung kann gem. § 28 SprAuG (→ Rn. 1616) in den Abschluss eines Sozialplans münden.[892]

891 *Löwisch* SprAuG § 31 Rn. 3; *Hromadka/Sieg* SprAuG § 31 Rn. 4.
892 Vgl. dazu BAG 10.2.2009 – 1 AZR 767/07, NZA 2009, 970.

III. Kontrollfragen

1623 **Frage 108:** Warum sieht das Sprecherausschussgesetz die Möglichkeit der Bildung von Unternehmenssprecherausschüssen vor?

Frage 109: Welchem Instrument des Betriebsverfassungsrechts ist die Vereinbarung von Richtlinien nach § 28 II SprAuG vergleichbar?

§ 28 Personalvertretungsrecht

Literatur: *Altvater/Baden/Berg/Kröll/Noll/Seulen,* Bundespersonalvertretungsgesetz, 9. Aufl. 2016; MHdB ArbR/*Germelmann* §§ 276f.; *Ilbertz/Widmaier/Sommer,* Bundespersonalvertretungsgesetz, 13. Aufl. 2015; *Richardi/Dörner/Weber,* Personalvertretungsrecht: Bundespersonalvertretungsgesetz mit Erläuterungen zu den Personalvertretungsgesetzen der Länder, 4. Aufl. 2012; *Lorenzen/Etzel/Gerhold,* Bundespersonalvertretungsgesetz, Loseblatt, Stand 10/2016 (enthält auch Kommentierungen der Landespersonalvertretungsgesetze); *Müller/Preis,* Arbeitsrecht im öffentlichen Dienst, 7. Aufl. 2009.

I. Regelungsbereich des Personalvertretungsrechts

1624 Das BetrVG beschränkt sich auf die Regelung der Vertretungen der Arbeitnehmer in den Betrieben der privaten Wirtschaft (→ Rn. 1225ff.). Demgegenüber ist die **Vertretung der Bediensteten in den Verwaltungen** und Eigenbetrieben des Bundes, der Länder, der Gemeinden und der übrigen Körperschaften und Anstalten des öffentlichen Rechts sowie in den Gerichten in den Personalvertretungsgesetzen geregelt. Diese erfassen nicht nur die Arbeitnehmer des öffentlichen Dienstes, sondern auch die Beamten. Lediglich für die Richter sind in den Richtergesetzen eigene Vertretungen vorgesehen.

1625 Während das Betriebsverfassungsrecht nach Art. 74 Nr. 12 GG zur konkurrierenden Gesetzgebung des Bundes gehört, hat der Bund nur für das Personalvertretungsrecht des Bundesdienstes die (ausschließliche) **Gesetzgebungskompetenz** (Art. 73 Nr. 8 GG). Dementsprechend enthält das BPersVG in seinem ersten Teil (§§ 1–93 BPersVG) eine abschließende Regelung der Personalvertretungen im Bundesdienst. Die früher für den öffentlichen Dienst der Länder, Gemeinden und anderen Körperschaften des öffentlichen Rechts bestehende Kompetenz zur Rahmengesetzgebung besteht seit der Aufhebung des Art. 75 GG durch die Föderalismusreform des Jahres 2006 nicht mehr. Nach Art. 125a I GG in der Fassung der Föderalismusreform gelten die in den §§ 94–106 BPersVG getroffenen Rahmenvorschriften für die Landesgesetzgebung auf dem Gebiet des Personalvertretungsrechts aber fort, solange sie nicht durch Landesrecht ersetzt werden. Änderungen durch Bundesgesetz sind nicht mehr möglich. Unabhängig davon gelten die in den §§ 107–109 BPersVG enthaltenen Schutzvorschriften weiter, weil sie sich auf andere Kompetenzzuweisungen des Grundgesetzes an den Bund stützen können. Die Länder haben eigene Landespersonalvertretungsgesetze erlassen, die weitgehend den für den Bundesdienst geltenden Vorschriften des BPersVG gleichen. Diese werden deshalb auch der folgenden Darstellung zugrunde gelegt.

1626 Anders als das Betriebsverfassungsrecht gehört das Personalvertretungsrecht zum **öffentlichen Recht.** Dementsprechend sind für die Entscheidung von Rechtsstreitigkeiten aus dem Personalvertretungsrecht nicht die Gerichte für Arbeitssachen, sondern die Verwaltungsgerichte zuständig (§ 106 BPersVG).

II. Organisation der Personalvertretungen

1. Bildung von Personalvertretungen bei den Dienststellen

1627 Die Personalvertretungen werden bei den **Dienststellen,** also den einzelnen Behörden, Verwaltungsstellen und Betrieben des Bundes, der Länder, der Gemeinden und der übrigen Körperschaften, Anstalten und Stiftungen des öffentlichen Rechts sowie den Gerichten gebildet (§ 6 I BPersVG).

1628 Bei **gemeinsamen Dienststellen** des Bundes und der Länder, wie etwa den Oberfinanzdirektionen, werden getrennte Personalvertretungen für die Bediensteten des Bundes und für die Bediensteten des betreffenden Landes gebildet.

2. Stufenvertretungen

1629 Eine Besonderheit des Personalvertretungsrechts sind die **Stufenvertretungen** (§§ 53ff. BPersVG). Dem hierarchischen Aufbau der Staatsverwaltung folgend erhalten die Bediensteten nicht nur eine Personalvertretung bei der Dienststelle, bei der sie tätig sind (Personalrat), sondern weitere bei den Behörden, die ihrer Dienststelle vorgesetzt sind (Bezirkspersonalrat) sowie bei ihrer obersten Dienstbehörde (Hauptpersonalrat). Dementsprechend besteht dann bei den Ministerien als den obersten Dienstbehörden einmal ein Personalrat für die dort tätigen Bediensteten und zum anderen ein Hauptpersonalrat für alle Bediensteten, die bei dem Ministerium und den ihm nachgeordneten Dienststellen tätig sind. Auch die Mitglieder der Bezirkspersonalräte und der Hauptpersonalräte werden durch Wahl der Bediensteten bestimmt, für die sie zuständig sind.

1630 Die Stufenvertretungen entfalten ihre **Funktion** im Rahmen der Mitwirkung und Mitbestimmung. Entsteht zwischen dem Leiter der Dienststelle und dem Personalrat eine Meinungsverschiedenheit, ist diese zunächst der vorgesetzten Dienststelle und dem Bezirkspersonalrat, und wenn es dort nicht zu einer Einigung kommt, der obersten Dienstbehörde und dem Hauptpersonalrat vorzulegen. Erst wenn auch dort keine Einigung erzielt wird, tritt der Konfliktlösungsmechanismus über die Einigungsstelle in Aktion.

1631 **Keine Stufenvertretungen** bestehen für die Gemeinden und anderen Körperschaften und Anstalten des öffentlichen Rechts, da diese nicht in die Staatsverwaltung eingegliedert sind. Meinungsverschiedenheiten sind dort direkt zwischen dem Personalrat und dem obersten Organ der Gemeinde bzw. Körperschaft oder Anstalt auszutragen (vgl. etwa Art. 70 IV 2 BayPVG und § 89 LPVG BW).

3. Wahl und Zusammensetzung der Personalräte

1632 Die Personalräte werden ebenso wie Betriebsräte auf die Dauer von vier Jahren gewählt (§ 26 BPersVG). Wahlberechtigt sind alle Beschäftigten der Dienststelle, auch der Dienststellenleiter. Dieser, sein Vertreter und die Beschäftigten, die zur selbstständigen Entscheidung in Personalangelegenheiten der Dienststelle befugt sind, sind lediglich von der Wählbarkeit ausgeschlossen (§ 14 III BPersVG).

1633 Die Wahl erfolgt **getrennt für die Gruppen der Beamten und der Arbeitnehmer** (§§ 5, 17 BPersVG). Die Differenzierung in diese zwei Gruppen setzt sich auch in der Personalratsarbeit fort. Angelegenheiten, die lediglich die Angehörigen einer Gruppe betreffen, werden zwar gemeinsam im Personalrat beraten, an der Beschlussfassung nehmen aber nur die Vertreter der betreffenden Gruppe teil (§ 38 BPersVG, dessen Abs. 3 nach der Zusammenfassung von Arbeitern und Angestellten zu einer Gruppe überflüssig ist).

4. Rechtsstellung der Personalratsmitglieder

1634 Die Rechtsstellung der Personalratsmitglieder ist ähnlich geregelt wie die der Betriebsratsmitglieder. Auch sie führen ihr Amt unentgeltlich als **Ehrenamt** und haben Anspruch auf Befreiung von ihrer dienstlichen Tätigkeit ohne Minderung des Arbeitsentgelts (§ 46 I–III BPersVG).

1635 Ebenso wie in der Betriebsverfassung ist in größeren Dienststellen eine bestimmte Anzahl von Personalratsmitgliedern ganz von ihrer dienstlichen Tätigkeit **freizustellen** (§ 46 IV BPersVG). Anders als die freigestellten Betriebsratsmitglieder erhalten diese freigestellten Personalratsmitglieder sogar eine monatliche Aufwandsentschädigung (§ 46 V BPersVG).

1636 Wie die Betriebsratsmitglieder haben die Mitglieder des Personalrats Anspruch auf Freistellung zur Teilnahme an **Schulungs- und Bildungsveranstaltungen** (§ 46 VI und VII BPersVG).

1637 Auch Personalratsmitglieder dürfen nicht behindert und wegen ihrer Tätigkeit nicht benachteiligt oder begünstigt werden (§ 8 BPersVG). Ebenso unterliegen sie einer Geheimhaltungspflicht (§ 10 BPersVG).

1638 Der **Kündigungsschutz** derjenigen Personalratsmitglieder, die Arbeitnehmer sind, ist in gleicher Weise geregelt wie der der Betriebsratsmitglieder. Ihre ordentliche Kündigung ist nach § 15 II KSchG ausgeschlossen. Die außerordentliche Kündigung ist nur zulässig, wenn ihr zuvor der Personalrat zugestimmt hat (§ 47 I BPersVG). Verweigert der Personalrat die Zustimmung, muss der Dienststellenleiter beim Verwaltungsgericht ihre Ersetzung beantragen.

III. Mitwirkung und Mitbestimmung der Personalvertretung

1. Allgemeines

1639 Die Mitbestimmungs- und Mitwirkungsrechte der Personalvertretungen dienen der **Interessenwahrnehmung.** Sie sollen es den Personalvertretungen ermöglichen, die Belange der Beschäftigten in den Dienststellen gegenüber dem Dienstherrn bzw. Arbeitgeber zur Geltung zu bringen. Die Personalvertretungsgesetze müssen dabei freilich auf die **Besonderheiten des öffentlichen Dienstes** Rücksicht nehmen. Etwa ist in Rechnung zu stellen, dass Beamte nicht aufgrund eines privatrechtlichen Arbeitsvertrags, sondern aufgrund eines öffentlich-rechtlichen Dienst- und Treueverhältnisses tätig sind. Auch ist im öffentlichen Dienst der Interessengegensatz zwischen dem Dienstherrn bzw. Arbeitgeber auf der einen Seite und den Beschäftigten auf der anderen Seite nicht so ausgeprägt wie der Interessengegensatz zwischen Arbeitgeber und Arbeitnehmer in der privaten Wirtschaft. Dienststelle und Beschäftigten und damit auch der Personalvertretung ist die Aufgabe gemeinsam, die Aufträge zu erfüllen, die der Dienststelle zugewiesen sind (§ 2 I BPersVG).

1640 Mitwirkung und Mitbestimmung der Personalvertretungen können in Konkurrenz treten zur **parlamentarischen Verantwortung** der Regierungsgewalt. Die Bindung an Entscheidungen der Personalvertretung engt den Handlungsspielraum des Dienstherrn bzw. öffentlichen Arbeitgebers ein und erschwert es ihm, unabhängig und nur dem zuständigen Parlament verantwortlich zu handeln. Der hier bestehende Konflikt hat das BVerfG schon früh veranlasst, einen **Vorbehalt der Regierungsgewalt gegenüber den Personalvertretungen** zu formulieren. Es hat geurteilt, dass Entscheidungen, die wesentlicher Bestandteil der Regierungsgewalt sind, nicht den Stellen entzogen werden dürfen, die der Volksvertretung verantwortlich sind.[893] § 104 BPersVG schreibt deshalb vor, dass die Personalvertretungen in den Personalangelegenheiten der Beamten und in grundlegenden organisatorischen Fragen auf bloße Mitwirkungsrechte zu beschränken sind. Diese Grundsätze sind von einer Reihe von Landesgesetzgebern nicht eingehalten worden, sodass Bestimmungen in Landespersonalvertretungsgesetzen für verfassungswidrig erklärt werden mussten.[894]

Die Personalvertretungsgesetze sind Teil des Rechts des öffentlichen Dienstes. Als solches verstehen sie sich **abschließend.** Deshalb bestimmt § 97 BPersVG, dass eine von den gesetzlichen Vorschriften abweichende Regelung des Personalvertretungsrechts durch Tarifvertrag oder Dienstvereinbarung nicht zulässig ist. 1641

2. Mitbestimmung und Mitwirkung in sozialen Angelegenheiten

a) In sozialen Angelegenheiten einzelner Beschäftigter

Nach den Personalvertretungsgesetzen hat der Personalrat in einigen Angelegenheiten einzelner Beschäftigter ein Mitbestimmungsrecht. Im Geltungsbereich des BPersVG gehören hierzu die Gewährung von Vorschüssen und Darlehen, die Zuweisung und Kündigung von Dienstwohnungen und die Zuweisung von Dienst- und Pachtland (§ 75 II BPersVG). 1642

b) In allgemeinen sozialen Angelegenheiten

Die Personalvertretungsgesetze enthalten durchweg eine § 87 BetrVG vergleichbare Vorschrift, in der den Personalräten, soweit eine gesetzliche oder tarifliche Regelung nicht besteht, ein durch Dienstvereinbarung auszuübendes **Mitbestimmungsrecht** in sozialen Angelegenheiten eingeräumt wird. Teilweise greifen die dort enthaltenen Mitbestimmungstatbestände auch über den Katalog des § 87 BetrVG hinaus. Etwa enthalten die meisten Landespersonalvertretungsgesetze inzwischen eine Bestimmung, nach der die Einführung und Anwendung von Anlagen der Datenverarbeitung generell der Mitbestimmung unterliegt, sodass es – anders als nach § 87 I Nr. 6 BetrVG – auf ihre Bestimmung zur Verhaltenskontrolle nicht ankommt. Hierher zu zählen ist auch die Einräumung eines Mitbestimmungsrechts bei Maßnahmen zur Hebung der Arbeitsleistung und zur Erleichterung des Arbeitsablaufs. 1643

Die **Systematik** ist dabei nicht deckungsgleich mit der des BetrVG. Etwa sind die Mitbestimmungsrechte in allgemeinen sozialen Angelegenheiten im BPersVG in zwei Vorschriften, nämlich in § 75 III und in § 76 II BPersVG geregelt, wobei diesen Vorschriften auch im Betriebsverfassungsgesetz an anderer Stelle geregelte Mitbestimmungstatbestände, zB die über Personalfragebogen, Beurteilungsrichtlinien und Auswahlrichtlinien, zugeordnet sind. 1644

893 BVerfG 27.4.1959 – 2 BvF 2/58, BVerfGE 9, 268 = AP PersVG Bremen § 59 Nr. 1.
894 BVerfG 24.5.1995 – 2 BvF 1/92, BVerfGE 93, 37 = NVwZ 1996, 574 für das LPersVG Schleswig-Holstein; VerfGH Rheinland-Pfalz v. 18.4.1994 – N 1/93 ua, PersV 1994, 308.

c) Durchführung der Mitbestimmung

1645 Hinsichtlich der Durchführung der Mitbestimmung unterscheiden die Personalvertretungsgesetze danach, ob die **Initiative** zur Regelung der Angelegenheit vom Leiter der Dienststelle oder vom Personalrat ausgeht.

1646 Will der **Leiter der Dienststelle** in einer mitbestimmungspflichtigen Angelegenheit eine Maßnahme treffen, hat er den Personalrat zu unterrichten und dessen Zustimmung zu beantragen. Kommt eine Einigung nicht zustande, so kann der Leiter der Dienststelle oder der Personalrat die Angelegenheit auf dem Dienstweg der übergeordneten Dienststelle, bei der eine Stufenvertretung besteht, vorlegen. Kommt dort eine Einigung nicht zustande, kann die Sache der obersten Dienstbehörde vorgelegt werden. Schlägt auch dort der Einigungsversuch fehl, entscheidet schließlich die paritätisch besetzte Einigungsstelle, wobei der Leiter der Dienststelle bei Maßnahmen, die der Sache nach keinen Aufschub dulden, bis zur endgültigen Entscheidung vorläufige Regelungen treffen kann (§ 69 BPersVG).

1647 Geht die Initiative vom **Personalrat** aus, hat er die Maßnahme schriftlich dem Leiter der Dienststelle vorzuschlagen. Entspricht dieser dem Antrag nicht, so gilt im Regelfall dasselbe Verfahren wie bei einer Maßnahme, die der Leiter der Dienststelle treffen will. Es entscheidet also nach der Einschaltung der Stufenvertretungen letztlich die Einigungsstelle (§ 70 I BPersVG). In einer Reihe von Fällen, zB hinsichtlich des Inhalts von Personalfragebogen, entscheidet aber statt der Einigungsstelle die oberste Dienstbehörde endgültig (§ 70 II BPersVG).

d) Mitwirkungsfälle

1648 In **Organisationsangelegenheiten** (→ Rn. 1657) sehen die Personalvertretungsgesetze regelmäßig kein Mitbestimmungsrecht, sondern nur ein Mitwirkungsrecht vor (§ 78 I Nr. 1 und 2 BPersVG). In diesen Fällen besteht nur eine Konsultationspflicht der Dienststelle, jedoch hat der Personalrat das Recht, die übergeordneten Dienststellen, bei denen Stufenvertretungen bestehen, anzurufen. Diese entscheiden dann nach Verhandlung mit der Stufenvertretung endgültig (§ 72 BPersVG).

3. Mitbestimmung und Mitwirkung in personellen Angelegenheiten

a) Mitbestimmungsfälle

1649 Vergleichbar § 99 BetrVG bestimmen die Personalvertretungsgesetze, dass der Personalrat bei Einstellungen, Versetzungen und anderen **personellen Einzelmaßnahmen** mitzubestimmen hat (§ 75 I BPersVG). Dabei ist auch der Personalrat auf bestimmte Zustimmungsverweigerungsgründe, nämlich den Verstoß gegen eine Rechtsvorschrift, die Besorgnis von Benachteiligungen des betroffenen Beschäftigten oder anderer Beschäftigter und die Besorgnis der Störung des Friedens der Dienststelle, beschränkt (§ 77 II BPersVG). Allerdings werden auch in diesen Fällen die Stufenvertretungen eingeschaltet und entscheidet schließlich die Einigungsstelle (§ 69 IV 1 BPersVG), an deren Entscheidung dann die Dienststelle nach § 71 IV 2 BPersVG gebunden ist.

b) Mitwirkung bei Kündigungen

1650 § 79 BPersVG sieht für den Bereich des öffentlichen Dienstes des Bundes eine Mitwirkung des Personalrats bei Kündigungen von Angestellten und Arbeitern des öffentlichen Dienstes vor, die etwas anders ausgestaltet ist als die Mitwirkung bei Kündigungen im Bereich der privaten Wirtschaft nach § 102 BetrVG. Vor der ordentlichen Kündigung ist der **Personalrat zu konsultieren,** dh die Kündigung ist mit ihm eingehend zu erörtern (§ 79 I 1 iVm § 72 BPersVG).

Ist der Personalrat nicht beteiligt worden, ist die **Kündigung unwirksam** (§ 79 IV BPersVG). Dass die durch den Arbeitgeber ausgesprochene Kündigung des Arbeitsverhältnisses eines Beschäftigten unwirksam ist, wenn die Personalvertretung nicht beteiligt worden ist, schreibt § 108 II BPersVG auch für die Landespersonalvertretungsgesetze zwingend vor. 1651

Der Personalrat hat das Recht, aus bestimmten Gründen gegen ordentliche Kündigungen **Einwendungen zu erheben** (§ 79 I 3 BPersVG). Erhebt er Einwendungen, kann sich der Arbeitnehmer auf sie im Kündigungsschutzprozess berufen (§ 1 II 2 Nr. 2 KSchG) und erhält einen Anspruch auf vorläufige Weiterbeschäftigung (§ 79 II BPersVG). 1652

Vor **außerordentlichen Kündigungen** ist der Personalrat nur anzuhören, ohne dass das Konsultationsverfahren durchzuführen wäre (§ 79 III BPersVG). 1653

4. Mitbestimmung und Mitwirkung in Angelegenheiten der Beamten

Die Personalvertretungsgesetze sehen ein Mitbestimmungsrecht des Personalrats in **Personalangelegenheiten der Beamten** bei Einstellungen, Beförderungen, Übertragung einer höher oder niedriger zu bewertenden Tätigkeit, Versetzungen, Abordnungen für eine Dauer von mehr als drei Monaten, Anordnungen, die die Freiheit in der Wahl der Wohnung beschränken, Versagung oder Widerruf von Nebentätigkeitsgenehmigungen, Ablehnung eines Antrags auf Teilzeitbeschäftigung oder Urlaub und Hinausschieben des Eintritts in den Ruhestand wegen Erreichens der Altersgrenze vor (§ 76 I BPersVG). Allerdings erhält der Personalrat insofern nur ein Zustimmungsverweigerungsrecht bei Verstoß gegen die Rechtsvorschriften oder Besorgnis der Benachteiligung oder der Störung des Friedens in der Dienststelle (vgl. § 77 II BPersVG). Dieses Zustimmungsverweigerungsrecht kann letztlich nur zu einer Empfehlung der Einigungsstelle an die oberste Dienstbehörde führen (vgl. § 69 IV 3 und 4 BPersVG). Damit wird dem Vorbehalt der Regierungsgewalt Rechnung getragen (→ Rn. 1640). 1654

Ein an sich echtes Mitbestimmungsrecht wird dem Personalrat in **bestimmten allgemeinen Angelegenheiten der Beamten** eingeräumt, unter anderem bei der Auswahl der Teilnehmer an Fortbildungsveranstaltungen, beim Inhalt von Personalfragebogen, bei Beurteilungsrichtlinien und bei der Bestellung von Vertrauens- oder Betriebsärzten als Beamte (§ 76 II BPersVG). Auch insoweit endet die Mitbestimmung aber bei einer Empfehlung der Einigungsstelle an die oberste Dienstbehörde. 1655

Schließlich sehen die Gesetze eine Mitwirkung des Personalrats bei der Einleitung von Disziplinarmaßnahmen gegen Beamte, bei der Entlassung von Beamten auf Probe oder auf Widerruf und bei vorzeitiger Versetzung in den Ruhestand vor (§ 78 I Nr. 3–5 BPersVG). 1656

5. Mitwirkung in Organisationsangelegenheiten

Der Personalrat hat ein Mitwirkungsrecht bei der Vorbereitung von Verwaltungsanordnungen einer Dienststelle für die innerdienstlichen, sozialen und persönlichen An- 1657 gelegenheiten der Beschäftigten und bei der Auflösung, Einschränkung, Verlegung oder Zusammenlegung von Dienststellen oder wesentlichen Teilen von ihnen (§ 78 I Nr. 1 und 2 BPersVG). Für dieses Mitwirkungsrecht gilt § 72 BPersVG über die Konsultationspflicht (→ Rn. 1650).

IV. Kontrollfrage

1658 **Frage 110:** Wie unterscheidet sich das Mitbestimmungsverfahren im Personalvertretungsrecht von dem im Betriebsverfassungsrecht?

§ 29 Unternehmensmitbestimmung

Literatur: *Badura/Rittner/Rüthers,* Mitbestimmungsgesetz 1976 und Grundgesetz, 1977; *Bayer,* Die Erosion der deutschen Mitbestimmung, NJW 2016, 1930; *Heuschmid/Ulber,* Unternehmensmitbestimmung auf dem Prüfstand des EuGH, NZG 2016, 102; *Joost,* Gesetzgebung und Unternehmensmitbestimmung – Irrwege zwischen Ideologie und Markt, FS Richardi, 2007, 573; *Junker,* Grundfreiheiten, Gesellschaftsrecht und Mitbestimmung – Bleibt die europäische Entwicklung Treiber des Reformbedarfs?, EuZA 2013, 223; *Krause,* Zur Bedeutung des Unionsrechts für die unternehmerische Mitbestimmung, AG 2012, 485; *Kübler/Schmidt/Simitis,* Mitbestimmung als gesetzgebungspolitische Aufgabe, 1978; Mitbestimmung im Unternehmen, Bericht der Sachverständigenkommission (sog. Biedenkopf-Bericht 1970 – BT-Drs. VI/334); *Oetker,* Arbeitnehmerüberlassung und Unternehmensmitbestimmung im entleihenden Unternehmen nach § 14 II 5 und 6 AÜG, NZA 2017, 29; *Raiser/Veil/Jacobs,* Mitbestimmungsgesetz und Drittelbeteiligungsgesetz, 6. Aufl. 2015; *Rieble,* SE-Mitbestimmungsvereinbarung: Verfahren, Fehlerquellen und Rechtsschutz, in: Rieble/Junker (Hrsg.), Vereinbarte Mitbestimmung in der SE, 2008, 73 ff.; *Rieble/Latzel,* Inlandsmitbestimmung als Ausländerdiskriminierung bei Standortkonflikten, EuZA 2011, 145; *Röder/Arnold,* Geschlechterquoten und Mitbestimmungsrecht – Offene Fragen der Frauenförderung, NZA 2015, 279; *Ulmer/Habersack/Henssler,* Mitbestimmungsrecht, 3. Aufl. 2013; *Velten,* Gewerkschaftsvertreter im Aufsichtsrat – Eine verfassungsrechtliche, gesellschaftsrechtliche und arbeitsrechtliche Analyse, 2010; MHdB ArbR/*Wißmann* §§ 278 ff.; *Wißmann/Kleinsorge/Schubert,* Mitbestimmungsrecht, 5. Aufl. 2017.
Ältere Literatur s. Vorauflagen.

I. Grundgedanke und Entwicklung

1. Grundgedanke

1659 Die Arbeitsrechtsordnung beschränkt die Mitbestimmung der Arbeitnehmerseite nicht auf die betrieblichen, sozialen, personellen und wirtschaftlichen Angelegenheiten, wie sie im BetrVG geregelt sind. Vielmehr beteiligt sie die Arbeitnehmer auch an der Leitung der Unternehmen, indem sie deren Organe, in erster Linie den **Aufsichtsrat** von Kapitalgesellschaften, auch mit **Vertretern der Arbeitnehmer** besetzt. Damit wird auf der einen Seite den Arbeitnehmern direkter Einfluss auf die Unternehmenspolitik eingeräumt, andererseits werden sie auch in die Verantwortung für diese Politik eingebunden.

2. Entwicklung

1660 Eine Unternehmensmitbestimmung in diesem Sinne war in Deutschland erstmals im **Betriebsrätegesetz** v. 4.2.1920 vorgesehen worden. Nach dessen § 70 waren in den Aufsichtsrat von Aktiengesellschaften und gleichartige Aufsichtsorgane anderer Unternehmen ein oder zwei Mitglieder des Betriebsrats zu entsenden.

Nach dem Zweiten Weltkrieg wurde zunächst für den Montanbereich durch das Mitbestimmungsgesetz v. 21.5.1951 (MontanMitbestG) wieder eine Unternehmensmitbestimmung eingeführt, die durch das Montan-Mitbestimmungsergänzungsgesetz v. 7.8.1956 (MontanMitbestErgG) auf Konzernobergesellschaften von Unternehmen der Montanindustrie ausgeweitet wurde. Zudem erfolgte eine allgemeine Regelung in den §§ 76ff. BetrVG 1952. Im Jahr 1976 stellte das Mitbestimmungsgesetz (MitbestG 1976) die Unternehmensmitbestimmung für größere Unternehmen mit in der Regel mehr als 2.000 Arbeitnehmern auf eine neue rechtliche Grundlage. Schließlich regelt seit dem Jahr 2004 das Drittelbeteiligungsgesetz (DrittelbG) die Mitbestimmung in kleineren Unternehmen mit in der Regel mehr als 500 Arbeitnehmern neu; die insoweit bis ins Jahr 2004 einschlägigen §§ 76ff. BetrVG 1952 traten außer Kraft. Rechtspolitische Bestrebungen, ein einheitliches Unternehmensrecht zu schaffen, in das dann auch die Mitbestimmung der Arbeitnehmer integriert ist, haben bislang keinen Erfolg gehabt. 1661

Zuletzt hat der Gesetzgeber mit dem Gesetz für die **gleichberechtigte Teilhabe von Frauen und Männern** an Führungspositionen in der Privatwirtschaft und im öffentlichen Dienst v. 24.5.2015 in § 96 II AktG für börsennotierte Gesellschaften, für die das MitbestG 1976, das MontanMitbestG oder das MontanMitbestErgG gilt, bestimmt, dass sich der Aufsichtsrat zu mindestens 30% aus Frauen und zu mindestens 30% aus Männern zusammensetzt. Das hat entsprechende **Anpassungen in den Mitbestimmungsgesetzen** nach sich gezogen (→ Rn. 1672a, 1680, 1682). Zudem hat der Gesetzgeber in § 111 V AktG geregelt, dass der Aufsichtsrat von Gesellschaften, die börsennotiert sind oder der Mitbestimmung unterliegen, für den **Frauenanteil im Aufsichtsrat** und im **Vorstand Zielgrößen** und Fristen zu deren Erreichung festlegt, die den jeweils erreichten Anteil nicht mehr unterschreiten dürfen, sofern dieser bei Festlegung der Zielgrößen noch unter 30% liegt. Ähnliche Regelungen über die Festlegung von Zielgrößen zum Frauenanteil im Aufsichtsrat und im Vertretungsorgan mitbestimmter Gesellschaften wurden unter anderem in § 52 II GmbHG und § 9 IV GenG getroffen. Schließlich sind in mitbestimmten Gesellschaften von den jeweiligen gesetzlichen Vertretungsorganen auch Zielgrößen für den Frauenanteil in den beiden Führungsebenen unterhalb des Vorstands bzw. der Geschäftsführung festzulegen (§ 76 IV AktG; § 36 GmbHG; § 9 III GenG).[895] 1661a

Die Unternehmensmitbestimmung hat inzwischen auch eine **europarechtliche Dimension** erlangt. Nach den Entscheidungen *Centros,*[896] *Überseering*[897] und *Inspire Art*[898] sowie weiteren Entscheidungen des EuGH steht fest, dass im Ausland wirksam gegründete Kapitalgesellschaften nach Verlegung ihres Verwaltungssitzes ins Inland als Unternehmensträger eingesetzt werden können; eine Aberkennung der Rechtsfähigkeit ist mit der in Art. 49, 54 AEUV verankerten Niederlassungsfreiheit unvereinbar. Da nach den deutschen Mitbestimmungsgesetzen das Vorliegen einer dort genannten Kapitalgesellschaft nach deutschem Recht Voraussetzung für deren Anwendbarkeit ist, scheidet eine unmittelbare Anwendung der Mitbestimmungsgesetze auf ausländische Kapitalgesellschaften aus. Eine entsprechende Anwendung müsste sich jedenfalls 1662

895 Näher dazu *Röder/Arnold* NZA 2015, 279ff.
896 EuGH 9.3.1999 – C-212/97, Slg 1999, I-1459 = NJW 1999, 2027 – Centros.
897 EuGH 5.11.2002 – C-208/00, Slg 2002, I-9919 = NJW 2002, 3614 – Überseering.
898 EuGH 30.9.2003 – C-167/01, Slg 2003, I-10155 = NJW 2003, 3331 – Inspire Art.

an Art. 49, 54 AEUV messen lassen. Aufgrund der weitreichenden Eingriffe in die Binnenorganisation der ausländischen Gesellschaft durch die deutschen Mitbestimmungsregeln wäre die Anwendung unverhältnismäßig.[899] Wird der tatsächliche Verwaltungssitz einer inländischen, der Mitbestimmung unterfallenden Kapitalgesellschaft ins Ausland verlagert, berührt das die Anwendbarkeit der Mitbestimmungsgesetze nicht, da für diese der Satzungssitz der Gesellschaft und nicht deren Verwaltungssitz entscheidend ist.[900]

1663 Für die **Europäische Gesellschaft (SE)** nach der SE-VO[901] sieht die SE-Beteiligungs-RL[902] vom gleichen Tag eine Regelung der Beteiligung der Arbeitnehmer sowohl auf der betrieblichen als auch auf der Unternehmensebene vor.[903] Die SE-Beteiligungs-RL hat Deutschland im Gesetz über die Beteiligung der Arbeitnehmer in einer Europäischen Gesellschaft **(SE-Beteiligungsgesetz – SEBG)** v. 22.12.2004 umgesetzt (→ Rn. 1685).

1664 Für nicht zur Gründung einer SE führende **grenzüberschreitende Verschmelzungen** von Kapitalgesellschaften aus verschiedenen Mitgliedstaaten sieht die RL 2005/56/EG über die Verschmelzung von Kapitalgesellschaften aus verschiedenen Mitgliedstaaten ähnliche Regelungen wie die SE-Beteiligungs-RL vor. Die **Umsetzung** der Verschmelzungs-RL ist durch das Gesetz über die Mitbestimmung der Arbeitnehmer bei einer grenzüberschreitenden Verschmelzung (MgVG) und durch das Zweite Gesetz zur Änderung des Umwandlungsgesetzes (§§ 122a ff. UmwG) erfolgt.

1664a Nach bislang herrschendem Verständnis der Mitbestimmungsgesetze, das auch in den Gesetzesmaterialien zum MitbestG 1976 seinen Niederschlag gefunden hat,[904] unterliegt die Unternehmensmitbestimmung dem **Territorialitätsprinzip.** Das bedeutet, dass nur im Inland beschäftigte Arbeitnehmer bei den Schwellenwerten der Mitbestimmungsgesetze zu berücksichtigen sind und nur im Inland beschäftigte Arbeitnehmer das aktive und passive Wahlrecht zum Aufsichtsrat haben.[905] Das ist in den letzten Jahren unter Verweis auf einen möglichen Verstoß gegen Europarecht, nämlich die **Arbeitnehmerfreizügigkeit** (Art. 45ff. AEUV) und das allgemeine Diskriminierungsverbot (Art. 18 AEUV), infrage gestellt worden. Unter anderem wird eingewandt, dass im Inland beschäftigte Arbeitnehmer in ihrer Freizügigkeit beschränkt würden, da mit einem Wechsel in das Ausland das aktive und passive Wahlrecht und damit zugleich das Amt eines Arbeitnehmervertreters im Aufsichtsrat erlösche. Darüber hinaus bestehe eine **Diskriminierung** auf der Teilhabeebene, da ausländische Belegschaften formal von jeder Beteiligung abgeschnitten seien, indem sie weder aktiv wählen noch sich

899 *Müller-Bonanni* GmbHR 2003, 1235 (1237ff.); ausführlich Wißmann/Kleinsorge/Schubert/*Wißmann* § 1 Rn. 17ff., 23; aA *Franzen* RdA 2004, 257 (262f.).

900 Wißmann/Kleinsorge/Schubert/*Wißmann* § 1 Rn. 24; ErfK/*Oetker* MitbestG § 1 Rn. 2.

901 VO (EG) Nr. 2157/2001 des Rates über das Statut der Europäischen Gesellschaft (SE) v. 8.10.2001, ABl. 2001 L 294, 1.

902 RL 2001/86/EG des Rates zur Ergänzung des Statuts der Europäischen Gesellschaft hinsichtlich der Beteiligung der Arbeitnehmer v. 8.10.2001, ABl. 2001 L 294, 22.

903 Entsprechendes gilt für die *Europäische Genossenschaft (SCE)* nach der VO (EG) Nr. 1435/2003 v. 22.7.2003 aufgrund der RL 2003/72/EG v. 22.7.2003.

904 BT-Drs. 7/4845, 4.

905 LG Düsseldorf 5.6.1979 – 25 AktE 1/78, DB 1979, 1451; Wißmann/Kleinsorge/Schubert/*Wißmann* § 3 Rn. 26ff. mwN.

zur Wahl stellen könnten. Diese mitbestimmungsbezogene Teilhabediskriminierung setze sich materiell in den Arbeitsbedingungen und Arbeitsmarktchancen, zB bei Entscheidungen über Standortfragen, fort.[906] Gegner dieser Ansicht halten dem entgegen, dass die Unternehmensmitbestimmung in Europa nicht vollharmonisiert sei und es am Binnenmarktbezug fehle. Zudem sei ein Eingriff in die Arbeitnehmerfreizügigkeit schon deshalb nicht gegeben, da diese nur den Ein- und Austritt in die Arbeitsmärkte der Mitgliedstaaten gewährleiste. An diesem würden die Arbeitnehmer nicht gehindert. Schließlich könne dem deutschen Gesetzgeber nicht eine Regelung als Europarechtsverstoß angelastet werden, die er mangels Regelungsbefugnis im Ausland gar nicht anders treffen könne.[907]

Das KG hat inzwischen dem EuGH die Frage vorgelegt, ob es mit Art. 18 AEUV und Art. 45 AEUV vereinbar ist, dass ein Mitgliedstaat das aktive und passive Wahlrecht für die Vertreter der Arbeitnehmer in das Aufsichtsratsorgan eines Unternehmens nur solchen Arbeitnehmern einräumt, die in Betrieben des Unternehmens oder in Konzernunternehmen im Inland beschäftigt sind.[908] Der EuGH wird voraussichtlich im Jahr 2017 entscheiden.[909]

Zum Ende des Jahres 2015 unterfielen 635 Unternehmen dem MitbestG 1976. Vom MontanMitbestG wurden (nach 105 Unternehmen im Jahr 1951 und 51 Unternehmen im Jahr 1994) nur noch 18 Unternehmen erfasst. Dem DrittelbG unterfielen rund 1.500 Unternehmen, darunter 695 Aktiengesellschaften und 715 Gesellschaften mit beschränkter Haftung (insoweit Stand Dezember 2009).[910] 1665

II. Mitbestimmung nach dem Mitbestimmungsgesetz 1976

1. Geltungsbereich

Nach § 1 iVm § 7 MitbestG 1976 besteht der Aufsichtsrat von Aktiengesellschaften, Kommanditgesellschaften auf Aktien, Gesellschaften mit beschränkter Haftung und von Erwerbs- und Wirtschaftsgenossenschaften, sofern diese Unternehmen **in der Regel mehr als 2.000 Arbeitnehmer** beschäftigen, je zur Hälfte aus Vertretern der Anteilseigner und Vertretern der Arbeitnehmer. 1666

Nach § 4 MitbestG 1976 werden bei der **GmbH & Co KG,** also einer Kommanditgesellschaft, deren persönlich haftender Gesellschafter eine GmbH ist, die Arbeitnehmer der Kommanditgesellschaft als Arbeitnehmer der GmbH gerechnet. Damit wird erreicht, dass bei der entsprechenden Größenordnung die GmbH & Co KG über die Mitbestimmung im Aufsichtsrat der Komplementär-GmbH dem Gesetz ebenfalls untersteht. 1667

§ 5 MitbestG 1976 bezieht die Leitungsunternehmen von **Unterordnungskonzernen** in den Geltungsbereich des Gesetzes ein, sofern das Leitungsunternehmen in der 1668

906 *Rieble/Latzel* EuZA 2011, 145 (149ff.); *Habersack* AG 2007, 641 (648f.); *Hellwig/Behme* AG 2009, 261 (263ff.); vgl. auch LG Frankfurt a. M. 16.2.2015 – 3-16 O 1/14, NZG 2015, 683 (Deutsche Börse AG).
907 LG Berlin 1.6.2015 – 102 O 65/14 AktG, ZIP 2015, 1291; LG München I 27.8.2015 – 5 HK O 20285/14, ZIP 2015, 1929; *Heuschmid/Ulber* NZG 2016, 102ff.; *Krause* AG 2012, 485 (488ff., 492ff.).
908 KG 16.10.2015 – 14 W 89/15, NZA-RR 2015, 661 (TUI AG).
909 Rs. C-566/15 – Erzberger/TUI.
910 Zu den Zahlen BMAS (Hrsg.), Übersicht über das Arbeitsrecht/Arbeitsschutzrecht, 10. Aufl. 2016, 585ff.

Rechtsform einer der in § 1 MitbestG 1976 genannten Gesellschaften geführt wird. Dies geschieht auch in diesem Falle dadurch, dass die Arbeitnehmer der Konzernunternehmen als Arbeitnehmer des herrschenden Unternehmens gelten.

1669 Keine Anwendung findet das Gesetz nach § 1 IV MitbestG 1976 auf **Tendenzunternehmen** (zum Begriff → Rn. 1591 f.).

1670 Soweit das Gesetz in § 1 MitbestG 1976, aber auch in mehreren anderen Vorschriften an die **Zahl der Arbeitnehmer** anknüpft, ist § 3 I MitbestG 1976 zu beachten, der sich am Arbeitnehmerbegriff des § 5 BetrVG (→ Rn. 1213 ff.) orientiert. **Leiharbeitnehmer** sind auch im Entleiherunternehmen zu berücksichtigen, soweit das MitbestG 1976 und die zu ihm erlassene Wahlordnung eine bestimmte Anzahl von Arbeitnehmern oder einen bestimmten Anteil von Arbeitnehmern voraussetzt (§ 14 II 5 AÜG). Für die Anwendung des Gesetzes gilt dies aber nur, wenn die Einsatzdauer sechs Monate übersteigt (§ 14 II 6 AÜG). Mit dieser durch das Gesetz zur Änderung des Arbeitnehmerüberlassungsgesetzes und anderer Gesetze zum 1.4.2017 in Kraft gesetzten Regelung[911] hat der Gesetzgeber den Streit um die Berücksichtigung von Leiharbeitnehmern bei den Schwellenwerten der Unternehmensmitbestimmung entschieden.[912]

2. Zusammensetzung und Bildung des Aufsichtsrats

1671 Die **Zahl der Vertreter** der Anteilseigner und der Arbeitnehmer im Aufsichtsrat beträgt gem. § 7 I MitbestG 1976 in Unternehmen mit bis zu 10.000 Arbeitnehmern je sechs, mit bis zu 20.000 Arbeitnehmern je acht und mit über 20.000 Arbeitnehmern je zehn Aufsichtsratsmitglieder. Unter den Aufsichtsratsmitgliedern der Arbeitnehmerseite müssen sich dabei Vertreter der im Unternehmen vertretenen **Gewerkschaften** befinden, und zwar bei sechs bis acht Aufsichtsratsmitgliedern der Arbeitnehmer zwei und bei zehn Aufsichtsratsmitgliedern der Arbeitnehmer drei solche Vertreter (§ 7 II MitbestG 1976). Bei Gesellschaften mit bis zu 20.000 Arbeitnehmern kann die Zahl der Aufsichtsratsmitglieder durch die Satzung auf höchstens je zehn, dh maximal 20 Mitglieder festgelegt werden (§ 7 I 2 und 3 MitbestG 1976). Im Übrigen ist § 7 I MitbestG 1976 zwingend, sodass durch die Satzung keine höhere Zahl an Aufsichtsratsmitgliedern bestimmt werden kann.[913]

1672 Während die Aufsichtsratsmitglieder der Anteilseigner nach § 8 MitbestG 1976 einfach durch das Wahlorgan, also bei der Aktiengesellschaft durch die Hauptversammlung, bestimmt werden, ist für die **Wahl der Arbeitnehmervertreter** in Unternehmen mit über 8.000 Arbeitnehmern eine Wahl durch Delegierte und in Unternehmen mit bis zu 8.000 Arbeitnehmern unmittelbare Wahl durch die wahlberechtigten Arbeitnehmer des Unternehmens vorgesehen, sofern nicht in geheimer Abstimmung der wahlberechtigten Arbeitnehmer jeweils das andere Wahlsystem eingeführt wird (§ 9 MitbestG 1976). In beiden Wahlverfahren wird sichergestellt, dass dem Aufsichtsrat mindestens ein leitender Angestellter angehört (vgl. §§ 11 II, 15 II MitbestG 1976).

911 Näher zu dieser Regelung und den mit ihr verbundenen Unklarheiten *Oetker* NZA 2017, 29 ff.

912 S. einerseits OLG Hamburg 31.1.2014 – 11 W 89/13, ZIP 2014, 680 (keine Berücksichtigung bei § 1 I Nr. 2 MitbestG 1976); andererseits BAG 4.11.2015 – 7 ABR 42/13, NZA 2016, 559 (Berücksichtigung bei § 9 MitbestG 1976); hierzu *Schubert/Liese* NZA 2016, 1297 ff.

913 BGH 30.1.2012 – II ZB 20/11, ZIP 2012, 472.

§ 12 MitbestG 1976 sah in seiner ursprünglichen Fassung vor, dass **Vorschläge für die Wahl der Delegierten** mindestens von einem Zehntel oder 100 der jeweils wahlberechtigten Arbeitnehmer unterzeichnet sein mussten. Dieses hohe Quorum hat das BVerfG wegen Verstoßes gegen die Wahlrechtsgleichheit für grundgesetzwidrig erklärt.[914] Dem folgend hat der Gesetzgeber das Quorum auf ein Zwanzigstel oder 50 wahlberechtigte Arbeitnehmer herabgesetzt (§ 12 I MitbestG 1976).

Die durch § 96 II AktG vorgesehene **Geschlechterquote,** nach der sich der Aufsichtsrat börsennotierter Aktiengesellschaften, für die das MitbestG 1976 gilt, zu mindestens 30 % aus Frauen und zu mindestens 30 % aus Männern zusammensetzt (→ Rn. 1661 a), ist vom Aufsichtsrat insgesamt und nicht getrennt nach Anteilseigner- und Arbeitnehmerseite zu erfüllen (§ 96 II 2 AktG). Widerspricht aber eine Seite aufgrund eines mit Mehrheit gefassten Beschlusses vor der Wahl gegenüber dem Aufsichtsratsvorsitzenden der Gesamterfüllung, so ist der Mindestanteil für diese Wahl von der Seite der Anteilseigener und der Seite der Arbeitnehmer getrennt zu erfüllen (§ 96 II 3 AktG). In diesem Fall müssen unter den Aufsichtsratsmitgliedern der Arbeitnehmer Frauen und Männer jeweils mit einem Anteil von mindestens 30 % vertreten sein (§ 7 III MitbestG 1976). 1672a

Ergibt die Auszählung der Wählerstimmen und ihre Verteilung auf die Bewerber, dass diese Vorgabe nicht erreicht worden ist, ist in Aufsichtsräten nach § 7 II Nr. 1 und 2 MitbestG 1976 (dh bei sechs oder acht Aufsichtsratsmandaten der Arbeitnehmerseite) ein Geschlechterverhältnis herzustellen, nach dem unter den Aufsichtsratsmitgliedern der Arbeitnehmer, die nicht leitende Angestellte sind, mindestens eine Frau und mindestens ein Mann und unter den Aufsichtsratsmitgliedern der Gewerkschaften jeweils eine Frau und ein Mann vertreten ist (§ 18a I Nr. 1 MitbestG 1976). In einem Aufsichtsrat nach § 7 II Nr. 3 MitbestG 1976 (dh bei zehn Aufsichtsratsmandaten der Arbeitnehmerseite) müssen unter den Aufsichtsratsmitgliedern der Arbeitnehmer, die nicht leitende Angestellte sind, mindestens zwei Frauen und mindestens zwei Männer und unter den Aufsichtsratsmitgliedern der Gewerkschaften eine Frau und ein Mann vertreten sein (§ 18a I Nr. 2 MitbestG 1976). Um dies sicherzustellen sieht § 18a II MitbestG 1976 eine teilweise Unwirksamkeit der Wahl und eine quotengerechte Besetzung der insoweit nicht besetzten Aufsichtsratssitze im Wege der gerichtlichen Ersatzbestellung nach § 104 AktG oder durch Nachwahl vor.[915]

3. Verfahren und Befugnisse des Aufsichtsrats

Fall 102: Die Hauptversammlung der X AG nimmt in ihre Satzung eine Bestimmung auf, nach der der Aufsichtsrat beschlussfähig sein soll, wenn mindestens die Hälfte der an der Beschlussfassung teilnehmenden Aufsichtsratsmitglieder Anteilseigner sind und sich unter ihnen der Aufsichtsratsvorsitzende befindet. Die Aufsichtsratsmitglieder der Arbeitnehmerseite erheben beim Landgericht Klage mit dem Antrag, festzustellen, dass diese Bestimmung nichtig ist.

Durch die Vorschriften über die innere Ordnung des Aufsichtsrats stellt das Gesetz ein **leichtes Übergewicht der Anteilseignerseite** in diesem Organ sicher. Einmal bestimmt § 27 MitbestG 1976, dass die Wahl des Aufsichtsratsvorsitzenden mit einer Zweidrittelmehrheit der Aufsichtsratsmitglieder zu erfolgen hat und dass, wenn diese Mehrheit nicht erreicht wird, die Anteilseignerseite allein den Aufsichtsratsvorsitzenden wählt, während auf die Arbeitnehmervertreter nur die Wahl von dessen Stellvertreter entfällt. Zum anderen räumt § 29 MitbestG 1976 im Falle der Stimmengleichheit bei einer Abstimmung im Aufsichtsrat dem Aufsichtsratsvorsitzenden (nicht aber des- 1673

914 BVerfG 12.10.2004 – 1 BvR 2130/98, BVerfGE 111, 289 = NZA 2004, 1395.
915 S. näher *Röder/Arnold* NZA 2015, 279 (280ff.); Wißmann/Kleinsorge/Schubert/*Wißmann* § 7 Rn. 23f., § 18a Rn. 8ff.

sen Stellvertreter) bei einer erneuten Abstimmung über denselben Gegenstand eine zweite Stimme ein, sodass er im Sinne der Anteilseigner den Ausschlag geben kann.

1674 Dieses **zweite Stimmrecht des Aufsichtsratsvorsitzenden** kann vor allem bei der Bestellung der Mitglieder des Vertretungsorgans der Gesellschaft – bei der Aktiengesellschaft also des Vorstands – zur Geltung gebracht werden. Ist nämlich bei der Bestellung eines Mitglieds des Vertretungsorgans in einer ersten Abstimmung keine Zweidrittelmehrheit und in einer zweiten Abstimmung keine einfache Mehrheit erreicht worden, so hat nach § 31 IV MitbestG 1976 bei einer weiteren Abstimmung der Aufsichtsratsvorsitzende wieder zwei Stimmen.

1675 **Beschlussfähig** ist der Aufsichtsrat nach § 28 MitbestG 1976 nur, wenn mindestens die Hälfte der Mitglieder, aus denen er insgesamt zu bestehen hat, an der Beschlussfassung teilnimmt.

1676 Im Übrigen richtet sich das **Verfahren des Aufsichtsrats** für die Aktiengesellschaft nach §§ 107ff. AktG und für die anderen Kapitalgesellschaften nach dem jeweils einschlägigen Gesetz (§ 25 MitbestG 1976). Dabei steht es den Gesellschaftsorganen frei, für **Ausschüsse** ähnliche Regelungen zu treffen, wie sie das Gesetz für den Aufsichtsrat geschaffen hat, insbesondere dem Aufsichtsratsvorsitzenden auch in Aufsichtsratsausschüssen einen Stichentscheid zuzuweisen.[916] Auf der anderen Seite dürfen sich solche Verfahrensregelungen aber nicht zu den Prinzipien in Widerspruch setzen, die in den §§ 27–29 MitbestG 1976 niedergelegt sind.

1677 Die Arbeitnehmervertreter haben im Aufsichtsrat die **gleiche Stellung** wie die anderen Aufsichtsratsmitglieder. Auch ändern die Regeln der Mitbestimmungsgesetze nichts an der Zuständigkeit des Aufsichtsrats, die sich auf die Bestellung der Mitglieder der Vertretungsorgane, die Überwachung von deren Tätigkeit und nur im Ausnahmefall auf grundsätzliche Maßnahmen der Geschäftsführung erstreckt (vgl. für die Aktiengesellschaft § 84 I und § 111 AktG).

In **Fall 102** ist die Satzungsbestimmung unzulässig, weil sie gegen das Prinzip des § 28 MitbestG 1976 verstößt. Die Regelung widerspricht dem Grundsatz, dass alle Mitglieder des Aufsichtsrats die gleichen Rechte und Pflichten haben. Auch wird die Stellung des Vorsitzenden gesetzeswidrig verstärkt.[917] Da die Vorschriften der §§ 25ff. MitbestG 1976 im öffentlichen Interesse gegeben sind, liegt ein Nichtigkeitsgrund iSd § 241 Nr. 3 AktG vor, der gem. § 249 AktG mit der Nichtigkeitsklage geltend gemacht werden kann. Die Aufsichtsratsmitglieder der Arbeitnehmerseite werden mit ihrer Klage also Erfolg haben.

4. Bestimmungen für das gesetzliche Vertretungsorgan

1678 § 33 MitbestG 1976 sieht für das gesetzliche Vertretungsorgan eines dem Gesetz unterfallenden Unternehmens die Bestellung eines **Arbeitsdirektors** vor. Diese Bestimmung hat insofern Bedeutung, als sich aus ihr ergibt, dass das mitbestimmte Unternehmen ein für das Personal- und Sozialwesen zuständiges Mitglied des Vertretungsorgans haben muss. Doch hat die Arbeitnehmerseite im Aufsichtsrat keinen besonderen Einfluss auf die Bestellung des Arbeitsdirektors. Vielmehr wird er im gleichen Verfahren wie alle anderen Mitglieder des Vertretungsorgans bestimmt.

916 BGH 25.2.1982 – II ZR 102/81, BGHZ 83, 144 = AP MitbestG § 25 Nr. 1; BGH 25.2.1982 – II ZR 123/81, BGHZ 83, 106 = AP MitbestG § 25 Nr. 2.

917 BGH 25.2.1982 – II ZR 145/80, BGHZ 83, 151 = AP MitbestG § 28 Nr. 1.

5. Verfassungsmäßigkeit

Das BVerfG hat das Mitbestimmungsgesetz durch Urteil v. 1.3.1979 für **verfassungsgemäß** erklärt. Der für das BVerfG entscheidende Gesichtspunkt war dabei, dass das Gesetz insbesondere durch den Bestellungsmodus für den Aufsichtsratsvorsitzenden und durch dessen zweites Stimmrecht der Anteilseignerseite die Möglichkeit lässt, sich bei der Führung des Unternehmens letztlich durchzusetzen. Dadurch sei die Eigentumsgarantie des Art. 14 GG gewahrt und auch sichergestellt, dass die Arbeitgeberseite auf der Tarifebene den Gewerkschaften unabhängig gegenübertreten könne, sodass die durch Art. 9 III GG garantierte Tarifautonomie nicht berührt sei.[918] Die Verfassungskonformität der starren Geschlechterquote für den Aufsichtsrat börsennotierter Gesellschaften (→ Rn. 1661 a, 1672 a) wird mit Blick auf die Eigentums-, die Vereinigungs- und die Berufsfreiheit der Anteilseigner und der Unternehmen sowie die Berufsfreiheit und Chancengleichheit von Wahlbewerberinnen und -bewerbern vereinzelt in Zweifel gezogen.[919] 1679

III. Montanmitbestimmung

Für den Bergbau und die eisen- und stahlerzeugende Industrie legt das Montanmitbestimmungsgesetz v. 21.5.1951 eine echte **paritätische Besetzung der Aufsichtsräte** mit Arbeitnehmervertretern und Kapitaleignern fest. Die Aufsichtsräte haben insgesamt elf Mitglieder, darunter ein **neutrales Mitglied,** auf das sich Arbeitnehmervertreter und Anteilseigner einigen müssen (§ 4 MontanMitbestG). Die in § 4 I 2 lit. b MontanMitbestG vorgesehenen vier Arbeitnehmervertreter und ein weiteres Mitglied werden von den Betriebsräten der Betriebe des Unternehmens in geheimer Wahl gewählt und dem Wahlorgan[920] vorgeschlagen, das gem. § 6 VII MontanMitbestG an die Vorschläge der Betriebsräte gebunden ist. Dabei sind die in den Betrieben des Unternehmens vertretenen Gewerkschaften und deren Spitzenorganisationen nach Maßgabe des § 6 I–IV MontanMitbestG in unterschiedlicher Weise beim Zustandekommen der Wahlvorschläge zu beteiligen. 1680

Für den Fall, dass die **Geschlechterquote** im Aufsichtsrat einer börsennotieren, dem MontanMitbestG unterfallenden Gesellschaft nach § 96 II 3 AktG von der Anteilseigner- und der Arbeitnehmerseite getrennt zu erfüllen ist (→ Rn. 1672 a), sieht § 6 VI iVm § 5 a MontanMitbestG vor, dass ein Vorschlag für die in § 4 I 2 lit. b MontanMitbestG bezeichneten Aufsichtsratsmitglieder an das Wahlorgan nur erfolgen kann, wenn unter den von den Betriebsräten des Unternehmens gewählten Personen Frauen und Männer jeweils mit einem Anteil von mindestens 30 % vertreten sind.

§ 13 MontanMitbestG sieht als Mitglied des zur gesetzlichen Vertretung berufenen Organs den sog. **Arbeitsdirektor** vor, der – anders als der Arbeitsdirektor nach dem MitbestG 1976 – nicht gegen die Stimmen der Mehrheit der Arbeitnehmervertreter im Aufsichtsrat bestellt werden kann. 1681

Ebenfalls eine echte paritätische Besetzung des Aufsichtsrats ist im **Montan-Mitbestimmungsergänzungsgesetz** v. 7.8.1956 (MontanMitbestErgG) für herrschende 1682

918 BVerfG 1.3.1979 – 1 BvR 532/77 ua, BVerfGE 50, 290 = AP MitbestG § 1 Nr. 1.

919 *Habersack/Kersten* BB 2014, 2819 (2822 ff.); *Hohenstatt/Willemsen/Naber* ZIP 2014, 2220 (2222 f.); aA *Grobe* AG 2015, 289 (300 f.), der die Grundrechtseingriffe als durch Art. 3 II GG gerechtfertigt ansieht.

920 Dieses ist bei der Aktiengesellschaft die Hauptversammlung, bei der GmbH die Gesellschafterversammlung, vgl. näher Wißmann/Kleinsorge/Schubert/*Wißmann,* Montan-MitbestG § 5 Rn. 1, Montan-MitbestG § 6 Rn. 2.

Unternehmen festgelegt, deren Unternehmenszweck durch Konzernunternehmen und abhängige Unternehmen gekennzeichnet wird, die ihrerseits unter das MontanMitbestG fallen. Dabei genügte es nach einer 1988 erfolgten Neufassung des MontanMitbestErgG, wenn die dem MontanMitbestG unterliegenden Konzernunternehmen und abhängigen Unternehmen insgesamt mindestens 20 % der Wertschöpfung des ganzen Konzerns erzielten oder in der Regel mehr als 2.000 Arbeitnehmer beschäftigten. Der zweite Teil dieser Regelung, mit der der schwindenden Bedeutung des Montanbereichs Rechnung getragen werden sollte, war mit Art. 3 I GG nicht vereinbar, weil das Quorum von bloß 2.000 Arbeitnehmern dazu führte, dass schon Konzerne mit einem ganz geringen Anteil von Beschäftigten im Montanbereich dem Gesetz unterfielen.[921] Deshalb hat der Gesetzgeber den Schwellenwert von in der Regel mehr als 2.000 Arbeitnehmern durch die Regelung ersetzt, dass ein hinreichender Montanbezug vorliegt, wenn die unter das MontanMitbestG fallenden Konzernunternehmen und abhängigen Unternehmen insgesamt in der Regel mehr als ein Fünftel der Arbeitnehmer sämtlicher Konzernunternehmen und abhängigen Unternehmen beschäftigen (§ 3 II Nr. 2 MontanMitbestErgG). Die praktische Bedeutung des Gesetzes ist nur noch gering.

Derzeit wird nur ein Unternehmen vom Geltungsbereich des MontanMitbestErgG erfasst, in den Jahren 1988 bis 2007 fiel überhaupt kein Unternehmen unter das Gesetz.[922] Die Geschlechterquote im Aufsichtsrat börsennotierter Gesellschaften (→ Rn. 1661 a) hat der Gesetzgeber freilich auch hier normativ verwirklicht (§§ 5 a, 10 e III und 10 f MontanMitbestErgG).

IV. Mitbestimmung nach dem Drittelbeteiligungsgesetz

1683 Nach dem Drittelbeteiligungsgesetz hat der Aufsichtsrat von Aktiengesellschaften und anderen Kapitalgesellschaften, die in der Regel **mehr als 500 Arbeitnehmer** beschäftigen, zu einem Drittel aus Arbeitnehmervertretern zu bestehen. Bei dem Schwellenwert von 500 Arbeitnehmern sind Leiharbeitnehmer, deren Einsatzdauer sechs Monate übersteigt, zu berücksichtigen (§ 14 II 6 AÜG). Die Arbeitnehmervertreter werden von den Arbeitnehmern des Unternehmens gewählt (§ 5 DrittelbG). Sind nur ein oder zwei Arbeitnehmervertreter zu wählen, müssen sie Arbeitnehmer des Unternehmens sein. Bei mehr Arbeitnehmervertretern müssen mindestens zwei von ihnen Arbeitnehmer des Unternehmens sein (§ 4 II DrittelbG). Zu Wahlvorschlägen sind der Betriebsrat und ein Zehntel der Belegschaft oder 100 Arbeitnehmer berechtigt (§ 6 DrittelbG). Unter den Aufsichtsratsmitgliedern der Arbeitnehmer sollen Frauen und Männer entsprechend ihrem zahlenmäßigen Verhältnis im Unternehmen vertreten sein (§ 4 IV DrittelbG).

V. Mitbestimmungsfreier Bereich

1684 Keine Mitbestimmung bei der Leitung der Unternehmen findet bei allen Einzelunternehmen, allen Personenhandelsgesellschaften und allen Unternehmen statt, die weniger als 500 Arbeitnehmer beschäftigen.

Für **Aktiengesellschaften** gilt dieser Satz uneingeschränkt erst seit dem 10. 8. 1994. Bis dahin waren von der damals noch in den §§ 76, 77 BetrVG 1952 geregelten Drittelbeteiligung nur solche Aktiengesellschaften mit nicht mehr als 500 Arbeitnehmern ausgenommen, die Familiengesellschaften waren. Um die Gründung von Aktiengesellschaften zu erleichtern, hat der Gesetzgeber für ab dem 10. 8. 1994 in das Handelsregister eingetragene Aktiengesellschaften auf diese Voraussetzung verzichtet (vgl. jetzt § 1 I

921 BVerfG 2. 3. 1999 – 1 BvL 2/91, BVerfGE 99, 367 = NZA 1999, 435 – Fall Mannesmann.
922 BMAS (Hrsg.), Übersicht über das Arbeitsrecht/Arbeitsschutzrecht, 10. Aufl. 2016, 587.

Nr. 1 S. 2 DrittelbG). Diese Differenzierung ist verfassungsgemäß.[923] Eine **»Alt-AG«**, die nicht Familiengesellschaft ist, muss aber mindestens fünf Arbeitnehmer haben, um der Mitbestimmung zu unterfallen, was der BGH aus der Entstehungsgeschichte und der Systematik des BetrVG 1952 abgeleitet hat.[924]

VI. Mitbestimmung nach dem SE-Beteiligungsgesetz

Das SE-Beteiligungsgesetz (SEBG) sieht eine Beteiligung der Arbeitnehmer einer SE 1685
(→ Rn. 1663) auf zwei Ebenen vor. Einerseits ist auf der **betrieblichen Ebene** ein dem europäischen Betriebsrat (→ Rn. 1603 ff.) funktional vergleichbares Verfahren der Unterrichtung und Anhörung durch Vereinbarung zwischen den Leitungsorganen der beteiligten Gesellschaften und dem nach §§ 4 ff. SEBG zu bildenden besonderen Verhandlungsgremium der Arbeitnehmerseite einzuführen oder ein sog. SE-Betriebsrat zu bilden (§§ 21 ff. SEBG). Andererseits kann auf der **Unternehmensebene** die Mitbestimmung zwischen dem besonderen Verhandlungsgremium und den Unternehmensleitungen durch Vereinbarung festgelegt werden (§ 21 III, IV SEBG). Kommt eine solche nicht zustande, greift nach §§ 34 ff. SEBG eine gesetzliche Auffangregelung. Es gilt das sog. »Vorher-Nachher-Prinzip«. Wird eine mitbestimmte Gesellschaft in eine SE umgewandelt, bleibt die Regelung zur Mitbestimmung erhalten, die in der Gesellschaft vor der Umwandlung bestanden hat (§ 35 I SEBG). Bei der Gründung einer SE durch Verschmelzung oder im Fall der Gründung einer Holding-SE oder Tochter-SE bemisst sich die Zahl der Arbeitnehmervertreter im Aufsichts- oder Verwaltungsorgan der SE nach dem höchsten Anteil an Arbeitnehmervertretern, der in den Organen der beteiligten Gesellschaften vor der Eintragung der SE bestanden hat (§ 35 II SEBG).[925]

VII. Kontrollfrage

Frage 111: Wie sichert das Mitbestimmungsgesetz 1976 der Anteilseignerseite das Übergewicht im 1686
Aufsichtsrat?

923 BVerfG 9.1.2014 (2. Kammer des Ersten Senats) – 1 BvR 2344/11, ZIP 2014, 464.
924 BGH 7.2.2012 – II ZB 14/11, NZA 2012, 580.
925 Näher dazu *Krause* BB 2005, 1221 ff.

4. Teil. Arbeitsgerichtsbarkeit

§ 30 Arbeitsgerichtsbarkeit

Literatur: *Ahrendt/Bader/Dörner/Mikosch ua,* Gemeinschaftskommentar zum Arbeitsgerichtsgesetz, 101. Lfg. 11/2016; *Bader/Creutzfeldt/Friedrich,* Kommentar zum Arbeitsgerichtsgesetz, 5. Aufl. 2008; *Düwell/Lipke* (Hrsg.), Arbeitsgerichtsgesetz, 4. Aufl. 2016; *Flüchter,* Der Multifunktionsrichter – Das Modell der Zukunft? Zu einer Zusammenlegung der Arbeitsgerichte mit der ordentlichen Gerichtsbarkeit, FS Löwisch, 2007, 115; *Germelmann/Matthes/Prütting,* Arbeitsgerichtsgesetz, 8. Aufl. 2013; *Grunsky/Waas/Benecke/Greiner,* Arbeitsgerichtsgesetz, 8. Aufl. 2014; *Hauck/Helml/Biebl,* Arbeitsgerichtsgesetz, 4. Aufl. 2011; MHdB ArbR/*Jacobs* §§ 341 ff.; *Kissel,* Arbeitsgerichte 1927–1987, ArbRGgw 25 (1988), 19 ff.; *Leinemann,* Die geschichtliche Entwicklung der Arbeitsgerichtsbarkeit bis zur Errichtung des BAG, NZA 1991, 961; *Müller-Glöge,* Arbeitsrecht und Verfahrensrecht, RdA 1999, 80; *Natter/Gross* (Hrsg.), Arbeitsgerichtsgesetz, 2. Aufl. 2013; *Opolony,* Der Arbeitsgerichtsprozess, 2005; *Ostrowicz/Künzl/Scholz,* Handbuch des arbeitsgerichtlichen Verfahrens, 5. Aufl. 2014; *Schwab/Weth,* Arbeitsgerichtsgesetz Kommentar, 4. Aufl. 2015.

I. Funktion und Entwicklung der Arbeitsgerichtsbarkeit

Arbeitsrechtliche Streitigkeiten werden in Deutschland nicht von der allgemeinen Zivilgerichtsbarkeit, sondern von einer **eigenständigen Arbeitsgerichtsbarkeit** entschieden. Die Organisation der Arbeitsgerichtsbarkeit und das Verfahren vor den Gerichten für Arbeitssachen sind im Arbeitsgerichtsgesetz (ArbGG) geregelt, wobei ergänzend die Vorschriften der ZPO über das Verfahren vor den Amtsgerichten zur Anwendung kommen (§ 46 II ArbGG). In Art. 95 I GG findet sich schließlich die Anordnung, dass der Bund für das Gebiet der Arbeitsgerichtsbarkeit das BAG errichtet. **1687**

Die gegenüber der allgemeinen Zivilgerichtsbarkeit selbstständige Arbeitsgerichtsbarkeit soll für die Entscheidung von Rechtsstreitigkeiten aus dem Arbeitsleben ein Verfahren zur Verfügung stellen, das den **Bedürfnissen der Beteiligten,** insbesondere der Arbeitnehmer, **angemessen** ist. Das schlägt sich vor allem in der Besetzung der Gerichte für Arbeitssachen mit sachkundigen Beisitzern beider Seiten (→ Rn. 1693 f.), in der Zulassung der Prozessvertretung auch durch Gewerkschafts- und Verbandsfunktionäre (→ Rn. 1695 f.) und in einem in erster Linie auf gütliche Einigung angelegten, beschleunigten und kostengünstigen Verfahren (→ Rn. 1708 ff., 1738 f.) nieder. Für bestimmte, in § 2a ArbGG genannte kollektivrechtliche Angelegenheiten sieht das ArbGG mit dem Beschlussverfahren zudem eine besondere Verfahrensart vor (→ Rn. 1723 ff.). **1688**

Aus dem Zweck, den Arbeitnehmern einen ihren Bedürfnissen entsprechenden Rechtsschutz zu sichern, erklärt sich, dass das ArbGG ein Verfahren vor **Schiedsgerichten,** wie es in anderen Privatrechtsstreitigkeiten häufig praktiziert wird, für Rechtsstreitigkeiten aus dem Arbeitsverhältnis grundsätzlich ausschließt (§ 4 iVm §§ 101 ff. ArbGG). Lediglich für Streitigkeiten zwischen Tarifvertragsparteien und im Sondergebiet des Bühnenwesens kann durch die ausdrückliche Vereinbarung eines Schiedsvertrags die Arbeitsgerichtsbarkeit allgemein oder für den Einzelfall ausgeschlossen werden (§ 101 I und II ArbGG). Unproblematisch ist dieser weitgehende Ausschluss der **1689**

Schiedsgerichtsbarkeit nicht, bei grenzüberschreitenden Arbeitsverhältnissen ist er hinderlich.[1]

Der Ausschluss der Schiedsgerichtsbarkeit hindert nicht die Einschaltung von Vermittlern, um eine gütliche Einigung der Parteien außerhalb des gerichtlichen Verfahrens zu erreichen. Nach dem durch das **Gesetz zur Förderung der Mediation und anderer Verfahren der außergerichtlichen Konfliktbeilegung** v. 21.7.2012,[2] mit dem die Mediations-RL[3] umgesetzt wird, eingefügten § 54a ArbGG wird den Parteien die Möglichkeit einer Mediation oder anderen außergerichtlichen Konfliktbeilegung ausdrücklich eingeräumt; das Gericht ordnet dann das Ruhen des Verfahrens an. Auch kann nach § 54 VI ArbGG der Vorsitzende die Parteien für die Güteverhandlung (→ Rn. 1709) vor einen hierfür bestimmten und nicht entscheidungsbefugten Richter (Güterichter) verweisen. Der Güterichter kann alle Methoden der Konfliktbeilegung einschließlich der Mediation einsetzen.[4] Mediation war freilich auch schon vorher möglich.[5]

1690 Die Arbeitsgerichtsbarkeit hat nach der deutschen Rechtsordnung nicht die Aufgabe, den Streit über den Abschluss von Tarifverträgen und Betriebsvereinbarungen zu entscheiden. Solche **kollektiven Regelungsstreitigkeiten** zu schlichten, ist in Tarifvertragssachen Aufgabe der Schlichtungsstelle (→ Rn. 1088 ff.) und in Betriebsverfassungssachen Aufgabe der Einigungsstelle (→ Rn. 1366 f.). Erst die Rechtskontrolle von Regelungen, die Schlichtungs- oder Einigungsstelle getroffen haben, ist Sache der Arbeitsgerichte.

1691 Die Einrichtung einer selbstständigen Arbeitsgerichtsbarkeit hat in Deutschland **lange Tradition.** Bereits die um die Jahrhundertwende eingerichteten Gewerbe- und Kaufmannsgerichte hatten eine besondere Zuständigkeit für Arbeitsrechtsstreitigkeiten und waren mit Beisitzern der Arbeitnehmer- und der Arbeitgeberseite besetzt. Eine umfassende Arbeitsgerichtsbarkeit wurde sodann durch das Arbeitsgerichtsgesetz v. 23.12.1926[6] geschaffen. Den entsprechenden Auftrag dazu enthielt Art. 157 I, II WRV v. 11.8.1919. Heute gilt das Arbeitsgerichtsgesetz v. 3.9.1953, das durch das Gesetz zur Beschleunigung und Bereinigung des arbeitsgerichtlichen Verfahrens v. 21.5.1979 grundlegend geändert worden ist und auch seitdem zahlreiche Änderungen erfahren hat.

II. Aufbau und Besetzung

1. Aufbau

1692 Die Arbeitsgerichtsbarkeit wird durch die Gerichte für Arbeitssachen (§ 1 ArbGG) ausgeübt. Ihr liegt ein **dreistufiger Gerichtsaufbau** zugrunde. Erstinstanzliches Gericht ist das Arbeitsgericht (§§ 14 ff. ArbGG). Gegen dessen Entscheidung ist die Berufung und im Beschlussverfahren die Beschwerde zum Landesarbeitsgericht (§§ 33 ff. ArbGG) gegeben. Gegen die Entscheidung der Landesarbeitsgerichte ist unter bestimmten Voraussetzungen die Revision und im Beschlussverfahren die Rechtsbeschwerde zum BAG (§§ 40 ff. ArbGG) in Erfurt möglich.

1 Vgl. *Löwisch* RdA 1999, 69 (75).
2 BGBl. 2012 I 1577.
3 RL 2008/52/EG des Europäischen Parlaments und des Rates über bestimmte Aspekte der Mediation in Zivil- und Handelssachen v. 21.5.2008, ABl. 2008 L 136, 3.
4 Im Einzelnen *Francken* NZA 2012, 836 ff.
5 Zum Ganzen *Joussen/Unberath* (Hrsg.), Mediation im Arbeitsrecht, 2009; *Bürger,* Möglichkeiten für den Einsatz der Mediation im Arbeitsrecht unter Einbeziehung des Mediationsgesetzes, 2014, 22 ff.; *Nink,* Mediation im Arbeitsrecht, 2016, 59 ff., 177 ff.; allgemein auch *v. Bargen,* Gerichtsinterne Mediation, 2008.
6 RGBl. I 507.

2. Besetzung

Die **Arbeitsgerichte** und die **Landesarbeitsgerichte** entscheiden in Kammern, die mit einem Berufsrichter als Vorsitzendem und je einem ehrenamtlichen Richter aus den Kreisen der Arbeitnehmer und Arbeitgeber besetzt sind (§§ 16 II, 35 II ArbGG). **1693**

Beim **Bundesarbeitsgericht** sind Senate gebildet, die aus einem Vorsitzenden Richter, zwei berufsrichterlichen Beisitzern und je einem ehrenamtlichen Richter aus Kreisen der Arbeitgeber und der Arbeitnehmer bestehen (§ 41 II ArbGG). Nach § 45 ArbGG wird zudem ein Großer Senat gebildet, der für Streitigkeiten zwischen den Senaten und Fragen der Fortbildung des Rechts und der Sicherung einer einheitlichen Rechtsprechung zuständig ist. Er entscheidet in der Besetzung mit dem Präsidenten, je einem Berufsrichter der Senate, in denen der Präsident nicht den Vorsitz führt, und je drei ehrenamtlichen Richtern aus den Kreisen der Arbeitnehmer und Arbeitgeber (§ 45 V ArbGG). **1694**

III. Prozessvertretung

Vor dem **Arbeitsgericht** können die Parteien den Rechtsstreit selbst führen (§ 11 I ArbGG) oder sich vertreten lassen (§ 11 II ArbGG). Neben einer Vertretung durch Rechtsanwälte (§ 11 II 1 ArbGG) ist auch eine Vertretung durch Vertreter der **Gewerkschaft** oder der **Arbeitgebervereinigung,** der die Partei angehört, zulässig (§ 11 II 2 Nr. 4 ArbGG). Dabei geht die überwiegende Auffassung davon aus, dass es sich um tariffähige Gewerkschaften und Arbeitgeberverbände (→ Rn. 985 ff.) handeln muss,[7] was mit Blick auf die Koalitionsbetätigungsfreiheit aus Art. 9 III GG, die auch nicht tariffähigen Koalitionen zugutekommt (→ Rn. 124, 962 f.), bedenklich ist. Die Befugnis zur Prozessvertretung erstreckt sich auch auf Angestellte einer juristischen Person, die einer dieser Organisationen gehört (vgl. § 11 II 2 Nr. 5 ArbGG), etwa die DGB-Rechtschutz GmbH und die vbw Rechtsberatung eG. Ferner ist vor dem Arbeitsgericht eine Prozessvertretung durch Vertreter von selbstständigen Vereinigungen von Arbeitnehmern mit sozial- oder berufspolitischer Zwecksetzung möglich (§ 11 II 2 Nr. 3 ArbGG). Zu diesen zählt etwa die Katholische Arbeitnehmer-Bewegung (KAB).[8] Schließlich sind vor dem Arbeitsgericht vertretungsbefugt Beschäftigte der Prozesspartei oder eines mit ihr verbundenen Unternehmens (§ 11 II 2 Nr. 1 ArbGG) sowie Familienangehörige (§ 11 II 2 Nr. 2 ArbGG). **1695**

Vor dem **Landesarbeitsgericht** und vor dem **Bundesarbeitsgericht** müssen sich die Parteien im Urteilsverfahren (→ Rn. 1698 ff.) durch einen Prozessbevollmächtigten vertreten lassen; eine besondere Zulassung ist – anders als beim BGH – beim BAG nicht nötig. An die Stelle der Vertretung durch Rechtsanwälte kann die Vertretung durch Vertreter der Gewerkschaft oder der Arbeitgebervereinigung, der die Partei angehört, bzw. durch Angestellte einer entsprechenden juristischen Person iSd § 11 II 2 Nr. 5 ArbGG treten (§ 11 IV 2 ArbGG), wobei nach § 11 IV 3 ArbGG vor dem BAG nur solche Personen die Prozessvertretung übernehmen können, die die Befähigung zum Richteramt (Erste Juristische Prüfung und Zweite Juristische Staatsprüfung gem. §§ 5 ff. DRiG) haben. Im Beschlussverfahren (→ Rn. 1723 ff.) gilt das Ver- **1696**

7 BAG 20.2.1986 – 6 AZR 236/84, AP ArbGG 1979 § 11 Prozeßvertreter Nr. 8; Hauck/Helml/Biebl/*Helml* ArbGG § 11 Rn. 14; Schwab/Weth/*Weth* ArbGG § 11 Rn. 17 mit § 10 Rn. 10.

8 GMP/*Germelmann* ArbGG § 11 Rn. 55.

tretungserfordernis nur für die Einlegung der Beschwerde (§ 89 I ArbGG) sowie die Einlegung und Begründung der Rechtsbeschwerde (§ 94 I ArbGG). Im weiteren Verfahren ist eine Vertretung der Beteiligten nicht vorgeschrieben (§§ 87 II 2, 92 II 2 ArbGG).

1697 Nach § 11a I ArbGG kann nach Maßgabe der §§ 114ff. ZPO **Prozesskostenhilfe** gewährt werden. Die früher nach § 11a I aF bestehende Möglichkeit, einer Partei auf Antrag unter näher bestimmten Voraussetzungen einen **Rechtsanwalt beizuordnen,** richtet sich nun nach § 121 ZPO.[9]

IV. Urteilsverfahren

1. Rechtswegzuständigkeit

Fall 103: A hat bei einem Betriebsausflug schon erhebliche Mengen Rotwein getrunken. Als er das Glas erhebt, um dem Chef zuzuprosten, gerät er ins Schwanken und gießt das Glas über den Anzug seines Arbeitskollegen B aus. Als dieser von ihm später Ersatz der Reinigungskosten von 20 EUR verlangt, weigert sich A zu zahlen. B verklagt ihn daraufhin beim Amtsgericht. A nimmt sich einen Anwalt, der meint, die Klage müsse schon wegen Unzuständigkeit abgewiesen werden.

1698 Die Zuständigkeit der Gerichte für Arbeitssachen ist in den §§ 2ff. ArbGG geregelt. Dabei handelt es sich um die **Rechtswegzuständigkeit.** Zu unterscheiden ist die Zuständigkeit im Urteilsverfahren und die Zuständigkeit im Beschlussverfahren.

1699 Im **Urteilsverfahren** besteht nach § 2 ArbGG die ausschließliche Zuständigkeit der Gerichte für Arbeitssachen im Wesentlichen in folgenden Fällen:

- Streitigkeiten zwischen Tarifvertragsparteien oder zwischen diesen und Dritten aus Tarifverträgen, zB aus der Friedenspflicht, oder über das Bestehen oder Nichtbestehen von Tarifverträgen (Nr. 1).
- Streitigkeiten zwischen tariffähigen Parteien oder zwischen diesen und Dritten aus unerlaubten Handlungen im Zusammenhang mit Arbeitskämpfen oder aus der Koalitionsfreiheit, also zB über die Zulässigkeit einer Aussperrung oder die Zulässigkeit von Werbemaßnahmen einer Gewerkschaft im Betrieb (Nr. 2).
- Streitigkeiten zwischen Arbeitnehmer und Arbeitgeber aus dem Arbeitsverhältnis, über das Bestehen oder Nichtbestehen eines Arbeitsverhältnisses, aus Verhandlungen über die Eingehung eines Arbeitsverhältnisses und aus dessen Nachwirkungen sowie aus unerlaubten Handlungen, die mit dem Arbeitsverhältnis im Zusammenhang stehen (Nr. 3).
- Streitigkeiten zwischen Arbeitnehmern aus gemeinsamer Arbeit und aus unerlaubten Handlungen, soweit diese mit dem Arbeitsverhältnis im Zusammenhang stehen (Nr. 9).

1700 **Hauptanwendungsfall** in der Praxis ist die Zuständigkeit für bürgerliche Rechtsstreitigkeiten zwischen Arbeitnehmern und Arbeitgebern nach § 2 I Nr. 3 ArbGG. Etwa sind die Gerichte für Arbeitssachen nach Nr. 3 lit. a für Lohnklagen und nach Nr. 3 lit. b für Kündigungsschutzklagen (→ Rn. 762ff.) oder für Entfristungsklagen (→ Rn. 856) ausschließlich zuständig.

9 Näher dazu Grunsky/Waas/Benecke/Greiner/*Waas* ArbGG § 11a Rn. 2.

Wer als **Arbeitnehmer** im Sinne des ArbGG anzusehen ist, bestimmt § 5 ArbGG. Neben Arbeitnehmern entsprechend dem allgemeinen Arbeitnehmerbegriff (→ Rn. 1, 4 ff.) gelten auch die in Heimarbeit Beschäftigten (→ Rn. 6), die arbeitnehmerähnlichen Personen (→ Rn. 5) sowie unter bestimmten Voraussetzungen Einfirmen-Handelsvertreter als Arbeitnehmer (§ 5 I 1, 2 und III ArbGG). Eine Negativabgrenzung (Negativfiktion) nimmt § 5 I 3 ArbGG vor: Nicht als Arbeitnehmer gelten vertretungsberechtigte Gesellschafter einer Personengesellschaft sowie die **Mitglieder des Vertretungsorgans** von juristischen Personen, zB bei der GmbH der oder die Geschäftsführer. Ob diese Personen wegen starker Weisungsabhängigkeit im Innenverhältnis ausnahmsweise dem allgemeinen Arbeitnehmerbegriff unterfallen, ist dem ArbGG gleichgültig.[10] Damit soll gewährleistet werden, dass die Mitglieder der Vertretungsorgane mit der juristischen Person keinen Rechtsstreit im »Arbeitgeberlager« vor dem Arbeitsgericht führen.[11] Allerdings entfällt die Negativfiktion, wenn der Geschäftsführer zum Zeitpunkt der Entscheidung des Gerichts über die Rechtswegzuständigkeit bereits durch die Gesellschafter abberufen worden ist oder sein Amt wirksam niedergelegt hat. Die Rechtswegzuständigkeit richtet sich dann nach den allgemeinen Grundsätzen[12] (→ Rn. 1702 ff.). 1701

Unabhängig von § 5 I 3 ArbGG ist bei Mitgliedern von Vertretungsorganen juristischer Personen des Privatrechts die Vereinbarung der Zuständigkeit der Gerichte für Arbeitssachen anstelle der ordentlichen Zivilgerichte möglich (§ 2 IV ArbGG). Insoweit handelt es sich aber nicht um eine ausschließliche, sondern um eine fakultative Zuständigkeit.

In **Fall 103** geht es um eine Streitigkeit aus einer unerlaubten Handlung zwischen Arbeitnehmern, nämlich einer Eigentumsverletzung nach § 823 I BGB. Weil diese anlässlich eines Betriebsausflugs begangen worden ist, steht sie auch im Zusammenhang mit dem Arbeitsverhältnis. Demnach sind gem. § 2 I Nr. 9 ArbGG die Gerichte für Arbeitssachen zuständig. Das Amtsgericht ist nicht zuständig (§ 13 GVG). Folge ist allerdings nicht die Abweisung der Klage. Vielmehr hat das Amtsgericht gem. § 17 a II GVG nach Anhörung der Parteien von Amts wegen die Sache an das örtlich zuständige Arbeitsgericht zu verweisen.

Die **Prüfung der Zuständigkeit** erfolgt durch das angerufene Gericht von Amts wegen, und zwar für jeden prozessualen Anspruch gesondert.[13] Ist der beschrittene Rechtsweg zu den Gerichten für Arbeitssachen nicht eröffnet, ist der Rechtsstreit insoweit nach § 48 I ArbGG iVm § 17 a II GVG nach Anhörung der Parteien von Amts wegen an das zuständige Gericht des zulässigen Rechtsweges zu verweisen. Hinsichtlich der Anforderungen, die an den **Klägervortrag** zur Begründung der Rechtswegzuständigkeit der Gerichte für Arbeitssachen zu stellen sind, unterscheidet das BAG drei Fallgruppen:[14] 1702

Bei den sog. **sic-non-Fällen** handelt es sich um solche, in denen die Klage ausschließlich auf eine arbeitsrechtliche Grundlage gestützt werden kann, jedoch fraglich ist, ob deren Voraussetzungen vorliegen. Hauptanwendungsfall ist die Kündigungsschutz- 1703

10 Schwab/Weth/*Kliemt* ArbGG § 5 Rn. 269; im Einzelnen auch *Reinecke* ZIP 2014, 1057 (1058 ff.).

11 BAG 20.8.2003 – 5 AZB 79/02, NZA 2003, 1108; BAG 23.8.2011 – 10 AZB 51/10, AP ArbGG 1979 § 5 Nr. 69; BAG 22.10.2014 – 10 AZB 46/14, NZA 2015, 60.

12 BAG 22.10.2014 – 10 AZB 46/14, NZA 2015, 60; BAG 3.12.2014 – 10 AZB 98/14, NZA 2015, 180 (GmbH-Geschäftsführer); BAG 8.9.2015 – 9 AZB 21/15, NZA 2015, 1342 (Verbandsgeschäftsführer); hierzu *Lunk* NJW 2015, 528 f.

13 BAG 24.4.1996 – 5 AZB 25/95, NZA 1996, 1005; GMP/*Schlewing* ArbGG § 2 Rn. 155; Schwab/Weth/*Walker* ArbGG § 2 Rn. 227 f.

14 Ausführlich dazu GMP/*Schlewing* ArbGG § 2 Rn. 157 ff.

klage (→ Rn. 762ff.). Die Arbeitnehmereigenschaft des Klägers ist hier **doppelrelevant:** Auf sie kommt es sowohl nach § 2 I Nr. 3 lit. b ArbGG für den Rechtsweg als auch für die Frage an, ob der Kläger nach § 1 I KSchG Kündigungsschutz genießt. Fehlt es an der Arbeitnehmereigenschaft, steht fest, dass die Klage vor dem Arbeitsgericht nicht nur unzulässig ist, sondern auch in der Sache keinen Erfolg haben kann, wenn der Kläger gegen die ordentliche Kündigung nur Unwirksamkeitsgründe geltend macht, die seine Arbeitnehmerstellung voraussetzen. Das BAG lässt in diesem Fall für die Bejahung des Rechtswegs die bloße **Behauptung des Klägers, er sei Arbeitnehmer,** ausreichen. Stellt sich heraus, dass der Kläger nicht Arbeitnehmer ist, wird die Klage nicht an das zuständige Gericht des zulässigen Rechtsweges verwiesen, sondern als unbegründet abgewiesen. Das BAG begründet dies damit, dass der Kläger in diesem Fall nicht schutzwürdig sei. Werde der Rechtsstreit nicht verwiesen, erhalte der Kläger eine – wenn auch klageabweisende – Sachentscheidung des Gerichts, vor dem er geklagt habe. Mehr könne er nicht verlangen, da er auch im Fall der Verweisung von dem Gericht des anderen Rechtszugs eine klageabweisende Entscheidung erhalten würde. Der Beklagte habe ohnehin ein Interesse daran, dass die Klage möglichst schnell (als unbegründet) abgewiesen werde; an einer Verweisung in eine andere Gerichtsbarkeit habe er kein schutzwürdiges Interesse.[15]

1704 Bei den sog. **et-et-Fällen** geht es darum, dass die Klage sowohl nach arbeitsrechtlichen als auch nach bürgerlich-rechtlichen Vorschriften begründet sein kann. Ihre Erfolgsaussichten sind von der Arbeitnehmereigenschaft unabhängig. Beispiel ist die Klage gegen eine außerordentliche Kündigung. Deren Rechtmäßigkeit richtet sich sowohl beim Arbeitsverhältnis als auch beim freien Dienstverhältnis nach § 626 BGB. Die Klage kann – anders als im sic-non-Fall – also auch dann Erfolg haben, wenn der Kläger nicht Arbeitnehmer ist.[16] Bei den sog. **aut-aut-Fällen** handelt es sich um Konstellationen, in denen der Anspruch entweder auf eine arbeitsrechtliche oder auf eine rein bürgerlich-rechtliche Grundlage gestützt werden kann. Hier schließen sich beide Anspruchsgrundlagen aus.[17] Beispiel ist die Klage auf Vergütung. Eine Entgeltzahlungspflicht des Beklagten kann sich entweder aus einem Arbeitsvertrag (§ 611a II BGB) oder aus einem freien Dienstvertrag (§ 611 I BGB) ergeben. Der Vertrag kann nur ein Arbeitsvertrag oder ein freier Dienstvertrag sein, nicht aber beides gleichzeitig. Sowohl in den et-et-Fällen als auch in den aut-aut-Fällen **muss** das Arbeitsgericht zur Entscheidung über den Rechtsweg die Arbeitnehmereigenschaft prüfen. Der **klägerische Vortrag** zur Arbeitnehmereigenschaft muss **zumindest schlüssig** sein, um den Rechtsweg zu den Gerichten für Arbeitssachen zu begründen.[18] Ist danach die Arbeitnehmereigenschaft nicht gegeben, kommt es – anders als im sic-non-Fall – nach § 48 I ArbGG iVm § 17a GVG zur Verweisung, da die Klage auch vor den ordentlichen Zivilgerichten Erfolg haben kann.

15 BAG 24.4.1996 – 5 AZB 25/95, NZA 1996, 1005.

16 BAG 10.12.1996 – 5 AZB 20/96, NZA 1997, 674; LAG Schleswig-Holstein 19.11.2015 – 3 Ta 38/15, NZA-RR 2016, 100.

17 BAG 24.4.1996 – 5 AZB 25/95, NZA 1996, 1005.

18 BAG 10.12.1996 – 5 AZB 20/96, NZA 1997, 674; zu der umstrittenen Frage, ob Schlüssigkeit des Sachvortrags genügt oder im Fall des Bestreitens eine Beweisaufnahme erforderlich ist, s. ErfK/*Koch* ArbGG § 2 Rn. 38 einerseits und GK-ArbGG/*Schütz* § 2 Rn. 286 andererseits mN; offen gelassen von BAG 8.9.2015 – 9 AZB 21/15, NZA 2015, 1342.

Eine fakultative Zuständigkeit besteht bei der sog. **Zusammenhangsklage.** Nach § 2 III ArbGG können vor die Gerichte für Arbeitssachen auch nicht unter § 2 I ArbGG fallende Rechtsstreitigkeiten gebracht werden, wenn der Anspruch mit einer bei einem Arbeitsgericht anhängigen oder gleichzeitig anhängig werdenden Rechtsstreitigkeit nach § 2 I ArbGG in rechtlichem oder unmittelbar wirtschaftlichem Zusammenhang steht und für seine Geltendmachung nicht die ausschließliche Zuständigkeit eines anderen Gerichts gegeben ist. Neben der objektiven Klagehäufung werden von § 2 III ArbGG auch Fälle der subjektiven Klagehäufung erfasst. Etwa kann mit einer Zahlungsklage gegen den Arbeitgeber als Hauptschuldner auch die Klage gegen den Bürgen vor dem Arbeitsgericht erhoben werden.[19] Indessen gilt § 2 III ArbGG nicht bei ausschließlicher Zuständigkeit eines anderen Gerichts. So sind für Streitigkeiten über Werkmietwohnungen gem. § 23 Nr. 2 lit. a GVG ausschließlich die Amtsgerichte zuständig, sodass Ansprüche aus dem Mietverhältnis nicht im Wege der Zusammenhangsklage vor den Arbeitsgerichten verfolgt werden können.[20] 1705

2. Sachliche Zuständigkeit

Aus der Zulässigkeit des Rechtswegs zu den Gerichten für Arbeitssachen folgt in der Regel zugleich die sachliche Zuständigkeit des Arbeitsgerichts. Denn nach § 8 I ArbGG sind im ersten Rechtszug die Arbeitsgerichte zuständig. Hiervon gibt es nur wenige Ausnahmen[21] (zum Beschlussverfahren → Rn. 1724). 1706

3. Örtliche Zuständigkeit

Die örtliche Zuständigkeit ist für das Urteilsverfahren im ArbGG nur rudimentär geregelt. Sie ergibt sich **im Wesentlichen aus der ZPO** (§ 46 II ArbGG iVm §§ 12ff. ZPO). Neben dem allgemeinen Gerichtsstand von Arbeitnehmer und Arbeitgeber (§§ 12, 13 bzw. 17 ZPO) sind vor allem die Wahlgerichtsstände nach §§ 20, 21, 29 und 32 ZPO relevant. Zudem hat der Gesetzgeber im Jahr 2008 mit § 48 Ia ArbGG noch zusätzlich den besonderen Gerichtsstand des Arbeitsorts eingeführt, um die Situation von Arbeitnehmern zu verbessern, die ihre Arbeit fern vom Wohnsitz bzw. der Niederlassung des Arbeitgebers erbringen.[22] Schließlich können nach § 48 II ArbGG die Tarifvertragsparteien im Tarifvertrag die Zuständigkeit eines an sich örtlich unzuständigen Arbeitsgerichts festlegen für bürgerliche Rechtsstreitigkeiten zwischen Arbeitgebern und Arbeitnehmern aus einem Arbeitsverhältnis, das sich nach einem Tarifvertrag bestimmt (Nr. 1), sowie für bürgerliche Rechtsstreitigkeiten aus dem Verhältnis einer gemeinsamen Einrichtung der Tarifvertragsparteien zu den Arbeitnehmern oder Arbeitgebern (Nr. 2). Die Zuständigkeit nach Nr. 1 gilt auch zwischen nicht tarifgebundenen Arbeitgebern und Arbeitnehmern, wenn die Anwendung des gesamten Tarifvertrags zwischen ihnen vereinbart ist (§ 48 II 2 ArbGG). 1707

19 BAG 11.9.2002 – 5 AZB 3/02, NZA 2003, 63.

20 Schwab/Weth/*Walker* ArbGG § 2 Rn. 215; vgl. auch BAG 28.11.2007 – 5 AZB 44/07, NZA 2008, 843 für die Aufrechnung mit einer rechtswegfremden Forderung aus einem Mietverhältnis über Wohnraum.

21 Vgl. Schwab/Weth/*Walker* ArbGG § 2 Rn. 247 mit dem Hinweis auf § 158 I Nr. 5 SGB IX (ab dem 1.1.2018: § 240 I Nr. 5 SGB IX).

22 Näher GMP/*Germelmann* ArbGG § 48 Rn. 34ff.; MHdB ArbR/*Jacobs* § 342 Rn. 67a; Schwab/Weth/*Walker* ArbGG § 48 Rn. 115ff.

4. Verfahren vor den Gerichten für Arbeitssachen

1708 Das insbesondere für die Streitigkeiten aus dem Arbeitsverhältnis vorgesehene Urteilsverfahren (§§ 46ff. ArbGG) folgt in der ersten Instanz im Wesentlichen den Regeln, welche die ZPO für das Verfahren vor den Amtsgerichten vorsieht (§§ 495ff. ZPO). Das gilt aber nur, soweit das ArbGG nichts anderes bestimmt (§ 46 II ArbGG). Insoweit bestehen folgende Besonderheiten:

1709 In der ersten Instanz ist ein besonderes **Güteverfahren** vorgeschaltet (§ 54 ArbGG), in dem der Vorsitzende allein mit den Parteien oder ihren Vertretern den Sachverhalt erörtert und klärt und versucht, zwischen den Parteien zu einer Einigung zu gelangen, sei es, dass die Klage zurückgenommen, der Anspruch anerkannt oder ein Vergleich geschlossen wird. Daran hat sich der Gesetzgeber bei der Einführung einer allgemeinen Güteverhandlung für bürgerlich-rechtliche Streitigkeiten vor den ordentlichen Gerichten orientiert (§ 278 II–V ZPO). Nach dem durch das Gesetz zur Förderung der Mediation und anderer Verfahren der außergerichtlichen Konfliktbeilegung in § 54 ArbGG eingefügten Abs. 6 kann der Vorsitzende die Parteien vor einen Güterichter verweisen (→ Rn. 1689).

1710 Kommt es in der Güteverhandlung vor dem Arbeitsgericht nicht zu einer gütlichen Einigung, ist die **streitige Verhandlung** so **vorzubereiten,** dass sie möglichst in einem Termin zu Ende geführt werden kann (§ 56 I 1 ArbGG). Zu diesem Zweck soll der Vorsitzende, soweit es sachdienlich erscheint, den Parteien Auflagen zur Aufklärung des Sachverhalts machen, Behörden um amtliche Auskünfte ersuchen, das persönliche Erscheinen der Parteien anordnen und ggf. schon Zeugen laden (§§ 56ff. ArbGG). Der Verfahrensvereinfachung dient ein **Alleinentscheidungsrecht des Vorsitzenden** bei Klagerücknahme, Verzicht, Anerkenntnis und Säumnis, über die einstweilige Einstellung der Zwangsvollstreckung, die örtliche Zuständigkeit und die Aussetzung des Verfahrens (§ 55 ArbGG).

1711 Für **Kündigungsrechtsstreitigkeiten,** bei denen es in der Regel um den Arbeitsplatz des Arbeitnehmers geht, besteht nach § 61a ArbGG eine besondere Prozessförderungspflicht. Diese Streitigkeiten sind vorrangig zu erledigen. Insbesondere soll die Güteverhandlung innerhalb von zwei Wochen nach Klageerhebung stattfinden und sind den Parteien kurze Fristen zur Vorbereitung der Termine zu setzen.

1712 § 61b ArbGG enthält für **Klagen auf Entschädigung** nach § 15 AGG (→ Rn. 198) drei besondere Vorschriften. § 61b I ArbGG ergänzt § 15 IV AGG, der eine schriftliche Geltendmachung des Anspruchs auf Schadensersatz oder Entschädigung innerhalb einer Ausschlussfrist von zwei Monaten vorschreibt, durch eine Klagefrist von weiteren drei Monaten. § 61b II ArbGG zielt auf eine Verfahrenskonzentration bei mehreren Bewerberklagen. In diesem Fall wird auf Antrag des Arbeitgebers das Arbeitsgericht, bei dem die erste Klage erhoben ist, auch für die übrigen Klagen ausschließlich zuständig. Nach § 61b III ArbGG findet auf Antrag des Arbeitgebers die mündliche Verhandlung nicht vor Ablauf von sechs Monaten seit Erhebung der ersten Klage statt, um der Regelung des Abs. 2 Rechnung zu tragen.[23]

23 Grunsky/Waas/Benecke/Greiner/*Benecke* ArbGG § 61b Rn. 2; Schwab/Weth/*Walker* ArbGG § 61b Rn. 38f.

Nach § 60 ArbGG entscheidet das Arbeitsgericht durch **Urteil am Schluss des Termins,** an dem die mündliche Verhandlung stattgefunden hat. Das Urteil nebst Tatbestand und Entscheidungsgründen ist dann vor Ablauf von drei Wochen, vom Tag der Verkündung an gerechnet, vollständig abgefasst der Geschäftsstelle zu übermitteln (§ 60 IV 3 Hs. 1 ArbGG). Ein besonderer Verkündungstermin kann nur bestimmt werden, wenn die sofortige Verkündung in dem Termin, aufgrund dessen das Urteil erlassen wird, aus besonderen Gründen nicht möglich ist, insbesondere weil die Beratung nicht mehr am Tag der Verhandlung stattfinden kann (§ 60 I 1 ArbGG). In dem Urteil entscheidet das Arbeitsgericht auch über die Kosten und setzt den Wert des Streitgegenstandes fest (§ 61 I ArbGG). 1713

Entscheidungen des Arbeitsgerichts und des Landesarbeitsgerichts sind nach § 9 V ArbGG stets mit einer **Rechtsmittelbelehrung** zu versehen. Ist sie unterblieben, laufen die Rechtsmittelfristen nicht (§ 9 V 3 ArbGG). Allerdings kann nach Ablauf eines Jahres seit der Entscheidung regelmäßig kein Rechtsmittel mehr eingelegt werden (§ 9 V 4 ArbGG). 1714

5. Berufung

Gegen die Urteile der Arbeitsgerichte ist die Berufung das statthafte Rechtsmittel (§ 64 ArbGG). Sie kann eingelegt werden, wenn der Wert des Beschwerdegegenstandes 600 EUR übersteigt, der Rechtsstreit über das Bestehen, das Nichtbestehen oder die Kündigung eines Arbeitsverhältnisses geführt wird oder ein zweites Versäumnisurteil mit der Begründung angegriffen wird, dass der Fall der schuldhaften Versäumung nicht vorgelegen habe (§ 64 II ArbGG). Zudem ist die Berufung im Urteil des Arbeitsgerichts zuzulassen, wenn die Rechtssache grundsätzliche Bedeutung hat, einen Rechtsstreit aus Tarifverträgen oder über die Auslegung von Tarifverträgen, eine Arbeitskampfrechtssache oder eine Vereinigungsfreiheitssache betrifft (§ 64 III ArbGG). Gleiches gilt, wenn das Arbeitsgericht von einem ihm vorgelegten, für oder gegen eine Partei ergangenen Urteil oder von einem Urteil des übergeordneten LAG abweicht und die Entscheidung auf dieser Abweichung beruht. Die Entscheidung des Arbeitsgerichts über die Zulassung ist in den Urteilstenor aufzunehmen. Ist dies unterblieben, kann binnen zwei Wochen ab Verkündung des Urteils eine entsprechende Ergänzung beantragt werden (§ 64 IIIa ArbGG). 1715

Für das Berufungsverfahren gelten im Wesentlichen die **Vorschriften der ZPO über die Berufung** entsprechend (§ 64 VI 1 ArbGG). Ein Verfahren vor dem Einzelrichter ist nicht möglich, weil das dem Prinzip der Besetzung der Gerichte für Arbeitssachen mit sachkundigen Beisitzern von Arbeitnehmern und Arbeitgebern zuwiderliefe (§ 64 VI 2 ArbGG). Anders als nach § 525 S. 2 ZPO kommt in Berufungsverfahren auch keine Güteverhandlung (→ Rn. 1709) in Betracht, da § 64 VII ArbGG keinen Verweis auf § 54 I ArbGG enthält.[24] Die Vorschriften der §§ 54 VI, 54 a ArbGG über Güterichter, Mediation und außergerichtliche Konfliktbeilegung (→ Rn. 1689) gelten aber entsprechend (§ 64 VII ArbGG), was eine Einschaltung des Güterichters mit Zustimmung der Parteien ermöglicht. Kündigungsrechtsstreitigkeiten sind auch im Berufungsverfahren vorrangig zu erledigen (§ 64 VIII ArbGG). 1716

24 GMP/*Germelmann* ArbGG § 64 Rn. 127 und Rn. 131 a; Schwab/Weth/*Schwab* ArbGG § 64 Rn. 242.

1717 Nach § 65 ArbGG prüft das Berufungsgericht nicht, ob der beschrittene Rechtsweg und die Verfahrensart zulässig sind. Auch der Einwand fehlender örtlicher Zuständigkeit ist nach § 48 I Nr. 1 ArbGG iVm § 17a II, III GVG unzulässig.[25]

6. Revision

1718 Die Revision gegen Urteile des Landesarbeitsgerichts ist nur statthaft, wenn sie entweder von diesem oder aufgrund einer Nichtzulassungsbeschwerde vom BAG zugelassen worden ist (§ 72 I ArbGG). Die **Zulassung hat zu erfolgen,** wenn entweder die Rechtssache grundsätzliche Bedeutung hat oder das Urteil von einer Entscheidung des BVerfG, des Gemeinsamen Senats der obersten Gerichtshöfe des Bundes, des BAG oder, solange dieses die Rechtsfrage noch nicht entschieden hat, von den Entscheidungen einer anderen Kammer desselben LAG oder eines anderen LAG abweicht und die Entscheidung auf dieser Abweichung beruht, sog. Divergenz (§ 72 II Nr. 1 und 2 ArbGG). Weiterhin ist die Revision zuzulassen, wenn ein absoluter Revisionsgrund iSv § 547 Nr. 1–5 ZPO oder eine entscheidungserhebliche Verletzung des Anspruchs auf rechtliches Gehör geltend gemacht wird und vorliegt (§ 72 II Nr. 3 ArbGG). Die Entscheidung über die Zulassung hat das LAG in den Urteilstenor aufzunehmen (§ 72 I 2 iVm § 64 IIIa ArbGG).

1719 Die Nichtzulassung der Revision durch das LAG kann gem. § 72a ArbGG durch **Nichtzulassungsbeschwerde** angefochten werden. Diese ist nach § 72a III ArbGG statthaft bei grundsätzlicher Bedeutung einer entscheidungserheblichen Rechtsfrage (Nr. 1), bei Divergenz (Nr. 2) und wegen Vorliegens eines absoluten Revisionsgrundes nach § 547 Nr. 1–5 ZPO oder wegen Verletzung des Anspruchs auf rechtliches Gehör bei Entscheidungserheblichkeit der Verletzung (Nr. 3).[26]

1720 Für das Verfahren vor dem BAG gelten im Wesentlichen die **Vorschriften der ZPO über die Revision** (§ 72 V ArbGG). Nach § 73 I ArbGG kann die Revision nur darauf gestützt werden, dass das Urteil des LAG auf der Verletzung einer Rechtsnorm beruht. Das ist der Fall, wenn diese nicht oder nicht richtig angewendet worden ist (§ 546 ZPO). Eine Sprungrevision bedarf der Zustimmung des Gegners und der Zulassung durch das Arbeitsgericht (§ 76 ArbGG).

7. Zwangsvollstreckung

1721 Für die Zwangsvollstreckung gelten die Vorschriften der ZPO (§ 62 II ArbGG). Allerdings sind Urteile der Arbeitsgerichte stets ohne Weiteres, insbesondere ohne Sicherheitsleistung, vorläufig vollstreckbar (§ 62 I 1 ArbGG), sodass die **vorläufige Vollstreckbarkeit** nicht eigens im Urteilstenor ausgesprochen werden muss. Ausgeschlossen werden kann sie nur dann, wenn der Beklagte glaubhaft macht, dass ihm die Vollstreckung einen nicht zu ersetzenden Nachteil bringen würde (§ 62 I 2 ArbGG).

1722 Spricht das Urteil des Arbeitsgerichts die Verpflichtung zur Vornahme einer Handlung aus, ist der Beklagte auf Antrag des Klägers zugleich für den Fall, dass die Handlung nicht binnen einer bestimmten Frist vorgenommen wird, zur Zahlung einer vom Arbeitsgericht nach freiem Ermessen festzusetzenden Entschädigung zu verurteilen (§ 61 II 1 ArbGG). Die Vorschrift hat ebenso wie die Parallelvorschrift des § 510b ZPO nur

25 Schwab/Weth/*Schwab* ArbGG § 64 Rn. 232.
26 Näher dazu GMP/*Müller-Glöge* ArbGG § 72a Rn. 12ff.

geringe praktische Bedeutung, weil die Verurteilung zur Zahlung einer Entschädigung den Nachweis eines Schadens voraussetzt[27] und weil im Falle der Verurteilung zur Zahlung der Entschädigung die Vollstreckung der Vornahme der Handlung ausgeschlossen ist (§ 61 II 2 ArbGG; für § 510b ZPO ordnet dies § 888a ZPO an). In Betracht kommt im Wesentlichen nur der Fall, dass ein Arbeitnehmer, der seine Arbeit nicht antritt, zur Arbeitsleistung verurteilt wird.

V. Beschlussverfahren

Fall 104: Im Werk X mit über 600 Beschäftigten besteht bislang kein Betriebsrat. Die zuständige Gewerkschaft begehrt deshalb beim Arbeitgeber Zutritt zu dem Werk, um die Einladung zu einer Betriebsversammlung, in der gem. § 17 BetrVG ein Wahlvorstand gewählt werden soll, aushängen zu können. Der Arbeitgeber weigert sich mit dem Hinweis, ihm sei nicht bekannt, dass unter seinen Arbeitnehmern überhaupt nur ein Mitglied der Gewerkschaft sei. Daraufhin beantragt die Gewerkschaft beim Arbeitsgericht, den Arbeitgeber zu verpflichten, ihr Zutritt zu gewähren. Zum Nachweis, dass sie durch Mitglieder in dem Betrieb vertreten ist, legt sie eine notarielle Erklärung vor, in der der Notar O bescheinigt, vor ihm sei eine Person mit einem Sekretär der Gewerkschaft erschienen und habe die eidesstattliche Versicherung abgegeben, dass sie derzeit in dem Werk beschäftigt sei und in einem ungekündigten Arbeitsverhältnis stehe. Die Person habe ihm einen gültigen Reisepass sowie einen über Bank verbuchten Überweisungsträger vorgelegt, bei dem es sich nach Form und Gestaltung um eine Lohnabrechnung handele. Auch habe die Person einen Mitgliedsausweis der Gewerkschaft vorgelegt. Der Prozessvertreter des Arbeitgebers hält diese Erklärung für untauglich, um das Vertretensein der Gewerkschaft in dem Werk nachzuweisen.

1. Rechtswegzuständigkeit

Beim **Beschlussverfahren,** das in den §§ 80ff. ArbGG geregelt ist, handelt es sich um eine besondere Verfahrensart für kollektivrechtliche Angelegenheiten. Im Beschlussverfahren sind die Gerichte für Arbeitssachen gem. § 2a ArbGG in folgenden Fällen ausschließlich zuständig: 1723

- Angelegenheiten aus dem Betriebsverfassungsgesetz (Nr. 1), zB über die Zulässigkeit der Errichtung eines Betriebsrats, die Betriebsratswahl, die Zuständigkeit der verschiedenen Organe der Betriebsverfassung, die Rechte und Befugnisse von Betriebsratsmitgliedern, die Kosten der Betriebsratstätigkeit, die Mitbestimmungsrechte des Betriebsrats, die Einigungsstelle, Weiterbeschäftigungsverlangen eines Auszubildenden nach § 78a BetrVG sowie über die Befugnisse der Koalitionen in der Betriebsverfassung;
- Angelegenheiten aus dem Sprecherausschussgesetz (Nr. 2);
- Angelegenheiten aus den Mitbestimmungsgesetzen (Nr. 3);
- Angelegenheiten im Zusammenhang mit der Schwerbehindertenvertretung (§§ 94, 95 SGB IX[28]) und der Mitwirkung in Werkstätten für behinderte Menschen (§ 139 SGB IX[29]) (Nr. 3a);
- Angelegenheiten aus dem Gesetz über Europäische Betriebsräte und Angelegenheiten aus den Beteiligungsgesetzen, die die Mitbestimmung in europäischen Gesellschaften und bei grenzüberschreitenden Verschmelzungen betreffen (Nr. 3b und Nr. 3e–g);

27 Grunsky/Waas/Benecke/Greiner/*Benecke* ArbGG § 61 Rn. 19.
28 Ab dem 1.1.2018: §§ 177, 178 SGB IX.
29 Ab dem 1.1.2018: § 222 SGB IX.

- Angelegenheiten wegen der Interessenvertretung Auszubildender in einer sonstigen Berufsbildungseinrichtung außerhalb der schulischen und betrieblichen Berufsbildung (§ 51 BBiG) (Nr. 3c);
- Angelegenheiten aus § 10 des Bundesfreiwilligendienstgesetzes (Nr. 3d);
- Entscheidung über die Tariffähigkeit und die Tarifzuständigkeit einer Koalition (Nr. 4).
- Entscheidung über die Wirksamkeit einer Allgemeinverbindlicherklärung nach § 5 TVG, einer Rechtsverordnung nach § 7 oder § 7a AEntG und einer Rechtsverordnung nach § 3a AÜG (Nr. 5);
- Entscheidung über den nach § 4a II 2 TVG im Betrieb anwendbaren Tarifvertrag (Nr. 6).

Für Rechtsstreitigkeiten aus dem **Personalvertretungsrecht** sind die **Verwaltungsgerichte** zuständig (→ Rn. 1626).

2. Sachliche Zuständigkeit

1724 Ebenso wie im Urteilsverfahren (→ Rn. 1706) sind auch im Beschlussverfahren nach § 8 I ArbGG **im ersten Rechtszug** die Arbeitsgerichte zuständig. Eine Ausnahme ist durch das Gesetz zur Stärkung der Tarifautonomie in dem besonderen Beschlussverfahren zur Entscheidung über die Tariffähigkeit oder die Tarifzuständigkeit einer Vereinigung nach § 97 ArbGG (→ Rn. 1735) und in dem besonderen Beschlussverfahren zur Entscheidung über die Wirksamkeit einer Allgemeinverbindlicherklärung oder einer Rechtsverordnung nach § 98 ArbGG (→ Rn. 1735) gemacht worden. Das Gesetz sieht hier zum Zweck der Verfahrensbeschleunigung und schnelleren Herbeiführung von Rechtssicherheit eine erstinstanzliche Zuständigkeit des LAG vor (§ 97 II und § 98 II ArbGG).

3. Örtliche Zuständigkeit

1725 Nach § 82 ArbGG ist das Arbeitsgericht örtlich zuständig, **in dessen Bezirk der Betrieb liegt.** In Angelegenheiten des Gesamtbetriebsrats, des Konzernbetriebsrats und sonstiger an das Unternehmen oder den Konzern anknüpfender Arbeitnehmervertretungen sowie in Angelegenheiten der Vertretung der Arbeitnehmer im Aufsichtsrat ist der **Sitz des Unternehmens** maßgeblich. Gleiches gilt in Angelegenheiten aus dem Gesetz über Europäische Betriebsräte und in Angelegenheiten aus den Beteiligungsgesetzen, die die Mitbestimmung in europäischen Gesellschaften und bei grenzüberschreitenden Verschmelzungen betreffen (§ 82 II–V ArbGG). Die §§ 12ff. ZPO werden durch § 82 ArbGG verdrängt.[30] Im Verfahren nach § 97 ArbGG und im Verfahren nach § 98 ArbGG ergibt sich die örtliche Zuständigkeit jeweils aus Abs. 2 der beiden Vorschriften.

4. Beteiligte

1726 Das Beschlussverfahren kennt keine eigentlichen Parteien, sondern **Beteiligte.** Beteiligt ist zunächst derjenige, der gem. § 81 I ArbGG das Verfahren durch seinen Antrag einleitet. In einer Betriebsverfassungssache kann das der Betriebsrat, der Gesamt-, der Konzernbetriebsrat, der Arbeitgeber, ein einzelner Arbeitnehmer, eine Arbeitsgruppe nach

30 GMP/*Matthes/Spinner* ArbGG § 82 Rn. 2.

§ 28 a BetrVG oder auch eine im Betrieb vertretene Gewerkschaft sein, je nachdem, wer mit seinem Antrag ein ihm nach seiner Behauptung zustehendes Recht aus der Betriebsverfassung geltend macht. Beteiligte sind, wie sich aus § 83 III ArbGG ergibt, aber auch alle diejenigen Personen und Stellen, deren Rechte durch den gestellten Antrag berührt werden. Beantragt der Betriebsrat die Feststellung, dass eine bestimmte Maßnahme des Arbeitgebers sein Mitbestimmungsrecht verletzt (→ Rn. 1382), ist der Arbeitgeber ein weiterer Beteiligter. Ficht ein wahlberechtigter Arbeitnehmer die Betriebsratswahl an (→ Rn. 1240 ff.), sind sowohl der Betriebsrat als auch der Arbeitgeber weitere Beteiligte. Beantragt der Arbeitgeber gem. § 103 BetrVG die Zustimmung des Betriebsrats zur außerordentlichen Kündigung eines Betriebsratsmitglieds (→ Rn. 1522), sind der Betriebsrat und das betreffende Betriebsratsmitglied weitere Beteiligte. Die **Beteiligtenfähigkeit** der beteiligten Personen, Stellen und Vereinigungen, auch wenn sie nicht rechtsfähig sind, ergibt sich aus § 10 S. 1 Hs. 2, S. 2 und S. 3 ArbGG.

Grundsätzlich haben alle am Beschlussverfahren Beteiligten **die gleichen prozessualen** 1727
Rechte. Insbesondere sind sie alle in gleicher Weise zu hören (§ 83 III ArbGG) und haben ihrerseits an der Aufklärung des Sachverhalts mitzuwirken. Jeder Beteiligte kann selbst einen Sachantrag stellen und gegen eine Entscheidung das gegebene Rechtsmittel einlegen. An einer Beendigung des Rechtsstreits durch Vergleich oder Erledigterklärung (→ Rn. 1733) müssen alle Beteiligten mitwirken (§ 83 a ArbGG). Lediglich seinen Antrag zurücknehmen kann der Antragsteller allein (§ 81 II ArbGG).

Aus der Stellung als Beteiligter folgt, dass eine im Beschlussverfahren vom Arbeitsge- 1728
richt getroffene Entscheidung die Beteiligten bindet. Diese **Bindungswirkung** ist insbesondere für das betroffene Betriebsratsmitglied im Fall des Zustimmungsersetzungsverfahrens nach § 103 II BetrVG von Bedeutung. Ersetzt das Arbeitsgericht die Zustimmung, trifft es damit zugleich für einen nachfolgenden Kündigungsschutzprozess die bindende Feststellung, dass die außerordentliche Kündigung des Betriebsratsmitglieds gerechtfertigt ist (→ Rn. 1523).

5. Verfahren

Im Beschlussverfahren gelten nach § 80 II ArbGG für die dort genannten prozessualen 1729
Gesichtspunkte die Vorschriften über das Urteilsverfahren des ersten Rechtszugs entsprechend, soweit sich aus den §§ 81–84 ArbGG nichts anderes ergibt. Damit ist auch § 46 II ArbGG mit seinem Verweis auf die ZPO in Bezug genommen.

Im Interesse der Richtigkeit von Entscheidungen, die Kollektivinteressen berühren, 1730
bestimmt § 83 I 1 ArbGG, dass das Gericht den Sachverhalt im Rahmen der gestellten Anträge von Amts wegen zu erforschen hat. Der **Amtsermittlungsgrundsatz** unterliegt jedoch Einschränkungen. So haben die am Verfahren Beteiligten an der Aufklärung des Sachverhalts mitzuwirken (§ 83 I 2 ArbGG). Dabei kann der Vorsitzende ihnen eine Frist für ihr Vorbringen setzen, nach deren Ablauf sie mit ihrem Vorbringen ausgeschlossen werden können (§ 83 Ia ArbGG). Auch ändert der Amtsermittlungsgrundsatz nichts an der Geltung der übrigen Grundsätze des Zivilprozesses.

In **Fall 104** beruft sich der Prozessvertreter des Arbeitgebers auf den Grundsatz der Unmittelbarkeit und Parteiöffentlichkeit der Beweisaufnahme. Dessen Geltung auch im arbeitsgerichtlichen Beschlussverfahren ergibt sich aus §§ 80 II, 58 sowie § 46 II ArbGG iVm §§ 355, 357 ZPO. Mit dem Unmittelbarkeitsgrundsatz ist ein »Geheimverfahren«, wie es hier eingeschlagen worden ist, unvereinbar.[31] Der Gesetzgeber hat nun allerdings mit dem Tarifeinheitsgesetz v. 3.7.2015 in § 58 III ArbGG geregelt, dass über die Zahl der in einem Arbeitsverhältnis stehenden Mitglieder oder das Vertretensein einer Gewerkschaft im Betrieb Beweis auch durch die Vorlegung öffentlicher Urkunden angetreten werden kann. Damit hat er einen Beschluss aufgegriffen, in welchem das BAG das vorliegende »Geheimverfahren« für den Nachweis des Vertretenseins einer Gewerkschaft im Betrieb als ausreichend erachtet hat.[32] Nach der gesetzlichen Regelung des § 58 III ArbGG soll dieses neben der Frage des Vertretenseins einer Gewerkschaft im Betrieb nun auch in arbeitsgerichtlichen Verfahren zur Entscheidung über den nach § 4a II 2 TVG im Betrieb anwendbaren Tarifvertrag (→ Rn. 1042ff.) herangezogen werden können, was beweisrechtlich und rechtsstaatlich bedenklich ist und auch zu erheblichen praktischen Problemen führt.[33] Unabhängig davon kann § 58 III ArbGG nur in den beiden geschilderten Konstellationen zur Anwendung kommen. Beantragt die Gewerkschaft, den Arbeitgeber zu verurteilen, die Anwendung näher bezeichneter untertariflicher Arbeitsbedingungen hinsichtlich ihrer Mitglieder zu unterlassen (→ Rn. 144), bedarf es auch weiterhin der namentlichen Benennung der Arbeitnehmer, die Mitglied der klagenden bzw. antragstellenden Gewerkschaft sind. Andernfalls ist der Antrag nicht hinreichend bestimmt.[34]

1731 Besondere Grundsätze gelten für das **Rechtsschutzbedürfnis** zu einem Antrag, mit dem die Feststellung begehrt wird, dass eine Angelegenheit nach § 87 BetrVG mitbestimmungspflichtig oder nicht mitbestimmungspflichtig ist. Es ist schon dann zu bejahen, wenn in einer bestimmten Angelegenheit der Arbeitgeber das Bestehen eines Mitbestimmungsrechts bestreitet oder umgekehrt sich der Betriebsrat eines Mitbestimmungsrechts rühmt. Dass in der streitigen Angelegenheit ein Verfahren vor der Einigungsstelle läuft, steht der Zulässigkeit eines solchen Antrags nicht entgegen.[35] **Abstrakte Rechtsfragen** dürfen aber auch im Beschlussverfahren nicht entschieden werden. Ein Antrag, der ohne Bezug auf einen bestimmten Sachverhalt eine zwischen Betriebsrat und Arbeitgeber streitige Auslegung einer Mitbestimmungsvorschrift klären soll, ist unzulässig.[36]

1732 Auch das Beschlussverfahren ist dreizügig ausgestaltet: Die Entscheidung des Arbeitsgerichts kann durch **Beschwerde** an das LAG angefochten werden (§§ 87ff. ArbGG). Gegen die Entscheidung des LAG findet wiederum die **Rechtsbeschwerde** zum BAG statt, wobei dieselben Einschränkungen gelten wie bei der Revision (§§ 92ff. ArbGG).

1733 Trotz des Amtsermittlungsgrundsatzes bleiben die Beteiligten Herr des Beschlussverfahrens. Insbesondere können sie einen **Vergleich** schließen (§ 83a I ArbGG) oder das Verfahren für **erledigt** erklären, worauf es vom Vorsitzenden des Arbeitsgerichts einzustellen ist (§ 83a I, II ArbGG). Ob der Anhörung vor der Kammer ein Güteverfahren vorangeht, steht im Ermessen des Vorsitzenden (§ 80 II 2 Hs. 1 ArbGG). Führt er das Güteverfahren durch, gilt § 54 I–III ArbGG entsprechend (§ 80 II 2 Hs. 2

31 *Prütting/Weth* DB 1989, 2273; krit. auch *Walker,* FS Egon Schneider, 1997, 147ff.

32 BAG 25.3.1992 – 7 ABR 65/90, NZA 1993, 134; eine gegen die Entscheidung des BAG gerichtete Verfassungsbeschwerde ist von der zuständigen Kammer des BVerfG nicht angenommen worden (BVerfG 21.3.1994 [2. Kammer des Ersten Senats] – 1 BvR 1485/93, NZA 1994, 891).

33 IE *Löwisch/Rieble,* Tarifvertragsgesetz, 4. Aufl. 2017, § 4a Rn. 287ff. mN.

34 Richtig BAG 19.3.2003 – 4 AZR 271/02, NZA 2003, 1221; zu Unrecht diff. BAG 17.5.2011 – 1 AZR 473/09, NZA 2011, 1169 = EzA Art. 9 GG Nr. 105 mkritAnm. *Löwisch/Krauss.*

35 BAG 2.4.1996 – 1 ABR 47/95, NZA 1996, 998; *Fitting,* Betriebsverfassungsgesetz, 28. Aufl. 2016, § 76 Rn. 184.

36 Vgl. BAG 17.3.1987 – 1 ABR 65/85, NZA 1987, 786 zur Bestimmtheit des Antrags im Beschlussverfahren.

ArbGG).[37] Auch finden die Vorschriften über Mediation und außergerichtliche Konfliktbeilegung (→ Rn. 1689) entsprechende Anwendung.

1734 Entscheidungen im Beschlussverfahren sind der **Zwangsvollstreckung** zugänglich (§ 85 I ArbGG). Auch der Erlass einer einstweiligen Verfügung ist möglich (§ 85 II ArbGG). Letzteres hat Bedeutung vor allem in Fällen der Verletzung eines Mitbestimmungsrechts durch den Arbeitgeber. Hier kann der Betriebsrat die Durchführung einer mitbestimmungspflichtigen Maßnahme vor Abschluss des Mitbestimmungsverfahrens durch einstweilige Verfügung untersagen lassen (→ Rn. 1382).

1735 Ein besonderes Verfahren sieht § 97 ArbGG bei Entscheidungen über die **Tariffähigkeit und die Tarifzuständigkeit einer Vereinigung** vor. Insbesondere kann dieses Verfahren nicht nur von der betreffenden Vereinigung oder ihrem tariflichen Gegenspieler, sondern auch von anderen räumlich und sachlich zuständigen Vereinigungen von Arbeitnehmern oder von Arbeitgebern oder von der obersten Arbeitsbehörde des Bundes oder eines Landes, auf dessen Gebiet sich die Tätigkeit der Vereinigung erstreckt, eingeleitet werden (§ 97 I ArbGG). Auch wirkt die Entscheidung im Verfahren nach § 97 ArbGG für und gegen jedermann (§ 97 III ArbGG).[38] In Anlehnung daran ist durch das Gesetz zur Stärkung der Tarifautonomie in § 98 ArbGG ein besonderes Verfahren zur Entscheidung über die **Wirksamkeit einer Allgemeinverbindlicherklärung** nach § 5 TVG, einer Rechtsverordnung nach § 7 oder § 7a AEntG und einer Rechtsverordnung nach § 3a AÜG mit einer Zuständigkeitskonzentration bei den Gerichten für Arbeitssachen eingeführt worden[39] (→ Rn. 1723f.). Schließlich hat der Gesetzgeber im Zuge des Tarifeinheitsgesetzes (→ Rn. 1044ff.) in § 99 ArbGG ein besonderes Beschlussverfahren für den Fall eingeführt, dass eine Entscheidung über den nach § 4a II 2 TVG **im Betrieb anwendbaren Tarifvertrag** zu treffen ist. Das Verfahren wird nur auf Antrag einer Tarifvertragspartei eines kollidierenden Tarifvertrags eingeleitet (§ 99 I ArbGG). Auch hier wirkt ein rechtskräftiger Beschluss für und gegen jedermann (§ 99 III ArbGG).

Hätten im **Fall 104** die Beteiligten darüber gestritten, ob die Gewerkschaft, die Zugang zu dem Betrieb begehrte, überhaupt die nach hM notwendige Eigenschaft einer tariffähigen Gewerkschaft hat (→ Rn. 1327) oder das Arbeitsgericht selbst entsprechende Zweifel gehabt,[40] hätte das Arbeitsgericht die Entscheidung von Amts wegen aussetzen müssen, bis in dem besonderen Verfahren nach § 97 ArbGG über das Vorliegen der Tariffähigkeit entschieden worden wäre (§ 97 V ArbGG).

1736 Bei Streitigkeiten über die **Person des Vorsitzenden und die Zahl der Beisitzer einer Einigungsstelle** (§ 76 II 2 und 3 BetrVG) sieht § 100 ArbGG ein beschleunigtes Verfahren vor. Nach Abs. 1 S. 2 kann ein entsprechender Antrag wegen fehlender Zuständigkeit der Einigungsstelle nur zurückgewiesen werden, wenn die Einigungsstelle offensichtlich unzuständig ist. Nach Abs. 1 S. 4 betragen die Einlassungs- und Ladungsfristen 48 Stunden. Nach Abs. 2 S. 2 ist eine etwaige Beschwerde innerhalb von zwei Wochen einzulegen und zu begründen. Auch endet ein solcher Streit stets beim LAG. Eine Rechtsbeschwerde ist nicht statthaft (Abs. 2 S. 4). Sowohl beim Arbeitsge-

37 Näher dazu GMP/*Matthes/Spinner* ArbGG § 80 Rn. 54ff.; Schwab/Weth/*Weth* ArbGG § 80 Rn. 44.
38 Schwab/Weth/*Walker* ArbGG § 97 Rn. 34.
39 Dazu BAG 21.9.2016 – 10 ABR 33/15, NZA Beil. 1/2017, 12.
40 Zu den Voraussetzungen BAG 28.1.2008 – 3 AZB 30/07, NZA 2008, 489; Schwab/Weth/*Walker* ArbGG § 97 Rn. 44.

richt als auch beim LAG entscheidet der Vorsitzende allein und nicht die betreffende Kammer (Abs. 1 S. 1 und Abs. 2 S. 3). Das dient der Verfahrensbeschleunigung.

1737 § 100 ArbGG enthält auch eine Vorschrift zum **Schutz der Unbefangenheit** der Gerichte für Arbeitssachen. Nach Abs. 1 S. 5 darf ein Richter nur dann zum Vorsitzenden der Einigungsstelle bestellt werden, wenn aufgrund der Geschäftsverteilung ausgeschlossen ist, dass er mit der Überprüfung, der Auslegung oder der Anwendung des Spruchs der Einigungsstelle befasst wird.

VI. Verfahrenskosten

1738 Die **Gerichtskosten** des arbeitsgerichtlichen Verfahrens sind im Urteilsverfahren im Interesse des Arbeitnehmers niedriger als im Verfahren vor den ordentlichen Gerichten (Teil 8 der Anlage 1 zu § 3 II GKG). Kostenvorschüsse werden nicht erhoben (§ 11 GKG). Bei Beendigung des Verfahrens durch einen gerichtlichen Vergleich entfällt eine angefallene Gebühr (Vorbemerkung 8 des Teils 8 der Anlage 1 zu § 3 II GKG). Im Beschlussverfahren werden Gerichtskosten nicht erhoben (§ 2 II GKG).

1739 Was die **Kosten der Parteien** anlangt, so hat die obsiegende Partei im Urteilsverfahren der ersten Instanz keinen Anspruch auf Erstattung der Kosten für die Zuziehung eines Prozessbevollmächtigten (§ 12a ArbGG). Die Regelung will vermeiden, dass Arbeitnehmer durch das Risiko solcher Kostenerstattung von der Führung eines Prozesses abgehalten werden. Sofern es sich bei dem Prozessbevollmächtigten um einen Rechtsanwalt handelt, muss also die betreffende Partei die Kosten selbst tragen. Gewerkschaften und Arbeitgebervereinigungen gewähren den Parteien allerdings aufgrund ihrer Mitgliedschaft regelmäßig kostenlos Rechtsschutz und Prozessvertretung. Über die Parteikosten, die im Beschlussverfahren entstehen, enthält das Gesetz keine Regelung. Ihre Erstattung richtet sich nach materiell-rechtlichen Vorschriften. Für betriebsverfassungsrechtliche Streitigkeiten bedeutet das, dass gem. § 40 BetrVG der Arbeitgeber regelmäßig auch die Kosten der Betriebsratsseite zu tragen hat (→ Rn. 1291 ff.).

VII. Kontrollfragen

1740 **Frage 112:** Wie sind die Kammern bei den Arbeitsgerichten besetzt?

Frage 113: Inwieweit können im Urteilsverfahren Verbandsvertreter für Arbeitnehmer und Arbeitgeber vor den Gerichten für Arbeitssachen auftreten?

Frage 114: In welchen Fällen genügt nach der Rechtsprechung des BAG die bloße Behauptung des Klägers, Arbeitnehmer zu sein, zur Eröffnung des Rechtswegs zu den Gerichten für Arbeitssachen?

Frage 115: Wer ist Beteiligter im arbeitsgerichtlichen Beschlussverfahren?

Anhang 1

Manteltarifvertrag für die Arbeitnehmer[1] der bayerischen Metall- und Elektroindustrie (mit Erläuterungen) vom 23. Juni 2008[2]

§ 1 Geltungsbereich

Dieser Tarifvertrag gilt:

1. Räumlich:
Für das Land Bayern.

2. Fachlich:
Für alle Betriebe, Betriebsabteilungen und Ingenieurbüros der Metall- und Elektroindustrie sowie deren Hilfs- und Nebenbetriebe einschließlich der Niederlassungen, soweit diese dem Betriebszweck des Hauptbetriebes dienen.

3. Persönlich:

(I) Für alle Arbeitnehmer sowie für die Auszubildenden.

(II) Nicht als Arbeitnehmer i. S. dieses Vertrages gelten:
a) Vorstandsmitglieder und gesetzliche Vertreter von juristischen Personen und Personengesamtheiten;
b) Geschäftsführer und Betriebsleiter, die selbstständig zur Einstellung und Entlassung von Arbeitnehmern befugt sind;
c) leitende Angestellte, denen Prokura oder Handlungsvollmacht erteilt ist;
d) sonstige Arbeitnehmer, denen auf außertariflicher Grundlage ein garantiertes monatliches Entgelt zugesagt worden ist, das den Tarifsatz der Entgeltgruppe 12 (Stufe B) um 30,5 v. H. übersteigt, oder
denen auf außertariflicher Grundlage ein garantiertes Jahreseinkommen zugesagt worden ist, das den zwölffachen Tarifsatz der Entgeltgruppe 12 (Stufe B) um 35 v. H. übersteigt.

Anmerkung zu § 1 Ziff. 2

Unter »Metallindustrie« ist die gesamte metallbe- und -verarbeitende Industrie zu verstehen.
Unter »Elektroindustrie« ist die gesamte elektrotechnische und elektronische Industrie zu verstehen.
Unter den fachlichen Geltungsbereich des Tarifvertrages fallen damit insbesondere:
Hochofen-, Stahl- und Warmwalzwerke
Schmiede-, Press- und Hammerwerke
Metallhütten und Umschmelzwerke einschl. Edelmetallscheideanstalten
Metallhalbzeugwerke
Gießereien
(...)
Die Zugehörigkeit eines Betriebes zu einem der vorgenannten Bereiche wird nicht dadurch ausgeschlossen, dass andere Stoffe als Metall, wie z. B. Kunststoff, verarbeitet werden.

1 Der Begriff Arbeitnehmer gilt im Folgenden für Arbeitnehmer und Arbeitnehmerinnen.
2 Anmerkungen und Protokollnotizen sind nur dort aufgenommen, wo es dem besseren Verständnis dient.

Ausgenommen vom Geltungsbereich ist der Zentralheizungs- und Lüftungsbau.
»Hilfsbetriebe« sind Betriebe, Betriebsabteilungen und Ingenieurbüros, die dem Arbeitsprozess des Hauptbetriebes vorgeschaltet sind bzw. diesen begleiten.
»Nebenbetriebe« sind Betriebe, Betriebsabteilungen und Ingenieurbüros, die dem Arbeitsprozess des Hauptbetriebes nachgeschaltet sind.
Dem Betriebszweck des Hauptbetriebes dienen Hilfs- und Nebenbetriebe dann, wenn sie mit dem Arbeitsprozess des Hauptbetriebes im Zusammenhang stehen, ohne Rücksicht auf die räumliche Verbundenheit.
(...)

§ 2 Regelmäßige Arbeitszeit

1.

(I) Die tarifliche wöchentliche Arbeitszeit ohne Pausen beträgt 35 Stunden.

(II) Die individuelle regelmäßige wöchentliche Arbeitszeit der Vollzeitbeschäftigten entspricht grundsätzlich der tariflichen wöchentlichen Arbeitszeit gem. Abs. (I).

(III) Für einzelne Arbeitnehmer kann die individuelle regelmäßige wöchentliche Arbeitszeit auf bis zu 40 Stunden verlängert werden. Dies bedarf der Zustimmung des Arbeitnehmers.
Der Betriebsrat ist über die Verlängerung zu unterrichten.
Lehnen Arbeitnehmer die Verlängerung ihrer individuellen regelmäßigen wöchentlichen Arbeitszeit ab, so darf ihnen daraus kein Nachteil entstehen.
Die vereinbarte verlängerte Arbeitszeit kann auf Wunsch des Arbeitnehmers oder des Arbeitgebers mit einer Ankündigungsfrist von 3 Monaten geändert werden, es sei denn, sie wird einvernehmlich früher geändert.
Das Arbeitsentgelt wird entsprechend angepasst.
Der Arbeitgeber teilt dem Betriebsrat jeweils zum Ende eines Kalenderhalbjahres die Arbeitnehmer mit verlängerter individueller regelmäßiger wöchentlicher Arbeitszeit mit, deren Zahl 13 v. H. aller Arbeitnehmer des Betriebes einschließlich der Arbeitnehmer gem. § 1 Ziff. 3 Abs. (II) und der leitenden Angestellten nicht übersteigen darf.
Bei der Berechnung der Quote sind Auszubildende, Praktikanten und Arbeitnehmer in ruhenden Arbeitsverhältnissen ausgenommen.

(IV) Die individuelle regelmäßige wöchentliche Arbeitszeit kann gleichmäßig oder ungleichmäßig auf 5 Werktage (in der Regel Montag bis Freitag) verteilt werden. Eine davon abweichende Verteilung kann nach Maßgabe der betrieblichen Erfordernisse sowie der Interessenlage der Arbeitnehmer mit dem Betriebsrat vereinbart werden.
Bei ungleichmäßiger Verteilung der Arbeitszeit auf mehrere Wochen muss die individuelle regelmäßige wöchentliche Arbeitszeit im Durchschnitt von längstens 6 Monaten erreicht werden. In den Betriebsvereinbarungen über die Arbeitszeitvereinbarung sind auch Beginn und Ende der Ausgleichszeiträume festzulegen.
Im Nichteinigungsfall kann gem. § 23 Abschn. D verfahren werden.

(V) Wenn keine andere Regelung getroffen wird, beträgt für Vollzeitbeschäftigte die regelmäßige tägliche Arbeitszeit bis zu 8 Stunden.

(VI) Bei einer Differenz zwischen der festgelegten regelmäßigen wöchentlichen Arbeitszeit und der individuellen regelmäßigen wöchentlichen Arbeitszeit kann der Zeitausgleich auch in Form von freien Tagen erfolgen. Dabei muss zur Vermeidung von Störungen im Betriebsablauf eine möglichst gleichmäßige Anwesenheit der Arbeitnehmer gewährleistet sein. Bei der Festlegung der freien Tage, die auch durch Betriebsvereinbarung möglich ist, sind die Wünsche der Arbeitnehmer zu berücksichtigen.
Im Nichteinigungsfall kann gem. § 23 Abschn. D verfahren werden.

(VII) Bei Arbeitnehmern, in deren Arbeitszeit regelmäßig und in erheblichem Umfang Arbeitsbereitschaft fällt, darf die regelmäßige wöchentliche Arbeitszeit 41 Stunden nicht überschreiten.
Unter diese Kategorien können z. B. fallen Maschinisten, Werkschutzleute, Werksfeuerwehrleute, Boten, Kraftwagenführer.
Eine über 41 Stunden hinausgehende regelmäßige wöchentliche Arbeitszeit kann in Fällen einer besonders erheblichen Arbeitsbereitschaft bis zu 46 Stunden wöchentlich vereinbart werden. Die Eingruppierung dieser Arbeitnehmerkategorien und eine in besonderen Fällen über 46 Stunden hinausgehende Regelung werden mit dem Betriebsrat vereinbart.
Im Nichteinigungsfall kann gem. § 23 Abschn. D verfahren werden.
Günstigere betriebliche Regelungen bleiben unberührt.
Protokollnotiz:
Im Rahmen der Regelung in § 2 Ziff. 1 Abs. (VII) zur regelmäßigen wöchentlichen Arbeitszeit für Arbeitnehmer, in deren Arbeitszeit regelmäßig und in erheblichem bzw. besonders erheblichem Umfang Arbeitsbereitschaft fällt, ist auch die Vereinbarung einer werktäglichen Arbeitszeit von mehr als zehn Stunden zulässig. Die Bestimmungen zur Mehrarbeit bleiben unberührt.

(VIII) Für Jugendliche bis zur Vollendung des 18. Lebensjahres gilt außerdem die Jugendschutzgesetzgebung.

(IX) Zeiten für Umkleiden und Waschen sowie Pausen sind keine feste Arbeitszeit.
Abweichende Regelungen können mit dem Betriebsrat vereinbart werden.
Im Nichteinigungsfall kann gem. § 23 Abschn. D verfahren werden.

(X) In 3-Schicht-Betrieben ist den Arbeitnehmern je Schicht eine Pausenzeit von insgesamt 30 Minuten ohne Entgeltabzug zu gewähren.
In 1- und 2-schichtigen Betrieben gilt das gleiche in den Fällen, in denen infolge Weiterlaufens der Maschinen eine feststehende Pause nicht eingehalten werden kann.
Protokollnotiz:
Von der Regelung des Satzes 1 kann durch nicht erzwingbare Betriebsvereinbarung dahingehend abgewichen werden, dass anstelle der je Schicht zu bezahlenden Pausen den in der 3. Schicht (Nachtschicht) beschäftigten Arbeitnehmern für die festgelegte Schichtzeit (ohne Pausen) ein Zeitzuschlag von 23 v. H. gewährt wird. Die hieraus zu errechnende Gesamtzeit (Schichtzeit zuzüglich Zeitzuschlag) ist die festgelegte regelmäßige Arbeitszeit i. S. der gesetzlichen und tarifvertraglichen Bestimmungen.
Nach Ablauf der Betriebsvereinbarung wirken ihre Regelungen nicht nach.

(XI) Arbeitnehmer, deren individuelle regelmäßige wöchentliche Arbeitszeit geringer als die tarifliche wöchentliche Arbeitszeit ist, sind Teilzeitbeschäftigte.
Teilzeitarbeit ist einzelvertraglich zu vereinbaren. Wünschen Arbeitnehmer Teilzeitarbeit, so soll dem im Rahmen der betrieblichen Möglichkeiten entsprochen werden.
Arbeitnehmer mit Teilzeitarbeit haben entsprechend dem Umfang ihrer Arbeitszeit im Rahmen ihres Arbeitsvertrages die gleichen tariflichen Rechte und Pflichten wie Vollzeitbeschäftigte, soweit sich aus den Tarifverträgen nicht etwas anderes ergibt.
Zeiten einer Teilzeitbeschäftigung zählen unabhängig vom Umfang und der Verteilung der Teilarbeitszeit als Betriebs- bzw. Unternehmenszugehörigkeit.
Teilzeitarbeit soll, sofern sachliche Gründe keine andere Regelung erfordern, so gestaltet werden,
– dass die jeweils gültigen Grenzen der Sozialversicherungspflicht im Rahmen der Kranken-, Renten-, und Arbeitslosenversicherung nach Möglichkeit nicht unterschritten werden; anderenfalls ist der Arbeitnehmer auf mögliche sozialversicherungsrechtliche Folgen schriftlich hinzuweisen;
– dass die tägliche Arbeitszeit mindestens 3 Stunden beträgt und zusammenhängend erbracht werden kann.

Wünschen Arbeitnehmer mit Teilzeitarbeit den Übergang in Vollzeitarbeit oder eine andere Arbeitszeit in Teilzeit, so soll dem entsprochen werden, wenn eine entsprechende Beschäftigung an einem anderen zumutbaren Arbeitsplatz oder mit einer anderen Arbeitszeit am gleichen Arbeitsplatz betrieblich möglich ist.

2.

(I) Beginn und Ende der täglichen Arbeitszeit, sowie die Pausen werden mit dem Betriebsrat unter Berücksichtigung der betrieblichen Verhältnisse vereinbart.
Im Nichteinigungsfall ist gem. § 23 Abschn. D zu verfahren.

(II) Die Arbeitszeit am 24. und 31. Dezember endet jeweils um 12 Uhr, es sei denn, dass bei Vorliegen besonderer betrieblicher Verhältnisse mit dem Betriebsrat eine andere Regelung vereinbart wird. Die ausfallende Arbeitszeit ist zu vergüten.
Im Nichteinigungsfall kann gem. § 23 Abschn. D verfahren werden.

3.

(I) Nach Vereinbarung mit dem Betriebsrat kann an Werktagen vor und nach gesetzlichen Feiertagen, sowie aus besonderen Anlässen der Betrieb geschlossen werden.
Im Nichteinigungsfall kann gem. § 23 Abschn. D verfahren werden.

(II) Die an einzelnen Tagen ausfallenden Arbeitsstunden können nach Vereinbarung mit dem Betriebsrat innerhalb eines Zeitraumes von 10 Wochen vor- bzw. nachgearbeitet werden; Ausfallzeit im Zusammenhang mit einer Betriebsschließung in der Weihnachtszeit (24. Dezember bis 6. Januar) kann jedoch in der Zeit zwischen 1. Oktober bis 28. Februar des folgenden Jahres vor- bzw. nachgearbeitet werden. Die Vor- und Nacharbeit ist zuschlagsfrei.
Im Nichteinigungsfall kann gem. § 23 Abschn. D verfahren werden.
Einer Vereinbarung mit dem Betriebsrat bedarf es nicht, wenn einzelne Arbeitnehmer ausgefallene Arbeitsstunden in der laufenden bzw. der folgenden Woche vor- bzw. nacharbeiten.

4.

Regelungen über eine gleitende Arbeitszeit sind mit dem Betriebsrat zu vereinbaren.
Im Nichteinigungsfall kann gem. § 23 Abschn. D verfahren werden.

5.

Die Arbeitnehmer haben die aus diesem Tarifvertrag sich ergebenden sowie die mit dem Betriebsrat vereinbarten bzw. durch Entscheidung der Schlichtungsstelle festgelegten Arbeitsstunden einzuhalten.
(...)

§ 3 Kurzarbeit

1.

Wenn es die betrieblichen Verhältnisse erfordern, kann nach Vereinbarung mit dem Betriebsrat für den Betrieb, für Betriebsabteilungen oder Gruppen von Arbeitnehmern Kurzarbeit nach einer Ankündigungsfrist von 3 Wochen (21 Kalendertage), ohne dass es einer Kündigung des Arbeitsverhältnisses bedarf, eingeführt werden.
Eine verkürzte Ankündigungsfrist kann bei Vorliegen wichtiger Gründe mit schriftlicher Zustimmung der Tarifvertragsparteien festgelegt werden. Die Tarifvertragsparteien haben sich mit solchen Anträgen sofort zu befassen.
Im Nichteinigungsfall kann gem. § 23 Abschn. D verfahren werden.

2.

Dauert die Kurzarbeit länger als sechs Wochen, so können die betroffenen Arbeitnehmer das Arbeitsverhältnis mit der tariflichen Kündigungsfrist kündigen, auch wenn einzelvertraglich eine längere Kündigungsfrist vereinbart wurde.

3.

Arbeitnehmer in gekündigtem Arbeitsverhältnis, die Kurzarbeit verfahren müssen, erhalten,
a) wenn das Arbeitsverhältnis vor Einführung der Kurzarbeit gekündigt wurde, bis zur Beendigung des Arbeitsverhältnisses,
b) wenn das Arbeitsverhältnis während der Kurzarbeit gekündigt wurde, innerhalb der tariflichen Kündigungsfrist
einen Zuschuss zum Kurzarbeitergeld. Der Zuschuss ist so bemessen, dass einschließlich des Kurzarbeitergeldes ein Verdienst erreicht wird, der dem der regelmäßigen Arbeitszeit entspricht.

4.

Unterschreitet bei Kurzarbeit die wöchentliche Arbeitszeit die individuelle regelmäßige wöchentliche Arbeitszeit i. S. des § 2 Ziff. 1 Abs. (II) und (III) nicht um mindestens zehn v. H., so darf eine Kürzung des Entgelts nicht erfolgen.

5.

Wird die wöchentliche Arbeitszeit um mindestens zehn v. H. der individuellen regelmäßigen wöchentlichen Arbeitszeit verkürzt, so ist für jede ausfallende Arbeitsstunde eine entsprechende Verdienstminderung zulässig.
Wird die wöchentliche Arbeitszeit auf weniger als 26 Stunden verkürzt und besteht kein Anspruch auf Kurzarbeitergeld, so ist anstelle dessen das Entgelt für 26 Stunden zu zahlen.
(...)

§ 4 Begriff der Mehrarbeit, Sonntags-, Feiertags- und Nachtarbeit

1. Mehrarbeit

(I) Zuschlagspflichtige Mehrarbeit liegt insoweit vor, als die wöchentliche Arbeitszeit
– bei Vollzeitbeschäftigten die festgelegte regelmäßige wöchentliche Arbeitszeit übersteigt,
– bei den in § 2 Ziff. 1 Abs. (VII) aufgeführten Kategorien von Arbeitnehmern eine wöchentliche Arbeitszeit von 41 Stunden bzw. 46 Stunden übersteigt,
– bei Teilzeitbeschäftigten die festgelegte regelmäßige wöchentliche und auch die tarifliche wöchentliche Arbeitszeit gem. § 2 Ziff. 1 Abs. (I) übersteigt.
Als Mehrarbeit gilt auch die über 10 Stunden täglich hinaus geleistete Arbeitszeit ohne Rücksicht auf die Dauer der wöchentlichen Arbeitszeit.

(II) In allen Fällen, in denen an einzelnen Tagen Arbeitnehmer Mehrarbeitsstunden geleistet haben, ohne dass die festgelegte regelmäßige wöchentliche Arbeitszeit aus von ihnen nicht zu vertretenden Gründen (z. B. Krankheit, Urlaub, gesetzliche Feiertage, freie Tage gem. § 2 Ziff. 1 Abs. (IV) und (VI), einschlägige Fälle des § 10) überschritten wird, besteht dennoch Anspruch auf Bezahlung der Mehrarbeitsvergütung.

(III) Anspruch auf Vergütung von Mehrarbeit besteht nur dann, wenn diese ausdrücklich angeordnet oder vom Arbeitgeber gebilligt wurde.

(IV) Die Anordnung von Mehrarbeit, die auf dringliche Fälle beschränkt werden soll, hat möglichst am Tag vorher zu erfolgen. Ist eine Bekanntgabe am Tage vorher nicht erfolgt, so darf dem Arbeitnehmer aus einer Ablehnung der Mehrarbeit am Tage der Anordnung kein Nachteil erwachsen.

(V) Die Befreiung von der Leistung der Mehrarbeit und Schichtarbeit aus gesundheitlichen Gründen kann von der Vorlage eines werks- oder vertrauensärztlichen Attestes abhängig gemacht werden. Auch aus anderen zwingenden persönlichen Gründen kann eine Befreiung erfolgen. In zweifelhaften Fällen kann gegen Erstattung nachweisbarer Kosten ein entsprechender Nachweis verlangt werden.

2. Sonntags- und Feiertagsarbeit
Sonntags- und Feiertagsarbeit ist jede an Sonntagen und gesetzlichen Feiertagen in der Zeit zwischen 0 und 24 Uhr geleistete Arbeit. Beginn und Ende der 24stündigen Zeitspanne kann durch Vereinbarung zwischen Arbeitgeber und Betriebsrat abweichend festgelegt werden.
Im Nichteinigungsfall kann gem. § 23 Abschn. D verfahren werden.

3. Nachtarbeit
Nachtarbeit ist die in der Zeit zwischen 20 und 6 Uhr geleistete Arbeit.
(...)

§ 5 Einführung von Mehrarbeit, Sonntags-, Feiertags- und Nachtarbeit

1.

(I) Mehrarbeit, Sonntags-, Feiertags- und Nachtarbeit kann nach Vereinbarung mit dem Betriebsrat unter Beachtung der Arbeitszeit- und Arbeitsschutzvorschriften eingeführt werden.
Im Nichteinigungsfall kann gem. § 23 Abschn. D verfahren werden.

(II) Wenn es die wirtschaftlichen Belange des Betriebes erfordern oder wenn infolge Betriebsstörung ein unterbrochener Arbeitsprozess nicht mehr weitergeführt werden kann oder in sonstigen außergewöhnlichen Fällen, ist, falls eine Vereinbarung mit dem Betriebsrat nicht zustande kommt, Mehrarbeit bis zur Entscheidung der Schlichtungsstelle zu leisten.

2. Ist in unvorhergesehenen Fällen die Vereinbarung mit dem Betriebsrat nicht mehr möglich, so ist dieser nachträglich unverzüglich zu verständigen.

3.

(I) Mehrarbeit soll nicht dauerhaft und nicht als Ersatz für mögliche Neueinstellungen genutzt werden.
Unter Beachtung der Ziff. 1 ist Mehrarbeit bis zu 10 Stunden in der Woche und bis zu 20 Stunden im Monat zulässig.

(II) Für einzelne Arbeitnehmer oder Gruppen von Arbeitnehmern kann mit dem Betriebsrat ein Mehrarbeitsvolumen von mehr als 20 Stunden im Monat vereinbart werden.
Im Nichteinigungsfall kann gem. § 23 Abschn. D verfahren werden.
Nach Ablauf von 8 Wochen ist erforderlichenfalls eine erneute Vereinbarung mit dem Betriebsrat zu treffen.

(III) Mehrarbeit bis zu 16 Stunden im Monat kann im einzelnen Fall auch durch bezahlte Freistellung von der Arbeit ausgeglichen werden. Bei mehr als 16 Mehrarbeitsstunden im Monat kann der Arbeitnehmer die Abgeltung durch bezahlte Freistellung von der Arbeit verlangen, soweit dem nicht dringende betriebliche Belange entgegenstehen.
Der Freizeitausgleich hat in den folgenden drei Monaten zu erfolgen.

(IV) Mehrarbeitszuschläge sind grundsätzlich in Geld zu vergüten. Aufgrund freiwilliger Betriebsvereinbarung können Mehrarbeitszuschläge auch durch Freizeit ausgeglichen werden.

(V) Durch nicht erzwingbare Betriebsvereinbarung kann geleistete Mehrarbeit durch Freizeit ausgeglichen werden. Die Zuschlagspflicht bleibt hiervon unberührt, sofern der Ausgleich nicht innerhalb von 2 Monaten erfolgt.

Protokollnotiz zu § 5 Ziff. 3
Die Tarifvertragsparteien empfehlen, dass überall, wo es möglich ist, Neueinstellungen vorgenommen werden und das Volumen von Mehrarbeit so gering wie möglich gehalten wird.
(...)

§ 6 Zuschläge für Mehrarbeit, Sonntags-, Feiertags- und Nachtarbeit

1. Mehrarbeit

(I) Die Mehrarbeitszuschläge betragen für die
1. bis 6. Mehrarbeitsstunde je Woche 25 v. H. des Stundenverdienstes
ab der 7. Mehrarbeitsstunde je Woche 50 v. H. des Stundenverdienstes.

(II) Falls an einzelnen Tagen mehr als 10 Stunden gearbeitet wird, sind für die 11. Arbeitsstunde 25 v. H. des Stundenverdienstes und für jede weitere Stunde 50 v. H. des Stundenverdienstes als Zuschlag zu zahlen. Für sonstige Mehrarbeit, die in der gleichen Kalenderwoche geleistet wird, entfällt der Anspruch auf Mehrarbeitszuschläge für die Zahl der hiernach mit Zuschlägen vergüteten Arbeitsstunden.

2. Sonntags- und Feiertagsarbeit

(I) Der Zuschlag beträgt
a) für Sonntags- und Feiertagsarbeit sowie für Arbeiten, die am 24. und 31. Dezember ab 12 Uhr verrichtet werden 50 v. H. des Stundenverdienstes
b) für Arbeit an Feiertagen, für die auf Grund der gesetzlichen Bestimmungen das Entgelt weiterzuzahlen ist, sowie für Arbeiten, die am 24. und 31. Dezember ab 18 Uhr verrichtet werden 100 v. H. des Stundenverdienstes
c) für Arbeit am 1. Weihnachtsfeiertag sowie am 1. Mai, sofern diese Tage auf einen Werktag fallen 150 v. H. des Stundenverdienstes.

(II) Abweichend von Abs. (I) beträgt der Zuschlag
a) für jede an Sonn- und Feiertagen über 10 Stunden hinaus geleistete Arbeitsstunde 75 v. H. des Stundenverdienstes
b) für jede an einem Feiertag, für den auf Grund der gesetzlichen Bestimmungen das Entgelt weiterzuzahlen ist, über 10 Stunden hinaus geleistete Arbeitsstunde 125 v. H. des Stundenverdienstes
c) für jede am 1. Weihnachtsfeiertag sowie am 1. Mai über 10 Stunden hinaus geleistete Arbeitsstunde, sofern diese Tage auf einen Werktag fallen 175 v. H. des Stundenverdienstes.

(III) Arbeitnehmern, die an gesetzlichen Feiertagen gearbeitet haben, ist unter Berücksichtigung der betrieblichen Interessen und der persönlichen Verhältnisse auf Wunsch in der folgenden Woche ein unbezahlter freier Tag zu gewähren.

3. Nachtarbeit

(I) Der Nachtarbeitszuschlag beträgt 25 v. H. des Stundenverdienstes.

(II) Ist Nachtarbeit zugleich Mehrarbeit, beträgt der Zuschlag 60 v. H. des Stundenverdienstes.
Beim Zusammentreffen von Nachtarbeit und Mehrarbeit beträgt der Anteil an Nachtarbeit 40 v. H.
Anteil an Mehrarbeit 20 v. H. des Stundenverdienstes.

4. Arbeitnehmer mit Arbeitsbereitschaft

Die in § 2 Ziff. 1 Abs. (VII) genannten Arbeitnehmer mit Arbeitsbereitschaft erhalten folgende Zuschläge:
a) Arbeitnehmer mit regelmäßiger erheblicher Arbeitsbereitschaft von der 42. bis 53. Wochenarbeitsstunde 25 v. H. des Stundenverdienstes
ab der 54. Wochenarbeitsstunde 50 v. H. des Stundenverdienstes.
b) Arbeitnehmer mit regelmäßiger, besonders erheblicher Arbeitsbereitschaft, wie z. B. Pkw-Fahrer, Pförtner und Werksfeuerwehrleute
von der 46. Wochenarbeitsstunde an 25 v. H. des Stundenverdienstes.

5. Berechnung der Zuschläge

(I) Bei der Berechnung der Zuschläge ist der tatsächliche Stundenverdienst gem. § 15 Ziff. 2 Abs. (II) in Verbindung mit § 14 Ziff. 1 zugrunde zu legen.

Für die Ermittlung des leistungsabhängigen Entgelts gem. § 14 Ziff. 1 Abs. (VI) kann durch Betriebsvereinbarung ein anderer Bemessungszeitraum zugrunde gelegt werden. Im Nichteinigungsfall kann gem. § 23 Abschn. D verfahren werden.

(II) Beim Zusammentreffen mehrerer Zuschläge nach Ziff. 1 bis 4 für dieselbe Arbeitsstunde ist nur 1 Zuschlag, und zwar der höchste zu zahlen.

(...)

§ 7 Einstellungen, befristete Einstellungen, Wiedereinstellungen

1\.

Einstellungen sind nach den gesetzlichen Bestimmungen vorzunehmen.

2\.

(I) Befristete Einstellungen sind nach Maßgabe folgender Bestimmungen zulässig und schriftlich zu vereinbaren.

Das Arbeitsverhältnis von Arbeitnehmern, die für Arbeitsaufgaben in den Entgeltgruppen EG 1 bis EG 7 eingestellt werden, kann bis zur Höchstdauer von 12 Monaten befristet werden. Mit Zustimmung des Betriebsrats kann für Arbeitnehmer in der EG 6 oder EG 7 die Höchstdauer der Befristung bis zu weiteren 12 Monaten ausgeweitet werden.

Das Arbeitsverhältnis von Arbeitnehmern, die für Arbeitsaufgaben in den Entgeltgruppen EG 8 bis EG 12 eingestellt werden, kann bis zur Höchstdauer von 24 Monaten befristet werden. In Ausnahmefällen, in denen bei der Einstellung bereits feststeht, dass der sachliche Grund über 24 Monate hinaus andauert, kann eine längere Befristung mit Zustimmung des Betriebsrats vereinbart werden. Im Nichteinigungsfall kann gem. § 23 Abschn. D verfahren werden.

Für Einstellungen zur Vertretung aus persönlichen Gründen, wie Elternzeit, Langzeiterkrankung oder Pflege von Angehörigen, kann für die dafür nötige Vertretungszeit eine längere Befristung vereinbart werden.

Bis zur jeweiligen Höchstdauer ist eine höchstens zweimalige Verlängerung des befristeten Arbeitsverhältnisses zulässig.

(II) Derartige Arbeitsverhältnisse enden mit Ablauf der Zeit, für die sie vereinbart wurden, ohne dass es einer Kündigung bedarf. Der Arbeitgeber ist jedoch verpflichtet, den Arbeitnehmer 1 Monat vor Ablauf der vereinbarten Zeit auf die Beendigung des Arbeitsvertrages hinzuweisen.

(III) Diese Regelung gilt nicht für Arbeitnehmer, die speziell für die Arbeit auf Montagestellen befristet eingestellt werden.

(IV) Auszubildende können nach beendetem Ausbildungsverhältnis in ein befristetes Arbeitsverhältnis übernommen werden. Die Befristung darf 6 Monate nicht unterschreiten, 12 Monate nicht überschreiten. In besonderen Ausnahmefällen, wie z. B. der Einberufung zum Wehrdienst, kann die Mindestdauer der Befristung entsprechend unterschritten werden.

3\.

(I) Arbeitnehmer, die im Anschluss an die gesetzliche Elternzeit zur Betreuung eines Kindes aus dem Betrieb ausscheiden, haben einmalig einen Anspruch auf Wiedereinstellung im selben Betrieb auf einen vergleichbaren und gleichwertigen Arbeitsplatz, es sei denn, ein geeigneter Arbeitsplatz ist zum Zeitpunkt der Wiedereinstellung nicht vorhanden und steht auf absehbare Zeit nicht zur Verfügung.

(II) Voraussetzung ist eine mindestens 5-jährige ununterbrochene Betriebszugehörigkeit.

(III) Der Anspruch ist bis zur Vollendung des 5. Lebensjahres des Kindes begrenzt.

(IV) Arbeitnehmern soll während der Kindererziehungszeit im Rahmen der betrieblichen Möglichkeiten Gelegenheit gegeben werden, an betrieblichen Weiterbildungsmaßnahmen teilzunehmen und kurzfristige Vertretungen wahrzunehmen.

(V) Frühere Beschäftigungszeiten werden bei Wiedereinstellung angerechnet.

(VI) Die Wiederaufnahme des Arbeitsverhältnisses ist mindestens 6 Monate vorher anzukündigen.

(VII) Betriebe mit weniger als 500 Beschäftigten sind von dieser Regelung ausgenommen.

4.

Betriebsvereinbarungen über eine Begrenzung des Beschäftigungsverhältnisses bei Erreichung der gesetzlichen Altersgrenze für den Bezug einer Regelaltersrente sind zulässig.
(...)

§ 8 Kündigung, Zeugniserteilung

1.

Kündigungen müssen nach Maßgabe der gesetzlichen Bestimmungen erfolgen.
Der Arbeitgeber hat von allen geplanten Kündigungen dem Betriebsrat so früh wie möglich Mitteilung zu geben und mit ihm über Art und Umfang der beabsichtigten Maßnahme zu beraten.

2.

(I) Die beiderseitige Kündigungsfrist beträgt
– während der ersten 3 Monate des Arbeitsverhältnisses 2 Wochen zum 15. oder Schluss eines Kalendermonats,
danach
– 4 Wochen zum 15. oder Schluss eines Kalendermonats,
– ab dem 2. Jahr der Betriebs- oder Unternehmenszugehörigkeit 1 Monat zum Schluss eines Kalendermonats.
Die schriftliche Vereinbarung einer längeren beiderseitigen Kündigungsfrist ist zulässig.

(II) Für eine Kündigung durch den Arbeitgeber beträgt die Kündigungsfrist, wenn das Arbeitsverhältnis im Betrieb oder Unternehmen
5 Jahre bestanden hat, 2 Monate,
8 Jahre bestanden hat, 3 Monate,
10 Jahre bestanden hat, 4 Monate,
12 Jahre bestanden hat, 5 Monate,
15 Jahre bestanden hat, 6 Monate,
20 Jahre bestanden hat, 7 Monate,
jeweils zum Schluss eines Kalendermonats.
Bei der Berechnung der Beschäftigungsdauer werden Zeiten, die vor der Vollendung des 25. Lebensjahres des Arbeitnehmers liegen, nicht berücksichtigt.
Die schriftliche Vereinbarung einer längeren beiderseitigen Kündigungsfrist ist zulässig.
Protokollnotiz:
Sollte § 622 Abs. 2 Satz 2 BGB hinsichtlich der Berücksichtigung von Beschäftigungszeiten vor Vollendung des 25. Lebensjahres geändert werden, wird die Regelung in § 8 Ziff. 2 Abs. (II) Satz 2 entsprechend angepasst.

(III) Das Arbeitsverhältnis von Arbeitnehmern, die das 55. Lebensjahr vollendet und dem Betrieb oder Unternehmen mindestens 10 Jahre angehört haben oder das 50. Lebensjahr vollendet und dem Betrieb oder Unternehmen mindestens 15 Jahre angehört haben, kann nur noch aus wichtigem Grund gekündigt werden.
Dies gilt nicht
– nach Eintritt voller Erwerbsminderung
– nach Erreichen der Regelaltersgrenze in der gesetzlichen Rentenversicherung
– für eine Änderungskündigung gegenüber Beziehern von Rente wegen Berufsunfähigkeit bzw. von Rente wegen teilweiser Erwerbsminderung, auch wenn diese Änderungskündigung zur Beendigung des Arbeitsverhältnisses führt
– bei einer von den Tarifvertragsparteien schriftlich erklärten Zustimmung.

Bei Betriebsstilllegungen bzw. Teilbetriebsstilllegungen ist die Kündigung zum Zeitpunkt der endgültigen Stilllegung im Zusammenhang mit einem Sozialplan zulässig. § 15 Abs. (4) und (5) KSchG gelten sinngemäß.

(IV) Kündigungen haben beiderseits schriftlich zu erfolgen.

3.

Nach der Kündigung ist dem Arbeitnehmer eine angemessene Freizeit unter Fortzahlung des Arbeitsentgelts zu gewähren, um sich einen neuen Arbeitsplatz zu suchen.

4.

(I) Beim Ausscheiden ist dem Arbeitnehmer ein Zeugnis zu übergeben, während des Arbeitsverhältnisses auf begründetes Verlangen ein Zwischenzeugnis.

(II) Das Zeugnis hat über Art, Umfang und Dauer der Tätigkeit, auf Wunsch auch über Leistung und Führung, umfassend Auskunft zu geben.

(...)

§ 9 Entgeltgrundsatz, Arbeitsausfall durch Betriebsstörung

1.

Bezahlt wird nur die tatsächlich geleistete Arbeitszeit, soweit in diesem Tarifvertrag nicht besondere Ausnahmen vorgesehen sind.

2.

(I) Muss die Arbeit aus Gründen ruhen, die vom Arbeitgeber nicht zu vertreten sind, so ist die ausfallende Arbeitszeit bis zur Dauer von 5 Stunden zu vergüten.

(II) Beträgt der Arbeitsausfall mehr als 5 Stunden, so ist der Stundenverdienst abzüglich 8,5 v. H. je Ausfallstunde zu bezahlen.

(III) Voraussetzung für die Inanspruchnahme der Verdienstausfallregelung nach Abs. (I) und (II) ist, dass der Arbeitnehmer an der Arbeitsstelle erschienen bzw. arbeitsbereit ist und kein Anspruch des Arbeitnehmers auf Bezahlung des Verdienstausfalles aus öffentlichen Mitteln besteht.

Voraussetzung ist ferner, dass der Arbeitsausfall nicht innerhalb von 5 die Ausfalltage einschließenden Wochen eingeholt werden kann. Die Einholung bedarf einer Vereinbarung mit dem Betriebsrat. Diese Vor- bzw. Nacharbeit ist zuschlagsfrei.

Im Nichteinigungsfall kann gem. § 23 Abschn. D verfahren werden, wobei dann die obengenannte Frist bis zur Entscheidung der Schlichtungsstelle unterbrochen ist.

(IV) Muss die Arbeit aus Gründen ruhen, die der Arbeitgeber zu vertreten hat, so behält der Arbeitnehmer für die Dauer des Arbeitsverhältnisses den Anspruch auf Arbeitsentgelt.

3.

Jeder Arbeitnehmer ist verpflichtet, bei Mangel an geeigneter Arbeit vorübergehend eine andere zumutbare Arbeit zu leisten, die ihm unter Berücksichtigung der betrieblichen Erfordernisse zugewiesen wird, wobei der bisherige Entgeltanspruch bestehen bleibt.

4.

Abweichend von Ziff. 3 behält der Arbeitnehmer bei Umsetzung in den Fällen der Ziff. 2 Abs. (I) für 4 Arbeitstage den bisherigen Entgeltanspruch. Für die anschließende Zeit wird das für die neu zugewiesene Tätigkeit im Betrieb durchschnittliche Entgelt (Tarifentgelt sowie evtl. übertarifliche Zulagen) gewährt. Ist ein Arbeitnehmer mit dieser Regelung nicht einverstanden, so kann er während der Dauer der Umsetzung ohne Einhaltung der sonstigen Kündigungsfristen das Arbeitsverhältnis lösen.

5.

Nach Beendigung der Arbeitsunterbrechung sind alle infolge des Arbeitsausfalles entlassenen oder umgesetzten Arbeitnehmer zu den alten Rechten unverzüglich wieder zu beschäftigen.

Macht der Arbeitnehmer von Ziff. 4 Satz 3 Gebrauch, so hat er sich zur Aufrechterhaltung seiner alten Rechte sofort zur Arbeitsaufnahme nach Benachrichtigung durch den Arbeitgeber zur Verfügung zu stellen. In diesen Fällen gilt das Arbeitsverhältnis als nicht unterbrochen.

(...)

§ 10 Arbeitsversäumnis, Arbeitsverhinderung

1.

Der Arbeitnehmer ist in folgenden Fällen von der Arbeit unter Fortzahlung seines Arbeitsentgelts freizustellen:

(I) für 1 Tag

a) bei eigener Eheschließung und bei Begründung einer Lebenspartnerschaft nach dem Gesetz über die Eingetragene Lebenspartnerschaft

b) bei Entbindung der Ehefrau oder der eingetragenen Lebenspartnerin; bei Entbindung der in häuslicher Gemeinschaft lebenden Lebensgefährtin, wenn die Vaterschaft anerkannt wird

c) bei Todesfällen von Eltern, Geschwistern und Schwiegereltern aus bestehender Ehe oder eingetragener Lebenspartnerschaft

d) bei akuter schwerer Erkrankung des Ehegatten, des eingetragenen Lebenspartners, der eigenen Kinder oder der Eltern

e) bei Wohnungswechsel des Arbeitnehmers mit eigenem Hausstand (Mobiliar für mindestens 1 Zimmer)

f) bei Teilnahme an der Eheschließung der Eltern, Kinder und Geschwister

(II) für 2 Tage

bei Todesfällen innerhalb der engeren Familie (Ehegatten, eingetragene Lebenspartner und Kinder).

(III) Die Freistellungen gem. Abs. (I) und (II) werden insgesamt für höchstens 7 Tage im Kalenderjahr gewährt.

(IV) Die Freistellungen gem. Abs. (I) und (II) sind auch dann zu gewähren, wenn das Ereignis im Einzelfall keine Arbeitsverhinderung des Arbeitnehmers bedingt.

(V) Beim Zusammentreffen verschiedener, einen Freistellungsanspruch gem. Abs. (I) und (II) auslösender Ereignisse, besteht ein gesonderter Freistellungsanspruch für jedes dieser Ereignisse.

2.

In folgenden Fällen wird bei Arbeitsverhinderung die notwendig ausfallende Arbeitszeit bezahlt, sofern der Verdienstausfall nicht von anderer Seite ersetzt wird oder beansprucht werden kann:

a) bei Erfüllung gesetzlich auferlegter Pflichten aus öffentlichen Ehrenämtern

b) bei Mitwirkung zur Löschung von Bränden und bei Verhütung von Hochwasserschäden; dieses umfasst nicht nur die Eigenhilfe.

c) bei Vorladung vor Gerichten und Behörden aus unverschuldetem Anlass.

d) bei allgemeinen Vorsorgeuntersuchungen der Sozialversicherungsträger zur Früherkennung von Krankheiten.

3.

Ist ein Wohnungswechsel wegen einer vom Arbeitgeber veranlassten Versetzung an einen anderen Ort erforderlich bzw. auf Verlangen des Arbeitgebers durchzuführen, so werden die notwendigen Umzugskosten erstattet und die beim Umzug notwendig versäumte Arbeitszeit bezahlt.

4.

In allen übrigen Fällen der unverschuldeten Arbeitsverhinderung ist auf Wunsch des Arbeitnehmers, sofern nicht anderweitig Anspruch auf Bezahlung, wie z. B. Krankheit, Urlaub,

Wehrerfassung, besteht und soweit dem nicht dringende betriebliche Gründe entgegenstehen, eine Verrechnung in für seine Person bestehenden Arbeitszeitkonten vorzunehmen bzw. ihm innerhalb von 5 die Ausfallzeit einschließenden Wochen Gelegenheit zur Vor- bzw. Nacharbeit zu geben.
Derartige individuelle Vor- bzw. Nacharbeit unterliegt nicht der Mitbestimmung des Betriebsrats.
Die Vor- bzw. Nacharbeit kann sowohl am eigenen wie auch an einem anderen zumutbaren Arbeitsplatz erfolgen. Eine Verdienstminderung darf hierbei nicht eintreten.
Diese Vor- bzw. Nacharbeit ist zuschlagsfrei.

5.

Zum Zwecke der Aus- und Fortbildung kann der Arbeitnehmer bei Nachweis der Teilnahme an einschlägigen Veranstaltungen Freistellung von der Arbeit bis zur Dauer von 2 Wochen im Jahr in Anspruch nehmen. Soweit der Arbeitnehmer keinen Ersatz seines Verdienstausfalls von dritter Seite beanspruchen kann, ist er ihm zu vergüten.
Auf § 10 Tarifvertrag zur Qualifizierung wird hingewiesen.
(...)

§ 11 Betriebsunfall, Mitteilungspflicht bei Arbeitsverhinderung, Entgeltfortzahlung

1.

Bei Betriebsunfällen, die keine Arbeitsunfähigkeit nach sich ziehen, wird die für das Aufsuchen des Arztes notwendige Zeit sowie die vom Arzt für den Tag des Unfalles angeordnete Ruhezeit als Arbeitszeit bezahlt.

2.

Arbeitnehmer, die an der Ausübung der Arbeit verhindert sind, haben den Grund und die voraussichtliche Dauer der Verhinderung unverzüglich – gegebenenfalls fernmündlich – dem Arbeitgeber anzugeben.

3.

(I) Bei Arbeitsunfähigkeit infolge Erkrankung ist der Arbeitnehmer verpflichtet, dem Arbeitgeber unter Angabe der voraussichtlichen Dauer der Arbeitsunfähigkeit unverzüglich Mitteilung zu machen. Dauert die Arbeitsunfähigkeit länger als 3 Kalendertage, so hat der Arbeitnehmer eine ärztliche Arbeitsunfähigkeitsbescheinigung an dem darauffolgenden Arbeitstag vorzulegen.

(II) Gegenüber Arbeitnehmern, deren Arbeitsverhältnis im Betrieb oder Unternehmen noch nicht 2 Jahre besteht, kann der Arbeitgeber die Vorlage der Arbeitsunfähigkeitsbescheinigung früher verlangen.
Ab dem 3. Jahr der Betriebs- oder Unternehmenszugehörigkeit kann eine frühere Vorlage der Arbeitsunfähigkeitsbescheinigung nur im Einzelfall aus begründetem Anlass und nach Vereinbarung mit dem Betriebsrat verlangt werden.
Im Nichteinigungsfall kann gem. § 23 Abschn. D verfahren werden.

(III) Im Übrigen gelten die gesetzlichen Bestimmungen.

4.

(I) Unabhängig von gesetzlichen Bestimmungen erhalten Arbeitnehmer in Fällen unverschuldeter, mit Arbeitsunfähigkeit verbundener Krankheit sowie während einer Vorbeugungs-, Heil- oder Genesungskur der Sozialversicherung, der Verwaltungsbehörde, der Kriegsopferversorgung oder eines sonstigen Sozialleistungsträgers das Arbeitsentgelt vom ersten Tag des Arbeitsverhältnisses an für die Zeit der dadurch gegebenen Arbeitsverhinderung bis zu einer Dauer von sechs Wochen weitergezahlt.

(II) Wird der Arbeitnehmer wegen derselben Erkrankung wiederholt arbeitsunfähig, so hat er nur insoweit Anspruch auf Entgeltfortzahlung, als die Dauer von 6 Wochen noch nicht ausgeschöpft ist. Ein erneuter Anspruch auf Entgeltfortzahlung bis zur Dauer von 6 Wochen besteht jedoch, wenn der Arbeitnehmer wegen derselben Erkrankung 6 Monate nicht arbeitsunfähig war oder seit dem Beginn der ersten Arbeitsunfähigkeit wegen derselben Erkrankung 12 Monate abgelaufen sind.

(III) Das weiterzuzahlende Arbeitsentgelt bemisst sich nach dem durchschnittlichen Arbeitsverdienst, den der Arbeitnehmer in den letzten 3 abgerechneten Kalendermonaten vor Beginn der Arbeitsunfähigkeit oder der Kur beanspruchen konnte.
Bei Verdiensterhöhungen nicht nur vorübergehender Natur, die in der Zeit zwischen dem Beginn des Berechnungszeitraumes und dem Ende der Arbeitsverhinderung gem. Abs. (I) eintreten, ist von dem erhöhten Verdienst auszugehen.
Der so festgestellte durchschnittliche monatliche Arbeitsverdienst ist durch die Zahl der für den Abrechnungsmonat festgelegten regelmäßigen Arbeitsstunden einschließlich der für Feiertage und zu bezahlende Freistellungen anzusetzenden Stunden zu teilen. Das Ergebnis stellt den Geldfaktor dar, welcher mit der Zahl der gem. Abs. (I) ausgefallenen festgelegten regelmäßigen Arbeitsstunden zu vervielfältigen ist.

5.

Arbeitnehmer erhalten nach
zweijähriger Betriebszugehörigkeit für die Dauer eines Monats,
vierjähriger Betriebszugehörigkeit für die Dauer von 2 Monaten,
sechsjähriger Betriebszugehörigkeit für die Dauer von 3 Monaten
nach Ablauf des Anspruchs auf Entgeltfortzahlung im Krankheitsfall gem. Ziff. 4 als Unterstützung den Unterschied zwischen 100 v. H. des Nettoverdienstes und dem Krankengeld.
(...)

§ 12 Unterstützung bei Todesfall

Beim Tode eines Arbeitnehmers ist dem Ehegatten, dem eingetragenen Lebenspartner oder den Kindern oder den Eltern desselben, sofern diese Angehörigen unterhaltsberechtigt waren und von dem Verstorbenen unterhalten wurden, der Verdienst für den Sterbemonat, nach 7-jähriger Betriebszugehörigkeit der Verdienst für den Sterbemonat und einen weiteren Monat, nach 12-jähriger Betriebszugehörigkeit der Verdienst für den Sterbemonat und 2 weitere Monate zu zahlen.
(...)

§ 13 Arbeits- und Leistungsbedingungen

1.

Arbeitsplatz, Arbeitsablauf und Arbeitsumgebung sind menschengerecht zu gestalten.
Dabei sind insbesondere folgende Grundsätze zu beachten:
Arbeits- und Leistungsbedingungen und Arbeitszeiten sind im Rahmen der betrieblichen und wirtschaftlichen Möglichkeiten so zu gestalten, dass
– sie auch auf Dauer zu keiner gesundheitlichen Beeinträchtigung der Arbeitnehmer führen,
– die freie Entfaltung der Persönlichkeit der Arbeitnehmer im Betrieb geschützt und gefördert
sowie das Recht auf Menschenwürde geachtet wird,
– bei Vereinbarungen zu Lage und Verteilung der Arbeitszeit im Rahmen der betrieblichen und betriebsverfassungsrechtlichen Möglichkeiten dem Einzelnen Entscheidungsspielräume eingeräumt werden.

2.

Werden diese Grundsätze nicht eingehalten, so können die Arbeitnehmer Vorschläge zur Verbesserung der Arbeitssituation einbringen. Die Vorschläge sind umgehend zu prüfen und, soweit sachlich berechtigt und wirtschaftlich vertretbar, vom Arbeitgeber umzusetzen.

3.

Die menschengerechte Gestaltung der Arbeits- und Leistungsbedingungen und der Arbeitszeiten soll unter Berücksichtigung der vorgenannten, sowie wirtschaftlich vertretbarer Gesichtspunkte im Rahmen von § 88 BetrVG geregelt werden.

Protokollnotiz:

Die Tarifvertragsparteien stimmen darin überein, dass auch aus Anlass von Arbeitszeitverkürzungen keine Leistungsverdichtung erfolgen darf, die für die Arbeitnehmer zu unzumutbaren Belastungen führt.

(...)

§ 14 Grundsätze zum Monatsentgelt

1.

(I) Das Arbeitsentgelt ist als Monatsentgelt zu zahlen.

(II) Das Monatsentgelt setzt sich zusammen aus
- gleichmäßigen Bestandteilen und
- variablen Bestandteilen

des Arbeitsentgelts.

(III) Zu den gleichmäßigen Bestandteilen gehören neben dem tariflichen Monatsgrundentgelt (§ 15 Ziff. 1) die Leistungszulage gem. § 7 ERA-TV, Abschlagszahlungen auf das Zielentgelt gem. § 10 ERA-TV, andere Zuschläge und Zulagen, die regelmäßig und in gleicher Höhe anfallen (z. B. Entgeltausgleich nach § 17, Erschwerniszulagen gem. § 11 ERA-TV, übertarifliche Zulagen), sowie sonstige monatlich in gleicher Höhe wiederkehrende Bestandteile des Arbeitsentgelts.

(IV) Die Umrechnung stundenbezogener Zulagen oder Zuschläge als gleichmäßiger Bestandteil des Monatsentgelts erfolgt durch Multiplikation mit der individuellen regelmäßigen wöchentlichen Arbeitszeit und dem Faktor 4,35. Das Ergebnis ist kaufmännisch auf volle Cent auf- oder abzurunden.

(V) Zu den variablen Bestandteilen des Monatsentgelts gehören
- leistungsabhängige Entgelte aufgrund eines Kennzahlenvergleichs (Prämie gem. § 8 ERA-TV und Akkord gem. § 9 ERA-TV) und
- zeitabhängige Bestandteile des Arbeitsentgelts.

(VI) Leistungsabhängige Entgelte aufgrund eines Kennzahlenvergleichs sind als Prozentsatz zum tariflichen Grundentgelt in Höhe des Leistungsdurchschnitts des vorhergehenden Kalendermonats oder des Abrechnungsmonats zu ermitteln oder zu vergüten. Kann für die Ermittlung des leistungsabhängigen Entgelts nicht auf den Leistungsdurchschnitt des Berechnungszeitraumes zurückgegriffen werden, so erfolgt die Ermittlung aufgrund des zu erwartenden Leistungsdurchschnitts. Die genaue Abrechnung erfolgt dann mit der Abrechnung für den Folgemonat.

(VII) Zu den variablen zeitabhängigen Bestandteilen gehören etwaige Grundvergütungen sowie Zuschläge für Mehr-, Sonntags-, Feiertags- und Nachtarbeit, außerdem Zuschläge und Zulagen, die nicht regelmäßig und nicht in gleicher Höhe anfallen. Ist für Zuschläge und Zulagen, die grundsätzlich zeitanteilig zu vergüten sind, eine Pauschalzahlung festgelegt, so ist diese Pauschale den gleichmäßigen Bestandteilen des Arbeitsentgelts gem. Abs. (III) zuzurechnen.

2.

(I) Arbeitnehmer, deren Arbeitsverhältnis oder deren Anspruch auf Entgelt nicht während des gesamten Kalendermonats besteht, erhalten für diesen Monat ein zeitanteiliges Monatsentgelt.

(II) Das zeitanteilige Monatsentgelt ist in der Weise zu errechnen, dass für jede ausgefallene Arbeitsstunde ein entsprechender Betrag vom Monatsentgelt abgezogen wird. Der Kürzungsbetrag errechnet sich nach folgender Formel:

$$\frac{\text{Monatsentgelt ohne zeitabhängige Bestandteile} \times \text{ausgefallene festgelegte regelmäßige Arbeitstunden}}{\text{festgelegte regelmäßige Arbeitsstunden}}$$

Durch freiwillige Betriebsvereinbarung können andere Berechnungsmethoden, die zu gleichwertigen Ergebnissen führen, vereinbart werden.

§ 15 Tarifliches Monatsgrundentgelt und tarifliches Stundenentgelt

1.

(I) Die Tarifvertragsparteien vereinbaren im Entgeltabkommen die tariflichen Monatsgrundentgelte, bezogen auf die tarifliche wöchentliche Arbeitszeit von 35 Stunden gem. § 2 Ziff. 1 Abs. (I).

(II) Bei einer von der tariflichen wöchentlichen Arbeitszeit abweichenden individuellen regelmäßigen wöchentlichen Arbeitszeit (IRWAZ) errechnen sich die tariflichen Monatsgrundentgelte nach folgender Formel:

$$\frac{\text{Monatsgrundentgelt gem. Entgelttabelle} \times \text{IRWAZ in Stunden}}{\text{35 Stunden}}$$

(III) Bei den Berechnungen ist eine kaufmännische Auf- oder Abrundung auf volle Euro vorzunehmen.

2.

(I) Das Entgelt für eine Arbeitsstunde errechnet sich nach folgender Formel:

$$\frac{\text{Monatsentgelt}}{\text{individuelle regelmäßige wöchentliche Arbeitszeit} \times 4{,}35}$$

Bei der Berechnung ist eine kaufmännische Auf- oder Abrundung auf volle Cent vorzunehmen.

(II) Monatsentgelt im Sinne des Abs. (I) ist
– zur Ermittlung des tariflichen Stundenentgelts (auch Akkordrichtsatz) das Monatsgrundentgelt gemäß der Entgelttabelle;
– zur Ermittlung der Vergütung je Arbeitsstunde das Monatsentgelt gemäß § 14 Ziff. 1;
– zur Ermittlung des tatsächlichen Stundenverdienstes für Mehr-, Sonntags-, Feiertags- oder Nachtarbeitszuschläge ein vermindertes Monatsentgelt. Dieses ist das Monatsentgelt gemäß § 14 Ziff. 1 abzüglich der im Abrechnungsmonat berücksichtigten Vergütung für Mehrarbeit und der Zuschläge für Sonntags-, Feiertags- und Nachtarbeit.

§ 16 Entgeltabrechnung und -auszahlung

1.

(I) Die Entgeltabrechnung erfolgt mindestens einmal im Monat. Die Leistung von Abschlagszahlungen ist durch Vereinbarung mit dem Betriebsrat zu regeln.
Im Nichteinigungsfall kann gem. § 23 Abschn. D verfahren werden.

(II) Das Entgelt ist am Schluss eines Kalendermonats unter Einbehaltung der gesetzlichen Abzüge auszuzahlen.
Hiervon abweichende Auszahlungstermine können durch Betriebsvereinbarung festgelegt werden.
Im Nichteinigungsfall kann gem. § 23 Abschn. D verfahren werden.

2.

Die Auszahlung erfolgt bargeldlos durch Überweisung.
Andere Auszahlungsarten können mit dem Betriebsrat vereinbart werden. Im Nichteinigungsfall kann gem. § 23 Abschn. D verfahren werden.
Bei bargeldloser Entgeltzahlung ist die Überweisung so vorzunehmen, dass die Arbeitnehmer spätestens an dem Tag über ihr Entgelt verfügen können, der betrieblich als Entgeltzahlungstag festgelegt ist. Fällt dieser Zeitpunkt auf einen Samstag, Sonn- oder Feiertag, so hat die Überweisung so rechtzeitig zu erfolgen, dass die Verfügung über das Entgelt am vorhergehenden Werktag möglich ist.

3.

Mit der Auszahlung ist dem Arbeitnehmer gleichzeitig eine Abrechnung zuzuleiten, aus der insbesondere das Monatentgelt mit den festen und variablen Bestandteilen, das leistungsabhängige Entgelt in Prozent, die Zulagen und Zuschläge sowie die Abzüge und evtl. Abschlagszahlungen ersichtlich sind.

§ 17 Entgeltausgleich bei Leistungsminderung

A.

1.

Arbeitnehmer,
– die das 55. Lebensjahr vollendet und dem Betrieb oder Unternehmen zu diesem Zeitpunkt mindestens 10 Jahre angehört haben
oder das 50. Lebensjahr vollendet und dem Betrieb oder Unternehmen zu diesem Zeitpunkt mindestens 20 Jahre angehört haben,
– und die aufgrund gesundheitsbedingter Minderung ihrer Leistungsfähigkeit nicht mehr in der Lage sind, ihre bisherige Tätigkeit auszuüben oder in dieser die bisherige Leistung zu erbringen
– und bei denen hierdurch eine Verdienstminderung eingetreten ist oder eintreten würde,
haben auf schriftlichen Antrag Anspruch auf einen Entgeltausgleich.

2.

Voraussetzung ist ferner die Vorlage eines ärztlichen Attestes, wonach aus gesundheitlichen Gründen die bisherige Tätigkeit nicht mehr zumutbar oder in diesen die Leistungsminderung bedingt ist.
In Zweifelsfällen ist das ärztliche Attest eines Betriebsarztes i. S. des Arbeitssicherheitsgesetzes oder eines anderen fachkundigen Arztes (z. B. aus dem arbeitsmedizinischen Dienst der Berufsgenossenschaften) einzuholen. Hiervon ist der Betriebsrat zu unterrichten.
Wird hierdurch eine Klärung nicht erzielt, ist nach § 23 Abschn. C zu verfahren.

3.

Die Antragstellung schließt die Bereitschaft des Arbeitnehmers zur Versetzung an einen anderen zumutbaren Arbeitsplatz, zum Wechsel des Entgeltgrundsatzes und ggf. zur Umgruppierung ein. Die betriebsverfassungsrechtlichen Bestimmungen bleiben hiervon unberührt.
Für die Beurteilung der künftigen Einsatzmöglichkeit ist der Betriebsarzt beratend hinzuzuziehen.
Der Anspruch auf den Entgeltausgleich entsteht mit Beginn des auf die Antragstellung folgenden Kalendermonats.

Hat ein Arbeitnehmer Entgeltausgleich erhalten, so kann er bei einem erneuten Antrag innerhalb von 5 Jahren keinen höheren Entgeltausgleich erlangen.

4.

Anstelle des Entgeltausgleichs kann – unter Berücksichtigung der betriebsverfassungsrechtlichen Bestimmungen – eine Versetzung auf einen anderen zumutbaren, die bisherige Entgelthöhe sichernden Arbeitsplatz erfolgen, der der geminderten Leistungsfähigkeit Rechnung trägt.

B.

1.

Der Entgeltausgleich entspricht der jeweiligen Differenz zwischen dem bisherigen Durchschnittsverdienst und dem erzielten neuen Durchschnittsverdienst, jeweils bezogen auf die regelmäßige tarifliche Arbeitszeit, bei Kurzarbeit bezogen auf die gekürzte Arbeitszeit. Künftige Tarifentgelterhöhungen ändern den bisherigen Durchschnittsverdienst entsprechend.
Der Durchschnittsverdienst ist je Monat zu ermitteln.

2.

Für die Berechnung des bisherigen Durchschnittsverdienstes gelten als Berechnungsgrundlage die letzten 12 abgerechneten Monate vor Antragstellung.
Dabei sind zugrunde zu legen:
Tarifliches Grundentgelt, leistungsabhängiges variables Entgelt und laufend zum Entgelt gewährte außertarifliche Zulagen.
Zuschläge für Nacht-, Sonntags- und Feiertagsarbeit gem. § 6 Ziff. 2 und 3 bei Arbeitnehmern, die zuletzt in der Regel mindestens 5 Jahre ununterbrochen im Mehrschichtbetrieb tätig waren, für Betriebe, die den ERA noch nicht eingeführt haben, der Montagezuschlag nach § 3.3 BMTV bei Arbeitnehmern, die zuletzt in der Regel mindestens 5 Jahre ununterbrochen auf Montage tätig waren, Erschwerniszulagen nach § 11 ERA-TV, § 8 BMTV und § 2 Ziff. 1 des Gießereiabkommens bei Arbeitnehmern, die zuletzt in der Regel mindestens 5 Jahre ununterbrochen die jeweiligen Zulagen erhalten haben.

3.

In die Berechnung des neuen Durchschnittsverdienstes werden Zuschläge und Zulagen einbezogen, wenn sie auch in der Berechnung des bisherigen Durchschnittsverdienstes enthalten sind.
Soweit Zulagen und Zuschläge in die Berechnung des Durchschnittsverdienstes am alten Arbeitsplatz nicht einbezogen wurden, aber am neuen Arbeitsplatz ein Anspruch auf ihre Zahlung besteht, mindern sie nicht den Verdienstausgleich.

4.

Nicht einzubeziehen sind:
Mehrarbeitsvergütungen, Zuschläge für Mehrarbeit, vermögenswirksame Leistungen, Einmalzahlungen, wie z. B. Gratifikationen, Jubiläumsgelder, erhöhte Urlaubsvergütung, Tantiemen sowie Aufwandsentschädigungen, wie z. B. Trennungsgelder, Auslösungen, Reisespesen und Fahrtkosten.

5.

Wird im Berechnungszeitraum oder zwischen dem Antrag auf Verdienstsicherung und Entstehen des Anspruchs auf Verdienstsicherung eine tarifliche Entgelterhöhung wirksam, so ist diese entsprechend zu berücksichtigen.

6.

Der Entgeltausgleich ist Arbeitsentgelt i. S. der gesetzlichen und tarifvertraglichen Vorschriften.

C.

1.

Ein Anspruch auf Entgeltausgleich entsteht nicht, wenn der Arbeitnehmer die gesetzlichen Voraussetzungen für ein Altersruhegeld (auch vorgezogenes) erfüllt oder wenn die Leistungsminderung selbstverschuldet i. S. des Entgeltfortzahlungsgesetzes ist.
Die Zahlung des Entgeltausgleichs endet zu dem Zeitpunkt, in dem eine Rente wegen Erwerbsminderung oder Altersruhegeld (auch vorgezogenes) aus der gesetzlichen Rentenversicherung gewährt wird. Endet der Rentenanspruch (z. B. nach Ablauf einer befristeten Gewährung), lebt der Anspruch auf Entgeltausgleich wieder auf.

2.

Hat der Arbeitnehmer gegenüber Dritten Schadensersatzansprüche wegen eines Ereignisses, das die Leistungsminderung unmittelbar und ausschließlich verursacht hat, so entsteht insoweit kein Anspruch auf Entgeltausgleich, als der Dritte Leistungen gewährt.
Dies gilt nicht für Leistungen aus Ansprüchen, die dem Arbeitnehmer aufgrund eigener Vorsorgemaßnahmen zustehen.
Die Rückforderung eines gezahlten Entgeltausgleichs ist ausgeschlossen, wenn der Arbeitnehmer den Arbeitgeber über die Ursachen der Leistungsminderung informiert hat.

D.

Bestehende günstigere betriebliche Regelungen bleiben von den vorstehenden Bestimmungen unberührt
(...)

§ 18 Urlaubsregelung

A. **Allgemeine Bestimmungen**

1.

Jeder Arbeitnehmer hat in jedem Kalenderjahr (Urlaubsjahr) Anspruch auf bezahlten Erholungsurlaub. Während des Urlaubs darf der Arbeitnehmer keine dem Urlaubszweck widersprechende Arbeit leisten.

2.

(I) Der volle Urlaubsanspruch wird erstmalig nach sechsmonatigem Bestehen des Arbeitsverhältnisses erworben.

(II) Anspruch auf ein Zwölftel des Jahresurlaubs für jeden vollen Monat des Bestehens des Arbeitsverhältnisses hat der Arbeitnehmer
a) für Zeiten eines Kalenderjahres, für die er wegen Nichterfüllung der Wartezeit in diesem Kalenderjahr keinen vollen Urlaubsanspruch erwirbt;
b) wenn er vor erfüllter Wartezeit aus dem Arbeitsverhältnis ausscheidet;
c) wenn er nach erfüllter Wartezeit in der ersten Hälfte eines Kalenderjahres aus dem Arbeitsverhältnis ausscheidet.

(III) Ergeben sich bei der anteiligen Urlaubsgewährung Bruchteile von Tagen, so werden Bruchteile von weniger als einem halben Tag nicht berücksichtigt, Bruchteile von mindestens einem halben Tag auf volle Urlaubstage aufgerundet.

(IV) Hat der Arbeitnehmer im Falle des Abs. (II) c) bereits Urlaub über den ihm zustehenden Umfang hinaus erhalten, so kann das dafür gezahlte Urlaubsentgelt nicht zurückverlangt werden. Ausgenommen sind Fälle des Rechtsmissbrauchs.

3.

(I) Der Urlaub dient der Erholung und Erhaltung der Arbeitskraft. Bei einem Urlaubsanspruch von mindestens 15 Arbeitstagen soll bei Urlaubsteilung einer der Urlaubsteile mindestens 10 aufeinanderfolgende Arbeitstage umfassen. Davon kann abgewichen werden, wenn das Interesse des Arbeitnehmers oder die Belange des Betriebes dies erforderlich machen.

(II) Die Urlaubsliste wird vom Arbeitgeber gemeinsam mit dem Betriebsrat aufgestellt.

Bei der zeitlichen Festlegung des Urlaubs sind die Urlaubswünsche des Arbeitnehmers zu berücksichtigen; es sei denn, dass ihrer Berücksichtigung dringende betriebliche Belange oder Urlaubswünsche anderer Arbeitnehmer, die unter sozialen Gesichtspunkten den Vorrang verdienen, entgegenstehen.
Es kann auch Betriebsurlaub vereinbart werden. Seine Festlegung soll grundsätzlich bei Aufstellung der Urlaubsliste erfolgen. Der Betriebsrat kann den Abschluss einer solchen Vereinbarung ablehnen oder fordern, wenn nach Abwägung mit den betrieblichen Belangen dringende Bedürfnisse der betroffenen Arbeitnehmer überwiegen.
Im Nichteinigungsfall ist gem. § 23 Abschn. D zu verfahren.

4.

Der Urlaub wird nach Arbeitstagen bemessen. Arbeitstage sind alle Kalendertage, an denen der Arbeitnehmer in regelmäßiger Arbeitszeit zu arbeiten hat.
Gesetzliche Feiertage, die in den Urlaub fallen, werden nicht als Urlaubstage gerechnet. Gleiches gilt bezüglich freier Tage, die sich aus einer Regelung gem. § 2 Ziff. 1 Abs. (IV) oder bei Anwendung des § 2 Ziff. 1 Abs. (VI) ergeben.
Arbeitnehmer in Betrieben, in denen in regelmäßiger Wechselschicht oder vollkontinuierlich gearbeitet wird, sowie Teilzeitbeschäftigte haben unter Beachtung der jeweiligen Schichtpläne einen Urlaubsanspruch, der dem eines Arbeitnehmers entspricht, der regelmäßig im Einschichtbetrieb beschäftigt wird.

5.

Bei einer unverschuldeten Erkrankung des Arbeitnehmers während des Urlaubs werden die durch ärztliches Zeugnis nachgewiesenen Tage der Arbeitsunfähigkeit auf den Jahresurlaub nicht angerechnet. Der Arbeitnehmer hat sich jedoch nach Ablauf der regulären Urlaubszeit – wenn die Krankheit länger als diese dauert, nach ihrer Beendigung – zur Wiederaufnahme der Arbeit zur Verfügung zu stellen.

6.

Wird einem Arbeitnehmer von einem Träger der Sozialversicherung, einer Verwaltungsbehörde der Kriegsopferversorgung oder einem sonstigen Sozialleistungsträger eine Vorbeugungs-, Heil- oder Genesungskur gewährt, so darf diese Zeit nicht auf den Urlaub angerechnet werden.
Eine im Anschluss an eine solche Kur vom zuständigen Arzt verordnete Schonungszeit darf auf den Urlaub nicht angerechnet werden, soweit ein Anspruch auf Entgeltfortzahlung im Krankheitsfalle besteht. Besteht kein Anspruch auf Entgeltfortzahlung, so darf eine Schonungszeit bis zur Dauer von einer Woche nicht auf den Urlaub angerechnet werden.
Der Arbeitnehmer ist verpflichtet, den Arbeitgeber von der verordneten Schonungszeit durch Vorlage einer ärztlichen Bescheinigung unverzüglich in Kenntnis zu setzen.

7.

Der Anspruch auf Urlaub erlischt drei Monate nach Ablauf des Urlaubsjahres, es sei denn, dass er erfolglos geltend gemacht wurde.
Kann der Urlaub wegen Beendigung des Arbeitsverhältnisses ganz oder teilweise nicht mehr gewährt werden, so ist er abzugelten. Dies gilt nicht für den Teil des Tarifurlaubs, der den gesetzlichen Urlaubsanspruch übersteigt, wenn der Arbeitnehmer durch eigenes Verschulden aus einem Grunde entlassen worden ist, der eine fristlose Kündigung rechtfertigt oder das Arbeitsverhältnis unberechtigt vorzeitig gelöst hat und in diesen Fällen eine grobe Verletzung der Treuepflicht aus dem Arbeitsverhältnis vorliegt.

8.

Der Arbeitgeber ist verpflichtet, bei Beendigung des Arbeitsverhältnisses dem Arbeitnehmer eine Bescheinigung über den im laufenden Kalenderjahr gewährten oder abgegoltenen Urlaub auszuhändigen. Der Arbeitnehmer ist verpflichtet, diese Bescheinigung dem neuen Arbeitgeber vorzulegen.

9.

Für Schwerbehinderte sowie für Jugendliche gelten die gesetzlichen Bestimmungen, für das Urlaubsentgelt jedoch Abschn. C.
Für die Urlaubsdauer der Jugendlichen gilt Abschn. B.

B. Urlaubsdauer

1.

Die Urlaubsdauer beträgt 30 Arbeitstage, wenn die individuelle regelmäßige wöchentliche Arbeitszeit des Arbeitnehmers auf 5 Tage je Kalenderwoche verteilt ist.

2.

Ist die individuelle regelmäßige wöchentliche Arbeitszeit auf mehr oder weniger als 5 Tage je Kalenderwoche – ggf. auch im Durchschnitt mehrerer Kalenderwochen – verteilt, so erhöht oder verringert sich die Zahl der Urlaubstage gem. Ziff. 1 entsprechend.
Bruchteile von Tagen, die sich bei der Umrechnung ergeben, sind auf volle Tage aufzurunden.
Günstigere betriebliche Regelungen bleiben unberührt.

C. Urlaubsentgelt

1.

Das Urlaubsentgelt bemisst sich nach dem 1,5fachen durchschnittlichen Arbeitsverdienst – jedoch ohne Mehrarbeitsvergütung und -zuschläge –, den der Arbeitnehmer in den letzten 3 Kalendermonaten vor dem Beginn des Urlaubs erhalten hat.
Vom Bemessungszeitraum abweichende Regelungen können mit dem Betriebsrat vereinbart werden.
Im Nichteinigungsfall kann gem. § 23 Abschn. D verfahren werden.
Bei Verdiensterhöhungen nicht nur vorübergehender Natur, die während des Berechnungszeitraums oder des Urlaubs eintreten, ist von dem erhöhten Verdienst auszugehen. Verdienstkürzungen, die im Berechnungszeitraum infolge von Kurzarbeit, Arbeitsausfällen oder unverschuldeter Arbeitsversäumnis eintreten, bleiben für die Berechnung des Urlaubsentgelts außer Betracht.

2.

Das Urlaubsentgelt ist bei Urlaubsantritt aus zuzahlen.
Eine hiervon abweichende Regelung kann durch Betriebsvereinbarung getroffen werden.
Im Nichteinigungsfall kann gem. § 23 Abschn. D verfahren werden.
(...)

§ 19 Dienstreisen

1.

(I) a) Bei angeordneten Dienstreisen wird die notwendige Reisezeit, soweit sie die Dauer der regelmäßigen Arbeitszeit überschreitet, an Arbeitstagen bis zu 4 Stunden und an arbeitsfreien Tagen bis zu 12 Stunden täglich wie Arbeitszeit vergütet, jedoch ohne Zuschläge.
b) Fallen die angeordnete Dienstreise und die notwendige Reisezeit auf einen Sonntag oder gesetzlichen Feiertag, sind im Rahmen von Buchst. a) auch die Zuschläge gem. § 9 Ziff. 3 Abs. (I) zu zahlen.

(II) Dies gilt nicht:
a) Für Reisevertreter sowie für andere Arbeitnehmer, deren Arbeitsgebiet überwiegend eine Reisetätigkeit einschließt und bei denen die zeitliche Mehrbeanspruchung in den Arbeitsbedingungen entsprechend berücksichtigt ist;
b) für Reisezeiten mit Benutzung von Schlafwagen in der Zeit von 22.00 Uhr bis 6.00 Uhr;
c) für Auslandsreisen.

(III) Günstigere betriebliche Regelungen bleiben unberührt. Die Betriebsparteien können im Wege einer freiwilligen Betriebsvereinbarung eine insgesamt wertgleiche Regelung anstelle der vorstehenden Bestimmungen treffen.

2.

Der notwendige Mehraufwand bei Dienstreisen ist vom Arbeitgeber zu vergüten. Dies kann je nach betrieblicher Übung entweder in festen Sätzen oder entsprechend den nachgewiesenen angemessenen Kosten geschehen.
(...)

§ 20 Berufsausbildungsverhältnis

1.

Soweit in diesem Tarifvertrag nichts anderes geregelt ist, finden auf die Berufsausbildungsverhältnisse die jeweils gültigen gesetzlichen Bestimmungen, insbesondere das Berufsbildungsgesetz und das Jugendarbeitsschutzgesetz Anwendung.

2.

Zur Begründung eines Berufsausbildungsverhältnisses bedarf es eines schriftlichen Vertrages zwischen dem Ausbildenden und dem Auszubildenden (Berufsausbildungsvertrag). Der Vertrag mit einem minderjährigen Auszubildenden bedarf der Genehmigung des gesetzlichen Vertreters durch Unterzeichnung.

3.

Das Berufsausbildungsverhältnis endet mit Ablauf der vertraglich festgelegten Ausbildungszeit.
Legt der Auszubildende vor Beendigung der vereinbarten Ausbildungszeit die Abschlussprüfung ab, so endet das Ausbildungsverhältnis mit dem Tag, an welchem der Prüfungsausschuss das Prüfungsergebnis festgestellt hat.
Besteht der Auszubildende die Abschlussprüfung nicht, so verlängert sich das Berufsausbildungsverhältnis auf sein Verlangen bis zur nächstmöglichen Wiederholungsprüfung, höchstens um 1 Jahr.

4.

(I) Die wöchentliche Arbeitszeit für Auszubildende beträgt 35 Stunden.

(II) Leistet ein Auszubildender Mehrarbeit, so ist jede über die wöchentliche Arbeitszeit gem. Abs. (I) hinausgehende Arbeitsstunde besonders zu vergüten. Die Mehrarbeitsvergütung beträgt je Mehrarbeitsstunde 1/88 der jeweils tariflich festgesetzten Ausbildungsvergütung.

5.

Unabhängig von gesetzlichen Bestimmungen ist Auszubildenden
a) bei einer durch Krankheit verursachten Arbeitsunfähigkeit
b) bei einer unverschuldeten Arbeitsverhinderung aus sonstigen in ihrer Person liegenden Gründen
c) bei einem Arbeitsausfall aus nicht in ihrer Person liegenden Gründen
die Ausbildungsvergütung vom ersten Tag des Ausbildungsverhältnisses an bis zur Dauer von 6 Wochen, wenn die Krankheit auf einem Betriebsunfall beruht, bis zur Dauer von 12 Wochen, jedoch nicht über die Beendigung des Ausbildungsverhältnisses hinaus, ungekürzt zu gewähren.

6.

Unvermeidbare Fahrtkosten durch die Benützung öffentlicher Verkehrsmittel für den Besuch der Berufsschule sind durch den Ausbildungsbetrieb zu erstatten, sofern sie vom Auszubildenden nachgewiesen werden.

7.

Auszubildende sind an dem der schriftlichen Abschlussprüfung unmittelbar vorausgehenden Arbeitstag ohne Verkürzung der Ausbildungsvergütung freizustellen.

8.

Die Ausbildungsvergütungen werden durch Tarifvertrag geregelt.

9.

Wird ein Berufsfachschulbesuch oder eine andere Vorbildung aufgrund der Ausbildungsbestimmungen auf die Ausbildungszeit angerechnet, so ist die Ausbildungsvergütung so zu bezahlen, als wäre die angerechnete Zeit als Ausbildungszeit abgeleistet worden.

10.

Auszubildende mit Unterhaltspflicht für mindestens ein Kind, deren Ausbildungsverhältnis nach In-Kraft-Treten dieses Manteltarifvertrages beginnt, erhalten ab der Geburt des Kindes zusätzlich zu den tariflichen Ausbildungsvergütungen eine frei zu vereinbarende Zulage unter Berücksichtigung ihrer wirtschaftlichen Verhältnisse, mindestens jedoch in Höhe von 50 v. H. der jeweiligen tariflichen Ausbildungsvergütung.
Auszubildende, die bei In-Kraft-Treten dieses Manteltarifvertrages bereits einen Anspruch auf eine Zulage gemäß § 15 Ziffer 1 Abs. (III) des LGRTV hatten, behalten diesen Anspruch bis zur Beendigung ihres Ausbildungsverhältnisses.

11.

Sachleistungen können in Höhe der nach § 17 SGB IV festgesetzten Sachbezugswerte angerechnet werden, jedoch nicht über 50 v. H. der Bruttovergütung hinaus. Sowohl für Kost als auch für Unterkunft können jeweils nur 25 v. H. angerechnet werden.
Kann der Auszubildende während der Zeit, für welche die Vergütung fortzuzahlen ist, Sachleistungen nicht in Anspruch nehmen, so ist die Ausbildungsvergütung in voller Höhe zu zahlen.

12.

Auszubildende können zur Vorbereitung auf eine künftige Akkordarbeit im letzten Ausbildungsjahr zu Ausbildungszwecken entsprechend beschäftigt werden, jedoch keinesfalls länger als der Ausbildungszweck es erfordert. Dabei ist dem Auszubildenden Gelegenheit zu geben, bei einer entsprechenden Leistung eine höhere Vergütung in Form von Geldprämien zu erzielen.
Die Anwendung dieser Regelungen bedarf einer Vereinbarung mit dem Betriebsrat.
Im Nichteinigungsfall kann gem. § 23 Abschn. D verfahren werden.

13.

Soweit Auszubildende im Rahmen ihrer Ausbildung zu außerbetrieblichen Montagearbeiten herangezogen werden, gilt die Anmerkung 2 zum Bundesmontagetarifvertrag.
(...)

§ 21 Arbeitnehmervertretung

1.

Für die Vertretung der Arbeitnehmer im Betrieb gelten jeweils die gesetzlichen Bestimmungen sowie die tariflichen und betrieblichen Vereinbarungen.

2.

Den Arbeitnehmern, die als Funktionäre der Gewerkschaften dem Arbeitgeber bekanntgegeben werden, dürfen aus dieser Eigenschaft und Tätigkeit keine Nachteile erwachsen. Ihre Pflichten aus dem Arbeitsverhältnis bleiben hiervon unberührt.
Protokollnotiz:
Die Tarifvertragsparteien sind sich darüber einig, dass dies nicht als Ausnahme von dem Grundsatz anzusehen ist, wonach nur die tatsächlich geleistete Arbeitszeit vergütet wird.

§ 22 Arbeitsmittel, Geltendmachung von Ansprüchen aus dem Arbeitsverhältnis

1.

Die in diesem Tarifvertrag vereinbarten Bestimmungen sind Mindestbedingungen

2.

Wird mit Zustimmung des Arbeitgebers ein eigenes Arbeitsmittel benützt, so ist dafür eine Entschädigung zu bezahlen, die durch Betriebsvereinbarung festgelegt wird.
Im Nichteinigungsfall ist gem. § 23 Abschn. D zu verfahren.

3.

(I) Ansprüche aus dem Arbeitsverhältnis sind wie folgt schriftlich geltend zu machen:
a) Ansprüche auf Zuschläge nach § 6 sofort, spätestens innerhalb von 2 Monaten nach Abrechnung der Entgeltperiode, bei der sie hätten abgerechnet werden müssen
b) alle übrigen Ansprüche innerhalb von 3 Monaten nach ihrer Fälligkeit.
Die Geltendmachung ist vom Arbeitgeber schriftlich zu bestätigen.

(II) Eine Geltendmachung nach Ablauf der unter (I) festgesetzten Frist ist ausgeschlossen, es sei denn, dass die Einhaltung dieser Frist wegen eines unabwendbaren Ereignisses nicht möglich gewesen ist.

(III) Ist ein Anspruch rechtzeitig erhoben worden und lehnt der Arbeitgeber seine Erfüllung ab, so hat der Arbeitnehmer den Anspruch innerhalb von 6 Monaten nach Ablehnung durch den Arbeitgeber gerichtlich geltend zu machen. Eine spätere Geltendmachung ist ausgeschlossen.
Nach Abs. (I) geltend gemachte Ansprüche aus dem Berufsausbildungsverhältnis unterliegen jedoch den gesetzlichen Verjährungsfristen. Endet jedoch das Berufsausbildungsverhältnis vor Ablauf der Verjährungsfrist, so ist der Anspruch innerhalb von 6 Monaten nach dessen Beendigung gerichtlich geltend zu machen.

1. Protokollnotiz zu Ziff. 3:

Die Tarifvertragsparteien sind sich darüber einig, dass die Ziff. 3 sinngemäß auch für Ansprüche des Arbeitgebers gegenüber dem Arbeitnehmer gilt.

2. Protokollnotiz zu Ziff. 3:

Erhebt ein Arbeitnehmer im Falle einer Kündigung hiergegen Kündigungsschutzklage, so beginnen die Fristen der Ziff. 3 für die Geltendmachung etwaiger Ansprüche auf Arbeitsentgelt für die Zeit nach Ablauf der Kündigungsfrist mit der rechtskräftigen Feststellung der Unwirksamkeit der Kündigung zu laufen.

(...)

§ 23 Schlichtung von Streitigkeiten

A. **Auslegungsstreitigkeiten**

1.

Die Behandlung von Auslegungsfragen aus den Tarifverträgen für die Arbeitnehmer gehört in die Zuständigkeit der Tarifvertragsparteien. Soweit solche Fragen auftreten, haben sich hiermit die Tarifvertragsparteien unverzüglich zu befassen und den Versuch einer Einigung zu machen.

2.

Soweit in den Fällen der Ziff. 1 keine Einigung erzielt werden kann, unterliegen Auslegungsstreitigkeiten der Beurteilung der tariflichen Schiedsstelle, die unter Ausschluss der Arbeitsgerichte und unter Berücksichtigung der nachfolgenden Bestimmungen verbindlich entscheidet.

B. Verfahren vor der Schiedsstelle

1.

Die Schiedsstelle setzt sich in 1. Instanz aus je 3 Beisitzern der Tarifvertragsparteien zusammen. Jede Tarifvertragspartei benennt jeweils ihre Beisitzer, darunter je einen Vorsitzenden.

2.

(I) Die Schiedsstelle wird nur nach Anrufung durch eine Tarifvertragspartei tätig. Die Anrufung hat gegenüber der Geschäftsstelle der Schiedsstelle, die von den Tarifparteien errichtet und im jährlichen Wechsel von diesen übernommen wird, zu erfolgen.

(II) Die Anrufung der Schiedsstelle muss innerhalb von 14 Tagen nach Scheitern der Verhandlungen gem. Abschn. A Ziff. 1 erfolgen und bedarf der Schriftform.

(III) Die Beratungen und Verhandlungen der Schiedsstelle werden von Verfahren zu Verfahren abwechselnd von einem der Vorsitzenden geleitet.

(IV) Die Schiedsstelle hat durch Anhörung der Parteien oder ihrer Vertreter die Streitpunkte und die für ihre Beurteilung wesentlichen Verhältnisse klarzustellen. Sie kann, soweit sie dies für sachdienlich erachtet, Auskunftspersonen und Sachverständige hören, falls die Parteien sie stellen. Sie kann ferner den Parteien die Beibringung von Unterlagen aufgeben.

(V) Die Schiedsstelle soll zunächst versuchen, eine Einigung der Parteien herbeizuführen.
Kommt diese zustande, so ist sie im Wortlaut schriftlich niederzulegen und von den Schiedsrichtern sowie den Parteien zu unterzeichnen.
Kommt eine Einigung zwischen den Parteien nicht zustande, so kann die Schiedsstelle mit einfacher Mehrheit eine Entscheidung fällen. Bei Beschlussfassung der Schiedsstelle ist eine Stimmenthaltung ausgeschlossen. Die Entscheidung ist vor der Verkündung schriftlich abzufassen und von den Schiedsrichtern zu unterzeichnen. Den Parteien ist bei der Verkündung eine Abschrift auszuhändigen.

(VI) Das Verfahren 1. Instanz ist innerhalb von 4 Wochen nach Anrufung durchzuführen. Im Einverständnis mit der antragstellenden Partei kann eine Verlängerung der Frist vereinbart werden.

3.

(I) Kommt eine Entscheidung nach Ziff. 2 Abs. (V) wegen Stimmengleichheit nicht zustande, so kann von jeder der Parteien Antrag auf Durchführung eines Schiedsverfahrens in 2. Instanz gestellt werden.
Dieser Antrag ist innerhalb einer Frist von 2 Wochen nach Beendigung des Verfahrens 1. Instanz schriftlich gegenüber der Geschäftsstelle der Schiedsstelle zu stellen.

(II) Die Schiedsstelle in 2. Instanz setzt sich aus einem unparteiischen Vorsitzenden sowie je 3 Beisitzern der Tarifvertragsparteien zusammen. Der unparteiische Vorsitzende wird von den Tarifvertragsparteien spätestens innerhalb von 14 Tagen nach Anrufung bestellt.
Erfolgt keine Einigung über die Person des unparteiischen Vorsitzenden, so wird er vom Präsidenten des LAG München berufen.

(III) Für das Verfahren vor der Schiedsstelle in 2. Instanz gelten die Bestimmungen der Ziff. 2 Abs. (IV) und (V) entsprechend.

(IV) Das Verfahren vor der 2. Instanz ist mit größtmöglicher Beschleunigung durchzuführen.

4.

(I) Die Kosten des Schiedsverfahrens tragen die Tarifvertragsparteien je zur Hälfte.

(II) Die Entschädigung der Beisitzer trägt die sie bestellende Partei.

(III) Die durch die Stellung von Auskunftspersonen und Sachverständigen entstehenden Kosten trägt die Partei, die die Auskunftspersonen und Sachverständigen benannt hat.
Soweit von beiden Parteien die Beiziehung von Auskunftspersonen und Sachverständigen gewünscht wird und Einigkeit über deren Person besteht, sind die dadurch entstehenden Kosten von den Parteien je zur Hälfte zu tragen.

5. Im Übrigen gelten die Bestimmungen der §§ 105 bis 110 ArbGG.

C. **Durchführungsschwierigkeiten**

Streitigkeiten über die Durchführung tariflicher Regelungen im Betrieb sind in erster Linie durch Verhandlungen zwischen dem Arbeitgeber und dem Betriebsrat zu regeln.

Ist eine Verständigung zwischen Arbeitgeber und Betriebsrat nicht möglich, so sind die beiderseitigen Vertreter der Tarifvertragsparteien (Organisationsvertreter) hinzuzuziehen.

D. **Regelungsstreitigkeiten**

Über die Regelung von Streitfällen, die aus § 2 Ziff. 1 Abs. (IV), (VI), (VII) und (IX); § 2 Ziff. 2 Abs. (I) und (II); § 2 Ziff. 3 Abs. (I) und (II); § 2 Ziff. 4; § 3 Ziff. 1; § 4 Ziff. 2; § 5 Ziff. 1 Abs. (I); § 5 Ziff. 3 Abs. (II); § 6 Ziff. 5 Abs. (I); § 9 Ziff. 2 Abs. (III); § 11 Ziff. 3 Abs. (II); § 16 Ziff. 1 und 2; § 18 Abschn. A Ziff. 3 Abs. (II); § 18 Abschn. C Ziff. 1 und 2; § 20 Ziff. 12 und § 22 Ziff. 2 dieses Manteltarifvertrages entstehen, entscheidet eine Schlichtungsstelle im Schnellverfahren endgültig.

Das Gleiche gilt, soweit in anderen Tarifverträgen auf § 23 Abschn. D MTV oder auf das Verfahren nach § 29 Abschn. D MTV-Arbeiter bzw. § 18 Abschn. D MTV-Angestellte verwiesen wird.

Es werden zwei Schlichtungsstellen, und zwar für Südbayern und für Nordbayern errichtet. Sie bestehen jeweils aus einem unparteiischen Vorsitzenden und je einem Beisitzer der Tarifvertragsparteien.

Der unparteiische Vorsitzende wird von den Tarifvertragsparteien bestellt; kommt hierüber eine Einigung nicht zustande, so erfolgt die Bestellung durch das Bayerische Staatsministerium für Arbeit und Sozialordnung.

Benennt eine Seite keinen Beisitzer oder bleibt der von einer Seite benannte Beisitzer trotz rechtzeitiger Benachrichtigung der Verhandlung fern, so entscheiden der Vorsitzende und der erschienene Beisitzer allein. In diesem Fall entscheidet bei Stimmengleichheit die Stimme des Vorsitzenden.

Die Schlichtungsstelle hat innerhalb von 6 Tagen, in Fällen des § 16 und des ERA-TV innerhalb von 14 Tagen nach Anrufung ihre Entscheidung zu treffen.

Sollte die Schlichtungsstelle innerhalb dieser Frist keine Entscheidung treffen, so ist der ursprüngliche Zustand wieder herzustellen.

§ 24 Inkrafttreten und Vertragsdauer

1.

Dieser Manteltarifvertrag tritt am 1. Juli 2008 in Kraft.

2.

Dieser Manteltarifvertrag kann mit einer Frist von 3 Monaten zum Monatsschluss gekündigt werden.

Abweichend hiervon bestehen für die nachstehend aufgeführten Bestimmungen folgende Kündigungsmöglichkeiten:

§ 2 Ziff. 1 Abs. (I), (III) und (VII), Ziff. 2 Abs. (II), § 20 Ziff. 4 Abs. (I) mit einer Frist von 3 Monaten zum Monatsschluss;

§ 2 Ziff. 1 Abs. (II), (IV) bis (VI), (VIII) bis (XI); § 4 Ziff. 1 Abs. (I) und (II); § 5 Ziff. 3; § 6 Ziff. 1 und 4; § 20 Ziff. 4 Abs. (II) mit einer Frist von 3 Monaten zum Monatsschluss;

§ 11 mit einer Frist von 3 Monaten zum Monatsschluss;

§ 18 Abschn. A und B mit einer Frist von 3 Monaten zum Monatsschluss;

§ 18 Abschn. C Ziff. 1 mit einer Frist von einem Monat zum Monatsschluss;

§ 20 Ziff. 5 mit einer Frist von 3 Monaten zum Monatsschluss;

§ 20 Ziff. 10 mit einer Frist von 3 Monaten zum Monatsschluss, erstmals zum 31. Dezember 2010.

Kündigungen haben schriftlich zu erfolgen.

München, 23. Juni 2008	
Verband der Bayerischen	Industriegewerkschaft Metall
Metall- und Elektro-Industrie e.V	Bezirk Bayern, Bezirksleitung Bayern
Max-Joseph-Straße 5, 80333 München	Elisenstraße 3a, 80335 München
Dr. Keese	Neugebauer
Brossardt	Wankel

Anhang 2

Antworten auf die Kontrollfragen

Frage 1: Wie verhalten sich die Begriffe Dienstvertrag und Arbeitsvertrag zueinander?

Dienstvertrag ist der allgemeinere Begriff. Er bezeichnet alle Verträge, deren Gegenstand die Verpflichtung zur Leistung von Diensten irgendwelcher Art ist (§ 611 II BGB). Demgegenüber bezeichnet der Arbeitsvertrag nach § 611a I BGB nur den Dienstvertrag, durch den sich ein Arbeitnehmer zur Leistung weisungsgebundener, fremdbestimmter Arbeit in persönlicher Abhängigkeit verpflichtet (→ Rn. 1 ff.).

Frage 2: Ist der Arbeitnehmer als Verbraucher iSd BGB anzusehen?

Das BAG bejaht diese Frage, prüft aber bei den einzelnen Verbraucherschutzvorschriften, ob deren Anwendung auf den Arbeitnehmer sachgerecht ist. Auch der Geschäftsführer einer GmbH ist nach Ansicht des BAG Verbraucher (→ Rn. 10).

Frage 3: Wo berühren sich Arbeitsrecht und Sozialrecht in ihren Aufgaben?

Arbeitsrecht und Sozialrecht teilen sich die Aufgabe der Daseinsvorsorge (→ Rn. 31 ff.). Zum Beispiel wird die Vorsorge für den Lebensunterhalt im Krankheitsfall durch den Entgeltfortzahlungsanspruch gegen den Arbeitgeber teilweise arbeitsrechtlich gelöst, während die Krankheitskosten sonst von der Sozialversicherung getragen werden.

Frage 4: Wie nimmt der moderne Staat, abgesehen von der Tarifvertragsordnung, Einfluss auf den Arbeitsmarkt?

Einfluss übt der Staat zunächst durch sein eigenes Verhalten als Arbeitgeber aus. In Betracht kommen aber auch Grenzziehungen »nach unten und oben«, zB durch Mindestlöhne oder Beschränkung variabler Vergütungen (→ Rn. 48).

Frage 5: Sind die arbeitsrechtlichen Gesetze zwingend oder dispositiv?

Die arbeitsrechtlichen Gesetze sind, mit einigen Ausnahmen (zB § 615 BGB), dem Schutzgedanken entsprechend einseitig zwingend zugunsten des Arbeitnehmers (→ Rn. 54). Das gleiche gilt für Tarifverträge und Betriebsvereinbarungen (Günstigkeitsprinzip) (→ Rn. 57).

Frage 6: Ist das AGB-Recht auf arbeitsvertragliche Einheitsregelungen anzuwenden?

Das in den §§ 305 ff. BGB enthaltene AGB-Recht gilt auch für arbeitsvertragliche Einheitsregelungen. Dabei sind nach § 310 IV 2 allerdings die im Arbeitsrecht geltenden Besonderheiten angemessen zu berücksichtigen (→ Rn. 61).

Frage 7: Ist ein landesgesetzlicher Mindestlohn zulässig?

Das Arbeitsrecht gehört zur konkurrierenden Gesetzgebung, so dass Landesgesetze zulässig sind, soweit der Bund keine Regelung getroffen hat. Die Materie des Mindestlohns ist durch das MiLoG und das AEntG bundesgesetzlich geregelt, so dass Landesgesetze nicht zulässig sind (→ Rn. 98f.).

Frage 8: Inwiefern verstoßen closed shop-Vereinbarungen gegen das Grundgesetz?

Closed shop-Vereinbarungen verstoßen gegen Art. 9 III GG, der auch die negative Koalitionsfreiheit schützt (→ Rn. 123).

Frage 9: Inwiefern ist der arbeitsrechtliche Gleichbehandlungsgrundsatz in seiner Wirkung schwächer als die Gleichheitsgebote des Art. 3 GG, des AGG, des § 4 TzBfG und des § 75 I BetrVG?

Auf die Einhaltung des arbeitsrechtlichen Gleichbehandlungsgrundsatzes kann vertraglich verzichtet werden, auf die Einhaltung der anderen Gebote nicht (→ Rn. 146f.).

Frage 10: Gibt es im AEUV eine Grundlage für europäische Tarifverträge?

Nach Art. 155 AEUV kann der Dialog zwischen Sozialpartnern auf Gemeinschaftsebene zum Abschluss von Vereinbarungen führen, deren Durchführung der Rat auf Vorschlag der Kommission anordnen kann. Damit ist die Möglichkeit europäischer Tarifverträge eröffnet (→ Rn. 166).

Frage 11: Wie wirken Richtlinien der EU auf das deutsche Arbeitsrecht ein?

EG-Richtlinien/EU-Richtlinien sind kein unmittelbar geltendes Recht, sondern bedürfen der Umsetzung durch den nationalen Gesetzgeber. Allerdings kann die mangelhafte Umsetzung von der Kommission beim EuGH gerügt und von diesem beanstandet werden. Auch ist bei mangelhafter Umsetzung eine Vorlage deutscher Gerichte beim EuGH möglich (→ Rn. 173).

Frage 12: Welche Bedeutung kommt der Charta der Grundrechte im Recht der EU zu?

Seit dem Vertrag von Lissabon hat die Grundrechtecharta den gleichen rechtlichen Rang wie die EU-Verträge. Deshalb muss sich das Sekundärrecht im Rahmen der Grundrechte der Charta halten (→ Rn. 168).

Frage 13: Mit welchen Merkmalen geht das AGG über die in Art. 3 II und III GG genannten Diskriminierungstatbestände hinaus und inwiefern bleibt es hinter diesen Tatbeständen zurück?

Alter und sexuelle Identität sind in Art. 3 GG nicht genannt. Die politischen Anschauungen erfasst § 1 AGG nicht (→ Rn. 184).

Frage 14: Wie unterscheiden sich in ihrer Wirkung unmittelbare und mittelbare Benachteiligungen im Sinne des AGG?

Unmittelbare Benachteiligungen sind unzulässig, wenn nicht ausnahmsweise das betreffende Unterscheidungsmerkmal wegen der Art der auszuübenden Tätigkeit oder

der Bedingungen ihrer Ausübung eine wesentliche und entscheidende berufliche Anforderung darstellt. Demgegenüber ist eine mittelbare Benachteiligung schon dann zulässig, wenn sie durch ein rechtmäßiges Ziel sachlich gerechtfertigt sowie angemessen und erforderlich ist (→ Rn. 188).

Frage 15: Wie erleichtert das AGG dem Arbeitnehmer den Beweis einer Benachteiligung?

Beweist der Arbeitnehmer Indizien, die eine Benachteiligung vermuten lassen, trifft nach § 22 AGG den Arbeitgeber die Beweislast dafür, dass keine Benachteiligung vorliegt (→ Rn. 200).

Frage 16: Wie ist das Direktionsrecht rechtlich zu qualifizieren?

Das Direktionsrecht ist ein Leistungsbestimmungsrecht und damit Gestaltungsrecht. Seine Ausübung unterliegt nach § 106 S. 1 GewO der gerichtlichen Kontrolle auf die Einhaltung billigen Ermessens (→ Rn. 212).

Frage 17: Inwiefern ergibt sich aus § 615 BGB eine vorübergehende Befreiung von der Arbeitspflicht?

§ 615 S. 1 BGB legt im Falle des Annahmeverzugs des Arbeitgebers nicht nur seine Vergütungsfortzahlungspflicht fest, sondern ordnet auch an, dass diese Vergütungsfortzahlungspflicht besteht, ohne dass der Arbeitnehmer zur Nachleistung der Arbeit verpflichtet ist. Darin liegt eine Befreiung von der Arbeitspflicht (→ Rn. 222).

Frage 18: Hat der Arbeitnehmer einen Anspruch auf Beschäftigung?

Aus § 611 BGB iVm Art. 2 I GG folgt, dass der Arbeitgeber dem Arbeitnehmer grundsätzlich die Möglichkeit geben muss, die vertraglich vereinbarten Leistungen zu erbringen (→ Rn. 223).

Frage 19: In welchen Gesetzen sind Arbeitszeit und Teilzeit geregelt?

Gesetzliche Regelungen der Arbeitszeit finden sich im Arbeitszeitgesetz (→ Rn. 243 ff.), dem Mutterschutzgesetz (→ Rn. 515 ff.), dem Jugendarbeitsschutzgesetz (→ Rn. 524 ff.) und dem Teilzeit- und Befristungsgesetz (→ Rn. 281 ff.).

Frage 20: Welche rechtlichen Konsequenzen verbinden sich mit der Arbeitsbereitschaft?

Fällt in erheblichem Umfang Arbeitsbereitschaft an, kann nach § 7 IIa iVm VII ArbZG die Arbeit auch ohne Ausgleich über acht Stunden werktäglich hinaus verlängert werden, wenn dies tarifvertraglich oder aufgrund eines Tarifvertrags in einer Betriebsvereinbarung zugelassen ist und der Arbeitnehmer selbst schriftlich eingewilligt hat (→ Rn. 267).

Frage 21: Wann kann der Arbeitgeber ein Teilzeitbegehren des Arbeitnehmers ablehnen?

Der Arbeitgeber kann das Teilzeitbegehren dann ablehnen, wenn betriebliche Gründe entgegenstehen (→ Rn. 289ff.).

Frage 22: Wie unterscheiden sich Zeitentgelt und Leistungsentgelt?

Beim Zeitentgelt wird das Entgelt nach der vom Arbeitnehmer aufgewandten Arbeitszeit berechnet, beim Leistungsentgelt nach dem von ihm geschaffenen Arbeitsergebnis (→ Rn. 307ff. und → Rn. 310).

Frage 23: Was bedeutet das Truckverbot?

Das Truckverbot, § 107 I GewO, bedeutet, dass es grundsätzlich ausgeschlossen ist, als Entlohnung für die Arbeitsleistung des Arbeitnehmers Naturalien oder Fremdwährungen zu vereinbaren (→ Rn. 342).

Frage 24: Wie ist der Pfändungsschutz für Lohnansprüche ausgestaltet?

Nach § 850a ZPO sind bestimmte Teile des Arbeitseinkommens, so zB die Hälfte einer Mehrarbeitsvergütung und Urlaubsgelder, unpfändbar. Im Übrigen ist das Arbeitseinkommen bis zu einer bestimmten, von der Einkommenshöhe und von den Unterhaltspflichten des Arbeitnehmers abhängigen Pfändungsgrenze pfändbar (→ Rn. 345ff.).

Frage 25: Was bedeutet es, dass der Arbeitgeber hinsichtlich der Vergütung das Betriebsrisiko trägt? Welche Ausnahme gibt es von diesem Grundsatz?

Dass der Arbeitgeber das Betriebsrisiko trägt, heißt, dass er die Vergütung fortzahlen muss, auch wenn infolge äußerer Umstände die Arbeitsleistung im Betrieb nicht erbracht werden kann. Eine Ausnahme von diesem Grundsatz gilt unter bestimmten Voraussetzungen, wenn der Arbeitsausfall auf einen Arbeitskampf zurückzuführen ist (→ Rn. 369 und → Rn. 1151).

Frage 26: Wann besteht auch ohne ausdrückliche vertragliche Vereinbarung ein Rechtsanspruch auf Gratifikation?

Ein solcher Rechtsanspruch besteht einmal, wenn der Arbeitgeber eine Gratifikation wiederholt vorbehaltlos gewährt hat, so dass durch betriebliche Übung ein Anspruch begründet wird. Zum anderen kann sich aus dem Gleichbehandlungsgrundsatz ein Rechtsanspruch auf Gewährung von Gratifikationen ergeben, die andere Arbeitnehmer in vergleichbarer Situation erhalten (→ Rn. 374f.).

Frage 27: Wer bestimmt den Zeitpunkt des Urlaubs?

Den Zeitpunkt des Urlaubs bestimmt an sich der Arbeitgeber kraft seines Direktionsrechts. Nach § 7 I BUrlG muss er jedoch die Urlaubswünsche des Arbeitnehmers erfüllen, wenn nicht dringende betriebliche Erfordernisse oder sozial vorrangige Urlaubswünsche anderer Arbeitnehmer entgegenstehen (→ Rn. 393ff.).

Frage 28: Was bedeuten die Begriffe Urlaubsentgelt, Urlaubsgeld und Urlaubsabgeltung?

Urlaubsentgelt ist das während des Erholungsurlaubs fortgezahlte Arbeitsentgelt (→ Rn. 406f.), Urlaubsgeld ist ein vom Arbeitgeber zusätzlich während des Urlaubs gewährter Geldbetrag (→ Rn. 373). Von Urlaubsabgeltung spricht man, wenn dem Arbeitnehmer statt der Freizeit eine Abgeltung in Geld gewährt wird (→ Rn. 401ff.). Sie ist nur in Sonderfällen zulässig.

Frage 29: Welchen Kündigungsschutz genießen Arbeitnehmer während der Elternzeit?

Nach § 18 I BEEG ist eine Kündigung nur möglich, wenn sie behördlich für zulässig erklärt worden ist, was nur bei schweren Vertragsverletzungen und bei Betriebsstilllegungen in Betracht kommt (→ Rn. 615).

Frage 30: Gibt es eine gesetzliche Bestimmung über die Gewährung von Zuschlägen für Feiertagsarbeit?

Eine solche Bestimmung gibt es nicht. Da die Gewährung von Feiertagszuschlägen aber allgemein üblich ist, ist sie regelmäßig als stillschweigend vereinbart anzusehen (→ Rn. 424).

Frage 31: Welche Möglichkeiten gibt es, arbeitsrechtlich Pflegenotwendigkeiten und Arbeitszeit zu vereinbaren?

Bei einem akuten Pflegefall hilft § 2 PflegeZG, eine Pflegezeit von bis zu sechs Monaten ist in § 3 PflegeZG geregelt (→ Rn. 419f.).

Frage 32: Hat ein Arbeitnehmer, der einen Sportunfall erlitten hat, Anspruch auf Fortzahlung des Arbeitsentgelts?

Nach dem § 3 EFZG grundsätzlich ja. Eine Ausnahme gilt nur, wenn der Sportunfall als Verschulden des Arbeitnehmers gewertet werden muss, etwa wenn es sich um eine für den Arbeitnehmer extrem gefährliche Sportart handelt (→ Rn. 443).

Frage 33: Wie werden kleine Betriebe hinsichtlich der Entgeltfortzahlung an Arbeitnehmer entlastet?

Sie erhalten 80 % der für die Entgeltfortzahlung aufgewandten Beträge nach dem Gesetz über den Ausgleich der Arbeitgeberaufwendungen für Entgeltfortzahlung (AAG) (→ Rn. 455).

Frage 34: Wie erfolgt der Regress gegen Dritte, die an der Erkrankung ein Verschulden trifft?

Gemäß § 6 EFZG tritt ein gesetzlicher Forderungsübergang ein (→ Rn. 456).

Frage 35: Wann tritt nach dem Gesetz über die betriebliche Altersversorgung grds. die Unverfallbarkeit von Versorgungsanwartschaften ein?

Wenn der Arbeitnehmer bei Ausscheiden aus dem Arbeitsverhältnis 25 Jahre alt ist und die Versorgungszusage fünf Jahre bestanden hat (→ Rn. 463).

Frage 36: Unter welchen Voraussetzungen entfällt die in § 16 BetrAVG vorgesehene Verpflichtung zur Anpassung der laufenden Leistungen der betrieblichen Altersversorgung?

Die Anpassungsverpflichtung entfällt, wenn sich der Arbeitgeber verpflichtet, die Betriebsrente jährlich um wenigstens 1 % anzupassen, oder wenn bei einer Direktversicherung oder Pensionskasse die Überschussanteile ausschließlich zur Erhöhung der Betriebsrenten verwendet werden, oder der Arbeitgeber eine Beitragszusage mit Mindestleistung erteilt hat (→ Rn. 467).

Frage 37: Wie wird die Entgeltumwandlung zum Zwecke der Altersversorgung staatlich gefördert?

Der Arbeitnehmer kann zwischen einer Zulage zu dem aufgewandten Entgelt und dessen Steuer- und Sozialversicherungsbeitragsfreiheit verbunden mit einer nachgelagerten Besteuerung wählen (→ Rn. 473).

Frage 38: Nach welcher Vorschrift erwirbt der Arbeitgeber das Eigentum an den von den Arbeitnehmern hergestellten Erzeugnissen?

Nach § 950 I BGB: Der Arbeitgeber ist als derjenige, unter dessen Leitung die Erzeugnisse produziert werden, der Hersteller im Sinne des § 950 I 1 BGB (→ Rn. 479).

Frage 39: Was ist eine Diensterfindung iSd Arbeitnehmererfindungsgesetzes?

Diensterfindungen sind solche Erfindungen, die der Arbeitnehmer während der Dauer des Arbeitsverhältnisses macht und die entweder aus den im Betrieb ihm obliegenden Tätigkeiten entstehen oder maßgeblich auf Erfahrungen oder Arbeiten des Betriebs beruhen (→ Rn. 482).

Frage 40: Welche Rechte räumt das Arbeitnehmererfindungsgesetz dem Arbeitgeber bei freien Erfindungen des Arbeitnehmers ein?

Der Arbeitgeber hat einen Anspruch auf Mitteilung der freien Erfindung, damit er beurteilen kann, ob es sich wirklich um eine freie oder um eine Diensterfindung handelt. Außerdem ist ihm eine nicht ausschließliche Lizenz an der freien Erfindung anzubieten (→ Rn. 488).

Frage 41: Welcher Zusammenhang besteht zwischen dem Arbeitsschutzgesetz und dem Arbeitssicherheitsgesetz einerseits und der EG-Rahmenrichtlinie über die Verbesserung der Sicherheit und des Gesundheitsschutzes andererseits?

Das Arbeitsschutzgesetz und die dazu ergangenen Verordnungen und das Arbeitssicherheitsgesetz haben Vorgaben der Rahmenrichtlinie umgesetzt (→ Rn. 502 ff.).

Frage 42: Welche Zahlungen hat der Arbeitgeber während der Beschäftigungsverbote nach dem MuSchG zu leisten?

Der Arbeitgeber trägt die Differenz zwischen dem Mutterschaftsgeld nach den § 200 RVO und dem Nettoarbeitsentgelt. Außerdem hat er das Arbeitsentgelt in den Fällen der Beschäftigungsverbote nach § 4 und § 3 I MuSchG fortzuzahlen (→ Rn. 518 ff.).

Frage 43: Was kann der Arbeitnehmer tun, wenn der Arbeitgeber seinen Pflichten aus § 618 I BGB nicht nachkommt?

Theoretisch kann der Arbeitnehmer auf Erfüllung klagen. Praktisch bedeutsam ist aber sein Recht, gemäß § 273 BGB seine Arbeitsleistung unter Beibehaltung seines Lohnanspruchs zurückzuhalten, bis der Arbeitgeber seinen Pflichten nachkommt (→ Rn. 528).

Frage 44: Wann haftet der Arbeitgeber persönlich für Unfallschäden seiner Arbeitnehmer?

Nach § 104 SGB VII haftet der Arbeitgeber nur dann persönlich, wenn er den Unfall vorsätzlich herbeigeführt oder ihn bei einem Wegeunfall fahrlässig verursacht hat (→ Rn. 534 f.).

Frage 45: Worauf gründet sich die Haftung des Arbeitnehmers für Schlechtleistungen?

Die Haftung gründet sich auf die allgemeine Vorschrift des § 280 I BGB (→ Rn. 544).

Frage 46: Wie kann die Beweislast des Arbeitgebers auch für das Verschulden des Arbeitnehmers (§ 619 a BGB) prozessual abgemildert werden?

In Betracht kommt ein Beweis des ersten Anscheins, nach dem bei einem typischen Geschehensablauf von einem Verschulden des Arbeitnehmers auszugehen ist, wenn dieser nicht die ernsthafte Möglichkeit eines abweichenden Geschehensablaufs nachweist (→ Rn. 549).

Frage 47: Gelten die Grundsätze über die Haftungsbeschränkung im Arbeitsverhältnis nur bei Schädigungen des Arbeitgebers?

Die Grundsätze gelten auch bei Schädigung von Arbeitskollegen und Dritten durch betriebliche Tätigkeiten. Im letzteren Fall haftet der Arbeitnehmer allerdings dem Dritten nach den allgemeinen Vorschriften. Jedoch hat ihn der Arbeitgeber von der Haftung freizustellen (→ Rn. 557).

Frage 48: Bedarf der Minderjährige für den Abschluss eines Ausbildungsvertrags der Zustimmung seiner gesetzlichen Vertreter?

Ja. Die Ausnahme des § 113 BGB gilt nur für eigentliche Arbeitsverhältnisse (→ Rn. 583).

Frage 49: Wann gewährt die Falschbeantwortung von Fragen in einem Einstellungsfragebogen dem Arbeitgeber das Recht, den Arbeitsvertrag nach § 123 BGB anzufechten?

An sich stellt die Falschbeantwortung einer Frage eine arglistige Täuschung durch positives Tun dar. Nach der Rechtsprechung berechtigt aber nur die Falschbeantwortung einer zulässigerweise gestellten Frage zur Anfechtung des Arbeitsvertrags. Ob die Frage zulässig ist oder nicht, bestimmt sich nach dem Interesse des Arbeitgebers an der Beantwortung einerseits und nach der Zumutbarkeit der Beantwortung für den Arbeitnehmer andererseits (→ Rn. 592).

Frage 50: Welche Bedeutung hat der Antritt der Arbeit für Nichtigkeit und Anfechtbarkeit des Arbeitsvertrages?

Nach Antritt der Arbeit wirken Nichtigkeit und Anfechtung des Arbeitsvertrags nicht mehr zurück, sondern erst von dem Zeitpunkt, in dem die Nichtigkeit festgestellt wird bzw. die Anfechtung erfolgt. Der Arbeitnehmer behält also insbesondere den vertraglichen Entgeltanspruch für die Zeit, in der er gearbeitet hat (→ Rn. 595).

Frage 51: Welcher Unterschied besteht hinsichtlich der Arbeitsaufnahme zwischen Arbeitnehmern aus EU-Staaten und anderen ausländischen Arbeitnehmern?

Arbeitnehmer aus den EU-Staaten brauchen in der Bundesrepublik keine Arbeitsgenehmigung. Stehen sie in einem Arbeitsverhältnis, so wird ihnen eine Aufenthaltserlaubnis für mindestens fünf Jahre erteilt. Andere ausländische Arbeitnehmer bedürfen neben der Aufenthaltserlaubnis der Arbeitsgenehmigung (→ Rn. 598 f.).

Frage 52: Warum kann eine Kündigung grundsätzlich nicht unter einer Bedingung erklärt werden? Welche Ausnahme gibt es?

Die Kündigung ist wie die Ausübung jedes einseitigen Gestaltungsrechts bedingungsfeindlich, weil der Adressat, der keinen Einfluss auf die Abgabe der Erklärung hat, wissen muss, woran er ist. Aus diesem Grund für die Bedingungsfeindlichkeit folgt auch die Ausnahme: Hängt der Eintritt der Bedingung lediglich vom Willen des Adressaten ab, so kann sie der Gestaltungserklärung hinzugefügt werden. Praktischer Fall bei der Kündigung ist die Änderungskündigung (→ Rn. 607).

Frage 53: Wie lang ist die regelmäßige Kündigungsfrist für Arbeitnehmer?

Es gilt gemäß § 622 I BGB eine Frist von vier Wochen bis zum 15. oder Monatsende (→ Rn. 621).

Frage 54: Inwieweit kann die Kündigungsfrist des § 622 I BGB abbedungen werden?

Durch Tarifvertrag und durch Bezugnahme auf einen Tarifvertrag können abweichende Regeln unbeschränkt vereinbart werden. Durch Einzelarbeitsvertrag kann die Kündigungsfrist für Kleinarbeitgeber auf einen Monat zum Monatsende verkürzt werden. Weitere Verkürzungen sind nur möglich, soweit es um ein Aushilfsarbeitsverhältnis geht (→ Rn. 622 f.).

Frage 55: Wann kann ein Berufsausbildungsverhältnis ohne Kündigungsfrist gekündigt werden?

Während der Probezeit, nach Ablauf der Probezeit bei Vorliegen eines wichtigen Grundes sowie dann, wenn der Auszubildende die Ausbildung aufgeben oder sich für eine andere Tätigkeit ausbilden lassen will (→ Rn. 627).

Frage 56: Setzt die außerordentliche Kündigung nach § 626 BGB ein Verschulden des Vertragspartners voraus?

Die schuldhafte grobe Vertragsverletzung des anderen Teils wird der regelmäßige Grund einer Kündigung nach § 626 BGB sein. Ein wichtiger Grund im Sinne des § 626 I BGB kann aber auch ohne Verschulden vorliegen. Ob das Arbeitsverhältnis aus wichtigem Grund gekündigt werden kann, hängt von der in § 626 I BGB vorgesehenen Interessenabwägung ab (→ Rn. 631).

Frage 57: Darf ein Zeugnis nachteilige Angaben enthalten?

Das Zeugnis muss richtig sein. Daraus folgt, dass es auch nachteilige Angaben enthalten darf, die allerdings im richtigen Verhältnis zu den positiven Seiten des Arbeitnehmers stehen müssen. Verschweigt der Arbeitgeber im qualifizierten Zeugnis Nachteiliges, so kann er sich sogar gegenüber einem neuen Arbeitgeber schadensersatzpflichtig machen (→ Rn. 668 f. und → Rn. 671).

Frage 58: Für wen gelten die Vorschriften der GewO über nachvertragliche Wettbewerbsverbote?

Diese Vorschriften gelten für alle Arbeitnehmer. Dies ergibt sich aus § 110 S. 2 GewO (→ Rn. 676).

Frage 59: Unter welchen Voraussetzungen läuft die Wartezeit des § 1 I KSchG auch bei Unterbrechungen des Arbeitsverhältnisses?

Nur wenn der Unterbrechenszeitraum nicht zu groß ist und zwischen altem und neuem Arbeitsverhältnis ein enger sachlicher Zusammenhang besteht (→ Rn. 699).

Frage 60: Welche hauptsächliche Bedeutung hat der Ultima-ratio-Grundsatz bei der verhaltensbedingten Kündigung?

Er führt dazu, dass einer Kündigung wegen vertragswidrigen Verhaltens grundsätzlcih eine vergebliche Abmahnung vorauszugehen hat (→ Rn. 704).

Frage 61: Kann das Arbeitsgericht bei der betriebsbedingten Kündigung nachprüfen, ob die unternehmerischen Maßnahmen, die zur Freisetzung der Arbeitskräfte geführt haben, notwendig waren?

Das Arbeitsgericht ist darauf beschränkt festzustellen, ob die unternehmerischen Maßnahmen, die getroffen worden sind, wirklich die ausgesprochene Kündigung bedingen (→ Rn. 726).

Frage 62: Welche Entscheidungen können im Kündigungsschutzprozess getroffen werden, wenn die Kündigung sozial ungerechtfertigt war?

Entweder kann das Arbeitsgericht das Fortbestehen des Arbeitsverhältnisses feststellen oder es kann, entweder auf Antrag des Arbeitnehmers oder auf Antrag des Arbeitgebers, das Arbeitsverhältnis gegen Zahlung einer Abfindung auflösen (→ Rn. 774 und → Rn. 776 ff.).

Frage 63: In welchen Punkten findet das KSchG auch auf die außerordentliche Kündigung Anwendung?

Gemäß § 13 I 2 KSchG muss auch die außerordentliche Kündigung vom Arbeitnehmer binnen der Dreiwochenfrist des § 4 S. 1 KSchG angegriffen werden. Sonst wird sie rechtswirksam und unangreifbar, § 7 1. Hs. KSchG. Auf der anderen Seite kann der Arbeitnehmer Antrag auf Auflösung gegen Abfindung stellen, § 13 I 3 KSchG (→ Rn. 763 und → Rn. 779).

Frage 64: Kann ein Arbeitnehmer, der die Klagefrist des § 4 S. 1 KSchG versäumt hat, nachträglich geltend machen, dass der Betriebsrat zu seiner Kündigung nicht angehört worden ist?

Das Gesetz zu Reformen am Arbeitsmarkt hat die Klagefrist des § 4 S. 1 KSchG auf alle Unwirksamkeitsgründe und damit auch auf den des § 102 I 3 BetrVG erstreckt. Deshalb kann auch die fehlende Anhörung des Betriebsrats nicht nachträglich geltend gemacht werden (→ Rn. 764).

Frage 65: Genießen leitende Angestellte Kündigungsschutz?

Leitende Angestellte genießen grundsätzlich genauso wie andere Arbeitnehmer Kündigungsschutz. Ihre Kündigungsschutzklage kann aber lediglich dazu führen, dass das Arbeitsverhältnis gegen Zahlung einer Abfindung aufgelöst wird (→ Rn. 790ff.).

Frage 66: Welche Bedeutung hat das Junk-Urteil des EuGH für das Recht der Massenentlassung nach §§ 17ff. KSchG?

Als Entlassung im Sinne der §§ 17ff. ist die Erklärung der Kündigung anzusehen, so dass Kündigungen, die vor Erstattung der Massenentlassungsanzeige oder Information des Betriebsrats von der geplanten Massenentlassung erfolgen, unwirksam sind (→ Rn. 814).

Frage 67: Welche Sonderregelung gilt für die Befristung bei über 52-jährigen Arbeitnehmern?

Die Befristung bedarf keines sachlichen Grundes, wenn der Arbeitnehmer mindestens vier Monate beschäftigungslos gewesen ist, Transferkurzarbeitergeld bezogen oder an einer öffentlich geförderten Beschäftigungsmaßnahme teilgenommen hat, § 14 III TzBfG (→ Rn. 836).

Frage 68: Bedarf bei der Befristung nach § 14 I TzBfG auch die Dauer der Befristung eines sachlichen Grundes?

Nein. Nur die Befristung überhaupt muss sachlich gerechtfertigt sein (→ Rn. 842).

Frage 69: Wie wird die Unwirksamkeit der Befristung gerichtlich geltend gemacht?

Im Wege der Feststellungsklage nach §§ 256 I, 495 ZPO iVm § 46 II 1 ArbGG (Entfristungsklage). Dafür besteht eine Klagfrist von drei Wochen, § 17 S. 1 und 2 TzBfG (→ Rn. 856).

Frage 70: Welche Voraussetzungen müssen für einen Betriebsübergang gegeben sein?

Ein Betriebsübergang im Sinne des § 613a I 1 BGB setzt den Übergang eines Betriebs- oder Betriebsteils (→ Rn. 864 ff.) durch Rechtsgeschäft (→ Rn. 871) auf einen anderen Betriebsinhaber (→ Rn. 873) voraus.

Frage 71: Warum räumt das Gesetz dem Arbeitnehmer ein Widerspruchsrecht gegen den Übergang des Arbeitsverhältnisses bei der Betriebsveräußerung ein?

Der Arbeitnehmer erhält damit die Möglichkeit, sich gegen den Übergang des Arbeitsverhältnisses auf einen weniger seriösen Vertragspartner zu schützen (→ Rn. 888).

Frage 72: Haftet der Betriebsveräußerer nach Betriebsübergang für das laufende Arbeitsentgelt ein Jahr lang mit?

Nein. Der Anspruch auf dieses Entgelt war zum Zeitpunkt des Betriebsübergangs noch nicht entstanden, weil die betreffenden Arbeitnehmerforderungen zum Zeitpunkt des Betriebsübergangs noch nicht »erdient« wurden (→ Rn. 876).

Frage 73: Was bedeutet der überlassungsrechtliche Gleichstellungsgrundsatz?

Der Grundsatz bedeutet, dass der Leiharbeitnehmer so zu stellen ist, wie ein vergleichbarer Arbeitnehmer im Betrieb des Entleihers. Allerdings kann durch Tarifvertrag anderes vereinbart werden (→ Rn. 903 ff.).

Frage 74: Wann entstanden in Deutschland die ersten Gewerkschaften?

Nach Aufhebung der Koalitionsverbote durch die Gewerbeordnung von 1869 (→ Rn. 917).

Frage 75: Nach welchem Prinzip sind die Einzelgewerkschaften des DGB gegliedert?

Überwiegend nach dem Industrieverbandsprinzip. Das bedeutet, dass alle Arbeitnehmer eines Industriezweigs Mitglied der jeweiligen Industriegewerkschaft werden können (→ Rn. 925).

Frage 76: Decken sich die Voraussetzungen der Koalitionseigenschaft und die Voraussetzungen der Tariffähigkeit?

Nein. Für koalitionsspezifische Betätigungen außerhalb der Tarifvertragsordnung sind die besonderen Voraussetzungen der Tariffähigkeit nicht erforderlich und damit gegenüber Art. 9 III GG nicht gerechtfertigt (→ Rn. 962). Nach (unzutreffender) Auffassung des BAG setzt die Betätigung in der Betriebsverfassung allerdings Tariffähigkeit voraus (→ Rn. 963 mit → Rn. 1327).

Frage 77: Welche privat- und prozessrechtliche Rechtsstellung haben die Gewerkschaften?

In der Regel sind sie – aus historischen Gründen – nicht rechtsfähige Vereine (→ Rn. 972). Doch kommt ihnen im Gefolge der Rechtsprechung zur Rechtsfähigkeit der Gesellschaft bürgerlichen Rechts Rechtsfähigkeit zu, soweit sie am Rechtsverkehr teilnehmen. Im Prozess vor den Gerichten für Arbeitssachen sind sie nach § 10 ArbGG aktiv und passiv parteifähig. Auch regelt § 50 II ZPO, dass der nicht rechtsfähige Verein klagen kann und verklagt werden kann (→ Rn. 975).

Frage 78: Was ist ein Manteltarifvertrag?

Der Manteltarifvertrag legt die allgemeinen Bedingungen (eben den Mantel) des Arbeitsverhältnisses fest (→ Rn. 983).

Frage 79: Können Spitzenorganisationen Tarifverträge abschließen?

Spitzenorganisationen können gem. § 2 II TVG Tarifverträge *im Namen* der ihnen angeschlossenen Verbände abschließen, wenn sie eine entsprechende Vollmacht haben. *Im eigenen Namen* können sie gem. § 2 III TVG Tarifverträge abschließen, wenn das zu ihren satzungsgemäßen Aufgaben gehört (→ Rn. 996).

Frage 80: Wer ist tarifgebunden?

Grundsätzlich gilt der Tarifvertrag nur für die beiderseits tarifgebundenen Arbeitsverhältnisse, dh nur dann, wenn einerseits der Arbeitnehmer Mitglied der tarifschließenden Gewerkschaft ist und andererseits der Arbeitgeber entweder selbst den Tarifvertrag abgeschlossen hat oder Mitglied des tarifschließenden Arbeitgeberverbandes ist (§ 3 I TVG). Eine Ausnahme gilt nur, wenn der Tarifvertrag für allgemeinverbindlich erklärt wird. Dann erstrecken sich seine Normen auch auf die nichttarifgebundenen Arbeitnehmer und Arbeitgeber in seinem Geltungsbereich. Tarifnormen über betriebliche und betriebsverfassungsrechtliche Fragen gelten nach § 3 II TVG auch ohne Allgemeinverbindlichkeit für alle Arbeitnehmer der Betriebe, deren Arbeitgeber tarifgebunden ist (→ Rn. 1024, 1028 und → Rn. 1040).

Frage 81: Wie wirken Tarifverträge auf die Arbeitsverhältnisse ein?

Tarifverträge wirken unmittelbar und zwingend auf die Arbeitsverhältnisse ein (§ 4 I TVG). Die Tarifvertragsnormen setzen jedoch nur Mindestbedingungen, was bedeutet, dass für den Arbeitnehmer günstigere Regelungen von den Parteien des Arbeitsvertrags getroffen werden können (→ Rn. 1060 ff.).

Frage 82: Welche Rechtswirkung hat eine arbeitsvertragliche Bezugnahmeklausel?

Die Klausel macht die Bestimmungen der in Bezug genommenen Tarifverträge zum Inhalt des Arbeitsvertrags. Ihrem Gleichstellungszweck entsprechend wirkt sie regelmäßig »dynamisch«, so dass auch Änderungen der tariflichen Arbeitsbedingungen in den Inhalt der Arbeitsverträge eingehen. Nach der Rechtsprechung des BAG endet die Dynamik auch nicht bei einem Ende der Tarifbindung des Arbeitgebers (→ Rn. 1048 ff.).

Frage 83: Was versteht man unter tarifdispositivem Recht?

Tarifdispositives Recht ist solches staatliches Recht, das zwar gegenüber dem Einzelarbeitsvertrag zwingend, jedoch gegenüber Tarifverträgen nachgiebig ist. Die Tarifvertragsparteien können deshalb von dem Gesetz abweichende Regelungen treffen (→ Rn. 1071).

Frage 84: Was bedeutet »relative« Friedenspflicht im Unterschied zur »absoluten« Friedenspflicht?

Aufgrund der relativen Friedenspflicht darf keine der Tarifvertragsparteien während der Laufzeit des Tarifvertrages gegen die andere Partei Kampfmaßnahmen ergreifen, um eine Änderung der im Tarifvertrag festgelegten Arbeitsbedingungen zu erreichen. Sie ist relativ, weil sie sich gegenständlich nur so weit erstreckt, wie der betreffende Tarifvertrag reicht. Im Falle einer absoluten Friedenspflicht sind dagegen für eine bestimmte Zeit Arbeitskämpfe überhaupt verboten (→ Rn. 1079 ff.).

Frage 85: Wie unterscheiden sich Schlichtungsverfahren und schiedsgerichtliches Verfahren?

Gegenstand des Schlichtungsverfahrens ist die Lösung eines Tarifkonflikts durch Herbeiführung einer tariflichen Regelung (Regelungsstreit), Gegenstand des schiedsgerichtlichen Verfahrens ist die Entscheidung einer Rechtsstreitigkeit (→ Rn. 1088).

Frage 86: Welche Rechtswirkung hat ein verbindlicher Schlichtungsspruch?

Der verbindliche Schlichtungsspruch hat die Rechtswirkung eines Tarifvertrags (→ Rn. 1089).

Frage 87: Welche Funktion erfüllt der Arbeitskampf in der Tarifvertragsordnung und welche Folgerungen zieht man daraus für seine rechtliche Bewertung?

Der Arbeitskampf ist für die Tarifvertragsordnung mangels einer Zwangsschlichtung das letzte Mittel zur Konfliktlösung. Für die rechtliche Bewertung folgt daraus, dass er dort, wo er dieser Funktion dient, nicht rechtswidrig sein kann, sondern legitim ist. Auf der anderen Seite ist er dort, wo er diese Funktion nicht erfüllt, illegitim und löst die allgemeinen zivilrechtlichen Folgen der Vertragsverletzung und der unerlaubten Handlung aus (→ Rn. 1110, 1158 ff. und → Rn. 1161 ff.).

Frage 88: Was bedeutet die sog. Quotenregelung der Aussperrung?

Nach dem im Arbeitskampfrecht geltenden Grundsatz der Verhältnismäßigkeit sind Aussperrungen nur zulässig, soweit sie zur Herstellung der Kampfparität erforderlich sind. Im Falle von Verbandsarbeitskämpfen genügt dafür nach Auffassung des BAG typischerweise die Aussperrung so vieler Arbeitnehmer, dass im umkämpften Tarifgebiet nicht mehr als 50 % aller Arbeitnehmer im Arbeitskampf stehen (→ Rn. 1133).

Frage 89: Welche Vorschriften gewähren im Fall von Betriebsbesetzungen Rechtsschutz?

Zum einen die Besitzschutzvorschriften der §§ 858 ff. BGB, zum anderen die Deliktsschutzvorschriften der §§ 823 ff. BGB (→ Rn. 1161 f. und → Rn. 1164).

Frage 90: In welchen Fällen wird das Entgelt in mittelbar vom Arbeitskampf betroffenen Unternehmen nicht fortgezahlt?

Keine Entgeltfortzahlung gibt es in dem Unternehmen, in dem der Arbeitskampf stattfindet, in Unternehmen, die mit dem im Arbeitskampf stehenden Unternehmen in einem Verhältnis wirtschaftlicher Abhängigkeit stehen, sowie dann, wenn zwischen den im Kampf stehenden und mittelbar betroffenen Arbeitnehmern auf der einen Seite und den im Kampf stehenden und mittelbar betroffenen Arbeitgebern auf der anderen Seite koalitionspolitische Verbindungen bestehen (→ Rn. 1168ff.).

Frage 91: Welche Bedeutung hat § 5 IV BetrVG für die Abgrenzung des leitenden Angestellten?

§ 5 IV BetrVG enthält eine Auslegungsregel, die eingreift, wenn die Auslegung des § 5 III BetrVG für sich allein noch nicht zu einem eindeutigen Ergebnis führt (→ Rn. 1221).

Frage 92: Welche Betriebe unterfallen dem BetrVG nicht?

Das BetrVG gilt nur für die Privatwirtschaft. Hier gilt es nur für Betriebe mit mindestens fünf Arbeitnehmern. Auf Kirchen und Religionsgesellschaften und ihre Einrichtungen findet das Gesetz keine Anwendung (→ Rn. 1225ff.).

Frage 93: Wie ist das Verhältnis von Betriebsrat und Betriebsversammlung?

Der Betriebsrat ist das zentrale Organ der Betriebsverfassung. Er ist an Weisungen und an Aufträge der Betriebsversammlung nicht gebunden. Diese hat lediglich das Recht der Erörterung, der Stellungnahme zu Beschlüssen des Betriebsrats und zur Stellung von Anträgen an den Betriebsrat (→ Rn. 1256ff.).

Frage 94: Welche Auswirkungen hat der Übergang des Betriebs auf einen neuen Inhaber auf das Amt des Betriebsrats?

Regelmäßig keine, sofern der Betrieb als organisatorische Einheit durch den Betriebsübergang unverändert bleibt (→ Rn. 1271ff.).

Frage 95: Inwieweit haben Betriebsräte Anspruch auf Arbeitsbefreiung unter Fortzahlung des Entgelts zur Teilnahme an Schulungs- und Bildungsveranstaltungen?

Nach § 37 VI BetrVG besteht ein solcher Anspruch, soweit die Veranstaltung für die Betriebsratsarbeit erforderliche Kenntnisse vermittelt. Unabhängig davon besteht in jeder Wahlperiode ein pauschaler Anspruch für drei (bei erstmaliger Wahl vier) Wochen auf Befreiung zur Teilnahme an staatlich anerkannten Schulungs- und Bildungsveranstaltungen (→ Rn. 1304ff.).

Frage 96: Was bezweckt das Verbot parteipolitischer Betätigung im Betrieb?

Der Betrieb soll vom politischen Meinungskampf freigehalten und die Meinungs- und Wahlfreiheit des einzelnen Arbeitnehmers gesichert werden (→ Rn. 1339).

Frage 97: Welcher Rechtszustand tritt ein, wenn eine freiwillige Betriebsvereinbarung endet?

In diesem Fall gibt es keine Nachwirkung, sofern sie nicht vereinbart wird. Vielmehr tritt der vorher geltende Rechtszustand wieder ein. War die Angelegenheit zuvor arbeitsvertraglich geregelt, lebt die arbeitsvertragliche Regelung mit ihrem damaligen Inhalt wieder auf (→ Rn. 1355).

Frage 98: Wie kann sich der Betriebsrat gegen eine Verletzung seines Mitbestimmungsrechts in sozialen Angelegenheiten wehren?

Er kann vom Arbeitgeber verlangen, dass dieser die Durchführung der Maßnahme solange unterlässt, bis die Mitbestimmung erfolgt ist. Diesen Anspruch kann er auch im Wege der einstweiligen Verfügung gerichtlich durchsetzen (→ Rn. 1382).

Frage 99: Was bedeutet der Vorrang der gesetzlichen Regelung in § 87 I BetrVG?

Die Mitbestimmung des Betriebsrats kann nur so weit eingreifen, wie das Gesetz dem Arbeitgeber einen Entscheidungsspielraum lässt. Deshalb gilt der Vorrang nicht nur für zwingende gesetzliche Regelungen, sondern auch für den Arbeitgeber bindende Gerichtsurteile und Verwaltungsakte (→ Rn. 1409 f.).

Frage 100: Inwiefern hat das Mitbestimmungsrecht des § 87 I Nr. 3 BetrVG eine Doppelfunktion?

Es bindet den Arbeitgeber bei der Einführung von Kurzarbeit oder Mehrarbeit an die Zustimmung des Betriebsrats. Gleichzeitig ermächtigt es Arbeitgeber und Betriebsrat, Kurzarbeit oder Mehrarbeit auch dann einzuführen, wenn das im Arbeitsvertrag nicht vorgesehen ist (→ Rn. 1420).

Frage 101: Was ist unter Einstellung im Sinne des § 99 BetrVG zu verstehen?

Einstellung ist die tatsächliche Eingliederung des Arbeitnehmers in den Betrieb, nicht der Abschluss des Arbeitsvertrags (→ Rn. 1469).

Frage 102: Erstreckt sich die Mitteilungspflicht des Arbeitgebers bei Kündigungen auch auf Fragen der Sozialauswahl?

Auch die für die vom Arbeitgeber beabsichtigte Sozialauswahl maßgebenden Gesichtspunkte sind dem Betriebsrat mitzuteilen (→ Rn. 1495).

Frage 103: Welche Wirkung hat der Widerspruch des Betriebsrats bei einer ordentlichen Kündigung?

Der einzelne Arbeitnehmer kann den Widerspruch in einen von ihm angestrengten Kündigungsschutzprozess einführen. Erweist er sich dort als berechtigt, so ist die Kündigung sozial ungerechtfertigt und damit unwirksam. Außerdem erhält der Arbeitnehmer, dessen Kündigung der Betriebsrat widersprochen hat und der seinerseits Kündigungsschutzklage erhebt, einen Anspruch gegen den Arbeitgeber auf vorläufige Weiterbeschäftigung bis zum Ende des Kündigungsschutzprozesses (→ Rn. 1510 f.).

Frage 104: Wann kann dem Wirtschaftsausschuss eine Information wegen Gefährdung von Betriebs- oder Geschäftsgeheimnissen verweigert werden?

Da nach § 79 BetrVG eine Geheimhaltungspflicht besteht, kommt eine solche Verweigerung nur dann in Betracht, wenn die Gefahr der Verletzung dieser Pflicht besteht oder wenn es sich um ein so wesentliches Geheimnis handelt, dass schon die geringste Gefahr seiner Verletzung vermieden werden muss (→ Rn. 1537).

Frage 105: Wann gilt der Personalabbau als Betriebsänderung gem. § 111 BetrVG?

Wenn in einem Betrieb eines Unternehmens mit in der Regel mehr als 20 wahlberechtigten Arbeitnehmern so viele Arbeitnehmer entlassen werden sollen, dass die Voraussetzungen einer Massenentlassung im Sinne des § 17 KSchG erfüllt und zugleich mindestens 5 % der Belegschaft betroffen sind. Bei Betrieben mit bis zu 20 Arbeitnehmern, die zu einem Unternehmen mit in der Regel mehr als 20 wahlberechtigten Arbeitnehmern gehören, versagt die Parallele zu § 17 KSchG. In dieser Konstellation stellt entsprechend der in § 112a I Nr. 1 BetrVG getroffenen Regelung ein Personalabbau dann eine Betriebsänderung dar, wenn wenigstens sechs Arbeitnehmer vom Personalabbau erfasst werden sollen (→ Rn. 1543).

Frage 106: Ergibt sich aus § 83 BetrVG ein Anspruch auf Berichtigung der Personalakten?

§ 83 BetrVG regelt nur das Recht auf Einsicht in die Personalakten und das Recht, ihr Erklärungen beizufügen. Ein Anspruch auf Berichtigung kann sich aber aus § 242 BGB ergeben (→ Rn. 1587).

Frage 107: Inwiefern schränkt der Tendenzschutz die Beteiligungsrechte des Betriebsrats nach § 99 BetrVG ein?

Eine Einschränkung besteht bei den an der Verwirklichung der geistig ideellen Zielsetzung des Unternehmens mitwirkenden Tendenzträgern. Erfolgt eine Einstellung oder Versetzung aus tendenzbedingten Gründen, scheidet ein Zustimmungsverweigerungsrecht aus; der Betriebsrat muss lediglich informiert werden (→ Rn. 1600 f.).

Frage 108: Warum sieht das Sprecherausschussgesetz die Möglichkeit der Bildung von Unternehmenssprecherausschüssen vor?

Das Gesetz ermöglicht damit die Errichtung von Sprecherausschüssen, wenn in einem Unternehmen zwar mehrere Betriebe vorhanden sind, in keinem von diesen aber die Mindestzahl von zehn leitenden Angestellten erreicht wird. Zudem kann aus Praktikabilitätsgründen auf die Errichtung mehrerer Betriebssprecherausschüsse und damit verbunden eines Gesamtsprecherausschusses verzichtet werden (→ Rn. 1612).

Frage 109: Welchem Instrument des Betriebsverfassungsrechts ist die Vereinbarung von Richtlinien nach § 28 II SprAuG vergleichbar?

Der Vereinbarung solcher Richtlinien entspricht die freiwillige Betriebsvereinbarung nach § 88 BetrVG (→ Rn. 1616).

Frage 110: Wie unterscheidet sich das Mitbestimmungsverfahren im Personalvertretungsrecht von dem im Betriebsverfassungsrecht?

In der Personalvertretung sind bei Streitigkeiten in Mitbestimmungsangelegenheiten zunächst die Stufenvertretungen einzuschalten. Erst wenn bei der obersten Dienstbehörde eine Einigung nicht zustande kommt, entscheidet die Einigungsstelle (→ Rn. 1629f.).

Frage 111: Wie sichert das Mitbestimmungsgesetz 1976 der Anteilseignerseite das Übergewicht im Aufsichtsrat?

Einmal dadurch, dass die Anteilseignerseite bei der Wahl des Aufsichtsratsvorsitzenden den Ausschlag gibt. Zum anderen dadurch, dass der Aufsichtsratsvorsitzende im Falle der Stimmengleichheit ein Zweitstimmrecht erhält (→ Rn. 1673).

Frage 112: Wie sind die Kammern bei den Arbeitsgerichten besetzt?

Die Kammern sind mit einem Berufsrichter als Vorsitzendem und je einem ehrenamtlichen Richter aus den Kreisen der Arbeitnehmer und Arbeitgeber besetzt (→ Rn. 1693).

Frage 113: Inwieweit können im Urteilsverfahren Verbandsvertreter für Arbeitnehmer und Arbeitgeber vor den Gerichten für Arbeitssachen auftreten?

Zulässig ist das in allen drei Rechtszügen, beim Bundesarbeitsgericht allerdings unter der zusätzlichen Voraussetzung, dass der betreffende Verbandsvertreter über die Befähigung zum Richteramt verfügt (→ Rn. 1695f.).

Frage 114: In welchen Fällen genügt nach der Rechtsprechung des BAG die bloße Behauptung des Klägers, Arbeitnehmer zu sein, zur Eröffnung des Rechtswegs zu den Gerichten für Arbeitssachen?

Nach der Rechtsprechung ist das der Fall, wenn die Klage ausschließlich auf eine arbeitsrechtliche Grundlage gestützt werden kann, sog. sic-non-Fall (→ Rn. 1703).

Frage 115: Wer ist Beteiligter im arbeitsgerichtlichen Beschlussverfahren?

Beteiligt ist einmal derjenige, der das Beschlussverfahren durch einen Antrag einleitet. Zum anderen sind diejenigen Beteiligte, deren materiell-rechtliche Rechtsstellung nach den jeweils einschlägigen Gesetzen durch den Antrag berührt wird (→ Rn. 1726).

Stichwortverzeichnis

Das Stichwortverzeichnis verweist auf *Randnummern*. Es wurde aus Gründen der Übersichtlichkeit auf zwei Ebenen beschränkt. Daraus resultiert, dass Unterstichworte öfters gleichzeitig unter ihren eigenen Anfangsbuchstaben als Hauptstichwort geführt werden, dem dann detailliertere eigene Unterstichwörter zugeordnet sind.